Heithecker (Hrsg.)

Handbuch
Nachhaltige Finanzwirtschaft

Finanz Colloquium Heidelberg, 2021

Zitiervorschlag:

Autor in: Heithecker (Hrsg.), Handbuch Nachhaltige Finanzwirtschaft, RdNr. XX.

ISBN:	978-3-95725-966-0
© 2021	Finanz Colloquium Heidelberg GmbH
	Im Bosseldorn 30, 69126 Heidelberg
	www.FCH-Gruppe.de
	info@FCH-Gruppe.de
Satz:	Finanz Colloquium Heidelberg GmbH
Druck:	VDS-VERLAGSDRUCKEREI SCHMIDT,
	Neustadt an der Aisch

Heithecker (Hrsg.)

Handbuch Nachhaltige Finanzwirtschaft

Dr. Silvio Andrae

Timo Anthes
Senior Asset Manager
NORD/LB Luxembourg S.A. Covered Bond Bank

Goran Bašić
Mitglied des Vorstands
UmweltBank AG

Lisa Blumberg
Legal Counsel
NORD/LB Luxembourg S.A. Covered Bond Bank

Prof. Dr. Harald Bolsinger
Economics & Business Ethics
Hochschule für angewandte Wissenschaften Würzburg-Schweinfurt/
University of Applied Sciences Würzburg-Schweinfurt (FHWS)

Dr. Eberhard Brezski
Bankabteilungsdirektor
Verantwortlich für Regionalwirtschaftliche Konjunktur und Sektoranalysen
(Niedersachsen, Sachsen-Anhalt, Mecklenburg-Vorpommern)
Sector Strategy
NORD/LB Norddeutsche Landesbank

Dr. Kristina Brixius
Managerin
Financial Services
KPMG AG Wirtschaftsprüfungsgesellschaft

Christian Buschfort
Wirtschaftsprüfer, Steuerberater
Mitglied im Managementboard
AWADO GmbH
Wirtschaftsprüfungsgesellschaft Steuerberatungsgesellschaft,
Düsseldorf

Song-Hwa Chae
Principal Consultant
Regulatory & Compliance
EXXETA AG

Markus Dauber
Co-Vorstandsvorsitzender Volksbank eG – Die Gestalterbank
Offenburg und Villingen-Schwenningen

Maurice Dumrose, M.Sc.
Fachgebiet Sustainable Finance
Universität Kassel

Julia Eckert, M.Sc.
Fachgebiet Sustainable Finance
Universität Kassel

Dorothee Elsell, CEFA
Senior Portfoliomanagerin
Portfoliomanagement Nachhaltigkeit
Lampe Asset Management GmbH

Tim-Oliver Engelke, M.Sc.
Spezialist Controlling
Bereich Finanzmanagement
Sparda-Bank Hessen eG

Dr. Mathias Fiebig
stv. Unterabteilungsleiter Strategisches Risikomanagement
Volkswagen Bank GmbH, Braunschweig

Joachim Fröhlich, MBA, CEFA
Mitglied des Vorstandes
Evangelische Bank eG

Dr. Stefan Geisen
Manager
Financial Services
KPMG AG Wirtschaftsprüfungsgesellschaft

Carolyn Groß
Dipl. Bankbetriebswirtin (Frankfurt School of Finance & Management)
Moderatorin für Finanzen & Nachhaltigkeit

Christian Gudat
stv. Compliance-Beauftragter
Deutsche Hypothekenbank (Actien-Gesellschaft)

Martin Guntermann
Management-Berater für Banken und KMU
AWADO GmbH
Wirtschaftsprüfungsgesellschaft Steuerberatungsgesellschaft,
Neu-Isenburg

Dr. Philipp Haenle
Volkswirt im Zentralbereich Finanzstabilität
Deutsche Bundesbank

Volker Hartke
Wirtschaftsprüfer, Steuerberater
LL.M. Nachhaltigkeitsrecht – Energie Ressourcen, Umwelt
Referent im Bereich Grundsatzfragen und Infrastruktur Prüfung
Koordinator Team Nachhaltigkeit
Genossenschaftsverband – Verband der Regionen e. V.

Davut Hasanbasoglu
Manager
Regulatory & Compliance
EXXETA AG

Christian Hasenclever
Leiter Strategic ALM/Treasury
Norddeutsche Landesbank Girozentrale, Hannover

Marc Hegeler
Referent Meldewesen
Stellvertretender Gruppenleiter
Deutsche Hypothekenbank AG

Prof. Dr. Dirk Heithecker (Hrsg.)
Professur für Quantitative Methoden und Corporate Finance
Hochschule Hannover
Fachreferent Strategisches Risikomanagement
Volkswagen Bank GmbH

Prof. Dr. Martin Hellmich
Partner, Geschäftsführer Deloitte Audit Analytics GmbH,
Deloitte GmbH, Frankfurt

Prof. Dr. Rüdiger Kiesel
Lehrstuhlinhaber,
Lehrstuhl für Energiehandel und Finanzdienstleistungen
Universität Duisburg-Essen

Liza Kirchberg, M.A.
Sustainability Managerin Volksbank eG – Die Gestalterbank
Offenburg und Villingen-Schwenningen

Prof. Dr. Christian Klein
Leiter des Fachgebiets Sustainable Finance
Universität Kassel

Volker Köster
Direktor Organisation und Informationssicherheitsbeauftragter
Kreissparkasse Verden, Verden

Prof. Dr. Thorn Kring
Professur für Finanzwirtschaft
Steinbeis-Hochschule Berlin
Leiter Institut für Ethik, Führung und Personalmanagement
Fachreferent für Sustainable Finance und Nachhaltigkeitsmanagement
Münster

Anna-Joy Kühlwein
Diplom-Kauffrau

Frank Neumann
Leiter Controlling
Sparkasse Bodensee

Wolfgang Otte
Partner, Rechtsanwalt, Wirtschaftsprüfer,
Leiter Financial Services, BDO AG

Alexandra Pfeil
Wirtschaftsprüferin, Steuerberaterin
Leiterin Team Prüfung & Managed Services
AWADO GmbH
Wirtschaftsprüfungsgesellschaft Steuerberatungsgesellschaft,
Neu-Isenburg

Achim Philippus
Geschäftsführer
Union Investment Institutional GmbH

Frank Pierschel
Chief Sustainable Finance Officer der BaFin

Nicole Rüping
Spezialistin Treasury
Mitglied des grünen Kompetenzboards,
des Anlageausschusses und des Teams Advisory
Volksbank Bielefeld-Gütersloh eG

Philipp Schedler
Manager
Asset Management
EXXETA AG

Dr. Christian Schmaltz
Professor für Regulierung und Risikomanagement
EADA Business School Barcelona
Aspect Advisory

Alexander Schmid
Senior Manager, Wirtschaftsprüfer
Financial Services, BDO AG

Stephan Schmid
Managing Partner, Mitglied der Geschäftsleitung
plenum AG

Hagen Schmidt
Senior Funding Manager
NORD/LB Luxembourg S.A. Covered Bond Bank

Thomas Schmidt
Partner, Leiter Competence Center Banksteuerung & Regulatorik
plenum AG

Dr. Sikandar Siddiqui
Direktor
Deloitte Audit Analytics GmbH

Dr. Dirk Thiel
Generalbevollmächtigter
ETRIS Bank GmbH

Dennis Tschuschke, CFA, PRM
Fachreferent Group Treasury & Investor Relations
Asset-Liability-Management
Volkswagen Bank GmbH

Dr. Clemens Wieck
Manager
Financial Services
KPMG AG Wirtschaftsprüfungsgesellschaft

Berenike Wiener, MBA
Direktorin Strategie und Head of CSR/Sustainable Finance
Evangelische Bank eG

Dr. Benjamin Wilhelm
Referent im Bereich Grundsatzfragen und Infrastruktur Prüfung
Genossenschaftsverband – Verband der Regionen e. V.

Sebastian Zinken
Leiter Betriebswirtschaft
Pax-Bank eG

Finanz Colloquium Heidelberg, 2021

Inhaltsübersicht

Abbildungsverzeichnis

Tabellenverzeichnis

Geleitwort   1

Vorwort   5

A. Grundlagen zur Nachhaltigen Finanzwirtschaft   15

B. Ganzheitliche Perspektiven zur Implementierung einer Nachhaltigen Finanzwirtschaft   145

C. Auswirkung der Nachhaltigkeit auf die Unternehmenssteuerung in Banken   213

D. Nachhaltigkeit in der Risikosteuerung   383

E. Assets und Asset Management unter dem Aspekt der Nachhaltigkeit   525

F. Berichterstattung und Prüfungshandlungen im Umfeld der Nachhaltigkeit   675

Literaturverzeichnis   743

Stichwortverzeichnis   831

Inhaltsverzeichnis

Abbildungsverzeichnis

Tabellenverzeichnis

Geleitwort *(Pierschel)* ... 1

Vorwort *(Heithecker)* ... 5

A. Grundlagen zur Nachhaltigen Finanzwirtschaft ... 15

    I. Nachhaltige Finanzwirtschaft: Definition und aktuelle Entwicklungen *(Klein/Eckert/Dumrose)* ... 17
- 1. Einleitung ... 17
- 2. Definition des Begriffs »Nachhaltigkeit« ... 17
- 3. Globale Entwicklungen ... 21
- 4. Europäische und nationale Entwicklungen ... 26
- 5. Zusammenfassung und Ausblick ... 29

    II. Principles of Responsible Banking der Vereinten Nationen *(Kühlwein)* ... 32
- 1. Einführung ... 32
- 2. Die Grundsätze für ein verantwortungsbewusstes Bankgeschäft ... 33
  - a) Ausrichtung des Geschäftsmodells ... 34
  - b) Auswirkungen und Zielsetzung ... 34
  - c) Kunden und Verbraucher ... 34
  - d) Interessengruppen ... 34
  - e) Unternehmensführung ... 34
  - f) Transparenz und Verantwortung ... 35
- 3. Praktische Umsetzung der Principles of Responsible Banking ... 35
  - a) Verankerung der UN-Nachhaltigkeitsziele im Geschäftsmodell ... 35
  - b) Auswirkungsanalyse und bankinterne Zielsetzung ... 36

INHALTSVERZEICHNIS

		c)	Tiefgreifender Kundendialog	43
		d)	Partnerschaften mit Dritten oder anderen Interessensgruppen	46
		e)	Verankerung der Grundsätze in der Unternehmenskultur	47
		f)	Öffentliche Berichterstattung	48
	4.	Vorteile für die teilnehmenden Banken		51
III.	Der Klimawandel als Risiko für das Finanzsystem *(Haenle)*			54
	1.	Physische Risiken und das Finanzsystem		55
	2.	Transitorische Risiken und das Finanzsystem		57
	3.	Transmissionskanäle auf das gesamte Finanzsystem		57
	4.	Wie ist das deutsche Finanzsystem mit fossilen Risiken verbunden?		58
	5.	Klimarisiken in der Finanzberichterstattung		59
	6.	Analyse klimabezogener Risiken		61
	7.	Unsicherheiten entlang des Transitionspfades		64
		a)	Engpässe und Rebound-Effekte	64
		b)	Lock-in-Effekte	65
	8.	Schlussfolgerungen		66
IV.	Von der deutschen Nachhaltigkeitsstrategie zum BaFin-Merkblatt zum Umgang mit Nachhaltigkeitsrisiken *(Gudat)*			67
	1.	Grundsätzliche Einordnung des BaFin Merkblattes zum Umgang mit Nachhaltigkeitsrisiken im Regulierungsuniversum		68
	2.	Aufbau und wesentliche Inhalte des Merkblattes		69
		a)	Grundsätzliche Aspekte	70
		b)	Integration von Nachhaltigkeitsrisiken in das Strategiekompendium	73
		c)	Verantwortliche Unternehmensführung	74
		d)	Geschäftsorganisation	75
		e)	Integration von Nachhaltigkeitsrisiken im Risikomanagement	77
		f)	Sonstige Inhalte des BaFin-Merkblattes	81
	3.	Neue Vorgaben der EZB		81

	4.	Fazit	84
V.	Überblick über Nachhaltigkeitsrisiken *(Heithecker)*		86
	1.	Von Nachhaltiger Finanzwirtschaft zu Nachhaltigkeitsrisiken	86
	2.	Nachhaltigkcit als neuartiger Risikotreiber	87
		a) Grundsätzliche Definition von Nachhaltigkeitsrisiken	87
		b) Physische Risiken	98
		c) Transitorische Risiken	99
	3.	Wirkung nachhaltiger Risikoursachen auf bankinterne Risikoarten	104
		a) Zusammenhang von Risiken	104
		b) Betrachtung einzelner Risikoarten	111
	4.	Ansätze zur Messung von Nachhaltigkeitsrisiken	119
		a) Grundsätzliche Vorgehensweisen der Quantifizierung	119
		b) Messung von Nachhaltigkeitsrisiken mit Szenarien	122
		c) Messung von Nachhaltigkeitsrisiken in internen Risikomodellen	133
	5.	Abschließender Überblick über Nachhaltigkeitsrisiken	141

B. Ganzheitliche Perspektiven zur Implementierung einer Nachhaltigen Finanzwirtschaft — **145**

I.	Ansatz zur Berücksichtigung der Nachhaltigkeit in der Bankenaufsicht *(Otte/A. Schmid)*		147
	1.	Hintergrund	147
	2.	Risikogewichtung von Risikopositionen mit Adressenausfallrisiken	147
		a) Regulatorische Vorgaben	147
		b) Nachhaltige Ansätze	149
		c) Einschätzungen der Bankenaufsicht, des BMF und der Interessensverbände der Finanzwirtschaft	150

	3.	Offenlegung		154
		a)	Regulatorische Vorgaben	154
		b)	Nachhaltigkeitsrisiken in der bankaufsichtlichen Offenlegung	155
	4.	Klassifizierung des Kundenportfolios nach Nachhaltigkeitsgesichtspunkten inkl. IT-Schlüsselung im Geschäftsprozess		157
	5.	Schlussfolgerung		158
II.	Implementierung von Nachhaltigkeitszielen in Finanzdienstleistern *(S. Schmid/T. Schmidt)*			160
	1.	Einordnung von Nachhaltigkeitszielen		160
		a)	Ziele der vereinten Nationen	161
		b)	Nachhaltigkeitsstrategie 2030 der Bundesregierung	164
		c)	Herausforderungen für Finanzdienstleister	166
	2.	Strategische Aspekte		167
		a)	Externe Sicht	167
		b)	Interne Sicht	170
	3.	Operationalisierung		173
		a)	ESG-Kriterien	173
		b)	Produktmanagement	175
		c)	Risikomanagement	178
	4.	Schlussfolgerungen		181
III.	Ganzheitliche Implementierung von Nachhaltigkeit – Bericht aus dem Maschinenraum einer Bank *(Fröhlich/Wiener)*			182
	1.	Die Relevanz von Nachhaltigkeit für die Evangelische Bank		182
	2.	Kernfragen der Nachhaltigkeit in Banken		183
		a)	Ein neues Risikobewusstsein	183
		b)	Unternehmensstrategie und Prozessveränderungen	184
	3.	Nachhaltigkeit in drei gleichberechtigten Dimensionen		185
		a)	Ökologische Dimension	186
		b)	Sozial-ethische Dimension	186
		c)	Ökonomische Dimension	188

4.	Nachhaltigkeit in der Unternehmensführung und -steuerung		188
	a)	Sustainability Balanced Scorecard	189
	b)	Materialitätsmatrix der Evangelischen Bank	189
	c)	Einordnung durch externe Bewertung	190
5.	Strategien und Konzepte in der Bankpraxis		192
	a)	Personalmanagement	193
	b)	Aktivgeschäft	193
	c)	Passivgeschäft	195
	d)	Kapitalanlage	196
6.	Ausblick für die Finanzbranche und insbesondere für die EB		198

IV. Möglichkeiten zur Integration von Nachhaltigkeitsaspekten aus Sicht einer Regionalbank *(Rüping)* ... 200

1.	Einleitung		200
2.	Erste Anknüpfungspunkte		200
	a)	Genossenschaftliche Werte	201
	b)	Regionalität	202
3.	Umsetzung in der Volksbank Bielefeld-Gütersloh		203
	a)	Das »Grüne Geschäftsfeld«	203
	b)	Volksbank Bielefeld-Gütersloh NachhaltigkeitsInvest	204
	c)	GrünEnergie eG	208
	d)	Soziales Engagement	209
	e)	Weitere Aktivitäten	210
4.	Ausblick		211

C. Auswirkung der Nachhaltigkeit auf die Unternehmenssteuerung in Banken ... 213

I. Nachhaltige Finanzwirtschaft und Ausrichtung des Geschäftsmodells *(Wilhelm)* ... 215

1.	Geschäftsmodellimmanente Implikationen der Nachhaltigkeit	215
2.	Nachhaltigkeit als Chance nutzen	218

INHALTSVERZEICHNIS

	3.	Nachhaltiges Risikomanagement effizient gestalten		220
	4.	Transparenzanforderungen an das Geschäftsmodell		225
	5.	Fazit		228
II.	Nachhaltigkeit als Einflussfaktor auf Leistungen und Organisation von Kreditinstituten *(Thiel)*			230
	1.	Einleitung		230
		a)	Paradigmenwechsel in der Finanzbranche	230
		b)	Die Entwicklung des Nachhaltigkeitsgedankens und seine Auswirkungen auf Gesellschaft und Wirtschaft	231
		c)	Nachhaltigkeit als Antwort auf ethische Fragen	232
	2.	Nachhaltigkeitsaspekte bei Leistungen von Unternehmen und regulatorische Auswirkungen		234
	3.	Die Bedeutung von Nachhaltigkeit für Kreditinstitute		238
	4.	Leistungsangebot und Nachhaltigkeitsaspekte in der Kreditwirtschaft		246
		a)	Marktentwicklung und Nachhaltigkeitsanforderungen als Innovationstreiber	246
		b)	Wirkung der Nachhaltigkeitsorientierung auf die Aufbau- und Ablauforganisation von Kreditinstituten	248
		c)	Neugestaltung des Angebots von Kreditinstituten	253
	5.	Herausforderungen für das Geschäftsmodell von Banken		259
	6.	Zusammenfassung		262
III.	Ansatz eines CO2-Steuerungsrahmens mit integriertem Emissionspricing für eine klimaneutrale Bank *(Andrae/Schmaltz)*			265
	1.	Einleitung		265
	2.	Eckpunkte des CO2-Steuerungsrahmens		268
		a)	Standard des Treibhausgasprotokolls	269
		b)	Grundsätze zur Bilanzierung von Treibhausgasen	271
		c)	Daten	277
		d)	Bepreisung von CO2	279

	3.	Ausgestaltung des CO2-Steuerungsrahmens	281
	4.	Anwendung des Modells	286
		a) Quantifizierung der CO2-Emissionen	286
		b) Verrechnung der CO2-Emissionen	293
	5.	Zusammenfassung	300
IV.	Nachhaltige Finanzwirtschaft als Bestandteil der Unternehmensführung und Risikokultur *(Brezski)*		302
	1.	Einleitung	302
	2.	Rahmenbedingung einer nachhaltigen Finanzwirtschaft	303
		a) Der Begriff der Nachhaltigkeit	303
		b) Nachhaltigkeitsrisiken	303
		c) Chancen	305
		d) Das Lemon-Markt-Problem	306
	3.	Nachhaltigkeit und Unternehmensführung	308
		a) Wo wirkt Nachhaltigkeit in Banken?	308
		b) Definition Nachhaltigkeit	309
		c) Ein Umsetzungsleitfaden: Principles for Responsible Banking	310
		d) Organisatorische Verankerung der Nachhaltigkeit	310
		e) Funktional/Inhaltliche Verankerung der Nachhaltigkeit	312
	4.	Nachhaltigkeit und Risikomanagement	316
	5.	Fazit	319
V.	Geschäfts- und Risikostrategie unter Berücksichtigung von Aspekten der Nachhaltigkeit *(Fiebig)*		320
	1.	Einleitung	320
	2.	Strategiesystem eines Kreditinstituts	321
		a) Einordnung der Geschäfts- und Risikostrategie	321
		b) Erfolgsfaktoren der Bankstrategie	321
		c) Prinzipien der Bankstrategie	323
		d) Struktur und Elemente der Strategie	324
	3.	Nachhaltigkeit als Bestandteil der Risikostrategie	330
		a) Begrifflichkeit, Wesen und Wirkungsfaktoren	330

		b)	Funktionen des Risikomanagements	334
		c)	Geschäfts- und Risikostrategie und deren Rahmenbedingungen	336
		d)	Risikostrategische Leitlinien	338
	4.	Fazit und Ausblick		340

VI. Ein Werkstattbericht zur Organisationskulturentwicklung der UmweltBank AG *(Bašić/Bolsinger)* ... 342

    1. Nachhaltiges Bankgeschäft im Aufwind ... 342
        a) Nachhaltigkeit als neuer Mainstream im Finanzmarkt ... 342
        b) Zukunftsfähiges Banking für eine intakte Welt ... 344
    2. Woher wir kommen ... 346
        a) Gründung und ursprüngliche Differenzierung ... 346
        b) Erste Strategie und Kernwettbewerber ... 346
        c) In der Aufbauphase: Märkte entwickeln ... 347
        d) Stagnationsgefahr im Kontext wirtschaftlichen Erfolgs ... 348
    3. Wohin wir wollen ... 349
        a) Von der Agenda21 zur Agenda 2030 ... 349
        b) Kontinuierliche Verbesserung mit dauerhaftem Blick auf die Welt von Morgen ... 350
    4. Unsere Gestaltung der Zukunft ... 351
        a) Die Straße der Nachhaltigkeit entwickeln ... 351
        b) Die Straße der Nachhaltigkeit befahren ... 362
    5. Fazit und Ausblick ... 365

VII. Management- und Steuerungsprozesse im Kontext einer nachhaltigen Geschäftspolitik am Beispiel einer Regionalbank *(Dauber/Kirchberg/Kring)* ... 367

    1. Einleitung ... 367
    2. Nachhaltigkeit als Managementaufgabe ... 368
    3. WHY – Normative Basis und Nachhaltigkeitsverständnis ... 370
        a) Bank-Identität als stabiles Fundament im Veränderungsprozess ... 370

		b)	Nachhaltigkeits-Check zur Bestimmung des Status-quo	372
		c)	Nachhaltigkeitsverständnis und wesentliche Zukunftsthemen	373
	4.	HOW – Managementsystem und Geschäftsmodell-Innovation		375
		a)	Nachhaltigkeitsmanagement im Viable System Model der Bank	376
		b)	Nachhaltigkeit und Strategieprozess	377
		c)	Nachhaltigkeit und Geschäftsmodell-Innovation	379
	5.	WHAT – Aktuelle Lösungen und nachhaltiges Engagement		380
	6.	Fazit		381

D. Nachhaltigkeit in der Risikosteuerung 383

I.	Ansätze der Nachhaltigkeit im ICAAP *(Zinken)*			385
	1.	Nachhaltigkeitsrisiken als neues Thema der Finanzaufsicht		386
		a)	Regelungen im Bankenbereich	386
		b)	Mögliche Formen der Umsetzung	388
		c)	Umgang mit dem Begriff der Nachhaltigkeit	389
	2.	Verbindung von Geschäfts- und Risikostrategie sowie Risikoinventur		391
		a)	Die Geschäftsstrategie als Ausgangspunkt der Risikobetrachtung	391
		b)	Die Risikostrategie als Bindeglied zwischen Geschäftsmodell und Risikomessung	394
		c)	Die Risikoinventur als Auftakt in den ICAAP	395
	3.	Nachhaltigkeit in der Risikomessung der Standardrisiken		395
		a)	Szenarioanalysen	396
		b)	Stresstests	401
	4.	Fazit		402
II.	Ansätze der Nachhaltigkeit im ILAAP *(Hasenclever)*			404
	1.	Einleitung		404
		a)	Liquiditätsrisiken – Begriffsabgrenzung	407
		b)	Liquidität – eine besondere Risikoart	408

INHALTSVERZEICHNIS

	2.	Governance – geeignete interne Rahmenbedingungen schaffen		409
		a)	Geschäftsstrategie – Risikoprofil	409
		b)	Datengrundlage – besondere Herausforderung	411
		c)	Nachhaltigkeitsrisiken im Entscheidungsprozess	412
	3.	Nachhaltiges Liquiditäts(risiko)management		414
		a)	Liquiditätspuffer gegen Zahlungsunfähigkeitsrisiken	415
		b)	Liquiditätsspreadrisiken	419
		c)	Fundingplanung	422
	4.	Résumé		425
III.	Berücksichtigung von Nachhaltigkeitsrisiken in der Risikoinventur *(Brixius/Geisen/Wieck)*			427
	1.	Nachhaltige Herausforderungen		427
	2.	Fünf Thesen für eine erfolgreiche Berücksichtigung von Nachhaltigkeitsrisiken in der Risikoinventur		428
		a)	These 1: Nachhaltigkeitsrisiken umfassen breites Treiberspektrum	428
		b)	These 2: Nachhaltigkeitsrisiken liegen »quer« zu klassischen Risikoarten	441
		c)	These 3: Nachhaltigkeitsrisiken wirken über den ICAAP-Risikohorizont hinaus	443
		d)	These 4: Mitigationsstrategien als Anwendungsfall für Brutto- und Nettosicht	445
		e)	These 5: Nachhaltigkeitsrisiken sind Emerging Risks	447
	3.	Fazit		449
IV.	Berücksichtigung von Nachhaltigkeitsrisiken in Kreditrisiken *(Neumann)*			450
	1.	Vorbemerkung		450
	2.	Kriterien für Nachhaltigkeit als Basis für Kreditrisikomanagement		451
	3.	Prozessvorschlag zum Umgang mit der Ursachenkategorie ESG Risiken im Adressrisikomanagement		453

	4.	Prozessvorschlag ESG Risiken im Adressrisikomanagement	454
		a) Bestimmung des Status Quo auf Portfolioebene	454
		b) Bewertung des Status Quo und Ableitung von Kreditvergabericht- linien	460
		c) Verankerungen in den Kreditierungsprozessen	464
		d) Szenarioanalysen zur Bestimmung von wirtschaftlichen Auswirkungen eines Risikoeintritts	466
	5.	Weitere Schritte und Entwicklungspotenziale	467
V.	Berücksichtigung von Aspekten der Nachhaltigkeit in ICAAP-Stresstests *(Engelke)*		469
	1.	Einleitung	469
	2.	Aufsichtliche Entwicklungen	471
		a) Von der Nachhaltigkeit zum Nachhaltigkeitsrisiko	471
		b) Klima-Stresstests	472
	3.	Arten und Wirkungszusammenhänge des Nachhaltigkeitsrisikos	475
		a) Transitorisches Nachhaltigkeitsrisiko	475
		b) Physisches Nachhaltigkeitsrisiko	478
		c) Einbindung in das Risikoartenuniversum	479
	4.	Szenariogestaltung für Klima-Stresstests	483
	5.	Prozessuale Überlegungen	487
		a) Bank 1 – Fokus Aktien	489
		b) Bank 2 – Fokus Kredite und Anleihen (Eigengeschäft)	492
		c) Bank 3 – Fokus Wohnimmobiliensicherheiten und Kundeneinlagen (Kundengeschäft)	495
	6.	Fazit	497
VI.	Szenarioentwicklung und Aufbau von CO2-Stresstests *(Hellmich/ Kiesel/ Siddiqui)*		499
	1.	Klimarisiken: Begriffsbestimmung und Versuch einer Taxonomie	499

		2.	Informationsgrundlagen	501
			a) Klimaszenarien als Mittel zum Umgang mit Unsicherheiten	501
			b) Messung und Zurechenbarkeit von Treibhausgas-Emissionen	502
			c) Wesentliche Transitionsrisiken	504
		3.	Stresstests für klimabezogene Risiken	508
		4.	Zusammenfassende Schlussbemerkung	511
	VII.	Nachhaltigkeitsmanagement in Auslagerungen *(Köster)*		513
		1.	Einleitung	513
		2.	Verbindung zwischen Nachhaltigkeit und Auslagerungen	513
		3.	Risikoanalyse und Nachhaltigkeit bei Auslagerungen	515
			a) Einleitung	515
			b) Abstimmung der Inhalte der Risikoanalyse im Institut	515
			c) Inhalte einer Risikoanalyse	516
		4.	Auslagerungsmanagement	518
			a) Auslagerungsrichtlinie	518
			b) Auslagerungsverträge	518
			c) Dienstleistersteuerung	520
			d) Dokumentation	521
		5.	Weiterverlagerungen	521
			a) Risikoanalyse	521
			b) Risikosteuerung	522
		6.	Zusammenfassung	522
E.	**Assets und Asset Management unter dem Aspekt der Nachhaltigkeit**			**525**
	I.	Nachhaltigkeit 2.0 im Asset Management *(Elsell)*		527
		1.	Einleitung	527
		2.	Systematische Aspekte	528
			a) Ansätze zur Berücksichtigung von Nachhaltigkeitsaspekten in der Kapitalanlage	528
			b) Entwicklungstendenzen	533

		c)	Nachhaltigkeits-Researchangebot	535
		d)	Reporting und Performancemessung	538
	3.	Ökonomische Aspekte		541
		a)	Beispiel: Verankerung von Nachhaltigkeitsaspekten im aktiven fundamentalanalytischen Portfoliomanagement	543
		b)	Nachhaltigkeit als Performancetreiber	547
		c)	Beratungskompetenz im Asset Management	549
	4.	Zukünftige Entwicklungen und Ausblick		550
II.	Integration von Nachhaltigkeit im Asset Management *(Chae/Hasanbasoglu/Schedler)*			552
	1.	Nachhaltigkeit: Eine Standortbestimmung		552
	2.	Integration von Nachhaltigkeitsaspekten im Asset Management		554
		a)	Kundenmanagement und Sales	555
		b)	Produktmanagement	556
		c)	Investment Management	558
		d)	Portfolio Services & Accounting: Data Management	559
		e)	Portfolio Services & Accounting: Client Reporting	561
	3.	Fazit		563
III.	Praxisbericht: Chancen ergreifen und Risiken managen – die Integration von Nachhaltigkeit im Asset Management *(Philippus)*			564
	1.	Die Anfänge der Nachhaltigkeit bei Union Investment		564
	2.	Zwei Dimensionen von Nachhaltigkeit für Investoren		566
		a)	Risikomanagement	566
		b)	Identifizierung von Chancen	568
	3.	Drei Kategorien von Unternehmen		570
	4.	Integration von Nachhaltigkeitskriterien im Investmentprozess		572
	5.	Miteinander reden: Engagement		574
	6.	Die Lenkungsfunktion der Finanzwirtschaft		575

	7.	Fazit	575
IV.		Nachhaltige Finanzinvestments mit Hilfe von Aktien-ETFs *(Tschuschke)*	577
	1.	Vorbemerkungen zu der Entwicklung von nachhaltigen Investments	577
	2.	Wie wird ein bestehender Börsenindex nachhaltig restrukturiert?	583
	3.	ETF-Performance-Analyse – Kostet Nachhaltigkeit Rendite?	586
	4.	Einordnung des Ergebnisses von nachhaltigen Aktien-ETFs	593
	5.	Fazit und Ausblick	594
V.		Green Bonds – eine Assetklasse auf dem Vormarsch *(Kühlwein)*	595
	1.	Einführung	595
	2.	Was ist ein Green Bond?	596
		a) Definition	596
		b) Greenwashing	596
		c) Aufgaben	597
		d) Arten von Green Bonds	599
	3.	Der Markt für Green Bonds	600
		a) Marktentwicklung	600
		b) Emittenten	602
		c) Investoren	604
		d) Pricing	605
	4.	Green Bond Richtlinien	609
		a) EU Green Bond Standard	609
		b) Green Bond Principles der ICMA	612
		c) Climate Bonds Standard	613
		d) Weitere Green Bond Richtlinien und Normen	614
	5.	Ausblick	615

VI. Lettres de Gage Renewable Energy – Strukturierung eines
Green Covered Bonds *(Anthes/Blumberg/Groß/H. Schmidt)* 617
1. Überblick 617
2. Entstehung und Hintergründe des Lettre de Gage
Renewable Energy 618
   a) Definition »lettre de gage« 620
   b) Einordnung des Lettres de Gage Renewable
   Energy in die Pfandbriefphilosophie 623
   c) Gesetzesrahmen des Lettre de Gage Renewable
   Energy 625
3. Evaluierung von Finanzierungsprojekten und Vorgaben zur
Nutzung der Erlöse 629
   a) Geeignete Finanzierungen 629
   b) Green Covered Bond Rahmenwerk 629
   c) Praxisbeispiel: Green Covered Bond der
   NORD/LB CBB 630
4. Strukturierung Lettres de Gage Renewable Energy 632
   a) Cashflow Absicherung zum Schutz der
   Pfandbriefgläubiger 632
   b) Loan-to-Value Konzept 634
   c) Praxisbeispiel: Green Covered Bond der
   NORD/LB CBB 636
5. Reportinganforderungen 637
   a) Transparenz 637
   b) Allokation 638
   c) Impact 638
   d) Praxisbeispiel: Green Covered Bond der
   NORD/LB CBB 639
6. Bewertung und Überprüfung 639
   a) Nachhaltigkeitsrating 639
   b) Rating Green Bond 639
   c) Second Party Opinion 640
   d) Verifikation und Zertifizierung 641
   e) Praxisbeispiel: Green Covered Bond der
   NORD/LB CBB 641

	7.	Fazit		642
VII.	Impact Investing: Markt, Produkte und Ansätze *(Andrae)*			644
	1.	Einleitung		644
	2.	Was ist wirkungsorientiertes Investieren?		645
	3.	Der WI-Markt		647
		a)	Internationaler WI-Markt	647
		b)	Nationaler WI-Markt	648
		c)	WI-Sektoren	648
		d)	Investoren	649
	4.	Vermögensklassen und Produkte		651
		a)	Green Bonds	652
		b)	Offene Impact Fonds	654
		c)	Social Impact Fonds	654
		d)	Mikrofinanzfonds	655
		e)	Beteiligungen	656
	5.	Performance		657
		a)	Erwartete Performance und Risiken	657
		b)	Realisierte Performance und Zahlungsbereitschaft	659
	6.	Wirkungsmessung, Investitionszyklus und Investmentansatz		660
		a)	Wirkungsmessung	661
		b)	Messziele und Investitionszyklus	665
		c)	Bausteine eines Impact-Managements	668
	7.	Zusammenfassung		671

F. Berichterstattung und Prüfungshandlungen im Umfeld der Nachhaltigkeit — 675

	I.	Aspekte zur Überprüfung der nachhaltigen Finanzwirtschaft im Jahresabschluss *(Hartke)*		677
		1.	Einleitung und wesentliche Fragestellungen	677
		2.	Der Kontext	677
		3.	Vorab – Die Risiken	678
			a) Was sind Nachhaltigkeitsrisiken?	678

		b)	Was ist das Prüfungsrisiko?	681
		c)	Welche Risiken kennt das HGB?	682
	4.	\multicolumn{2}{l}{Rechtsgrundlagen für die Prüfung von Jahresabschluss und Lagebericht}	686
	5.	\multicolumn{2}{l}{Prüfung des Jahresabschlusses}	686
		a)	Kenntnisse über das Kreditinstitut und seine Tätigkeit	689
		b)	Verständnis vom rechnungslegungsbezogenen internen Kontrollsystem	690
		c)	Risiko- und Wesentlichkeitseinschätzungen	691
		d)	Art, Zeitlicher Ablauf und Ausmaß der Prüfungshandlungen	695
		e)	Koordination, Leitung und Überwachung der Nachschau	695
		f)	Beurteilung der Fortführung der Unternehmenstätigkeit	695
	6.	\multicolumn{2}{l}{Prüfung des Lageberichtes}	696
		a)	Anforderungen des Handelsgesetzbuches (HGB)	696
		b)	Anforderungen nach den Grundsätzen ordnungsmäßiger Abschlussprüfung	697
	7.	\multicolumn{2}{l}{Prüfung der nichtfinanziellen Erklärung bzw. in dem gesonderten nichtfinanziellen Bericht}	698
		a)	Anforderungen des Handelsgesetzbuches (HGB)	698
		b)	Anforderungen nach den Grundsätzen ordnungsmäßiger Abschlussprüfung	699
	8.	Fazit		700
II.	\multicolumn{3}{l}{Prüfungsansätze zur nachhaltigen Finanzwirtschaft der Revision *(Pfeil)*}	701
	1.	\multicolumn{2}{l}{Einleitung}	701
	2.	\multicolumn{2}{l}{Überprüfung der Geschäfts- und Risikostrategie und Nachhaltigkeitsstrategie}	702
	3.	\multicolumn{2}{l}{Prüfung der Organisationsrichtlinien}	705
	4.	\multicolumn{2}{l}{Prüfung des Risikomanagementsystems}	706
	5.	\multicolumn{2}{l}{Prüfung des Auslagerungsmanagements}	708

INHALTSVERZEICHNIS

	6.	Fazit		708
III.	Berichterstattung über nichtfinanzielle Informationen *(Buschfort/Guntermann)*			710
	1.	Grundlagen und Anforderungen an Transparenz		711
		a)	Rahmenbedingungen zur Berichterstattung	711
		b)	Verankerung im deutschen Handelsrecht	714
		c)	Wettbewerbsvorteile	716
	2.	Begriffsvielfalt		717
		a)	Ableitung aus den handelsrechtlichen Vorgaben	718
		b)	Rahmenwerke als Standards der Berichterstattung	719
	3.	Formen und Inhalte der Nachhaltigkeitsberichterstattung		723
		a)	Nichtfinanzielle Erklärung und Nachhaltigkeitsbericht	723
		b)	Wesentlichkeit bei der Auswahl nachhaltiger Themen	724
		c)	Systeme und Regelwerke zur Beschreibung von Einfluss auf und Erfüllung der (globalen) Klimaziele	725
	4.	Nachhaltigkeitskommunikation als Schlüssel zur Transparenz und Zielgruppen		725
	5.	Notwendigkeit und Verwendung einer unternehmensinternen Dokumentation zu nachhaltigen Aktivitäten		726
		a)	Nachhaltige Aktivitäten in der Betriebsdokumentation	726
		b)	Beschreibung und Dokumentation im Rahmen von Revision und internem Berichtswesen	727
	6.	Fallstricke der Nachhaltigkeitsberichterstattung		727
IV.	Bankaufsichtliche Offenlegungspflichten von ESG-Risiken *(Hegeler)*			729
	1.	Einführung		729
	2.	Aktuelle Initiativen zur Offenlegung von ESG-Risiken		730
	3.	Offenlegung von ESG-Risiken nach CRR II		731

a)	Definition und Einordnung der Vorgabe	732
b)	Möglichkeiten der Umsetzung	734
4.	Fazit und Ausblick	741

Literaturverzeichnis   **743**

Stichwortverzeichnis   **831**

Abbildungsverzeichnis

Abbildung A.1: Übersicht der Elemente nachhaltiger Finanzwirtschaft	S. 20
Abbildung A.2: Wirkungsmechanismus klimabezogener Risiken	S. 25
Abbildung A.3: UN-Ziele für nachhaltige Entwicklung	S. 32
Abbildung A.4: Wertschöpfungsmechanismen der UN Principles for Responsible Banking	S. 53
Abbildung A.5: Transmissionsmechanismus von physischen und transitorischen Risiken	S. 56
Abbildung A.6: Ausstehende Kredite deutscher Banken und Versicherungen in ausgewählten Wirtschaftszweigen	S. 59
Abbildung A.7: Wirkung physischer Risiken auf Kreditinstitute	S. 72
Abbildung A.8: Wirkung physischer Risiken auf Kreditinstitute	S. 73
Abbildung A.9: Heat Map für eine vereinfachte Vorselektion von Ausschlusskriterien	S. 79
Abbildung A.10: Überblick über Ursachen von Nachhaltigkeitsrisiken	S. 92
Abbildung A.11: Zusammenhang zwischen physischen und transitorischen Risiken mit Beispielen	S. 98
Abbildung A.12: Physische und transitorische Risiken im Bereich Klima und Umwelt	S. 102
Abbildung A.13: Wirkungskette von ESG-Risiken auf Banken	S. 106
Abbildung A.14: Wirkungskette von Klimarisiken auf Produktivität und Bewertung von Unternehmen	S. 107
Abbildung A.15: Wirkungskette von ESG-Risiken auf Banken	S. 110
Abbildung A.16: Ansätze zur Quantifizierung von ESG-Risiken	S. 120
Abbildung A.17: Dimensionen möglicher Klimaszenarien	S. 123
Abbildung A.18: Vorgehen einer Szenarioanalyse für Nachhaltigkeitsszenarien, vor allem Klimarisiko-Szenarien	S. 126
Abbildung B.1: Einordnung Nachhaltigkeitsziele	S. 161
Abbildung B.2: Steuerungsansatz Finanzierung und SDG-Ziele	S. 171
Abbildung B.3: Grüner Deal – Überblick Maßnahmen Umgestaltung Wirtschaft	S. 176
Abbildung B.4: Die Materialitätsmatrix der Evangelischen Bank	S. 190
Abbildung B.5: Die wesentlichen Elemente des EMAS-Systems	S. 191
Abbildung B.6: Die Verteilung des Finanzierungsvolumens 2019 nach Branchen	S. 194

ABBILDUNGSVERZEICHNIS

Abbildung B.7: Der EB-Finanzkreislauf	S. 195
Abbildung B.8: Urkunde zur Auszeichnung als immaterielles Kulturerbe der Menschheit	S. 201
Abbildung C.1: Anzahl der Filialen privater Banken in Deutschland 2004 bis 2019	S. 238
Abbildung C.2: Auswirkungsbereiche der Ausrichtung von Kreditinstituten auf Nachhaltigkeit	S. 241
Abbildung C.3: Identifikation von Arbeitsfeldern der Nachhaltigkeitstransformation von Organisation und Prozessen	S. 249
Abbildung C.4: Entwicklungsstufen zur nachhaltigen Bankorganisation	S. 252
Abbildung C.5: Beurteilungskriterien in der Kreditwürdigkeitsprüfung	S. 257
Abbildung C.6: Emissionsquellen	S. 270
Abbildung C.7: Ausgewählte Treibhauspotenziale	S. 272
Abbildung C.8: Berichterstattung pro Vermögenskategorie	S. 274
Abbildung C.9: Zusammenfassung der THG-Emissionen der ABN AMRO	S. 275
Abbildung C.10: Klimaauswirkungen der Investitionen der Darlehen und Fonds der Triodos Bank	S. 276
Abbildung C.11: Auszug aus CO2-Emissionssbilanz eines Energiehandelsunternehmens	S. 278
Abbildung C.12: Bewertung der Datenqualität	S. 279
Abbildung C.13: CO2-Steuerungsrahmen	S. 282
Abbildung C.14: Alloziierte Emissionen und interne Transferpreise für eine Unternehmensanleihe mit 77,5 Mio. EUR Nennwert	S. 292
Abbildung C.15: Vergleich der Kompensation mittels EU ETS und Projektanbietern	S. 294
Abbildung C.16: Branchen- und firmenabhängige Transferpreise einer Unternehmensanleihe von 77,5 Mio. EUR Nennwert	S. 296
Abbildung C.17: Gesamttransferpreis bei einer Anleihe-Finanzierung	S. 298
Abbildung C.18: Nachhaltigkeit in Bankbereichen	S. 309
Abbildung C.19: Nachhaltigkeit im Risikomanagementsystem	S. 317
Abbildung C.20. Bankstrategie und deren Erfolgsfaktoren	S. 323
Abbildung C.21: Beispiele Darstellung Strategiestruktur	S. 329
Abbildung C.22: Schritte zur Nachhaltigkeitsdifferenzierung	S. 353
Abbildung D.1: ESG-Kriterien	S. 389

ABBILDUNGSVERZEICHNIS

Abbildung D.2: Mögliche Bewertungsfaktoren der Geschäftsstrategie in Bezug auf die Nachhaltigkeitsrisiken — S. 392

Abbildung D.3: Geschäftsmodell- und Risiko-Analysen — S. 405

Abbildung D.4: Strukturierte Risiko- und Betroffenheitsanalyse — S. 410

Abbildung D.5: Umgang mit Nachhaltigkeitsrisiken – Offenlegung — S. 412

Abbildung D.6: Strategische Planung – Optimierung — S. 413

Abbildung D.7: Prinzipien – ICAAP und ILAAP — S. 414

Abbildung D.8: Nachhaltigkeitsrisiken – Auswirkungsanalysen — S. 416

Abbildung D.9: Verrechnungswege im Vergleich – Liquiditätspufferkosten — S. 419

Abbildung D.10: Regelbasierter, gesamtbankbezogener Entscheidungsprozess — S. 424

Abbildung D.11: Abgrenzung der Effekte aus Nachhaltigkeitsrisiken in Outside-In- und Inside-Out-Perspektiven — S. 430

Abbildung D.12: Illustrative Wirkungskette ausgehend von Hitzewellen als Beispiel für einen Risikotreiber der Kategorie »physischer Klimarisikotreiber« — S. 438

Abbildung D.13: Illustrative Wirkungskette ausgehend von Kinderarbeit als Beispiel für einen Risikotreiber der Kategorie »Sozialrisiken« — S. 440

Abbildung D.14: Vorgehen MSCI ESG Score — S. 455

Abbildung D.15: Prozessvorschlag Übertrag Ergebnisse ins Risikomanagement — S. 456

Abbildung D.16: Einbindung von Nachhaltigkeitsrisiken in das Risikoartenuniversum — S. 482

Abbildung D.17: Auswirkungen von Nachhaltigkeitsrisiken auf die Nettoertragsermittlung — S. 489

Abbildung D.18: Notwendige Entwicklung des Kohleberbrauchs und anderer fossiler Brennstoffe — S. 505

Abbildung D.19: Veränderungen im Bereich der Produktion elektrischer Energie — S. 508

Abbildung D.20: Dynamische, wechselseitige Abhängigkeiten zwischen Risikotreibern — S. 509

Abbildung E.1: UN Sustainable Development Goals — S. 540

Abbildung E.2: Elemente eines integrativen nachhaltigen Investmentprozesses — S. 543

Abbildung E.3: High-level Wertschöpfungskette eines Asset Managers — S. 555

Abbildung E.4: Zuordnung ESG-Strategie je Asset Klasse — S. 559

Abbildung E.5: SDGs — S. 569

ABBILDUNGSVERZEICHNIS

Abbildung E.6: ESG-Score für Unternehmen	S. 572
Abbildung E.7: Anlageformen mit Nachhaltigkeitskritieren	S. 581
Abbildung E.8: MSCI ESG Ratings Verteilung	S. 588
Abbildung E.9: MSCI ESG Ratings angewandte Skalierung	S. 589
Abbildung E.10a: Übersicht Zusammensetzung der ausgewählten ETFs	S. 590
Abbildung E.10b: Übersicht Zusammensetzung der ausgewählten ETFs	S. 591
Abbildung E.11: Verwendung der Emissionserlöse grüner Anleihen 2019	S. 599
Abbildung E.12: Übersicht über grüne Anleihe-Typen	S. 601
Abbildung E.13: Neuemissionsvolumen grüner Anleihen 2019 nach Regionen	S. 604
Abbildung E.14: Länder mit größtem Neuemissionsvolumen	S. 604
Abbildung E.15: Illustration Lettres de Gage Renewable Energy	S. 621
Abbildung E.16: Pfandbriefphilosophie	S. 625
Abbildung E.17: Projektbewertung und -auswahl	S. 633
Abbildung E.18: Management Emissionserlöse	S. 633
Abbildung E.19: Schutz der Pfandbriefgläubiger	S. 634
Abbildung E.20: Beispiel Loan-to-Value Berechnung für Sonne, Wind und Biomasse	S. 637
Abbildung E.21: Wirkungsorientiertes Investieren – eine Abgrenzung	S. 648
Abbildung E.22: Vermögensklassen und Renditespektrum	S. 653
Abbildung E.23: Angestrebte Renditeerwartungen	S. 659
Abbildung E.24: Performance in Relation zu den Erwartungen	S. 659
Abbildung E.25: Ausgewählte Portfoliorisiken	S. 660
Abbildung E.26: Wertschöpfungskette der Auswirkungen	S. 662
Abbildung E.27: Integriertes Modell der Wirkungsmessung	S. 668
Abbildung E.28: Auswahl an Performance-Indikatoren	S. 671
Abbildung F.1: Risiken der Abschlussprüfung	S. 681
Abbildung F.2: EBA-Bericht zu ESG-Risiken	S. 733

Tabellenverzeichnis

Tabelle A.1: Sustainable Development Goals	S. 23
Tabelle A.2: Kategorisierung klimabezogener Risiken in finanzwirtschaftliche Kategorien	S. 60
Tabelle A.3: 2x2-Matrix der möglichen Anpassungspfade	S. 62
Tabelle A.4: Zusammenhang zwischen den ESG-Risikokategorien und den UN-Nachhaltigkeitszielen	S. 90
Tabelle A.5: Umweltrisiken und soziale Risiken	S. 93
Tabelle A.6: Beispiele für soziale Risiken und Governance-Risiken	S. 94
Tabelle A.7: Beispiel für Abhängigkeiten von ESG-Risiken am Beispiel der COVID-19-Pandemie	S. 97
Tabelle A.8: Wirkungsrichtungen von Transitionsrisiken vor dem Hintergrund des Klimawandels	S. 100
Tabelle A.9: Beispiele unmittelbar wirkende Risikoereignisse von ESG-Risiken	S. 105
Tabelle A.10: Nachhaltigkeitsrisiken nach Risikoarten	S. 115
Tabelle A.11: Wesentliche Treiber der Unterschiede zwischen Klima- oder Nachhaltigkeitsstresstests und herkömmlichen Stresstests	S. 122
Tabelle A.12: Überblick über Risikoarten im Stresstests unter Klima-/Umweltrisiken	S. 132
Tabelle A.13: Anpassungsmöglichkeiten in Risikomodellen relevanter Risikoarten	S. 136
Tabelle B.1: Key Performance Indicators (KPI) zur Ermittlung von ESG-Ratings	S. 153
Tabelle B.2: Überblick UN-Nachhaltigkeitsziele	S. 164
Tabelle B.3: Überblick ESG-Kriterien	S. 174
Tabelle C.1: Teilbereiche der Risikoexposition des Geschäftsmodells	S. 222
Tabelle C.2: Handlungsfelder nachhaltiger Geschäftsmodelländerungen	S. 228
Tabelle C.3: EU-Taxonomie	S. 310
Tabelle C.4: Prinzipien Bankstrategie	S. 324
Tabelle C.5: Geschäftsstrategie und innere Rahmenbedingungen	S. 324
Tabelle C.6: Geschäftsstrategie und äußere Rahmenbedingungen	S. 325
Tabelle C.7: Beispiele grundsätzlicher Risikosteuerungsansätze	S. 327
Tabelle C.8: Zuordnung von Nachhaltigkeitsfaktoren zu den Dimensionen	S. 333

TABELLEVERZEICHNIS

Tabelle D.1: Beispielhafte Risikotreiber aus physischen Klimarisiken	S. 431
Tabelle D.2: Beispielhafte Risikotreiber aus transitorischen Klimarisiken	S. 432
Tabelle D.3: Beispielhafte Risikotreiber aus sonstigen Umweltrisiken	S. 433
Tabelle D.4: Beispielhafte Risikotreiber aus Sozialrisiken	S. 434
Tabelle D.5: Beispielhafte Risikotreiber aus governancebezogenen Risiken	S. 435
Tabelle D.6: Überblick Nachhaltigkeitsrisiken	S. 452
Tabelle D.7: ESG-Risiken nach Blickwinkel	S. 453
Tabelle D.8: Ansätze für die Operationalisierung im Rahmen Risikoinventur und Strategiediskussion	S. 459
Tabelle D.9: Beispiele für die Modifikation bestehender Kreditvergabestandards	S. 461
Tabelle D.10: Parameter Wertverluste Aktien	S. 492
Tabelle D.11: Parameter Herabstufung Ratings	S. 495
Tabelle D.12: Parameter Wertverluste Grundstückswerte	S. 497
Tabelle D.13: Ursachenbasierte Risikokategorisierung (Bedrohungskatalog)	S. 514
Tabelle D.14: Übersicht möglicher Nachhaltigkeitsrisiken	S. 517
Tabelle E.1: Beispiele von Ausschlusskriterien für Unternehmen	S. 529
Tabelle E.2: Beispiele positiver Bewertungskriterien für Unternehmen	S. 530
Tabelle E.3: Übersicht der gängigen Ansätze in der liquiden Wertpapieranlage	S. 531
Tabelle E.4: Beispiele von Ausschlusskriterien für Staaten	S. 532
Tabelle E.5: Beispiele positiver Bewertungskriterien für Staaten	S. 532
Tabelle E.6: Erstellung eines nachhaltigen Referenzindex – Titelselektion	S. 584
Tabelle E.7: Gegenüberstellung ETFs der Performance-Analyse	S. 588
Tabelle E.8: Übersicht Performance-Kennzahlen der beiden ETFs	S. 592
Tabelle E.9: Glossar zum Pfandbriefen für Erneuerbare Energien	S. 619
Tabelle E.10: Übersicht Lettres de Gage	S. 624
Tabelle E.11: WI-Sektoren und -Produkte	S. 652
Tabelle E.12: Bausteine eines Impact Managements	S. 670
Tabelle F.1: ESG-Faktoren	S. 680
Tabelle F.2: Fundstellen zum Suchbegriff »Risik« in den §§ 238 bis 288 HGB	S. 683

Tabelle F.3: Fundstellen zum Suchbegriff »Risik« in den §§ 340 bis 340o HGB   S. 684

Tabelle F.4: Fundstellen zum Suchbegriff »Risik« im § 289 HGB   S. 685

Tabelle F.5: Fundstellen zum Suchbegriff »Risik« in den §§ 289a bis 289f HGB   S. 685

Tabelle F.6: Einfluss von Nachhaltigkeitsrisiken   S. 689

Tabelle F.7: Beispiele für darin enthaltene Nachhaltigkeitsrisiken   S. 703

Liebe Leserin, lieber Leser, liebe Lesende,

als ich gefragt wurde, ob ich mir ein Geleitwort für dieses Buch vorstellen könnte, wussten wir noch nichts von **Corona** und seinen Auswirkungen. Auch nichts von den sich Bahn brechenden Anstrengungen inklusive der Milliarden-Pakete zur Rettung von Leben. Je mehr uns dieses Tun ins Bewusstsein dringt, desto weiter steigen die Chancen, dass wir auch ausreichend Mittel für das nicht nur kurzfristige Bewahren von Leben, bis ein Impfstoff hinreichend verabreicht sein wird, sondern auch für die nachhaltige Erhaltung menschlichen Lebens auf diesem Planeten zur Verfügung haben werden.

Corona hat allen, die sich mit **Nachhaltigkeitsrisiken** beschäftigen, gezeigt, wie schnell sich Transitionsrisiken – und hier sind es in erster Linie **soziale Transitionsrisiken** – materialisieren können. Bislang konnten wir uns die physischen Risiken sehr gut vorstellen und in die Betrachtung von Nachhaltigkeitsrisiken einbeziehen. Für diese haben wir inzwischen Modelle und Szenarien, dominiert vom Klima, gefolgt von Umweltauswirkungen. Ja, unsere Sicht war zuerst auf das **E (Environmental)** fokussiert. **S (Soziales)** und **G (Governance)**, die nie zu unterschätzenden Schwestern des großen E würden dann schon noch kommen. Corona erzwang politische Entscheidungen, die zu stärksten Einschränkungen bis hin zum völligen Stillstand in wichtigen Industrie- und Dienstleistungsbereichen führte. Solche Transitionsrisiken haben Mahner vorhergesagt. Auch dass sie in ihrer Wirkung massiver ausfallen können, als es die physischen Risiken vermögen. Oft genug wurde des Rufers Mahnung nicht ernst genommen, konnte für sie die Eintrittszeit, die Eintrittswahrscheinlichkeit und die Härte der Auswirkungen nicht genau bestimmt werden. Ich hoffe sehr, dass sich das jetzt ändert. Transitionsrisiken können jederzeit, auch außerhalb von E und in einer systemgefährdenden Stärke auftreten.

Da es sich bei dem vorgelegten Werk um ein Sachbuch handelt, befasst es sich natürlich nur am Rande mit der allgemeinen Großwetterlage. Es setzt sich vielmehr konkret mit nachhaltiger Finanzwirtschaft, neudeutsch auch **Sustainable Finance**, auseinander. Sustainable Finance ist für mich der Beitrag der Finanzindustrie und -regulierung, die in die bekannten Risikoarten einfließenden nachhaltigkeitsgefährdenden Momente zu erkennen, zu messen und zu steuern und dabei die zielentsprechenden Impulse zu setzen. Hierbei spielen die **vielfältigsten Mitwirkenden** eine große Rolle, seien es realwirtschaftliche Unternehmen, Kunden, Anleger, Kredit- und Versicherungsgeber sowie Prüfende. Jede/r wirkt in einem äußerst volatilen neuen Umfeld mit. Bewusst oder unbewusst.

GELEITWORT

Steuernd oder gesteuert. Jede/r versucht, sich in diesem Umfeld zurechtzufinden, sich zu behaupten und auch selbst nachhaltig zu werden, im Sinne eines Beitrags für die Gesellschaft, aber auch für das eigene Überleben im Markt.

Hierbei kommt der nachhaltigen Finanzwirtschaft eine besondere Rolle zu. Sie wird aufgrund ihrer Produktpalette, ihrer Reichweite, ihrer Kundenbindung als wesentliches **Bindeglied** zwischen der nachhaltigen Umgestaltung der Gesellschaft und der die Gesellschaft tragenden Wirtschaft gesehen. Die Finanzwirtschaft verfügt über ein einzigartiges Know-how der Mittelgenerierung und -allokation. Sie wird in der Lage sein, den größten wirtschaftlichen Strukturwandel seit der industriellen Revolution zielführend zu begleiten. Ein gut etabliertes **Risikomanagement**, auf Erfahrung und das Wissen um steten Wandel basierte Investitionsstrategien sowie das Zusammenbringen von Kundengeldern und nachhaltigen Investitionsbedarfen sind bereits auf der Habenseite. Die Erkenntnis, dass die nachhaltige Finanzwirtschaft auch die größte Chance für sich selbst birgt, muss in dem einen oder anderen Fall noch reifen.

Daher möchte ich Sie, liebe Leserin, lieber Leser, liebe Lesende, ermuntern, bei der Lektüre dieses Werkes auch auf die Chancen für Ihren Verantwortungsbereich und nicht nur anstehende Belastungen aufgrund eines anzupassenden Risikomanagements, geänderten Investitions- und Kundenstrategien oder neuer Prüfungsleitfäden zu schauen. Der **nachhaltige Wandel** wird Geld und Ressourcen kosten. Das ist unbestritten. Aber er birgt auch die Möglichkeit, Ihr Haus so aufzustellen, dass Sie eine zukünftig hochgradig flexible Kundschaft mit klar nachhaltiger Interessenlage nicht nur bedienen, sondern auch zu neuen Zielen führen können. Gleiches gilt für Ihr Aktivmanagement. Wer die Nachhaltigkeitsrisiken versteht, wird sie so gezielt managen können, dass neben der Begleitung des Strukturwandels auch eine langfristig erzielbare Rendite der **eigenen Überlebensfähigkeit** hilft.

»Langfristig« ist ein gutes Stichwort. Wir brauchen auch **regulatorische Lösungen**. Insbesondere eine, die die derzeit kurzfristige Ausrichtung der Regulierung und die Langfristigkeit von Nachhaltigkeitsrisiken auch risikokonform umsetzt. Das BaFin-Merkblatt zum Umgang mit Nachhaltigkeitsrisiken macht hier zwar einen Anfang, in dem es auf die Risiken selbst, also unabhängig, ob es sich um kurz- oder langfristige Risiken handelt, abstellt. Ich denke auch, dass sich bis auf Weiteres mit diesem Ansatz die genauesten Ergebnisse erzielen lassen werden. Die Aufträge der Europäischen Kommission gehen aber schon ein Stück weiter und fordern eine **Betrachtung der Kapitalanforderungen** in

Säule 1. Und spätestens dann muss der Regulierer die Frage nach der Kurz- vs. Langfristigkeit beantworten können. Vielleicht Raum für ein weiteres Buch...

Ich wünsche Ihnen bei der Lektüre dieses Kompendiums Impulse für Ihre eigene Arbeit, interessante Anregungen für eine ggf. auch andere Sicht der Dinge und uns allen **viel Erfolg** bei der Erreichung des sehr ambitionierten Ziels einer nachhaltigen Finanzwirtschaft.

Bonn, im Dezember 2020

Frank Pierschel
Chief Sustainable Finance Officer der BaFin

Vorwort[1]

»Wir werden eine Nachhaltigkeitsrevolution erleben, die vergleichbar mit der industriellen Revolution im 19. Jahrhundert ist, aber im Tempo der digitalen Revolution. Es wird die größte Investitionschance und die größte Jobmaschine in der Geschichte sein.«

Albert Arnold »Al« Gore Jr., August 2017[2]

Ein Fachbuch über »Nachhaltige Entwicklung« mit einem Zitat von Al Gore, Friedensnobelpreisträger,[3] zu beginnen, kann man vermutlich als »klassisch« bezeichnen. Bewusst entscheiden muss man sich, hier jedoch nicht den »Klassiker« unter den vielen ausgesprochenen Sätzen des Umweltaktivisten auszuwählen[4] – »*Die Erde hat Fieber. Und dieses Fieber steigt.*«[5] – sondern einen neueren, quasi aus dem Spätwerk des US-Vizepräsidenten entstammenden Ausspruch zu nutzen. Denn alle Bemühungen um »Nachhaltigkeit« und »**Klimawandel**« gehen und *müssen* nun in eine neue, so genannte zweite Phase gehen.

Die erste Phase beschäftigte sich vor allem mit der Klärung des Faktums, dass der Klimawandel bzw. die Erderwärmung existent ist und dass die **Veränderung** des menschlichen Verhaltens im Umgang mit den Ressourcen der Erde eine Veränderung bewirken kann.[6] Bisherige Fortschritte zur Abmilderung oder zum Umgang mit dem Klimawandel und weitere nachhaltige Entwicklungen – neben Klima und Umwelt betrifft dies **gesellschaftliche-soziale Themen** und im weitesten Sinne der Umgang mit Führung und **Verantwortung** – dürften nicht ausreichen, um unsere Erde weiterhin als (für Menschen) lebenswerten Raum im Universum zu erhalten.[7] Nicht zuletzt die **Corona-Pandemie** zeigt exemplarisch, wie erheblich das Risikopotenzial sozialer Risiken aufgrund der Globalisierung und wachsenden Bevölkerungsdichte gestiegen ist.[8]

---

1 Autor: *Dirk Heithecker*. Die Ausführungen geben ausschließlich persönliche Auffassungen wieder. Für Rückfragen oder Anregungen ist der Autor unter der E-Mail-Adresse dirk.heithecker@hs-hannover.de erreichbar.
2 Vgl. *Gore* (2017).
3 Vgl. *The Nobel Foundation* (2007).
4 Vgl. dazu etwa *Gore* (2020).
5 Vgl. etwa *Süddeutsche Zeitung* (2010).
6 Vgl. stellvertretend für umfangreiche Literatur dazu beispielsweise *Lindner/Schuster* (2018), *plpb* (2020) und natürlich das Klimaabkommen von Paris, vgl. etwa *DGVN* (2020).
7 Vgl. *IPCC* (2019b) oder auch Darstellungen bei *Haberkorn* (2018), *Riedel* (2020) und *SOS Kinderdörfer weltweit* (2020).
8 Vgl. dazu die Ausführungen unter *FAZIT Communication GmbH* (2020) und auch die Darstellungen zur Corona-Krise etwa in den Kapiteln A.IV und D.VI dieses Herausgeberbandes.

VORWORT

Die nun hoffentlich kommende zweite Phase steht im Zeichen durchgreifender und gravierender Veränderungen – die Al Gore in einer positiven Zukunftsvision zum Ausdruck bringt: eine **Nachhaltigkeitsrevolution**. Entsprechend müssen sich Personen, Unternehmen und damit auch Banken auf einen erheblichen **ökonomischen Wandel** in den kommenden Jahren und Jahrzehnten einstellen. Die von Al Gore angesprochene nachhaltige Entwicklung wird mit diesem Zitat zudem in eine Reihe mit der **industriellen Revolution** und der **digitalen Revolution** gestellt.

Bei beiden letztgenannten Revolutionen handelt es sich um wesentliche Anpassungen der Wirtschaftssysteme, die auch erheblich durch einen **gesellschaftlich-politischen Wandel** begleitet wurden und besondere, **erhebliche Risiken** hervorriefen. Vor allem die als abgeschlossen geltende industrielle Revolution ist hier umfangreich und in vielen Bereichen auch weitgehend final erörtert und diskutiert, sodass sie bereits Bestandteil des Schulunterrichts in Geschichte ist.[9] Sie führte zu einem erheblichen sozialen Wandel und einer gesellschaftlichen Modernisierung,[10] hatte aber auch **gesellschaftliche Unruhen** zu Folge.[11] Wesentlich dürfte die Industrialisierung auch die »**Urkatastrophe**« des vorherigen Jahrhunderts befeuert haben, den ersten Weltkrieg.[12] Auch die digitale Revolution wird in den Zusammenhang mit sozialen Risiken gebracht, wie hohe Ressourcen- und Energieverbräuche, wachsende Einkommensungleichheiten, und **Datenmissbrauch**.[13]

Bei der möglicherweise bevorstehenden Nachhaltigkeitsrevolution dürfte es sich jedoch etwas anders verhalten: die gestiegenen **Nachhaltigkeitsrisiken** durch den Klimawandel werden nicht durch die wirtschaftlich-technischen Veränderungen wie bei der industriellen oder digitalen Revolution hervorgerufen; vielmehr sind der Klimawandel und gestiegene Nachhaltigkeitsrisiken **Auslöser** nachhaltiger Anpassungen unserer Ökonomie.[14] Es bleiben jedoch zwei Aspekte, die wesentliche Treiber der in diesem Buch diskutierten »**Nachhaltigen Finanzwirtschaft**« sind. Zum einen ist dies der Anstieg von Klima- und Um-

---

9   Vgl. *Bildungsportal Niedersachsen* (2020). An dieser Stelle möchte ich gerne anregen, das Besuchen von Seminaren in Wirtschaftsgeschichte als ergänzende Bildungsmaßnahme für Banker in Führungspositionen zu diskutieren. Dies könnte wertvoller sein als so manche Szenarioanalyse.
10 Vgl. etwa *Kruse* (2021).
11 Vgl. die düstere Darstellung etwa bei *Paeger* (2020).
12 Vgl. *Schwabe* (2019) und *Emmerich* (2014).
13 Vgl. für eine Auflistung *Sanarius* (2018).
14 Vgl. dazu *Pohr* (2019).

weltrisiken, sozialen Risiken und Risiken aus dem fehlerhaften Umgang mit einer gestiegenen unternehmerischen Verantwortung,[15] zum anderen die Herausforderungen des ökonomischen und gesellschaftlichen Wandels im Rahmen einer nachhaltigen Transformation. Beide Aspekte sind im Rahmen der anstehenden **Veränderungen in Kreditinstituten** im Rahmen der Ausrichtung auf eine »Nachhaltige Finanzwirtschaft« zu berücksichtigen.

Innerhalb dieses dynamischen Umfelds können ferner exemplarisch zwei Strategien für eine Neuausrichtung einer Bank definiert werden: so können Kreditinstitute den **Wandel begleiten**, d. h. die bankinterne Transformation wird der aus Sicht des Instituts externen Veränderung angepasst. Wählt ein Kreditinstitut diese Strategie, so ist es zwar Teil des Veränderungsprozesses, dieser wird jedoch von anderen Akteuren, etwa aus Gesellschaft und Politik, getrieben und moderiert. Darüber hinaus können Kreditinstitute (An-)**Treiber oder Gestalter des Wandels** sein. In diesem Fall beschleunigen die Ausrichtung des Geschäftsmodells und die Geschäftspolitik eines Kreditinstituts die Transformation.

Beide exemplarische Strategien bergen unterschiedliche Risiken und beinhalten Gesichtspunkte, die schließlich Bestandteil **einer ganzheitlichen, realen Strategie** sind, die ein Kreditinstitut im Umfeld der nachhaltigen Transformation verfolgen kann. Allein schon aufgrund des Umfangs der Thematik der Nachhaltigkeit ist davon auszugehen, dass die Mitarbeiter eines Hauses beide Strategien gleichermaßen anwenden.

Um den »Wandel zu begleiten«, ist das **Umfeld sorgfältig und objektiv** zu beobachten. Zukünftige Entwicklungen sind zu antizipieren, insbesondere, wenn Anpassung innerhalb des Kreditinstituts nicht mit dem gleichen Tempo möglicher externer Veränderungen vorgenommen werden können. Selbst bei reformwilligen Mitarbeitern droht dieses Szenario aufgrund der langen Produktlebenszyklen (etwa im Kreditbereich bei Kreditlaufzeiten von zwanzig und mehr Jahren) gerade in Unternehmen der Finanzbranche. Interne Prozesse sind auf so ein »Monitoring« auszulegen.

Um den »Wandel zu gestalten« sind die **richtigen Impulse** zu setzen. Zum einen sind die Konsequenzen des eigenen proaktiven Handels abzuwägen, zum anderen bedarf es eines »internen Kompasses« – beispielsweise in Form der Unternehmenskultur oder interner Kontrollmechanismen – zur Vermeidung »voreiliger« Fehlentwicklungen.

---

15   Dies sind die sogenannten ESG-Risiken, vgl. dazu die Darstellungen in diesem Herausgeberband, etwa in den Kapiteln A.I, A. IV und A.V.

VORWORT

Vor dem Hintergrund dieses Themen- und Spannungsfelds

- wachsende Nachhaltigkeitsrisiken und wachsende Geschwindigkeit der nachhaltigen Transformation sowie
- wachsender Bedarf für Monitoring und Extrapolation anstehender Entwicklungen und für die Schaffung eines Umfelds zur Entfaltung der richtigen Geschäftsimpulse

befassen sich die 34 Beiträge der 53 Autorinnen und Autoren dieses Herausgeberbandes mit Entwicklungen und Fragen des noch jungen aufsichtsrechtlichen Regelgebiets der »**Nachhaltigen Finanzwirtschaft**«. Die Beiträge sind in sechs Kapiteln unterschiedlicher Themengebiete und Perspektiven auf die Thematik geordnet.

Die **Teile A und B** präsentieren die »**Nachhaltige Finanzwirtschaft in a Nutshell**« mit einem Fokus auf die aufsichtsrechtlichen Vorgaben und einer ganzheitlichen Sichtweise auf Kreditinstitute und Vermögensverwalter. Teil »**A – Grundlagen zur Nachhaltigen Finanzwirtschaft**« starten *Christian Klein*, *Julia Eckert* und *Maurice Dumrose* mit einer grundlegenden Einleitung in das Thema »Nachhaltigkeit« und arbeiten die Zusammenhänge zwischen den internationalen Nachhaltigkeitszielen und der Finanzbranche unter Einbeziehung der Initiativen der Europäischen Union heraus. Der Beitrag bildet gleichsam das Fundament für Entwicklungen und Vorgaben, mit deren Umsetzung sich weite Teile des Herausgeberwerkes beschäftigen. *Anna-Joy Kühlwein* präsentiert die Grundsätze der Vereinten Nationen eines verantwortungsbewussten Bankwesens und verbindet somit die generellen Vorgaben der Vereinten Nationen zur Nachhaltigkeit mit dem Finanzdienstleistungsbereich. *Philipp Haenle* geht näher auf die Relevanz der Thematik aus Sicht der Finanzstabilität ein und zeigt auf, dass aus Sicht des Aufsehers risikoorientierte Überlegungen im Kern der Diskussion um mögliche regulatorische Vorgaben zur Nachhaltigkeit stehen sollten. Die wesentlichen Inhalte des im Dezember 2019 erstmals final veröffentlichten Nachhaltigkeit-Merkblatts der deutschen Finanzaufsicht erörtert *Christian Gudat*. Darüber hinaus skizziert Herr Gudat zentrale Aspekte des im November 2020 veröffentlichten EZB-Leitfadens zu Klima- und Umweltrisiken. Die Aspekte werden aus Sicht eines Kreditinstituts diskutiert. Das Kapitel schließt mit einer umfassenden Analyse von *Dirk Heithecker* zur Definition, Herkunft und Zusammenhängen von Nachhaltigkeitsrisiken.

Teil »**B – Ganzheitliche Perspektiven zur Implementierung einer Nachhaltigen Finanzwirtschaft**« wird von *Wolfgang Otte* und *Alexander Schmid* eröffnet, die erkennbare Ansätze der Bankenaufsicht hinsichtlich Regulierungsvorgaben diskutieren, die über die bisherigen Ansätze zur Geschäfts- und Risikosteuerung der Säule 2 hinausgehen. *Stephan Schmid* und *Thomas Schmidt* legen kompakt und grundsätzlich dar, in welcher Weise und in welchem Umfang Anpassungen in Finanzdienstleistern aufgrund der zu erwartenden Entwicklungen und Vorgaben zur Nachhaltigkeit vorzunehmen sind. Ein Beispiel für einen ganzheitlichen Nachhaltigkeitsansatz erläutern *Joachim Fröhlich* und *Berenike Wiener* anhand einer Spezialbank, die sich schon aufgrund ihres Geschäftsauftrags und Geschäftsmodells der Nachhaltigkeit verschrieben hat und auf eine lange Tradition bei der Förderung wirtschaftlich und gesellschaftlich nachhaltiger Entwicklungen blickt. In dem Praxisbericht werden die Integrationsmöglichkeiten von Nachhaltigkeit in Bankprozessen vorgestellt. Einen umfassenden Überblick über die Errungenschaften und zukünftige Aufgaben zur Realisierung einer nachhaltigen Transformation des Geschäftsmodells einer Regionalbank bietet schließlich *Nicole Rüping*. Ihr Kreditinstitut blickt dabei bereits auf über zehn Jahre Erfahrung im »grünen Geschäftsfeld«.

In den **Teilen C bis F** werden etwas detaillierter **spezielle Themen** im Bankwesen in Bezug zur Nachhaltigkeit analysiert. Mit dem übergeordneten Thema der Steuerung startet in Teil »**C – Auswirkung der Nachhaltigkeit auf die Unternehmenssteuerung in Banken**« *Benjamin Wilhelm* mit Implikationen der Nachhaltigen Finanzwirtschaft auf das Geschäftsmodell von Banken. Er arbeitet drei Kernelemente heraus – Vertrieb, Risikomanagement und Transparenz über das »eigene Tun«. *Dirk Thiel* diskutiert die Auswirkung nachhaltiger Entwicklungen in Gesellschaft, Politik und Wissenschaft auf die durch eine Bank angebotenen Leistungen – einschließlich der Auswirkungen auf die (interne) Organisation und (externe) Kommunikation. Der Beitrag zeigt auf, dass eine Umsetzung der nachhaltigen Finanzwirtschaft auch eine Anpassung des Angebots und der Art der Leistungserstellung erfordert. *Silvio Andrae* und *Christian Schmaltz* zeigen auf, in welcher Weise die Messung eines CO_2-Abdrucks im Rahmen der Bankensteuerung gelingen kann. Sie liefern hierfür einen Ansatz, wie CO_2-Emissionen gemessen und im Rahmen der Steuerung verrechnet werden können. *Eberhard Brezski* diskutiert die Integration von Nachhaltigkeit in der Governance und liefert insbesondere Ansätze zur organisatorischen und funktionalen Verankerung der Thematik in einem Kreditinstitut. *Mathias Fiebig* stellt wesentliche Bestandteile und Merkmale einer Bankstrategie dar und zeigt auf, an welchen Stellen Nachhaltigkeitsthemen Einfluss nehmen und im Strategieprozess einer Bank zu integrieren sind. Das Kapitel endet mit zwei Praxisbeispielen insbesondere im Themenfeld Nachhaltigkeit und Governance: Für das Geschäftsmodell einer Spezialbank, die sich sehr grundlegend der Nachhaltigkeit im Sinne der Vereinten Nationen verschrieben hat, stellen *Harald Bolsinger* und *Goran Bašić* Grundsätze, Geschäftsziele und Schritte zu einer eigenen Nachhaltigkeitsstrategie dar. Die Autoren liefern darüber hinaus Prüffragen, die ein Einschwenken auf die »Straße der Nachhaltigkeit« vereinfachen. Bedeutende Fragestellungen zur Neuausrichtung am Beispiel einer Volksbank mit Ziel, eine gestalterische Rolle im Transformationsprozess zu einer nachhaltigen Wirtschaft einzunehmen zeigen *Markus Dauber*, *Thorn Kring* und *Liza Kirchberg*.

Sebastian Zinken eröffnet Teil »**D – Nachhaltigkeit in der Risikosteuerung**« mit einer Analyse zur Bedeutung der Nachhaltigkeit vor dem Hintergrund des gesamten ICAAP und erörtert vor allem die Verbindung zwischen der Geschäftsstrategie, der Risikoinventur und den weiteren, operativeren Prozessen des ICAAP. *Christian Hasenclever* geht den Liquiditätssteuerungskreis und Wirkungsketten der Liquiditätstreiber vor dem Hintergrund von Nachhaltigkeitsrisiken nach. Detailliert auf weitere einzelne Aspekte gehen dann die nachfolgenden Beiträge ein. Den Zusammenhang zwischen der Nachhaltigen Finanzwirtschaft und der Risikoinventur erörtern *Kristina Brixius*, *Clemens Wieck* und *Stefan Geisen* anhand von fünf Thesen, die den Kern zukünftiger Bemühungen in der Integration dieser Themen in einem Herzstück der Risikoanalyse bilden. *Frank Neumann* ordnet die Nachhaltige Finanzwirtschaft in das Kreditrisikomanagement ein und diskutiert einige Praxisansätze zur Integration von ESG-Risiken in die Steuerung von Adressausfallrisiken. *Tim-Oliver Engelke* liefert Hintergründe und Ansätze für Stresstests zu Nachhaltigkeitsrisiken. Insbesondere recherchiert er einige publizierte Beispiele in diesem noch jungen Stresstestumfeld. Solche Stresstestansätze konkretisieren *Martin Hellmich*, *Rüdiger Kiesel* und *Sikandar Siddiqui* vor dem Hintergrund der Herausforderungen der CO_2-Reduzierung. Zum einen verdeutlichen sie den Veränderungsdruck gerade im Umfeld der Energieerzeugung und CO_2-Emission; zum anderen zeigen sie auf, inwieweit dies die Risikotreiber in Stresstests beeinflussen kann. Wesentliche Aspekte des Auslagerungsmanagements diskutiert *Volker Köster* unter der Berücksichtigung und Integration von Nachhaltigkeitsthemen.

Veränderungen im Vermögensmanagement und die Möglichkeiten der Berücksichtigung der Nachhaltigkeit in Kapitalanlageprodukten stehen im Mittelpunkt von Teil »**E – Assets und Asset Management unter dem Aspekt der Nachhaltigkeit**«. *Dorothee Elsell* gibt einen gut recherchierten und umfassenden Überblick zu Ansätzen und Möglichkeiten der Berücksichtigung von Nachhaltigkeit im Assetmanagement. Ihr Beitrag bietet eine gute Basis für nachfolgende

Vertiefungen in die Thematik. So erfolgt eine tiefgehende Erörterung der Herausforderung der Integration von Nachhaltigkeitsthemen im Management von Publikums- und Spezialfonds vor dem Hintergrund der gesetzlichen Vorgaben und Kundenbedürfnisse durch *Davut Hasanbasoglu*, *Philipp Schedler* und *Song-Hwa Chae*. Einen weiteren Praxisansatz zur Berücksichtigung der Nachhaltigkeit im Asset Management eines Fondsanbieters bietet *Achim Philippus*. Der Autor stellt auch die Schlüsselfunktion der Finanzwirtschaft und insbesondere des Asset Managements in dem Nachhaltigkeits-Transformationsprozess heraus. Die Anlageklasse von nachhaltigen Aktien-Indexfonds (ETFs) erörtert *Dennis Tschuschke*. Exemplarisch vergleicht er zudem einen nachhaltigen und einen herkömmlichen Aktienfonds qualitativ und quantitativ. Als weitere wichtige Asset-Klasse diskutiert *Anna-Joy Kühlwein* Green Bonds, die sich ebenfalls rasant wachsender Beliebtheit am Kapitalmarkt erfreuen. Darauf aufbauend legen *Timo Anthes*, *Lisa Blumberg*, *Carolyn Groß* und *Hagen Schmidt* die Struktur und Umsetzung eines grünen Pfandbriefs nach Luxemburger Recht als Beispiel dieser Assetklasse dar. Das Prinzip des »Impact Investing« als weitere Form der Investitionsmethodik im Zusammenhang mit nachhaltigen Anlagen erläutert *Silvio Andrae*. Der Beitrag stellt in dem Abschnitt auch diverse Vereinigungen und Netzwerke vor und liefert somit einen gut eingestellten Kompass über die »internationale Szene« in diesem Bereich.

Den finalen Teil »**F – Berichterstattung und Prüfungshandlungen im Umfeld der Nachhaltigkeit**« eröffnet *Volker Hartke*. Der Autor diskutiert vor dem Hintergrund bestehender Vorgaben und Neuerungen speziell zur Nachhaltigen Finanzwirtschaft, in welcher Weise im Jahresabschluss eine erste Überprüfung der Umsetzung der Aspekte erfolgen sollte. *Alexandra Pfeil* zeigt auf, an welchen Stellen eine Revision Ansatzpunkte hat, um die Implementierung von Nachhaltigkeitsrisiken in der Geschäfts- und Risikosteuerung in einem Kreditinstitut zu prüfen. Auf relevante Berichtsstandards zur Nachhaltigkeit gehen detailliert *Christian Buschfort* und *Martin Guntermann* ein und erläutern deren Konsequenzen für Unternehmen und Finanzinstitute. Die Einordnung der »Nachhaltigen Finanzwirtschaft« in die Vorgaben der aufsichtsrechtlich geforderten Offenlegung erörtert schließlich *Marc Hegeler*. Sein Beitrag diskutiert auch anstehende und weitere mögliche Entwicklungen in diesem Bereich.

Das Buch ist als **Sammelband** organisiert, alle Beiträge sind somit auch einzeln lesbar. Vor diesem Hintergrund und aufgrund der inhaltlichen Dichte der Themen werden einzelne Aspekte an verschiedenen Stellen des Werks aus unterschiedlichen Perspektiven betrachtet. Dies haben wir durch **Querverweise** an einigen Stellen aufgelöst, ferner finden Sie am Ende des Buches ein umfangreiches Stichwortregister. Aufgrund der Corona-Pandemie und damit einhergehenden Belastungen der Autorinnen und Autoren erfolgt die Fertigstellung der Beiträge in zwei Wellen zum August und November 2020. **Redaktionsschluss war der 30. November 2020.**

Zur Vereinheitlichung der Schreibweise haben wir für die chemische Summenformel von Kohlenstoffdioxid die unter Praktikern und Nicht-Naturwissenschaftlern durchaus übliche vereinfachte **Notation CO2**, d. h. ohne Subskript, gewählt.[16] Ferner wird das wichtige »**Merkblatt zum Umgang mit Nachhaltigkeitsrisiken**« der Bundesanstalt für Finanzdienstleistungsaufsicht (BaFin) überwiegend in der Version vom **20.12.2019** und nicht der geänderten Version vom 13.01.2020 referenziert. Damit soll im Buch vor allem zum Ausdruck gebracht werden, dass wesentliche aufsichtsrechtliche Voraussetzungen bereits Ende 2019 durch die deutsche Aufsicht geschaffen wurden.[17]

Das Lesen und die Diskussion mit den Autorinnen und Autoren hat mir in den letzten Monaten **viel Freude** bereitet und meine Kenntnis zu einzelnen Themen und Umsetzungsfragen der »Nachhaltigen Finanzwirtschaft« vertieft, die **persönliche Meinung** und Position korrigiert oder neu gebildet – und kann im Kreditinstitut die notwendigen **Umsetzungsschritte erleichtern**. Damit habe ich eines meiner persönlichen Ziele bei der Konzeption eines Herausgeberbandes bereits erreicht. Das Werk bietet eine grundlegende, praxisorientierte Auseinandersetzung mit den aktuell diskutierten Grundlagen zur »Nachhaltigen Finanzwirtschaft« und liefert einen guten »Status quo« zum Umsetzungsstand in Kreditinstituten.

Ich hoffe, dass auch weitere **Manager** und **Mitarbeiter** in **Kreditinstituten und Prüfungsinstitutionen**, die sich mit dem Themenfeld »Nachhaltige Finanzwirtschaft« auseinandersetzen, ihren Erkenntnishorizont mit der Lektüre dieses Werks erweitern können. Zudem werden die neuen aufsichtlichen Anforderungen in diesem Themenfeld grundlegend erörtert, sodass **Geschäftsleiter mit Leitungs- oder Aufsichtsfunktion** notwendige Prozesse zur (Um-) Gestaltung des Risikomanagements und der Geschäftsstrategie anstoßen können. Die aufgezeigten Zusammenhänge ermöglichen es, **Entscheidern, Projektmanagern** und **Revisoren** notwendige Umsetzungen und Kontrollprozesse zielorientiert anzugehen. Darüber hinaus bietet es für **Spezialisten** einen

---

16 Vgl. etwa *Hannover.de* (2020) und *ZEIT ONLINE* (2021).
17 Vgl. *BaFin* (2019a) und *BaFin* (2020a). Beide Versionen unterscheiden sich inhaltlich nicht relevant.

ganzheitlichen Überblick über die Thematik. Für **Mitarbeiter in der Bankenaufsicht**, aber auch für **Studierende und Mitarbeiter von Bildungseinrichtungen** liefert das vorliegende Werk eine Standortbestimmung über den Umgang der Praxis mit dem Thema.

Für die Unterstützung und Beitrag zum Gelingen dieses Herausgeberbands danke ich den Mitarbeitern des Verlags Finanz Colloquium Heidelberg, insbesondere **Frank Sator** für das verlagsseitige Management und die wertvollen inhaltlichen Anregungen sowie **Katharina Scheurich** und **Rebecca Zimmermann** für die einwandfreie Organisation der Umsetzung. In toller Erinnerung bleibt auch der unermüdliche Einsatz von **Heidi Bois** bei der Autorenfindung. Ein besonderer Dank gilt natürlich allen Autorinnen und Autoren und deren in der Vielzahl namentlich nicht bekannten **Helfern**.

Schließen möchte ich das Vorwort mit einem bemerkenswerten Zitat eines großen Naturwissenschaftlers und Forschers, welches uns im Rahmen der Nachhaltigkeitsrevolution ein Ansporn sein sollte:

Eine neue Art von Denken ist notwendig, wenn die Menschheit weiterleben will.

Alber Einstein[18]

In diesem Sinne wünsche ich Ihnen viel Spaß beim Schmökern!

Hannover/Braunschweig, im Januar 2021

Dirk Heithecker

---

18   Zitiert nach *Francazi* (2020).

A.

Grundlagen zur Nachhaltigen Finanzwirtschaft

A. Grundlagen zur Nachhaltigen Finanzwirtschaft

I. Nachhaltige Finanzwirtschaft: Definition und aktuelle Entwicklungen[19]

1. Einleitung

»Nachhaltigkeit« ist zwar ein in Gesellschaft, Wissenschaft und Politik häufig verwendeter Begriff,[20] es existieren jedoch verschiedene Begriffsauffassungen. Im Folgenden wird der Begriff definiert und aktuelle Entwicklungen zur Nachhaltigkeitsdebatte werden dargestellt. Vor diesem Hintergrund erfolgt zuerst eine kurze thematische Einleitung, um die praktische Relevanz – v.a. für Finanzmarktakteure – aufzuzeigen (vgl. Abschnitt 1). Des Weiteren werden die Begrifflichkeiten **Nachhaltigkeit, Nachhaltige Entwicklung** sowie **Nachhaltige Finanzwirtschaft** definiert und – u. a. durch eine historische Betrachtung – voneinander abgegrenzt (vgl. Abschnitt 1). Im darauffolgenden Abschnitt werden aktuelle Entwicklungen auf globaler Ebene vorgestellt (vgl. Abschnitt 2). Im Anschluss erfolgt die Darstellung der Entwicklungen auf europäischer sowie nationaler Ebene (vgl. Abschnitt 3). Dieser Beitrag schließt mit einer zusammenfassenden Bewertung sowie einem kurzen Ausblick über zukünftige Entwicklungen ab (vgl. Abschnitt 4).

1

2. Definition des Begriffs »Nachhaltigkeit«

Seit Beginn der 1980er Jahre ist zu beobachten, dass die Begrifflichkeiten Nachhaltigkeit sowie **Nachhaltige Entwicklung** immer mehr in den gesellschaftlichen, politischen aber auch in den wirtschaftlichen Fokus gerückt sind.[21] Diese beiden Begrifflichkeiten werden in der einschlägigen Fachliteratur fälschlicherweise häufig synonym verwendet.[22] Der Begriff Nachhaltigkeit entstand – nach allgemeiner Auffassung – im Jahr 1713 und wurde ursprünglich ausschließlich in der Forstwirtschaft verwendet.[23] Die Entstehung des Begriffs Nachhaltige

2

---

19   Autoren: *Christian Klein, Julia Eckert, Maurice Dumrose*. Die Ausführungen geben ausschließlich persönliche Auffassungen wieder. Für Rückfragen oder Anregungen sind die Autoren unter den E-Mail-Adressen klein@uni-kassel.de und julia.eckert@hs-hannover.de erreichbar.
20   Vgl. dazu auch die Darstellung in Kapitel C.II dieses Herausgeberbandes.
21   Eine alternative Darstellung zur Herleitung der Begriffsdefinition ist vor allem auch in Kapitel C.II dieses Herausgeberbandes zu finden.
22   Vgl. *Hauff/Schulz/Wagner* (2018), S. 19.
23   Vgl. *Hauff/Schulz/Wagner* (2018), S. 17.

GRUNDLAGEN ZUR NACHHALTIGEN FINANZWIRTSCHAFT

Entwicklung ist zurückzuführen auf Hans Carl von Carlowitz.[24] Dieser erweiterte den Begriff bzw. das Verständnis von Nachhaltigkeit durch die Forderung, dass ökonomische Entwicklungen mit den Anforderungen der Natur in Einklang gebracht werden müssen.[25] Nach dem derzeitigen Verständnis unterscheiden sich die beiden Begrifflichkeiten durch den Sachverhalt, dass Nachhaltigkeit einen konkreten Zustand beschreibt, wohingegen der Begriff Nachhaltige Entwicklung durch seine Prozessorientierung charakterisiert wird.[26] Maßgeblich prägend für das heutige Verständnis Nachhaltiger Entwicklung war u. a. die Veröffentlichung des Brundtland-Berichts[27] im Jahr 1987.[28] Nachhaltige Entwicklung wird im Brundtland-Bericht wie folgt definiert:

»Dauerhafte Entwicklung ist Entwicklung, die die Bedürfnisse der Gegenwart befriedigt, ohne zu riskieren, dass zukünftige Generationen ihre Bedürfnisse nicht befriedigen können.«[29]

3 Die Europäische Kommission (EU-Kommission), das supranationale Organ der Europäischen Union (EU), vertritt seit jüngster Vergangenheit die Auffassung, dass Nachhaltigkeit sowie Nachhaltige Entwicklung und die damit verbundene Transformation zu einer emissionsärmeren Wirtschaft für die Gewährleistung der langfristigen Wettbewerbsfähigkeit sowie Resilienz des europäischen Wirtschaftsraums unerlässlich sind.[30] Analog dazu lässt sich feststellen, dass der Begriff **Nachhaltige Finanzwirtschaft** (engl. Sustainable Finance) verstärkt in den gesamtwirtschaftlichen Fokus rückt und das ursprüngliche Nischendasein längst überwunden hat.[31] Sustainable Finance wird sowohl von Vertretern der Wissenschaft als auch von Vertretern der Praxis als Megatrend betitelt.[32] Dem Finanzsektor wird bei der Transformation zu einem nachhaltigen und resilienten Wirtschaftssystem eine der zentralen Rollen zugesprochen.[33] Um die von der EU gesetzten Klima- und Energieziele bis 2030

---

24 Vgl. *Hauff/Schulz/Wagner* (2018), S. 19; *Pufé* (2017), S. 43.
25 Vgl. *Hauff/Kuhnke* (2017), S. 3 und 4.
26 Vgl. *Pufé* (2017), S. 43.
27 Die Vereinten Nationen (engl. UN, United Nations) gründeten im Jahr 1980 die World Commission on Environment and Development (WCED). Im Jahr 1983 wurde wiederum die sogenannte Brundtland-Kommission von der WCED mit der Zielsetzung gegründet, Empfehlungen für eine nachhaltige Entwicklung zu formulieren und diese auf globaler Ebene zu implementieren, vgl. *Hauff/Schulz/Wagner* (2018), S. 29.
28 Vgl. *Hauff/Schulz/Wagner* (2018), S. 29. Vgl. dazu auch die Darstellung der Entwicklung in Kapitel C.V dieses Herausgeberbandes.
29 *Hauff* (1987), S. 46.
30 Vgl. *EU* (2018a), S. 1.
31 Vgl. *Holle* (2019), S. 11 und auch *Drempetic/Klein/Zwergel* (2019) sowie *Wallis/Klein* (2015), S. 63.
32 Vgl. *Bueren* (2019), S. 826.
33 Vgl. *Die Deutsche Kreditwirtschaft* (2019), S. 4. und *EU* (2018a), S. 1.

tatsächlich zu erreichen, muss jährlich ein Investitionsrückstand von schätzungsweise 180 Mrd. Euro aufgeholt werden.[34] Laut Schätzung der Europäischen Investitionsbank (EIB) »summiert sich der jährliche Investitionsrückstand in den Bereichen Verkehr, Energie und Ressourcenmanagement [sogar] auf den enormen Betrag von 270 Mrd. Euro.«[35]

Zum aktuellen Zeitpunkt existiert für den Begriff **Sustainable Finance** keine allgemeingültige Definition.[36] Definitionen, die in der einschlägigen Fachliteratur aufzufinden sind, sind teilweise deckungsgleich, teilweise aber auch gänzlich verschieden. Die EU-Kommission definiert den Begriff Sustainable Finance wie folgt:

> »[…] *Environmental considerations refer to climate change mitigation and adaptation, as well as the environment more broadly and the related risks (e.g. natural disasters). Social considerations may refer to issues of inequality, inclusiveness, labour relations, investment in human capital and communities. The governance of public and private institutions, including management structures, employee relations and executive remuneration, plays a fundamental role in ensuring the inclusion of social and environmental considerations in the decision-making process. All three components – environmental, social and governance (ESG) – are integral parts of sustainable economic development and finance.*«[37]

Zentrales Merkmal dieser Definition ist die Integration von ökologischen und sozialen Faktoren sowie Aspekten guter Unternehmensführung (engl. Environmental, Social, Governance, kurz ESG-Kriterien). Der überwiegende Anteil der Vertreter der Wissenschaft sowie der Praxis teilen diesen Definitionsansatz. Diese Definition ermöglicht eine klare Trennung bzw. Abgrenzung von Grüner Finanzwirtschaft (engl. Green Finance) zu Sozio-ökologischer Finanzwirtschaft (engl. Socio-ecological Finance). Des Weiteren ermöglicht diese Definition – wie in Abbildung A.1 dargestellt – ein systematisches und holistisches Verständnis von Sustainable Finance. Es sei an dieser Stelle angemerkt, dass einige Marktteilnehmer, wie bspw. das Forum Nachhaltige Geldanlagen e.V. (FNG), das Verständnis der EU-Kommission teilen, dieses allerdings um ethische Aspekte erweitern.[38] Laut dem Deutschen Institut für Wirtschaftsforschung e.V.

---

34 Vgl. *EU* (2018a), S. 3.
35 Vgl. *EU* (2018a), S. 3; Laut Marktbericht des Forum Nachhaltige Geldanlagen e.V. (FNG) ist das Volumen nachhaltiger Geldanlagen im Jahr 2018 in Deutschland auf einen Rekordstand von 219 Milliarden Euro gestiegen. Demzufolge ist das Volumen nachhaltiger Geldanlagen in Deutschland im Jahr 2018 um 48 Milliarden Euro gewachsen, vgl. *FNG* (2019), S. 13.
36 Vgl. *Deutsche Bundesbank* (2019e), S. 16 sowie *Holle* (2019), S. 12 und *Bueren* (2019), S. 816.
37 *Europäische-Kommission* (2020).
38 Vgl. *FNG* (2013), S. 8. Ethische Aspekte werden ferner in Kapitel C.II dieses Herausgeberbandes diskutiert.

GRUNDLAGEN ZUR NACHHALTIGEN FINANZWIRTSCHAFT

(DIW) hat Sustainable Finance »zum Ziel, nachhaltige Geldanlagen zu fördern und dabei die notwendigen Mittel für eine Transformation unserer Gesellschaft bereitzustellen.«[39] Dabei definiert das DIW nachhaltige Geldanlagen wie folgt: »Nachhaltige Geldanlagen ist die allgemeine Bezeichnung für nachhaltige Produkte und Anlagevehikel, die in ihren Anlagebedingungen ökologische, soziale und Governance-bezogene Aspekte **(ESG-Kriterien)** berücksichtigen.«[40]

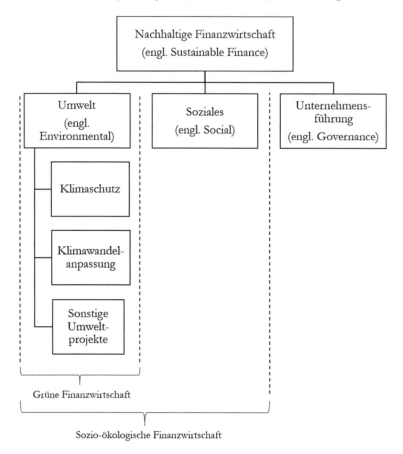

Abbildung A.1: Übersicht der Elemente nachhaltiger Finanzwirtschaft
(Quelle: Eigene Darstellung in Anlehnung an Deutsche Bundesbank (2019e), S. 17; UNEP (2016), S. 11)

---

39 Vgl. *Kemfert/Schmalz* (2016), S. 69.
40 Vgl. *Kemfert/Schmalz* (2016), S. 69.

3. Globale Entwicklungen

Sustainable Finance ist offensichtlich im Mainstream angekommen. Ein erster wichtiger Schritt dieser beeindruckenden Entwicklung wurde im Jahr 2006 von der UN – unter dem früheren Generalsekretär Kofi Annan – unternommen. Unter dem Titel **»Prinzipien für verantwortliches Investieren«** (engl. Principles for Responsible Investment, kurz PRI) wurde unter der Schirmherrschaft der UN eine Initiative für institutionelle Investoren ins Leben gerufen, die darauf abzielt, langfristige sowie verantwortungsvolle Investitionstätigkeiten zu fördern sowie darüber hinaus zur Schaffung eines nachhaltigen Finanzsystems einen maßgeblichen Beitrag zu leisten. Diese Initiative verfolgt die Zielsetzung, dass sowohl Umwelt als auch Gesellschaft von dem angestrebten nachhaltigen Finanzsystem profitieren.[41] Aus der Arbeit dieser Initiative resultierte im April 2006 ein Rahmenwerk, das sechs Prinzipien enthält. Mit ihrer Unterschrift verpflichten sich institutionelle Investoren – soweit mit der treuhänderischen Pflicht vereinbar – zur Einhaltung dieser sechs Prinzipien.[42] Seit der Gründung der PRI-Initiative ist die Anzahl der Unterzeichner des Rahmenwerkes stetig gestiegen. Während sich im Jahr 2016 weniger als 100 Investoren zu den Prinzipien bekannten, waren es Ende 2019 bereits über 2.300 Investoren weltweit. Die Summe des verwalteten Vermögens, das durch PRI-Unterzeichner verwaltet wird, stieg im selben Zeitraum von rund 6,5 Bill. US-Dollar auf über 86 Bill. US-Dollar an. Zudem lässt sich anhand der Daten der PRI-Initiative während und kurz nach der globalen Finanzkrise ein deutlicher Anstieg der Unterzeichner dieses Rahmenwerkes beobachten.[43]

Im Jahr 2015, rund eine Dekade nach der Implementierung der PRI-Initiative, erhielt die weltweite Sustainable Finance Bewegung in Folge zweier globaler Entwicklungen weiteren Schwung. Die UN verabschiedete auf einer Generalversammlung im September 2015 eine Resolution bzgl. der Agenda 2030 für nachhaltige Entwicklung. Diese Agenda knüpft an die acht Millennium Entwicklungsziele (engl. Millennium Development Goals, kurz MDGs) der UN an.[44] Diese Agenda soll den Menschen, dem Planeten und dem Wohlstand dienen und universellen Frieden und Freiheit fördern.[45] In diesem Zusammenhang wurden **17 Ziele einer Nachhaltigen Entwicklung** (engl. Sustainable Deve-

---

41 Vgl. *UN* (2019), S. 4.
42 Vgl. *UN* (2019), S. 4-6.
43 Die Daten sind verfügbar unter: https://www.unpri.org/pri/about-the-pri. Die PRI werden in Kapitel A.II dieses Herausgeberbandes ausführlich diskutiert.
44 Vgl. *WHO* (2015), S. 7.
45 Vgl. *UN* (2015b), S. 1.

GRUNDLAGEN ZUR NACHHALTIGEN FINANZWIRTSCHAFT

lopment Goals, kurz SDGs) definiert, die drei Dimensionen nachhaltiger Entwicklung – Wirtschaft, Soziales und Ökologie – in ausgewogener Weise Rechnung tragen sollen.[46] In Tabelle A.1 erfolgt die Darstellung der 17 SDGs.[47]

Ziel	Definition
SDG 1	Armut in allen ihren Formen und überall beenden.
SDG 2	Den Hunger beenden, Ernährungssicherheit und eine bessere Ernährung erreichen und eine nachhaltige Landwirtschaft fördern.
SDG 3	Ein gesundes Leben für alle Menschen jeden Alters gewährleisten und ihr Wohlergehen fördern.
SDG 4	Inklusive, gleichberechtigte und hochwertige Bildung gewährleisten und Möglichkeiten lebenslangen Lernens für alle fördern.
SDG 5	Geschlechtergleichstellung erreichen und alle Frauen und Mädchen zur Selbstbestimmung befähigen.
SDG 6	Verfügbarkeit und nachhaltige Bewirtschaftung von Wasser und Sanitärversorgung für alle gewährleisten.
SDG 7	Zugang zu bezahlbarer, verlässlicher, nachhaltiger und moderner Energie für alle sichern.
SDG 8	Dauerhaftes, breitenwirksames und nachhaltiges Wirtschaftswachstum, produktive Vollbeschäftigung und menschenwürdige Arbeit für alle fördern.
SDG 9	Eine widerstandsfähige Infrastruktur aufbauen, breitenwirksame und nachhaltige Industrialisierung fördern und Innovationen unterstützen.
SDG 10	Ungleichheit in und zwischen Ländern verringern.
SDG 11	Städte und Siedlungen inklusiv, sicher, widerstandsfähig und nachhaltig gestalten.
SDG 12	Nachhaltige Konsum- und Produktionsmuster sicherstellen.
SDG 13	Umgehend Maßnahmen zur Bekämpfung des Klimawandels und seiner Auswirkung ergreifen.
SDG 14	Ozeane, Meere und Meeresressourcen im Sinne nachhaltiger Entwicklung erhalten und nachhaltig nutzen.

---

46 Vgl. *UN* (2015b), S. 1.
47 Vgl. dazu auch die Darstellung in Kapitel A.II dieses Herausgeberbandes.

SDG 15	Landökosysteme schützen, wiederherstellen und ihre nachhaltige Nutzung fördern, Wälder nachhaltig bewirtschaften, Wüstenbildung bekämpfen, Bodendegradation beenden und umkehren und dem Verlust biologischer Vielfalt ein Ende setzen.
SDG 16	Friedliche und inklusive Gesellschaften für eine nachhaltige Entwicklung fördern, allen Menschen Zugang zur Justiz ermöglichen und leistungsfähige, rechenschaftspflichtige und inklusive Institutionen auf allen Ebenen aufbauen.
SDG 17	Umsetzungsmittel stärken und die Globale Partnerschaft für nachhaltige Entwicklung mit neuem Leben füllen.

Tabelle A.1: Sustainable Development Goals (Quelle: Hauff/Schulz/Wagner (2018), S. 37-38)

Im Dezember desselben Jahres wurde im Rahmen der 21. UN-Klimakonferenz (COP21) ein Abkommen verabschiedet, das darauf abzielt, die Auswirkungen des Klimawandels und daraus entstehende Schäden zu reduzieren.[48] Im Übereinkommenstext des **Pariser Klimaabkommens** (engl. Paris Agreement, kurz PA) verständigten sich die Unterzeichner darauf, den globalen Temperaturanstieg auf deutlich unter 2 Grad Celsius, im besten Falle sogar auf 1,5 Grad Celsius, zu beschränken. Zudem zielt das PA darauf ab, dass zukünftige Finanzinvestitionen mit einer emissionsarmen und klimaresilienten Entwicklung in Einklang gebracht werden.[49] Bis heute haben 195 Parteien, darunter – zusätzlich zu ihren Einzelstaaten – auch die EU, das Abkommen unterschrieben und sich folglich zu den Pariser Klimazielen bekannt.[50] Dies entspricht einer überwältigenden Mehrheit der Weltgemeinschaft.

Im Zuge der steigenden Wahrnehmung von **Nachhaltigkeitsrisiken**, insbesondere von Klimarisiken, sind diese zunehmend auch in den Fokus von Finanzaufsichten und Zentralbanken gerückt.[51] Ein maßgeblicher Treiber dieser Entwicklung ist die Vernetzung von Real- und Finanzwirtschaft. Aufgrund dieser engen Vernetzung können realwirtschaftliche Schocks – bspw. in Form von klimapolitischer Regulierung – auf den Finanzsektor übertragen werden, woraus sich in der Folge Implikationen auf der dem Finanzsektor innewohnenden Finanzmarktstabilität ergeben können.[52] Unlängst merkte die deutsche Bundes-

---

48 Das Abkommen wurde am 12.12.2015, während der Pariser Klimakonferenz, beschlossen. Das Abkommen trat am 04.11.2016 »nach einem beispiellos schnellen Ratifizierungsprozess« in Kraft, vgl. *BMU* (2020).
49 Vgl. *UN* (2015a), S. 3.
50 Vgl. *UN Treaty Collection* (2020).
51 Vgl. *Banque de France* (2019), S. 7-12.
52 Vgl. *Banque de France* (2019), S. 7-8.

GRUNDLAGEN ZUR NACHHALTIGEN FINANZWIRTSCHAFT

anstalt für Finanzdienstleistungsaufsicht (BaFin) in ihrem »Merkblatt zum Umgang mit Nachhaltigkeitsrisiken« hierzu an, dass Nachhaltigkeitsrisiken »potentiell erhebliche negative Auswirkungen auf die Vermögens-, Finanz- und Ertragslage sowie auf die Reputation eines Unternehmens haben können«.[53] In Folge dessen empfiehlt die BaFin, eigenständige Strategien im Umgang mit Nachhaltigkeitsrisiken zu entwickeln oder an vorhandenen Strategien anzuknüpfen.[54] Aufgrund der akuten Dringlichkeit von Maßnahmen zur Eindämmung des Klimawandels sowie der bereits begonnenen Materialisierung von Schäden in Folge des Klimawandels, nehmen klimabezogene Risiken bei der Betrachtung von Nachhaltigkeitsrisiken derzeit eine besondere Gewichtung ein.

10 Vor diesem Hintergrund haben sich Ende des Jahres 2017 acht Finanzaufsichten und Zentralbanken weltweit zu einem Netzwerk zusammengeschlossen, das die Zielsetzung verfolgt, klima- und umweltbezogene Risiken zu analysieren und zu einer Verbesserung des Managements dieser Risiken beizutragen.[55] Dafür bietet das **»Network for Greening the Financial System«** (NGFS) eine Plattform zum Austausch von »Best-Practice«-Ansätzen im Umgang mit den genannten Risiken. Zudem ist es das Ziel des NGFS, die Transformation zu einer nachhaltigeren Wirtschaft zu unterstützen.[56]

11 Nach dem derzeitigen Verständnis werden die Wirkungskanäle klimabezogener Risiken für die Wirtschaft in physische Risiken und transitorische Risiken differenziert.[57] Physische Risiken beschreiben Risiken, die als Folge der Veränderung des Klimas – bspw. in Form des erwarteten Temperaturanstiegs – entstehen. Transitorische Risiken sind Risiken, die aus dem für die Einhaltung der Ziele des Pariser Klimaabkommens erforderlichen Transformationsprozessen zu einer kohlenstoffarmen Wirtschaft entstehen. Hierzu zählt bspw. die Unsicherheit bzgl. des strukturellen Anpassungspfades der Wirtschaft. In Abbildung A.2 wird der Wirkungsmechanismus klimabezogener Risiken exemplarisch dargestellt. Ausgangspunkt ist ein Schock, der auf die Realwirtschaft wirkt und bspw. in Form veränderter klimapolitischer Regulierung auftreten kann. Aufgrund der engen Vernetzung von Real- und Finanzwirtschaft kann ein solcher Schock über direkte und indirekte Transmissionskanäle auf den Finanzsektor

---

53 *Bundesanstalt für Finanzdienstleistungsaufsicht* (2019), S. 10.
54 Vgl. *Bundesanstalt für Finanzdienstleistungsaufsicht* (2019), S. 14.
55 Vgl. *NGFS* (2019a), S. 7.
56 Vgl. *NGFS* (2019a), S. 7. Vgl. dazu auch die Erörterung in Kapitel A.III dieses Herausgeberbandes.
57 Vgl. *TCFD* (2017b), S. 5-6; *NGFS* (2019a), S. 21; *Deutsche Bundesbank* (2019d), S. 116-117.

wirken. In der Folge können Rückkopplungseffekte auftreten, wenn bspw. die Kreditvergabe des Finanzsektors verknappt wird.[58]

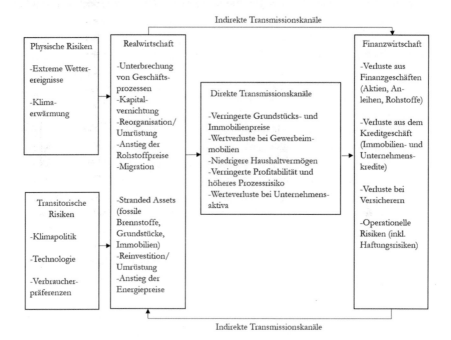

Abbildung A.2: Wirkungsmechanismus klimabezogener Risiken (Quelle: Eigene Darstellung in Anlehnung an Deutsche Bundesbank (2019d), S.117-119)

Im Jahr 2019 veröffentlichte das NGFS einen ersten umfangreichen Zwischenbericht, der die Problematik, der mit dem Klimawandel verbundenen Risiken für den Finanzsektor beschreibt und erste Empfehlungen zur Analyse und dem Management dieser Risiken beinhaltet.[59]

Neben den vorgestellten Sustainable Finance Initiativen und Akteuren gibt es viele weitere, die sich für eine verstärkte langfristige Orientierung, mehr Nachhaltigkeit im Finanzsektor, für die Einhaltung der 17 SDGs und die Ziele des PA einsetzen. Exemplarisch sei an dieser Stelle die Finanzinitiative des Umweltprogramms der Vereinten Nationen (engl. United Nations Environmental Pro-

---

58   Vgl. *Deutsche Bundesbank* (2019d), S. 114 bis 125. Eine umfassende Diskussion ist auch in Kapitel A.V dieses Herausgeberbandes zu finden.
59   Vgl. *NGFS* (2019a), S. 13 bis 35.

gramme Finance Initiative, kurz UNEP FI) mit den **Prinzipien für verantwortliches Bankwesen** (engl. Principles for Responsible Banking, kurz. PRB) genannt.[60] Im nachfolgenden Abschnitt erfolgt die Darstellung der Entwicklungen auf europäischer sowie nationaler Ebene.

4. Europäische und nationale Entwicklungen

14 Die EU hat sich sowohl zu den 17 SDGs als auch zu den Zielen des PA bekannt. Mit dem »**EU Aktionsplan: Finanzierung nachhaltigen Wachstums**« (engl. Action Plan: Financing Sustainable Growth) legte die EU im Jahr 2018 einen ambitionierten Plan vor, der den Beitrag des Finanzsektors zu nachhaltigem und integrativem Wachstum verbessern und durch Berücksichtigung der drei Faktoren Umwelt, Soziales und Governance bei Investitionsentscheidungen die Stabilität im Finanzsektor stärken soll.[61] Der EU Aktionsplan umfasst insgesamt zehn Maßnahmen, die in den kommenden Jahren umgesetzt werden sollen. Diese Maßnahmen des EU Aktionsplans lassen sich den drei folgenden Hauptzielen unterordnen:

1. »Neuausrichtung der Kapitalflüsse hin zu einer nachhaltigeren Wirtschaft«[62]

15 Gemäß einer Veröffentlichung der Organisation für wirtschaftliche Zusammenarbeit und Entwicklung (engl. The Organisation for Economic Co-operation and Development, kurz OECD) aus dem Jahr 2017, werden bis 2030 für die Einhaltung der Ziele des Pariser Klimaabkommens weltweit Investitionen in Höhe von schätzungsweise 6.900 Mrd. US-Dollar benötigt. Hierfür wäre ein Anstieg der Infrastrukturausgaben von schätzungsweise 10% erforderlich.[63] Wie bereits angeführt, wurde für die EU im Jahr 2016 in den Bereichen Verkehr, Energie und Ressourcenmanagement ein Investitionsrückstand von etwa 270 Mrd. Euro pro Jahr festgestellt.[64] In diesem Zusammenhang betonte Valdis Dombrovskis, Exekutiv-Vizepräsident der europäischen Kommission, auf einer Konferenz in Brüssel im März 2019, dass diese Summen jenseits der Kapazitäten öffentlicher Haushalte sind. Folglich müsse zusätzliches Kapital aus dem privaten Sektor mobilisiert werden, um die bestehenden Investitionslücken zu

---

60 Vgl. *UNEP FI* (2020), S. 1.
61 Vgl. *EU* (2018a), S. 1-2.
62 Vgl. *EU* (2018a), S. 3.
63 Vgl. *OECD* (2017), S. 28.
64 Vgl. *Europäische Investitionsbank* (2016), S. 29-34.

schließen.⁶⁵ Der EU Aktionsplan sieht deshalb die Entwicklung einer Taxonomie vor, die wirtschaftliche Aktivitäten hinsichtlich ihrer Nachhaltigkeit bewertet.⁶⁶ Ein einheitliches Verständnis des Begriffs »nachhaltig« kann Investoren bei Investitionsentscheidungen unterstützen und somit zu mehr Kapitalbereitstellung für nachhaltige Investitionen beitragen.

2. »Einbettung der Nachhaltigkeit in das Risikomanagement«⁶⁷

Bereits heute lassen sich negative Auswirkungen des Klimawandels auf Vermögensgegenstände weltweit belegen. Es konnte gezeigt werden, dass die Schäden in Folge von Naturkatastrophen in den vergangenen Jahren erheblich gestiegen sind.⁶⁸ Zudem sind viele Unternehmen regulatorischen Risiken ausgesetzt, da der Erfolg des zugrunde liegenden Geschäftsmodells direkt oder indirekt von klimapolitischen Maßnahmen beeinflusst wird. Technologischer Fortschritt im Bereich der erneuerbaren Energiegewinnung verstärkt zudem die Unsicherheit von Unternehmen, die im Abbau sowie der Energieerzeugung aus fossilen Brennstoffen tätig sind. Der EU Aktionsplan sieht daher u. a. vor, dass Ratingagenturen künftig Nachhaltigkeitsfaktoren in die Bewertung von Unternehmen einfließen lassen.⁶⁹

3. »Förderung von Transparenz und Langfristigkeit«⁷⁰

Das dritte Ziel des EU Aktionsplans beabsichtigt, die Transparenz und Langfristigkeit von Investitionen zu fördern. Durch die Förderung von Transparenz und Langfristigkeit von Investitionen soll es ermöglicht werden, dass Finanzmarktteilnehmer Nachhaltigkeitsrisiken künftig angemessen bewerten und gleichzeitig wird somit dazu beigetragen, »unangemessene Forderungen nach kurzfristiger Rendite bei Finanz- und Wirtschaftsentscheidungen zu reduzieren«.⁷¹

Im Hinblick auf die Zielsetzung, »Deutschland zu einem führenden Sustainable-Finance-Standort zu machen«, hat die deutsche Bundesregierung im Jahr 2019 bis zum Ende der aktuellen Legislaturperiode den **Sustainable**

---

65 Vgl. *Dombrovskis* (2019).
66 Vgl. *EU* (2018a), S. 5.
67 *EU* (2018a), S. 3.
68 Vgl. *Munich Re* (2017), S. 50–54.
69 Vgl. *EU* (2018a), S. 10.
70 *EU* (2018a), S. 4.
71 Vgl. *EU* (2018a), S. 4.

GRUNDLAGEN ZUR NACHHALTIGEN FINANZWIRTSCHAFT

Finance Beirat (SFB) eingesetzt.[72] Gemäß der Satzung umfassen die wesentlichen Aufgaben dieses Beirats, bestehend aus Vertretern von Real- und Finanzwirtschaft, Zivilgesellschaft sowie Wissenschaft, u. a. die folgenden Punkte:

a) »Konzeptionierung und Erarbeitung einer umfassenden, verschiedene Perspektiven einbeziehende Sustainable Finance-Strategie für die Bundesregierung. Dazu gehören u.a eine Bestandsaufnahme zentraler Aspekte und Bereiche der Sustainable Finance-Diskussion, deren Übersetzung in konkrete Handlungsfelder und strategische Ausrichtung sowie Umsetzung anhand handhabbarer Handlungsvorschläge.

b) Beratung der Bundesregierung hinsichtlich der Positionierung in den nationalen, europäischen und internationalen Diskussionen über Sustainable Finance.

c) Weiterentwicklung des finanzsystemeigenen Risiko- und Chancenmanagements in der Form, dass dieses neben den finanziellen ebenfalls extrafinanzielle Indikatoren in den Bereichen Umwelt, Soziales und Governance mit seinen materiellen Aspekten sowie deren mittel- bis langfristigen Entwicklungen bzw. Auswirkungen auf die Real- und Finanzwirtschaft sowie die Nachhaltigkeitsziele adäquat abbildet.«[73]

19   In einem ersten Zwischenbericht, der im März 2020 publiziert wurde, empfiehlt der SFB der Bundesregierung einen lenkungswirksamen CO_2-Preis zu gestalten. Ein solcher CO_2-Preis führt dazu, dass Unternehmen ihre externen Kosten künftig internalisieren.[74] Zudem empfiehlt der SFB der Bundesregierung die weiteren Schritte des EU Aktionsplans im Hinblick auf die bevorstehende Implementierung der **EU Taxonomie** sowie des Europäischen Green Deals mitzugestalten.[75] Bezugnehmend auf die spezielle Struktur der deutschen Wirtschaft soll die Verpflichtung zu einer integrierten Berichterstattung (engl. Integrated Reporting) – eine Kombination aus Finanz- und Nachhaltigkeitsberichterstattung – künftig »schrittweise auf mittelgroße Kapitalgesellschaften, klein- und mittelständige Unternehmen (KMUs) und Unternehmen mit besonderen Risiken«[76] ausgeweitet werden.

20   Der Europäischen Bankenaufsicht (engl. European Banking Authority, kurz EBA) wurden vor dem Hintergrund der Zielsetzungen des EU Aktionsplans zahlreiche Mandate übertragen.[77] Im Rahmen dieser Mandate soll durch die

---

72   Vgl. *BMF* (2020).
73   Sustainable Finance Beirat (2019), S. 1.
74   Vgl. Sustainable Finance Beirat (2020), S. 4.
75   Vgl. Sustainable Finance Beirat (2020), S. 4.
76   Vgl. Sustainable Finance Beirat (2020), S. 4.
77   Vgl. EZB (2020a), S. 3.

EBA geprüft werden, »wie Umwelt, Sozial, und Governance Risiken (Environmental, Social and Governance Risks, nachfolgend ESG-Risiken) in die drei Säulen der Aufsicht integriert werden können.«[78] Im Dezember 2019 veröffentlichte die EBA den Aktionsplan Nachhaltige Finanzwirtschaft (engl. Action Plan on Sustainable Finance).[79] Der »Action Plan on Sustainable Finance« umfasst u. a. die Themenbereiche Strategie, Risikomanagement, Szenarioanalyse sowie Stresstests.[80] Mit der Veröffentlichung des **»Leitfaden(s) zu Klima- und Umweltrisiken«** im Mai 2020 beschreibt die Europäische Zentralbank (EZB), »wie Klima- und Umweltrisiken nach Auffassung der EZB gemäß dem derzeitigen Aufsichtsrahmen sicher und umsichtig gesteuert werden sollten.«[81] Der Leitfaden enthält konkrete aufsichtliche Erwartungen der EZB an das Geschäftsmodell und die Geschäftsstrategie, an Governance und Risikoappetit, an das Risikomanagement sowie in Bezug auf die Offenlegung.[82] In dem Leitfaden kommuniziert die EZB, dass sie der Auffassung ist, dass die Transparenz der Institutionen durch eine verstärkte Publizität von Klima- sowie Umweltthemen maßgeblich gesteigert werden kann.[83] Ferner erfolgt die Darstellung des Wirkungszusammenhangs von physischen sowie transitorischen Risiken auf Kredit-, Markt-, Liquiditäts- und Geschäftsmodellrisiko.[84]

5. Zusammenfassung und Ausblick

In diesem Beitrag wurde die historische Entwicklung der Begrifflichkeiten: **Nachhaltigkeit** und **Nachhaltige Entwicklung** aufgezeigt sowie die zentralen Unterschiede dargestellt. Auf diesen Erkenntnissen aufbauend, wurde die hohe praktische Relevanz von **Sustainable Finance**, u. a. vor dem Hintergrund, der von der EU gesetzten Klima- und Energieziele bis zum Jahr 2030 sowie dem bevorstehenden Transformationsprozess des europäischen Wirtschaftssystems, aufgezeigt.[85] Der prognostizierte jährliche Investitionsrückstand von 180 Mrd. Euro zeigt, weshalb dem gesamten Finanzsektor im Rahmen dieses Transformationsprozesses eine elementare Rolle zugesprochen wird.[86] Des Weiteren wurde auf das Fehlen einer allgemeingültigen Definition von Sustainable Finance hingewiesen und in diesem Zusammenhang erfolgte

---

78 *EZB* (2020a), S. 3.
79 Vgl. *Europäische Bankenaufsicht* (2019), S. 3.
80 Vgl. *EZB* (2020a), S. 3.
81 *EZB* (2020a), S. 3.
82 Vgl. *EZB* (2020a), S. 2.
83 Vgl. *EZB* (2020a), S. 3.
84 Vgl. *EZB* (2020a), S. 12.
85 Vgl. *Die Deutsche Kreditwirtschaft* (2019) S. 4.; *EU* (2018a), S. 1.
86 Vgl. *EU* (2018a), S. 3.

GRUNDLAGEN ZUR NACHHALTIGEN FINANZWIRTSCHAFT

22 die Vorstellung des aktuellen Verständnisses der EU-Kommission. Diese folgt der Auffassung, dass die Integration von sozialen, ökologischen sowie Unternehmensführungsfaktoren (ESG-Kriterien) in Finanz- und Investitionsentscheidungen zentraler Bestandteil von Sustainable Finance ist.[87] Das DIW weist daraufhin, dass eine einheitliche Definition von Sustainable Finance unerlässlich ist.[88]

22 Des Weiteren wurden die zentralen Treiber der Sustainable Finance Bewegung auf internationaler Ebene aufgezeigt. Als wesentlicher Meilenstein wurden in diesem Zusammenhang die **PRI-Initiative**, die unter der Schirmherrschaft der UN gegründet wurden, vorgestellt. Zielsetzung der PRI-Initiative ist es, langfristige und verantwortungsvolle Investitionstätigkeiten institutioneller Investoren zu fördern sowie darüber hinaus, zur Schaffung eines nachhaltigen Finanzsystems maßgeblich beizutragen. Mit der Präsentation der Agenda 2030 für eine nachhaltige Entwicklung im Jahr 2015 erfolgte – eine Dekade nach der Veröffentlichung der PRI – durch die UN ein weiterer zentraler Meilenstein. Die Agenda 2030 orientiert sich an fünf Maximen: Menschen, Planeten, Wohlstand, universellen Frieden sowie Freiheit. Des Weiteren soll den drei Dimensionen nachhaltiger Entwicklung – Wirtschaft, Soziales und Ökologie – in ausgewogener Weise Rechnung getragen werden. Der zweite Abschnitt schließt mit der Vorstellung des von Finanzaufsichten und Zentralbanken gegründeten Netzwerkes, dem NGFS, ab. Dieses wurde im Jahr 2017 mit der Zielsetzung, zu einer maßgeblichen Verbesserung des Managements von Risiken mit Umwelt- und Klimabezug beizutragen, initiiert.

23 Abschließend wurden wesentliche politische sowie regulatorische Treiber auf europäischer und nationaler Ebene näher beleuchtet. Als elementarer Sustainable Finance Treiber auf europäischer Ebene wurde in diesem Zusammenhang der **EU Aktionsplan zur Finanzierung nachhaltigen Wachstums** vorgestellt. Dieser verfolgt – wie bereits dargestellt – die drei übergeordneten Ziele: 1) Neuausrichtung der Kapitalflüsse hin zu einer nachhaltigeren Wirtschaft, 2) Einbettung der Nachhaltigkeit in das Risikomanagement, 3) Förderung von Transparenz und Langfristigkeit. Die drei Ziele sollen durch die Umsetzung, der im EU Aktionsplan enthaltenen Maßnahmen erreicht werden. Abschließend erfolgte die Darstellung aktueller nationaler Entwicklungen. Die deutsche Bundesregierung verfolgt das Ziel: »Deutschland zu einem führenden Sustainable Finance-Standort zu machen«[89] und setzte im Jahr 2019 den SFB

---

87 Vgl. *EU* (2020).
88 Vgl. *Kemfert/Schmalz* (2016), S. 69.
89 Vgl. *Bundesregierung* (2020a).

ein. Vor dem Hintergrund der bevorstehenden Ratspräsidentschaft Deutschlands im zweiten Quartal 2020 bleibt es abzuwarten, inwiefern die deutsche Bundesregierung den Empfehlungen des SFB und dem fortlaufenden Diskurs bei der Umsetzung des im EU Aktionsplans vorgesehenen Maßnahmenkatalogs folgen wird. Des Weiteren bleibt – ebenfalls vor dem Hintergrund politischer und regulatorischer Entwicklungen – abzuwarten, inwieweit sich die Wahrnehmung von Nachhaltigkeits- und Umweltrisiken in der näheren Zukunft verändern wird.

GRUNDLAGEN ZUR NACHHALTIGEN FINANZWIRTSCHAFT

II. Principles of Responsible Banking der Vereinten Nationen[90]

1. Einführung

24 Die Eindämmung des Klimawandels und der Übergang hin zu einer kohlenstoffarmen Volkswirtschaft stellen sich als die größten Herausforderungen des 21. Jahrhunderts, vielleicht sogar der Menschheitsgeschichte, dar. Weltweit und über alle Sektoren hinweg, müssen Marktteilnehmer nicht nur ihr eigenes Verhalten, sondern vor allem auch ihre Geschäftsmodelle an die, aus dem Pariser Klimaabkommen resultierenden Vorgaben, anpassen. Orientierungshilfe für diesen langwierigen Prozess bieten die 2015 beschlossenen **UN-Ziele für eine nachhaltige Entwicklung**, die Sustainable Development Goals (SDG, vgl. Abbildung A.3).

Abbildung A.3: UN-Ziele für nachhaltige Entwicklung (Quellen: UN/Deutsche Bundesregierung)

25 Die 17, vom UN-Umweltprogramm (UNEP) entwickelten Ziele wurden 2015 veröffentlicht und wollen u. a. nicht nur Armut und Hunger besiegen sondern auch die Gleichstellung der Geschlechter erreichen, nachhaltige Produktionsprozesse implementieren sowie den Klimawandel erfolgreich bekämpfen. Das UN-Umweltprogramm, mit Sitz in Nairobi, wurde bereits 1972 gegründet und koordiniert die Umweltaktivitäten der Vereinten Nationen. Das beinhaltet die Erstellung umfassender Berichte zum weltweiten Status quo im Hinblick auf

---

90 Autorin: *Anna-Joy Kühlwein*. Die Ausführungen geben ausschließlich persönliche Auffassungen wieder. Für Rückfragen oder Anregungen ist der Autor unter der E-Mail-Adresse annajoy.kuehlwein@gmail.com erreichbar.

Umweltthemen, das Angebot von Beratungsdienstleistungen sowie die Entwicklung rechtlicher und politischer Instrumente zur internationalen Umsetzung des Umweltschutzes sowie zu Nachhaltigkeitsthemen. Dazu gehören auch die oben genannten UN-Nachhaltigkeitsziele, deren Zielerreichung im Rahmen der Agenda »nachhaltige Entwicklung« für das Jahr 2030 vorgesehen ist.[91]

Nicht nur die Politik sowie supranationale und Nichtregierungsorganisationen betonen die Bedeutung nachhaltiger Wirtschaftspraktiken – auch die Wissenschaft liefert mit einer Fülle an Studien Beweise, dass sich die Integration von **Nachhaltigkeitskriterien** positiv auf die **finanzielle Unternehmensperformance** auswirkt. Die vielzitierte Ausarbeitung von Friede et al. (2015) aus dem Journal for Sustainable Finance, hat mehr als 2000 Studien auf diesem Gebiet ausgewertet und kommt zu dem Schluss, dass eine Ausrichtung auf langfristiges, verantwortungsbewusstes und nachhaltiges Investieren für jede Art von Investor unerlässlich sein sollte. Im Zuge dessen werden sie nicht nur ihren treuhänderischen Pflichten gerecht, sondern es werden auch die übergeordneten Interessen der Allgemeinheit verfolgt und erfüllt.[92] Andere Meta-Studien stellen ebenfalls klar, dass der Einbezug von Nachhaltigkeitsaspekten in strategische Managemententscheidungen im besten Interesse jeder Unternehmensführung liegt.[93]

2. Die Grundsätze für ein verantwortungsbewusstes Bankgeschäft

Der Bankensektor spielt bei der Eindämmung des Klimawandels, insbesondere bei der Transformation in eine kohlenstoffarme, nachhaltigere Volkswirtschaft, eine zentrale Rolle. Um maßgeblich zur **Umsetzung der UN-Nachhaltigkeitsziele** sowie den Vorgaben des Pariser Klimaabkommens beizutragen, entwickelte die Finanzinitiative des UN-Umweltprogramms in Zusammenarbeit mit 30 weiteren Banken die Grundsätze für ein verantwortungsbewusstes Bankengeschäft (Principles for Responsible Banking). Die **sechs Prinzipien** wurden im September 2019 im Rahmen der UN-Generalversammlung in New York von 130 Banken aus 49 Ländern offiziell unterzeichnet und eingeführt. Sie betreffen sowohl die strategischen als auch die operativen Ebenen einer jeden Bank. Die Unterzeichner verpflichten sich dabei, in allen wesentli-

---

91   Vgl. *UNEP* (2015).
92   Vgl. *Friede et al.* (2015), S. 226-227.
93   Vgl. z. B. *Clark et al.* (2015), S. 48.

chen Geschäftsbereichen klare, im Einklang mit den Prinzipien stehende Zielvorgaben zu definieren und zu veröffentlichen.[94] Die sechs Prinzipien werden in den folgenden Abschnitten kurz vorgestellt.[95]

a) Ausrichtung des Geschäftsmodells

28 Die Unterzeichner verpflichten sich ihr Geschäftsmodell bzw. ihre Unternehmensstrategie auf die UN-Nachhaltigkeitsziele sowie auf das Pariser Klimaabkommen und den daraus resultierenden, nationalen Regelwerken auszurichten.

b) Auswirkungen und Zielsetzung

29 Des Weiteren verpflichten sich die unterzeichnenden Banken ihren **positiven Beitrag zu den Themengebieten Mensch und Umwelt** mit Hilfe ihrer Produkte, Aktivitäten und Dienstleistungen kontinuierlich zu steigern und gleichzeitig die negativen Auswirkungen ihrer Geschäftstätigkeit zu reduzieren und Risiken entsprechend zu managen. Zu diesem Zweck sollen interne Ziele definiert und veröffentlich werden, mit einem Augenmerk auf die Bereiche in denen die größten, positiven Auswirkungen erzielt werden können.

c) Kunden und Verbraucher

30 Der dritte Grundsatz verspricht eine verantwortungsbewusste und verstärkte Zusammenarbeit mit Kunden und Verbrauchern, um nachhaltige Praktiken zu fördern sowie Wirtschaftsaktivitäten zur gemeinsamen Wohlstandsmehrung gegenwärtiger und künftiger Generationen zu ermöglichen.

d) Interessengruppen

31 Das vierte Prinzip stellt die verantwortungsbewusste und proaktive Zusammenarbeit zwischen allen relevanten Interessengruppen in den Vordergrund, um gesellschaftliche Zielsetzungen zu erfüllen.

e) Unternehmensführung

32 Das Bekenntnis zu den Grundsätzen soll in einer wirksamen Unternehmensführung verankert und die Unternehmenskultur konsequent auf ein verantwortungsbewusstes Bankgeschäft ausgerichtet werden.

---

94 Vgl. z. B. *Commerzbank* (2019).
95 Vgl. *UNEP FI* (2019a), S. 1.

f) Transparenz und Verantwortung

Der sechste Grundsatz verspricht eine regelmäßige Überprüfung des Implementierungsprozesses der Richtlinien sowie Transparenz mit Blick auf die positiven und negativen Auswirkungen der eigenen Geschäftstätigkeit auf die gesellschaftlich vereinbarten Nachhaltigkeitsziele.

3. Praktische Umsetzung der Principles of Responsible Banking

Kennt eine Bank die Grundsätze für ein verantwortungsbewusstes Bankgeschäft an, wird sie automatisch **Mitglied der Finanzinitiative des UN-Umweltprogramms** und hat maximal 18 Monate Zeit eine erstmalige Berichterstattung sowie eine Selbsteinschätzung im Hinblick auf die Grundsätze vorzulegen. Spätestens nach vier Jahren muss der vollständige Prozess mit Auswirkungsanalyse, Zielsetzung und -umsetzung sowie dem dazugehörigen Reporting implementiert sein.[96]

a) Verankerung der UN-Nachhaltigkeitsziele im Geschäftsmodell

Um die UN-Nachhaltigkeitsziele im Geschäftsmodell bzw. in der Unternehmensstrategie erfolgreich zu verankern, bietet der u. a. von der Global Reporting Initiative (GRI) entwickelte »Sustainable Development Goals (SDG) Kompass« einen methodischen Leitfaden.[97] Neben dem Engagement der Unternehmensführung sowie der entsprechenden Schulung der Mitarbeiter auch im Hinblick auf das Pariser Klimaabkommen, sollte sich die Bank auf die für ihr Geschäftsumfeld relevantesten Ziele fokussieren.[98] Des Weiteren ordnet die World Benchmark Alliance, die sich für eine beschleunigte Umsetzung der UN-Nachhaltigkeitsziele einsetzt, bestimmten Industriezweigen einzelne Ziele zu, wo die größtmöglichen, positiven Auswirkungen erzielt werden können und wo eine nachhaltige und skalierbare Finanzierung der gefundenen Lösungen am wahrscheinlichsten ist. **Für den Bankensektor identifiziert die Initiative acht der insgesamt 17 Ziele**, darunter bezahlbare und saubere Energie, widerstandsfähige Infrastruktur, nachhaltige Industrialisierung und Wirtschaftswachstum sowie Maßnahmen für den Klimaschutz.[99] Die genannten Ziele stellen nicht nur neue Geschäftsmöglichkeiten dar, sie dienen ferner als Basis für die Überprüfung der eigenen Aktivitäten, Produkte, Dienstleistungen, Kunden und Portfolio-Schwerpunkte im Hinblick auf eine Vereinbarkeit mit den SDGs

---

96 Vgl. *UNEP FI* (2019b), S. 2.
97 Vgl. *GRI/UNGI/wbcsd* (2015).
98 Vgl. *UNEP FI* (2019a), S. 3.
99 Vgl. *WBA* (2018), S. 28. Die zugeordneten Ziele sind 1, 5, 7-10, 13 und 16.

oder dem Pariser Klimaabkommen. Hinzu kommen gesellschaftspolitische Ziele wie Armut und Ungleichheit zu beenden bzw. zu verringern sowie eine Gleichstellung der Geschlechter zu erreichen.

b) Auswirkungsanalyse und bankinterne Zielsetzung

36   Um die Geschäftstätigkeit einer Bank in all ihrer Bandbreite zu erfassen ist eine eingehende **Auswirkungsanalyse** mit Blick auf die Gesellschaft, die Umwelt sowie die Volkswirtschaft erforderlich. Die Auswirkungsanalyse bezieht dabei jeden **Kerngeschäftsbereich** sowie Dienstleistungs- und Produktgruppen mit ein, gegebenenfalls nach Ländern und Regionen unterteilt, in denen die Bank tätig ist. Liegen Konzentrationen in der Geschäftstätigkeit vor, sei es in bestimmten Industriezweigen, Produkten oder Regionen, muss hierauf ein besonderes Augenmerk gelegt werden. Diese Bereiche bieten bei einer Neuausrichtung auf die UN-Nachhaltigkeitsziele in der Regel das größte Potenzial, um positive Auswirkungen auf Gesellschaft und Umwelt zu erzielen.

37   Auf Basis der Ergebnisse der Auswirkungsanalyse sollten die internen Strategien, Richtlinien und Vorgaben angepasst sowie Steuerungsgrößen erarbeitet werden, um positive Auswirkungen zu maximieren und gleichzeitig die negativen Konsequenzen des eigenen Geschäftsmodells zu minimieren.

38   Gemäß den Grundprinzipen sind die assoziierten Banken dazu angehalten **mindestens zwei Ziele** zu definieren, die wiederrum auf den zwei bedeutendsten, im vorherigen Analyseprozess identifizierten Auswirkungen basieren.[100] Die Ziele können dabei sowohl von quantitativer als auch von qualitativer Natur sein. Um den Monitoring Prozess zu erleichtern, müssen zudem **Steuerungsgrößen und/oder Meilensteine** definiert werden.

39   Die **bankinterne Zielsetzung** soll sich dabei an dem **SMART-Prinzip** orientieren.[101] Die zur Zielerreichung eingeleiteten Aktivitäten und ihre positiven Auswirkungen auf die in den UN-Nachhaltigkeitszielen definierten Teilbereiche gilt es dabei genau zu spezifizieren. Die etablierten Ziele sollen zugleich messbar, erreichbar und relevant sein. Letzeres bedeutet, dass sich die Zielsetzung auf die Bereiche mit dem größten Wirkungsgrad konzentriert und direkt an ein oder mehrere der SDGs, dem Pariser Klimaabkommen oder einer anderen nationalen Richtlinie/Vorgabe gekoppelt ist. Schlussendlich muss ein **zeit-**

---

100   Vgl. *UNEP FI* (2019a), S. 6.
101   Vgl. *UNEP FI* (2019a), S. 6-7. SMART: basierend auf den englischen Begriffen specific, measurable, achievable, relevant und time-bound.

licher Rahmen für die Zielerreichung abgesteckt werden, wobei dieser mindestens so ambitioniert sein sollte wie jene in den zuvor genannten internationalen oder nationalen Rahmenwerken.

Während Banken aufgrund ihrer Hauptaufgabe, der Finanzintermediation, ihre Kunden maßgeblich in der Umsetzung nachhaltiger Geschäftspraktiken beeinflussen können (siehe Abschnitt 3.c), sind auch die Kreditinstitute selbst einem Wandlungsprozess ausgesetzt. Unter den vielfältigen Möglichkeiten zur bankinternen Umsetzung der UN-Nachhaltigkeitsziele gehört z. B. die **Ausrichtung der eigenen Portfolien am 1,5 bzw. 2 Grad Ziel** des Pariser Klimaabkommens. Wie eine solche Zielsetzung aussehen kann, lässt sich z. B. bei der Science Based Target Initiative nachlesen, die wissenschaftsbasierte Reduktionsziele für Treibhausemissionen bereitstellt, die im Einklang mit den Ergebnissen der Pariser Klimakonferenz stehen. Die Zielsetzung bezieht die verschiedenen Emissionskategorien mit ein, auch die der vor- und nachgelagerten Wertschöpfungskette.[102] Dazu gehören z. B. Geschäftsreisen, der Berufsverkehr der Arbeitnehmer und das Abfallaufkommen des Unternehmens.

Die Initiative empfiehlt für die gewählten Reduktionsziele einen Zeithorizont von fünf bis fünfzehn Jahren.[103] Anstatt die **Emissionsreduktionsziele** für den Stromverbrauch zu erfüllen, wird als Alternative z. B. auch die Umstellung auf erneuerbare Energiequellen anerkannt. Die Scienced Based Targets Initiative sieht dabei 80 % erneuerbare Strombeschaffung bis 2025 und 100 % bis 2030 als angemessene Schwellenwerte an.[104] Für eine ausreichend ambitionierte Zielsetzung in absoluten Zahlen ist bspw. ein Rückgang der Treibhausgasemissionen von 2,5 % jährlich (linear) erforderlich, um den Temperaturanstieg auf deutlich unter 2°C zu begrenzen, wobei Unternehmen in entwickelten Ländern aufgefordert werden, eine jährliche Reduktion von 4,2 % einzuhalten.[105] Die konkreten Modelle und Empfehlungen für die verschiedenen Assetklassen von Finanzinstituten, z. B. Kreditportfolio, Anleihen, etc. befinden sich im Frühsommer 2020 noch in der Entwurfs- und Diskussionsphase.[106] Der Entwurf für ein Rahmenwerk zur Ausrichtung des Unternehmenskreditportfolios erweist sich dabei bereits jetzt als sehr lesenswert mit vielen konkreten Empfehlungen für eine wissenschaftsbasierte Zielsetzung. Die Initiative empfiehlt zusätzlich

---

102 Vgl. z. B. *EnergieAgentur NRW*, Übersicht der verschiedenen Emissionskategorien, S. 1.
103 Vgl. *Science Based Targets* (2020), S. 6.
104 Vgl. *Science Based Targets* (2020), S. 9.
105 Vgl. *Science Based Targets* (2020a), S. 19. Es existieren weitere Reduktionsziele, z. B. im Hinblick auf die ausgeübte Wirtschaftsaktivität, konkret werden 7 % im Jahresvergleich je Wertschöpfungseinheit empfohlen. Vgl. S. 21.
106 Vgl. *Science Based Targets* (2019).

das Exposure zu bestimmten umweltverschmutzenden Sektoren gezielt zu reduzieren, zu klimafreundlichen hingegen auszubauen. Klimarisiken sollten ferner abgesichert werden und die internen Risikomodelle diese Risiken mit einbeziehen bzw. ihnen eine höhere Risikogewichtung zuweisen.[107]

42 Eine steigende Anzahl von Finanz- und Versicherungskonzernen integriert bereits **ESG-Kriterien im Investmentprozess**. Einen praktischen Überblick bietet bspw. die Fallstudie zur Vorgehensweise der Allianz Österreich, die in Zusammenarbeit mit dem WWF und im Einklang mit den **UN-Prinzipien für verantwortungsbewusste Investitionen** (UN PRI) verschiedene Kriterien für die einzelnen Anlageklassen wie Unternehmens-, Staats- und besicherte Anleihen entwickelt hat.[108]

43 Die Befürchtungen der Vergangenheit, wer nachhaltig investiert, muss auf die Generierung von Alpha verzichten, haben sich nicht bewahrheitet. Der Einbezug von ESG-Kriterien ermöglicht nämlich eine umfassendere Bewertung der Anlageoption mit all ihren Chancen und Risiken, sodass eine **Überrendite** im Vergleich zur Marktentwicklung erzielbar ist.[109] Einen umfangreichen Katalog an ESG-Kriterien, für mehr als 120 Teilbranchen mit jeweils bis zu 80 Kennzahlen, bietet die Ausarbeitung der Deutsche Vereinigung für Finanzanalyse und Asset Management, welche extra für eine Integration in die Finanzanalyse und die Unternehmensbewertung entwickelt wurden.[110] Aufschlussreich sind in diesem Zusammenhang auch die von der SD-M GmbH und mit Unterstützung des Bundesumweltministeriums sowie des Sustainability Accounting Standards Board (SASB) entwickelten Steuerungsgrößen zur Nachhaltigkeit. Hierbei werden für 68 Teilbranchen durchschnittlich drei Kennzahlen definiert und zusätzlich mit einer Gewichtung und Quellenangaben versehen, um eine umfangreiche Bewertung zu ermöglichen. Bei allgemeinen Geschäftsbanken steht bspw. das Risikomanagement im Hinblick auf umweltspezifische und regulatorische sowie rechtliche Risiken im Vordergrund (Gewichtung von 56 %). Bei Konsumentenkreditfinanzierern ist es dagegen die Kundenzufriedenheit mit einer Gewichtung von 75 %. In der Pharmabranche steht die Produktqualität und -sicherheit im Vordergrund.[111]

---

107 Vgl. *Science Based Targets* (2019a), S. 53.
108 Vgl. *UN PRI* (2015), S. 3.
109 Vgl. z. B. *Clark et al.* (2015), S. 39-41., *Chen/Musalli* (2018), S. 4, *Chen/Musalli/Zweibach* (2018), S. 2.
110 Vgl. *DVFA* (2010).
111 Vgl. *SD-M GmbH et al.* (2016), S. 28-30.

Des Weiteren können Banken, wie alle anderen Industrieunternehmen auch, ihren Energieverbrauch senken, die Energieeffizienz heben, Geschäftsreisepraktiken überdenken und den Ressourcenverbrauch sowie die Abfallwirtschaft nachhaltiger gestalten.

Insbesondere der **Übergang zu einer kohlenstoffarmen Wirtschaft** bietet nicht nur Risiken sondern auch Chancen. Die Expertenkommission »**Task Force on Climate-related Financial Disclosures**« **(TCFD)** des Finanzstabilitätsrats der G20 veröffentlichte im Juni 2017 Empfehlungen für eine einheitliche Klimaberichterstattung. Die Empfehlungen gehen jedoch weit über den Ansatz reiner Berichterstattungsrichtlinien hinaus, sondern liefern zusätzlich einen strategischen Ansatz, um **neue Geschäftsideen** sowie neue Kreditvergabemöglichkeiten zu entwickeln.[112] Des Weiteren wird die **Szenarioanalyse** als hilfreiches Instrument vorgestellt, nicht nur um die Wahrscheinlichkeit künftiger klimabedingter Ereignisse und deren Auswirkungen zu errechnen, sondern auch um eine strategische Ausrichtung des Unternehmens zu ermöglichen und die hierfür notwendigen Maßnahmen, Indikatoren und Zielsetzungen einzuführen.[113]

Zur konkreten **Auswahl der Steuerungsgrößen**, um eine höhere Klimafreundlichkeit der eigenen Geschäftstätigkeit zu erreichen, bietet eine Ausarbeitung des World Resources Institutes et al. (2018) eine inhaltliche Diskussion verschiedener, in der Bankenpraxis eingesetzter Messgrößen. Diese reichen vom (in)direkten Treibhausgasausstoß über die Erfassung »grüner bzw. brauner« Exposure bis hin zu berechneten ESG-Bewertungskennzahlen (sog. Scores) externer Anbieter.

Zur **Bestimmung der Treibhausgasemissionen** werden drei verschiedene Vorgehensweisen vorgestellt – die Messung der Emissionen auf Basis der finanzierten Assets die einzelnen Portfolien zugrunde liegen, auf Basis einzelner Projekte sowie auf Basis der bankeigenen Emissionen (ohne Einbezug der indirekten Emissionen).[114] Probleme bereiten hierbei den Banken allerdings nach wie vor eine zum Teil fehlende Datenbasis.[115] Die **Einteilung der Exposure in »grün« und »braun«** fällt dagegen leichter, da lediglich zwei Arten von Informationen, die Details der Finanzierung sowie eine Taxonomie, d. h. eine

---

112 Vgl. *TCFD* (2017b), S. 6-7 sowie speziell für Banken u. a. die Identifikation neuer Kreditvergabemöglichkeiten *UNEP FI/Acclimatise* (2018), S. 54-61.
113 Vgl. *TCFD* (2017b), S. 26. Ein deutsches Anwenderhandbuch mit Anleitung zur Erstellung von Szenarioanalysen bietet z. B. *Green and Sustainable Finance Cluster Germany/TCFD* (2019a), S. 8 ff.
114 Vgl. *WRI/UNEP FI/2 degrees Investing Initiative* (2018), S. 26 sowie Beispiele S. 28.
115 Vgl. *WRI/UNEP FI/2 degrees Investing Initiative* (2018), S. 35.

Definition für grüne Aktiva, benötigt werden. In der Vergangenheit bereitete die Frage der **Taxonomie** viel Kopfzerbrechen, mittlerweile bestehen neben (allerdings bisher nicht verpflichtenden) Richtlinien u. a. für grüne Anleihen auch erstmals Definitionen nachhaltiger Aktivitäten auf EU-Ebene. Eine Expertengruppe der EU definierte im Zuge dessen sechs umweltpolitische Ziele[116] sowie spezifische technische Bewertungskriterien. Neben der Beachtung sozialer Mindeststandards wird auch ein wesentlicher Beitrag zu mindestens einem der sechs Umweltziele verlangt – ohne dabei eines der anderen zu beeinträchtigen.[117]

48 Insbesondere der Anhang zu den **technischen Bewertungskriterien** der EU-Taxonomie bietet eine detaillierte Beschreibung, was ein wesentlicher Beitrag zu Klimaschutz und zur Anpassung an den Klimawandel, zwei der bedeutendsten umweltpolitischen Ziele, bedeutet.[118] Diese können als hilfreiche Anhaltspunkte für die bankinterne Zielsetzung dienen, zumal die Expertengruppe für die Erreichung der Umweltziele besonders relevante Wirtschaftszweige nennt, z. B. Land- und Forstwirtschaft, aber auch die Transport- und die verarbeitende Industrie, inkl. der spezifischen Kriterien zur Bewertung ihrer Nachhaltigkeit. Für die **Ausrichtung der bankinternen Kreditvergabepolitik** bietet die Vielzahl von Kriterien Orientierungshilfe, auf was es in puncto Nachhaltigkeit wirklich ankommt, z. B. bei der Aufforstung, dem Personentransport oder der Wasseraufbereitung.

49 Auch die neue **EU-Verordnung zu Klima-Benchmarks**[119] wird es Banken und Investoren künftig erleichtern, zwischen nachhaltigen und weniger nachhaltigen Vermögenswerten zu unterscheiden. Den zwei neu eingeführten Referenzwerten (1) EU Climate Transition Benchmark und (2) EU Paris-aligned Benchmark liegen einerseits Vermögenswerte zugrunde, die sich (1) auf einem messbaren, wissenschaftsgestützten und zeitgebundenen Dekarbonisierungszielpfad befinden bzw. (2) deren CO2-Emissionen auf die Ziele des Pariser

---

116 Die Ziele sind Klimaschutz, Anpassung an den Klimawandel, nachhaltige Nutzung und Schutz von Wasser- und Meeresressourcen, Übergang zu einer Kreislaufwirtschaft, Vermeidung und Verminderung der Umweltverschmutzung sowie Schutz und Wiederherstellung der Biodiversität und der Ökosysteme.
117 Vgl. *EU TEG* (2020a), S. 2.
118 Vgl. *EU TEG* (2020a), S. 15, 21.
119 Vgl. *EU* (2019d).

Klimaabkommens ausgerichtet sind.[120] In der EU ansässige Anbieter bedeutender Benchmarks sollten dabei bis Anfang 2022 insbesondere für den EU Climate Transition Benchmark einen oder mehrere Referenzwerte anbieten.[121]

Banken können ferner auf weitere Nachhaltigkeitsstandards und **Zertifizierungssysteme** zurückgreifen. Das weltgrößte Ökolabel-Verzeichnis »Ecolabel Index« listet bspw. über 457 **Umweltgütesiegel**.[122] Interessant ist in Bezug auf diese Thematik auch eine Ausarbeitung der Principles of Responsible Investment/UNEP FI (2018a). Diese gliedert nach Themengebieten wie Energieeffizienz, nachhaltige Land- und Forstwirtschaft, erneuerbare Energien aber auch Bildungs- und Gesundheitswesen, erforderliche Zertifizierungssysteme (z. B. ISO-Standards) sowie Mitgliedschaften in bestimmten Organisationen und Richtlinien auf, die für eine Einhaltung der UN-Nachhaltigkeitsziele stehen.[123]

Um die Ausrichtung auf die UN-Nachhaltigkeitsziele der Kreditnehmer und Geschäftspartner richtig einzuschätzen und so gegebenenfalls Kreditrisiken zu mindern, bieten die **Unternehmensindikatoren** des oben bereits erwähnten **SDG Kompasses** eine gute Orientierungshilfe. Hier finden sich nach Auswahl eines der siebzehn SDGs bis zu 100 Indikatoren, anhand denen eine Umsetzung der UN-Nachhaltigkeitsziele bewertet werden kann – inkl. des Reportingstandards oder der Publikation, in dem die dazugehörige Information zu finden ist.[124] Der Wert im Bezug auf eine **Reduktion des Kreditrisikos** sollte dabei nicht unterschätzt werden. Eine Analyse der Ratingagentur S&P Global (2019) zeigt bspw. auf, dass fast 60 % der Unternehmen im Index S&P 500 und mehr als 40 % der Unternehmen im S&P Global 1200 über Vermögenswerte verfügen, die einem hohen Risiko für physische Schäden im Zuge des Klimawandels ausgesetzt sind.[125] Dazu gehören u. a. die von Stürmen, Waldbränden, Überflutungen etc. ausgehenden Gefahren. Auch die EZB sieht in Klimarisiken das einen wesentlichen Risikofaktor für das europäische Bankensystem.[126]

Des Weiteren können Banken ganz generell ihre Anteile in nachhaltige bzw. umweltgefährdende Kredite, z. B. Hypotheken, Autokredite, Projektfinanzie-

---

120 Vgl. *EU TEG* (2019d), S. 37. Technische Unterscheidungskriterien für die beiden Referenzwerte S. 56.
121 Vgl. *EU* (2019d)., Art. 19(d).
122 Vgl. *Ecolabel Index* (2020), Stand Mai 2020.
123 Vgl. *Principles of Responsible Investment/UNEP FI* (2018a). Z. B. Energieeffizienzstandards und sonstige Vorgaben zur Einhaltung der SDGs S. 26, erneuerbare Energien S. 38, Gesundheitswesen S. 80.
124 Vgl. *GRI/UNGI/wbcsd* (2020).
125 Vgl. *S&P Global* (2019).
126 Vgl. *EZB* (2020a), S. 3.

rungen unter Einhaltung der Äquator-Prinzipien mit Hilfe einer konkreten Zielsetzung jeweils maximieren bzw. minimieren und in der Vermögensverwaltung die gemäß ESG-Kriterien investierte Aktiva erhöhen.[127] Um grüne und braune Aktiva sinnvoll auszuweisen, müssen Kontext und Vergleichbarkeit z. B. durch einen historischen Verlauf sowie eine (idealerweise) einheitliche Taxonomie gegeben sein. Ferner monieren Investoren und Interessengruppen, dass die Veröffentlichung grüner Aktiva eine recht einseitige Geschichte darstellt – braune Finanzierungen werden viel seltener in die Berichterstattung mit einbezogen, sodass die interne Zielerreichung extern nur schwer quantifizierbar bzw. nachvollziehbar ist.[128]

53 Für den Bezug von **ESG-Kriterien**, können interessierte Institute mittlerweile auf eine Vielzahl an **externen Anbietern** zurückgreifen. Eine umfangreiche Übersicht über ESG-Daten und Ratinganbieter findet sich in der Ausarbeitung von Douglas et al. (2017), der die siebzehn größten von ihnen vor- und gegenüberstellt.[129] Einer der größten ist der US-Finanzdienstleister MSCI der ESG-Ratings für rund 7500 Unternehmen und die dazugehörigen mehr als 650.000 emittierten Finanzinstrumente, auf Basis von 37 Kriterien erstellt.[130] Der in den Niederlanden ansässige ESG-Dienstleister Sustainanalytics deckt sogar 11.000 Unternehmen mit seinen Ratings ab und bietet mehr als 220 ESG-Kennzahlen an. Der für seine Indices bekannte US-Anbieter FTSE Russell erstellt für rund 7200 Finanzinstrumente seine ESG-Ratings, wobei in den hierfür 14 angewandten Nachhaltigkeitskriterien alle 17 UN-Nachhaltigkeitsziele abgebildet werden.[131] Weitere ESG-Datenanbieter sind u. a. Bloomberg und Thomson Reuters, auf ESG-Ratings spezialisiert sind z. B. das Münchner Unternehmen ISS-oekom oder der französische Research- Rating- und ESG-Datenanbieter Vigeo Eiris. Zwischen den verschiedenen **Ratingmethodologien** bestehen jedoch zum Teil frappierende Unterschiede, dies liegt u. a. an der unterschiedlichen Gewichtung der einzelnen Themengebiete Environmental, Social, und Governance. Eine interessante Gegenüberstellung der ESG-Scores von MSCI und FTSE zeigt nur eine sehr geringe Korrelation.[132] Je nach angewandter Methodik ist es sogar möglich, dass der Mineralölgigant ExxonMobil eine höhere Nachhaltigkeitsbewertung erhält als der innovative Autobauer Tesla, wenn der

---

127 Vgl. *WRI/UNEP FI/2 degrees Investing Initiative* (2018), S. 31.
128 Vgl. *WRI/UNEP FI/2 degrees Investing Initiative* (2018), S. 33.
129 Vgl. *Douglas et al.* (2017). Vergleich der angebotenen Daten (S. 96), der Abdeckung (S. 102), der Methodologie (S. 106).
130 Stand Mai 2020.
131 Vgl. *FTSE Russell* (2020), S. 1.
132 Vgl. Government Pension Investment Fund (2017), S. 11. Gegenüberstellung der Vorgehensweisen von MSCI und FTSE S. 12.

Fokus bspw. auf dem Kriterium »Soziales« und nicht auf der Umweltthematik liegt.[133]

c) Tiefgreifender Kundendialog

Das Kerngeschäft des Bankensektors, die Kreditvergabe, bringt angesichts der schwerwiegenden Herausforderungen unseres Jahrhunderts eine hohe Verantwortung mit sich. Durch die Finanzierung (oder Nichtfinanzierung) ganzer Industriezweige können Kreditinstitute nicht unerheblich auf die **Kapitalallokation** in zukunftsweisende Innovationen und Geschäftsbereiche Einfluss nehmen – im Hinblick auf den Klimawandel kommt ihnen deshalb eine Schlüsselfunktion zu. Zusätzlich können sie im **Kundendialog** auf deren Entwicklung in Richtung Klimaneutralität einwirken, das Bewusstsein schärfen und Anreize für nachhaltige Investitionen schaffen. Den Banken steht dabei ein vielfältiges Instrumentarium zur Verfügung. Ein erster Schritt ist die Integration von ESG-Kriterien in die internen Kreditvergaberichtlinien,[134] was bereits von einer Vielzahl von Banken praktiziert wird. Eine weitere interessante Möglichkeit stellen an Nachhaltigkeitskriterien gekoppelte Darlehen, sogenannte **Sustainability Linked Loans (SLL)** dar. Bei dieser Art von Unternehmenskredit, zumeist ausgestaltet als revolvierende Kreditfazilität, richtet sich der zu zahlende Zinssatz an die Erreichung bestimmter Kennzahlen wie die Reduktion des CO_2-Ausstoßes oder die Erfüllung allgemeiner Nachhaltigkeitskriterien, die sich beispielsweise durch ein ESG-Rating abbilden lassen. Werden die erforderlichen Steuerungsgrößen erreicht, sinkt der Kreditzins; ist dies nicht der Fall, steigt der fällige Zinssatz an.

Diese, an die Erreichung von Nachhaltigkeitszielen gekoppelten Kredite, haben sich in der jüngsten Vergangenheit auf eine Vielzahl von Branchen ausgebreitet. Ein belgischer Chemieriese verpflichtet sich z. B. zu einer ambitionierten Reduktion von Treibhausgasemissionen, ein britischer Verlag für Schul- und Lehrbücher setzt sich zum Ziel, eine bestimmte Anzahl von Menschen durch seine Bildungsprogramme zu erreichen und eine Wohnbaugesellschaft koppelt ihren Kredit an bestimmte Beschäftigungsziele.[135]

Der Markt für **nachhaltige und grüne Kredite** verzeichnete in den beiden vergangenen Jahren ein **kräftiges Wachstum**. Im Jahr 2017 waren es noch

---

133 Vgl. The Wallstreet Journal (2017).
134 ESG steht für die englischen Begriffe environmental, social und (corporate) governance und wird vor allem in der Nachhaltigkeitsanalyse verwendet. Vgl. z. B. UN Principles of Responsible Investing/CFA Institute (2018).
135 Vgl. z. B. BNP Paribas (2019a).

GRUNDLAGEN ZUR NACHHALTIGEN FINANZWIRTSCHAFT

magere 5 Mrd. USD an SLL, ein Jahr später zeichnete sich der Aufwärtstrend mit 40 Mrd. USD an ausstehenden Krediten erstmals ab.[136] Der steile Anstieg setzte sich auch in 2019 fort. Ende des dritten Quartals waren es 55 Mrd. USD, inklusive grüner Kredite, sogar 97 Mrd. USD.[137] Anfang 2020 wurden dann im Bereich grüner und nachhaltiger Kredite die 110 Mrd. USD überschritten.[138]

57 Der **Hauptunterschied zwischen SLLs und grünen Krediten** liegt in der Verwendung der aufgenommenen Mittel. Diese können bei den SLLs für die allgemeine Unternehmensfinanzierung verwendet werden, wobei der Zinssatz an die Erreichung bestimmter Nachhaltigkeitskriterien gekoppelt ist. Die im Rahmen von grünen Krediten aufgenommenen Mittel müssen dagegen für genau spezifizierte, grüne Projekte verwendet werden, wobei der Zinssatz nicht von der Erreichung einer bestimmten Steuerungsgröße abhängig ist. Für den bisher weniger etablierten SSL-Markt hat die weltweit agierende Loan Market Association (LMA) im vergangenen Jahr erstmals Grundsätze erarbeitet. Die sog. **Sustainability Linked Loan Principles** stellen freiwillige Richtlinien dar, die auf bewährten Praxismethoden aufbauen und somit die Rahmenbedingungen für eine vermehrte Anwendung von SSLs im Markt schaffen.[139]

58 Die SSLs sind ein glänzendes Beispiel dafür, dass Finanzinnovationen die Umsetzung und **Integration der UN-Nachhaltigkeitsziele in ganz unterschiedliche Geschäftsmodelle** ermöglichen und fördern. Die Beispiele für solche nachhaltigen Praktiken sind vielfältig. Neben der Nutzung erneuerbarer Energiequellen und der Entwicklung energieeffizienter Gebäude ist vor allem auch der Übergang zu kohlenstoffärmeren Transportoptionen interessant. Ferner können Banken u. a. bei der Einführung verantwortungsbewusster Wasser- und Abfallmanagementsysteme sowie klimaschonender, landwirtschaftlicher Praktiken, der Verringerung der Kunststoffverschmutzung und Investitionen in nachhaltige Verpackungen mitwirken und die Bewertung und Offenlegung finanzieller Klimarisiken fördern.

59 Auch die Tierhaltung können Banken positiv beeinflussen, indem sie die Kreditvergabe an die Einhaltung bestimmter Minimumstandards wie bspw. jene der FARMS-Initiative koppeln. Die Initiative legt u. a. dar, wie durch die industrielle Tierhaltung die Erreichung bestimmter UN-Nachhaltigkeitsziele, in weite Ferne rückt – dazu gehören neben der Reduktion der Umweltverschmutzung, die Bekämpfung des Klimawandels und der Erhalt der Biodiversität auch

---

136 Vgl. *BNP Paribas* (2019a).
137 Vgl. *Loan Syndications and Trading Association* (2019).
138 Vgl. *Environmental Finance* (2020).
139 Vgl. *LMA* (2020).

die Elimination von Hunger und Armut.[140] Insbesondere zum **Erhalt der Biodiversität** entwickelte die TEEB-Forschungsinitiative (The Economics of Ecosystems and Biodiversity) Ansätze zur ökonomischen Bewertung biologischer Vielfalt und der »Dienstleistung« von Ökosystemen. Auch der Finanzsektor kann hierzu beitragen, in dem er z. B. rote Linien für Investitionen in Gebieten mit hoher Artenvielfalt einführt oder auf Finanzierungen in Sektoren, in denen es der Bank an Spezialwissen mangelt, verzichtet.[141]

Zu einer ganzheitlichen Überwachung des Kreditrisikos unterziehen einige Banken ihren wichtigsten Unternehmenskunden in Sektoren mit hohen Treibhausgasemissionen wie Energie, Stahl, Transport, Landwirtschaft und Immobilien **Stresstests mit Blick auf einen sich verändernden Kohlenstoffpreis.** Ziel ist es dabei die Auswirkungen verschiedener Preisniveaus und damit auch unterschiedlicher Regulierungsszenarien auf die finanzielle Leistungsfähigkeit abzuschätzen und so das Kreditrisiko zu minimieren bzw. in der Konsequenz das eigene Exposure anzupassen. Unterschiedliche Kohlenstoffpreise, je nachdem wie ambitioniert das zugrunde liegende Klimaszenario ist und mit welcher zukünftigen Zeitperiode gerechnet wird, liefert z. B. der Sonderbericht zur globalen Erwärmung des Weltklimarats (2018).[142]

Jedoch nicht nur auf Unternehmenskundenebene können Banken nachhaltige Verhaltens- und Konsumentscheidungen fördern. **Nachhaltige Anlagemöglichkeiten,** auch für **Privatkunden,** gewinnen nach und nach an Bedeutung, denn bei der Ermittlung des gewünschten Anlageprofils werden vermehrt ESG-Kriterien mit einbezogen. Auch die Nachfrage nach nachhaltigen Anlagemöglichkeiten nimmt bei Retailanlegern kontinuierlich zu. Laut einer aktuellen Umfrage der 2 Degrees Investing Initiative unter deutschen und französischen Kleinanlegern wollen zwei Drittel nachhaltig investieren. 64 % wären dafür sogar bereit einen beträchtlichen Abschlag von 5 % auf den bis zur Rente ersparten Betrag hinzunehmen. Eine große Mehrheit (85 %) ist generell bereit für Abschläge, wenn sie denn ihr Geld (endlich) nachhaltig anlegen zu können.[143]

Mit Blick auf eine effiziente und nachhaltige Energienutzung können z. B. auch Privatkunden **»grüne« Kredite** angeboten werden, u. a. zur Hausisolierung oder zum Erwerb neuer Heizungsanlagen. Im Sinne der UN-Nachhaltigkeitsziele können einzelne Banken zudem ihr Privatkundensegment nach geringer Finanzkompetenz sondieren bzw. unterversorgte Segmente identifizieren

---

140 Vgl. *FARMS Initiative* (2019).
141 Vgl. *The Economics of Ecosystems and Biodiversity* (2010), S. 25.
142 Vgl. *Intergovernmental Panel on Climate Change* (IPCC, 2018), S. 152-153.
143 Vgl. *2 Degree Investing Initiative* (2020), S. 5, S. 27.

GRUNDLAGEN ZUR NACHHALTIGEN FINANZWIRTSCHAFT

und diesen die nötigen Basisprodukte kostengünstig anbieten oder sich im Bereich Mikrokredite, Mikroversicherungen oder günstiger Transaktionsdienstleistungen engagieren. Auch die Förderung der **finanziellen Allgemeinbildung** mit Hilfe von Öffentlichkeitskampagnen, Webinaren oder Lernprogrammen können zur Schärfung des öffentlichen Bewusstseins beitragen. Dies kommt nicht nur Privat- sondern auch kleinen Geschäftskunden zugute. Insbesondere letztere können von der Bereitstellung von z. B. Innovationszentren, Inkubatoren für Start-ups oder digitalen Plattformen für Finanzdienstleistungen profitieren.

63   Für die Refinanzierung grüner und/oder nachhaltiger Kredite steht den Banken der kräftig wachsende Markt für grüne Anleihen zur Verfügung, der sich bei den Investoren großer Beliebtheit erfreut und in der Konsequenz von einer steigenden Nachfrage profitiert.[144]

d) Partnerschaften mit Dritten oder anderen Interessensgruppen

64   Durch einen proaktiven Kundendialog werden nicht nur die Geschäftsbeziehungen gestärkt, es lassen sich auch Partnerschaften mit Dritten oder anderen Interessengruppen eingehen. Einerseits steht die **Beteiligung und/oder Förderung** von z. B. Fintech-Unternehmen oder Mikrofinanzinstituten, die sich eine verbesserte Datensicherheit oder steigende Marktdurchdringung von Finanzdienstleistungen in ärmeren Ländern zum Ziel gesetzt haben, im Vordergrund. Hier bietet sich z. B. als Steuerungsgröße an, den Anteil der Erwachsenen mit einem Bankkonto oder Zugang zu mobilen Gelddienstleistern oder die Anzahl der Geschäftsbankfilialen und Geldautomaten pro 100.000 Erwachsenen zu erhöhen.[145]

65   Andererseits ermöglicht ein interdisziplinärer Austausch nicht nur die Entwicklung und den Vertrieb nachhaltiger Produktideen und Dienstleistungen, denn das Feld der potenziellen Interessengruppen einer Bank ist besonders weit gefasst. Neben Kunden und Investoren, spielen vor allem auch Aufsichtsbehörden, Regierungen, Universitäten, Nichtregierungsorganisationen und andere zivilgesellschaftliche Organisationen eine Rolle. Im Rahmen eines **fachübergreifenden Austauschs** können **Forschungsprojekte** vorangetrieben und intellektuelles Kapital genutzt sowie wegweisende Richtlinien und Vorgaben mitentwickelt werden. Beispiele auf EU-Ebene sind z. B. die technischen Expertengruppen u. a. für die Entwicklung der Green Bond Richtlinien.[146] Auch die

---

144   siehe Kapitel E V. zu Green Bonds.
145   Diese Steuerungsgrößen werden von der *UN IAEG-SDG (*2016), S. 11 empfohlen.
146   Vgl. *EU Technical Expert Group on Sustainable Finance (2020b)*.

zuvor erwähnten Grundsätze für die an Nachhaltigkeitskriterien gekoppelte Kreditvergabe der Loan Market Association wurden im Dialog zwischen verschiedenen Bankinstituten und weiteren Interessengruppen entwickelt.

Um den Prozess des Interessenaustauschs von Seiten der Bank transparent und objektiv zu gestalten, kann auf die **OECD Grundsätze für eine transparente und integere Lobbyarbeit** zurückgegriffen werden.[147] Diese dämmen die reine Ausrichtung an einem eng definierten Selbstinteresse ein, die eine Realisierung der vielschichtigen UN-Nachhaltigkeitsziele konterkarieren würde. Des Weiteren empfiehlt der Leitfaden des UN-Umweltprogramms zur Umsetzung der Responsible Banking Principles das Handbuch der International Finance Corporation,[148] einer international tätigen Entwicklungsbank und Teil der Weltbankgruppe. Der Leitfaden stellt den erfolgreichen Aufbau nachhaltiger Beziehungen zu allen relevanten Interessensgruppen dar.[149]

e) Verankerung der Grundsätze in der Unternehmenskultur

Die Verankerung der Grundsätze für ein nachhaltiges Bankgeschäft auf Managementebene, ebenso wie in der gesamten Unternehmenskultur, beginnt mit einer klaren Zuweisung von Verantwortlichkeiten auf Vorstandsebene inklusive einer Bereitstellung der erforderlichen Ressourcen. Diese sind für den **Aufbau internen Fachwissens** im Bezug auf umwelttechnische aber auch soziale Themen, die für das Bankgeschäft und darüber hinaus relevant sind, unerlässlich. Die Schulung und Weiterbildung der Mitarbeiter in ESG-Strategien und internationalen Richtlinien, die Rekrutierung von Spezialisten sowie der Rückgriff auf externe Berater tragen zur erfolgreichen Umsetzung der bankspezifischen Nachhaltigkeitsagenda bei.

Eine selbständige Abteilung mit einer klaren Rollenzuteilung kann zudem die Transformation einzelner Geschäftsbereiche unterstützen und die Einführung wirksamer Managementsysteme wie **Risiko- und Compliancekontrollen** erleichtern. Im Zuge dessen gilt es die in den Entscheidungsprozessen integrierten Nachhaltigkeitsziele regelmäßig zu überprüfen und gegebenenfalls an neue Bedingungen anzupassen. Um eine seriöse **Anreizstruktur** zu schaffen, sollten Nachhaltigkeitskriterien in die Geschäftsordnung sowie in Vergütungs- und Leistungsmanagementsysteme und in Prüfungsausschüsse übernommen wer-

---

147 Vgl. *OECD* (2013).
148 Vgl. *IFC* (2007).
149 Vgl. *UNEP FI* (2019a), S. 18.

GRUNDLAGEN ZUR NACHHALTIGEN FINANZWIRTSCHAFT

den. Auch im Verwaltungsrat besteht die Möglichkeit einen speziellen Ausschuss zu schaffen, der sich auf die Umsetzung der Grundprinzipien für ein verantwortungsbewusstes Bankengeschäft konzentriert.

69   Auf Ebene der Mitarbeiter ist eine **Verankerung der Nachhaltigkeitsrichtlinien im Tagesgeschäft** gefordert, dazu gehören alltägliche Praktiken wie die Geschlechtergleichstellung, nachhaltige und integrative Beschäftigungspraktiken sowie klimafreundliche Transportmöglichkeiten für Pendler. Die Einbindung der Mitarbeiter in die Erreichung der Klimaneutralität der Bank, auch durch regelmäßige Webinare, Seminare, Aktionstage und Newsletter, stärken die interne Nachhaltigkeitsagenda zusätzlich. Verschiedene Quellen bieten Leitfäden für das Management an, um Nachhaltigkeitsthemen erfolgreich auf der obersten Unternehmensebene zu verankern.[150] Auch die Finanzinitiative des UN-Umweltprogramms hat bereits 2014 ein Konzept erstellt, um eine Nachhaltigkeitsagenda möglichst intensiv in der Unternehmensführung zu integrieren. In einem ersten Schritt wird die Einführung erster Initiativen zum Thema Nachhaltigkeit empfohlen, gefolgt von der Schaffung eines Nachhaltigkeitskomitees bis schlussendlich zur kompletten Integration in die Unternehmensstrategie.[151]

f)   Öffentliche Berichterstattung

70   Um dem sechsten Grundsatz der Prinzipien für ein verantwortungsbewusstes Bankgeschäft gerecht zu werden, müssen die teilnehmenden Institute eine **Selbstbeurteilung** ausfüllen. In ihr gilt es anzugeben, wo in der öffentlichen Berichterstattung die relevanten Informationen zur **Umsetzung der Principles of Responsible Banking** zu finden sind. Die Selbstbewertung dient ferner zur Beurteilung des eigenen Fortschritts im Hinblick auf die sechs Kriterien: (1) Wirkungsanalyse, (2) Zielsetzung, (3) Pläne für die Umsetzung und Überwachung der Ziele, (4) Fortschritt bei der Umsetzung der Ziele, (5) Aufbau der entsprechenden Governance-Struktur zur Umsetzung der Grundsätze sowie (6) Fortschritte bei der Umsetzung der Grundsätze.[152]

71   **Jährlich** sollte eine **transparente und ausgewogene Darstellung** bezüglich der wesentlichen, durch das Bankgeschäft implizierten, positiven und negativen Auswirkungen sowie der damit einhergehenden Risiken, aber auch erzielte

---

150   Vgl. z. B. *Deloitte* (2018), insbesondere die empfohlenen, zu ergreifenden Maßnahmen auf S. 5.
151   Für Details vgl. *UNEP FI* (2014), S. 36 Anforderungen an das Nachhaltigkeitskomitee, S. 37 Phasen der Integration von Nachhaltigkeitsthemen in die Unternehmensführung.
152   Vgl. *UNEP FI* (2019a), S. 25.

Fortschritte, veröffentlicht werden. Die Offenlegungen sind dabei in die **bestehende Berichterstattung** der Bank (z. B. Jahresbericht, Nachhaltigkeitsbericht, Unternehmenswebsite usw.) integrierbar. Können bestimmte Informationen noch nicht zur Verfügung gestellt werden, sollte zudem ersichtlich werden, wie die Bank auf die Beschaffung und Veröffentlichung dieser Informationen hinarbeitet. Auch eine konkrete Beschreibung der eingeführten Mechanismen und Prozesse, die die bedeutendsten positiven und negativen Auswirkungen der Geschäftstätigkeit und die Beiträge zu den SDGs ermitteln, sollte Bestandteil der Berichterstattung sein. Ein Ausweis strategischer Risiken und Chancen auf aggregierter Ebene und deren Integration in die bankinternen Governance-Prozesse runden die Veröffentlichung ab.

Die Offenlegung richtet sich idealerweise nach den Anforderungen der im Bankensektor üblichen Rahmenwerke für die Offenlegung von Nachhaltigkeitsinformationen, wie z. B. der **Global Reporting Initiative (GRI)** oder des **Sustainable Accounting Standards Board (SASB)**. Letztere bietet für eine Vielzahl von Industriesektoren Offenlegungsstandards an, u. a. für verschiedene Bankgeschäftsmodelle. Konkret wird hier für Geschäftsbanken die Offenlegung zu folgenden Themen empfohlen: (1) Datensicherheit, (2) Zugang zu Finanzdienstleistungen (verschiedener Bevölkerungsgruppen und Unternehmensgrößen), (3) Integration von ESG-Kriterien in die Kreditanalyse, (4) Unternehmensethik (Strafen, Skandale, Whistleblower-Richtlinien) sowie (5) systematisches Risikomanagement (Stresstests für die Kapitalposition, langfristige Ausrichtung der Geschäftsstrategien etc.).[153]

Die GRIs stellen einen noch ausführlicheren Leitfaden dar. Neben humanitären und sozialen Aspekten wie Investitionen in die Gesellschaft (öffentlich-private Partnerschaften, Spenden, Freiwilligenarbeit) ist auch die Offenlegung weiterer Themengebiete wie Treibhausgasemissionen aufgrund von Geschäftsreisen, Abfallmanagement und Energieverbrauch vorgesehen.[154] In Deutschland gibt es zusätzlich den **Nachhaltigkeitskodex** des deutschen Rates für nachhaltige Entwicklung – ein Rahmenwerk für die Berichterstattung nachhaltiger Leistungsindikatoren. Die 20 Kriterien mit ihren über 70 Indikatoren gelten sektorübergreifend und stellen eine Mischung aus den ESG-Faktoren des DVFA und

---

153 Vgl. *SASB* (2018), S. 7-8.
154 Vgl. *Global Reporting Initiative* (GRI, 2013), u. a. S. 10, 14-15; *GRI/UNEP FI* (2008) u. a. S. 33-35.

GRUNDLAGEN ZUR NACHHALTIGEN FINANZWIRTSCHAFT

den GRI-Kennzahlen dar.[155] Das Anwenderhandbuch bietet für jeden der Unterpunkte Beispiele aus der bereits bestehenden Berichterstattung über unterschiedliche Branchen hinweg.[156]

74 Federführend für die **Offenlegung von Klimarisiken** sind die **TCFD-Empfehlungen**. Klimarisiken lassen sich in zwei zentrale Risikoquellen unterteilen: Die physischen Risiken wie bspw. der Anstieg des Meeresspiegels oder Extremwetterereignisse[157] sowie Übergangsrisiken, die bspw. durch striktere Regulierung, Markt(preis)änderungen oder disruptive Technologien hervorgerufen werden.[158] Die Offenlegung der Klimarisiken soll sich dabei auf die vier Kernelemente, Unternehmensführung, Strategie, Risikomanagement, Zielsetzung bzw. Steuerungsgrößen stützen.[159] Die Richtlinien sind sektorübergreifend anwendbar, es bestehen jedoch extra Anwendungshilfen für den Finanzsektor, speziell auch für Banken.[160] Die gewonnenen Informationen werden in die konventionelle Berichterstattung integriert.[161] Sie ermöglichen in der Folge fundiertere Investitions-, Kredit- und Versicherungsentscheidungen, ein besseres Verständnis klimabedingter Risiken und damit auch einen reibungsloseren Übergang zu einer kohlenstoffarmen, nachhaltigeren Volkswirtschaft.[162]

75 Die **EZB** veröffentlichte im Mai 2020 ihren **Entwurf eines Leitfadens zu Klima- und Umweltrisiken**. Er beinhaltet die Erwartungen der Bankenaufsicht in Bezug auf Risikomanagement und Offenlegung. Dazu gehört bspw. die Meldung aggregierter Risikodaten, inwieweit das betreffende Institut Klima- und Umweltrisiken ausgesetzt ist sowie den Einzug dieser Risiken u. a. in die Kreditvergabepolitik, Liquiditätssteuerung und die Kapitalplanung.[163] Der Leitfaden ist allerdings nicht bindend und befindet sich bis Ende September 2020 in der Konsultationsphase.[164]

---

155 Vgl. Deutscher Rat für nachhaltige Entwicklung (2017).
156 Vgl. Deutscher Rat für nachhaltige Entwicklung (2019).
157 Mögliche Auswirkungen auf die Wertschöpfungskette und finanzielle Konsequenzen für Banken vgl. z. B. Green and Sustainable Finance Cluster Germany/TCFD (2019b), S. 2 sowie ausführliche Fallstudien für das erforderliche Risikomanagement in UNEP FI/Acclimatise (2018a).
158 Vgl. z. B. TCFD (2017b), S. 5-6 sowie finanzielle Auswirkungen der Klimarisiken S. 10-11 EZB (2020a), S. 12.
159 Vgl. TCFD (2017b), S. 14.
160 Vgl. TCFD (2017a), S.23-27.
161 Vgl. TCFD (2017b), S. 17.
162 Vgl. TCFD (2017b), S. iii.
163 Vgl. EZB (2020a), S. 4-5.
164 In Europa hat bisher nur Frankreich die Empfehlungen der TCFD im Art. 173 ihres Energiewendegesetzes übernommen, sodass die Berichterstattung für börsennotierte Unternehmen, Banken und institutionelle Investoren (in unterschiedlichem Maße) seit dem Geschäftsjahr 2016 Pflicht ist. Vgl. z. B. UN PRI/UNEP FI (2016).

4. Vorteile für die teilnehmenden Banken

Bei der Umsetzung der Principles for Responsible Banking sollte nicht nur der erhöhte Reporting- und Monitoring-Aufwand bzw. die zum Teil aufwendige Beschaffung von Daten etc. gesehen werden. Die UN Global Compact, das ist die weltweit führende Initiative für nachhaltige und verantwortungsvolle Unternehmensführung, sieht u. a. folgende Vorteile, die eine Ausrichtung der Unternehmensstrategie an den UN-Nachhaltigkeitszielen mit sich bringen.[165]

Unternehmen und Banken identifizieren auf diese Weise **neue, zukunftsträchtige Geschäftsfelder und Wachstumsmärkte** und tragen somit zu innovativen Lösungen bei. Ein verstärkter Fokus auf Nachhaltigkeitsthemen bieten zudem Anreize, die Geschäfts- sowie Produktionsabläufe nachhaltiger zu gestalten. Dank einer effizienteren Ressourcennutzung können ganze Geschäftsmodelle trag- und somit zukunftsfähiger werden.

Des Weiteren bringt die Verankerung der UN-Nachhaltigkeitsziele einen intensiveren Dialog mit allen Interessengruppen, die mit dem Unternehmen in Verbindung stehen, mit sich. Ein verstärkter Austausch erleichtert sowohl die Vorbereitung auf als auch die Umsetzung neuer Vorgaben und Richtlinien, so dass beispielsweise **klimabedingte Übergangsrisiken,** wie der Verlust von Wettbewerbsfähigkeit aufgrund verzögerter Anpassungsfähigkeit sowie Reputationsrisiken gesenkt werden.

Sobald eine **Risikominderung** jedweder Art erreicht wird, kann auch von einer **Reduktion der Kapitalkosten** ausgegangen werden. Dies gilt jedoch nicht nur für die Banken selbst, sondern auch für deren Kunden. Eine Ausarbeitung von El Ghoul et al. (2018) zeigt für Unternehmen der verarbeitenden Industrie auf, dass durch die Integration umweltbezogener Nachhaltigkeitsaspekte in eine verantwortungsbewusste Unternehmensführung die Eigenkapitalkosten gesenkt werden.[166] Außerdem weisen die Autoren darauf hin, dass Umweltthemen Investoren Kopfzerbrechen bereiten und sie deshalb eine ganzheitliche Unternehmensstrategie wertschätzen. Daraus ergibt sich die Empfehlung der Studie, Anreize für den Einbezug umweltpolitischer Themen in die Unternehmensführung zu schaffen, um die Investorenbasis zu erweitern und die Kapitalkosten im Zuge dessen weiter zu senken.[167] Bereits 2010 wiesen Bauer/Hann nach, dass Unternehmen mit einem mangelhaften Umweltmanagement höhere

---

165 Vgl. Global Reporting Standards (GRI) et al. (2015), S. 8-9.
166 Vgl. *El Ghoul et al.* (2018), S. 346.
167 Vgl. *El Ghoul et al.* (2018), S. 355.

GRUNDLAGEN ZUR NACHHALTIGEN FINANZWIRTSCHAFT

80 Fremdkapitalkosten und niedrigere Kreditratings aufweisen.[168] Insbesondere ein innovatives Produkt- oder Dienstleistungssortiment mit positiven Auswirkungen auf den Umweltschutz sowie ein proaktives Umweltmanagement, um den eigenen Beitrag zum Klimawandel zu reduzieren, führen zu niedrigeren Anleihe-Spreads.[169] Auch die Meta-Studie von Clark et al. (2015), zeigt auf, dass in der überwältigen Mehrheit der Ausarbeitungen solide ESG-Standards die Kapitalkosten senken, zu einer **besseren operativen Performance** führen und die Aktienkursentwicklung positiv beeinflussen.[170]

80 Auch die zu anfangs erwähnte Meta-Studie von Friede et al. (2015) findet in der großen Mehrheit der über 2000 ausgewerteten Untersuchungen einen positiven Zusammenhang zwischen dem Einbezug von ESG-Kriterien und der finanziellen Unternehmensperformance.[171] All diese Analyseergebnisse bedeuten für den Bankensektor nicht nur direkte Vorteile, wie eine **Verbesserung der eigenen Bonität,** sondern auch **verminderte Kreditrisiken** in ihren Kreditportfolien.

81 Zusätzlich wird durch die Umsetzung der Grundprinzipien für ein verantwortungsbewusstes Bankengeschäft die Zusammenarbeit zwischen potentiellen Partnern gefördert, sodass sich dank Erfahrungs- und Gedankenaustausch die Durchschlagkraft einzelner Ideen und Projekte erhöht. Auch die UN weist in einer Untersuchung (2018) daraufhin, dass durch diesen verstärkten Dialog und das Engagement verschiedener Interessengruppen im Nachhaltigkeitsbereich, der Unternehmenswert positiv beeinflusst wird. Die Studie identifiziert dabei die folgenden drei Kanäle: **verbesserte Kommunikation,** eine **sich selbst verstärkende Lernkurve** bei allen Beteiligten sowie eine positive, politische Einflussnahme (vgl. Abbildung A.4).[172]

---

168 Vgl. Bauer/Hann (2010), S. 17.
169 Vgl. *Bauer/Hann* (2010), S. 23.
170 Vgl. *Clark et al.* (2915), S. 48.
171 Vgl. *Friede et al.* (2015), S. 226.
172 Vgl. *UN PRI* (2018), S. 4, S. 20.

Abbildung A.4: Wertschöpfungsmechanismen der UN Principles for Responsible Banking (Quelle: in Anlehnung an: UN PRI (2018), S. 20)

Durch die Umsetzung der UN-Nachhaltigkeitsziele werden insgesamt die **Gesellschaft, die Märkte und das Finanzsystem** an sich **gestärkt**. Wenn sich Unternehmen und Banken für Transparenz, Arbeitnehmerrechte und die Umwelt einsetzen, werden Korruption, Ausbeutung und Umweltverschmutzung zurückgehen – denn erfolgreiche Geschäfte können langfristig nur in einer funktionierenden Gesellschaft und in einer gesunden Umwelt geführt werden.

III. Der Klimawandel als Risiko für das Finanzsystem[173]

83 Für den menschengemachten Klimawandel wird insbesondere die Emission von Treibhausgasen verantwortlich gemacht. Ökonomisch gesehen, stellt diese Emission eine **negative Externalität** dar.[174] Die Emittenten der Treibausgase kommen für die dadurch entstehenden Schäden, die auch in der fernen Zukunft und geographisch weit entfernt liegen können, nicht oder nur unzureichend auf. Wirksame Begrenzungen der Emissionen erfordern weltweite Gegenmaßnahmen, die von der Politik ergriffen werden müssen. Erstmals konnte 2015 in Paris ein Abkommen geschlossen werden, in dem auf globaler Ebene eine Begrenzung des weltweiten Temperaturanstiegs und vor allem eine Begrenzung der Treibhausgasemissionen vereinbart wurden.[175]

84 Es wird immer deutlicher, dass um die Pariser Klimaziele erreichen zu können, eine tiefgreifende Veränderung unseres Wirtschaftens und auch unseres Lebensstils notwendig wird.[176] Je früher und konsequenter diese Veränderungen umgesetzt werden, desto höher ist die Wahrscheinlichkeit, tatsächlich die Klimaziele einhalten zu können.

85 Risiken für das Finanzsystem können sich auf der einen Seite aus dem Übergang in eine kohlenstoffarme Wirtschaft ergeben. Viele Vermögenswerte wie beispielsweise Kraftwerke, Flugzeuge, Schiffe oder Autos benötigen fossile Energieträger und tragen dadurch erheblich zum weltweiten Emissionsausstoß bei. Durch eine Abkehr von fossilen Technologien könnte gerade die Nachfrage nach jenen Kraftwerken, Flugzeugen, Schiffen und Autos stark sinken, zu deren Betrieb fossile Brennstoffe notwendig sind. Generell könnten diese Vermögenswerte auf breiter Front erhebliche Wertverluste erleiden. Nicht nur die grundsätzliche Entscheidung zum Ausstieg aus fossilen Technologien birgt Risiken für die Wirtschaft und das Finanzsystem, Unsicherheiten ergeben sich auch aus dem langen Zeithorizont politischer Entscheidungen und unvorhergesehener technologischer Entwicklungen.

86 Auf der anderen Seite führt gerade eine ausbleibende ausreichende Begrenzung des Ausstoßes von Treibhausgasen ebenfalls zu erheblichen Risiken für die Wirtschaft und das Finanzsystem. Vor allem das häufigere Auftreten extremer

---

173 Autor: *Philipp Haenle*. Bei dem vorliegenden Buchbeitrag handelt es sich um einen persönlichen Namensbeitrag, der nicht notwendigerweise die Position der Deutschen Bundesbank, des Eurosystems oder deren Beschäftigten wiedergibt. Für Rückfragen oder Anregungen ist der Autor unter der E-Mail-Adresse philipp.haenle@gmx.de erreichbar.
174 Vgl. *Deutsche Bundesbank* (2019d), S. 114.
175 *UN* (2015a).
176 Vgl. dazu auch die Darstellungen in Kapitel A.I dieses Herausgeberbandes.

Wetterlagen könnte Vermögenswerte in ganzen Landstrichen zerstören. Die dadurch befürchteten Zerstörungen bergen nicht nur Gefahren für das Ökosystem und Gesellschaft, sondern könnten auch für die Wirtschaft und somit auch für das Finanzsystem ganz erhebliche Verluste bedeuten.

Für eine umfassende Einschätzung der aus dem Klimawandel resultierenden Risiken für das Finanzsystem sind also sowohl die transitorischen Risiken als auch die physischen Risiken zu betrachten.

Die Diskussion über die Auswirkungen klimabezogener Risiken auf das Finanzsystem, insbesondere die Finanzstabilität, ist noch relativ jung. Um Ressourcen zu bündeln, haben sich weltweit mehr als 89 Zentralbanken und Aufseher sowie weitere 13 Beobachter[177] zum **NGFS Greening the Financial System (NGFS)** zusammengeschlossen. Im November 2019 hat die Bundesbank in ihrem Finanzstabilitätsbericht u. a. diese Diskussion aufgegriffen und eingeordnet. Dieser Buchbeitrag orientiert sich wesentlich hieran, gibt die bisherigen Erkenntnisse und Argumente wieder und informiert über die aktuellen Entwicklungen.[178]

1. Physische Risiken und das Finanzsystem

Wie können **physische Risiken** auf das Finanzsystem wirken?[179] Physische Risiken wie extreme Wetterereignisse oder ein allmählicher Temperaturanstieg, der u. a. die Meeresspiegel ansteigen lässt, wirken sich direkt auf die Realwirtschaft aus. Bspw. könnten hierdurch wichtige Handelsrouten wegfallen oder extreme Wetterereignisse vernichten Vermögenswerte in ganzen Landstrichen. Da der allmähliche Temperaturanstieg regional sehr heterogen verläuft, könnte es zu einer massiven Migration aus heißen in gemäßigtere Regionen kommen. Von diesen physischen Risiken dürften Regionen und Wirtschaftszweige sehr unterschiedlich getroffen sein. Aufgrund der weltweiten engen wirtschaftlichen und finanziellen Verflechtung jedoch dürften die physischen Risiken zumindest mittelbar nahezu alle Regionen weltweit betreffen.[180]

All diese gesellschaftlichen und wirtschaftlichen Risikofaktoren zusammengenommen wirken auf Grundstückspreise sowie das Vermögen von Firmen und

---

177 Beobachter sind z. B. der *IWF* und die *BIZ*. Stand: 19.03.2021.
178 Die Literatur, die diese Diskussion wiedergibt, sind insbesondere *NGFS* (2019a), *NGFS* (2019b) sowie *Bundesbank* (2019d). Der Buchbeitrag wird um darüberhinausgehende Literatur, aktuelle Entwicklungen sowie eigene Überlegungen wesentlich ergänzt.
179 Vgl. für eine ergänzende Diskussion auch die Darstellungen im Kapitel A.V dieses Herausgeberbandes.
180 *Deutsche Bundesbank* (2019d), S. 116.

GRUNDLAGEN ZUR NACHHALTIGEN FINANZWIRTSCHAFT

Haushalten und beeinflussen die Profitabilität ganzer Geschäftsmodelle. Über diese Veränderungen können schließlich auch finanzwirtschaftliche Risiken – Markt- und Kreditrisiken[181], Haftungsrisiken sowie operationelle Risiken – beeinflusst werden.[182] Über veränderte Vermögenspreise sowie eine niedrigere Profitabilität kann es beispielsweise zu erheblichen und korrelierten Verlusten an den Finanzmärkten kommen. Darüber hinaus sind hohe Verluste aus dem Kreditgeschäft zu erwarten, wenn Vermögenswerte finanziert wurden, die durch die physischen Risiken in Mitleidenschaft gezogen werden. Der Transmissionsmechanismus ist in Abbildung A.5 dargestellt.

91 Mit den volkswirtschaftlichen Auswirkungen sind zudem eine Anpassung globaler Kapitalströme und die Veränderung internationaler Risikoteilung verbunden. Ein nur eingeschränkt funktionierendes Finanzsystem kann seine Rolle für die Realwirtschaft nur noch bedingt erfüllen. Daher kann es zu Rückkopplungseffekten des Finanzsystems auf die Realwirtschaft kommen, die wiederum erneut zu Auswirkungen auf das Finanzsystem führen.[183]

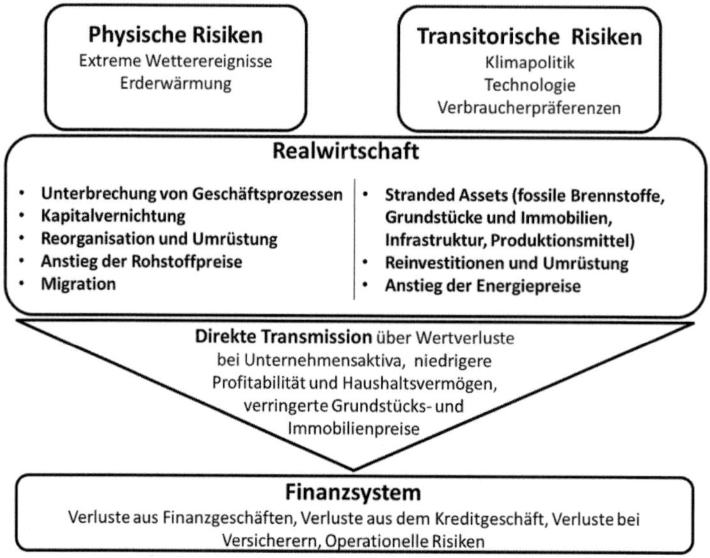

Physische Risiken
Extreme Wetterereignisse
Erderwärmung

Transitorische Risiken
Klimapolitik
Technologie
Verbraucherpräferenzen

Realwirtschaft
- Unterbrechung von Geschäftsprozessen
- Kapitalvernichtung
- Reorganisation und Umrüstung
- Anstieg der Rohstoffpreise
- Migration
- Stranded Assets (fossile Brennstoffe, Grundstücke und Immobilien, Infrastruktur, Produktionsmittel)
- Reinvestitionen und Umrüstung
- Anstieg der Energiepreise

Direkte Transmission über Wertverluste bei Unternehmensaktiva, niedrigere Profitabilität und Haushaltsvermögen, verringerte Grundstücks- und Immobilienpreise

Finanzsystem
Verluste aus Finanzgeschäften, Verluste aus dem Kreditgeschäft, Verluste bei Versicherern, Operationelle Risiken

Abbildung A.5: Transmissionsmechanismus von physischen und transitorischen Risiken (Quelle: Eigene Darstellung in Anlehnung an Deutsche Bundesbank (2019d) S. 17 und NGFS (2019a), S. 14)

---

181 Vgl. *Faiella/Natoli* (2018).
182 Vgl. *Batten* (2018).
183 Vgl. *NGFS* (2019a).

2. Transitorische Risiken und das Finanzsystem

Um den weitreichenden – gesellschaftlichen wie wirtschaftlichen – Risiken und potentiellen Schäden zu entgehen, ist ein Ausstieg aus den fossilen Brennstoffen so früh wie möglich geboten. Je später mit der Umstellung der Wirtschaft auf kohlenstoffarme Technologien begonnen wird, desto gravierender werden die Einschnitte sein.[184]

Transitorische Risiken für die Finanzmärkte entstehen vor allem aus unvorhergesehenen Abweichungen in der Klimapolitik oder aus unerwarteten technologischen Durchbrüchen. Denn diese Faktoren können zu einem abrupten Ausstieg aus kohlenstoffintensiven Technologien führen.[185] Dieser wiederum könnte zu einer plötzlichen **Neubewertung von Vermögenswerten** führen, da einzelne Energiequellen und Produkte nicht mehr oder nur noch unter hohen Kosten weiterhin genutzt werden können.

Darüber hinaus dürfte durch eine Stilllegung fossiler Energiequellen der volkswirtschaftliche Kapitalstock weniger nutzbar werden, da dieser bislang zu einem großen Teil ebendiese Energiequellen nutzt und die Preise für Energie würden relativ steigen. Immobilienpreise – bspw. durch immer höhere energetische Anforderungen – sowie Haushaltsvermögen dürften beeinflusst werden.[186] Diese als »**Stranded Assets**«[187] bezeichnete Effekte könnten sich wiederum auf das Finanzsystem auswirken, da Haushalte, Firmen und der Kapitalstock über vielfältige Beziehungen mit den Finanzmärkten (Eigenkapital, Anleihen und Kredite) verbunden sind (Abbildung A.5).

3. Transmissionskanäle auf das gesamte Finanzsystem

Sowohl die physischen Risiken des Klimawandels als auch die vollständige Umsetzung der Klimaschutzziele und die dafür erforderliche Verringerung des CO2-Ausstoßes könnten von den Finanzmarktteilnehmern nicht angemessen eingepreist sein. Dementsprechend könnten z. B. Aktien zu hoch bewertet sein.

Ändert sich die allgemeine Markteinschätzung, beispielsweise aufgrund einer Naturkatastrophe oder unerwartet drastischer Politikmaßnahmen, dann wollen eventuell viele Marktteilnehmer gleichzeitig verkaufen, so dass die Kurse und

---

184 Vgl. *PRA* (2015); IPCC (2019a). Vgl. für eine ergänzende Diskussion auch die Darstellungen im Kapitel A.V dieses Herausgeberbandes.
185 Vgl. *Gros/Lane/Langfield/Matikainen/Pagano/Schoenmaker/Suarez* (2016).
186 Vgl. *International Renewable Energy Agency* (2017).
187 Vgl. *Caldecott/Tilbury/Carey* (2014) und *Carbon Tracker Initiative* (2013).

Preise betroffener Vermögenswerte innerhalb kürzester Zeit fallen. Auch Kreditgeber werden vorsichtig mit neuen Ausleihungen und in der Folge geraten nicht nur wirtschaftlich schwache, sondern auch eigentlich solide Unternehmen in Schwierigkeiten. Institute und Unternehmen, die keine Kredite mehr erhalten, sind gezwungen, sich von rentablen Anlagen zu trennen, deren Kurse dadurch ebenfalls unter Druck geraten.[188]

97 Im Ergebnis kommt es zu einem Verfall der Vermögenspreise auf breiter Front, der das gesamte Finanzsystem in eine Krise stürzen kann. Wenn die Stimmung an den Finanzmärkten kippt, etwa weil sich die Einschätzung politischer, technologischer oder physischer Risiken ändert, dann kann ein solcher **Minsky-Moment**[189] nicht ausgeschlossen werden. Die Wahrscheinlichkeit des Eintritts eines derartigen Ereignisses lässt sich jedoch nicht vollständig abschätzen, da die komplexen Wechselwirkungen als auch die konkreten Rückwirkungen auf die Volkswirtschaft kaum zu simulieren sind. Die potentiellen Auswirkungen eines solchen Ereignisses stellen daher kein quantifizierbares Risiko dar, das man vollständig einpreisen könnte, sondern es handelt sich – zumindest zu einem guten Teil – um eine allgemeine Unsicherheit.[190]

4. Wie ist das deutsche Finanzsystem mit fossilen Risiken verbunden?

98 Um einen Eindruck von der potentiellen Betroffenheit des deutschen Finanzsystems von transitorischen Risiken zu gewinnen, betrachten wir hier die entsprechenden aggregierten Fremdkapitalpositionen. Abbildung A.6 zeigt das Volumen des Fremdkapitals – also Kredite und Anleihen deutscher Banken und Versicherungen – gegenüber den Wirtschaftszweigen, die besonders abhängig von fossilen Brennstoffen sind.

99 Insgesamt umfasst das Exposure gegenüber Kreditnehmern innerhalb der EU rund 550 Mrd. Euro und entspricht rund 5,6 % der gesamten Kreditvergabe.[191] Das größte Exposure besteht gegenüber der Energiewirtschaft. Deutsche Banken und Versicherungen haben den europäischen Energieunternehmen rund 155 Mrd. Euro Fremdkapital geliehen. Firmen aus den zehn Wirtschaftszweigen, die neben den Energieunternehmen den höchsten **emissionsrelevanten**

---

188 Zu den systemischen Auswirkungen solcher Firesales siehe *Battiston/Mandel/Monasterolo/Schütze/Visentin* (2017).
189 Traditionell beruht Minskys Krisentheorie auf kreditgetriebenen Spekulationsblasen, Vgl. *Minsky* (1992).
190 Dieser Gedanke ist schon sehr lange Teil der finanzwirtschaftlichen Diskussion. Siehe hierzu bspw. *Knight* (1921).
191 Angaben zum emissionsrelevanten Energieverbrauch stammen vom Statistischen Bundesamt und beziehen sich auf das Jahr 2013.

Energiebedarf haben, haben rund 221 Mrd. Euro Fremdkapital bei deutschen Finanzinstitutionen aufgenommen.[192] Weitere 148 Mrd. Euro sind an Unternehmen geflossen, die fossile Brennstoffe für den Betrieb ihrer Produkte und zur Erbringung ihrer Dienstleistung benötigen. Hierunter fallen beispielsweise die Luftfahrt und die Automobilindustrie. Kredite gegenüber Förderunternehmen fossiler Brennstoffe spielen mit rund 26 Mrd. Euro für das Finanzsystem insgesamt eine untergeordnete Rolle, können aber gleichwohl erhebliche Risiken für einzelne Banken bedeuten.

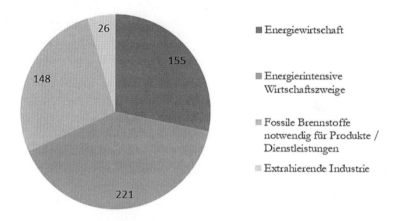

Abbildung A.6: Ausstehende Kredite deutscher Banken und Versicherungen in ausgewählten Wirtschaftszweigen (Quelle: eigene Darstellung nach Evidenzzentrale für Millionenkredite bei der Deutschen Bundesbank, Q2 2019, Angaben in Mrd. Euro)

5. Klimarisiken in der Finanzberichterstattung

Eine große Herausforderung besteht darin, Klimarisiken als finanzwirtschaftliche Risiken zu verstehen und in der Finanzberichterstattung entsprechend abzubilden. Die Green Finance Study Group[193] hat eine Zuordnung erarbeitet,

---

192 Unter dem Begriff »energieintensive Wirtschaftszweige« werden in der vorliegenden Analyse die zehn Wirtschaftszweige zusammengefasst, die nach der Energiewirtschaft den höchsten emissionsrelevanten Energieverbrauch aufweisen. Hierzu gehören die Metallindustrie, Kokerei- und Mineralölerzeugnisse, Chemische Industrie, Glas, Keramik, verarbeitende Steine und Erden, Logistik, Landwirtschaft, Einzelhandel, Nahrungsmittelindustrie, Papierindustrie und Lagerleistungen.
193 *Green Finance Study Group* (2016).

GRUNDLAGEN ZUR NACHHALTIGEN FINANZWIRTSCHAFT

wie sich sowohl die physischen als auch transitorischen Risiken den traditionellen **finanzwirtschaftlichen Risikokategorien** Geschäfts-, Markt-, Kredit- und Haftungsrisiken zuordnen lassen (siehe hierzu Tabelle A.2).

	Kategorien finanzwirtschaftlicher Risiken				
		Geschäft	**Kredit**	**Markt**	**Recht**
Komponenten klimabezogener Risiken	Physisch (Klima)	Politische und soziale Risiken nach Naturkatastrophen	Unwetterkatastrophen könnten Solvenz von Kreditnehmern beeinflussen.	Marktrisiken könnten insbesondere auf der Aktivseite der (Rück-)Versicherungswirtschaft und finanzieller Institutionen entstehen.	Zunehmende Unwetter-katastrophen könnten viele Risiken nicht mehr versicherbar machen.
	Transitorisch (Kohlenstoffgase)	Reputationsrisiken – Wer finanziert fossile Geschäfte?	Risiken resultieren aus dem Exposure gegenüber betroffenen Wirtschaftszweigen.	Unerwartete Abschreibungen auf gestrandete Vermögenswerte (»Unburnable assets«).	Haftung: Ansprüche können entstehen, wenn kohlenstoffbezogene Risiken nicht hinreichend offengelegt werden (Disclosure).

Tabelle A.2: Kategorisierung klimabezogener Risiken in finanzwirtschaftliche Kategorien (Quelle: G20 Green Finance Study Group (2016), S. 24, eigene Beispiele)

101   Die wesentlichen Grundsteine einer standardisierten Berichterstattung wurden von der **Task Force on Climate-Related Financial Disclosure (TCFD)**[194], die vom Financial Stability Board initiiert und unter der Leitung von Michael Bloomberg ausschließlich privatwirtschaftlich besetzt war, gelegt. Die Task Force hat einen Rahmen für eine zwar freiwillige aber dennoch konsistente, effiziente und vergleichbare Berichterstattung hinsichtlich klimabezogener Risiken für Unternehmen erarbeitet. Am Ende stehen elf Empfehlungen die sich

---

194   TCFD (2017e). Im Rahmen des Action Plan siehe Financing Sustainable Growth der Europäische Kommission, *vgl.* EU (2018a/b) wurde auch eine Taxonomie erarbeitet, die grüne Vermögenswerte definiert.

auf Governance, Strategie, Risikomanagement und Kennzahlen sowie Ziele eines Unternehmens beziehen.

Die BaFin hat für die von ihr beaufsichtigten Unternehmen ein unverbindliches Merkblatt erarbeitet,[195] wie diese mit Nachhaltigkeitsrisiken umgehen können. Bei diesen Risiken handelt es sich um die klassischen ESG-Risiken (Environmental, Social and Governance). Das Merkblatt hat also einen deutlich breiteren Fokus als nur auf Klimarisiken obgleich diese einen wichtigen Teil der ESG-Risiken darstellen. Das Merkblatt versteht sich als Sammlung von Good-Practice-Ansätzen, die »von den beaufsichtigten Unternehmen im Bereich von Nachhaltigkeitsrisiken zur Umsetzung der gesetzlichen Anforderungen an eine ordnungsgemäße Geschäftsorganisation und ein angemessenes Risikomanagementsystem angewendet werden [können].«[196]

Schließlich wurde am 27.11.2020 von der Europäischen Zentralbank (EZB) der »Guide on climate-related and environmental risks«[197] veröffentlicht. Der Guide soll den beaufsichtigten Instituten helfen umwelt- und klimabezogene Risiken besser erfassen und managen zu können. Der Guide soll darüber hinaus auch eine Grundlage für den aufsichtlichen Dialog sein.

6. Analyse klimabezogener Risiken

Die Analyse klimabezogener Risiken auf das Finanzsystem gestaltet sich besonders schwierig, da die Auswirkungen weltweit aber auch über die Wirtschaftsstruktur hinweg sehr heterogen sind und sich über einen sehr langen Zeitraum auswirken können. Herkömmliche Stresstests in der Finanzindustrie decken meist einen Zeitraum von drei bis fünf Jahren ab. Für die Analyse von Entwicklungen, die sich über einen sehr langen Zeithorizont erstrecken und ein erhebliches Maß an Unsicherheit aufweisen, bieten sich **Szenarioanalysen** an.[198] Langfristige Auswirkungen klimabezogener Entwicklungen auf das Finanzsystem und die Volkswirtschaft können mit diesem Instrument abgeschätzt und der Einfluss auf wesentliche systemrelevante Kennzahlen simulieren werden. »Ein unterstelltes Szenario ist hierbei nicht eine Prognose der Zukunft, sondern eine beispielhafte zukünftige Entwicklung. Dieser liegen Annahmen zugrunde, unter anderem über zukünftige Emissionen, politische Reaktionen sowie Energiepreise. Aufgrund der erheblichen Unsicherheiten und der großen Bandbreite

---

195 *BaFin* (2019a). Eine umfangreiche Darstellung ist in Kapitel A.IV dieses Herausgeberbandes zu finden.
196 *BaFin* (2019a), S. 9.
197 *EZB* (2020b/f).
198 Vgl. *NGFS* (2019b).

GRUNDLAGEN ZUR NACHHALTIGEN FINANZWIRTSCHAFT

möglicher Entwicklungen bezüglich des Klimawandels müssen viele Szenarien, die auch Extremereignisse umfassen, berücksichtigt und berechnet werden.«[199] Vor allem die extremen Szenarien können dazu dienen, die Auswirkungen auf das Finanzsystem im Stressfall zu untersuchen.

105 Das NGFS diskutiert beispielhaft drei verschiedene repräsentative und weitere fünf alternative Szenarien die jeweils unterschiedlich stark zu transitorischen oder physischen Risiken führen.[200] Das NGFS hat das **Integrated Assessment Modeling Consortium** (IAMC)[201] beauftragt, diese Szenarien zu erarbeiten und an die Anforderungen an finanzwirtschaftliche Risikoanalysen anzupassen. Eine Übersicht über die repräsentativen Szenarien, deren Einordnung in mögliche Anpassungspfade vor dem Hintergrund des Erreichungsgrads der Klimaziele (vgl. Tabelle A.3) sowie die wichtigsten Hintergründe und Outputvariablen wurden vom NGFS im Juni 2020 veröffentlicht.[202]

Anpassungspfad …	Klimaziele werden erreicht …	
	… erreicht	… nicht erreicht
… ungeordnet	*Disorderly*	*Too little too late*
	Die Klimaziele werden erreicht. Die Reduktion der Emissionen erfolgt spät und abrupt.	Die Klimaziele werden verfehlt und eine Reduktion der Emissionen zu spät und abrupt eingeführt.
… geordnet	*Orderly*	*Hot House*
	Die Klimaziele werden erreicht und die Reduktion der Emissionen rechtzeitig eingeleitet.	Die Klimaziele werden verfehlt. Eine Reduktion der Klimaziele findet nicht oder nur unzureichend statt.

Tabelle A.3: 2x2-Matrix der möglichen Anpassungspfade (Quelle: Deutsche Bundesbank (2019d) S. 122, NGFS (2019b) S. 21.)

106 In einem Szenario, in dem die Politik einen frühzeitigen und vorhersehbaren Übergang in eine kohlenstoffarme Wirtschaft beschreitet (**Orderly Szenario**,

---

199 Deutsche Bundesbank (2019d), S. 121.
200 Vgl. dazu auch die Darstellungen in dem Kapitel A.V dieses Herausgeberbandes.
201 Hierbei handelt es sich um ein weltweites Konsortium von Einrichtungen aus dem Bereich der Klimaforschung.
202 Vgl. NGFS (2020d).

Quadrant unten links), sind zwar Risiken für die Wirtschaft und das Finanzsystem vorhanden, im Vergleich zu anderen möglichen Pfaden jedoch am geringsten. Denn in einer solchen Welt können Unternehmen und Investoren frühzeitig den Ausstieg aus fossilen Technologien antizipieren und über einen längeren Horizont ihre Investitionsentscheidungen und Portfolien anpassen. Aufgrund der frühzeitigen Entscheidung die Emissionen adäquat zu bepreisen und somit zu begrenzen, sind in diesem Szenario auch die physischen Risiken relativ gering.

In einem **Disorderly Szenario** (Quadrant oben links) findet zwar ein Übergang in eine kohlenstoffarme Wirtschaft statt, jedoch ist der Ausstiegspfad für die Wirtschaftssubjekte nicht vollständig abzusehen, da durch technologische oder politische Veränderungen abrupte Änderungen des **Transitionspfades** möglich sind.[203] Dadurch steigen die Unsicherheiten und Vermögenswerte können an Wert verlieren. Da Gesellschaft und Wirtschaft sich insgesamt auf einem Übergangspfad hin zu einer kohlenstoffarmen Wirtschaft befinden, sind die angenommenen physischen Risiken zwar höher als in einem Orderly-Szenario aber dennoch überschaubar.

In einem **Hot House Szenario** (Quadrant unten rechts) befindet sich die Wirtschaft auf keinem oder einem nicht ausreichenden Transitionspfad. In diesem Szenario nehmen die physischen Risiken daher zu. Risiken aus dem Übergang in eine kohlenstoffarme Wirtschaft sind hingegen gering, da nur wenige Maßnahmen zur Begrenzung der Emissionen ergriffen werden. Ein derartiges Szenario wäre zum Beispiel die Annahme, dass nur die bisher implementieren Klimapolitiken fortgeführt werden. Selbst unter der Annahme, dass alle bisherigen Klimavereinbarungen tatsächlich umgesetzt würden, ließe sich das in Paris vereinbarte Klimaziel nicht erreichen.[204]

Im **»too little, too late« Szenario** (Quadrant oben rechts) bestehen für Wirtschaft und Finanzsystem die größten Risiken. Die Maßnahmen zum Ausstieg aus fossilen Brennstoffen werden erst spät und abrupt getroffen, sodass Portfolien nur unter erheblichen Verlusten angepasst werden können. Zudem wären in einem solchen Szenario die Maßnahmen insgesamt nicht ausreichend, um die Klimaziele zu erreichen. Deshalb steigen auch die physischen Risiken an.[205]

---

203 Die Implikationen für die Finanzstabilität aus einem solchen Szenario werden bereits ausführlich in *Gros/Lane/Langfield/Matikainen/Pagano/Schoenmaker/Suarez* (2016) diskutiert.
204 Vgl. NGFS (2020d).
205 Ein solches Szenario stellt in der Modellierung bislang noch erheblich Schwierigkeiten dar, weshalb sich das NGFS zunächst auf die Modellierung von Orderly, Disorderly und Hot House Szenarien fokussiert. Zu den volkswirtschaftlichen Folgen siehe *Weyzig/Kuepper/van Gelder/van Tilburg* (2014).

GRUNDLAGEN ZUR NACHHALTIGEN FINANZWIRTSCHAFT

110 Die niederländische Zentralbank hat bereits im Jahr 2018[206] eine Szenarioanalyse für das holländische Finanzsystem veröffentlicht, die sich auf die Analyse der transitorischen Risiken im Finanzsystem konzentriert. Auf diesem Ansatz aufbauend haben die Europäische Zentralbank (EZB) und der Europäische Finanzstabilitätsrat (ESRB) eine Pilotstudie[207] zur Untersuchung der transitorischen Risiken im europäischen Finanzsystem durchgeführt. Die Analyse kommt zum Ergebnis, dass für das Gesamtsystem gesehen, die Risiken bisher handhabbar sein mögen. Für einzelne Institute könnten sich jedoch Konzentrationsrisiken ergeben.

7. Unsicherheiten entlang des Transitionspfades

111 Im vorangegangenen Abschnitt wird gezeigt, wie man die Auswirkungen eines Übergangs hin zu einer kohlenstoffarmen Wirtschaft und die daraus zu erwartenden Auswirkungen auf das Finanzsystem mit Hilfe von Szenarioanalysen simulieren kann. Hierbei vollzieht sich die Transformation entlang verschiedener, hypothetischer Anpassungspfade. Beispielsweise könnten Naturkatastrophen sich auf den demokratischen Willensbildungsprozess auswirken und zu einem Umschwenken auf einen bspw. deutlich ambitionierteren Ausstiegspfad führen.[208] Aber auch technologische Durchbrüche können zu neuen Ausstiegspfaden führen. Unsicherheiten für die Wirtschaftssubjekte entstehen dann dadurch, dass Entscheidungen über den Transformationsprozess unvorhergesehen im Zeitablauf revidiert werden. Ein Beispiel für eine derartige Unsicherheit war die Entscheidung die geplanten Restlaufzeiten deutscher Kernkraftwerke zunächst zu verlängern und nach der Katastrophe von Fukushima wieder deutlich zu verkürzen.

a) Engpässe und Rebound-Effekte

112 **Engpässe im Transformationsprozess**[209] können entstehen, wenn aufgrund einer Veränderung der Wirtschaftsstruktur es bspw. zu einem Bedarf an qualifizierten Arbeitskräften kommt, die bisher weniger gefragt waren und man den Bedarf auf dem Markt kurzfristig nicht decken kann. Darüber hinaus können Unternehmen aber auch privaten Haushalten und Kommunen die Finanzmittel

---

206 Vgl. *Vermeulen/Schets/Lohuis/Kolbl/Jansen/Heeringa* (2018).
207 Vgl. *ESRB* (2020).
208 Vgl. *Deutsche Bundesbank* (2019d), S. 122.
209 Vgl. *Lutz/Becker/Lehr* (2018).

für eine adäquate Umstellung auf neue Technologien fehlen. Schließlich könnten auch Flächen und Rohstoffe für die Errichtung bzw. Nutzung klimafreundlicher Energiequellen wie Windenergie und Biomasse knapp werden.[210]

Eine Restriktion für den Transformationsprozess dürften nicht nur die unmittelbaren Engpässe darstellen. Auch **Rebound-Effekte** sind zu berücksichtigen. Denn energetische Effizienzgewinne bei Gütern und Dienstleistungen lassen deren laufende Kosten sinken. Dies könnte zu einer intensiveren Nutzung dieser Güter und Dienstleitungen führen.[211] Ganz generell dürfte durch geringere laufende Kosten aufgrund effizienterer Güter und Dienstleistungen die Haushalte mehr Einkommen zur Verfügung haben, das zumindest teilweise wiederum für Konsum ausgegeben wird. Durch den zusätzlichen Konsum könnten ursprüngliche Emissionseinsparungen wieder zunichte gemacht werden.[212]

b)   Lock-in-Effekte

Wirtschaftliche Entwicklung ist immer auch abhängig von der historischen Entwicklung.[213.] Der weitaus größte Teil des derzeit zur Verfügung stehenden Kapitalstocks basiert auf fossilen Technologien. Je umfangreicher die Abhängigkeiten der Vermögenswerte von diesen Technologien sind, desto stärker sind die **Lock-in-Effekte**. Diese wiederum können in verschiedene Kategorien gegliedert werden[214:]: Große Produktionsanlage sowie Infrastrukturprojekte weisen oftmals hohe Investitionskosten und einen langen Lebenszyklus auf. Je abrupter und kurzfristiger man hieraus aussteigen will, desto höher dürften die Verluste auf den noch nicht amortisierten Kapitalstock sein. Neben diesen eher technologisch geprägten Lock-in-Effekten kann es aber auch zu institutionellen Pfadabhängigkeiten kommen[215]. Für radikale Änderungen müssen institutionelle Regeln und Normen angepasst werden. Angesichts der langen Dauer von politischen Entscheidungsfindungsprozessen und Gesetzgebungsverfahren dürften Transformationspfade, die schnelle Anpassungen erfordern, eher unwahrscheinlich werden. Aber auch individuelle Konsumentscheidungen können Lock-in-Effekten unterliegen, da ein karbonintensiver Lebensstil in viele

---

210   Vgl. *Deutsche Bundesbank* (2019d), S. 123.
211   Vgl. *Behl/Dette/Frondel/Vance* (2019) und *Frondel/Peters/Vance* (2009).
212   Vgl. *Golde* (2016) ordnet den direkten Rebound-Effekt auf 10 bis 30 % ein.
213   Vgl. *Clausen/Fichter* (2017).
214   Vgl. *Seto/Davis/Mitchell/Stokes/Unruh/Ürge-Vorsatz* (2016).
215   Vgl. *Clausen/Fichter* (2017).

GRUNDLAGEN ZUR NACHHALTIGEN FINANZWIRTSCHAFT

Lebensbereiche wirkt und daher nur schwer zu verändern ist. Schließlich können sich technologische, institutionelle und individuelle Lock-in-Effekte gegenseitig verstärken.

115 Sowohl die Unsicherheiten bezüglich des konkreten Anpassungspfades als auch die angesprochenen Engpässe, Rebound- und Lock-in Effekte stellen eine Herausforderung für das Finanzsystem dar, da sie die Unsicherheiten unter denen die Akteure Entscheidungen treffen müssen, erhöhen. Diese Unsicherheiten werden auch dadurch verstärkt, da zu den finanziellen Auswirkungen einer Transformation hin zu einer kohlenstoffarmen Wirtschaft bislang nur sehr eingeschränkte empirische Erfahrungen vorliegen.

8. Schlussfolgerungen

116 Sowohl der Übergang in eine **kohlenstoffarme Wirtschaft** als auch die Risiken aus dem Klimawandel selbst sind für Gesellschaft, Wirtschaft und damit auch für das Finanzsystem mit Unsicherheiten und Risiken behaftet. Erste Untersuchungen zeigen, dass zumindest die Risiken aus der Transition für das Finanzsystem bislang kaum systemisch sein dürften. Es könnte aber zu Konzentrationsrisiken in einzelnen Bereichen oder für einzelne Institute kommen.

117 Die analytische Erfassung der Risiken ist schwierig, da sich sowohl physische als auch transitorische Risiken über eine große Bandbreite möglicher Auswirkungen auf die Wirtschaft und das Finanzsystem erstrecken. Die Unsicherheiten sind hauptsächlich von politischen Entscheidungen, die sich über einen sehr langen Zeitraum erstrecken, sowie von unvorhergesehenen technologischen Entwicklungen getrieben. Derzeit wird die Diskussion, wie physische und transitorische Risiken die finanzwirtschaftlichen Risikokategorien berühren, gerade erst geführt. Ein Grundstein für eine freiwillige Finanzberichterstattung, die den Erfordernissen klimabezogener Risiken Rechnung trägt, wurde von der Task Force on **Climate-Related Financial Disclosure** bereits gelegt. Die konkrete Ausgestaltung der Berichtspraxis, die auch Auswirkungen auf die aufsichtliche Praxis haben dürfte, befindet sich derzeit in der Diskussion und Ausarbeitung.

118 Aufgrund der Besonderheiten klimabezogener Risiken können herkömmliche Risikomodelle nur eingeschränkt verwendet werden. Die potentiellen Auswirkungen des Klimawandels stellen daher zu einem gewissen Grad kein quantifizierbares Risiko dar, das man einpreisen könnte, sondern es handelt sich um eine allgemeine Unsicherheit. Diese kann von den Finanzmarktteilnehmern nur bedingt im Vorfeld überblickt werden.

IV. Von der deutschen Nachhaltigkeitsstrategie zum BaFin-Merkblatt zum Umgang mit Nachhaltigkeitsrisiken[216]

Um die Maßnahmen der deutschen Finanzaufsicht im Bereich der Nachhaltigkeit besser einordnen zu können, soll zunächst einleitend auf die grundsätzliche Ausrichtung der Bundesrepublik Deutschland vor dem Hintergrund von Nachhaltigkeitsaspekten eingegangen werden. Diese grundsätzliche Ausrichtung der deutschen Bundesregierung kann der Nachhaltigkeitsstrategie entnommen werden.

Bereits seit dem Jahr 2002 existiert die Nachhaltigkeitsstrategie, welche im Jahr 2016/2017 vor dem Hintergrund der Verabschiedung der Agenda 2030 auf Ebene der Vereinten Nationen und deren Einarbeitung in die deutsche Strategie grundlegend überarbeitet wurde. Hierbei wurden die von Seiten der Vereinten Nationen festgelegten **»Sustainable Development Goals« (SGD)**[217] in Form von Indikatoren in die Deutsche Nachhaltigkeitsstrategie implementiert. In diesem Zusammenhang wurden diejenigen Indikatoren, welche als besonders wichtig angesehen wurden, als **Schlüsselindikatoren** gekennzeichnet.

Im Jahr 2018 hat sich die große Koalition im Rahmen des Koalitionsvertrages zu der Umsetzung der Agenda der Vereinten Nationen 2030 bekannt. Darüber hinaus wurde die »Förderung einer nachhaltigen Entwicklung als Maßstab des Regierungshandelns«[218] benannt. Im Jahr 2018 wurde die **Deutsche Nachhaltigkeitsstrategie** erneut überarbeitet.

In der Nachhaltigkeitsstrategie wurden eine Vielzahl von Zielen u. a. in den Bereichen Landbewirtschaftung, Luftbelastung, Gewässerqualität und Ressourcenschonung festgelegt.[219]

Das festgelegte ambitionierte Zielniveau wird zwangsläufig zu umfangreichem Maßnahmen zur Erreichung dieser Ziele führen Als mögliche Maßnahmen zur Erreichung dieser Ziele könnten neben Förderung von umweltfreundlichen Maßnahmen, beispielsweise effiziente Recyclingverfahren oder wärmedämmenden Sanierungen von Gebäuden, in Form von direkten Zuschüssen oder Steuererleichterungen auch beispielsweise steuerrechtlich »abstrafende« Maß-

---

216 Autor: *Christian Gudat*. Die Ausführungen geben ausschließlich persönliche Auffassungen wieder. Für Rückfragen oder Anregungen ist der Autor unter der E-Mail-Adresse christian@christiangudat.com erreichbar.
217 Vgl. dazu auch die Darstellungen in den Kapiteln A.I und A.II dieses Herausgeberbandes.
218 Vgl. *Bundesregierung* (2019b).
219 Vgl. *Bundesregierung* (2018).

nahmen, wie z. B. Steuerhöhungen auf fossile Brennstoffe, resultieren. Aus diesen Steuerungsmaßnahmen wird sich zwangsläufig ein gewisser wirtschaftlicher Strukturwandel ergeben, welcher entsprechende Auswirkungen auf Kreditinstitute in Deutschland haben kann. Damit Kreditinstitute hierbei nicht »kalt erwischt« werden, hat der deutsche Aufseher, die Bundesanstalt für Finanzdienstleistungsaufsicht (BaFin) ein **Merkblatt für den Umgang mit Nachhaltigkeitsrisiken**[220] veröffentlicht, auf das im Folgenden näher eingegangen werden soll. Wenngleich im Merkblatt auf besondere Sachverhalte für nach dem Kapitalanlagegesetzbuch (KAGB) oder Versicherungsaufsichtsgesetz (VAG) beaufsichtigten Instituten eingegangen wird, soll in diesem Artikel der Fokus auf Institute liegen, die nach dem Kreditwesengesetz (KWG) beaufsichtigt werden.

1. Grundsätzliche Einordnung des BaFin Merkblattes zum Umgang mit Nachhaltigkeitsrisiken im Regulierungsuniversum

124 Grundsätzlich ist der **Regulierungsrahmen** in Deutschland in der Gestalt ausgerichtet, dass – vereinfacht – auf der einen Seite europäische Vorgaben in Form von Verordnungen unmittelbare Wirkung – also ohne die Notwendigkeit einer nationalen Umsetzung – auf Kreditinstitute haben. Hier wäre die Capital Requirements Regulation (CRR) oder auch die im Dezember 2019 verabschiedete EU Taxonomieverordnung oder die Disclosureverordnung zu nennen. Europäische Richtlinien dagegen bedürfen zwangsläufig einer nationalen Umsetzung. Dies geschieht in der Regel in Form von Gesetzen.

125 Die wesentlichen nationalen regulatorischen Vorgaben an Kreditinstitute in Deutschland stammen aus dem Kreditwesengesetz (KWG), sowie den Mindestanforderungen an das Risikomanagement (MaRisk), welche eine Konkretisierung des KWG darstellen.

126 Selbstredend ist dies bei weitem keine vollständige Aufzählung aller regulatorischen Vorgaben an Kreditinstitute – hier wären auch noch die CRR, Pfandbriefgesetz, Wertpapierhandelsgesetz und zahlreiche weitere regulatorische Vorgaben seitens der EU und dem nationalen Regulator zu nennen. Im Sinne der Komplexitätsreduktion soll in diesem Zusammenhang allerdings nur auf das KWG und die konkretisierenden MaRisk betrachtet werden.

127 Die MaRisk geben Kreditinstituten u. a. vor, wie sie die Risiken, denen die Institute ausgesetzt sind, angemessen identifizieren, bewerten, steuern und berich-

---

220 Vgl. dazu auch die Darstellungen in dem Kapitel A.III dieses Herausgeberbandes.

ten sollen. Demnach sind wesentliche Risiken, also die Risiken, welche die »Vermögenslage (inklusive Kapitalausstattung), die Ertragslage oder die Liquiditätslage wesentlich beeinträchtigen können«[221] im Rahmen der Risikoinventur zu identifizieren. Anschließend sind wesentliche Risiken im Risikocontrollingprozess zu integrieren.

Gleich zu Beginn stellt die BaFin klar, dass durch das Merkblatt an den zahlreichen regulatorischen Vorgaben weder Erleichterungen, noch Erweiterungen vorgenommen werden. Es handele sich lediglich im **»Good Practise«-Ansätze, die unverbindliche Ansätze** zum Management von Nachhaltigkeitsrisiken geben.[222] Es wird allerdings die aufsichtliche Erwartung formuliert, dass Kreditinstitute sich mit dem Thema **»Nachhaltigkeitsrisiken«** nachweislich zu beschäftigen hätten. Gleich an dieser Stelle sei kritisch anzumerken, dass gleichwohl befürchtet werden kann, dass die Aufsicht durchaus einen Blick auf diese »Good Practise«-Ansätze im Rahmen von aufsichtlichen Prüfungen werfen könnte. Sicherlich kann sie hieraus aufgrund der Unverbindlichkeit des Merkblattes keine direkten Feststellungen ableiten, allerdings kann sie grundsätzlich Feststellungen vor dem Hintergrund einer nicht sachgerechten Auseinandersetzung mit dem Thema »Nachhaltigkeitsrisiken« treffen – es kommt also ein wenig auf die »Verpackung« an.

Eine Besonderheit stellt im Merkblatt dar, dass es sich – anders als die MaRisk – um eine sektorübergreifende Anwendbarkeit handelt. Es wird auf Besonderheiten für Institute, welche nach dem Kreditwesengesetz (KWG), nach dem Versicherungsaufsichtsgesetz (VAG) oder dem Kapitalanlagegesetzbuch (KAGB) beaufsichtigt werden, eingegangen. Insofern sind die Inhalte des Markblattes neben Kreditinstituten auch für Versicherungsunternehmen und Pensionsfonds, Kapitalverwaltungsgesellschaften und Finanzdienstleistungsinstitute, jeweils mit Sitz im Inland, einschließlich ihrer Zweigniederlassungen im Ausland gedacht. Ein Merkblatt stellt aus Sicht des Autos lediglich einen ersten Orientierungsrahmen dar.

2. Aufbau und wesentliche Inhalte des Merkblattes

Die Struktur des Merkblattes ist dahingehend ausgerichtet, dass zunächst auf grundsätzliche Aspekte eingegangen wird, anschließend wird die Integration von Nachhaltigkeitsrisiken in den **Strategien** des Instituts beleuchtet. Nach-

---

221 Vgl. *MaRisk* (2017), AT 2.2 Tz. 2.
222 Vgl. *BaFin* (2019a), S. 10.

dem im folgenden Kapitel auf die Verantwortung der Geschäftsleitung in Bezug auf Nachhaltigkeitsrisiken eingegangen wird, erfolgen anschließend Ausführungen zur Geschäftsorganisation, zum Risikomanagement, Auslagerungsmanagement, Gruppensachverhalte und die Verwendung von Ratings eingegangen. Die zentralen Aspekte sollen in den folgenden Kapiteln näher beleuchtet werden. Es muss an dieser Stelle hervorgehoben werden, dass vor dem Hintergrund des Umfangs nicht alle Aspekte des Merkblattes detailliert durchleuchtet werden können.

a) Grundsätzliche Aspekte

131 Bereits im Vorfeld wird eindeutig hervorgehoben, dass der Grundsatz des **Proportionalitätsprinzips** anzuwenden ist. Dieser Gedanke ist bereits seit geraumer Zeit ebenfalls in den MaRisk manifestiert und hat mitunter ebenfalls Eingang in europaweiten Regelungen gefunden. Der Grundsatz der Proportionalität sagt, einfach ausgedrückt, dass insbesondere kleinere Institute mit geringem Komplexitätsgrad in Hinblick auf ihre Geschäftstätigkeit und – im Zusammenhang mit dem Merkblatt – geringem Umfang von Nachhaltigkeitsrisiken weniger Aufwand im Bereich des Managements von Nachhaltigkeitsrisiken betreiben müssen als komplexere Institute mit höherem **Risikoprofil**.

132 Leicht widersprüchlich klingt die danach folgende Aussage der Bankenaufsicht, dass ihr zwar bewusst sei, dass es im Bereich der Nachhaltigkeitsrisiken eine Messbarkeit u. a. aufgrund der fehlenden **Datenhistorie** schwierig sei, sie sieht dies aber als Ansporn, entsprechende Modelle zu entwickeln.[223] Diese Aussage kann den Eindruck erwecken, dass es sich um einen Widerspruch zum Proportionalitätsgedanken handeln könnte, da kleinere, einfach strukturierte Institute nicht die Kapazitäten und das Know-how vorhalten können, um entsprechende Messmethoden zu entwickeln. Andersherum kann man die Passage in dem Merkblatt auch dahingehend interpretieren, dass aufsichtsseitig von kleinere, wenig komplexen Instituten auch nicht erwartet wird, hochtrabend komplexe Messmethoden zu entwickeln, sondern sich stattdessen – angemessen zum Komplexitätsgrad – mit dem Thema beschäftigen und auch einfachere Modelle entwickeln und zur Anwendung bringen. Häufig sind kleinere Institute auch in Verbänden organisiert, so dass hier auf verbandsseitig erstellte Modelle zurückgegriffen werden kann. Von großen, komplexen und mit höheren Nachhaltigkeitsrisiken behafteten Instituten wird dagegen sicherlich ein höheres Ambitionsniveau erwartet werden.

---

223 Vgl. *BaFin* (2019a), S. 11.

Zunächst wird im Merkblatt auf die Entstehungsgeschichte und Hintergrund des Merkblattes, angefangen beim Pariser Klimaschutzabkommen, eingegangen. Vor dem Hintergrund des Fokus' dieses Buchabschnitts sollen diese Aspekte übersprungen werden.

Stattdessen soll einleitend auf die Definition von Nachhaltigkeitsrisiken eingegangen werden:

»**Nachhaltigkeitsrisiken** im Sinne dieses Merkblatts sind **Ereignisse oder Bedingungen** aus den **Bereichen Umwelt, Soziales** oder **Unternehmensführung**«…«, deren Eintreten tatsächlich oder potenziell negative Auswirkungen auf die Vermögens-, Finanz- und Ertragslage sowie auf die Reputation eines beaufsichtigten Unternehmens haben können.«[224]

Nachhaltigkeitsrisiken teilen sich anschließend weiter in sog. »physische Risiken« und »Transitionsrisiken« auf.

Physische Risiken ergeben sich direkt aus dem Klimawandel selbst, beispielsweise aus Extremwetterverhältnissen und einem daraus resultierenden Schaden. Darüber hinaus können physikalische Risiken auch aus schleichenden Klimaveränderungen, beispielsweise dem Anstieg des Meeresspiegels, oder auch finanziellen Schäden aus Gerichtsprozessen wegen klimaschädlichen Verhaltens resultieren.[225]

Transitionsrisiken resultieren aus einem strukturellen Wandel hin zu einer klimaschonenden Wirtschaft. Als Beispiel könnte hier aufgeführt werden, dass die Hersteller fossiler Brennstoffe einem strukturellen Risiko, also einem Transitionsrisiko, ausgesetzt sein können, sofern die Bedeutung fossiler Brennstoffe zu Gunsten von ökologischen Energieträgern aufgrund von politischen Maßnahmen oder Umdenkens in der Wirtschaft zurückgeht.

Die BaFin weißt zurecht darauf hin, dass physische Risiken und Transitionsrisiken nicht separat für sich zu betrachten sind. Vielmehr kann ein direkter Zusammenhang zwischen diesen Risiken bestehen. Eine Zunahme physischer Risiken aufgrund von Unwetterereignissen kann zu politischem Handlungsdruck und kurzfristiger politischer Maßnahmen führen, was wiederum die Transitionsrisiken erhöht. Ein nicht zu unterschätzender Aspekt der Nachhaltigkeitsrisiken ist ein möglicher Reputationsschaden für das Institut selbst, wenn es beispielsweise in Branchen investiert, welche aufgrund von umweltschädlichem Verhalten allgemein verpönt sind.

---

224 *BaFin* (2019a), S. 13.
225 Vgl. *BaFin* (2019a), S. 14.

GRUNDLAGEN ZUR NACHHALTIGEN FINANZWIRTSCHAFT

139 Die nachfolgende Abbildungen A.7 und A.8 zeigen auf, wie physische Risiken und Transitionsrisiken gemäß Sichtweise der deutschen Aufsicht unmittelbare Auswirkungen auf die Liquiditäts-, Vermögens- oder Ertragslage eines Kreditinstituts haben können.

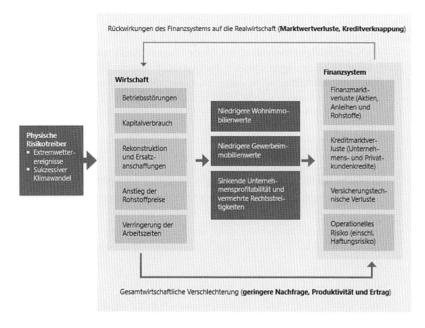

Abbildung A.7: Wirkung physischer Risiken auf Kreditinstitute (Quelle: BaFin (2019a), S. 17)

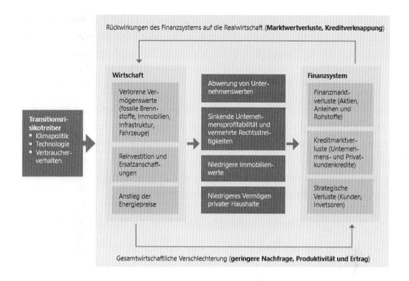

Abbildung A.8: Wirkung physischer Risiken auf Kreditinstitute (Quelle: BaFin (2019a), S. 17)

Es wird deutlich, dass sowohl physische Risiken als auch Transitionsrisiken primär über den Faktor »Kunde« auf Kreditinstitute wirken.[226] Insofern erklärt sich auch die Aussage der BaFin im Merkblatt, dass Nachhaltigkeitsrisiken keine eigene Risikoart an sich darstellen, sondern vielmehr Bestandteil bereits bestehender Risikoarten (beispielsweise Kreditrisiken) sind.[227]

b) Integration von Nachhaltigkeitsrisiken in das Strategiekompendium

Bevor sich ein Institut Gedanken über die Integration von Nachhaltigkeitsrisiken in das Strategiekompendium, im Wesentlichen in die **Geschäfts- und Risikostrategie**, machen kann, ist es erforderlich, dass das jeweilige Institut die Risiken zunächst identifiziert und nach ihrer potenziellen Tragweite auf das Institut bewertet. Dies kann – wie bei allen anderen Risikoarten auch – in Form der Risikoinventur erfolgen. Dies gilt insbesondere für Institute, die nach dem Kreditwesengesetz (KWG) überwacht werden. Spätestens bei Durchführung dieses Prozesses wird deutlich, dass es relativ wenig zielführend ist, Nachhaltigkeitsrisiken als separate Risikoart, sondern vielmehr als Faktor der anderen Risikoarten zu betrachten.

---

226 Vgl. dazu auch die Darstellungen im Kapitel A.IV dieses Herausgeberbandes.
227 Vgl. *BaFin* (2019a), S. 18.

142 Nachdem nun die wesentlichen Nachhaltigkeitsrisiken im Rahmen der anderen Risikoarten identifiziert und bewertet worden sind, kann im Rahmen des Strategieprozesses eine Integration in die jeweiligen Strategien erfolgen.

aa) Integration von Nachhaltigkeitsrisiken in die Geschäftsstrategie

143 Die Geschäftsstrategie gibt die wesentliche geschäftspolitische Zielrichtung des Instituts vor. Folglich macht es Sinn, zu überlegen, inwiefern diese geschäftspolitische Zielrichtung vor dem Hintergrund der Reduzierung von Nachhaltigkeitsrisiken geändert werden sollten. Mögliche Fragen könnten hierbei sein, ob es sinnvoll ist, bestimmte Branchen bei der Finanzierung zu vermeiden oder neue nachhaltige Produkte geschaffen werden sollten.[228]

bb) Integration von Nachhaltigkeitsrisiken in die Risikostrategie

- Im Rahmen der Risikostrategie wird der strategische Umgang mit Nachhaltigkeitsrisiken festgelegt. Sie kann nur gemeinsam mit der Geschäftsstrategie überarbeitet werden, weil die Ausgestaltung des Geschäftsmodells unmittelbare Auswirkung auf die Risikosituation haben kann. Mögliche Fragestellungen könnten in diesem Zusammenhang sein:[229] Bestehen Risikokonzentrationen, welche durch den Klimawandel bedingt sind?

- Welche **Risikolimitierung** – über die bereits bekannten wesentlichen Risikoarten – macht Sinn? Welche Vorgehensweise bei der Risikominimierung – offensiv oder defensiv – soll gewählt werden?

- Sind die **Risikocontrollingprozesse** ausreichend und sachgerecht?

- Welche Auswirkungen haben Nachhaltigkeitsrisiken auf das **Risikoprofil/Risikotragfähigkeit** oder **Kapitelquoten** des Instituts?

c) Verantwortliche Unternehmensführung

144 Um im Unternehmen eine funktionierende Kultur im Bereich der Nachhaltigkeit und deren -risiken entstehen kann, ist das **Vorleben** durch die Unternehmensführung essentiell.[230] Ansonsten würden Maßnahmen, die das Institut ergreifen würde, nicht auf die erforderliche Akzeptanz stoßen und würden folglich im Sande verlaufen. Als Beispiel könnte hierzu dienen, dass die Geschäftsleitung den Fuhrpark des Instituts aus E-Autos umstellt, er selbst aber einen

---

228 Vgl. *BaFin* (2019a), S. 20. Vgl. dazu auch die Darstellungen der Kapitel in Segment C dieses Herausgeberbandes.
229 Vgl. *BaFin* (2019a), S. 21.
230 Vgl. dazu auch die Darstellungen in den Kapiteln C.II und C.IV dieses Herausgeberbandes.

Diesel-SUV fahren würde. Oder aus dem Bankgeschäft: Die variable Gehaltsstruktur für die Mitarbeiter wird neben anderen Zielen auch an Nachhaltigkeitszielen ausgerichtet, der Vorstand erhält aber eine hohe variable Vergütung, die völlig losgelöst hievon ist. Ein solches Vorgehen würde sehr schnell das Ansehen der Geschäftsleitung und der Akzeptanz von Nachhaltigkeitsmaßnahmen ein jähes Ende bereiten.[231]

Die Geschäftsleitung ist losgelöst von den o. g. Aussagen letztendlich auch für die Festlegung, Kommunikation und Umsetzung der Strategien und insofern auch der im Rahmen der Strategien enthaltenen Aussagen zu Nachhaltigkeitsrisiken verantwortlich.[232]

Darüber hinaus obliegt es der Geschäftsleitung, Verantwortlichkeiten und Prozesse bezüglich des Managements von Risiken, also auch der dort enthaltenen Nachhaltigkeitsrisiken, festzulegen.[233]

d) Geschäftsorganisation

Wie im vorherigen Kapitel ausgeführt, ist die Geschäftsleitung eines Instituts für die Festlegung von Verantwortlichkeiten und Prozessen zuständig. Dies ist leicht festgelegt, denn die Tücke liegt, wie so oft, im Detail. Es mag sich die Frage stellen, wie das Management von Nachhaltigkeitsrisiken auf der einen Seite sachgerecht und auf der anderen Seite auch wirtschaftlich sinnvoll und unter Beachtung des Proportionalitätsprinzips sinnvoll ist.

aa) Governance

Im BaFin-Merkblatt wird im Bereich der Governance lediglich darauf hingewiesen, dass das Thema »Nachhaltigkeitsrisiken« ganzheitlich in der schriftlich fixierten Ordnung aufgenommen werden sollte. Es bleibt den jeweiligen Instituten überlassen, in welchem Detaillierungsgrad, Struktur und Methode sie dies umsetzen. Es seien lediglich die gesetzlichen Mindestanforderungen einzuhalten. Diese weitgehend offene Forderung bietet auf der einen Seite den Vorteil, dass die Umsetzung frei und unter Beachtung des Proportionalitätsprinzips erfolgen kann. Gleichwohl bietet sie genügend Raum bezüglich der Angemessenheit der Umsetzung mit etwaigen Prüfern.[234]

---

231 Vgl. *BaFin* (2019a), S. 22.
232 Vgl. *BaFin* (2019a), S. 22.
233 Vgl. *BaFin* (2019a), S. 22.
234 Vgl. *BaFin* (2019a), S. 23.

GRUNDLAGEN ZUR NACHHALTIGEN FINANZWIRTSCHAFT

bb) Prozesse

149 Laut Merkblatt sollte ein Institut prüfen, inwiefern Nachhaltigkeitsrisiken in bestehende Prozesse, beispielsweise im Bereich der Kreditvergabe, integriert werden könnten.[235] Gerade im Bereich der Kreditvergabeprozesse sollte eine aktive Steuerung von Nachhaltigkeitsrisiken erfolgen. Eine nachträgliche Steuerung von Kreditengagement, die bereits vergeben sind, kann aufgrund der fehlenden Vertragsinhalte in Sachen Nachhaltigkeitsanforderungen nur noch punktuell erfolgen. Letztendlich wäre dann nur noch eine – eventuell wirtschaftlich unsinnige – Aussteuerung des Kreditengagements möglich. Insofern macht es Sinn, sich schon im Rahmen der **Kreditprüfung** Gedanken über das Thema Nachhaltigkeitsrisiken zu machen und anhand der identifizierten **engagementspezifischen Nachhaltigkeitsrisiken** Steuerungsmaßnahmen (Gespräche mit Kunden, Kondition) zu ergreifen.

150 Doch nicht nur im Bereich der **Kreditvergabeprozesse** sollte das Thema Nachhaltigkeitsrisiken erfolgen. Eine Risikoüberwachung auf Portfolioebene, mit anschließenden Auswirkungen beispielsweise auf die Strategien des Instituts, erfolgt im Risikocontrolling. Deswegen ist es wichtig, dort entsprechende Impulse zur generieren.

151 Ebenfalls können Nachhaltigkeitsrisiken auch in nicht banktypischen Bereichen wie beispielsweise dem Einkaufsmanagement schlagend werden, sodass eine Prüfung auf Nachhaltigkeitsrisiken auch bei Vertragsgestaltungen, beispielsweise dem Einkauf von Putzdienstleistungen, erfolgen sollte.

152 Abschließend kann festgehalten werden, dass Nachhaltigkeitsrisiken in zahlreichen Bereichen schlagend werden können, sodass ein ganzheitlicher Ansatz sicherlich Sinn macht.

cc) Nachhaltigkeitseinheit

153 Im BaFin-Merkblatt wird entweder den Aufbau von Know-how und/oder personeller Ausstattung im Bereich der Nachhaltigkeitsrisiken empfohlen. Dies kann entweder im Bereich der jeweiligen Einheiten (beispielsweise Risikocontolling) oder im Rahmen einer separaten Einheit erfolgen. Sollte sich ein Institut für eine separate Einheit entscheiden, so sollte es darauf achten, dass diese in die relevanten Prozesse des Instituts einbezogen wird.[236]

---

[235] Vgl. *BaFin* (2019a), S. 23. Vgl. dazu auch die Darstellungen in den Kapiteln D.III und D.IV dieses Herausgeberbandes.
[236] Vgl. *BaFin* (2019a), S. 23.

Auch hier sollte ein Institut vor dem Hintergrund des Proportionalitätsprinzips entscheiden, was sinnvoll und erstrebenswert scheint. Gleichwohl könnte allerdings auch der Einfluss auf ein eventuell gewünschtes Nachhaltigkeitsrating den Ausschlag bringen.

e) Integration von Nachhaltigkeitsrisiken im Risikomanagement

Vor dem Hintergrund, dass die Integration von Nachhaltigkeitsrisiken in das Risikomanagement eines Instituts ein zentrales Element des Merkblattes darstellt, soll diesem Aspekt ein tiefergehender Einblick gewährt werden.

Grundsätzlich ist festzuhalten, dass diese Integrationsarbeit in das Risikomanagement eines Instituts mangels etablierter Modelle ein komplexes Thema ist. Für auf Grundlage des KWG beaufsichtigten Institute besteht zudem die Gefahr, dass die unverbindlichen Hinweise des Merkblattes durch die teilweise weit formulierten Anforderungen der MaRisk prüfungsseitig in verbindliche Vorgaben argumentiert werden könnten. Als Beispiel dient der AT 2.2 der MaRisk, der grob umreißt, wie mit »Risiken« umzugehen ist. Demnach hat das Institut zu analysieren, welchen »Risiken« es ausgesetzt ist und diese nach Wesentlichkeit zu untersuchen. AT 4.1 der MaRisk fordert die Berücksichtigung aller wesentlichen Risiken im Rahmen der Risikotragfähigkeitsrechnung. Risiken können zum Teil aus verschiedenen Subrisikoarten bestehen. Das BaFin-Merkblatt ist ein unverbindliches Papier der Aufsicht, weißt aber auf Nachhaltigkeitsrisiken als eine solche Subrisikoart hin. Insofern könnte es prüfungsseitig leicht zu argumentieren sein, dass aufgrund der weiten Formulierung der MaRisk und der erfolgten Hinweise der BaFin zu Nachhaltigkeitsrisiken diese als Subrisikoart der wesentlichen Risiken entsprechend in den Risikomanagementprozess nach MaRisk zu integrieren seien. Hierzu wäre zudem eine Quantifizierung oder ein pauschaler Risikoaufschlag unter Hinzuziehung des Proportionalitätsprinzips denkbar. Denkbar wäre auch eine Argumentation, dass Nachhaltigkeitsrisiken eine derart geringe Bedeutung für das Institut haben, sodass eine Berücksichtigung dieser Subrisikoart vor dem Hintergrund des Proportionalitätsprinzips nicht sachgerecht wäre.

Ebenfalls wird im BaFin-Merkblatt die Durchführung von Stresstests für Nachhaltigkeitsrisiken empfohlen. Auch hier ist im Hinblick auf AT 4.3.3 der MaRisk zu befürchten, dass Nachhaltigkeitsrisiken dann auch in **Stresstests** auf der Grundlage der MaRisk zu berücksichtigen sind, sofern sie Subrisikoarten von wesentlichen Risiken darstellen.[237]

---

237 Vgl. *BaFin* (2019a), S. 36.

GRUNDLAGEN ZUR NACHHALTIGEN FINANZWIRTSCHAFT

158   Nichtsdestotrotz ist dem Merkblatt der ein oder andere praxisrelevante Hinweis zur praktischen Integration von Nachhaltigkeitsrisiken vor allem für Kreditentscheidungs- und Kreditportfoliosteuerungszwecke zu entnehmen. An dieser Stelle sei erwähnt, dass unter Berufung at BTO 1.2.1 der MaRisk und dessen weite Formulierung eine gewisse Verbindlichkeit für nach KWG beaufsichtigte Institute im Bereich der Integration von Nachhaltigkeitsrisiken in den Kreditprozess zu befürchten ist.

aa) Methoden

159   Das Institut sollte angemessene Methoden zur Steuerung und Begrenzung von Nachhaltigkeitsrisiken etablieren. Vor dem Hintergrund, dass eine aktive Steuerung von kundenbezogenen Nachhaltigkeitsrisiken eigentlich fast ausschließlich bei Kreditvergabe erfolgen kann, liegt hier der Fokus der Ausführungen des BaFin-Merkblattes.

160   Die Ausführungen zu Methoden im Rahmen der Risikobeurteilung konzentrieren sich somit vornehmlich auf den Kreditvergabeprozess und bieten Steuerungsimpulse entweder Richtung Kreditgenehmigung oder -ablehnung, aber auch Einflussnahme auf den Kunden in Richtung eines nachhaltigeren Wirtschaftens unter Beachtung der rechtlichen Vorgaben zur Einflussnahme.[238]

161   Laut BaFin-Merkblatt könne dies auf der Grundlage folgender Methoden erfolgen:[239]

Ausschlusskriterien/Limite

162   Um gleich im Rahmen des Kreditvergabeprozesses Steuerungsimpulse zu generieren, wäre es laut Merkblatt möglich, Ausschlusskriterien oder Limite auf der Grundlage von Kennziffern mit Nachhaltigkeitshintergrund zu etablieren. Als Beispiel wird folgender Ansatz genannt:

> »Ausschluss von Unternehmen, die ihren Umsatz zu mindestens ___% aus Abbau, Weiterverarbeitung oder Verbrennung fossiler Energieträger generieren«[240]

163   Problematisch könnte die genaue Abgrenzung der Tätigkeit des Unternehmens in die einzelnen Kategorien (bspw. Weiterverarbeitung fossiler Energieträger) sein. Eine Frage könnte ich diesem Zusammenhang sein, welche Tätigkeiten

---

[238]   Vgl. *BaFin* (2019a), S. 28.
[239]   Vgl. dazu auch die Ausführungen in den Kapiteln A.IV, E.I, E.III sowie E.IV dieses Herausgeberbandes.
[240]   *BaFin* (2019a), S. 27.

des Kunden hierzu gehören könnten. Darüber hinaus muss die Datenverfügbarkeit (die auf diese Tätigkeit aufgeschlüsselten Umsatzbestandteile) gegeben sein. Von Seiten des Autoren wird neben der Datenverfügbarkeit auch die Komplexität und der Aufwand der damit verbundenen im Institut durchzuführenden Tätigkeiten gesehen. Denkbar wäre allerdings in diesem Zusammenhang ein vereinfachtes – überschlagsweises – Verfahren unter Bezugnahme auf das Proportionalitätsprinzips. Es gilt dabei zu beachten, wirtschaftlich attraktives Kundengeschäft, aufgrund zu grober oder nicht praxistauglicher Messmethoden oder Limite zu verlieren. An dieser Stelle ist sicherlich Augenmaß des Instituts gefragt.

Für eine vereinfachte Vorselektion bezieht sich das Merkblatt auf eine Heatmap von Oliver Wyman, die in Abbildung A.9 abgebildet ist. Anhand so einer Heatmap kann – vereinfacht gesagt – entnommen werden, für welche Bereiche in den nächsten Jahren ein erhöhter Transitionsdruck gesehen wird.

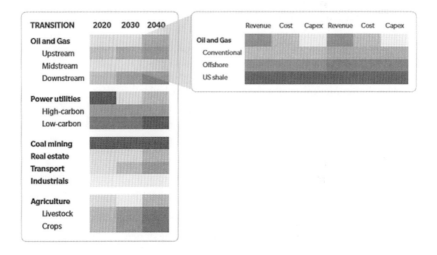

Abbildung A.9: Heat Map für eine vereinfachte Vorselektion von Ausschlusskriterien (Quelle: Oliver Wyman (2019), S. 20)

Positivlisten/Best in Class

Im Gegensatz zu Ausschlusskriterien oder Limiten kann anhand einer Positivliste festgelegt werden, in welche Branchen oder Unternehmen unter Nachhaltigkeitsaspekten bevorzugt investiert werden sollte. Eine Abwandlung dieser

Positivliste stellt der »Best in Class«-Ansatz dar, der sich auf die unter Nachhaltigkeitsaspekten fortschrittlichsten Unternehmen einer Branche stützt. Im BaFin-Merkblatt wird allerdings zu Recht zu bedenken gegeben, dass die Vergleichbarkeit teilweise schwer gegeben ist und die Gefahr eines »Green-Washings« droht.[241]

166 Um eine Vergleichbarkeit oder die Objektivität zu optimieren, könnte auf bereits etablierte Normen, z. B. des UN Global Impacts, zurückgegriffen werden.[242]

bb) Nutzung von Risikoanalyse und -klassifizierungsverfahren

167 Als mögliches Mittel zur Identifizierung und Beurteilung von Nachhaltigkeitsrisiken empfiehlt das BaFin-Merkblatt die Nutzung von Risikoanalyse und -klassifizierungsverfahren. Neben der Beurteilung eines Vertragspartners im Hinblick auf dessen Bereitschaft zur Weiterentwicklung/Verbesserung im Bereich der Nachhaltigkeit können diese Mittel auch zur Einhaltung gesetzlicher oder aufsichtsrechtlicher Anforderungen, beispielsweise nachhaltigkeitsbezogener Transparenzpflichten, genutzt werden. Es kann entweder die Integration in bereits genutzte Verfahren als auch die Schaffung neuer Verfahren verfolgt werden.

168 Das BaFin-Merkblatt gibt darüber hinaus zu bedenken, dass es sinnvoll sein könnte, die Vertragspartner bei Transaktionen im Hinblick auf die Zugehörigkeit zu emissionsintensiven Wirtschaftssektoren, beispielsweise mittels Heatmap, zu analysieren. Es wird allerdings darauf hingewiesen, dass stets eine institutsindividuelle Detailprüfung erfolgen sollte.[243]

169 Sollte auf Basis dieser Erstuntersuchung ein erhöhtes Nachhaltigkeitsrisiko identifiziert worden sein, sollte eine sehr tiefgehende Prüfung des Engagements erfolgen. Hierzu könnten folgende Aspekte herangezogen werden:
- Aktuelle und zukünftige Treibhausgasemissionen
- Marktumfeld,
- Regulatorische Risiken und
- Auswirkung auf die Profitabilität.

---

241 Vgl. *BaFin* (2019a), S. 27.
242 Vgl. *BaFin* (2019a), S. 27.
243 Vgl. *BaFin* (2019a), S. 28.

Im Anschluss an die Risikobeurteilung sollten in Abhängigkeit von dessen Ergebnis Maßnahmen, z. B. ein intensiver Dialog mit dem Kunden, nachhaltigkeitsrisikobezogene Anpassung der Kondition bis hin zur Ablehnung der Transaktion erfolgen.[244]

170

f)   Sonstige Inhalte des BaFin-Merkblattes

Neben den bereits genannten Themenfeldern beinhaltet das BaFin-Merkblatt ebenso eine Reihe von Hinweisen zur Integration von Nachhaltigkeitsaspekten im Auslagerungsmanagement, Gruppensachverhalten, sowie die Verwendung von Ratings, insbesondere ESG-Ratings.

171

3.   Neue Vorgaben der EZB

Im Mai 2020 hat die **Europäische Zentralbank (EZB)** einen **Leitfaden zu Klima- und Umweltrisiken** zur öffentlichen Konsultation gestellt. Im November 2020 erfolgte die Veröffentlichung der finalen Fassung des Leitfadens. Im Rahmen dieses Leitfadens führt die EZB aus, welche Erwartungen sie im Umgang mit Klima- und Umweltrisiken an die von ihr beaufsichtigten Institute (significant institutions – SI) hat[245].

172

Wenngleich die EZB hervorhebt, dass die Inhalte des Leitfadens **nicht bindend** sind, verlangt sie, dass die Institute den Leitfaden nutzen und die EZB im Rahmen des Aufsichtsdialogs über sämtliche Abweichungen von denen im Rahmen des Leitfadens geäußerten aufsichtlichen Erwartungen in Kenntnis setzen[246]. Insofern sollte klar werden, dass Institute, die von den Inhalten des Leitfadens abweichen, hierfür gute und dokumentierte Gründe für diese Abweichungen im Zuge des aufsichtlichen Dialoges darlegen sollten.

173

Die Grundaussagen im EZB Leitfaden sind ähnlich denen aus dem BaFin-Merkblatt, allerdings macht es den Eindruck, als dass die EZB sehr hohe Erwartungen an die von ihr beaufsichtigten Institute hat. Bei der Formulierung der aufsichtlichen Erwartungen bezieht sich die EZB in dem Leitfaden in der Regel auf weitere bestehende Normen (bspw. EBA Leitlinien) und konkretisiert diese um Aspekte des Managements von Klima- und Umweltrisiken.

174

Hervorzuheben ist an dieser Stelle, dass Klima- und Umweltrisiken so quantitativ wie möglich behandelt (ermittelt und limitiert) werden sollen. Eine ähnli-

175

---

244   Vgl. *BaFin* (2019a), S. 28 ff.
245   Vgl. *EZB* (2020a), S. 6 ff.
246   Vgl. *EZB* (2020a), S. 7 ff.

che Ausrichtung hat auch das BaFin Merkblatt zum Umgang mit Nachhaltigkeitsrisiken, allerdings scheinen die Erwartungen der EZB deutlich höher (erwähnt werden sowohl die Einführung von **Key Performance Indicators (KPI)** als auch **Key Risk Indicators (KRI)** im Bereich der Klima- und Umweltziele) und enthalten weniger Zugeständnisse als die Inhalte des BaFin Merkblattes.

176 Die EZB erwartet eine ganzheitliche Berücksichtigung von Klima- und Umweltrisiken im Institut, folglich auf strategischer Ebene im Rahmen der Geschäfts- und Risikostrategie inkl. Risikoappetit, auf organisatorischer Ebene und im Rahmen der Berichterstattung. An verschiedenen Stellen des Leitfadens betont die Aufsicht zudem die hohe Bedeutung einer angemessenen Dokumentation von Zuständigkeiten, Regelungen und Entscheidungen.

177 Neue Aspekte sind hierbei, dass der EZB Leitfaden die Erwartungshaltung formuliert, dass die **Interne Revision** eines Instituts den sachgerechten Umgang mit Klima- und Umweltrisiken im Rahmen der Prüfung des Risikomanagementrahmenwerks prüfen soll.[247] Hier stellt sich die Frage, auf welcher Grundlage die Revision die Angemessenheit prüfen soll, da es keinerlei verbindliche Vorgaben gibt. Letztendlich kann die Revision nur auf Grundlage (Norm) des eigentlich unverbindlichen Leitfadens prüfen, was aber wieder zu Verwirrungen und Diskussionen führen kann, da die Inhalte des Leitfadens nicht alle zwingend so strikt umzusetzen sind. Insofern treffen bereits im Rahmen einer Prüfung durch die Interne Revision verschiedene Meinungen zum sachgerechten Umgang mit Klima- und Umweltrisiken aufeinander und werden um eine dritte Sichtweise erweitert, wenn es zum aufsichtlichen Dialog kommt. Darüber hinaus sieht die EZB die Zuständigkeit für Richtlinien und Verfahren für Klima- und Umweltrisiken bei der Internen Revision.[248] Hier stellt sich die Frage, ob die Revision die Einhaltung der internen schriftlich fixierten Ordnung lediglich prüfen oder sogar die internen Vorgaben erstellen soll (Asset Owner). Letzteres klingt außergewöhnlich, da die Interne Revision im Sinne der Internal Audit Association (IIA) keine rahmengebende Funktion einnimmt. Insofern besteht an vielen Stellen noch Klärungsbedarf seitens der Aufsicht.

178 Besonderes Augenmerk widmet der Leitfaden auch dem **Leitungsorgan** des Instituts. Diesem wird u. a. die Aufgabe zugewiesen, »seinen Mitgliedern und/oder Unterausschüssen Rollen und Verantwortlichkeiten«[249], im Hinblick auf Klima- und Umweltrisiken zuzuweisen. Dies führt mit sich, dass innerhalb

---

247 Vgl. *EZB* (2020a), S. 16ff.
248 Vgl. *EZB* (2020a), S. 28.
249 EZB (2020a), S. 22.

eines Instituts klar geregelt sein soll, wer in welcher Weise für Klima- und Umweltrisiken zuständig ist. Wichtig sei hierbei, diese Rollen und Verantwortlichkeiten nicht nur in der Theorie zuzuweisen, sondern diese auch in der Praxis zu leben.[250]

Darüber hinaus ist die aufsichtliche Erwartungshaltung, dass die Mitglieder des Leitungsorganes selbst über ausreichend Kenntnisse in dem Bereich der Klima- und Umweltrisiken verfügen und dieses Wissen auch stets aktuell halten. Darauf aufbauend hat das Leitungsorgan sicher zu stellen, dass Klima- und Umweltrisiken angemessen auf strategischer Ebene und im Risikomanagement berücksichtigt werden.[251] Es sollte somit klar werden, dass die Aufsicht auch vom Leitungsorgan einen hohen Standard an Know-how und Engagement im Bereich der Klima- und Umweltrisiken erwartet. Dies führt u. a. zu einem erhöhten Schulungsbedarf auf allen Hierarchiestufen, da es sich bei dem Thema in Kreditinstituten durchaus um ein gewisses »Neuland« handelt.

Darüber hinaus werden Institute ebenfalls aufgefordert, Klima- und Umweltrisiken bei der Ausgestaltung des **Vergütungssystems** zu berücksichtigen. So führt die Aufsicht aus, dass es sachgerecht sei, eine variable Vergütungskomponente auf die Erfüllung der institutseigenen Klima – und Umweltziele einführen.[252] Hier stellt sich allerdings die Frage, ob diese Vergütungskomponente auf die Ziele einzelner Mitarbeiter heruntergebrochen werden sollte oder ob die Vergabe dieses variablen Vergütungsbestandteiles gießkannenartig über das Institut erfolgen sollte. Die erste Variante erscheint nur schwer umsetzbar, denn wie sollten Klima- und Umweltziele auf einzelne Mitarbeiter heruntergebrochen werden? Die zweite erscheint ungerecht, da auch Mitarbeiter von der Vergütungskomponente profitieren würden, welche nicht dazu beigetragen haben, die Klima- und Umweltziele einzuhalten oder dies aufgrund ihrer Funktion gar nicht können. Insgesamt sollte ein solches Themengebiet in einer neuen Institutsvergütungsverordnung Berücksichtigung finden, zumal dort systemrelevante Banken angesprochen werden.

Eine große Herausforderung könnte auch die erwartete Integration von Klima- und Umweltzielen im Bereich **BCBS 239 – Risikodatenerhebung und -aggregation** für zahlreiche Institute darstellen.[253] Die Umsetzung der Anforderungen des BCBS 239 ist ohnehin schon eine große Herausforderung für

---

250 Vgl. EZB (2020a), S. 22 ff.
251 Vgl. EZB (2020a), S. 24 ff.
252 Vgl. EZB (2020a), S. 23 ff.
253 Vgl. EZB (2020a), S. 29.

viele Institute. Die Erweiterung dieser Anforderungen auf Klima- und Umweltrisiken vervielfacht diese Schwierigkeit noch einmal. Gerade bei der Integration von Klima- und Umweltrisiken wäre eine Vorgabe für einzurichtende Key Risk Measures erforderlich. Gleichwohl hat die Aufsicht in diesem Bereich Augenmaß signalisiert, indem sie zugestanden hat, dass hier noch keine einheitliche Taxonomie existiert und teilweise auch **Datenlücken** bestehen. Insofern verbleibt zwar ein hohes Ambitionsniveau, allerdings mit einer gewissen Toleranz seitens der Aufsicht.

182 Nach der Konsultationsphase in 2020 und der Aufnahme der Meinungen der einschlägigen Bankenverbände wird der Leitfaden vermutlich schon im SREP 2021 an Bedeutung gewinnen.

183 Bereits für Anfang 2021 ist vorgesehen, dass bedeutende Institute seitens der EZB aufgefordert werden, die Aufsicht über Abweichungen von den im Leitfaden aufgeführten Erwartungen in Kenntnis zu setzen. Sollten Abweichungen bestehen, sind entsprechende geplante Maßnahmen aufzuführen, mit deren Hilfe die Institute den Erwartungen zukünftig entsprechen wollen.[254] Spätestens hiermit ist klar, dass der Leitfaden eine zumindest indirekte Bindungswirkung hat.

4. Fazit

184 Das BaFin Merkblatt beinhaltet einige gute Hinweise für die praktische Umsetzung zur Integration von Nachhaltigkeitsrisiken im bankorganisatorischen und -steuerungstechnischen Bereich. Darüber hinaus bekommt der Leser einen Eindruck davon, wie die **aufsichtliche »Grundhaltung«** im Bereich der **Nachhaltigkeitsrisiken** ist. Es handelt sich zwar um »Good Practise«-Ansätze und somit um keine regulatorischen Regelungen mit Bindungswirkung, gleichwohl kann aus den Inhalten des BaFin-Merkblattes eine aufsichtliche Erwartungshaltung abgeleitet werden. Allerdings bleiben einige Detailfragen zur Umsetzung, vor allem im quantitativen Bereich des Risikocontrollings, offen und sind von den Instituten selbst zu lösen.[255] Es wäre wünschenswert, wenn hier weitere Informationen seitens der Aufsicht folgen würden, um eine sachgerechte, gerechte und konsistente Messung und Steuerung von Nachhaltigkeitsrisiken zu erreichen.

---

254 Vgl. *EZB* (2020a), Seite 7ff.
255 Ansätze bieten etwa in Betrachtungen in Kapitel B.III dieses Herausgeberbandes.

Insgesamt ist es dennoch empfehlenswert, dass sich BaFin-beaufsichtigte Institute die Inhalte des Merkblattes genau ansehen und herausfiltern, welche Ansätze zu dem Institut unter Beachtung des Proportionalitätsprinzips passen. Gerade der Schritt des Herausfilterns ist aus Sicht des Autors enorm wichtig, um ein **maßgeschneidertes Konzept** für das jeweilige Institut zu schaffen, welches auf sämtlichen Mitarbeiterebenen inklusive der entsprechenden Stakeholder **Akzeptanz** findet. Kein noch so gutes Konzept ist in der Praxis effektiv, wenn es im Institut keine Akzeptanz findet und letztendlich nicht oder nicht ausreichend gelebt wird.

185

V. Überblick über Nachhaltigkeitsrisiken[256]

1. Von Nachhaltiger Finanzwirtschaft zu Nachhaltigkeitsrisiken

186 Die Institutionen der europäischen und deutschen Banken- und Finanzdienstleistungsaufsicht entwickeln sich zu wesentlichen Treibern bei der Implementierung einer nachhaltigen Finanzwirtschaft.[257] Die nachhaltige Finanzwirtschaft ist ein wichtiges Element, um die **Klimaveränderung** abzumildern, gleichsam eine Anpassung von Ökonomie, Ökologie und Gesellschaft auf neue Klimaverhältnisse zu ermöglichen, Biodiversität aufrechtzuerhalten, Luft- und Umweltverschmutzung zu mindern und eine Kreislaufökonomie zu implementieren.[258] Darüber hinaus dient die nachhaltige Finanzwirtschaft dem Ziel, **soziale und gesellschaftliche Benachteiligungen**, etwa durch Ungleichbehandlungen, Nichtbeachtung von Menschenrechten oder asymmetrische Arbeitgeber-Arbeitnehmer Beziehungen, abzubauen. Die Umsetzung dieser Ziele hängt wesentlich von einem geeigneten Ordnungsrahmen für die **Leitung und Überwachung** öffentlicher und privater Institutionen ab.[259] Die Umsetzung der nachhaltigen Finanzwirtschaft ist damit ein wichtiger Bestandteil des »**European Green Deal**«, indem sie die Finanzierung der notwendigen Vorhaben bereitstellt – insbesondere, um eine klimaneutrale Ökonomie zu erreichen.[260]

187 Vor dem Hintergrund, dass das Hauptziel der Aufsichtsbehörden zunächst »nur« ein **stabiles**, funktionsfähiges, angemessenes und geordnetes **Finanzsystem** ist[261] – und nicht der Umsetzung wünschenswerter Entwicklungen – begründen die Kontrollinstitutionen anstehende Regulierungsvorhaben vor allem mit den **wachsenden Risiken**, die aus der Klimaveränderung und weiteren nicht-nachhaltigen Entwicklungen für den Bankensektor entstehen. Vor diesem Hintergrund ergeben sich aus der *CRD IV* (2013) und *CRD V* (2019) sowie der *CRR* (2013) und *CRR2* (2019) Ansatzpunkte für aufsichtsrechtliche Vorgaben zum Management von Nachhaltigkeitsrisiken,[262] die wiederum im Zusammenhang mit der Erreichung der Ziele einer nachhaltigen Finanzwirtschaft stehen.

---

256 Autor: *Dirk Heithecker*. Die Ausführungen geben ausschließlich persönliche Auffassungen wieder. Für Rückfragen oder Anregungen ist der Autor unter der E-Mail-Adresse dirk.heithecker@hs-hannover.de erreichbar.
257 Vgl. *EBA* (2019e/2020a), *EZB* (2020d) oder auch *KPMG* (2020), *Pierschel* (2019), S. 3, *Bolton/Despres/Periera da Silva/Samama/Svartzman* (2020), S. 47 ff.
258 Vgl. *EU* (2020i).
259 Vgl. *EU* (2020i).
260 Vgl. *EU* (2020e), *EZB* (2020a), S. 3 und *EBA* (2020d), S. 12.
261 Vgl. *EBA* (2020e) und *BaFin* (2020b), sowie *EBA* (2020d), Tz. 8 und 10.
262 Vgl. *EZB* (2020a), S. 8 ff., *EBA* (2020d), Tz. 160, EBA (2019e), Tz. 10 ff., sowie *PRA* (2018), S. 37 ff., *NGFS (2020c)*, S. 3 ff. und *Bolton/Despres/Periera da Silva/Samama/Svartzman* (2020),

Entsprechend ist die Auseinandersetzung mit **Nachhaltigkeitsrisiken** fundamental für das Verständnis der Wirkung und für die Umsetzung von Nachhaltigkeitszielen in Kreditinstituten,[263] die neben der Beteiligung an dem **gesellschaftlich und politisch erstrebenswerten Ziel** der Förderung des »Green Deals« auch die Einhaltung bestehender oder **neu entstehender Regulierungsaspekte** durch die Bankenaufsicht gewährleisten soll.

Vor diesem Hintergrund werden in diesem Beitrag Nachhaltigkeitsrisiken grundlegend diskutiert. Zu diesem Zweck werden im folgenden Abschnitt 2 zunächst Nachhaltigkeitsrisiken definiert und in den bestehenden Risikokosmos eingeordnet. Abschnitt 3 erörtert, in welcher Weise diese Risiken auf Banken wirken und wie sie sich in die bestehenden Standardrisikoarten in Kreditinstituten integrieren. Ansätze zur Quantifizierung solcher Risiken werden grundsätzlich in Abschnitt 4 diskutiert. Das Kapitel schließt mit einem allgemeinen Überblick über die erarbeiteten Inhalte.

2. Nachhaltigkeit als neuartiger Risikotreiber

a)   Grundsätzliche Definition von Nachhaltigkeitsrisiken

Nachhaltigkeitsrisiken sind Risiken, die vor dem Hintergrund fehlender Berücksichtigung nachhaltiger Themenstellungen im Wirtschaftsgeschehen entstehen. Nachhaltige Themenstellungen werden üblicherweise durch die 17 Nachhaltigkeitsziele der Vereinten Nationen definiert.[264] Im Rahmen der nachhaltigen Finanzwirtschaft werden Themenstellungen der Ökologie, insbesondere vor dem Hintergrund der Klimaerwärmung, der Rücksichtnahme auf soziale Aspekte im gesellschaftlichen Leben und Arbeitsumfeld sowie der Unternehmensführung als Treiber identifiziert, aus denen Nachhaltigkeitsrisiken entstehen können.[265] Diese werden auch unter dem Begriff »**ESG-Risiken**« zusammengefasst, wobei ESG für die Kategorien Environmental, Social und Governance (englisch für Umwelt, Soziales und Unternehmensführung) steht.[266]

S. 11 ff. und S. 49 für eine ökonomische Motivation zur Bedeutung von Nachhaltigkeitsrisiken und Notwendigkeit der aufsichtlichen Interaktion.
263 Vgl. *Colas/Khaykin/Pyanet* (2019), S. 3.
264 Vgl. *Bundesregierung* (2019a/2016), *Vereinte Nationen* (2017), *Morton/Pencheon/Squires* (2017). Vgl. dazu auch die Ausführungen in den Kapiteln A.I und A.II dieses Herausgeberbandes.
265 Vgl. zu einer ähnlichen Definition auch *EBA* (2020d), Tz. 30 und 38.
266 Vgl. BaFin (2019a), S. 9, *Transparenzverordnung* (2019), Art. 2, Nr. 22 und *EZB* (2020a), S. 4 und auch *TCFD (2017)*, S. 5.

191 Umweltrisiken werden häufig noch präzisiert als »**Umwelt- und Klimarisiken**«,[267] wodurch die Thematik »Klima« zum einen eine herausragende Stellung im Bereich Umwelt erhält, zum anderen jedoch nicht aus der Klimaerwärmung resultierende Umweltrisiken – beispielsweise aus der Verschmutzung der Meere mit Plastik[268] – eine individuelle »Aufmerksamkeit« erlangen.

ESG-Risiko-Kategorie	Risikoursachen	UN-Nachhaltigkeitsziel
Environmental Umwelt	<ul><li>Keine Ernährungssicherheit</li><li>Ernährung auf Basis umweltzerstörender, nicht-kreislaufbezogener Landwirtschaft</li></ul>	Ernährung weltweit sichern [2]
	<ul><li>kein Zugang zu gesunder Ernährung, sauberem Wasser und sauberer Luft</li><li>keine gute medizinische Versorgung</li></ul>	Gesundheit und Wohlergehen [3]
	<ul><li>kein Schutz von (Trink-)Wasser</li><li>keine sichere Versorgung mit sauberem Wasser</li></ul>	Ausreichend Wasser in bester Qualität [6]
	<ul><li>Energieerzeugung aus fossilen Brennstoffen</li><li>Energie ist nicht bezahlbar und nicht verlässlich</li><li>Energieerzeugung zerstört die Umwelt</li></ul>	Bezahlbare und saubere Energie [7]
	<ul><li>Leben in den Städten verbraucht viel Energie</li><li>Starke Verschmutzung in den Städten</li></ul>	Nachhaltige Städte und Gemeinden [11]
	<ul><li>Ungebremster, nicht ressourcenschonender Konsum</li><li>Nutzung fossiler Rohstoffe</li><li>Linearwirtschaft statt Kreislaufwirtschaft</li></ul>	Nachhaltig produzieren und konsumieren [12]
	<ul><li>keine Verringerung der Treibhausgase</li></ul>	Weltweit Klimaschutz umsetzen [13]

---

267 Vgl. *EZB* (2020a), insbesondere S. 14 zur Abhängigkeit und *EBA* (2020d), Tz. 42 ff.
268 Vgl. *WWF* (2020b).

	• keine Umsetzung der Pariser Klimazielen	
	• Verschmutzung und Überfischung der Meere • kein Schutz der Biodiversität der Meere	Leben unter Wasser schützen [14]
	• Verschmutzung von oder Bedrohung der Lebensräume in Wäldern, Mooren, Böden, Flüssen, Seen und Bergen	Leben an Land [15]
Social Soziales	• Existenzbedrohende Armut • niedrige Einkommen	Jede Form von Armut überall beenden [1]
	• Minderwertige Bildung beispielsweise in Form fehlender Schulbildung • keine chancengerechte Bildung • fehlende Inklusion	Hochwertige Bildung weltweit [4]
	• keine rechtliche Gleichstellung von Frauen und Männern • keine gelebte, tatsächliche bzw. alltägliche Gleichstellung von Frauen und Männern	Gleichstellung von Frauen und Männern [5]
	• Arbeit ist nicht menschenwürdig • Arbeit zu sehr niedrigen Löhnen • soziale Mindeststandards werden am Arbeitsplatz nicht eingehalten	Nachhaltig Wirtschaften als Chance für alle [8]
	• ungleiche Verteilung von Einkommen und Vermögen	Weniger Ungleichheiten [10]
	• nicht vorhandene oder umweltschädliche Infrastruktur in Städten • keine lebenswerten städtischen und ländlichen Lebensräume ohne Teilhabe aller Menschen	Nachhaltige Städte und Gemeinden [11]

GRUNDLAGEN ZUR NACHHALTIGEN FINANZWIRTSCHAFT

Governance Unternehmensführung		• keine (Förderung von) intelligenten Innovationen • keine leistungsfähige Industrie • fehlende Rahmenbedingungen zur Entwicklung von innovativen Produkten und Prozessen	Industrie, Innovation und Infrastruktur [9]
		• kein sicheres Umfeld • keine rechtsstaatlich handelnden Institutionen • Korruption und Ungerechtigkeit	Starke und transparente Institutionen fördern [16]
		fehlende gemeinschaftliche, globale Verantwortung bei der nachhaltigen Entwicklung Nachhaltige Entwicklung auf Kosten anderer Individuen, Bevölkerungsgruppen oder Staaten	globale Partnerschaft [17]

Tabelle A.4: Zusammenhang zwischen den ESG-Risikokategorien und den UN-Nachhaltigkeitszielen (Quelle: eigene Darstellung nach Bundesregierung (2019a))

192   In Tabelle A.4 sind die drei Kategorien der ESG-Risiken den Nachhaltigkeitszielen der Vereinten Nationen (**SDG, Sustainable Development Goals**) gegenübergestellt. Während die Nachhaltigkeitsziele positiv formuliert sind, entstehen Nachhaltigkeitsrisiken aus Fehlentwicklungen, die zu einem Nicht-Erreichen der Ziele oder gar zu einer weiteren Entfernung von diesen Zielen führen. Entsprechend wurde für die Gegenüberstellung eine Spalte mit Risikoursachen hinzugefügt, die sich aus den Nachhaltigkeitszielen ableitbaren lassen. Die 17 Nachhaltigkeitsziele lassen sich demnach den drei Kategorien Umwelt/Soziales/Unternehmensführung zuordnen, manche Ziele sind sogar mehreren Kategorie zuweisbar (so erfolgt bei Ziel »11 Nachhaltige Städte und Gemeinde«).

193   Der überwiegende Teil der Ziele kann der Kategorie »Umwelt« zugewiesen werden. Themen der Governance (Unternehmensführung) sind offenbar nur in einem geringen Maße durch die Nachhaltigkeitsziele adressiert. Jedoch ist die (Art der) Unternehmensführung auch vor dem Hintergrund der beiden anderen Kategorien »Umwelt« und »Soziales« zu bewerten. So wird zur Erreichung der Ziele der beiden letztgenannten Kategorien eine stringente, diesen Nachhaltigkeitszielen verschriebene **Geschäftsführung** und Geschäftsstrategie benö-

tigt.²⁶⁹ Werden die Ziele somit innerhalb der Unternehmen langfristig umgesetzt, so bedarf es einer nachhaltigen Unternehmenskultur und Unternehmensführung.

Die deutsche Finanzdienstleistungsaufsicht nennt in ihrem 2019 veröffentlichten **ESG-Leitfaden** Beispiele für Themenstellungen, aus denen ESG-Risiken entstehen können.²⁷⁰ Diese sind recht eng an den Nachhaltigkeitszielen der Vereinten Nationen angelehnt und sind in Tabelle A.4 genannt.²⁷¹ Neu unter der Kategorie »Umwelt« wird die »Anpassung an den Klimawandel« genannt. Während die Vereinten Nationen eher Ziele definieren, die den Klimawandel verhindern, mildern oder verlangsamen sollen, weißt die Aufsichtsbehörde auf notwendige Veränderungen vor dem Hintergrund eines bestehenden und sich verstärkenden Klimawandels hin.

194

Auch die genannten Themen der Kategorie »Soziales« sind inhaltsgleich, wenngleich grundlegende Ziele zur Bekämpfung von Armut und Hunger nicht explizit aufgenommen wurden. Fraglich ist, ob das Ziel »Verhinderung von Korruption« nicht als Thema unter den sozialen Fragestellung aufgenommen werden sollte, da es auch ein Phänomen einer sozialen Unordnung darstellt.²⁷² Wird »Verhinderung von Korruption« als Handlung zur Umsetzung vor allem sozialer Nachhaltigkeitsziele verstanden, so komplettiert es die Aufzählung möglicher Managementmaßnahmen zur Umsetzung der weiteren Nachhaltigkeitsziele, die unter den Themenstellungen zur »Unternehmensführung« aufgezählt sind.

195

---

269   Vgl. dazu auch *EZB* (2020a), S. 22.
270   Vgl. *BaFin* (2019a). Ausführlich wird der Leitfaden in Kapitel A.IV dieses Herausgeberbandes erörtert.
271   Eine weitere umfassende Übersicht liefert *EBA* (2020d), Tz. 25. Vgl. auch die Auflistung in Kapitel F.I dieses Herausgeberbandes.
272   Vgl. *Aleman* (2005).

GRUNDLAGEN ZUR NACHHALTIGEN FINANZWIRTSCHAFT

Enviromental **Umwelt**	Social **Soziales**	Governance **Unternehmensführung**
• Klimaschutz • Klimawandel • Schutz der biologischen Vielfalt • Nachhaltige Nutzung und Schutz von Wasser- und Meeresressourcen • Übergang zu einer Kreislaufwirtschaft, Abfallvermeidung und Recycling • Vermeidung und Verminderung der Umweltverschmutzung • Schutz gesunder Ökosysteme • Nachhaltige Landnutzung • …	• arbeitsrechtlicher Standards (keine Kinder-/Zwangsarbeit, keine Diskriminierung) • Arbeitssicherheit und Gesundheitsschutz • Angemessene Entlohnung, faire Arbeitsbedingungen, Diversität, Bildungschancen • Gewerkschafts- und Versammlungsfreiheit • Produktsicherheit und Gesundheitsschutz • Anforderungen werden auf Lieferkette übertragen • Rücksichtnahme auf die Belange von Gemeinden und sozialen Minderheiten • …	• Steuerehrlichkeit • Verhinderung von Korruption • Nachhaltigkeitsmanagement durch Vorstand • Vorstandsvergütung in Abhängigkeit von Nachhaltigkeit • Ermöglichung von Whistle Blowing • Gewährleistung von Arbeitnehmerrechten • Gewährleistung des Datenschutzes • Offenlegung von Informationen • …

Abbildung A.10: Überblick über Ursachen von Nachhaltigkeitsrisiken
(Quelle: eigene Darstellung nach BaFin (2019a))

196 Im Rahmen dieses Themenumfeld gibt die Aufsichtsbehörde ferner Ereignisse an, »deren Eintreten tatsächlich oder potenziell **erhebliche negative Auswirkungen** auf die Vermögens-, Finanz- und Ertragslage sowie auf die Reputation eines Unternehmens haben können«.[273] Diese Ereignisse definieren »ESG-Risiken« oder »Nachhaltigkeitsrisiken«.

197 In einem umfassenderen Zusammenhang setzt sich der »**Global Risk Report**« des Weltwirtschaftsforums mit Risiko-Ereignissen auseinander. Hier werden fünf Kategorien adverser Geschehnisse unterschieden: **ökonomische, ökologische, geopolitische, sozial(-gesellschaftliche)** und **technologische Risiken**,[274] wobei Risiken immer mit Risikoereignissen gleichzusetzen sind. Die relevanten Ereignisse für Umweltrisiken (ökologischen Risiken) und soziale Risiken aus den Berichten des Weltwirtschaftsforums seit 2007 sind in der Tabelle A.5 dargestellt.[275] Die Bedeutung insbesondere der ökologischen Risiken ist nach der jährlichen Erhebung des Weltwirtschaftsforums über die letzten Jahre

---

273 Vgl. *BaFin* (2019a)., S. 10 und *EBA* (2020d), Tz. 38.
274 Vgl. *World Economic Forum* (2020). Passend dazu vgl. auch die Kategorien der EBA für transitorische Nachhaltigkeitsrisiken, *EBA* (2020d), Tz. 58.
275 Eine weitere recht umfassende Aufstellung bietet *TCFD (2017b)*, S.19 oder auch bei *KPMG (2020b)*, S. 8. Beispiele und nutzbare Indices zur Messung von ESG-Risiken liefert PRI (2019).

gestiegen. In 2020 waren alle fünf **wahrscheinlichsten Risiken** diesem Bereich zugeordnet, drei davon gehörten zudem zu den fünf Risiken **mit den höchsten Auswirkungen**.[276]

Umweltrisiken	Soziale Risiken
- Extremes Wetter - Scheitern des Klimapakets - Scheitern der Maßnahmen gegen und Anpassung an den Klimawandel - Naturkatastrophen - Verlust der biologischen Vielfalt - menschengemachte ökologische Katastrophen - Zusammenbruch von Ökosystemen - Nicht nachhaltige Nutzung von Land und Wasserwegen - Steigende Emission von Treibhausgasen - Antibiotisch resistente Bakterien - Beispiellose Umweltzerstörung - Schaden aus erdmagnetischen Stürmen - Überbevölkerung - unwiderrufliche Umweltverschmutzung - Erdbeben und Vulkanausbrüche - Überflutung - Dürre und Wüstenbildung - Wirbelstürme - Wasserverschmutzung mit Wasserverknappung	- (Ausbreitung von) Infektionserkrankungen - Ausbruch einer Pandemie - Ernährungsmangel - Wassermangel - Fehler in der urbanen Planung - (profunde) soziale und politische Instabilitäten - Unfreiwillige Migrationen - unbezwingbare Belastungen aus chronischen Krankheiten - Erhebliche Disparität in den Einkommen - Steigender religiöser Fanatismus - Nicht-nachhaltiges Bevölkerungswachstum - Gegenreaktion auf die Globalisierung - Ineffektive Maßnahmen gegen den Drogenhandel - Missmanagement der Alterung der Bevölkerung - Schreckensherrschaften/Willkürherrschaften - Anstieg der Kosten für Soziales

Tabelle A.5: Umweltrisiken und soziale Risiken
(Quelle: eigene Darstellung nach World Economic Forum (2007 bis 2020))

---

276 Vgl. *EZB* (2020d), S. 15 für Beispiele möglicher Klimaereignisse in Europa.

GRUNDLAGEN ZUR NACHHALTIGEN FINANZWIRTSCHAFT

198 Vorfälle **sozialer Risiken** gehören seit Jahren nur vereinzelt zu den fünf hinsichtlich Wahrscheinlichkeit oder Auswirkung bedeutenden Risiken. Regelmäßig seit 2015 unter den Risiken mit den höchsten Auswirkungen wird hier (Trink-)Wasserknappheit genannt, die wiederum in früheren Jahren als ökologisches Risiko eingestuft wurde.[277] Dies zeigt zum einen die Bedeutung der ökologischen Themen, offenbart zum anderen Abhängigkeit und Vernetzung zwischen diesen beiden Risiko- oder Ereigniskategorien.[278] Begebenheiten beider Kategorien stehen häufig in einem unmittelbaren Zusammenhang. So können extremes Wetter oder Naturkatastrophen als Umwelt(risiko)ereignisse zu Ernährungsmangel, Wassermangel, umfassende unfreiwillige Migrationsströme als soziale adverse Geschehnisse führen. Scheitert beispielsweise das Klimapaket, so können steigende Emissionen von Treibhausgasen und beispiellose Umweltzerstörung zu hohen Belastungen aus chronischen Krankheiten führen.

199 Insbesondere die sozialen Risiken können vor diesem Hintergrund immer durch so genannte **Zweitrundeneffekte**[279] auf Basis ursprünglich schlagende gewordener Umweltrisiken in Erscheinung treten. Ebenso können soziale Risikoszenarien aus Ereignissen anderer Kategorien entstehen, also ökonomische, geopolitische oder auch technologische Risiken. Ein Beispiel sind die **Migrationsströme** aufgrund der kriegerischen Auseinandersetzungen im mittleren Osten (»Syrien-Krieg«) im Jahr 2015.[280] Eine unmittelbare Wirkung sozialer Risikoereignisse oder Szenarien anderer Risikokategorien auf ökologische Vorfälle dürfte hingegen weniger ersichtlich sein.[281]

- Schadensersatzklagen wegen Produkthaftung
- Scheiternde Baugenehmigung für Großprojekte
- Landrechte indigener Einwohner
- Bußgeldzahlungen wegen hinterzogener Steuern

Tabelle A.6: Beispiele für soziale Risiken und Governance-Risiken (Quelle: eigene Darstellung nach BaFin (2019a))

---

277 Vgl. *World Economic Forum* (2007/2008/2009/2010).
278 Vgl. *EBA* (2020d), Tz. 75. Zu einer allgemeinen Definition sozialer Risiken vgl. *EBA* (2020d), Tz. 72 ff.
279 »Zeitrundeneffekte« beschreiben Folgeereignisse, die zwingend oder mit hoher Wahrscheinlichkeit nach Eintritt des ursprünglichen Ereignisses (»Erstrundeneffekt«) eintreten, vgl. dazu etwa *Amann* (2008) oder *Wikipedia.de* (2020a). Ursprünglich wurden damit Effekte aus der Volkswirtschaftslehre beschreiben (z. B. »Lohn-Preis-Spirale«), wird mittlerweile umfangreich auch im Umfeld von Risikoszenarien genutzt, vgl. etwa *Treiber* (2019) und *Heithecker* (2019c).
280 Vgl. *Mediendienst-integration.de* (2020).
281 Die Zusammenhänge erfolgen hier vermutlich über Transitionsrisiken, die nachfolgend erläutert werden.

Governance-Risiken sehen die Kategorien des Weltwirtschaftsforums nicht vor. Dies zeigt, dass diese unter ESG-Risiken gefassten möglichen Risikoereignisse eher in Zusammenhang mit den anderen beiden Kategorien zu sehen sind und an sich **keine individuelle, eigenständige Risikokategorie** darstellen (müssen). Fehler in der Unternehmensführung stehen immer im Zusammenhang mit anderen, grundsätzlicheren Verfehlungen oder mit einer fehlerhaften Umsetzung von Themen im Unternehmen.[282] Dies kann an folgenden Beispielen verdeutlicht werden. So gilt der fehlerhafte Umgang mit dem Datenschutz und den bestehenden Datenschutzgesetzen als Risikoereignis aus der Kategorie der Unternehmensführung. Hinter dem Datenschutz steht dabei das Ziel der **»Schaffung einer digitalen Intimsphäre«** und die Gewährleistung von Vertraulichkeit und Integrität im Rahmen der Datenverarbeitung.[283] Dies ist ein soziales Ziel, welches allerdings nicht explizit durch die Nachhaltigkeitsziele der Vereinten Nationen abgedeckt ist. Das Ziel des Datenschutzes ist in Europa auf Basis eines parlamentarischen Konsenses umgesetzt worden und ist in einer EU-Verordnung festgeschrieben.[284] In anderen Ländern oder Kulturräumen wird das Ziel des Datenschutzes ebenfalls verfolgt, aber anders »gelebt« und somit auch rechtlich anders umgesetzt.[285]

Bei einer fehlerhaften Umsetzung dieser Gesetze unterliegt ein Unternehmen somit zunächst einmal einem **sozialen Risiko**, da Vertraulichkeit und Integrität gemäß den gesellschaftlichen Standards nicht eingehalten werden. Dies kann dann mit einer fehlerhaften Aufmerksamkeit der Thematik in der Unternehmensführung zusammenhängen. Insofern wäre das soziale Risiko aus einem Governance-Risiko entstanden.

Ähnliche Argumentationsketten lassen sich auch mit anderen Risikoereignissen aus dem Umfeld der Risiken in der Unternehmensführung ableiten, etwa bei mangelnder Verhinderung von Korruption, nicht adäquate Berücksichtigung von Nachhaltigkeitsthemen, Vernachlässigung der Wirkung von Produkten auf die Gesundheit der Kunden oder unzureichende Umsetzung von Arbeitnehmerrechten. Weitere Beispiele sind in Tabelle A.6 genannt. Governance-Risiken resultieren demnach häufig aus der **unsachgemäßen Umsetzung** von Themen der ökologischen oder sozialen Nachhaltigkeitsziele, können hier aber na-

---

282 Eine eigenständige Definition liefert *EBA* (2020d), Tz. 85. Allerdings wird auch hier die Abhängigkeit zu ökologischen (oder sozialen) Risiken verdeutlicht, vgl. *EBA* (2020d), S. 45, Box 6.
283 Vgl. *Liebert* (2018).
284 Vgl. *Sulistyo* (2017).
285 Vgl. *Mayer* (2019).

türlich auch andere Themenfelder betreffen, z. B. im Bereich der Implementierung ausreichender Prozesse, Verfahren und technischer Lösungen im Bereich der Cyber-Security.[286]

> Das häufig anzutreffende **simultane Auftreten** von Risikoszenarien unterschiedlicher Kategorien zeigt die in 2020 weltweit aufgetretene Pandemie auf Grundlage des Sars-CoV-2-Virus (COVID-19-Virus, »Corona-Pandemie«).[287] In den Risikokategorien des Weltwirtschaftsforums werden Pandemien unter »soziale Risiken« geführt. Das Ereignis einer »Pandemie« wurde zuletzt 2007 und 2008 als besonders bemerkenswert (hohe Wahrscheinlichkeit oder hohe Auswirkung) hervorgehoben,[288] allerdings wurden **Infektionskrankheiten** im Bericht 2020 als Risikoereignis mit hohen Auswirkungen eingeschätzt.[289] Aus Infektionskrankheiten[290] resultiert bei einer örtlich und zeitlich begrenzten, jedoch dauerhaften Ausbreitung eine Endemie, bei einem eher vorübergehenden Auftreten eine Epidemie und bei einem potenziellen Ausbruch in der ganzen Welt eine Pandemie.[291] Beispiele für solche Infektionskrankheiten sind Malaria als Endemie, da es dauerhaft in etwa 100 Ländern auftritt. Das Ebolafieber in den Jahren 2014 bis 2016 stellte eine Epidemie dar. Neben dem aktuellen COVID-19-Virus rief auch der H1N1-Virus 2009 und 2010 eine Pandemie hervor (Schweinegrippe[292]).
>
> Die Verbreitung des Sars-CoV-2-Virus erfolgte vermutlich auf dem Wildtiermarkt in Wuhan, auf dem ein enger Kontakt zwischen **Menschen und Tieren** besteht. Bedeutend für die bedrohlich schnelle Verbreitung des Virus ist zudem wohl eine Erweiterung der genetischen Sequenz des Virus.[293] Die Verbreitung an sich wurde in Folge des Ausbruchs in Wuhan durch eine unzureichende Informationspolitik gegenüber Dritten – beispielsweise innerhalb der regionalen und zentralen Institutionen in China und von China gegenüber Drittstaaten – oder im Rahmen der unzureichenden Steuerungsmaßnahmen in den weltweit entstehenden »Hotspots« begünstigt.[294] Damit sind mehrere Risiken involviert. Eine mögliche **Überbevölkerung** als ökologisches Risiko (vgl. Tabelle A.V.2) im Gebiet um Wuhan in China erhöht die Wahrschein-

---

286 Cyber-Sercurity gehören zu den technologischen Risiken, vgl. *World Economic Forum* (2020), S. 3.
287 Vgl. *Wikipedia.de* (2020b).
288 Vgl. *World Economic Forum* (2020), S. 2.
289 Vgl. *World Economic Forum* (2020), S. 12. Pandemie und die Verbreitung von Infektionskrankheiten werden jedoch als unterschiedliche Risikoereignisse gesehen, vgl. *World Economic Forum* (2008), S. 22.
290 Ein Überblick über Infektionskrankheiten liefert *Robert-Koch-Institut* (2020).
291 Vgl. *Redaktionsnetzwerk Deutschland* (2020).
292 Vgl. *Wikipedia.de* (2020c).
293 Vgl. *Hackenbroch/Zand* (2020).
294 Vgl. etwa *Hackenbroch/Zand* (2020), *Fahrion/Gebauer/Hipp/Neukirch/Scheuermann/Schult/Wuiedmann-Schmidt* (2020), *Al-Serori* (2020).

lichkeit eines Virus-Übertritts aus der Tierwelt auf den Menschen einschließlich möglicher Mutationen. Der Ausbruch einer **Infektionskrankheit** mit Entwicklung einer Pandemie ist an sich ein soziales Risiko, welches hier aufgrund Fehler im Umgang mit der neuartigen Situation als **Governance-Risiko** verstärkt schlagend wird. Somit vereint die Corona-Pandemie Risiken aller drei ESG-Kategorien in einem Ereignis.

Risikoreduzierende Maßnahmen zur Verminderung der Ausbreitung der Pandemie oder als **präventive Maßnahme** gegen die zukünftige schnelle Ausbreitung solcher Infektionskrankheiten erhöhen möglicherweise die Nachhaltigkeitsrisiken weiter. So unterminiert ein Lockdown von Schulen, Hochschulen und Universitäten das **Recht auf Bildung**. Der Wegfall von Arbeitsplätzen vor allem in niedrigbezahlten Branchen und vor allem im Dienstleistungssektor erweitert die »**Lohnschere**« und die relative Konzentration bei Einkommen.[295] Alles dies sind soziale Risiken. Eine präventiv möglicherweise diskutierbare stärkere **industrielle Nahrungsmittelproduktion**, um Kontakte zwischen Menschen und Tieren kontrollierbarer zu gestalten, könnte einer »nachhaltigen Landwirtschaft« entgegenstehen und birgt andere, vor allem soziale Risiken.[296] Dies zeigt, dass im Rahmen des simultanen Auftretens von Risiken **vor allem soziale Risiken** zur treibenden Kategorie schlagend werdender ESG-Risiken werden könnten. Durch die Pandemie werden hingegen Umweltrisiken gemindert, sodass im vorliegenden Fall erhöhte schlagend werden soziale Risiken zu einem (zumindest zeitweise) geringeren Risikopotential ökologischer Risiken führt.[297]

Tabelle A.7: Beispiel für Abhängigkeiten von ESG-Risiken am Beispiel der COVID-Pandemie (Quelle: eigene Darstellung)

Interdependenzen von Nachhaltigkeitsrisiken der verschiedenen drei Teilbereiche werden in Tabelle A.7 anhand der Corona-Pandemie beispielhaft verdeutlicht.

Die deutsche Finanzdienstleistungsaufsicht und die Bankenaufsicht der Europäischen Zentralbank (EZB) kategorisiert die Perspektiven möglicher Ursachen von ESG-Risiken in »**physischen Risiken**« und »**transitorische Risiken**« (vgl. Abbildung A.11).[298] »Physischen Risiken« sind hier die aus Risikoereignissen resultierenden Verluste. »Transitorische Risiken« beschreiben finanzielle Verluste

---

295 Vgl. dazu beispielsweise *Müller* (2020), *Wimalasena* (2020).
296 Vgl. *Dierig* (2020), die teilweisen hochindustriellen Prozesse der Fleischproduktion werden in *BLE* (2019) deutlich. In *BÖLN* (2017), S. 2, lassen sich Fragestellungen erkennen, demnach auf bestehende Hygienestandards zugunsten einer ökologischen Landwirtschaft verzichtet wird.
297 Vgl. *Schulz* (2020), aber auch *Fulterer* (2020) aber auch *Meer* (2020). Eine Analyse der Corona-Pandemie mit ähnlichem Ergebnis ist bei *EBA* (2020d), S. 40 ff., Box 5 und *KPMG (2020b)*, S. 10 f.
298 Vgl. *EZB* (2020a), S. 11. Als weiter Transmissionskanal können Haftungsrisiken definiert werden, die hier Teil der beiden genannten Kategorien sind, vgl. *EBA* (2020d), Tz. 86 ff.

GRUNDLAGEN ZUR NACHHALTIGEN FINANZWIRTSCHAFT

vor dem Hintergrund der Anpassungsnotwendigkeiten eines Unternehmens. Beispiele solcher Risiken aus den Aufsichtspapieren sind in Abbildung A.11, Abbildung A.12 und Tabelle A.8 aufgeführt. Beide Risikokategorien werden nachfolgend näher erörtert.

Physische Risiken	transitorische Risiken
unmittelbar schlagend werdende Risiken aufgrund von Fehlentwicklungen	Risiken aus der Veränderung der Umwelt (Gesellschaft, Politik, Gesetzgeber) und sich ergebender Anpassungsprozesse
• Hitze-/Trockenperioden, Überflutung, Stürme, Hagel, Waldbrände, Lawinen • Niederschlagshäufigkeit, Wetterunbeständigkeit, Wetterextreme • Pandemie, soziale Unruhen, Isolationspolitik, Probleme mit Baugenehmigungen, • Schadensersatzklagen, Bußgeldzahlungen, Kartellrechtsklagen, Marktzugangsbeschränkungen, Reputationsschäden •	• Verteuerung / Verknappung fossiler Brennstoffe • Investitionsbedarfe für den Wandel • Neue Gesetzgebung mit bürokratischem Mehraufwand • Angepasstes Verhalten der Verbraucher und Kunden • Veränderte Kapitalnachfrage der Investoren • Gesellschaftliche Unruhen und Radikalisierung • ...

Abbildung A.11: Zusammenhang zwischen physischen und transitorischen Risiken mit Beispielen (Quelle: eigene Darstellung nach BaFin (2019a))

b) Physische Risiken

»Physische Risiken« können hinsichtlich unmittelbarer Ereignisse, Veränderungen der Bedingungen, indirekter Folgen und möglicher finanzieller Schäden durch eine zuweisbare erweiterte Haftung unterschieden werden. Aus **unmittelbaren Ereignissen** resultieren direkt ableitbare Schäden, etwa Instandhaltungsarbeiten bei Hochwasser, Reparaturarbeiten an (durch soziale Unruhen beschädigten) Gebäuden oder Verluste infolge von korrupten Handlungen. Solche physischen Risiken können plötzlich auftreten oder dauerhaft oder immer wieder eintreten – in letzterem Fall spricht man von **chronischen Risiken** oder Risikoereignissen.[299] Solche chronischen Risiken führen häufig zu grundsätzlich veränderten Bedingungen.

---

299 Vgl. *EBA* (2020d), Tz. 49 und 54 oder auch *TCFD (2017b)*, S. 6.

Veränderungen von Bedingungen induzieren Schäden durch ein nun anderes Umfeld. Beispiele für solche veränderten Bedingungen wären höhere Niederschläge oder unregelmäßigere Niederschlagsmengen, geringere »Kauflaune« der Konsumenten aufgrund sozialer Unsicherheiten oder der Abbruch der informellen Zusammenarbeit in Arbeitskreisen als Präventionsmaßnahme gegen Korruption.

Indirekte Folgen aus physischen Risiko(ereignissen) beschreiben umfassende Veränderungen im Umfeld, die mit einem Risikoereignis – insbesondere bei einem gehäuften Auftreten wiederkehrender Ereignisse – einhergehen. Dies kann etwa der Wegzug der Bevölkerung aus sein -etwa aufgrund häufigem Starkregens unattraktiven Gebieten, oder der Verlust an wirtschaftlicher Attraktivität in Gebieten mit erhöhten sozialen Konflikten oder die Einstellung des Geschäfts in korruptionsanfälligen Ländern oder auch Geschäftsbereichen.

Aus einem einzelnen Risikoereignis oder Entwicklung aufgrund Fehler in der Unternehmensführung kann eine gerichtlich erzwungene, d. h. strafrechtliche oder schadensersatzpflichtige **Zahlungsverpflichtung** durch eine erweiterte, zuweisbare Haftung folgen. Solche Zahlungsverpflichtungen können derzeit beispielsweise im Zuge von umweltschützenden Gesetzen wie der »Ontario Bill 21« und Gerichtsverfahren zur Kompensation von Klimaschäden entstehen.[300] Im Umfeld von Korruption wurden zuletzt auch erhebliche Strafzahlungen fällig, etwa durch die Kartellämter einzelner Länder.[301]

c) Transitorische Risiken

Die Liste der Risikovorfälle des Weltwirtschaftsforums besteht überwiegend aus unmittelbaren Ereignissen, aus denen schlagend werdende Risiken entstehen, die den ESG-Risiken oder Nachhaltigkeitsrisiken zuzuordnen sind. Darüber hinaus werden auf Herausforderungen aufmerksam gemacht, die sich aus der **Transformation** bzw. den Umstieg in technologischer und gesellschaftlicher Hinsicht ergeben, um Auswirkungen künftige Risikoentwicklungen zu mindern oder zu vermeiden.[302] Dies können Entwicklung einer klassischen Vermeidungsstrategie oder Anpassungen sein, um künftige Entwicklungen abzumildern. Beispiele sind der Wegzug von Bewohnern aus gefährdeten Gebieten

---

300 Vgl. *Höppe* (2019).
301 Vgl. *Handelsblatt* (2019b).
302 Vgl. *World Economic Forum* (2020), S. 32 mit den Beispielen einer möglicherweise disruptiven Entwicklung auf dem Immobilienmarkt in Florida oder den Übergang zu einer »low carbon economy«.

GRUNDLAGEN ZUR NACHHALTIGEN FINANZWIRTSCHAFT

und die Nutzung technischer Neuerungen mit dem Ziel eines weniger umweltbelastenden Wirtschaftens.

Technologische Transitionsrisiken	
<ul><li>Technologische Veränderungen</li><li>Veränderung hin zu umweltfreundlicher Technologie</li><li>Gefahr der »stranded assets«</li><li>Veränderungen vor allem im Bereich Baustoffe und Werkstoffe, Bergbau und Rohstoffe, Mobilität und Energie</li></ul>	
Soziale Transitionsrisiken	**Ökonomische Transitionsrisiken**
<ul><li>Veränderung am Arbeitsmarkt</li><li>Auswirkung auf die Gesundheit</li><li>Auswirkung auf die (soziale) Sicherheit</li><li>Negative Auswirkungen auf Öffentlichkeit und Gemeinschaft</li></ul>	<ul><li>steigender Preis für CO_2</li><li>kurzfristige Zeitrahmen der Veränderungen mit erheblichen ökonomischen Auswirkungen</li><li>vor dem Hintergrund ohnehin ökomische instabiler Verhältnisse (hohe Verschuldung, negative Zinsen, Einkommensdisparität, geopolitische Risiken)</li></ul>

Tabelle A.8: Wirkungsrichtungen von Transitionsrisiken vor dem Hintergrund des Klimawandels (Quelle: eigene Darstellung nach World Economic Forum (2020), S. 32)

210   Die daraus resultierenden Risiken werden **Transitionsrisiken,** auch Anpassungsrisiken oder Transformationsrisiken oder transitorische Risiken oder Übergangsrisiken,[303] genannt. Diese können hinsichtlich drei Wirkungsrichtungen unterschieden oder betrachtet werden; **technologische, soziale** und **ökonomische** Transitionsrisiken.[304] Für die Risiken aufgrund des Klimaerwärmung und den bevorstehenden Wandel zu einer CO2-ärmeren, umweltbewussten Gesellschaft sind Anpassungsrisiken dieser drei Wirkungsrichtungen in Tabelle A.V.5 zusammengestellt.[305]

211   Transitionsrisiken resultieren vor allem aus politischen Maßnahmen, Vorgaben der Wirtschaftspartner bzw. Wirtschaftsunternehmen und aus verändertem

---

303   Vgl. beispielsweise *EZB* (2020b), S. 11 sowie BaFin (2019a), S. 10 und *EBA* (2020d), Tz. 55 ff.
304   Vgl. *World Economic Forum* (2020), S. 32. Häufig findet man auch die Einteilung »politische und rechtliche Risiken«, »technologische Risiken«, »Marktrisiken« und »Reputationsrisiken«, vgl. *TCFD (2017b),* S. 5.
305   Beispiele liefert auch die Bankenaufsicht in Großbritannien, vgl. *PRA* (2018), S. 27 ff.

Verhalten der Verbraucher sowie neuen Technologien.[306] **Politische Maßnahmen** sind Veränderungen in der Gesetzgebung oder andere Rahmenbedingungen etwa in Bezug auf Förderungen und Subventionen.[307] Im weitersten Sinn können hierzu auch Veränderungen in der Rechtsprechung gezählt werden. Vor diesem Hintergrund kann eine »zuweisbare erweiterte Verantwortung« bei physischen Risiken aus Ereignissen *auch* als Transitionsrisiken aufgefasst werden, da strafrechtliche Zahlungen oder Schadensersatz gegebenenfalls erst aus einem veränderten Rechtsbewusstsein und damit auf Basis eines geänderten Verhaltens entstehen.[308]

Neue **Vorgaben der Wirtschaftspartner** beinhalten vor allem veränderte Anforderungen, etwa bei Investoren, Lieferanten oder Kunden.[309] Diese können beispielsweise Herstellungsmethoden oder soziale Regeln oder einen Verhaltenskodex beinhalten. Abgrenzen dazu kann man das **Verhalten der Verbraucher**, der für die intrinsischen und gelebten gesellschaftlichen Veränderungen steht. So ist es denkbar, dass Verbraucher vor dem Hintergrund eines spürbaren Klimawandels vermehrt »grüne« Produkte nachfragen.[310] Denkbar ist jedoch auch, dass Verbraucher trotz erkennbarer ökologischer oder sozialer Risiken im Zusammenhang mit bestimmten Produkten und Herstellern ihr Verhalten nicht ändern – und Investitionen am Markt nicht honoriert werden.[311]

212

Neue Technologien zur Vermeidung oder Minderung von ESG-Risiken können bestehende Prozesse und Produkte vom Markt verdrängen.[312] Diese Erkenntnis besteht zunächst einmal unabhängig von Nachhaltigkeitsthemen, sie betrifft in Form der Digitalisierung in den letzten Jahren vor allem auch Banken.[313] Unter Beachtung von Nachhaltigkeitsrisiken werden darüber hinaus neue Technologien gefördert, in Produkten oder deren Herstellung implementiert und so zur Marktreife gebracht, die ohne diesen speziellen politischen und

213

---

306 Vgl. dazu *EBA* (2020d), Tz. 59 bzw. *EU* (2019g), demnach in politische, rechtliche, technologische Risiken sowie Marktrisiken und Reputationsrisiken unterschieden werden kann.
307 Vgl. *EBA* (2020b), S. 27, Box 2 und Tz. 68, 1. Bullitpunkt. Ein Beispiel liefern *Vermeulen/ Schets/Lohuis/Kölbl/Jansen/Heering* (2018), S. 19 ff.
308 Beispielsweise waren Klagen gegen Mitglieder der Tabakindustrie zunächst jahrelang eher erfolglos, vgl. *Thiele* (2003). Neben erfolgreicheren Klagestrategien und geänderter Rechtrahmen mag auch die Haltung der Gesellschaft zum Rauchen eine Rolle über den Ausgang jüngerer Prozesse haben.
309 Vgl. *EBA* (2020d), Tz. 68, 3. Bullitpunkt.
310 Vgl. *Ehl* (2018).
311 Vgl. *Wirth* (2020).
312 Vgl. *EBA* (2020d), Tz. 68, 2. Bullitpunkt. Ein Beispiel liefern *Vermeulen/Schets/Lohuis/ Kölbl/Jansen/Heering* (2018), S. 24 ff.
313 Vgl. dazu etwa *BCBS* (2018), *Andrae* (2019), *Giera/Holzgräfe/Stolze* (2019), *Schallmo* (2019) und auch *Wurster* (2019).

gesellschaftlichen Fokus gegebenenfalls nicht diese Bedeutung erlangen würden. Ein bekanntes Beispiel ist die Förderung der Elektromobilität oder Wasserstoff als Energieträger.[314]

214 Eine besondere Wirkung von Transitionsrisiken aufgrund der genannten politischen (bzw. gesellschaftlichen) Maßnahmen und Verhaltensänderungen sind die Entwertung von Vermögenswerten, so genannte »**verlorene Vermögenswerte**« oder »gestrandete Vermögenswerte« bzw. »**stranded assets**«.[315] Dies sind Vermögenswerte, die aufgrund des Wandels ihre bisherigen Nutzwert verlieren und somit entwertet werden. »Verlorene Vermögenswerte« sind kein durch den Klimawandel neu zu beobachtendes Phänomen. Im Zuge wirtschaftlicher Veränderungen gab es solche Entwertungen immer wieder – etwa bei Schiffen im Zuge der Eröffnung der Erneuerung des Panama-Kanals[316] im Jahr 2016 oder technische Produkte wie die Tonbandkassette aufgrund technischer Neuerungen.[317] Im Umfeld des Wandels um die Nutzung fossiler Brennstoffe erlangt die Thematik vermutlich bisher nicht beobachtete Dimensionen und wird explizit diskutiert.[318]

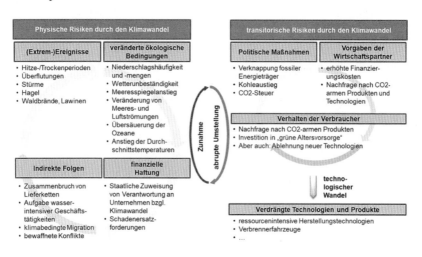

Abbildung A.12: Physische und transitorische Risiken im Bereich Klima und Umwelt (Quelle: eigene Darstellung nach BaFin (2019a), S. 11 und 12)

---

314 Vgl. BMU (2020), BMVI (2020).
315 Vgl. EZB (2020b), S. 14, EBA (2020d), Tz. 29, zur Übersetzung auch *Bremus/Dany-Knedlik/Schlaak* (2020), S. 244 aber auch *Remer* (2018). Recht umfangreich diskutiert wird das Thema bei *Caldecott/Harnett/Cojoianu/Kok/Pfeiffer* (2016). Vgl. dazu auch die Beispiele in Abschnitt 3.
316 Vgl. *Fabarius* (2016).
317 Vgl. *Leubecker* (2013).
318 Vgl. *LBBW* (2020).

Physische Risiken und transitorische Risiken stehen dabei in einem sich **beschleunigenden Abhängigkeit** – bei steigenden physische Risiken ist zu erwarten, dass die Anpassungsprozesse kurzfristiger und erratischer erfolgen und damit auch die transitorischen Risiken steigen.[319] Anpassungsprozesse wiederum können auf physische Risiken wirken, insbesondere können dies physische Risiken anderer Kategorien sein. Beispielsweise ist nicht auszuschließen, dass die zukunftsorientierte Klimapolitik von Barack Obama[320] eine Gegenbewegung auslöste und zumindest ein Thema für den erfolgreichen Wahlkampf von Donald Trump lieferte.[321] Die Präsidentschaft von Donald Trump dürfte soziale Risiken in den USA erhöht haben.[322] Auch beförderte die Umsetzung der CO_2-Bepreisung in Frankreich soziale Unruhen.[323]

Insbesondere im Fall kurzfristiger und erheblicher Anpassungen steigt das Risiko geringer Akzeptanz in der Gesellschaft. Entsprechend ist es auch vorstellbar, dass **soziale Risiken** auf ökologische Risiken wirken. So könnte vor dem Hintergrund steigender sozialer Risiken auf notwendige Anpassungen in Form staatlicher Eingriffe im Sinne der Minderung der Klimaerwärmung verzichtet werden. Aufgrund der fehlenden angeleiteten Transformation können vor allem physische **ökologische Risiken** in der Zukunft steigen. Ein ähnliches Dilemma war in der Corona-Krise schon im Mai 2020 zu erkennen. Vor dem Hintergrund gesellschaftlichen Drucks erfolgte die Rücknahme von Maßnahmen, die eine pandemische Ausbreitung gegebenenfalls begünstigt haben.[324]

Beispiele für die durch die Finanzaufsicht aufgezeigten Wirkungskomplexe »physische Risiken« und »transitorische Risiken« und deren Zusammenwirken liefert Abbildung A.12 anhand des Klimarisikos der Erderwärmung.

---

319 Vgl. *BaFin* (2019a), S. 11 f. und *EBA* (2020d), Tz. 69 ff.
320 Vgl. etwa *Kuhlmann/Haug* (2016).
321 Vgl. *Wikipedia.de* (2020d).
322 Vgl. *dpa* (2020).
323 Vgl. *Germanwatch* (2018).
324 Vgl. *Otto* (2020).

3. Wirkung nachhaltiger Risikoursachen auf bankinterne Risikoarten

a) Zusammenhang von Risiken

218 In einem nächsten Schritt ist zu klären, in welcher Weise Ereignisse der ESG-Risiken auf Banken wirken.[325] Vor dem Hintergrund der Methodik des Umgangs mit Risiken in Kreditinstituten ist somit zu analysieren,[326] wie sich diese Themen auf die Standardrisikoarten[327] in Banken – Kreditrisiken, Marktpreisrisiken, operationelle Risiken und Liquiditätsrisiken – und möglicherweise sonstige Risikoarten auswirken.[328] Dabei ist es relativ offensichtlich, dass sowohl physische als auch transitorische Risiken **unmittelbar auf die Bank**, d. h. deren Mitarbeiter und deren Gebäude, wirken können. Beispiele dafür sind in Tabelle A.9 aufgeführt. Diese Ereignisse dürften überwiegend dem **operationellen Risiko** zuordenbar sein.[329]

219 Allerdings steht eine Bank im Austausch mit einer Vielzahl von **Stakeholdern**,[330] die ebenfalls von den ESG-Risikoereignissen betroffen sind. Entsprechend ist es notwendig, sich auf Basis des Geschäftsmodells mit der Vielzahl der Anspruchsgruppen auseinanderzusetzen und deren Wirkung auf Nachhaltigkeitsrisiken zu vergegenwärtigen, um eine umfängliche Auswirkung auf die Risikoarten zu erörtern.[331] Abbildung A.13 verdeutlicht dieses Prinzip, welches **ein dreistufiges Vorgehensmodell** zur Analyse von Einwirkungen aufgrund von ESG-Risiken auf eine Bank darstellt.[332]

220 Als **wesentliche Stakeholder** können zunächst Verbraucher und Unternehmen, die mit dem Institut in Geschäftsbeziehungen, definiert werden. Mit diesen bestehen Kreditbeziehungen oder diese fungieren als Einleger und refinanzieren somit das Unternehmen. Ferner wird mit Ihnen das nicht-Asset-basierte **Dienstleistungsgeschäfts** abgewickelt, etwa der Zahlungsverkehr, Vermittlung an den Kapitalmarkt als Anleger bzw. Investor oder zur Finanzierung. Als

---

325 Die EZB verlangt diese Analyse vor allem in Szenarioanalysen, vgl. *EZB* (2020b), S. 46. Es empfiehlt sich, diese Analyse jedoch unabhängig von den eigentlichen Szenarioanalysen zur Risikomessung zu machen, vgl. auch *EBA* (2020d), Tz. 95.
326 Vgl. *Fiebig/Heithecker* (2019).
327 Vgl. *MaRisk* (2017), AT 2.2, Tz. 2.
328 Umfassend zusammengeführt etwa bei *Fiebig* (2018), zu sonstigen Risiken vgl. auch *Heithecker* (2018c/2020a).
329 Einen Überblick der Kategorien gibt *Heithecker* (2020b).
330 Vgl. *Thommen* (2020).
331 Diese Zusammenhänge werden auch als »Übertragungsrisiken« bezeichnet, vgl. *BaFin* (2019a), S. 13. Vgl. dazu auch *KPMG (2020b)*, S. 9.
332 Die Bedeutung des Geschäftsmodells zur Analyse von Umwelt- und Klimarisiken stellt auch die EZB heraus, vgl. *EZB* (2020b), S. 16 ff.

weitere Stakeholder sind die »eigentlichen Investoren«, d. h. die Eigenkapitalgeber und die Fremdkapitalgeber zu nennen, in diesem Fall vor allem Investoren in Anleihen (z. B. unbesicherte erstrangige oder nachrangige Anleihen, Pfandbriefe, ABS). Darüber hinaus sind weitere Externe zu beachten, etwa Politiker, die Bankenaufsicht, (Abschluss-)Prüfer, Journalisten, etc. Natürlich sind auch alle Personen, die innerhalb des Kreditinstituts zur Leistungserstellung beitragen, einzubeziehen. Neben den eigenen Mitarbeitern sind dies vor allem auch alle Dienstleister. Die für und innerhalb der Bank arbeiten.

- Hochwasser in Geschäftsstellen
- eine Vielzahl von Mitarbeitern erkrankt im Rahmen einer Epidemie
- pandemische Maßnahmen beeinträchtigen die Arbeitsfähigkeit oder erfordern Investitionen in die Infrastruktur
- steigende Temperaturen erfordern neues Klimakonzept für die Büros
- gesetzliche Anpassungen bei Arbeitsvorgaben erfordern neue Schulungen
- gesetzliche Vorgaben erfordern energetische Sanierungsmaßnahmen
- …

Tabelle A.9: Beispiele unmittelbar wirkende Risikoereignisse von ESG-Risiken (Quelle: eigene Darstellung)

In einem nächsten Schritt ist zu analysieren, inwieweit physische Risiken und transitorische Risiken auf diese Stakeholder(gruppen) wirken und inwieweit dies auf die Produkte und **Risiken der Bank übertragen** wird. Bei transitorischen Risiken ist vor allem zu überlegen, inwieweit Anpassungseffekte die Geschäftsmodelle der Stakeholder beeinflussen bzw. wie diese auf finanzielle Ressourcen der Stakeholder wirken. Auf Basis dieser Analyse kann nun erörtert werden, welche Effekte bei den Stakeholdern eintreten (können) und welche Handlungen die jeweiligen Stakeholder vornehmen werden, die das Kreditinstitut betreffen.

GRUNDLAGEN ZUR NACHHALTIGEN FINANZWIRTSCHAFT

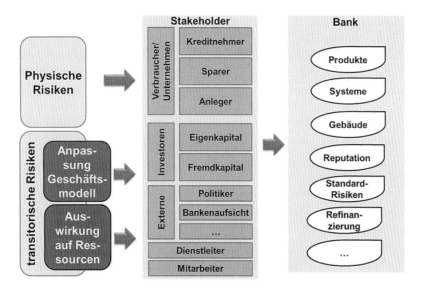

*Abbildung A.13: Wirkungskette von ESG-Risiken auf Banken
(Quelle: eigene Darstellung nach BaFin (2019a) und Bolton/Despres/Periera da Silv/Samama/
Svartzman (2020), S. 20)*

222 Eine solche **Ursache-Wirkung-Auswirkungskette** wird auch von den Aufsichtsbehörden in den einschlägigen Veröffentlichungen beispielhaft aufgezeigt.[333] Als Beispiel werden hier Klimarisiken herangezogen, deren Wirkungskette nachfolgend unter Nutzung der Abbildung A.14 analysiert wird.[334]

223 Klimarisiken werden demnach in Form von physischen Risiken durch direkte Folgen wie Extremwetter-Ereignissen (Hochwasser, Hagel, Stürme) und veränderten ökologischen Bedingungen durch den fortschreitenden Klimawandel schlagend. Ferner resultieren transitorische Risiken durch politische Maßnahmen (z. B. neue Gesetzgebungen), anderes Verbraucherverhalten (z. B. Nachfrage nach anderen Produkten) und neue Technologien, vgl. dazu auch die aufgelisteten Risiken der Abbildung A.11. Die Hereinnahme weiterer Risikoereignisse wäre denkbar, etwa aus dem Bereich der indirekten Folgen wie **klimabezogene Migration** oder bewaffnete Konflikte.

---

333 Vgl. *BaFin* (2019a), S. 13 und *NGFS* (2019), S. 14 und 17.
334 Weitere Beispiele liefert *EBA* (2020d), Tz. 52 f. und Tz.79 f.

Abbildung A.14: Wirkungskette von Klimarisiken auf Produktivität und Bewertung von Unternehmen (Quelle: eigene Darstellung nach BaFin (2019a), S. 13 und NGFS (2019a), S. 14 und 17)

Dies führt bei den Unternehmen zu vermehrten **Betriebsstörungen** (durch Extremwetterereignisse).[335] Infolgedessen können Tätigkeiten nicht mehr in vollem Umfang erbracht werden und somit verringert sich die **Netto-Arbeitszeit** im Unternehmen. Diese Wirkung tritt nicht notwendigerweise in einem nennenswerten Umfang bei Unternehmen ein. Steht eine Bank mit vielen Unternehmen in Hochwassergebieten im Bereich der Gastronomie und stationären Einzelhandels in geschäftlichen Beziehungen, so wäre dies gegebenenfalls plausibel. Im internationalen Kontext sind Gebiete mit höheren, großflächigeren Risiken erkennbar, beispielsweise am Golf von Mexico. Stehen Kunden einer Bank in Deutschland mit Unternehmen solcher Gebiete im direkten oder indirekten Geschäftsbeziehungen, etwa über Lieferketten, so können sich Betriebsstörungen auch ohne direkte Extremwetterereignisse vor Ort ergeben.

Insgesamt begründen diese Auswirkungen aus Extremwetterereignissen eine **geschwächte Kapitalbasis** der Unternehmen, da zusätzliche Finanzmittel aufgebracht werden müssen, ohne dass weitere Leistungen erbracht werden – solange diese Effekte nicht an den Kunden weitergegeben werden können.

Weiterhin möglich ist ein **Anstieg der Rohstoffpreise** aufgrund der Verringerung des Angebots durch Betriebsstörungen in der Rohstoffwirtschaft. Dies wäre eine Ursache aus physischen Risikoereignissen, die zu einer Rohstoffverknappung führen kann.[336] Nachvollziehbarer scheint hingegen, dass aufgrund

---

335 Am Beispiel Hochwasser vgl. etwa *Neuhetzki* (2020).
336 Die Bankenaufsicht führt den Anstieg der Rohstoffpreise auf physische Risiken zurück.

politischer Maßnahmen die Preise steigen – etwa aufgrund von Vorgaben für oder den Verbot von Fördermethoden, ein Verbot der Förderung bestimmter Rohstoffe an sich, oder die Nutzung einer veränderten Technologie mit Bedarfen für bestimmte, eher seltene Rohstoffe. Dieser Effekt wäre dann mit transitorischen Risiken zu begründen.[337]

227 **Steigende Energiepreise** können vor allen mit transitorischen Risiken in Zusammenhang gebracht werden.[338] Die Nutzung neuer Technologien bei der Energieerzeugung, die gegebenenfalls politisch vorgegeben ist, erhöht die Energiepreise aufgrund der notwendigen Investitionsausgaben.

228 Im Zug der Veränderungen ist zu erwarten, dass bisherige Vermögenswerte an Wert verlieren (»**stranded assets**«), da die zugrundeliegende Technologie nicht mehr benötigt wird. Dies können für das Unternehmen zugängliche und nutzbare fossile Brennstoffe sein,[339] Immobilien in gefährdeten Gebieten.[340] Bei einer grundsätzlich anderen Nutzung der Mobilität können dies Infrastruktur-Vermögen sein, beispielsweise Flughäfen.[341] Wesentliche verlorene Assets dürften jedoch auch im immateriellen Bereich (»**intangible Assets**«) liegen. So wird mit der Nutzung neuer Technologie auch erworbenes Wissen bisheriger Technologien nicht mehr benötigt.[342]

229 Gemeinsam von physischen und transitorischen Risiken erfasst sind Ausgaben durch **Rekonstruktions- und Ersatzanschaffungen**. So müssen Gerätschaften und Betriebshallen nach einem Unwetter wiederhergestellt werden.[343] Im Unternehmen entsteht dadurch zunächst kein Mehrwert.

230 Diese Effekte auf Ebene der Unternehmen bewirken insgesamt eine sinkende Profitabilität,[344] da zusätzliche Kosten entstehen und Ersatzinvestitionen getätigt werden müssen. Darüber hinaus werden die Vermögen der Unternehmen abgewertet – d. h. die Kapitalbasis und die Cashflowbasis des Unternehmens wird geschwächt. Ferner ist es auch denkbar, dass auf Unternehmen vermehrt im Rahmen des Haftungsrisikos **Rechtsstreitigkeiten** zukommen.[345] Diese sinkende **Prosperität der Unternehmen** wird sich vermutlich in geringere

---

337 Vgl. *Paefgen-Laß* (2020) und *BlackRock.com* (2020).
338 Vgl. dazu beispielsweise *Bundesregierung* (2020c).
339 Vgl. dazu beispielsweise *Krol* (2020).
340 Vgl. dazu etwa *Kropp* (2016).
341 Vgl. die Thesen und Forderungen von *Sullivan* (2020).
342 Ein Beispiel liefert der Wandel der Automobilindustrie, vgl. *Seeberger* (2016).
343 Vgl. zu einem Beispiel *Wikipedia.de* (2020e).
344 Vgl. zu der Wirkungskette auf Unternehmensebene auch *TCFD (2017b)*, S. 8 ff.
345 Vgl. *EZB* (2020b), S. 12, im Zusammenhang mit Klimaschäden vgl. *Leahy* (2017) oder *Drüten* (2019). Haftungsrisiken werden teilweise auch eigenständig neben physischen und transitorischen Risiken als Kategorie gesehen, vgl. *EBA* (2020d), Tz. 86 ff.

Einkommen der Beschäftigten auswirken, sodass die Verbraucher ebenfalls finanzielle Einbußen hinnehmen müssen. Im Zuge dessen können die Immobilienwerte sinken, die eine wesentliche Vermögensposition in Banken darstellt – zumindest indirekt als Sicherheiten von Krediten.[346] Positive Effekte – wie eine gesteigerte Investitionstätigkeit von Unternehmen und eine technologische Weiterentwicklung – werden in der Darstellung der Aufsicht nicht genannt.[347]

Diese Konsequenzen können in Banken (und Versicherungen) zu unterschiedlich schlagend werdenden Risiken führen. Aus den physischen Risiken können – direkt für die Bank – **operationelle Risiken** entstehen. Auch indirekt im Kundenkreditportfolio entstehende Risiken – etwa erhöhter Wertberichtigungsbedarf aufgrund der Abwertung von als Sicherheit hereingenommenen Immobilien – könnten dem operationellen Risiko zugeordnet werden.[348] Im Fall versicherungstechnischer Produkte im Portfolio der Bank können auch Verluste aus den direkten Schäden der Kunden durch das Extremwetterereignis resultieren.[349]

Aus physischen und transitorischen Risiken leiten sich erhöhte **Kreditrisiken** aufgrund der finanziell gestressten Lage der Unternehmen ab. Auch die niedrigeren Vermögen und geringere Einkommensbasis privater Haushalte können zu erhöhten Kreditausfällen führen. Die Wertminderungen bei Immobilien erhöhen zudem den möglichen Verlust bei Ausfall eines Kreditnehmers, sodass hiermit ebenfalls die Erhöhung von Kreditrisiken einhergeht – solange diese nicht als operationelles Risiko klassifiziert wird. Zusätzlich bewirken Einkommenseinbußen Bewertungsabschläge auf Unternehmen, sodass es zu Verlusten an den Aktienmärkten (**Marktpreisrisiken**) kommen kann.

---

346 Vgl. *Buch* (2019) und *EZB* (2020b), S. 39.
347 Vgl. *Löbbert* (2010).
348 Der letztere Fall kann als indirektes operationelles Risiko eingestuft werden, vgl. dazu die Definition nach *OeNB/FMA* (2006), S. 11.
349 Überwiegend sind Banken nur als Vermittler beteiligt, vgl. etwa das Produkt »ErnteSchutz Vario« der Versicherungskammer Bayern, die über Banken vertrieben wird, vgl. *Friesinger Bank* (2020).

GRUNDLAGEN ZUR NACHHALTIGEN FINANZWIRTSCHAFT

**Gesamtwirtschaftliche Verschlechterung
(Nachfrage, Produktivität und Ertrag sinken)**

Wirtschaft   **Finanzsystem**

**Rückwirkung des Finanzsystems
auf die Realwirtschaft
(Marktwertverluste, Kreditverknappung)**

*Abbildung A.15: Wirkungskette von ESG-Risiken auf Banken
(Quelle: eigene Darstellung nach BaFin (2019a), S. 11 und 12)*

233 Überwiegend durch transitorische Risiken ist der **Verlust von Kunden und Investoren** getrieben. Zum einen senkt die schwindende Kapital- und Vermögensbasis dieser Personengruppen das Anlagebudget, zum anderen ist es denkbar, dass Investoren verstärkt nachhaltige Investments nachfragen und Direktinvestitionen in Banken mit erhöhten Nachhaltigkeitsrisiken meiden werden.

234 Neben dieser eindeutigen, unidirektionalen Wirkungskette weisen die Finanzdienstleistungsaufseher auch auf die Gefahr möglicher **verstärkender Effekte** hin (vgl. Abbildung A.15).[350] So kann durch die genannten Belastungen eine gesamtwirtschaftliche Verschlechterung hinsichtlich der Produktivität, der Nachfrage und der Ertragslage kommen – etwa aufgrund der physischen und transitorischen Risiken, wegen sinkender Einkommen und Vermögen der Kunden oder wegen allgemeiner Dämpfung der volkswirtschaftlichen Profitabilität. Aufgrund der Schädigung des Finanzsektor durch resultierende Verluste und Ertragseinbußen könnte das Kreditangebot schrumpfen. Es fallen bei sinkenden Realwertvermögen die Bewertungen von Sachwerten. Das Geldangebot nimmt somit ab, welches die Realwirtschaft weiter destabilisiert. Die Folge könnte ein wirtschaftlich-finanzielles Gleichgewicht sein, welches auf einem deutlich geringen **Wohlfahrtsniveau** liegt als heute.

---

350 Vgl. insbesondere auch die Beispiele dazu in *NGFS (2020c)*, S. 14 und 17.

Anhand dieser Herleitung wird deutlich, dass **Zusammenhänge komplex** sind und eine detaillierte Analyse vor dem Hintergrund des Geschäftsmodells und der Struktur der Stakeholder individuell erfolgen muss. Grundsätzliche, eher nur unpräzise abgeleitete Wirkungsketten – wie es dieses allgemeingehaltene Beispiel an einigen Stellen verdeutlicht – werden das Risikoprofil aus ESG-Ereignissen nicht ausreichend auf der individuellen Ebene einer Bank oder Versicherung erfassen.

235

b) Betrachtung einzelner Risikoarten

Unabhängig einer individuellen Analyse können jedoch Hypothesen gebildet werden, in welcher Weise Nachhaltigkeitsrisiken in den üblichen Risikoarten schlagend werden können. Die Bankenaufseher weisen in diesem Zusammenhang explizit darauf hin, dass eine eigene **separate Risikoart** »Nachhaltigkeitsrisiken« für eine sachgerechte Analyse nicht zielführend ist. Grund hierfür ist, dass eine eindeutige Abgrenzung von diesen ESG-Risiken zu den bekannten Risikoarten nicht möglich ist.[351]

236

Diese Argumentation ist nachzuvollziehen, da Risiken aus solchen Risikoereignissen Bestandteil einer ganzheitlichen Betrachtung finanzwirtschaftlicher Risiken ist und die bestehende »Risikotaxonomie« in der Bankenaufsicht nicht Risikoereignisse, sondern **Risikoarten als Ordnungsmerkmal** vorsieht.[352] Auch andere Risikoereignisse wie eine Finanzmarktkrise, Börsencrash oder Platzen einer Immobilienblase werden nicht einzeln in Risikoarten (allerdings in Stresstests) abgebildet. Insofern ist eine Berücksichtigung von ESG-Ereignissen in den Risikoarten eine sinnvolle Lösung, solange die bisherige Art der Risikobetrachtung nicht aufgelöst wird.[353] Dafür ist das Verständnis, in welcher Weise Nachhaltigkeitsrisiken die Risikoarten beeinflussen, von besonderer Bedeutung.[354]

237

Die genannten Probleme bei der Abspaltung von Sub-Kategorien einzelner Risikoarten ergeben sich auch bei Konzentrationsrisiken und Modellrisiken, die ebenfalls besser integral in den jeweiligen (Standard-)Risikoarten zu betrachten

238

---

351 Vgl. *BaFin* (2019a), S. 15. Vgl. dazu auch die Diskussion in Kapitel D.II dieses Herausgeberbandes.
352 Vgl. dazu auch die Diskussion bei *Fiebig/Heithecker* (2019), S. 200, und schon *Fiebig/Heithecker* (2015), S. 200.
353 Zum gewissen Grad ist diese ja auch bankenaufsichtlich vorgegeben, vgl. *MaRisk* (2017), AT 2.2, Tz. 2. Im Rahmen der Risikotaxonomie des Weltwirtschaftsforums können hingegen Nachhaltigkeitsrisiken separat ausgewiesen werden, vgl. dazu die Ausführungen im vorherigen Abschnitt dieses Beitrags.
354 Vgl. *EZB* (2020b), S. 34.

sind.³⁵⁵ Allerdings können im Rahmen von Stresstest wiederum explizit solche Risikothemen – Risikokonzentrationen, Modellrisiken und eben auch Nachhaltigkeitsrisiken – betrachtet werden.³⁵⁶ Allerdings entstehen aus der Belassung der Nachhaltigkeitseffekte in den Risikoarten erhebliche Abhängigkeiten zwischen den Risikoarten, da ein Risikoereignis mit möglichen Folgeereignissen simultan mehrere Risikoarten beeinflusst (»**Inter-Risikoereignis**«).³⁵⁷

239 Wenngleich es sinnvoll ist, auf institutsindividueller Basis die Auswirkungen von ESG-Risikoereignisse auf die Risikoarten zu analysieren und zu diskutieren, kann anhand einiger Beispiele der Zusammenhang leicht verdeutlicht werden.³⁵⁸ Solche Beispiele sind in der Tabelle A.10 zusammengetragen.

Kreditrisiko

- Risikopositionen in geografischen Gebieten oder Sektoren, die anfällig für physische Risiken sind
- Niedrigere Bewertung von Sicherheiten in Immobilienportfolios in Gebieten zunehmenden Überschwemmungsrisikos
- Geschäftsmodell eines Schuldners (Unternehmen) muss aufgrund transitorischer Risiken (z. B. wegen politischer Entscheidungen) angepasst werden. Dies birgt Unsicherheiten und erhöht das Ausfallrisiko.
- Hohe Anpassungskosten durch neue Energieeffizienzstandards führen zu geringerer Rentabilität. Die Ausfallwahrscheinlichkeit steigt, auch die Bewertung von Sicherheiten (insb. Unternehmensbezogene, wie Unternehmensanteile/Aktien oder auch Forderungen aus Lieferung und Leistungen sinken)
- Schuldner (Verbraucher) arbeitet in einer Branche, die erheblich von transitorischen Risiken erfasst wird. Dies birgt erhöhte Gefahr von Gehalteinbußen oder einer Freisetzung.

Marktpreisrisiko

- Physische Risikoereignisse verändern Markterwartung und führen zur Neubewertung wegen sinkender erwarteter Cashflows oder höherer Risikoprämien sowie ggf. zu erhöhten, wertmindernden Volatilitäten.

---

355 Vgl. *Heithecker* (2019a), S. 442 ff. und *Heithecker* (2020c).
356 Vgl. dazu die Ausführungen im nachfolgenden Abschnitt. Zur Notwendigkeit der Integration spezieller Themen in Stresstest am Beispiel Risikokonzentrationen vgl. auch *Biber* (2019), S. 467 f. und *Biber/Riediger/Schmidt* (2019), S. 101 ff.
357 Die Begrifflichkeit wurde in Anlehnung an die Begriffe Inter-Risikokonzentration und Intra-Risikokonzentration gewählt, vgl. *MaRisk* (2017), AT 2.2., Erläuterung und auch *Heithecker/Tschuschke* (2018), S. 224ff.
358 Vgl. *Bolton/Despres/Periera da Silva/Samama/Svartzman* (2020), S. 19 f. oder auch *PRA* (2018), S. 27 und *KPMG (2020b)*, S. 14.

- Vermögen (Spezialfonds, Investmentsfonds) ist in Unternehmen investiert, die ESG-Kriterien nicht erfüllen und keine Transition verfolgen. Eine Änderung der marktstimmung (Transitorische Risiken) oder Risikoereignisse (physische Risiken) können zur Abwertung führen.
- Indikatoren des Transitionsrisikos führt zur Neubewertung von Wertpapieren und Derivaten – etwa in Branchen mit hohen Risiko möglicher verlorener materieller und immaterieller Vermögenswerte.
- Schnelle Anpassungsentwicklungen führen zu einer Veränderung der Markterwatung und führen zu Neubewertungen von Unternehmen, welches zu Kurseinbrüchen führen kann.

Liquiditätsrisiko

- Aufgrund eines (physischen) Risikoereignis (z. B. Überflutung) ziehen Kunden Sparguthaben bei einem Institut ab, um Schäden zu begleichen. Der Liquiditätsabfluss übersteigt übliche gestresste Werte der Ablaufbilanz.
- Aufgrund erheblicher neuer Risiken aus Nachhaltigkeitsrisiken in anderen Risikoarten (z. B. Kredit- und Marktrisiken) wir die Refinanzierungsmöglichkeit eingeschränkt, welches auch zu Verwerfungen am Interbankenmarkt führen kann.
- Aufgrund einer veränderten Haltung der Sparer und Investoren verengt sich der Markt für die Refinanzierung »grüner« Forderungen, die Refinanzierung von Krediten gegenüber weniger nachhaltigen Branchen erschwert sich und wird teurer.

Operationelles Risiko

- Durch ein (physischen) Risikoereignis (z. B. Überflutung) entsteht ein hoher Sachschaden in Filialen.
- Infolge eines (physischen) Risikoereignisses (Hagel, Sturm) entstehen Gebäudeschäden, die nicht durch eine Versicherung gedeckt werden.
- Aufgrund einer (physischen) Risikoereignisses (Pandemie) entsteht eine Betriebsunterbrechung und die Notwendigkeit, dass Mitarbeiter in Heimarbeit arbeiten.
- Durch Extremwetterereignisse entsteht Sachschaden an Eigentum, z. B. Filialen und Rechenzentren. Zudem wird der Geschäftsbetrieb gestört.

Reputationsrisiko und Haftungsrisiko (Operationelles Risiko)

- Aufgrund der inneren Haltung der Verbraucher führt die Finanzierung umstrittener, nicht-nachhaltiger Projekte zu Reputations- und Haftungsrisiken der Bank.

- Das Investmentvermögen ist in eine Bekleidungsfirma in Ostasien investiert, die internationale Standards bzgl. Arbeitssicherheit nicht einhält. Nach einem Betriebsunfall (Gebäudebrand) wird die Investition publik.

- Als »nachhaltig« verkaufte Finanzprodukte stellen sich als »Mogelpackung« heraus (»Greenwashing«) und empört Anleger und Kunden der Bank.

Auslagerungsrisiko (Operationelles Risiko)

- Ein Auslagerungsunternehmen erleidet durch ein Extremwetterereignis erhebliche Schäden in der Infrastruktur und kann Leistungen nur verzögert erbringen.

- Ein Dienstleister verliert Kunden, da der Kundenstamm erheblich von physischen und transitorischen Risiken getroffen wird. Der Dienstleister kann somit die Leistungen gegenüber Bank nicht mehr kostengünstig und effizient anbieten.

- Ein Dienstleister verstößt bei der Leistungserstellung gegen nachhaltige Geschäftsstandards etwa hinsichtlich Arbeitszeitgesetze, Kinderarbeit, Höhe der Lohnzahlungen (Umgehung von Mindestlohnstandards) oder Energieeinsparung. Zur Vermeidung von Reputationsschäden erfolgt ein »Insourcing« der Tätigkeit, die nun aber zu höheren Kosten erbracht wird.

Ertragsrisiko (Geschäftsrisiko)

- Häufigere Extemwetterereignisse führen zu volatiler ökonomischer Prosperität, und somit zu schwankender Nachfrage nach Produkten bei Krediten, Sparanlagen und Provisionsgeschäften – die Planbarkeit von Erträgen sinkt somit.

- Aufgrund von Anpassungseffekten in der Wirtschaft sinkt das Kreditvolumen in bestimmten Sektoren dauerhaft. Sinkende Margen aufgrund verstärktem Wettbewerbs und sinkende Kreditvergaben senkt dauerhaft den Ertrag.

- Aufgrund steigender sozialer Unruhen steigen die Staatsausgaben, sodass die Verschuldung steigt und Zinsen durch Nachfrage der Notenbanken sehr gering bleiben. Damit sind die Zinsspanne und die Ertragsbasis schwindet.

- Zur Finanzierung von ökologischen Anpassungen (z. B. Anpassung der Infrastruktur) steigen die Steuersätze, sodass verfügbares Kapital der Kunden für Wertpapiergeschäfte sinkt. Provisionseinnahmen sinken dauerhaft.

Strategisches Risiko (Geschäftsrisiko)
▪ Ein auf eine bestimmte Branche spezialisiertes Institut wird seine Geschäftsbasis entzogen, wenn diese Branche im Zuge der Anpassungen zu Minderung des Klimawandels seine Geschäftstätigkeit weitgehend verliert (z. B. Kohlebergbau). ▪ Existenz mancher Geschäftsfelder kann durch transitorische Risiken bedroht sein, wenn Anpassung oder Diversifikation ausbleiben.

Tabelle A.10: Nachhaltigkeitsrisiken nach Risikoarten
(Quelle: eigene Darstellung nach BaFin (2019a), S.15 und EZB (2020a), S. 13, Bolton/Despres/ Periera da Silv/Samama/Svartzman (2020), S. 19ff. und eigene Beispiele)

Demnach sind im **Kreditrisiko** drei wesentliche Wirkungsstränge zu erkennen.[359] So können physische Risikoereignisse Kreditnehmer treffen und deren Zahlungsfähigkeit mindern. Ein Beispiel hierfür sind Ernteausfälle im landwirtschaftlichen Sektor aufgrund von Hitze, Dürre oder Starkregen.[360] Ferner können solche Ereignisse auch den Wertbestand von Sicherheiten, beispielsweise Immobilien, beeinträchtigen – oder begünstigen.[361] Dies kann für Immobilien gelten, die sich Gebieten vermehrter sozialer Unruhen oder »sozialer Brennpunkte« befinden. Mindernde Sicherheiten beeinflussen die Verlustquote bei Ausfall. Darüber hinaus sind Kosten und Auswirkung der Transition hinzu einer nachhaltigeren Wirtschaft auf die Unternehmen zu bewerten.[362] Auch dies wirkt gegebenenfalls negativ auf die Ausfallwahrscheinlichkeit von Unternehmen.

Im Rahmen der **Corona-Krise** ist in der **Fleischindustrie** eine Verkettung von Risikoereignissen zu beobachten. Zunächst musste die Produktion von Fleisch aufgrund der Ausbreitung des COVID-19-Virus unter den Mitarbeitern (der Sub-Unternehmen und Sub-Sub-Unternehmen) eingestellt oder verlagert werden. Damit dürften zusätzliche Kosten für die Verlagerung und auch Einnahmeausfälle verbunden sein.[363] Als Folge schwächt dies die Ertragslage der Unternehmen dieses Industriezweigs. Zur künftigen Vermeidung solcher Ausbreitungen sind gegebenenfalls Filteranlagen technisch besser auszustatten und zu erweitern, welches zusätzliche Investitionsbedarfe zur Folge hätte.[364] Darüber hinaus brachte die Pandemie die als menschenunwürdig eingestuften Arbeitsverhältnisse in dieser Industrie ins Licht der Gesellschaft und Politik. Somit wird

---

359 Vgl. auch *PRA* (2018), S. 22ff.
360 Vgl. *Van Laak* (2019).
361 Vgl. *BaFin* (2019a), S. 28.
362 Vgl. dazu beispielsweise die Investitionskosten der Transformation bei der Volkswagen AG, vgl. *Menzel* (2019).
363 Vgl. *NRD 1 Niedersachsen* (2020) und *Terpitz/Kersting* (2020).
364 Vgl. *Der Spiegel* (2020).

neben der Pandemie ein weiteres soziales Risiko schlagend,[365] da neben dem Reputationsverlust auch denkbar ist,[366] dass zukünftige arbeitsrechtliche Vorgaben[367] höhere Lohnkosten zur Folge hat, welches die Ertragslage möglicherweise weiter schwächt. In der Gesamtwirkung könnte die Bonität und der Unternehmenswert der Fleischbetriebe sinken und somit das Kreditrisiko steigen.

242 Denkbar ist allerdings auch, dass nach erfolgreicher Transformation das Ansehen und die Betriebskontinuität gestärkt wird – und aufgrund der gesellschaftlichen Diskussion Fleisch auch zu höheren Preisen angeboten werden kann. Somit hätten die Risiken einen **positiven Effekt** auf die Branche. Bei erfolgreichem Umgang mit der Transformation kann sich demnach sogar die Bonität verbessern.

243 Diese drei Punkte hängen in hohem Maße auch mit der Branche und der Region – also den wesentlichen beiden Arten von **Sektorkonzentrationen** im Kreditrisiko[368] – zusammen. Eine gebiets- oder sektororientierte Analyse kann hier mögliche steigende Kreditrisiken aufdecken. Dies zeigt wiederum, wie bedeutend auch eine mögliche Konzentrationsstrategie im Kreditgeschäft ESG-Risiken beeinflussen kann. Eine Visualisierung der Situation in einzelnen Branchen und deren Teilbereichen kann über so genannte »Heatmaps« über die einen Zeithorizont von beispielsweise 50 Jahren erfolgen.[369]

244 Die Auswirkung auf **Marktpreisrisiken** wird vor allem ebenfalls aus den unternehmensbezogenen Auswirkungen – Kosten schlagend werdender physischer Risikoereignisse und Kosten einer Transformation – abgeleitet.[370] Entsprechend ergibt sich auch hier die erörterte Branchen– und gebietsbezogene Risikoanalyse für eine Abschätzung. Weitere Unsicherheit ist die Bewertung der Entwicklungen durch die Teilnehmer am Kapitalmarkt. Erhöhte Risikopotenziale durch physische Ereignisse und wachsende Unsicherheit bezüglich künftiger Entwicklungen im Wirtschaftssystem können zu Überreaktionen von Investoren und Bewertungsabschlägen führen.[371]

---

365 Dieses soziale Risiko beruht vermutlich auch auf einer nicht nachhaltigen Unternehmensführung, vgl. *Lederer* (2020).
366 Vgl. *Schütze* (2020).
367 Vgl. *Ziedler* (2020).
368 Vgl. EZB (2020b), S. 40 und allgemein *Heithecker/Tschuschke* (2018), S. 250 ff.
369 Vgl. *Colas/Khaykin/Pyanet* (2019), S. 20. Die Bezeichnung »Heatmap« betrifft dabei nur die grafische Darstellung und benennen keinen Bezug zu »Klimarisiken« an sich.
370 Vgl. dazu auch die Beispiele bei TCFD *(2017b)*, S. 10, PRA (2018), S. 24 f. und PRI (2019), S. 9 ff.
371 Vgl. dazu die Entwicklungen in der aktuellen Corona-Krise, vgl. *Spinnler* (2020).

Das **Liquiditätsrisiko** wird bisher weniger von Nachhaltigkeitsrisiken beeinflusst gesehen.[372] Die Möglichkeit, dass es durch physische Ereignisse zu erheblichen Liquiditätsabflüssen kommt, ist zwar denkbar, dürfte aber nur (kleinere) Banken mit starker regionaler Abhängigkeit bei der Refinanzierung betreffen. Grundsätzlich ist zu beobachten, dass im Fall größerer Krisen ausreichend Liquidität seitens der Zentralbanken bereitgestellt wird, sodass hier nicht mit Engpässen zu rechnen ist.[373] Aus Risikosicht bedeutender kann eine veränderte Liquiditätslage für Banken sein, die nicht explizit »nachhaltige Branchen und Assets« finanzieren,[374] da möglicherweise Investoren oder Sparanleger fernbleiben.

Im **operationellen Risiko** werden als Beispiele überwiegend direkte Einwirkungen aus physischen Risiken genannt.[375] Dies wurde aktuell in der Corona-Krise offenbar, da durch das pandemische Ereignis Geschäftsunterbrechungen und Umorganisationen des Geschäftsbetriebs notwendig waren, um die Aufrechterhaltung des Geschäftsbetriebs sicherzustellen.[376] Grundsätzlich ist fraglich, ob die daraus entstehenden Kosten eine hohe strategische Aufmerksamkeit von ESG-Risiken auf operationelle Risiken rechtfertigt. Finanziell bedeutender dürften **Haftungs- und Reputationsrisiken** sein, die den operationellen Risiken zugeordnet werden können.[377] Im Rahmen von Haftungsrisiken ist zu analysieren, inwieweit etwa rechtliche Grundlagen die Möglichkeit für »Klima-Klagen« gegen Banken ermöglicht.[378] Es ist zu vermuten, dass die Finanzierung klimaschädlicher Projekte und Produkte zukünftig reputations- und geschäftsschädigend wirken.[379] In welcher Weise dies finanzielle Schäden hervorruft, ist auch vor dem Hintergrund der Positionierung des Geschäftsmodelles zu beurteilen.

---

372 Vgl. *Bolton/Despres/Periera da Silv/Samama/Svartzman* (2020), S. 20.
373 Dieser Effekt aus einem stabilisierenden Eingriff der Notenbanken in der Krise, vgl. etwa *Steinhardt* (2020) zu den Mechanismen in der Corona-Krise.
374 So stellt die neue EU-Taxonomie eine »Positivliste« grüner Investments dar, die nicht notwendigerweise alle nachhaltigen oder einer nachhaltigen Entwicklung dienenden Geschäftsfelder beinhaltet, vgl. EU (2020h).
375 Vgl. *PRA* (2018), S. 25f.
376 Vgl. *Müller/Buchtel/Müller/Erbach/Grötsch/Rinker* (2020).
377 Vgl. *EZB* (2020), S. 12. Haftungsrisiken sind als Rechtsrisiko in jedem Fall den operationellen Risiken zuzuordnen, Reputationsrisiken werden aufgrund ihrer Auswirkung auf Ertragspositionen der Bank häufig auch den Geschäftsrisiken zugeordnet, vgl. *Heithecker* (2020) und *Heithecker/Tschuschke* (2020).
378 Vgl. dazu eine rechtliche Einschätzung für Klagen gegen Unternehmen in *Deutscher Bundestag* (2016). Inwieweit dies auch Kreditinstitute einbeziehen kann, wäre Bestandteil weiterer Untersuchungen. Im Ausland gelten widerum andere Vorgaben, einen Überblick liefert Wikipedia.de (2020f).
379 Vgl. *Bijak* (2020). Vgl. dazu auch die intensive Diskussion neuer nachhaltiger Finanzprodukte in Teil E dieses Herausgeberbandes.

247 Weitere operationelle Schäden können aufgrund schlagend werdender Nachhaltigkeitsrisiken im Zusammenhang mit der **Auslagerung** von Dienstleistungen entstehen.[380] Hier ergibt sich zum einen das **Leistungserstellungsrisiko**, wenn Dienstleistungspartner des Kreditinstituts aufgrund auftretender physischer Ereignisse oder aufgrund Veränderungen im Geschäftsumfeld wegen nachhaltiger Transformationsprozesse nicht mehr anbieten können. Vor dem Hintergrund der aufsichtlichen Vorgaben muss jedoch eine Bank in der Lage sein, durch andere Dienstleister oder durch ein Insourcing dieses Risiko vollständig abzusichern.[381] Es bleiben Kostenrisiken, die sich durch **Ausstiegsprozesse** aus den Leistungen von Auslagerungsunternehmen ergeben. Zudem können bei Verfehlungen im Nachhaltigkeitsmanagement des Dienstleisters Reputationsrisiken und gegebenenfalls sogar Haftungsrisiken entstehen.[382]

248 Ferner sind **Geschäftsrisiken** als relevante Risikoart bei der Diskussion der Auswirkung von Nachhaltigkeitsrisiken zu berücksichtigen.[383] Geschäftsrisiken vereinen unterschiedliche Sichtweisen des Risikos vor allem auf der Ertragsseite von Kreditinstituten. Sie bilden zunächst kurzfristige **Ertragsrisiken** aus Ertragsvolatilitäten oder erhöhter Plan-Ist-Abweichungen auf der Ertragsseite ab. Diese treten unterjährig und kurzfristig auf. Solche Effekte sind verstärkt durch ESG-Ereignisse denkbar – die Relevanz wäre vor dem Hintergrund des Geschäftsmodells jedoch zu prüfen. Längere Ertragskrisen, d. h. Perioden längerer und auch planbarer Ertragseinbußen werden durch vermehrte ESG-Risikoereignisse jedoch wahrscheinlicher. So ist auf Basis der Corona-Pandemie zu prognostizieren, dass die bestehende Niedrigzinsphase sich zeitlich weiter ausdehnt.[384] Schließlich ergeben sich **strategische Risiken**, die gegebenenfalls das Geschäftsmodell sogar grundsätzlich oder in Teilen in Frage stellen (**Geschäftsmodellrisiken**). So sind aufgrund der Anpassungsprozesse in der Wirtschaft möglicherweise Aktivitäten in einzelnen Geschäftsfelder zu überdenken.[385]

---

380 Vgl. *BaFin* (2019a), S. 32. Zum Thema Auslagerung und Nachhaltigkeitsrisiken sei auch auf die Ausführungen in Kapitel D.VIII dieses Herausgeberbandes verwiesen.
381 Dies resultiert aus den MaRisk (2017), AT 9, Tz. 6, vgl. dazu *Heithecker* (2018c).
382 Inwieweit Haftungsansprüche bei Regelverstößen oder auf Basis von Klimaklagen an Kreditinstitute weitergegeben werden können, ist rechtlich vermutlich nur aufwändig oder nicht einwandfrei prüfbar. Entsprechend erscheint es pragmatischer, in der Risikoanalyse solche Effekte zunächst nicht grundsätzlich auszuschließen.
383 Vgl. *Fiebig/Heithecker* (2019), S. 228, *Heithecker/Tschuschke* (2020), *Heithecker/Hohe/Tschuschke* (2014) und *Heithecker/Tschuschke* (2019).
384 Vgl. *plenum SG* (2020), S. 3.
385 Vgl. *BaFin* (2019a), S. 16.

Die Analyse zeigt, dass Nachhaltigkeitsrisiken in vielfältiger Weise auf Risiken in Kreditinstituten wirken. Denkbar ist, dass mögliche steigende Nachhaltigkeitsrisiken aufgrund erhöhter sozialer Unzufriedenheit und Unruhen sowie des Klimawandels das **Risikopotenzial** bestehender Risikoarten erhöht oder es zumindest verändert. Um sich einen Eindruck über mögliche Gefahren zu verschaffen, kann das eigene Portfolio hinsichtlich seiner Indikatoren gegenüber Nachhaltigkeitsrisiken mit globalen oder länderspezifischen Zielen oder im Vergleich mit Benchmark-Banken verglichen werden (**Methode des Portfolioabgleichs**).[386]

249

Im Sinne einer **zukunftsorientierten Risikoanalyse** ist ferner in einem nächsten Schritt zu überlegen, in welcher Weise Risikoereignisse schlagend werden können und ob die Risikomessung in den Risikoarten um zusätzliche Risikotreiber zu erweitern ist.

250

4. Ansätze zur Messung von Nachhaltigkeitsrisiken

a) Grundsätzliche Vorgehensweisen der Quantifizierung

Neben der qualitativen Diskussion und der Erkenntnis wachsender Risiken auch der Thematik der Nachhaltigkeit ist für die finanzielle Steuerung auch deren Quantifizierung notwendig.[387] Unter dem Stichwort »Quantifizierung« werden aktuell drei Methoden diskutiert (vgl. Abbildung A.16). Dabei sehen zwei Methoden keine Risikomessung im eigentlichen Sinn vor.

251

---

386 Vgl. *EBA* (2020d), Tz. 13 ff.
387 Vgl. *EZB* (2020b), S. 33.

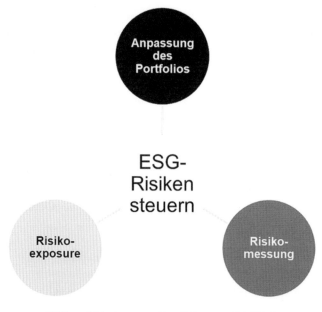

*Abbildung A.16: Ansätze zur Quantifizierung von ESG-Risiken
(Quelle: eigene Darstellung nach EBA (2020d), Tz. 110)*

252 So wird bei Bestimmung des **Risikoexposures** jeder Kunde oder Stakeholder analysiert, inwieweit er Nachhaltigkeitsrisiken ausgesetzt ist.[388] Dies kann über ESG-Ratings erfolgen, oder durch die Bewertung quantitativer Indikatoren (wie CO_2-Ausstoß, Energieintensität, Abfallproduktion) und qualitativer Faktoren (beispielsweise der Umsetzungsgrad einer Nachhaltigkeitsstrategie) je Kreditnehmer oder Geschäftspartner. Diese Vorgehensweise liefert eine gute deskriptive Klassifizierung des Investitions- und Geschäftsportfolios des Kreditinstituts hinsichtlich Nachhaltigkeitsrisiken.

253 Die somit erhobenen Daten können genutzt werden, um eine Strategie der **schrittweisen Anpassung** des Portfolios an politische oder gesellschaftliche Zielvorstellungen, etwa beim CO_2-Ausstoß.[389] Der Mehrwert dieses Ansatzes scheint im Management von Nachhaltigkeitsrisiken nicht per se offensichtlich – mit Ausnahme von Reputationsrisiken. So ist unklar, ob das Erreichen politischer Ziele Nachhaltigkeitsrisiken in ausreichender Form vermindert. Im Zweifel erreicht eine Bank die vorgegebenen (eigenen) Ziele – ist dann aber doch erhöhten Risiken ausgesetzt. Ferner ist davon auszugehen, dass je nach

---

388 Vgl. *EBA* (2020d), Tz. 131 ff.
389 Vgl. *EBA* (2020d), Tz. 113 ff.

Ausrichtung des Geschäftsmodells des Kreditinstituts – etwa hinsichtlich der Finanzierung bestimmter Sektoren – globale und gesamtwirtschaftliche Ziele leichter oder erschwert erreichbar sind. Grundsätzlich führt dieser Ansatz jedoch zu einer stufenweisen Veränderung des Portfolios im Sinne von Klima- und Nachhaltigkeitszielen. Auch diese Herangehensweise benötigt die Erhebung der wesentlichen ESG-Indikatoren wie bei der Bestimmung des **Risikoexposures.**

Schließlich bilden diese Datenerhebungen ein Fundament, um eine Messung von Nachhaltigkeitsrisiken im eigentlichen Sinne zu ermöglichen. Dafür stehen zunächst zwei Möglichkeiten zur Verfügung.[390] Zum einen können mit Hilfe von **Stresstests und Szenarioanalysen** unter Nutzung der im ersten Abschnitt genannten Ereignisse und im zweiten Abschnitt thematisierten Risikowirkungen Nachhaltigkeitsrisiken quantifiziert werden.[391] Zum anderen können bestehende **ökonomische Risikomodelle** überarbeitet und um Nachhaltigkeitsereignisse erweitert werden. Beide Verfahren sind von Bedeutung, da diese in der Risikotragfähigkeitsrechnung in den so genannten ökonomischen und normativen Perspektive Eingang finden und in beiden Ansätzen ESG-Risken zu berücksichtigen sind.[392] 254

Die Nutzung von Stresstests ist dabei intuitiv, da in diesem Fall in hypothetischen oder historischen Szenarien auf Ebene des betrachteten Kreditinstituts Auswirkungen möglicher Ereignisse und (transitorischer) Veränderungen ermittelt werden.[393] Der Nachteil ist, dass unter der Maßgabe eines vom Umfang her »erträglichen« Stresstestprogramms nur bestimmte, individuelle Ereignisse und Entwicklungen analysiert werden können. Die Risikoabdeckung ist demnach von vornherein beschränkt. 255

Dahingehend ermöglicht die Integration von **Nachhaltigkeitsrisiken in Risikomodellen**, dass die Risikomodelle – etwa Value-At-Risk- oder Expected-Shortfall-Modelle im Marktpreisrisiko, Kreditportfoliomodelle, Rating- und Scoringmodelle, Verteilungsansätze in operationellen Risiken – in diesem Fall allumfassend Nachhaltigkeitsrisiken abbilden und in ihren Risikokennzahlen wie erwarteter Verlust, unerwarteter Verlust oder auch eine Ausfallwahrschein- 256

---

390 Vgl. *Fiebig/Heithecker* (2019); S. 199 ff. oder *Heithecker* (2019c), S. 277 am Beispiel operationeller Risiken.
391 Vgl. *EZB* (2020b), S. 45 ff., *BaFin* (2019a), S. 30, *EBA* (2020d), Tz. 256 ff. sowie *EBA (2019e)*, Tz. 28 ff. und auch *TCFD (2017b)*, S. 25 ff. und *TCFD (2017c)*.
392 Vgl. *EZB* (2020b), S. 37. Zum neuen Konzept der Risikotragfähigkeitsrechnung vgl. 123 ff. *Seute* (2020).
393 Die EZB stellt Stressszenarioanalysen als besonders nützlich heraus, vgl. *EZB* (2020b), S. 20.

lichkeit integrieren. Problematik hier ist, dass nur die Risikoereignisse und Risikowirkungen aus Nachhaltigkeitsrisiken, die über historische Daten, analytische oder statistische Zusammenhänge oder Expertenschätzungen in die Modellbildung einfließen, sich auch im Risikowert widerspiegeln (können). Es ergibt sich demnach eine ähnliche Schwierigkeit wie bei Szenarioanalysen. Entsprechend wird in einem ersten Schritt auch auf Szenarioanalysen eingegangen, in einem weiteren Schritt werden Möglichkeiten zu den Anpassungen in Risikomodellen skizziert.

b) Messung von Nachhaltigkeitsrisiken mit Szenarien

aa) Grundsätzliche Ansätze zu Szenarien

257 Klima- oder Nachhaltigkeitsstresstests unterscheiden sich von »herkömmlichen« Stresstests in einigen wesentlichen Gesichtspunkten, die in Tabelle A.11 beispielhaft dargestellt sind. Dennoch können **bisherige Verfahren** zu Stresstest eingesetzt werden,[394] bezüglich der Szenarioauswahl, Stresstestaufsatz, Narrative und Stresstestdurchführung sind bisherige Verfahren jedoch anzupassen.[395]

- Laufzeit bzw. Betrachtungshorizont vom Klimaszenarien übertrifft bisher übliche Zeithorizonte.
- Es gibt nur begrenzt nutzbare empirische Erkenntnisse und granulare Daten.
- Das Kalibieren der Szenarios hinsichtlich der Auswirkung von Nachhaltigkeitsrisiken (physische Risiken, Transitionsrisiken) ist komplex.

Tabelle A.11: Wesentliche Treiber der Unterschiede zwischen Klima- oder Nachhaltigkeitsstresstests und herkömmlichen Stresstests (Quelle: eigene Darstellung nach EBA (2020d), Tz. 257ff.)

258 Einen ersten Ansatz bieten die **Klimaszenarien der NGFS**, die für Zentralbanken und Aufseher entwickelt wurden.[396] Diese Szenarien wurden als »Start-

---

394 Vgl. *EBA* (2020d), S. 113.
395 Vgl. *Vermeulen/Schets/Lohuis/Kölbl/Jansen/Heering* (2019), S. 10 ff., *Banque de France/ACPR* (2020a), S. 16 ff. und *Bolton/Despres/Periera da Silva/Samama/Svartzman* (2020), S. 23 ff.
396 Vgl. *NGFS* (2020a/b), die als Grundlage auch die englische Aufsicht nutzt, vgl. auch *PRA* (2019). Weitere Szenarien bietet das IPCC, vgl. *bildungsserver.de* (2020), *Umweltbundesamt* (2020), *IPCC* (2016). Die EZB nennt vor allem die Szenarien des IPCC, vgl. *EZB* (2020b), S. 46. Einen Überblick liefert auch *TCFD* (2017c), 12ff. Eine Diskussion zu Nachhaltigkeitsstresstests ist auch in den Kapiteln D.V und D.VI dieses Herausgeberbandes zu finden.

punkt« zur Analyse der Effekte klimatischer Veränderungen auf Wirtschaftssubjekte und dem Finanzsystem entwickelt.³⁹⁷ Die Szenarien werden in vier Dimensionen unterteilt, die in Abbildung A.17 dargestellt sind. Demnach gehen die Mitglieder des NGFS davon aus, dass bei erheblichen Anstrengungen hinsichtlich der Verringerung bis hin zur Vermeidung der CO2-Emisison durch ambitionierte Gesetzesvorgaben und Investitionsprogramme (vor 2070) eine geordnete wirtschaftliche und gesellschaftliche Anpassung möglich ist. In diesem Fall treten aufgrund einer noch vertretbaren Erderwärmung (unter 2°C) verhältnismäßig geringe physische Risiken auf. Ebenfalls ergeben sich eher geringe Anpassungsrisiken wegen einer strukturierten Übergangsphase mit für die handelnden Subjekte antizierbaren Veränderungen der gesetzlichen, gesellschaftlichen und wirtschaftlichen Rahmenbedingungen. Dies ist das »**geordnete Szenario**«.³⁹⁸

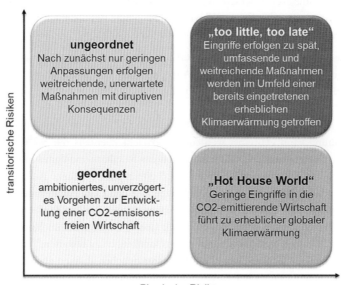

Abbildung A.17: Dimensionen möglicher Klimaszenarien (Quelle: eigene Darstellung nach NGFS (2019a), S. 5)

---

397   Die Szenarien entspringen einem so genannten »Integrated Assessment Model (IAM)«, bei den wirtschaftlichen, gesellschaftlichen, biosphärischen und atmosphärischen Entwicklungen kombiniert werden, vgl. auch *Wikipedia.de* (2020g) und auch *BaFin* (2019b), S. 30.
398   Vgl. *NGFS (2019a)*, S. 6.

GRUNDLAGEN ZUR NACHHALTIGEN FINANZWIRTSCHAFT

259 Ebenfalls eher geringe Anpassungsrisiken auch im Fall einer eher ungebremsten Klimaerwärmung, ein möglicher Zielwert für den Anstieg könnten hier +3°C sein.[399] In diesem Fall werden bestehende CO2 minimierende Vorhaben in den Ländern nur auf dem bisherigen Niveau fortgeführt. In diesem »**Hot House World**«-Szenario sind jedoch erhebliche physische Risiken zu erwarten, unter anderem Auswirkungen aus unmittelbar in weiten Gebieten Deutschland bedeutenden Veränderungen durch verstärkte Trockenheit, steigenden Meeresspiegel und häufigere Unwetter (Regen, Hagel).

260 Die für ein Kreditinstitut relevante erwartete oder erhoffte Entwicklung (Baseline-Szenario) wird vermutlich im Bereich dieser beiden Szenarien liegen. Unklar ist, ob aufgrund neuster Forschungsergebnisse ein möglicher realer Pfad auch bei ambitionierten Anstrengungen zur Reduzierung des CO2-Ausstoßes einen Temperaturanstieg von »nur« +2°C realistisch erscheinen lässt.[400] Gegebenenfalls muss auch bei einem geordneten Szenario mit erhöhten physischen Risiken aus einer deutlichen Klimaerwärmung von um die **+4,5°C** gerechnet werden.

261 Die weiteren Entwicklungen des NGFS beschreiben Szenarien mit eher kurzfristigen, aber dann **erheblichen Anpassungen** und Maßnahmen im wirtschaftlichen, gesellschaftlichen und politischen Umfeld, wobei der NGFS hier nur ein Szenario als Basisszenario vorsieht. Demnach wirken diese erst spät aber drastischen Maßnahmen erheblich auf die CO2-Emission, und die Klimaerwärmung kann gebremst werden und erreicht ebenfalls nur +2°C.[401] Dies wäre ein **ungeordnet**es, aber hinsichtlich des Resultats und damit in der Auswirkung auf die physischen Risiken noch erträgliches Szenario. Aufgrund des hohen Handlungsdrucks, innerhalb kurzer Zeit den CO2-Ausstoß zu reduzieren, ist mit unnötigen, nicht immer zielgerichteten Maßnahmen und in der Folge hohen irreversiblen Kosten (Sunk Costs) durch nicht im Vorfeld vollständig in ihrer Konsequenz analysierten Handlungen zu erwarten.[402] In diesem Fall ist mir erheblichen Verlusten aus transitorischen Risiken zu rechnen, da Unternehmen von Maßnahmen und dem Wandel weniger vorbereitet und unerwartet »überrascht« werden.

262 Wird trotz einer solchen Entwicklung der CO2-Ausstoß zu spät oder aufgrund nicht greifender Maßnahmen in nur sehr geringem Umfang gesenkt, so wird die

---

399 Vgl. *NGFS (2019a)*, S. 6.
400 Vgl. *Spiegel.de* (2020) und *Schwalm/Glendon/Duffy* (2020).
401 Vgl. *NGFS (2019a)*, S. 6.
402 Ein Beispiel ist die Fehleinschätzung zu Beginn der Corona-Pandemie, vgl. *Meyer-Fünffinger/Wetter* (2020) oder *Neumann* (2020).

Klimaerwärmung nicht gebremst. In diesem Fall treten zu den hohen transitorischen Risiken noch steigende physische Risiken auf. Diese Entwicklung wird mit »**too little, too late**« (auch übersetzt als »zu spät, zu plötzlich«) beschrieben, d. h. es wurde zu wenig unternommen und zu spät gehandelt.

Vor dem Hintergrund bisheriger Erfahrungen im Umgang mit Klimazielen[403] ist jedoch eher zu erwarten, dass die Erwärmung jenseits der durch das NGFS angenommenen Entwicklung von +3°C liegt.[404] Entsprechend müssen Kreditinstitute mit hohen physischen Risiken in Deutschland und weltweit rechnen – fraglich ist, ob Anpassungen noch geordnet und »wohlüberlegt« oder ungeordnet bis erratisch erfolgen. Dies beeinflusst die Höhe der transitorischen Risiken.

bb) Vorgehensweise zur Umsetzung von Szenarioanalysen

Das **Vorgehen einer Szenarioanalyse** kann sich an die von der NGFS beschriebenen Methodik für die Finanzaufsicht anlehnen.[405] Ein Entwurf der notwendigen Prozessschritte ist in Abbildung A.18 dargestellt. Da die Szenarien der Identifikation von möglichen Risiken dienen, ist bereits vorgegeben, dass es sich um Stressszenarien handelt und nicht im Planungsszenarien oder Planungssensitivitäten.

In einem ersten **Schritt ❶** ist in einer **Zieldefinition** zu klären,[406] wer **Adressat** einer Szenarioanalyse ist, welche Risikodimensionen abgedeckt werden sollen, welche Materialität die Stresstest haben sollen und welcher Zeithorizont betrachtet wird.[407] Dies hat Auswirkung auf die weitere Ausgestaltung des Szenarios. Wird beispielsweise die Bankenaufsicht als ein wesentlicher Adressat gewählt, etwa um weitgehende Stressresistenz des eigenen Geschäftsmodells gegen Klimarisiken aufzuzeigen, so ist von vornherein eine höhere Materialität schlagend werdender Risiken vorzusehen. In diesem Fall steht in der Regel die Kapitaladäquanz im Vordergrund. Gegenüber dem internen Management oder dem Aufsichtsrat gewinnt neben der Kapitaladäquanz die Entwicklung der Erträge an Bedeutung.

---

403 Vgl. etwa *Engel* (2019), *Bundesumweltamt* (2019), *UN Enviroment* (2019a/b).
404 *Lenton/Rockström/Gaffney/Rahmstorff/Richardson/Steffen/Schellnhuber* (2019) und *PIK* (2019).
405 Vgl. *NGFS* (2019b), S. 5.
406 Vgl. zu einer Übersicht in der Zieldefinition festzulegende Parameter und Annahmen auch *TCFD* (2017c), S. 9.
407 Die Themen leiten sich aus *NGFS* (2020b), S. 9 ff. ab.

GRUNDLAGEN ZUR NACHHALTIGEN FINANZWIRTSCHAFT

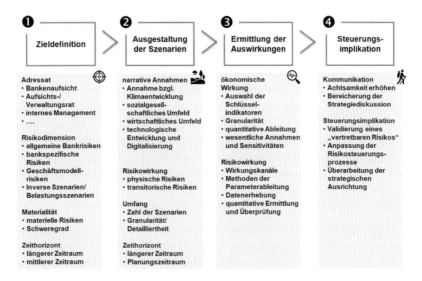

Abbildung A.18: Vorgehen einer Szenarioanalyse für Nachhaltigkeitsszenarien, vor allem Klimarisiko-Szenarien (Quelle: eigene Darstellung nach NGFS (2019b), S. 8)

266 Hinsichtlich der **Risikodimension** ist zu entscheiden, ob allgemeine Bankrisiken wie Kreditrisiken, Marktpreisrisiken und operationellen Risiken im Fokus der Analyse stehen, oder ob bankspezifische Risiken eine zentrale Rolle spielen sollen.[408] Ferner kann überlegt werden, die Säulen des bestehenden Geschäftsmodell einem Risikoszenario zu unterwerfen. Schließlich können auch inverse Szenarien oder Szenarien der Sanierungsplanung (»Belastungsszenarien«) entwickelt werden. In diesem Fall würden Liquiditätskennzahlen oder Kapitalkennzahlen des Instituts den aufsichtsrechtlichen Vorgaben nicht mehr entsprechen.

267 Darüber hinaus ist der **Zeithorizont** des betrachteten Szenarios zu definieren. Die Szenarien der NGFS sind auf ein Zeitintervall von 50 Jahre anlegt (2020 bis 2070).[409] Dies übersteigt die üblichen Zeithorizonte von Szenariobetrachtungen, die üblicherweise auf einen Zeitraum von drei bis fünf Jahren ausgelegt

---

408 Vgl. dazu auch *TCFD* (2017b), S. 7.
409 Vgl. etwa *PRA* (2019), S. 9.

sind.[410] Dieser Zeithorizont sollte auf Institutsebene zunächst für Klimaszenarien auch in Erwägung gezogen werden.[411]

In Risikomodellen, die in der Risikotragfähigkeit angesetzt werden, ist sogar eher ein Zeithorizont von einem Jahr vorherrschend. Zunehmend wird hier jedoch auch die **Lifetime-Perspektive** des Engagements in Betracht gezogen. So sieht IFRS 9 eine Risikobetrachtung vor, in der Wertberichtigungsbildung nach HGB ist dies zukünftig vorgesehen.[412] In der Risikotragfähigkeitsrechnung werden Verluste bei Nutzung eines barwertigen Ansatzes ebenfalls über diesen langen Zeitraum einbezogen – wenn auch nur in Form des erwarteten Verlusts.[413] Jedoch bildet der erwartete Verlust wiederum den Durchschnitt über alle denkbaren Entwicklungen – somit auch möglicher adverse Entwicklungen.

268

Daraus lässt sich erkennen, dass aus Sicht eines Kreditinstituts der denkbare maximale Betrachtungszeitraum durch die **maximale Laufzeit** der Geschäftsbeziehungen gegeben ist. Betreibt eine Bank demnach Kreditgeschäft im Bereich von drei bis fünf Jahren, so sollten Szenariobetrachtungen diesen Zeitraum einbeziehen. Laufen die Kontrakte 15 bis 20 Jahre, so sollte ein längerer Zeitraum für die Quantifizierung der Risiken in Betracht gezogen werden.[414] Betreibt ein Kreditinstitut auch Einkaufcenter oder andere Immobilien, so wären vermutlich Zeiträume von um die zehn Jahre sachgerecht – dies ist die durchschnittliche Zeit, bis solche Objekte wieder abgestoßen werden oder sich amortisieren sollten.

269

Im Fall, dass dieser Zeithorizont die **Nutzung der** finanzierten oder anderweitig geschäftlich genutzten **Objekte** deutlich unterschreitet, sind auch Entwicklungen darüber hinaus in die Szenarioanalyse einzubeziehen. Läuft etwa in drei Jahren eine Kfz-Finanzierung aus, so ist der Wert des Fahrzeuges durch die dann möglichen Entwicklungen in den Folgejahren beeinflusst. Beispielsweise kann eine verschärfte Gesetzgebung im Bereich der Abgaswerte den Nutzen

270

---

410 In der normativen Perspektive der Risikotragfähigkeitsrechnung sind es drei (bis vier) Jahre, vgl. *BaFin* (2018a) und *EZB* (2018a) und auch *Heithecker/Tschuschke* (2020). Aufsichtliche Stresstests haben bisher ebenfalls einen Zeithorizont von drei Jahren, vgl. *EBA* (2020g). Aus der Anforderung an eine adverse Entwicklung in der Kapitalplanung, vgl. *MaRisk* (2017) AT 4.1 Tz. 11 ergibt sich zumeist ein längerer Horizont, da die Kapitalplanung mindestens fünf und bis zu zehn Jahre abdecken sollte, vgl. *Büschelberger/Hortmann* (2015). Der Passus wurde in der Konsultation zur sechsten Novelle der *MaRisk* (2020) jedoch umformuliert.
411 Vgl. *EZB* (2020b), S. 20 und die dort genannten Beispiele, *EZB* (2020b), S. 35.
412 Vgl. *Meyer/Oziashvili/Portisch/Winkler* (2020).
413 Vgl. *BaFin* (2018a), Tz. 44 und *EZB* (2018a), Tz. 49.
414 Vgl. dazu auch die Hinweise der EZB zu Besonderheiten der Risikoart Klima- und Umweltrisiken, *EZB* (2020b), S. 20.

älterer Fahrzeuge einschränken, sodass der Restwert des Fahrzeugs sinkt. Dies würde den Wert der Sicherheit des Kfz-Kredits am Laufzeitende beeinflussen, aber auch die geschäftlichen Dispositionsmöglichkeiten einschränken. Beispielsweise würde der finanzielle Spielraum des Kunden am Laufzeitende eingeschränkt, da er das Kfz nur für einen niedrigeren Preis weiterverkaufen kann. Übernimmt ein Kfz-Händler das Fahrzeug zu einem vordefinierten Preis, so sinkt sein finanzieller Spielraum.

271 Somit ist also für die Messung von Nachhaltigkeitsrisiken die Laufzeit des Geschäfts oder die Laufzeit der finanzierten Vermögenswerte ein erster guter Richtwert; dieser Richtwert liefert den Höchstzeitraum, in dem Nachhaltigkeitsrisiken ein Kreditinstitut direkt oder indirekt treffen können. Darüberhinausgehende Perioden sind nur insofern von Bedeutung, wenn **strategische Betrachtungen** vorgenommen werden – dies ist für die Geschäftsstrategie in Grenzen relevant,[415] hat für die Messung der aktuellen Risiken aber eine untergeordnete Bedeutung. Je nach **Zielrichtung** der Nutzung der Stresstestergebnisse ist demnach ein kurz-, mittel- oder langfristiger Zeithorizont zu wählen.[416]

272 In einem zweiten **Schritt** ❷ der Szenarioanalyse ist die **Ausgestaltung der Szenarien** detaillierter zu definieren.[417] Zunächst sollten narrative Annahmen getroffen werden, die zunächst die klimatische Zukunftsperspektive festlegen muss. Zudem sind Vorgaben hinsichtlich des **sozialgesellschaftlichen Umfelds** zu treffen, welches auch das Verhalten der Konsumenten und die Entwicklung politischer Vorgaben einschließt. Schließlich ist das ökonomische Umfeld einschließlich der technologischen Entwicklung und Fortschreitens der Digitalisierung zu definieren. Für das Narrativ ist hier zudem eine Vorgabe hinsichtlich der **Art der Transformation** vorzusehen – geordnet oder ungeordnet. Die Annahmen sollten im Narrativ in sich konsistent sein. Je nach Szenarioausgestaltung sollte man sich jedoch von dem Ziel ausschließlich auf Basis des heutigen Standpunkts plausibler Annahmen lösen – andernfalls würden **disruptive, »unwahrscheinliche« Entwicklungen** von der Analyse ausgeschlossen.

---

415 Gerade in einem Kreditinstitut kann die Geschäftsstrategie aktuellen Veränderungen angepasst werden. Solange langfristig keine grundlegenden Entwicklungen eintreten, auf die strategisch nicht oder nur deutlich schlechter als Wettbewerber mittel- bis kurzfristig reagiert werden kann, scheint eine Betrachtung der Geschäftsstrategie über einen Zeitraum von 50 Jahren auch nicht zielführend. Eine Annahme einer »Constant Balance Sheet« oder »Fixed Balance Sheet« wie bei PRA (2019), S. 9, dürfte nur begrenzt aussagekräftig sein.
416 Vgl. *EZB* (2020b), S. 34 und 46.
417 Vgl. dazu auch *NGFS* (2020b), S. 12 ff.

Darüber hinaus ist zu überlegen, welche Entwicklungen bezüglich Nachhaltigkeitsrisiken über diesen Zeithorizont betrachtet werden sollen. Dabei sind Auswirkungen von physischen Risiken und transitorischen Risiken in die Betrachtung einzubeziehen. In diesem Zusammenhang ist die **aktuelle Geschäfts- und Risikostrategie** hinsichtlich Anfälligkeiten von Risikoereignissen und deren (physische und transitorische) Effekt auf Stakeholder der Bank und somit auf die Bank selbst zu analysieren. Sind Anfälligkeiten innerhalb des gewählten Zeithorizontes unklar oder vielfältig, so können parallel **mehrere Szenarien** analysiert werden – der Mehraufwand hält sich prozessual und rechnerisch zumeist in Grenzen und wir oftmals schon durch eine Vereinfachung der Diskussion bezüglich des »korrekten/bedeutendsten Szenarios« im Rahmen des Szenario-Setups eingespart.

Final sollte an dieser Stelle auch die **Zeitdimension** festgelegt werden. Dabei kann von der ursprünglichen Betrachtung des Zeithorizontes abgewichen werden – in der Regel ist zu überlegen, die Szenariorechnung auf einen kürzeren Zeitraum durchzuführen und im Gegenzug die ermittelten Ereignisse im Narrativ früher oder vorzeitig eintreten zu lassen.[418] Aufgrund der hohen Dynamik der Klimaveränderung und in der Klimapolitik dürfte dies grundsätzlich plausibel und zufriedenstellend möglich sein. Durch ein solches Vorgehen wird vermieden, dass aufgrund sehr langer Zeithorizonte Ergebnisse der Stresstests vor allem durch **unsichere Planungsannahmen** getrieben werden.

So liegen **verlässliche und abgestimmte Planzahlen** oftmals nur über einen Zeitraum von drei bis fünf Jahren vor.[419] Geht man hingegen davon aus, dass Klima- und Umweltrisiken vor dem Hintergrund der aktuellen Geschäftstätigkeit der Bank über zehn Jahre zu betrachten sind, so sind mögliche adverse Entwicklungen über diesen Zeitraum zu diskutieren. Schließlich kann man vereinfachend in der Szenarioanalyse davon ausgehen, dass diese Ereignisse bereits innerhalb der folgenden fünf Jahre eintreten.[420] Das Narrativ erscheint damit final eher unwahrscheinlich – schon wegen des kurzen Zeithorizonts. Die Wirkung potenziell zukünftiger Risiken sind im Gegenzug auf Basis **verlässlicher Plandaten** berechnet worden und geben einen Eindruck potenzieller adverser Entwicklungen durch Umwelt- oder Klimarisiken.

---

418 Einen solchen Ansatz nutzt der Klimastresstest 2018 der niederländischen Nationalbank, indem in Stresszenarien transitorische Effekte disruptiv innerhalb von fünf Jahren realisiert werden, vgl. *Vermeulen/Schets/Lohuis/Kölbl/Jansen/Heering* (2018), S. 18.
419 Vgl. *Schefe* (2017).
420 So weist die BaFin explizit darauf hin, dass der konkrete Ablauf der Entwicklung unsicher ist, vgl. *BaFin* (2019a), S. 30. Somit würde man die Diskrepanz der betrachteten Zeitintervalle, vgl. EBA (2020d), Tz. 93, überwinden.

276 Als dritter **Schritt** ❸ der Analyse ist die Messung der quantitativen Wirkung vorzusehen.[421] Dies kann zweistufig erfolgen. Zunächst ist die Auswirkung der Entwicklung auf das **ökonomische Umfeld** abzuschätzen.[422] Zu diesem Zweck sind zunächst die ökonomischen Schlüsselindikatoren festzulegen. Üblich sind hier die Wachstumsrate des BIP, die Arbeitslosen- oder Erwerbslosenquote und die Inflationsrate.[423] Darüber hinaus können Parameter definiert werden, die explizit die Nachhaltigkeitsrisiken adressieren.[424] In diesem Zusammenhang ist die Granularität dieser Parameter insbesondere hinsichtlich ihrer Regionalität zu definieren. Für die Schätzung der Parameter ist die Methode der Vorgabe dieser Variablen zu benennen. Bei der Ermittlung der Werte ist zu überlegen, wie bedeutend die konkrete Veränderung dieser volkswirtschaftlichen Schlüsselindikatoren für das bankindividuelle Szenario ist. Einzelne **Branchen** oder sogar Unternehmen können in besonderen Situationen sich eher unabhängig von der grundsätzlichen ökonomischen Ausrichtung entwickeln.[425] Vor dem Hintergrund der Szenariointention (vgl. Schritt ❶ und ❷) sind die konkreten Realisierungen dieser Werte im Szenario gegebenenfalls nicht so relevant.

277 Im Weiteren sind die Auswirkungen auf die **Risikotreiber bzw. Risikoparameter** zu schätzen.[426] Hierfür sind zunächst mögliche **Wirkungskanäle** bezüglich physischer und transitorischer Risiken auf die Risikoparameter zu diskutieren. Je nach Szenarioansatz kann zwischen einem so genannten »**Auswirkungsszenario**« mit vorrangig direkten Folgen von Nachhaltigkeitsrisiken, also physischen Risiken, oder »**Transitionsszenarien**«, bei denen Entwicklungs- und Transformationspfade einzelner Branchen bis zu einer nachhaltigen Wirtschaft analysiert werden, unterschieden werden.[427]

---

421 Ein Beispiel liefert hier der Klimastresstest der Die Niederländische Bank AG, vgl. für eine Beschreibung *EBA* (2020d), S. 65, Box 12.
422 Vgl. *NGFS* (2020b), S. 21 ff.
423 Hierbei handelt es sich um die häufig genutzten ökonomischen Kennzahlen, vgl. z. B. *EZB* (2020g).
424 Einen Überblick liefert *TCFD* (2017c), S. 9, bgl. auch *PRA* (2019), S. 13.
425 Vgl. dazu die divergierenden Entwicklungen während der Corona-Krise, *Ifo Institut* (2020) oder auch *Koerth* (2020).
426 Vgl. *NGFS* (2020b), S. 26 ff.
427 Vgl. *BaFin* (2019a), S. 30.

Risikoart	mögliche Effekte
Kreditrisiko aus Kundengeschäften	▪ erhöhte Ausfälle aufgrund eintretender physischer Risiken ▪ erhöhte Ausfälle aufgrund Anpassung des Geschäftsmodells (durch transitorischen Anpassungsdruck) ▪ grundsätzliche Verschlechterung der Bonität aufgrund steigender Risiken und Geschäftsmodelltransformationen
Emittenten-/Kontrahentenrisiko	▪ steigende Ausfallrisiken aufgrund physischer und transitorischer Risiken ▪ zusätzliches Credit Spread Risiko aufgrund dauerhaft höherer Risikoprämien
Zinsänderungsrisiko	▪ höhere Zinsvolatilitäten aufgrund steigendem Risikopotenzials ▪ dauerhaft Zinsen im negativen Bereich aufgrund geldpolitischer Stabilitäts- und Fördermaßnahmen.
Währungsrisiken	▪ steigende Währungsvolatilitäten und ggf. Währungsverfall aufgrund verändernder Wirtschaftlicher Prioritäten und Schwerpunkte ▪ Auswirkungen sind auch auf das Auslandsgeschäft und die Geschäftspartner gerade in der Exportindustrie zu prüfen
Sonstige Marktpreisrisiken	▪ Auswirkung von transitorischen und physischen Risiken auf Eigenanlagen der Bank
Operationelle Risiken	▪ erhöhte operationelle Verluste durch physische Risiken
Liquiditätsrisiken	▪ steigende Liquiditätsprämien durch Bonitätsaufschlag für »braune« Geschäftsfelder ▪ erhöhte Kosten zur Signalisierung »grüner« Geschäftsfelder

GRUNDLAGEN ZUR NACHHALTIGEN FINANZWIRTSCHAFT

Ertragsrisiken	• Veränderung der Volumina im Kreditgeschäft aufgrund anderer Kreditnachfrage • Veränderung der Marge im Kreditgeschäft aufgrund veränderter Kunden und Produktpositionierung • Anpassungen im Provisionsergebnis • veränderte Gemeinkosten
Institutsspezifische Risiken	• Je nach Geschäftsmodell des Kreditinstituts, Veränderungen beispielsweise möglich bei (direkten) Immobilienrisiken, Kfz-Restwertrisiken, etc.

Tabelle A.12: Überblick über Risikoarten im Stresstests unter Klima-/Umweltrisiken (Quelle: eigene Darstellung)

278 Ferner sind Methoden zur **Parameterableitung** auszuwählen[428] und entsprechend für diese Methoden Daten zu erheben. Aufgrund der häufig geringen Datenlage und fehlenden historisch analysierbaren statistischen Wirkungszusammenhänge dürften hier vor allem **Expertenanalysen** zu Einsatz kommen.[429] Diese Analysen können zumindest plausibilisiert werden, wenn grundsätzliche Risikoindikatoren als Vergleichsmaßstab herangezogen werden. Hier bieten sich Taxonomien und andere Standards an.[430] Insbesondere zur Ableitung hypothetischer Stressentwicklungen ist dies oftmals ein zu favorisierendes Verfahren, da statistische Verfahren auf Basis historischer Daten neuartige Entwicklungen oftmals nicht richtig abbilden.[431]

279 Komplexer wird die Kalkulation bei Nutzung von bisheriger Stresstestmodellen. In diesem Fall wird die Wirkung eines Nachhaltigkeitsszenarios auf **übliche Indikatoren** wie BIP und Inflationsrate sowie bedeutende Nachhaltigkeitsindikatoren wie den CO2-Preis für die Szenarien ermittelt. In einem nächsten Schritt kann die Auswirkung auf finanzielle Vermögenswerte wie Aktien und Anleihen, aber auch auf die Einkommenssituation der Unternehmen verschiedener Branchen extrapoliert werden.[432] Der in der Berechnung genutzte Detaillierungsgrad, die methodischen Annahmen und die gewählte Komplexität der

---

428 Eine Methodenübersicht am Beispiel des operationellen Risikos liefert *Heithecker* (2020), S. 281ff.
429 Vgl. *EZB* (2020b), S. 20 und auch EBA (2020d), Tz. 93.
430 Vgl. *EBA* (2020d), Tz. 99 ff.
431 Vgl. dazu schon die Kritik an quantitativen Modellen im Nachgang zur Finanzkrise 2007/2008, vgl. *Stulz* (2009) und *Taleb* (2008).
432 Vgl. *Vermeulen/Schets/Lohuis/Kölbl/Jansen/Heering* (2018/2019) sowie *Banque de France/ACPR* (2020a) und zusammenfassend beispielsweise *Banque de France/ACPR* (2020b), S. 23 ff.

Modellierung(en) sind dann bei der Bewertung des Ergebnisses zu berücksichtigen.[433]

Die Wirkung eines Szenarios auf die Risikolage kann systematisch anhand einer **Risikoartenliste** erfolgen. Beispielhaft ist so eine Liste in Tabelle A.12 mit denkbaren Konsequenzen dargestellt. Je Risikoart sind zum einen unmittelbare Verluste denkbar, zum anderen aber auch höhere Volatilitäten oder eine Verschiebung zu generell höheren Risiken. In den beiden letzten Fällen würde das Geschäftsmodell künftig auf einer höheren Risikoebene umgesetzt werden: die periodischen Risikokosten würden steigen, aber vermutlich auch die Eigenmittelunterlegung nach Säule 1 und der ökonomische Risikodeckungsmassenbedarf nach Säule 2. Ein weiterer wichtiger Aspekt ist die Entwicklung der Kreditnachfrage – ja nach Branche können sich durch Innovationsbestrebungen höhere Investitionsbedarfe ergeben. Zudem können Wettbewerber als Finanzierer von Segmenten mit erhöhten Klimarisiken oder von Branchen, die nicht der EU Taxonomie zur Nachhaltigkeit (»Green List«) unterliegen,[434] ausscheiden – in Geschäftsbereichen mit höheren Risiken kann in diesem Fall sogar das Kreditvolumen steigen.

Als vierten **Schritt** ❹ sind die Ergebnisse der Szenarioanalyse in den **Geschäfts- und Risikosteuerungsprozess** einzubringen. Dieser Schritt betrifft nicht mehr das originäre Ziel des »Messens und Wiegens«, sondern ist ein der Quantifizierung und der Risikoermittlung nachgelagerter Prozessschritt. Durch die **Kommunikation** der Szenarioergebnisse wird die Achtsamkeit für die Thematik erhöht und die Diskussion über die strategische Ausrichtung des Unternehmens beeinflusst. In der Risikosteuerung prüft das Resultat zunächst, ob die bestehende Geschäftsstrategie vor dem Hintergrund der Kapitalausstattung und Ertragskraft »hinnehmbare« Risiken auch in Bezug auf Nachhaltigkeits- und speziell Klimarisiken begründet. Aktiv können die Risikosteuerungsprozesse zur Minimierung der Risiken angepasst werden oder sogar die Geschäftsstrategie bezüglich einiger Geschäftsfelder angepasst werden.[435]

c) Messung von Nachhaltigkeitsrisiken in internen Risikomodellen

Neben Szenarioanalysen können die Auswirkungen von ESG-Risiken auch in den **Methoden zur Messung der Risiken** integriert werden. Erschwert wird

---

433 Vgl. Ein Beispiel liefern *Vermeulen/Schets/Lohuis/Kölbl/Jansen/Heering* (2018), S. 52 und *EBA* (2020d), S. 65, Box 12.
434 Vgl. zur Divergenz von »Gewinnern und Verlierern« etwa *Büttner* (2019).
435 Vgl. dazu den Ausstieg von Großbanken aus der »Kohlefinanzierung«, vgl. *Hecking* (2020) und *Osman* (2020).

dieses Ansinnen aufgrund fehlender empirischer Daten, die häufig zur Kalibrierung solcher Modelle genutzt werden.[436] Liegen keine ausreichenden empirischen Erkenntnisse vor, so können Effekte auf Basis von Szenarioanalysen, Simulationsmodellen oder auf Expertenmeinungen integriert werden.[437] Die Anpassungen sind jedoch in diesem Fall hohen **Modellrisiken** ausgesetzt, etwa in Form fehlerhafter oder unzutreffender Modelleingangsdaten (Datenrisiko) oder aufgrund eines falschen Modells (Spezifikationsrisiko).[438] Dies ist insbesondere dann kritisch, wenn Entscheidern diesen Anpassungen nicht bekannt sind oder im Rahmen der operativen Geschäftstätigkeit im Einzelfall nicht geläufig sind (Anwendungsrisiko).

283 Einen Überblick über denkbare Anpassungen in Risikomodellen oder in der Nutzung bestehender Modelle mit Berücksichtigung neuer Sachverhalte aus ESG-Risiken sind in Tabelle A.13 beispielhaft dargestellt.

284 Im **Kreditrisiko** ist eine Anpassung der Modelle auf Ebene der einzelnen statistischen Risikoparameter und auch im Portfoliomodell möglich.[439] Auf Ebene der Risikoparameter können Rating- und Scoringmodelle und damit die **Ausfallwahrscheinlichkeit** angepasst werden,[440] beispielsweise auf Basis erhöhter Kosten durch CO_2-Besteuerung und damit verbundener sinkender operativer Cashflows. Zahlungs- oder liquiditätsbasierte Rating- und Scoringsysteme können solche Effekte besser abbilden[441] als Kennzahlen-orientierte Systeme. Ein Beispiel für Cashflow-orientierte Bewertungen sind Scoringsysteme im Verbraucherkundenbereich, bei denen Ergebnisse der Haushaltsrechnung eingehen.

285 Bei Kennzahlen basierten Systemen können Abschätzungen auf die **Ertrags- und Liquiditätskennzahlen** ermittelt werden.[442] Die Veränderungen können in einem weiteren Schritt in der kurzfristigen und langfristigen Rating- und Scoringnote berücksichtigt werden.[443] Liegen keine unmittelbaren Informationen zur unmittelbaren Anpassung der Einflussfaktoren der Rating- oder Scoringbewertungen vor, so können auf Basis von Simulationsrechnungen einzelner

---

436 Vgl. dazu auch den Hinweis zum Aufbau einer Datenbank durch die *EBA* (2020b), *EBA* (2020d), Tz. 229 ff. und *TCFD* (2017b), S. 35.
437 Vgl. dazu auch die Hinweise der EZB, *EZB* (2020b), S. 35.
438 Vgl. zu Modellrisiken auch die Ausführungen bei *Heithecker/Tschuschke* (2015) und *Heithecker* (2019b).
439 Vgl. *EZB* (2020b), S. 12.
440 Vgl. *EZB* (2020b), S. 39 und *BaFin* (2019a), S. 27.
441 Vgl. *S-Rating und Risikosysteme* (2020) oder auch *Bornett/Bruckner/Hammerschmied/Masopust* (2007).
442 Beispielsweise kann die Auswirkung von Energieeffizienzstandards einkalkuliert werden, vgl. *EZB* (2020b), S. 12. Grundsätzlicher zeigen dies *Colas/Khaykin/Pyanet* (2019), S. 15 und *KPMG* (2020b), S. 20.
443 Vgl. *Colas/Khaykin/Pyanet* (2019), S. 13 und *PRA* (2018), S. 16.

Kunden oder Kundengruppen Abschätzungen getroffen werden. Darüber hinaus kann anhand von Nachhaltigkeits-Indikatoren oder qualitativer Assessments ein Nachhaltigkeitsscore ermittelt werden.[444]

Risikoart	mögliche Anpassungen
Kreditrisiko	• Systemischer Risikozuschlag für bestimmte Branchen, die von der Anpassung erheblich betroffen sind. • Berücksichtigung von Transformationskosten, erhöhten Energiekosten und CO_2-Kosten in der Finanzbewertung • Berücksichtigung vom ESG-Risiken in der Governance im Rahmen der qualitativen Fragen im Rating • Erhöhte Korrelationen im Kreditportfoliomodell aufgrund von ESG-Risikoereignissen • …
Sicherheitenrisiko	• Höheres Ausfallrisiko bei Sicherheitengebern (z. B. bei Garantien) • Abwertung von physischen Assets wegen möglicherweise geringerer Ertragswerte durch höhere Kosten (z. B. für Energie) • Risiko von akuten Wertverlusten bei physischen Sicherheiten wegen verlorener Vermögenswerte • …
Emittenten-/ Kontrahentenrisiko	• Ähnliche Effekte wie im Kreditrisiko, zudem • Höhere finanzielle Risiken durch Veränderungen am Kapitalmarkt im Finanzrating • Steigende Reputationsrisiken durch gesellschaftliche Veränderungen im qualitativen Rating • …

---

444 Dies mündet in die so genannte ESG-Exposure-Methode, vgl. *EBA* (2020d), Tz. 131 ff. und verbindet Nachhaltigkeitsratings mit herkömmlichen Ratingansätzen.

Zinsänderungsrisiko	- Langfristiges Zinsänderungsrisiko wird durch monetäre Maßnahmen beeinflusst, allerdings: in den letzten Jahren gab es schon vermehrt radikale Eingriffe am Kapitalmarkt - …
Marktpreisrisiken	- Erhöhte Volatilitäten durch ESG-Risikoereignisse - Abwertung einzelner Branchen im Rahmen der Transformation - ….
Operationelle Risiken	- Durch ESG-Risikoereignisse höhere Schadensfälle im Rahmen des Self Assessments - …
Liquiditätsrisiken	- Höhere Volatilitäten auf den Liquiditätsprämien durch schwankendere Credit Spreads durch ESG-Risikoereignisse - Im Fall von Risikoereignissen erhöhte Abzüge von Geldanlagen

Tabelle A.13: Anpassungsmöglichkeiten in Risikomodellen relevanter Risikoarten
(Quelle: eigene Darstellung)

286 Das ursprünglichen Rating- oder Scoringresultat kann dann pauschal angepasst werden.[445] Die Herausforderung dieser Verfahren ist, dass in diesem Fall auf Basis bestehender Modelle für einen neuen Sachverhalt Anpassungen vorgenommen werden, ceteris paribus sich dieses Modell jedoch als unzureichend erweisen könnte **und möglicherweise ungenaue Risikowerte** liefert. Entsprechend empfiehlt es sich in einem ersten Schritt, solche Erkenntnisse eher in den bereits diskutierten Stresstests einzusetzen.

287 Darüber hinaus ist zu überlegen, unter »**Lenkungsgesichtspunkten**« pauschal für Finanzierungen mit erhöhten Nachhaltigkeitsrisiken Risikoaufschläge für Parameter vorzusehen.[446] Allerdings sinkt in diesem Fall die Aussagekraft und Transparenz der Risikoparameter. Besser erscheint es, die Lenkungspreise oder

---

445 Vgl. *EBA* (2020d), Tz. 238.
446 Vgl. *EZB* (2020b), S. 36, Kasten 7.

Lenkungsparameter in Form von so genannten **»Schatten-Ausfallwahrscheinlichkeiten«** lediglich im Kreditgewährungsprozess und in der Kreditbearbeitung zu berücksichtigen.[447]

Ähnliche Vorgehensweise bieten sich für die Modellierung der Verlustquote bei Ausfall und der Sicherheiten an, die die Ausfallquote beeinflussen.[448] Gerade bei Sachsicherheiten kann eine Abschätzung der Auswirkung beispielsweise erhöhter Energiekosten ermittelt werden,[449] etwa über ein **Diskontierungsmodell** der zukünftigen Aufwendungen, etwa aus einer Cost-of-Ownership-Betrachtung[450] oder im Rahmen von Life-Cycle-Costing, Vollkostenrechnungen oder dem Ertragswertverfahren. Weitere Bestandteile der Verlustquote haben ähnliche Abhängigkeiten wie die Ausfallwahrscheinlichkeit – hier geht es vor allem um die Gesundungswahrscheinlichkeit von Krediten. Einflussfaktoren auf die Auswallwahrscheinlichkeit werden somit auch hier nutzbar sein.

Ähnliche Ansätze bieten sich auch für das Emittenten- und Kontrahentenrisiko an, wo neben den klassischen ausfallinduzierenden Faktoren noch zusätzliche Effekte aus **Credit Spread Risiken** zu beachten sind.[451] So ist bei Unternehmen mit geringen **ESG Rating** ein wachsender Credit Spread zu beobachten.[452] Vor diesem Hintergrund ist auch mit höheren Risiken bei Schuldnern und Kontrahenten auszugehen, die in stärkerem Maße physischen oder transitorischen Risiken ausgesetzt sind. Dieses Risiko kann durch Risikoaufschläge zusätzlich in Risikomodellen inkludiert werden. Vor diesem Hintergrund ist es wichtig, dass für die Adressen ESG-Ratings verfügbar sind.

Allerdings zeigen Studien, dass ESG-Einflüsse bereits heute in den Credit-Spreads inkludiert sind – auf historische Daten beruhende Risikomodelle würden in diesem Fall bereits den Effekt ausreichend berücksichtigen. Fraglich ist, ob mit zunehmender Verbesserung der Datenlage und der Methoden für ESG-Ratings[453] die Auswirkungen zunehmen und somit zukunftsblickend mit stärkeren Auswirkungen zu rechnen ist. Mit einer steigenden Anzahl der Krisen,

---

447 Vgl. *EZB* (2020b), S. 38f., insbesondere Kasten 8 und auch *EZB* (2020b), S. 40. Eine Alternative, weniger »subjektive« Lenkung kann über Strukturlimite gelingen, vgl. *BaFin* (2019a), S. 23.
448 Vgl. *EZB* (2020b), S. 39 und *EBA* (2020d), Tz. 238.
449 Vgl. *PRA* (2018), S. 27.
450 Vgl. etwa *Wikipedia.de* (2020h), als Beispiel etwa *M-Five GmbH* (2017) oder *Kreyenberg* (2016).
451 Vgl. *EZB* (2020b), S. 42.
452 Vgl. *Bart/Hübel/Scholz* (2020), *Reznick/Viehs/Chockalingam/Panesar/Lizarazu/Moussavi* (2020) und auch *Macquire Investment Service* (2018).
453 Vgl. etwa die Vorgaben und Ansätze der *PRI* (2019).

die durch ESG-Ereignisse hervorgerufen werden, ist zudem ein häufigerer Anstieg der Credit-Spread-Volatilitäten möglich.[454] Ob solche Entwicklungen in bestehenden Modellen bereits ausreichend abgebildet sind, ist zu prüfen.

291 Das **Zinsänderungsrisiko** bildet neben dem Credit Spread einen weiteren Bestandteil des Risikos auf Festzinsprodukten ab. Das Zinsänderungsrisiko betrifft – anders als Credit Spread Risiken – das gesamte Bankportfolio, da im Rahmen der ökonomischen Perspektive alle Cashflows zinstragender Geschäfte betrachtet werden.[455] Zudem wirkt sich das Zinsniveau auch normativ aus, zum einen über die Ergebnisse der ökonomischen Perspektive auf die normativen aufsichtsrechtlichen Kapitalzuschläge[456] und zum anderen auf die Ertragsstärke.[457] Grundsätzlich ist davon auszugehen, dass im derzeitigen Umfeld die Zinsen weiterhin auf einem niedrigen Niveau verharren.[458] Im Fall von Krisen wird in der Regel die Basiszinskurve durch Notenbankinterventionen weiter verringert.[459] Vor diesem Hintergrund ist nicht zu erwarten, dass Zinsänderungsrisiken wieder steigen – oder durch ESG-Risiken beeinflusst werden.

292 Bei der Modellierung von **Marktpreisrisiken** sind in den internen Modellen Effekte insbesondere aus möglicherweise verstärkt auftretenden Risikoereignissen zu berücksichtigen.[460] So können Nachhaltigkeitsrisiken das Angebot und die Nachfrage an Finanzinstrumenten beeinflussen.[461] Vor diesem Hintergrund ist die Angemessenheit bisher genutzter Modelle zu prüfen – die beobachteten Kursausschläge in der Corona-Pandemie ergeben einen Anlass dazu.[462] Ferner ist es möglich, dass aufgrund der Veränderungsprozesse und damit einhergehenden transitorischen Risiken in einigen Branchen größere Bewertungsanpassungen erfolgen.[463] Solche langfristigen Prozesse betreffen die eher kurzfristig ausgelegte Marktrisikobeurteilung von 10 Tage bis 1 Jahr[464] allerdings nicht. Denkbar sind jedoch im Fall von eintretenden Risikoereignissen weiter erhöhte

---

454 Vgl. dazu etwa die Beobachtungen in der jüngsten Corona-Pandemie, vgl. *Kothari* (2020).
455 Vgl. *BaFin* (2018a) und *EZB* (2018a).
456 Vgl. beispielsweise *Wimmer* (2017) für LSI.
457 Vgl. *Bielmeyer/Stappel* (2020). Methodisch sei hinzugefügt, dass ein niedriges Zinsniveau generell kein Problem darstellen muss – solange negative Zinsen an den Kunden weitergegeben werden und die Zinskurve nicht zu sehr abflacht. Beide Effekte liegen jedoch aktuell gegenteilig vor.
458 Vgl. *Rudolf* (2020).
459 Vgl. *Winzer* (2020).
460 Vgl. *EZB* (2020a), S. 13.
461 Vgl. *EZB* (2020a), S. 45.
462 Vgl. *Maifarth* (2020), aber auch *Reuse/Frere* (2020).
463 Vgl. *Hübner* (2017) und *EZB* (2020a), S. 12.
464 Vgl. *CRR* (2013), Art. 224, diskutiert auch in *Heithecker* (2007), S. 94 ff. und *BaFin* (2018a), S. 16 bzw. *Deutsche Bundesbank* (2019f), S. 33.

Kursauschläge in betroffenen Branchen und Unternehmen.[465] Risikomodelle sollten daraufhin geprüft und erweitert werden.

Die **Liquiditätsrisiken** werden können ähnlich behandelt werden wie Credit-Spread-Risken, in diesem Fall sind jedoch die Zinsgeschäfte mit der Bank als Emittent oder Schuldner betroffen. Die von der Bank selbst zu zahlenden Zinsaufschläge können sich durch nachhaltige Entwicklungen verändern.[466] Dies resultiert zum einen aus einer möglichen **Nachfrageänderung**. Institute mit einem hohen nachhaltigen Engagement in allen Bereichen – Umwelt, Klima, Gesellschaft und Soziales und Unternehmensführung – können bei Verbraucherprodukten (Tagesgeldeinlagen, Spareinlagen) auf erhöhte Nachfrage treffen, die es gegebenenfalls ermöglicht, Niedrigzinsentscheidungen durchzusetzen. Allerdings können auch Risikoereignisse Angebotsschocks im Einlagengeschäft auslösen.[467]

293

Bei **marktgängigen Refinanzierungen**, etwa über unbesicherte oder besicherte Anleihen (ABS, Pfandbriefe), ergeben sich Vorteile, wenn die Produkte »grün« gekennzeichnet werden können.[468] Entsprechend wäre zu erwarten, dass die Nachfrage nach Refinanzierungstiteln von Banken ohne größeren nachhaltigen Engagements sinkt.[469] Aus Sicht der Liquiditätskosten stellt eine solche Entwicklung noch kein größeres Risiko dar – die Refinanzierung wird nur teurer oder billiger, welches gegebenenfalls das Geschäftsmodell beeinflussen kann.[470] Aufgrund kurzfristiger Veränderungen in der Nachfrage könnte jedoch auch die **Volatilität** der eigenen **Liquiditätsspreads** steigen. Mittelfristig ist zu prüfen, ob solche Effekte in der Bestimmung des Liquiditätsrisikos integriert werden.[471]

294

Aufgrund eines gestiegenen Marktpreisrisikos können sich zudem Bewertungsanpassungen in Stresssituationen ergeben. Dadurch kann der Wert des Liquiditätspuffers beeinträchtigt werden – die Notreserve schrumpft in diesem Fall im Stressfall.[472]

295

---

465 Vgl. *EBA* (2020d), Tz. 239 f.
466 Vgl. *EZB* (2020a), S. 13.
467 Vgl. *EZB* (2020a), S. 48 und *EBA* (2020d), Tz. 245.
468 Vgl. dazu auch die Darstellungen in den Kapiteln E.I und E.IV dieses Herausgeberbandes.
469 Vgl. *EBA* (2020d), Tz. 243.
470 Daraus resultiert dann ein so genanntes Geschäftsmodellrisiko, vgl. *EZB* (2020a), S. 12, 19 ff. und eher generell *Heithecker/Fiebig* (2019) und *Heithecker/Tschuschke* (2019).
471 Zur umfassenden Diskussion des Liquiditätsmanagements unter Nachhaltigkeitsaspekten vgl. Kapitel D.VII dieses Herausgeberbandes.
472 Vgl. *EZB* (2020a), S. 48.

GRUNDLAGEN ZUR NACHHALTIGEN FINANZWIRTSCHAFT

296 Je nach Geschäftsgebiet, Kundengruppe und eigene Lokation dürften auch die Modelle **operationeller Risiken** betroffen sein. Auswirkungen auf diese Risikoart wurden in Abschnitt 3 dieses Kapitels und im vorangegangenen Abschnitt zu Szenarioanalysen bereits ausführlich erörtert. Da die operationellen Risiken in der modellorientierten Quantifizierung auch grundlegend auf Szenarioanalysen basieren, etwa im Rahmen der die Erhebung potenziell eintretende Schäden über Self-Assessments, knüpfen Erweiterungen der Risikomodelle hinsichtlich Nachhaltigkeitsrisiken an Erkenntnissen aus Stresstests an.[473] Neben einer sinnvollen und ausgewogenen, ggf. durch empirische Analysen und Prognosemodellen gestützten Erhebung von möglichen Schäden sind die Schadensfallverteilungen hinsichtlich der korrekten Abbildung solcher Ereignisse zu prüfen. In diesem Zusammenhang sollten auch die Pläne zur **Aufrechterhaltung des Geschäftsbetriebs** und die sich daraus ergebenden Kosten angepasst und überarbeitet werden.[474]

297 Neben diesen klassischen Risiken kann eine verfehlte oder unzureichende Berücksichtigung von Nachhaltigkeitsthemen zu einer **Schädigung der Reputation** führen.[475] Diese treten jedoch in erster Linie nicht in Folge von schlagend werdenden transitorischen oder physischen Risiken auf, sondern ergeben sich aus einem durch die Gesellschaft – bzw. durch den an dem betrachteten Kreditinstitut beteiligten Teil der Gesellschaft, die Stakeholder – nicht tolerierten Verhalten in Bezug auf Nachhaltigkeitsthemen. Reputationsrisiken resultieren somit aus dem Umgang mit der so genannten **Corporate (Social) Responsibility** (CSR), d. h. der Übernahme der gesellschaftlichen Verantwortung an sich unabhängig von gesetzlichen Anforderungen oder über gesetzliche Anforderungen hinaus.[476] Reputationsrisiken können im Zusammenhang mit den Geschäften des Kreditinstituts selbst – etwa bei der Finanzierung von Streubombenherstellern – oder aus den angebotenen Produkten resultieren.[477]

298 Reputationsrisiken werden in der Regel nicht durch eigene Modelle gemessen,[478] da – wie bei Nachhaltigkeitsrisiken – Effekte üblicherweise in anderen Risikoarten schlagend werden, beispielsweise im Ertragsrisiko (bzw. dem Volumens- und Margenrisiko) oder operationellem Risiko.[479] Eine Berücksichtigung

---

473 Vgl. *Heithecker* (2019).
474 Vgl. *EZB* (2020a), S. 42.
475 Vgl. *EZB* (2020a), S. 43, *EBA* (2020d), Tz. 242 oder auch *PRA* (2018), S. 25.
476 Vgl. *Martens/Kleinfeld* (2018).
477 Vgl. *EZB* (2020a), S. 43.
478 Vgl. *Fiebig/Heithecker* (2019), S. 189 und 196 sowie *Heithecker/Tschuschke* (2020), S. 886. Einen theoretischen Ansatz liefert *Urban* (2016). Im operationellen Risiko integrieren es *Eckert/Gatzer* (2015).
479 Vgl. *Heithecker/Tschuschke* (2020), S. 889.

kann demnach pauschal über einen **Add-On-Faktor** auf den Risikobetrag aller modellbasierten Risikoarten erfolgen. Dieser Faktor kann dynamisch in Abhängigkeit von einem institutsindividuellen Reputationsindex[480] gestaltet werden. Dieser Reputationsindex sollte nicht nur Bewertungen des ´Kreditinstituts selbst, sondern auch die Tätigkeiten und Geschäftsfelder der Kunden und weiteren Stakeholder beinhalten.[481] Alternativ können Auswirkungen von nachhaltigkeitsbezogenen Reputationsrisiken auch über **Szenarioanalysen** untersucht werden.[482]

5. Abschließender Überblick über Nachhaltigkeitsrisiken

Mit Fortschreiten des Klimawandels nehmen Umwelt- und Klimarisiken bei der Betrachtung möglicher zukünftiger adverser Entwicklung eine immer größere Bedeutung ein. Diese werden in Form von **Risikoereignissen**, so genannten physischen Risiken, und **transitorischen Risiken**, d. h. aufgrund der Anpassung der Umwelt und Gesellschaft und den damit einhergehenden Auswirkungen auf Unternehmen und Kreditinstituten, schlagend.

Neben den Umwelt- und Klimarisiken sind verstärkt auch **gesellschaftliche Risiken** von Bedeutung. Diese resultieren beispielweise aus einer wachsenden sozialen und politischen Instabilität, aber auch aus der wachsenden Weltbevölkerung. Auch diese Risiken werden offenbar in Risikoereignissen schlagend – und sie bewirken **Veränderungen** im wirtschaftlichen und gesellschaftlichen Umfeld, die auf Unternehmen und Kreditinstituten wirken. Ursache von ökologischen und sozialen Risiken sind somit teilweise identisch, deren **Risikoeffekte interagieren** darüber hinaus.

Risiken, die sich aus der Unternehmensführung ergeben – so genannte **Governance-Risiken** – sind häufig keine eigenständige Risikoursache, sondern begründen sich oftmals in **sozialem oder ökologischem Fehlverhalten**. Entsprechend bilden sie im engeren Sinn keine eigene Risikokategorie oder Ereigniskategorie, wie dies in der Praxis- und Literatur in der Regel vorgenommen wird. Vor dem Hintergrund, dass jedoch eine unsachgemäße Governance Auslöser von erhöht schlagend werdenden Risikoereignissen sind, dürfte die Zuweisung einer eigenen Risikokategorie zu rechtfertigen sein.

ESG-Risiken wirken in verschiedenen Formen auf Kreditinstitute und deren Geschäftsmodell. In seltenen Fällen ist eine direkte erhebliche Konsequenz aus

---

480   Vgl. *Urban* (2016).
481   Vgl. *EZB* (2020a), S. 43.
482   Vgl. *Fiebig/Heithecker* (2019), S. 224.

Risikoereignissen und transitorischen Anpassungen zu erwarten – zumal Kreditinstitute aufgrund schon bestehender Regelungen etwa zum Business Continuity Management oder durch die fortwährende Anpassung der Prozesse auf gesetzliche Änderungen und durch ihre Kunden- und Geschäftsausrichtung, hier »trainiert« und vorbereitet sind. Wesentlich bedeutender sind Auswirkungen, die die Kreditinstitute über ihre **Stakeholder** treffen – insbesondere ihre Kunden und Investoren. Das Resultat schlagend werdender Risikoereignisse (physische Risiken) und transitorischer Veränderungen auf diese Anspruchsgruppen ist demzufolge zu analysieren, wenn der Effekt von Nachhaltigkeitsrisiken untersucht werden soll.[483]

303 Als Ansätze zur Messung solcher Auswirkungen eignen sich vor allem **Szenario-analysen**. Das gewählte Szenario kann im Zusammenhang mit der Reaktion und damit verbundenen Entwicklung der Gesellschaft und Politik gestaltet werden. Denkbar sind relativ abrupte Anpassungen des Umfelds vor dem Hintergrund kurzfristig zu erreichender Klimaziele. Alternativ können Szenarien für eine frühzeitige, aber längerfristige Veränderung in Betracht gezogen werden. Neben diesen transitorischen Entwicklungen können physische Risiken in Form von Risikoereignissen individuell und einzeln, oder im Fall einer **wiederkehrenden Häufung**, untersucht werden. In letzterem Fall ist auch mit einer Anpassung des gesellschaftlichen und ökonomischen Umfelds zu rechnen.

304 Um die Auswirkungen **langfristiger Szenarien** zu analysieren, können mögliche Entwicklungen über einen längeren Zeitraum für eine Stresstestrechnung auf einen kürzeren Planungshorizont projiziert werden. Diese Vorgehensweise ist vorteilig, da in diesem Fall Planungsunsicherheiten über einen längeren Zeitraum für die Umsetzung der Stresstestrechnung umgangen werden, aber trotzdem Konsequenzen möglicher Entwicklungen auch quantitativ diskutiert werden können. Alternativ können längerfristige Planungsszenarien relativ einfach unter der so genannten »**Constant-Balance-Sheet**«-Annahme entworfen werden. In diesem Fall wird in einer Geschäftssimulation das auslaufende Geschäft durch ein identisches Neugeschäft ersetzt. In beiden Fällen ist der Effekt von Risikoszenarien auf das bestehende Geschäftsmodell nur **abstrakt** abschätzbar, da übliche Anpassungen auf das Umfeld durch ein Kreditinstitut nicht einbezogen werden.

---

483 Vgl. zu Auswirkung von Nachhaltigkeitsrisiken auf das Geschäftsmodell auch die Ausführungen in Kapitel C.I dieses Herausgeberbandes.

Risikomodelle sollten an verschiedenen Stellen auf die Auswirkung von Nach- 305
haltigkeitsrisiken überprüft werden, da qualitativ **Wirkungsketten von Nachhaltigkeitsrisiken** in bestehende Risikoarten aufgezeigt werden können. Inwieweit bestehende Modell diese Effekte bereits abbilden, ist über die folgenden Jahre zu prüfen. Eine frühzeitige Einbindung von Nachhaltigkeitseffekten, die nicht auf empirischen Erkenntnissen beruht oder nur simulativ nachweisbar ist, birgt hohe Modellrisiken. In diesem Fall sollten vielmehr in Szenario- und Sensitivitätsanalysen potenzielle Veränderungen analysiert werden.

Schließlich wird durch Nachhaltigkeitsrisiken der Risikokosmos bestehender 306
Risiken und Risikoereignisse nicht erweitert, das **Gewicht ihrer Bedeutung** dürfte sich jedoch verschieben. Interne Prozesse zur Risikoquantifizierung als wichtiger Bestandteil des Risikokreislaufes sind entsprechend anzupassen und zu erweitern.

B.

Ganzheitliche Perspektiven zur Implementierung einer Nachhaltigen Finanzwirtschaft

B. Ganzheitliche Perspektiven zur Implementierung einer Nachhaltigen Finanzwirtschaft

I. Ansatz zur Berücksichtigung der Nachhaltigkeit in der Bankenaufsicht[484]

1. Hintergrund

Im Zuge einer Transformation der gegenwärtigen Finanzwirtschaft in eine nachhaltige Finanzwirtschaft werden aktuell von der Bankenaufsicht sowohl national (BaFin, Deutsche Bundesbank) als auch europaweit (EZB, EBA) diverse Ansätze diskutiert, inwieweit auch Änderungen der regulatorischen Rahmenbedingungen zu einer Förderung von Kreditvergaben an nachhaltig operierende Kreditnehmer führen können. Das Kapitel behandelt vor diesem Hintergrund insbesondere regulatorische Ansätze in der **Risikogewichtung** von Risikopositionen mit Adressenausfallrisiken und die Erweiterung der **Offenlegungsverpflichtungen** der CRR um Nachhaltigkeitsaspekte im Sinne einer in Säule 3 der Baseler Eigenkapitalvorschriften abzielenden Marktdisziplinierung in Richtung einer nachhaltigen Finanzwirtschaft. Ergänzend wird auf indirekte Auswirkungen von Nachhaltigkeitsaspekten bei der Ermittlung der Risikopositionen mit Adressenausfallrisiken wie z. B. die Bewertung von Sicherheiten und ihre Berücksichtigung als Kreditrisikominderungsmaßnahmen eingegangen.

2. Risikogewichtung von Risikopositionen mit Adressenausfallrisiken

a) Regulatorische Vorgaben

Zur Bestimmung der Eigenmittel-Anforderungen gemäß CRR[485] müssen Institute zur Ermittlung ihrer risikogewichteten Aktiva bzw. Risk weighted assets (RWA) eine Risikogewichtung u. a. für ihre Risikopositionen mit Adressenausfallrisiken vornehmen. Hierfür bestehen zwei Ansätze, die sich in der Methodik der Risikogewichtsermittlung unterscheiden. Es handelt sich dabei um den **Kreditrisiko-Standardansatz** und den **IRBA**[486].

---

484 Autoren: *Wolfgang Otte* und *Alexander Schmid*. Die Ausführungen geben ausschließlich persönliche Auffassungen wieder. Für Rückfragen oder Anregungen sind die Autoren unter den E-Mail-Adressen Wolfgang.Otte@bdo.de und Alexander.Schmid@bdo.de erreichbar.
485 *CRR* (2013/2017) und *CRR II* (2019).
486 Internal Ratings Based Approach.

GANZHEITLICHE PERSPEKTIVEN ZUR IMPLEMENTIERUNG

309 Im Kreditrisiko-Standardansatz werden die Risikogewichte für Risikopositionen mit Adressenausfallrisiken auf der Basis von anerkannten externen Ratings ermittelt, die gemäß den Bestimmungen der CRR in sogenannte Bonitätsstufen überführt werden (Artikel 113ff. CRR). Externe Ratings werden in diesem Zusammenhang von Ratingagenturen wie Standard & Poor's, Moody's oder Fitch Ratings erstellt und von Instituten, die den Kreditrisiko-Standardansatz anwenden, verwendet.

310 Im Gegensatz zum Kreditrisiko-Standardansatz werden im IRBA für die Ermittlung der Risikogewichte interne Parameter verwendet. Bei diesen internen Parametern handelt es sich gemäß Artikel 151ff. CRR um die Ausfallwahrscheinlichkeit (PD – Probability of default), die Verlustquote pro Ausfall (LGD – Loss given default) und die effektive Restlaufzeit. Die PD und die LGD basieren auf historischen Daten zu Forderungsausfällen von Kreditnehmern. Innerhalb des IRBA wird unterschieden zwischen dem Basis-IRBA, bei dem nur die PDs intern ermittelt werden und die restlichen Parameter aufsichtlich vorgegeben sind und dem fortgeschrittenen IRBA, bei dem alle Parameter intern ermittelt werden. Die Verfahren zur Ermittlung der internen Parameter und zur Anwendung des IRBA unterlaufen gemäß Artikel 142ff. CRR vor Anwendung im regulatorischen Meldewesen einem bankaufsichtlichen Genehmigungsprozess.

311 Anforderungen an die Behandlung von Nachhaltigkeitsrisiken für Säule 1 wurden in die am 27.06.2019 in Kraft getretene CRR II in Artikel 501c[487] aufgenommen. Gemäß Artikel 501c hat die EBA den Prüfungsauftrag erhalten, »ob eine spezielle aufsichtliche Behandlung von Risikopositionen im Zusammenhang mit Vermögenswerten oder Tätigkeiten, die im Wesentlichen mit ökologischen und/oder sozialen Zielen verbunden sind, gerechtfertigt wäre.«[488] Die Prüfung der EBA basiert auf den verfügbaren Daten und den Ergebnissen der Expertengruppe der Kommission für ein nachhaltiges Finanzwesen. Prüfungsschwerpunkte sind:

- Methoden für die Bewertung der tatsächlichen Risikobehaftung von Risikopositionen mit Nachhaltigkeitsrisiken im Vergleich zur Risikobehaftung von anderen Risikopositionen,

---

[487] Aufsichtliche Behandlung von Risikopositionen im Zusammenhang mit ökologischen und/oder sozialen Zielen.
[488] Zu den Auswirkungen von Klima- und Umweltrisiken vgl. auch den Beitrag in Kapitel D.IV dieses Herausgeberbandes.

- die Entwicklung geeigneter Kriterien für die Bewertung von **physischen Risiken** und **Transitionsrisiken**, einschließlich der Risiken im Zusammenhang mit dem Wertverlust von Vermögenswerten aufgrund regulatorischer Änderungen,
- potenzielle Auswirkungen einer speziellen aufsichtlichen Behandlung von Risikopositionen mit Nachhaltigkeitsrisiken auf die Kreditvergabe durch Banken in der Union.

Über die Ergebnisse ihres Prüfauftrages hat die EBA den Organen der EU bis zum 28.06.2025 zu berichten.

b) Nachhaltige Ansätze

Ein derzeit stark diskutierter Ansatz zur Förderung von Kreditvergaben an Kreditnehmer mit einem nachhaltigen Geschäftsmodell ist die regulatorische Entlastung entsprechender Risikopositionen mit Adressenausfallrisiken durch die Anpassung der Risikogewichte durch einen sogenannten **Green Supporting Factor.**[489]

Mit Hilfe des Green Supporting Factors können die im Standardansatz für Kreditrisiken zur Risikogewichtung verwendeten externen Ratings für nachhaltig operierende Kreditnehmer nach unten korrigiert werden.

Um eine nachvollziehbare und transparente Korrektur der Risikogewichte vorzunehmen, sind eine valide Datenlage sowie Kriterien für die Einstufung der Kreditnehmer nach dem Grad der Nachhaltigkeit ihres Geschäftsmodells notwendig. Im fortgeschrittenen IRBA beziehen sich die Datenerfordernisse auf die Ausfallwahrscheinlichkeiten und die Verlustquoten, für die die Institute im Hinblick auf Nachhaltigkeitsaspekte keine langjährige, historische Datenbasis wie für Forderungsausfälle verfügen, sondern aufgrund der Neuigkeit der einzubeziehenden Nachhaltigkeitsaspekte diese Datenbasis in ihren Risikomanagementsystemen erst noch aufbauen müssen. Die Prognose der Ausfallwahrscheinlichkeiten und Verlustquoten wird aufgrund der neuen physischen und transitorischen Risiken komplexer[490].

Um das Problem der Datenverfügbarkeit zu überbrücken, ist im Standardansatz für Kreditrisiken die alternative Verwendung externer Ratings von Ratingagenturen, die in der Ermittlung ihrer externen Ratings bereits Nachhaltigkeitsaspekte berücksichtigen, denkbar.

---

489 *BaFin* (2019e).
490 *BaFin* (2019e), S. 45.

GANZHEITLICHE PERSPEKTIVEN ZUR IMPLEMENTIERUNG

317 Des Weiteren kann als Richtgröße für die Höhe des Green Supporting Factors von einigen Ratingagenturen bereits angebotene Nachhaltigkeitsratings, sogenannte ESG-Ratings, verwendet werden.

318 Im fortgeschrittenen IRBA-Ansatz besteht die Möglichkeit, die bisher zur Ermittlung der Risikogewichte für Risikopositionen mit Adressenausfallrisiken verwendeten Ausfallwahrscheinlichkeiten durch informelle sogenannte Schatten-Ausfallwahrscheinlichkeiten, in die Klimarisiken einfließen, zu ergänzen.

319 Indirekt in die Ermittlung der RWAs (risikogewichtete Assets) fließen neue Ansätze zur Bewertung von Sicherheiten ein. Werden bei der Bewertung von Sicherheiten auch Nachhaltigkeitsaspekte berücksichtigt und werden diese Sicherheitenwerte im Rahmen der Kreditrisikominderungstechniken zur Reduzierung der RWAs verwendet, wird auch dadurch ein indirekter Steuerungseffekt in Richtung Kreditvergabe an Kreditnehmer mit nachhaltigem Geschäftsmodell bewirkt.

c) Einschätzungen der Bankenaufsicht, des BMF und der Interessensverbände der Finanzwirtschaft

320 Primäres Ziel der deutschen Bankenaufsicht BaFin ist im Rahmen des risikoorientierten Aufsichtsansatzes, die Funktionsfähigkeit, Stabilität und Integrität des deutschen Finanzplatzes im Rahmen der europäischen und internationalen Zusammenarbeit zu sichern und zu fördern[491].

321 Vor dem Hintergrund dieser Zielsetzung verfolgt die BaFin auch beim Thema Nachhaltigkeit in der Finanzwirtschaft einen risikoorientierten Aufsichtsansatz. Dies schließt die Analyse bestehender regulatorischer und aufsichtlicher Rahmenwerke im Hinblick auf mögliche Hindernisse für die Berücksichtigung von Nachhaltigkeitsrisiken ein. Die BaFin beabsichtigt diese Hindernisse im Rahmen ihrer Möglichkeiten abzubauen.

322 Die BaFin sieht Nachhaltigkeitsrisiken im Zusammenhang mit Adressenausfallrisiken sowohl in der Ausfallwahrscheinlichkeit des Kreditnehmers als auch beim Wert der Sicherheit. Zerstört bspw. ein Sturm ein kreditfinanziertes Gebäude wird klar, dass Auswirkungen des Klimawandels in die Bewertung von Sicherheiten einfließen müssen[492]. Im Hinblick auf die Eigenkapitalanforderungen der Säule 1 sieht die BaFin den Green Supporting Factor angesichts nur

---

491 *BaFin* (2018b), S. 15 ff.
492 *BaFin* (2019e), S. 22, 24.

weniger bestehender Modelle kritisch und sieht insbesondere die Notwendigkeit verlässlicher Daten als wichtig an. Anhand der derzeitigen Datenlage ist die Entwicklung von Investitionen in nachhaltige Anlagen im Krisenfall nur schwer zu beurteilen. Eine realistische Prognose von Nachhaltigkeitsrisiken erfordert den Aufbau zusätzlicher Expertise. Die BaFin verweist auf den über die CRR II an die EBA vergebenen Prüfauftrag mit Abgabe eines entsprechenden Berichts in 4 Jahren.[493]

Auch für das NGFS[494] ist das »**Bridging the Data Gap**« die wesentlichste Herausforderung für die Finanzwirtschaft im Hinblick auf die Nachhaltigkeit. Zur verlässlichen Einschätzung physischer und transitorischer Risiken sind solide Daten und Prognosen erforderlich. Dies wird erschwert durch die Tatsache, dass die Datenhistorie von Nachhaltigkeitsrisiken noch relativ neu ist und historische Daten den Zusammenhang zwischen Klimawandel und Forderungsausfall nicht verlässlich abbilden können. So ist derzeit nicht bekannt, ab welchem Temperaturanstieg Nachhaltigkeitsrisiken nicht mehr linear, sondern exponentiell ansteigen.[495]

Ein Säule 1 – Risikoabschlag bzw. Green Supporting Factor ist aus Sicht des NGFS nur zulässig, wenn begründet werden kann, dass Investitionen in nachhaltig operierende Unternehmen weniger risikobehaftet sind als sich dies nach den Vorgaben zur Ermittlung des regulatorischen Eigenkapitals ergibt. Derzeit ist es kaum möglich nachweislich zu entscheiden, dass nachhaltige Assets weniger risikobehaftet sind als nicht nachhaltige. Die Korrelation zwischen Nachhaltigkeit und Forderungsausfall ist lediglich zu vermuten, kann aber derzeit datentechnisch noch nicht belegt werden. So besteht eine gewisse Wahrscheinlichkeit, dass sich eine gut ausgebildete Klientel mit überdurchschnittlichem Einkommen für den Erwerb und die damit verbundene Finanzierung von nachhaltigen Wohnimmobilien entscheidet. Aufgrund ihrer Bonität sind diese Finanzierungen wahrscheinlich weniger ausfallgefährdet als andere.[496]

Aus Sicht der BaFin betrifft die dargestellte Daten-Problematik im Hinblick auf Nachhaltigkeitsrisiken verstärkt auch Ratingagenturen, da diese schon jetzt dazu verpflichtet sind, alle Faktoren zu berücksichtigen, die für die Beurteilung der Kreditwürdigkeit eines Unternehmens relevant sind.[497] Dazu zählen gemäß

---

493 *BaFin* (2019e), S. 28.
494 Abkürzung für Network for Greening the Financial System, vgl. dazu auch die Einführung in Kapitel A.III dieses Herausgeberbandes.
495 *BaFin* (2019e), S. 43 ff.
496 *BaFin* (2019e), S. 44.
497 *BaFin* (2019e), S. 37.

GANZHEITLICHE PERSPEKTIVEN ZUR IMPLEMENTIERUNG

aktueller Fassung der EU-Ratingverordnung Nr. 1060/2009 auch ESG[498]-Faktoren, soweit dies datentechnisch begründet werden kann. Sofern ESG-Faktoren auf die Kreditwürdigkeit eines Unternehmens bzw. das Kreditrisiko eines Finanzinstruments jedoch keinen Einfluss haben, sollten sie aus Sicht der BaFin im Rahmen des Kreditratings nicht berücksichtigt werden, da anderenfalls das Risiko einer Verfälschung der Aussagekraft eines Ratings über die Ausfallwahrscheinlichkeit besteht. Reine, kreditrisikounabhängige **ESG-Ratings** ohne Bezug zum Kreditrisiko sind nach Ansicht der BaFin von den etablierten Kreditratings klar abzugrenzen, »...um eine Verwechslung auszuschließen und dem Markt die erforderliche Sicherheit zu geben«.[499]

326 Darüber hinaus fehlen den ESG-Ratings derzeit noch allgemeine Standards und einheitliche Begriffsdefinitionen. Die Entwicklung einheitlicher Standards ist jedoch aus Sicht der BaFin eine wesentliche Voraussetzung für die langfristige Etablierung von ESG-Ratings.[500] So definieren die Anbieter von Nachhaltigkeitsratings derzeit für die Ermittlung von ESG-Ratings ihre eigenen **Key Performance Indicators (KPIs)**.

327 Die Tabelle B.1 zeigt in diesem Zusammenhang eine vereinfachte Darstellung ausgewählter KPIs der Deutsche Vereinigung für Finanzanalyse und Asset Management e.V. (DVFA).

KPI	Spezifikation
Energieeffizienz	Energieverbrauch in Summe
Treibhausgasemissionen	Treibhausgasemissionen in Summe
CO2-Emissionen	CO2-Emissionen in Tonnen
Wasserverschmutzung	Wasserverschmutzungen nach Umweltrelevanz
Abfallwirtschaft	Gesamtabfall in Tonnen
	Recycelter Anteil am Gesamtabfall
	Sonderabfall in Tonnen
Öko-Design	Verbesserungsrate der Energieeffizienz von Produkten im Vergleich zum Vorjahr

---

498 Environment, Social and Governance, vgl. dazu auch die Einführung etwa in Kapitel A.V dieses Herausgeberbandes.
499 *BaFin* (2019a), S. 33.
500 *BaFin* (2019a), S. 33.

Wasserverbrauch	Wasserverbrauch in m³
	Eingesetztes Wasser (in m³) pro Menge (z. B. in Tonnen) in der Produktherstellung
	Grundwasserverbrauch in m³
	Abwasser in Kubikmetern
Recycling-Quote	Anzahl der Einheiten von Produkten, Behältern, Verpackungen oder Teilen von Produkten, die zum Recycling an das Unternehmen zurückgegeben wurden, im Verhältnis zum Gesamtvolumen der Einheiten pro Jahr
	Anzahl der Einheiten von Produkten, Behältern, Verpackungen oder Teilen von Produkten, die zum Recycling an das Unternehmen zurückgegeben wurden, in Tonnen im Verhältnis zum Gesamtvolumen der Einheiten pro Tonnen pro Jahr

Tabelle B.1: Key Performance Indicators (KPI) zur Ermittlung von ESG-Ratings (Quelle: eigene Darstellung nach DVFA/EFFAS (2010))

Zur Erreichung einheitlicher Standards für ESG-Ratings befürwortete die BaFin die Entwicklung einer transparenten und nachvollziehbaren Nachhaltigkeits-Taxonomie.[501] Am 18.06.2020 trat diesbezüglich die Taxonomie-Verordnung (EU) 2020/852 in Kraft. Sie schafft eine einheitliche Taxonomie zur Klassifizierung nachhaltiger Positionen. Derzeit werden von der Technischen Expertengruppe technische Standards zur Taxonomie-Verordnung entwickelt.

Wie die BaFin steht auch das Bundesministerium für Finanzen (BMF) dem Green Supporting Factor kritisch gegenüber. Aus Sicht des BMF widerspricht die Reduktion von Eigenkapitalanforderungen für als nachhaltig definierte Kredite ohne Bestehen eines geringeren bankaufsichtlichen Risikos dem Ziel der Finanzmarktstabilität. »Eine Entlastung lediglich aufgrund eines Etiketts lehnt das BMF ab«.[502]

Die Interessenverbände der Finanzwirtschaft setzen bezüglich der Umwandlung der Finanzwirtschaft in eine nachhaltige Finanzwirtschaft mehrheitlich auf freiwillige Selbstverpflichtungen und warnen vor weiteren umfangreichen Regulierungen in dem bereits jetzt hochregulierten europäischen Finanzmarkt.

---

501 *BaFin* (2019f), S. 10.
502 *BaFin* (2019e), S. 15 ff.

Allgemein werden Selbstverpflichtungen der Finanzwirtschaft jedoch erfahrungsgemäß als wirkungslos angesehen und regulatorische Regelungen für notwendig erachtet.[503]

3. Offenlegung

a) Regulatorische Vorgaben

331 Institute haben gemäß Artikel 431 Absatz 1 CRR **wesentliche** und nicht vertrauliche **Informationen** offenzulegen. Unwesentliche Informationen sind in diesem Zusammenhang Informationen, deren fehlerhafte Angabe oder Auslassung die wirtschaftlichen Entscheidungen der Nutzer nicht beeinflusst (Artikel 432 Abs. 1 CRR).

332 Nachfolgend hat die EBA am 23.12.2014 Leitlinien u. a. zur Wesentlichkeit der Offenlegung veröffentlicht[504], die von der BaFin am 08.06.2015 in Form des Rundschreibens 5/2015 (BA) umgesetzt wurden. Im BaFin-Rundschreiben zur Offenlegung sind u. a. Kriterien für die Beurteilung der Wesentlichkeit einer Information dargestellt. So ist die Wesentlichkeit einer Information für ein Institut bspw. abhängig vom

- Geschäftsmodell und der Größe eines Instituts,
- qualitative und quantitative Offenlegungsanforderungen,
- der Bedeutung der Information für das Verständnis der gegenwärtigen Risiken und der Solvenz des Unternehmens sowie für deren weitere Entwicklung,
- Veränderungen der Information im Vergleich zum Vorjahr,
- dem Verhältnis der Information zu den aktuellen Entwicklungen der Risiken und den Anforderungen zur Offenlegung sowie zu den Gepflogenheiten des Marktes hinsichtlich der Offenlegung.

333 Europaweit sind Banken darüber hinaus bereits seit dem Jahre 2014 gemäß der EU-Richtlinie über die Angabe nichtfinanzieller Informationen (Non-financial Reporting Directive – NFRD[505]) verpflichtet, Informationen u. a. über den Umweltschutz offenzulegen. In diesem Zusammenhang hat die EU-Kommission am 11.12.2019 im Rahmen der Gespräche zum europäischen Green Deal entschieden, als Teil der Strategie zur Stärkung von nachhaltigen Investitionen eine

---

503 *BaFin* (2019f), Finanzmärkte im Klimawandel, S. 11.
504 *EBA* (2014).
505 *Non-financial Reporting Directive* (2014).

Überarbeitung der NFRD vorzunehmen[506]. Zukünftig wird von den Instituten eine transparentere Darstellung ihrer Aktivität im Bezug auf Ökologie und Nachhaltigkeit erwartet.[507]

Schließlich hat die **EZB** in ihrem im November 2020 veröffentlichten **Leitfaden zu Klima- und Umweltrisiken**[508] rechtlich nicht verbindliche Erwartungen der Aufsicht in Bezug u. a. auf Offenlegungen formuliert. In diesen Leitlinien wurden große Teile der Kriterien zur Beurteilung der Wesentlichkeit von Offenlegungsinformationen des BaFin-Rundschreibens übernommen. 334

Im folgenden Kapitel wird auf die Inhalte der verschiedenen Vorgaben zum Einbezug von Nachhaltigkeitsrisiken in die bankaufsichtliche Offenlegung eingegangen. 335

b) Nachhaltigkeitsrisiken in der bankaufsichtlichen Offenlegung

aa) Vorgaben und Ansätze der deutschen Aufsicht

Gemäß dem BaFin-Rundschreiben 05/2015 (BA) führen Informationen zu den derzeitigen Entwicklungen der aktuellen Risiken und zu den Gepflogenheiten des Marktes hinsichtlich der Offenlegung zum Einzug von Nachhaltigkeitsrisiken in die bankaufsichtliche Offenlegung. 336

Die BaFin sieht darüber hinaus in den Transparenzvorgaben der Säule 3 Mittel zur Herstellung einer echten Vergleichbarkeit der Finanzprodukte und zur Verringerung des **Green Washings**. Kreditinstitute, die ihren Nachhaltigkeitsansatz vermitteln können, setzen entscheidende Impulse für die eigene wirtschaftliche Zukunft. Eine Verpflichtung hierzu ergibt sich bereits in einem gewissen Umfang aus der Verordnung über die nachhaltigkeitsbezogene Offenlegung im Finanzsektor[509]. 337

Die BaFin hat im Zusammenhang mit Nachhaltigkeitsrisiken das Berichtswesen als eines von drei wichtigen Themenfeldern identifiziert. Es gibt bereits zahlreiche Initiativen zur Schaffung entsprechender Berichtsstandards, von denen einige derzeit implementiert werden. Beispielsweise müssen bestimmte, insbesondere große Unternehmen gemäß europäischer CSR-Richtlinie entsprechende Offenlegungspflichten einhalten.[510] 338

---

506 *EZB* (2020a), S. 49.
507 Vgl. dazu auch die Diskussion in den Kapiteln F.I, F.III und F.IV dieses Herausgeberbandes.
508 *EZB* (2020a).
509 *BaFin* (2019e), S. 26.
510 *BaFin* (2018b), S. 16.

GANZHEITLICHE PERSPEKTIVEN ZUR IMPLEMENTIERUNG

bb) Vorgaben und Ansätze der europäischen Aufsicht

339 Eine ähnliche Zielsetzung wie die BaFin zeigt die EZB in ihrem Leitfaden zu Klima- und Umweltrisiken zur Offenlegung. Danach können Marktteilnehmer auf der Grundlage der offengelegten Informationen zum Klimarisiko physische Risiken und Transitionsrisiken besser bewerten. Dies trägt aus Sicht der EZB dazu bei, dass sich Institute und Anleger ein genaueres Bild der finanziellen Auswirkungen des Klimawandels machen können. Die EZB erwartet, dass Institute einen **Beitrag zu Klima- und Umweltzielen** leisten und darüber umfassende und aussagekräftige Informationen bereitstellen, und strebt darüber hinaus eine Vereinheitlichung der offengelegten Informationen an.

340 Prozessual sollte gemäß den EZB-Leitlinien in den Offenlegungsrichtlinien der Institute dargestellt werden, wie bei der Bewertung der Wesentlichkeit von Klimarisiken vorgegangen wird. Hierbei sind die zuvor dargestellten Wesentlichkeitskriterien zu berücksichtigen. Darüber hinaus sind auch Reputations- und Haftungsrisiken im Zusammenhang mit den Auswirkungen des Instituts auf Klima und Umwelt in die Offenlegung in angemessener Art und Weise aufzunehmen. Dabei sind die Institute dazu angehalten, Klimarisiken nicht aufgrund ihrer Langfristigkeit vorab als unwesentlich zu qualifizieren. Schließen Institute die Finanzierung bestimmter nicht nachhaltiger Branchen oder Aktivitäten aus, so ist dies qualitativ (Definition und Ziele mit Zeitvorgabe) und quantitativ (Volumen mit geografischer Aufgliederung) offenzulegen.

341 Die Nichtoffenlegung von Offenlegungsanforderungen aufgrund mangelnder Wesentlichkeit soll eindeutig dargelegt werden.

342 Institute sollten finanziell wesentliche Klimarisiken gemäß den »Leitlinien für die Berichterstattung über nichtfinanzielle Informationen: Nachtrag zur klimabezogenen Berichterstattung« der Europäischen Kommission offenlegen[511]. Dabei ist auf die folgenden Aspekte einzugehen:

- Geschäftsmodell,
- Konzepte und Due-Diligence-Prozesse,
- Ergebnisse, Risiken und Handhabung dieser Risiken sowie
- Leistungsindikatoren.

343 Des Weiteren sollten Institute bezüglich ihrer Geschäftstätigkeit Angaben zu den Treibhausgasemissionen der gesamten Gruppe machen und die CO_2-

---

511 *EZB* (2020a), S. 52.

Intensität von Kreditnehmerportfolien unter Berücksichtigung von Immobilienportfolien offenlegen. Wie bei den übrigen offengelegten Informationen erwartet die EZB auch hier die Offenlegung der oder der Verweis auf die Methoden und Annahmen durch die Institute. Die Offenlegung sollte gemäß EZB-Leitfaden im Wesentlichen folgende Informationen umfassen:

- Betrag oder Prozentsatz der Vermögenswerte mit hohen CO_2-Emissionen in den einzelnen Portfolien und eine entsprechende Schätzung für die Zukunft, soweit dies möglich ist,

- die gewichtete durchschnittliche CO_2-Intensität jedes Portfolios inklusive Schätzung für die Zukunft, soweit dies möglich ist,

- das Risikovolumen nach dem Wirtschaftssektor der jeweiligen Vertragspartei und, soweit möglich, eine zukunftsgerichtete beste Schätzung dieses Volumens für die Dauer ihres Planungshorizonts,

- die Risikoexpositionen im Zusammenhang mit Krediten und den Umfang der Sicherheiten die in hohem Maße physischen Risiken ausgesetzt sind mit einer entsprechenden geografischen Aufgliederung.

Die EZB unterstützt»...Finanzinstitute darin, die Offenlegung ihrer Umweltrisiken allgemein auszuweiten. Schließlich sind unterschiedlichste Umweltfaktoren wie Wasserstress, der Verlust der Biodiversität, Ressourcenknappheit und die Umweltverschmutzung ursächlich für die sie betreffenden Risiken.«[512]

Aufgrund der Veränderungsdynamik der regulatorischen Vorgaben und Bedürfnisse der Marktteilnehmer in diesem Bereich erwartet die EZB von den Instituten eine aktive Beteiligung zur Verbesserung ihrer offengelegten Informationen.

4. Klassifizierung des Kundenportfolios nach Nachhaltigkeitsgesichtspunkten inkl. IT-Schlüsselung im Geschäftsprozess

Die Klassifizierung des Kundenportfolios im Hinblick auf ihre Nachhaltigkeit und deren IT-Schlüsselung in ihren Geschäftsprozessen stellt die Institute vor eine neue große Herausforderung für die nächsten Jahre, da die benötigten Daten in ihren Datenhaushalten zumeist noch nicht vorliegen.

Gemäß einer Analyse von Fitch Ratings haben Nachhaltigkeitsrisiken im Allgemeinen einen geringen direkten Einfluss (< 3 %) auf die Bonitätseinstufung. Dies unterstreicht noch einmal, dass es sich bei den benötigten Daten weitestgehend um neue Datenanforderungen für die Institute handelt.

---

512   EZB (2020a), S. 50. Dieser Satz wurde in der finalen Version des Papiers jedoch gestrichen.

348 Zur Klassifizierung des Kundenportfolios und der dafür erforderlichen Erlangung von relevanten Nachhaltigkeitsinformationen als Basis für die IT-Schlüsselung im Geschäftsprozess gibt es grundsätzlich zwei unterschiedliche Herangehensweisen:
- Schaffung einer eigenen **Datenhistorie**
- Verwendung von **ESG-Ratings**

349 Der erstgenannte Ansatz bietet sich eher für größere Institute an, die insbesondere von der Öffentlichkeitswirkung der Offenlegung zum Thema Nachhaltigkeit profitieren möchten. Allerdings ist die Schaffung einer eigenen Datenhistorie mit höheren Kosten verbunden als die Verwendung von ESG-Ratings. Zusätzlich ist zu erwarten, dass die bankaufsichtliche Anerkennung eigener Daten zur Nachhaltigkeit einem Genehmigungsprozess analog zum Genehmigungsprozess für den fortgeschrittenen Kreditrisiko-Ansatz (IRBA) unterlaufen könnte.

350 Die Verwendung von ESG-Ratings als Basis für die IT-Schlüsselung im Geschäftsprozess ist aufgrund der einfachen und kostengünstigeren Informationsbeschaffung ähnlich wie die Verwendung externer Ratings im Kreditrisiko-Standardansatz eher für kleinere Institute geeignet. Allerdings sind die bereits erwähnten Probleme der fehlenden Standardisierung und der Uneinheitlichkeit der ESG-Ratings zu berücksichtigen.

351 Es gibt bereits eine Vielzahl von Ratingagenturen, welche den Umweltgedanken in Form eines ESG-Ratings in ihr Portfolio mit aufgenommen haben oder Ratingagenturen, welche ausschließlich Dienstleistungen und Ratings im ESG-Bereich anbieten. Die Ratingsystematik der Anbieter ist derzeit aber noch nicht einheitlich und daher für regulatorische Zwecke nur bedingt verwendbar.

5. Schlussfolgerung

352 Wie in den vorangegangenen Kapiteln dargelegt, legt die Bankenaufsicht bei der regulatorischen Umsetzung der Nachhaltigkeit Wert auf die Schaffung einer mehrjährigen Datenhistorie. Auf der Basis einer empirisch belegbaren Grundlage können dann Nachhaltigkeitsaspekte in die regulatorische Steuerung der Risikopositionen bei Instituten z. B. durch die Einführung eines **Green Supporting Factors** eingeführt werden.

Bis die Institute eine entsprechende Datenhistorie aufgebaut haben, setzt die Bankenaufsicht u. a. auf das **Instrument der Offenlegung**. D. h. die Institute werden aufgefordert, über ihren Umgang mit Nachhaltigkeitsrisiken umfangreich und aussagekräftig zu berichten. Dadurch erhält die Öffentlichkeit einerseits einen Eindruck über den Umsetzungsstand des Nachhaltigkeitsthemas bei den Instituten. Andererseits kann auch ein gewisser Wettbewerb in der Umsetzung der besten Ansätze zur Nachhaltigkeit eingeleitet werden, zumal die Bankenaufsicht in dieser Hinsicht keine konkreten Anforderungen formuliert hat, sondern in ihren Veröffentlichungen ihre Erwartungen an die Institute ausgedrückt hat.

II. Implementierung von Nachhaltigkeitszielen in Finanzdienstleistern[513]

354 In der Finanzwirtschaft kann Nachhaltigkeit (**Sustainable Finance**) die Einbeziehung von **Umwelt-, sozialen und Unternehmensführungsaspekten** verstanden werden. Vor dem Hintergrund des Pariser Klimaabkommens ist insbesondere die Eindämmung des Klimawandels bzw. die Anpassung an dessen Folgen in den Fokus gerückt. Insofern ist der Blick in die Portfolien bzw. Assets von Finanzunternehmen in Bezug auf Nachhaltigkeitsrisiken, im Speziellen Klimarisiken und transitorische Risiken, also dem Übergang in eine nachhaltigere Wirtschaft, deutlich schon aus Eigeninteresse zu schärfen. Diesem Aspekt wird auch die Bankenaufsicht in zunehmenden Maße in der Vordergrund stellen.[514]

355 Im Laufe der letzten Jahre haben sich durch nationale, europäische und internationale Initiativen diverse Zielstellungen herausgebildet. Sicherlich eines der weitreichendsten Ziele sind die Zielstellungen der Vereinten Nationen (UN), die im Kapitel B.II. näher erläutert werden sollen.

1. Einordnung von Nachhaltigkeitszielen

356 Teilweise werden in Praxis und Theorie Nachhaltigkeitsziele nur auf umweltbezogene Aspekte betrachtet. Folgt man aber dem eingangs genannten Verständnis der Nachhaltigkeit, so sind die Betrachtungen auf folgenden Ebenen durchzuführen, die in der folgenden Abbildung dargestellt sind:

(1) Ökologisch

(2) Sozial

(3) Ökonomisch.

---

513 Autoren: *Stephan Schmid* und *Thomas Schmidt*. Die Ausführungen geben ausschließlich persönliche Auffassungen wieder. Für Rückfragen oder Anregungen sind die Autoren unter den E-Mail-Adressen stephan.schmid@plenum.de und thomas.schmidt@plenum.de erreichbar.

514 Vgl. *Deutsche Bundesbank* (2020c).

Abbildung B.1: Einordnung Nachhaltigkeitsziele (Quelle: Eigene Darstellung)[515]

Sowohl die Ausrichtung auf europäischer Ebene als auch die Zielstellungen und Strategien auf nationaler Ebene richten sich an **den Nachhaltigkeitszielen der UN Agenda 2030** aus.[516] Daher wird im Folgenden näher auf die Ziele der UN eingegangen und anschließend die Nachhaltigkeitsstrategie der Bundesregierung aufgegriffen, um auf dieser Basis die Herausforderungen für Finanzdienstleister zu beschreiben.

357

a) Ziele der vereinten Nationen

Im Jahr 2015 haben die Vereinten Nationen (UN) die Agenda 2030 für eine nachhaltige Entwicklung in drei Dimensionen – Umwelt, Soziales und Wirtschaft – verabschiedet. In dieser Agenda wurden **17 übergreifende Ziele (Sustainable Development Goals – SDGs)** für eine nachhaltige Entwicklung definiert.[517] Diese 17 Ziele mit ihren 169 Unterzielen bilden ein für alle Staaten gültiges Zielsystem zur Verbesserung der ökonomischen, ökologischen und sozialen Lebensbedingungen bis zum Jahr 2030. Die Umsetzung und das Ambitionsniveau werden von den Ländern entsprechend ihrer Ausgangslage und Anforderungen eigenständig definiert.[518]

358

---

515 Eigene Darstellung in Anlehnung an *UN* (2015a).
516 Vgl. dazu auch die Ausführungen in den Kapiteln A.I und A.II dieses Herausgeberbandes.
517 Vgl. *UN* (2015a).
518 Vgl. *Höfling/Börner/Dangelmaier* (2020), S. 1.

GANZHEITLICHE PERSPEKTIVEN ZUR IMPLEMENTIERUNG

Nachhaltig-keitsziel	Erläuterung	Anwendungsoptionen für Finanzunternehmen
(1) Keine Armut	Armut beenden – in allen ihren Formen und überall.	Unterstützung von Entwicklungsprojekten und bewusstes Handeln im Rahmen der sozialen und gesellschaftlichen Verantwortung.
(2) Kein Hunger	Den Hunger beenden – Ernährungssicherheit und eine bessere Ernährung erreichen sowie eine nachhaltige Landwirtschaft fördern.	Eigenen Beitrag zur Bekämpfung des Welthungers leisten und Projekte sowie die Forschung für eine nachhaltige Landwirtschaft unterstützen.
(3) Gesundheit und Wohlergehen	Zugang zu guter medizinischer Versorgung, Impfstoffen und Medikamenten – überall und uneingeschränkt.	Finanzierungsprojekte medizintechnischer und forschender Art unterstützen, Förderprogramme und Zuschüsse bereitstellen.
(4) Hochwertige Bildung	Bessere Bildungschancen für alle, von der Kindertagesbetreuung über die Berufsaus- und Weiterbildung bis zum Universitäts- und Hochschulstudium – Bildung schafft Perspektiven.	Partnerschaften zu Bildungsinstitutionen aufnehmen, Stipendien und Zuschüsse zur Verfügung stellen.
(5) Geschlechtergleichheit	Überwindung der Geschlechterrollen und für eine freie Berufswahl nach individuellen Stärken und Interessen – frei von Geschlechterklischees.	Einführung von Frauen-Quoten in Führungspositionen und Vereinbarkeit von Familie und Beruf im eigenen Unternehmen fördern.
(6) Sauberes Wasser und Sanitätseinrichtungen	Zugang zu Sanitärversorgung und sauberem Trinkwasser, frei von Verunreinigungen und anderen Rückständen.	Initiativen zur flächendeckenden Wasser- und Sanitärsorgung fördern, wo diese noch nicht gegeben ist.
(7) Bezahlbare und saubere Energie	Die Energiewende herbeiführen und den Ausbau erneuerbarer Energie konsequent fördern.	Finanzierungsprojekte für den Ausbau erneuerbarer Energie fördern und Nachhaltigkeitskriterien (ESG) in den Kreditvergaberichtlinien implementieren.

Nachhaltig-keitsziel	Erläuterung	Anwendungsoptionen für Finanzunternehmen
(8) Menschenwürdige Arbeit und Wirtschaftswachstum	Nachhaltiges Wirtschaftswachstum fördern und gute Arbeit mit sozialen Mindeststandards und adäquaten Löhnen etablieren.	Verpflichtung zur Einhaltung anerkannter Rahmenbedingungen, sozialer Mindeststandards und gerechter Löhne.
(9) Industrie, Innovation und Infrastruktur	Den Wandel hin zu moderner Infrastruktur und innovativen Technologien und Verfahren vorantreiben.	Projekte zur Förderung innovativer Technologien unterstützen, finanzielle Zuschüsse bereitstellen und den Wandel im eigenen Unternehmen fördern.
(10) Weniger Ungleichheiten	Ungleichheiten reduzieren und den Wandel hin zu gerechten, sozialen und inklusiven Gesellschaften unterstützen.	Vorhaben zur Verringerung von Ungleichheiten in allen Dimensionen und Ausprägungen fördern.
(11) Nachhaltige Städte und Gemeinden	Förderung einer zukunftsweisenden, weltweiten Stadtentwicklung und Bewältigung der ökonomischen, ökologischen und gesellschaftlichen Herausforderungen.	Regionale Gemeinden bei Entwicklungsprojekten und -vorhaben unterstützen und die Zusammenarbeit mit kommunalen Institutionen forcieren.
(12) Nachhaltige/r Konsum und Produktion	Verantwortungsvolles Konsumieren und schonenden Umgang mit natürlichen Ressourcen fördern.	Die eigenen Wertschöpfungsketten und Konsum überprüfen und zum Schutz der natürlichen Ressourcen optimieren.
(13) Maßnahmen zum Klimaschutz	Die globale Erderwärmung begrenzen und den Ausstoß von Treibhausgasen reduzieren.	Die eigenen Prozesse und die Organisation hinsichtlich des CO_2-Ausstoßes optimieren.
(14) Leben unter Wasser	Nährstoffbelastung und Verschmutzung der Meere verringern – das Leben unter Wasser schützen, in allen Facetten.	Projekte und Vorhaben zum Schutz der Meere fördern.
(15) Leben an Land	Ökosysteme schützen, wiederherstellen und ihre nachhaltige Nutzung för-	Projekte und Initiativen zum Schutz der Ökosysteme fördern und den Tierschutz unterstützen.

Nachhaltig-keitsziel	Erläuterung	Anwendungsoptionen für Finanzunternehmen
	dern sowie die Biodiversität und Artenvielfalt erhalten.	
(16) Frieden, Gerechtigkeit und starke Institutionen	Frieden und Gerechtigkeit als Grundpfeiler der nachhaltigen Entwicklung, des Wohlstands und der Demokratie fördern.	Sich proaktiv für den Frieden und die Gerechtigkeit einsetzen sowie eigene Leitlinien zur Erreichung dieser Ziele im Unternehmen verankern.
(17) Partnerschaften zur Erreichung der Ziele	Partnerschaften zur Bewältigung der globalen Herausforderung eingehen und den Blick auch auf die Bedürfnisse der Ärmsten und am stärksten Benachteiligten richten.	Eigene Partnerschaften und Kooperationen zur Erreichung der globalen und institutseigenen Nachhaltigkeits-, Sozial- und Umweltziele eingehen.

Tabelle B.2: Überblick UN-Nachhaltigkeitsziele (Quelle: eigene Darstellung)[519]

359 Um diese Ziele auf die sehr unterschiedlichen Geschäftsmodelle von Finanzunternehmen anwenden zu können, werden in der nachstehenden Übersicht die 17 Nachhaltigkeitsziele der UN genannt und auf die Anwendungsmöglichkeiten für Finanzinstitute kurz erläutert (vgl. Tabelle B.2).

360 Im Kapitel II und III dieses Beitrages werden die Anwendungsmöglichkeiten auf strategischer und operativer Ebene für Finanzunternehmen näher untersucht und Handlungsvorschläge aufgezeigt.

361 Auf Basis der UN-Nachhaltigkeitsziele hat die **Bundesregierung für Deutschland eine Nachhaltigkeitsstrategie** entwickelt, die im folgenden Kapitel kurz erläutert wird.

b) Nachhaltigkeitsstrategie 2030 der Bundesregierung

362 Die Nachhaltigkeitsstrategie für Deutschland wurde zuletzt im Jahr 2018 aktualisiert, um damit einen wichtigen Schritt für die Umsetzung der Beschlüsse der UN vorzunehmen. Eine Strategie an sich führt allein noch nicht zur operativen Umsetzung, sodass durch die Bundesregierung eine umfassende Operationalisierung in allen Politikfeldern gesehen wird.[520] Das Spektrum reicht von:

---

519 In Anlehnung an UN-Nachhaltigkeitsziele *UN* (2015).
520 Vgl. *Bundesregierung* (2018), S. 8.

- Nachhaltigkeit auf internationaler Ebene
- Umsetzung in Europa und
- Herausforderungen auf nationaler Ebene.

Des Weiteren sind in der Nachhaltigkeitsstrategie Indikatoren und Ziele verankert. Diese Indikatoren und Ziele werden regelmäßig überprüft und angepasst, sodass an dieser Stelle auf eine Aufzählung verzichtet und auf die jeweils aktuellen Quellen verwiesen wird.[521] Vielmehr sind an dieser Stelle die definierten **Prinzipien für eine nachhaltige Entwicklung** angeführt, die zum Nachhaltigkeitsmanagement der Bundesregierung zählen:

(1) Nachhaltige Entwicklung als Leitprinzip konsequent in allen Bereichen und bei allen Entscheidungen anwenden

(2) Global Verantwortung wahrnehmen

(3) Natürliche Lebensgrundlagen erhalten

(4) Nachhaltiges Wirtschaften stärken

(5) Sozialen Zusammenhalt in einer offenen Gesellschaft wahren und verbessern

(6) Bildung, Wissenschaft und Innovation als Treiber einer nachhaltigen Entwicklung nutzen.

Zur Umsetzung der Nachhaltigkeitsziele wird das Finanzsystem bei der Transformation der Produktions- und Konsummuster eine zentrale Rolle spielen.[522] Für eine aktive Beteiligung der Finanzindustrie wurde von der **Bundesregierung ein Beirat für nachhaltige Finanzierung (»Sustainable Finance«) im Juni 2019** für die laufende Legislaturperiode etabliert.[523] Dieser hat im März 2020 einen Zwischenbericht zur Konsultation vorgelegt in dem übergreifende strategische Aspekte als entscheidend für einen erfolgreichen Umbau gesehen werden:[524]

(1) Politikkohärenz

(2) Rollen zentraler Finanzmarktakteure

(3) Informationsfluss zwischen Unternehmen und Finanzsektor.

Durch diese zentrale Rolle des Finanzsystems soll im Folgenden auf wesentliche Herausforderungen für Finanzdienstleister eingegangen werden.

---

521 Vgl. *Bundesregierung* (2018), S. 46 ff.
522 Vgl. *Sustainable-Finance Beirat* (2020), S. 6.
523 Vgl. *Bundesfinanzministerium* (2020).
524 Vgl. *Sustainable-Finance Beirat* (2020), S. 11.

GANZHEITLICHE PERSPEKTIVEN ZUR IMPLEMENTIERUNG

c) Herausforderungen für Finanzdienstleister

366 Wenngleich die Ziele der UN eher eine politische Wirkung entfalten zeigt sich aber, dass die Finanzindustrie im Thema Nachhaltigkeit eine bedeutende Rolle einnehmen wird.[525] Dies wird sich durch eine veränderte Investitions- und Handelspolitik zeigen, in der die Banken als Finanzintermediäre integriert sind.

367 Die Aspekte der UN-Ziele und der Nachhaltigkeitsstrategie für Deutschland haben gezeigt, dass damit für Banken eine besondere Rolle für ein sozial und ökologisch nachhaltiges Wirtschaftssystem zukommt.[526] Dabei wird es sicherlich nicht einfach sein, die durch die unterschiedlichen Akteure (wie z. B. Aktionsplan der **EBA, Entwurf Leitfaden der EZB, Merkblatt der BaFin,** etc.) benannten Themen, Kriterien und Taxonomien für das einzelne Institut zu operationalisieren. Ein einheitlicher Rahmen kann an dieser Stelle ein gutes Fundament liefern.[527]

368 Insofern werden u.E. insbesondere folgende **Herausforderungen für die Finanzdienstleistungsbranche** erwachsen:

(1) Lenkung der Kapitalflüsse auf nachhaltige Investitionen

(2) Management der Risiken aus dem Klimawandel, der Ressourcenknappheit und von sozialen Problemen[528]

(3) Schaffung einer hohen Transparenz in der Finanz- und Wirtschaftstätigkeit (Nachhaltigkeitsberichterstattung).

369 In diesen Herausforderungen stehen den klimatischen und soziologischen Risiken sehr viel mehr Chancen für die Finanzindustrie gegenüber. Beispielhaft zu nennen sind hier der hohe Investitionsbedarf und der damit verbundene Finanzierungsbedarf für Innovationen zur Erreichung der eingangs genannten UN-Zielstellungen.[529]

370 Insofern bedarf es einer Geschäftsstrategie der einzelnen Finanzdienstleistungsunternehmen, die die nachhaltige Transformation von Wirtschaft und Gesellschaft unterstützt. Dazu bedarf es diverser strategischer Eckpunkte und einer konsequenten operativen Umsetzung zur Erreichung der genannten Nachhaltigkeitsziele.

---

525 Vgl. *Huck* (2018), S. 68 ff.
526 Vgl. *Ossig* (2020a).
527 Vgl. *Ossig* (2020b).
528 Vgl. hierzu zu den einzelnen Risiken *BaFin* (2019a). Eine umfassende Erörterung dazu ist im Kapitel A.V dieses Herausgeberbandes zu finden.
529 Vgl. *Dombret* (2018), S. 6 f.

2. Strategische Aspekte

Zur Wahrnehmung einer umfassenden Sicht auf die ökonomischen, ökologischen sowie sozialen Zielstellungen bedarf es einer ganzheitlichen strategischen Ausrichtung des Finanzunternehmens. Dies kann durch eine eigenständige Strategie bzw. Integration in bestehende Geschäftsstrategien, die Formulierung von Leitbildern oder durch die Definition von Unternehmensgrundsätzen erfolgen.[530] Es ist dabei nicht ausreichend nur ein entsprechende Nachhaltigkeitsstrategie zu formulieren, sondern diese muss in die strategische Ausrichtung und im Geschäftsmodell des Unternehmens verankert werden. Die vielschichtigen Aspekte der Nachhaltigkeit sollten dabei in den Strategien verankert werden, um die Nachhaltigkeitsziele des Unternehmens zu erreichen, Risiken von der Bank zu identifizieren, diese zu steuern, um letztendlich die Zukunftsfähigkeit des Instituts sicherzustellen.

a) Externe Sicht

Im ersten Teil dieses Abschnitts sollen die strategischen Aspekte aus einer externen Sicht hinsichtlich der Ausrichtung des Geschäftsmodells, der Investitionsentscheidungen und der Zielgruppen betrachtet werden. Zur nachhaltigen Ausrichtung des Unternehmens ist es erforderlich sich intensiv mit **Metriken und Zielen gem. der ESG-Kriterien**[531], der Strategie gem. der SDG-Ziele, der Messung von Risiken und Chancen sowie der Governance auseinander zu setzen.[532]

aa) Geschäftsmodell

Die Umsetzung der zahlreichen aufsichtsrechtlichen Anforderungen und Verfolgung der SDG-Ziele darf nicht als reine Pflichtaufgabe verstanden werden, sondern die Finanzindustrie als Ganzes und jedes einzelne Finanzinstitut für sich kann die nachhaltige Transformation als Chance betrachten. Insofern kann jedes Institut das jeweilige Geschäftsmodell so neu ausrichten oder gezielt weiterentwickeln, um nachhaltig im Sinne einer ökologischen, ökonomischen und soziologischen Ausrichtung am Markt teilzunehmen.[533] Einige Marktteilnehmer haben bereits die reine Pflicht zur Offenlegung von nichtfinanziellen Aspekten

---

530 Vgl. zu unterschiedlichen Beispielen *DKB* (2020), *Evangelische Bank* (2020a), *KfW* (2020c).
531 ESG ist die Abkürzung für die englischen Begriffe Environment, Social, Governance.
532 Vgl.*gabler-banklexikon.de* (2020a).
533 Vgl. dazu auch die Diskussion in Kapitel C.V dieses Herausgeberbandes.

gemäß der CSR-Richtlinie[534] hinter sich gelassen und tragen durch eine transparente Veröffentlichung ihrer Leitlinien, Strategien und Tätigkeitsberichten aktiv zur nachhaltigen Entwicklung des Geschäftsmodells bei.[535]

374 Die Verankerung in den aufsichtsrechtlichen Grundlagen wird durch den Entwurf des **Leitfadens der EZB zu Klima- und Umweltrisiken** bestätigt. So haben nach Ansicht der EZB die Institute die Klima- und Umweltrisiken in ihrer Geschäftsstrategie zu berücksichtigen und diese zeitraumbezogen hinsichtlich der Auswirkungen auf das Geschäftsmodell zu analysieren.[536] Im Rahmen der Erstellung bzw. regelmäßigen Überprüfung der Geschäftsstrategie sind die Ziele und die Risikopolitik der Institute unter Berücksichtigung der Klima- und Umweltrisiken zu betrachten und in den Risikomanagementprozess zu integrieren. Dabei sind insbesondere die Auswirkungen von klima- und umweltbedingten Faktoren auf die aktuelle Marktstellung des jeweiligen Instituts und die Investitionspolitik entsprechend zu beurteilen und zu überwachen.[537]

375 Es ist sehr naheliegend und konsequent, das Geschäftsmodell neben der bekannten ökonomischen Analyse, um die die ökologischen und aber auch soziologischen Chancen und Risiken zu analysieren. Es wird ein Differenzierungsmerkmal im Markt sein, wie konsequent und effizient sowie mit welchem Stellenwert die Ausrichtung eines nachhaltigen Geschäftsmodells erfolgt. Durch die zu erwartende Transparenz und das – nicht zuletzt durch die Corona-Krise – gestiegene Bewusstsein (ökologisch und sozial) werden die Anpassungen der Geschäftsmodelle befördern.

bb) Assetklassen

376 Durch die noch in großen Teilen fehlenden und nur allgemein gehaltenen Definitionen für Nachhaltigkeit und »grüne Investments« sowie der eingeschränkten Transparenz von ESG-Ratings ist eine nachhaltig ausgerichtete Investitionspolitik für Finanzinstitute nur bedingt möglich. Insofern wird es darauf ankommen, welche verbindliche Regelungen die Politik mit der Industrie für einen akzeptablen Umgang finden wird.[538] Folgt man der Ausrichtung an den

---

534 Vgl. *EU* (2014b).
535 Als Beispiele können hier genannt werden: *Evangelische Bank* (2017/18), *DKB* (2020b), *Evangelischen Bank* (2019).
536 Vgl. *EZB* (2020).
537 Vgl. *EZB* (2020), S. 4.
538 Vgl. *Deutsche Bundesbank* (2019a), S. 13.

SDG-Zielen und dem Begriffsverständnis der Bundesbank, dann können folgende Kategorien für eine **nachhaltige Finanzierung** aufgestellt werden:[539]

(1) Soziales

(2) Umwelt (Klimaschutz, Klimawandelanpassung und sonstige Umweltprojekte)

(3) Unternehmensführung.

In der Zwischenzeit haben sich neben den marktgängigen Assetklassen konkrete Investitionsmöglichkeiten ergeben, beispielsweise **Green-Bonds**, Immobilien- und Projektfinanzierungen, Spezialfonds und auch **grüne Pfandbriefe**.[540] Hier lasen sich Kriterien aufstellen, die sich konkret den SDG-Zielen zuordnen lassen.

377

Damit lassen sich sicherlich nicht alle Problemstellungen lösen bewirken aber einen richtigen Schritt für nachhaltige Investitionen und können den Verdacht des »**green-washing**« reduzieren. Insbesondere werden Zielkonflikte, wie z. B. die Performance von nachhaltigen Geldanlagen gegenüber dem Erreichen einer internen Mindestverzinsung oder anderen Überrenditen aufgedeckt.[541]

378

cc) Zielgruppen

Im Rahmen der Überprüfung und Neuausrichtung eines nachhaltigen Geschäftsmodells werden sich zwangsläufig Änderungen in den Kunden- bzw. Zielgruppen des Instituts ergeben. Es wird entscheidend darauf ankommen, die Erschließung von neuen Kundengruppen erfolgreich umzusetzen, die sich bei ihrer Anlageausrichtung die Bank genau anschauen. Das Institut wird wiederum nur die Zielgruppen begleiten, die die gesetzten Standards zur Nachhaltigkeit erfüllen. Die Zielgruppen, wie z. B. Staaten, Sozialeinrichtungen/Non-Profit Organisationen, Unternehmen und KMU wird man differenziert segmentieren. Über harte Ausschlusskriterien wird eine zum Geschäftsmodell und zu den Investitionsrichtlinien (z. B. Anlage- und Kreditvergabestandards) passende Kundenselektion erfolgen.[542]

379

---

539 Vgl. *Deutsche Bundesbank* (2019a), S. 17 und auch den Ausführungen in Kapitel A.III dieses Herausgeberbandes.
540 Vgl. hierzu u. a.: *Evangelische Bank* (2019), *VDP* (2020), *Deutsche Bundesbank* (2019a), S. 20 f., *ICMA* (2020a).
541 Vgl. *Bogdanovic/Lützen* (2020), S. 4 f., *Evangelische Bank* (2019).
542 Vgl. *DKB* (2020), S. 8, *Evangelische Bank* (2019).

b) Interne Sicht

380 Damit ein Finanzunternehmen eine auf die SDG-Nachhaltigkeitsziele ausgerichtete Strategie umsetzen kann, bedarf es einer darauf ausgerichteten Aufbau- und Ablauforganisation.

381 Zum einen bedarf es dazu einer direkten Verantwortung in Vorstands- bzw. Geschäftsführergremien, z. B. direkt beim Vorstandsvorsitzen. Darüber hinaus werden die Entscheidungen zu ökonomischen, ökologischen und sozialen Themen in zuständigen Gremien getroffen.[543] Es ist festzustellen, dass Institute, die schon weiter im Thema Nachhaltigkeit fortgeschritten sind, die strategische Ausrichtung im Nachhaltigkeitsmanagement nicht nur in Leitungsgremien erarbeiten und beschließen, sondern aktiv die Mitarbeiter über Beiräte, Boards und Plattformen sowie operative Arbeitskreise einbeziehen. Je nach Größe des Instituts kann es sinnvoll sein, neben einem **Nachhaltigkeitskoordinator** auch dezentrale Nachhaltigkeitsbeauftrage zu definieren. Die hier initiierten Aktivitäten werden durch die jeweiligen Aufsichtsgremien im Rahmen ihrer Kontrollfunktion mit einbezogen.[544]

382 Nur durch eine feste Verankerung in der Organisation lassen sich die strategischen Nachhaltigkeitsziele umsetzen. Im Folgenden soll kurz auf einen möglichen **Steuerungsrahmen** sowie auf ausgewählte soziologische und ökologische Aspekte eingegangen werden.

aa) Integration in die Gesamtbanksteuerung

383 Neben der Ausgestaltung der strategischen Ziele zur Nachhaltigkeit, ist eine konsequente **Verankerung im Steuerungssystem** des Instituts erforderlich, nicht zuletzt um auch die Risiken beurteilen und steuern zu können.[545]

384 Für ein Geschäftsmodell eines Absatzfinanzieres wäre es z. B. sinnvoll, die Höhe der ausgereichten Darlehen hinsichtlich dem nachhaltigen Verwendungszweck in Anlehnung an die SDG-Ziele zuzuordnen. Dies kann gleichzeitig mit denen in der Geschäftsstrategie definierten Kunden-/Zielgruppen erfolgen. So lassen sich die aufgestellten Ziele der Nachhaltigkeit messen und es können Steuerungsimpulse abgeleitet werden.

385 Es bietet sich an bspw. auf das Konzept einer **Balanced Scorecard** (BSC) zurückzugreifen.[546] Entscheidend dabei ist, die aufgestellten Ziele und Werte zur

---

543 Vgl. beispielsweise *Evangelische Bank* (2018a), S. 15 ff.
544 Vgl. *DKB* (2020), S. 14, *Evangelische Bank* (2019), S. 15 ff.
545 Vgl. *BaFin* (2019a).
546 Vgl. wirtschaftslexikon.gabler.de (2018a).

Nachhaltigkeit in diese BSC zu integrieren. So hat z. B. die Evangelische Bank auf eine BSC zurück gegriffen und das Konzept einer **Sustainability Balanced Scorecard (SBSC)** erarbeitet.

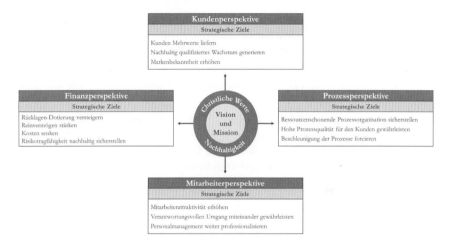

Abbildung B.2: Steuerungsansatz Finanzierung und SDG-Ziele (Quelle: www.eb.de)[547]

Wie in der Abbildung B.2 ersichtlich, können damit durch die Evangelische Bank die strategischen Ziele der Nachhaltigkeit in der Steuerung eingebettet und auf die verschiedenen Bereiche der Bank verteilt werden.[548]

bb) Aspekte im Personalmanagement

Eine Umsetzung der Nachhaltigkeitsziele wird am Ende immer durch Menschen vollzogen, sodass die Mitarbeiter in jedem Unternehmen der erfolgskritische Faktor bleiben. Der Erfolg der Umsetzung der Maßnahmen zur Nachhaltigkeit und damit auch der Erfolg des gesamten Unternehmens hängt entscheidend von der Leistung und Identifikation der Mitarbeiter ab.[549]

Für ein **nachhaltig ausgerichtetes Personalmanagement** sind daher insbesondere folgende Aspekte zu nennen:[550]

---

547 In Anlehnung an *Zeranski/Nocke* (2018), S. 272, Vgl. auch *Evangelische Bank* (2019).
548 Vgl. *Evangelische Bank* (2017), S. 15.
549 Vgl. *Call* (2018), S. 17 f.
550 Vgl. *Call* (2018), S. 18 ff.

- Unternehmensspezifische Suche und Ausbildung sowie Qualifikation von Mitarbeiten entsprechend der benötigten Qualifikationen und Fähigkeiten (z. B. Präferenz für unbefristete Arbeitsverhältnisse gegenüber Leiharbeit oder Dienst- und Werkverträgen)
- Vertrauensvoller und wertschätzender Umgang mit Mitarbeitern als maßgeblicher Indikator für Leistungsfähigkeit und -bereitschaft (z. B. Übertragung von Verantwortung, Würdigung der Leistung)
- Identifikation mit dem Unternehmen durch ein »Wir-Gefühl« (z. B. durch Produkte, durch eine offene Kommunikation, Einbindung der Mitarbeiter)
- Gegenseitige Loyalität von Arbeitgeber und Arbeitnehmer (z. B. Art der Beschäftigungsverhältnisse, Fürsorge des Arbeitsgebers, Mitarbeitergespräche, mobiles Arbeitsumfeld, Gesundheitsmanagement, Geschlechterdiversität, generationsübergreifende Zusammenarbeit).[551]

389 Aus diesen möglichen Grundsätzen lassen sich ganz praktische Zielsetzungen für das Personalmanagement ableiten. In Abhängigkeit von Größe, Art und Umfang der Geschäftsaktivitäten sowie nationaler vs. internationaler Ausrichtung können die Personalaspekte in einem Verhaltenskodex, einer Personalstrategie, der Governance, der Unternehmenskultur, der Arbeitsumgebung als auch in der Messung von Personalkennzahlen verankert werden. Die Ausrichtung einer **nachhaltigen Personalpolitik** kann beispielsweise in der Erhöhung der Mitarbeiterzufriedenheit, der Förderung der Aus- und Weiterbildung, der Vereinbarkeit von Beruf und Familie liegen. Mögliche Kennzahlen für eine Messung wären die Anzahl an Tagen für Weiterbildung und Gesundheitsquoten.[552]

cc) Infrastruktur

390 Neben der im vorherigen Kapitel erläuterten soziologischen Komponente mit einem nachhaltigen Personalmanagement, liegen für die Finanzbranche auch in der ökologischen Komponente erhebliche Ansatzpunkte. Allein durch den **intelligenten Einsatz von Technik** und die durchdachte Inanspruchnahme von Gebäudeflächen, lassen sich Ressourcen wie Strom, Wasser und Abfall für eine Klimaneutralität gezielt managen.

391 Aus strategischer Sicht bietet sich hier die **Einführung eines Umweltmanagementsystems** an, um ausgehend von einer unternehmensweiten Strategie,

---

551 Vgl. *Deutsche Bank* (2020), S. 53 f.
552 Als Beispiel vgl. Nachhaltigkeitsstrategie der DKB. *DKB* (2020), S. 10., vgl. auch ausführlich *Allianz* (2019), S. 44 ff.

einer Governance, einer zielgerichteten Messung entlang definierter KPIs konkrete Umsetzungsmaßnahmen abzuleiten. Auch in Teilen der Finanzbranche wird inzwischen eine Zertifizierung durch die **EMAS (Eco-Management and Audit Scheme)**, einer bereits im Jahr 1993 von der europäischen Kommission gegründeten Organisation, durchgeführt. Mit diesem europäischen Umweltmanagementsystem sind Unternehmen nicht nur in der Lage Ressourcen einzusparen, sondern können auch einen wirksamen Beitrag zum Umweltschutz im Sinne der SDG-Ziele leisten.[553]

Institute, die sich nach dem EMAS-Ansatz ausrichten haben konkrete Strategien, Ziele und Maßnahmen formuliert, wie z. B. einen klimaneutralen Bankbetrieb bis zum Jahr 2030, die Reduzierung von CO_2-Emissionen und den Einsatz von Hybridfahrzeugen bei Dienstwagen.[554]

3. Operationalisierung

Nach dem im Abschnitt 2 strategische Aspekte zur Nachhaltigkeit für Finanzdienstleister dargestellt wurden, sollen nunmehr ausgewählte Aspekte für die operative Umsetzung erläutert werden. Dabei soll zunächst auf die ESG-Kriterien eingegangen und anschließend exemplarisch die Auswirkungen auf das Produkt- und Risikomanagement erörtert werden.

a) ESG-Kriterien

Die Ausgestaltung von ESG-Kriterien hat sich in den letzten Jahren als Standard für nachhaltige Anlagen etabliert und soll dabei einen Ausdruck für ein nachhaltiges Wirtschaften des jeweiligen Unternehmens darstellen.[555] Die nachstehende Übersicht in Tabelle B.3 erläutert beispielhaft mögliche ESG-Kriterien, die in eine Bewertung von Unternehmen durch Ratings einfließen.[556]

---

553 Vgl. *EMAS* (2020), zu weiteren Umweltkennzahlen sieh auch *Schmidt/Bertram/Hahnemann* (2018), S. 192 f.
554 Vgl. *DKB* (2020), S. 10, *Evangelische Bank* (2018a), S. 46, *Evangelische Bank* (2017), S. 40 ff.
555 Vgl. *wirtschaftslexikon.gabler.de* (2019).
556 Vgl. dazu auch die Darstellung in Kapitel C.I dieses Herausgeberbandes.

GANZHEITLICHE PERSPEKTIVEN ZUR IMPLEMENTIERUNG

Kriterium	Beschreibung	Beispiele
E – Environment	Umwelt: Umweltverschmutzung, Treibhausgasemissionen, Energieeffizienz	<ul><li>Klimastrategie</li><li>Umweltmanagement</li><li>Ressourcen</li><li>Energiemanagement</li></ul>
S – Social	Soziales: Arbeitssicherheit, Gesundheitsschutz, Gerechtigkeit, gesellschaftliches Engagement	<ul><li>Gesundheit und Sicherheit</li><li>Chancengleichheit</li><li>Menschenrechte</li><li>Lieferkettenmanagement</li></ul>
G – Governance	Unternehmensführung: Unternehmenswerte, Steuerungs- und Kontrollprozesse	<ul><li>Ethische Grundsätze</li><li>Compliance</li><li>Vergütung</li></ul>

Tabelle B.3: Überblick ESG-Kriterien (Quelle: eigene Darstellung)[557]

395 Für die Praxis ist dabei entscheidend, wie diese Kriterien in eine Bewertung integriert werden können. Dabei hat sich in den letzten Jahren für unterschiedliche Unternehmen und Investments ein entsprechender Markt für **ESG-Ratings** herausgebildet, der aber beispielsweise hinsichtlich Nachvollziehbarkeit, Transparenz, mangelnder Standardisierung sowie Mess- und Vergleichbarkeit, deutlich eingeschränkt ist und nicht zwangsläufig zu einer nachhaltigen Finanzwirtschaft beiträgt.[558]

396 Im Hinblick darauf diese Kritikpunkte zu lösen und um Klimaziele der UN zu erreichen, hat die **Europäische Kommission in 2018 einen Aktionsplan zur Nachhaltigkeit** verabschiedet.[559] Dieser beinhaltet u. a. Maßnahmen für ein **EU-Klassifikationssystem** für nachhaltige Tätigkeiten, Berücksichtigung der Nachhaltigkeit in Ratings und Marktanalysen sowie Normen für eine Kennzeichnung von umweltfreundlichen Finanzprodukten. Bezogen auf den Nachhaltigkeitsaspekt Klima lassen sich beispielsweise auf Grundlage des Aktionsplans folgende Sektoren herausstellen, die für einen Klimawandel besonders involviert sind:[560]

---

557 In Anlehnung an wirtschaftslexikon.gabler.de (2019).
558 Vgl. *Schluep* (2020), S. 15 f., zum Aspekt des Greenwashing Vgl. *Deschryver/ de Mariz* (2002).
559 Vgl. *EU* (2018a).
560 Vgl. *EU TEG* (2019a), S. 34 ff.

(1) Land-, Forst- und Wasserwirtschaft
(2) Verarbeitendes und produzierendes Gewerbe
(3) Versorgung mit Strom, Gas, Dampf, Wärme und Kälte
(4) Recycling bzw. Wiederaufbereitung von Rohstoffen, Wasser/Abwasser
(5) Transport und Lagerhaltung
(6) Informations- und Kommunikationstechnik
(7) Bauwirtschaft und Immobilien.

Demnach sind nahezu alle Sektoren des wirtschaftlichen Lebens betroffen, sodass sich hieraus zahlreiche Chancen hinsichtlich Definition von Zielgruppen und Ausgestaltung des Produktportfolios von Finanzunternehmen ergeben. Verstärkt werden die bisherigen Initiativen durch den sog. **»Der europäische Grüne Deal« vom Dezember 2019**, der eine Strategie für Wachstum der Europäischen Kommission vorgibt und den Weg zu einer modernen, ressourceneffizienten und wettbewerbsfähigen Wirtschaft aufzeigt.[561]

397

Aus diesen genannten, übergreifenden Initiativen (Aktionsplan, Grüne Deal) werden sich deutliche Änderungen für die Finanzindustrie ergeben, die im Folgenden kurz für das Produkt- und Risikomanagement skizziert werden.

398

b)   Produktmanagement

Die Erreichung von Nachhaltigkeitszielen erfordert auch im Produktmanagement eine deutliche Neuausrichtung.[562] Aspekte der Nachhaltigkeit sind möglichst auf das gesamte Portfolio anzuwenden und durch ein **entsprechendes Innovations- und Produktmanagement** zu unterstützen. In Anlehnung an das jeweilige Geschäftsmodell lassen sich bspw. folgende Handlungsfelder für das Produktmanagement einschließlich der sich hieraus abzuleitenden Prozesse erkennen:[563]

399

- Konzeption bzw. Anpassung von Produkten in den Kerngeschäftsfeldern
- Platzierung und Operationalisierung der Marke, begleitet durch eine entsprechende Kommunikationsstrategie
- Ausgestaltung des Regelwerks und der Prozesse.

---

561   Vgl. *EU* (2019b).
562   Ausführlich wird diese Thematik in Kapitel C.II ebenfalls erörtert.
563   Vgl. DKB (2020).

400 In den beiden folgenden Abschnitten soll konkret auf die Ausgestaltung von Produkten im Kredit- und Wertpapiergeschäft eingegangen und die damit verbundenen Chancen für Finanzinstitute beleuchtet werden.

aa) Kreditgeschäft

401 In Abhängigkeit des Geschäftsmodells und der definierten Zielgruppen sind Finanzinstitute im Geschäft mit Privat- und Firmenkunden engagiert. Die potenziellen Chancen für Finanzierungsmöglichkeiten sollen in Bezug auf den zuvor genannten »Grüne Deal« der EU in der Abbildung B.3 verdeutlicht werden.

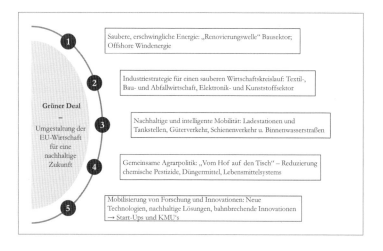

Abbildung B.3: Grüner Deal – Überblick Maßnahmen Umgestaltung Wirtschaft (Quelle: EU)[564]

402 Aus diesen geplanten Maßnahmen lassen für das Kreditgeschäft von Finanzdienstleistern unterschiedliche Ansätze generieren. Potenzielle Ansätze sind exemplarisch anzuführen:

- Bereitstellung von Finanzierungen für das energetisches Bauen, sowohl im Privat- als auch im Firmenkundengeschäft
- Finanzierung von Wohnraum durch zielgruppenspezifische Angebote (z. B. für Kommunen, Genossenschaften oder kirchliche Einrichtungen)

---

564 Vgl. *EU* (2019b), S. 4 ff.

- spezielle Finanzierungsangebote rund um das Thema Mobilität, z. B. im privaten Bereich (Sharing, Elektromobilität, alternative Antriebe)
- spezielle Finanzierungslösungen für kommunalnahe Unternehmen wie bspw. Stadtwerke für Investitionen in Smart Cities, Elektromobilität und Mieterstrommodelle
- Bereitstellung von Finanzierungen für Investitionen in moderne Produktionsbedingungen in der Landwirtschaft.

Hervorzuheben ist, dass lediglich die Ausrichtung auf diese Finanzierungen nicht per se mit den Nachhaltigkeitskriterien vereinbar sind. Vielmehr ist im Sinne der EU-Taxonomie zu beachten, dass keine negative Auswirkungen auf die »do no significant harm«-Kriterium bestehen.[565]

Eine konkrete **nachhaltige Ausgestaltung des Kreditgeschäfts** lässt sich über ein Mapping der Finanzierungen auf die SDG-Ziele herstellen. Erste Ansätze sind bei einzelnen Instituten festzustellen.[566]

bb) Wertpapiergeschäft

Aufgrund der derzeit noch fehlenden einheitlichen Definition von Nachhaltigkeit am Markt, ist die Gestaltung von Produkten inzwischen sehr unübersichtlich geworden und erschwert damit den Auswahlprozess von Investoren.[567]

Insofern stellen sich für das Produktmanagement zentrale Herausforderungen bei der Neu- bzw. Weiterentwicklung von Wertpapierprodukten, die die Nachhaltigkeitskriterien erfüllen aber auch eine angemessenen und erwartete Rendite der Investoren erfüllen.[568] Beispiele in jüngster Vergangenheit sind die Ausgabe von sog. **ESG-linked Loans**, die u. a. von Unternehmen wie Continental, Lanxess oder auch Henkel mit der Finanzindustrie begeben wurden.[569] Es werden aber hier wieder eigens definierte Nachhaltigkeitsziele verwendet, um die Performance zu messen, wobei die Verzinsung sich an verschiedenen Nachhaltigkeitskomponenten ausrichtet. Insofern wird auch anhand dieser aktuellen Beispiele deutlich wie immens wichtig eine einheitliche Taxonomie für die Ausgestaltung der Nachhaltigkeitsanforderungen in Produkten ist.

Eine weitere Möglichkeit zur Ausgestaltung der Produktmerkmale liegt z. B. im Bereich des Pfandbriefmarktes. Auch hier zeigt sich die durch die Auflage von

---

565 Vgl. *EU TEG* (2019a).
566 Vgl. *KfW* (2019d).
567 Vgl. *Deutsche Bundesbank* (2019a), S. 16.
568 Eine Renditeentwicklung nachhaltiger Aktienanlage vgl. *Deutsche Bundesbank* (2019a), S. 19 f.
569 Vgl. *Kögler/Paulus* (2020).

sog. **grünen Pfandbriefen** eine standardisierte Berücksichtigung von Nachhaltigkeitszielen im Bereich des Klimaschutzes unter Beachtung der EU-Taxonomie, allerdings fehlen hier weitere Komponenten der SDG-Ziele. Nur durch eine Standardisierung können diese Produkte den Investoren eine Orientierungshilfe geben.

408 Insofern kommt es bei der Ausgestaltung von Kapitalmarktprodukten um so mehr darauf an, folgende Aspekte im Produktmanagement im Sinne des EU-Aktionsplanes zu beachten und umzusetzen:[570]

- Ausrichtung an der einheitlichen Taxonomie
- Normen bzw. Kennzeichnung
- Berücksichtigung von ESG-Kriterien
- Verankerung von aufsichtsrechtlichen Vorschriften
- Berücksichtigung der geplanten erweiterten Offenlegungsvorschriften.

c) Risikomanagement

409 Grundsätzlich ist die Berücksichtigung von Nachhaltigkeitsrisiken im Risikomanagement von Finanzdienstleistern keine ganz neue Aufgabe. Die konkrete Beachtung dieser Risiken erlangt durch zahlreiche neue aufsichtsrechtliche Vorschriften, wie bspw. das **Merkblatt der BaFin zum Umgang mit Nachhaltigkeitsrisiken**, aber auch der **Leitfaden der EZB zu Umwelt- und Klimarisiken**, eine neue und deutliche erhöhte Bedeutung.[571] Dabei wird insbesondere im Merkblatt der BaFin nochmals betont, dass es sich bei Nachhaltigkeit nicht nur um den Bereich Klima bzw. Umweltschutz handelt, sondern alle relevanten ESG-Kriterien berücksichtigen sind.[572]

410 Insofern ergeben sich für die Ausgestaltung des Risikomanagements der Finanzinstitute doch deutliche Anpassungsbedarfe, z. B. auf die Geschäfts- und Risikostrategie sowie die gesamten Risikosteuerungs- und Controllingprozesse. Im Folgenden sollen zwei ausgewählte Aspekte des Risikomanagement (Risikoinventur und Risikoklassifizierung) kurz erörtert werden.

---

570 Vgl. *EU* (2018a).
571 Vgl. *BaFin* (2019a), *EZB* (2020).
572 Vgl. *BaFin* (2019a), S. 10.

aa)   Auswirkungen auf Risikoarten

Wie im BaFin-Merkblatt deutlich herausgestellt wird, sind Nachhaltigkeitsrisiken nicht als eigene Risikoart zu betrachten.[573] Vielmehr kommt es darauf an, sich im Rahmen der regelmäßigen oder anlassbezogenen Auseinandersetzung mit den Risiken im Rahmen der **Risikoinventur, kritisch die potenziellen, nachhaltigkeitsbezogenen Risiken zu betrachten**.[574] Neben der Risikoinventur ist die Berücksichtigung der wesentlichen Risiken eines Finanzdienstleisters einschl. der **Nachhaltigkeitsrisiken in der Risikotragfähigkeitsrechnung** zu berücksichtigen.[575] Nachhaltigkeitsrisiken können in Anlehnung an das BaFin Merkblatt u. a. in folgenden Risikoarten enthalten sein:

- Kredit-/bzw. Adressenausfallrisiken
- Marktpreisrisiken
- Liquiditätsrisiken
- Operationelle Risiken
- Strategische Risiken
- Reputationsrisiken.

411

Folglich wird es darauf ankommen, die Ausgestaltung der Risikoinventur und damit der kritischen Auseinandersetzung mit den Risiken insbesondere in folgenden Aspekten zu überprüfen und anzupassen:

412

- Herstellung eines tieferen Verständnis von Portfolien,
- Analyse der Auswirkung des eigenen Handels auf Reputationsaspekte,
- Überprüfung der Auswahl von Dienstleistern sowie eigene Gebäudestandorte (z. B. Filialen oder Rechenzentren)
- Definition von neuen Analysen und Kennzahlen
- Untersuchung von Risikotreibern, die physischen Risiken und Transitionsrisiken beschreiben
- Definition von Warnschwellen für die Abgrenzung von wesentliche und nicht wesentlichen Risikoarten
- Anpassung der strategischen Ausrichtung des Instituts

---

573   Vgl. *BaFin* (2019a), S. 15. Vgl dazu auch die Analyse in Kapitel A.V dieses Herausgeberbandes.
574   Vgl. *MaRisk* (2017).
575   Vgl. *MaRisk* (2017), AT 4.1 Tz. 1 und 11.

- Erweiterung von Methoden und Prozessen im Risikomanagement
- Anpassung von Dokumentationen, Regularien bspw. im Kreditgeschäft und Prozessen.

413 Insofern bedarf es einer deutlichen Anpassung von bestehenden Rahmenwerken, um Nachhaltigkeitsrisiken in der strategischen Ausrichtung, der Aufbau- und Ablauforganisation und Risikomanagement zu verankern.[576] Dabei wird der **Risikoinventur** eine weiter steigende Aufmerksamkeit und Bedeutung zukommen.

bb) Risikoklassifizierung

414 Eine seit vielen Jahren in den MaRisk verankerte Anforderung ist die Durchführung einer Risikoklassifizierung, um die Ausfallrisiken und aber auch die Objekt- und Projektrisiken von Finanzierung zu beurteilen und durch Zuweisung in Risikoklasse zu bewerten.[577] In Anlehnung an das Merkblatt der BaFin und den Entwurf des EZB Leitfadens zu Klima- und Umweltrisiken kommt der **Risikoklassifizierung eine deutliche höhere Bedeutung zu**. So sind in der Bewertung der Kreditnehmer oder Geschäftspartner bzw. des Investitionsobjekts insbesondere folgende Aspekte mit zu berücksichtigen:[578]

- Nachhaltigkeitsanforderungen zum Investitionsobjekt
- Nachhaltigkeitsmanagement des Unternehmens
- Zugehörigkeit zu emissionsarmen oder -intensiven Wirtschaftszweigen
- Analyse von vorgelagerten oder nachgelagerten Liefer- bzw. Abnehmerketten
- Betrachtung von Szenarioanalysen
- Analyse des Marktumfeldes des Unternehmens (Sektor, Zukunftsstrategien).

415 Wie allein diese verkürzte Aufzählung zeigt, sind die Methoden und Prozesse zur Risikobeurteilung und -klassifizierung deutlich anzupassen und zu erweitern.

---

576 Vgl. *EZB* (2020), S. 31 ff.
577 Vgl. *MaRisk* (2017), BTO 1.4 Tz. 1.
578 Vgl. *EZB* (2020), S. 36 f., *BaFin* (2019a), S. 25 f.

4. Schlussfolgerungen

Mit diesem Beitrag konnte ein Überblick gegeben werden, welche zahlreichen Themen in der **Umsetzung** von **Nachhaltigkeitsaspekte** in Finanzdienstleistungsunternehmen zu berücksichtigen sind.

Entscheidend ist an die konsequente **strategische Ausrichtung** des Unternehmens und die sich daraus ergebenden Handlungen, um am Ende des Tages nicht nur ein Lippenbekenntnis zu haben.

Einige Beispiele für Umsetzung von nachhaltigem Handeln finden wir beispielsweise in der Umgestaltung des öffentlichen Nahverkehrs in Luxembourg (kostenlose Nutzung). Die Motivation zur **Veränderung** ist in der Gesellschaft in den letzten Monaten und Jahren deutlich gestiegen. Demnach ist die Bereitschaft der Gesellschaft, sich durch ein geändertes Verbraucherverhalten und angepassten Wertschöpfungsketten der Unternehmen zu verändern, deutlich gestiegen.

Die Finanzindustrie kann hierbei einen deutlichen Beitrag leisten, sodass die hier dargestellten regulatorischen Rahmenbedingungen nicht als Belastung empfunden werden, sondern als **Chance zur Neuausrichtung** des Geschäftsmodell unter Erschließung neuer Produkte, Zielgruppen und Vertriebswege verstanden wird. So kann eine nachhaltige Ausrichtung des Instituts ein wesentlicher, wenn nicht der entscheidende Innovationstreiber für die kommenden Jahre bzw. Jahrzehnte sein.

III. Ganzheitliche Implementierung von Nachhaltigkeit – Bericht aus dem Maschinenraum einer Bank[579]

1. Die Relevanz von Nachhaltigkeit für die Evangelische Bank

420 In der Finanzbranche wurde Nachhaltigkeit bis in die 2010er Jahre vielfach mit Langfristigkeit gleichgesetzt. Was die Kundenorientierung betrifft, war eine solche Definition verständlich. Heute ist Nachhaltigkeit in der Finanzbranche viel mehr als nur eine **zeitliche Dimension** – Nachhaltigkeit fordert die aktive Rolle einer Bank und definiert Erfolg, Engagement und Zukunftsfähigkeit neu.

421 Die Evangelische Bank (EB) ist genau in diesem Sinne ein nachhaltiges Kreditinstitut. Sie ist im Finanzkreislauf von Kirche und Diakonie, Gesundheits- und Sozialwirtschaft verankert und fühlt sich christlichen Werten verpflichtet. Nachhaltigkeit ist für die EB eine logische Konsequenz ihrer **christlichen Wertebasis**. Dies manifestiert sich bereits in der Gründungsurkunde der Bank (»Pionier der Nachhaltigkeit«), in der explizit von einer nachhaltigen Geschäftspolitik zum Wohle von Kirche, Diakonie, Gesundheits- und Sozialwirtschaft gesprochen wird – eingebettet in die dafür ideal geeignete Rechtsform der Genossenschaft. Als nachhaltiges Kreditinstitut stützt die EB ihr unternehmerisches Handeln auf das Konzept der drei Säulen der Nachhaltigkeit: Sie verfolgt gleichermaßen sozial-ethische, ökologische und ökonomische Ziele und sieht deren Ausgewogenheit als starke Basis für ihr Geschäftsmodell an.

422 Das nachhaltige Geschäftsmodell der EB orientiert sich bewusst am Leitbild für nachhaltige Entwicklung der Vereinten Nationen, der Agenda 2030[580]. Sie bekennt sich daher auch ausdrücklich zu den **Sustainable Development Goals** (SDGs). Dem entsprechend zahlen die Nachhaltigkeitsziele der Bank auf die 17 SDGs ein. Aber nicht jedes der Ziele kann gleichermaßen intensiv unterstützt werden. Im Zuge der Weiterentwicklung der EB-Nachhaltigkeitsstrategie werden die SDGs weitere Beiträge der Bank eruiert. Im UN Global Compact Netzwerk[581] ist die EB bereits seit 2018 Mitglied. Hierbei handelt

---

579 Autoren: *Joachim Fröhlich* und *Berenike Wiener*. Die Ausführungen betreffen den Stand Sommer 2020.
580 Die Agenda 2030 wurde im Jahr 2015 von der Weltgemeinschaft verabschiedet. Sie umfasst das Leitziel, weltweit ein menschenwürdiges Leben zu schaffen und berücksichtigt dabei ökonomische, ökologische wie auch soziale Entwicklungsaspekte. Das Kernelement der Agenda 2030 stellen die 17 Nachhaltigkeitsziele, die Sustainable Development Goals dar. Vgl. dazu auch die Darstellung in den Kapiteln A.I und A.II dieses Herausgeberbandes.
581 Vgl. für weitere Informationen zu diesem Netzwerk *Global Compact Netzwerk Deutschland* (2020).

es sich um die weltweit größte Initiative für **verantwortungsvolle Unternehmensführung**. Die EB leitet aus dieser Mitgliedschaft Impulse für die Themen Menschenrechte, Arbeitsnormen, Umweltschutz und Korruptionsprävention ab und prüft regelmäßig, wie die eigenen Prozesse und Entscheidungen im Sinne dieses Verantwortungsrahmens verbessert werden können.

2. Kernfragen der Nachhaltigkeit in Banken

Ein auf Nachhaltigkeit ausgerichtetes **Verhalten** entspricht einem Selbstverständnis, das sich Tag für Tag in persönlichen oder gemeinschaftlichen Entscheidungen mit kurz-, mittel- oder langfristigen Auswirkungen widerspiegelt. In einem Kreditinstitut, das über einen in kaufmännischer Weise eingerichteten Geschäftsbetrieb verfügt, prägen darüber hinaus feste Strukturen, regulatorische Vorgaben und der bewusste Umgang mit Risiken das Handeln.

423

a) Ein neues Risikobewusstsein

Das Bewusstsein für Klima- und Umweltrisiken ist in der Finanzbranche in den vergangenen Monaten weiter gestiegen. Die Veröffentlichung des »Merkblatts im Umgang mit Nachhaltigkeitsrisiken«[582] der Bundesanstalt für Finanzdienstleistungsaufsicht (BaFin) im Dezember 2019 hat in der Branche große Aufmerksamkeit erzeugt. Im Merkblatt sid neue Risikoarten – physische Risiken und Transitionsrisiken – als Untergruppen der Klima- und Umweltrisiken, eingeführt worden. Das Merkblatt enthält darüber hinaus **Orientierungspunkte** bzw. Empfehlungen zum Umgang mit Nachhaltigkeitsrisiken in der Geschäfts- und Risikostrategie, in der Geschäftsorganisation und im Risikomanagement. Im Mai 2020 hat die Europäische Zentralbank (EZB) einen »Leitfaden zu Klima- und Umweltrisiken«[583] zur Konsultation veröffentlicht. Wenngleich es sich bei diesem um nicht bindende Empfehlungen handelt, verdeutlicht er dennoch die Erwartungshaltung der Aufsichtsbehörde: Insbesondere Klima- und Umweltrisiken rücken massiv ins Bewusstsein einer ganzen Branche.

424

Nachhaltigkeit sollte nicht nur als Risiko gesehen werden. Nachhaltigkeit ist auch die Chance, eine Zukunft zu gestalten, in der die Wirtschaft eine ausdrückliche Verantwortung für die Gesellschaft und für den Schutz bzw. den Erhalt

425

---

582 Vgl. *BaFin* (2019a). Vgl. für eine überblicksartige Darstellung das Kapitel A.IV dieses Herausgeberbandes.
583 Vgl. *EZB* (2020a).

der Umwelt trägt. Die EB sieht diese Chance und entwickelt nachhaltige **Qualitätsprodukte und Dienstleistungen**, um bewusst zukunftsgerichtet Mehrwerte für Umwelt und Gesellschaft zu generieren.

b) Unternehmensstrategie und Prozessveränderungen

426 Die EB-Nachhaltigkeitsstrategie ist integraler Bestandteil der Unternehmensgrundsätze und damit des Geschäftsmodells der Bank. Das heißt, es existiert keine unabhängige oder isolierte Nachhaltigkeitsstrategie parallel zur Gesamtbankstrategie. Die strategischen Nachhaltigkeitsziele und -maßnahmen werden in die Unternehmensstrategie voll und ganz einbezogen. Nachhaltigkeitsaspekte sind sowohl in den kundenbezogenen Kernprozessen als auch in ergänzenden Management- und Unterstützungsprozessen integriert. Somit spielen sie in allen Bereichen der **Wertschöpfungskette** eine Rolle: von der Beschaffung über die Gestaltung der Produkte und Betreuung der Kunden bis hin zum Aufbau neuer Geschäftsfelder. Alle Produkte, Dienstleistungen und Prozesse der EB werden unter strenger Beachtung der bankeigenen nachhaltigen Qualitätsanforderungen entwickelt und gemanagt. Hinzu treten stets aktuelle Entwicklungen, die sich unter anderem aus dem »Aktionsplan: Finanzierung nachhaltigen Wachstums«[584] der Europäischen Kommission und der sich daraus ableitenden Initiativen, Verordnungen sowie Konsultationen auf europäischer Ebene ergeben. All diese Dokumente und auch Diskussionsrunden fokussieren aktuell ökologisch ausgerichtete Managementansätze und Offenlegungsanforderungen, die die EB bewertet und in die Pläne für die Prozessgestaltung aufnimmt. Sie werden auch in die EB-Klimastrategie einfließen.

427 Die bereits implementierten **Nachhaltigkeitsleistungen** werden bei der größten deutschen Kirchenbank systematisch gemessen. Zusätzlich werden im Rahmen des Nachhaltigkeitsmanagements jährlich die so genannten Nachhaltigkeitskernindikatoren ermittelt, analysiert und bewertet. Zu den Nachhaltigkeitsindikatoren zählen unter anderem soziales Engagement, verschiedene Umwelt- und Finanzkennzahlen und das betriebliche Gesundheitsmanagement[585].

428 Zudem überprüfen Aufsichtsrat und Vorstand der EB die Risiken und Chancen der drei Säulen der Nachhaltigkeit im Rahmen ihrer turnusmäßigen Sitzungen. Die **Berichterstattung** erfolgt durch den Vorstand auf Basis des Management-

---

584 Vgl. *EU* (2018a).
585 Nähere Informationen bietet der Nachhaltigkeitsbericht im Ergänzungsteil, vgl. *Evangelische Bank* (2018a), S. 88 ff.

Informationssystems (MIS) und den einschlägigen Risikoberichten der Direktion Finanzen.

Die Prozessintegration der **(ESG-)**[586]**Risiken** bedeutet konkret, dass zunächst im Rahmen der Überprüfung der Gesamtbankrisikostrategie eine Vielzahl von organisatorischen, prozessualen und methodischen Maßnahmen in den Bereichen Markt, Marktfolge, Risikocontrolling, Compliance, Revision und Notfallmanagement fixiert wurden. Um die Komplexität beherrschbar zu machen und die Nachhaltigkeitsstrategie stetig weiterzuentwickeln, hat die EB in 2019 eine **eigenständige Direktion,** die CSR & Sustainable Finance aufgebaut, in der sich die vielen Einzelinitiativen der EB bündeln und die ganzheitlich alle wesentlichen Nachhaltigkeitsaspekte und -prozesse zukunftsgerichtet angeht. Die neue Direktion berichtet direkt an den CEO. Ferner sind die Verantwortlichkeiten für das strategische und operative Nachhaltigkeitsmanagement im Hause der EB klar definiert.

Ein weiteres Ergebnis der Auseinandersetzung mit dem »Merkblatt zum Umgang mit Nachhaltigkeitsrisiken« ist, dass die EB auch Handlungsbedarf für interne Prozesse erkannt hat. Da die Empfehlungen der BaFin stark auf Umwelt- und insbesondere Klimathemen gerichtet sind, hat die EB ergänzend mehrere Projekte initiiert, die ihre **Nachhaltigkeitsstrategie** – einschließlich ihrer Klimastrategie – schärfen und die Nachhaltigkeitsrisiken weiter systematisch in ihr Risikomanagement integrieren. Die Anpassung der Risikobewertungsmodelle zur Integration der Nachhaltigkeitsrisiken in die gängigen Risikokategorien stellt dabei die wohl größte Herausforderung dar.

3. Nachhaltigkeit in drei gleichberechtigten Dimensionen

Alle **drei Säulen der Nachhaltigkeit** stehen für die EB gleichwertig nebeneinander. Obwohl es Verschiebungen bei einzelnen Initiativen oder regulatorischen Vorgaben geben könnte, sieht die EB die Dimensionen der Ökologie, des Sozialen und der Ökonomie als ein sich gegenseitig unterstützendes System. Vereinfacht lassen sich einzelne Geschäftsaktivitäten allerdings auch nur einer Säule zuordnen, wie die nachfolgenden Beispiele zeigen.

---

586 ESG = Environmental (Umwelt), Social (Soziales), Governance (Unternehmensführung), vgl. dazu auch die Darstellung in Kapitel A.V dieses Herausgeberbandes.

GANZHEITLICHE PERSPEKTIVEN ZUR IMPLEMENTIERUNG

a) Ökologische Dimension

432 Um den Klimawandel zu verlangsamen und das **2°C-Ziel** des Pariser Klimaabkommens[587] für die Begrenzung der Erderwärmung zu erreichen, muss ein Umdenken in der gesamten Wirtschaft und der Gesellschaft stattfinden. Die EB trägt selbst eine Verantwortung und legt deshalb innerhalb ihres Umweltmanagements einen besonderen Wert auf die CO_2-relevanten Themen Energie und Emissionen. Das Ziel ist klar: Die Bank will sparsam und ressourcenschonend mit Energie umgehen. An beiden Hauptstandorten sowie in den Filialen wurden Heiz- und Stromkosten bereits maßgeblich reduziert, ebenso die Kosten bei mobilitätsbezogenen Verbräuchen (PKW, Flugzeug und Bahn)[588]. Innerhalb der Gesamtbankstrategie nimmt die Bank sich weitere Energieeinsparungen vor.

433 Unterstützt wird die EB durch ein Nachhaltigkeitsmanagementsystem[589], mit dem die ökologischen Bankaktivitäten systematisch gesteuert werden. Neben dem Umweltfaktor Energie werden auch Wasser, Abfall, Biodiversität, Mobilität, Emissionen sowie der wesentliche Materialverbrauch systematisch erfasst und ausgewertet.

434 Ein aktuelles Beispiel für die ökologische Verantwortung der EB zeigt sich im Bauvorhaben zur Neugestaltung des **Hauptsitzes** in Kassel: Um Ressourcen zu schonen, werden Fundamente, Kellergeschosse und tragende Elemente des bisherigen Gebäudes weitergenutzt und neu ummantelt. Ein Fachinstitut begleitet die Planung und Ausführung von der Auswahl natürlicher Materialien über begrünte Innenhöfe bis hin zur Fertigung im KfW Effizienzhaus 70 Standard. Das neue Gebäude soll später von der Deutschen Gesellschaft für Nachhaltiges Bauen e.V. (DGNB) zertifiziert werden.

b) Sozial-ethische Dimension

435 Die sozial-ethische Dimension umfasst zum einen das Miteinander innerhalb der Bank und die Verantwortung als Arbeitgeber für die Mitarbeiter. Zum anderen sieht die EB insbesondere im sozial-ethischen Verhalten eine große Bedeutung für die Kunden. Darüber hinaus erstreckt sich das Engagement auch auf die Anforderungen an Geschäftspartner und die **Förderung des Gemeinwohls**, was sich in der persönlichen wie finanziellen Unterstützung von Projekten und Initiativen ausdrückt.

---

587 Vgl. beispielsweise *BMWi* (2020b).
588 Vgl. *Evangelische Bank* (2018a), S. 40 ff.
589 Vgl. dazu nähere Ausführungen im Abschnitt 4.

aa) Mitarbeiter und Kunden

Die EB legt großen Wert auf eine nachhaltige Mitarbeiterentwicklung, indem sie Mitarbeiter fördert sowie deren individuellen Stärken, Fähigkeiten und Talente bestmöglich einsetzt. Es ist eine Win-win-Situation: Nur wer Mitarbeiter fördert und unterstützt, kann dem Anspruch, allen Kunden stets hochqualifizierte Ansprechpartner zur Seite zu stellen, gerecht werden.

Ein weiterer Aspekt der sozialen Dimension ist das Gewähren von Freiräumen. Denn **Qualität und Qualifikation** muss nicht allein im Büro zu starren Zeiten stattfinden: Flexible Bausteine zur individuellen Gestaltung von Arbeitszeit und -ort sollten für eine Nachhaltigkeitsbank selbstverständlich sein – und sie sind es für die EB.

Struktur und Verbindlichkeit wird über einen Verhaltenskodex geschaffen, der auch zu den Bestandteilen der Unternehmensgrundsätze zählt. Der Verhaltenskodex[590] stellt ein Rahmenwerk dar, dessen generelle Vorgaben und allgemeine Regelungen durch interne Richtlinien und Anweisungen konkretisiert, ergänzt und umgesetzt werden. Er befasst sich sowohl mit dem Einhalten einschlägiger Rechtsnormen als auch mit dem verantwortungsvollen Verhalten im Einklang mit der nachhaltigen Ausrichtung der Bank.

bb) Spenden und Sponsoring

Die EB und ihre Kunden verbindet eine ebenso nachhaltige wie vertrauensvolle Geschäftsbeziehung. Aus dieser traditionellen Verbundenheit heraus begleitet die Bank das soziale Engagement ihrer Kunden über Spenden- und **Sponsoringaktivitäten**. Allein im Jahr 2019 hat die EB über Spenden- und Sponsoringaktivitäten[591] mehr als 330 soziale Projekte mit knapp 410.000 Euro unterstützt.

cc) Geschäftspartner: Dienstleisterkodex

Die EB hat sich, wie bereits ausgeführt, zu den Prinzipien des UN Global Compacts und zur Achtung der international anerkannten Menschenrechte und der **Arbeits- und Sozialstandards** bekannt. Deshalb hat sich die Bank 2017 entschieden, einen Dienstleisterkodex einzuführen, der insbesondere soziale Mindestanforderungen definiert, deren Einhaltung und Beachtung die EB bei allen

---

590 Nähere Informationen unter *Evangelische Bank* (2018b).
591 Ergänzend zu den direkten Aktivitäten der Bank, bringt die EB über ein Online-Portal Spender und gemeinnützige Projekte zusammen. Mehr Informationen unter www.zusammen-gutes-tun.de bzw. *Evangelische Bank* (2020b).

Geschäftsvorgängen von den Lieferanten und Dienstleistern erwartet. Der Dienstleisterkodex ist Grundlage jedes Kauf-, Liefer-, Werk-, Miet- und Dienstleistungsvertrages sowie jedes sonstigen Vertragsverhältnisses mit der EB.

c) Ökonomische Dimension

441 Das Wissen, dass sich langfristiger ökonomischer Erfolg und gesellschaftliche bzw. ökologische Mehrwerte gegenseitig bedingen, prägt das Handeln der EB. Daher strebt die Bank nicht nur ein **kontinuierliches Wachstum** in allen Geschäftssegmenten an, sondern will insbesondere im Rahmen der Geschäftsaktivitäten in außergewöhnlicher Weise zur Sicherung und Weiterentwicklung der freien **Wohlfahrtspflege** beitragen.

aa) Kapitalbasis

442 Die EB unterstreicht ihren Leitgedanken eines nachhaltigen Geschäftsmodells auch ökonomisch: In den vergangenen Jahren wurden die Höhe des Kernkapitals sowie des Bilanzgewinns kontinuierlich gesteigert – gerade wegen der konsequenten nachhaltigen Ausrichtung.

bb) langfristiges Denken statt kurzfristige Gewinnmaximierung

443 Kurzfristige Gewinnmaximierung wäre ein Widerspruch zur langfristigen und **stabilen Geschäftsentwicklung** der EB. In einer nachhaltigen, zukunftsfähigen Geschäftsentwicklung übernimmt ein Unternehmen durch nachhaltiges Handeln eine aktive Rolle in der Gestaltung eines solidarischen Miteinanders und einer ökologisch wie ökonomisch verträglichen, besseren Zukunft. In diesem Sinne setzt die EB auf Langfristigkeit und Kontinuität.

444 Das dauerhafte nachhaltige Wachstum ermöglicht zudem eine angemessene Dividende für Mitglieder, faire Gehälter für Mitarbeiter, die finanzielle Förderung sozialer Projekte ebenso wie den gesellschaftlichen Beitrag durch die Zahlung von Ertragssteuern.

4. Nachhaltigkeit in der Unternehmensführung und -steuerung

445 Wie bereits beschrieben, geht mit der vollumfänglichen Integration von Nachhaltigkeitsfaktoren in den Bankprozessen eine kontinuierliche Weiterentwicklung des Unternehmens einher. Um allen drei Dimensionen der Nachhaltigkeit gerecht zu werden, greift die Bank regelmäßig auf interne wie externe Quellen zurück, die objektiv aufzeigen, wo sie steht und wie die einzelnen Initiativen, Projekte und Zielsetzungen fortgeschritten sind.

a)   Sustainability Balanced Scorecard

Im Jahr 2015 hat die EB die Sustainability Balanced Scorecard (SBSC) eingeführt. Vorstand und Aufsichtsrat verfolgen damit **acht strategische Nachhaltigkeitsziele**, die aktuell bis in das Jahr 2022 reichen. Die integrierte SBSC umfasst alle nachhaltigkeitsrelevanten Ziele, Messgrößen und Maßnahmen und ist eingebettet in das klassische Zielsystem der Bank auf Basis der Balanced-Scorecard-Perspektiven Kunden, Finanzen, Prozesse und Mitarbeiter. Durch die Integration in das ganzheitliche **Management- und Zielsystem** der Bank gewährleisten sie, dass die Nachhaltigkeitsleistung im Rahmen der Steuerung konsequent verbessert wird und die ambitionierten Beiträge auch erreicht werden.

b)   Materialitätsmatrix der Evangelischen Bank

Im Rahmen der Materialitätsprüfung analysiert die Bank aktuelle Themen hinsichtlich ihrer Bedeutung für die nachhaltige Ausrichtung sowohl aus Sicht der wichtigsten Anspruchsgruppen als auch aus der des Unternehmens selbst. Die aktuelle Bewertung der Themen und Veränderungen erfolgte im Rahmen eines **Review-Dialog**s Ende Juli 2017. Dabei hat sie insbesondere die Ergebnisse der aktuellen Kunden-, Mitarbeiter- und Dienstleisterbefragung sowie die Ergebnisse einiger Kundenfokusgruppen herangezogen. Die aktuelle Materialitätsmatrix (vgl. Abbildung B.4) weist sowohl Themen auf, die für die EB als auch für ihre Stakeholder von hoher Bedeutung sind. Des Weiteren sind Themen aufgenommen worden, die aus bankstrategischer Sicht als relevant einzustufen waren.

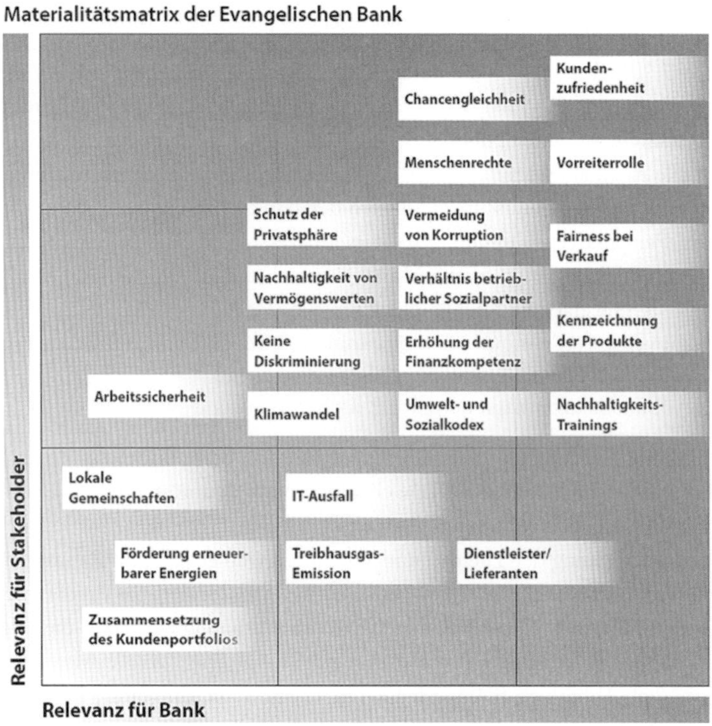

GANZHEITLICHE PERSPEKTIVEN ZUR IMPLEMENTIERUNG

Materialitätsmatrix der Evangelischen Bank

Abbildung B.4: Die Materialitätsmatrix der Evangelischen Bank (Quelle: eigene Darstellung der Evangelischen Bank, vgl. auch Evangelische Bank (2018a), S. 25)

c) Einordnung durch externe Bewertung

aa) EMASplus

448 Seit 2011 ist die EB mit dem anspruchsvollsten europäischen **Nachhaltigkeitsstandard EMAS^{plus}**[592] als einzige Kirchen- und Genossenschaftsbank ausgezeichnet. Diese Zertifizierung dokumentiert, dass die Bank in allen Bereichen nachhaltig aufgestellt ist – sowohl unter ökonomischen als auch ökologischen und sozial-ethischen Gesichtspunkten. EMAS^{plus} basiert auf dem europäischen EMAS-System (Eco-Management and Audit Scheme) und erweitert das Umweltmanagement um die soziale und ökonomische Dimension zu einem integrierten und ganzheitlichen Managementsystem (vgl. Abbildung B.5). Dieser Standard orientiert sich am PDCA-Zyklus (Plan-Do-Check-Act) und richtet

---

[592] Zu den Richtlinien von EMAS^{plus}: www.emasplus.org/richtlinie-emasplus

das Handeln der Bank konsequent darauf aus, ihre ökonomischen, ökologischen und sozialen Wirkungen systematisch zu bewerten und kontinuierlich zu verbessern. Ergänzend zum System führt die Bank alle drei Jahre ein Umweltaudit unter Verwendung der Ecomapping-Methodik für jeden Standort durch.

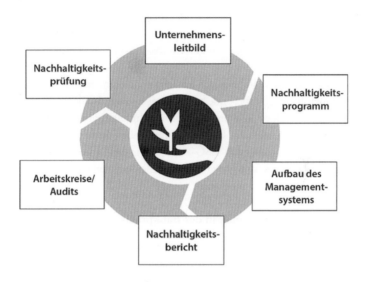

Abbildung B.5: Die wesentlichen Elemente des EMAS-Systems
(Quelle: eigene Darstellung der Evangelischen Bank)

bb) ISS-ESG

Die EB hat von der renommierten **Nachhaltigkeits-Ratingagentur** ISS-ESG[593] die derzeit höchste Note in der Branche Financials/Specialised Finance erhalten. Mit dem Ratingergebnis von B+ gehört die EB in 2020 zu den Top zehn Prozent aller in dieser Kategorie bewerteten Institute. Die Bewertung setzt sich aus zwei Bereichen zusammen: dem »Social and Governance-Rating« sowie dem »Environmental-Rating«. Letzteres umfasst das Umweltmanagement, Produkte und Service sowie die Umwelteffizienz.

449

---

593 Nähere Informationen zu ISS-ESG unter https://www.issgovernance.com/esg-de/

cc) PRI

450 Als erste deutsche Kirchenbank hat die EB die **Principles for Responsible Investment** (PRI)[594] unterzeichnet. Damit verpflichtet sich die Bank, die Aspekte Umwelt, Soziales und verantwortungsvolle Unternehmensführung (ESG) in die Analyse- und Entscheidungsprozesse im Investmentbereich einzubeziehen. Das umfasst sowohl die nachhaltige Anlage verwalteter Kundengelder als auch die Eigenanlagen der Bank. Zum anderen dient die Bewertung der Aktivitäten auch einer Einordnung im Wettbewerbs- bzw. Anspruchsumfeld. Mit einer Bewertung im Jahr 2019 in der Kategorie der Asset Owner übertrifft die EB in sechs von sieben Modulen den Mittelwert aller Unternehmen, die die PRI unterzeichnet haben. Insbesondere die konsequente Implementierung von Nachhaltigkeitsaspekten in allen Schritten des Investmentprozesses führte zu dieser exzellenten Bewertung. Darüber hinaus hebt sich die EB durch die detaillierte Berücksichtigung von ESG-Aspekten in Investitionsentscheidungen bei Aktien sowie Staats- und Unternehmensanleihen deutlich von ihren Mitbewerbern ab.

5. Strategien und Konzepte in der Bankpraxis

451 Nachhaltigkeit vollumfänglich im Geschäftsmodell zu integrieren, spiegelt sich bei der EB in den folgenden **drei Grundsätzen** wider:

1. Die Evangelische Bank investiert ausschließlich in nachhaltige, das heißt ökologisch und sozial-ethisch vertretbare **Projekte**.
2. Alle angebotenen **Drittprodukte** müssen grundsätzlich der nachhaltigen Grundausrichtung der Bank entsprechen.
3. Im laufenden **Geschäftsbetrieb** wird die Nachhaltigkeit in der Produktion und beim Konsum stets beachtet.

452 Stellvertretend für verschiedene Organisationseinheiten und -bereiche innerhalb der EB sollen im Folgenden Beispiele für die **Integration** von Nachhaltigkeitsaspekten im Personalmanagement, im Aktiv- und im Passivgeschäft sowie in der Kapitalanlage vorgestellt werden.

---

594 Nähere Informationen zu den Principles for Responsible Investment vgl. PRI (2020) und die ausführliche Darstellung in Kapitel A.II dieses Herausgeberbandes.

a) Personalmanagement

Im Mittelpunkt des integrierten Ansatzes der EB stehen die gängigen Instrumente des Personalmanagements. Dazu zählen die **Personalbedarfsplanung** und -deckung, der Personaleinsatz, die Personalentlohnung, die Personalführung sowie das Personalcontrolling. Das übergeordnete Ziel des strategischen Personalmanagements der Bank besteht darin, den Einsatz der Mitarbeiter gemäß der ökonomischen, ökologischen und sozial-ethischen Grundausrichtung optimal zu gestalten.

Zur nachhaltigen Grundausrichtung zählt insbesondere, dass die EB bewusst auf vertriebsbasierte Vergütungen der Mitarbeitenden verzichtet. Darüber hinaus sollten Vergütungsstrukturen insgesamt als fair bewertet werden. Eine faire Vergütung lässt sich unter anderem durch das **Verhältnis** der höchsten im Vergleich zur niedrigsten Vergütung ausdrücken. Die Spanne liegt bei der Evangelischen Bank bei unter 18.

b) Aktivgeschäft

Nachhaltige Kriterien sind auch für die Kreditvergabe bestimmend. Zum einen richtet die EB ihren Kunden- bzw. **Zielkundenkreis** für das Aktivgeschäft entsprechend danach aus, zum anderen wird die Finanzierung bestimmter Geschäftsaktivitäten von vornherein ausgeschlossen.

aa) Schwerpunkt: Gesundheits- und Sozialwirtschaft

Aufgrund der **strategischen Fokussierung** bei institutionellen Kunden auf die Gesundheits- und Sozialbranche verteilen sich die ausgereichten Finanzierungsvolumen insbesondere auf Gesundheit, Pflege, Sozialarbeit, Bildung, Eingliederungshilfe sowie Kinder- und Jugendhilfe (vgl. Abbildung B.6). Darüber hinaus entfällt ein wesentlicher Anteil auf die Finanzierung nachhaltiger Wohneinrichtungen. Bei der Vergabe von privaten und gewerblichen Immobilienfinanzierungen werden insbesondere umwelt- und energiebezogene Kriterien herangezogen.

GANZHEITLICHE PERSPEKTIVEN ZUR IMPLEMENTIERUNG

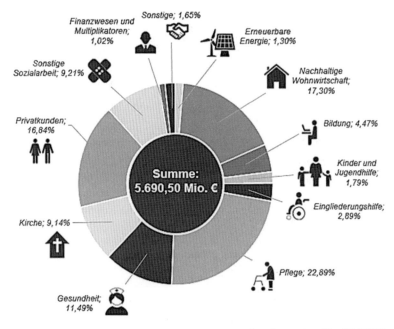

Abbildung B.6: Die Verteilung des Finanzierungsvolumens 2019 nach Branchen
(Quelle: eigene Darstellung der Evangelischen Bank)

bb) Definition von Ausschlusskriterien

457 Die Kunden der EB bewegen sich im kirchlich-diakonischen und sozialen Umfeld. Aufgrund dieser Fokussierung und der nachhaltigen Strategie ist ein **Aktivgeschäft** mit folgenden Bereichen für die EB ausgeschlossen: Großkraftwerke (Braun- und Steinkohle, Atomenergie), Waffen oder Militärgüter (Produktion, Handel), umweltschädliche Produkte oder Technologien (Produktion, Handel), Nichteinhaltung von Umweltauflagen, sozial unverträgliche Projekte (zum Beispiel auf Ausbeutung von Kindern basierende Produktion), Gentechnik in der Landwirtschaft, unfaire Geschäftspraktiken (zum Beispiel Korruption, Menschenrechtsverletzungen) und Landwirtschaft (zum Beispiel industrielle Massentierhaltung).

458 Die EB legt denselben kritischen Maßstab auch an, wenn sich zum Beispiel Bestandskunden an einem der aufgeführten Bereiche beteiligen würden und dafür eine Finanzierungsanfrage stellen.

cc) Dienstleistungen

Da Risiken der Kunden auch zu finanziellen Risiken einer Bank werden können, hat die hundertprozentige Tochtergesellschaft der EB, die **EB Consult**, zusammen mit Kunden ein IT-basiertes Tool zur Risikoanalyse speziell für Organisationen der Sozialwirtschaft entwickelt. Das Risikomanagement- und Frühwarnsystem enthält quantitative Aspekte wie Kennzahlen und Frühwarnindikatoren ebenso wie die Bewertung von relevanten qualitativen Themenfeldern. Entscheider auf allen Ebenen der Sozialwirtschaft können mit Unterstützung des Tools identifizierte Handlungsfelder angehen und auch Ertragspotenziale aktiv nutzen.

c) Passivgeschäft

Produkte und Finanzkreislauf

Die EB bietet grundsätzlich nachhaltige Produkte und Dienstleistungen an. Zudem arbeitet die Bank kontinuierlich an der Weiterentwicklung nachhaltiger Produkte und Dienstleistungen, um neben den reinen Produktbedarfen zusätzliche Mehrwerte zu schaffen. Darüber hinaus werden alle Kunden über die ökonomischen, ökologischen und sozial-ethischen Gesichtspunkte fair und transparent informiert.

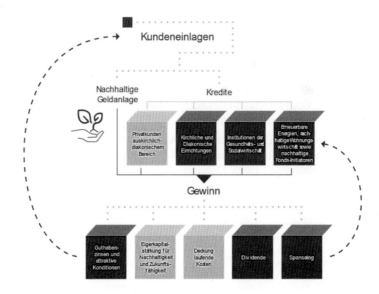

Abbildung B.7: Der EB-Finanzkreislauf (Quelle: eigene Darstellung der Evangelischen Bank)

GANZHEITLICHE PERSPEKTIVEN ZUR IMPLEMENTIERUNG

461 Wesentlich für Nachhaltigkeit im Passivgeschäft ist, dass sämtliche Kundeneinlagen und Kundenverbindlichkeiten im **Finanzkreislauf** der EB-Kernkundschaft bleiben (vgl. Abbildung B.7).

d) Kapitalanlage

462 Die Kapitalanlage der EB setzt sich aus dem so genannten Depot A (Eigenanlage) und dem Depot B (Anlage für Dritte) zusammen.

aa) Eigenanlage

463 Bei der Geldanlage spielen für die EB neben den klassischen Zielen wie Sicherheit, Liquidität und Rentabilität auch **ökologische und ethisch-soziale Aspekte** eine entscheidende Rolle. Um diese Ziele zu erreichen, hat die EB einen mehrstufigen Investmentprozess definiert:

1. Eine **ESG-Ratingagentur** analysiert und bewertet die Aktien- und Anleiheemittenten hinsichtlich ihrer Nachhaltigkeitsleistungen.

2. Anschließend wird das gesamte gescreente Anlageuniversum mit strengen **Ausschlusskriterien**, die auf dem Leitfaden für ethisch-nachhaltige Geldanlage in der evangelischen Kirche basieren, abgeglichen und zusätzlich mit Ausschussklassen kombiniert. Ausschussklassen beziehen sich auf die Ratingergebnisse der Ratingagentur. Des Weiteren wird das Portfolio um die Unternehmen und Länder reduziert, die den strengen Investitionsanforderungen nicht entsprechen.

   Berücksichtigt werden sowohl weiche (prozentuale Umsatztoleranz) als auch harte Ausschlusskriterien (keine Umsatztoleranz). Die Ausschlusskriterien umfassen Geschäftsfelder wie Atomenergie, Glücksspiel, Rüstung oder Tabak sowie Geschäftspraktiken wie Menschenrechtsverletzungen oder Kinderarbeit. Die Ausschlusskriterien sind für alle Stakeholder transparent auf der Webseite der EB einsehbar.[595]

3. Das Ergebnis ist ein **nachhaltiges Anlageuniversum**. Zur Erarbeitung eines optimierten nachhaltigen Portfolios selektiert und filtert die EB das Anlageuniversum weiter. Dafür findet eine Kombination aus Fundamentalanalyse und Best-In-Class[596]-Ansatz statt.

4. Das Portfolio wird halbjährlich einer **Bestandsanalyse** unterzogen, die die Nachhaltigkeitsqualität der Eigenanlagen misst.

---

595 Vgl. *Evangelische Bank* (2020a).
596 Best-In-Class = Anlagestrategie, nach der – basierend auf ESG-Kriterien – die besten Unternehmen innerhalb einer Branche, Kategorie oder Klasse ausgewählt werden.; vgl. *FNG* (2019). Vgl. dazu auch die umfangreiche Diskussion verschiedener Ansätze in den Kapiteln A.IV, E.I, E.III sowie E.IV dieses Herausgeberbandes.

5. Zusätzlich unterliegt der Investmentprozess einer stetigen externen und internen Analyse – unter anderem durch eine **jährliche Validierung** einer externen Wirtschaftsprüfungsgesellschaft. Zusätzlich werden im Arbeitskreis Nachhaltigkeitsansatz die Ausschlusskriterien und Ausschussklassen halbjährlich überprüft.

bb) Kapitalanlage für Dritte

Bei der Kapitalanlage für Dritte steht für die EB nicht das Produkt, sondern die ganzheitliche Beratung im Vordergrund. Um die Ganzheitlichkeit der Beratung sowohl im Privat- als auch im Institutionellen Kundengeschäft sicherzustellen, lässt die EB die Mitarbeiter der Bank umfassend nachhaltig ausbilden. Im Passivgeschäft stellt die Bank dies durch die obligatorische Ausbildung zu zertifizierten **Nachhaltigkeitsberatern** sicher. Die Bank hat sich zum Ziel gesetzt, die Quote der zertifizierten Mitarbeiter bis 2023 auf über 90 % der Vertriebsberater zu steigern.

Fondskonzepte für Institutionelle Kunden bietet die EB insbesondere über die hundertprozentige Tochtergesellschaft der Bank, die **EB – Sustainable Investment Management GmbH (EB-SIM)**, an. Dadurch werden auch in der Vermögensanlage hohe soziale, ökologische oder ethische Ansprüche erfüllt.

Dass sich nachhaltige Anlagekriterien und eine gute Performance nicht widersprechen, beweisen die **Fonds der KCD-Familie** (Kirche, Caritas, Diakonie), die bereits 1990 unter Mitwirkung des Vorgängerinstituts der EB aufgelegt wurden.[597] Fonds aus dieser Familie sind immer wieder von renommierten Wirtschaftsagenturen mit Preisen, wie zum Beispiel dem »LipperFunds Award«, ausgezeichnet worden. Bereits 1991 hat die Bank den Öko-Aktienfonds als Umwelttechnologiefonds aufgelegt. Der Fokus der Anlagestrategie liegt auf Unternehmen, die zu den großen Ökoleads zählen, aber auch auf kleineren, so genannten Ökopionieren.

cc) Engagement-Strategie

Mit Blick auf die neue Mitwirkungspolitik in § 134b AktG, in dem unter anderem Vermögensverwalter aufgefordert werden, eine aktive Aktionärsrolle einzunehmen, hat die EB das bisherige Engagement mit verschiedenen Interessengruppen durch die Entwicklung einer **Engagement-Strategie** verstärkt und weiter ausgebaut. Die Engagement-Strategie stellt ein weiteres Instrument

---

[597] Zur Nachhaltigkeit im Fondsmanagement vgl. auch die Darstellung in Kapitel E.II dieses Herausgeberwerkes.

innerhalb der Vielzahl der EB-Aktivitäten dar. Mit ihr leistet die Bank einen Beitrag zu einer nachhaltigen Entwicklung und der dafür notwendigen Transformation der Wirtschaft zu einer klimaverträglichen, ressourcenschonenden und sozialen Wirtschaftsweise. Die Strategie umfasst sowohl das Thema Proxy Voting als auch Prozesse zur Dialogaufnahme und -erfassung. Die Bank verwendet dabei einen ganzheitlichen Ansatz: Sie nutzt ihren bestehenden wirtschaftlichen und gesellschaftlich-ethischen Einfluss, um Unternehmen zu motivieren, verstärkte Anstrengungen für eine nachhaltige Entwicklung zu unternehmen. Das betrifft sowohl solche Unternehmen, in die sie investiert ist bzw. an denen sie beteiligt ist, als auch deren Dienstleister, Fondsanbieter und Verbände sowie Initiativen, in denen sie Mitglied ist.

6. Ausblick für die Finanzbranche und insbesondere für die EB

468 Mit Blick auf die verschiedenen regulatorischen Vorhaben für die Finanzbranche, die von Seiten der EU seit der Veröffentlichung des »Aktionsplan: Finanzierung nachhaltigen Wachstums« initiiert wurden, ist ein **neues Bewusstsein** zu finanziellen Risiken aus Klimawandel und Umweltverschmutzung in der gesamten Finanzbranche entstanden. Es geht nun viel stärker als zuvor darum, eine gesamte Branche zum sorgsamen Management von ökologischen Risiken zu bewegen. Die EB ist hier bereits erste Schritte gegangen – lange vor den aktuellen regulatorischen Bestrebungen. Als Nächstes wird die EB das Management der Nachhaltigkeitsrisiken in das bestehende **Risikocontrolling** integrieren. Im bereits verabschiedeten Maßnahmenkatalog ist festgelegt, Nachhaltigkeitskriterien noch stärker bei Kreditprüfungen und Kreditvergaben einzubeziehen und Nachhaltigkeitsrisiken bei der Wertermittlung von Immobilien und ESG-Risiken – wie bereits in der Eigenanlage umgesetzt – im Rahmen der Ratingprozesse im Kreditgeschäft zu berücksichtigen.

469 Das Ziel ist, die Nachhaltigkeitsrisiken in den gesamten **Controlling-Zyklus** einzubauen – von der Identifikation, Messung, Steuerung, Kontrolle bis hin zur Berichterstattung. Die EB hat bereits damit begonnen, eine allgemeine, rein qualitative Bewertung der ESG-Risiken im Rahmen der Risikoinventur vorzunehmen. Für eine quantitative Ermittlung mangelt es allerdings bislang an verfügbaren Tools. Die EB hat sich für diesen Prozessschritt am BaFin-Merkblatt orientiert. Für eine Messung der Nachhaltigkeitsrisiken müssen die bestehenden Modelle methodisch noch angepasst werden, um die konsistente Integration der Nachhaltigkeitsrisiken in die Modellierung der bekannten Risikoarten

sicherzustellen. In diesem Zug wird die Bank bekannte Verfahren aus der Versicherungswirtschaft oder der Klimaforschung adaptieren. Für die Integration von Klima- und Umweltrisiken in Szenarioanalysen und Stresstests stehen alle Banken noch am Anfang. Um möglichst auch in diesem Bereich nachhaltige Ergebnisse zu erzielen, berücksichtigt die EB die Empfehlungen und Beispiele der BaFin, EZB oder der Europäischen Bankenaufsichtsbehörde (EBA).

Wahrscheinlich werden die regulatorischen Anforderungen an Kreditinstitute zukünftig noch weiter zunehmen. Wenn diese dazu führen, dass die Finanz-Akteure einen stärkeren **gesellschaftlichen und ökologischen Beitrag** leisten, ist das ganz im Sinne der EB. Für die EB umfasste die **unternehmerische Verantwortung** schon immer mehr als nur die Betrachtung der Finanzkennzahlen. Das Management und die Mitarbeiter der größten Kirchenbank Deutschlands sind der festen Überzeugung: Nur ein nachhaltiges Kreditinstitut ist fit für die Zukunft – und sichert mit einer nachhaltigen Entwicklung ein menschenwürdiges Leben für nachfolgende Generationen.

470

IV. Möglichkeiten zur Integration von Nachhaltigkeitsaspekten aus Sicht einer Regionalbank[598]

1. Einleitung

471 Nachhaltigkeit in verschiedenen Facetten hat in der Volksbank Bielefeld-Gütersloh eine lange Tradition und hohen Stellenwert. Mit ihrem »**grünen Geschäftsfeld**« ging die regionale Genossenschaftsbank dabei vor mehr als 10 Jahren früher einen Schritt weiter als viele andere Universalbanken. Auf den folgenden Seiten erfolgt zunächst eine Einordnung von Nachhaltigkeitsaspekten in den Kontext genossenschaftlicher Organisation und Werte. Anschließend werden die Erfahrungen der Volksbank Bielefeld-Gütersloh mit ihrem grünen Geschäftsfeld geschildert und einzelne Aktivitäten vorgestellt.

2. Erste Anknüpfungspunkte

472 Nachhaltige Themen wie Gemeinwohl, Umweltschutz und verantwortliches Investieren sind in den letzten Jahren immer stärker in den Fokus gerückt und erfreuen sich aktuell großer Popularität.[599] Viele dieser nachhaltigen Themen passen hervorragend zu Regionalität und genossenschaftlicher Organisation. Tatsächlich sind die Volks- und Raiffeisenbanken in ihrem Ursprung eng mit sozialen Werten – also dem **S in ESG** – verknüpft und die Gesellschaftsform »Genossenschaft« bietet zudem viele Vorteile in Bezug auf Aspekte der Unternehmensführung – also dem **G in ESG**. Die enge Verbindung der Genossenschaften mit Werten und menschlicher Gemeinschaft würdigten die Vereinten Nationen 2016 mit der Auszeichnung als schützenswertes, immaterielles Kulturerbe der Menschheit (vgl. Abbildung B.8).[600]

---

598 Autorin: *Nicole Rüping*. Die Ausführungen geben ausschließlich persönliche Auffassungen und Erfahrungen wieder. Für Rückfragen oder Anregungen ist die Autorin unter der E-Mail-Adresse nicole.rueping@volksbank-bi-gt.de erreichbar.
599 Vgl. dazu auch die Darstellungen in den Kapiteln A.I und A.II dieses Herausgeberbandes.
600 Vgl. *Deutsche Hermann-Schulze-Delitzsch-Gesellschaft e. V. (2020)*.

Abbildung B.8: Urkunde zur Auszeichnung als immaterielles Kulturerbe der Menschheit (Quelle: Deutsche Hermann-Schulze-Delitzsch-Gesellschaft e. V. (2020))

a) Genossenschaftliche Werte

»Was einer alleine nicht schafft, das schaffen viele.« – Dieses Zitat von **Friedrich Wilhelm Raiffeisen** beschreibt nicht nur treffend den Erfolgsfaktor Kooperation, sondern auch den Grundgedanken genossenschaftlicher Organisation. Kooperation, Partnerschaftlichkeit und Solidarität bilden das Fundament dieser Gesellschaftsform. Im Abgleich mit den aktuellen Themen zeigt sich, dass diese Werte heute mindestens ebenso aktuell sind wie zur Gründungszeit der ersten Genossenschaftsbank vor mehr als 150 Jahren.

Im Ursprung entstanden die ersten von Raiffeisen gegründeten Genossenschaften vor allem aus karitativen Gründen und ohne jedes Gewinnstreben. Ziel war es der armen Landbevölkerung den Zugang zu Krediten zu fairen Konditionen zu ermöglichen, welche es den Menschen wiederum erlaubten z. B. Getreide oder landwirtschaftliche Geräte zu erwerben. Die Idee war auch deshalb so erfolgreich und vor allem **nachhaltig**, weil sich die von Raiffeisen gegründeten Vereine von klassischen Wohltätigkeitsvereinen durch das Prinzip der **Hilfe zur Selbsthilfe** unterschieden. Die Mitglieder waren nicht länger abhängig von laufenden Almosen, sondern konnten sich mit Unterstützung der Gemeinschaft selbst aus der Armut befreien und eine Existenz aufbauen. Hermann Schulze-Delitzsch gründete schließlich als erster eine Genossenschaft in dieser unternehmerischen Rechtsform. Die von ihm integrierte Verpflichtung zum Erwerb von Genossenschaftsanteilen, Beschränkung der Leistungen auf Mitglieder und **solidarische Haftung** vervollständigten das Konzept und verhalfen ihm zu internationaler Popularität.[601] Die Genossenschaftsbanken waren damit die ersten Mikrofinanzinstitutionen und sehr ähnlich dem Modell der Grameen Bank, für das Muhammad Yunus 2006 den Friedensnobelpreis erhielt.[602]

475   Die genossenschaftliche Rechtsform bietet zwei große Vorteile. Zum einen ermöglicht sie die **Beteiligung Einzelner am Unternehmen**. Wie bei einer Aktiengesellschaft werden die Kapitalgeber u. a. über die Zahlung einer Dividende am wirtschaftlichen Erfolg des Unternehmens beteiligt. Zum anderen sind Genossenschaften **demokratisch** organisiert: Jedes Mitglied hat eine Stimme, unabhängig davon, wieviel Kapital es eingezahlt hat. Zugleich ist sichergestellt, dass die Mehrheit der Mitglieder durch die Tätigkeit der Genossenschaft gefördert wird. Mitglieder und Kunden sind bei den Genossenschaften entsprechend zum großen Teil identisch.[603] Die Gesellschaftsform folgt damit einerseits dem kapitalistischen Grundprinzip, **Privateigentum** an Produktionsmitteln zu erwerben und hierdurch **Gewinne** zu **erwirtschaften**, ohne dabei andererseits zu der oftmals dem Gemeinwohl entgegenstehenden reinen Shareholdervalue-Optimierung zu führen.

476   Letztlich ergibt sich aus dem genossenschaftlichen Förderauftrag auch der Anspruch, **nachhaltig** zu **wirtschaften**, denn nur wer wirtschaftlich erfolgreich ist, kann diesem Auftrag langfristig nachkommen. Konkret bedeutet dies, dass die Genossenschaft mindestens ihre Kosten decken sowie einen Gewinn erzielen muss, der das eigene Wachstum sowie ggf. eine Dividende finanziert. Wirtschaftlicher Erfolg ist hier entsprechend nicht gleichzusetzen mit Gewinnmaximierung, aber durchaus mit Gewinnerzielung.

b)   Regionalität

477   In unserer globalisierten Welt gewinnt Regionalität wieder zunehmend an Bedeutung. Davon versprechen sich die Verbraucher vor allem, die Unterstützung der regionalen Wirtschaft und darüber hinaus die **Sicherung von Arbeitsplätzen** in ihrer Region. In Ländern mit steigendem Umweltbewusstsein wie z. B.

---

601   Vgl. *BVR* (2020).
602   Vgl. *Kurspahić* (2012), S. 36 ff.
603   Vgl. *DGRV* (2020).

der Bundesrepublik Deutschland verspricht man sich vom Kauf regionaler Produkte zudem auf diese Weise die Umwelt zu schonen.[604] Mit Verbreitung des Corona-Virus hat die Bedeutung von Regionalität weiter zugenommen. Als Anfang dieses Jahres die internationalen Warenströme unter Druck gerieten, zeigte sich in gestiegenem Maß die **Bedeutung regionaler Strukturen und Wertschöpfungsketten.**[605]

Die regionalen Genossenschaftsbanken sind ihrer heimischen Wirtschaftsregion seit jeher verpflichtet. Die **regionale Förderung** ist für alle Beteiligten eine Win-Win-Situation: Sie stärkt die Region sowohl wirtschaftlich als auch sozial und kulturell. Hiervon profitieren wiederum die Menschen und Unternehmen vor Ort – also Kunden und Mitglieder der Volks- und Raiffeisenbanken ebenso wie die regionalen Banken.

Es kann also gerade im aktuellen Umfeld **entscheidende Vorteile** bringen, aktuelle Fragestellungen mit genossenschaftlicher Tradition zu verknüpfen.

3. Umsetzung in der Volksbank Bielefeld-Gütersloh

Wenngleich die eingangs genannten Aspekte der Nachhaltigkeit zur oftmals zitierten genossenschaftlichen DNA gehören, umfassen diese noch nicht alle relevanten Facetten und bilden kein umfangreiches Nachhaltigkeitskonzept. Sie sind als überaus nützlicher Ausgangspunkt für ein solches zu sehen. Einen weiteren Schritt in Richtung eines solchen Konzeptes ging die Volksbank Bielefeld-Gütersloh vor etwas mehr als 10 Jahren.

Im Jahr 2008 führte die damalige Volksbank Gütersloh ein umfassendes Strategieprojekt durch. Als ein wichtiges **Zukunftsthema** wurde dabei auch die ökologische Nachhaltigkeit identifiziert und beschlossen, ein eigenes grünes Geschäftsfeld aufzubauen. Nach Abschluss der Konzeptionsphase begann die Implementierung des »Grünen Geschäftsfeldes« im dritten Quartal 2009.

a) Das »Grüne Geschäftsfeld«[606]

Bei dem Aufbau des neuen Geschäftsfeldes entschließ sich die Volksbank dazu, sich – ergänzend zu den genossenschaftlichen Werten – mit ihrer Nachhaltigkeitsdefinition an dem **Zukunftsbericht** (»Brundtland-Report«) der Weltkommission für Umwelt und Entwicklung zu orientieren:

---

604 Vgl. diepresse.de (2020).
605 Vgl. DUH (2020).
606 Dieses Unterkapitel ist bereits in ähnlicher Form bei *Rüping* (2020) erschienen.

GANZHEITLICHE PERSPEKTIVEN ZUR IMPLEMENTIERUNG

> *»Die Menschheit ist zu einer nachhaltigen Entwicklung fähig – sie kann gewährleisten, dass die Bedürfnisse der Gegenwart befriedigt werden, ohne die Möglichkeiten künftiger Generationen zur Befriedigung ihrer eigenen Bedürfnisse zu beeinträchtigen.«*[607]

483 Das grüne Geschäftsfeld ist seit seinem erfolgreichen Aufbau durch ein sogenanntes **Kompetenzboard** in der Unternehmensorganisation der Volksbank verankert. Die Arbeitsgruppe entwickelt laufend Ideen, Produkte und Dienstleistungen im Bereich der Nachhaltigkeit. Die Entscheidung über die Umsetzung von Maßnahmen wird in den banküblichen Gremien getroffen.

484 Die Zusammensetzung des Kompetenzboards erfolgt **abteilungs- und hierarchieübergreifend** und umfasst sechs Personen. Die Stellen werden durch innerbetriebliche Ausschreibungen und Auswahlgespräche besetzt. Wesentliche Kriterien für die Bewerber sind eine starke Affinität zu Nachhaltigkeitsthemen und ein hohes Maß an Eigenmotivation. Durch die abteilungsübergreifende Besetzung ist stets eine Brücke zu den jeweiligen Fachbereichen und anderen Gremien, die sich mit Nachhaltigkeitsthemen befassen (z. B. betriebliches Gesundheitsmanagement, Volksbank Bielefeld-Gütersloh NachhaltigkeitsInvest) sichergestellt. Das garantiert einen idealen Praxisbezug und erleichtert Abstimmungsprozesse.[608]

485 Im Bereich der nachhaltigen Geldanlagen wurden verschiedene Leistungsangebote für die Kunden der Volksbank Bielefeld-Gütersloh entwickelt. Neben grünen Sparbriefen oder auch einer grünen Energiegenossenschaft ist dabei vor allem der Volksbank Bielefeld-Gütersloh NachhaltigkeitsInvest zu nennen.[609] Einige dieser Ideen sollen im Folgenden vorgestellt werden.

b) Volksbank Bielefeld-Gütersloh NachhaltigkeitsInvest[610]

486 Beim Aufbau des grünen Geschäftsfeldes entschied sich die Volksbank Bielefeld-Gütersloh dafür, einen **nachhaltigen Mischfonds** anbieten zu wollen. Hier stellte sich die Frage: Selbst machen oder auf bestehende externe Expertise zurückgreifen? Nachdem man bereits mit der hauseigenen Vermögensverwaltung seit Jahren sehr gute Erfahrungen damit machte, dass die handelnden Personen für Anleger und Kollegen persönlich erreichbar sind, beschloss die Volksbank, selbst Kompetenz aufzubauen und die eigenen Ressourcen zu nut-

---

607 Vgl. Lexikon der Nachhaltigkeit (2015).
608 Vgl. Volksbank Bielefeld-Gütersloh eG (2019), S. 5/6.
609 Vgl. zur Bedeutung der Entwicklung nachhaltige Produkte auch Kapitel C.II dieses Herausgeberbandes.
610 Dieses Unterkapitel ist bereits in ähnlicher Form bei *Rüping* (2020) erschienen.

zen. Der direkte Austausch vor Ort führt zu mehr Transparenz, Nähe und Begeisterung für die Geldanlage. Die Umsetzung dieses Vorhabens erfolgte in partnerschaftlicher Zusammenarbeit mit dem Fondsspezialisten Union Investment. Die Auflage des **Private-Label-Nachhaltigkeitsfonds** erfolgte schließlich zum 01.12.2009.

aa) Volle Transparenz vor Ort

Im Rahmen des Projektes gründete die Volksbank einen Anlageausschuss, der sich um die strategische Ausgestaltung des Fonds kümmert, Empfehlungen an Union Investment ausspricht und als Verbindung zum bankeigenen Vertrieb fungiert. Hier war von Beginn an das Interesse an nachhaltigen Themen gleichermaßen Voraussetzung für die Mitarbeit wie Expertise im Wertpapiergeschäft. Aufgabe des Anlageausschusses ist es insbesondere, den Kriterienkatalog für den Nachhaltigkeitsfilter zusammenzustellen und zu pflegen. Des Weiteren empfiehlt der Anlageausschuss die Zusammensetzung der strategischen Asset Allocation, also der Aufteilung des Fondsvermögens auf die Assetklassen Anleihen, Aktien und Liquidität. Zu Beginn nahm das Fondsmanagement von Union Investment darauf basierend die Einzeltitelselektion eigenverantwortlich vor.

Im Jahr 2013 entschied sich die Volksbank noch einen Schritt weiter zu gehen und die eigene Rolle im Fonds weiter auszubauen. Hintergrund war vor allem der Wunsch nach noch mehr Transparenz über das Portfolio: **Für jeden Mitarbeiter der Volksbank soll transparent sein, warum in welche Unternehmen aus welchen nachhaltigen und finanzwirtschaftlichen Gründen investiert wird.** Das stärkt das Fachwissen, die Identifikation und folglich die Beratungskompetenz beim Kunden. So ist die Volksbank Bielefeld-Gütersloh seit 2013 als Beratungsfirma für den Volksbank Bielefeld-Gütersloh NachhaltigkeitsInvest tätig. Für den NachhaltigkeitsInvest sind bankintern seitdem zwei Gremien verantwortlich.

Anlageausschuss

Der siebenköpfige Anlageausschuss ist – wie auch das Kompetenzboard Grün – bereichs- und hierarchieübergreifend besetzt, wobei hier neben Spezialisten zum Themenfeld Nachhaltigkeit auch Experten mit dem Schwerpunkt Wertpapiere vertreten sind. Der Ausschuss verantwortet weiterhin die strategischen Rahmenbedingungen des Fonds.[611]

---

611 Vgl. Volksbank Bielefeld-Gütersloh eG (2020c), S. 8.

Team Advisory

490 Die laufende Portfolioüberwachung und Erarbeitung taktischer Empfehlungen erfolgt im Team Advisory. Das Team Advisory trifft sich in der Regel wöchentlich zur Besprechung der jeweils aktuellen Marktentwicklungen und Diskussion über Anlagevorschläge.

491 Das Team besteht aus sechs Nachhaltigkeits- und Wertpapierspezialisten der Volksbank, die teilweise auch dem Anlageausschuss angehören. Sie sind verantwortlich für die Prüfung der grundsätzlich investierbaren Emittenten in Bezug auf Nachhaltigkeit und Wirtschaftlichkeit. Die Aufnahme eines Emittenten in das Anlageuniversum des Fonds erfolgt ausschließlich bei einheitlichem Votum in Bezug auf beide Dimensionen.

492 Um von den Spezialisten der Volksbank als nachhaltig eingestuft zu werden, muss der Emittent eine klare Nachhaltigkeitsstory aufweisen – also **sozialen und/oder ökologischen Mehrwert stiften**. Dieser Mehrwert kann sowohl eine besonders verantwortungsbewusste Unternehmenskultur oder soziales Engagement sein als auch Produktinnovationen mit konkretem Umwelt- oder Gesellschaftsnutzen.

493 Das Team Advisory wählt schließlich wirtschaftlich attraktive Einzeltitel innerhalb des verbleibenden Anlageuniversums aus und gibt diese Empfehlungen an Union Investment weiter, bei der letztendlich die Entscheidung liegt.[612]

Was zeichnet den Volksbank Bielefeld-Gütersloh NachhaltigkeitsInvest darüber hinaus aus?

494 Die Volksbank Bielefeld-Gütersloh geht mit ihrem Nachhaltigkeitsansatz über weit verbreitete Konzepte hinaus. So darf zunächst einmal keiner der Emittenten gegen die definierten **Ausschlusskriterien** verstoßen. In allen Ausschlusskategorien werden die Empfehlungen des UN Global Compact[613] mindestens erfüllt, häufig aber auch übererfüllt. Hier kauft die Volksbank die benötigten Daten von der international anerkannten Nachhaltigkeitsratingagentur ISS ESG (ehemals oekom research AG) ein. Anders als in passiven Anlagestrategien wie den gerade boomenden nachhaltigen ETF reicht es der Volksbank Bielefeld-Gütersloh aber nicht, wenn ein Emittent lediglich nicht gegen Ausschlusskriterien verstößt oder einen bestimmten Rating-Score erreicht. Es erfolgt immer eine **qualitative eigene Betrachtung**. Auch zu den häufig genutz-

---

612 Vgl. Volksbank Bielefeld-Gütersloh eG (2020a).
613 Vgl. *DGCN* (2020).

ten »best-in-class«-Ansätzen grenzt sich die Volksbank mit ihrem Nachhaltigkeitsverständnis ab: Es reicht ihr nicht, wenn der Emittent das beste Unternehmen einer Branche oder weniger schlecht als andere ist.[614]

Darüber hinaus gehört es zum eigenen Werteverständnis der Volksbank Bielefeld-Gütersloh, auch im Fonds langfristig zu investieren und nicht zu spekulieren. So wird grundsätzlich ein **langfristiges Engagement** angestrebt. Das Aktienportfolio ist konzentriert und umfasst mindestens 20 und in der Regel nicht mehr als 30 Einzeltitel. Im Gegensatz zur Praxis in anderen (»Nachhaltigkeits-«) Fonds – insbesondere im Bereich der ETF[615] – werden im Volksbank Bielefeld-Gütersloh NachhaltigkeitsInvest keine Swap-Geschäfte zum »Tausch von Renditen« abgeschlossen. Derivate werden lediglich auf Einzeltitelebene zur Kauf- oder Verkaufsvorbereitung genutzt und nicht zur Ausnutzung/Absicherung von Marktschwankungen. Zudem ist im Volksbank Bielefeld-Gütersloh NachhaltigkeitsInvest **immer das drin, was draufsteht**: Wertpapierleihe- und Pensionsgeschäfte sind ausgeschlossen. Wie beispielsweise in nachhaltigen ETF üblich würden sonst die erworbenen Wertpapiere an andere Marktteilnehmer – gegen eine gewisse Gebühr – verliehen (i. d. R. an Hedgefonds).[616] Diese Spekulationsgeschäfte anderer Marktteilnehmer sollen nicht unterstützt werden. 495

Die Nachhaltigkeit der getätigten Anlagen wird auch extern bestätigt: Die Fondsratingagentur Morningstar beurteilt die Nachhaltigkeit des Fonds als hoch und vergibt für den Volksbank Bielefeld-Gütersloh NachhaltigkeitsInvest 5 von 5 möglichen Punkten, womit der Fonds im besten 1-Prozent-Quantil der Vergleichskategorie eingeordnet wird.[617] 496

bb) Der Volksbank Bielefeld-Gütersloh NachhaltigkeitsInvest im Rahmen der Beratungen

Die Volksbank Bielefeld-Gütersloh hat nachhaltige Kapitalanlagen in das bankeigene Finanzhaus eingebunden und empfiehlt ihren Kunden mindestens einen Teil ihres Vermögens nachhaltig anzulegen. Der NachhaltigkeitsInvest wird denjenigen Kunden als Basis- und Dauerinvestment empfohlen, welche sich für Wertpapiere interessieren und einen Teil ihres Vermögens **sinnvoll** (im Sinne 497

---

614 Vgl. zu diesem Ansatz auch die Ausführungen in den Kapiteln A.IV, E.I, E.III sowie E.IV.
615 Vgl. *ecoreporter.de* (2017).
616 Vgl. *Schwertdtfeger* (2011).
617 Vgl. *morningstar.de* (2020).

der Nachhaltigkeit) investieren möchten. Seit 2018 lassen sich auch vermögenswirksame Leistungen (VL) in den NachhaltigkeitsInvest investieren.[618] Seit Auflegung sind sowohl das Fonds- als auch das monatliche Sparplanvolumen jedes Jahr gestiegen.

498 Der Volksbank Bielefeld-Gütersloh NachhaltigkeitsInvest ist aus Sicht der Volksbank Bielefeld-Gütersloh ein **Basisinvestment**, weil der Fonds bereits in seiner Grundausrichtung eine ausgewogene Vermögensstruktur beinhaltet. Eine solche braucht demnach nicht jeder Anleger selbst aufwendig zusammenzustellen. Ergänzend nutzt der Fonds flexible Bandbreiten für Assetklassen. Den Charakter des Dauerinvestments leitet die Volksbank einerseits aus den langfristigen Chancen an den Aktienmärkten ab und andererseits aus der Überzeugung heraus, dass sehr nachhaltig aufgestellte Unternehmen auf lange Sicht Wettbewerbsvorteile generieren, die sich auch im betriebswirtschaftlichen Erfolg niederschlagen. Unsere Annahme ist, dass Unternehmen, die frühzeitig und strategisch Ressourcen wie Energie, Wasser und andere Rohstoffe am effizientesten einsetzen und im dauerhaften Einklang mit Mitarbeitern, Lieferanten und Kunden agieren, sollten langfristig Kosten- und Ertragsvorteile realisieren. Das führt zu steigenden Gewinnen und folglich einem höheren Unternehmenswert. Darüber hinaus ist der Risikomanagementaspekt nicht von der Hand zu weisen und sollte z. B. angesichts der steigenden Klimarisiken weiter an Bedeutung gewinnen.[619]

c) GrünEnergie eG

499 In Kooperation mit den Stadtwerken Gütersloh hat die Volksbank eine Energiegenossenschaft gegründet. Der Zweck dieser GrünEnergie besteht sowohl in der Förderung der **erneuerbaren Energien** als auch der Verbesserung der Energieeffizienz. Zudem möchten die Initiatoren vielen Bürgerinnen und Bürgern die Beteiligung daran zu ermöglichen.

500 Sowohl Privatpersonen als auch Unternehmen und öffentliche Körperschaften können sich ab einer Investition von 1.000,00 Euro an der Genossenschaft beteiligen. Die Genossenschaft wiederum beteiligt sich an Projekten, die der Errichtung und Unterhaltung von Anlagen zur **regenerativen Energieerzeugung** sowie der Einspeisung dieser gewonnenen Energie dienen. Sie investiert auch in überregionale Projekte.

---

618 Vgl. *union-investment.de* (2020).
619 Vgl. *BMF* (2016).

Über die Mitgliedschaft in der Genossenschaft haben die Menschen in der Region die Möglichkeit, sich an diesen Projekten zu beteiligen und die umweltfreundliche Energieerzeugung zu fördern. Über das gute Gefühl hinaus, hier mit dem eigenen Engagement und Investment eine nachhaltige Entwicklung zu fördern, zahlt die Genossenschaft ihren Mitgliedern eine – gerade im aktuellen Nullzinsumfeld attraktive – Dividende.

d) Soziales Engagement

Wie eingangs erläutert gehört das soziale Engagement der regionalen Genossenschaftsbanken seit jeher zu ihrem Geschäftsmodell. Dies gilt auch für die Volksbank Bielefeld-Gütersloh. Hier sollen exemplarisch einige Aktivitäten aufgeführt werden.[620]

aa) Crowdfunding

Mit dem Crowdfunding-Portal »Viele schaffen mehr« **der VR-Bankengruppe** bietet die Volksbank Bielefeld-Gütersloh Vereinen und gemeinnützigen Organisationen in der Region die Möglichkeit, Spenden zur Realisierung eigener Projekte einzuwerben. Selbst einen Beitrag zu leisten steht dabei grundsätzlich allen offen. Die Infrastruktur steht grundsätzlich auch anderen Volks- und Raiffeisenbanken bereit, die sich an der Initiative beteiligen möchten. Aktuell nutzen rund 180 Banken die Plattform.[621]

Mit Ausbruch der **Corona-Pandemie** ist das Thema umso bedeutender geworden, da viele Organisationen nun umso dringender auf Hilfen angewiesen sind. Der Verein oder die Organisation kann hier das zu fördernde Projekt einstellen und legt selbst den Zeitraum und die Summe fest, die benötigt wird. Nach Veröffentlichung gilt es zunächst, möglichst viele Unterstützer zu gewinnen, die für die Umsetzung des Projektes votieren. Findet ein Projekt genügend »Fans«, startet die Finanzierungsphase. Jetzt können die Unterstützer einen finanziellen Beitrag leisten. Wird das Finanzierungsziel erreicht, kann das Projekt realisiert werden. Wird es das nicht, erhalten die Unterstützer ihr Geld zurück. Die Volksbank Bielefeld-Gütersloh sorgt dabei einerseits für den reibungslosen Ablauf und wird andererseits als Unterstützerin auch mit eigenen »**Co-Funding-Beiträgen**« aktiv. Sie spendet für jede Spende ab 5 Euro den gleichen Betrag (max. 2 x je Spender/Projekt, unabhängig von der gespendeten Summe) bis

---

620 Vgl. Volksbank Bielefeld-Gütersloh eG (2020a).
621 Vgl. Volksbank Bielefeld-Gütersloh eG (2020b).

entweder 75 % des Finanzierungsziels erreicht sind oder der von der Bank bereitgestellte Spendentopf der Volksbank aufgebraucht ist.[622]

bb) Volksbank-Stiftung

505 Die Volksbank-Stiftung unterstützt gezielt ehrenamtliche Projekte in der Region. Dabei konzentriert sich die Stiftung für bestimmte Zeitabschnitte auf wechselnde Förderschwerpunkte mit dem Ziel das bürgerschaftliche Engagement im Geschäftsgebiet zu fördern.[623]

e) Weitere Aktivitäten

506 Seit der Implementierung des grünen Geschäftsfeldes sind Nachhaltigkeitsthemen immer stärker in den Fokus gerückt – sowohl intern als auch im Gespräch mit den Kunden.

aa) Nachhaltigkeitsbericht

507 Seit 2017 ist die Volksbank Bielefeld-Gütersloh gesetzlich zur Erstellung einer **nichtfinanziellen Erklärung** verpflichtet, die Auskunft über die Adressierung ökologischer und sozialer Themen im Unternehmen gibt.[624] Das grüne Kompetenzboard unterstützt die Erstellung des bankeigenen Nachhaltigkeitsberichtes durch die Lieferung von Inhalten.

508 Bei der Berichtserstellung hat sich die Volksbank dazu entschieden, über regulatorische Anforderungen hinauszugehen und nach **DNK-Standard** zu berichten. Dieser Standard ist sehr umfangreich und bietet der Volksbank so einen hilfreichen Leitfaden für die Vielzahl relevanter Themen. Zudem macht die standardisierte Berichtweise die Leistungen für interessierte Leser vergleichbarer. Die Nachhaltigkeitsleistungen der Volksbank wurden auf dieser Basis in einer 2019 erschienen Studie des Focus-Magazins mit 100 von 100 möglichen Punkten bewertet, was die Volksbank Bielefeld-Gütersloh zum Branchensieger macht.[625]

---

622 Vgl. Volksbank Bielefeld-Gütersloh eG (2020d).
623 Vgl. Volksbank Stiftung (2020).
624 Vgl. Deutscher Bundestag (2020).
625 Vgl. *Focus* (2019).

bb) Eigengeschäft

Wenngleich es stets gängige Praxis in der Volksbank war, bei den eigenen Investitionsentscheidungen auch beispielsweise **ethische Aspekte** zu berücksichtigen, folgte das Vorgehen lange Zeit keiner durchgängigen Systematik. Diese hat die Volksbank Bielefeld-Gütersloh zum Jahreswechsel 2017/2018 eingeführt und ökologische und soziale Kriterien sowie Aspekte der Unternehmensführung fest in den Entscheidungsprozess im Eigenanlagenmanagement integriert. Bestimmte Fragen zu diesen Themenfeldern sind seitdem fester Bestandteil des Kreditbearbeitungsprozesses.[626]

cc) Betriebliches Gesundheitsmanagement

Um die Gesundheit der Mitarbeiter zu erhalten und zu fördern, hat die Volksbank Bielefeld-Gütersloh ein ganzheitliches **Gesundheitsmanagement** initiiert. In diesem Rahmen erfolgen u. a. regelmäßige Veranstaltungen und Programme, die Mitarbeiter bei der Gesunderhaltung und einem aktiven Lebensstil unterstützen. Dazu gehört zum Beispiel auch die Förderung von **Dienstfahrrädern** durch Zusammenarbeit mit entsprechenden Leasinganbietern.

dd) Eigene Photovoltaikanlagen

Auf den Dächern der sieben Volksbank-Gebäude Benteler, Bokel, Herzebrock, Kurze Straße, Moltkestraße, Peckeloh und Rheda hat die Volksbank Bielefeld-Gütersloh **Photovoltaik-Anlagen** installiert. Sie weisen ein Gesamtleistung von 99,575 KWp auf, was dem Strom-Verbrauch von 25 Vier-Personen-Haushalten in einem Jahr entspricht.

4. Ausblick

Im Jahr 2020 hat die Volksbank Bielefeld-Gütersloh ähnlich wie im Jahr 2008 einen sehr umfassenden **Strategieprozess** durchgeführt. In diesem Jahr jedoch mit der Besonderheit, dass Mitarbeiter aller Hierarchiestufen während des gesamten Prozesses eingebunden wurden. Dem Thema Nachhaltigkeit kommt dabei auch dieses Mal als einem der bestimmenden **Zukunftsfaktoren** eine besondere Bedeutung zu. Die Volksbank Bielefeld-Gütersloh hat daher einige spannende Projekte mit diesem Fokus auf den Weg gebracht. Aufgrund des Projektcharakters ist jedoch leider zum Veröffentlichungszeitpunkt dieses Buches noch keine Kommunikation dazu möglich.

---

626 Vgl. *Volksbank Bielefeld-Gütersloh eG* (2018), S. 26.

C.

Auswirkung der Nachhaltigkeit auf die Unternehmenssteuerung in Banken

C. Auswirkung der Nachhaltigkeit auf die Unternehmenssteuerung in Banken

I. Nachhaltige Finanzwirtschaft und Ausrichtung des Geschäftsmodells[627]

1. Geschäftsmodellimmanente Implikationen der Nachhaltigkeit

Nachhaltig wirtschaften ist nicht einfach, ein passendes Geschäftsmodell zwingend. Ein nachhaltig ausgerichtetes Geschäftsmodell wird zunehmend zum Mainstream und ist nicht mehr nur die Spezialität einzelner Institute. Das Thema Nachhaltigkeit rückt so in nun in den allgemeinen Fokus wirtschaftlicher Tätigkeit. Eine umfassende **Einbindung von Nachhaltigkeitsaspekten** in die betriebswirtschaftliche Ausrichtung eines Unternehmens wird zur Erfolgsvoraussetzung. Das heißt, nur eine langfristig, nachhaltiges Geschäftsmodell wird sich zukunftsfest und somit auch als ökonomisch tragfähig erweisen.

513

Was sich gegenwärtig sowohl in vertrieblicher als auch in regulatorischer Hinsicht verändert, ist der Einbezug von Nachhaltigkeitsbewertungen. Kundinnen und Kunden zeigen eine erhöhte Nachfrage nach nachhaltigen Produkten auch in der Finanzbranche und haben eine klare Erwartungshaltung hierzu. **Nachhaltigkeitsgefährdende wirtschaftliche Aktivitäten** werden zunehmend transparent und können entsprechend bepreist bzw. weniger nachgefragt oder sogar durch Missachtung abgestraft werden.[628] Und schließlich setzen sich Gesetzgeber und Aufsicht auf nationaler wie auch auf europäischer Ebene konkreter mit den wissenschaftlichen Erkenntnissen auseinander und leiten daraus Handlungsfelder auch für die Finanzwirtschaft ab.[629] Sie fordern Transparenz für Verbraucherinnen und Verbraucher und adäquates Risikomanagement für die Resilienz des Finanzsystems vor dem Hintergrund der verstärkten Konsequenzen und Handlungsnotwendigkeiten speziell aufgrund der deutlicher werdenden Umwelt und Klimarisiken.

514

Der **Aktionsplan** der Europäischen Kommission orientiert sich dabei an drei zentralen Zielen. Erstens sollen Kapitalflüsse in nachhaltige Investitionen umgelenkt werden, um nachhaltiges und inklusives Wachstum zu erreichen. Zweitens

515

---

627 Autor: *Benjamin Wilhelm*. Die Ausführungen geben ausschließlich persönliche Auffassungen wieder. Für Rückfragen oder Anregungen ist der Autor unter der E-Mail-Adresse Benjamin.Wilhelm@Genossenschaftsverband.de erreichbar.
628 Vgl. dazu auch die Ausführungen in Kapitel A.V und auch in Teil E dieses Herausgeberbandes.
629 Vgl. *EU* (2018a).

AUSWIRKUNGEN AUF UNTERNEHMENSSTEUERUNG

ein adäquates Management der Finanzrisiken, die sich aus Klimawandel, Erschöpfung der Ressourcen, Umweltschäden und sozialen Herausforderungen ergeben, soll gewährleistet werden. Schließlich sollen drittens Transparenz und die langfristige Ausrichtung wirtschaftlicher Aktivitäten gefördert werden, um die Transition hin zu einer nachhaltigeren globalen Wirtschaft zu unterstützen.

516 Die daraus resultierende, notwendige Transformation der Wirtschaft stellt die bisher etablierten Geschäftsmodelle vor die Herausforderung, sich neu zu justieren und in diesem Umfeld eine ausreichende **Profitabilität und Glaubhaftigkeit** zu erzeugen. Die Herausforderungen sind dabei vielschichtig und es ergeben sich unterschiedliche Wechselbeziehungen. Um zur Klärung der bestehenden und abzusehenden Dynamiken beizutragen und um eine Richtung anzubieten, wie Finanzdienstleister sich im genannten Umfeld effektiv und erfolgreich positionieren können, zeigt dieser Beitrag exemplarisch drei Bereiche auf, anhand derer sich auch die zentralen Auswirkungen auf Geschäftsmodelle innerhalb der Finanzwirtschaft deutlich werden.

517 Erstens, Nachhaltigkeitsaspekte zeigen sich in den **Präferenzen der Kundinnen und Kunden** einer Bank.[630] Diese Präferenzen wirken sich auf das Kaufverhalten, die Anforderungen an die Beratung und an die Ausgestaltung einzelner Produkte sowie die Zusammenstellung des Produktportfolios aus. Die regulatorischen Anforderungen an die Darstellung nachhaltigkeitsbezogener Informationen in Vertriebsgesprächen erhöhen die Kompetenzanforderungen an das Beratungsgespräch. Die mediale Aufmerksamkeit, die zunehmenden Erkenntnisse zu den Auswirkungen sowie neue technologische Anwendungsfälle bzgl. Nachhaltigkeitsaspekten bedürfen der kontinuierlichen Anpassung der Vertriebsstrategien und der Fortbildung der entsprechenden Beraterinnen und Berater im Kundengeschäft. Das sind die gegenwärtig zu mobilisierenden organisatorischen und monetären Investitionen, die monetären Aufwendungen, um mittel- und langfristig ein zukunftsfähiges Geschäftsmodell untermauern zu können.

518 Zweitens, im Rahmen eines nachhaltigkeitsbezogenen Risikomanagements ergeben sich neu einzubeziehende Risikotreiber. Um diese adäquat und konsistent in das bestehende **Risikomanagement** einzubeziehen, fehlen jedoch Erfahrung im Umgang mit und zur Auswirkung von Nachhaltigkeitsrisiken.[631] Dies zeigt sich in einer noch nicht konsolidierten Datenlage, so dass es unklar

---

630 Vgl. dazu auch die Berichte etwa in den Kapiteln C.II, C.VII, E.I und E.II dieses Herausgeberbandes.
631 Vgl. dazu auch die Beiträge in den Beiträgen in Teil D dieses Herausgeberbandes.

bleibt wie sich Nachhaltigkeitsrisiken »richtig« quantifizieren lassen, so dass Risiken weder unter- noch überschätzt werden. Insbesondere die geographische Lage von Institut und Kunden und Kundinnen, die Zusammensetzung des bestehenden Portfolios beeinflussen die Risikosituation maßgeblich (speziell etwa bei einem regional konzentrierten Geschäftsgebiet). Zudem können die Ausrichtung eines nachhaltigkeitsbezogenen Risikomanagements und interne Organisation erhöhend oder mindernd auf die Risikosituation wirken. Diese Aspekte sind dann auch für einen adäquaten Zeitraum zu betrachten, der im besten Falle konsistent zur jeweiligen geschäftspolitischen Ausrichtung gewählt wird und voraussichtlich über die im Bankbereich bisher eher kurzfristige Perspektive hinausgehen wird, um Wertentwicklungen bzw. Risiken genauer abschätzen zu können.

Drittens, Investitionen in Risikomanagement und Vertrieb sind abhängig von der jeweils spezifischen Ausgestaltung des Geschäftsmodells. Um die nötigen Informationen für die eigene Geschäftsorganisation und die Verbraucher und Verbraucherinnen übergreifend zu gewährleisten, werden sich die **Transparenzanforderungen** zum gewählten Geschäftsmodell erhöhen. Um zum einen ausgeglichene Spielregeln zu gewährleisten (das sog. Level Playing Field) und um zum anderen Fortschritte in der Adaption und Verhinderung von Nachhaltigkeitsbedingten adversen Effekten aufzuzeigen, steigen die Anforderungen an die Berichtspflichten im Zusammenhang mit wirtschaftlichen Aktivitäten und dabei insbesondere auch für Finanzdienstleistungen. Hier gilt es auf der Basis standardisierter Informationspflichten und freiwilliger Angaben ein klares und konsistentes Bild der nachhaltigkeitsbezogenen Maßnahmen aufzuzeigen und so die unternehmensweiten Aktivitäten innerhalb eines jeweils spezifischen strategischen Rahmens zusammenzuführen. Gleichzeitig gilt es auch, rechtzeitig und transparent Verständnis bei der Kundschaft dafür zu schaffen, dass zukünftig etwa im Kreditvergabeprozess ein erhöhter Informationsbedarf bzgl. der Auswirkungen der wirtschaftlichen Aktivität auf Nachhaltigkeitsaspekte zu erwarten ist.

Der Beitrag gliedert sich im Folgenden daher in drei inhaltliche Abschnitte, in denen aus Sicht des **Risikomanagement**s, der **Vertriebssteuerung** und der **Transparenzanforderungen** die nachhaltigkeitsbezogenen Auswirkungen auf das Geschäftsmodell eines Kreditinstituts aufgezeigt werden. Im jeweiligen Abschnitt werden damit die jeweiligen gesetzlichen Anforderungen bzw. der aktuelle Stand der in Diskussion befindlichen Weiterentwicklungen dargestellt und die verpflichtenden bzw. möglichen Handlungserfordernisse abgeleitet. Das Kapitel endet mit einem Fahrplan für die kontinuierliche Umsetzung dieser

Veränderungen und betont den umfassenden Bedarf an Veränderungsmanagement, das mit der nachhaltigen Transformation als Querschnittsaufgabe über alle Bereich hinweg gefordert ist.

2. Nachhaltigkeit als Chance nutzen

521 Aufbauend auf dem Aktionsplan der Europäischen Kommission wurden Maßnahmen festgelegt um Kapitalflüsse in eine **nachhaltigere Wirtschaftsweise** zu überführen. Das umfassende Konzept basiert auf der sogenannten Taxonomie. Sie zeigt auf, wie unterschiedliche Branchen nachhaltigkeitsorientiert eingeordnet werden können und welche Branchen sich insbesondere mit der Transformation hin zu einem nachhaltigen Wirtschaften befassen müssen. Die Banken kommen dann ins Spiel, wenn es darum geht die Finanzierung für wirtschaftliche Aktivitäten bereitzustellen. Der Finanzsektor soll in die Lage versetzt werden, trennscharf zwischen nachhaltigen und nicht nachhaltigen Investitionen entscheiden zu können.[632]

522 Nachhaltigkeit wird bei alledem nicht nur eindimensional gesehen, also in diesem Fall auf Umwelt- und Klimafragen reduziert. Jedoch beginnt die Detaillierung insbesondere damit sich Fragen zum Klimawandel zu stellen, diese zu beantworten und schließlich darauf aufbauend, eindeutige Metriken und Benchmarks zu entwickeln, mit denen Finanzflüsse erfolgsversprechend in Projekte umgeleitet werden können, die dazu beitragen, die Auswirkungen des Klimawandels abzumildern oder im weiteren Verlauf auch Effekte zu verhindern. Darauf stützt sich unter anderem der sogenannte »**Green Bond Standard**«, mit dem ein einheitliches Rahmenwerk zur Verfügung gestellt wird, um auf dem Markt eine transparente, vergleichbare und effektive Produktkategorie zu etablieren.[633]

523 Die Maßnahmen der Europäischen Kommission beschränken sich jedoch nicht nur auf strukturelle Anpassungen in der Bewertung und Messung von Nachhaltigkeitsaspekten, sondern sie zielen auch darauf ab konkrete Investitionen zu unterstützen und zu fördern. Mit dem Europäischen Investitionsplan oder »Green Deal« sollen 1000 Mrd. Euro für die Finanzierung der sich im Gange befindlichen und weiter fortschreitenden Transformation der Wirtschaft mobilisiert werden. Der Plan stellt den Rahmen dar, private und öffentliche Investitionen zu kanalisieren. Er Bedarf jedoch der weitergehenden Transparenz, um

---

632 Vgl. *EU* (2020c).
633 Vgl. *EU-TEG* (2019e). Vgl. ferner dazu die Ausführungen in den Kapiteln E.V und E.VI dieses Herausgeberbandes.

nachhaltige Projekte auch zu identifizieren und somit schließlich auch durchzuführen.[634]

Und schließlich spielen Nachhaltigkeitsaspekte eine zunehmende Rolle in der Außendarstellung gegenüber Kunden und Kundinnen, aber auch konkret im Vertrieb mit der Abfrage nach den jeweiligen Nachhaltigkeitspräferenzen und der Ausgestaltung eines entsprechenden bedarfsgerechten Produktportfolios als Antwort im Kunden- oder Kundinnengespräch. Im Anschluss an die Richtlinie über Märkte für Finanzinstrumente (MiFID II) und der damit eingeführten Geeignetheitserklärung kommt nun auf Unternehmen zu, die Investitionsberatung bzw. Portfoliomanagement anbieten, dass sie voraussichtlich ab Ende 2021 auch die Nachhaltigkeitspräferenzen der jeweiligen Kundin bzw. des jeweiligen Kunden einholen und nachhaltigkeitsbezogene Informationen für die entsprechenden Produkte darstellen.[635] Des Weiteren sind Finanzmarktteilnehmer und Finanzberater zum 10.03.2021 dazu aufgefordert, auf Unternehmensebene über ihren Umgang mit Nachhaltigkeitsrisiken Transparenz zu schaffen, um so auch gegenüber den Kunden und Kundinnen die eigene Risikostrategie authentisch erläutern zu können.[636] 524

In den folgenden Abschnitten werden Risikomanagement und Transparenzerfordernisse und die damit einhergehenden Auswirkungen auf ein Geschäftsmodell weitergehend erläutert; auf vertriebliche Aktivitäten blickend, zeigen die angedeuteten gesetzlichen und aufsichtlichen Veränderungen eine Weggabelung auf. Betroffene Institute können entscheiden, ob sie das Projekt »Sustainable Finance« als die grundlegende Infrastruktur für die Transformation hin zu einem nachhaltigen Wirtschaften als Chance ergreifen oder nur als externe Belastung wahrnehmen möchten. Ein konsistentes Vorgehen und damit eine konsistente Vertriebsstrategie wird sich nur mit einer grundlegenden Befassung mit der Geschäftsstrategie und der sich daraus ergebenden Ableitungen erzielen lassen. 525

Drei Vorteile einer konsistenten und umfassenden Befassung mit Sustainable Finance sollen dieses Vorgehen weitergehend untermauern: 526

    a) Positiver Change: Sustainable Finance bietet ein Rahmenwerk, um das Geschäftsmodell strukturiert an **gegenwärtige und zukünftige Anforderungen auszurichten** und alle Beteiligten auf ein gemeinsames Vorgehen zu fokussieren. Ein als positiv wahrgenommener Change-Prozess

---

634 Vgl. *EU* (2020m). Vgl. ferner dazu die Diskussion zur Taxonomie-Verordnung in Abschnitt 4 dieses Beitrags.
635 Vgl. *EU* (2020n).
636 Vgl. *Transparenzverordnung* (2019).

kann so gestartet und mit einem klaren Ziel versehen werden, das (neue) Mitarbeiter und Mitarbeiterinnen sowie (neue) Kunden und Kundinnen gleichermaßen ansprechen und binden kann.

b) Schlüssige Prozesse: Für die operative Umsetzung einer für das Unternehmen passenden Nachhaltigkeitsagenda ist eine **Reflexion über die Veränderungsnotwendigkeiten** gefordert, um die zahlreichen Anpassungen und Neuerungen in den internen Abläufen strukturiert anzugehen. »First comes first« lässt sich auf klare Priorisierungen herunterbrechen und letztendlich auch in eine Vertriebsstrategie überführen.

c) Attraktive Vertriebsnarrative: Wenn es gelingt, den Wandel anzustoßen und diesen in eine operationalisierbare Planung zu überführen, dann steht dem Institut übergreifend und den Vertriebsmitarbeitern und -mitarbeiterinnen im Speziellen eine konsistente Palette von **zukunftsfesten Vertriebsargumenten** zur Verfügung. Ein nachhaltiges Geschäftsmodell ist somit zentraler Bestandteil einer innovativen und konsistenten Umsetzung der Vertriebsstrategie.

527 Selbstverständlich findet dieser Strategieprozess und die kontinuierliche Anpassung des Geschäftsmodells nicht unabhängig von der kontinuierlichen Weiterentwicklung der Nachfrage von Kunden und Kundinnen statt. Dieser muss sich auch an neuen Instrumenten zur Risikomessung orientieren. Die Finanzierung der wirtschaftlichen Transformation hin zur nachhaltigen Wirtschaft geht mit Risiken einher, die sich aus bestehenden Finanzierungen bzw. der Auswahl innovativer Projekte ergibt. Der folgende Abschnitt gibt einen Überblick zu den aktuellen Entwicklungen zum Umgang mit Nachhaltigkeitsrisiken.

3. Nachhaltiges Risikomanagement effizient gestalten

528 Das nationale Interesse an Sustainable Finance im Bankbereich hat sich mit der Veröffentlichung des **BaFin-Merkblatts** zum Umgang mit Nachhaltigkeitsrisiken im Dezember 2019 deutlich gesteigert. Das Merkblatt fordert die Auseinandersetzung mit Nachhaltigkeitsrisiken und geht dazu detailliert auf die einzelnen Tätigkeitsfelder der national beaufsichtigten Institute ein. Auch die von der BaFin beaufsichtigten Banken sind dezidiert dazu aufgefordert, ihre Prozesse zu überdenken und das Geschäftsmodell bzgl. einer spezifischen Exposition gegenüber Nachhaltigkeitsrisiken zu überprüfen.

529 Die unterschiedliche Ausrichtung des Geschäftsmodells abhängig von Kundensegmenten, regionaler Lage oder wirtschaftliche Kontextbedingungen kann auch in Form von Nachhaltigkeitsrisiken deutlich werden. Wenn etwa die private Immobilienfinanzierung mit tendenziell eher langen Laufzeiten in einem

Gebiet, das von **klimatischen Veränderungen** betroffen sein kann und zusätzlich zentrale Arbeitgeber im wirtschaftlichen Umfeld von neuer Umweltgesetzgebung betroffen sind, wird sehr schnell klar, dass sich hier zuvor nicht berücksichtigte Zusammenhänge auf die Risikosituation auch auf Portfolioebene ergeben können. Auch andere **Wechselwirkungen** sind etwa im landwirtschaftlichen Bereich denkbar und werden auch teilweise sehr ausführlich im BaFin Merkblatt erläutert.[637]

Während an anderer Stelle schon auf die Herausforderungen für das Risikomanagement speziell kleinerer Institute eingegangen wurde[638], soll im Folgenden insbesondere auf die Handlungsfelder eingegangen werden, die mit der damit einhergehenden Ausrichtung des Geschäftsmodells im Fokus stehen. Das heißt es geht darum ein konsistentes Vorgehen zu gewährleisten, das sowohl die bereits beschriebenen Vertriebschancen in den Blick nimmt, als auch die dadurch evozierten Risiken adäquat misst. Zusammen bedeutet dies, dass die zu erwartenden Verluste in der Konditionsgestaltung (DB-Rechnung) einzubeziehen sind bzw. die unerwarteten Verluste den aus dem Risikodeckungspotential abgeleiteten Limite gegenübergestellt werden.[639]

Um dies mit den richtigen Erkenntnissen zu unterlegen, ist ein dem Geschäftsmodell entsprechendes Verständnis von Nachhaltigkeitsrisiken erforderlich. In der gegenwärtigen Konzeption dieser Risiken stehen die sogenannten ESG-Faktoren im Vordergrund. Teil des »Aktionsplans zu Sustainable Finance«[640] ist es, eine einheitliche Definition zum Verständnis der aus den ESG-Faktoren hervorgehenden Risiken zu erarbeiten. Diese sogenannten (und zuvor im Einklang mit dem BaFin Merkblatt als Nachhaltigkeitsrisiken bezeichneten) ESG-Risiken fokussieren auf drei Bereiche, aus denen sich Risiken im Zusammenhang mit der gegenwärtigen politisch-wirtschaftlichen/transitorischen Ausrichtung bzw. der physischen Veränderungen ergeben können. Daraus ergeben sich sechs Bereiche (s. Tabelle C.1), innerhalb derer das entsprechende Geschäftsmodell auf eine gesonderte Risikoexposition hin untersucht werden kann.

---

637 Vgl. *BaFin* (2019a). Vgl. dazu auch die Beispiele in Kapitel A.IV dieses Herausgeberbandes.
638 Vgl. *Hartke* (2021).
639 Es bleibt abzuwarten, ob sich auch Konsequenzen auf die Kapitalunterlegung in der Säule II wissenschaftlich herleiten lassen und etwa einen »green supporting« Faktor untermauern.
640 Vgl. *EBA* (2019e).

AUSWIRKUNGEN AUF UNTERNEHMENSSTEUERUNG

Art der Veränderung	E (Umwelt)	S (Soziales)	G (Unternehmensführung)
Transitorisch: Wandel von finanzierten Geschäftsmodell oder Veränderungen regulatorischen Rahmen für die Bank oder Kunden und Kundinnen	Etwa Anpassung der Umweltgesetzgebung	Etwa gesteigerte Anforderungen an Lieferketten	Gesteigerte Anforderungen von Kunden und Kundinnen an finanzierte Geschäftsmodelle
Physisch: Klimatischer Wandel und dadurch unter Druck geratene und von der Bank finanzierte Geschäftsmodelle oder gehaltene Wertpapiere	Etwa verlängerte Dürreperioden oder Überflutungshäufigkeit	Etwa Migrationsbewegungen aufgrund von Verödung breiter landwirtschaftlich genutzter Flächen	Etwa fehlende Voraussetzungen zur Analyse der Auswirkungen auf das eigene Geschäftsmodell bzw. das der finanzierten Kunden und Kundinnen

Tabelle C.1: Teilbereiche der Risikoexposition des Geschäftsmodells (Quelle: eigene Darstellung)

532   Je nach Schwerpunkt des Geschäftsmodells der betreffenden Bank ergeben sich unterschiedliche Auswirkungen durch die sogenannten Nachhaltigkeitsrisiken. Ein Fokus auf Eigenanlagen erfordert eine erhöhte Expertise in der **Analyse des Direktbestands** oder gehaltener (Spezial)Fonds zu möglicherweise schlagend werdender Risiken auch im Wechselspiel mit der übergreifend ausgerichteten Gesamtbankallokation. Als Risikotreiber innerhalb der bekannten (wesentlichen) Risikoarten wird es darauf angekommen die Effekte innerhalb der Risiken zu bestimmen und deren risikoartenübergreifende Effekte nicht aus dem Blickfeld zu verlieren.

533   Ein **Fokus auf Immobilienfinanzierungen**, Projektfinanzierung etwa in Form von Bauträgerfinanzierungen, Anlagen in Immobilienfonds oder Anlagen in gewerblich oder privat genutzte Renditeobjekte erfordert bei der Analyse der zukünftigen Werthaltigkeit auch ein Verständnis für anstehende regulatorische Maßnahmen, etwa im Bereich der energetischen Sanierung oder geforderter Umbauten etwa bzgl. einer breiteren Nutzung der Elektromobilität.

Regional orientierte Geschäftsmodelle ergeben etwa Anforderungen an die vorhandene Expertise zur zielgerichteten Einschätzung der möglichen Auswirkungen von Nachhaltigkeitsrisiken. Dies bemisst sich etwa anhand der spezifischen Portfoliozusammensetzung, die zwischen urbanen und ländlichen oder nördlichen und südlichen Gebieten stark unterschiedlich ausgeprägt sein kann. So kann es etwa notwendig sein, die Anfälligkeit des Kreditportfolios auf Dürreperioden abzuschätzen und kundenspezifische Maßnahmen zur Reduktion dieser Anfälligkeit etwa durch Bewässerungsvorrichtungen berücksichtigen zu können. Aber auch Industriestandorte und damit assoziierte Zulieferer können veränderten Renditeerwartungen gegenüberstehen und zu abweichenden Wahrscheinlichkeiten für Ausfälle führen, wenn Veränderungen beim CO_2-Preis im Firmenkundenportfolio strukturell nicht rechtzeitig berücksichtigt wurden oder nicht durch entsprechende Maßnahme in den Betrieben entgegengewirkt wird.

Für Banken und Finanzdienstleister kommt es nun darauf an, sich rechtzeitig und gezielt mit den regulatorischen, aber auch mit den faktischen **Konsequenzen des Klimawandels** und anderer umweltbezogener Faktoren auseinanderzusetzen, um die dazugehörigen Risikotreiber innerhalb der bekannten Risikoarten adäquat einschätzen und entsprechende geschäftsstrategische Konsequenzen ziehen zu können. Der Leitfaden zu Klima- und Umweltrisiken[641] formuliert hierzu im Speziellen auch ganz konkrete Erwartungen bezogen auf das Risikomanagement. Es wird sich zeigen, inwiefern Nachhaltigkeitsfragen auch Bestandteil der Geschäftsmodellanalyse im Rahmen des »Supervisory Review and Evaluation Process« (SREP) sein kann und somit auch in die Frage zur adäquaten Kapitalunterlegung einbezogen werden wird.

Konkret zu klären ist dafür der exakte **Scope der Nachhaltigkeitsaspekte** im Rahmen der Risikoanalyse. Innerhalb des genannten EBA-Aktionsplans wurde für Mitte 2021 die Veröffentlichung eines Berichts zum Einbezug von ESG-Faktoren in das Risikomanagement und in die aufsichtliche Praxis angekündigt.[642] Anhand dieses Berichts werden sich insbesondere auch die weiteren Methoden sondieren lassen, mit denen große und in proportionaler Weise auch kleinere, national beaufsichtigte Institute, die einzugehenden Risiken quantifizieren können bzw. im weiteren Zeitverlauf dann auch – entsprechend angemessener Proportionalitätsaspekte – Szenarien und Stresstests abbilden müssen.

---

641 Vgl. *EZB* (2020a).
642 Vgl. *EBA* (2020d), derzeit noch in Konsultation.

537 Die großen Problemstellungen, mit denen sich ausgehend von CRD V die EBA hierbei auseinanderzusetzen hat, sind zusammengefasst:[643] Die Erarbeitung einer einheitlichen Begriffsbestimmung für »ESG-Risiken« einschließlich physischer und transitorischer Risiken; die Entwicklung eines grundsätzlichen Rahmens für **geeignete qualitative und quantitative Kriterien** zur Bewertung der Auswirkungen von ESG-Risiken; Grundsätze für Regelungen, Verfahren, Mechanismen und Strategien zur Umsetzung in den Instituten; sowie die Rahmenbedingungen zur Nutzung von Analysemethoden und -instrumente zum Einfluss von ESG-Risiken auf Darlehens- und Mittlertätigkeit.

538 Es ist zu erwarten, dass zu entwickelnde Leitlinien zu konkreter Umsetzung durch die Kreditinstitute auf dem Bericht aufbauen und im Anschluss an die finale Veröffentlichung, dann auch in die weitere Ausgestaltung und Entwicklung gehen sowie schließlich konkret in die Anforderungen an das Risikomanagement einfließen. Grundlegend geht die EBA in ihrem zur Konsultation gestellten Diskussionspapier davon aus, dass sich das gewählte Geschäftsmodell eines Finanzinstituts grundlegend auf die Wahl der geeigneten Methodik zur Analyse von ESG-Risiken auswirken wird. Also auch in diesem Bereich liegt das Augenmerk auf der konsistenten Ausgestaltung der Messverfahren zum zu messenden Risiko, jedoch wird die Herausforderung, sich nicht auf Vergangenheitsbezogenen Daten verlassen zu können, auch grundlegenderes Umdenken in einzelnen Häusern erfordern.

539 Zusammengefasst wird sich das Risikoprofil eines Institutes zukünftig eben auch anhand von ESG-Faktoren einschätzen lassen. Somit ist das gewählte Engagement unter Nachhaltigkeitsgesichtspunkten im Rahmen des Geschäftsmodells ausschlagegebend, wie weitgehend Institute bereit sind, ESG-Risiken einzugehen, bestimmte Engagements auf der Basis der damit einhergehenden ESG-Risiken unter Umständen auch grundlegend auszuschließen bzw. ob Institute willens sind, entsprechendes Know-how und Risikodeckungspotential zu allokieren.

540 Notwendig wird es sein,

   a) ESG-Risiken anhand geeigneter **Segmentierung des Portfolios** zu identifizieren (etwa nach Asset-Klasse, Sektor, Gegenpartei, regionale Lage der Besicherung oder Laufzeit des Engagements);

   b) ESG-Risiken entlang **geeigneter Methoden** zu evaluieren (hier wird die Methodenwahl bzw. der Methodenmix entscheidend von der Datenlage

---

643 Vgl. *CRD V* (2019), Artikel 98, Nummer 8.

und -qualität abhängen sowie von der Validität der Annahmen zur Ausgestaltung entsprechender Szenarien);

c) ESG-Risiken in die **Geschäftsstrategie**, in die interne Governance sowie in die grundlegende Ausgestaltung des Risikomanagements einzubeziehen.

Damit wird die Ausrichtung des Geschäftsmodells insbesondere auch dadurch limitiert, für welche Finanzierungstätigkeiten ausreichende Datengrundlagen und adäquate Evaluierungsmethoden zur Verfügung stehen. Hier ist ein enger Dialog etwa mit entsprechenden **Firmenkunden** frühzeitig ratsam, um den zunehmenden Informationsbedarf vorzubereiten und die finanzierten wirtschaftlichen Aktivitäten unter Umständen auch in ihrem Beitrag zur nachhaltigen wirtschaftlichen Entwicklung zu hinterfragen oder – bestenfalls – chancenorientiert zu fördern.

Die grundsätzlich steigenden Anforderungen an Transparenz und Berichterstattung für Kunden und Kundinnen und Bank bezogen auf nicht-finanzielle Sachverhalte in Form von ESG-Faktoren bzw. eben eine Nachhaltigkeitsberichterstattung ist Thema des folgenden Abschnitts.

4. Transparenzanforderungen an das Geschäftsmodell

Im Hintergrund der beiden vorangehenden Abschnitte zu Chancen und Risiken stehen die Standards, die gewährleisten, dass die **unterschiedlichen Geschäftsmodelle** hinsichtlich ihres Beitrags zur nachhaltigen Ausrichtung der Wirtschaft vergleichbar und **in Relation zueinander** bewertbar bleiben. Die Europäische Kommission hat dazu die bereits genannte Technical Expert Group (TEG) respektive die heutige Plattform on Sustainable Finance im Kontext der sogenannten Taxonomie-Verordnung ins Leben gerufen.[644]

Die Verordnung »über die Einrichtung eines Rahmens zur Erleichterung nachhaltiger Investitionen« stellt zum einen den Prüfprozess zur Bewertung ökologisch nachhaltiger Wirtschaftstätigkeiten dar, zum anderen verweist die Verordnung auf die branchenspezifischen technischen Bewertungskriterien, die seitens der Plattform on Sustainable Finance kontinuierlich weiterentwickelt und sukzessive auf alle der von der EU festgelegten sechs Umweltziele ausgeweitet werden.[645]

---

644 Vgl. *EU* (2020c)
645 Bisher sind Ziel (1) Klimaschutz und Ziel (2) Anpassung an den Klimawandel durch die Taxonomie adressiert. Deren Ausweitung bezieht sich dann auf (3) nachhaltige Nutzung von Wasserressourcen, (4) Wandel zu einer Kreislaufwirtschaft, (5) Vermeidung von Verschmut-

AUSWIRKUNGEN AUF UNTERNEHMENSSTEUERUNG

545 Die **Taxonomie-Verordnung** ist insbesondere relevant für »Finanzmarktteilnehmer, die Finanzprodukte bereitstellen« bzw. für Unternehmen, die verpflichtet sind, eine nichtfinanzielle Erklärung bzw. eine konsolidierte nichtfinanzielle Erklärung zu veröffentlichen. Anhand des Prüfprozess der Taxonomie bzw. anhand der branchenspezifischen, technischen Bewertungskriterien wird es möglich, den Grad der ökologischen Nachhaltigkeit einer Investition zu ermitteln und letztendlich in diesem Sinne auch darüber zu berichten.

546 Eine nachhaltige Wirtschaftstätigkeit ist nach Artikel 3 der Verordnung dann gegeben, wenn sie einen wesentlichen Beitrag **zu einem oder mehreren Umweltzielen** leistet, dabei nicht gleichzeitig zu einer erheblichen Beeinträchtigung eines oder mehrerer Umweltziele führt, unter Mindestschutz (gem. OECD-, ILO- und UN- Leitsätzen bzw. Prinzipen zur Corporate Governance, Menschenrechte und Arbeitsschutz) ausgeübt wird und den genannten technischen Bewertungskriterien entspricht.

547 Damit soll das sogenannte **»green washing« verhindert** und ein **level playing field** zur Finanzierung nachhaltiger Wirtschaftstätigkeiten geschaffen werden. Unternehmen und Finanzinstitute sollen transparent und vergleichbar über ihre nachhaltige Wirksamkeit berichten können und nur dann nachhaltige Produkte in den Vertrieb nehmen dürfen, wenn diese auch tatsächlich den genannten Nachhaltigkeitskriterien entsprechen. Damit soll im ersten Schritt deutlich werden, welche Anbieter tatsächlich einen Beitrag zur Nachhaltigkeitsagenda erbringen und damit Kunden und weiteren Marktteilnehmer eine allgemeine Entscheidungsgrundlage für die Auswahl einer Geschäftspartnerschaft bereitzustellen.

548 Es bleibt noch abzuwarten, welche weiteren Schritte nötig werden, um die erforderlichen Investitionen in die nachhaltige Transformation der europäischen Wirtschaft zu evozieren. Hier spielt auch die gegenwärtige Weiterentwicklung der Verordnung zur nichtfinanziellen Berichterstattung[646] eine Rolle, mit der die Informationspflicht etwa auf der Basis der Materialität des Geschäftsmodells für die Erreichung der Umweltziele im Gegensatz zu allgemeinen Vorgaben wie

---

zung und (6) Schutz von Ökosystemen und Biodiversität. Darüber hinaus besteht die Erwartung, dass diese »grüne« Taxonomie auch entsprechend weitergehend auf soziale Belange bzw. Aspekte guter Unternehmensführung konkretisiert bzw. ausgebaut wird, so dass sich E, S und G umfänglich in Investitionsentscheidungen wiederfinden. Damit können übergreifend formulierte Nachhaltigkeitsziele auch leichter auf konkrete Projekte und Maßnahmen heruntergebrochen werden.

646 Vgl. *EFRAG* (2020).

Umsatz, Bilanzsumme oder Anzahl der Mitarbeiter und Mitarbeiterinnen reguliert wird.

Doch nicht nur auf Unternehmensebene, auch auf **Produktebene** ergeben sich steigende Anforderungen an die nachhaltigkeitsbezogene Transparenz der Investitionsentscheidungen. Das regelt die Verordnung über nachhaltigkeitsbezogene Offenlegungspflichten im Finanzdienstleistungssektor[647] für Finanzmarktteilnehmer und Finanzberater gem. Artikel 1 zur »Einbeziehung von Nachhaltigkeitsrisiken und der Berücksichtigung nachteiliger Nachhaltigkeitsauswirkungen in ihren Prozessen und bei der Bereitstellung von Informationen über die Nachhaltigkeit von Finanzprodukten«.

Mit der sogenannten Transparenz-Verordnung sollen durch Finanzmarktteilnehmer und Finanzberater auf Unternehmensebene differenzierte **Informationen zur Einbeziehung von Nachhaltigkeitsrisiken** auf deren Homepage veröffentlicht werden. Entsprechende Darstellungen fließen in die vorvertraglichen Informationen ein und sollen zum 10.03.2021 umgesetzt sein. Im weiteren Verlauf werden auch Finanzprodukte mit weitegehenden nachhaltigkeitsbezogenen Offenlegungspflichten konfrontiert sein und auch in Bezug auf die Werbung für Finanzprodukte spielen Nachhaltigkeitsaspekte zukünftig eine Rolle.

Auf der Basis der sich ausweitenden Informationsgrundlage zu Nachhaltigkeitsaspekten ergeben sich drei zentrale Handlungsfelder zur (Neu)Ausrichtung des Geschäftsmodells:

a) Außendarstellung: **Informationspflichten** ergeben sich auch für das Finanzinstitut selbst und damit einhergehend entsteht auch die Problematik einer konsistenten Außendarstellung über Bereiche hinweg, die unter Umständen bisher eher separat angelegt waren. Für einen authentischen Auftritt wäre es schädlich, wenn die Risikostrategie zum Umgang mit Nachhaltigkeitsrisiken für in der Beratung angesiedelte Finanzprodukte nicht einheitlich zu denen im Eigen- bzw. Kundenkreditgeschäft abgeleitet sind. Zumindest werden sich Fragen ergeben, wenn auf der einen Seite Risiken als solche erkannt und diese auf der anderen Seite aber nicht entsprechend gesteuert werden.

b) Produktanbieter: Die Anbieter entsprechender Produkte müssen nun auch in der Lage sein, konsistente Informationen zu zuliefern, um ihren Verpflichtungen und **Informationsroutinen** zu entsprechen. So sollten angebotene Produkte unterschiedlicher Anbieter mit den grundlegenden

---

647 Vgl. *EU* (2019c).

Informationen ausgestattet sein, die in die ausgearbeitete Heuristik zum Umgang mit ESG-Risiken konsistent eingefügt werden können.

c) Kunden- und Kundinnenbeziehung: Im Vertrieb wird es nun nicht mehr nur um ökonomische, gewinnmaximierende Argumente gehen, sondern **weitere Aspekte** werden in die Kunden- und Kundinnenbeziehung sowohl im Privatkunden- als auch im Firmenkundenbereich einfließen. Auch weitere Segmentierungen sind hier denkbar und können hilfreiche Vertriebsimpulse setzen. Voraussetzung dafür ist jedoch auch die entsprechende Vertriebsexpertise bei den Beratern und Beraterinnen vorzuhalten und zu entwickeln. Die Kunden- und Kundinnenbeziehung kann so gestärkt und die Expertise der Berater und Beraterinnen breiter aufgestellt werden.

552 Finanzinstitute und die zu finanzierende Wirtschaft stehen vor neuen Herausforderungen, um diese grundlegende Transformation zu meistern. Der **Umgang mit Informationen, Daten und Modellen**, wird nur teilweise mit den bestehenden Mechanismen und Ressourcen abzudecken sein. Das folgende Fazit fasst die Impulse aus den drei Abschnitten zusammen und gibt Leitplanken für die zukunftsfähige Ausrichtung von Geschäftsmodellen vor dem Hintergrund der nachhaltigen Transformation der Wirtschaft in Deutschland und Europa.

5. Fazit

553 Zusammenfassend ergeben sich für jeden zuvor ausgeführten Bereich – für Chancen, Risiken und Transparenz – konkrete Handlungsfelder, die bankindividuell auf das konkrete Geschäftsmodell abgeleitet werden sollten und so Impulse zur Weiterentwicklung und zur Neuausrichtung geben (siehe Tabelle C.2):

i. Chancen	a) Positiver Change
	b) Schlüssige Prozesse
	c) Attraktive Vertriebsnarrative
ii. Risiken	d) ESG-Risiken identifizieren
	a) ESG-Risiken evaluieren
	b) ESG-Risiken einbeziehen
iii. Transparenz	a) Außendarstellung
	b) Produktanbieter
	c) Kunden und Kundinnenbeziehung

Tabelle C.2: Handlungsfelder nachhaltiger Geschäftsmodelländerungen (Quelle: eigene Darstellung)

Die Herausforderung ist nun, die **Entwicklungsphase** als Chance zu sehen und damit eher einen Beitrag zur weitergehenden Standardisierung zu leisten, als abzuwarten und so das bestehende Geschäftsmodell auf der Basis der dann konkretisierten Handlungserfordernissen grundlegend anzupassen.

Die unterschiedlichen Rahmenwerke zur Berichterstattung, zum Risikomanagement und zur Produktbearbeitung werden zunehmend konsolidiert und es zeigt sich, dass die Transformationsanstrengungen hin zu einer nachhaltigen Wirtschaft eine immer breiter werdende Unterstützung in Wirtschaft und Gesellschaft erfahren. Die große Herausforderung ist daher den **Moment des Handelns** und das Angehen der Veränderungen auf eine praktikable Zeitachse zu setzen.

Es ist abzusehen, dass Informationsbedarf, Datenlage und konkrete Auswirkungen von schlagend werdenden Nachhaltigkeitsrisiken die Geschäftsmodelle verändern und, ähnlich zur Dynamik bei den Anstrengungen zur Digitalisierung, zu einem Selektionsdruck führen. Gefragt sind die Geschäftsmodelle, die sich im Kontext der jeweiligen **Transformationserfordernisse**, positionieren können.

Um es negativ zu formulieren: Die institutsindividuelle Umsetzung der Transformationsagenda **scheitert** im Bereich der Nachhaltigkeit dann, wenn …

   a) … Nachhaltigkeitserfordernisse nicht adäquat in die Geschäftsstrukturen einbezogen werden;

   b) … das Management des Unternehmens Nachhaltigkeitsrisiken nicht adäquat und handlungsorientiert definiert;

   c) … die personellen und fachlichen Ressourcen nicht adäquat vorhanden sind bzw. aufgebaut werden;

   d) … unzureichende Daten bezogen auf Kunden und Produktanbieter zur adäquaten Einschätzung von Nachhaltigkeitsrisiken vorliegen;

   e) … Nachhaltigkeitsaspekte nicht adäquat in die Unternehmenskultur integriert sind;

   f) … Nachhaltigkeitsbezogenen Handlungserfordernisse nicht konkret für das jeweilige Kerngeschäft definiert werden;

   g) … lediglich eine Abwägung zwischen Nachhaltigkeitsfragen und der Fortführung des bestehenden Geschäftsmodells stattfindet;

   h) … und die Vergütungspolitik nicht strukturell nachhaltigkeitsbezogenen Anreize setzt.

II. Nachhaltigkeit als Einflussfaktor auf Leistungen und Organisation von Kreditinstituten[648]

1. Einleitung

a) Paradigmenwechsel in der Finanzbranche

558 Das Wort »**Nachhaltigkeit**« und Diskussionen um Nachhaltigkeit scheinen omnipräsent zu sein. Nachhaltigkeit begegnet uns inzwischen in Gesellschaft, Politik und Wissenschaft und der Wunsch nach Nachhaltigkeit wird zunehmend bestimmend für unser Handeln.

559 In der Finanzbranche wurde die Bedeutung von Nachhaltigkeit erkannt und führte schon in vielen Bereichen zu einem erkennbaren **Paradigmenwechsel**. So wäre es noch vor wenigen Jahren undenkbar gewesen, dass globale Investmentgesellschaften oder Vermögensverwalter die Abkehr von der ausschließlichen Renditeorientierung vollziehen. Die globalen Risiken und die Nachfrage nach **nachhaltigen Investments** werden als maßgebliche Einflussfaktoren fundamentaler Veränderungen der Finanzbranchen und Investmenttätigkeiten gesehen.[649] Damit sind auch Kreditinstitute zunehmend mit diesem Thema konfrontiert. Dies liegt einerseits daran, dass Kreditinstitute selbst Teil der von einem neuen **sozial-ökologischen Bewusstsein** geprägten Gesellschaft sind. Andererseits wird der Finanzwirtschaft eine entscheidende Steuerungswirkung aufgrund ihrer Mittelversorgung von Privatpersonen und Unternehmen beim Wandel zur Nachhaltigkeit zugesprochen.[650] Damit stellt sich die Frage, ob hierin eine Begründung oder vielleicht sogar die Pflicht zur Ausrichtung auf Nachhaltigkeit bei den eigenen Leistungen sowie im Verhalten gegenüber Kunden bzw. als Marktteilnehmer liegt. Damit einhergehend müssen die Kreditinstitute für sich klären, ob sie nur ein Bekenntnis ohne echte Anpassungen leisten wollen oder ob eine grundlegende Anpassung des eigenen Leistungsangebots erfolgen soll. Letzteres könnte auch ein gänzlich neues Geschäftsmodell zur Folge haben, denn es impliziert einen Paradigmenwechsel in den strategischen Überlegungen mit erheblichen Konsequenzen. Bei der strategischen Entschei-

---

648 Autor: *Dirk Thiel*. Die Ausführungen geben ausschließlich persönliche Auffassungen wieder. Für Rückfragen oder Anregungen ist der Autor unter der D_Thiel@gmx.de erreichbar.
649 Vgl. *Larry* (2020), S. 1.
650 Nach Auffassung des Sustainable Finance-Beirats kommt dem Finanzsektor eine Schlüsselrolle bei der Finanzierung der Transformation zu, vgl. *Sustainable Finance-Beirat der Bundesregierung* (2020) und auch die Ausführungen in Kapitel A.V dieses Herausgeberbandes.

dung – vom Festhalten am traditionellen Banking bis zur gänzlichen Neudefinition des Geschäftsmodells – müssen Kreditinstitute abwägen, ob sie sich überhaupt und falls ja, wie und in welchem Umfang auf Nachhaltigkeit ausrichten wollen. Hier zeigt sich das Dilemma zwischen ökonomischen Notwendigkeiten und sozial-ökologischer Verantwortung.

b) Die Entwicklung des Nachhaltigkeitsgedankens und seine Auswirkungen auf Gesellschaft und Wirtschaft

Nachdem 1972 der viel beachtete Bericht des **Club of Rome** zu den Grenzen des Wachstums veröffentlicht wurde, begannen verantwortungsbewusste Unternehmen sich mit der Frage zu beschäftigen, wie sie nicht nur zum ökonomischen, sondern auch zum **ökologischen und sozialen Fortschritt** bzw. Wohlergehen der Gesellschaft beitragen können.[651] Da bis dato nahezu ausschließlich das Prinzip der ökonomischen **Profitmaximierung** vorherrschte und es bis heute Forschung und Wirtschaft dominiert, war dieser Gedanke für alle Wirtschaftssubjekte gewissermaßen akademisches und operatives Neuland. Einigkeit herrschte seit dem **Brundtland-Bericht** 1987 bzw. der sich daran anschließenden gesellschaftlichen und politischen Diskussionen in den neunziger Jahren darüber, dass die nachhaltige Ausrichtung als ganzheitliche Betrachtung die ökologischen, ökonomischen und sozialen Dimensionen umfasst.[652] Vor diesem Hintergrund definierte die **Enquete-Kommission** des Deutschen Bundestages Nachhaltigkeit als die Konzeption einer dauerhaft zukunftsfähigen Entwicklung der **ökonomischen, ökologischen und sozialen Dimension menschlicher Existenz.**[653]

560

Am 01.01.2016 traten die für alle Staaten geltenden **Global Sustainable Development Goals (SDG)** der Vereinten Nationen in Kraft, die für die Agenda 2030 noch einmal bestätigt wurden.[654] In den SDG kodifizierten die **Vereinten Nationen** die Sicherung einer nachhaltigen Entwicklung mit 17 Zielen auf ökonomischer, sozialer und ökologischer Ebene. Etwa zwei Jahre später veröffentlichte auch die Europäische Union im März 2018 ihre Vorstellung zur Unterstützung nachhaltigen Wachstums.[655] Eine Weiterentwicklung erfuhr dies durch

561

---

651 Vgl. *Meadows/Meadows/Randers/Behrens* (1972) bzw. die deutsche Übersetzung nach *Heck* (1987) und *Meadows/Randers/Meadows* (2015), vgl. dazu auch die Darstellung in Kapitel A.I dieses Herausgeberbandes.
652 Vgl. dazu *WCED* (1987), »Brundlandt Report«.
653 Vgl. *Deutscher Bundestag* (1996).
654 Vgl. *UN* (2020d), vgl. auch Kapitel A.I und A.II dieses Herausgeberbandes.
655 Vgl. *EU* (2018a).

den European Green Deal bzw. das am 20.11.2020 veröffentliche Klassifizierungssystem für nachhaltige ökonomische Aktivitäten (**Taxonomie**) der EU-Kommission. In dieser Strategie soll die Erweiterung des bisherigen EU-Aktionsplans für eine nachhaltige Finanzwirtschaft in den Themenbereichen »Stärkung der Grundlage für eine nachhaltige Finanzwirtschaft«, »Verbesserte Möglichkeiten für Bürger, Finanzinstitutionen und Unternehmen zu mehr Nachhaltigkeit« und »Management und Integration von Klima- und Umweltrisiken« erfolgen. [656]

562 Die Erkenntnis über die grundlegende Bedeutung von Nachhaltigkeit beeinflusst also seit fast 30 Jahren und in jüngerer Vergangenheit zunehmend stärker sowohl die wissenschaftlichen, politischen und wirtschaftlichen Debatten als auch die Reflexion **ethischen Handelns**. Wirkung zeigte diese Bewusstseinsänderung in nahezu allen Bereichen des gesellschaftlichen Lebens. **Kreislaufwirtschaft, Biodiversität, Klimawandel, Umweltbewusstsein** (Mülltrennung, Abgas- und FCKW-Diskussionen, Mobilitätskonzepte, Plastikvermeidung etc.), **Strukturwandel** (Kohleausstieg, Schwerindustrie etc.) u. v. m. werden vermehrt Bestandteil von Beurteilungen politischer, ethischer oder wirtschaftlicher Sachverhalte. Auch in die Programme politischer Parteien sowie in die Aktivitäten und Dogmen christlicher Kirchen haben Nachhaltigkeitsgedanken deutlich stärkeren Einzug gehalten.[657]

c) Nachhaltigkeit als Antwort auf ethische Fragen

563 Aufgrund der Globalisierung von Waren- und Finanzströmen sowie der jederzeitigen Verfügbarkeit von Informationen in Echtzeit ist das Problembewusstsein bezüglich bedeutender gesellschaftlicher Herausforderungen deutlich geschärft. Sachverhalte und Ereignisse, die früher unterhalb der Wahrnehmungsschwelle blieben, werden heute durch die unmittelbare mediale Verbreitung sofort ins Bewusstsein gerückt und erhalten durch die Darstellungsform auch häufig emotionale Verstärkung. Damit wurde die globale Sensibilisierung und Mobilisierung breiter Gesellschaftsschichten für Nachhaltigkeitsfragen möglich. Als Folge gelangte das Thema Nachhaltigkeit mit einigen seiner drängendsten und populärsten Fragestellungen auf die Agenda der täglichen Berichterstattung und öffentlichen Diskussionen mit großer medialer Beachtung. Dadurch entstand ein Forum für vielfältige, auch ideologisch geführte, ethisch-

---

656 Vgl. *EU* (2020j).
657 Vgl. *Papst Franziskus* (2020), S. 38 und S. 63 und *nachhaltig predigen.de* (2020).

moralische Diskussionen, die unter anderem durch kriegerische Auseinandersetzungen, Armut, Klimawandel oder Umweltverschmutzungen legitimiert wurden.

Gleichwohl Nachhaltigkeit häufig in unterschiedlichen Zusammenhängen und Bedeutungen verwendet wird, gilt seine Definition im Sinne des »**Drei-Säulen-Modells der Nachhaltigkeit**« bzw. der »**Triple-bottom-line**« mit den Dimensionen Ökologie, Ökonomie und Soziales als konsensfähig.[658] Die ethische Dimension der Nachhaltigkeit deckt die Vorstellung von **Gerechtigkeit** und die wirtschaftsethische Dimension die **Allokation von Ressourcen**, wie beispielsweise Natur, Menschen, Arbeitskraft und Produktionskapital, ab. Neben der sachbezogenen Ebene beinhaltet der Nachhaltigkeitsbegriff auch eine zeitliche Dimension und bezieht sich auf künftige Potenziale und Restriktionen kommender Generationen.[659] Damit beinhaltet nachhaltiges Handeln stets den **inter- und intragenerativen Aspekt**. Die sozial-ökologische und zeitliche Dimension kommt u. a. auch in Auftrag und Titel der mit Beschluss des Deutschen Bundestags vom 01.06.1995 eingesetzten Enquete-Kommission zum Ausdruck.[660]

564

Die aus diesen Dimensionen resultierenden Spannungsfelder liegen auf der Hand und werden an vielen aktuellen Beispielen deutlich. Der Konflikt zwischen den Zielen der Unternehmensführung bzw. dem Ziel der Maximierung des Shareholder Values und den ökologischen Implikationen wurden deutlich, als beispielsweise in Deutschland die Rodung des **Hambacher Forst** vollzogen werden sollte. Aber auch die zunehmende globale Vermögensspreizung als Folge von Gewinnmaximierung zu Lasten der Ökologie führt zu erheblichen sozialen Konflikten.[661] Beispielsweise führte der Verkauf von Rechten zur Entnahme von Trinkwasser in Vittel/Frankreich, Ontario/Kanada oder Doornkloof/Südafrika durch die entstandene Wasserarmut zu erheblichen Spannungen in den betroffenen Regionen.[662]

565

Wirtschaftssubjekte verhalten sich zwar einerseits nicht zwingend vorsätzlich gegen geltendes Recht oder Nachhaltigkeitsgebote, aber andererseits kann ihr Verhalten als moralisch und wirtschaftsethisch fragwürdig angesehen werden.

566

---

658 Vgl. *Wissenschaftliche Dienste des Deutschen Bundestags* (2004), S. 2.
659 Vgl. *Wissenschaftliche Dienste des Deutschen Bundestags* (2004), S. 1.
660 Vgl. *Deutscher Bundestag* (1995).
661 Vgl. *Credit Suisse Research Insitute* (2020) und *United Nations* (2017), S. 10 ff.
662 Vgl. zur Privatisierung der Trinkwasserversorgung *Hery-Moßmann* (2018), *Münster* (2018), *Gerstberger* (2017) und *Glose* (2019).

Für das als **homo oeconomicus** agierende Wirtschaftssubjekt ist Nachhaltigkeit bisher nicht wichtig genug und kein Bestandteil des Wertekanons oder der strategischen Ziele.

567 Die aufgeklärte Öffentlichkeit verurteilte inzwischen jedoch nicht nur einzelne Vorkommnisse, sondern initiierte viel beachtete Protestbewegungen (z. B. »Fridays for Future«), die eine breite Diskussion über Ethik, Verantwortung und Moral entfachten. »Nachhaltigkeit« zog als selbstverständlicher Begriff in den Sprachgebrauch einer aufgeklärten Gesellschaft ein und wurde als Antwort auf die drängendsten Fragen bezüglich bestehender ökologischer und gesellschaftlicher Konflikte im Sinne der Triple-bottom-line verstanden. Dies basiert auf der impliziten Logik, dass Nachhaltigkeit mit positiven Effekten für künftige Generationen die präventive Lösung ansonsten existenzieller Probleme in Ökologie und Gesellschaft ist. Konsequenterweise ist die Forderung nach nachhaltigem Verhalten in allen Lebensbereichen erkennbar und reicht von der Landwirtschaft über die Produktion von Gütern bis zum Angebot von Dienstleistungen. Nachhaltigkeit war lange das Markenzeichen einer sozial-ökologisch orientierten Minderheit, doch inzwischen ist sie zum bestimmenden Einfluss zeitgemäßer Geschäftsmodelle geworden. Hier wird **Nachhaltigkeit als ethische Klammer** zwischen Umwelt, Sozialgefüge, Prinzipien und Wertekonzepten auf der einen Seite und dem im Sinne des Nationalökonomen Adam Smith nach ökonomischem Wohlstand strebenden Individuen auf der anderen Seite gesehen. Nachhaltigkeitsorientierung verbindet in diesem Verständnis Moral und Profit, sodass diese Synthese zum **generationsübergreifenden Wohlstand** im weiteren Sinne führen kann. Dies zeigt das Ziel der Verschmelzung von **gesellschaftlicher Verantwortung** und **ökonomischem Erfolg**, woraus die zentrale Herausforderung entsteht, Verantwortung und Nachhaltigkeit als integrale Bestandteile einer erfolgreichen Geschäftsstrategie umzusetzen.

2. Nachhaltigkeitsaspekte bei Leistungen von Unternehmen und regulatorische Auswirkungen

568 Die Postulierung von Nachhaltigkeitsforderungen in der gesamten Wertschöpfungskette setzt die Definition und Abgrenzung von Nachhaltigkeit voraus. Erst ihre Identifikation ermöglicht als Maßstab die entsprechende Ausrichtung des Unternehmens, seiner Prozesse und Leistungen. Diese lassen sich ganz allgemein als »nachhaltig« bezeichnen, wenn sie

- …nachhaltige Komponenten enthalten,
- …durch nachhaltige Prozesse entstehen und

- ...in einer nachhaltigen Wertschöpfungs- und Prozesskette eingesetzt werden bzw. für nachhaltige Ziele verwendet werden.

Sofern ein erheblicher oder mehrheitlicher Anteil des Endproduktes einer Wertschöpfung aus Bestandteilen bzw. Vorprodukten besteht, die unter Nachhaltigkeitsaspekten entstanden sind, ist die notwendige Bedingung für die Bezeichnung als **nachhaltige Leistung** erfüllt. Darüber hinaus muss diese Leistung jedoch im Rahmen von Prozessen entstanden sein, die sowohl in den Workflows vom Sourcing über die eigentliche Leistungserstellung bis zum Vertrieb den Nachhaltigkeitskriterien gerecht wurden. Dieses gilt auch in Bezug auf die verwendeten Ressourcen, die bezüglich ihres ökonomischen und ökologischen Einsatzes optimiert wurden. Schließlich ist das Endprodukt oder die finale Leistung in einer **nachhaltigen Wertschöpfungskette** oder für nachhaltige Ziele beim Abnehmer zu verwenden.

Erfolgreiche Unternehmen sind seit jeher daran interessiert, ihr Leistungsangebot kostengünstig zu erstellen, damit sie ihren Kunden ein preislich attraktives Angebot bieten können. Sie folgen dabei der unternehmerischen Binsenweisheit »der Erfolg liegt im Einkauf« und orientieren sich entlang ihrer Wertschöpfungskette ausschließlich an der **Ertragsmaximierung**. Ihr Bestreben ist die **kostenminimale Beschaffung** bei der jeweils vorgelagerten Wertschöpfungsstufe, um dann ihrerseits mit **optimierten Prozessen** kostenminimal zu produzieren. Selbst dieser deutlich vereinfachte Blick auf den Leistungserstellungsprozess von Unternehmen wird durch die entstehende Dominanz des Nachhaltigkeitsgedankens deutlich komplexer. Die Gründe liegen einerseits in der **strategischen Neudefinition**, im Leistungserstellungsprozess sowie im Vertrieb, also in der richtigen Adressierung am Markt. Die Ansprüche der Gesellschaft determinieren grundlegend das Was und Wie des politischen und unternehmerischen Handelns. Außerdem erwartet der Markt inzwischen, dass Nachhaltigkeit erkennbar und glaubwürdig durch das Unternehmen in Beschaffung, Leistungserstellung und Vertrieb sowie bei der Selektion und Bedienung der Zielkundschaft umgesetzt wird.

Ziel unternehmerischen Handelns war es bisher, bei einem angestrebten Qualitätsniveau das unter Berücksichtigung der Aufwendungen für Beschaffung, Lagerung und Weiterverarbeitung günstigste Angebot zu erstellen. Hinzu kommt nun die Herausforderung der schwierigen, **nicht lineare Optimierungs- und Steuerungsaufgabe** mit der strengen Nebenbedingung der Nachhaltigkeit. Jede Stufe der Wertschöpfung und jedes Element (z. B. Leistungskomponenten, Prozesse) haben nun auch dem Anspruch an nachhaltiges Handeln in der Herstellung, an die Produktionsmittel und den Umgang mit ihnen

AUSWIRKUNGEN AUF UNTERNEHMENSSTEUERUNG

gerecht zu werden. Die Durchsetzung von **Offenlegung** über die Nachhaltigkeitsorientierung vorangegangener oder folgender Wertschöpfungsstufen ist in mehrstufigen Wertschöpfungsprozessen und möglicherweise bei fehlender Marktmacht problematisch.

572 Da Nachhaltigkeit eine ganzheitliche und grundlegende Ausrichtung bedeutet, haben die Themen

- Wertschöpfungskette und Prozesse der Leistungserstellung,
- Produkte und Unternehmensleistungen sowie
- Vertrieb

fundamentale Auswirkungen auf die Ausrichtung und den Erfolg des Unternehmens.

573 Falls die Beschaffung aller nachhaltigen und für die Umsetzung der eigenen Wertschöpfung notwendigen Vorleistungen erfolgt ist, beginnt die eigene, den Nachhaltigkeitsaspekten gerecht werdende Leistungserstellung des Unternehmens. Da Nachhaltigkeit bisher einerseits nicht ausgeschlossen wurde, aber andererseits auch kein expliziter Fokus unternehmerischen Handelns war, ist der eigene Leistungserstellungsprozess und der Einsatz dafür eingesetzter Ressourcen und ihre nachhaltige Wirkung zu ermitteln. Auf diese **Wirkungstransparenz** des eigenen Handels folgt die Bewertung des zusätzlichen Aufwands und Risikos für das Unternehmen. Diese banal erscheinenden Schritte sind jedoch besonders schwierig, da die qualitativen Faktoren der Nachhaltigkeit sowie Nachhaltigkeitsrisiken **nicht objektiv quantifizierbar** sind. Hier entsteht ohne klare Arbeits- und Interpretationsvorgaben großes Potenzial zur Über- oder Unterschätzung der Effekte. Darüber hinaus kann auf **keine erprobten Methoden** oder **validierten Heuristiken** zurückgegriffen werden.

574 Das Beurteilungsergebnis hat allerdings signifikanten Einfluss auf die entstehende Leistung, die zu definierende **Preisuntergrenze** und damit auf die **Marktfähigkeit**. Aber auch technisch ist der Einfluss auf die nachhaltige Leistungserstellung möglicherweise gravierend, insbesondere dann, wenn Produktkomponenten oder Prozessschritte zu ersetzen oder neu zu gestalten sind. Als Beispiele könnten hier die Landwirtschaft oder die chemische Industrie genannt werden. In der Regel ist dies nicht faktisch unmöglich, aber eventuell mit aufwändigen **Änderungen von Produktionsprozessen** oder Investitionen verbunden, sodass fast immer von signifikanten Auswirkungen auf die Profitabilität ausgegangen werden kann.

Wie dies letztlich den Markterfolg des Unternehmens beeinflusst, hängt insbesondere von der Preiselastizität im fokussierten Markt, der Tragfähigkeit des Nachhaltigkeitsgedankens im Anspruch der Nachfrager sowie der vertrieblichen und kommunikativen Leistung des Unternehmens ab. Schon heute ist die Tendenz zu erkennen, dass Verbraucher mitunter bereit sind, für Bio-, Freiland- und Demeter-gekennzeichnete Produkten einen höheren Preis zu zahlen. Diese akzeptierte Prämie soll nach Darstellung von Anbietern den Mehraufwand in der Produktion decken und stellt die **Konsumentenrente** für die Idee des nachhaltigen Konsums dar. Dadurch gelang es, die Wahrnehmung und Präferenz für Bio-Obst, Bio-Gemüse und Bio-Fleisch werblich so zu beeinflussen, dass deutlich höhere Verkaufspreise erzielt werden, obwohl beispielsweise die Bio-Gurke einzeln in Plastik verpackt wird oder für die Bio-Erdbeeren bereits einige Flugstunden notwendig waren, um sie im Winter vom Erzeuger zum Verbraucher zu transportieren. Dieses scheinbar **irrationale Verhalten** von Verbrauchern zeigt, dass der **Kommunikation im Vertrieb** nachhaltiger Leistungen unter anderem zwei Aufgaben zukommt. Einerseits ist sie elementar wichtig für die **Außendarstellung** nachhaltig orientierter Unternehmen und andererseits erzeugt dies eine **Prestigewirkung für Kunden**, die aus der sichtbaren Nachhaltigkeitsorientierung resultiert. Daraus ergeben sich die Rechtfertigung und Elastizität des Preises sowie die »Toleranz« von Konsumenten bezüglich eines objektiv nicht zwingend besseren Produktes.

Wegen der wachsenden Sensibilität der Verbraucher bezüglich des Nachhaltigkeitsgedankens ist gerade eine solche Außendarstellung von hoher vertrieblicher Bedeutung. Wenn Unternehmen zur Identifikation von Nachhaltigkeit beispielsweise die Labels »Bio«, »Öko« »Demeter« oder das Bio-Siegel verwenden, haben sie die inzwischen europaweit geltenden **rechtlichen Regelungen** zu beachten. Damit gilt die EU-Verordnung über die Produktion und die Kennzeichnung von ökologischen bzw. biologischen Erzeugnissen nach ihrem Inkrafttreten am 17.06.2018 ab dem 01.01.2021.[663] Regulatorische Auswirkungen sind aufgrund der breiten gesellschaftlichen Akzeptanz jedoch nicht nur im Handel oder in Dienstleistungsbranchen notwendig geworden.[664]

---

663   Vgl. *EU* (2018d).
664   Vgl. *EU* (2008).

3. Die Bedeutung von Nachhaltigkeit für Kreditinstitute

577 Der Bankenmarkt in Deutschland ist als »**overbanked**« zu bezeichnen und die konsequenten Schließungen der Bankstellen unabhängig von der Bankengruppe sind Zeugnis des immensen Rentabilitätsdrucks auf die Kreditinstitute (vgl. Abbildung C.1).

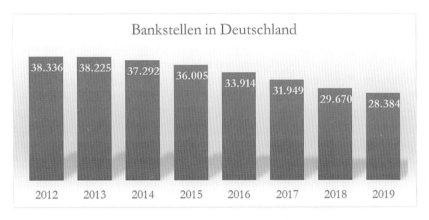

Abbildung C.1: Anzahl der Filialen privater Banken in Deutschland 2004 bis 2019 (Quelle: Eigene Darstellung auf Basis Deutsche Bundesbank (2020a/b))

578 Das bestehende und von den Kreditinstituten angebotene Leistungsspektrum wird schon jetzt allen nachgefragten Grundfunktionen gerecht, sodass der Wettbewerb bei Standardleistungen im Massengeschäft häufig über den Preis stattfindet. Des Weiteren wird dieser mitunter **ruinöse Wettbewerb** durch **disruptive Entwicklungen** aufgrund neuer Technolgien oder Marktteilnehmer wie zum Beispiel **Fintechs** oder Branchenfremder (Apple, Google, Alibaba, Tencent, Amazon, WhatsApp Pay, Facebook u. a.) mit ihrem Zahlungsverkehrsangebot weiter angefacht. Gerade diese neuen Marktteilnehmer mit ihren technologischen Voraussetzungen lassen **Kostenführerschaft** als keine sinnvolle Zieloption mehr erscheinen. Aus Anbietersicht besteht daher mit Blick auf die Funktionalität des vorhandenen Angebots **kein Anreiz zu Produktvariationen oder -innovationen** und Ausrichtung auf Nachhaltigkeit. Allerdings wird die Preis- oder Kostenführerschaft weder den veränderten Bedürfnissen nach Nachhaltigkeitsorientierung gerecht noch bietet sie den Kreditinstituten Differenzierungspotenzial. Damit liegt die Notwendigkeit zur Profilierung und zum Ausbau der **Value Proposition** auf der Hand. Um für Kunden auch wei-

terhin relevant zu bleiben, scheint die Orientierung zur Nachhaltigkeit für Banken eine Möglichkeit zu bieten. Allerdings ist dieses nur zu Beginn der gesellschaftlichen Entwicklung zur Nachhaltigkeit möglich, denn sobald diese umfassend etabliert ist, muss der Wettbewerb um die Zielkundschaft bereits entschieden sein.

Je mehr ökologische Themen wie Klimawandel, Dieselskandal, »Fridays for Future« u.v.m. die tägliche Berichterstattung beherrschen, desto stärker spüren auch sozial-ökologisch orientierte Kreditinstitute das wachsende Bewusstsein in der Bevölkerung am steigenden Zuspruch und der Entwicklung ihrer Neukundenzahl. Diese anhaltende Entwicklung zeigt, dass es sich nicht um ein kurzlebiges Thema handelt, sondern um den Beginn einer **substanziellen Veränderung,** die auch in der Finanzbranche für erheblichen **Veränderungsdruck** sorgt.[665] Insbesondere weil sich die Forderung nach nachhaltigem Finanzgebaren sowohl im Aktiv- und Passivangebot als auch im Provisionsgeschäft der Banken niederschlägt (vgl. Abbildung C.2), kommt ihnen eine **Schlüsselposition** bezüglich der Umsetzung und des Erfolgs nachhaltigen Denkens in der Gesellschaft zu. Da Kreditinstitute durch ihr **Aktivgeschäft** die Mittelversorgung von privaten und gewerblichen Haushalten beeinflussen, entscheiden sie, wer und welche Investitionen zu welchen Bedingungen und Konditionen durch Kredite unterstützt werden. Auf der **Passivseite** und im **Provisionsgeschäft** definieren sie das nachhaltige Investmentangebot, welches den Kunden für ihre rentierliche Geld- und Vermögensanlage zur Verfügung gestellt wird. Hier sind beispielsweise Anlagen in erneuerbare Energien zur Erreichung der Klimaziele bis 2030 zu nennen.[666]

579

Aber auch für die Kreditwirtschaft selbst sind **Good-Practice-Ansätze** von der **Bundesanstalt für Finanzdienstleistungsaufsicht (BaFin)** definiert worden.[667] Die BaFin versucht, besonders für **Nachhaltigkeitsrisiken** aus den Bereichen Umwelt, Soziales und Unternehmensführung zu sensibilisieren, deren Eintreten tatsächliche oder potenzielle negative Auswirkungen auf die Vermögens-, Finanz- und Erfolgslage von Kreditinstituten haben können. Antrieb der Aufsicht ist dabei, neu entstandene Risiken zu benennen und für deren Abbildung zu sorgen. Dies gilt insbesondere für das Controlling, das Reporting sowie für die Steuerung und Vorsorge der beaufsichtigten Kreditinstitute. Dabei werden zum einen **physische Risiken** durch Eintritt schadenauslösender

580

---

665 Gleicher Ansicht ist der überwiegende Anteil (87 %) befragter Finanzexperten, Vgl. *VÖB* (2019), S. 5.
666 Vgl. *Union Investment*, Nachhaltigkeitsstudie 2020, 24.06.2020.
667 Vgl. *BaFin* (2019a), S. 7 f. Umfassend diskutiert wird das Merkblatt in Kapitel A.IV dieses Herausgeberbandes.

Ereignisse und **Transitionsrisiken** durch Umstellung der Unternehmens- und Leistungserstellungsprozesse auf nachhaltiges Wirtschaften, aber auch Risiken bezogen auf den **Markterfolg des Geschäftsmodells** von Unternehmen aufgegriffen. Aufgrund ihres Geschäftsgegenstands könnten diese Risiken für Kreditinstitute in doppelter Hinsicht schlagend werden: für ihr eigenes Handeln und für die Kunden, was beispielsweise zu **Kreditausfällen** oder erhöhten **Eigenkapitalunterlegungen** führen könnte. Daher ist der zunehmende Fokus der Aufsicht – nicht erst seit den Finanzmarkt- und Bankenkrisen – auf der Fähigkeit der Kreditinstitute, auch solche Risiken zu erkennen und adäquate Risikovorsorge dafür zu bilden.[668]

581 Wegen ihrer großen Bedeutung und des Einflusses auf das gesamte Geschäftsmodell von Nachhaltigkeitsrisiken für Kreditinstitute hat die BaFin diese Risiken bewusst nicht als eigenständige **Risikoart »Nachhaltigkeitsrisiken«** in die Mindestanforderungen an das Risikomanagement aufgenommen.[669] Die Aufsicht erwartet, dass Nachhaltigkeitsrisiken von den Kreditinstituten in ihren Auswirkungen auf alle bekannten Risikoarten beachtet werden. Die Berücksichtigung von Nachhaltigkeitsrisiken ist aufgrund ihrer fundamentalen Bedeutung in der Geschäftsleitung anzusiedeln, die gesamtverantwortlich für die konsequente operative und strategische Ausrichtung zu sorgen hat.[670] Hier werden nicht nur Vorgaben, aufbau- und ablauforganisatorische Weichenstellungen, sondern auch das vorbildliche Verhalten der Geschäftsleitung im Sinne von **»tone from the top«** erwartet.[671] Bemerkenswert ist dabei auch, dass der regulatorische Anspruch nicht primär die Umsetzung von Nachhaltigkeit in Kreditinstituten zum Ziel hat, sondern vor allem die Sensibilisierung, die Vorsorge und das Management von Nachhaltigkeitsrisiken. Dadurch könnte der induzierte Wandel der Kreditinstitute zur Nachhaltigkeitsorientierung forciert werden und die Kreditwirtschaft mit einer Lenkungsfunktion zur nachhaltigen Entwicklung der Wirtschaft ausgebaut werden.[672]

---

668 Vgl. *BaFin* (2019b), S. 6 ff.
669 Vgl. dazu und zur Einordung in bekannte Risikoarten *BaFin* (2019a).
670 Vgl. *BaFin* (2019b), S. 17.
671 Vgl. *IDW* (2020b), S. 9. Die BaFin sieht die verantwortliche Geschäftsführung bei der Geschäftsleitung, vgl. *BaFin* (2019a): S. 9 und 20. Vgl. dazu auch die Ausführungen in den Kapiteln A.IV und C.IV dieses Herausgeberbandes.
672 Vgl. dazu auch die Ausführungen in Kapitel A.IV dieses Herausgeberbandes.

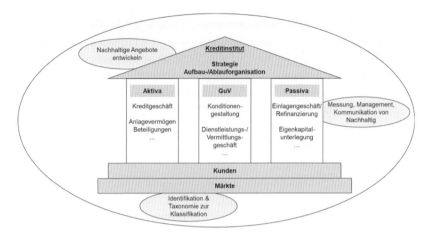

Abbildung C.2: Auswirkungsbereiche der Ausrichtung von Kreditinstituten auf Nachhaltigkeit
(Quelle: Eigene Darstellung)

Unter **ethischen Gesichtspunkten** ist Nachhaltigkeit als feste Maxime bei den Angeboten der Kreditinstitute wünschenswert, während aus ökonomischer Perspektive die Nachhaltigkeitsausrichtung zunächst einen Mehraufwand verursacht, der letztlich nicht zwingend zur Profitabilität führt. Allerdings muss die Berücksichtigung des Risikos im Aktivgeschäft aufgrund der nachhaltigen Ausrichtung bzw. ihr Nichtvorhandensein einer solchen zwingend sein. Letzteres ergibt sich aus den regulatorischen Auflagen und den Risiken von Kreditengagements. Beispielsweise könnten Geschäftsmodelle von Kreditnehmern unter Berücksichtigung der **Regulatorik** (z. B. **CSR**[673]) nicht mehr tolerierbar sein, was Restriktionen oder Sanktionen für das Unternehmen zur Folge hätte oder aber die Nachfrage nach angebotenen Leistungen des Unternehmens zurückgehen ließe. Aus Sicht des Kreditinstituts entstünden damit im Wesentlichen zwei potenzielle Risiken: zum einen verlören die gestellten Sicherheiten aufgrund der Produktion nicht nachhaltiger bzw. umweltbelastender Produkte oder kontaminierter Grundstücke deutlich an Wert. Diese sogenannten »**Stranded Assets**« würden nun den Sicherheitenauslauf des Kreditgebers negativ beeinflussen, sodass die regulatorischen Anforderungen bei gestiegenen **RWA (Risk Weighted Assets)** die Eigenkapitalunterlegungspflicht steigen liessen.[674] Zum anderen gefährdet ein potenzieller Nachfrage- und der dadurch induzierte

582

---

673 Sog. *CSR-Richtlinie* (2014). Vgl. dazu auch die Hinweise in Den Kapiteln F.I bis F.IV dieses Herausgeberbandes.
674 Vgl. zu Stranded Assets und zur Erwartung der Bankenaufsicht an die Fähigkeit der Identifikation von aus Klimawandel und Umweltzerstörung erwachsenden Risiken *EZB* (2020a), S. 13-14 und S. 17 f. sowie die Ausführungen in Kapitel A.V dieses Herausgeberbandes.

AUSWIRKUNGEN AUF UNTERNEHMENSSTEUERUNG

Ertragseinbruch die **Kapitaldienstfähigkeit** bzw. sogar das **Geschäftsmodell** des Kreditnehmers und könnte damit zu erhöhtem **Wertberichtigungsbedarf** für das Kreditinstitut führen. Hier wird der erhöhte Anspruch an das Kredit- und Risikomanagement von Kreditinstituten deutlich, welcher schon vor der hohen Relevanz von Nachhaltigkeitsaspekten in den Mindestanforderungen an das Risikomanagement kodifiziert waren.[675]

583 Kreditinstitute haben ebenfalls Risiken aus fehlender Nachhaltigkeitsorientierung ihrer Kunden durch angemessene Risikosteuerungs- und -controllingprozesse wirksam zu begrenzen und zu überwachen.[676] Hier sollten dem Vorschlag des Sustainable Finance-Beirats der Bundesregierung folgend Methoden und Prozesse entscheidend weiterentwickelt werden. Damit wären sowohl die Variabilisierung von Betrachtungshorizonten in **Planungsrechnungen** als auch die Definition ergänzender Szenarien oder **Stresstests** beinhaltet.[677] Eine Weiterentwicklung erfolgt allerdings in weiten Teilen unter Ungewissheit. Die notwendige Identifikation von **Parametern**, ihre Ausprägungen und Gewichtungen für die zu entwickelnden **Algorithmen** sind zum jetzigen Zeitpunkt genauso Neuland wie die Ermittlung von Frühwarnindikatoren und **Warnschwellen**. Die üblicherweise für Prognosen herangezogenen **Regressionen** oder **Diskriminanzmethoden** können bisher auf keine hinreichende Historie valider Daten zurückgreifen.

584 Mit Betonung auf der Berücksichtigung von Nachhaltigkeitsrisiken bekommt auch die **Konditionengestaltung** im Aktivgeschäft der Kreditinstitute ein stärkeres Gewicht. Die Konditionengestaltung angebotener Leistungen und Produkte steht gemäß **MaRisk** grundsätzlich mit dem Risiko bzw. mit der Bonität in einem sachlich nachvollziehbaren Zusammenhang.[678] Neben der sich ergebenden Herausforderung der Quantifizierung scheint es jedoch unter Erhaltung der Wettbewerbsfähigkeit faktisch unmöglich zu sein, bei einem Aktiv-Zinsniveau nahe Null, über die sonstigen Kalkulationsbestandteile (Eigenkapitalkosten, Refinanzierungskosten, sonstige Aufwendungen) und Risikoprämien hinaus für die Bonität des Kreditnehmers auch die Nachhaltigkeitsaspekte einzupreisen.

585 Im **Passivgeschäft** und **Provisions- bzw. Vermögensanlagegeschäft** ist die Nachhaltigkeitsausrichtung inzwischen allgegenwärtig (vgl. Abbildung C.II.2). Die »reinen« **nachhaltigen Geldanlagen** erreichen in Deutschland inzwischen

---

675 Vgl. *MaRisk* (2017), AT 4.3.2, BTO 1.2.1 und BTO 1.2.2.
676 Vgl. *MaRisk* (2017), AT 4.3.2 Tz 1.
677 Vgl *Sustainable Finance-Beirat der Bundesregierung* (2020): S. 21.
678 Vgl. *MaRisk* (2017), BTO 1.2, Tz 7.

ein Volumen von über 219 Milliarden Euro und werden um Fonds oder Anlagebundles ergänzt, in denen die Nachhaltigkeitsaspekte ihren Niederschlag finden. Vermögensanlageberatungen und Wertpapierempfehlungen werden künftig daher immer neben der ökonomischen Einschätzung auch die sozialen und ökologischen Kriterien mit aufgreifen.[679] Dies ist auch die Folge gestiegener regulatorischer Anforderungen, denn nationale und internationale Vorgaben haben dabei zum Ziel, dass die **ESG-Kriterien**[680] im Kapitalmarkt und bei den Kapitalmarktteilnehmern verankert werden.[681] Eine rechtliche Verankerung findet sich beispielsweise in der sogenannten EbAV-II-Richtlinie[682] oder dem ARUG II[683] wieder. Diese Richtlinien regulieren die Tätigkeiten von Einrichtungen der betrieblichen Altersversorgung und anderen institutionellen Investoren. Ergänzend regelt die sogenannte Offenlegungsverordnung wie Finanzmarktteilnehmer über die Konformität ihrer Investments mit den Nachhaltigkeitsanforderungen und -risiken informieren müssen.[684] Regulatorische Anforderungen lassen zwar vermuten, dass Investoren und in der Folge auch Kreditinstitute in ihrer Bereitschaft, nachhaltig zu investieren gebremst sind, dennoch ist die Tendenz zur Nachhaltigkeit unverändert stark ausgeprägt. Eine Umfrage unter institutionellen Anlegern kam zu dem Ergebnis, dass ca. 80 % (2019: 72 %) der Investoren Nachhaltigkeitskriterien bei ihrer Kapitalanlage berücksichtigen. Und die deutliche Mehrheit geht von weiterem **Wachstum nachhaltiger Anlagen** aus (83 %).[685]

Da die Erwartungshaltung von Kunden und die regulatorischen Anforderungen den Kreditinstituten keinen Entscheidungsspielraum lassen, stellt sich ihnen nicht die Frage, ob sie Nachhaltigkeit in ihrem Handeln beim Aktiv-, Passiv- oder Provisionsgeschäft berücksichtigen, sondern lediglich wie, wie schnell und in welchem Umfang sie dieses tun. Dabei ist jedoch fraglich, ob traditionelle Kreditinstitute über das regulatorisch vorgegebene Minimum hinaus überhaupt glaubhaft eine ad-hoc-Entwicklung zur konsequent nachhaltigen Ausrichtung darstellen können und welchen Anreiz sie haben könnten, sich im

---

679 Vgl. *VÖB* (2019), S. 13.
680 E = Environmental (Umwelt), S = Social (Soziales), G = Governance (Unternehmensführung), vgl. dazu auch Kapitel A.IV dieses Herausgeberbandes.
681 Vgl. *BaFin* (2019a)., S. 10-11.
682 Am 03.01.2019 trat die EU-Richtlinie über die Tätigkeiten und die Beaufsichtigung von Einrichtungen der betrieblichen Altersversorgung in Kraft; *EbAV-II* (2018).
683 Gesetz zur Umsetzung der zweiten Aktionärsrechterichtlinie vom 12.12.2019, vgl. *ARUG II* (2019), Seite 2.637.
684 Vgl. *EU* (2019e).
685 *Union Investment* (2020), S. 7, 14.

Sinne von Nachhaltigkeit »neu zu erfinden«. Daraus ergeben sich drei grundsätzliche Entwicklungspfade für die Kreditinstitute.

587 Bei einer **Beharrungsstrategie** als sehr konservativem Ansatz wird der bisherige Status Quo gepflegt und Anpassungen erfolgen nur im Rahmen des regulatorisch Unabdingbaren. Eine solche Positionierung scheint jedoch die Ernsthaftigkeit und unumstrittene Dauerhaftigkeit dieser Entwicklung zu verdrängen, sodass dies vermutlich eine Ausrichtung von sehr begrenzter zeitlicher Dauer sein dürfte. Allerdings hat bekennende »Nicht-Nachhaltigkeit« vermutlich auch noch einen sehr kleinen und überschaubaren (Rest-)Markt und ist nur mit sehr geringem Anpassungsaufwand verbunden. Dieser Aufwand besteht lediglich für die regulatorischen Mindeststandards, die Unternehmenskommunikation und gegebenenfalls für die mediale »Abwehr- und Kampagnengestaltung«. Angesichts der eindeutigen Entwicklung und Bedeutung des Nachhaltigkeitsgedankens wird dies jedoch eine wirtschaftlich wenig auskömmliche Nische ohne Perspektive sein.

588 Von vielen Instituten wird daher vermutlich zunächst eine »sowohl-als-auch«-**Kompromissstrategie** zwischen der bisherigen Ausrichtung und dem an Nachhaltigkeit orientierten Geschäftsgebaren verfolgt. Dies erfordert gewisse Anpassungen aufgrund der regulatorischen Bestimmungen sowie des erkannten Zeitgeists und der daraus resultierenden Kundenanforderungen nach Ausrichtung an den neuen gesellschaftlichen Belangen. Damit könnten den Anforderungen des Regulators und den Minimalanforderungen des Marktes zunächst nachgekommen werden. Sofern diese begrenzten Anpassungen jedoch lediglich zum **»Greenwashing«** werden, besteht die Gefahr des »stuck in the middle«. Institute würden zwar den formalen Anforderungen genügen, allerdings wären sie in der Wahrnehmung von Kunden weder ein Kreditinstitut mit unverändertem klassischem Ansatz noch sind sie ein glaubwürdiger Partner im Bestreben um Nachhaltigkeit im Kreditgewerbe. Der Vorteil ist jedoch, dass Institute ohne **»First-to-Market«-Ambitionen**, Pionierfehler vermeiden und aus den Erfahrungen anderer Marktteilnehmer lernen können. Damit könnte ein späterer Eintritt in einen sich klarer abzeichnenden relevanten Markt weniger kostenintensiv und risikobehaftet sein. Diese Institute würden damit allerdings ihre Marktpositionierung gefährden und die in einem gesättigten Markt besonders hart umkämpften Kunden und **Marktanteile** gegebenenfalls verlieren. Da die Kundenrückgewinnung und der Wettbewerb um Marktanteile in gesättigten Märkten regelmäßig aufwendig sind, bleibt der (positive) Nettoeffekt ex ante offen.

Die vermutlich einschneidendste und aufwändigste Neuausrichtung von Kreditinstituten beinhaltet die Erfüllung der regulatorischen Auflagen, der wirtschaftlichen Anforderungen und der gesellschaftlichen Erwartungen, eventuell mit dem Ehrgeiz, sogar letztere zu übertreffen. Diese strategisch und operativ schwierigste Handlungsalternative ist ein wirklich **evolutorischer Schritt** zu einem nachhaltig orientierten Kreditinstitut. Das besondere dieser Orientierung ist die Abkehr vom durch die Angebotspalette bestimmten »Was« hin zum »Warum«, also der Werte orientierten Motivation unternehmerischen Handelns. Hier bestehen zwar die größten unternehmerischen Risiken, allerdings auch das beste **Differenzierungspotenzial** in einem ansonsten für Kunden oft undifferenzierbaren Angebot an Produkten und Leistungen. Diese Neuausrichtung birgt zumindest anfänglich deutlich höheren Margen (**Pionier- oder Monopolrente**), die erst zu einem späteren Zeitpunkt, wenn Nachhaltigkeit bereits als Common Sense gilt, erodieren werden. Erst in diesem späteren Entwicklungsstadium wird das primäre Ziel der nachhaltigen Orientierung zumindest teilweise wieder der Kostenminimierung als Maxime weichen.[686]

Bis zu diesem Zeitpunkt werden Chancen eröffnet, neue Kunden auch dauerhaft zu gewinnen und die Kundenbindung zu stärken. Bankkunden werden die Geschäftsverbindung zu nachhaltig ausgerichteten Kreditinstituten nicht wegen der angebotenen Bankdienstleistungen suchen, sondern weil sie damit Teil des **gesellschaftlichen Konsens** werden und ihr nachhaltiges Bewusstsein demonstrieren. Sie sind oder werden daher nicht Kunden bei einem nachhaltigen Kreditinstitut, weil sie eine bestimmte Leistung erwerben möchten, sondern weil sie von dem »Warum« dieses nachhaltigen Angebots überzeugt sind. Wie wirkungsvoll dieser Mechanismus sein kann, zeigt die Erfolglosigkeit langfristiger Kundenbindung durch materielle Anreize (Tankgutscheine, Festplatten, Gutscheine usw.). In anderen Branchen gelang eine belastbare und langfristige Kundenbindung durch Kommunikation des »Warums« sehr erfolgreich (z. B. Apple, Harley Davidson).[687] Daraus wird ersichtlich, dass der evolutorische Charakter nicht ausschließlich durch die Produktgestaltung oder bei der orga-

---

686 Ähnliches erwarten auch Finanzexperten: 66 % der Befragten gehen davon aus, dass die Gewinnmaximierung vorrangiges Ziel bleiben wird, vgl. *VÖB* (2019), S. 19.
687 *Sinek* (2011), S. 42. Sinek legt dar, dass die Kunden von Apple und Harley Davidson insbesondere aus Überzeugung vom kommunizierten Grund, dem »Warum«, eine hohe Markentreue und Kaufbereitschaft aufweisen. Ähnlich auch *Capgimini Research Institute* (2020), S. 2 und 6 ff. Die Studienergebnisse zeigen eine deutlich höhere Kundenloyalität bei nachhaltigkeitsorientierten Unternehmen.

nisatorischen Neuausrichtung entsteht. Leistungsangebot und Aufbauorganisation sind jedoch nach außen einfach erkennbare Indizien für manifestierte Nachhaltigkeit.

4. Leistungsangebot und Nachhaltigkeitsaspekte in der Kreditwirtschaft

a) Marktentwicklung und Nachhaltigkeitsanforderungen als Innovationstreiber

591 Das Leistungsspektrum von Kreditinstituten war bisher ohne Berücksichtigung des neuen »**mainstream**« der Nachhaltigkeit, mindestens jedoch ohne dessen Fokussierung.[688] Da Marktteilnehmer nicht mehr die Wahl haben, sich dieser Entwicklung zu entziehen, werden sie ihr Angebot mindestens um an Nachhaltigkeit orientierten Leistungen ergänzen. Darüber hinaus werden auch Angebote mit »Alibi-Charakter« als Greenwashing mit eventuell nur unzureichender Glaubwürdigkeit entstehen. Sobald jedoch in der Außenwahrnehmung ein Teil des Angebots dem klassischen Leistungsportefeuille entspricht und gleichzeitig das neue, nachhaltigkeitsorientierte Angebot verfügbar ist, wird es zu **Kannibalisierungs-Effekten** kommen. Das notwendige Bewerben der neuen »Nachhaltigkeitsleistungen« wird Vorteile herausstellen, die den Alt-Produkten nicht zugesprochen werden können. Da die Werbebotschaften durchaus vermitteln könnten, dass nur Bankleistungen, die den strengen Nachhaltigkeitsregeln gerecht werden, die moralisch erstrebenswerten seien, werden sich Banken der Frage stellen müssen, wie sie mit ihren Kunden und Alt-Produkt-Verträgen umgehen wollen. In der Innen- und Außenkomsmunikation muss darüber hinaus auf die kritischen Fragen nach der Glaubwürdigkeit der Berater eingegangen werden.

592 Der erste Schritt einer **Neuausrichtung auf Nachhaltigkeit** im Kundengeschäft könnte die Schaffung von **Produktvarianten** sein, die Alt-Produkte mit einem Facelift versehen. Damit bleiben die Alt-Produkte im Wesentlichen »alt« und erscheinen zunächst nur optisch neu. Darüber hinaus können Kernleistungen jedoch auch eine Weiterentwicklung zu einem nachhaltigen Leistungsangebot erfahren. Beim Ringen der Geschäftsbanken um Profilierung durch eine unverwechselbare Marke mit dem Ergebnis hoher Bindung ihrer Kunden wird bei diesem Vorgehen Nachhaltigkeit als Schlüssel gesehen. Daher reicht nur

---

688 Dies wird auch in Kapitel C.VI dieses Herausgeberbandes diskutiert.

eine »nachhaltige Erscheinung« durch werbliches Greenwashing oder die bloße Verwendung von Nachhaltigkeit als Marketinginstrument nicht aus.

Da die Nachhaltigkeitsorientierung nicht nur im Wettbewerb zu klassischen Bankdienstleistungen anderer Anbieter stehen, müssen zunächst strategische und operative Grundüberlegungen bezüglich der Leistungseigenschaften erfolgen. Beim generellen, auch branchenübergreifenden Trend der **Digitalisierung** stellt sich bei den strategischen Überlegungen zur Nachhaltigkeit beispielsweise die Frage, ob räumliche oder zeitliche **Ubiquität** losgelöst, gegensätzlich oder komplementär zu nachhaltigen Bankprodukten sind. Längst hat sich die Erwartungshaltung von Bankkunden durchgesetzt, dass »ihre Bank« immer, überall und barrierefrei für sie erreichbar ist. Die Erwartung an diese »24/7-Leistungsbereitschaft« ist längst keine gesondert formulierte und honorierte Anforderung mehr, sondern sie wird von vielen Kunden vorausgesetzt. Die Kreditinstitute haben entsprechend darauf reagiert und die Grenze zwischen reinen filialbasierten Instituten und Direktbanken durch die erfolgreiche Einführung des **Internetbankings** aufgeweicht. Sparkassen, Genossenschaftsbanken und Privatbanken bieten über diesen Vertriebskanal Betreuungs- bzw. Produktvarianten oder ergänzende Online-Lösungen für Kunden unterschiedlicher Bedürfnisstrukturen Problemlösungen an. Diese Leistungseigenschaft und Verfügbarkeit haben sich bei der Mehrheit der Kunden etabliert und ein Verzicht darauf zugunsten von Nachhaltigkeit wird nur schwerlich durchsetzbar sein.

Damit wird deutlich, dass grundlegende Eigenschaften, insbesondere als **Convience-Leistungen** neben der Funktionalität von Bankleistungen als Problemlösungen, unabdingbare Anforderungen an das nachhaltige Angebot und dessen Erstellung sind. Eine Ausrichtung des modernen Banking auf Nachhaltigkeit muss folglich entweder bestehende Leistungen unter Einbindung nachhaltiger Aspekte gestalten oder innovativ auf das Leistungsangebot wirken. Berücksichtigt man jedoch, dass auf die Neuausrichtung zur Nachhaltigkeit die Einflüsse der Markterwartung, der Regulatorik und des Wettbewerbs mit der strengen Nebenbedingung der Rentabilität einwirken, entsteht für Kreditinstitute nahezu ein »**Innovationszwang**«. Bisherige Optimierungskriterien wie **Durchlaufgeschwindigkeit**, **Prozess- oder Stückkosten** sind in Zukunft nur noch nachrangig für die Produkt- und Leistungsentwicklung von Bedeutung. Kreditinstitute müssen nunmehr anstatt den Erstellungsprozess bzw. das Output, also das Wie oder Was in den Mittelpunkt des Handelns zu stellen, auch ihre Priorität auf das Warum legen. Dieser Paradigmenwechsel erfordert gänzliches Umdenken und ist ein Haupttreiber für kommende Produktinnovationen.

595 An dieser Anforderung lässt sich eine weitere Herausforderung für Kreditinstitute identifizieren. Denn neben der Frage, wie ökonomisch gerechtfertigte Leistungsinnovationen bei Banken aussehen könnten, muss das Ergebnis für Kunden erkennbar eine Veränderung zu mehr Nachhaltigkeit bedeuten. Nur so ist das Neue bzw. das Innovative erkennbar und trägt zur strategischen, regulatorischen und ökonomischen Zielerreichung bei. Dabei ist Nachhaltigkeit nicht nur das maßgebliche Element für Produkte und die Kundenselektion, sondern sie spiegelt sich auf im Aufbau und im Ablauf der **Bankorganisation** sowie der **Bankprozesse** wider.

b) Wirkung der Nachhaltigkeitsorientierung auf die Aufbau- und Ablauforganisation von Kreditinstituten

596 Die Nachhaltigkeitsorientierung eines Unternehmens hat grundlegenden Einfluss auf die Art und Weise des ausgeübten Geschäfts. Die Auswirkungen auf ein Kreditinstitut sind daher nicht nur auf die Zielkunden und deren Aktiv- oder Passivvorhaben beschränkt, sondern auch auf die eigene Organisationsform und die internen Prozesse zur Umsetzung des Geschäftsmodells bezogen. Damit sind die Einflüsse sowohl in der **Aufbau-** als auch in der **Ablauforganisation** erkennbar. Konsequenterweise muss die Verankerung dieser grundlegenden Orientierung und der daraus folgenden Ausrichtung auf Geschäftsführungsebene beginnen. Das Kreditinstitut hat Nachhaltigkeit in seinen strategischen Zielekanon aufzunehmen, damit die Möglichkeit entsteht, sie in allen operativen Bereichen anzustreben. Der Nachhaltigkeitsgedanke kann nur dann zum authentischen Teil der Unternehmensorientierung werden, wenn er im Geschäftsmodell, also in der »Unternehmens-DNA«, fest verankert ist.[689]

597 Durchzuführende Überprüfungen der Nachhaltigkeit bestehender **Prozesse** und Produkte beziehen sich auf die Identifikation von **Komponenten** mit ihrer Wirkung auf Soziales, Ökologisches und die Umwelt. Dabei sind nicht nur diejenigen Arbeitsschritte und Produktkomponenten zu analysieren, die eine negative Nachhaltigkeitsbilanz aufweisen, sondern auch diejenigen zu optimieren, die gegebenenfalls »nur« neutral zu bewerten sind. Dadurch werden zur **Priorisierung** der anstehenden Transformationstätigkeiten relevante

---

689 Vgl. dazu als Beispiel die Darstellung in den Kapiteln B.III, B.IV und C.VI dieses Herausgeberbandes.

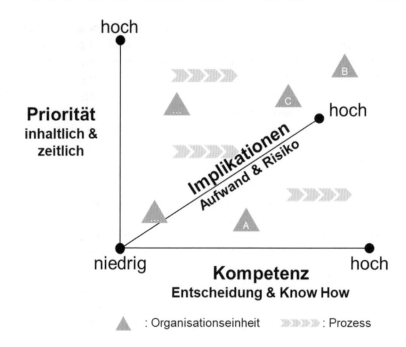

Abbildung C.3: Identifikation von Arbeitsfeldern der Nachhaltigkeitstransformation von Organisation und Prozessen (Quelle: eigene Darstellung)

Arbeitsfelder identifiziert. Die angestrebte Transformation hat je nach Zielobjekt (Organisationseinheit, Prozess) unterschiedlich große Konsequenzen für den Umsetzungsaufwand und die entstehenden Risiken. Damit sind unter Umständen besondere Anforderungen an das Umsetzungs-**Know-how** und je nach Tragweite für das Institut die adäquate **Entscheidungsfähigkeit** verbunden (vgl. Abbildung C.3).

Im Ergebnis lassen sich drei Wirkungsbereiche der aufbau- und ablauforganisatorischen Anpassung identifizieren. Dies sind insbesondere der Leistungsbereich, der Bereich von **Kontrolle** und **Prüfung** sowie das interne und externe **Reporting**. Im Bereich der Vor-/Nachkalkulation und der **Kunden- bzw. Produktkalkulation** ergeben sich nur marginale Veränderungen da hier lediglich neue Komponenten in die Kalkulation einfließen. Dadurch sind die Herausforderungen eher gering und beziehen sich vor allem auf die **Schaffung von Transparenz** und die kalkulatorische Abbildung. Schwierig bleibt die **Quantifizierung im Planungsprozess**. Hier kommen neben den besonders herausfordernden **Absatzprognosen** auch die Abschätzung von **Skalen- und Lernkurveneffekten** und die Berücksichtigung neuer Aufwands-, Ertrags- und Risikokomponenten. Außerdem sind besondere **Klumpenrisiken und Korrelationseffekte** aufgrund ihrer verstärkenden Wirkung besonders wichtig, aber kaum quantifizierbar. Das Risikomanagement umfasst dabei nicht nur das Vertriebsrisiko, sondern auch das Risiko im Kredit- und Anlageportefolio. Kreditinstitute müssen mit erheblichen **Planabweichungsrisiken** umgehen, da diese beispielsweise auch zu einem höheren **SREP-Zuschlag** führen könnten.[690]

599 Organisatorisch sind das Monitoring und die Begegnung von Einzelrisiken im Aktivgeschäft zu verankern.[691] Dazu sind das Vorgehen und die Methoden der Erkennung, Frühwarnung und des Berichtswesens zu definieren und die organisatorische Verantwortung festzulegen. Für das Passiv- und Provisionsgeschäft ist das **Anlageuniversum** so zu wählen, dass nicht nur Verstöße gegen zu definierende Grundsätze nachhaltigen Handelns vermieden werden, sondern Kapital so allokiert wird, dass angestrebte Ziele im Sinne der Global Sustainable Development Goals (SDG)[692] der Vereinten Nationen erreicht werden können.

600 Neben diesen **geschäftsmodellimmanenten Risiken** bleibt selbstverständlich das Risiko des Scheiterns. Dieses hat im Kontext der Nachhaltigkeitstransformation besondere Relevanz, da sich das Kreditinstitut von seiner etablierten Position auf wenig bekanntes Terrain mit teilweise unklaren, im Wandel befindlichen Bedingungen begibt. **Image- und Reputationsschäden, Marktanteilsverluste** oder **Kundenabgänge** sind mögliche negative Folgen mit erheblichen Konsequenzen für den Geschäftserfolg.[693]

601 Ein besonderes Augenmerk ist auch auf Geschäfte mit sogenannten **Verbundpartnern** und ihrer Produktpalette zu legen. Häufig ist die Vermittlung von Versicherungs- oder Anlageprodukten eine wesentliche Ertragskomponente von Kreditinstituten. Der Provisionsertrag wird aus dem Angebot von Partnern generiert, deren Produktportfolio in die eigene Vertriebsaktivität integriert wird. Wenn die Nachhaltigkeitsorientierung jedoch zur Zielkomponente wird, müssen sowohl der Partner selbst, das jeweilige Partnerprodukt als auch die dahinterstehenden Prozesse die Prüfungen auf Nachhaltigkeitskompatibilität bestehen.

602 Aufgrund des Charakters von Nachhaltigkeit als Perspektive und grundlegende Ausrichtung unternehmerischer Tätigkeit, erfährt auch die Risikobetrachtung

---

690 Vgl. *SREP* (2018a).
691 Vgl. hierzu auch *MaRisk* (2017), AT 4.3.2.
692 Vgl. *UN* (2012).
693 Zu den Risiken der Nachhaltigkeit vgl. auch Kapitel A.V dieses Herausgeberbandes.

eine grundsätzliche Neuerung. Alle neuen und besonderen Aspekte, Untersuchungs- und Beurteilungskomponenten müssen dem Kriterium »Nachhaltigkeit« Stand halten bzw. am **Risiko »Nicht-Nachhaltigkeit«** gemessen werden. Daraus resultierende Bewertungen, Risikoeinschätzungen und Bepreisungen bis zur Kalkulation eines **risikoadjustierten Zinssatzes** bedürfen der Klarstellung und eindeutiger Handlungsanweisungen. Ebenso müssen vorhandene Tools des Risikomanagements auf ihrer Eignung bezüglich der Identifikation und Steuerung von Nachhaltigkeitsrisiken überprüft werden.

Handlungsanweisungen, anzuwendende Methoden und Prozesse sind in **Organisationsrichtlinien** zu hinterlegen. Diese sind aufgrund fehlender Erfahrungen und empirischer Grundlagen in Verbindung mit einer hohen Veränderungsdynamik regelmäßig und intensiv zu überprüfen. Abgesehen von diesen Festlegungen bedarf es des Aufbaus besonderen Know-hows in der Beurteilung dieses speziellen Risikos. Die **Schulung** der eigenen Mitarbeiter darf dabei nicht nur die Beurteilungsfähigkeit von Nachhaltigkeit bei natürlichen und juristischen Personen, bei Investitionsvorhaben und Prozessen abdecken, sondern sollte auch die Beurteilung **volkswirtschaftlicher, politischer und rechtlicher Rahmen** beinhalten. Die Schulungsinhalte sind je nach Geschäftsschwerpunkt und relevantem Markt bzw. Klientel unterschiedlich zu priorisieren. 603

Neben der Schaffung einer Beurteilungs- und Steuerungsgrundlage ist den grundsätzlich konfliktären Zielsetzungen von Nachhaltigkeitsorientierung und Vertriebsergebnissen Rechnung tragen. Nur wenn es gelingt, diese in Einklang miteinander zu bringen, wird Geschäftserfolg ohne widersprüchliche Zielsetzungen möglich. Dazu bedarf es mindestens der Anpassung von Vertriebsleitlinien und -vorgaben als Ergebnis des gelebten **»tone from the top«**. Dies beinhaltet selbstverständlich auch das hinterlegte **Anreiz- und Provisionssystem**, das Vertriebserfolge definiert und inzentiviert.[694] 604

Die Umsetzung der Nachhaltigkeitsorientierung wird grundsätzlich aufbauorganisatorisch und durch die Gestaltung von Prozessen und Arbeitsanweisungen geschehen müssen. Dafür besteht nur theoretisch die Möglichkeit des Entwicklungssprungs als **»big bang«** von der klassischen zu einer von Nachhaltigkeitsgedanken bestimmten und darauf ausgerichteten Bank. Tatsächlich bedarf die Überzeugung und die authentische Präsenz der **schrittweisen evolutorischen Entwicklung**. 605

---

[694] Unter Beachtung der Bestimmungen von § 5 *InstitutsVergV* (2019), vgl. dazu auch die Ausführungen in Kapitel C.VI dieses Herausgeberbandes.

606 Denkbar wäre es, die Umsetzung mit der Bildung einer Stabsabteilung bzw. einer Organisationseinheit, in der Experten verschiedener Teilbereiche von Markt und Marktfolge vertreten sind, zu beginnen.[695] Dort werden Bereiche, Prozesse oder Leistungen für die Einleitung konkreter Schritte zur Nachhaltigkeitsorientierung priorisiert (vgl. Abbildung C.4). Entwicklungspläne für die schrittweise Bereinigung um besondere Nachhaltigkeitsrisiken gehören ebenso zu dieser Grundlagenarbeit wie die **Identifikation deutlicher Entwicklungspotenziale**. In dieser **Konzeptionsphase** werden die Grundlagen für die kulturelle und organisatorische Entwicklung gelegt. Empfehlenswert ist ein breit angelegtes **Change-Management-Projekt**, das möglichst viele Mitarbeiter aus allen Bereichen der Bank einbindet. Auch wenn aufbauorganisatorisch in dieser Phase noch keine signifikante Veränderung erkennbar ist, sorgt die Projektorganisation für die interne Verbreitung der Gedanken einer neuen Ausrichtung und schafft die Grundlage für die erfolgreiche Umsetzung nachhaltigen Agierens.

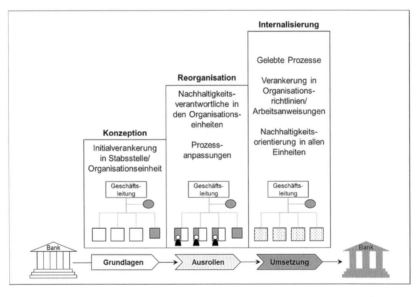

Abbildung C.4: Entwicklungsstufen zur nachhaltigen Bankorganisation (Quelle: eigene Darstellung)

607 In der **zweiten Phase** sind bereits erste Prozesse reorganisiert und viele Organisationseinheiten verfügen über einen Nachhaltigkeitsverantwortlichen. Die-

---

695 Ein Beispiel eines solchen Change-Prozesses liefert ebenfalls Kapitel C.VI dieses Herausgeberbandes.

ser ist als Botschafter der Nachhaltigkeitsorientierung und Nachhaltigkeitskontrolleur gleichermaßen mit der Implementierung und der weiteren Optimierung von Prozessen betraut. Die aufbauorganisatorische Veränderung ist sichtbar und neue Aufgaben zum Beispiel in der Prüfung von Kreditanfragen oder der Erstellung des Nachhaltigkeitsberichtes sind etabliert. Der Nachhaltigkeitsgedanke als Unternehmensziel ist in dieser Phase allen Mitarbeitern bekannt und auch für Außenstehende wird dies sichtbar. Allerdings hat Nachhaltigkeit noch den Charakter einer Vorgabe mit explizit definierten Zuständigkeiten.

Erst in der **dritten Phase** ist die Internalisierung von Nachhaltigkeit im Bankbetrieb vollzogen. Die aufbauorganisatorische Sichtbarkeit der zweiten Phase geht zugunsten der **gesamtorganisatorischen Verwobenheit** verloren. Prozesse werden gelebt und mit dem Ziel der Optimierung zur Nachhaltigkeit verändert. Lediglich spezifische Aufgaben und Funktionen der Nachhaltigkeit sind als organisatorische Elemente in den Organisationsrichtlinien verankert (vgl. Abbildung C.4). Darüber hinaus sind Arbeitsabläufe von den Erfordernissen der Nachhaltigkeitsorientierung geprägt und schriftlich fixiert. Für Außenstehende ist diese Phase vor allem am **Außenauftritt**, dem Verhalten der Mitarbeiter und im Umgang mit den Kunden erkennbar. Umfangreicher ist hingegen die Berücksichtigung in Arbeitsanweisungen, Organisationsrichtlinien und Prozessen. In der Schulung von Mitarbeitern besteht allerdings eine großebzw. permanente und langwierige Aufgabe. Dies beinhaltet einerseits beispielsweise die Vermittlung von Fähigkeiten, Nachhaltigkeitschancen und -risiken zu erkennen und zu managen (hard skills) sowie andererseits die Sensibilisierung für nachhaltiges Handeln (soft skills) zu schaffen.

c) Neugestaltung des Angebots von Kreditinstituten

Kreditinstitute haben häufig Gewinnstreben und Rentabilität durch Effizienzsteigerung zum Ziel, was insbesondere in Zeiten mit einem Marktzinsniveau von nahezu Null oder negativen Anlagezinsen eine große Herausforderung darstellt. Profitabilität ist nur durch **operationale Exzellenz** denkbar, die auf **Prozess- und Kostenoptimierungen** sowie Spezialisierungen bzw. Fokussierung der Kernkompetenz basiert. Die Potenziale von Optimierungsansätzen wie beispielsweise **SixSigma**[696], **Lean Management**[697] oder **Business Re-Engineering**[698] scheinen inzwischen weitgehend ausgereizt zu sein. Wenn jedoch mindestens zufriedenstellende Ergebnisse erzielt werden sollen, ist dies über den

---

696 Vgl. *Wikipedia.de* (2020i).
697 Vgl. *Pfeiffer/Weiß* (1991).
698 Vgl. zum Business Process Reengineering vgl. *Johanson/McHugh/Pendlebury/Wheeler* (1993).

AUSWIRKUNGEN AUF UNTERNEHMENSSTEUERUNG

Volumenseffekt unter Beibehaltung des Risikoniveaus nur schwerlich realisierbar. Demgegenüber steht der Einfluss von Nachhaltigkeitsaspekten auf die Produkt- und Leistungspalette sowie auf die Kundenselektion. Da Bankleistungen nur durch die Berücksichtigung von Nachhaltigkeit vermutlich in ihrer Funktionalität nicht verbessert werden, könnte diese sogar die Geschäftsentwicklung negativ beeinflussen oder zu Lasten der angestrebten Effizienz gehen. Denn auch die konsequente Selektion bzw. Akzeptanz der Kunden auf Basis von Kriterien der Nachhaltigkeit könnte Engagements oder Kundenverbindungen gefährden.

610 Da die Marktteilnehmer auch von Banken ein sichtbares Bekenntnis zur Nachhaltigkeit durch ihr Angebot und Verhalten fordern, stellt sich die Frage, wie dies zu gestalten ist. Dazu erfolgt zunächst die Analyse der strategischen und wirtschaftlichen **Implikationen** eines solchen Schrittes zum Beispiel in Bezug auf **Marktstellung**, **Profitabilität** (Aufwand, Margen etc.) und **Risiko** (Markterfolg, Unterlassungsrisiken etc.). Anschließend sind in Frage kommende Leistungen auszuwählen und der Umfang der angestrebten Neugestaltung zu bestimmen.

611 Anforderungen an das Angebot von nachhaltigen Produkten und Leistungen entstehen aus dem stärker werden **Pull-Faktor** der Gesellschaft. Die Bedeutung wird aus einer Studie klar, wonach 69 % der Befragten die Unternehmen künftig in der gesellschaftlichen Verantwortung sehen.[699] Werden Kreditinstitute der ihnen zugesprochenen Verantwortung gerecht und wollen nachhaltiges Kreditgeschäft anbieten, ist bei Weitem noch nicht die Frage beantwortet, wie dies umgesetzt werden könnte. Möglich wären eigene **Innovationen** bzw. die **Neugestaltung des Leistungsangebots** oder die Einbindung bestehender Angebote oder Komponenten mit anerkanntem Nachhaltigkeitscharakter. Letzteres beinhaltet auch die Prüfung von horizontalen oder vertikalen **Kooperationen** oder Integrationen (z. B. FinTechs). Dabei werden durch die Komponentenidentifikation und -beurteilung mögliche Ansatzpunkte für die Änderung, Ergänzung oder Substitution identifiziert.

612 Ob das Ergebnis eigener **Forschungs- und Entwicklungsarbeit** Grundlage der Produktgestaltung ist oder dies durch Zukauf geschieht, ist letztlich eine klassische **Make-or-Buy-Entscheidung**. Diese Frage ist vermutlich schnell zu beantworten, weil zum einen die Verwendungsmöglichkeiten nachhaltiger Komponenten beim Leistungsangebot von Kreditinstituten eingeschränkt sind und zum anderen, weil die vollständige Eigenentwicklung trotz der zum Teil

---

699 Vgl. *Polycore/Springer Media* (2020), S. 7.

am Markt bereits verfügbaren nachhaltigen Produktkomponenten dem Effizienz- und Profitabilitätsgedanken widerspricht. Daher scheidet ein »eigener Nachhaltigkeitsweg« mit einzigartigen und vollständig selbst erstellten Nachhaltigkeitsprodukten aufgrund der faktischen Unmöglichkeit, aber letztlich aus Wirtschaftlichkeitsüberlegungen aus. Im Rahmen der strategischen und operativen Prüfung ist zu entscheiden, welche Leistungen überhaupt sinnvoll umzustellen sind und in welchem Umfang auch alle Teilelemente der angebotenen Leistungen dem Nachhaltigkeitsanspruch gerecht werden sollen. Darüber hinaus muss abgewogen werden, welche Leistungen mit einem »step-by-step«- oder dem »big bang«- Ansatz angepasst werden sollen. Da die Komponenten einer Leistung zum überwiegenden Teil nicht in ihren Einzelheiten vom Konsumenten wahrgenommen werden können, ist es unabhängig vom gewählten Ansatz wichtig, dass die **Markenbildung** als nachhaltiges Kreditinstitut mit nachhaltigen Leistungen gelingt.

Zur Priorisierung werden vermutlich zunächst Leistungen mit großer **Reichweite** in besonders umkämpften Kategorien und Märkten mit sichtbaren Nachhaltigkeitskomponenten ausgestattet werden. Nur hier bestehen **Differenzierungspotenzial** und ausreichende Aufmerksamkeit der aktuellen und potenziellen Kunden. Gleichzeitig sind Ertrags-und Risikoeinschätzungen vorzunehmen und in Produkt- und Kalkulationen zu berücksichtigen. Hierbei wird es nur äußerst selten zu echten Innovationen kommen. Der Grund liegt auch in der Ursache für nachhaltiges Bestreben. Denn das Ziel ist nicht, eine bisher nicht erbrachte Funktionalität bereitzustellen, sondern bisher Geleistetes anders, nämlich mit nachhaltigem Charakter umzusetzen. Der Umstand, dass die Frage nach dem Warum der Impuls ist und nun das Wie in Frage gestellt und auf Nachhaltigkeit ausgerichtet wird, hat daher nicht zwingend eine gänzlich neue Leistung zur Folge. Deshalb werden **Innovationen** im engeren Sinne **Schumpeters** eher ein zufälliger Kollateralerfolg sein und häufiger werden Leistungsvariationen entstehen.[700]

Leistungsvariationen ergeben sich aufgrund von Angebotsbereinigungen durch das Re-Engineering von Produkten. Darüber hinaus könnten Kreditinstitute die für die eigene Ausrichtung notwendigen Daten und Methoden zur Identifikation, Messung, Steuerung und Beurteilung der Wirkung nachhaltiger Leistungen und Geschäftsmodelle auch Dritten anbieten. Dadurch entstünden wahrnehmbare **Veränderungen der angebotenen Leistungen.** Diese andersartigen bzw. neuen Angebote haben möglicherweise Relevanz für neue

---

[700] Vgl. *Fichter/Hintemann* (2015), S. 13.

AUSWIRKUNGEN AUF UNTERNEHMENSSTEUERUNG

Märkte, basieren auf anderern Prozessen und sind auch in Kombination mit neuen Werbeaussagen innovativ.

615 Unabhängig davon, ob die Angebotsänderung eine Variation, eine Ergänzung oder Innovation darstellt, bleibt die Notwendigkeit der nachhaltigen Orientierung von Kreditinstituten bei ihrem Aktiv- und Passivgeschäft sowie beim Provisionsgeschäft. Die Anforderungen und Möglichkeiten der Geschäftsfelder unterscheiden sich dabei fundamental.

616 Die **Kreditprodukte** selbst bieten keine Möglichkeiten zur Neuausrichtung auf Nachhaltigkeit. Allerdings sind hier die Ansatzpunkte der **Refinanzierung** (funding), die **Selektion** von Finanzierungsvorhaben und der Kreditnehmer, die **Ertragsverwendung** sowie die **Zinssubventionierung** denkbare Stellhebel.

617 Bei der **Selektion** von Kreditnehmern gilt unverändert die Notwendigkeit der Erfüllung der vom Kreditinstitut definierten **Bonitätskriterien**. Allerdings treten zu diesen die Kriterien, welche im Rahmen der Nachhaltigkeitsprüfung zu erfüllen sind. Anwendung finden solche Kriterien sowohl auf den Kreditnehmer, das geplante Vorhaben als auch auf die gestellten Kreditsicherheiten.[701] Die Verbindung zur **Kreditwürdigkeitsprüfung** in der klassischen Kreditanalyse kann beispielsweise durch die Vergabe von **Bonus- und Maluspunkten** für die Betrachtung von Kreditnehmern und Investitionsvorhaben gelingen (vgl. Abbildung C.5).[702] Die Einführung dieses Beurteilungsansatzes bedarf zuvor der **Kriterienidentifikation** und eines sinnvollen Algorithmus für ihre Gewichtung.

---

[701] Zu ähnlichem Vorgehen auf Basis der Bewertungskriterien des »Development Assistance Comitee« (DAC) der »Organisation for Economic Cooperation and Development« (OECD) vgl. *KfW* (2020a).
[702] Dieser Aspekt wird in Zusammenhang mit der Messung von Nachhaltigkeitsrisiken auch in Kapitel A.IV dieses Herausgeberbandes erörtert.

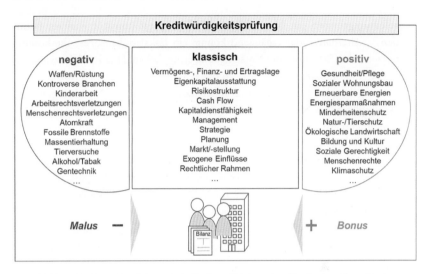

Abbildung C.5: Beurteilungskriterien in der Kreditwürdigkeitsprüfung (Quelle: eigene Darstellung)

Diese Kriterien finden Anwendung auf die (potenziellen) Kreditnehmer, die geplante Verwendung der Kreditmittel sowie auf die Prüfung der Nachhaltigkeit vor- und nachgelagerter Elemente der Wertschöpfungskette. Entstehende **Grenz- oder Zweifelsfälle** in der Selektion können gegebenenfalls nicht über ein Regelwerk entschieden werden.

Beispielsweise wenn …

- …ein ambulanter Pflegedienst einen SUV mit hoher Schadstoffbelastung finanzieren möchte oder
- …wenn ein Unternehmen der Krebsforschung Fremdkapitalbedarf zur Finanzierung von Messgeräten hat und bekanntermaßen auf Erkenntnisse eigener Tierversuche zurückgreift oder
- …wenn der Eigentümer eines Unternehmens aus einer sozial-ökologisch fragwürdigen Branche einen Teil seines Vermögens in einem Investmentfonds mit ökologischem Schwerpunkt investieren möchte.

Nicht zuletzt solche Fälle erfordern möglichst eindeutige Regelungen in den Organisationsrichtlinien des Kreditinstituts oder eines **kasuistischen Ansatzes**. Beispielsweise kann unter Berücksichtigung von **Bagatell- bzw. Risiko-**

relevanzgrenzen ein **Marktfolge-Nachhaltigkeitskomitee** darüber befinden.[703] Alternativ oder ergänzend könnte ein Eskalationsprozess die kompetenzgerechte Selektion und Entscheidung ermöglichen. Hier ist nicht zwingend die Kreditkompetenz, die häufig an das Kreditvolumen bzw. Netto-Risikovolumen gebunden ist, mit dem Kompetenzrahmen für die Nachhaltigkeit deckungsgleich. Im **Nachhaltigkeitskompetenzrahmen** ist die Akzeptanz von Kreditnehmern oder Investitionsvorhaben eher qualitativ beschrieben. Damit beide Kompetenzrahmen nicht konfliktär zueinanderstehen, muss zunächst festgelegt sein, welche Prüfung priorisiert wird und bei positivem Ergebnis die folgende auslöst. Sinnvoll ist zunächst die Prüfung auf Nachhaltigkeits-Fit, um dann die Bonitätsprüfung für die finale Entscheidung anzuschließen. So lässt sich vermeiden, dass bonitätsschwache Unternehmen wegen ihrer Nachhaltigkeitsorientierung als Kreditkunden akzeptiert werden oder bonitätsstarke Unternehmen ohne Erfüllung der Nachhaltigkeitsansprüche zu Kunden werden.

621 Die Kommunikation insbesondere von abschlägigen Kreditentscheidungen bedarf der Schaffung klarer Regeln der Entscheidungsfindung im internen Verhältnis von Markt und Marktfolge sowie besonderer Sensibilität in der **Kommunikation** mit den Kunden.

622 Ergänzend ist die generelle **Steuerung des Kunden- und Produktportfolios** auch über die **Zinsgestaltung** möglich. Zu der üblichen Kalkulation des Zinssatzes im Aktiv- und Passivgeschäft kann ein Zinsauf- oder Abschlag für die Steuerung genutzt werden. Einerseits ist die **Außenwirkung bei kommunizierten Bonus- und Malusgründen** ein starkes Signal und Bekenntnis zur konsequenten Nachhaltigkeitsorientierung. Andererseits besteht jedoch die Gefahr, durch den kalkulierten Zinssatz die eigene Wettbewerbsfähigkeit zu gefährden.

623 Letztlich verbleibt für das Kreditinstitut die Möglichkeit der **Verwendung** von **Zinserträgen, Gebühreneinnahmen und der Ergebnisverwendung** für nachhaltige Zwecke im Rahmen der Triple-bottom-line. Durch entsprechende **Kommunikation** steuert das Kreditinstitut seine am Markt sichtbare Nachhaltigkeitsorientierung und kanalisiert die Kundennachfrage. Wird in der Außendarstellung kommuniziert, dass Teile der Erträge sozial-ökologischen bzw. nachhaltigkeitsorientierten Projekten zugutekommen, wird eine starke **Imagewirkung** erzeugt, die vor allem der Positionierung des Kreditinstituts sowie der **Akquisition von Neukunden** und deren Bindung dient.

---

703 Vgl. dazu den in Kapitel B.VI dieses Herausgeberbandes vorgestellten Ansatz.

Das Kreditinstitut kann **Kunden** aber auch durch ihre Einflussnahme auf die Ertragsverwendung aktiv **in die nachhaltige Gestaltung einbeziehen**. Dazu wird nicht nur das im Passivgeschäft zur Verfügung gestellte Volumen mit einer vom Kunden vorgegebenen **Zweckbestimmung** der nachhaltigen Verwendung zur Refinanzierung des Aktivgeschäfts herangezogen.[704] Auch die von Kunden gezahlten **Zinsen und Gebühren** für Bankleistungen könnten zu einem definierten Anteil sozial-ökologischen Vorhaben zugeführt werden. Abhängig von der Rechtsform und damit von der Eigentümerstruktur einer Bank kann die Ergebnisverwendng ein werbewirksames Instrument für die **Shareholder-Bindung** (z. B. Aktionäre, Mitglieder) an das Institut und die Identifikation mit der intrinsischen Leitidee sein.

Der **Kommunikation** der Nachhaltigkeitsorientierung der Bank kommt daher eine besondere Bedeutung zu und sie ist unbestritten ein **kritischer Erfolgsfaktor** in der Außendarstellung. Wichtig ist dabei, dass authentisch und glaubhaft kommuniziert wird, da Kunden inzwischen bezüglich des Wahrheitsgehalts werblicher Aussagen zur Nachhaltigkeit sensibilisiert sind.[705] Nur wenn dies gelingt, bleibt die Chance gewahrt, im Kundenzuspruch, bei Marktanteilen oder Imagegewinnen zu profitieren.[706]

Nur wenn das Warum glaubhaft kommuniziert werden kann, ist über das Leistungsangebot ein **Value Proposition** in zweifacher Hinsicht möglich. Zum einen resultiert der konkrete Nutzen für den Kunden aus dem Produkt, das beispielsweise dem Anleger durch nachhaltigkeitsbasierte Investments eine Rendite auf sein Kapital ermöglicht. Zum anderen entsteht ein **Geltungsnutzen** bzw. **psychologischer Nutzen**, der für den Kunden und damit auch für die Bank aus den sozialen Produkteigenschaften und dem **emotionalen Charakter** resultiert.

5. Herausforderungen für das Geschäftsmodell von Banken

Das bestehende Zielsystem der Kreditinstitute mit den Messgrößen wie Rentabilität, Gewinn, CIR usw. sind vor dem Hintergrund der Nachhaltigkeitsgedanken um **Zieldefinitionen** zu ergänzen und neu zu kalibrieren. Der Einfluss auf die bisher angebotenen Leistungen ist in der Regel nur marginal oder nicht gravierend, solange die Funktionalität und die Erstellung nachhaltig erfolgt. Funk-

---

704 Eine weitere Möglichkeit besteht in der sog. Green Securitisation, Vgl. *EU* (2020f), S. 22.
705 Vgl. *Polycore/Springer Media* (2020), S. 7.
706 Für den »Consumer Product & Retail«-Bereich kann die Signifikanz eindeutig Umsatz- und damit Marktanteilsgewinne nachgewiesen werden, vgl. *Capgimini Research Institute* (2020), S. 2.

tionalitäten als solche sind inzwischen allerdings nur selbstverständliche »Hygienefaktoren«, sodass lediglich der qualitative Mehrwert der umgesetzten Nachhaltigkeit positiv auf den Kundenzuspruch wirken kann. Hier ist die richtige **Balance** zwischen **Funktionalität, Profitabilität und Nachhaltigkeit** zu finden.[707]

628 Im Rahmen der Analyse und Überarbeitung des Leistungsangebots werden neue Angebote an Finanz- und Beratungsdienstleistungen entstehen. Einerseits müssen die dafür notwendigen (Wertschöpfungs-)Prozesse konzipiert werden und andererseits sind bestehende Prozesse auf die Nachhaltigkeitsanforderungen auszurichten. Darüber hinaus gilt es, auch alle weiteren Arbeitsabläufe und Prozesse des Kreditinstituts auf den Nachhaltigkeits-Prüfstand zu stellen. Auch wenn die Summe aller erforderlichen Maßnahmen vielfältige Änderungen auslösen, bedingt die Ausrichtung auf Nachhaltigkeit mit Veränderungen von Leistungsangebot und Prozessen des Bankgeschäfts noch nicht zwingend eine Veränderung des bestehenden **Geschäftsmodells**. Insbesondere vor dem Hintergrund sich **wandelnder Kundenbedürfnisse** übt die erkennbare Neuausrichtung des Kreditinstituts eine große Anziehung für Kunden und Nicht-Kunden aus, die hier die Möglichkeit der Realisierung ihrer Vorstellung von nachhaltigem Finanzgeschäft sehen. Da ca. 60 % befragter Konsumenten Wechselbereitschaft zu einem nachhaltigen Finanzdienstleister signalisierten, sind das sich ergebende Potenzial einerseits und das Risiko der Kundenabwanderung andererseits deutlich.[708] Wollen Kreditinstitute die neuen oder veränderten Bedürfnissen ihrer Zielkunden befriedigen, werden tradierte Geschäftsmodelle überfordert sein. Da sich jedoch alle Wirtschaftsaktivitäten von Kunden unabhängig von ihrer Nachhaltigkeitsprägung letztlich in finanziellen Transaktionen niederschlagen, betrifft dies immer auch das Kerngeschäft von Kreditinstituten. Damit diese auch weiterhin als Finanzpartner relevant bleiben, müssen sie deshalb ihr Kerngeschäft weiterentwickeln. Wenn Kreditinstitute entschlossen den Wandel zur Nachhaltigkeit nach Innen und Außen vollziehen, verfolgen sie daher implizit die Abkehr vom bestehenden Geschäftsmodell und entwickeln sich stetig zum neuen, durch Nachhaltigkeit geprägten Finanzdienstleister. Gelingt diese Entwicklung, können sie auch wichtige Impulse als zentraler Enabler für die **Transformation zu mehr Nachhaltigkeit** über Wertschöpfungsketten hinweg in Wirtschaft und Gesellschaft geben.

---

707 Vgl. hierzu auch die Hinweise zum Geschäftsmodellrisiko in Kapitel A.IV und zur grundsätzlichen Stabilität von Banken in Kapitel A.V dieses Herausgeberbandes.
708 Vgl. *Polycore/Springer Media* (2020), S. 25.

Neue **Herausforderungen** für das klassische Geschäftsmodell von Kreditinstituten bestehen auch in den **Rentabilitätsanforderungen** und im **Risikomanagement**. Bedeuteten die Wirtschaftsentwicklung, Krisen, Pandemie- und Zinsentwicklung bereits deutliche Belastungen für die Profitabilität der Kreditinstitute, ist die Umstellung auf Anforderungen der Nachhaltigkeit weiterer Aufwand. Dieser ist nur zum Teil als einmaliger »One-off« zu verbuchen, denn das konsequente Handeln nach dieser neuen Ausrichtung hat neben zusätzlichem Aufwand (z. B. Schulungen, Reporting) auch laufende **Opportunitätskosten** zur Folge. Die dadurch möglicherweise induzierte Schlussfolgerung, dass Nachhaltigkeit keine profitable Geschäftsmodellausrichtung sei, wäre allerdings verfrüht.

Außerdem sind **Risiken** und **Risikokosten** zu berücksichtigen. Diese können je nach Ausprägung des Geschäfts und der Branchenfokussierung (z. B. Schwerindustrie, Maschinenbau, Chemie, Pharma) erheblich sein. Das Geschäftsmodell wird auch dadurch herausgefordert, dass **Risikoklassifizierungssysteme** unter Einbeziehung von Nachhaltigkeitskriterien auch Ratingklassenmigrationen der Kreditnehmer zur Folge haben. Dadurch ausgelöste **Portfolioverschiebungen** haben nicht nur Auswirkungen auf die **risikogewichteten Aktiva** und damit auf die Eigenkapitalunterlegungspflichten, sondern auch auf die Kreditvergabemöglichkeiten des Kreditinstituts. Auch hier zeigt sich die elementare Bedeutung von **Messung und Steuerung** von Nachhaltigkeit in der Risikobeurteilung. Nachhaltigkeit wird zunehmend vom **idiosynkratischen zum systematischen Risiko**. Insofern sind Profitabilitäts- und Risikoaspekte fundamentale Herausforderungen bestehender Geschäftsmodelle. Diese Herausforderungen sind allerdings unabhängig von bestehenden oder geänderten Geschäftsmodellen, denn sie reflektieren die auch von der **Regulatorik** geforderte neue Sicht auf das Geschäft von Kreditinstituten.[709] Damit sind sie als Entscheidungskriterien für die Beibehaltung oder die Umstellung auf ein neues Geschäftsmodell irrelevant. Allerdings löst der induzierte Wandel ein grundsätzliches Umdenken und Neuausrichtung aus, was sich beispielsweise im Zeithorizont eigener Planungs- und Realisierungszeiträume zeigt. Damit geht auch der **Perspektivenwechsel** von der bisherigen, oft kurzfristigen **Shareholder-Value-Fokussierung** zu einer langfristig orientierten **Stakeholder-Value-Orientierung** über.

Nachhaltigkeitsorientierung ist das Ergebnis von gesellschaftlichen Entwicklungen und der er sich ergebenden Veränderung von **Kundenbedürfnissen**.

---

709 Vgl. beispielsweise die Aufforderung der BaFin, die Geschäftsstrategie ganzheitlich auf die Berücksichtigung von Nachhaltigkeitsrisiken zu überprüfen, *BaFin* (2019a), S. 19.

Daher ist es mehr denn je erforderlich, die Geschäftsmodellausrichtung kundenzentriert vorzunehmen. Das Agieren aus Kundensicht bedeutet auch die **Abkehr von der Produktprozessfokussierung**. Es dürfen beispielsweise nicht mehr die Leistungen im Zahlungsverkehr oder im Kreditgeschäft im Zentrum der Geschäftsmodellausrichtung sein, sondern die Suche nach Lösungen der Kundenbedürfnisse und -prozesse. Dadurch werden Kreditinstitute aufgrund ihrer **Kundenfokussierung** als Lösungsanbieter für Privat- und Firmenkunden auch glaubhafte Partner bei der geforderten Nachhaltigkeitsorientierung. Um dies erreichen zu können, werden Ansätze der **Datenexploration, Behavioural Finance, Methoden der Künstlichen Intelligenz, Data Analytics** etc. selbstverständlicher Bestandteil der Weiterentwicklung von Leistungen und des Geschäftsmodells. Dies unterstützt auch effektiv die Herausforderung, die Kundenbedürfnisse zu antizipieren sowie die Nachhaltigkeit des gesamten Liefer- und Absatznetzwerks zu messen, nachzuweisen und zu steuern.

632 Mit der Umsetzung von Nachhaltigkeit gehen Änderungen der Produkteigenschaften, des Leistungsangebots und der Prozesse des Kreditinstituts mit Auswirkungen auf die Profitabilität, und das Risiko einher. Diese Einflüsse sind mindestens in ihrer Summe grundlegend und stellen zum Teil erhebliche Herausforderungen in organisatorischer und wirtschaftlicher Hinsicht für bisher erfolgreiche Geschäftsmodelle dar. Da Nachhaltigkeit als grundsätzliche Ausrichtung von Kreditinstituten allerdings nur dann dauerhaft funktioniert, wenn das Geschäftsmodell auch profitabel ist, bleibt nur die konsequente Anpassung bis hin zum kontinuierlichen **Wandel des Geschäftsmodells** unter Erhalt von **Effizienz**.

6. Zusammenfassung

633 Die Bedeutung von Nachhaltigkeit ist inzwischen im Werteverständnis der Gesellschaft bei Konsumenten und Unternehmen fest verankert. Das Verhalten des Einzelnen und die Bewertung von Handlungsalternativen oder Konsumentscheidungen geschehen immer häufiger auch unter dem Aspekt der Nachhaltigkeit. Auch die Legislative hat in vielfacher Hinsicht die Bedeutung von Nachhaltigkeit aufgenommen und den Regelungsbedarf erkannt. Daraus sind nun auch **regulatorische Leitplanken** entstanden, die auf internationaler und

nationaler Ebene die Berücksichtigung von Nachhaltigkeit im Geschäftsgebaren der Kreditwirtschaft erzwingen.[710]

Dieses restriktive Vorgehen reflektiert die besondere **Bedeutung der Kreditwirtschaft**. Es wird nicht nur die Erkenntnis der Notwendigkeit nachhaltigen Handelns betont, sondern auch für die möglichen **Risiken im Kreditgeschäft** bei Vernachlässigung von Nachhaltigkeitsrisiken ein Bewusstsein geschaffen. Kreditinstituten wird aufgrund ihrer Funktion im Wirtschafts- und Finanzsystem darüber hinaus eine **besondere Verantwortung** durch Lenkung der Geld- und Kapitalströme in Investitionen und Kapitalanlagen mit Nachhaltigkeitscharakter zugesprochen.[711]

634

Die Marktnachfrage und die gesetzlichen Vorgaben wirken in doppelter Hinsicht, sodass sich Kreditinstitute auf die **veränderten Marktbedingungen** neu ausrichten müssen. Dies kann nur sinnvoll geschehen, wenn es authentisch und für die Kunden wahrnehmbar ist. Dadurch werden nicht nur entsprechende Impulse gesetzt, sondern Kreditinstitute werden vom Markt als **verantwortungsbewusste Kreditgeber** mit nachhaltiger Orientierung wahrgenommen.

635

Eine solche Neuorientierung kann sich im **Wertschöpfungsprozess**, den sich ergebenden Leistungen und in der Struktur des Kreditinstituts selbst niederschlagen. Allerdings umfasst diese Ausrichtung auch die **komplette Wertschöpfungskette** vor- und nachgelagerter Prozessschritte. Je nach angestrebter Anpassungsintensität kann dies bis zur **Neudefinition** des bisher penetrierten **relevanten Marktes** oder zum **Wandel des Geschäftsmodells** führen. Dieses stellt jedoch keinen Alternativenraum dar, sondern bildet die **Evolution** vom gesetzlich Geforderten, über das vom Markt Erwarteten bis zum aus Überzeugung Geleisteten ab. Damit werden zunächst Produkt- und Leistungsvariationen zu beobachten sein, die vornehmlich durch nachhaltige Komponenten als Ergebnis eines unter Nachhaltigkeitsgesichtspunkten veränderten Wertschöpfungsprozess entstehen. Die Erweiterung des Leistungsspektrums um Angebote im Kontext nachhaltigen Finanz- und Wirtschaftsgeschehens sowie Leistungsinnovationen werden möglicherweise darüber hinaus zu beobachten sein. Vor allem aber wird die wachsende **Selbstverständlichkeit von Nachhaltigkeit** im Kreditgewerbe dazu führen, dass Verhaltensweisen, Wertschöpfung und Beurteilungskriterien zum **integralen Bestandteil** werden. Nachhaltiges Bankgeschäft wird keine Entscheidung eines einzelnen Kreditinstitutes

636

---

710 Die Europäische Kommission bedient sich dabei auch der Möglichkeiten eines Aktionsplans für eine faire Besteuerung, um u. a. den »...Übergang zu einer grüneren und stärker digitalisierten Welt...« zu ermöglichen; vgl. *EU* (2020k), S. 1.
711 Vgl. *UN Development Programm* (2020), S. 160.

AUSWIRKUNGEN AUF UNTERNEHMENSSTEUERUNG

sein, sondern als breite Entwicklung des Gesamtmarktes die veränderte Nachfrage und das gesamte Angebot erfassen. Dieser veränderte Charakter nachhaltigkeitsgeprägter Nachfrage zeigt sich auch in der **zugenommenen Emotionalität** in einer ansonsten überwiegend rationalen und vom reinen Zahlenwerk geprägten Branche. Da die Nachhaltigkeitsorientierung nicht reversibel ist und auf **breitem gesellschaftlichem Konsens** beruht, ist sie auch für Kreditinstitute unabdingbar. Die Orientierung an Nachhaltigkeit ist dabei sowohl Katalysator als auch Ziel dieser Entwicklung. Eine ökonomische Perspektive wird es nur für Kreditinstitute geben, die diesen Wandel aktiv vollziehen.

637 Hier wird die Marktmacht des Faktischen zeigen, dass Kreditinstitute nur theoretisch die Möglichkeit haben, sich dieser Entwicklung und der Veränderung des eigenen Verhaltens zu entziehen. Tatsächlich sind die Marktkräfte so dominant, dass es die Marktstellung des einzelnen Kreditinstituts nicht zulässt, Letzter beim Bekenntnis zur Nachhaltigkeit zu sein oder dies gänzlich zu verweigern. Darüber hinaus werden von der Ausrichtung auf Nachhaltigkeit geprägte Rechtsrahmen auf nationaler und internationaler Ebene die Berücksichtigung von Nachhaltigkeit im Geschäftsgebaren der Kreditwirtschaft erzwingen. Damit müssen Kreditinstitute die schwierige Gradwanderung zwischen der neuen Maxime und dem ökonomischen Erfolg bestehen. Zu letzterem kann die Umsetzungsgeschwindigkeit zur Erzielung höherer Margen, Marktanteilsgewinne und stärkere Kundenbindung beitragen. Da die nachhaltige Ausrichtung der Kreditinstitute vom Markt honoriert wird, ist die Implementierung von Nachhaltigkeit auch ohne Leistungs-, Effizienz- und Rentabilitätseinbußen möglich. Ökonomisch erfolgreich zu sein und gleichzeitig den Nachhaltigkeitsanforderungen gerecht zu werden, wird den traditionellen Kreditinstituten jedoch nur gelingen, wenn **Innovationen und Wandel auch in der Geschäftsmodellgestaltung** gelingen. Nur das proaktive und authentische Bekenntnis zur Nachhaltigkeit wird es ermöglichen, Nachhaltigkeit nicht als Bedrohung, sondern als Chance zu sehen sowie erfolgreich in einem veränderten und unverändert schwierigen Markt zu bestehen.

III. Ansatz eines CO2-Steuerungsrahmens mit integriertem Emissionspricing für eine klimaneutrale Bank[712]

1. Einleitung

Heutzutage ist der Klimawandel ein allgegenwärtiges Thema für die Finanzbranche. Da die Welt auf der Grundlage der derzeitigen Politik auf eine Erwärmung um mehr als 3°C zusteuert, wird der dringende Handlungsbedarf immer größer. Die Kreditinstitute sind eine der wichtigsten Akteure, die helfen können, diese Notlage noch abzuwenden. Das liegt nicht nur an den finanziellen Auswirkungen des potenziellen Verlusts von 5 bis 20 % des globalen Bruttoinlandsprodukts (BIP) pro Jahr[713]. Vielmehr ist es auch die Chance, einen Beitrag hin zu einer kohlenstoffarmen Gesellschaft zu leisten. Seit jeher besteht der Beitrag der Finanzwirtschaft in der effizienten Allokation von Kapitalströmen. Angesichts des Klimawandels sollte letztere auch noch umweltgerecht sein.

Bestimmte Projekte können nur realisiert werden, wenn sie durch Banken finanziert werden. Wenn diese bankfinanzierten Projekte Emissionen generieren, so sind die Banken indirekt für diese Emissionen verantwortlich. Mit der Finanzierung bzw. auch Nicht-Finanzierung bestimmter Projekte können Banken deshalb einen entscheidenden Einfluss auf die Emissionsintensität der Wirtschaft ausüben, denn ca. 80 % der in Europa realisierten Investitionen sind bankfinanziert.[714] Wir stellen einen Ansatz vor, der nicht einfach binär zwischen »Finanzieren« und »Nicht-Finanzieren« unterscheidet, sondern der über ein Bepreisungsmechanismus (Pricing) das entsprechende Preissignal setzt und damit kompatibel zum marktorientierten Mechanismus von Angebot und Nachfrage ist. Damit distanzieren wir uns von dem Ansatz, die umweltgerechte Kapitalallokation der Banken über die Anpassung der Bankenregulierung (z. B. Erhöhung bzw. der Verringerung der Kapitalanforderungen) zu erreichen.[715]

Zwingend für den **Bepreisungsmechanismus** ist die Quantifizierung des CO_2-Fußabdrucks von Bankaktiva, vor allem von Krediten und Wertpapieren. Hierfür wird die Methode von Partnership for Carbon Accounting Financials (PCAF) verwendet. PCAF ist eine Initiative, die von und für Finanzinstitutionen ins Leben gerufen wurde. Sie verfolgt das Ziel, den Finanzsektor in die

---

712 Autoren: *Silvio Andrae* und *Christian Schmaltz*. Die Autoren vertreten in diesem Beitrag ihre persönliche Meinung. Für Rückfragen oder Anregungen sind die Autoren unter den E-Mail-Adressen andrae@zedat.fu-berlin.de und christian.schmaltz@aspectadvisory.eu erreichbar.
713 UNEP FI (2019). Vgl. https://www.unepfi.org/climate-change/climate-change
714 Vgl. *Vernimmen* (2018), S. 709.
715 Vgl. *Guin/Korhonen* (2020).

AUSWIRKUNGEN AUF UNTERNEHMENSSTEUERUNG

Lage zu versetzen, seine Darlehens- und Investitionsaktivitäten auf die Ziele des Pariser Klimaschutzabkommens auszurichten. Darlehen und Investitionen machen den größten Teil der CO2-Bilanz bzw. des CO2-Fußabdrucks einer Bank aus. Es gibt jedoch keine umfassende globale Methodik zur genauen Berücksichtigung der Emissionen, was zum Teil der Vielfalt der Vermögenswerte einer Bank geschuldet ist.

641 Der Klimawandel wird durch atmosphärische Treibhausgasemissionen beschleunigt. Um die Treibhausgasemissionen steuern zu können, muss man diese zuerst messen. Eckpfeiler zur Messung der Klimafreundlich- oder -schädlichkeit einer Institution ist eine **Kohlenstoffbuchhaltung** (*Carbon Accounting*)[716]. Erforderlich ist eine angemessene Metrik zur Quantifizierung der mit den Aktivitäten verbundenen Emissionen. Ziel muss es sein, dass eine Bank ihre eigenen Emissionen und die, die sie finanziert hat, messen kann, so dass sie anschließend ihre Emissionen im Einklang mit der Klimawissenschaft reduzieren kann. Somit sind Klimamaßnahmen und eine Berichterstattung nur mit einer quantifizierbaren Messung der Treibhausgasemissionen (THG-Emissionen) sinnvoll.

642 Eine Vielzahl von Unternehmen und auch Banken sucht nach innovativen Wegen für ein **CO2-Managementsystem** (*Carbon Management System*)[717]. Integraler Bestandteil ist dabei eine (interne) Kohlenstoffbepreisung (*Carbon Pricing*) oder auch **Emissionstransferpreissystem** (ETP).[718] Daraus können zusätzliche Chancen für die Treibhausgasminderung resultieren. Ebenso können damit klimabedingte finanzielle Risiken verringert werden.[719]

643 Unter Verwendung einer internationalen Stichprobe von 1.572 Firmen über die Jahre 2009-2017 haben Forscher herausgefunden, dass kohlenstoffeffizienten Unternehmen eine überlegene finanzielle Performance aufweisen. Im Durchschnitt ist eine um 0,1 % höhere Kohlenstoffeffizienz mit einer um 1 % höhe-

---

[716] Die Kohlenstoffbuchhaltung erfasst alle Treibhausgase und rechnet diese in gleichnamige CO2-Äquivalente um.
[717] Vgl. *Tang/Le* (2014).
[718] Ein Transferpreissystem bezeichnet im Allgemeinen die monetäre Bewertung bestimmter Güter oder Leistungen, die innerhalb eines Unternehmens zwischen selbständigen Bereichen ausgetauscht werden.
[719] Bisher haben etwa 1.300 Unternehmen, darunter mehr als 100 Fortune-Global-500-Unternehmen mit einem gemeinsamen Jahresumsatz von etwa 7 Billionen US-Dollar, die Verwendung interner Kohlenstoffpreise offengelegt oder planen, innerhalb von zwei Jahren interne Kohlenstoffpreise einzuführen. Die gemeldeten Kohlenstoffpreise, die von Unternehmen verwendet werden, sind unterschiedlich und reichen von 0,3 USD/t CO2e bis 906 USD/t CO2e. Vgl. *Weltbank* (2019b), S. 65.

ren Rentabilität und einem um 0,6 % geringeren systematischen Risiko verbunden. Insgesamt deuten unsere Ergebnisse darauf hin, dass eine kohlenstoffeffiziente Produktion sowohl aus operativer Sicht als auch aus Sicht des Risikomanagements einen hohen Nutzen stiften kann.[720]

Traditionell verwenden Unternehmen bei ihren Investitionsentscheidungen die interne **Kohlenstoffpreisgestaltung**, um die langfristigen Klimarisiken zu bewältigen und ihre Investitionen an Klimazielen auszurichten. So nutzen zum Beispiel große Banken (BNP Paribas, Crédit Agricole oder Garanti Bank) Ansätze zur Preisgestaltung für Kohlenstoff bei der Prüfung von Kreditanträgen und der Bewertung ihres eigenen **Portfoliofußabdrucks**.[721] Zudem bedienen sich Finanzinstitutionen bei ihren Investitionsentscheidungen zunehmend interner Kohlenstoffpreise, um klimabezogene Risiken und Chancen zu steuern. Hierfür ist ein interner Transferpreismechanismus erforderlich.[722]

Im Mittelpunkt dieses Beitrags steht ein solcher **Preismechanismus**. Neu in unserem Ansatz ist, dass dieser Mechanismus nicht auf die direkt durch die Bank verursachten Emissionen abstellt, sondern auf die (indirekt) durch Kredite, Anleihen und sonstige Aktiva finanzierten Emissionen. Diese Emissionen machen ca. 90 % der Gesamtemissionen einer Bank aus und decken alle bankfinanzierten Unternehmen, Projekte, Immobilien etc. ab. Dass Banken derzeit die ca. 10 % der Emissionen, für die sie direkt verantwortlich sind, messen, steuern und ausgleichen, ist ein positives Signal, aber vor dem Hintergrund der 90 % nicht kompensierten finanzierten Emissionen eher vernachlässigbar.

Dieser Beitrag ist komplementär zu Beiträgen von Klimarisiken, denen Banken ausgesetzt sind. In diesem Beitrag geht es darum, die Klimaschädlichkeit bzw. -freundlichkeit von durch die Bank finanzierten Projekten, Unternehmen, Immobilien etc. zu messen, diese zu einer Gesamtzahl zu verdichten und damit die Klimafreundlichkeit bzw. -schädlichkeit der Gesamtbank zu messen. Dabei können sehr klimaschädliche Investitionen sehr sicher sein (z. B. eine Unternehmensanleihe von ARAMCO, dem saudi-arabischen Ölförderkonzern, die vollständig mit US-Staatsanleihen besichert ist). Im Gegensatz dazu können sehr klimafreundliche Projekte sehr unsicher sein (z. B. Aktien in einem Startup

---

720 Vgl. stellvertretend *Trinks* et al. (2020), S. 2.
721 Vgl. *Weltbank* (2019b), S. 67.
722 Vgl. Die Bank BBVA hat zum 01.012020 ein internes Emissionstransferpreissystem für die direkt durch sie produzierten Emissionen etabliert. Vgl. https://www.bbva.com/en/as-of-january-1st-bbva-set-an-internal-price-for-its-co2-emissions-and-commits-to-being-carbon-neutral-in-2020/

AUSWIRKUNGEN AUF UNTERNEHMENSSTEUERUNG

für solarbetriebene Fahrzeuge). In diesem Beitrag werden keine Risiken quantifiziert[723], sondern Emissionen. Beide Dimensionen können, müssen aber nicht miteinander korreliert sein, wie die Beispiele ARAMCO/Staatsanleihen bzw. Startup/Solar zeigen.

647 Dieser Beitrag konzipiert einen **Steuerungsrahmen mit integriertem Emissionspricing**, der es Banken ermöglicht, ohne wesentliche Zusatzkosten Klimaneutralität für alle ihre Emissionen (Jahresnettoemissionen) zu erreichen und zu erhalten. Klimaneutralität oder auch Emissionsneutralität bedeutet, dass beim Kundengeschäft die Emissionskompensationskosten eingepreist werden. Der Beitrag ist wie folgt strukturiert: Zunächst erfolgt eine Darstellung der wesentlichen Eckpunkte des CO_2-Steuerungsrahmens (Kapitel 2). Diese beziehen sich auf die Standards des Treibhausgasprotokolls, die Grundsätze zur Bilanzierung von Treibhausgasen, die Datengrundlagen sowie die CO_2-Bepreisung. Kapitel 3 geht auf den Steuerungskreislauf ein, wie er in einer Bank zur Anwendung kommen kann. Das anschließende Kapitel zeigt ein Anwendungsbeispiel. Der Beitrag endet mit einer Zusammenfassung.

2. Eckpunkte des CO_2-Steuerungsrahmens

648 Bevor die Details des Steuerungsrahmens dargestellt werden, sind zunächst wesentliche Eckpunkte zu erläutern. Hierzu gehören unter anderem die erforderlichen Standards und Bilanzierungsgrundsätze, Datengrundlagen und Bepreisungserfordernisse von CO_2.

649 Ein Teil der Eckpunkte wird vom sog. **PCAF-Ansatz** bestimmt, der auch in diesem Beitrag verwendet wird. Er wurde erstmals 2015 auf dem Pariser Klimagipfel (COP 21) von 14 niederländischen Finanzinstitutionen ins Leben gerufen. Ziel war es, Transparenz und Vergleichbarkeit bei der Kohlenstoffbuchhaltung zu erreichen. Die Banken entwickelten eine offene Methode, mit der die mit ihren Krediten und Investitionen verbundenen THG-Emissionen quantifiziert werden können. Mittlerweile umfasst die PCAF Niederlande (PCAF NL) 18 niederländische Finanzinstitutionen. Ende 2018 veröffentlichten sie die zweite und aktuellste Version der Methodik von PCAF NL.[724] Diese Aktivitäten haben auch Finanzinstitutionen in den USA und Kanada inspiriert, im Januar

---

723 Die Berücksichtigung von klimawandel-bezogenen Risiken im internen Risikomanagement von Banken wird z. B. in den von der EZB zur Konsultation gestellten Richtlinien für den Umgang mit Klimarisiken thematisiert. Vgl. *EZB* (2020b/f).
724 Vgl. *PCAF* (2018).

2019 eine Methodik für Nordamerika zu entwickeln.[725] Kurz nach der Einführung von PCAF Nordamerika verpflichteten sich 28 Mitglieder der Global Alliance for Banking on Values (GABV) dazu, die mit ihren Darlehens- und Investitionsportfolios verbundenen Emissionen innerhalb von drei Jahren zu bewerten und schließlich die Übereinstimmung mit dem Pariser Abkommen sicherzustellen.

In Deutschland sind es vor allem die GLS Bank und Triodos[726], die mit diesem Ansatz arbeiten. In Abgrenzung dazu ist die EU-Taxonomie für nachhaltige Aktivitäten zu sehen.[727] Die Taxonomie soll lösen, welche Aktivitäten als nachhaltig eingestuft werden. Mit Hilfe dieser Taxonomie sollen Kapitalflüsse in nachhaltige Investitionen umgeleitet werden. Allerdings ist die Kategorisierung in »ökologisch nachhaltig« (Grün) und »nicht ökologisch nachhaltig« (Braun) qualitativ und nicht wie bei unserem Ansatz quantitativ und damit aggregierbar, und zudem statistisch auswertbar.[728]

a) Standard des Treibhausgasprotokolls

Die vorgeschlagene Methodik des CO2-Steuerungsrahmens geht über die Bilanzbuchhaltung hinaus. Die Vermögenswerte einer Bank werden auf Basis der mit ihnen verbundenen THG-Emissionen bewertet. Die verwendeten Bilanzierungsmethoden für Treibhausgase entsprechen dem Unternehmensstandard des Treibhausgasprotokolls.[729] Das **Treibhausgasprotokoll** gilt als der führende Standard für die Messung von THG-Emissionen auf Unternehmensebene und damit auch für Banken. Es definiert drei verschiedene Bereiche (sogenannte »Scopes«), die den Grad der Kontrolle und der Aktivitäten der Emissionen einer Organisation beschreiben (vgl. Abbildung C.6).

Die drei Scopes sind:
- **Scope 1**: Direkte Emissionen, die aus Emissionsquellen innerhalb der Bank stammen (z. B. Fahrzeugflotten);

---

725 Vgl. *PCAF* (2019).
726 Vgl. *Schürmann* (2019).
727 Vgl. https://ec.europa.eu/info/publications/sustainable-finance-teg-taxonomy_de sowie *TEG* (2020a).
728 Zudem lässt dieser eindimensionale Ansatz der EU-Kommission unberücksichtigt, welche nachhaltigen Aktivitäten überhaupt eine Finanzierungslücke aufweisen. Nicht alle in der geplanten Klassifizierung aufgelisteten Aktivitäten sind unterfinanziert. In der Praxis wird das Wachstum bestimmter grüner Aktivitäten von anderen Faktoren bestimmt, wie mangelnder Konsumentennachfrage, einem nachteiligen Steuersystem oder technologischen Hindernissen. Vgl. *Dupré* (2020).
729 Greenhouse Gas Protocol, Corporate Standard, The Greenhouse Gas Protocol, Vgl. *World Resources Institute* (2004).

AUSWIRKUNGEN AUF UNTERNEHMENSSTEUERUNG

- **Scope 2**: Energiebedingte indirekte Emissionen, die aus dem Zukauf von Energie entstehen (z. B. Strom, Wärme, Kälte) und von der Bank verbraucht wird;

- **Scope 3**: Alle anderen indirekten Emissionen, die eine Folge der Aktivitäten der Bank sind, aber aus Quellen stammen, die sich nicht im Besitz oder unter der Kontrolle des Instituts befinden (z. B. Emissionen, die durch das tägliche Pendeln der Mitarbeiter zum Arbeitsplatz entstehen und Emissionen, die sich aus der Verwendung der Produkte bzw. im Falle von Banken durch die Finanzierung von Produkten ergeben). Dieser Scope besteht aus 15 verschiedenen Kategorien (vgl. Abbildung C.6).

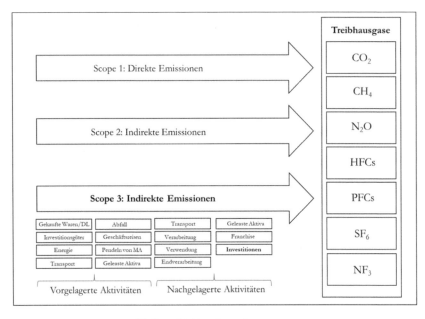

Abbildung C.6: Emissionsquellen
(Quelle: eigene Darstellung in Anlehnung an World Resources Institute (2004))

653 Im Allgemeinen macht in den meisten Branchen Scope 3 den größten Teil der THG-Emissionen eines Unternehmens aus. Insofern sollte hier auch der Schwerpunkt liegen. In der Finanzbranche fallen die meisten Emissionen in Scope 3, Kategorie 15 an: Es handelt sich um die finanzierten Emissionen, d. h. die Emissionen, die aufgrund der Finanzierung durch die Bank (= Aktiva der Bank) erst möglich wurden. Der hier dargestellte CO_2-Steuerungsrahmen umfasst alle Emissionen. Wir gehen aber in der Beschreibung aufgrund der besonderen Bedeutung vor allem auf die finanzierten Scope 3-Emissionen ein.

b) Grundsätze zur Bilanzierung von Treibhausgasen

Der Steuerungsrahmen basiert auf PCAF[730], den grundlegenden Gestaltungs- und Buchhaltungsprinzipien für die Messung von Treibhausgasen bei Finanzinstitutionen. Dies gilt unabhängig von der Art des Darlehens bzw. der Investition. Diese Prinzipien bieten eine Anleitung, wie die THG-Emissionen eines Instituts zu bilanzieren und darüber zu berichten sind.

654

aa) Bewertung

Die THG-Emissionen einer jeden Finanzinstitution sollten die Emissionen von Scope 1, 2 und 3 umfassen. Auch vermiedene Emissionen können berücksichtigt werden, sollten aber getrennt von den Bereichen 1, 2 und 3 erfasst werden.

655

bb) Messung

Gemessen werden die sieben im Kyoto-Protokoll aufgeführten **Treibhausgase**:

656

- Kohlendioxid (CO_2),
- Methan (CH_4),
- Distickstoffmonoxid (N_2O),
- Fluorkohlenwasserstoffe (HFCs),
- Perfluorkohlenwasserstoffe (PFCs),
- Schwefelhexafluorid (SF_6) und
- Stickstofftrifluorid (NF_3).

Eine menschliche Aktivität emittiert diese verschiedenen Arten von Treibhausgasen. Ihr Treibhauspotenzial (Global Warming Potential, GWP) – eine physikalische Eigenschaft eines Treibhausgases – repräsentiert ihren Einfluss auf den Treibhauseffekt und ermöglicht die Umwandlung von 1 kg Treibhausgas in X kg CO_2-Äquivalent (CO_2e).[731] Die Treibhausgaspotenziale ausgewählter Gase sind nachfolgend dargestellt.

657

---

730 Vgl. *PCAF* (2019), S. 12 ff.
731 Die Angaben in Tonnen (t) sind genauso gebräuchlich.

AUSWIRKUNGEN AUF UNTERNEHMENSSTEUERUNG

Treibhausgas	CO2e gemäß Kyoto-Protokoll
Kohlenstoffdioxid (CO2)	1
Methan (CH4)	21
Distickstoffmonoxid (N20)	310
Schwefelhexafluorid (SF6)	23.900

Abbildung C.7: Ausgewählte Treibhauspotenziale (Quelle: Kyoto-Protokoll, UN (1997b))

658 Um die Komplexität zu reduzieren, werden die Wirkungen der sieben Gase in Abhängigkeit von ihrer schädigenden Klimawirkung in CO2-Äquivalente oder CO2e umgerechnet. Die Berechnung des gesamten Treibhauspotenzials erfolgt dann über die Multiplikation der Gasmenge mit den CO2-Äquivalenten. Abbildung C.7 zeigt die Umrechnungsfaktoren in CO2e.

659 Beispiel: 4 t Methan haben das Treibhauspotenzial von 84 t CO2e (4 t x 21 CO2e = 84 t CO2e).

660 Der Ausweis erfolgt in der Emissionsbilanz des Unternehmens. Das Ergebnis der Emissionsbilanz ist also nicht als direkte Kohlenstoffdioxid-Emission zu verstehen, sondern als eine Umrechnung in Vergleichswerte, basierend auf dem wichtigsten anthropogenen Treibhausgas Kohlenstoffdioxid.

cc) Attribution

661 »Folge dem Geld« ist ein Schlüsselprinzip für die THG-Bilanzierung von Finanzanlagen, um die Auswirkungen der THG-Emissionen in der Realwirtschaft zu verstehen und ggfs. zu steuern. Grundsätzlich sollten Scope 1, 2 und die relevanten Kategorien des Bereichs 3 des Kreditnehmers oder Beteiligungsnehmers in die Auswirkungen der THG-Emissionen einbezogen werden.

662 Der **Attributionsansatz** ist maßgeblich für den CO2-Steuerungsrahmen (vgl. Abschnitt 3). Die Emission eines Darlehens bzw. einer Investition wird wie folgt berechnet:

$$\text{Emission} = \frac{\text{Finanzierung}}{\text{Bilanzsumme}} \cdot \text{Emissionsfaktor}$$

Je größer der proportionale Anteil der Finanzierung (Zähler), umso stärker beeinflusst der Kredit oder die Beteiligung[732] die Emission und damit den CO2-Fußabdruck der Investition. Der Nenner – der finanzielle Wert des Vermögenswerts (vereinfacht die Bilanzsumme), der den proportionalen Anteil für die Verbuchung der Auswirkungen der THG-Emissionen bestimmt – sollte alle Finanzströme (d. h. Eigen- und Fremdkapital) an den Kreditnehmer oder Beteiligungsnehmer einschließen.

dd)   Offenlegung

Häufigkeit: Die finanzierten Emissionen sollten mindestens einmal jährlich bilanziert und berichtet werden.

Es ist sicherzustellen, dass die Auswirkungen der Tätigkeiten des Instituts in Bezug auf die THG-Emissionen angemessen widergegeben werden. Hierbei sollen den Ansprüchen der Stakeholder und Kunden entsprochen werden. Zudem ist die Transparenz für die interne Steuerung von Relevanz (vgl. Abschnitt 3). Die Spannbreite der offenzulegenden Informationen ist sehr breit. Im Maximum kann der Ausweis so weit gehen, dass die klimafreundlichen Auswirkungen in »°C-Zahl-Erderwärmung« umgerechnet und ausgewiesen werden.[733] In jedem Fall sollten die spezifischen Ziele der Bank in Bezug auf die Auswirkungen der THG-Emissionen angegeben werden.

Die Auswirkungen der Finanzinstitutionen auf die THG-Emissionen sollten also vollständig erfasst werden; die Offenlegung umfasst alle einbezogenen Vermögenskategorien (z. B. Angabe des prozentualen Anteils der einbezogenen Vermögenswerte).

Es sind alle relevanten Annahmen in Bezug auf die verwendeten Buchhaltungsmethoden und Datenquellen offenzulegen. Zudem geht es um die Metriken (absolute vs. relative Emissionen der Bank). Für eine maximale Transparenz ist es am besten, sowohl auf absoluter (z. B. Tonnen CO2e Emissionen) als auch

---

[732] Vereinfachend wird an dieser Stelle Kredit und Beteiligung synonym verwendet. In der Praxis ist der Einfluss einer Beteiligung größer als bei einem Kredit.

[733] So ermöglicht das Frankfurter Climate Change Startups right.based on science (https://www.right-basedonscience.de), den Beitrag eines Unternehmens oder eines Portfolios zum Klimawandel zu berechnen. Die Ergebnisse werden greifbar in einer °C-Zahl ausgedrückt. Grundlage ist ein makroökonomisches Input-Output-Modell. Maßgeblich als Input sind vor allem die CO2-Emissionen in Relation zur Bruttowertschöpfung des Unternehmens. Alternativ nimmt die Fa. Carbon Delta/MSCI (https://www.carbon-delta.com) eine vorausschauende und renditebasierte Bewertung vor, um klimabedingte Risiken und Chancen in einem Investitionsportfolio mittels Climate Value-at-Risk (CVaR) zu messen.

auf relativer Basis (Emissionsdichte der Bilanz = absolute Emissionen/Bilanzsumme) offenzulegen. Die Berichterstattung unterscheidet zwischen den Emissionsquellen Scope 1 (direkt), 2 und 3 (indirekt). Auf diese Weise wird eine Vergleichbarkeit zwischen den Emissionsquellen gewährleistet (vgl. Abbildung C.8).[734]

Thema	Beschreibung
Definition der Vermögenskategorie	Darstellung, was Bestandteil der Vermögenskategorie ist und was nicht Beispiel: Hypothekenkredite, Energiefinanzierung, Autokredite, Unternehmenskredite, Aktien
Abdeckungsbereich	In der Methodik enthaltene Bereiche für Treibhausgasemissionen Beispiel: Scope 1 bis 3
Portfolioabdeckung	Prozentualer Anteil des Portfolios, der unter die Methodik fällt
Attribution	Wie der Anteil der gesamten THG-Emissionen des Kreditnehmers oder des Beteiligungsnehmers dem Kredit oder den Investitionen zugerechnet wird Beispiel: 100% der Emissionen – die Zuteilung wird zwischen den einzelnen Anbietern von Fremd-, Eigen- oder Mezzaninkapital aufgeteilt, je nach der spezifischen Kapitalisierung des Unternehmens oder Projekts.
Daten	Relevante Datenquellen, die bei der Berechnung verwendet werden können und was bei der Auswahl einer Datenquelle zu berücksichtigen ist
Absolute vs. relative Emissionen	Berechnungsgrundlage für die Emissionen
Vermiedene Emissionen	Beschreibung, wie vermiedene Emissionen verbucht werden
Sonstige Aspekte	Zusätzliche Überlegungen oder Empfehlungen, die oben nicht enthalten sind

Abbildung C.8: Berichterstattung pro Vermögenskategorie (Quelle: PCAF (2019), S. 16)

---

734 Dabei ist die sog. Doppelzählung zu beachten. Es geht darum, THG-Emissionen oder Emissionsreduktionen mehr als einmal auf das Erreichen von Minderungszusagen oder finanziellen Zusagen zum Zweck der Eindämmung des Klimawandels anzurechnen. Doppelzählungen von Treibhausgasemissionen können nicht vollständig vermieden werden, aber sie sollten so weit wie möglich vermieden werden.

Die folgende Abbildung zeigt am Beispiel der ABN AMRO, wie die gesamten THG-Emissionen im Report für nicht-finanzielle Daten und Engagements ausgewiesen wird.[735]

Reported kton GHG emissions (by region)	2019 NL	2019 RoW[1]	2019 Total	2018 NL	2018 RoW[1]	2018 Total
Scope 1						
Energy (natural gas + solar PV)	-	2.80	2.80	-	n/a	-
Business travel (lease cars)	10.49	n/a	10.49	12.39	n/a	12.39
Total Scope 1	10.49	2.80	13.29[2]	12.39	n/a	12.39
Scope 2						
Energy (electricity & heating & cooling)	1.94	6.22	8.17	1.92	n/a	1.92
Total Scope 2	1.94	6.22	8.17[2]	1.92	n/a	1.92
Total Scope 1 + 2	12.43	9.02	21.46[2]	14.31	n/a	14.31
Scope 3						
Business air travel	5.65	4.75	10.39	6.33	5.46	11.79
Emissions of lending portfolio[3]			29,437			30,245
Total Scope 3			29,447			30,257

[1] RoW = Rest of the World.
[2] Increase in Scope 1 and 2 GHG emissions in 2019 due to newly added data for RoW.
[3] Calculation excludes consumer loans, other retail and client investments.
Note: Scoping is based on GHG Protocol. See specification of figures on the following pages. 32 kton CO$_2$ of our own operations are compensated by financing greenhouse gas emission reduction efforts at five biogas facilities in Brabant (the Netherlands). (Subtotals may not add up due to rounding. Details of the figures are presented on the following pages.

Abbildung C.9: Zusammenfassung der THG-Emissionen der ABN AMRO (Quelle: ABN AMRO (2020), S. 13)

---

735 Vgl. *ABN Amro* (2019).

AUSWIRKUNGEN AUF UNTERNEHMENSSTEUERUNG

669   Die Triodos Bank weist in ihrem Geschäftsbericht umfassend aus, welchen Beitrag die einzelnen Kredite und Investments zu den TGH-Emissionen aufweisen (vgl. Abbildung C.10).[736]

Impact sector	Total outstanding loans & funds investments covered (in 1,000 EUR)	Attributed emissions (in ktonne CO₂ eq.)	Emission intensity (in ktonne CO₂ eq./ billion EUR)	Data quality score high quality = 1 low quality = 5
Generated emissions				
Environment:				
Organic farming	327,548	15	46	2.9
Sustainable property	1,046,640	34	32	3.1
Residential mortgages	2,192,019	35	16	2.3
Environmental – other	239,128	10	42	5.0
Social:				
Care for the elderly	652,871	24	37	3.8
Healthcare – other	419,541	16	38	5.0
Social housing	535,901	22	41	4.0
Inclusive finance & development	838,140	9	11	5.0
Social other & municipalities	677,377	15	22	5.0
Culture:				
Arts and culture	458,911	33	72	4.7
Education	287,909	7	24	4.2
Culture – other	255,683	16	63	5.0
IEB funds	1,883,105	53	28	2.3
	9,814,773	289	29	3.4
Sequestered emissions				
Nature development & Forestry	84,769	-24	-283	2.9
Net emissions	9,899,542	265	27	3.4
Avoided emissions				
Renewable energy	2,391,993	962	402	1.6
Total¹	12,291,535			3.1

¹ Avoided emissions should not be summarized because their absolute emission is zero.

Abbildung C.10: Klimaauswirkungen der Investitionen der Darlehen und Fonds der Triodos Bank (Quelle: Triodos Bank (2020), S. 39)

670   Diese übergreifenden Prinzipien zur Bilanzierung von Treibhausgasen bestimmen den CO2-Steuerungsrahmen, um die THG-Berechnungsmethode pro Vermögenskategorie zu konzipieren.

---

736   Vgl. *Triodos Bank* (2020).

c) Daten

Ein wichtiges Element der THG-Bilanzierung ist die Verfügbarkeit von qualitativ hochwertigen Daten über Emissionen von Krediten und Investitionen. Für den CO2-Steuerungsrahmen und den zugrunde liegenden Attributionsansatz sind vor allem die **Emissionsfaktoren**[737] von besonderer Relevanz (vgl. Abschnitt 2). Aktuell gibt es keine umfassenden Datenbanken, die für die Investments zugrunde liegenden Emissionsfaktoren enthalten. Die IPCC Emissions Factor Database[738] oder EFDB ist eine anerkannte Bibliothek, in der Benutzer Emissionsfaktoren und andere Parameter mit Hintergrunddokumentation oder technischen Referenzen finden können, die für die Schätzung von THG-Emissionen verwendet werden. Mögliche zusätzliche Informationen (Aktivitätsdaten, Emissionsfaktoren und Parameter) für die Schätzung von THG-Emissionen sind auch in anderen Datenbanken zu finden.[739]

Ideal ist es, wenn das von der Bank finanzierte Unternehmen eine eigene Emissionsbilanz veröffentlicht. Bei der Ermittlung der Emissionen werden die entstandenen Mengen an Treibhausgasen ermittelt und in der **Emissionsbilanz** ausgewiesen (vgl. Abschnitt 2.). Bestandteil der Emissionsbilanz sind auch die Emissionsfaktoren, die entsprechend dem Geschäftsmodell des Unternehmens aus unterschiedlichen Datenbanken stammen können (z. B. Datenbanken von IPCC, Umweltbundesamt, der ecoinvent-Datenbank[740], Emissionsinventare der DEFRA (Department for Environment, Food and Rural Affairs)[741] oder der GEMIS- Datenbank (Globales Emissions-Modell integrierter Systeme)[742]). Die Abbildung C.11. zeigt beispielhaft für ausgewählte Emissionsquellen (Scope 1), wie der Ausweis bei einem Energiehandelsunternehmen erfolgt.

---

737 Ein Emissionsfaktor ist ein Koeffizient, der es ermöglicht, Aktivitätsdaten in THG-Emissionen umzurechnen (vgl. Abschnitt 3).
738 Vgl. *World Resources Institute* (2021a).
739 Vgl. *WMO/UNEPO* (2021).
740 Vgl. https://www.ifu.com/umberto/ecoinvent-datenbank/
741 Vgl. https://www.gov.uk/government/publications/greenhouse-gas-reporting-conversion-factors-2019
742 Vgl. http://iinas.org/gemis-de.html

AUSWIRKUNGEN AUF UNTERNEHMENSSTEUERUNG

Scope 1 - Direkte CO2-Emissionen

Brennstoffe

Emissionsquelle	Menge	Einheit	Faktor	CO2e(t)
Erdgas/Biogas	493.584	KWh	0,19	95,33
Klimaneutrales Erdgas	0	m3	0,00	0,00
Heizöl leicht	87.276	Liter	2,62	228,32
Klimaneutrales Heizöl	0	Liter	0,00	0,00
Flüssiggas	377.430	Liter	1,23	463,48
				787,13

Unternehmensfuhrpark

Emissionsquelle	Menge	Einheit	Faktor	CO2e(t)
Benzin	100.761	Liter	2,19	220,81
Diesel	763.973	Liter	2,60	1.988,16
Erdgas	0	kg	2,70	0,00
Autogas (LPG)	127.271	Liter	1,23	156,29
Strom	0	kWH	0,51	0,00
				2.365,26

Abbildung C.11: Auszug aus CO2-Emissionsbilanz eines Energiehandelsunternehmens (Scope 1) (Quelle: eigene Darstellung)

673 Dabei sind einige übergreifende Prinzipien zur Qualität und gewünschten Hierarchie der Emissionsdaten zu beachten.[743]

674 Qualitativ hochwertige **Emissionsdaten** werden wie folgt definiert:

- Die Emissionsdaten sind konsistent. Die gilt sowohl über die jeweiligen Kreditnehmer hinweg als auch in zeitlicher Perspektive.

- Die Emissionsdaten spiegeln die zugrundeliegenden emissionserzeugenden Aktivitäten des Kreditnehmers wider und werden nicht durch unabhängige Faktoren beeinflusst.

- Die Emissionsdaten sind mittels eines weithin anerkannten Messansatzes bestimmt worden und idealerweise durch einen unabhängigen Dritten verifiziert.

675 Es ist unwahrscheinlich, dass die Emissionsdaten die genannten Kriterien immer umfänglich erfüllen. Daher wird eine Bewertung der Datenqualität vorgenommen. Pro Vermögenskategorie wird ein Datenqualitäts-Scoring von 1 bis 5 angewandt. Auf diese Weise soll es den Banken ermöglicht werden, die Daten im Laufe der Zeit zu verbessern.

---

[743] In Abschnitt 4 werden zu den ausgewählten Vermögenskategorien detaillierte Angaben zu den Daten gemacht.

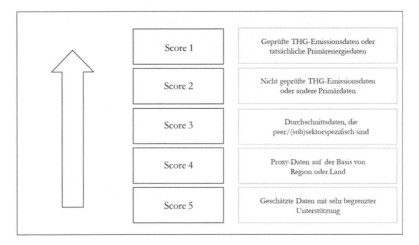

Abbildung C.12: Bewertung der Datenqualität (Quelle: PCAF (2019), S. 17)

Abbildung C.12 zeigt die verwendete **Datenhierarchie**. Sie veranschaulicht, welche Datenquellen je nach Datenverfügbarkeit zur Anwendung kommt. Die Bewertung jeder berechneten Emission ist die des qualitativ schlechtesten Bewertungselements der Berechnung (z. B. wird eine Emission, die mit einem Score-3- und einem Score-5-Datenpunkt berechnet wurde, als Score-5 bewertet).

Die Banken sollten aktuelle Daten verwenden, wenn diese verfügbar sind. Die Datenquellen sind offenzulegen (vgl. Abbildung C.10). Diese sind durch geschätzte oder gemittelte Daten zu ergänzen, um eventuelle Lücken zu schließen. Bei der Schätzung von Daten sollten Banken immer die spezifischste Ebene verwenden (d. h. in Bezug auf Aktivität, Standort oder andere Merkmale, die Korrelationen mit den Auswirkungen der Emissionen aufweisen können). Dies trägt dazu bei, den höchsten Grad an Genauigkeit bei den Berechnungen zu erreichen. Die Datenqualität kann im Laufe der Zeit verbessert werden, indem die für diese Berechnungen erforderlichen Informationen von den Kreditnehmern angefordert werden.

d) Bepreisung von CO2

Ein wesentlicher Bestandteil des Steuerungsrahmens ist das interne Transferpreissystem. Grundlage für den Mechanismus ist die Bepreisung von CO2-Äquivalenten. Damit soll der finanzielle Anreiz gesetzt werden, THG-Emissionen zu reduzieren. Grundlage ist ein **Marktmechanismus**, um die

Kosten der Emissionen an die Verursacher weiterzugeben. Wenn der Transferpreis den Kompensationskosten entspricht, werden die Verursacher quasi zur Kompensation »gezwungen«. In dieser Hinsicht funktioniert der Transferpreis wie eine Emissionssteuer, die durch Banken berechnet, vereinnahmt und der Kompensation zugeführt wird.

679 Das hier angewandte **Verursacherprinzip** ist aus zwei Gründen von fundamentaler Bedeutung: Erstens werden durch die Festlegung eines CO_2-Preises die Emittenten für die Kosten verantwortlich gemacht, die der Atmosphäre durch die Emission von Treibhausgasen entstehen; zu diesen Kosten gehören beispielsweise verschmutzte Luft, Temperaturanstiege und verschiedene Begleiterscheinungen bzw. Zweitrundeneffekte (Gefährdung der öffentlichen Gesundheit und der Nahrungsmittel- und Wasserversorgung, erhöhtes Risiko bestimmter gefährlicher Wetterereignisse). Zweitens soll die Bepreisung langfristig auch das Verhalten der Verursacher ändern und Anreize zu weniger Emissionen setzen.

680 Die Preisinstrumente können verschiedene Formen annehmen. Hervorzuheben sind beispielsweise die CO_2-Steuer oder Emissionshandelssysteme. Für den Steuerungsrahmen ist vor allem die interne Preisgestaltung für CO_2 von Bedeutung. Hierbei weist die Bank ihren eigenen internen Preis für die Nutzung von Kohlenstoff zu und berücksichtigt dies bei ihren Investitionsentscheidungen. Um eine größtmögliche Objektivität zu erreichen, sollte der interne Transferpreis an eine externe Referenzgröße gekoppelt werden. Der Bepreisungsmechanismus fördert Investitionen in kohlenstoffarme Technologien.

681 Folgende Prinzipien liegen der CO_2-Preisgestaltung zugrunde:

- **Fairness**: Die Preisgestaltung setzt auf dem Verursacherprinzip auf. Damit wird sichergestellt, dass sowohl Kosten als auch Nutzen gerecht verteilt werden.
- **Transparenz**: Die wirksame CO_2-Preisgestaltung wird transparent gestaltet und durchgeführt.
- **Effizienz und Kostenwirksamkeit**: Eine effektive CO_2-Preisgestaltung senkt die Kosten und erhöht die wirtschaftliche Effizienz der Emissionsreduzierung.
- **Verlässlichkeit und ökologische Integrität**: Eine effektive CO_2-Preisgestaltung reduziert messbar umweltschädliche Praktiken.

3. Ausgestaltung des CO2-Steuerungsrahmens

Der CO2-Steuerungsrahmen hat letztlich zum Ziel, die CO2-Neutralität der Banken zu erreichen. CO2-Neutralität bedeutet, dass beim Kundengeschäft die Emissionskompensationskosten eingepreist werden. Damit ist das Geschäftsmodell der Bank emissionsreduzierend, indem emissionsintensive Finanzierungen teurer werden. Emissionsarme/-sparende Finanzierungen werden hingegen preiswerter.

Dabei werden alle Emissionen der Bank berücksichtigt, also Scope 1 bis 3.

Folgende **Merkmale** kennzeichnen den Ansatz:

- Es werden alle Aktivgeschäfte der Bank einbezogen und damit ein vollständiger Abdeckungsgrad angestrebt.
- Es wird der CO2-Fußabdruck pro Finanzierung in CO2-Äquivalenten berechnet. Grundlage ist der sogenannte Attributionsansatz (vgl. Abschnitt 2).
- Das CO2-Modell basiert auf einer modifizierten PCAF-Methodik.

Folgende **Daten** sind für den CO2-Steuerungsrahmen erforderlich:

- Es müssen die erforderlichen Energieverbräuche (Scope 2) ermittelt werden.
- Notwendig sind die absoluten Emissionen der Kreditnehmer (Scope 1).
- Zusätzlich werden die Emissionsfaktoren je Energieträger benötigt (vgl. Abbildung C.11).
- Generell werden frei verfügbare Informationen aus öffentlichen Datenbanken verwendet (vgl. Abschnitt 2).
- Es wird angenommen, dass der Kreditnehmer noch keine Emissionen kompensiert hat. Falls er/sie es doch getan hat, müssen die entsprechenden Nachweise eingereicht werden, damit die Emissionsintensität des Aktivums entsprechend gesenkt werden kann. Der Steuerungsrahmen und das darin integrierte Emissionspricing bezieht sich immer nur auf die noch nicht kompensierten Emissionen.

Der CO2-Steuerungsrahmen besteht aus einen Kreislauf (vgl. Abbildung C.13): Im Mittelpunkt steht das Management der **CO2-Jahresnettoemissionen** (JNE) einer Bank. Die Emissionen sind »netto«, weil sie »nach Kompensation« ausgewiesen werden. Wenn JNE = 1 Mio. t CO2e beträgt, bedeutet das, dass die Bank 1 Mio. t CO2e selbst erzeugt oder finanziert hat und diese nicht kompensiert wurden.

687 Die JNE ist die zentrale Mess- und Steuerungsgröße (KPI). Der Steuerungskreislauf besteht aus sechs Teilschritten. Ein zentraler Bestandteil ist unter anderem das Emissionstransferpreissystem (ETP). Ziel ist es, den CO2-Kompensationspreis des jeweiligen Aktivgeschäfts zu kalkulieren und zu verrechnen.

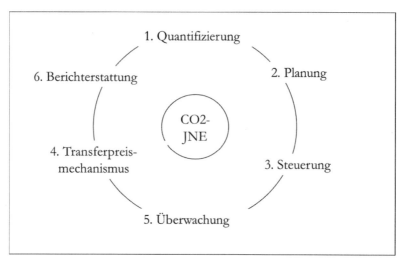

Abbildung C.13: CO2-Steuerungsrahmen (Quelle: eigene Darstellung)

688 Im Folgenden wird der **CO2-Steuerungsrahmens** erläutert.

1) Quantifizierung

689 Um die CO2-Jahresnettoemission angemessen zu steuern, müssen diese zunächst gemessen werden. Bezogen auf die Jahresnettoemission lassen sich folgende Konstellationen für eine Bank unterscheiden:
- Klimafreundliches Geschäftsmodell: JNE sinkt im Jahresvergleich,
- Klimaneutrales Geschäftsmodell: JNE liegt bei null,
- Kompensatorische Wirkung des Geschäftsmodells: JNE ist negativ.

690 Die Jahresnettoemission hängt hauptsächlich von der Aktivität und dem Produkt ab. Sie wird bei einer Bank für alle Aktivgeschäfte bestimmt:
- Staatsanleihe
- Gedeckte Schuldverschreibung
- Bankanleihe

- Aktie
- Unternehmensanleihe
- Investmentfonds
- Kommunalkredit
- Unternehmens-/KMU-Kredit
- Gewerbeimmobilienfinanzierung
- Infrastruktur-/Projektfinanzierung
- Wohnungsbaufinanzierung
- Verbraucherkredit (z. B. Autokredit)
- Grüne Finanzierung

Die Messung der THG-Emissionen erfolgt auf Basis des Attributionsansatzes (vgl. Abschnitt 2). Die Emission eines Darlehens bzw. einer Investition hängt vom Finanzierungsbeitrag und der Bilanzsumme des Unternehmens ab. Um die THG-Emissionen pro Einheit der verfügbaren Aktivität abzuschätzen, müssen wir einen Faktor namens Emissionsfaktor (EF) verwenden (vgl. Abschnitt 2). Ein Emissionsfaktor ist ein Koeffizient, der es ermöglicht, Aktivitätsdaten in THG-Emissionen umzurechnen. Der Emissionsfaktor ist Ausdruck für das Verhältnis der Masse eines freigesetzten (emittierten) Stoffes zu der produzierten Energieeinheit. Zum Beispiel: der EF für das Erdgas ist die Summe der Verbrennung (0,205 kg CO_2e/kWh ICV) und der vorgelagerten (d. h. der Produktion und dem Transport des Gases) (0,0389 kg CO_2e/kWh ICV).

Um einen Emissionsfaktor zu ermitteln, benötigen wir einen Datensatz, der die Aktivität, die Treibhausgase erzeugt, beschreibt und quantifiziert (vgl. Abschnitt 4). Jede THG-Emission wird in CO_2e umgerechnet und dann summiert. Die Umrechnung erfolgt durch Multiplikation der Treibhausgasmenge (t THG) mit ihrem GWP (t CO_2e/t THG), um die Auswirkungen in CO_2e auszudrücken.

Gemessen werden sowohl die absolute als auch die relative Emission:

- **Absolute Emission**: in Tonnen CO_2e (t CO_2e)
- **Relative Emission**: in Tonnen CO_2e pro investierter 1 Mio. EUR (t CO_2/Mio. EUR)

AUSWIRKUNGEN AUF UNTERNEHMENSSTEUERUNG

2) Planung

694 In einer Bank werden das Neugeschäft, das Eigenkapital, die Refinanzierung und die Risiken geplant. Analog dazu sollte es auch eine Emissionsplanung (Planung der JNE) geben. Diese kann aus den Neugeschäftsprognosen ermittelt werden. Mittels Szenariotechniken (Basisszenarien, Stressszenarien) kann simuliert werden, wann und wie ein bankeigenes Klimaziel erreicht wird.[744]

3) Steuerung

695 Darüber hinaus sollte ein Limit für die JNE definiert werden (z. B. JNE-Limit = 1,1 x Emissionsappetit), die die maximale JNE begrenzt (vgl. Abschnitt 4b).

696 Appetit und Limit sollten wie alle anderen KPIs in den Risikoappetit als den zentralen Planungs- und Berichtsmechanismus aufgenommen werden. Dies ist zwingend erforderlich, um Verbindlichkeit und Verantwortungsbewusstsein innerhalb der Bank zu verankern.

697 Es erfolgt eine indirekte Allokation von JNE-Appetit und -Limit durch Allokation von Plan-Geschäftsvolumina und zugehöriger geplanter JNE-Intensität (Emissionen) zu Geschäftseinheiten (Geschäftsbereiche, Niederlassungen, …).

698 Es wird angenommen, dass die Konzern-JNE sich additiv aus den Einzel-JNEs ergeben. Somit werden keine Abschwächungs-/Verstärkungseffekte unterstellt. Bei der Allokation ist darauf zu achten, dass die allozierten JNE-Volumina nicht größer sind als das Gesamt-JNE-Limit.

4) Überwachung

699 Die JNEs der Einzelgeschäfte werden als konstant angenommen und am Einzelgeschäft abgespeichert. Monatlich werden die Einzel-JNEs zur Konzern-JNE aggregiert und mit dem JNE-Limit/-Appetit verglichen. Liegt eine JNE-Limitüberschreitung vor, muss die Bank entscheiden, ob sie die aktuelle JNE (i) durch eine Anpassung des Geschäftsvolumens (weniger/emissionsärmere Kreditvergabe) oder (ii) derivativ über den Kauf von Kompensationszertifikaten in das Limit zurückführen möchte.

5) Emissionstransferpreissystem

700 Jeder Kredit verursacht Kosten, die dem Kreditnehmer als Kreditzins in Rechnung gestellt werden: Refinanzierungskosten, Betriebskosten, Kapitalkosten.

---

744 Es ist zu erwarten, dass die Aufseher derartige Techniken künftig von den Banken erwarten. Vgl. *BoE* (2019d).

Ein Kredit erzeugt aber auch Emissionen, die eine Bank mit dem Ziel der Klimaneutralität über Kompensationszertifikate ausgleichen sollte. Die Kompensations-/Emissionskosten müssen daher auch im Kreditzins verrechnet werden.

Die Treasury stellt also jeden Tag den Marktpreis für Emissionskompensation als internen **Emissionstransferpreis** zur Verfügung. Der Vertrieb preist diesen in den Kreditzins mit ein. Die Treasury kauft die Emissionen vom Vertrieb zum internen Transferpreis ein (der Treasury werden die Emissionskosten gutgeschrieben) und verkauft die Emissionen ggfs. an den Markt (der Treasury werden die Emissionskosten belastet).

Dieser interne Emissionstransferpreismechanismus hat mehrere Vorteile:

- **Verursachungsgerecht**: Es ist sichergestellt, dass der Emissionsverursacher, der Endkunde, die Emissionskosten trägt.
- **Anreizkompatibel**: Emissionsintensive Finanzierungen werden teurer und setzen für Kunden Anreize, klimafreundlicher zu wirtschaften.
- **Objektiver Transferpreis**: Weil der Transferpreis ein externer, objektiver Marktpreis ist, dürfte die Akzeptanzquote hoch sein.
- **Zentralisierte Emissionsbuchhaltung**: Durch die Zentralisierung der Emissionsvolumina in einer Konzern-JNE ist Transparenz und eine effektive Steuerung gewährleistet.
- **Verzahnung von Steuerung und Pricing**: Indem Steuerung und Pricing auf der JNE basieren, sind beide auf natürliche Weise miteinander verzahnt.
- **Monetarisierung von Emissionen**: Entscheider in Banken sind mit monetären KPIs vertraut. Der Pricing-Ansatz überführt abstrakte Emissionen in eine monetäre Größe.
- **Erweiterung eines etablierten Modells**: Die Mindestanforderungen an das Risikomanagement (MaRisk) verpflichtet jede Bank, ein Transferpreissystem aufzusetzen. Dass unser Ansatz bestehende Transferpreissysteme einfach nur erweitert, statt ein komplett paralleles Emissionsuniversum aufzubauen, dürfte sich positiv auf die Akzeptanz und Implementierungskosten in den Instituten auswirken.

Schafft es eine Bank nicht, ihre CO_2-Emissionen im Zeitablauf zu reduzieren, muss sie Emissionsreduktionszertifikate (Emissionsgutschriften) kaufen oder in Kompensationsmaßnahmen investieren (vgl. Abschnitt 4b).

AUSWIRKUNGEN AUF UNTERNEHMENSSTEUERUNG

6) Berichterstattung

704 Es erfolgt eine sowohl interne als auch externe **Berichterstattung** der Jahres-JNE, die Entwicklung über die Zeit sowie die kumulative JNE (vgl. Abschnitt 2).

4. Anwendung des Modells

705 Auf Basis des in den vorherigen Abschnitten dargestellten Steuerungskreislaufes soll im Folgenden ein Anwendungsbeispiel zeigen, wie in einer Bank die Steuerung der CO_2-JNE erfolgen kann. Der Schwerpunkt liegt auf der Messung der JNE sowie dem bankinternen Emissionstransferpreissystem.

a) Quantifizierung der CO_2-Emissionen

706 Im Folgenden werden zwei Vermögensaktiva ausgewählt. Es handelt sich um folgende Produkte:

- Gewerbliche Immobilienfinanzierung und
- Unternehmensanleihe.

707 Beide haben eine Laufzeit von 3 Jahren.

708 Beim Attributionsansatz wird ein Gesamtvolumen an Emissionen hypothetisch den Vermögensaktiva zugeteilt (»attribuiert«). Neben den in Kapitel 2 dargestellten allgemeinen Eckpunkten gilt es folgende spezifische Grundsätze zu beachten:

1. **Unkompensierte Emissionen**: Das Emissionstransfer-Pricing soll sicherstellen, dass Emissionen kompensiert werden. Damit es nicht zu einer »Doppelkompensation« bzw. »Doppelbelastung« kommt, darf das Gesamtvolumen an zu verteilenden Emissionen nur die Emissionen enthalten, die vom Kreditnehmer noch nicht kompensiert wurden.

2. **Zweckgebundene vs. nicht zweckgebundene Finanzierung**: Bei zweckgebundenen Finanzierungen (z. B. Immobilien-, Auto-, Projektfinanzierungen) sind die Emissionen des Projektes maßgeblich. Bei zweck**un**gebundenen Finanzierungen (z. B. Kredit an ein Unternehmen, an eine Privatperson, etc.) sind die Emissionen des Unternehmens, der Privatperson, etc. maßgeblich, weil nicht bekannt ist, wofür das Geld letztlich verwendet wird.

3. **Standardansatz versus interne Emissionsbuchhaltung**: Der Startpunkt des Attributionsansatzes – die Gesamtemissionen – sind zweifelsohne eine der wichtigsten Eingangsvariablen in dem von uns vorgeschlagenen Steuerungsrahmen.

Bezüglich der Genauigkeit können hier zwei Szenarien unterschieden werden:

a. Interner Ansatz:

Für das Unternehmen bzw. Projekt o. ä. liegt eine intern ermittelte Emissionsbilanz vor, die auf Basis eines weit verbreiteten Standards (z. B. des Treibhausgasprotokolls) ermittelt und von einem Dritten (z. B. als »Verifyer« zertifizierte Firmen) bestätigt bzw. geprüft wurde. Die so ermittelten Emissionen können in ihrer Qualität mit buchhalterischen Größen verglichen werden, die ja auch mittels breit anerkannter (Buchhaltungs-)Standards ermittelt und von Dritten (Wirtschaftsprüfern) geprüft wurden.

b. Standardansatz:

Die (weniger genaue) Alternative für Unternehmen, Projekte oder auch Privatpersonen, welche keine individuelle Emissionsbilanz vorweisen können, besteht darin, über Branchen-, Gebäudedurchschnitte, etc. die Emissionsdaten zu approximieren.

Der Standardansatz sollte zu konservativeren Emissionsvolumina führen als der interne Ansatz, um

- einen Anreiz für interne Emissionsbilanzen zu setzen;
- die höhere Schätzunsicherheit des Standardansatzes zu würdigen sowie
- zu verhindern, dass Unternehmen, Projekte oder Privatpersonen, etc., die über den Durchschnitten liegen, sich pauschal immer für den Standardansatz entscheiden.

Der höhere Grad an Konservatismus kann durch einen pauschalen Aufschlag von 20 % erreicht werden.

aa) Gewerbliche Immobilienfinanzierung

Es geht bei der gewerblichen, zweckgebundenen **Immobilienfinanzierung** um die Energienutzung der finanzierten Gebäude (Scope 1 und 2). Die gewerblichen Immobilienfinanzierungen sind zu 100 % bilanzwirksam.

Die Bewertung der Finanzierung erfolgt proportional im Verhältnis zu den gesamten Projektkosten bei neu entwickelten Gebäuden bzw. Grundstückswerten (d. h. Marktwert) für bestehende Gebäude zum Zeitpunkt der Investition.

Die Datenverfügbarkeit zum Immobilienenergieverbrauch hat sich aufgrund gesetzlicher Regelungen (z. B. Bauvorschriften und Energieausweis) erheblich verbessert.[745] Die verfügbaren Daten werden in der Regel über eine Anzahl von

---

745 Je nach Datenverfügbarkeit und Standards in den einzelnen Ländern müssen länderspezifische Emissionsdaten berücksichtigt werden (vgl. Abschnitt 2).

AUSWIRKUNGEN AUF UNTERNEHMENSSTEUERUNG

Objekten in der gleichen Straße oder Region gemittelt, um die Daten zu anonymisieren. Es stehen verschiedene Quellen und kommerzielle Datenbanken zur Verfügung, die den Energieverbrauch z. B. nach Energieart, Art der Immobilie und Grundfläche der Immobilie aufteilen. Bei Anwendung dieser Daten auf eine große Anzahl von finanzierten Objekten ist es möglich, eine sinnvolle Annäherung an die CO2e-Emissionen zu erhalten. Die verbrauchte Energie lässt sich mit Umrechnungsfaktoren, die idealerweise nach der Art der verbrauchten Energie angegeben werden, in CO2e-Emissionen umrechnen (vgl. Abschnitt 2).

712 Auf Basis der verfügbaren Daten gibt es folgende **Datenhierarchie**:

- Tatsächlicher Energieverbrauch einer Immobilie, umgerechnet in CO2e-Emissionen mit Hilfe von verifizierten Emissionsfaktoren, die spezifisch für die Art der verbrauchten Energie angegeben werden.
- Tatsächlicher Energieverbrauch einer Immobilie oder eines Netzbetreibers, umgerechnet in CO2e-Emissionen mit Hilfe von Netz-Emissionsfaktoren für Energie aus einer nicht definierten Energiequelle.
- Durchschnittlicher Energieverbrauch des Gebäudetyps pro Land oder Region und/oder spezifischem Energielabel, umgerechnet in CO2e-Emissionen unter Verwendung allgemeiner Netz-Emissionsfaktoren.

713 Im besten Fall erfolgt die Ermittlung auf Basis von aktuellen Daten zum Energieverbrauch der Liegenschaften, sofern diese verfügbar sind.

714 Der Gas- und Stromverbrauch auf Haushaltsebene kann mit Hilfe von Emissionsfaktoren in CO2e-Emissionen umgerechnet werden. Es werden die Emissionsfaktoren verwendet, die sich auf die direkten Emissionen beziehen. Immer dann, wenn die Herkunft des verbrauchten Stroms nicht bekannt ist, sollte der Emissionsfaktor für Strom aus einer nicht definierten Energiequelle verwendet werden.

715 Für die Messungen im Jahr 2018 führt dies in Deutschland zu folgenden Emissionsfaktoren[746]:

- 0,537 t CO2/MWh für Strom und
- 0,202 t CO2/MWh für Erdgas.[747]

---

[746] *BAFA* (2019).
[747] Die Methodik führt zu absoluten Emissionen für die Gewerbeimmobilien im Portfolio. Diese Informationen können weiter spezifiziert und in relative Emissionen auf der Grundlage einer bevorzugten Offenlegung des Portfolios übersetzt werden. Eigentlich werden die tatsächlichen Energieverbrauchsdaten der Gewerbeimmobilien im Portfolio bevorzugt, da der tatsächliche Energieverbrauch genauer ist als die Arbeit mit dem durchschnittlichen Energieverbrauch pro Energieart.

Wenn der Immobilienwert (d. h. der Marktwert) für die Zuweisung der Emissionen eines bestehenden Geschäftsgebäudes verwendet wird, kann sich dieser Wert im Laufe der Zeit aufgrund von Marktentwicklungen ändern. Dies wird sich auf die den Investitionen zugeschriebenen Anteil der Emissionen auswirken. Daher ist der jeweilige Immobilienwert zum Zeitpunkt der Investition anzuwenden.

Das folgende Beispiel zeigt die Kalkulation der Emissionen einer Immobilieninvestition für eine Schule. Es handelt sich um ein Gymnasium mit einer Fläche von 6.000 m2. Zum Zeitpunkt der Investition beträgt der Gesamtwert der Immobilie 20 Mio. EUR. Das Kreditinstitut gewährt ein Darlehen von 5 Mio. EUR.

Es ergeben sich folgende Energieintensitäten:

- Gasintensität 13 m^3/m^2 Bodenfläche
- Stromintensität 37 kWh/m^2.

Der Gasverbrauch wird geschätzt auf: Gasverbrauch = Bodenfläche × Gasintensität$_{Sektor}$

- Gasverbrauch = 6.000 × 13
- Gasverbrauch = 78.000 m^3
- Gasverbrauch [MWh]
  = Gasverbrauch [m^3] × Zustandszahl × Brennwert [kWh/m^3]/1000
  = 78.000 [m^3] x 0.966 x 11.100 [kWh/m^3]/1000
  = 836 MWh.

Der Stromverbrauch wird geschätzt: Stromverbrauch = Bodenfläche × Stromintensität$_{Sektor}$

- Stromverbrauch = 6.000 × 37
- Stromverbrauch = 222.000 kWh

Der Gas- und Stromverbrauch wird dann in CO2e-Emissionen ausgedrückt, wobei die direkten Emissionsfaktoren für Strom und für Erdgas verwendet werden: 0,537 t CO2/MWh für Strom und 0,202 t CO2/MWh für Erdgas.

CO2-Emissionen
= Gasverbrauch [MWh] × EF^{Gas} [t CO2e/MWh]
+ Stromverbrauch [MWh]) × EF^{Strom} [t CO2e/MWh]
= 836 MWh × 0,202 [t CO2e/MWh] + 222 MWh × 0,537 [t CO2e/MWh]
= 288 t CO2e

CO2-Emissionen$_{Schule}$ = 288 t CO2e

AUSWIRKUNGEN AUF UNTERNEHMENSSTEUERUNG

722 Wenn man diese Emissionen gemäß Attributionsansatz dem bereitgestellten Kredit zurechnet, ergibt sich der CO2-Fußabdruck für diese Investition:

$$JNE_{Schule} = CO2 - Emissionen_{Schule} = \frac{5.000.000}{20.000.000} \cdot 288 \text{ t CO2e} = 72 \text{ t CO2e}$$

723 Der Immobilienkredit entspricht einem Viertel des Wertes der Schule. Die auf die Finanzierung alloziierten Emissionen entsprechen der Jahresnettoemission. Bei der proportionalen Allokation nimmt man an, dass der Kredit demnach auch für ein Viertel der Gesamtemissionen verantwortlich ist, also für 72 t CO2[748]. Wir können die Emissionen gegen den Immobilienwert und nicht gegen die Bilanzsumme aufteilen, weil die Finanzierung eine zweckgebundene Immobilienfinanzierung ist. Bei einer nicht zweckgebundenen Finanzierung, würde man typischerweise die Bilanzsumme als Referenzwert wählen (siehe nachfolgendes Beispiel).

bb) Unternehmensanleihe

724 Bei der **Unternehmensanleihe** (einer zweckungebundenen Finanzierung) werden die Emissionen anteilig den Kapitalgebern des Unternehmens zugerechnet.

725 Der absolute CO2-Fußabdruck eines Darlehens an ein Unternehmen wird berechnet, indem die Gesamtemissionen mit dem proportionalen Anteil am Unternehmenswert eines Unternehmens multipliziert werden. Der absolute CO2-Fußabdruck eines Portfolios von Unternehmen wird als Summe über alle CO2-Fußabdrücke berechnet. Ein Kapitalgeber, der einem Unternehmen mit 100 EUR Bilanzsumme 1 EUR überlassen hat (unabhängig davon, ob als Eigen- oder Fremdkapital), finanziert in diesem Modell 1 % der Emissionen des Unternehmens. Allgemein gilt:

$$JNE_{Anleihe} = \text{auf Anleihe alloziierte Emissionen} = Emissionen \cdot \frac{Anleihe_{Nennwert}}{Bilanzsumme}$$

$$= Anleihe_{Nennwert} \cdot \frac{Emissionen}{Bilanzsumme}$$

726 Die auf die Anleihe entfallenen Emissionen entsprechen der Jahresnettoemission.

---

748 Nach den Vorstellungen der Technical Expert Group on Sustainable Finance der EU-Kommission müssen bei einem nachhaltigen Gebäude mindestens 80 % des Materials wiederverwertbar sein. Energieverbrauch und Emissionen sollen sich an den besten 15 % des Bestands orientieren. Vgl. *EU TEG* (2020d), S. 369.

Damit ist das Verhältnis der Emissionen zur Bilanzsumme sehr wichtig.

Beide Größen hängen vom Geschäftsmodell und damit der Branche des Unternehmens ab.

Die für diese Berechnungen erforderlichen Informationen sind:

1. **Emissionen**: Die Emissionen können aus den Unternehmensberichten entnommen werden (wenn sie verfügbar sind); für große Portfolios werden häufig externe Datenlieferanten verwendet.[749]

2. **Unternehmenswert/Bilanzsumme**: Diese Informationen stammen von kommerziellen Anbietern von Finanzdaten, die von Investoren genutzt werden (z. B. WM-Datenservice). Bei einer Fremdkapitalfinanzierung wird die Bilanzsumme verwendet. Bei einer Eigenkapitalfinanzierung wird der Aktienkurs in den Buchwert umgerechnet (Price/Book Ratio).

3. **Investitionssumme**: Diese Informationen sind in den internen Systemen der Bank als Investor verfügbar.

Wir betrachten als Beispiel den Kauf einer Unternehmensanleihe mit Nennwert von 77,5 Mio. EUR.

Für eine Auswahl an Unternehmen aus unterschiedlichen Branchen fasst die Abbildung C.14 (unter Nummer 4.) die auf die Anleihe entfallenen Emissionen zusammen.

---

[749] Beispiele für Datenquellen sind: CDP, Bloomberg, MSCI. Bei der Wahl der Datenquelle müssen die verschiedenen Optionen verglichen werden (z. B. in Bezug auf Abdeckung, Datenqualität, Transparenz, Service, Kosten usw.).

AUSWIRKUNGEN AUF UNTERNEHMENSSTEUERUNG

	Chemie	Transport	Energie	Energie	Auto(teile)ba u	Finanzen	Fluggesellschaften	
	BASF	Deutsche Post	RWE	E.ON	Continental	Deutsche Bank	Lufthansa	Emirates
1. (inkompensierte) Unternehmensemissionen [in mio t CO2e]	20,1	29	96	8	125	0,20	44	36
Hinweis			ohne Scope 3 Emissionen	ohne Scope 3 Emissionen		ohne Emissionen aus Finanzierungen		
2. Bilanzsumme [Mrd. EUR]	86,95	52,169	39,846	98,566	42,6	1298	42,66	34,896
3. Nennwert der Unternehmensanleihe [mio EUR]	77,50							
4. Allozierte Emissionen [t CO2e pro 1 EUR Finanzierung]	17.915	43.007	187.536	6.007	227.406	12	80.069	79.701

Abbildung C.14: Allozierte Emissionen und interne Transferpreise für eine Unternehmensanleihe mit 77,5 Mio. EUR Nennwert (Quelle: eigene Darstellung)

Dass bei der Deutschen Bank auf eine Anleihe von 77,5 Mio. EUR Nennwert nur ein sehr kleiner Anteil an Emissionen entfällt (hier: 12 t), liegt an zwei Faktoren: Erstens haben Finanzunternehmen wie die Deutsche Bank sehr große Bilanzsummen. Und zweitens ist deren Produktionsmodell emissionsarm (hauptsächlich Emissionen aus Energieverbrauch und Mitarbeiterreisen). Die Emissionen, welche die Bank indirekt über Kredite und Anleihen finanziert, sind hier nicht miteingerechnet, weil nicht durch die Deutsche Bank veröffentlicht. Gleiches gilt für die Emissionen, welche die Kunden von RWE und E.ON beim Verbrauch von Gas erzeugen (die Emissionen, die RWE oder E.ON selber beim Gasverbrauch erzeugen, sind dagegen berücksichtigt).

Die der Anleihe alloziierten Emissionen, v. a. der CO2-Fußabdruck für diese Anleihe ergeben sich als [Zeile 1] * [Zeile 3]/Zeile [2] * 1.000.

Für BASF sind das:

$$CO2 - \text{Emissionen}_{Unternehmen} = 20{,}1 \cdot \frac{77{,}5}{86{,}95} \cdot 1.000 = 17{,}915 \text{ t CO2e}$$

b) Verrechnung der CO2-Emissionen

Nachdem wir für den Kredit bzw. die Anleihe die auf sie entfallenen Emissionen berechnet haben, ermitteln wir in einem zweiten Schritt die Kosten zu deren Kompensation und integrieren diese (wie andere Kosten auch) in das bei Banken bestehende Transferpricing.

Die **Kompensationskosten** [Basispunkte] für die durch die Mittelvergabe ermöglichten Emissionen ergeben sich allgemein als:

$$\text{Kompensationskosten} = \frac{\text{alloziierte Emissionen [t CO2e]} \cdot \text{Kompensationspreis [EUR/CO2e]}}{\text{Finanzierungsvolumen}}$$

Die Kompensationskosten auf 1 EUR Finanzierung bezogen sind der Transferpreis, der als Kostenaufschlag zu den sonstigen Transferpreisen verstanden wird.

aa) Kompensationspreis [EUR/t CO2e]

Um eine Tonne CO2-Emissionen zu kompensieren, gibt es grundsätzlich zwei Möglichkeiten:

1. Der Kauf von CO2-Zertifikaten innerhalb des Emissionshandelssystems (EU-EHS), dem größten Kohlenstoffmarkt der Welt.

AUSWIRKUNGEN AUF UNTERNEHMENSSTEUERUNG

2. Der Kauf von CO2-Guthaben von einem verifizierten Projektanbieter (z. B. www.goldstandard.org).[750]

739 Die folgende Abbildung C.15 gibt einen kurzen Überblick zu den Vor- und Nachteilen der beiden Alternativen.

	Kompensation einer Tonne CO2e über …	
	EU ETS	Projektanbieter
Vorteile	• Objektiv • Dezentrale Preisfindung (Angebot/ Nachfrage)	• Direkter Bezug zu Projekten
Nachteile	• Staatlich verzerrter Preis durch staatlich vorgegebene Volumenobergrenzen • Die Obergrenzen sind mehr an ökonomischen als ökologischen Notwendigkeiten ausgerichtet	• Preise für 1 Tonne Kompensation sind projektabhängig • Nicht durch Angebote/ Nachfrage gesetzt
	Kompensation ist die „Nicht-Emision", aber nicht die Absorption von Emissionen	

Abbildung C.15: Vergleich der Kompensation mittels EU ETS und Projektanbietern
(Quelle: eigene Darstellung)

740 Aufgrund der Objektivität und des EU-Bezugs, verwenden wir in unserem Modell den EU ETS Preis. Stand Mai 2020 liegt dieser bei ca. 25 EUR/t CO2e. Um die Bandbreite an Kompensationsmöglichkeiten optimal zu erfassen, könnte alternativ ein Kompensationsbasket benutzt werden, welcher als ein gemittelter Preis von verschiedenen Kompensationsmöglichkeiten verstanden werden kann.

---

750 Worum geht es bei den Kompensationslizenzen? Sie sind Bestandteil eines Handelssystems, das 1997 mit dem Kyoto-Protokoll eingeführt wurde. Auf diese Weise sollen Projekte zur Treibhausgasreduktion in Entwicklungsländern finanziert werden. Die Reduktion kann sich ein Industrieland auf dem nationalen Emissionskonto gutschreiben lassen. Jedes sogenannte »CER-Zertifikat« steht dabei für eine Tonne CO2, die zu viel ausgepustet und dann andernorts kompensiert worden ist. Kompensationsmaßnahmen können beispielsweise Windparks oder das Pflanzen von Bäumen sein. Neben den offiziellen CER-Zertifikaten hat sich aber auch ein privater Markt zur Klimakompensation gebildet. Unternehmen kaufen freiwillig CO2-Zertifikate bei entsprechenden Anbietern ein, um ihre Umweltbilanz zu verbessern. Verpflichtende Vorgaben gibt es bisher nicht.

bb) Emissionstransferpreise [bps]

Auf das Immobiliendarlehen hat der von uns genutzte Attributionsansatz 72 t CO2e alloziiert. Bei einem Darlehensvolumen von 5 Mio. EUR und einem Kompensationspreis von 25 EUR/t CO2e ergibt sich folgender **Emissionstransferpreis**:

$$\text{Emissionstransferpreis} = \frac{72\,[\text{t CO2e}] \cdot 25\,[\text{EUR/CO2e}]}{5{,}000{,}000} = 3.60\ \text{bps} \cong 4\ \text{bps}$$

Bei der Unternehmensanleihe hatten wir branchen- und firmenabhängige Transferpreise ermittelt.[751] Mit dem oben angenommenen EU ETS Kompensationspreis erhalten wir folgende Transferpreise (vgl. Abbildung C.16).

---

[751] Es sei hier noch einmal angemerkt, dass es sich bei der Unternehmensanleihe um eine zweckungebundene Anleihe handelt, und damit die branchen- und firmenabhängigen Gesamtemissionen der jeweiligen Unternehmung den zu alloziierenden Basiswert darstellen.

AUSWIRKUNGEN AUF UNTERNEHMENSSTEUERUNG

Abbildung C.16: Branchen- und firmenabhängige Transferpreise einer Unternehmensanleihe von 77,5 Mio. EUR Nennwert (Quelle: eigene Darstellung)

Die Emissionstransferpreise für die gleiche Anleihe in Abbildung C.III.11 variieren zwischen 0 bps (Deutsche Bank) und 605 bps (RWE). Dieses breite Spektrum an Transferpreisen spiegelt das Spektrum an Emissionsintensität zwischen den Branchen wider: die Finanzbranche produziert selbst (ohne die von ihnen finanzierten Emissionen) sehr wenige Emissionen. Die Energiebranche, Autobau und Fluggesellschaften dagegen produzieren relativ viele Emissionen (bezogen auf ihre Bilanzsumme). Beim Vergleich innerhalb der Branchen sieht man bei den Fluggesellschaften weitgehende Homogenität (die Emissionsintensität der Bilanz von Lufthansa und Emirates sind quasi identisch), wohingegen die Emissionsintensitäten von RWE und E.ON weit auseinandergehen.[752] Dies unterstreicht noch einmal die Fähigkeit unseres Transferpreissystems, sowohl für ganze Branchen als auch für Einzelfirmen Preisanreize zu setzen.

743

cc) Einbindung in das interne Transferpreissystem von Banken

Der Transferpreis für Aktiva in einer Bank ist die Summe der Kosten, welche die Bank hat, dieses Aktivum zu finanzieren. Ohne Kapitalkosten, stellt es den Grenzzins dar, ab welchem die Bank einen buchhalterischen Gewinn erzielt. Wenn die Kapitalkosten im Transferpreis ebenfalls enthalten sind, stellt dieser den Grenzzins dar, ab welchem die Bank Mehrwert für ihre Eigentümer generiert. Wir betrachten hier ein **Transferpreissystem** inklusive Kapitalkosten.

744

Wir machen für unser Beispiel folgende Annahmen:

745

- 3J-Refinanzierungskosten der Bank: 100 bps
- Risikogewicht (den erwarteten und unerwarteten Verlust abdeckend): 50 %[753]
- Angestrebte Eigenkapitalverzinsung: 10 %
- Betriebskosten: 50 bps

Der Transferpreis (ohne Emissionskomponente) ergibt sich als:

746

Transferpreis [ohne Emission] = 100[bps] + 50% · 8% · 10% [bps] + 50 [bps] = 230 bps

---

752 Die Unterschiede bei E.ON und RWE lassen sich durch verschiedene Faktoren erklären. Unter anderem liegt das daran, dass sich die Emissionsquellen (Scope 1 bis 3) nicht vergleichen lassen.
753 Der Schwerpunkt dieses Artikels liegt nicht darauf, wie Risikogewichte berechnet werden. Wir geben deshalb ein Risikogewicht von 50 % vor, welches bei der gewerblichen Immobilienfinanzierung einem Gewicht gemäß Kreditrisikostandardansatz entspricht. Bei der Unternehmensanleihe könnte das aus dem Standardansatz kommen (für A+/A/A- – Ratings bzw. aus einem internen ratingbasierten Ansatz mit entsprechenden Ausfallwahrscheinlichkeiten und Verlusthöhen).

AUSWIRKUNGEN AUF UNTERNEHMENSSTEUERUNG

747 Der Transferpreis für die Eigenkapitalkosten ergibt sich als

Eigenkapitalkosten = Risikogewicht · 8% · angestrebte Eigenkapitalverzinsung

748 Unser Ansatz erweitert diesen internen Transferpreis um die Emissionskomponente. Damit ergeben sich die in der Abbildung C.17. dargestellten Gesamttransferpreise (inkl. Emissionskomponente). Sie liegen zwischen 230 bp (Deutsche Bank) und 964 bp (Continental).

Abbildung C.17: Gesamttransferpreis bei einer Anleihe-Finanzierung (Quelle: eigene Darstellung)

Welche **Steuerungswirkung** können diese Transferpreise entfalten?	749
Durch die Emissionskomponente werden emissionsintensive Investitionen teurer und emissionsarme preiswerter. Beim Kreditgeschäft legen Banken die Kreditzinsen fest (Preissetzer). Mit dem Einpreisen der Emissionskomponente (und der Abführung der erhaltenen Kompensationskosten in Kompensationsprojekte) kann die Bank argumentieren, dass sie auch Scope 3-Emissionen (d. h. Emissionen, die aus ihrer Kreditvergabe entstehen[754]) kompensiert. Die Bank könnte (als eine der ersten) glaubhaft nachweisen, dass sie vollumfänglich »emissions-neutral« ist, d. h. Scope 1, 2, und 3 Emissionen-neutral. Das kann – Stand Mai 2020 – keine Bank von sich behaupten.	750
Es ist offensichtlich, dass die Bank ihre Kredite emissionsneutral preisen kann, weil sie bei Krediten eine gewisse »Preisautonomie« hat. Die Emissionsneutralität zahlt hier also der Schuldner. Die vereinnahmten Emissions-/Kompensationserträge sollten auf einem Konto gesammelt und zum Kauf der entsprechenden Zertifikate genutzt werden.	751
Das Ziel des Steuerungsrahmens ist, einen wesentlichen Beitrag zur Emissionsreduktion zu leisten, indem **emissionsarme Finanzierungen** preiswerter und emissionsintensive teurer gemacht werden. Den Kreditnehmern wird ein Anreiz gesetzt, ihre Emissionen zu senken, indem z. B. der Energiekonsum auf Ökostrom umgestellt wird. Nun ist Ökostrom in Deutschland teurer als fossiler Strom. Idealerweise sollte die Finanzierung von fossilem Energiekonsum zweifach bestraft werden: erstens sollte fossiler Energiekonsum teurer sein als erneuerbarer, und zweitens sollte die Finanzierung des fossilen Konsums ebenfalls teurer sein. Auch wenn fossile Energie absolut teurer bleibt als erneuerbare, so macht unser Pricingmechanismus erneuerbare Energie zumindest relativ attraktiver und leistet damit immer noch einen wertvollen Beitrag zur Dekarbonisierung.	752
Bei Unternehmensanleihen ist die Bank »Preisnehmer«. Die Bank kann den internen Transferpreis a priori nicht externalisieren.[755] Wie sollte der interne Transferpreis hier verwendet werden? Die Bank könnte den Transferpreis intern zur Steuerung einsetzen, indem eine Obergrenze an Emissionsintensität festgelegt wird. Beispielsweise könnten Anlagen in Anleihen mit einem Emissionstransferpreis von 300 bps grundsätzlich untersagt werden. Alternativ könnte	753

---

754 Es sei nochmals darauf hingewiesen, dass die Schuldner die Emissionskomponente reduzieren können, indem sie nachweisen, dass sie bereits selber einige Emissionen kompensiert haben. Das Emissionstransferpricing der Bank »bepreist« nur »noch nicht kompensierte« Emissionen.
755 Insbesondere kann die Bank nicht vom Verkäufer bzw. Emittenten verlangen, die Anleihe nur zum Preis von (Marktwert – verbarwerteter Emissionstransferpreis) zu erwerben.

man Emissionsbudgets pro Portfolien bestimmen (gemessen in JNE), indem man z. B. ein Limit von 1 Mio. t unkompensierte Emissionen pro Portfolio festlegt. Wie groß die JNE-Limite pro Portfolio (pro Konzerneinheit, etc.) sein sollte, wird aus dem konzernweiten JNE-Limit, welches im Risikoappetit festgelegt ist, abgeleitet. Die interne Steuerungswirkung kann also auch bei dem Schuldner nicht in Rechnung gestellten Investitionen erzielt werden. Nur die Emissionsneutralität kann natürlich nicht durch den Schuldner erreicht werden. Neben Limiten könnte man den Vertriebs- und Portfoliomanagern Orientierungslimite vorgeben, welche durchschnittlichen Transferpreisen entsprechen. Wenn die Vertriebseinheiten/Portfolien/Konzerngesellschaften/etc. unterhalb der Grenzen bleiben, könnten sie einen Bonus erhalten. Liegen sie hingegen darüber, erhalten sie keinen Bonus (oder ggfs. sogar einen Malus). Durch die Verknüpfung von Transferpreis/Emissionen mit der Vergütung würde die Verbindlichkeit der Steuerungswirkung noch einmal erhöht.

754 Die JNE jeder einzelnen Aktivposition wird um den Betrag, um den tatsächlich kompensiert wird, so also der vereinnahmte Transferpreis extern über EU ETS Zertifikate oder anderweitige Projekte kompensiert wird, reduziert. Somit misst die JNE am Einzelgeschäft und auf Konzernebene die Anzahl der nicht kompensierten Emissionen. Sie zeigt also, wie weit ein Institut noch von der Klimaneutralität entfernt ist.

755 Zusammenfassend lässt sich festhalten, dass extern in Rechnung gestellte Transferpreise den Vorteil haben, dass die **Emissionsneutralität** durch den Schuldner erzielt wird. Aber selbst wenn Transferpreise nicht extern in Rechnung gestellt werden, sind sie wichtig, um dezentrale Anreize zu setzen und zu überwachen, die Emissionsintensität der Bilanz und damit des Geschäftsmodells zu senken und damit einen entscheidenden Beitrag zur Entkarbonisierung der Wirtschaft (und des Planeten) zu erzielen.

5. Zusammenfassung

756 Die Finanzbranche kann bei der Transformation der Weltwirtschaft in eine klimafreundliche Wirtschaft eine wesentliche Rolle spielen. Voraussetzung ist, dass die Banken zunächst den CO2-Fußabdruck von Investments und Krediten messen. Im Beitrag wird auf die Methode der Platform Carbon Accounting Financial abgestellt. Dieser Ansatz ermöglicht es allen Marktteilnehmern, ihren Fußabdruck zu bilanzieren und offenzulegen und bilanzierbar zu machen. Da-

mit ist ein erster, wichtiger Schritt genommen, um zu zeigen, ob die bankeigenen Aktivitäten mit dem 1,5-Grad-kompatibel gemäß Pariser Klimaabkommens sind oder nicht.

Im nächsten Schritt wird ein **Steuerungsmechanismus** für Banken aufgebaut. Hierfür bietet sich der für das Risikomanagement bekannte Steuerungskreislauf an. Neben der Quantifizierung des CO2-Fußabdrucks[756] geht es um die Steuerung der CO2-Risiken. Im Mittelpunkt steht ein Emissionstransfermechanismus. Der Beitrag zeigt, wie dieser Mechanismus in der Bank funktioniert und wie er etabliert werden kann. Das Emisisonstransferpricing preist die Kompensationskosten in die Kredite mit ein. Damit kompensieren die Kreditnehmer automatisch die aus den Finanzierungen resultierenden Emissionen. Die Bank wiederum kompensiert mit den Transferpreiserlösen die finanzierten Emissionen durch den Kauf von EU-Emissionszertifikaten oder durch Investitionen in Kompensationsprojekte. Durch die vollständige Kompensation der Emissionen werden die Banken emissionsneutral. Emissionsintensive Investitionsvorhaben werden teurer, so dass Anreize für emissionsarme Investitionen gesetzt werden. In Volkswirtschaften wie der EU, wo etwa 80 % der Investitionen bankfinanziert sind, tragen die Banken damit einen wesentlichen Beitrag zur Dekarbonisierung der Volkswirtschaft bei.

---

756 Es gibt eine Vielzahl an Dienstleistern, die den Fußabdruck eines Unternehmens oder von Portfolien bewertet. Beispielhaft sei die Fa. Ecochain genannt. Vgl. https://ecochain.com/de/

IV. Nachhaltige Finanzwirtschaft als Bestandteil der Unternehmensführung und Risikokultur[757]

1. Einleitung

758 Nachhaltigkeit ist in der Mitte der Gesellschaft angekommen. Sichtbar wird dies durch Bewegungen, wie z. B. Fridays for Future. Aber auch durch die verstärkte Diskussion von Ungleichheit zwischen und in Ländern, die sich nicht zuletzt in den aktuellen Migrantenströmen ausdrückt. Dabei ist das Thema nicht neu. Seinen Anfang hat es bereits 1972 mit der Publikation »Die Grenzen des Wachstums« vom Club of Rome genommen. Über den Brundtland-Bericht (1982), der UN-Konferenz von Rio de Janeiro 1992, der Rio + 20 UN-Konferenz für Nachhaltige Entwicklung 2012, der Agenda 2030 (2015) mit den 17 SDG´s[758] bis hin zum Pariser Klima-Abkommen aus dem Jahr 2015 sind weitere Stationen auf dem langen Weg zur aktuellen Bedeutung zurückgelegt worden.

759 Was hat sich im Verlauf dieses langen Zeitraumes inhaltlich geändert, dass die Nachhaltigkeit im Zentrum eins breiten öffentlichen Interesses und auch in der Finanzwirtschaft sowie der Finanzaufsicht angekommen ist? In letzter Konsequenz ist diese Frage einfach zu beantworten. Es wird immer deutlicher, dass ein Einfaches weiter so, unsere Lebens- und Wirtschaftsgrundlagen in Frage stellt.[759] Damit sind erhebliche quantitative Auswirkungen auf Geschäftsmodelle von Unternehmen und Banken sowie in letzter Konsequenz für die Finanzmarktstabilität verbunden. So sind z. B. fast 50 % der **Risikoexponierung** der Banken im Euro-Währungsgebiet direkt oder indirekt mit klimabedingten Risiken verbunden.[760] Alleine dies verdeutlicht, dass den Banken nicht nur eine wichtige Rolle bei der Transformation der Wirtschaft zukommt. Sie müssen auch ihr Portfolio auf sich ändernde Chancen-/Risikoprofile anpassen.

760 Es bedarf also eines neuen nachhaltigkeitsbezogenen Narrativ für die Wirtschaft insgesamt und die Finanzwirtschaft.

---

757 Autor: *Eberhard Brezski*. Die Ausführungen geben ausschließlich persönliche Auffassungen wieder. Für Rückfragen oder Anregungen ist der Autor unter der E-Mail-Adresse e.brezski@t-online.de erreichbar.
758 SDG: Sustainable Development Goals, Vgl. dazu auch die Darstellungen in den Kapiteln A.I und A.II dieses Herausgeberbandes.
759 Vgl. unter anderem *Rifkin* (2019); *WEF* (2020a); *The New Climate Economy* (2018/2019).
760 *Battiston/Mandel/Monasterolo/Schütze/Visentin* (2017).

2. Rahmenbedingung einer nachhaltigen Finanzwirtschaft

a) Der Begriff der Nachhaltigkeit

Seinen Ursprung hat der Begriff der Nachhaltigkeit in der Forstwirtschaft.[761] Nach dieser Definition durfte nur so viel Holz gefällt werden, wie jeweils nachwachsen kann. Im Zeitablauf wurde dieses Prinzip der Ressourcennutzung auf die Bewahrung der natürlichen Regenerationsfähigkeit aller Ökosysteme ausgedehnt. Im Zuge dieses Wandels wurde Nachhaltigkeit zunehmend zu einem politischen, **normativen Ziel**, welches unser gesellschaftliches Handeln bestimmen soll. Seinen sichtbaren Ausdruck hat dieses Ziel in der »Agenda 2030 für nachhaltige Entwicklung« der Vereinten Nationen. Deren Generalversammlung verabschiedete 2015 17 Ziele (SDG´s) und 169 Zielvorgaben, die in ihrer Summe weltweit ein menschenwürdiges Leben ermöglichen und gleichzeitig die natürlichen Lebensgrundlagen dauerhaft bewahren sollen. Diese liegen aufgrund ihrer grundlegenden Bedeutung auch den weiteren Ausführungen zugrunde.

b) Nachhaltigkeitsrisiken

Bei den **Nachhaltigkeitsrisiken** stehen aktuell vor allem Klima- und Umweltrisiken im Fokus, wie nicht zuletzt der aktuelle Risikoreport des World Economic Forum zeigt.[762] Dies darf aber nicht darüber hinwegtäuschen, dass mit diesen in der Regel auch deutliche soziale Auswirkungen verbunden sind.[763]

Grundsätzlich lassen sich die folgenden Risikokategorien unterscheiden:[764]

Physische Risiken: Hierunter fallen Schäden durch Starkregen, Stürme, Überflutungen, Trockenheit, Hagel, Meeresspiegelanstieg sowie die schleichende Verschlechterung von Produktions- und Arbeitsbedingungen. Sowohl die Häufigkeit als auch die Höhe der daraus resultierenden wirtschaftlichen Schäden hat zugenommen. Bei einem »Weiter so« dürften sich die hieraus resultierenden Schäden auf bis zu USD 550 Billionen bis 2050 summieren.[765]

Biodiversitätsrisiko: Dies ist ein spezifisches physisches Risiko und drückt sich in einer schleichenden, aber deutlichen Verschlechterung der Produktions- und Arbeitsbedingungen auswirkt. Hierdurch könnten u. a. Lieferketten in der

---

761 Vgl. dazu auch die Darstellungen in den Kapiteln A.I und A.II dieses Herausgeberbandes.
762 WEF (2020b). Vgl. dazu auch die ausführliche Diskussion in dem Kapitel A.V dieses Herausgeberbandes.
763 Vgl. *McKinsey Global Institute* (2020).
764 Vgl. *Röseler* (2019) und *McKinsey Global Institute* (2020).
765 *CRO Forum* (2019).

Nahrungsmittelindustrie bedroht werden.[766] Schätzungen gehen davon aus, dass der Verlust von Bestäubern in der Landwirtschaft Risiken in Höhe von bis zu USD 577 Mrd. jährlich verursachen kann.[767]

Transitionsrisiken: Dahinter verbergen sich vor allem Risiken, die aus politisch motivierten Veränderungen wie z. B. der Energiewende resultieren. So könnten sich z. B. Kohlekraftwerke aufgrund des Gesetzes zur Reduzierung und zur Beendigung der Kohleverstromung als **Stranded Assets** erweisen. Die Folgen des damit verbundenen Strukturwandels in den betroffenen Regionen kommen noch hinzu und müssen ebenfalls betrachtet werden.

An dieser Stelle ist auf potenziell mögliche Imageschäden bzw. **Reputationsrisiken** hinzuweisen. Diese entstehen zum Beispiel, wenn sich Unternehmen nicht schnell genug auf nachhaltige Technologien umstellen.[768] Es gibt aber auch die sogenannten **rückwirkenden Reputationsrisiken.** Dies entstehen z. B. wenn Zulieferer als schädlich eingestufte Branchen beliefern oder wenn Banken ethisch fragwürdige Unternehmen finanzieren.[769]

Finanzstabilitätsrisiken: Die vorgenannten Risiken können sich auch auf die Finanzstabilität auswirken, indem z. B. Unternehmen oder Branchen nicht mehr zu vernünftigen Kosten versichert werden können oder infolge von Umwelt- und Klimaschäden Reputationsschäden für ganze Branchen bzw. Märkt entstehen.[770]

Rohstoffversorgungsrisiko: Seit 1970 hat sich der weltweite Rohstoffabbau von 27 Mrd. Tonnen auf 92 Mrd. Tonnen mehr als verdreifacht. Bei einer Fortschreibung des Trends würde sich der jährliche Rohstoffverbrauch bis 2030 auf 190 Mrd. Tonnen verdoppeln.[771] Damit sind nachgewiesenermaßen auch physische Risiken verbunden (z. B. Verunreinigung der Böden etc.). Außerdem führt dies zu einer erhöhten Konkurrenz um knappe Rohstoffe, was Wertschöpfungsketten beeinträchtigen kann.[772]

---

766 Vgl. *KfW* (2019a) und *PWC* (2020).
767 Vgl. *ipbes* (2019).
768 Dies könnte z. B. manchen Automobilhersteller ereilen, der sich nicht schnell genug auf neue Antriebsformen und neue Geschäftsmodelle im Dienstleistungssegment einstellt.
769 Aktuelles Beispiel ist Siemens. Der Konzern liefert eine Zugsignalanlage für ein Kohlekraftwerk in Australien und ist damit das Ziel von Protesten geworden.
770 Vgl. *Röseler* (2019).
771 Vgl. *KfW* (2019b).
772 Vgl. *Brüggemann* (2019).

c)   Chancen

Wo Risiken sind, sind auch Chancen und Nachhaltigkeit ist keineswegs der **Profitabilitäts- oder Renditekiller**, wie manchmal dargestellt. Eine McKinsey-Umfrage zeigt das Gegenteil.[773] Entsprechend haben die weltweiten ESG[774]-bezogenen Investitionen deutlich zugelegt.[775]

Wesentliche Chancen liegen nach Rifkin in sieben strategischen Handlungsbereichen: Energieeffizienz; Erneuerbare Energien; saubere, sichere und vernetzte Mobilität; wettbewerbsfähige Industrien und eine zirkuläre Wirtschaft; Infrastruktur und Vernetzung; **Bioökonomie** und natürlich CO_2-Senkung sowie CCS-Technologie[776] und Lagerung.[777] Im Folgenden werden einige dieser Bereiche, die keineswegs unabhängig voneinander sind, beispielhaft dargestellt.

Umweltschutzausgaben und -investitionen sind bereits heute ein wesentliches Marktsegment. In Deutschland erwirtschaftete dieses Segment 2017 einen Umsatz von EUR 73,9 Mrd., wovon alleine 67 % auf den **Klimaschutz** und 38,6 % auf den Export entfallen. Wichtige Elemente sind die Nutzung Erneuerbarer Energien (EUR 24,4 Mrd.) und **Energieeffizienz** (EUR 23,6 Mrd.).[778] Letztere sind für Unternehmen interessant, da sie sich zumeist durch eine hohe interne Verzinsung auszeichnen.[779]

Damit kommen wir schon zum Ausbau der **Erneuerbaren Energien**, die sich zunehmend als wettbewerbsfähig erweisen[780]. Dieser ist zwingend, sollen die Pariser Klimaziele erreicht werden. Laut BaFin benötigt die Erreichung dieser Ziele weltweite Investitionen in Höhe von jährlich USD 5 Billionen. In Europa geht die Europäische Kommission von einem jährlichen Finanzierungsbedarf von EUR 180 Mrd. zur Erreichung der Klima- und Energieziele 2030 aus.[781]

Neuen Technologien, wie z. B. **grüner Wasserstoff**, wird eine hohe Bedeutung für die Energiewende und die Schaffung wettbewerbsfähiger Industrien zugesprochen.[782] Allerdings sind noch Forschungs- und Entwicklungsanstrengungen zur Erreichung der Wirtschaftlichkeit nötig. Insoweit ist mit dieser Chance auch ein Risiko des Scheiterns verbunden.

---

773   *McKinsey* (2020).
774   ESG = Environment, Social, Governance.
775   *Henisz* (2019).
776   CO2-Abscheidung und -Speicherung.
777   *Rifkin* (2019).
778   *Destatis* (2019).
779   Vgl. *WEF* (2020c).
780   Vgl. *Dyson* (2018).
781   Vgl. *EU* (2018).
782   Vgl. *Gasunie* (2019) und *Witsch* (2020).

775 Ein zukünftig an Bedeutung gewinnender Bereich ist die **Kreislaufwirtschaft**. Dies ergibt sich aus zwei Aspekten: Erstens ist die **Recyclingquote** ist noch gering. 2016 entstammten nur durchschnittlich 12 % der in der EU eingesetzten materiellen Ressourcen einem Recycling.[783] Zweitens können durch die Schaffung geschlossener Kreisläufe der Rohstoffabbau, Abfälle, Emissionen und Material- bzw. Energieverluste minimiert werden. Auch dies erfordertet noch Entwicklungsanstrengungen, um entsprechende Konzepte in der Praxis umsetzen zu können, was aber durch regulatorische Vorgaben der EU unterstützt wird.

776 Ergänzt werden diese Elemente noch **Infrastrukturmaßnahmen**, wie z. B. den Breitbandausbau, der Umgestaltung und dem Umbau des Energienetzes (inkl. Stromspeicher und Smart Grids), neue Mobilitätskonzepte (z. B. Robotaxis) und ähnliches, die für den klimafreundlichen Umbau der Wirtschaft und eine möglichst flächendeckende Teilhabe an diesen Entwicklungen benötigt werden.

777 Angesichts dieser Möglichkeiten plädiert der OECD-Generalsekretärs für einen grünen Aufschwung nach Überwindung der Corona-Pandemie.[784] Eine Einschätzung, die von anderen geteilt wird.[785]

d) Das Lemon-Markt-Problem

778 Angesichts der skizzierten Chancen lässt sich festhalten, dass sich ein zunehmend größer werdender Pool an interessanten Projekten, Investitionen und damit an nachhaltigen Finanzierungen herausbildet. Verantwortlich hierfür ist die Feststellung, dass die Kosten zur Umsetzung der Nachhaltigkeit geringer sind als die Kosten des Ignorierens.[786] Die Vorteilhaftigkeit und der Grad der Nachhaltigkeit wird sich aber nicht immer leicht erkennen lassen, was unter anderem auf die folgenden Aspekte zurückzuführen ist.

779 Der nachhaltige, insbesondere Klimafreundliche Umbau der Wirtschaft bedingt einen **holistischen Ansatz**, der Innovationen und deren Förderung, verlässliche regulatorische Ansätze, Verhaltensänderungen und einen breiten gesellschaftlichen Konsens umfasst.[787]

---

783 Vgl. *Brüggemann* (2019).
784 Vgl. *Gurria* (2020) und hierzu auch *Pinner* (2020).
785 Vgl. z. B. *Agora* (2020).
786 Vgl. *KPMG* (2019).
787 Vgl. *Mazzucato* (2018).

Genau dies macht aber die Beurteilung der Nachhaltigkeit von Investitionsvorhaben und Finanzierung nicht immer trivial, wie die folgenden Beispiele verdeutlichen: [788]

- Es existieren keine auf Erfahrungen basierende Entscheidungsmodelle für nachhaltige Investitionen.
- In der Natur sind **Trägheitsaspekte** zu berücksichtigen, die aktuell Handlungsnotwendigkeiten für Investitionen noch nicht verdeutlichen.
- Die Welt ändert sich kontinuierlich und manchmal disruptiv, was nicht immer adäquat in Entscheidungsmodelle abgebildet werden kann. Dies gilt u. a. auch für regulative Vorgaben.
- Mit vielen auf den ersten Blick nachhaltigen Produkten oder Investitionen sind auch negative Aspekte verbunden, so dass eine Beurteilung schwierig ist.[789]
- Grundsätzlich besteht auch bei manchen Unternehmen die Gefahr eines **Greenwashing**[790] bei Investitionsvorhaben bzw. Finanzierungsanfragen.

Dahinter steht eine **asymmetrische Informationsverteilung**, die hohe Kosten bei der Informationsbeschaffung nach sich zieht. Daraus resultiert das beschriebene Problem einer Negativauswahl (»**adverse Selection**«), welches Akerloff in seinem Aufsatz »The Markets for Lemons: Quality Uncertainty and the Market Mechanism« aus dem Jahr 1970 am Beispiel für Gebrauchtwagen diskutierte. Diese grundlegende Problematik wird noch durch die langfristige Ausrichtung von Investitionen in Nachhaltigkeitsziele verstärkt.

Dieses **Lemon-Markt-Problem** führt daher bei Banken und Finanzinvestoren zu einer Unsicherheit bei der Beurteilung von Chancen und Risiken einer Finanzierung bzw. der Frage ob Unternehmensmaßnahmen wirklich nachhaltig sind. Garantieerklärungen, Reputation und Markennamen, Informationsmärkte, **Standards und Güteziegel** sowie rechtliche Vorkehrungen können aber die Unsicherheit verringern.

Bei der Nachhaltigkeit wird dabei aktuell vor allem den Aspekten Standards und Güteziegel eine erhöhte Aufmerksamkeit gewidmet, da dadurch für die Märkte eine zwingend notwendige Transparenz geschaffen werden soll.[791] Konkret kommt daher der **EU-Taxonomie** eine erhebliche Bedeutung zu, da hiermit

---

788 Vgl. *McKinsey Global Institute* (2020).
789 Ein Beispiel hierfür ist die Bioethanol-Produktion in Brasilien, die partiell mit einem Rückbau des Regenwaldes einhergeht.
790 Vgl. *EU TEG* (2019c).
791 Vgl. *Kempfert* (2019); EU (20191); *Stremlau* (2019).

zumindest eine Basistransparenz zur Beurteilung bzw. Einordnung von Nachhaltigkeitsprojekten erreicht werden kann.

784 Zudem existieren auch **Nachhaltigkeitsratings**, die Unternehmen zur externen Dokumentation ihrer Nachhaltigkeitsanstrengungen erstellen lassen können. Diese sind aber nicht harmonisiert und kommen zu unterschiedlichen Bewertungen, so dass sie nur bedingt hilfreich sind.[792]

785 In der Summe bedeutet dies, dass das Problem der Negativauswahl nicht vollständig beseitigt werden kann. Jedes Vorhaben muss immer wieder für sich beurteilt werden. Umso wichtiger ist es, dass sich Banken grundsätzlich und vollumfänglich mit dem Thema Nachhaltigkeit beschäftigen und dies durch Abläufe und Regeln nach außen und innen dokumentieren.

3. Nachhaltigkeit und Unternehmensführung

a) Wo wirkt Nachhaltigkeit in Banken?

786 Die vorhergehenden Ausführungen haben deutlich gemacht, dass Nachhaltigkeit ein wesentliches Querschnittsthema ist. Bei seiner Berücksichtigung geht es im Wesentlichen um zwei **Zielsetzungen**:[793]

- Die Gewährleistung einer **Resilienz** des Geschäftsmodells gegenüber Nachhaltigkeitsrisiken.
- Die Schaffung von Voraussetzungen, um von den **Chancen der Transformation** von Gesellschaft und Wirtschaft zu profitieren

787 Dementsprechend wird sich die Nachhaltigkeit – wie die nachfolgende Abbildung C.18 zeigt – in den unterschiedlichsten Bereichen auswirken, was auch zunehmend aufsichtsrechtlich gefordert wird.

---

792 Vgl. *Mannweiler* (2020).
793 Vgl. *Sustainable Finance-Beirat der Bundesregierung* (2020) und auch *Europäische Zentralbank* (2020).

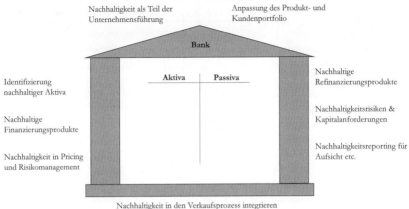

Abbildung C.18: Nachhaltigkeit in Bankbereichen (Quelle: KPMG (2019))

Dies reicht von der Gestaltung von neuen Finanzierungsprodukten, über die Neugestaltung des Kundenportfolios, die Ausgestaltung des Risikomanagements bis hin zum Aufbau eines eigenen **Nachhaltigkeitsreporting**. In dieser Breite haben Banken zweier Studien zufolge allerdings Nachholbedarf.[794]

Zentral ist aber zunächst, dass Nachhaltigkeit als zentraler Baustein der Unternehmensführung implementiert wird.[795] Nur so kann gewährleistet werden, dass das Thema sowohl nach außen als auch nach innen seine volle Wirkung entfalten kann. Bei der Verankerung des Themas in der Unternehmensführung sind zwei Komponenten zu unterscheiden, die aber in letzter Konsequenz zusammengehören: Die **organisatorische Verankerung** und die funktionale/**inhaltliche Verankerung**. Hierzu ist aber zunächst eine entscheidungsorientierte Definition des Begriffs Nachhaltigkeit festzulegen.

b) Definition Nachhaltigkeit

Am sinnvollsten ist es derzeit auf die EU-Taxonomie abzustellen, da sie als einzige einen Orientierungsrahmen für Entscheidungen abbildet. Im Einzelnen wurden, wie die nachfolgende Tabelle C.3 zeigt, 6 **Umweltziele** und 4 **Kriterien für nachhaltige wirtschaftliche Tätigkeiten** definiert. Anhand dieser können dann Investitionen bzw. Finanzierungen beurteilt werden.

---

794 Vgl. *WWF* (2020a) und *inmug* (2019).
795 Vgl dazu auch die beispielhaften Ausführungen in Kapitel C.VI dieses Herausgeberbandes.

AUSWIRKUNGEN AUF UNTERNEHMENSSTEUERUNG

Umweltziele	Kriterien Nachhaltigkeit
Klimaschutz	Wesentlicher Beitrag zu mind. einem Umweltziel
Anpassung an Klimawandel	keine wesentlichen Schäden bei den anderen Umweltzielen
Nachhaltige Nutzung und Schutz der Wasser- und Meeresressourcen	Entsprechen robusten, wissenschaftlich fundierten technischen Evaluierungskriterien
Übergang zur Kreislaufwirtschaft	Halten soziale und Governance-Mindeststandards ein
Vermeidung/Verminderung der Umweltverschnutzung	
Schutz und Wiederherstellung der biologischen Vielfalt und der Ökosysteme	

Tabelle C.3: EU-Taxonomie (Quelle: EU (2019a))

791 Vergleicht man diese Taxonomie mit den diskutierten Risiken und Chancen, so wird deutlich, dass diese gut abgedeckt werden. Selbst das Lemon Market-Problem wurde berücksichtigt. Allerdings ist festzuhalten, dass manches relativ allgemein formuliert wurde und sich einer unmittelbaren **Operationalisierung** zur Überprüfung von Maßnahmen entzieht. Mit anderen Worten: Die Taxonomie ersetzt keine individuelle, sorgfältige Überprüfung von Unternehmen, Investitionen, Finanzierungen sowie der nach Innen gerichteten Maßnahmen (Förderung von Frauen, Förderung Ehrenamt, Vielfalt, Gesundheitsmanagement etc.).

c) Ein Umsetzungsleitfaden: Principles for Responsible Banking

792 Ein erster Schritt der Umsetzung der Nachhaltigkeit in der Unternehmensführung ist das Bekennen zu den »**Principles for Responsible Banking**« der UNEP.[796] Dieses gibt 6 Prinzipien vor, anhand derer Banken die Umsetzung der SDG´s der UN und der Ziele des Pariser Klimaschutzabkommens abarbeiten können. Dies gilt umso mehr, als Banken erstmalig binnen 14 Monate nach Unterzeichnung und anschließend jährlich Bericht erstatten müssen über die Fortschritte. In Deutschland haben viele Kreditinstitute diese Prinzipien unterschrieben.

d) Organisatorische Verankerung der Nachhaltigkeit

793 Zweifelsohne muss sich das Thema Nachhaltigkeit in den Tätigkeiten aller Bankmitarbeiter widerspiegeln. Hierzu sind geeignete Maßnahmen zu treffen, die laut EZB dem Modell der drei Verteidigungslinien folgen sollen.[797]

---

796 Vgl. *UNEP* (2018). Eine Ausführliche Darstellung ist in Kapitel A.II dieses Herausgeberbandes zu finden.
797 Vgl. *Europäische Zentralbank* (2020).

Genauso unzweifelhaft ist die Tatsache, dass die Verantwortung für die Thematik im Gesamtvorstand angesiedelt sein sollte. Dem Ansatz eines eigenen **Nachhaltigkeitsvorstandes** wird eine Absage erteilt. Das Thema spielt in allen wesentlichen Bankbereichen hinein und muss folglich vom Vorstand gesamthaft verantwortet werden, wobei nach außen dem Vorstandsvorsitzenden eine hervorgehobene Bedeutung im Hinblick auf die Kommunikation zukommt.[798]

Inhaltlich ist es die Aufgabe des Vorstandes auf der Basis eines gemeinsamen Verständnisses der Risiken und Chancen eine **Nachhaltigkeitsstrategie** zu entwickeln, zu kommunizieren und im Unternehmen durch geeignete Prozessstrukturen (inkl. der Verteilung von Verantwortlichkeiten) zu institutionalisieren.[799] Dabei kommt dem Vorstand auch eine **Vorbildfunktion** vor, um Reputationsrisiken vorzubeugen.[800] Letzteres ist von Bedeutung, weil die Verfolgung von langfristigen Nachhaltigkeitszielen kurzfristig in Konflikt zu Finanzzielen des Unternehmens stehen kann. Ohne konkrete Maßnahmen zur Sicherstellung eines stringenten Verhaltens kann dann ein **opportunistisches Verhalten** entstehen, welches sich gegebenenfalls negativ auf die Reputation auswirkt.

Gerade vor diesem Hintergrund kommt der internen und externen Kommunikation der Nachhaltigkeitsstrategie eine hervorgehobene Bedeutung zu. Allen **Stakeholdern** der Bank muss klar sein, wofür das Haus steht und das diese Ziele widerspruchsfrei umgesetzt werden. Dies bedingt eine weitere organisatorische Verankerung.

Nachhaltigkeitskompetenzen müssen in allen relevanten Bereichen der Bank inhaltlich hinterlegt und organisatorisch sichergestellt werden, was im Wesentlichen die **erste Verteidigungslinie** darstellt. Dies betrifft nicht zuletzt das Firmenkundengeschäft, das Risikomanagement, das Kapitalmarktgeschäft, die Compliance und die interne Revision.[801] Letztere ist für den angemessenen **Umgang mit Nachhaltigkeitsrisiken** zuständig. Wegen der Komplexität sollte die Angemessenheit und Wirksamkeit der **nachhaltigkeitsbezogenen Regelungen** in organisatorischer und funktionaler Hinsicht, das Risikomanagement und die besonderen Funktionen im Sinne der MaRisk immer wieder

---

798 Vgl. *KfW* (2020b).
799 Vgl. *Europäische Zentralbank* (2020).
800 Vgl. *BaFin* (2019a).
801 Vgl. *Sustainable Finance-Beirat* (2020) und *Europäische Zentralbank* (2020).

überprüft und gegebenenfalls angepasst werden.[802] Die Interne Revision übernimmt damit die wichtige **dritte Verteidigungslinie** zur Erreichung der Resilienz.

798 Wegen der Komplexität und der Unsicherheit bezüglich der Auswirkungen von Entscheidungen auf die Nachhaltigkeitsziele ist eine Koordinierung der die Implementierung aller funktionalen/inhaltlichen Verankerungen zwingend und durch Schulungen zu unterstützen.

799 Daher ist es sinnvoll, dass zumindest ein **Nachhaltigkeitsbeauftragter** verankert wird. Dies ist in vielen Banken (z. B. NORD/LB, KfW) schon erfolgt, wobei der zentrale Nachhaltigkeitsbeauftragte oft noch durch dezentrale Beauftragte in den wesentlichen Bereichen unterstützt wird.

800 Gegebenenfalls ist auch die Einrichtung einer **Steuerungsgruppe Nachhaltigkeit** zu überlegen, wie es z. B. die KfW und die NORD/LB vollzogen haben.[803] Diese kann sich mit neuen Entwicklungen auseinandersetzen und Impulse für Regelanpassungen und oder Finanzierungsthemen geben. Insbesondere auch gegenüber dem Vorstand. Wichtig ist in diesem Kontext, dass diese in die bestehenden **Nachhaltigkeitsprozesse** integriert wird.[804]

801 In der Summe ist die organisatorische Verankerung noch vergleichsweise einfach, was durch Umfrageergebnissen dokumentiert wird.[805]

e) Funktional/Inhaltliche Verankerung der Nachhaltigkeit

802 Die Funktional/Inhaltliche Verankerung der Nachhaltigkeit hat im Wesentlichen drei Zielsetzungen:

- Sicherstellung einer auf die Nachhaltigkeitsstrategie der Bank ausgerichteten **Verhaltenssteuerung** der Mitarbeitenden.
- Erreichung der Nachhaltigkeitskennzahlen bzw. -ziele der Bank.
- Kontinuierliche Verbesserung der **intangiblen, personellen Ressourcen** (Wissen, Fähigkeiten und Kompetenzen) in Bezug auf die Nachhaltigkeit.

---

802 Vgl. *BaFin* (2019a).
803 Vgl. *KfW* (2020b).
804 Vgl. *BaFin* (2019a).
805 Vgl. *gsfc-germany* (2018).

Zur Erreichung dieser Ziele bedarf es zunächst eines Nachhaltigkeitsleitbildes und einer Nachhaltigkeitsstrategie. Das **Nachhaltigkeitsleitbild** kann sich dabei recht gut an den UNEP-Prinzipien orientieren. Eine Betrachtung der Leitbilder deutscher Banken zeigt, dass dies auch oft der Fall ist.

Bei der Formulierung der **Nachhaltigkeitsstrategie** ist es sinnvoll von der bestehenden Geschäftsstrategie auszugehen und diese im Hinblick auf verschiedene Fragestellungen zu überprüfen. Beispiele hierfür sind: Welche Geschäftsfelder sind einem physischen Risiko oder Transitionsrisiko ausgesetzt? Wie erheblich sind die Risiken? Sollen Geschäftsfelder eingeschränkt, umgestaltet oder fortgeführt werden? Reicht eine Konzentration auf besonders gefährdete Geschäftsfelder oder sollen alle in die Nachhaltigkeitsstrategie eingebunden werden? Die Antworten, die sinnvollerweise auf erarbeitete und analysierte Szenarien beruhen sollten[806], sind dann in eine konkrete alle konkreten Stakeholder umfassenden Nachhaltigkeitsstrategie umzusetzen.[807]

Im Hinblick auf die Konkretisierung und die Funktional/Inhaltliche Verankerung sind unter anderem die folgenden Elemente von Bedeutung:

- Operationalisierung des Nachhaltigkeitsbegriffes und seine Berücksichtigung in den Entscheidungen der Bank. Hierzu können nicht zuletzt **Ausschusslisten** bzw. **Sektorleitlinien** beitragen.[808] Einen ersten Ansatz hierzu liefert die **Technical Expert Group** der EU mit dem Ausschluss von kontroversen Waffen und dem Ausschluss von Unternehmen, die gegen globale Normen (z. B. UN Global Compact) verstoßen.[809] Allerdings ist dies noch recht allgemein gehalten, so dass weitere Konkretisierungen erfolgen müssen. Beispiele hierfür können u. a. sein, dass grundsätzlich keine Waffenproduzierende Unternehmen, Spielhallen, Unternehmen aus Emissionsstarken Branchen etc. finanziert werden.

- Im engen Zusammenhang hiermit steht eine Nachhaltigkeitsrichtlinie **Kreditportfoliosteuerung**. Diese beinhaltet wie das Kreditportfolio unter Nachhaltigkeitsgesichtspunkten zu steuern ist. Dies fängt an bei der Festlegung von **Limiten** und reicht über die Vorgabe einer Quote für nachhaltigkeitskonformen Neugeschäftsvolumen bis zur Festlegung von klimarelevanten Kennzahlen (**KPI´s**).[810] Letzteres ist sicherlich nicht trivial umzusetzen. Es existieren aber Hinweise der Technical Expert Group, die als Ausgangsbasis genutzt werden können.[811] Letztlich geht

---

806 Vgl. *Europäische Zentralbank* (2020).
807 Vgl. *BaFin* (2019a).
808 Vgl. *KfW* (2020b) und *BaFin* (2019a).
809 Vgl. *EU TEG* (2019c).
810 Vgl. *Europäische Zentralbank* (2020).
811 Vgl. *EU TEG* (2019b).

AUSWIRKUNGEN AUF UNTERNEHMENSSTEUERUNG

es an dieser Stelle schlicht darum, dass Kreditportfolio in Bezug auf Nachhaltigkeitsrisiken zu optimieren. Ein aktuelles Beispiel wäre z. B. die Zulieferindustrie für Verbrennungsmotoren, die aufgrund der E-Mobilität in Probleme geraten können. Insoweit ist hier eine Entscheidung nötig, ob und in welchen Umfang solche Unternehmen noch finanziert werden. Auf der anderen Seite ist es aber auch denkbar, dass eine Quote für Neugeschäft festgelegt wird, die den definierten **Nachhaltigkeitskriterien** der Bank genügen.[812]

- Natürlich wird dem Grunde nach auch eine Nachhaltigkeitsrichtline für **Anlageprodukte** benötigt.

- Definition von weiteren **Nachhaltigkeitsrichtlinien** für wesentliche Bankbereiche, wie zum Beispiel eine **Nachhaltigkeitsrichtlinie für Kreditanfragen**. Dahinter steht letztlich die Frage, ob das Geschäftsmodell des Unternehmens nicht gegen Nachhaltigkeitskriterien verstößt und damit die Überprüfung der mit einem Engagement verbundenen Nachhaltigkeitsrisiken.[813] Dies kann im Einzelfall auch eine Überprüfung der **Wertschöpfungsketten** des Unternehmens benötigen um rückwirkende Reputationsrisiken zu vermeiden. In diesem Kontext ist auch zu überlegen, ob und welche Vorgaben den Geschäftspartner in Bezug auf deren **Nachhaltigkeitsberichterstattung** bzw. **Nachhaltigkeitsrating** gemacht werden. Dies gilt umso mehr, als Untersuchungen hier noch einen deutlichen Nachholbedarf offenbaren.[814]

- Einrichtung eines **Risikoverständnisprozesses**. Nachhaltigkeit ist ein komplexes und dynamisches Thema, so dass man nicht von einem vollständigen Verständnis aller Zusammenhänge an allen Stellen ausgehen kann. Daher sollte eine Art kontinuierlicher Verbesserungsprozess implementiert werden, der zu einem verbesserten Verständnis der **Risikotreiber** beitägt und damit die **Risikokultur** und das **Risikowissen** der Bank kontinuierlich auf ein anderes Niveau hebt.[815] Ein weiteres Ergebnis dieses Prozesses sollte die Überprüfung der Nachhaltigkeitsrichtlinien sein[816], so dass diese den jeweils aktuellen Stand des Wissens widerspiegeln.

- Damit in Verbindung steht die Schaffung eines umfassenden Nachhaltigkeitsbezogenen Weiterbildungsangebotes. Nur so können die **Nachhaltigkeitsorientierung** und das **Nachhaltigkeitsbewusstsein** jedes einzelnen Mitarbeiters gefördert werden.

---

812 Dies macht zum Beispiel die KfW.
813 Vgl. *Europäische Zentralbank* (2020).
814 Vgl. *PWC* (2019a).
815 Vgl. *KfW*; Dies ist auch eine zentrale Anforderung der *Europäischen Zentralbank* (2020) an Banken.
816 Vgl. *BaFin (2019a)*.

- Partiell wird in diesem Kontext auch die Integration der Nachhaltigkeit in die **Zielvereinbarungen** mit den Mitarbeitenden vor allem auf der Führungsebene und in **Sanktions- und Belohnungsmechanismen** gefordert.[817] Dies setzt allerdings definierte KPI´s als Bemessungsgrundlage voraus. Partiell wird auch bereits die Frage einer Integration von Nachhaltigkeitskompetenzen in die Befähigungsprüfung für Führungspositionen entsprechend der CRD[818] diskutiert.

- Erweiterung der Corporate Governance-Richtlinien etc. um Nachhaltigkeitsaspekte zur Sicherstellung ihrer Berücksichtigung im operativen Handeln der Bank.

- Definition eines Neue Produkte-Prozesses zur Schaffung **ESG-konformer Finanzierungsprodukte**, da es derzeit noch in allen Produktkategorien an nachhaltigen Finanzierungsprodukten zu Unterstützung der Transformation mangelt und dadurch das Engagement der Banken für Nachhaltigkeit gut dokumentiert werden kann.[819]

- Implementierung eines **internen Nachhaltigkeits- oder Umweltmanagements**. Denn unabhängig von allen anderen Aspekten müssen auch Banken dokumentieren können, dass sie sich an entsprechende Vorgaben halten und mit gutem Beispiel vorangehen. Dies beinhaltet u. a. Optimierung des eigenen **ökologischen Fußabdruckes**. Angesichts der Umfragen des WWF und von inmug kann davon ausgegangen werden, dass dies bereits weitgehend Standard ist.

- Gleiches gilt im Wesentlichen auch für interne Aspekte wie z. B. Vielfalt, Chancengleichheit, Gesundheitsmanagement etc.

- Etablierung eines aussagekräftigen **Nachhaltigkeitsreporting**. Hier können sich Banken an den Empfehlungen der TCFD orientieren. Unter anderem sollten die folgenden Informationen enthalten sein: Maßnahmen des internen Nachhaltigkeitsmanagement und Darstellung des eigenen ökologischen Fußabdruckes. Einfluss der Finanzierungsaktivitäten auf Nachhaltigkeitsthemen. Transparenz über die Nachhaltigkeitswirkung von Krediten und anderen Finanzierungsaktivitäten. Darstellung, inwieweit Finanzierungsaktivitäten taxonomiekonform sind. Veröffentlichung von Portfoliokennzahlen zur Klimaperformance getrennt nach Kredit- und Anlageportfolio.[820]

In Summe kann damit festgehalten werden, dass die Funktionale/Inhaltliche Verankerung der Nachhaltigkeit viele Abstimmungen/Maßnahmen erfordert.

---

817 Vgl. *Sustainable Finance-Beirat der Bundesregierung* (2020), *BaFin* (2019a) und *Europäische Zentralbank* (2020).
818 CRD = Capital Requirements Directive.
819 Vgl. *Sustainable Finance-Beirat der Bundesregierung* (2020).
820 Vgl. *Sustainable Finance-Beirat der Bundesregierung* (2020) und *Europäische Zentralbank* (2020).

AUSWIRKUNGEN AUF UNTERNEHMENSSTEUERUNG

4. Nachhaltigkeit und Risikomanagement

807 Es ist bereits mehrfach angeklungen, dass das Thema Nachhaltigkeit auch in das **Risikomanagementsystem** von Banken zu integrieren ist. Dahinter steht einfach das Ziel einer Reduktion der Nachhaltigkeitsrisiken, wie es auch in der Entwicklung von Benchmarks durch die Technical Expert Group zum Ausdruck kommt.[821] Das dieses Ziel auch zunehmend in den Fokus der Aufsichtsbehörden rückt, zeigt sich nicht zuletzt darin, dass diese verstärkt an der Konzipierung und Einführung von **Stresstests** arbeiten und bei den Banken noch einen Nachholbedarf sehen.[822] Außerdem haben sowohl BaFin als auch die Europäische Zentralbank deutlich kommuniziert, dass sie eine umfassende Auseinandersetzung mit Nachhaltigkeitsrisiken erwarten und dies auch im Rahmen des aufsichtsrechtlichen Prüfungs- und Bewertungsprozesses (**SREP**) mit den Instituten diskutieren werden.[823] Dementsprechend stellt ein umfassendes Risikomanagementsystem die **zweite Verteidigungslinie** dar.[824]

808 In diesem Kontext stellen sich auch zwei grundsätzliche Fragen:
- Sollten Nachhaltigkeitsrisiken eine eigene Risikoart im Prüfungsprozess darstellen?
- Ist die Einführung eines »**Green Supporting Factor**« sinnvoll?

809 Bei beiden lautet die Antwort letztlich »Nein«. Ein Green Supporting Factor verbietet sich, weil (a) auch die Finanzierung von nachhaltigen Zukunftstechnologien mit Risiken verbunden ist (z. B. Wasserstofftechnologien) und (b), weil gegebenenfalls länderspezifische Regulatorien keine ausreichende Stabilität haben (z. B. rückwirkende Streichung von EEG-Vergütungen). Eine eigenständige Betrachtung von Nachhaltigkeitsrisiken ist nicht nötig, da alle von der Bankaufsicht berücksichtigten **Risikoarten** – Kredit-, Markt-, operationelles und Liquiditätsrisiko – auch einen Nachhaltigkeitsrisikobezug beinhalten.[825]

810 Bei der Festlegung der **Risikostrategie** ist es zunächst sinnvoll zu überprüfen, inwieweit die bestehende Strategie bereits Nachhaltigkeitsrisiken berücksichtigt und wie diese gegebenenfalls zu ergänzen bzw. zu ändern sind. Wesentliche Fragen hierfür sind u. a.: Wie wirkt sich die Realisierung von Nachhaltigkeitsrisiken im bestehenden Kreditportfolio auf Kreditausfälle oder Kapitaldeckung

---

821 Vgl. *EU TEG* (2019c).
822 Vgl. *Europäische Zentralbank* (2020).
823 Vgl. *BaFin (2019a)* und *Europäische Zentralbank* (2020).
824 Vgl. *Europäische Zentralbank* (2020).
825 *Röseler* (2019); Der Beitrag verdeutlicht dies anhand von Beispielen, wie auch das Merkblatt der BaFin und der Leitfaden der Europäischen Zentralbank.

aus? Lässt sich dies durch Szenarioanalysen ausreichend quantifizieren? Bei welchen Risikoarten wirken sich die Nachhaltigkeitsrisiken am stärksten aus? Bestehen **Konzentrationsrisiken** im Hinblick auf bestimmte besonders von Nachhaltigkeitsrisiken betroffenen Branchen?[826] Auf Basis solcher Informationen ist ein **Risikotragfähigkeitsmodell** zu erstellen, so dass Entscheidungen zum Risikoappetit und angestrebten Risikostruktur getroffen werden können.

Hinsichtlich der zentralen Identifikation von Risiken können **Risikoindikatoren**[827], Benchmarks[828] oder **Heatmaps** für Sektoren/Branchen[829] herangezogen werden. Wesentlich ist hierbei, dass diese das eigene Geschäftsmodell wiederspiegeln bzw. entsprechend adaptiert werden. Für diesen Schritt existieren vielfältige Informationsquellen, die unterstützend herangezogen werden können.

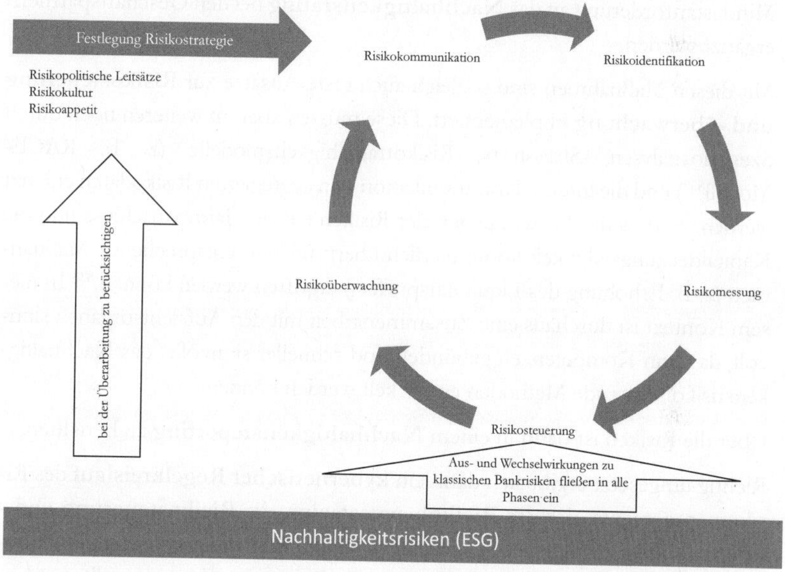

Abbildung C.19: Nachhaltigkeit im Risikomanagementsystem (Quelle: PWC (2019b))

Die **Risikomessung** ist hingegen schwierig, was auch die BaFin in ihrem Merkblatt explizit betont.[830] Dies darf aber Banken nicht davon entbinden sich mit den entsprechenden Prozessen auseinanderzusetzen. Hilfestellung können hier

---

826 Vgl. *BaFin* (2020).
827 Vgl. *NGFS* (2019b).
828 Vgl. *EU TEG* (2019c).
829 Vgl. *BaFin (2019a)*.
830 Vgl. *BaFin (2019a)*.

AUSWIRKUNGEN AUF UNTERNEHMENSSTEUERUNG

Überlegungen der NGFS bieten, die anhand von Risikoindikatoren die Diskussion von Wirkungsketten ermöglichen.

813 Vor diesem Hintergrund ist es gegebenenfalls sinnvoller, wenn zunächst Begrenzungen von eindeutigen Nachhaltigkeitsrisiken vorgenommen werden. Hierzu können z. B. die bereits angeführten **Ausschusskriterien** bzw. **Limite** genutzt werden. So könnten z. B. Unternehmen ausgeschlossen werden, deren Geschäftsmodell zu x% auf den Abbau, der Weiterverarbeitung oder Verbrennung von fossilen Energieträgern beruht. Auf der anderen Seite könnten natürlich auch **Positivlisten** gebildet werden, wie z. B. die bevorzugte Finanzierung von Erneuerbaren Energien. Auch die Einhaltung von international Anerkannten Regeln (z. B. UN Global Compact) im Sinne eines **Normbasierten Screening** könnte herangezogen werden.[831] Natürlich kann dies auch noch durch Mindestanforderung an das **Nachhaltigkeitsrating** bei den Geschäftspartnern ergänzt werden.

814 Mit diesen Maßnahmen sind sogleich auch erste Ansätze zur **Risikosteuerung und -überwachung** implementiert. Diese müssen aber im weiteren noch durch Szenarioanalysen, Stresstests, Risikotragfähigkeitsmodelle (z. B. RACE-Modell[832]) und die interne Kommunikation von aggregierten Risikodaten ergänzt werden, so dass die Auswirkungen der Risiken auf den Jahresabschluss und die Kapitaldeckungsfähigkeit kontinuierlich überprüft und entsprechende Maßnahmen (z. B. Erhöhung des Liquiditätspuffers) ergriffen werden können.[833] In diesem Kontext ist durchaus eine Zusammenarbeit mit den Aufsichtsorganen sinnvoll, da dann Kompetenzen gebündelt und schneller sinnvolle, das Nachhaltigkeitsrisiko steuernde Methoden entwickelt werden können.

815 Über die Risiken ist dann in einem **Nachhaltigkeitsreporting** zu berichten.

816 Richtig umgesetzt ergibt sich dann ein **kybernetischer Regelkreislauf** des Risikomanagements, der das **Risikobewusstseins**, die **Risikosteuerung und -überwachung** kontinuierlich verbessert. Allerdings ist es notwendig, dass hierfür angemessene personelle und finanzielle Ressourcen bereitgestellt werden. Das Querschnittsthema Nachhaltigkeit ist zu komplex und zu bedeutend, um es Minimalinvasiv umsetzen zu wollen.

---

831 Vgl. *BaFin* (2019a).
832 Vgl. RACE = Risk Appetite Control Engine.
833 Vgl. hierzu *Europäische Zentralbank* (2020).

5. Fazit

Nachhaltigkeit ist in den Banken angekommen. Auf lange Sicht werden nur auf Nachhaltigkeit bedachte Banken bzw. Kreditinstitute nachhaltig im Markt bestehen können.[834] Umso wichtiger ist es, dass die Thematik umfassend in die Unternehmensführung und das Risikomanagement integriert wird.

Allerdings ist dies keineswegs trivial, da Nachhaltigkeit ein zentrales Querschnittsthema ist und auf allen Ebenen bzw. in allen Bereichen verankert werden muss. Hierbei ist es wesentlich, dass die Implementierung auf der Basis bereits vorhandener Ansätze und Methoden erfolgt sowie als **kontinuierlicher Verbesserungsprozess** verstanden wird. Nur dann wächst das Risikobewusstsein und es lassen sich Methoden zur verbesserten Steuerung und Überwachung von Nachhaltigkeitsrisiken entwickeln. Deshalb ist auch durchaus eine Zusammenarbeit mit den Aufsichtsorganen, Wirtschaftsverbänden und Geschäftspartnern sinnvoll. Schließlich ist die Thematik für alle gleichermaßen von Bedeutung.

Zu guter Letzt noch eine Anmerkung: Zwar ist in Bezug auf die Nachhaltigkeit definitiv ein Zeitdruck verbunden, doch gilt in Bezug auf die Umsetzung in Gesellschaft, Wirtschaft und Finanzwirtschaft auch das folgende afrikanische Sprichwort:[835] »Wenn Du schnell gehen willst, geh allein. Wenn Du weit gehen willst, geh mit anderen.« Wir haben keinen Planet B und müssen daher alle gemeinsam an der Umsetzung der SDG´s arbeiten – gemeinsam und aufgrund der Dringlichkeit auch schnell.

---

834 Vgl. *Röseler* (2019).
835 Vgl. *Prognos* (2020).

V. Geschäfts- und Risikostrategie unter Berücksichtigung von Aspekten der Nachhaltigkeit[836]

1. Einleitung

820　Bankstrategien bilden das Grundverständnis eines langfristigen Zielbildes des Kreditinstitutes ab. Sie beziehen die gesamte Wirkungskette ein und sind insofern komplex und ganzheitlich über sämtliche Bereiche einer Bank. Als Instrument der Geschäftsleitung ist der Betrachtungsfokus der **Geschäfts- und Risikostrategie** (im Folgenden kurz Strategie genannt) zunächst von oben nach unten ausgerichtet und damit hochaggregiert angelegt. Strategien sind Teil der Unternehmensführung und folglich auch im vorderen Interessensbereich der Aufsicht.

821　Banken unterliegen einem ständigen Wandel und demzufolge auch ihre Strategien. Das sich laufend anpassende aufsichtliche Regulierungssystem, die Entwicklung des traditionellen Wettbewerbs mit ihren Produkten und Dienstleistungen und der Eintritt neuer Anbieter aus dem FinTech Umfeld in den Markt sowie die neuen Chancen aus dem Technologiebereich gehören zu den hervorzuhebenden **»äußeren« Veränderungspotenzialen**. Derartige Faktoren sind in das bekannte Analysemuster einzuordnen.

822　Neu sind jedoch direkte Einflüsse aus dem gesellschaftlichen Umfeld auf den individuellen Bankbetrieb und die gesamte Branche. Ungewohnt ist, dass gesellschaftliche Ziele und Wertvorstellungen, wie die **Nachhaltigkeit**, in konkrete Strategieprämissen münden können.

823　Vor diesem Hintergrund ist das System einer Bankstrategie um Aspekte der Nachhaltigkeit zu erweitern oder anzupassen. Entsprechend werden in der nachfolgenden Analyse zunächst Merkmale des Strategiesystems eines Kreditinstituts erläutert und in einem weiteren Schritt erörtert, an welchen Stellen Nachhaltigkeitsthemen besonders zu berücksichtigen sind.[837]

---

[836] Autor: *Mathias Fiebig*. Die Ausführungen geben ausschließlich persönliche Auffassungen wieder. Für Rückfragen oder Anregungen ist der Autor unter der E-Mail-Adresse m.fiebig11@web.de erreichbar.

[837] Ergänzende Hinweise im Zusammenhang mit der Strategie werden auch in Kapitel D.I dieses Herausgeberbandes diskutiert.

2. Strategiesystem eines Kreditinstituts

a) Einordnung der Geschäfts- und Risikostrategie

Das langfristige Zielbild des Kreditinstitutes, der Wandel mit seinen externen Veränderungspotenzialen und die Einflüsse aus dem gesellschaftlichen Umfeld stehen zunächst erst einmal dem strategischen Fundament, dem Geschäftsmodell, gegenüber. Auch die Banktraditionen und die individuellen Interessen der Eigentümer prägen die »genetische Grundstruktur« der Strategie. 824

Daraus leiten sich die **»inneren« Veränderungsfaktoren** ab, zu denen insbesondere die Bankstruktur und -organisation, das System der Prozesse, das Leistungs- und Produktpotenzial, das Risikomanagement oder die Mitarbeiterqualifikation gehören.[838] 825

Diese inneren und äußeren Elemente müssen in der Bankstrategie in einen systematischen Zusammenhang gebracht werden und orientieren sich dabei im Kern an dem Leitbild der Bank. Das »praktische Leben« zeigt wie sehr das Strategiesystem zum anderen von der individuellen Denkweise und den Vorstellungen und Kenntnissen der Geschäftsleiter beeinflusst wird. An dieser Stelle werden die grundlegenden strategischen und nachhaltigen Erfolgspositionen festgelegt, Wachstums- und Ertragsziele qualitativ, quantitativ und zeitlich formuliert, Kosteneinsparungsprämissen vorgegeben und letztendlich auch Verhaltensziele im Sinne der Risikokultur bestimmt. 826

Die Geschäfts- und Risikostrategie ist im Wesenskern das Navigationssystem, das über das Cockpit der Geschäftsleitung bedient wird, welches das Leitbild der Bank mit den realen »inneren« und »äußeren« Veränderungsfaktoren verbindet und schließlich eine Routenplanung durch den Markt mit ihren Kunden und Wettbewerbern und den Interessensgebern (Stakeholder) anbietet. Am Ende stellen die Strategien auch die Leitplanken des Handelns dar. Konkretisierende Planungen, Ressourcensteuerungen oder das Vertriebs- und Ertragsmanagement setzen hier an.[839] 827

b) Erfolgsfaktoren der Bankstrategie

Wie bereits angedeutet, ist der Ankerpunkt der Strategie das **Geschäftsmodell.** Folglich sind in der Regel szenariobasiert das Geschäftsmodell übergreifend auf 828

---

838 Vgl. dazu auch den Erfahrungsbericht in Kapitel C.VI dieses Herausgeberbandes.
839 Zur Thematik Bankstrategien können folgende weiterführende Literaturhinweise gegeben werden: *Berndt* (2014), *Esper* (2015), *Riediger* (2019), *Romeo/Schröder* (2014) und *Roos* (2018).

AUSWIRKUNGEN AUF UNTERNEHMENSSTEUERUNG

Beständigkeit und Marktpositionierung zu untersuchen. Allgemeine Kennziffern der Ertrags- und Rentabilitätsentwicklung weisen hierzu Erfolg oder Misserfolg aus. An diesem Punkt treten als wesentliche Resonanzgeber die Stakeholder oder die Bankenaufsicht mit ihren jährlichen Prüfungsergebnissen auf.

829 Ausgangspunkt der Geschäfts- und Risikostrategie sind die Ziele der Geschäfts- und Ertragsentwicklung. Demzufolge stellt die Realisierung dieser Ziele den ersten Umsetzungserfolg der Strategie dar. Das sind standardisierbare quantitative Zeitreihen. In Daten »übersetzt« kann man das an solchen Kennziffern wie der Kreditvolumenentwicklung, höherer Marktanteile (kundengruppenbezogen), Vertriebskennzahlen, Produktvolumen bzw. Anzahl neuer Produkte, Kostensenkungsentwicklung oder der Digitalisierungsgrad ablesen. Auch Messgrößen der Kundenzufriedenheit und aus dem Beschwerdemanagement gehören dazu. Dies ist am Ende die deutlichste Form der Kundenresonanz zur Strategie einer Bank.

830 Kein Kreditinstitut kann sich der Entwicklung der Digitalisierung oder Automatisierung verschließen. Der Digitalisierungsgrad und der damit einhergehende Abbau manueller Tätigkeiten sollen sich auf Prozesse und Kostenstrukturen langfristig auswirken. Neben Wachstumszielen sind Kostenziele die Megafaktoren der Strategie. Auch diese sind typisch für die quantitative Analyse des Strategiesystems.

831 Der faktenbasierte Kennziffernvergleich als Nachweis einer erfolgreichen Strategieumsetzung ist objektiv und eine Möglichkeit des Zielcontrollings. Darüber hinaus gibt es eine Reihe weiterer Varianten, den Erfolg der Strategien zu bewerten. Hierzu ist die Betrachtung auf den Strategieprozess selbst zu richten. Dazu gehören beispielsweise die effektive Verzahnung der Strategie mit der Planungssystematik, mit der Risikosteuerung und mit dem Daten- und Berichtsmanagement. Übergreifender Erfolgsfaktor für diese prozessuale Seite sind die effiziente (automatisierte) Datenermittlung und Weiterverarbeitung sowohl als Grundlage der Entstehung als auch für die Umsetzungskontrolle der Strategie. Das Ablesen der »Erfolgsbilanz« unterliegt hier bankindividuellen Maßstäben und ist nicht über den Kennziffernvergleich darstellbar.

832 Die Bewertungskriterien der erfolgreichen Strategie erfahren mit der gesamtgesellschaftlichen Diskussion um Nachhaltigkeit und hierbei insbesondere zur Klimapolitik eine völlig neue und ergänzende Sicht. Nachhaltigkeitschancen und -risiken können nicht nur die Finanzstabilität insgesamt beeinflussen, sondern auch den individuellen Bankbetrieb. Dieser Aufsatzpunkt ist daher in der

Bankstrategie zu berücksichtigen. Der Bewertungsmaßstab wird im Fortgang dieses Beitrages aufgegriffen.

Die nachstehende Abbildung C.20 verdeutlicht zusammenfassend die prinzipielle Einordnung der Bankstrategie und deren Erfolgsfaktoren.

833

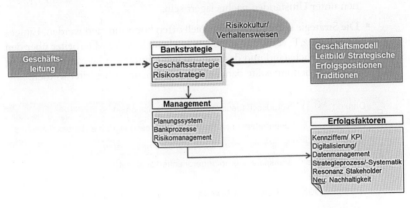

Abbildung C.20. Bankstrategie und deren Erfolgsfaktoren (Quelle: eigene Darstellung)

c)   Prinzipien der Bankstrategie

Die Prinzipien einer Bankstrategie beschreiben die Wesensmerkmale dieses Instruments und müssen jeweils bankindividuell angepasst werden (vgl. Tabelle C.4).

834

- Bankstrategien sind langfristig angelegt. Unter Langfristigkeit wird im Allgemeinen ein Zeitraum bis maximal 5 Jahre verstanden, jedoch länger als 1 Jahr. Es geht darum, dass strategische Erfolgspositionen, die die künftige Entwicklung aufzeigen, und die damit verbundenen Umsetzungsprojekte sich in der Regel nicht mit kurzfristigem Zeithorizont realisieren lassen.
- Es ist vorausschauendes, ganzheitlichen und ambitioniertes Denken erforderlich. Der Blick in die Zukunft ist immer vage. Anhaltspunkte sind jedoch Markt- und Zinsszenarien, Kunden -und Wettbewerbsanalysen, eigene Analysen des Geschäftsmodells, Vorgaben der Aufsicht im Rahmen des SREP Prozesses[840] oder bankaufsichtlicher Prüfungen. Ganzheitlich bedeutet den Einbezug aller Bereiche und mit dem Blick auf neue

---

840   SREP (englisch: Supervisory Review and Evaluation Process) ist der aufsichtlicher Überprüfungs- und Bewertungsprozess der Aufsicht gegenüber den Banken, vgl. grundlegend *Heithecker* (2016).

AUSWIRKUNGEN AUF UNTERNEHMENSSTEUERUNG

Tendenzen., wie z. B. der Nachhaltigkeit sowie der Berücksichtigung aller Interessensgruppen.

- Strategisches Handeln bedeutet flexibel, zugleich auch nachvollziehbar und realistisch zu planen und zu agieren. Hier steht das »Wohlergehen« der Bank im Zentrum der Betrachtung, andere Interessensgruppen können unter Umständen nachgelagert sein.

- Die Strategie sollte intern prinzipiell offen kommuniziert werden. Einiges ist jedoch z.T. »erklärungsbedürftig«, da nicht jeder Mitarbeiter über den gleichen Sachstand und das notwendige Hintergrundwissen verfügt. Die Veröffentlichung sollte daher empfängerorientiert begleitet werden.

Prinzipien		
	Denken	vorausschauend, ganzheitlich, ambitioniert
	Handeln	unternehmerisch, realistisch, Interessensgruppen berücksichtigend
	Planen	langfristig, gesamtbankorientiert, zielfokussiert
	Kommunizieren	transparent, empfängerorientiert begleitet

Tabelle C.4: Prinzipien Bankstrategie (Quelle: eigene Darstellung)

d) Struktur und Elemente der Strategie

835 Nach der Behandlung des Strategiesystems, dessen Erfolgsfaktoren und den Prinzipien wird im Folgenden auf den strukturellen Aufbau und die Kernelemente eingegangen. Diese Darstellung konzipiert die Mindestelemente. Der Typus der Bank variiert die Struktur.

836 Die erste Betrachtungsebene ist die Geschäftsstrategie. Unabhängig von deren weiteren Ausgestaltung steht am Anfang die Analyse der internen Rahmenbedingungen und deren Bezug zum Geschäftsmodell sowie deren Korrespondenz zur Vision -z. B. Markt-, Kosten-, Qualitäts- oder Produktführer- (vgl. Tabelle C.5).

837 Der zentrale »Dreh- und Angelpunkt« ist hierbei die Produktstrategie. Über die Produkte/Dienstleistungs- und Serviceangebote ist die Bank innerhalb ihres Geschäftsmodells mit dem Kunden zunächst am stärksten verbunden. Der Kunde sichert der Bank ihre Erfolgsgrundlage.

Tabelle C.5: Geschäftsstrategie und innere Rahmenbedingungen (Quelle: eigene Darstellung)

Volkswirtschaftliche Rahmenbedingungen	Inflation/ Preisentwicklung	Zins-Entwicklung/ Refinanzierung	Arbeitsmarkt	Aufsichtsrechtliche Vorschriften	Wettbewerb Banken/ FinTechs	Regionale Spezifik	Nachhaltige Finanzwirtschaft

Tabelle C.6: Geschäftsstrategie und äußere Rahmenbedingungen (Quelle: eigene Darstellung)

Der Wettbewerb greift in die Kunde-Bank-Beziehung ein und die Produktlandschaft gleicht sich in der Tendenz an. Weitere Differenzierungsnotwendigkeiten entstehen, wie z. B. über den Vertriebsweg. Im Rahmen der Digitalisierung ist jede Bank gezwungen, den Kundenkontakt auf neuestem technologischem Standard zu pflegen und aufgrund des Kostendrucks manuelle Tätigkeiten abzubauen. Auch hier führt der Wettbewerb (z. B. über FinTechs) zur allmählichen Annäherung der Angebote. Weitere Anpassungen ergeben sich in Bezug auf die Ausrichtung auf bestimmte Kundengruppen. Die speziellen Erfordernisse an den Vertrieb einerseits und den unterschiedlichen Aufwendungen in der Marktfolge für die Kundengruppen andererseits sind ein Beispiel für das spezielle Ausbalancieren innerhalb der Geschäftsstrategie. FinTech Unternehmen mit Banklizenz sind ein aktuelles Beispiel für den schwierigen Weg zu einer erfolgreichen strategischen Ausdifferenzierung[841]. Hier geht es um den Wandlungsprozess von einem technologisch innovativen Unternehmen zur Digitalbank, aber mit strategisch nicht ausreichender Differenzierung nach Privat- und Geschäftskunden, welches u. a. mit Kostenungleichgewichten verbunden ist.

Es gibt verschiedene Beispiele für eine falsche Geschäftsstrategie, die sogar die Existenz der Bank in Gefahr bringen können und welches aus den »inneren« Rahmenbedingungen oder Managementfehlern abgeleitet werden kann. Daneben können auch »äußere« Rahmenbedingungen eine Bank in Schieflage bringen. Eine entsprechende Analyse ist daher von Bedeutung. Zu solchen »äußeren« Rahmenbedingungen gehören beispielsweise die in Tabelle C.6 genannten Faktoren und Bereiche.

Die Geschäftsstrategie muss die Ergebnisse dieser Analysestruktur voranstellen und Ableitungen zum kundengerechten Marktantritt und auf Basis der eigenen vorhandenen Ressourcen, wie Ertrags- und Kostenstrukturen, Kapital- und Refinanzierungsmöglichkeiten, Technologiebasis, Mitarbeiter und deren Qualifikation treffen. Hieraus wird sich entscheiden, ob die Bank organisch wachsen oder ob sie z. B. über Beteiligungen oder durch die Fokussierung der Wertschöpfungskette die angestrebten Strategieziele erreichen kann.

---

841 Vgl. *Atzier/Holtermann* (2020).

AUSWIRKUNGEN AUF UNTERNEHMENSSTEUERUNG

841 Die strategischen Erfolgspositionen der Bank für die nächsten Jahre sind in die Planungssystematik zu integrieren und auf Jahresscheiben in der Geschäftsplanung herunterzubrechen. Die Strategie wird hierdurch in steuerbare Kernkennzahlen (z. B. Eigenkapitalrendite) transformiert und kann in einer jährlichen Abweichungsanalyse kontrolliert werden.

842 Das Kennzifferngeflecht kann auf Markt und Kundengruppenebene heruntergebrochen werden und das Beteiligungscontrolling einschließen. Die Banken arbeiten in der Regel mit Schwellenwerten und Frühwarnkennziffern, um frühzeitig den drohenden Strategieabweichungen gegensteuern zu können. Es werden in diesem Zusammenhang oft Diskussionen geführt, die die Abgrenzung zwischen strategischen Zielen und deren operationalisierenden Planungen innerhalb der Gesamtbanksteuerung zum Gegenstand haben.

843 Die Maßnahmen der Geschäftsstrategie müssen so umfassend und angemessen gestaltet sein, dass sie konsistent zu den Planungsannahmen und den inneren sowie äußeren Rahmenbedingungen sind.

844 **Beispiel**: Die Bank erkennt in einem Kundensegment weitere Kreditnachfragen. Es wird daher in der Geschäftsplanung Kreditwachstum unterstellt und in der Kapitalplanung berücksichtigt. Als Maßnahme soll eine digitale Kreditentscheidungsplattform entwickelt und angeboten werden, deren Kosten ebenfalls entsprechend auszuplanen sind.

845 Die Geschäftsstrategie kann sich in weitere Teilstrategien verzweigen und spezielle Unternehmensziele ausführlicher dokumentieren.

846 **Beispiele:** Markt-, Vertriebs-, Preis- und Kundengruppenstrategie, Beteiligungsstrategie, Outsourcing Strategie, Refinanzierungsstrategie, Personalstrategie, Technologie- und Digitalisierungsstrategie, Standort- und Filialstrategie.

847 Das darauf aufbauende Kapitel ist die **Risikostrategie**[842].

848 Der grundsätzliche Ausgangspunkt ist die bankindividuelle Definition des **Risikoappetites**, d. h. welches Risikopotenzial ist die Bank aus der Gegenüberstellung zum Risikokapital bereit einzugehen. Diese Zielstellung ist aufsichtlich normativ und bankspezifisch ökonomisch aufzugliedern[843].

849 Die aus der Geschäftsstrategie abzuleitenden risikotragenden bzw. risikorelevanten Geschäfte/Produkte sind im Risikomanagement zu identifizieren, zu bewerten, zu steuern und am Ende dem Risikokapital gegenüberstellen. Die

---

842 Weitere Informationen, insbesondere zum Prozess ist bei *Haug* (2016) zu finden.
843 Vgl. *EZB* (2018a).

Festlegung des Risikoappetites bzw. der Risikotoleranz hängt mit der betriebsindividuellen Struktur der Risikosteuerungsansätze zusammen.

Zu den grundsätzlichen **Risikosteuerungsansätzen** können folgende Beispiele gegeben werden (vgl. dazu Tabelle C.7).

850

Risikovermeidung	Ausschluss von Risikogeschäften, Kundengruppen, Branchen, Märkten etc.
Risikoverminderung	Sicherheiten, Konsortialfinanzierungen
Risikobegrenzung	Limitierungen/Obergrenzen, Bonitäts-und Ratingziele, Risikoaufschläge, Zielportfolien
Risikoüberwälzung	Versicherungen, Derivate, ABS Transaktionen
Risikoübernahme	Risikodiversifikation mit ausgewogenem Chancen-Risiko-Profil

Tabelle C.7: Beispiele grundsätzlicher Risikosteuerungsansätze (Quelle: eigene Darstellung)

Bei der Feststellung des Risikoappetits in Verbindung mit der Zielsetzung der Risikosteuerung kann in abgestufter Weise nach Kundengruppen, Branchen, Märkten, Geschäftszweigen vorgegangen werden. In diesem Rahmen werden risikopolitische Grundsätze festgelegt, wie beispielsweise nur Geschäfte, deren Risiken identifizierbar oder bekannt sind oder nur mit banküblichen Sicherheiten einzugehen.

851

Dazu gehören auch eine Reihe von Begrenzungsregeln:

852

- Volumenfestlegungen von Risiken in bestimmten Geschäftssparten (maximales Risikovolumen pro Kunden oder Finanzierungsquoten unter 100 % oder Sicherheiten-Quoten
- Ausschluss von Geschäften, Regionen/Märkten, Kundengruppen
- Begrenzung auf ausgewählte Branchen oder Finanzierungsarten (Kurzfrist-/Langfristfinanzierungen)
- Festlegungen von Zielsetzungen hinsichtlich Ratingklassen, Portfolien, Sicherheiten Qualitäten/Blankoanteilen, Migrationen, Beteiligungen (Höhe/Art), Liquiditätskennzahlen, Derivaten, Anlageklassen, Handelsgeschäften, Sanierungszielen

Ebenso von einem »übergreifenden Charakter« sind Zielsetzung und der Umgang mit Risikokonzentrationen (z. B. Branchen, Kunden, Bonitäten, Sicherheiten, Regionen), zur Risikotragfähigkeit und zu neuen Produkten und Märkten.

853

Im weiteren Fortgang der Risikostrategie bietet sich die Gliederung nach Geschäftszweigen oder Kundengruppen an. Die Struktur nach Risikoarten mit ihren risikostrategischen Zielen und Maßnahmen sollte die Darstellung ergänzen.

854

AUSWIRKUNGEN AUF UNTERNEHMENSSTEUERUNG

855 Besonders riskante Geschäfte oder der Erwerb von Risiken mit Gewinnerzielungsabsicht sowie der Umgang mit besonderen Maßnahmen der Gewinnreduzierung (Erwerb Kreditderivate, Verkauf von Krediten) müssen einen besonderen Entscheidungsgegenstand darstellen.

856 In der Operationalisierung der Risikostrategie setzen das Limitsystem für die Risikoarten oder Kundengruppen/Geschäftszweige und die mehrjährige Geschäfts – und Kapitalplanung an. Um eine zusätzliche Planungssicherheit zu erreichen, werden Szenarioanalysen und Stresstests eingesetzt, um vorstellbare, aber extreme Entwicklungen herauszufiltern. Auch die Analyse der Zielkennziffern aus dem Sanierungsplan des Kreditinstitutes können zur frühzeitigen Identifikation von Gefährdungspotenzialen der Strategie abgeleitet werden.

857 Für den Umsetzungsprozess der Geschäfts- und Risikostrategie ist die klare Zuweisung von Verantwortlichkeiten unabdingbar. Entscheidungsträger ist am Ende die Geschäftsleitung, die sich unter Einbeziehung der Marktbereiche und der Abteilungen aus der Gesamtbanksteuerung zuliefern und beraten lässt. Die Aufsichtsratsgremien sind grundsätzlich zu informieren, welches auch einen Bericht über die Änderung von Rahmenbedingungen sowie die Zielerreichung und Abweichungsanalyse aus dem Vorjahr einschließt.

858 Der Umgang mit der Geschäfts- und Risikostrategie ist ein besonderer Indikator für eine lebendige **Risikokultur**, die von der Geschäftsleitung und der gesamten Führungsebene getragen werden muss. Von hier aus wird die risikoorientierte Denk- und Handlungsrichtung vorgegeben, die sich in den täglichen Prozessen und der Arbeitsweise der Mitarbeiter niederschlagen sollte. Voraussetzung dafür ist das Verständnis auf Basis einer transparenten Strategie. Gleichermaßen von Bedeutung ist auch das gemeinsame Verständnis zur Übernahme von Verantwortung bei bereichsübergreifenden Themen und der einvernehmlichen Klärung, wie man mit entsprechenden Risiken umgehen sollte. Denn nur in konkreten Arbeitsprozessen lassen sich Verhaltensweisen in die gewünschte Richtung ändern. »Aufgesetzte« Schulungen und Veranstaltungen erzielen hingegen keinen nachhaltigen Effekt. Eine zusammenfassende Strukturübersicht einer Strategie wird über die nachstehende Abbildung C.21 gegeben:

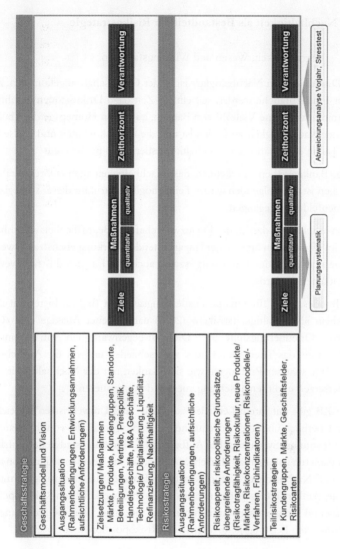

Abbildung C.21: Beispiele Darstellung Strategiestruktur (Quelle: eigene Darstellung)

AUSWIRKUNGEN AUF UNTERNEHMENSSTEUERUNG

3. Nachhaltigkeit als Bestandteil der Risikostrategie

a) Begrifflichkeit, Wesen und Wirkungsfaktoren

859 Die Diskussion um Nachhaltigkeit ist in der Gesellschaft angekommen. Auch in der Finanzbranche werden seit einiger Zeit dazu Diskussionen geführt. Es gibt mittlerweile eine Vielzahl von Banken, auf deren Homepage die Themenwelt der Nachhaltigkeit zu finden ist und die ihre Aktivitäten und Zielsetzung zum Teil in eigenständigen Nachhaltigkeitsberichten publizieren.

860 Einige Banken geben zu erkennen, dass Nachhaltigkeit auch in ihren Strategien verankert ist. Im Folgenden wird auf eine mögliche Struktur dieser strategischen Themenfelder eingegangen.

861 Voranzustellen ist, dass in der Finanzwirtschaft die Begrifflichkeit »Nachhaltigkeit« im allgemeinen Sinne einer langanhaltenden Wirkung ebenso anzuwenden ist, wie in jedem anderen Wirtschaftszweig auch. Die Finanzindustrie[844] verlangt einheitliche Standards.

862 Die Bundesanstalt für Finanzdienstleistungsaufsicht (BaFin) bietet mit ihrem Merkblatt »Nachhaltigkeitsrisiken« (2019) nach eigener Aussage eine »Good Practice«-Orientierungshilfe an.[845] Diese ist gegenwärtig ein Anhaltspunkt für die Institute, das Thema individuell zu erschließen und für die Aufsicht eine Grundlage späterer Prüfungen, wie sich Banken mit der Nachhaltigkeit auseinandersetzen und thematisch angemessen dokumentieren.

863 Die EZB gibt mit ihrem Leitfaden zu Klima- und Umweltrisiken[846] gleichfalls einen Überblick über die aufsichtlichen Erwartungen an die von ihr beaufsichtigten Instituten. Systematischer Aufbau und Zielrichtung sind in den aufsichtlichen Papieren naturgemäß ähnlich. Mit Blick auf die Themenstellung von »Strategie und Nachhaltigkeit« ist in dem Leitfaden auch die Erwartung formuliert, dass die Banken in Geschäftsstrategie und Rahmenwerk für den Risikoappetit die Klima- und Umweltrisken aufnehmen und möglichst über die Steuerung von quantifizierten Leistungskennziffern oder Risikopositionen umzusetzen.

---

844 Banken, Versicherungsunternehmen, Pensionskassen, FinTech Unternehmen, Kapitalverwaltungsgesellschaften, Finanzdienstleistungsinstitute u. a.
845 *BaFin* (2019a).
846 *EZB* (2020a). Vergleiche dazu auch die Darstellung in Kapitel A.IV und A.III dieser Herausgeberbandes.

Untersuchungsfelder	Faktoren Nachhaltigkeitsmanagement
Dimension Umwelt	
Geschäftsmodell/ Kerngeschäft	Untersuchung Auswirkungen/Modifizierungen
Produkte/KD	Prüfung Produktportfolio; Screening Bestandsgeschäft und Neukundenprozesse auf potentielle Nachhaltigkeitsansätze/Zuordnung Kundengruppen (z. B. Kredite für energiesparende Gebäude, ökologische Energiewende)
	Vorbereitung Vertrieb/Marketing-Maßnahmen
	Untersuchung Preisgestaltung und Margen (z. B. Margenspreizung zwischen traditionellen und nachhaltigen Finanzierungen, soweit marktkonform)
	Förderung Innovationsmanagement und Hochschul-Kooperationen
	Realisierung von Kundenzufriedenheitanalysen und Kundenbindungsprogrammen/Auswertungen Beschwerdemanagment
Kreditgeschäft	Erhöhung Anteil Kreditauszahlungen z. B. für E-Mobilität; erneuerbare Energien, soziale Infrastruktur; Teilnahme an »grünen« Projektfinanzierungen
	Marktfolge: Erweiterung Unternehmensanalysen (insbes. Bewertung Geschäftsmodell, Unternehmensplanungen mit transitorischen Kosten-z. B. CO_2 Steuer); Rating
	Ausschluss von umwelt- oder sozial kritischen Finanzierungen/Projekte/Objekte/Geschäftsfelder/Branchen (z. B. Kraftwerke, Rüstung)
Refinanzierung	Entwicklung Kapitalmarktprodukte/Emittierung grüner und sozialer Anleihen/ABS Transaktionen/Maßnahmen gegen Spread Erhöhungen
Assetmanagement/Vermögensverwaltung	Berücksichtigung Nachhaltigkeitskriterien; Festlegung »grüner« Anlagestandards
Risikomanagement	Anpassungen Risikomodelle/Quantifizierungs-/Bewertungsverfahren (z. B. Kreditrating; Parameter der Ausfallverlustquote)
	Entwicklung Stresstest- und Szenarioanalysen

	Analyse der Möglichkeiten von Risikominderungsmaßnahmen und Vermeidung/Änderung von Risikokonzentrationen (z. B. Bonität, Branchen, Sicherheiten)
	Identifikation Physische Risiken (z. B. im Rahmen Operationeller Risiken)
	Identifikation Transitorische Risiken (z. B. im Rahmen Energie -oder Mobilitätswende)
	Prüfung Wirkung auf die Banksicherheiten (z. B. Restwerte bei Fahrzeugsicherheiten)
	Erarbeitung möglicher Frühindikatoren
	Erweiterung Auslagerungsmanagement auf ESG Standards
	Zukünftige EBA Stresstest mit Nachhaltigkeitsrisiken
	Verankerung in der Risikokultur
	Anpassungsprüfungen Sanierungsplan, insbes. der Sanierungsindikatoren
Datenmanagement	Definition und Einrichtung von entsprechenden Datenfeldern (Verknüpfung mit der Digitalisierung)
Controlling	Berücksichtigung in der Geschäftsplanung; Planungsprozess um Nachhaltigkeitskriterien erweitern; ggf. Adjustierung Risikokosten
Öffentlichkeitsarbeit/Reputation	Wirkung auf Rating; Gespräche mit Ratingagenturen
	Ausrichtung Pressearbeit und Political Affairs; Durchführung von Kundenveranstaltungen und Social Media Aktionen
Prozesse	Kontrolle von Organisationsregelungen
Revision	Prüfungsplanung
Berichtswesen	Intern: Erweiterung Risiko- Berichte; Monitoring
	Extern: Anpassung Geschäfts- und Offenlegungsbericht; Aktualisierung Web Seiten
Bankbetrieb	Bankeigener Umweltschutz: CO_2- Emissionen/Klimaneutralität; Verbrauch von Strom, Energie, Wasser, Büromaterial; Müllaufkommen/Recycling
	Umweltzertifizierung; Dienstreiseplanung
	Umstellung Beschaffungsgrundsätze (ökologisch; Green IT; Kopierer/Drucker)

Dimension Soziales	
Aus- und Weiterbildung	Entwicklungsmöglichkeiten Mitarbeiter/Talentförderung/E-Learningprogramme
Anreizsystem schaffen	Schaffung von Vorteilen für Mensch und Umwelt
Arbeitnehmerrechte	Arbeitsplatzsicherung
	Angemessenheit von Entlohnung/Altersvorsorge
	Förderung Gesundheitsschutz
	Gewerkschaftspolitik/Mitbestimmung/Gleichbehandlung/Antidiskriminierung/Menschenrechte/Vereinbarkeit Beruf-Familie
Mitarbeiterzufriedenheit	Unternehmensidentifikation/Betriebsklima/Ideenmanagement
	Hinweisgebersystem
	Erweiterung Mitarbeiter-Befragung/Mitarbeitergespräche
Gesellschaftliches Engagement	Spenden; Stiftungen, Verbände, Förderung ökologischer/sozialer Projekte, Umweltpatenschaften
Dimension Governance	
Unternehmensschutz	Regeln zu Datenschutz/Antikorruption
	Compliance Reglement
	Maßnahmen zum Schutz von Gebäuden, Technologie, Mitarbeiter
	Aktualisierung Kompetenzen/Zuständigkeiten/Verantwortungen
Management/ Unternehmensführung	Erweiterung Führungsgrundsätze/Transparenz; Einhaltung Institutsvergütungsverordnung

Tabelle C.8: Zuordnung von Nachhaltigkeitsfaktoren zu den Dimensionen (Quelle: eigene Darstellung)

Sowohl in den aufsichtlichen Dokumenten als auch gemäß dem allgemeinen Grundverständnis in der Branche ist Nachhaltigkeit der Dreiklang »**Ökologie-Ökonomie-Soziales**«. Diese Dimensionen bilden das Analyse- und Gestaltungsfundament der Nachhaltigkeit in den Banken. Dabei sind die Dimensionen »Ökonomie« mit dem Wesenskern der langfristigen Unternehmenssicherung und Erhaltung der Wertschöpfungsfähigkeit sowie »Soziales« mit der sub-

AUSWIRKUNGEN AUF UNTERNEHMENSSTEUERUNG

stanziellen und rechtlichen Absicherung der Mitarbeiter und das »gesellschaftliche Engagement« der Banken zwei dominante Säulen, die nicht grundlegend neu sind. Ihre Aktualität wird geprägt durch die Hinzufügung der 3. Säule, der »Ökologie«, und dem Verständnis, dass nur die gleichberechtigte Umsetzung alle 3 Säulen wirkliche Nachhaltigkeit bedeutet.

865 In der Übersicht in Tabelle C.8 werden den Dimensionen der Nachhaltigkeit wesentliche **Faktoren des Nachhaltigkeitsmanagements** zugeordnet und damit ein Überblick über die entsprechenden bankwirtschaftlichen Untersuchungsfelder gegeben.

b) Funktionen des Risikomanagements

866 Bei der Auseinandersetzung mit der »ökologischen Dimension« steht das Risikomanagement im Mittelpunkt. Die risikoseitige Einordnung leitet sich zunächst aus dem gesamtwirtschaftlichen Zusammenhang und dem Wirkungsgrad auf Banken ab. In dieser Dimension spricht die Deutsche Bundesbank von »Umwelt- oder Klimarisiken«.[847]

867 Derartige Risiken können die **Finanzstabilität** negativ beeinflussen. Klimaneutrale Umallokationen bei Marktteilnehmern können zeitweilig das Gleichgewicht von Angebot und Nachfrage im Finanzierungsmarkt durcheinanderbringen. Nachhaltigkeit wird auch zunehmend zu einem Faktor im Spannungsfeld von Risiko und Rendite sowie zu einem Wertmaßstab von Investitionen in Kapital und Gütern. Die verstärkte Transparenz beeinflussen die Märkte, aber auch Ratingagenturen mit ihren Bonitätseinschätzungen und eben auch die Banken.

868 Anpassungsprozesse in der Volkswirtschaft stehen bevor. Hierzu müssen **Risikoszenarien** abgeleitet werden, die je nach Geschäftsmodell der Bank unterschiedlich ausfallen. Diverse »traditionelle« Risikoarten der Banken wie Kredit-, Markt-, Versicherungs- oder Operationelle Risiken können betroffen sein, übergreifend auch Strategische- und Reputationsrisiken.

869 Mit Blick auf die Aufnahme solcher Tendenzen in die Bankstrategien sind derartige Wirkungsanalysen der Änderungen der Produktionsstrukturen oder des Konsumverhaltens nur sehr grob prognostizierbar (Top down). Die Bank wird zunächst aus der Bewertung ihres Geschäftsmodells und ihrer Kundenstruktur sowie den Ressourcen/Innovationspotenzialen Kriterien und Zielkennziffern der Nachhaltigkeit sowie Steuerungsziele im Risikomanagement festlegen.

---

847 Vgl. dazu *Deutsche Bundesbank* (2019d), S. 119 ff.

Nachhaltigkeitsrisiken mit ihren Dimensionen der »Governance – und Sozialrisiken« sind historisch gewachsene Risikokategorien und werden als nicht direkt quantifizierbare Unterarten in anderen Risikoarten (z. B. Strategisches Risiko, Geschäftsrisiko, Operationelles Risiko) integriert gesteuert. Die damit verbundenen Nachhaltigkeitsfaktoren sind oft in der Strategie verankert und müssen als Grundkonzept mit den »Klima- und Umweltrisiken« verknüpft werden. 870

Derartige Klima- und Umweltrisiken können sich als **Physische Risiken** durch direkte Umweltveränderungen mit der Folge von Schäden bei Mitarbeitern, an Gebäuden und Technologien niederschlagen. Weitere finanzielle Auswirkungen können auch durch Umweltbezogene Klagen, Reputationsschäden oder Complianceverstößen (bzgl. Umweltspezifischer Verordnungen, Gesetze, Richtlinien usw.) entstehen. Derartige Risiken, die sich auf den Bankbetrieb auswirken können, sind nicht neu, verstärken sich aber möglicherweise. 871

Des Weiteren schlagen sich auch durch den gesamtwirtschaftlichen Transformationsprozess zu einer ökologisch nachhaltigen Wirtschaft bei verschiedenen Branchen und Kunden sog. **Transitorische Risiken** nieder (z. B. Technologieumstellung mit CO_2 Verringerung). Im Risikomanagement der Banken können derartige Prozesse in der Verschlechterung der Bonitäten/Ratingeinschätzungen oder Sicherheitenwerte (Objektwerte, Forderungsabtretungen, Sicherungsübereignungen) und folglich höherer Kreditrisikowerte sichtbar werden. Aus diesem Grund sind in den laufenden Kundenanalysen neben den klassischen Bonitätsmerkmalen auch die Geschäftsmodelle der Kunden auf Nachhaltigkeit und evt. Investitionsnotwendigkeiten zu untersuchen. Auf Portfolioebene sind derartige Erkenntnisse zum nachhaltigen Geschäftsmodell der Kunden im Bestandsgeschäft der Bank zu aggregieren und bilden die erste Basis zur Einschätzung strategischer Leitplanken. Bei Neukunden werden ohnehin künftig im Rahmen der Kreditprüfung verschiedene Nachhaltigkeitsziele (Geschäftsmodell, Produkte, Kostenstrukturen usw.) Bestandteil der Ratingsystematik. 872

Auch auf der Refinanzierungsseite der Bank setzen sich beispielsweise bei Verbriefungen von Forderungen oder Emittierung von Anleihen die transitorischen Risiken als »zweite Seite der Medaille« fort. Nachhaltigkeit wird dem breitgestreuten Anlegerpublikum immer wichtiger. Das Interesse an »grünen oder sozialen Anlagemöglichkeiten« ist vorhanden, die jedoch nicht zur Dezimierung von Renditechancen führen dürfen. Die Kriterien im Käufermarkt sind noch nicht hinreichend transparent und standardisiert. 873

AUSWIRKUNGEN AUF UNTERNEHMENSSTEUERUNG

874 Alles in allem zeigen diese wenigen Beispiele, dass Nachhaltigkeitsrisiken eine sehr gemischte Risikokategorie darstellen können und gemäß der Aufsicht auch nicht als eigenständige Risikoart behandelt werden kann. In der Risikostrategie und im Steuerungsaufsatz gehen daher Nachhaltigkeitsrisiken mit ihrem speziellen Charakter als Unterart innerhalb der bekannten **Risikoartensystematik** ein[848].

875 Die wesentliche Herausforderung besteht zunächst einmal darin, spezifische **Datenfelder** zu definieren und einzurichten. Der Digitalisierungsprozess wird an dieser Stelle eine weitere Komponente dazu bekommen. Die Aufsicht wird in den nächsten Jahren ebenfalls höhere Reportingbedürfnisse haben. Noch sind diese nicht definiert. Da keine Datenhistorie vorliegt, werden zusätzliche Kapazitäten abgefordert und den Banken Investitionen abverlangt.

876 In der Risikomessung werden Umwelt- und Klimarisiken neue methodische Erfordernisse mit sich bringen. Vor dem Hintergrund des vielschichtigen Charakters und der Zuordnung diverser Risikotreiber bieten sich Stresstests und Szenarioanalysen an. In den künftigen Stresstests der Europäischen Bankenaufsichtsbehörde EBA werden wahrscheinlich auch Nachhaltigkeitsparameter einfließen.

877 Nachhaltigkeitsrisiken sind von der bankspezifischen Risikolandschaft über die Prozesse der Geschäft- und Kapitalplanung in die Gesamtbanksteuerung zu integrieren und fließen über die **Risikoinventur**[849] in das Risikoprofil ein. Hierbei sind die ökonomische und normative Sicht mit ihrem letztendlich möglichen Niederschlag in der GuV und auf der Kapitalseite abzugrenzen. Die Auseinandersetzung mit Risikominderungsmaßnahmen (z. B. Versicherungen, Derivate), entsprechenden Frühwarnindikatoren und Risikokonzentrationen gehören zu den weiteren Elementen im Risikomanagementprozess. Schließlich ist eine Stakeholder-gerechte Berichterstattung und Kommunikationsstrategie intern und extern zu entwickeln. Es gilt hier- wie auch beginnend mit der Risikoidentifikation- das Proportionalitätsprinzip. Die Gewichtung der Behandlung der Nachhaltigkeitsrisiken muss zu Geschäftsmodell, Risikoprofil und der Bankstrategie angemessen sein.

c) Geschäfts- und Risikostrategie und deren Rahmenbedingungen

878 Aus den Faktoren des Nachhaltigkeitsmanagements lassen sich Hinweise für die Ableitung **strategischer Leitlinien** ableiten. Dabei haben erfahrungsgemäß

---

848 Ein systematisierter Überblick über die Risikoartenlandschaft ist dargestellt bei *Fiebig* (2018).
849 Vgl. dazu *Fiebig/Heithecker* (2019).

viele Banken die Dimensionen »Governance« und »Soziales« bereits seit längerem fest in ihren Strategien und internen Regelungswerken verankert; die Umwelt-Dimension dagegen ist oftmals in den Strategien zu ergänzen.

Derartige strategische Eckpunkte sind unter verschiedenen **spezifischen Rahmenbedingungen** der Nachhaltigkeit für die Bank und deren Kunden abzuleiten:

Banken:
- Makroökonomische Auswirkungen sind noch nicht ausreichend ermittelbar
- Es liegen keine historischen Daten vor (für Risikomodelle und Stress-Szenarien); Datenreihen zur Nachhaltigkeit müssen erst aufgebaut werden
- Die Risikospezifik erfordert einen sehr langfristigen Planungscharakter
- Das Wirkungsspektrum transitorischer Risiken und die künftigen aufsichtlichen Anforderungen sind gegenwärtig noch unklar
- Die Vielschichtigkeit der Nachhaltigkeitsrisiken erfordert eine Risikomodellierung über Szenario-/Stresstestanalysen mit Auswirkungen auf Kapital, GuV-Positionen und die Reputation

Kunden:
- Unternehmen können durch höhere Energie- und Kraftstoffpreise (CO_2-Steueraufschlag) unter Kosten- und Margendruck geraten; in bestimmten Bereichen können Subventionen wegfallen
- Investitionsschwerpunkte verlagern sich
- Gefahr der Erhöhung »Operationeller Risiken« (durch direkte Klimaveränderungen) und hierbei auch Rechtsrisiken (Klagen, Gerichtsverfahren oder vertragliche Neureglungen im Zusammenhang mit Klimafolgen)
- Industriestandards können sich möglicherweise ändern
- In einigen Branchen kann es zu einem sehr schnellen technologischen Wandel kommen, der bisher bekannte Zyklen durchbricht
- Ein bestimmtes Konsumentenverhalten im Zuge der Nachhaltigkeit im In- und Ausland wird in bestimmten Bereichen erwartet, ist aber planerisch mit hoher Unsicherheit versehen. Ein Beispiel ist hierfür die breite Akzeptanz und Durchsetzung der E-Mobilität.
- Geschäftsmodelle einiger Kundengruppen ändern sich (z. B. Energiewirtschaft, Automobilzulieferer)

AUSWIRKUNGEN AUF UNTERNEHMENSSTEUERUNG

- Reputationsschäden können bereits eintreten, wenn Märkte, Kunden, Stakeholder usw. ein Bekenntnis zur Nachhaltigkeit vermissen und dieses als »Fehlverhalten« einstufen

880 Unter Würdigung der Nachhaltigkeitsfaktoren empfehlen sich eine Reihe von Eckpunkten für die Geschäfts- und Risikostrategie der Bank. Im Hintergrund bleiben dabei die genannten, schwierigen Rahmenbedingungen, die ein hohes Maß an Flexibilität für die Veränderungen der Bankstrategie erfordern.

881 Vor dem Blick auf die Darstellung neuer strategischer Leitlinien sind in einem Schritt davor »**vorbereitende Überlegungen**« auf Basis der bestehenden Geschäfts -und Risikostrategie anzustellen:

- Festlegung von konkreten Nachhaltigkeitskriterien (durch welche Eigenschaft ist ein Produkt nachhaltig?)
- Ideenentwurf für entsprechende Zielkennziffern und Schwellenwerte bzw. Frühwarnindikatoren
- Zuweisung Verantwortlichkeiten
- Precheck betroffener Geschäftsbereiche/-felder
- Implikationen für Anpassungen des vorhandenen Geschäftsmodells
- Entwicklung einer Szenario-/Stresstest- Story mit Wirkungspotenzial auf Key-Performance-Indikatoren (KPI), z. B. Kernkapitalquote
- Ableitung des Wirkungsmechanismus der Nachhaltigkeitsrisiken auf vorhandene Risikoarten (keine eigene Risikoart) und deren Identifikation/Messung sowie die Auswirkungsanalyse auf das Risikoprofil
- Prüfung Risikominderungsmaßnahmen und potenzieller Risikokonzentrationen

d) Risikostrategische Leitlinien

882 Nach dem im Vorkapitel die spezifischen Rahmenbedingungen und die Vorbereitungsaufgaben dargestellt wurden, werden im Folgenden darauf aufbauend nun eine Reihe von Ideen skizziert, die für die Erweiterung der Geschäfts- und Risikostrategie um den Nachhaltigkeitsaspekt hilfreich sein können.

- Die Bank untersucht auf Basis ihrer Nachhaltigkeitskriterien ihr Produktportfolio (Finanzierungen, Geld – und Kapitalmarktprodukte; Assetmanagement/Vermögensberatung etc.) und bietet aktiv ihren Bestands- und Neukunden sowie Investoren attraktive Produkte an, die u. a. die klima- und umweltschonende Energie- oder Mobilitätswende fördern und dabei ein ausgewogenes Chancen-Risiko-Verhältnis für Kunden und Bank abbilden.

- Es werden festgelegte umwelt- und sozial kritische Finanzierungsprojekte/-objekte, Branchen und Geschäftsfelder ausgeschlossen.
- Nachhaltigkeit zeigt sich auch in der Analyse und Prüfung der Finanzierungsengagements und deren Besicherung bei Bestands- und Neukunden. Deshalb werden die z. B. die Tragfähigkeit der Geschäftsmodelle oder die Einflüsse transitorischer Kosten der Kunden (z. B. CO_2 Steuerbelastung) zusätzliche Bestandteil des Kundenratings. Diese Ausgangsgrößen sind für die Anpassung der Risikobewertungsverfahren von Bedeutung, bei denen auf Portfolioebene Szenario-Analysen im methodischen Fokus stehen.
- ESG Risiken[850] sind Bestandteil des Risikomanagementsystems. Hierbei werden mögliche Risikominderungsmaßnahmen genutzt und evt. Risikokonzentrationen gesteuert. Unter Berücksichtigung von Nachhaltigkeitsrisiken sind die strategischen Gesamtziel-Kennziffern der Kosten-, Rentabilitäts- und Liquiditätssteuerung zu erreichen und zusätzliche Kapitalaufschläge im SREP Prozess zu vermeiden.
- Vor dem Hintergrund der Steuerung der ESG Risiken wird der Risikoappetit der einzelnen Risikoarten und das Limitsystem mit Ausstrahlung auf die Risikotragfähigkeitsanalyse einer angepassten, sachgerechten Überprüfung unterzogen.
- Entsprechende Datenfelder und-strukturen zur Nachhaltigkeitsthematik sind auch für das Berichtswesen aufzubauen und mit dem Digitalisierungsprozess sowie mit dem Geschäftsplanungsregime zu verknüpfen
- Auch auf der Refinanzierungsseite gelangen Nachhaltigkeitsprinzipien zur Anwendung und sind mit dem Ziel zu verbinden, z. B. den Anteil »grüner oder sozialer« Anleihen zu erhöhen oder dieses bei ABS Transaktion zu berücksichtigen
- In der Außendarstellung der Bank wird der Umgang mit Nachhaltigkeit offen publiziert und gegenüber Ratingagenturen und Presse, im Social Media Bereich, in Geschäfts- und Offenlegungsberichten und in Kundenveranstaltungen oder anderen Kundenbindungsprogrammen angesprochen
- Gefährdungspotentiale für Mitarbeiter, Gebäude oder Technologie und deren Absicherungen (z. B. Versicherungen) insbesondere durch Umwelteinflüsse werden laufend untersucht und in die Auswirkungsanalysen einbezogen
- Zu den Standards des Governance-Systems gehören eine Vielzahl von Regelungen zu Korruptionsverhinderung, Datenschutz, Transparenz,

---

850 Environmental, Social Governance Risk.

- Arbeitnehmerrechten, Gesundheitsschutz, Fairness u. s. w. Diese werden ständig auf Aktualität geprüft.
- Die Bank trägt durch ihre Spenden-, Sponsoring- und Verbandsaktivitäten zu konkreten sozialen oder Umweltschutzprojekten bei und erachtet für den eigenen Bankbetrieb Umweltschutzmaßnahmen wie die Senkung von Energie-, Wasser- und Papierverbrauch, CO_2-Emissionen und des Müllaufkommens mit hoher Priorität

4. Fazit und Ausblick

883 Die Ableitung von strategischen Überlegungen stehen naturgemäß am Anfang von Prozessen und Umsetzungsmaßnahmen. Strategien müssen »Vordenken« und vorausschauend den Wandel der Zeit in eine konkrete Unternehmensführung aufnehmen. Die Thematik **Nachhaltigkeit zu integrieren**, ist dabei mit den Besonderheiten verbunden, dass ein entsprechendes Datenfundament fehlt und zunächst »regulatorische Empfehlungen« einen starken Einfluss auf die Branche haben. »Der Wandel in der Finanzwirtschaft hin zu mehr Nachhaltigkeit ist bereits in vollem Gange.«[851] Diese Veränderungen werden zu einem Wettbewerbsfaktor und müssen sich zwangsläufig in der Geschäfts- und Risikostrategie eines Institutes widerspiegeln. Aus dem dargestellten Faktorenmodell des Nachhaltigkeitsmanagements ergibt sich, dass fast alle Bereiche der Bank tangiert sind und demzufolge sich dieses breite Spektrum auch in der Strategie wiederfinden sollte. Dazu wird mit den »Risikostrategischen Leitlinien« ein entsprechendes Angebot gemacht.

884 Das **Risikomanagement** bildet einen Schwerpunkt.[852] Einer der ersten strategischen Aufgabenstellungen sind hierbei der Aufbau einer Bewertungs- und Datenbasis, die Simulation von Risikoszenarien zur Auswirkungsanalyse möglicher Nachhaltigkeitsrisiken (zukunftsgerichtete Expertenschätzung und Szenarioanalysen) sowie eine sukzessive und systematische Integration der Nachhaltigkeitsaspekte in die Risiko- und Kapitalsteuerung durch Neuadjustierung von Risikoparametern- und Bewertungskriterien.

885 Auch die Aufsicht wird diesem Veränderungsprozess folgend ihre SREP-Leitlinien modifizieren und regulatorische Prüfungs- und Berichtsanforderungen formulieren.

---

851 *DK* (2020), S. 2.
852 Vgl. dazu auch die Erkenntnisse in Kapitel D.I dieses Herausgeberbandes.

Die Nachhaltigkeitsthematik verändert sowohl die Banken als auch ihre Kunden und die Bankenaufsicht. Zudem schafft die »**Coronakrise**« noch eine Vielzahl weiterer Herausforderungen, die zum Teil sogar existenziell sind. Auch wenn die wirtschaftlichen Auswirkungen der »Coronakrise« noch aufzuarbeiten sind und es für konkrete Schlussfolgerungen zu früh ist, werden hohe Folgekosten und Investitionsverschiebungen durch die Maßnahmen der Krisenbewältigung zu berücksichtigen sein. Klima- und Umweltschutz werden vor diesem Hintergrund in die Agenda der drängendsten Probleme zwangsläufig eingeordnet und sollten hinsichtlich Zeitpläne und Zielquoten ganzheitlich behandelt werden und nicht wegen ihrer »Leistbarkeit« in Frage gestellt werden.

An den Zielen und grundlegenden Aufgabenstellungen zur Nachhaltigkeit wird sich nichts ändern. Umso wichtiger ist es, die strategische Ausrichtung des Nachhaltigkeitskonzeptes der Bank frühzeitig, fundamental und ausgewogen zu verfolgen.

VI. Ein Werkstattbericht zur Organisationskulturentwicklung der UmweltBank AG[853]

1. Nachhaltiges Bankgeschäft im Aufwind

a) Nachhaltigkeit als neuer Mainstream im Finanzmarkt

888 Der Ruf nach einem nachhaltig dienenden Finanzsektor jenseits freiwilliger Selbstverpflichtungen ist unüberhörbar. **Sustainability Mainstreaming** im Finanzdienstleistungsbereich fordert, das Kerngeschäft von Banken hinsichtlich seiner Nachhaltigkeitswirkungen zu bewerten, die verwendeten Bewertungsstandards und -ergebnisse zu veröffentlichen und wirksame Maßnahmen zur Beseitigung oder Kompensation negativer Wirkungen zu ergreifen.[854] Der Beginn der Entwicklung dieses Gedankenguts reicht zurück bis zur Sylvicultura Oeconomica von Hans Carl von Carlowitz, der 1713 den Nachhaltigkeitsbegriff maßgeblich prägte, wenn auch die globale politische Beschäftigung mit ökologischer Nachhaltigkeit erst 1972 auf der Umweltkonferenz der Vereinten Nationen wesentlichen Auftrieb fand.[855] Im **Brundtlandt-Bericht 1987** neu definiert und 1992 auf dem Weltgipfel von Rio ganzheitlich ausgerichtet auf ein umfassendes Nachhaltigkeitsverständnis, begannen wesentliche politische Festlegungen auf klar umrissene Ziele Raum zu greifen. Die Agenda 21 und auch das Klimaschutz-Protokoll von 1997 in Kyoto sind bekannte Beispiele dafür.

889 Zur Jahrtausendwende einigte sich die UN-Generalversammlung erstmals auf einen klar umrissenen messbaren und bis 2015 zu erreichenden Zielkatalog in Form der Millenium Development Goals, der 2012 auf dem UN-Weltgipfel Rio +20 neu auf den Prüfstand kam und schlussendlich in die Agenda 2030 mündete: Die Sustainable Development Goals als 17 Oberziele gemessen mit 169 Zielvorgaben wurden im September 2015 von der UN Generalversammlung als globale Losung verabschiedet, die bis 2030 erreicht werden sollen.[856] Dabei erweiterte sich das Verständnis zur Umsetzung der Ziele ganz grundlegend auf

---

853 Autoren: *Harald Bolsinger* und *Goran Bašić*. Die Ausführungen geben ausschließlich persönliche Auffassungen wieder. Für Rückfragen oder Anregungen sind die Autoren unter den E-Mail-Adresse Bolsinger@Orientierungskompetenz.de und Goran.Basic@umweltbank.de erreichbar. Eine multimediale Dokumentation des Changeprozesses der UmweltBank stellen die Autoren als Fallstudie ergänzend zum vorliegenden Artikel auf der Website www.wirtschaftsethik.biz/UmweltBank zur Verfügung.
854 Vgl. *Bolsinger* (2018c).
855 Vgl. dazu auch die Hinweise in den Kapitel A.I und E.III dieses Herausgeberbandes.
856 Vgl. zu den UN-Nachhaltigkeitszielen auch die Darstellung in Kapitel A.II dieses Herausgeberbandes.

eine neue globale Partnerschaft, die verdeutlicht, dass alle mitwirken müssen, um diese Ziele gemeinsam zu erreichen. Staaten jeglichen Entwicklungsstandes und Staatenbünde sind gleichermaßen zur Umsetzungspartnerschaft aufgerufen, wie Unternehmen und Verbraucher weltweit sowie institutionelle und private Investoren. Standardisierte Transparenzforderungen und -regulierungen auf supranationaler wie auf nationaler Ebene waren eine der Folgen. Die **CSR-Richtlinie** sorgt beispielsweise auf EU-Ebene dafür, dass unternehmerischer Wettbewerb jenseits der bekannten pekuniären Größen befeuert wird.[857] Europa soll 2050 nach dem Willen der Europäischen Kommission der erste klimaneutrale Kontinent sein. Die SDGs sind dabei **Blaupause** für das strategische Vorgehen, denn ihre Umsetzung ist erklärtes Ziel der EU in allen Politikbereichen. Die Existenz der SDG belegen, dass sich die globale Ordnung inmitten eines vollständigen Paradigmenwechsel befindet, der dazu führt, dass finanzielle Größen nicht mehr isoliert betrachtet werden können. Das berührt auch die Akteure auf Finanzmärkten.

Ein schrittweise vollzogener Paradigmenwechsel in der globalen Ordnung und das damit einhergehende Umsteuern auf internationalen und auch nationalen Finanzmärkten, hat massive Auswirkungen auf die Geschäftsmodelle sämtlicher Banken und Finanzdienstleister.[858] Die Europäische Kommission hat mit der Gründung der **High-Level Expert Group on Sustainable Finance** und den daraus hervorgehenden Empfehlungen bereits Fakten geschaffen, so dass nachhaltige Finanzmarktprodukte standardisiert vergleichbar werden. Nachhaltigkeitsaspekte erfahren zunehmend eine Verankerung in der Finanzmarktaufsicht und Veröffentlichungspflichten verstärken den Wettbewerb um eine gute Nachhaltigkeitsperformance. Die Integration von Nachhaltigkeitskriterien in Investment- und Finanzierungsstrategien sind so risikorelevant, dass kein Finanzmarktakteur davor die Augen verschließen kann. Von Technologiewechsel von Verbrennungs- auf Elektromotoren, Naturkatastrophen durch Klimaveränderungen über Reputationsgefahren für große Marken aufgrund Umweltzerstörung in der Lieferkette und damit einhergehende juristische Prozesse bis hin zu Erwartungen bezüglich der ordnungspolitischen Regulierung von nicht nachhaltigem Geschäftsgebaren in einzelnen Branchen, sind Nachhaltigkeitsaspekte im Fokus der Betrachtung. Es ist unumstößlich, dass der ordnungspolitische Rahmen in sämtlichen Finanzmärkten zur Verwirklichung von Nachhal-

---

857 Vgl. dazu auch die Ausführungen in Kapitel F.III dieses Herausgeberbandes.
858 Vgl. *Basic/Bolsinger* (2018), S. 4.

tigkeit konvergiert. Auch die Corona-Krise trägt dazu bei, indem Politik zunehmend verinnerlicht, auch auf Fachwissenschaft jenseits von Betriebs- und Volkswirtschaftslehre zu hören.

891 Weltweit wird die Politik durch die Corona-Pandemie gewahr, dass Nachhaltigkeitslösungen vernetzt, interdependent und global skaliert werden müssen, um ausreichend zu wirken. Nicht zuletzt im SDG 3, mit dem für alle Menschen ein gesundes Leben und Wohlergehen gefördert werden soll, ist auch die Bekämpfung übertragbarer Krankheiten ein weltweites Ziel. Durch den Corona-bedingt fallenden Ölpreis sinkt zwar vorübergehend die einzelwirtschaftliche Attraktivität regenerativer Energien, das Umsteuern ist jedoch auch in dem Bereich eingebettet in den politischen Plan, Nachhaltigkeit zu stärken, so dass institutionelle Anleger an die SDG angelehnte Impact Investments aufgrund Ihrer Zukunftsfähigkeit ganzheitlich bejahen. Dabei ist nicht nur die ethische Motivation der Schaffung und Sicherung einer besseren Welt ein wesentlicherer Treiber, sondern auch die empirischen Belege, dass die ökonomische Performance von Unternehmen mit deren Nachhaltigkeitsleistung verbunden ist und sich durch Ratings bestätigte Nachhaltigkeitsperformance auch auf die Aktienkurse und deren Volatilität auswirken.[859] Auf den Finanzmärkten von morgen können Banken nur noch mit sinnstiftendem, nachhaltigem und gleichzeitig wirtschaftlich erfolgreichem Banking langfristig bestehen, wollen sie den politischen, gesellschaftlichen und investorengetriebenen Anforderungen gleichzeitig gerecht werden.

892 Vor dem Hintergrund dieses Wandels, hat die **UmweltBank** seit Ihrer Gründung eine klare Position eingenommen: Sinn, Nachhaltigkeit und wirtschaftlichen Erfolg so zu verbinden, dass davon Mensch und Natur gleichermaßen profitieren.

b) Zukunftsfähiges Banking für eine intakte Welt

893 Die UmweltBank Aktiengesellschaft mit Sitz in Nürnberg ist eine unabhängige im Premiumsegment m:access der Münchener Börse gelistete Privatbank mit einem Bilanzvolumen von gut 4,5 Milliarden Euro (Stand: 30.06.2020). Damit zählt sie gemäß der Definition der Europäischen Zentralbank (EZB) zu den sogenannten weniger bedeutenden Finanzinstituten (Less Significant Institutions, kurz: LSIs) und unterliegt der nationalen Aufsicht in Deutschland durch die Bundesanstalt für Finanzdienstleistungsaufsicht (BaFin).

---

[859] Vgl. *Friede/Busch/Balsen* (2015), 210 ff., sowie *Otsuka/Takimoto* (2012), S. 6 und auch *Ashwin Kumar/Smith/Badis/Wang/Ambrosy/Tavares* (2016), 292 ff.

Das Verständnis von EZB und BaFin der beiden von ihr synonym verwendeten Begriffe »bedeutend« und »systemrelevant« unterscheidet sich dabei signifikant von dem der über 230 Mitarbeitenden, 11.000 Aktionäre und Aktionärinnen und 118.000 Kunden und Kindinnen der **grünen Direktbank** (Stand: 30.06.2020). Während die Aufsicht »bedeutend« implizit negativ mit »too big to fail« definiert – also sich dabei die Frage stellt, welche Auswirkungen hätte eine Insolvenz des betrachteten Instituts auf das Finanzsystem – legen die Stakeholder der UmweltBank diese beiden Begriffe positiv aus. Natürlich ist die grüne Direktbank, genauso wie ihre genossenschaftlich organisierten Kernwettbewerber, die GLS Gemeinschaftsbank eG aus Bochum sowie die Ethikbank eG Zweigniederlassung der Volksbank Eisenberg eG allein aufgrund ihrer Größe nicht vergleichbar mit den 21 in Deutschland direkt von der EZB beaufsichtigten Banken(Konzernen)[860]. Setzt man dagegen die Systemrelevanz gleich mit Begriffen wie **Vorreitertum** und/oder Agilität, sind Nachhaltigkeitsbanken plötzlich doch »bedeutend«.

Dies manifestiert sich unter anderem auch dadurch, dass neben dem Gründungsmitglied GLS Gemeinschaftsbank als bislang einziges weiteres Unternehmen aus Deutschland nur noch die UmweltBank 2018 von der Global Alliance for Banking on Values (GABV) eingeladen wurde, dem 2009 ins Leben gerufenen, unabhängigen aus mittlerweile 62 Finanzinstituten und 16 strategischen Partnern[861] bestehenden internationalen Netzwerk beizutreten. Die GABV unterstützt wirtschaftliche, soziale und ökologische Nachhaltigkeit mit dem Ziel das weltweite Bankensystem durch Vorreiter und Vorbilder langfristig zu verändern[862].

Wie sich die UmweltBank entwickelt hat und welcher Weg eingeschlagen wurde, um dauerhaft als Schrittmacherin im zunächst ökologisch fokussierten Banking und nun im SDG-bezogenen Nachhaltigkeitsbanking gelten zu können, wird im vorliegenden Artikel praxisorientiert dargestellt.

---

860 Vgl. *EZB* (2020c).
861 Vgl. *GABV* (2020a).
862 Vgl. *GABV* (2020b).

AUSWIRKUNGEN AUF UNTERNEHMENSSTEUERUNG

2. Woher wir kommen

a) Gründung und ursprüngliche Differenzierung

897 Die Vorgängerin der BaFin, das Bundesaufsichtsamt für das Kreditwesen (BaKred) erteilte der UmweltBank am 07.011997 die uneingeschränkte Vollbanklizenz. Die Aufnahme der Geschäftstätigkeit erfolgte am 31.01.1997 mit einem haftenden Eigenkapital von umgerechnet 19,4 Millionen Euro. Das Geschäftsmodell zum Start entsprach dem Motto »**Der Name ist Programm!**« und stellte aufgrund der Kombination von Direkt- und Spezialbank sicher, dass sich in der UmweltBank Ökonomie und Ökologie nicht widersprachen, sondern vielmehr von Anfang an zwei Seiten ein und derselben Medaille waren. Konsequent sah bereits zum Start die Satzung der Aktiengesellschaft vor, dass sich die UmweltBank für den Erhalt der natürlichen Lebensgrundlagen, insbesondere für klares Wasser, reine Luft und eine gesunde Umwelt einsetzt. Ferner waren darin die Schwerpunkte des Kreditgeschäftes der Bank mit den Bereichen Sonnenenergie, Wind- und Wasserkraft, Blockheizkraftwerke, Niedrigenergiebauweise, umweltfreundliche Produktion, Kreislaufwirtschaft sowie Recycling definiert. Als ökologische Ergänzung zum wirtschaftlichen Kontrollorgan, dem Aufsichtsrat war der Umweltrat vorgesehen. Dessen Funktion war laut Satzung, die gesetzlichen Organe der Aktiengesellschaft zu beraten.

b) Erste Strategie und Kernwettbewerber

898 Entgegen der damals weit verbreiteten Meinung, dass sich wirtschaftlicher Erfolg und Umweltschutz ausschließen würden, trat die UmweltBank vom ersten Tag an den Beweis an, dass mit einer konsequenten ökologischen Ausrichtung sehr wohl auch **Geld zu verdienen** ist. Der damalige Hauptwettbewerber, die **Ökobank eG** aus dem Umfeld der alternativen Szene verband Umweltförderung zwingend mit Subventionen im Sinne von Verzicht auf Zinsen. Den anderen Pol bildeten die zahlreichen, vermeintlich etablierten Banken und Sparkassen mit ihren branchenüblichen, zum Teil auch bis heute unveränderten Geschäftsmodellen. Diese kannten nahezu keine nachhaltigen Anlageprodukte und lehnten die Finanzierung von beispielsweise Holzhäusern, Photovoltaikanlagen oder Windkraftanlagen ohne die Stellung von Drittsicherheiten konsequent ab.

899 Anders die Strategie der UmweltBank: Diese verstand sich als Vorreiterin und garantierte ihren Anlegern, dass die ihr anvertrauten Tagesgelder und Spareinlagen ausschließlich für die Finanzierung von ökologisch und sozial verträgliche

Vorhaben verwendet werden. Passiv- und Provisionsgeschäft waren standardisiert und stellten auf die ökologisch orientierten Privatkunden ab, die das Girokonto nach wie vor bei ihrer bisherigen Hausbank behielten. Das Aktivgeschäft war dagegen stark individualisiert. Die Kreditbetreuer waren aufgrund ihres Spezialwissens in den Bereichen erneuerbare Energien oder nachhaltiges Bauen in der Lage, ihren Kunden einen konkreten Mehrwert in Form einer kompetenten Beratung anzubieten. Zugleich machte diese Spezialisierung es möglich, die Kreditrisiken der Vorhaben richtig einzuschätzen und bei der Besicherung regelmäßig ausschließlich auf die finanzierten Projekte abzustellen. Die UmweltBank setzte demnach von Beginn an auf **ökologische Spezialisierung** als Vorreiter und Qualität in allen Facetten, um sich am Finanzmarkt zu differenzieren.

c)   In der Aufbauphase: Märkte entwickeln

Eine Bankausbildung galt Mitte der 1990-er Jahre unter Schulabgängern als äußerst erstrebenswert. Disruptive Veränderungen im Finanzsektor waren schwer vorstellbar und Begriffe wie »Start-up« oder »FinTech« waren im allgemeinen Sprachgebrauch kaum bekannt. Unter diesen Rahmenbedingungen wurde die Neugründung einer konsequent grün ausgerichteten Bank in der Rechtsform einer Aktiengesellschaft von den Mitbewerbern zunächst belächelt und in die Kategorie der alternativen Szene von »Turnschuh-Bänkern« der Ökobank eingeordnet. Diese geriet im Jahr 2000 in eine existenzielle Krise und wurde schlussendlich zwei Jahre später von der GLS Gemeinschaftsbank übernommen.

Die Unternehmenskultur der UmweltBank war in diesem Kontext von der Vision geprägt, den Beweis anzutreten, dass man mit dem neuen Geschäftsmodell gleichzeitig **grüne und schwarze Zahlen** schreiben kann. Die Mitarbeitenden sahen sich in der Vorreiterrolle und wollten sowohl den klassischen Wettbewerbern, als auch den nachhaltigen Mitbewerbern immer mindestens einen Schritt voraus sein. Der Geschäftsbericht beinhaltete konsequent mit der ersten Ausgabe in 1997 neben dem Jahresabschluss nach dem Handelsgesetzbuch auch eine CO_2-Bilanz, so dass eine Kultur der finanziellen und ökologischen Transparenz mit einer integrierten Berichterstattung von Beginn an gelebt wurde. Anstatt des vorab kalkulierten Fehlbetrags von umgerechnet ca. 0,7 Millionen Euro erwirtschaftete das Start-up bereits in seinem ersten Geschäftsjahr ein ausgeglichenes Ergebnis. Zugleich ersparte »bereits die einjährige Tätigkeit

AUSWIRKUNGEN AUF UNTERNEHMENSSTEUERUNG

der UmweltBank (…) die Menge an Schadstoffen, die durch den Stromverbrauch privater Haushalte von Städten wie z. B. Neumünster, Ratingen, Worms oder Bayreuth freigesetzt werden.«[863]

902 Diese für Viele zunächst unerwartete Entwicklung setzte sich ungebremst die nächsten fünf Jahre bis zum Börsengang fort: die Anzahl der Mitarbeitenden überstieg 2001 erstmalig die 100er-Grenze. Das Geschäftsvolumen lag mittlerweile bei umgerechnet € 346,7 Millionen Euro und die seit Bankgründung durch die finanzierten Projekte eingesparte Menge an CO_2 entsprach etwa der Belastung der privaten Haushalte des Großraums Nürnberg.[864] Mit dem **Börsengang** in 2001 war die Aufbauphase als abgeschlossen betrachtet und der Beweis erbracht, dass die UmweltBank zugleich grün und rentabel sein kann.

d) Stagnationsgefahr im Kontext wirtschaftlichen Erfolgs

903 Mit der Zeit erkannten immer mehr Finanzinstitute, wie **risikoarm** das Kreditgeschäft zum Beispiel im Bereich der erneuerbaren Energien sein kann. Die Finanzierung von Photovoltaik- oder Windkraftanlagen wurde zwischenzeitlich auch von jeder Sparkasse oder Volks- und Raiffeisenbank vor Ort angeboten und war kein Nischenprodukt mehr. Die Mission der UmweltBank aus den Aufbaujahren, einen attraktiven Markt für nachhaltigkeitsbezogene Finanzierungen durch ihre Vorreiterschaft aufzubauen, war zu 100 % erfüllt. Gleichzeitig war die Wachstums- bzw. Reifephase der UmweltBank durch ein jährliches, zweistelliges relatives Wachstum des Geschäftsvolumens geprägt.

904 Auffallend ist, dass sich bei der Kundenanzahl ab 2013 und bei der Anzahl der Mitarbeitenden bereits ab 2005 aber eine Stagnation einstellte. Bei der Strategie-, Organisations- und Personalentwicklung kam es ebenfalls zu einem Stillstand. Statt die Mission und die Vision der UmweltBank weiterzuentwickeln wurde der Fokus auf **Effizienzsteigerung** des bestehenden Geschäftsmodells nach dem Motto »Jeder gibt sein Bestes« ausgerufen. Augenscheinlich gab der Erfolg des Unternehmens, gemessen am Jahresergebnis, der damaligen Geschäftsleitung Recht.

905 Die UmweltBank war zwischenzeitlich ein Unternehmen geworden, das niemanden mehr etwas zu beweisen hatte. Die Mitarbeitenden sehnten sich aber zunehmend nach einer Aktualisierung und Neudefinition des Unternehmensleitbildes, um weiterhin die Vorreiterrolle der Bank als Schrittmacher ökologischer Finanzierungs- und Anlagelösungen behalten zu können.

---

863 Vgl. *UmweltBank* (1997), S. 4.
864 Vgl. *UmweltBank* (2001), S. 28.

3. Wohin wir wollen

a) Von der Agenda21 zur Agenda 2030

Der Fokus auf Effizienzsteigerung mit einem funktionierenden Geschäftsmodell hilft zwar dabei, mittelfristig Erträge zu sichern, kann aber ohne regelmäßige **strategische Weiterentwicklung** und Wachstum in einem dynamischen Markt nicht langfristig erfolgreich sein. Für Mitarbeitende und Kunden ist Bewährtes immer wieder neu vor einem sich verändernden gesellschaftlichen Rahmen und einem veränderten Marktumfeld zu hinterfragen und wo nötig weiterzuentwickeln. Das gilt auch für den Kern der unternehmerischen Vision, der im Fall der UmweltBank auch mit politischen Überlegungen auf globaler Ebene einhergeht. Startpunkt globaler politischer Einflussnahme mit Umweltfokus und Bezug zur wirtschaftlichen Entwicklung war 1972 die UN Conference on the Human Environment mit der Erkenntnis »The protection and improvement of the human environment is a major issue which affects the well-being of peoples and economic development throughout the world«[865]

Im Sommer des Jahres 1997, als die UmweltBank ihre Geschäftstätigkeit aufnahm, verabschiedete die Generalversammlung der UN ein Programm zur Implementierung der ersten globalen Nachhaltigkeitsagenda Agenda21.[866] In dem Kontext wurde auch von Deutschland eine Strategie für nachhaltige Entwicklung vorgelegt, in der Finanzmärkte und Finanzdienstleister aber noch keinen eigenen Platz fanden.[867] Das spiegelt den Innovationsgrad und die damalige Vorreiterrolle der UmweltBank eindrücklich wider. Zweifelsohne war die UmweltBank im Bereich ökologischer Bankdienstleistungen im selbst geöffneten Markt lange Qualitätsführer mit hoher Effizienz, doch die gesellschaftlichen Vorstellungen von Umweltschutz und das Verständnis unternehmerischer Verantwortung und Nachhaltigkeit hatten sich in der Zwischenzeit genau so verändert, wie die Flexibilitätsanforderungen einer agilen Arbeitswelt. Diesen Veränderungen hatte die UmweltBank bis Anfang 2016 nach Auffassung der damaligen Geschäftsleitung zu wenig Beachtung geschenkt. Vom Ökologiefokus über den Bereich Soziales und politischen Entwicklungen rund um die Thematik Corporate Social Responsibility hatte sich auf globaler Ebene ein **ganzheitliches Nachhaltigkeitsverständnis** etabliert, dem sich die UmweltBank neu stellen musste. Erstmals in der Geschichte der Menschheit bekannten sich nahezu alle Staaten der Welt im Rahmen einer globalen Partnerschaft zur Zielsetzung der neuen Agenda 2030 mit

---

[865] Vgl. *UN* (1972), S. 8.
[866] Vgl. *UN* (1997a).
[867] Vgl. *BRD* (1997), 43 ff.

den Sustainable Development Goals als konkretem Inhalt und einer messbaren Operationalisierung von Nachhaltigkeit.[868] Die Europäische Kommission war zeitgleich mit der Vorbereitung einer High-Level Expert Group on Sustainable Finance beschäftigt, die 2016 eingesetzt wurde, um auch die Finanzmärkte so zu verändern, dass diese dem Nachhaltigkeitsgedanken folgen. Die UmweltBank stand vor der Herausforderung ihre Kernkompetenz zu sichern, indem sie sich den neuen Gegebenheiten der Weltpolitik stellt und dadurch induzierte Veränderungen auf Finanzmärkten antizipiert.

b) Kontinuierliche Verbesserung mit dauerhaftem Blick auf die Welt von Morgen

908 Die UmweltBank sollte eine organisationale Weiterentwicklung erfahren, die einerseits die bewährte Kultur erfolgreicher interner Zusammenarbeit bewahrt aber andererseits dauerhafte Veränderungsbereitschaft und Anpassungsfähigkeit an veränderte Umweltbedingungen sicherstellt. Zielsetzung war demnach nicht die einfache Aktualisierung der UmweltBank-Ausrichtung vor dem Hintergrund der SDGs, sondern die Implementierung einer dauerhaften Entwicklungskultur, welche langfristig sicherstellt, dass wirtschaftlicher Erfolg nicht zu unbemerktem Stillstand führen kann. Bewährtes zu erhalten und gleichzeitig Dynamik zu integrieren, sollte durch gezielte Agilitäts- und Innovationsförderung über alle Bereiche der Bank hinweg erlangt werden.

909 Ein guter Ausgangspunkt für diese Veränderung waren die zahlreichen fachbezogenen Beziehungen der Bank, deren aktive Nutzung sich als stark ausbaufähig darstellte: Die Einbindung der UmweltBank in zahlreiche **Nachhaltigkeitsfachnetzwerke**, ein Umweltrat als Mitimpulsgeber für die Vorstandsebene und ein **Fachberatungsgremium** bestehend aus dem damaligen Umweltbeirat, der einmal jährlich tagte. Die Expertise dieser Beziehungsnetzwerke sollte für die konkrete Gestaltung der UmweltBank-Produkte, -Prozesse und -Innovationen im Hause so nutzbar gemacht und in kontinuierliche unternehmensinterne Projektarbeit überführt werden, dass der Vorstand nicht nur einmal jährlich, sondern laufend Veränderungsimpulse in allen für die Nachhaltigkeit der Bank wichtigen Bereichen erhält. Zur selben Zeit sollte auch die Expertise in der ganzen Bank zu den SDGs als State-of-the-Art in Bezug auf ein ganzheitliches Nachhaltigkeitsverständnis gestärkt und erneuert werden, um eine breite aktuelle theoretische Basis für die Gestaltung und Weiterentwicklung von Produkten, Prozessen und Innovationen zu bekommen. Nur wenn sich die

---

868 Vgl. *UN* (2015c).

gesamte Mitarbeiterschaft kompetent vor dem Hintergrund des zu der Zeit gültigen globalen Nachhaltigkeitsverständnisses mit Verbesserungsvorschlägen einbringen kann, ist eine innovationsbegünstigende Verbindung mit Impulsen aus den externen Netzwerken langfristig sichergestellt. Nicht zuletzt die Aktionäre und Aktionärinnen sollten ebenso mit den neuen Zielsetzungen berührt werden, weshalb von Beginn an die Erarbeitung einer neuen Satzungspräambel als Teilprojektziel auf die Agenda genommen wurde. Es ging also nicht um die SDG-bezogene Vermarktung oder Neuverpackung bestehender UmweltBank-Aktivitäten, sondern um die Stärkung einer tief verwurzelten und auf Nachhaltigkeit basierenden Veränderungskultur von innen.

Zum Entscheidungszeitpunkt fanden die SDGs in der Finanzmarktbranche noch nicht die Aufmerksamkeit, die sich die UN aufgrund ihrer globalen Informationskampagnen versprochen hatte. Selbst etablierte Nachhaltigkeitsratingagenturen waren trotz gezielter Nachfrage noch nicht in der Lage, **belastbare SDG-bezogene Ratings** anzubieten. Mitwettbewerber mit vergleichbarer Bilanzsumme hatten sich kaum mit der Thematik beschäftigt und allenfalls bestehende Finanzierungsaktivitäten einzelnen SDGs zugeordnet. Beratungsangebote zum erfolgreichen Vorgehen bei einer derartigen Transformation existierten nur sporadisch und waren vor allem auf Großunternehmen ausgerichtet, nicht aber auf ein mittelständisch geprägtes Kreditinstitut wie die UmweltBank. Aus dem Grund und gleichermaßen wegen der kulturerneuernden Zielsetzungen, entschied die Geschäftsleitung die Erneuerung von innen heraus so zu gestalten, dass sie sich auch nach erfolgreicher Implementierung durch die intern Beteiligten weiter entfalten und entwickeln kann.

4. Wie wir uns weiterentwickeln

a) Mit der Straße der Nachhaltigkeit

Ernsthafte Überlegungen zur richtigen Unternehmensausrichtung vor dem Hintergrund einer Nachhaltigkeitssinngebung der Organisation sind ein wesentlicher Glaubwürdigkeitsfaktor in der Öffentlichkeit und stärken die license to operate. Nur wenn die Bearbeitung des Themas von innen heraus transparent und mit ausreichend Zeit geschieht, ergibt sich ein glaubwürdiger Entwicklungspfad zur langfristigen Differenzierung über eine einzigartige und passgenaue Nachhaltigkeitsstrategie. Nachdem 2016 die Entscheidung getroffen wurde, die SDGs als Impuls zur Erneuerung der UmweltBank AG zu nutzen, galt es ein stilisiertes Vorgehensmodell zu entwickeln, das auch für kleine und mittlere Unternehmen umsetzbar ist, die zuvor noch kaum Berührungspunkte mit der Agenda 2030 hatten.[869]

912 Anstelle einer umfangreichen Publikation sollte ein einfacher und auch für Nichtfachleute sofort verständlicher Weg aufgezeigt werden. Auf Basis von Vorerfahrungen mit anderen Finanzdienstleistern und mittelständischen Unternehmen im Wertemanagement, wurde die »**Straße der Nachhaltigkeit**«[870] als pragmatischer Weg für mittelständisch geprägte Unternehmen »zur glaubwürdigen Annäherung an die Agenda 2030« entwickelt.[871] Die bislang nur online verfügbare Straße der Nachhaltigkeit (vgl. Abbildung C.22),[872] die auf dem SDG Compass der Global Reporting Initiative, dem UN Global Compact und dem World Business Council for Sustainable Development aufbaut, wird im Folgenden aktualisiert und ergänzt mit Kernpunkten komprimiert wiedergegeben, da sie Basis für das Verständnis der umweltbankspezifischen Vorgehensweise ist.[873] Wer sich die acht Etappen vornimmt, benötigt ausreichend Zeit für den damit einhergehenden kulturellen Wandel im Unternehmen und sollte sich nicht auf extern produzierte Ergebnisse von Unternehmensberatungen stützen, die oft nur einen einfachen Abgleich der Geschäftstätigkeit mit der Agenda 2030 beinhalten und entsprechender Kommunikationsempfehlungen wo diese Geschäftstätigkeit Nachhaltigkeitsziele glaubhaft fördert.

---

869 Grundsätzlich wird ein solcher Change-Prozesses in Kapitel C.II dieses Herausgeberbandes diskutiert.
870 Vgl. *Bolsinger* (2018a).
871 Vgl. *Bolsinger* (2017), S. 10.
872 Vgl. *Bolsinger* (2018a).
873 Vgl. UN *Global Compact* (2015), *Bolsinger* (2017) und *UmweltBank AG* (2020), 45 ff.

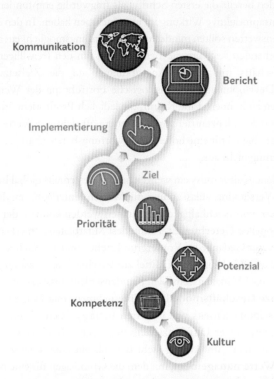

*Abbildung C.22: Schritte zur Nachhaltigkeitsdifferenzierung
(Quelle: eigene Darstellung nach Bolsinger (2018a))*

aa) Kultur

Der Startpunkt für einen glaubwürdigen Beitrag von Unternehmen zur Errei- 913
chung der Nachhaltigkeitsziele der Vereinten Nationen ist die vorherrschende
Kultur im Unternehmen.[874] Vor jeder Anstrengung in Richtung Nachhaltigkeit
steht die Formulierung oder wenn bereits vorhanden die Überprüfung des Wertesetes und des Selbstverständnisses des Unternehmens als verantwortungsvoller
Akteur in der globalen Gemeinschaft. Wer sich mit den Nachhaltigkeitszielen
der Vereinten Nationen unternehmensweit beschäftigen will, muss auf eine
hochentwickelte **Kultur der Verantwortung** im Unternehmen zurückgreifen
können, die wesentlich mehr als Profitabilitätsverantwortung beinhaltet. An-

---

874 Vgl. dazu auch die Ausführungen vor allem in den Kapiteln C.IV und C.V dieses Herausgeberbandes.

sonsten werden bereits die ersten Schritte als fragwürdig empfunden und können eine kontraproduktive Wirkung im Unternehmen haben. In den definierten Unternehmenswerten sollten mindestens Anknüpfungsmöglichkeiten zu Nachhaltigkeit vorhanden sein, um die Bemühungen um den freiwilligen Abgleich des Kerngeschäfts mit dessen Auswirkungen auf die Zielsetzungen der Sustainable Development Goals als logische Fortführung der Werteentwicklung begreifen zu können. Eine Kultur, die lediglich Profitorientierung, Qualität, Innovation, Kundenzentrierung und weitere oft sichtbare Werte beinhaltet, reicht als klares Signal für eine hohe Verantwortungsbereitschaft gegenüber der Weltbevölkerung nicht aus.

914 Die vorhandene Kultur muss ein weitreichendes bestenfalls global betrachtetes Stakeholder-Verständnis zulassen und mit Werten hinterlegt sein, die mit dem ethischen Kern von Nachhaltigkeit verbunden werden können: der inter- und intragenerationellen Gerechtigkeit. Zumindest Mitarbeitende merken es sofort, wenn nicht dieser Gedanke im Vordergrund steht, sondern Nachhaltigkeit und damit auch die SDGs lediglich als Mittel zur Erschließung beziehungsweise Sicherung einer nachhaltigkeitssensiblen Kundenschicht missbraucht werden sollen. Das **ganze Geschäftsmodell** des Unternehmens muss auf einem Verantwortungsverständnis jenseits von isolierten Ertragsgrößen basieren, um langfristig zu glaubwürdiger Differenzierung mit eigener Nachhaltigkeitsstrategie gelangen zu können. Am Anfang steht deshalb ein konsequentes und **sinnzentriertes Wertemanagement**, mit dem die Grundlagen für eine Nachhaltigkeitskultur aktiv geformt werden und die Identifikation von Menschen im Unternehmen, die mit ihren ureigenen individuellen Überzeugungen entsprechende Unternehmenswerte verkörpern können.[875]

915 Mögliche Fragen, mit der der Grad einer solchen ganzheitlichen Umsetzung geprüft werden kann, sind nachfolgend aufgelistet:

- Welchen Sinn verfolgt unser Unternehmen und ist dieser jenseits monetärer Aspekte ausformuliert?
- Wie reif ist unsere Unternehmenskultur vor dem Hintergrund eines global ausgerichteten Verantwortungsverständnisses?
- Existiert bereits eine ausreichende Zahl intrinsisch zu Nachhaltigkeit motivierter Menschen im Unternehmen?
- Was motiviert einzelne Führungspersonen unseres Unternehmens wirklich zur Beschäftigung mit Nachhaltigkeitsfragen?

---

875 Vgl. *Bolsinger* (2018b).

- Welche Unternehmenswerte und Wertemanagementbausteine existieren, an die mit Nachhaltigkeitsfragen glaubwürdig angeknüpft werden kann?

bb) Kompetenz

Nachhaltigkeitskompetenz muss ebenso aufgebaut und gepflegt werden, wie anderes Know-how im Unternehmen. Nur wenn ein echtes Verständnis von Herkunft, Zielsetzungen und konkreten Inhalten der SDGs vorherrscht, wird auf allen Ebenen ein kompetenter Abgleich mit den Kernprozessen des Unternehmens möglich, der in den folgenden Schritten angestrebt wird. Es ist nicht ausreichend, wenn diese Kompetenz lediglich durch externe Beratung eingebracht wird, weil sie ansonsten lediglich punktuell für eine Momentaufnahme wirkt. Nachhaltigkeit nach dem Verständnis der Vereinten Nationen im Unternehmen zu verankern erfordert neben der Kenntnis des eigenen Unternehmens auch die **Kenntnis der Zielsetzungen der SDG** bei einer möglichst hohen Zahl von Mitarbeitenden, um dauerhaft in der Kraft der Gruppe nachhaltigkeitsbezogene Innovationspotenziale entdecken und heben zu können.

Ohne den **Know-how-Aufbau** kann der Change-Prozess, der durch die Ausrichtung an den SDGs begonnen wird, nicht das Potenzial entfalten, das in der gesamten Mitarbeiterschaft verfügbar ist. Nur wenn die Belegschaft Verständnis für die Zielsetzungen der Agenda 2030 hat, kann sie bei allen Folgeschritten kompetent und sachkundig Veränderungen zielgerichtet mitgestalten und die Wirkungsketten im jeweils eigen Verantwortungsbereich beurteilen. Die Wahrnehmung des Change Prozesses als selbstgesteuert und bedeutsam erfordert eine hohe Mitarbeitendenbeteiligung mit eigenem Sachverstand und wirkt sich auf die zukünftige Akzeptanz von Veränderungen durch die Ausrichtung auf SDG aus. Ansätze zur Reflexion des eigenen Ausbildungsstandes liefern die folgenden Fragen:

- Wie kam die Agenda 2030 zustande? Wie wird Nachhaltigkeit von der Weltgemeinschaft, uns als Unternehmen und mir als Person derzeit verstanden?
- Welche Bereiche decken die globalen Nachhaltigkeitsziele der Weltgemeinschaft (SDGs) konkret ab?
- Wie hängen die SDGs miteinander zusammen und wie lässt sich die Zielerreichung jeweils messen?
- Welche SDGs passen zu unserem Sinnsystem und unseren Werten?
- Welches Handeln der Weltgemeinschaft, von uns als Unternehmen und mir als Person fördert die Zielerreichung der jeweiligen SDGs? Welche Zielkonflikte können dabei auftreten?

AUSWIRKUNGEN AUF UNTERNEHMENSSTEUERUNG

cc) Potenzial

918 Mit dem zuvor aufgebauten Know-how können nun von den Mitarbeitenden zusammen mit Kern- Stakeholdern und externen Experten Potenziale zur Verwirklichung der SDGs im Kerngeschäft des Unternehmens eruiert werden. Mit der Nachhaltigkeitspotenzialanalyse werden sinnvolle Optionen erarbeitet, mit denen das Unternehmen durch gezielte Nachhaltigkeitsbeiträge dauerhaft wettbewerbsfähig agieren kann. Auch wenn die Umsetzung der SDGs in ihrer Gesamtheit letztendlich die Vision der Weltgemeinschaft darstellt, wäre es vermessen zu glauben, dass alle Unternehmen für alle Nachhaltigkeitsziele maximale Beiträge leisten könnten oder gar müssten. **Differenzierung und Spezialisierung** unter Nutzung von Wettbewerbsvorteilen ist auch für die Nachhaltigkeitsleistung von Unternehmen äußerst sinnvoll, um in Summe möglichst gute Ergebnisse zu erzielen. Das widerspricht nicht der Anerkennung sämtlicher SDGs als erstrebenswert und darf auch nicht als Greenwashing bezeichnet werden, solange eine ehrliche und transparente Analyse der Auswirkungen des eigenen Geschäftsgebarens in allen SDG-Bereichen angestrengt wird.

919 In der strategischen Unternehmensentwicklung wird untersucht, wie das Unternehmen zur Verwirklichung des jeweiligen konkreten Nachhaltigkeitszieles bereits beiträgt, beitragen kann oder zukünftig beitragen könnte. Gleichzeitig muss unternehmerisches Handeln identifiziert, dokumentiert und diskutiert werden, das einzelnen SDGs zuwiderläuft, damit das Unternehmen seiner Verantwortung für alle Auswirkungen auf die Gesellschaft gerecht werden kann. Nur wer mögliche positive und negative Beiträge des Unternehmens sichtbar gemacht hat, kann über wirksame Maßnahmen zur echten Steigerung der Nachhaltigkeitsleistung entscheiden. Pragmatisch umsetzbare Empfehlungen werden vor allem dann generiert, wenn die Ertragspotenziale und Wertbeiträge der einzelnen Unternehmensaktivitäten gleichzeitig mit den Nachhaltigkeitswirkungen betrachtet werden. Deswegen sind die wichtigsten ertragsbringenden Unternehmensaktivitäten im Kerngeschäft entlang der Wertschöpfungskette zwingend in die Potenzialanalyse aufzunehmen. Vor allem wenn gleichzeitige **Nachhaltigkeits- und Ertragspotenziale** sichtbar werden, ergeben sich daraus interessante Optionen, die dauerhaft wirtschaftlich verfolgt werden können und die schon allein aus der Marktlogik heraus für eine Skalierung in Frage kommen.

920 Mögliche Fragen zur Prüfung der Nachhaltigkeit- und Ertragspotenziale ergeben sich wie folgt:

- Wie sieht unsere vollständige Wertschöpfungskette auch jenseits der Unternehmensgrenzen aus? Wie sieht unser Geschäftsmodell im Kerngeschäft aus?
- Wie kann unser Unternehmen im Kerngeschäft und in der gesamten Wertschöpfungskette zur Verwirklichung konkreter Nachhaltigkeitsziele beitragen?
- Welche Unternehmensaktivitäten auch jenseits der Unternehmensgrenzen laufen konkreten Nachhaltigkeitszielen zuwider und in welchem Ausmaß?

dd) Priorität

Die nun verdeutlichten Potenziale sind im nächsten Schritt vor dem Hintergrund ihrer Wesentlichkeit für das unternehmensspezifische Geschäftsmodell zu priorisieren. Dazu wird eine einfache Matrix aufgespannt, die einerseits den potenziellen Wertbeitrag zum Unternehmen und die potenzielle Nutzenstiftung zur Erreichung der Nachhaltigkeitsziele verdeutlicht sowie Experteneinschätzungen zur strategischen Zukunftsrelevanz integriert. Die unternehmenspolitische Ausrichtung und Priorisierung erfolgt ausdrücklich unter Berücksichtigung betriebswirtschaftlicher Fakten und ist eine Optimierungsherausforderung. Es geht weder um die Maximierung der Nachhaltigkeitsleistung noch um die Maximierung einer anderen Einzelgröße, sondern es wird eine **langfristig rentable Geschäftstätigkeit** angestrebt, die Einzelnen oder mehreren Nachhaltigkeitszielen besonderen Vorschub leistet, ohne anderen Nachhaltigkeitszielen entgegen zu stehen. Dadurch wird der Sinn der unternehmerischen Aktivitäten jenseits der Profitorientierung sichtbar gemacht und zielt auf eine glaubwürdige und integrierte Gesamtausrichtung im Kerngeschäft des Unternehmens, ohne das gesunde Gewinnstreben in Abrede zu stellen.

Bei diesem Schritt ist Denken jenseits monetärer Größen gefordert, was oftmals auch Chancen zur Entdeckung von Innovationen beinhaltet. Das neue Denken in multiplen und teilweise konkurrierenden Zielen in der Kraft einer ausreichend großen Gruppe und der Diskurs um die Vereinbarung von zahlreichen bislang zumeist unbedachten Rahmenbedingungen und Wirkungen aktiviert unweigerlich unternehmenseigene Innovationskraft. Im Zwischenergebnis resultiert eine Rangordnung, welche geschäftliche Aktivitäten des Unternehmens einen **im doppelten Sinne nachhaltigen Wertbeitrag** schaffen können und wie wirklich »gutes Geschäft mit guten Auswirkungen« gemacht werden kann, so dass die Nachhaltigkeitsziele der Vereinten Nationen in ihrer Gesamtheit nicht beeinträchtigt werden und einzelne Nachhaltigkeitsziele besonders intensive Förderung erfahren.

923 Zur Reflexion, inwieweit ein solcher Wertbeitrag im doppelten Sinn erreicht wird oder erreicht werden kann, können folgende Fragen formuliert werden:

- In welchem Ausmaß fördern einzelne Unternehmensaktivitäten die Verwirklichung konkreter Nachhaltigkeitsziele? Welchen Wertbeitrag liefern diese Unternehmensaktivitäten aktuell und zukünftig?
- Welche Unternehmensaktivitäten haben nachhaltigkeitsschädliche Wirkung? Welche dieser Aktivitäten sind nicht ertragsrelevant und können eingestellt werden? Wie lassen sich Schäden zwingend notwendiger Aktivitäten minimieren, neutralisieren oder in ihrer Wirkung umkehren?
- Zu Gunsten welcher Nachhaltigkeitsziele können langfristig rentabel erscheinende Aktivitäten weiter ausgebaut werden? Welche Nachhaltigkeitsziele können zukünftig bedient werden, um neue strategische Geschäftsfelder zu erschließen?
- Passt die Priorisierung zum Sinnsystem und der Vision der Unternehmung?

ee) Ziel

924 Wenn die Prioritäten gesetzt sind, werden konkrete Indikatoren und **Zielgrößen** benötigt. Dabei ist die transparente zeitabhängige Fixierung **quantitativer Ziele** besonders wichtig für die Glaubwürdigkeit der Nachhaltigkeitsstrategie. Man geht zunächst von relativen Zielen aus (z. B. Status-Quo-Sicherung, -Ausbau oder -Reduktion) und hinterlegt diese mit klaren Größen. Das Ausmaß der selbstgewählten Zielsetzung zeigt die Ambitionen des Unternehmens auf und ist realistisch und weise im Vergleich zum Wettbewerb zu wählen. Nur wenn eine derartige Festlegung erfolgt ist, kann ein entsprechendes Controlling und Reporting aufgebaut werden. Um Veränderungen abbilden zu können, sind Ausgangsgrößen oder Daten aus der Vergangenheit nötig. Die **Messung der Zielerreichung** verleiht Zielen erst echte Relevanz im Unternehmensalltag und sorgt für Glaubwürdigkeit der eigenen Nachhaltigkeitsstrategie, indem eine konkrete Bezifferung kommuniziert werden kann. Dazu sind Entscheidungen über das Heranziehen von Maßeinheiten zur Messung der jeweiligen Ziele erforderlich. Hierfür existieren wissenschaftlich und international anerkannte Maßstäbe und Messgrößen, die zunächst in die engere Auswahl kommen sollten und die in Abstimmung auch mit externen Fachexperten – nicht nur aus dem Nachhaltigkeitsberichtswesen – diskutiert werden sollten. Denn für die spätere Kommunikation der eigenen Erfolge, ist die Anknüpfung an Maßstäbe sinnvoll,

die auch seitens der Vereinten Nationen[876] oder der Bundesregierung[877] verwendet werden.

Während Großunternehmen zwingend für **internationale Berichtsstandards** konforme Daten erheben müssen, um ein anerkanntes und vergleichbares Nachhaltigkeitsmanagement vorweisen zu können, ist das für kleinere Unternehmen aus Kapazitätsgründen nicht einfach vorauszusetzen – insbesondere, wenn eine SDG-bezogene Nachhaltigkeitsstrategie jenseits von CSR-Berichtpflichten freiwillig implementiert wird. Für viele ist es neu, unternehmensinterne Daten zu erheben, um die eigene Nachhaltigkeitsleistung vor dem Hintergrund konkreter SDG darzustellen. Demzufolge muss einerseits die Güte des Maßstabes, um eine bestimmte Nachhaltigkeitswirkung tatsächlich messbar zu machen gleichermaßen wie der Aufwand zur Datenbeschaffung beurteilt werden und als verhältnismäßig eingeschätzt werden.

In diesem Schritt macht sich der Know-how-Aufbau im Unternehmen bezahlt, da die Mitarbeiterschaft schnell belastbare Zusammenhänge herstellen kann. In der Regel werden durch den Fokus auf das Kerngeschäft bereits im Unternehmen erhobene Daten entdeckt, die mit vertretbarem Aufwand durch gegebenenfalls zusätzliche Erhebungen und Auswertungen einen ersten Schritt zur Quantifizierung der unternehmerischen Nachhaltigkeitsleistung ergeben. Die begründete Erhebung von zusätzlichen und bisher noch nicht gesammelten Daten ist oft als neues Instrument und externes Signal in der Unternehmenskommunikation nutzbar, wenn beispielsweise von Interessentinnen und Interessenten, Kundinnen und Kunden sowie Zulieferinnen und Zulieferern Informationen durch **Selbstauskünfte** eingeholt wird.

Gleichzeitig besteht die Möglichkeit der **Incentivierung** der Datenpreisgabe und Schaffung von Kaufanreizen, indem beispielsweise Konditionsverbesserungen auf Basis der Einhaltung von festzulegenden Standards in Aussicht gestellt werden. Dieses Vorgehen ist ein erster Schritt in Richtung Nachhaltigkeitsrating von Projekten, Geschäften sowie Geschäftspartnerinnen und -partnern. Es ist vollkommen akzeptabel, mit einfach zu erhebenden Hilfsgrößen in die Messung der Nachhaltigkeitsleistung einzusteigen, wenn diese zumindest die Wirkungsrichtung ausreichend beurteilbar machen. Maßstäbe und die zugehörige Datensammlung entwickeln sich im Rahmen der Umsetzung der unternehmerischen Nachhaltigkeitsstrategie weiter und erfordern zur Akzeptanz bei Dritten eine dokumentierte Diskussion und nachvollziehbare Begründung.

---

876 Vgl. dazu *UN* (2020c).
877 Vgl. *Statistisches Bundesamt* (2020).

Deshalb sollte die Diskussion darüber immer wieder neu geführt werden, um auch in diesem Bereich dauerhaft Optimierungspotenziale zu entdecken.

928 Zur Entwicklung geeigneter Größen für die Zielerreichung dienen die nachfolgenden Fragen:

- Welche Indikatoren und Messgrößen können die Wirkung unserer Nachhaltigkeitsaktivitäten verständlich belegen? Wie sind diese an die SDG-Maßstäbe der Bundesregierung und der Vereinten Nationen angelehnt?
- Welche Indikatoren und Messgrößen eignen sich besonders zur Alleinstellung im Wettbewerb und zur emotional berührenden Sichtbarmachung von Nachhaltigkeitserfolgen?
- Welche Indikatoren erlauben uns einen kostenarmen Einstieg in die Wirkungsmessung? Welche Daten existieren bereits in unserem Unternehmen und wie lassen sich diese ggf. ergänzen? Für welche Daten ist zusätzlicher Erhebungsaufwand nutzbringend und gerechtfertigt?
- Welche Ziele sollen für die einzelnen Indikatoren festgelegt werden? Bis wann sollen diese in welchem Ausmaß und mit welchen Maßnahmen erreicht werden?

ff) Implementierung, Reporting und Kommunikation

929 Um die bisherigen Entscheidungen lebendig werden zu lassen, gilt es die Nachhaltigkeitsstrategie mit ihren konkreten Zielen in die Umsetzung zu bringen, zu kultivieren und in ihrem Gesamtzusammenhang zu beschreiben. Erst dann empfiehlt sich eine **offensive externe Kommunikation** der nachhaltigen Ausrichtung auch im Marketing. Idealerweise erfolgt die Implementierung ohne zusätzliche Organisationsstrukturen durch Einpassung in bestehende Abteilungen mit bereits weitestgehend vorhandenen Instrumenten und durch Einführung von neuen Reports zu den entsprechenden Zielen. Auch hier macht sich wieder die zuvor aufgebaute Kompetenz der Mitarbeitenden bezahlt, die eine pragmatische und effiziente Implementierung im Tagesgeschäft begünstigt. Die betriebswirtschaftlichen Bereiche Controlling, Personal, Marketing, Vertrieb, Finanzen usw. sind gehalten, die fixierten Ziele mit ihren üblichen Instrumenten nachzuhalten.

930 Wenn ein Managementinformationssystem oder eine **Balanced Scorecard** vorhanden ist, werden die neuen Steuerungsgrößen dort mit integriert. Für die Geschäftsleitung kann daraus eine aggregierte Nachhaltigkeitsperformanceübersicht generiert werden, die Basis für die Aufnahme von Ergebnissen in einen integrierten Nachhaltigkeits- und Geschäftsbericht des Unternehmens darstellt. Nachhaltigkeitsperformance wird dann auf Top-Management-Ebene mit

monetären und anderen Erfolgsgrößen regelmäßig integriert betrachtet und gesteuert.

Existiert ein leistungsbezogenes Vergütungs- oder Mitarbeiterbeurteilungssystem, sind Nachhaltigkeitsaspekte und -ziele dort mit zu berücksichtigen. Neue Reports und Daten sollten Platz in den bereits bisher schon festgelegten Besprechungsrunden und -zyklen finden und diese wo nötig sinnvoll ergänzen. Um eine Weiterentwicklung langfristig garantieren zu können, sind schwerpunktbezogene Nachhaltigkeitsprojektinseln jenseits der Linienorganisation einzurichten, in denen Mitarbeitende unabhängig von Hierarchie und Abteilungszugehörigkeit gemeinsam **Freiraum** für Reflexion, Weiterentwicklung und Innovation bekommen. Diese Austauschkreise erfordern motivierende Leitplanken durch eine breite und laufend aktuell gehaltene Themenschwerpunktsetzung seitens der Geschäftsleitung in Kombination mit wertschätzenden Berichtsanlässen sowie regelmäßigem Austausch mit externen Expertinnen und Experten. 931

Die **Opportunitätskosten** für diese Aktivitäten sind als Investment zur Organisationskulturentwicklung und –pflege und Innovationsgenerierung zu verstehen. Solche Austauschkreise stellen eine dauerhafte Weiterentwicklung sicher und helfen bei der laufenden Überprüfung der **nachhaltigkeitsbezogenen Ausrichtung** vor dem Hintergrund von internen Veränderungen gleichermaßen wie externen Einflüssen. 932

Zur Implementierung einer ganzheitlichen Nachhaltigkeitsstrategie können folgende Fragen als Leitmotive genutzt werden: 933

- Wie können Nachhaltigkeitsziele in bestehenden Organisationsstrukturen nachgehalten und verfolgt werden? Welche vorhandenen Führungs- und Steuerungsinstrumente lassen sich mit Nachhaltigkeitszielen erweitern?

- Zu welchen Anlässen und in welcher Regelmäßigkeit sind welche Nachhaltigkeitsthemen von welchen Abteilungen dokumentiert zu diskutieren? Welche Berichtsstandards und -wege sollen dafür genutzt werden? Welche Regelkreisläufe sind diesbezüglich leicht in die in bestehende Organisationsstruktur zu integrieren?

- Welche Fallbeispiele aus dem Unternehmensalltag sind zur Verdeutlichung der Zielerreichung vorhanden und geeignet? Wie werden diese wiederkehrend generiert? Zu welchen Anlässen sollen diese in welcher Form veröffentlich werden?

AUSWIRKUNGEN AUF UNTERNEHMENSSTEUERUNG

- Wie und zu welchen Anlässen soll der Status-Quo der Zielerreichung intern und extern kommuniziert werden? Für welche Themenbereiche wird ein dauerhafter Dialog mit wichtigen externen Anspruchsgruppen geschaffen?

934 Wenn die hier vorgenannten Schritte durchlaufen sind, ergibt sich aus den Ergebnissen und der komprimierten Beschreibung des durchlaufenen Prozesses automatisch eine individuelle und passgenaue Nachhaltigkeitsstrategie, die reif genug für externe Kommunikation geworden ist. Die Erstellung der Strategie von innen heraus und die Herstellung von Transparenz zum **Entwicklungsprozess** und zu den Ergebnissen sorgen für einerseits die nötige Glaubwürdigkeit und andererseits für die dauerhafte Verankerung im Unternehmen.

b) Zukunft gestalten

935 Die Agenda 2030 mit ihren klar definierten Einzelzielen erfordert den guten Willen sämtlicher Akteure der Welt und benötigt aufgrund des fehlenden Gesetzescharakters und ihrer Freiwilligkeit Pioniere, die bei ihrer Umsetzung intrinsisch motiviert vorangehen. Die Sustainable Development Goals sind ein Aufruf an alle, ihre Richtung zu ändern und auf eine neue Straße der Nachhaltigkeit einzuschwenken. Dabei steht es in der Verantwortung von Unternehmen, selbst zu entscheiden, wann wie und mit welcher **Geschwindigkeit** sie diese Straße befahren wollen.[878]

936 Zum Entscheidungszeitpunkt in der UmweltBank war zwar die Agenda 2030 auf internationaler Ebene bereits verabschiedet und wurde intensiv beworben, doch im deutschsprachigen Raum hatte sich vor allem im mittelständischen Bereich kaum jemand in der Tiefe damit beschäftigt. Selbst auf den Internetangeboten der zuständigen Fachministerien in Deutschland war wenig darüber zu finden, da die SDGs noch nicht besonders tief in die einzelnen Politikstrategien eingeflossen waren. Das änderte sich zwar sehr schnell, doch es war gleichzeitig eine Chance für die UmweltBank, ihre Vorreiterrolle wieder zu gewinnen und dies auch bei den Mitarbeitenden und weiteren Stakeholdern sichtbar zu machen. Der Prozess der UmweltBank folgte der zuvor beschriebenen »Straße der Nachhaltigkeit«.

937 Bei der UmweltBank ist der Umweltschutz bereits seit Gründung fest in der Satzung verankert – der erste Schritt war daher bereits gemacht. Darüber hinaus wurde das Ziel gesetzt, Nachhaltigkeit noch stärker in der **DNA der UmweltBank** zu verankern und zwar über den bisherigen Schwerpunkt der Ökologie

---

878 Vgl. *Bolsinger* (2018a).

hinaus. Der zweite Schritt des Prozesses fördert das Verständnis der SDGs und deren Umsetzung im Unternehmen. Dazu wurde eine Reihe von Workshops mit den Beschäftigten und externen Expertinnen und Experten durchgeführt.

Ein wichtiges Ergebnis dieses Multi-Stakeholder-Dialogs war eine SDGs-bezogene **SWOT-Analyse** der UmweltBank. Diese bildete die Grundlage für die weitere Implementierung der SDGs. Der dritte Schritt analysiert, wie die SDGs im Kerngeschäft des Unternehmens bestmöglich ihre ökologische und soziale Wirkung entfalten können. Dabei wurde auch geprüft, welche ökonomischen Auswirkungen sich für das Unternehmen ergeben. Schließlich entfalten die SDGs im Unternehmen ihr Potenzial langfristig am besten, wenn Nachhaltigkeit und Wirtschaftlichkeit Hand in Hand gehen. Die Beschäftigten der UmweltBank ermittelten in Workshops für jedes der 17 Nachhaltigkeitsziele, welchen Beitrag die Bank bereits leistet und wie sie in Zukunft zur Erreichung beitragen kann. Im Rahmen der Workshops untersuchten die Teilnehmenden auch, ob und wie die einzelnen Stakeholder zu den Zielen beitragen können. Im vierten Schritt wurden fünf SDGs ausgewählt, auf die sich die UmweltBank primär konzentrieren will. In einer Strategietagung führte der Vorstand zusammen mit dem Umweltrat eine Wesentlichkeitsanalyse auf Basis der Ergebnisse der Workshops durch. Dabei wählten sie die Nachhaltigkeitsziele aus, bei denen die Bank in besonderem Maße zu einer Verbesserung beitragen kann. Die UmweltBank bekennt sich zwar zu allen 17 SDGs der Vereinten Nationen, konzentriert sich aber in ihrem Kerngeschäft auf die Ziele 7, 11 und 13. Zudem erhalten die Ziele 5 und 12 im internen Geschäftsbetrieb besondere Aufmerksamkeit.

Um dem gerecht zu werden, sind **erste Überlegungen zu den einzelnen SDGs als Startpunkt** für eine Weiterentwicklung angestrengt worden: Bei der Kreditvergabe, bei eigenen Investments sowie durch Beteiligungen leistet die UmweltBank gezielt Beiträge zur Förderung klimaschützender Wirtschaftsweisen (SDG 13). Über ein Drittel der von der UmweltBank ausgereichten Kredite fördern ökologische Wohn-, Sozial- und Gewerbeimmobilien, so dass sich hier ein großer Hebel für Beiträge zu nachhaltigen Städten und Gemeinden (SDG 11) zeigte. Die verbleibenden rund zwei Drittel der finanzierten Projekte der UmweltBank sind Vorhaben aus dem Bereich der erneuerbaren Energien. Den betrieblichen Strombedarf decken ebenfalls Photovoltaik und Windkraft, so dass auch hier große Potenziale für Beiträge zu bezahlbarer und sauberer Energie (SDG 7) erkennbar waren. Die UmweltBank besteht jeweils zu rund 50 % aus Männern und Frauen. Ziel der Bank ist es vor dem Hintergrund von

SDG 5 (Geschlechtergleichheit), dass sich dieses Verhältnis bei den Führungskräften widerspiegelt. Alle Beschäftigten haben zudem die Möglichkeit Familie und Beruf zu vereinen, sich weiterzubilden oder eine Auszeit zu nehmen. Als Dienstleister hat die UmweltBank eine relativ überschaubare Lieferkette. Doch auch diese prüft sie mittels Lieferkettenanalyse regelmäßig auf Nachhaltigkeit und setzt bei der Beschaffung auf ökologisch und sozial orientierte Partnerinnen und Partner, um nachhaltigen Konsum und Produktion (SDG 12) zu unterstützen.

940 Zu jedem priorisierten SDG wurde in einem Workshop eine Projektgruppe aus Beschäftigten verschiedener Abteilungen und externer Expertinnen und Experten gebildet. Diese Gruppen sollen langfristig die Einbindung der Nachhaltigkeitsziele in die Unternehmensstrategie verfolgen und sowohl im Unternehmen als auch gegenüber externen Stakeholdern als Botschafterinnen und Botschafter der SDGs dienen.

941 Ein weiteres wichtiges Ergebnis der Prioritätensetzung war ein konkreter Vorschlag des Vorstands und des Aufsichtsrats für eine Satzungsanpassung der Bank. Im Rahmen der Hauptversammlung 2018 stimmten über 99 % der Aktionärinnen und Aktionäre für die Einbindung der SDGs in die Präambel der Unternehmenssatzung. Die UmweltBank ist damit das erste Finanzinstitut Europas geworden, das die Nachhaltigkeitsziele der Vereinten Nationen in seiner Satzung verankert hat. Diese breite Zustimmung gab den folgenden Schritten weiteren Rückenwind, weil sich die Bank dadurch vollständig legitimiert sah, die eingeschlagene Richtung auch konsequent weiterzuverfolgen.

942 Im Rahmen des Implementierungsprozesses ist es wichtig, den Einfluss des Unternehmens auf die SDGs messbar zu machen. Dazu haben die SDG-Gruppen konkrete Indikatoren und Zielgrößen festgelegt. Der Vorstand bewertet diese fortlaufend mit dem Umweltrat und nimmt bei Bedarf Anpassungen vor beziehungsweise bittet um Überarbeitung und Weiterentwicklung vor dem Hintergrund veränderter Rahmenbedingungen. Ein Indikator für SDG 11 wurde beispielsweise der geschaffene soziale Wohnraum sowie die Anzahl der Menschen, die dadurch ein bezahlbares Zuhause finden, da Menschenzentrierung als übergeordneter Maßstab allen Handelns fixiert wurde. In der UmweltBank ergeben sich fortlaufend konkrete neue Projekte, die von den SDG-Gruppen mit dem Umweltrat initiiert und in den einzelnen Abteilungen umgesetzt werden. So kam es unter anderem zu einem neuen innovativen Nachhaltigkeitsrating für die Baufinanzierung und einer Richtlinie zur Beurteilung von

Lieferantinnen und Lieferanten. Auch neue Treasury-Managementregeln entstanden auf Basis nachweisbarer Beiträge zu den SDGs, die gleichzeitig als Blaupause für ein neues Fondsprodukt dienten – dem UmweltSpektrum Mix. Die Straße der Nachhaltigkeit hat bereits bei diesem Schritt eine Vielzahl von **Prozess- und Produktinnovationen** hervorgebracht, die in ihrer Gesamtheit eine klare Differenzierung der Bank unterstreichen.

Um die Berichterstattung der UmweltBank transparent und vergleichbar zu gestalten, wurden entsprechende Standards definiert. Der **Nachhaltigkeitsbericht** ist das wichtigste Kommunikationsinstrument und ein wesentlicher Glaubwürdigkeitsfaktor für die umgesetzten Maßnahmen. Die UmweltBank informiert bereits seit ihrer Gründung über Nachhaltigkeit im Geschäftsbericht und legt besonderen Wert auf eine ganzheitliche Berichterstattung mit Fokus auf sämtliche Stakeholder. Darüber hinaus steht die Entwicklung eines Management-Dashboards auf der Agenda, um die interne Nachhaltigkeitsleistung laufend verfolgen zu können und diese mit geeigneten Kennzahlen anderer Nachhaltigkeitsbanken zu vergleichen. Als Mitglied der Global Alliance for Banking on Values (GABV) setzt die UmweltBank die gemeinsamen Kommunikationsstandards der Organisation um. Der letzte Schritt des Prozesses dient dem Ausbau der Kommunikation. Dabei werden relevante Anlässe, Adressatinnen und Adressaten und Kanäle für eine zielgerichtete Kommunikation geprüft. Über die SDG-Entwicklung informiert die UmweltBank in besonderem Umfang im Rahmen der jährlichen Hauptversammlung mit einem Bericht des Umweltrates sowie durch den Nachhaltigkeits- und Geschäftsbericht. Eine zunehmende Bedeutung im Bereich der Nachhaltigkeitskommunikation kommt den sozialen Medien zu. Die UmweltBank präsentiert der interessierten Öffentlichkeit dort Projektbeispiele, Nachhaltigkeitsinitiativen und SDG-bezogene Vorgänge in der Bank.

5. Fazit und Ausblick

Der Entwicklungsprozess von 2016 bis 2020 führte zur Festlegung einer neuen nachhaltigkeitsbezogenen Vision und Mission aufbauend auf der vorhandenen Wertebasis der Bank. Durch Satzungsänderung wurden die SDGs fester Bestandteil der Bankidentität und stärken so die nachhaltige Unternehmenskultur. Die Implementierung von dauerhaften Expertinnen- und Expertengruppen als **Innovationsinkubatoren** für weitere Veränderungsprojekte hat eine dauerhafte Weiterentwicklung von Berichtsmaßstäben und den kontinuierlichen

Ausbau integrierter Berichterstattung von Nachhaltigkeit und Wirtschaftlichkeit gesichert. Entlang der »Straße der Nachhaltigkeit« hat die UmweltBank ihre nachhaltigkeitsbezogene Vision transparent und glaubwürdig weiterentwickelt. Damit unterstreicht sie den gesellschaftlichen Sinn ihrer unternehmerischen Tätigkeit. Das doppelte Ziel einerseits die Nachhaltigkeitsleistung weiter zu steigern und andererseits Strukturen einer lernenden Organisation mit hohem **Innovationspotenzial** zu schaffen, ist gelungen. Damit ist die Grundlage für eine dauerhafte Weiterentwicklung gelegt, so dass die Differenzierung der UmweltBank über ihren persönlichen Ansatz, Nachhaltigkeit zu leben, kaum mehr verloren gehen kann. Die Weiterentwicklung der Indikatoren und die weitere Steigerung der Nachhaltigkeitsperformance stehen von innen heraus dauerhaft auf der Tagesordnung. Durch den Ausbau des Umweltrats und eine weitere Verzahnung von Vorstand, Aufsichtsrat, Umweltrat und Expertinnen- und Expertengruppen sowie Benchmarking mit anderen Nachhaltigkeitsbanken und Mitarbeit in Entwicklungsforen des internationalen Netzwerkes der Global Alliance of Banking on Values strebt die Bank kontinuierliche Verbesserung der gelebten Nachhaltigkeit an.

VII. Management- und Steuerungsprozesse im Kontext einer nachhaltigen Geschäftspolitik am Beispiel einer Regionalbank[879]

1. Einleitung

Vor dem Hintergrund der zu beobachtenden ökologischen wie sozialen weltweiten Herausforderungen setzt sich zunehmend die Erkenntnis durch, dass sich Gesellschafts- und Wirtschaftssysteme den akuten Folgen eines industriellen Wachstums nicht entziehen können. Produktionsprozesse und Lieferketten stehen wie das Konsumverhalten vor einer **umfassenden nachhaltigen Transformation**. Um den erforderlichen Anpassungsprozess erfolgreich zu gestalten, wurden u. a. das Pariser Klimaabkommen[880] geschlossen oder die Agenda 2030 der Vereinten Nationen mit ihren 17 Nachhaltigkeitszielen (Sustainable Development Goals)[881] verabschiedet. Sie repräsentieren Vereinbarungen, denen auch die Bundesregierung beigetreten ist und die über eine nationale Nachhaltigkeitsstrategie auf Bundesebene[882] sowie über entsprechende Aktionspläne auch in den Bundesländern[883] und Kommunen umgesetzt werden. Die aktuelle Debatte auf Europäischer Ebene über den EU Green Deal[884] untermauert, welche wachsende Bedeutung eine nachhaltige Entwicklung in Gesellschaft und Wirtschaft einnimmt.

945

Zur Beratung und Koordination der Nachhaltigkeitsaktivitäten im deutschen Finanzsektor hat die Bundesregierung ergänzend zum **Rat für Nachhaltige Entwicklung** (RNE) das **Hub for Sustainable Finance** (H4SF) initiiert. Sie verfolgt damit das Ziel, Deutschland als führende Nation auf dem Gebiet des Sustainable Finance zu positionieren. Alle Akteure im Finanzsektor sollen mobilisiert werden, ihren Beitrag zur Finanzierung einer nachhaltigen Transformation von Wirtschaft und Gesellschaft zu leisten und selbst von dieser nachhaltigen Entwicklung zu profitieren.[885]

946

---

[879] Autoren und Autorin: *Markus Dauber*, *Thorn Kring* und *Liza Kirchberg*. Die Ausführungen geben ausschließlich persönliche Auffassungen wieder. Für Rückfragen oder Anregungen sind die Autoren unter den E-Mail-Adressen thorn.kring@steinbeis-iefp.de oder Markus.Dauber@Gestalterbank.de erreichbar.
[880] Vgl. *BMWi* (2020a).
[881] Vgl. *UN* (2020c).
[882] Vgl. *Bundesregierung* (2020b).
[883] Vgl. exemplarisch *Landesregierung Baden-Württemberg* (2020).
[884] Vgl. *EU* (2020a).
[885] Vgl. *H4SF* (2020), S. 4.

AUSWIRKUNGEN AUF UNTERNEHMENSSTEUERUNG

947 Diese politischen Initiativen zeigen, dass Banken gefordert sind, ihre Geschäftsmodelle zu reflektieren. Sie sollten prüfen, inwiefern sie in der Lage sind, diesen erwarteten Beitrag zu erbringen und Vorteile aus einer nachhaltigen Entwicklung zu ziehen. Motivieren sollte sie dabei neben dem politischen Bestreben insbesondere der in der nachhaltigen Transformation entstehende spezifische Bedarf bei Privat- wie Firmenkunden.

948 Im nachfolgenden Beitrag wird aufgezeigt, wie diese geschäftspolitische Reflexion vorgenommen werden kann und von der Volksbank eG – Der Gestalterbank umgesetzt wird. Es wird erörtert, wie eine Bank im Fusionsprozess ihre strategische Ausrichtung überprüft und ihre Management- sowie Steuerungsprozesse an die Herausforderungen einer nachhaltigen Transformation von Gesellschaft, Wirtschaft und Finanzbranche angepasst hat.

2. Nachhaltigkeit als Managementaufgabe

949 Als Grundlage für Anpassungen im Managementsystem ist es erforderlich, die verschiedenen Implikationen einer nachhaltigen Transformation für eine Bank zu identifizieren.[886] Sie ergeben sich aufgrund regulatorischer Anforderungen, veränderter Kundenpräferenzen und -erwartungen, neuer Akteure mit nachhaltigen Geschäftsmodellen in der Finanzbranche sowie aufgrund spezifischer Erwartung von Mitarbeitern an die Nachhaltigkeit ihres Arbeitgebers.

- **Regulatorische Anforderungen** an Managementprozesse in Bezug auf Nachhaltigkeit ergeben sich beispielsweise aus dem CSR-Richtlinie-Umsetzungsgesetz (CSR-RUG).[887] Hier werden spezielle Anforderungen an die nicht-finanzielle Berichterstattung der Banken formuliert, die wiederum eine Anpassung der Management- und Steuerungsprozesse zur Folge haben. Als ebenfalls relevant ist das durch die BaFin veröffentlichte Merkblatt zum Umgang mit Nachhaltigkeitsrisiken einzuordnen.[888] Formuliert als sinnvolle Ergänzung der Mindestanforderungen an das Risikomanagement (MaRisk) geht die BaFin in diesem Merkblatt detailliert darauf ein, wie sich Banken mit Nachhaltigkeitsrisiken befassen und Anpassungen in Strategie, verantwortlicher Unternehmensführung und Geschäftsorganisation vornehmen sollten. Explizit erwartet die BaFin, dass die adressierten Banken eine Auseinandersetzung mit den im Markblatt spezifizierten Nachhaltigkeitsrisiken sicherstellen.

---

886 Vgl. dazu auch die Ausführungen in den Kapiteln B.III, B.IV und C.VI dieses Herausgeberbandes für weitere Beispiele einer grundsätzlichen Betrachtungsweise.
887 Vgl. *BMJV* (2017).
888 Vgl. *BaFin* (2019).

- **Veränderte Kundenerwartungen** äußern sich beispielsweise in einer nachhaltigen Anlagepräferenz oder einem spezifischen Finanzierungsbedarf für nachhaltige Investitionen. Banken reagieren auf diese Marktveränderungen mit angepassten Prozessen im Nachhaltigkeits-Research, setzen neue Schwerpunkte im Dialog mit ihren Stakeholdern oder etablieren Innovationsprozesse, in denen explizit Lösungen für nachhaltigen Anlage- oder Finanzierungsbedarf entwickelt werden. Kunden wollen wissen, welchen Impact ihre Finanzgeschäfte auf die nachhaltige Transformation erzielen. Dies ist sowohl in der Geldanlage (z. B. »impact investing«[889]) als auch im Kreditgeschäft (z. B. Wirkungstransparenz-Reporting der GLS Bank[890]) zu beobachten. Finanzakteure versuchen, die gewünschte Transparenz über entsprechende Steuerungs- und Reporting-Prozesse herzustellen.

- **Branchenveränderungen** zeigen sich insbesondere dort, wo sich Finanzakteure mit ihrem Leistungsportfolio verstärkt an Nachhaltigkeitskriterien ausrichten (z. B. orientiert an den ESG-Kriterien oder der EU-Taxonomie zu nachhaltigen Investments[891]) oder neue Anbieter mit einem spezifisch nachhaltigen Produktangebot (z. B. Tomorrow[892]) in den Markt eintreten. Diese Veränderungen fordern einen angepassten Fokus in der Wettbewerbsanalyse. Auch gewinnt die Sondierung möglicher Kooperationspartner oder Brancheninitiativen an Bedeutung, um gemeinsam die nachhaltige Transformation in der Finanzbranche zu gestalten. Exemplarisch sei hier auf den Verein für Umweltmanagement und Nachhaltigkeit in Finanzinstituten (VfU)[893] oder die Klimaschutz-Selbstverpflichtung des deutschen Finanzsektors[894] verwiesen.

- **Veränderte Ansprüche der Mitarbeiter** spiegeln den Einstellungswandel der Gesellschaft wider. Sie äußern sich u. a. in der grundlegenden Erwartung, dass die Bank eine nachhaltige Geschäftspolitik praktiziert, mit der sich die Mitarbeiter identifizieren können. Dies fordert neben einer entsprechenden Ausrichtung im Kerngeschäft explizit ein Personalmanagement, das die sozialen Aspekte der Nachhaltigkeit (z. B. Wahrung von Arbeitnehmerrechten, Chancengleichheit und Qualifizierung) hinreichend berücksichtigt.

Diese hier nur angerissenen Implikationen einer nachhaltigen Transformation von Gesellschaft und Finanzbranche fordern Banken dazu auf, ihre **Strategien, Geschäftsmodelle und Managementprozesse** zu reflektieren und anzupassen.

---

889   Vgl. Bundesinitiative Impact Investing (2020). und ferner die Ausführungen in Kapitel E.VII dieses Herausgeberbandes.
890   Vgl. *GLS Bank* (2018).
891   Vgl. *EU* (2020c).
892   Vgl. solarisBank AG (2020).
893   Vgl. *VfU* (2020).
894   Vgl. *Triodos Bank N.V. Deutschland* (2020).

951   Die Volksbank eG – Die Gestalterbank hat sich dieser Aufgabe gestellt. Im Kontext der Fusion der beiden Institute Volksbank in der Ortenau eG und der Volksbank eG Schwarzwald-Baar-Hegau wurden normative Grundlagen sowie Management- und Steuerungsprozesse weiterentwickelt. In Anlehnung an den golden circle von *Simon Sinek* wird erläutert, wie die Bank ihr »WHY« neu definiert, ihr Managementsystem und damit ihr »HOW« an die Anforderungen der Nachhaltigkeit angepasst und erste Erweiterungen in ihrem »WHAT«, dem Produkt- und Dienstleistungsspektrum, umgesetzt hat.[895] Anspruch der Bank in diesem Prozess war und ist es, weiterhin Zukunft gemeinsam mit den Menschen und Unternehmen im Geschäftsgebiet Bank erfolgreich zu gestalten.

3. WHY – Normative Basis und Nachhaltigkeitsverständnis

952   Voraussetzung, um zu formulieren, welcher Zwecksetzung eine Volksbank in Zeiten einer nachhaltigen Transformation folgen sollte, ist ein klarer Blick auf die Identität der Bank, ihre Prägung durch die eigene Unternehmensgeschichte. Nachfolgende wird dargestellt, wie die Volksbank eG – Die Gestalterbank aufbauend auf ihrer Identität ihr **Werteverständnis** in Bezug auf die Nachhaltigkeit konkretisiert bzw. erweitert hat.

a)   Bank-Identität als stabiles Fundament im Veränderungsprozess

953   Die Erinnerung an und die Verständigung auf die Identität der Bank markieren den Start in einen bankinternen Transformationsprozess. Die Bank-Identität kann dabei als das Ergebnis gelebter **Unternehmenskultur**, geprägt in der Unternehmensgeschichte durch die handelnden Akteure, deren Verhalten und Kommunikation verstanden werden.[896] Sich Klarheit über die Bank-Identität zu verschaffen, folgt der Überzeugung, dass ein stabiler Wertekern als wesentlicher Erfolgsfaktor für die Anpassungsfähigkeit und Resilienz einer Organisation angesehen werden kann. Dynamische Veränderungen im Umfeld eines Unternehmens fordern demzufolge nicht zwingend, dass sich ein Unternehmen neu erfinden muss. Vielmehr bieten ein geteiltes Verständnis von und die Klarheit über die Bank-Identität ein solides Fundament, von dem aus erforderliche Veränderungsprozesse im Zuge einer nachhaltigen Transformation eines Geschäftsmodells angegangen werden können.

---

895   Zum Modell des *golden circle* vgl. *Sinek* (2011), S. 37ff.
896   Vgl. exemplarisch *Schein* (1995), S. 25.

Die Volksbank eG – Die Gestalterbank kann über ihre Vorgängerinstitute auf eine über 150jährige Unternehmensgeschichte zurückblicken. In dieser Zeitspanne wurde die Identität der Bank von genossenschaftlichen Werten und Prinzipien wie Subsidiarität, Solidarität, Selbstverantwortung und Selbstverwaltung, von der Haltung und über das Verhalten der Verantwortlichen und Mitarbeiter der Bank geprägt. Gelebt wird diese Werte-Identität heute von rund 1.000 Mitarbeiterinnen und Mitarbeitern, denen über 230.000 Kunden ihr Vertrauen entgegenbringen und von denen 115.000 Mitglieder als Eigentümer die Ausrichtung der Bank mitgestalten können.

Die Volksbank eG – Die Gestalterbank steht für ein innovatives, kooperatives und wirtschaftlich erfolgreiches Netzwerk. Ein in der Unternehmensgeschichte der Bank wiederkehrendes Erfolgsmuster zeigt sich in der bewährten Fähigkeit, auf Basis genossenschaftlicher Prinzipien, in Kenntnis des Marktes, vernetzt mit Menschen und Unternehmen bedarfsgerechte Lösungen in Zeiten herausfordernder Umbrüche zu finden. Der Lösungsbeitrag der Volksbank eG – Die Gestalterbank besteht dabei insbesondere in der Übernahme der klassischen Kernfunktionen[897], aus denen heraus eine Bank ihre **Existenzberechtigung** begründen kann: aus den Transformationsfunktionen und der Transaktionsfunktion. Das Ziel, diese Funktionen verlässlich und glaubwürdig zu erfüllen, umreißt den Kern im Unternehmenszweck der Bank. Vervollständigt wird dieser Kern über gelebte Verantwortung im Bankbetrieb sowie in dem Engagement, welches die Bank als Unternehmensbürger über das eigentliche Kerngeschäft hinaus zeigt. Dieser erlebbare Kern generiert das erforderliche Vertrauen als Basis für Stabilität im Netzwerk der Bank.

Aus Perspektive der Unternehmensgeschichte der Volksbank eG – Die Gestalterbank stellt die aktuelle nachhaltige Transformation von Wirtschaft und Gesellschaft eine weitere Phase des Umbruchs dar, in der neue Lösungen gefordert sind. Anpassungen im Management und im Leistungsportfolio sind notwendig. Nach Auffassung der Bank soll dabei der gewachsene **Identitätskern** stabil bleiben: Es gilt weiterhin, die Mitglieder und den Mittelstand in Phasen der Transformation – heute der nachhaltigen Transformation – als verlässlicher Finanzpartner mit genossenschaftlichen Werten zu begleiten und die Kultur der Selbstständigkeit zu fördern.

---

[897] Vgl. *Hartmann-Wendels/Pfingsten/Weber* (2019), S. 4 ff.

b) Nachhaltigkeits-Check zur Bestimmung des Status-quo

957 Voraussetzung für einen zielführenden **Transformationsprozess** ist neben der Klarheit über die Identität auch Klarheit über den Status-quo. Der Einsatz eines Nachhaltigkeits-Checks bietet eine geeignete Option, die spezifische Ausgangssituation einer Bank zu analysieren, Chancen und Risiken einer nachhaltigen Transformation zu identifizieren sowie Stärken und Schwächen des Instituts mit Blick auf die Umsetzung einer nachhaltigen Geschäftspolitik herauszuarbeiten.

958 Als inhaltlich leitend in der Analyse empfiehlt sich ein Nachhaltigkeitsbegriff, der die drei Dimensionen einer ökonomischen, ökologischen und sozialen Nachhaltigkeit umfasst.[898] Besser verständlich bzw. operationalisierbar für die Analyse wird dieser Begriff, wenn man ihn anhand der 17 SDGs der Vereinten Nationen konkretisiert.[899] Methodisch orientieren kann sich eine Bank bei einem Nachhaltigkeits-Check an den Empfehlungen des SDG-Kompasses[900] oder des Deutschen Nachhaltigkeitskodex (DNK)[901].

959 Den Kern der nachhaltigkeitsorientierten **Chancen-Risiken-Analyse** in einer Bank bildete die Frage, welche Auswirkungen mit den 17 SDGs für die Menschen und Unternehmen im Geschäftsgebiet der Bank verbunden sind. Abhängig von der Relevanz der einzelnen Nachhaltigkeitsziele wird der Analyse- und Bewertungsprozess über entsprechende Leitfragen strukturiert. In der Volksbank eG – Die Gestalterbank wurden dazu beispielsweise die Bedeutung regionaler Immobilienprojekte verbunden mit dem SDG 11 »Nachhaltige Städte und Gemeinden«, die physischen Nachhaltigkeitsrisiken regionaler Landwirte und Weinbauern in Verbindung mit dem SDG 13 »Maßnahmen zum Klimaschutz« oder die transitorischen Nachhaltigkeitsrisiken der Automobilzulieferindustrie mit Blick auf das SDG 7 »Bezahlbare und saubere Energie« bewertet.[902] Die in diesem Prozess identifizierten Chancen und Risiken bilden die Basis zur Entwicklung von Zukunftsthemen, die die Bank in das Zentrum ihrer nachhaltigen Geschäftstätigkeit stellen wird.

---

898 Vgl. *EU* (2020b).
899 Vgl. dazu der Überblick in den Kapiteln A.I und A.II dieses Herausgeberbandes.
900 Vgl. *UN Global Compact* (2020).
901 Vgl. *Rat für Nachhaltige Entwicklung/GIZ* (2020).
902 Vgl. zur Differenzierung physischer und transitorischer Nachhaltigkeitsrisiken *BaFin* (2019a), S. 10 f. und ferner die Ausführungen in den Kapiteln A.V oder auch D.II dieses Herausgeberbandes.

Den zweiten Schritt in der Bestimmung des Status-quo bildet eine nachhaltigkeitsbezogene **Stärken-Schwächen-Analyse**. Orientiert an der Wertkette einer Bank kann darin beispielsweise beleuchtet werden, inwiefern es bereits Produkte und Leistungen mit Nachhaltigkeitskomponenten gibt (z. B. Nachhaltigkeits-Fonds, KfW-Förderkredite Energieeffizienz), mit welchen Partnern bzw. wie diese Leistungen erstellt und vertrieben werden und über welche Nachhaltigkeits-Kompetenzen man im eigenen Institut verfügt.[903] Für eine wirtschaftliche Bewertung der eigenen Wettbewerbsposition lassen sich Marktstudien diverser Anbieter heranziehen.[904] Ist eine Bank gemäß **CSR-RUG** zu einem Nachhaltigkeitsbericht verpflichtet, bietet es sich an, sich bereits bei der Analyse der Stärken und Schwächen an der thematischen Struktur der Berichtssystematik des gewählten Standards zu orientieren.

Da sich die Volksbank eG – Die Gestalterbank am Standard des DNK orientiert, folgt auch die Bewertung der Stärken und Schwächen den in diesem Standard definierten Gestaltungsfeldern.[905] Analysiert wurde, inwiefern Nachhaltigkeitsaspekte bereits im Geschäftsmodell der Bank berücksichtigt (DNK Strategie) und die aktuellen Management- und Steuerungsprozesse den Anforderungen eines nachhaltigen Bankmanagements gerecht werden (DNK Prozessmanagement). Einen Schwerpunkt bildete dabei die Analyse des Innovations- und Produktmanagements. Nachhaltige Produkte wurden identifiziert und mit dem Leistungsangebot relevanter Wettbewerber vergleichend bewertet. Die Analyse des Umwelt- und Ressourcenmanagements (DNK Umwelt), eine Betrachtung des Personalmanagements sowie und die Reflexion des gesellschaftlichen Engagements der Bank (DNK Gesellschaft) rundeten diese Analyseschritt ab. Im Ergebnis wurden entlang der DNK Gestaltungsfelder Handlungsoptionen zur Ausgestaltung der nachhaltigen Transformation der Bank identifiziert und skizziert in einer Aufgabenliste zusammengefasst.

c) Nachhaltigkeitsverständnis und wesentliche Zukunftsthemen

Mit Klärung der Bank-Identität und eines gemeinsamen Verständnisses zu den nachhaltigkeitsbezogenen Chancen und Risiken wie auch Stärken und Schwächen ist der Ausgangspunkt im Transformationsprozess definiert. Gleichzeitig ist über die Auseinandersetzung mit der Nachhaltigkeit sowie der Bedeutung

---

903 Vgl. zum Aufbau einer Stärken-Schwächen Analyse *Osterwalder/Pigneur* (2011), S. 220 ff.
904 Vgl. exemplarisch *FNG* (2020a).
905 Vgl. *RNE* (2019). Der DNK, initiiert durch den RNE, ist in die Gestaltungsfelder *Strategie*, *Prozessmanagement*, *Umwelt* und *Gesellschaft* untergliedert.

der SDGs eine Perspektive für den nachhaltigen Transformationsprozess innerhalb der Bank eröffnet. Für Orientierung in diesem Prozess, bietet es sich an, die bisherigen Erkenntnisse über eine Wesentlichkeitsanalyse zu verdichten und in einem handlungsleitenden Nachhaltigkeitsverständnis zusammenzufassen.

963 In einer **Wesentlichkeitsanalyse** werden die relevanten Nachhaltigkeitsthemen und damit zentralen Stoßrichtungen einer Bank bestimmt.[906] Dies erfolgt, indem einzelne Nachhaltigkeitsaspekte aus Perspektive der Bank sowie aus Perspektive der wesentlichen Stakeholder des Finanzinstituts auf ihre wirtschaftliche Relevanz hin bewertet werden. Entsprechende Einschätzungen der Kunden können in Beratungsgesprächen oder über explizite Befragungsformate gewonnen werden. Die Einschätzung der Mitarbeiter lässt sich über interne Dialogformate einholen. Analog lässt sich im Austausch mit Kooperationspartnern deren Einschätzung erheben. Eine kumulierte Auswertung gibt die Möglichkeit, Handlungsschwerpunkte im Nachhaltigkeitsmanagement zu setzen.

964 In der Volksbank eG – Die Gestalterbank hat man in internen Dialogformaten die Einschätzung der Kunden und Mitarbeiter zusammengetragen, im Nachhaltigkeitskernteam diskutiert und vor dem Hintergrund des Nachhaltigkeits-Checks priorisiert. Dabei berücksichtigt wurden ebenfalls die Fokusthemen, die den Wesentlichkeitsanalysen der Partner der genossenschaftlichen Finanz-Gruppe entnommen werden konnten. Im Ergebnis hat man sich auf sechs **Zukunftsthemen** verständigt:[907]

- Erneuerbare Energien & Energieeffizienz
- Klimaschutz & Umweltmanagement
- Wohnen
- Innovation & Digitale Transformation
- Bildung & Kultur
- Gesundheit & Soziales

965 Diese Zukunftsthemen beschreiben jene Handlungsfelder, in denen die Bank aus ihrer eigenen sowie der Perspektive ihrer Stakeholder einen wesentlichen Beitrag zur politisch wie gesellschaftlich angestrebten nachhaltigen Transformation erbringen kann.

---

906 Vgl. *RNE* (2019), S. 20.
907 Vgl. *Volksbank eG – Die Gestalterbank* (2020a).

Um die Ausrichtung an einer nachhaltigen Geschäftspolitik auch in der normativen Basis zu verankern, sollte sich das Nachhaltigkeitsverständnis einer Bank auch in deren **Leitbild** wiederfinden. Die Volksbank eG – Die Gestalterbank hat diesen Schritt im Rahmen des Fusionsprozesses vollzogen und sich darauf verpflichtet, sich für die Prinzipien nachhaltigen Wirtschaftens einzusetzen.

Leitbilder werden erst dann relevant und verhaltensprägend, wenn sie im internen Dialog wiederholt thematisiert, wenn sie verständlich kommuniziert und mit konkretem Alltagshandeln in Verbindung gebracht werden. Die Volksbank eG – Die Gestalterbank hat daher **Kommunikationsaktivitäten** und Dialogformate im Rahmen des Fusionsprozesses dazu genutzt, um intern intensiv über das neue Nachhaltigkeitsverständnis, die Bedeutung der sechs Zukunftsthemen und das mit diesen Themen verbundene Leistungsportfolio der Bank ins Gespräch zu kommen. Über den Einsatz einer Mitarbeiter-App und einen dort integrierten Nachhaltigkeitskanal werden die Mitarbeiter seither kontinuierlich mit Informationen und News rund um das Thema Nachhaltigkeit versorgt. Institutionalisierte Kommunikationskreise und Gremien stellen sicher, dass der Austausch rund um das Thema Nachhaltigkeit kontinuierlich fortgesetzt wird. Dies dient dazu, dass alle Mitarbeiter ein Verständnis dafür entwickeln, wozu der nachhaltige Transformationsprozess der Bank dient, welchen übergeordneten Zweck, welches »WHY« er erfüllt: nachhaltig wirtschaften, um Zukunft auch weiterhin gemeinsam im Netzwerk der Bank für Menschen und Unternehmen zu gestalten.

4. HOW – Managementsystem und Geschäftsmodell-Innovation

Die Verbindung zwischen einer nachhaltigen Wertebasis (»WHY«) und einem nachhaltigen Produkt- und Leistungsportfolio (»WHAT«) schafft ein dazu geeignetes Managementsystem. Dieses System benötigt eine Struktur, innerhalb derer Nachhaltigkeitsziele und eine Nachhaltigkeitsstrategie entwickelt und über Geschäftsmodell umgesetzt werden können. Nachfolgend wird am Beispiel des Managementsystem in der Volksbank eG – Die Gestalterbank aufgezeigt, wie die Anforderungen der Nachhaltigkeit methodisch integriert werden können.

AUSWIRKUNGEN AUF UNTERNEHMENSSTEUERUNG

a) Nachhaltigkeitsmanagement im Viable System Model der Bank

969 Das Managementmodell der Volksbank eG – Die Gestalterbank basiert auf dem integrierten Managementsystem von *Fredmund Malik*.[908] Dieses System gibt den Führungskräften der Bank alle notwendigen und hinreichenden Elemente an die Hand, um die eigene Organisation zu gestalten, zu lenken und zu entwickeln. Die vernetzte Betrachtung unternehmens- und mitarbeiterbezogener sowie strategischer und operativer Handlungsfelder fördert das systemische Denken und Reflektieren verfolgter Strategien. Die Bank verwendet dieses System für ein jährliches Assessment, bei dem alle Führungskräfte zum aktuellen Umsetzungsstand aller Elemente befragt werden. In diesem Austausch entwickelt sich die Strategie der Bank.

970 Dieser systemische Managementansatz findet sich ebenfalls in den gewählten Strukturen, über welche die Bankstrategie operationalisiert und umgesetzt wird. Die Bank folgt hier dem Viable System Model, dem »Modell lebensfähiger Systeme« von *Stafford Beer*.[909] Eine Organisation, im betrachteten Fall die Bank, wird dabei in fünf Subsysteme aufgeteilt: System 1 bezeichnet die wertschöpfenden Einheiten, in der Volksbank eG – Die Gestalterbank beispielsweise die Geschäftsfelder Privatkunden, Firmenkunden, Immobilien, Beteiligungen und Zahlungssysteme. System 2 umfasst alle koordinieren und unterstützenden Funktionsbereiche wie beispielsweise Personalmanagement oder Unternehmensentwicklung. System 3 hat die Aufgabe der Optimierung des bestehenden Unternehmens, während System 4 das strategische Management und System 5 das normative Management umfasst.

971 Den Anforderungen des DNK folgend hat die Volksbank eG – Die Gestalterbank die Verantwortlichkeiten definiert und mit dem **Nachhaltigkeitsmanagement** eine spezielle organisatorische Einheit geschaffen. Orientiert am Viable System Model übernimmt diese Einheit eine Doppelfunktion. Als System 2 Einheit koordiniert sie das Nachhaltigkeitsmanagement in der Gesamtbank und trägt damit Verantwortung für den nachhaltigen Transformationsprozess. Sie ist der Unternehmensentwicklung zugeordnet und unterstützt die System 1 und System 2 Einheiten in der Entwicklung ihrer bereichsspezifischen Nachhaltigkeitsstrategien und -programme. Ergänzend zu dieser Organisationseinheit wurde in der Volksbank eG ein **Nachhaltigkeitskernteam** etabliert, das sich aus Vertreter der Vertriebseinheiten (S1) und ausgewählter Funktionsbereiche (S2) sowie des Vorstands (S4) zusammensetzt. Die Arbeit des Kernteams wird

---

908 Vgl. *Malik* (2008), S. 51 und S. 257.
909 Vgl. *Beer* (1972), S. 135 ff. und *Malik* (2015), S. 77 ff.

durch das Nachhaltigkeitsmanagement koordiniert. Aus dem Kernteam heraus werden Nachhaltigkeitsaktivitäten initiiert, in agilen Sprints umgesetzt und die erzielten Ergebnisse in regelmäßigen Reviews reflektiert. Mit diesem Vorgehen wird ein bereichsübergreifend abgestimmtes Vorgehen sichergestellt. Die Kommunikation in die einzelnen Vertriebs- und Funktionsbereiche hinein wird darüber hinaus über **Nachhaltigkeits-Paten**, Mitarbeiter aus den einzelnen Organisationseinheiten, unterstützt. Sie dienen als Bindeglied zur Belegschaft und übernehmen Multiplikatorfunktion. Das Nachhaltigkeitsmanagement organisiert einen regelmäßigen Dialog mit den Nachhaltigkeits-Paten, nimmt auf diesem Wege Feedback aus den Organisationseinheiten auf und kann selbst über aktuelle Entwicklungen informieren.

Neben der koordinierenden Funktion als System 2 übernimmt das Nachhaltigkeitsmanagement zusätzlich die Aufgabe, ein neues System 1 zu entwickeln, das unter dem Lable »*banking4future*« das Geschäftsfeld von Kunden mit ausgeprägter Nachhaltigkeitspräferenz erschließen und bedienen soll. Analog zum Modell eines Inkubators schafft die Bank dazu eine innovationsfördernde Arbeitsstruktur, in der nachhaltige Geschäftsmodelle und Produkte bis zur Marktreife entwickelt werden können.

Das Nachhaltigkeitsmanagement soll somit nicht nur eine koordinierende und unterstützende »Change-Funktion« übernehmen. Es soll sich zu einer Vertriebseinheit entwickeln und im Rahmen einer »Create-Funktion« auch einen eigenen Ergebnisbeitrag zum wirtschaftlichen Erfolg der Bank leisten.

b) Nachhaltigkeit und Strategieprozess

Wesentliche Orientierungspunkte sowie zugleich Motor im nachhaltigen Transformationsprozess einer Bank sind die Nachhaltigkeitsziele, die Nachhaltigkeitsstrategie und die damit korrespondierenden Aktivitäten und Programme. Nicht nur mit Blick auf die Anforderungen der MaRisk zur Ausgestaltung eines Strategieprozesses oder unter Berücksichtigung des DNK ist eine Integration der Nachhaltigkeit in den Strategieprozess einer Bank dabei zwingend erforderlich.

Die Volksbank eG – Die Gestalterbank hat im Rahmen der Fusion eine neue gemeinsame **Strategie** entwickelt. Ausgehend von strategischen Initiativen auf Gesamtbankebene wurden in einem Gegenstromverfahren Bereichsstrategien entwickelt. Im Zuge dieses Prozesses hat jedes Subsystem Ansätze kreiert, um in dem jeweils spezifischen Handlungsfeld die Prinzipien nachhaltigen Wirtschaftens zu fördern. Diese umfassen beispielsweise Vertriebsaktivitäten zum

AUSWIRKUNGEN AUF UNTERNEHMENSSTEUERUNG

Ausbau eines nachhaltigen Produktportfolios, die Berücksichtigung von Nachhaltigkeitsrisiken in Steuerung und Risikomanagement oder die Fortführung und Optimierung im Umweltmanagement der Bank.

976 In der Strategieumsetzung nutzt die Bank **Key Performance Indicators (KPIs)**. Für die Steuerung nachhaltigkeitsorientierter Ziele und Initiativen werden diese KPIs aus den DNK-Indikatoren abgeleitet und ggf. ergänzt. Die DNK-Indikatoren folgen den Empfehlungen des GRI-SRS, dem Standard der Global Reporting Initiative.[910]

977 Operationalisiert werden die strategischen Initiativen über ein **Programm nachhaltiger Aktivitäten**. Wie bereits beschrieben werden die Inhalte in diesem Maßnahmenprogramm maßgeblich über das Nachhaltigkeitskernteam entwickelt. Verantwortlich für das Projektmanagement zeichnet das Nachhaltigkeitsmanagement. Die einzelnen Aktivitäten werden angelehnt an die agile Scrum-Methode in einem Project Backlog gesammelt. Inhaltlich sind die Aktivitäten in Anlehnung an die DNK Gestaltungsfelder geclustert. Sie beziehen sich auf die Anpassung von Management- und Steuerungsprozesse, den Vertrieb und das Marketing, das Umweltmanagement und die Personalarbeit sowie das gesellschaftliche Engagement der Bank. In 6-8wöchigen Sprints werden einzelnen Aktivitäten durch die Mitglieder des Nachhaltigkeitskernteams umgesetzt. Die Ergebnisse werden in regelmäßigen Reviews besprochen und das Programm auf Basis der Erkenntnisse kontinuierlich weiterentwickelt.

978 Auswirkungen der Nachhaltigkeit auf die Prozesse in der Unternehmenssteuerung können exemplarisch an den Aktivitäten zur Erarbeitung einer Anlagerichtlinie sowie zum Reporting von Wirkungstransparenz im Kreditgeschäft dargestellt werden.

- **Anlagerichtlinie**: Als Basis im Entstehungsprozess einer Hausmeinung sowie der Anlageberatung hat die Bank eine Anlagerichtlinie entwickelt. Diese definiert insbesondere Ausschlusskriterien in Bezug auf in Bezug auf kontroverse Geschäftsfelder (z. B. kontroverse Waffensysteme), sowie kontroverse Geschäftspraktiken (z. B. Verstöße gegen ILO Arbeitsrechtsnormen, Menschenrechte, Korruption). Es werden ausschließlich Anlageprodukte vermittelt, die diesen Ausschlusskriterien gerecht werden.

- **Wirkungstransparenzmessung**: Entlang der definierten Zukunftsthemen verfolgt die Volksbank eG – Die Gestalterbank das Ziel, die durch ihre Geschäfte generierte Wirkung transparent darzustellen. Über einen Kreditverwendungsschlüssel werden ausgewählte Kredite den jeweiligen

---

910 Vgl. *GRI* (2020c).

Zukunftsthemen zugeordnet, so dass eine erste themenbezogene Wirkungsmessung möglich ist. Für einen weiteren Schritt kooperiert die Volksbank eG – Die Gestalterbank mit der GLS Bank, verbunden mit dem Ziel, auch auf Kundenbasis den generierten Wirkungseffekt ausweisen zu können.[911]

Diese Beispiele verdeutlichen, dass ein nachhaltiges Leistungsportfolio, das »WHAT« nachhaltige Transformation, eine systematische Prozessinfrastruktur benötigt, wenn mehr als Einzelmaßnahmen realisiert werden sollen.

c) Nachhaltigkeit und Geschäftsmodell-Innovation

Die bisherigen Darstellungen haben insbesondere das Nachhaltigkeitsmanagements in seiner Funktion als System 2 in der Koordination des nachhaltigen Transformationsprozesses in der Volksbank eG – Die Gestalterbank beschrieben. Neben dieser Change-Funktion kann und soll das Nachhaltigkeitsmanagement aber parallel die Keimzelle für ein wachsendes System 1 entwickeln. Zielsetzung hier die die Geschäftsmodell-Innovation für Kundensegmente mit ausgeprägter Nachhaltigkeitspräferenz.

Methodisch orientiert sich die Bank an den beiden Vorgehensmodellen von *Alexander Osterwalder*[912] und *Oliver Gassmann*.[913]

- **Phase 1 Erkennen und Verstehen**: Integriert in die strategische Analyse der Bank werden in einem Nachhaltigkeits-Radar relevante Entwicklungen in der nachhaltigen Transformation von Gesellschaft, Wirtschaft und Finanzbranche analysiert und aufbereitet. Neben eigenem Research sucht die Bank den Austausch mit Spezial-Dienstleistern (z. B. Climate Partner[914]) oder Partnern in der genossenschaftlichen FinanzGruppe mit spezifischem Nachhaltigkeits-Knowhow (z. B. Union Investment, GLS Bank, Evangelische Bank, KD Bank).

- **Phase 2 Ideenfindung und Gestaltung**: Für diese Phase entwickelt die Bank eine Lab-Struktur, in der unterschiedliche Kreativformate in der Geschäftsmodell- und Produktentwicklung zum Einsatz kommen werden. Im Sinne eines Open Innovation Prozesses sucht man gezielt nach Kooperationspartnern mit Nachhaltigkeitsfokus, um Ideen gemeinsam voran zu bringen.

- **Phase 3 Prototyping und Testing**: Methodisch hat die Volksbank eG in dieser Phase erste Testerfahrungen mit ersten iterativen Testprozessen

---

911 Vgl. zur Wirkungstransparenzmessung *GLS Bank* (2018).
912 Vgl. *Osterwalder/Pigneur* (2011), S. 248 ff.
913 Vgl. *Gassmann/Frankenberger/Csik* (2017), S. 21 ff.
914 Vgl. *ClimatePartner* (2020).

sammeln können. Exemplarisch kann hier auf die Mobile-Payment-Lösung Bluecode verwiesen werden. Das Verfahren hat die Bank in ausgewählten Einsatzfeldern bereits erprobt und implementiert. Aktuell sind Testphasen in Verbindung mit der Förderung eines nachhaltigen regionalen Konsums geplant. Auch die eigene Expertise im Bereich des kartengestützten Bezahlens dient als konzeptioneller Ansatz. (»Regio4future« bzw. »ExcellentCard«).[915]

- **Phase 4 Implementieren und Durchführen**: Das Nachhaltigkeitsmanagement entwickelt Lösungen bis zur Marktreife. In einer ersten Variante werden die Lösungen in das bestehende Leistungsportfolio integriert und über vorhandene Vertriebswege angeboten. In einer zweiten Variante entwickelt das Nachhaltigkeitsmanagement neue Vertriebsstrukturen und positioniert die Lösungen in Eigenverantwortung.

982 Die Infrastruktur zur nachhaltigen Geschäftsmodell-Innovation ist als offene Entwicklungsplattform gestaltet. Das Team Nachhaltigkeitsmanagement erhält Raum, eigene Ideen kreativ und im Austausch mit Kunden und Partnern bis zur Marktreife zu führen. Gleichzeitig dient die Inkubatorstruktur den anderen Subsystemen der Bank dazu, gemeinsam mit Methodenspezialisten innovative Lösungen zur nachhaltigen Transformation ihrer Leistungsportfolien zu entwickeln. Bedarfsorientierte Lösungen werden geschaffen und Nachhaltigkeitswissen wie Methodenkompetenz der Mitarbeiter werden ausgebaut.

5. WHAT – Aktuelle Lösungen und nachhaltiges Engagement

983 Die Integration von Nachhaltigkeit in die Management- und Steuerungsprozesse hat in der Volksbank eG – Die Gestalterbank bereits zu ersten Resultaten im Kerngeschäft der Bank wie auch im nachhaltigen gesellschaftlichen Engagement des Instituts geführt. Für die Zukunftsthemen »Wohnen« sowie »Klimaschutz & Umweltmanagement« werden diese Ergebnisse nachfolgend kurz exemplarisch dargestellt.

- **Zukunftsthema Wohnen**: Gemeinsam mit der *hurrle Immobilien Gruppe* und der *Lebenshilfe Offenburg-Oberkirch e.V.* und der Stadt Offenburg hat die Volksbank eG – Die Gestalterbank das Inklusionsprojekt Wohnen *Füreinander.Miteinander.Stegermatt GmbH* realisiert. Im Stadtteil Stegermatt in Offenburg entstehen in diesem Immobilienprojekt 58 Wohneinheiten für Menschen mit und ohne Behinderung. Die Volksbank eG – Die Gestalterbank agiert als Finanzierungspartner UND Mitgesellschafter der

---

[915] Vgl. Volksbank eG – Die Gestalterbank (2020b).

Projektgesellschaft und ermöglicht über ihr Engagement bezahlbaren und barrierefreien Wohnraum.[916]

- **Zukunftsthema Klimaschutz & Umweltmanagement**: In Kooperation mit der DZ BANK hat die Volksbank eG – Die Gestalterbank das Nationalpark Schwarzwald Zertifikat aufgelegt. Bank und Produktemittent verzichten bei diesem Produkt auf einen Teil ihrer Vertriebs- bzw. Produktmarge und leiten diesen Teil dem Förderverein des Nationalpark Schwarzwald zu. Kunden erhalten damit ein attraktives nachhaltiges Anlageprodukt und mit dem generierten Förderbetrag werden Projekte zum Klima- und Umweltschutz im Nationalpark Schwarzwald initiiert.

6. Fazit

Die nachhaltige Transformation von Gesellschaft, Wirtschaft und Finanzbranche verlangt von den Banken eine Anpassung ihrer Geschäftsmodelle. Wie dies unterstützt durch angepasste Management- und Steuerungsprozesse gelingen kann, hat dieser Beitrag am Beispiel der Volksbank eG – Die Gestalterbank dargelegt.

Um dem nachhaltigen Transformationsprozess die richtige Richtung zu geben, braucht die Bank ein gemeinsames »WHY« – einen stabilen Identitätskern Klarheit über die Werte, die erlebbar transportiert werden sollen. Auf dem Weg vom »WHY« zum »WHAT« unterstützt eine Orientierung an Standards und Normen wie dem Deutschen Nachhaltigkeitskodex und entsprechenden Leitfäden. Sie sichern das »HOW«, die Integration der Nachhaltigkeit in das Managementsystem, die Management- und Steuerungsprozesse. Gelingt diese Integration, werden Banken von der nachhaltigen Transformation wirtschaftlich profitieren. Zeigen die Banken darüber hinaus Kooperationsbereitschaft in der innovativen Gestaltung der nachhaltigen Entwicklung wird die Finanzbranche den von ihr geforderten Beitrag zum Wohle der Gesellschaft erbringen können.

---

916 Vgl. Volksbank eG – Die Gestalterbank (2020c).

D.

Nachhaltigkeit in der Risikosteuerung

D. Nachhaltigkeit in der Risikosteuerung

I. Ansätze der Nachhaltigkeit im ICAAP[917]

»Der Klimawandel könnte die Ursache der nächsten systemischen Finanzkrise sein.«[918]. Dies stellt Thomas Jorberg, Sprecher des Vorstands der GLS Bank eG, in einem Interview mit der Zeitschrift »bank und markt« Anfang des Jahres 2020 fest. Er begründet seine Aussagen mit den allumfassenden Risiken, die sich aus dem Klimawandel ergeben.[919] Zum einen existieren aus dem Klimawandel physische Risiken, wie z. B. extreme Wetterereignisse, und zum anderen werden auch transitorische Risiken schlagend, die insbesondere die Bewertung der einzelnen Unternehmen betreffen werden.[920] In der Banken- und Finanzbrache treffen diese beiden Welten aufeinander.

Kreditausfälle auf Grund verspäteter **Transformation** der Unternehmen können sich bei fortschreitender Verzögerung des Klimawandels deutlich erhöhen. So sagte z. B. Mark Carney, Gouverneur der Bank of England, im Oktober 2019: »Companies and industries that are not moving towards zero-carbon emissions will be punished by investors and go bankrupt.« Dieser potentiellen Gefahr müssen sich insbesondere auch die finanzierenden Institute stellen, die Gefahr laufen der Leidtragende dieser natürlichen Selektion zu werden.[921]

Auch die **physischen Risiken** können in einem zweiten Schritt auf die Banken- und Finanzbranche durchschlagen. Klimawandel und die daraus resultierenden extremen Wetterereignisse können gemäß einer Studie der Internationalen Bank für Zahlungsausgleich[922] unvorhergesehene Konsequenzen auslösen, die mit den herkömmlichen Ansätzen für Risikomanagement, bei denen die historischen Daten ausgewertet und für die Zukunft extrapoliert werden, nicht adäquat gemessen werden können. Ereignisse von großer Tragweite, die gemäß der Studie in den kommenden Jahren immer wahrscheinlicher werden, bezeichnen die Autoren als **»Grüne Schwäne«**. Diese Bezeichnung ist eine Anlehnung an Nassim Nicholas Talebs »Schwarze Schwäne«, mit denen er schwer-

---

917 Autor: *Sebastian Zinken*. Die Ausführungen geben ausschließlich persönliche Auffassungen wieder. Für Rückfragen oder Anregungen ist der Autor unter der E-Mail-Adresse szinken@gmx.de erreichbar.
918 Interview mit *Jorberg* (2020), S. 16.
919 Vgl. dazu auch die Darstellung in Kapitel A.V dieses Herausgeberbandes.
920 Vgl. bezüglich der Risikodefinitionen auch Abschnitt A. V des vorliegenden Buches.
921 Vgl. Interview mit *Jorberg* (2020), S. 17.
922 Vgl. *Bolton/Despres/Pereira da Silva/Samana/Svartzman* (2020).

wiegende Ereignisse bezeichnet, die nicht auf dem Radar der üblichen Risikomesssysteme erscheinen.[923] Die Konsequenzen dieser Grünen Schwäne werden von den Autoren als schwerwiegender, weil umfassender, als in der globalen Finanzkrise 2008 beschrieben. Vor diesem Hintergrund ist es nicht verwunderlich, dass die Bankenaufsicht diesem Risikoaspekt nicht tatenlos gegenübersteht und Regelungen zum Umgang mit dieser neuen Risikokategorie schafft. Diese Regelungen stehen um Zusammenhang mit den allgemeinen Bemühungen der Politik und Wirtschaft dem Klimawandel adäquat zu begegnen.

1. Nachhaltigkeitsrisiken als neues Thema der Finanzaufsicht

989 Insgesamt ist der Trend zur Nachhaltigkeit in den letzten Jahren in der Wirtschaft und der Politik immer stärker geworden. Die **Bekämpfung des Klimawandels** ist lange nicht mehr nur in der Branche der Automobilindustrie bzw. in der Schwerindustrie virulent, sondern setzt sich in allen Industrie- und Wirtschaftsbereichen durch. Auch wenn die Regierungen der führenden Industrie-Staaten sich weiterhin schwer tun verbindliche Klimaziele zu vereinbaren, so lässt sich doch eine immer stärkere Tendenz zur Bewahrung des Klimas und zur langsamen Energiewende erkennen. So haben sich auf der Pariser Klimaschutzkonferenz 2015 erstmals 195 Länder auf ein verbindliches Klimaabkommen geeinigt.[924]

990 Im Zuge dieser verstärkten Regulierungsbemühungen ist auch der Finanzsektor involviert und es wird im Dezember 2015 eine private Taskforce »Task Force on Climate related Financial Disclosures (TCFD)« durch das Financial Stability Board (FSB) gegründet. Diese Task-Force erarbeitete in den kommenden beiden Jahren Grundsätze, die alle Unternehmen der Finanzbranche erfüllen sollen. Darüber hinaus werden auch spezielle Empfehlungen für die Bankenbranche veröffentlicht. Die Anforderungen werden auf europäischer Ebene in unverbindlichen Leitlinien zur Kommunikation der Unternehmen aufgenommen. Eine verbindliche Umsetzung der Empfehlungen ist somit zwar nicht zwingend erforderlich, es zeigt sich aber der zunehmende Druck auf Seiten des Gesetzgebers, das Thema weiter zu platzieren und die Umsetzung voranzutreiben.

a) Regelungen im Bankenbereich

991 Speziell im Bankenbereich gibt es darüber hinaus weitergehende regulatorische Normen, die bereits heute Gesetzescharakter entfalten und von den Banken zu

---

923 Vgl. *Taleb* (2007).
924 Vgl. *UN* (2015a).

beachten sind. So sei an dieser Stelle auf die Regelungen der CRR II und CRD V verwiesen.[925]

Neben diesen gesetzlichen Normen hat sich die deutsche Bankenaufsicht im Jahr 2019 dazu entscheiden ein **Merkblatt zum Umgang mit Nachhaltigkeitsrisiken** zu veröffentlichen.[926] Dieses Merkblatt stellt eine Orientierungshilfe für die beaufsichtigten Unternehmen dar, liefert Impulse und soll explizit keine Prüfungsanforderungen definieren.[927] Vor diesem Hintergrund sind die meisten Ausführungen im Merkblatt, insbesondere zu den Themen der Risikosteuerung und Risikomessung, auf einem sehr abstrakten Niveau abgefasst. Konkrete Empfehlungen zur Risikomessung werden nur an sehr wenigen Stellen gegeben. Die Ausgestaltung der groben Regelungen obliegen den Banken und Finanzdienstleistern, die an dieser Stelle vor der Herausforderung stehen, völliges Neuland zu betreten. So wie die Bank für Internationalen Zahlungsausgleich in ihrer bereits erwähnten Studie ausführt[928], ist gerade bei den Nachhaltigkeitsrisiken die Gefahr von Grünen Schwänen besonders gegeben, die mit den üblichen Methoden der Risikomessung kaum erkannt werden können. Somit besteht die Aufgabe bei der Ermittlung der Nachhaltigkeitsrisiken nicht weniger darin, eine gänzlich neue Form der Risikomessung zu etablieren.

Auch die europäische Bankenaufsicht hat im Jahr 2020 einen **Leitfaden zum Umgang mit Umwelt- und Klimarisiken** herausgegeben.[929] Im Gegensatz zur BaFin fokussiert dieser Leitfaden explizit auf die umweltbezogenen Aspekte der Nachhaltigkeitsrisiken.[930] Adressaten des Leitfadens sind in erster Linie die direkt unter der Aufsicht der EZB stehenden Institute. Aber auch die LSIs werden im Leitfaden direkt angesprochen und unter Wahrung der Proportionalitätsaspekte zur Umsetzung der Kernpunkte aufgefordert. Die Anforderungen der EZB erstrecken sich im angesprochenen Leitfaden über den gesamten Prozess des Risikomanagements, von der Strategie, über die Risikoinventur, die Risikomessung bis hin zu organisatorischen Regelungen bei den drei Verteidigungslinien. Insbesondere die tiefe Verankerung der Umwelt- und Klimarisiken in den gesamten Prozessablauf steht bei der EZB im Fokus der Betrachtungen.

---

925 Vgl. *CRR II* (2019), *CRD V* (2019). Zu weitergehenden Ausführungen zu Rechtsnormen sei an dieser Stelle auf Kapitel A.V. dieses Herausgeberbandes verwiesen.
926 Vgl. *BaFin* (2019a).
927 Für weitere grundlegende Informationen zum BaFin-Merkblatt sei an dieser Stelle auf das Kapitel A.IV verwiesen. Bezüglich der Anforderungen zur Risikomessung, die sich aus dem Merkblatt ergeben, wird an späterer Stelle in diesem Artikel Bezug genommen.
928 Vgl. *Bolton/Despres/Pereira da Silva/Samana/Svartzman* (2020).
929 Vgl. *EZB* (2020a).
930 Vgl. bezüglich weiterer Ausführungen zur grundlegenden Definition von Nachhaltigkeitsrisiken Abschnitt 1.c.

»Sie [die EZB, *Anm. des Autors*] ist der Ansicht, dass Institute bei der Berücksichtigung von Klima- und Umweltrisiken einen zukunftsgerichteten und umfassenden Ansatz verfolgen sollten.«[931]

b) Mögliche Formen der Umsetzung

994 Die vorgenannte Etablierung einer konsequenten Risikomessung der Nachhaltigkeitsrisiken im ICAAP und im ILAAP sowie in den einzelnen Risikobereichen ist eine Aufgabe, die nicht innerhalb weniger Monate vollzogen werden kann. So wie die Formulierungen im Leitfaden der BaFin gefasst sind, erwartet die deutsche Aufsicht nicht eine neue Risikokategorie, die autark von den anderen Risikoarten im Zuge der Risikoinventur abgehandelt wird, sondern vielmehr eine vollständige Verzahnung der bestehenden Risikomessung mit den potentiellen Nachhaltigkeitsrisiken. Dies lässt einen breiten **Interpretationsspielraum**. Zum einen kann diese Vorgabe eine deutliche Entlastung der Banken und Finanzdienstleister sein, da mit übergeordneten Regelungen auf Basis der Strategie, die Beschäftigung und Auseinandersetzung mit dem Thema dokumentiert werden kann. Auf der anderen Seite bietet diese Herangehensweise der Aufsicht auch das Potential, dass die Nachhaltigkeitsrisiken noch stärker und konsequenter in der Risikomessung zu berücksichtigen sind, als bei der Schaffung einer separaten Risikokategorie. Die komplette Verzahnung der Nachhaltigkeitsrisiken in den bisherigen Prozess der Risikomessung, -ermittlung und -steuerung wäre demnach insbesondere eine strategische Aufgabe. In diesem Szenario gälte es die Risiken frühzeitig zu erkennen, zu steuern und eventuell gar auszuschließen. Vor dem Hintergrund der beschriebenen Grünen Schwäne, stellt diese Herangehensweise eine vorsichtige und umsichtige Art der Risikosteuerung dar, die durchaus von der Aufsicht intendiert sein kann.

995 Es wird sich im Laufe der kommenden Monate oder gar Jahre zeigen, welche Richtung die Aufsicht bei den Nachhaltigkeitsrisiken einschlagen wird. Aktuell besteht für die Banken und Finanzdienstleister noch die Möglichkeit eigene Impulse zu setzen und den bestmöglichen Umgang mit der neuen Risikokategorie zu definieren. Die Aufsicht wird den Prozess der Umsetzung des Merkblatts und der weiteren aufsichtlichen Anforderungen genau überwachen und die zukünftige Strategie der Normensetzung darauf abstimmen. Auch in der Vergangenheit hat sich gezeigt, dass im Zuge von aufsichtlichen Prüfungen Erkenntnisse aus Best-Practice-Ansätzen gewonnen wurden, die schlussendlich den Weg in die Regulierung genommen haben.

---

931 Vgl. *EZB* (2020a), S. 4.

c) Umgang mit dem Begriff der Nachhaltigkeit

Diskutiert man aktuell das Thema Nachhaltigkeit und Nachhaltigkeitsrisiken befindet man sich relativ schnell in der Diskussion um umweltpolitische Sachverhalte und Klimawandel. Dabei ist das Thema der Nachhaltigkeit deutlich breiter und differenzierter zu betrachten. Die **ESG-Kriterien** (vgl. Abbildung D.1), die sich als Standard für die Abbildung nachhaltiger Anlagen herauskristallisiert haben, beinhalten neben dem **Umwelt**-Aspekt (Environment) auch noch die Bereiche **Soziales und Unternehmensführung** (Governance).[932]

Abbildung D.1: ESG-Kriterien (Quelle: Pax Bank (2020))

Gerade die Aspekte Soziales und Unternehmensführung, werden in den aktuellen Diskussionen allerdings nur relativ kurz und stiefmütterlich behandelt. Klarer Fokus liegt auf den umweltbezogenen Risiken.[933] Wie zu Beginn diskutiert, liegt diese Fokussierung sicherlich begründet in den immensen Auswirkungen, die der Klimawandel und dessen Folgen auslösen können. Dennoch wäre eine reine Fokussierung auf diesen Teilaspekt der Nachhaltigkeitsrisiken verkürzt und zu kurz gesprungen. Aus diesem Grund wagt die BaFin in Ihrem

---

[932] Vgl. wirtschaftslexikon.gabler.de (2019).
[933] Vgl. Dazu auch die Ausführungen in den Kapiteln A.IV und A.V dieses Herausgeberbandes.

Merkblatt den Spagat zwischen der Umsetzung und Fokussierung der umweltbezogenen Nachhaltigkeitsrisiken, ohne die anderen beiden Kategorien außer Acht zu lassen. Die verwendeten Beispiele im Merkblatt sind zu großen Teilen auf die umweltbezogenen Aspekte der Nachhaltigkeitsrisiken ausgerichtet und erwecken somit den Eindruck einer klaren Fokussierung auf diese Risikokategorie. Dennoch verweist die Aufsicht ganz klar auf den allumfassenden Aspekt des Merkblatts und betont:»Aus Sicht der BaFin sollten daher alle ESG-Risiken (Environmental, Social and Governance – Umwelt, Soziales und Unternehmensführung) berücksichtigt werden.«[934]

998 Die Banken und Finanzdienstleister in Deutschland sind demnach angehalten, auch die anderen Aspekte der Nachhaltigkeitsrisiken mit in den Fokus zu rücken. Diese **umfassende Definition der Nachhaltigkeitsrisiken** ist insbesondere vor dem Hintergrund der in der Folge zu diskutierenden Risikomessmethoden ein spannender Aspekt. Die Breite der benötigten Ansätze zur Risikomessung vergrößert sich somit ungemein. Selbst wenn die Quantifizierung der einzelnen umweltbezogenen Aspekte zumindest in Teilen möglich wäre, wird diese Aufgabe vor der Breite der zu betrachtenden Risiken aus den Bereichen Soziales und Unternehmensführung noch einmal unübersichtlicher und deutlich komplexer.

999 Aus Sicht des Autors ist daher eine enge Verzahnung der Strategie mit den Aspekten der Risikomessung in dem Bereich der Nachhaltigkeitsrisiken unerlässlich.[935] Eine frühzeitige Identifikation und ein eventueller Ausschluss kritischer Geschäfte stellt zwar im ersten Schritt eine große Herausforderung für das einzelne Institut dar, kann den Prozess der schlussendlichen Risikomessung allerdings deutlich vereinfachen. Nichtsdestotrotz ermöglicht das Merkblatt der BaFin einen breites Umsetzungsspektrum in Bezug auf die Steuerung der Nachhaltigkeitsrisiken. Banken, die einen vollständigen Ausschluss der relevanten Nachhaltigkeitsrisiken nicht umsetzen, können mit einer adäquaten Risikomessung den verbleibenden Risiken begegnen. Die folgenden Abschnitte des Beitrags widmen sich somit sowohl der Verzahnung innerhalb der Strategie, als auch der Möglichkeit der Risikomessung bei den noch verbleibenden nachhaltigkeitsbezogenen Risiken.

---

934 Vgl. *BaFin* (2019a), S. 13.
935 Vgl. dazu auch die Ausführungen in Kapitel C.V dieses Herausgeberbandes.

2. Verbindung von Geschäfts- und Risikostrategie sowie Risikoinventur

Wie bereits diskutiert, stellt die Verbindung und Verzahnung der Geschäfts- und Risikostrategie den wirksamsten und wichtigsten Schritt in der Begegnung der Banken und Finanzdienstleister mit Nachhaltigkeitsrisiken dar.[936] Insbesondere ist in diesem Punkt wichtig, dass die einzelnen Institute einen vollständigen Überblick über die eigene Exponierung gegenüber Nachhaltigkeitsrisiken im zu Grunde liegenden Geschäftsmodell herstellen.

a) Die Geschäftsstrategie als Ausgangspunkt der Risikobetrachtung

Ausgangspunkt der Betrachtung aller Risikokategorien sollte die **Geschäftsstrategie** des Hauses bzw. das angestrebte **Geschäftsmodell** sein.[937] Bei der Analyse dieser beiden wesentlichen Merkmale eines Instituts sollten alle bereits getroffenen Maßnahmen bezüglich des Umgangs mit Nachhaltigkeitsrisiken zusammengetragen werden. Darüber hinaus sollte aber auch die Exponierung des Instituts gegenüber Nachhaltigkeitsrisiken in den Fokus gerückt werden. Hierbei geht es nicht um eine Quantifizierung der einzelnen Teilaspekte, die in der Risikoinventur durchzuführen ist, sondern vielmehr um eine Sammlung der Aspekte, in denen das Geschäftsmodell von Nachhaltigkeitsrisiken betroffen sein kann. Im ersten Moment klingt diese Auseinandersetzung mit der Strategie und dem Geschäftsmodell vielleicht als übertrieben, aber sie kann die späteren Schritte der Risikomessung und Quantifizierung deutlich erleichtern. Darüber hinaus stellen sowohl BaFin als auch EZB klar, dass die Auseinandersetzung mit der Strategie des Hauses und die Anpassung in Bezug auf die Nachhaltigkeitsrisiken einen wesentlichen Schritt in der Prozesskette des Risikomanagements darstellen.[938] Daher sollte diesem ersten Schritt der Betrachtung der Nachhaltigkeitsrisiken ein entsprechender Stellenwert eingeräumt werden.

Die obigen Punkte können beispielhaft in den folgenden Schritten bearbeitet werden:

1. **Einflussfaktoren ermitteln – Welche Faktoren der Nachhaltigkeit sind für das Institut einschlägig?**

   Jedes Institut hat für dich selber zu prüfen in welchen Kategorien der Nachhaltigkeitsrisiken das Geschäftsmodell betroffen sein kann. Hierzu

---

[936] Dieser Punkt wird auch in den Kapiteln C.V und D.III dieses Herausgeberbandes diskutiert.
[937] Dieser Punkt wir ebenfalls in Kapitel C.V dieses Herausgeberbandes erörtert.
[938] Vgl. *BaFin* (2019a) S. 19 f., *EZB* (2020a) S. 18 ff.

bietet es sich an eine Liste mit den möglichen **Einflussfaktoren** gestaffelt nach den 3 Nachhaltigkeitskategorien Umwelt, Soziales und Unternehmensführung zu erstellen. Diese Betrachtung kann dann auch noch transitorischen und physischen Risiken geclustert werden. Abbildung D.2 gibt Beispiel für eine solche Betrachtung.[939]

	Transitorische Risiken	Physische Risiken
Umwelt	**Immobilienfinanzierungen Kunde** Sind die finanzierten Objekte energetisch für die kommenden Jahre ausreichend ausgestattet? Besteht eventuell Nachfinanzierungsbedarf bei einzelnen Engagements? Kann dieser vom Kreditnehmer geschultert werden?	**Immobilienfinanzierungen Kunde** Liegt das Geschäftsgebiet in Regionen mit potentieller Überschwemmungsgefahr? Gibt es Risiken aus Unwettern, die unmittelbar auf die Immobilien einwirken können (bspw. Hagel, Starkregen, etc)?
Soziales	**Anlagen im Depot A** Werden die Mitarbeiter der Unternehmen menschenwürdig behandelt? Gibt es in den Ländern, in denen Investitionen getätigt werden, Verstöße gegen die Menschenrechte? Wie werden die Auswirkungen des demographischen Wandels in den Unternehmen geschultert? Bestehen in den Branchen Probleme junge Mitarbeiter zu rekrutieren? Wird auf die Gesundheit der Mitarbeiter Wert gelegt?	
Geschäftsführung	**Anlage in Immobilienfonds** Werden die Mieter in den finanzierten Objekten fair behandelt? Kommt es zu deutlichen Mietsteigerungen, die von den Bestandsmietern nicht getragen werden können? Welche Auswirkungen haben Mitpreisbremsen bzw. Verstaatlichung von Wohnraum? Gibt es Auswirkungen auf das Reputationsrisiko des eigenen Instituts, wenn Verstöße gegen Gesetzesvorgaben vorliegen.	

Abbildung D.2: Mögliche Bewertungsfaktoren der Geschäftsstrategie in Bezug auf die Nachhaltigkeitsrisiken (Quelle: eigene Darstellung)

---

939 Bei den betrachteten Fragestellungen handelt es sich nur um Beispiele und nicht um eine vollständige Auflistung aller möglichen Punkte. Diese sind institutsspezifisch zu erarbeiten.

2. Negativen Einfluss auf das Geschäftsmodell prüfen

In einem zweiten Schritt gilt es dann die tatsächlichen Einflüsse der Fragestellungen auf das Geschäftsmodell zu analysieren. In welchen Punkten besteht eine große Abhängigkeit des Geschäftsmodells von den ermittelten Nachhaltigkeitskriterien? Welche Faktoren könnten bei Eintritt tatsächlich das erwirtschaftete Ergebnis des Instituts beeinflussen? Diese Fragestellungen können in der obigen Tabelle ergänzt werden.

Zu beachten sind hierbei auch Auswirkungen auf die eigene Reputation oder auf die Konsistenz mit den Werten, für die das jeweilige Institut steht.

3. Ergeben sich auch Chancen?

In einem letzten Schritt sollten dann auch noch die Chancen aus den ermittelten Nachhaltigkeitsaspekten beleuchtet werden. Greifen wir die erste Kategorie der Beispieltabelle auf, in der es um die transitorischen Risiken bei den Immobilienfinanzierungen der Kunden geht: Das Risiko besteht sicherlich in dem Punkt, dass ein Kreditnehmer, die erforderliche zusätzliche Kapitalaufnahme einer energetischen Sanierung nicht tragen kann. Doch aus der Analyse des potentiellen energetischen Sanierungsaufwands kann sich auch die Chance eines weiterführenden Geschäftsmodelles ergeben. Zum einen kann der Kreditnehmer auf den notwendigen Sanierungsaufwand hingewiesen werden und zum anderen können auch bereits fertige Lösungen in Kooperation mit verschiedenen Geschäftspartnern ausgearbeitet werden.

Auch bei der Betrachtung der Nachhaltigkeitsaspekte im Depot A muss eine Negativliste mit Ausschlusskriterien keine negative Performance für das Depot A bedeuten. Vielmehr können geschickte Nachhaltigkeitsfilter auch zu einer Stabilität innerhalb des Depot A und einer stabileren Performance beitragen.[940]

Nach dieser Analyse der Geschäftsstrategie und des Geschäftsmodells auf mögliche Einflussfaktoren der Nachhaltigkeitsrisiken, muss die Strategie an sich ergänzt und überarbeitet werden. Die Aufsicht sieht entweder eine eigene **Teilstrategie zu den Nachhaltigkeitsrisiken** vor, oder aber zumindest die Berücksichtigung von Nachhaltigkeitsaspekten in der bestehenden Geschäftsstrategie. Hierzu kann die vorab beschriebene Analyse als Ausgangspunkt und Ideenspeicher dienen.

Insbesondere sollten die Geschäftsbereiche thematisiert werden, bei denen in der Analyse eine deutliche Exponierung gegenüber den Nachhaltigkeitsrisiken

---

940 Vgl. bzgl weiterer wissenschaftlicher Quellen zu diesem Thema *Swiss Sustainable Finance* (2016) S. 16 ff.

nachgewiesen wurde. In diesen Bereichen ist zu entscheiden, ob eine Fortführung der Geschäftsbereiche möglich und sinnvoll ist. An dieser Stelle setzt dann auch die Verzahnung zur Risikostrategie ein. In dieser sollte im Anschluss formuliert werden, welche Risikomanagementprozesse zur Überwachung der besonders stark von den Nachhaltigkeitsrisiken betroffenen Geschäftsbereiche ergriffen werden und in welchen Bereichen bereits Maßnahmen zur Risikoreduktion ergriffen wurden.

b) Die Risikostrategie als Bindeglied zwischen Geschäftsmodell und Risikomessung

1005 Erinnern wir uns an die Betrachtung der verschiedenen Einflussfaktoren der Nachhaltigkeitsrisiken auf das Geschäftsmodell innerhalb der Geschäftsstrategie, so kann die Risikostrategie genau bei den ermittelten Schwerpunkten ansetzen. In einigen der ermittelten Risikobereiche werden im Institut sicherlich auch bereits **Maßnahmen** zur Risikoreduktion und Risikominimierung umgesetzt. Hierbei sind insbesondere Ausschlusskriterien bei der Investition, Positiv-/Negativlisten bezüglich Geschäftspartnern, Fokussierung auf die Best-Practice-Ansätze, Limitierung etc. zu nennen. Diese bereits ergriffenen Maßnahmen sind zu erfassen und bestmöglich auch in der Risikostrategie zu dokumentieren. Im Rahmen der Analyse bietet es sich an die bereits angefertigte Tabelle aus der Geschäftsstrategie mit den so ermittelten Maßnahmen zu ergänzen. Somit kann auf einen Blick erkannt werden, bei welchen Risikofaktoren der größte Handlungsbedarf für weitere Risikomanagement-Aktivitäten besteht, da es noch gar keine Maßnahmen bisher gibt und welche Risikofaktoren durch die bereits umgesetzten Maßnahmen bereits vollständig abgedeckt sind.

1006 Betrachtet man die obigen Überlegungen ist ganz klar zu erkennen, dass insbesondere, wenn durch geschäftspolitische Entscheidungen wesentliche Nachhaltigkeitsrisiken bereits ausgeschlossen wurden, nur noch geringe Restrisiken zur weiteren Risikomessung bzw. zur Integration in den Risikomanagement-Prozess verbleiben. Genau an dieser Stelle wird allerdings das Ergebnis der Analysen von Institut zu Institut verschieden sein. Manche Institute werden durch die konsequente Einbeziehung von ESG-Kriterien in das Geschäftsmodell und die Berücksichtigung der oben beschriebenen Ausschlusskriterien bei Investition bzw. Kreditvergabe bereits weite Teile der Nachhaltigkeitsrisiken ausgeschlossen haben. Eine Vielzahl der Institute wird allerdings noch einen deutlich größeren verbleibenden Rest an Nachhaltigkeitsrisiken zu bewältigen haben. Diese werden dann durch den weiteren Risikomanagementprozess bearbeitet und in die Risikobetrachtung der einzelnen bereits bekannten Standardrisiken in den ICAAP aufgenommen.

c) Die Risikoinventur als Auftakt in den ICAAP

Der erste Schritt im Rahmen des weiteren Risikomanagement-Prozesses im ICAAP und das Bindeglied hin zur Geschäfts-/und Risikostrategie stellt die Risikoinventur dar. In dieser wird das verbleibende Risiko aus den Nachhaltigkeitsrisiken in der Bewertung der Standardrisiken mitberücksichtigt. Hierbei ist es entscheidend, dass die Aufsicht im Merkblatt der Nachhaltigkeitsrisiken nicht eine vollkommen neue Risikokategorie fordert, sondern diese sogar ablehnt. Vielmehr wird der Einbezug der Nachhaltigkeitsrisiken in die bestehenden Risikoarten eingefordert.[941]

Im Zuge der Risikoinventur sind die gemäß Strategie möglichen Risiken, die auch tatsächlich von der Bank eingegangen wurden, nach dem Brutto-Prinzip zu bewerten. Die Nachhaltigkeitsrisiken sind in diesem Zusammenhang als Risikofaktoren den bisherigen Standardrisiken zuzuordnen und dort separat zu betrachten. Abschließend erfolgt die Klassifizierung der einzelnen Risikoarten als wesentlich bzw. unwesentlich.[942]

1007

1008

3. Nachhaltigkeit in der Risikomessung der Standardrisiken

Die Risikotreiber, die in der Risikoinventur als wesentlich identifiziert wurden, gilt es nun im weiteren Prozess des Risikomanagements entweder in einem ersten Schritt **qualitativ**[943] oder aber tatsächlich **quantitativ zu erfassen**. Bei der quantitativen Betrachtung der Risikomessung stellt sich die Frage, wie man mit dem Aspekt der **Langfristigkeit der Risiken** umgehen kann. Die DK stellt dies in Ihrer Stellungnahme zum Entwurf des Merkblatt der BaFin klar und betont die Frage: »Was bedeutet es, wenn jetzt plötzlich ESG-Risiken mit Zeiträumen von 20 Jahren betrachtet werden, wenn sonst die Bank für die nächsten ein bis drei Jahre gesteuert wird (und werden muss)?«[944] Dieser Aspekt der Langfristigkeit der Risiken wirkt sich insbesondere auf die Quantifizierung im

1009

---

941 Vgl. *BaFin* (2019a) S. 18.
942 Für genauere Informationen zur Risikoinventur in Zusammenhang mit den Nachhaltigkeitsrisiken, sei auf Abschnitt D.II des vorliegenden Herausgeberwerkes verwiesen.
943 Vgl. *BaFin* (2019a) S. 27 bis 30; als Beispiele für qualitative Beurteilung und Steuerung der Risiken werden z. B. Ausschlusskriterien, Positivlisten, Best-in-Class-Ansätze, Normenbasiertes Screening o.ä. vorgeschlagen. Diese Aspekte finden sich gemäß Meinung des Autors bereits zu Teilen in der Strategie wieder, bzw. werden durch die strategische Ausrichtung des Instituts determiniert (siehe hierzu auch Abschnitt 2 des vorliegenden Artikels).
944 Vgl. *DK* (2019a), S. 9.

Zuge der Risikotragfähigkeitsbetrachtung der einzelnen Institute aus. Bei einer GuV-orientierten Steuerung der Institute liegt der Zeitansatz der gemessenen Risiken – inklusive der Spanne, die für die Kapitalplanung Berücksichtigung findet – bei 3-5 Jahren. In diesem Zeitraum werden sicherlich nur ein Bruchteil der betrachteten Risiken schlagend werden. Die meisten nachhaltigen Risiken werden erst mit einem Zeithorizont von mehr als 5 Jahren in den potentiellen Ergebnissen der Banken auftauchen. Aber dennoch ist eine frühzeitige Befassung mit den Themen für alle Institute zwingend erforderlich, da z. B. die Bindung an einen Kreditnehmer in der Regel deutlich über den angesprochenen Risikohorizont hinausgeht. Die dem Kredit immanenten Risiken können somit auch von Nachhaltigkeitsaspekten betroffen sein.

1010 Auch die Aufsicht ist sich dem Aspekt der **Schwierigkeit der Risikomessung** durchaus bewusst. In einer Studie der BIS[945] wird von einer Vielzahl der nationalen Aufsichtsbehörden des Basel Committee on Banking Supervion bestätigt, dass schwierige Datenverfügbarkeit, offenen Diskussionen zu den Risikomessverfahren (u. a. Langfristigkeit der Risikomessung) und uneinheitliche Definitionen von Nachhaltigkeitsaspekten erhebliche Herausforderungen bei der Risikomessung darstellen.

1011 Bei den Definitionen zu den Nachhaltigkeitsaspekten ist die gesamte Kette der Taxonomie betroffen.[946] Von der einheitlichen Risikodefinition, über den einheitlichen Methodenansatz bis hin zu gemeinsamen Offenlegungspflichten. In diesen Punkten wird es in den kommenden Jahren weitere Konkretisierungen geben. Die Banken werden hierbei gut beraten sein, Ihren Teil dazu beizutragen, dass sich schnell best-practice Ansätze etablieren, die von den Banken tragbar umgesetzt werden können. Die ersten Umsetzungsprojekte in Banken lassen gerade darauf schließen, dass die Bankenwelt auf dem besten Weg ist, das Thema frühzeitig anzugehen und aktiv mitzugestalten.

a) Szenarioanalysen

1012 Ein probates Mittel der Risikoquantifizierung bei Nachhaltigkeitsrisiken kann der Einsatz von **Szenarioanalysen**[947] darstellen. Szenarioanalysen kommen bisher auch bereits in vielen Risikoarten zum Einsatz, in denen spezielle Risikofaktoren untersucht und in die Risikobetrachtung eingebunden werden sol-

---

945 Vgl. *BCBS* (2020).
946 Vgl. *Bopp/Weber* (2020), S. 84 ff.
947 Vgl. *Stähler/Meyer* (2020). Die Bedeutung von Szenarioanalysen zur Risikomessung wird auch in Kapitel A.V dieses Herausgeberbandes herausgestellt.

len. Gerade die Langfristigkeit der Nachhaltigkeitsrisiken spricht für den Einsatz dieser Risikomessmethode.[948] Auch die Aufsicht selber plant derzeit europaweite Szenarioanalysen zu den möglichen Auswirkungen von Nachhaltigkeitsrisiken. »Die EBA plant, einen speziellen Stresstest zum Klimawandel zu entwickeln, mit dem das Hauptziel verfolgt wird, die Anfälligkeit der Banken für klimabezogene Risiken zu ermitteln und die Relevanz der Engagements zu quantifizieren, die von physischen Risiken und Transitionsrisiken betroffen sein können. Bereits in der zweiten Jahreshälfte 2020 könnte laut Aktionsplan im Rahmen der regelmäßigen Risikobewertung der EU-Banken eine Sensitivitätsanalyse für Klimarisiken für eine Stichprobe von Banken auf freiwilliger Basis durchgeführt werden. Diese Analyse würde sich auf Transitionsrisiken konzentrieren und einen längeren Zeithorizont zugrunde legen.«[949]

Für die Banken bedeutet dies, dass insbesondere in den wesentlichen Risikoarten Ideen entwickelt werden müssen, wie Nachhaltigkeitsrisiken mittels treffender Szenarien beschrieben und ermittelt werden können.[950] Bis sich aus diesen einzelnen Szenarien der jeweiligen Institute eine tragfähige, von der Aufsicht akzeptierte Praxis herauskristallisiert, vergehen sicher noch einige Jahre. Aber frühzeitig eigene, zum Geschäftsmodell passende, Ideen für Szenarien zu entwickeln, wird die Aufgabe der Banken in der nahen Zukunft sein. Da jede Bank spezifisch unterwegs ist, und in ganz unterschiedlichen Aspekten von den Nachhaltigkeitsrisiken betroffen sein wird, ist eine pauschale Darstellung von Szenarien nur schwierig möglich. Im Folgenden möchte der Autor zwei Beispiele geben, wie aus den Überlegungen der Strategieüberprüfung, über die Ergebnisse der Risikoinventur bis zur schlussendlichen Risikomessung treffende Szenarien für zwei abgegrenzte Risikoarten hergeleitet werden können.

aa) Beispiel: Kreditrisiken

Bei den Kreditrisiken sind insbesondere die Sicherheiten bei der Risikoeinschätzung der Nachhaltigkeitsrisiken von entscheidender Bedeutung. In diesem Zusammenhang lässt sich darauf hinweisen, dass bei neuen Kreditentscheidungen die Nachhaltigkeitsaspekte mit in die **Bewertung der Sicherheiten** einbezogen werden sollten.[951]

---

948   Vgl. auch *Betz/Kasprowicz/Quick/Schmitz/Rick/Schulze/Rosenfeld* (2019).
949   Vgl. *Betz/Kasprowicz/Quick/Schmitz/Rick/Schulze/Rosenfeld* (2020).
950   Für weitere Ausführungen zu den Risikoarten sei auch auf die weiteren Kapitel in diesem Herausgeberband verwiesen: Adressrisiken siehe Kapitel D.IV.
951   Vgl. hierzu auch Kapitel D.IV zu den Adressrisiken des vorliegenden Herausgeberbandes.

NACHHALTIGKEIT IN DER RISIKOSTEUERUNG

1015 Im Zuge der Risikomessung in den Standardrisiken sind nun allerdings auch bereits die bestehenden Kredite relevant und zu bewerten. Insbesondere die bisher nicht auf Nachhaltigkeitsaspekte hin untersuchte Sicherheiten bergen ein Risiko für eine Abwertung. Sobald der neue Kreditprozess auch die Nachhaltigkeitsaspekte in die Bewertung der Sicherheiten einbezieht, kann sich der Wert des Sicherheitenpools deutlich nach unten verschieben. Diesem Aspekt ist in der Risikomessung Rechnung zu tragen. Eine Möglichkeit des Umgangs mit diesem Sachverhalt wäre eine Analyse des neuen Sicherheitenbewertungsprozesses vorzunehmen und hierbei festzustellen wie groß der Einfluss der Nachhaltigkeitsaspekte im Durchschnitt auf die Sicherheiten ist. Dieser Faktor könnte als Anhaltspunkt für ein potentielles Risiko-Szenario in den Adressrisiken herangezogen werden, in dem die Sicherheitenwerte der bestehenden Sicherheiten reduziert werden.

1016 Eine weitere Alternative kann bei den größten Engagements eine konkrete **Analyse der Gefahren im Sicherheitenpool** sein. Bei diesen Engagements mit dem größten Risikovolumen können dann die Sicherheiten tatsächlich nach den einzelnen Risikofaktoren der Nachhaltigkeitsrisiken analysiert werden. Dies beinhaltet unter anderem die Analyse der Exponierung gegenüber Extremwetterereignissen, oder aber die Höhe der notwendigen Investitionen auf Grund energetischer Sanierungen, etc.[952] Nach dieser Analyse ergibt sich ein potenzieller neuer Risikowert für die einzelnen Sicherheiten und somit ein weiteres Szenario, dass für die Risikoermittlung herangezogen werden kann.[953]

bb) Beispiel: Marktpreisrisiken

1017 Bei den Marktpreisrisiken nehmen wir als Beispiel ein Institut, das große Positionen in geschlossenen Fonds hält.[954] Diese Fonds sind unter anderem in weltweiten Infrastrukturanlagen und Immobilien investiert. Die Investitionen erfolgten allesamt vor mehreren Jahren, so dass das Thema Nachhaltigkeitsrisiken noch nicht vollumfänglich in den Risikoanalysen betrachtet wurde.

1018 Bei der strategischen Analyse stellte sich die Positionierung bei den geschlossenen Fonds als ein wesentlicher Diversifizierungsfaktor im Depot A dar, der nicht aufgegeben werden soll. Darüber hinaus ist eine Kündigung der betroffenen Investments auf Grund der Strukturierung der Fonds nicht möglich. Für

---

952 In diesem Schritt können alle Nachhaltigkeitskriterien des neuen Bewertungsmechanismus für die Sicherheiten verwendet werden, sofern dieser bereits existiert.
953 Reduzierung der Sicherheiten für die größten Engagements bis auf den ermittelten Wert.
954 Das Beispiel ist rein fiktiv und wurde anhand einiger spezieller Risikokategorien aufgebaut, so dass eine gesamthafte Analyse in kurzer Form möglich wurde.

die Risikostrategie bedeutet dies, dass die Investitionen weiter fortgeführt werden sollen, unter regelmäßiger Beobachtung der Risiken. Risikominderungstechniken werden bisher an dieser Stelle noch nicht umgesetzt. Die Risikoinventur stellte die Investitionen als einen wesentlichen Risikofaktor auf Grund der Investitionshöhe und der zu Grunde liegenden Risiken dar. Bei der genaueren Analyse der in den Positionen enthaltenen Nachhaltigkeitsrisiken, wurde auch eine nicht unermessliche **Abhängigkeit der Positionen von Nachhaltigkeitskriterien** ermittelt.

Bei den Infrastrukturfonds wurden unter anderem folgende Investitionen getätigt:

- Investitionen in einen Multi-Asset-Dachfonds (investiert in die ganze Bandbreite der Infrastrukturanlagen)
- Investitionen in einen europäischen Solar- und Windenergie-Fonds

Es ergeben sich bei den Infrastrukturanlagen insbesondere die folgenden Nachhaltigkeitsrisiken:

- Durch die breite Diversifikation des Multi-Asset-Dachfonds existieren zunächst eine Vielzahl an **Einzelrisiken** aus dem Nachhaltigkeitsbereich. Angefangen bei politischen Risiken auf Grund von Investitionen in Regionen, in denen die Nachhaltigkeit noch keine Rolle spielt, bzw. bei denen sich die politischen Gegebenheiten sehr schnell ändern können. Darüber hinaus existieren aber auch Rechtsrisiken aus Anlagen, die potentiell umweltschädlich sind (z. B. eine Müllverbrennungsanlage in Südamerika o.ä.) oder aber Abhängigkeiten von CO_2-Verteuerung (z. B. bei Investitionen in Flughäfen).
- Bei den Solar- und Windenergie-Parks stellt sich die Frage nach der weiteren EEG-Einspeisevergütung und die Möglichkeiten der weiteren Nutzung sollte die Vergütung gekürzt werden oder ausfallen. Die Abhängigkeit bzw. der Einfluss von Extremwetterereignissen auf die Energiegewinnung können in diesem Produkt ebenfalls zu einem Risiko werden.

Die Immobilienfonds investieren u. a. zu 30 % in küstennahe Immobilien in den Niederlanden, sowie zu 20 % in niedrigpreisige Immobilien in Berlin. Hierdurch ergeben sich insbesondere die folgenden, identifizierten Nachhaltigkeitsrisiken:

- Bei den Immobilien an der niederländischen Küste kann aktuell nicht vorausgesagt werden, wie sich die **Erderwärmung** konkret auswirken wird. Die Szenarien reichen von einem Halten der Schutzmaßnahmen, bis hin zu Szenarien, in denen die Immobilien und ganze Landstriche nicht mehr bewohnbar sind.[955]

---

955 Vgl. *O'Leary* (2020).

- Im Zuge einer Aufwertung der Immobilien in Berlin, werden die bisher niedrigpreisig vermieteten Wohnungen aufwändig saniert. Ziel ist es die Mieten deutlich zu steigern und somit eine Wertsteigerung der Immobilien zu generieren. Gleich mehrere Aspekte der Nachhaltigkeitsrisiken greifen an dieser Stelle.
  – Zum einen stellt sich die Frage nach **Reputationsrisiken**, sofern es sich herausstellt, dass die Bank in Fonds investiert, die Bestandsmieter mit teuren Sanierungen in höhere Mieten drängen möchte. Dieser Aspekt der sozialen Risiken ist nicht zu vernachlässigen und je nach weiterer Ausgestaltung der Strategie des Hauses ein deutliches Risiko.
  – Zum anderen treten an dieser Stelle auch **Governance-Risiken** auf, da nicht abzusehen ist, wie in Zukunft die Politik – gerade in Berlin – auf die Praktiken der großen Immobilienfirmen reagiert. In den Kreisen der Einwohner regt sich immer größerer Widerstand gegen die steigenden Mieten und ein Volksbegehren zur Enteignung großer Immobilienfirmen wird angestrebt. Die Politik hat nun die Ausräumung von letzten Zweifeln an der Statthaftigkeit eines solchen Bürgerbegehrens bestätigt und beschäftigt sich eingehend mit der Prüfung.[956] Der Fonds könnte in diesem Fall auch von den Maßnahmen betroffen sein.

1022 Zur Ermittlung des Risikos sind nun geeignete Szenarien zu definieren und in die bisherige Risikobetrachtung zu integrieren. Folgende Szenariobetrachtungen wären denkbar:

1023 **Standardszenario**: Im Standard- bzw. Planszenario geht die Bank davon aus, dass keine Nachhaltigkeitsrisiken schlagend werden.

1024 **Risikoszenario**: Im Risikoszenario geht die Bank von den folgenden Einzelrisiken in den beschriebenen Sachverhalten aus:

- Infrastruktur: Der Multi-Asset-Fonds ist breit diversifiziert in verschiedene Assetklassen und Länder investiert. Die maximale Investitionsquote bei den einzelnen Infrastruktur-Assets beträgt 5 % und bei den investierten Ländern 10 %. Es wird im Risikoszenario angenommen, das die CO_2-Menge in den nächsten 5 Jahren deutlich zu reduzieren ist und damit zwei Assetklassen des Infrastruktur-Fonds deutliche wirtschaftliche Schwierigkeiten bekommen. Diese beiden Assetklassen haben in Summe ein Gewicht von 5 %, es wird mit einem Wertverlust von 50 % kalkuliert, also in Summe ein Verlust für den Fonds in Höhe von 2,5 %.
- Bei den Windenergie- und Solarparks werden im Risikoszenario nur geringe Auswirkungen auf die gelieferte Strommenge erwartet. Diese sind

---

956 Vgl. *Paul* (2020).

auf Grund extremerer Wetterereignisse zu erwarten und führen zu einem Wertverlust von 1 %.

- Immobilien: Bei den niederländischen Immobilien kann die Bank im Risikoszenario davon ausgehen, dass die Schutzmaßnahmen in den Niederlanden ausreichen, um die Immobilien an der Küste weiterhin zu schützen. Nichtsdestotrotz geraten die Immobilienpreise an der Küste leicht unter Druck, da die Marktteilnehmer das Risiko des Versagens der Schutzmaßnahmen höher einstufen. Hierdurch entsteht ein Wertabschlag von 5 %, der für den Fonds einen Abschlag von 1,5 % in Summe bedeutet.
- Bei den Berliner Immobilien kommt es im Risikoszenario weder zu Reputations- noch zu Governance-Risiken. Diese Aspekte sind im gewählten Beispiel im Stresstest zu behandeln, da die Eintrittswahrscheinlichkeit als gering eingestuft wird.

Die oben aufgeführten Szenarien stellen Beispiele dar, wie die Marktpreisrisiken in Zusammenhang mit den Nachhaltigkeitsrisiken gemeinsam betrachtet werden können. Es ergeben sich immer Asset-spezifische Nachhaltigkeitsrisiken, die auch in diesem Kontext zu bewerten sind.

b) Stresstests

Neben der Risikomessung innerhalb der Standardrisiken ist es von der BaFin und der EZB in den Merkblättern gefordert, dass auch in den Stresstests die Nachhaltigkeitsrisiken eine ausreichende Beachtung finden. »Beaufsichtige Unternehmen sollten prüfen, ob die bestehenden **unternehmens-individuellen Stresstests** Nachhaltigkeitsrisiken in geeigneter Weise abbilden oder ob hierfür neue bzw. modifizierte unternehmensindividuelle Stresstests zu erstellen sind.«[957] Die BaFin stellt hier explizit noch einmal klar, dass immer zunächst zu prüfen ist, ob die bestehenden Regelungen bereits ausreichend sind, und nur bei Lücken noch weitergehende Maßnahmen ergriffen werden müssen.

Insbesondere sind die Stresstests geeignet, um die Langfristigkeit der Risiken in die Betrachtungen mit aufzunehmen. Szenarien mit langfristigen Risiken könnten z. B. als ein zusätzlicher Stresstest in das Stresstestportfolio der Bank mit aufgenommen werden.[958]

---

957 Vgl. *BaFin* (2019a), S. 34.
958 Für weitere Ausführungen zum Thema Stresstests verweise ich an dieser Stelle auf das Kapitel D.V in dem vorliegenden Herausgeberwerk.

4. Fazit

1028 Nachhaltigkeit und insbesondere Klimaschutz und Energiewende sind wesentlicher Treiber der **aktuellen politischen und gesellschaftlichen Diskussion**. Die angemessene Reaktion darauf und die Integration der wesentlichen Treiber dieser Entwicklungen in das Risikomanagement ist für die Banken unumgänglich. Gerade die Kombination der Risiken aus einer Transformation der Wirtschaft und den physischen Risiken des Klimawandels, die sich allesamt in den Büchern der Banken widerspiegeln, zeigt die Bedeutung des Themas.

1029 Neben der reinen Umsetzung der Anforderungen in das Risikomanagement und die Risikomessung der Standardrisiken stellt allerdings die Überprüfung der aktuellen **strategischen Ausrichtung** und die damit verbundenen Analysen einen wesentlichen Teil der Beschäftigung mit den Nachhaltigkeitsrisiken dar. Durch die Beschäftigung mit der Strategie und dem Geschäftsmodell und den hierin immanenten Nachhaltigkeitsrisiken, lassen sich auch neue Ansätze für das Geschäftsmodell ableiten und somit auch Potentiale für zukünftige Erträge generieren.[959]

1030 Bei der Integration der Nachhaltigkeitsrisiken in den **Risikomanagement-Prozess** des ICAAP sind zwei wesentliche Ansätze zu beachten. Zum einen der strategische Ausschluss einzelner Geschäfte und damit eine direkte Verhinderung von Risiken. Wie bereits erwähnt, muss dieser Ausschluss bestimmter Geschäfte nicht zwangsweise einen geschäftspolitischen Nachteil nach sich ziehen. Zum anderen greift für die verbleibenden Risiken die Integration in den Regelprozess des Risikomanagements. Die Nachhaltigkeitsrisiken sind hierbei in den einzelnen bereits bekannten Risikoarten zu berücksichtigen und die Auswirkungen der einzelnen nachhaltigkeitsbezogenen Risikotreiber sind bei der Bewertung und Messung der Risiken einzubeziehen.

1031 Neben den klassischen vieldiskutierten Klimarisiken sind nach Ansicht des Autors und nach Interpretation der BaFin[960] auch die sozialen und Governance-Risiken in die Risikomessung zu integrieren. Dieser umfassende Ansatz der Interpretation führt zu einer Vielzahl zu beachtender Risikofaktoren, die in Teilen unterschiedliche Risikomessmethoden erfordern. Insbesondere der Zeithorizont ist bei der Wahl der Risikomessmethoden zu beachten. Nicht alle Risiken werden umgehend in den kommenden Monaten bzw. Jahren schlagend. Teilweise liegt der Horizont bei den betrachteten Risiken deutlich über 10 Jahren

---

959 Vgl. *Bröde* (2020).
960 Vgl. *BaFin* (2019a) S. 12 f.

und somit über den bisher betrachteten Zeithorizonten. Als Methode der Risikomessung eignen sich somit am Besten **Szenarioanalysen**, da in den rein quantitativ geprägten Simulationsverfahren, historische Daten eine zu große Rolle einnehmen. Darüber hinaus ist der Risikoansatz bei den Simulationsverfahren zumeist auf einen kürzeren Zeitraum ausgerichtet.

Die Umsetzung der aufsichtlichen Anforderungen stellt für die Banken in den kommenden Jahren eine große Herausforderung dar. Dieser Herausforderung sollten wir uns stellen und sie als geschäftspolitische und darüber hinaus aber auch als gesellschaftliche Aufgabe wahrnehmen. Betrachtet man die die neuen Regelungen in diesem Licht, ergeben sich viele Ansätze der Integration der Nachhaltigkeitskriterien in die Strategie und nicht zuletzt auch in die Risikomessung.

II. Ansätze der Nachhaltigkeit im ILAAP[961]

1. Einleitung

1033 Charakteristisch für das Kerngeschäft von Banken ist das Eingehen von Risiken und deren Management. Liquiditätsrisiken sind eine dieser inhärenten Risiken. Sie resultieren aus den unterschiedlichen Bedürfnissen ihrer diversen Kunden. Denn die Bankgeschäfte folgen primär den spezifischen Finanzierungs- und Liquiditätsbedürfnissen ihrer Kunden. Die Fähigkeit, jederzeit die aus den Kundengeschäften resultierenden Zahlungsverpflichtungen und die Liquiditätszusagen der Bank zu erfüllen, sowie das Management der Laufzeitstrukturungleichgewichte und eine stabile, kosteneffiziente Liquiditätsbeschaffung zur Finanzierung der Vermögenswerte stehen im Zentrum der betriebswirtschaftlichen Liquiditätsrisikosteuerung von Banken. Regulatorisch zählen **Liquiditätsrisiken** zu den **wesentlichen Risikoarten**.[962]

1034 Nachhaltig und -keitsrisiken beeinflussen sowohl die Liquiditätsbedürfnisse der Kunden als auch die Geschäftsaktivitäten, Refinanzierungspotenziale und die Liquiditätsrisikoposition der Finanzinstitute. Die Veränderung der Wirtschaft zu einem nachhaltigen System eröffnet auf der einen Seite neue Geschäftsmöglichkeiten und verändert Investorenpräferenzen, die z. B. durch neue Produkte (sog. Green Bonds) genutzt und mit denen die Liquiditätssteuerung diversifiziert werden können. Auf der anderen Seite können sich durch Nachhaltigkeitsrisiken die Liquiditätsbedürfnisse der Kunden schlagartig ändern, bestehende Finanzierungen beeinflusst, das Anlageverhalten verändert sowie Märkte und Refinanzierungsmöglichkeiten der Bank eingeschränkt werden. Die Spezifika der Risikoart Liquidität und ihre generellen Steuerungsinstrumente verändern sich hierdurch nicht. So gesehen sind **Nachhaltigkeitsrisiken** keine eigene Risikoart, die auf die Liquiditätsposition der Bank wirkt, sondern nur eine **Triebkraft, die Liquiditätsposition einer Bank ad-hoc und/oder sukzessive zu verändern**.

---

[961] Autor: *Christian Hasenclever*. Die Ausführungen geben ausschließlich persönliche Auffassungen wieder. Für Rückfragen oder Anregungen ist der Autor unter der E-Mail-Adresse chasenclever@bloomberg.net erreichbar.
[962] Vgl. *MaRisk* (2017) AT 2.2, Tz. 1.

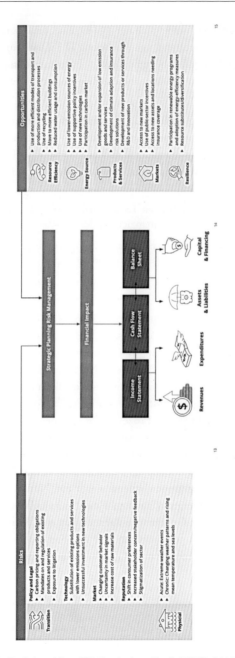

Abbildung D.3: Geschäftsmodell- und Risiko-Analysen (Quelle: TCFD (2020): S. 13 bis 15)

NACHHALTIGKEIT IN DER RISIKOSTEUERUNG

1035 Diese Zusammenhänge verdeutlich der TCFD, eine Arbeitsgruppe des FSB, in seinem Overiew recht treffend, vgl. Abbildung D.3. Doch im Vergleich zu anderen, das Liquiditätsrisiko beeinflussenden Faktoren, dominieren die Institutsspezifika stärker den Umfang und die Relevanz, die Nachhaltigkeitsrisiken auf die Liquiditätsposition haben.

1036 Die generelle Bedeutung des Themas **Nachhaltigkeit** für das Wirtschaftsleben macht eine bewusste Auseinandersetzung mit den Konsequenzen und Risiken für die Steuerung der Risikoart Liquidität betriebswirtschaftlich notwendig, betreffen sie doch **alle wesentlichen Bereiche der Liquidität(risiko)steuerung**[963] einer Bank:

- die Liquiditätsposition/den Liquiditätsbedarf – die nachhaltige, stabile und kosteneffiziente Refinanzierung des Geschäftsmodells
- die Fundingstrategie – das Refinanzierungs- und Geschäftspotenzial auf und mit neuen Märkten und Investorengruppen
- die Risikostrategie – den Risikoappetit, die Liquiditätsvorsorge und das Potenzial für Liquiditätsfristentransformation.

1037 Die betriebswirtschaftliche Motivation, sich mit dem Thema in der Gesamtbanksteuerung zu beschäftigen, deckt sich mit der Erwartung der Aufsicht über eine explizite Auseinandersetzung mit Nachhaltigkeitsrisiken im Rahmen des ILAAPs.[964] Statt spezifisch auf das Thema Nachhaltigkeitsrisiken ausgerichtete Vorgaben, finden sich die Anforderungen in der allgemeinen Erwartung an einen angemessenen Liquiditätssteuerungsprozess[965]: Notwendig bzw. erwartet werden interne Verfahren und Prozesse, die geeignet sind, die **unmittelbare Krisenfestigkeit** der Bank sicherzustellen, eine Verwundbarkeit des Instituts durch etwaige **Liquiditätsrisiken frühzeitig zu erkennen** (Risikoidentifikation, -überwachung und -steuerung) und eine **dauerhafte Stabilisierung der Liquiditätsversorgung** zu gewährleisten, um zur **Nachhaltigkeit des Geschäftsmodells** beizutragen (Planung, Entscheidungsfindung und Maßnahmenumsetzung.)[966] Der Governance-Rahmen hat eine Konsistenz zum Risikosteuerungsrahmen zu gewährleisten und den Steuerungsprozess für Dritte nachvollziehbar zu dokumentieren.[967] Ziel ist ein adäquates Risikomanagement

---

963 Vgl. *BCBS* (2008).
964 Vgl. *CRD IV* (2013), Art.74, fordert effektive Prozesse zur Identifikation, Überwachung, der Steuerung und der Offenlegung der spezifischen Risiken eines Instituts.
965 Vgl. *EZB* (2018b).
966 Vgl. *SREP* (2018a/b) Titel 4, Tz. 5 8 und 59 sowie Titel 4.7 und Titel 4.9.
967 Vgl. *EBA* (2015), S. 24 ff.

zu etablieren, welches Nachhaltigkeitsrisiken berücksichtigt. Zwar kann Risikovermeidung durch Aufgabe bestimmter Geschäftsaktivitäten in spezifischen Fällen eine Option des Risikomanagements sein, im Zentrum steht aber, die Banksteuerung durch die explizite Integration von Nachhaltigkeitsrisiken in das Risikomanagement effizienter und effektiver auszugestalten. Dies betrifft insbesondere das Management der Liquiditätsposition und der Liquiditätsrisiken. Konkrete, themenspezifische Vorgaben sind im SREP aber bisher nicht enthalten.[968]

a) Liquiditätsrisiken – Begriffsabgrenzung

Liquiditätsrisiken[969] werden in zwei Subrisiken unterteilt: das Zahlungsunfähigkeitsrisiko (klassisches Liquiditätsrisiko) und das Refinanzierungs- und Wiederanlagerisiko (Liquiditätsspreadrisiko). 1038

Mit dem Begriff **klassisches Liquiditäts-/Zahlungsunfähigkeitsrisiko** wird das Risiko beschrieben, dass bestehende Zahlungsverpflichtungen im Hinblick auf Volumen, Währung und Fristigkeit nicht oder nicht vollständig bzw. fristgerecht erfüllt werden können. Ursachen können eine **marktweite** Störung der Geld-, Einlagen- und/oder Kapitalmärkte sein oder eine lediglich das Einzelinstitut betreffende Störung der Marktzugänge und Liquiditätsbeschaffungsmöglichkeiten (**idiosynkratisch**). Mit Stresstests wird die angmessene Liquiditätsresreve ermittelt. 1039

Unter **Refinanzierungs- und Wiederanlagerisiko/Liquiditätsspreadrisiko** werden potenziell negative Ergebniseffekte (Verringerung der Ertragsspanne) subsummiert, die aus einer institutsspezifischen oder marktweiten Verschlechterung der Refinanzierungs- oder Wiederanlagekonditionen an den Geld-, Einlagen- oder Kapitalmärkten resultieren. Ursächlich sind bestehende Liquiditätsinkongruenzen bzw. offene Liquiditätspositionen. Für das Risiko ist es gleichgültig, ob die Position aus bewusster Fristentransformation oder aus ungeplanten Veränderungen der Liquiditätsposition bzw. aus Modellrisiken entstanden ist. Zu beachten ist, dass auch Wiederanlagerisiken ein wesentliches Liquiditätsrisiko darstellen können, wenn durch ungünstige Wiederanlagemöglichkeiten aus Passivüberhängen negative Ergebniseffekte resultieren. Passivüberhänge können Folge einer zu langen oder zu umfangreichen Refinanzierung (z. B. bei unerwarteten Sondertilgungen) bzw. einer nicht adäquaten Steuerung sein. Liquiditätsspreadrisiken können im Weiteren aus einer veränderten Fähigkeit 1040

---

968 EBA plant zunächst ein Diskussionspapier zur Berücksichtigung von ESG-Faktoren im Risikomanagement und im aufsichtlichen Überwachungsprozess, Vgl. *Deloitte* (2020), S. 2.
969 Vgl. *Duttweiler* (2009): S. 2 ff.

(Marktliquiditätsrisiko) resultieren, bestimmte Vermögenswerte innert einer vorgegebenen Zeit (kurzfristig) und vollumfänglich (ohne Marktpreisabschläge) zu monetarisieren oder zur Liquiditätsbeschaffung (Collateralfähigkeit) nutzen zu können.[970] Im Rahmen der Risikotragfähigkeit (RTF) sind Liquiditätsspreadrisiken hinreichend mit Risikokapital zu unterlegen.[971]

b) Liquidität – eine besondere Risikoart

1041 Liquidität hat als Risikoart einen **spezifischen Charakter**. Im Vergleich zu klassischen Marktpreisrisiken stehen bei der Steuerung der Liquiditäts(risiko)position regelmäßig **keine marktgängigen Beschaffungs- oder Absicherungsinstrumente** (z. B. Derivate) zur Verfügung. Dem Zahlungsunfähigkeitsrisiko kann nur durch eine hinreichende Liquiditätsvorsorge (Liquiditätspuffer) begegnet werden, die sich über diverse Stressszenarien (gestresste Cashflows) bestimmt. Das Liquiditätsspreadrisiko (Liquiditätsposition) wird maßgeblich durch einzelne Refinanzierungs- und/oder Wiederanlagegeschäfte gesteuert, die unmittelbar bilanz- und kassewirksam sind. Marktgängig- und Handelbarkeit sowie Zugang und Verfügbarkeit sind hinsichtlich der jeweils gewünschten Laufzeiten, Währungen, Deckungskategorien (z. B. öffentlicher Pfandbrief) und Volumina nicht unmittelbar, durchgängig und in der gewünschten Granularität gegeben. Die Liquiditätsbeschaffungsmöglichkeiten und -kosten sind **institutsspezifisch**. Der Beschaffungsmarkt ist weder vollständig transparent noch markteinheitlich. Die unmittelbaren Reaktionsmöglichkeiten sind beschränkt. In der Konsequenz ist die Steuerung der Liquiditätsposition proaktiv und zukunftsweisend (forward-looking) auszurichten. Basis sind möglichst genaue Abschätzungen der Liquiditätsbedarfe im Zeitverlauf (erwartete Cashflow-Profile). Gestaltungsmaßnahmen gehen mit **vergleichsweise hohen Kosten** einher. Die Steuerung erfordert mithin einen Planungsprozess ähnlich dem der Kapitalpositionen.[972] Eine bewusste und vorausschauende Steuerung der Liquiditätsposition ist für die Realisierung und die Ertragskraft des Geschäftsmodells ein wichtiger Erfolgsfaktor und nebenbei ein aufsichtsrechtliches Gebot.[973]

---

970 Vgl. *Castagna/Fede* (2013): S.22f.
971 Vgl. *MaRisk* (2017): AT 2.2 i.V.m. AT 4.1.
972 Vgl. *Reuse* (2017).
973 Vgl. *SREP* (2018a/b), Titel 4.7 bis 4.9.

2. Governance – geeignete interne Rahmenbedingungen schaffen

Die Frage, ob das Geschäftsmodell weitgehend auf **Nachhaltigkeit** ausgerichtet werden soll oder ob **Nachhaltigkeitsrisiken** lediglich **im Geschäftsmodell** und in der Banksteuerung umfassend berücksichtigt werden, ist aus dem Liquiditätsrisiko primär nicht zu beantworten. Bei der Entscheidung stehen Geschäfts- und Ertragspotenziale im Vordergrund. Allerdings wird die Steuerung des Liquiditätsrisikos hinsichtlich Refinanzierungsstrategie und Liquiditätsrisikovorsorge maßgeblich durch die Bilanzstruktur und die generelle Geschäftsstrategie determiniert und ist in dieser Hinsicht ein zu berücksichtigendes strategisches Risiko bei der Definition und Weiterentwicklung des Geschäftsmodells und der Geschäfts(teil)strategie.

1042

- Ein Kredit-/Vermögensportefeuille, welches durchgängig Nachhaltigkeitskriterien erfüllt, ermöglicht es der Bank, sich mittels sog. Green Bonds vollständig zu finanzieren und damit spezifische Investorenmärkte anzusprechen. Deren Markttiefe hat dann unmittelbare Auswirkung auf die Weiterentwicklungsmöglichkeiten der Geschäftsstrategie.

- Die Liquiditätssteuerung ist auch jenseits einer vollständig auf nachhaltige Finanzierungen ausgerichteten Geschäftsstrategie betroffen. Nachhaltige Assets können über ein verändertes Adressenausfallrisiko-Profil die Stabilität der Cashflows und damit das Liquiditätsrisikoprofil, die Refinanzierungsbedürfnisse und -kosten verändern.

a) Geschäftsstrategie – Risikoprofil

Entsprechend der Vorgaben der MaRisk AT 2.2 müssen die Institute im Rahmen regelmäßiger und anlassbezogener **Risikoinventuren** die institutsspezifischen, wesentlichen Risiken bestimmt werden. Bei der Identifikation und Analyse von Nachhaltigkeitsrisiken ist zu bedenken, dass neben unmittelbar physischen, auch transitorische Nachhaltigkeitsrisiken mit eher langfristiger Wirkung bestehen können. Die Ergebnisse der Risikoinventur sind bei der Festlegung des Geschäftsmodells adäquat zu berücksichtigen und münden in einem definierten **Risikoappetit** (MaRisk AT 4.2).[974] Die Liquiditätsrisikostrategie als eine der Teilstrategien beschreibt für die Risikoart Liquidität diese spezifischen Risiken und deren Steuerung. Dies beinhaltet auch die Nachhaltigkeitsrisiken, die auf die Risikoart Liquidität wirken[975] und die in der internen Governance und im Risikoappetit institutsspezifisch beschrieben werden sollten. Das setzt die

1043

---

974 Vgl. dazu auch die umfassende Darstellung zur Risikoinventur in Kapitel D.III dieses Herausgeberbandes.
975 Vgl. *EZB* (2020), S. 4.

NACHHALTIGKEIT IN DER RISIKOSTEUERUNG

Ermittlung und Überprüfung (Kenntnis) der für die zukünftige Entwicklung relevanten Einflussfaktoren und Risiken sowie die Identifikation von Risikokonzentrationen voraus (adäquate und wirksamer Strategieprozesses). Mit **Sensitivitätsanalysen** lässt sich die Widerstandsfähigkeit und Betroffenheit gegenüber unmittelbar oder indirekt sich auswirkende Nachhaltigkeitsrisiken abschätzen. Den Gesamtprozess bildet eine Darstellung des TCFD des FSB treffend ab, vgl. Abbildung D.4.

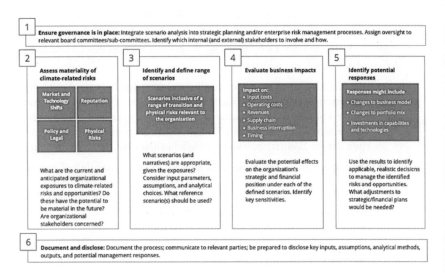

Abbildung D.4: Strukturierte Risiko- und Betroffenheitsanalyse (Quelle: TCFD (2017c), S. 7)

1044 Je stärker die Betroffenheit durch Nachhaltigkeitsrisiken ist, desto eher sind Anpassungen in der Geschäftsstrategie und beim Risikoappetit vorzunehmen. Eine starke Betroffenheit muss nicht zwangsläufig in der Aufgabe der Geschäftsaktivitäten münden, für die Risikosteuerung bedeutet das aber, die Widerstandsfähigkeit entsprechend zu erhöhen:

- Eine hohe Konzentration im Kreditportefeuille auf die Agrarwirtschaft kann bspw. den Liquiditätsbedarf bei physischen Nachhaltigkeitsrisiken (z. B. Dürre) sprunghaft erhöhen, da Kreditfazilitäten verstärkt in Anspruch genommen werden.
- Technologische oder gesellschaftliche Entwicklungen können die Profitabilität von Geschäftsfeldern wie der Automobilindustrie verändern (transitorische Nachhaltigkeitsrisiken), so dass sich deren erwartetes Rückzahlungsverhalten ändert und damit die Liquiditätsposition und das Liquiditätsspreadrisiko des Instituts.

Die Aufsichtsbehörden sind über den EU Aktionsplan (2018) aufgerufen, explizit **Nachhaltigkeitsrisiken im aufsichtlichen Prozess** zu **berücksichtigen**.[976] Das Merkblatt der BaFin zum Umgang mit Nachhaltigkeitsrisiken ist hierbei lediglich eine Orientierungshilfe für die Institute. Eine eigenständige Nachhaltigkeitsrisiko-Policy ist derzeit nicht notwendig. Ebenso wenig werden klare und eindeutige Kriterien und Standards definiert.[977] Bindend ist der Leitfaden der EZB zu Klima- und Umweltrisiken bisher nicht. Nachhaltigkeitsrisiken werden vielmehr indirekt über die Risikoinventur und Erwartungen an den Steuerungsprozess in die aufsichtliche Überwachung integriert. Stellt das Institut im Rahmen der internen Sensitivitätsanalysen fest, dass Nachhaltigkeitsrisiken als nicht materiell oder wesentlich einzustufen sind und wird die Steuerung insoweit nur begrenzt angepasst (Proportionalität), ist dies entsprechend darzulegen und zu begründen.[978]

b) Datengrundlage – besondere Herausforderung

Die Quantifizierung der Betroffenheit eines Instituts erweist sich angesichts der unzureichenden **Datenhistorie** als herausfordernd. Dies hat einerseits mit der erst jüngst gestiegenen Bedeutung von Nachhaltigkeitsrisiken zu tun und resultiert andererseits aus dem Umstand, dass Banken Bestandteil komplexer und sich bedingender Wertschöpfungsketten sind. Zudem sind verfügbare Daten z. B. Klimamodellrechnungen häufig nicht spezifisch und regional genug, so dass Risiken leicht unter- oder überschätzt werden können.[979] Idiosynkratische Szenarioanalysen und Expertenschätzungen sind konsequenterweise von besonderer Bedeutung.[980] Der interne Governance-Rahmen sollte gerade deshalb das Thema explizit im Prozess verankern und klare Risiko- und Steuerungsindikatoren (Strukturziele) enthalten, die es ermöglichen, die Strategie und ihre Annahmen regelmäßig und/oder anlassbezogen im Hinblick auf Nachhaltigkeitsrisiken zu überprüfen:

- Das können z.B. auf der Refinanzierungsseite relative Zielgrößen für die stetige und dauerhafte Refinanzierung über sog. Green Bonds sein, die sich an der allgemeinen Entwicklung des Marktsegments orientieren – nachhaltiges Fundingsegment als Anteil am gesamten Finanzierungsmix,

---

976 Vgl. *DNB* (2019), S. 5.
977 Vgl. *BaFin* (2019a), S. 9.
978 Vgl. *EZB* (2020), S. 4.
979 Vgl. *DNB* (2017): S. 4.
980 Vgl. *DNB* (2017): S. 57.

NACHHALTIGKEIT IN DER RISIKOSTEUERUNG

- die Berücksichtigung von physischen Nachhaltigkeitsrisiken im Liquiditätsstresstest, die sich an anderen externen Schocks orientiert – bei der Szenariobeschreibung oder/und bei einzelnen Parametern,
- und die Durchführung Experten basierter, adverser Stresstests, um transitorische Nachhaltigkeitsrisiken im Geschäftsmodell zu bestimmen und hieraus Impulse für die Weiterentwicklung oder Anpassung des Geschäftsmodells ableiten zu können.

1047 Trotz aller Schwierigkeiten mit der Datenlage, der sich gerade erst entwickelnden Risikosteuerung und sich etablierenden Standards sollten Nachhaltigkeitsrisiken aufgrund ihrer steigenden öffentlichen Wahrnehmung und ihrer Bedeutung für die Risikoart Liquidität proaktiv im Rahmen der **Finanzberichterstattung** in der Darlegung der Kapital-, Liquiditäts- und Refinanzierungssituation des Instituts und der Maßnahmenplanung miteinbezogen werden, vgl. dazu auch die Darstellung des TCFD in Abbildung D.5.[981]

Abbildung D.5: Umgang mit Nachhaltigkeitsrisiken – Offenlegung (Quelle: TCFD (2017a): S. 11)

c) Nachhaltigkeitsrisiken im Entscheidungsprozess

1048 Die Erreichung gesetzter Bilanz- und Liquiditätsstrukturziele sowie einer gewünschten strategischen Liquiditätsrisikoposition ist am besten im Rahmen einer holistischen Gesamtbanksteuerung möglich. Dies gilt im besonderen Maße bei Nachhaltigkeitsrisiken, die sich in den unterschiedlichen Risikoarten materialisieren.[982] Dies erfordert eine entsprechende interne Governance-Struktur:

---

981 Vgl. TFCD (2017a).
982 Vgl. DNB (2019): S. 9.

- Ein **proaktiver, risikoartenübergreifender Steuerungsansatz** und
- die Implementierung eines zentralen Entscheidungs- und Steuerungsgremiums mit Blick auf die **gesamte Bilanzstruktur**, welches neben den Bereichen Finanzen, Risikocontrolling und Treasury möglichst auch die Marktbereiche einschließt (z. B. ALCO[983]),

sind notwendige Voraussetzung, um die Profitabilität und Geeignetheit von Geschäften im Hinblick auf die gesetzten Struktur- und Risikoziele beurteilen, die Wechselwirkung zwischen den Risikoarten (z. B. Adressenausfallrisiko und Liquiditätsbedarf) berücksichtigen und bei der Definition der adäquaten Fundingstrategie (Kosten, Diversifikation und Nachhaltigkeit) und Liquiditätsreserve unterstützen zu können. In die **Verantwortung** des Steuerungsgremiums sollten Nachhaltigkeitsrisiken explizit einbezogen werden. Dabei ist klar zu benennen, welche Nachhaltigkeitsrisiken für das Institut wesentlich sind und wie sie quantifiziert, aufgenommen und ausgewiesen werden (vgl. dazu die Abbildung D.6 gemäß des TCFD).[984]

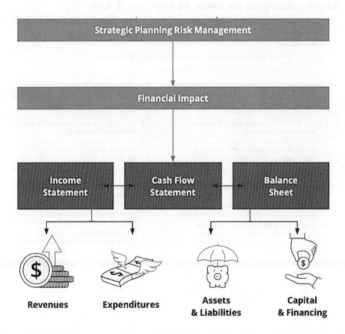

Abbildung D.6: Strategische Planung – Optimierung (Quelle: TCFD (2020), S. 14)

---

983 Asset and Liability Committee (ALCO).
984 Vgl. *TCFD* (2017a): S. 12.

NACHHALTIGKEIT IN DER RISIKOSTEUERUNG

3. Nachhaltiges Liquiditäts(risiko)management

1049 Oberstes Steuerungsziel im Liquiditätsrisiko ist, eine durchgängig angemessene Liquiditätsausstattung zu gewährleisten. Vorausgesetzt werden eine adäquate Liquiditätsreserve und eine im Zeitverlauf stabile und kosteneffiziente Refinanzierung des Geschäftsmodells. Wenngleich Nachhaltigkeitsrisiken im SREP und im ILAAP (vgl. Abbildung D.7) explizit keine Vorgaben erfahren, wirken und beeinflussen sie als Risiko- und Einflussfaktoren auf unterschiedliche Facetten der Liquiditätsposition und müssen entsprechend im operativen und strategischen Risikomanagement gewürdigt werden: Die Kernprinzipien des ILAAPs geben hierzu eine Richtschnur. Ansatzpunkt sind nicht nur die Stresstests, sondern auch die Refinanzierungsstrategie und die interne Verrechnung der Liquiditäts(risiko)kosten.

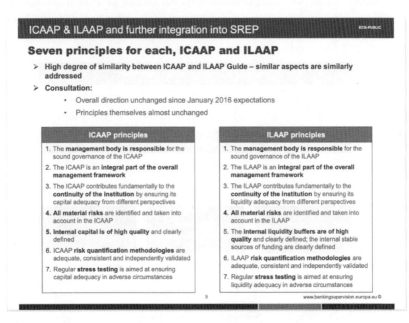

Abbildung D.7: Prinzipien – ICAAP und ILAAP
(Quelle: Leistenschneider/Gauthier (2020), S. 9)

1050 Der institutsspezifischen Analyse der mittel- oder unmittelbaren Betroffenheit durch Nachhaltigkeitsrisiken folgt deren Kategorisierung nach Stärke, Art und Umfang. Sind die generellen Implikationen bei der Formulierung des Geschäftsmodells, der Liquiditätsrisikostrategie und durch Vorgaben beim Risikoappetit berücksichtigt, sind Nachhaltigkeitsrisiken organisierter Bestandteil der laufenden Steuerung der Liquiditätsreserve, der Aufstellung der Fundingpläne, der Bestimmung der Liquiditätsfristentransformation sowie im FTP.

Werden die Betroffenheit oder Auswirkungen als gravierend oder stark eingestuft, ist die Anpassung der Geschäftsstrategie eher das geeignete Reaktionsmittel. Starke bis moderate Betroffenheit und Auswirkungen kann dagegen im Risikosteuerungsprozess durch Erhöhung der Widerstandsfähigkeit und der Liquiditätsvorsorge begegnet werden.

a) Liquiditätspuffer gegen Zahlungsunfähigkeitsrisiken

Mit regelmäßigen und angemessenen Stresstests wird überprüft, ob die Liquiditätsposition und das Beschaffungsprofil eines Instituts hinreichend sind, das Ziel der jederzeitigen Zahlungsfähigkeit auch in etwaigen Stresssituationen zu gewährleisten.[985] Schließlich kann das Zahlungsunfähigkeitsrisikos effektiv nur durch einen **Liquiditätspuffer** und nicht durch die Allokation von Risikokapital (RTF) begrenzt werden. Ein hinreichendes Maß an Reaktionszeit und -potential (Überlebenshorizont) sollen das Vertrauen in das Institut und damit dessen Marktfähigkeit erhalten.

In der Liquiditätsstresstestmatrix dürften Nachhaltigkeitsrisiken zwar keine eigene Position darstellen. Dennoch können Nachhaltigkeitsrisiken einerseits im zugrundliegenden Stressszenario explizit verankert werden oder sich andererseits indirekt in den Anrechnungsfaktoren bzw. in einer Kombination beider manifestieren.[986] Aufgrund der Natur des Instruments stehen die Auswirkungen von physischen Nachhaltigkeitsrisiken auf die Liquiditätsposition im Vordergrund.

aa) Relevanz für Stressszenarien

Ist das Institut aufgrund seines Geschäftsmodells oder einer Konzentration in der Geschäftsausrichtung auf bestimmte Branchen (z. B. Agrarwirtschaft) oder Regionen (z. B. Hochwassergebiete) exponiert, sind zumindest bei der Beschreibung des **institutsspezifischen** Szenarios Naturrisiken (Dürren, Erdbeben etc.) als zwar außergewöhnliches, aber plausibel mögliches Ereignis[987] aufzunehmen. Eine Prognose der Eintrittswahrscheinlichkeit und Überprüfung

---

985 Vgl. *MaRisk* (2017) AT 4.3.3 und BTR 3.1, Tz. 8.
986 Vgl. *EZB* (2020): S.4 insb. Nummer 9., 10. und 12.
987 Vgl. *MaRisk* (2017) AT 4.3.3 Satz 3.

der Annahmen kann sich bei einzelnen Naturrisiken als schwierig erweisen, so dass die Beschreibung des Szenarios weitgehend hypothetisch und an allgemeinen wissenschaftlichen Prognosen orientiert erfolgen muss. Bei anderen Naturrisiken ist dagegen ein gewisser Vorlauf möglich (bspw. aus der Kombination von starker Schneeschmelze und Hochwassergefahren). Bei der Formulierung des Szenarios sollten **Kombinationen möglicher Stressereignisse** berücksichtigt werden. Nachhaltigkeitsrisiken können sich auf diverse Risikoarten auswirken, deren Effekte dann auch indirekt wieder auf das Liquiditätsrisiko wirken (vgl. Abbildung D.8).

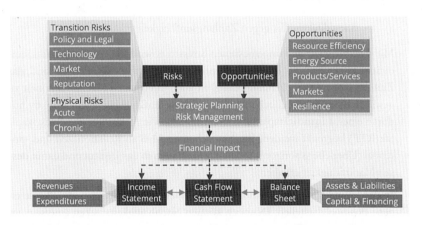

Abbildung D.8: Nachhaltigkeitsrisiken – Auswirkungsanalysen (Quelle: TCFD (2017a), S. 5)

1055 Ein mit dem Thema Nachhaltigkeit eng verknüpftes Risiko ist die Anfälligkeit für aus Reputationsschäden resultierende Effekte auf die Liquiditätsposition oder -beschaffungsmöglichkeiten, welches durch Konzentration auf eher kritisch einzustufende Geschäftsaktivitäten oder aufgrund einer explizit als nachhaltig definierten Strategie bzw. Geschäftsaktivitäten resultieren können. Im Aufsichtsrecht werden **Reputationsrisiken**[988] explizit erwähnt, und sie sind ihrem Charakter nach vornehmlich institutsspezifisch.

1056 Die unmittelbare Verankerung der Nachhaltigkeitsrisiken im (idiosynkratischen) Szenario sichert deren durchgängige Präsenz im Entscheidungsfindungsprozess und macht sie kausal für die Bestimmung der Höhe der Liquiditätsvorsorge und die Ableitung des Überlebenshorizonts. Darüber hinaus wird

---

988 Vgl. *MaRisk* (2017) BTR 3.1 Satz 2.

die Weiterentwicklung der Geschäftsstrategie und des Risikoappetits direkt beeinflusst.

bb) Relevanz für Parametrisierung

Bei der expliziten Verankerung von Nachhaltigkeitsrisiken in der Szenarioformulierung werden die Auswirkungen auf alle Liquiditätszu- und Liquiditätsabfluss-Positionen innerhalb der Stresstestmatrix systematisch geprüft und begründet. Lässt das Geschäftsmodell eine starke, generelle Betroffenheit und Anfälligkeit für Nachhaltigkeitsrisiken als nicht begründet erscheinen, sondern ist von einer begrenzten oder milden Betroffenheit auszugehen, können Nachhaltigkeitsrisiken dennoch Eingang bei der **Kalibrierung der Parameter** einzelner Produkte oder Positionen finden. Nachhaltigkeitsrisiken können sich auch nur explizit oder temporär auf einzelne Produkte oder Positionen der Stresstestmatrix auswirken. Die angemessene Berücksichtigung folgt ausdrücklich dem Proportionalitätsprinzip.[989] So kann bspw. die Bestimmung des Ziehungsverhaltens aus offenen Kreditzusagen unter Berücksichtigung von Nachhaltigkeitsrisiken erfolgen, die dann gleichberechtigt neben anderen Einflussfaktoren stehen. Aufgrund des erratischen Charakters physischer Nachhaltigkeitsrisiken ist im Rahmen der regelmäßig durchzuführenden Parametervalidierung zu bedenken, dass das in etwaigen Stressphasen beobachtete Ziehungs- und Rückzahlverhalten nicht dem bei den diversen Nachhaltigkeitsrisiken folgen muss.

cc) Liquiditätspufferstrategie

Folgt aus der bewusst gewählten Geschäftsstrategie und/oder dem bewusst definierten Risikoappetit eine erhöhte oder starke Betroffenheit und Anfälligkeit für Nachhaltigkeitsrisiken, dienen die Stresstest dazu, eine quantitativ, qualitativ und zeitlich hinreichend bemessene Liquiditätsvorsorge zu halten, die die regulatorischen Mindestanforderungen deutlich übersteigt. Das betrifft auch die Wahl einer geeigneten Refinanzierungsstrategie für diesen institutsspezifischen Liquiditätspuffer. Sie muss derart kalibriert werden, dass ausreichend Reaktionszeit gegeben ist, um adäquate Gegenmaßnahmen wirksam umzusetzen (**Survival Period**). Je höher die Anfälligkeit oder die Konzentration im Geschäftsmodell ist, desto größer sollte die Risikovorsorge bemessen sein (Konsistenz zwischen Geschäftsmodell und Risikostrategie).[990]

---

989 Vgl. *BaFin* (2019a), S. 9.
990 Vgl. *MaRisk* (2017) BTR 3.1 Satz 12.

1059 Steuerungswirkung sollten Nachhaltigkeitsrisiken aber nicht nur bei der **Bemessung** der Liquiditätsvorsorge, sondern auch bei der **Zusammensetzung der Liquiditätsreserve** haben: Die regulatorische Vorgabe der MaRisk BTR 3.1 (1), Konzentrationen im Liquiditätspuffer wirksam zu begrenzen, erstreckt sich auch auf die Berücksichtigung von Nachhaltigkeitsrisiken. Strukturvorgaben mit Bezug auf das Laufzeitprofil, die Klassen und Qualitäten liquider Vermögenswerte sowie deren Emittentenstruktur sowie ggfs. Limite für spezifische Währungen sind geeignete Mittel, eine hinreichende Diversifikation in der Liquiditätsreserve zu gewährleisten. Folgen auf Nachhaltigkeitsrisiken bspw. umfangreiche staatliche Ausgleichs- und Unterstützungsmaßnahmen (Kompensationszahlungen) kann das über die verschlechterte Kreditwürdigkeit von Staaten Folgen für die Marktwerte und die Liquidierbarkeit dieser technisch hochliquiden Staatsanleihen haben. Dies gilt umso mehr für Vermögenswerte, die der institutsspezifischen Liquiditätsreserve zugerechnet werden, aber nicht unmittelbar zentralnotenbankfähig sind, sondern aufgrund sonstiger qualitativer Kriterien dem internen Puffer zugerechnet werden. Ihre Liquidierbarkeit ist anhand vorgegebener Kriterien regelmäßig zu dokumentieren, wobei die Auswirkungen von Nachhaltigkeitsrisiken auf die Liquidierbarkeit beachtet werden sollte.[991]

1060 In einer Liquiditätspufferstrategie werden die **Struktur- und Allokationsvorgaben** beschrieben und regelmäßig überprüft. Größere Diversifikationsanforderungen können höhere Kosten für die Haltung der Liquiditätsreserve zur Folge haben. Eine Dokumentation der Liquiditätspufferstrategie unterstützt den Prozess der übergeordneten Geschäfts- und Risikostrategieentwicklung und hilft, eine Balance zwischen Umfang, Diversifikation und Kosteneffizienz der Liquiditätsreserve entsprechend der institutsspezifischen Anforderungen zu finden.

dd) Pufferkostenverrechnung

1061 Wie grundsätzlich für die Verrechnung von Kosten der Liquiditätsreservehaltung und generell der Liquiditätsbeschaffung gilt auch im Hinblick auf die Berücksichtigung von Nachhaltigkeitsrisiken, dass möglichst der Pufferbeitrag einer einzelnen Transaktion, eines Produktes bzw. einer Produktgruppe transparent aufgezeigt werden sollte.[992] Dies ist Grundlage für eine **verursachungsgerechte Verrechnung der Liquiditätspufferkosten** im Rahmen des FTP-Systems (vgl. Abbildung D.9). Und sie kann damit als **Steuerungsinstrument**

---

[991] Vgl. *MaRisk* (2017) BTR 3.1 Satz 4, BTR 3.2.
[992] Vgl. *MaRisk* (2017) BTR 3.1 Satz 5 und 6.

in der Gesamtbanksteuerung genutzt werden: einerseits bei der Weiterentwicklung der Geschäfts- und Risikostrategie und andererseits bei der Profitabilitätsanalyse von einzelnen Geschäftsaktivitäten. Erfolgt die Verrechnung der Liquiditätspufferkosten im Rahmen einer laufenden Kostenumlage, wirken Änderungen des Risikoappetits und der -strategie sowie Anpassungen bei der Liquiditätspufferstrategie auf alle Geschäfte gleichermaßen, womit eine durchgängige **Profitabilitätsbewertung** aller Geschäfte – inklusive der Bestandsgeschäfte – ermöglicht wird. Eine veränderte Einschätzung von Nachhaltigkeitsrisiken generiert über die Auswirkungen auf den Liquiditätspufferbeitrag einen Kostenimpuls am Einzelgeschäft, der zu dessen Neubewertung führt – ggfs. mit der Konsequenz, das Geschäft zu beenden oder eine Anpassung der Außenkondition zu veranlassen.

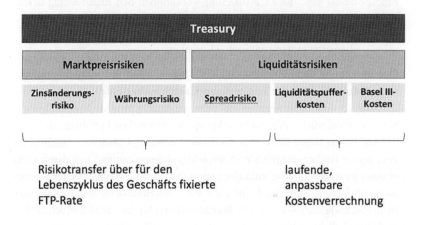

Abbildung D.9: Verrechnungswege im Vergleich – Liquiditätspufferkosten (Quelle: eigene Darstellung)

b) Liquiditätsspreadrisiken

Die Schwierigkeit, die finanziellen und liquiditäts-relevanten Auswirkungen aus Nachhaltigkeitsrisiken genau zu quantifizieren, besteht bereits bei der Formulierung der Stressszenarien. Dabei berücksichtigen diese vorrangig physische Nachhaltigkeitsrisiken, die sich konkreter beschreiben lassen und deren Kausalzusammenhänge und Folgeerscheinungen sich vergleichsweise gut abschätzen lassen. Mit größerer Unsicherheit sind die Abschätzung der Veränderungsintensität und des -pfades über einen längeren Zeitraum und damit die Quantifizierung der Auswirkung von Nachhaltigkeitsrisiken auf die strategische Liqui- 1062 ditätsposition und das Liquiditätsspreadrisiko verbunden. Der in der Risikotragfähigkeit anzurechnende Risikobeitrag resultiert aus Unsicherheit in den zukünftigen Cashflow-Verläufen, der Entwicklung der **Refinanzierungs- und Wiederanlagekonditionen** oder einer Kombination beider Faktoren. Die Institute nutzen verschiedene Ansätze zur Bestimmung des Risikobeitrages. Das Risiko gründet in **Strukturinkongruenzen** der Aktiv- und Passiv-Cashflow-Positionen in den einzelnen Laufzeitbändern. Aufgrund der begrenzten Steuerungsinstrumente und des Charakters der Risikoart sind diese unvermeidlich, selbst wenn eine bewusste Liquiditätsfristentransformation vom Institut nicht betrieben wird. Allerdings ist Liquiditätsfristentransformation ein potentielle Ertragsquelle, die viele Institute entsprechend nutzen. Nachhaltigkeitsrisiken können über das Zahlungsverhalten, die Cashflow-Profile, das Refinanzierungspotential bzw. die Refinanzierungskonditionen den Risikobeitrag beeinflussen.

aa) Risikosteuerungsgrundlage – Cashflow

1063 Der spezifische Charakter des Liquiditätsrisikos misst der möglichst treffgenauen **Modellierung der zukünftigen Cashflow-Verläufe** eine zentrale Bedeutung zu. Inwieweit Kunden ex- oder implizite, optionale Sondertilgungsrechte nutzen, wird häufig mit verschiedenen statistischen Verfahren aus historischen Daten abgeschätzt. Transitorische Nachhaltigkeitsrisiken beschreiben aber gerade Risiken, die mit Strukturbrüchen einhergehen und sich damit nicht in den historischen Verhaltensweisen spiegeln: Abrupte Wechsel in der Konsumentenpräferenz oder der Politik, die auf Umweltkatastrophen folgen, oder neue Technologien können die Werthaltigkeit und die wirtschaftlichen Betriebszeiten diverser Finanzierungsvorhaben signifikant ändern. Die Risikoverlagerung beeinflusst die Liquidierbarkeit von Assets und verändert deren Cashflow-Profil:

- Als Folge von Nachhaltigkeitsrisiken kann sich das Adressenausfallrisikoprofil im Kreditportefeuille verschlechtern und ggfs. sogar einen Kapitalverbrauch bewirken. Da Kapital neben seiner Verlustabsorptionsfunktion eine wesentliche und flexible einsetzbare Liquiditätsquelle ist, verändert ein Kapitalverbrauch ungeplant die Liquiditätsbindungsbilanz und damit die Strukturrisikoposition.

- Die Liquidierbarkeit der Vermögenswerte können negativ beeinträchtigt werden, da Marktpreise (Haircuts) oder/und Marktliquidität sich unvorteilhaft verändern. Ein steigender struktureller Liquiditätsbedarf und verminderte Liquiditätsbeschaffungsmöglichkeiten sind das Resultat.

- Schließlich kann aus den veränderten wirtschaftlichen, rechtlichen oder politischen Rahmenbedingungen die Ertragskraft der Finanzierungsprojekte derart tangiert sein, dass die Kunden ihr Rückzahlungs- oder Ziehungsverhalten ändern und damit modellierte Cashflows materiell anders als ursprünglich erwartet ablaufen. Die Inkongruenz in der Liquiditätsbindungsbilanz und damit die Strukturrisikoposition nimmt zu.

Ausmaß und Betroffenheit sind stark von der Bilanzstruktur und der Geschäftsstrategie abhängig. Je stärker eine Geschäftsstrategie auf bestimmte Geschäftsarten, Produkte, Regionen oder Branchen fokussiert ist, desto bedeutsamer ist es, die **Modellierungsannahmen** regelmäßig zu überprüfen. Neben der rückwärts ausgerichteten **Validierung** kommt einer systematisch betriebenen **Expertenschätzung** bei der Kalibrierung der Modelle eine hohe Bedeutung zu. Adverse und langfristige Stresstests sind ein probates Mittel, die Verwundbarkeit der institutsspezifischen Geschäftsstrategie und die Auswirkungen auf die Liquiditätsposition und das strukturelle Liquiditätsrisiko zu eruieren. Die vorsorgliche pauschale Erhöhung des Modellrisikobeitrags in der Risikotragfähigkeit ist dagegen kein adäquater Ersatz für eine systematische und strukturierte Auseinandersetzung mit Nachhaltigkeitsrisiken im Geschäftsstrategieprozess.

Inwieweit sich aus der Analyse ergibt, dass der mittlere, **erwartete Cashflow**, der aus dem Modell abgeleitet wird, angepasst werden muss, ist von den institutsspezifischen Rahmenbedingungen abhängig. Da dieser im Normalcase als Steuerungsgrundlage und als Referenz für die Fundingplanung dient, sollte dies behutsam erfolgen. Ein Anstieg der Wiederanlagerisiken verschiebt lediglich den Risikobeitrag. Zielgerichteter kann der erhöhten Unsicherheit über das Cashflow-Verlaufsprofil durch eine Anpassung der **Risikoprämien** für unsichere und modellierte Cashflows Rechnung getragen werden. Zusätzlich können eine breite und diversifizierte Refinanzierungsstrategie, die Erschließung zusätzlicher Refinanzierungspotenziale sowie vergrößerte Syndizierungsfähigkeiten den Handlungsspielraum des Instituts erweitern und damit die Folgen aus den Nachhaltigkeitsrisiken begrenzen bzw. steuerbar machen.

bb) Risikoparameter – Liquiditätsspread

Neben volumenbezogenen Auswirkungen sind Effekte auf die Liquiditätsbeschaffungskosten des Institutes durch die Verschlechterung des Adressenausfallrisikoprofils im Kreditportefeuille oder verschlechterte Ertragsaussichten möglich. Ein (potentielles) Rating-Downgrade bewirkt möglicherweise nicht nur Einschränkungen im Refinanzierungspotential, sondern führt regelmäßig zu einer Erhöhung der **Kostenstruktur der Liquiditätsbeschaffung** (own credit spread). Treffen die Nachhaltigkeitsrisiken nicht nur einzelne Institute, sondern betreffen sie direkt oder indirekt große Teile der Finanzindustrie und ggfs. die Volkswirtschaft als Ganzes, können die institutsspezifischen Preiseffekte durch einen marktweiten Anstieg der Risikoaversität flankiert werden. Es kommt zu einem **Schock induzierten Anstieg** der Refinanzierungskosten und der Risikoprämien.[993]

1067 Bei der Definition des Risikoappetits im Liquiditätsrisiko und der Ableitung der tolerierten Liquiditätsfristentransformation sind neben den Effekten auf die Refinanzierungspotenziale potentiellen Preiseffekten angemessen Rechnung zu tragen. Da externe Schocks immer wieder den Markt oder einzelne Institute betreffen und zu Preisanpassungen geführt haben, ist die Quantifizierung bzw. Abschätzung der Preisniveau- und -volatilitätseffekte auf Basis vergleichbarer, historischer Datenreihen grundsätzlich möglich. Damit lässt sich der Risikobeitrag ermitteln, der für die Definition des Risikoappetits, der RTF-bezogenen Limitierung und als Kalkulationsgrundlage für die im Rahmen des FTPs intern verrechneten Risikoprämien dienen kann.

c) Fundingplanung

1068 Neben der aufsichtlich stark geforderten Berücksichtigung von Nachhaltigkeitsrisiken in der risikoorientierten Gesamtbanksteuerung, bietet das Thema Nachhaltigkeit aus der Perspektive der Risikoart Liquidität Potential, durch eine Anpassung der Geschäftsstrategie, sich **neue Refinanzierungsquellen** zu erschließen, die Refinanzierungsbasis zu diversifizieren bzw. diese zukunftsfähig auszurichten.

1069 Mit sog. Green Bonds, also Kapitalmarktemissionen, denen als nachhaltig eingestufte Finanzierungsvorhaben als Sicherheiten zugrunde liegen, können **spezifische Investorenbedürfnisse** bedient werden. Das sichert Liquiditätspotential und Marktzugang der Institute: einerseits können bestehende Investorengruppen ihre Anlagerichtlinien stärker auf Nachhaltigkeitserwägungen ausrichten, andererseits werden neue Investorengruppen erschlossen, deren Anlagerichtlinien eindeutig die Nachhaltigkeit der Investition voraussetzt. Das Markt- und Geschäftspotenzial wächst stetig:

---

993 Vgl. *DNB* (2017): S. 34.

»[...] Green bonds represent a still limited but growing share of the total bond market with issuance of approximately EUR255bn in 2019 (53% higher than 2018) and expected to reach about EUR323bn in 2020. [...]«[994]

Die Nutzung von sog. Green Bonds setzt allerdings ein **bewusst und strategisch ausgerichtetes Geschäftsmodell** und eine konsistente Liquiditätsstrategie voraus. Für die Begebung von Green Bonds sind kontinuierlich werthaltige, cashflow-stabile und kongruente Finanzierungen bereitzustellen, die den Gütekriterien entsprechen. Soll die Begebung nicht eine einmalige Imageaktion sein, sondern einen Beitrag zur Liquiditätsbeschaffung leisten, ist **intern ein Prozess zu definieren**, der die Überwachung und das Management des Asset-Pools beschreibt. Die definierten Qualifikationskriterien sind bereits im Kreditgenehmigungsprozess zu berücksichtigen. Das Management und ein regelmäßiger Marktauftritt als Emittent setzen voraus, dass ausreichend Finanzierungen vorhanden sind, die im Asset-Pool als Ersatz für auslaufende Finanzierungen eingesetzt werden sowie weitere, neue Emissionen besichern können. Mögliche Implikationen auf die Asset Encumberance Ratio sind je nach Ausgestaltung der Emissionsinstrumente in der Geschäftsstrategie einzuplanen. Schließlich sind im Refinanzierungsplan glaubwürdige Strukturziele zu definieren, die im Zeitverlauf erreicht und gehalten werden können. Das setzt eine entsprechende Investoren- und Marktpflege voraus. Die regelmäßige Berichterstattung hat die Kriterien, Standards und Prozesse umfassend zu dokumentieren.

1070

Die Erschließung des Green Bond-Marktes birgt allerdings auch das nicht unerhebliche Risiko eines nachhaltigen **Reputationsschadens** und damit einhergehend des Verlusts des Refinanzierungspotentials, wenn sich die so bezeichneten Emissionen als nachträglich nicht nachhaltig erweisen, die intern definierten Gütekriterien als unzureichend angesehen werden, das Institut in der öffentlichen Wahrnehmung nicht die selbst gesetzten Prinzipien einhält bzw. das Image des Emittenten aus anderen Geschäftssegmenten durch umstrittene Finanzierungen negativ überlagert wird. Da es eine Legaldefinition für nachhaltige Finanzierungen nicht gibt, ist eine Ausrichtung z. B. an den EU Green Bond Standards[995] empfehlenswert. Eine umfassende Berücksichtigung im Stresstestszenario ist zudem Konsequenz.

1071

Neben den in den Standards erwähnten Restriktionen (begrenzte Anzahl an geeigneten Finanzierungen, Gefahr von Reputationsrisiken, aufwändige und

1072

---

994 Vgl. *TEG* (2020b), S. 11.
995 Vgl. *TEG* (2020).

NACHHALTIGKEIT IN DER RISIKOSTEUERUNG

komplexe interne Prozesse und Berichtspflichten sowie keine preislichen Vorteile) ist für das Liquiditätsrisiko zu beachten, dass die **Marktliquidierbar- und Collateralfähigkeit** dieser Vermögensklasse insb. in Stressphasen aufgrund der begrenzten Markttiefe nicht genau abschätzbar ist. Auch wenn sich das Marktsegment dynamisch entwickelt, handelt es sich nach wie vor um einen begrenzten Markt.

1073 Eine **Optimierung der Refinanzierungskosten** ist aufgrund des nach wie vor begrenzten Marktvolumens für die Mehrheit der Institute durch Green Bonds ebenfalls nicht möglich. Weder unterscheiden sich die Risikoaufschläge des Emittenten zwischen den Marktsegmenten im Normalcase signifikant noch lässt sich die Abhängigkeit von anderen Refinanzierungsinstrumenten soweit reduzieren, dass Preis-Mengen-Effekte realisiert werden können.

1074 Wie für andere Strukturziele und Risikokennziffern im Liquiditätsmanagement gilt für diese speziellen Fundinginstrumente, dass unspezifische Volumenziele ohne weitergehende Definition der damit angestrebten Wertleistungsbeiträge, Ertrags- oder Risikoziele und Konsistenz zum Risikoappetit und der Geschäftsstrategie keinen systematisch nachhaltigen Beitrag für eine dauerhaft stabile Liquiditäts(risiko)position darstellen (vgl. Abbildung D.10).

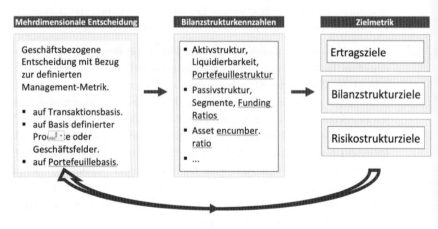

Abbildung D.10: Regelbasierter, gesamtbankbezogener Entscheidungsprozess (Quelle: eigene Darstellung)

4. Résumé

Verschiedene Aufsichtsorgane rücken die Themen Nachhaltigkeit und Umgang mit Nachhaltigkeitsrisiken in den aufsichtlichen Fokus. Wenngleich der **unverbindliche Charakter** der Veröffentlichungen betont wird,[996] formuliert die Aufsicht Erwartungen, die in die aufsichtliche Beurteilung der institutsspezifischen Risikosteuerung und Geschäftsmodellanalyse einfließen. Über den SREP formuliert die Aufsicht explizit keine spezifischen Vorgaben oder Indikatoren. Für die wesentliche Risikoart Liquidität hat der **interne Prozess zur Angemessenheit der Liquiditätsausstattung (ILAAP)** damit die **Erwartungen der Aufsicht** abzubilden. Die Erwartung ist, dass das einzelne Institut seine Betroffenheit und Widerstandsfähigkeit systematisch überwacht und kennt.

Nachhaltigkeitsrisiken bilden keine eigene Risikoart. Sie wirken vielmehr prinzipiell auf **alle Aspekte des Liquiditätsrisikos**: Zahlungsfähigkeit, Refinanzierungspotential, Liquiditätsposition, Liquiditätsbedarf, Risikostruktur und Liquiditätsbeschaffungskosten. Die Instrumente, die das Institut zur Steuerung der Liquidität und Liquiditätsrisiken einsetzt, ändern sich durch die Integration von Nachhaltigkeitsrisiken im Kern nicht. Der interne Prozess ist aber so anzupassen, dass proportional zur Bedeutung des Themas Geschäftsmodell, Risikostrategie und Risikoappetit erkennen lassen, dass die **Risiken systematisch identifiziert, überwacht und gesteuert** werden. Ob im Einzelfall die Stressszenarien grundsätzlich erweitert oder punktuell die Auswirkungen integriert, ob Risikoappetit und Risikovorsorge angepasst oder ob die Refinanzierungspotenziale diversifiziert werden müssen, hängt stark von den institutsspezifischen Rahmenbedingungen ab. Wichtig ist, dass die Gewährleistung einer jederzeitigen Zahlungsfähigkeit, seine stabile Liquiditätsposition und eine kontinuierliche sowie kosteneffiziente Refinanzierung des Geschäftsmodells trotz Nachhaltigkeitsrisiken nicht nur auf **kurze Sicht** Steuerungsmaßgabe ist, sondern dass die eher mit transitorischen Nachhaltigkeitsrisiken einhergehenden **langfristigen Nachhaltigkeitsrisiken** in der Liquiditätssteuerung angemessen berücksichtigt werden. Der interne Prozess benötigt hierfür klare und konsistente **Ziele**, eindeutige **Verantwortlichkeiten**, einen systematischen **Prozess** und reagible **Indikatoren**, die Steuerungsimpulse bei der operativen Liquiditätssteuerung sowie bei der strategischen Definition eines angemessenen Risikoappetits und einer tragbaren Liquiditätsfristentransformation sowie der Diversifikation der Refinanzierungsstruktur und der Bemessung der Liquiditätsvorsorge generieren können.

---

996 Vgl. *BaFin* (2019a), S. 9 und *EZB* (2020), S. 4.

1077 Obwohl die Datenhistorie sowie die Abschätzung der Eintrittswahrscheinlichkeit von physischen und der Änderungswirkung von transitorischen Nachhaltigkeitsrisiken Herausforderungen darstellen, ist eine **systematische und organisierte Auseinandersetzung** mit Nachhaltigkeitsfragen nicht nur eine regulatorische Maßgabe, sondern aufgrund der vielfältigen Wirkungen auf die Liquiditätssteuerung eine **betriebswirtschaftliche Notwendigkeit**. Der eher strategische Charakter der Liquiditäts(risiko)steuerung bedingt eine frühzeitige Auseinandersetzung mit Veränderungspotentialen, um die Instrumente und Reaktionsmuster vorbereitet zu haben. Jüngere Krisen haben gezeigt, dass die Rahmenbedingungen sich teilweise abrupt ändern können und damit auch langfristige Änderungsprozesse unerwartete Dynamik entwickeln.

III. Berücksichtigung von Nachhaltigkeitsrisiken in der Risikoinventur[997]

1. Nachhaltige Herausforderungen

Die **Risikoinventur** ist eines der grundlegenden Werkzeuge des Risikomanagements. Sie ist zentraler Bestandteil von ICAAP und ILAAP, identifiziert und verarbeitet neue Erkenntnisse zum Risikoprofil des Instituts und dient als Basis für die Festlegung eines **Risikoappetits**, die Auswahl von zu analysierenden Szenarien sowie die Angemessenheit der Risikomodellierung. Kurz: Sie ist der Aufsatzpunkt für eine ganzheitliche Berücksichtigung von Risiken im Banksteuerungsprozess.

Nachhaltigkeitsrisiken haben in den vergangenen drei Jahren stark an Bedeutung innerhalb der Finanzindustrie gewonnen.[998] Vor allem Umwelt- und Klimarisiken und deren Implikationen für die Banksteuerung sind verstärkt in den Fokus von Instituten und Bankenaufsicht gerückt, zum Beispiel in Form des von der EZB veröffentlichten »ECB Guide on climate-related and environmental risks«[999]. Von der Risikoinventur wird erwartet, solche neu aufkommenden Risiken rechtzeitig zu erkennen, um diese in eine angemessene Beurteilung und Berücksichtigung im Risikomanagementkreislauf zu überführen. Warum stellt dies eine Herausforderung dar?

Nachhaltigkeitsrisiken im Allgemeinen, und Klimarisiken im Speziellen, werfen bei der Konzeption und Durchführung der Risikoinventur eine Vielzahl von Fragen auf: Wie kann das breite Wirkungsfeld von Nachhaltigkeitsrisiken ganzheitlich abgedeckt werden? Handelt es sich bei Nachhaltigkeitsrisiken um eine eigenständige Risikoart? Wie können Klimarisiken über für ICLAAP-Konzepte übliche Zeithorizonte von 3-5 Jahren bewertet werden, wo diese oft über Zeiträume von 20-80 Jahren wirken? Sind bestehende **Mitigationsstrategien** effektiv? Wie kann die Vielzahl von Treibern und **Wirkungsketten** »gebändigt« und effizient in die Banksteuerung integriert werden?

---

997 Autorin und Autoren: *Kristina Brixius*, *Clemens Wieck* und *Stefan Geisen*. Die Ausführungen geben ausschließlich persönliche Auffassungen wieder und entsprechen nicht unbedingt den Ansichten und Meinungen der KPMG AG Wirtschaftsprüfungsgesellschaft, eine Aktiengesellschaft nach deutschem Recht. Für Rückfragen oder Anregungen sind die Autorin und die Autoren unter den E-Mail-Adressen cwieck@kpmg.com, sgeisen@kpmg.com und kbrixius@kpmg.com erreichbar.
998 Vgl. dazu auch die ausführliche Darstellung zu Nachhaltigkeitsrisiken in Kapitel A.V dieses Herausgeberbandes.
999 Vgl. *EZB* (2020a).

NACHHALTIGKEIT IN DER RISIKOSTEUERUNG

1081 Im Folgenden diskutieren wir diese Fragen entlang von fünf Thesen für eine erfolgreiche Berücksichtigung von Nachhaltigkeitsrisiken in der Risikoinventur:

- These 1: Nachhaltigkeitsrisiken umfassen viele Aspekte – die Nachhaltigkeitsziele der UN spannen ein breites Treiberspektrum auf und dienen als Basis für weitere Analysen

- These 2: Nachhaltigkeitsrisiken liegen quer zu klassischen Risikoarten – Anlass, Risikotreiber stärker in der Risikoinventur zu verankern

- These 3: Nachhaltigkeitsrisiken wirken über den ICAAP-Horizont hinaus – eine Differenzierung von Zeitskalen wird notwendig

- These 4: Mitigationsstrategien für Nachhaltigkeitsrisiken auf dem Prüfstand – ein sinnvoller Anwendungsfall für die von der EZB geforderte Brutto- und Nettosicht in der Risikoinventur

- These 5: Nachhaltigkeitsrisiken sind echte »Emerging Risks« – die Integration in die Bankensteuerung erfolgt iterativ

2. Fünf Thesen für eine erfolgreiche Berücksichtigung von Nachhaltigkeitsrisiken in der Risikoinventur

a) These 1: Nachhaltigkeitsrisiken umfassen breites Treiberspektrum

Nachhaltigkeitsrisiken umfassen viele Aspekte – die Nachhaltigkeitsziele der UN spannen ein breites Treiberspektrum auf und dienen als Basis für weitere Analysen

1082 Nachhaltigkeitsrisiken sind vielfältig und facettenreich. Einen möglichen Startpunkt für Banken, um sich mit dem Spektrum der Nachhaltigkeitsrisiken auseinanderzusetzen, bieten die 17 **UN-Nachhaltigkeitsziele**. Die sogenannte Agenda 2030 der Vereinten Nationen umfasst ökonomische, ökologische und soziale Aspekte. Neben »1 – Keine Armut«, »2 – Kein Hunger«, »3 – Gesundheit und Wohlergehen« und »8 – Menschenwürdige Arbeit und Wirtschaftswachstum« sind im Kontext einer nachhaltigen Finanzwirtschaft insbesondere »13 – Maßnahmen zum Klimaschutz« sowie solche Ziele, die darauf einzahlen, von großer Relevanz. Zu diesen rückkoppelnden Zielen gehören unter anderem »6 – Sauberes Wasser und sanitäre Einrichtungen«, »7 – bezahlbare und saubere Energie«, »12 – Nachhaltige/r Konsum und Produktion«, »14 – Leben unter Wasser« und »15 – Leben an Land«.[1000] Die UN-Nachhaltigkeitsziele bieten nicht nur **Orientierungshilfe** für die Risikoinventur, sie können vielmehr auf-

---

1000 Vgl. dazu die Erörterung in den Kapiteln A.I und A.II dieses Herausgeberbandes.

grund ihres breiten Spektrums, der unterschiedlichen Blickwinkel und insbesondere des über sie vorliegenden politischen Konsens als ein **Ausgangspunkt** für die Identifikation von Risikotreibern aus Nachhaltigkeitsrisiken dienen.

Wenn die Nachhaltigkeit von Banken betrachtet wird, wird in der Regel zwischen zwei unterschiedlichen Perspektiven unterschieden (vgl. Abbildung D.11). Die Wirkung des unternehmerischen Handelns auf das eigene Umfeld wird typischerweise als »**Inside-Out-Effekt**« bezeichnet. Die zentrale Frage im Hinblick auf Nachhaltigkeitsrisiken, die sich das Institut aus dieser Perspektive stellt, lautet: *»Welche Auswirkung hat mein Handeln auf Umwelt und Nachhaltigkeit, und welche Risiken entstehen hierdurch?«*. Inside-Out-Effekte stehen im Gegensatz zu sogenannten »**Outside-In-Effekten**«, bei denen die Frage *»Wie wirken sich Veränderungen der Umwelt in Form von Nachhaltigkeitsrisiken auf mein Institut und Risikoprofil aus?«* im Vordergrund steht. Hierbei sind insbesondere Effekte und Risiken relevant, die sich über Kontrahenten und Zulieferer auf die Geschäftsaktivität und das Risikoprofil des Instituts auswirken. Zu beachten ist allerdings, dass auch Inside-Out-Effekte Rückwirkungen auf das Institut haben, und somit folglich »Outside-In-Effekte« auslösen können. Dies kann insbesondere vorliegen, wenn Anspruch (Marketing und Selbstverpflichtungen) oder sonstig geformte Erwartung relevanter Stakeholder einerseits und Wirklichkeit andererseits auseinanderfallen. Klassischerweise erfolgt diese Rückkopplung über die Betrachtung der **Reputations- und Rechtsrisiken** eines Unternehmens.

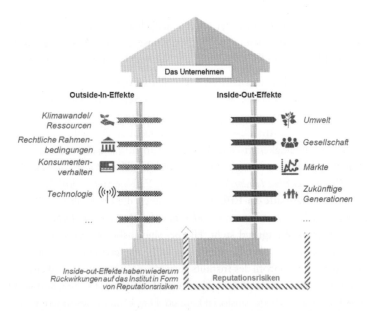

Abbildung D.11: Abgrenzung der Effekte aus Nachhaltigkeitsrisiken in Outside-In- und Inside-Out-Perspektiven (Quelle: eigene Darstellung)

1084 Im Rahmen der Risikoinventur sollen die **Risikotreiber** identifiziert werden, welche **für ein Institut** selbst **wesentlich sind**.[1001] Insofern liegt der Fokus der Risikoinventur auf den Outside-In-Effekten, sowie den aus Inside-Out-Effekten rückkoppelnden Zweitrundeneffekten auf die Reputation und Rechtsrisiken. Im Folgenden diskutieren wir Beispiele für Risikotreiber, die in der Praxis für viele Institute relevant sind – dabei nutzen wir die drei üblichen Kategorien von Nachhaltigkeitsrisiken: Umwelt-, Sozial- und Governancerisiken. [1002]

1085 Innerhalb der **Umweltrisiken**[1003] wird typischerweise ein besonderer Schwerpunkt auf **Klimarisiken** gelegt und diese weiter differenziert. Hierbei werden Risiken, die unmittelbar durch Veränderungen des Klimas entstehen, üblicherweise als **physische Risiken** bezeichnet. Risiken, welche aus Gegenmaßnah-

---

1001 Der Begriff Risikotreiber soll hier im eigentlichen Wortsinn verstanden werden, er wird im Rahmen von These 2 detailliert in den Kontext der Risikoinventur gesetzt.
1002 Vgl. *BaFin* (2019a) und *EBA* (2020f). Nachhaltigkeitsrisiken, engl. ESG risks – Environmental, Social and Governance.
1003 Eine Abgrenzung dieser Risikokategorien von Nachhaltigkeitsrisiken ist in Kapitel A.V dieses Herausgeberbandes zu finden.

men zum Klimawandel entstehen, werden hingegen in der Literatur als **transitorische Risiken** zusammengefasst.[1004] Eine beispielhafte, nicht vollständige Liste physischer Klimarisikotreiber ist in Tabelle D.1 aufgeführt, während Tabelle D.2 Beispiele für transitorische Klimarisikotreiber gibt. Tabelle D.3 zählt darüber hinaus Beispiele für sonstige Umweltrisiken auf.

PHYSISCHE TREIBER	ERLÄUTERNDE BEISPIELE
Folgen langfristiger Wetterveränderung (Klimawandel)	Erhöhung der Durchschnittstemperatur und daraus resultierende chronische Effekte, wie z. B.
	Erhöhung des Meeresspiegels und daraus resultierend bspw. Unbewohnbarkeit von Deltaküsten und Gefährdung von Sandküsten
	Veränderung der Niederschlagsmengen, Lufttemperatur und der Wassertemperatur
	Wüstenbildung
Extreme Wetterereignisse	Wetterereignisse mit akuter Auswirkung auf bspw. Produktionsstandorte, z. B.: Tropische Wirbelstürme/Taifune; Überflutungen; (Winter-)Stürme; Hitze- und Kältewellen; Dürren; Waldbrände; Hagelstürme; Starkregen; weitere Naturkatastrophen
...	...

Tabelle D.1: Beispielhafte Risikotreiber aus physischen Klimarisiken (Quelle: eigene Darstellung)

1004 Diese Definition physischer und transitorischer Klimarisiken hat sich in Literatur und Regularien etabliert. Diese Unterscheidung kann unter Umständen irreführend sein, da physische Treiber auch *transitorische Effekte*, im Sinne einer langfristigen Veränderung, mit sich bringen können – wie z. B. die Umsiedlungen von Menschen und Produktionsstandorten aufgrund steigender Meeresspiegel oder die Umfokussierung auf bestimmte Agrarprodukte aufgrund steigender Temperaturen.

TRANSITORISCHE TREIBER	ERLÄUTERNDE BEISPIELE
Regulatorische/rechtliche Änderung der öffentlichen Ordnung	Änderung der regulatorischen bzw. rechtlichen Rahmenbedingungen: Politik der Energiewende (z. B. Kohleausstieg oder Atomausstieg, Abkehr vom Verbrennungsmotor) Erhöhung von CO_2-Emissionspreisen Erhöhte Anforderungen an den Umweltschutz (z. B. Verordnungen und Richtlinien zur Kontrolle der Umweltverschmutzung wie die Düngeverordnung) und an die Ressourcenschonung (z. B. Anpassung des Energieeffizienzstandards) Erhöhtes rechtliches Risiko (z. B. Gerichtsprozesse und Entzug von Lizenzen bei Verstößen gegen Emissions- und Umweltauflagen)
Änderung des Konsumentenverhaltens	Z. B. sinkende Nachfrage nach Produkten, die als klima- bzw. umweltschädlich gelten
Technologische Veränderungen & disruptive Geschäftsmodelle	Änderung des Nachfrageverhaltens von Kunden auf Grund technologische Veränderung und sonstiger neuer Geschäftsmodelle, die den ökologischen Fußabdruck verbessern und damit Absatzmärkte verändern bzw. Umstellungskosten generieren, z. B. Alternative Antriebe (Elektro, Solar, Wasserstoff, etc.) und deren industrieller Nutzbarmachung Energiesparende Technologien Technologien zur Kostensenkung bei der Erschließung »grüner« Energiequellen (Solar, Wind, Wasserkraft etc.) Virtuelle Meetings vs. Geschäftsreisen Vertikale Landwirtschaft
…	…

Tabelle D.2: Beispielhafte Risikotreiber aus transitorischen Klimarisiken

Dazu vorweg eine Randnotiz: Nicht alle Risikotreiber sind vollkommen neu. Insbesondere (Rück-)Versicherer haben gerade mit physischen Klimarisiken umfangreiche Erfahrungen gesammelt, selbst wenn auch sie der Klimawandel vor neue Herausforderungen stellt. Nichtsdestotrotz können Banken für die Treiberinventarisierung gegebenenfalls auf die Erfahrungen der Versicherer zurückgreifen. [1086]

SONSTIGE UMWELTRISIKOTREIBER	ERLÄUTERNDE BEISPIELE
Verschmutzungen von Ökosystemen	Verschmutzungen von Ökosystemen mit schleichenden Auswirkungen wie bspw. Bodendegradation und Umweltverschmutzung (Wasserverschmutzung durch Überdüngung)
	Verschmutzungen von Ökosystemen mit akuter Auswirkung wie bspw. Umweltunfälle (Wasserverschmutzung durch Ölkatastrophen)
Menschengemachte Veränderung der Vegetation	Abholzung und daraus resultierende schleichende Effekte wie das Abwandern von Völkern aufgrund der Zerstörung der Lebensgrundlage (mit Verknüpfung zu Sozialrisiken) und Verringerung des Kohlenstoffspeicherpotenzials (Verknüpfung zu physischen Klimarisiken)
	Zunehmende Wüstenbildung ausgelöst durch Überweidung, Übernutzung und Entwaldung in Trockengebieten
	Verlust der biologischen Vielfalt (Biodiversität)
Ressourcenknappheit	Wassermangel, Seltene Erden, Lithium
…	…

Tabelle D.3: Beispielhafte Risikotreiber aus sonstigen Umweltrisiken (Quelle: eigene Darstellung)

SOZIALTREIBER	ERLÄUTERNDE BEISPIELE
Verletzung von Arbeitsstandards/unzureichende Gesundheit und Sicherheit	Nichteinhaltung geltender Standards, z. B.:
	Verletzung der Menschenrechte, Kinderarbeit, Zwangsarbeit und Schuldknechtschaft
	Fehlende Arbeitssicherheit und Gesundheitsschutz
	Fragwürdige Arbeitsbedingungen
	Fehlende Datensicherheit (z. B. Personal)
Produkt(-sicherheit) und Verbraucherschutz	Wandel von Produkten in der gesellschaftlichen Wahrnehmung (z. B. umstrittene Produkte wie Waffen, Glücksspiel, Tabak und Atomenergie)
	Produkthaftung
	Mangelnde Gewährleistung der Produktsicherheit
	Unsicherheiten bzgl. Verbraucherschutz (z. B. fehlende Vertraulichkeit und Datenschutz)
Diskriminierung oder Gefährdung von Kulturen und Ethnien	Fragwürdiger Umgang mit anderen Ethnien (z. B. indigene Völker) sowie deren Werten und Kultur
	Fehlender Schutz von Kulturgütern und Traditionen
	Fragwürdiger Umgang mit ortsansässigen Gemeinschaften
Gesellschaftlicher Wandel	Flucht- und Migrationsbewegungen
	Demographische Entwicklungen, soziale Schichtung und sozialer Zusammenhalt
	Änderung der Arbeitskultur
	Politische Instabilität
	Soziale und politische Konflikte aufgrund von Ressourcenknappheit (z. B. Wasser)
	Steigender Nationalismus
	Steigende Armut
…	…

Tabelle D.4: Beispielhafte Risikotreiber aus Sozialrisiken (Quelle: eigene Darstellung)

1087 **Sozialrisiken** sind Risiken im Zusammenhang mit der Beeinträchtigung des Wohlergehens, der Interessen und der Rechte von Gesellschaften und Personengruppen. Beispiele für praxisrelevante Risikotreiber sind in Tabelle D.4 aufgeführt. **Governancerisiken** befassen sich mit der Beziehung der Unternehmen zu unterschiedlichen Stakeholdern sowie den Grundsätzen der Unternehmensführung, insbesondere den Kontroll- und Leitungsstrukturen bzw. -gremien von Unternehmen.[1005] In Tabelle D.5 werden typische Beispiele für Risikotreiber aus Governancerisiken aufgezählt.

GOVERNANCE-TREIBER	ERLÄUTERNDE BEISPIELE
Mangelhafte Governance	Mängel in der Corporate Governance des Unternehmens, z. B.:
	Unangemessene Vergütung von Exekutivorganen
	Einseitige Eigentümerstruktur
	Fragwürdige Unternehmenswerte und -leitlinien
	Intransparenter Offenlegungsprozess
	Mangelhaftes internes Kontroll- und Risikomanagementsystem
	Fehlende effektive Kontroll- und Aufsichtsarbeiten in den Gremien
	Mängel im Stakeholdermanagement
Fragwürdiges unternehmerisches Handeln	Fragwürdiges unternehmerisches Handeln im eigenen Institut, aber auch bei Kontrahenten, z. B.:
	Steuerhinterziehung
	Wettbewerbswidrige Verhaltensweisen
	Bestechung und Korruption
	Mangelhafter Datenschutz
	Intransparente Entscheidungen
	Mangelnder Austausch mit Interessensgruppen
	Fehlende gelebte Risikokultur
	Hohe Managementfluktuation
	Fragwürdiges Managementverhalten und -motivation
	Kein gesetzeskonformes Verhalten
...	...

Tabelle D.5: Beispielhafte Risikotreiber aus governancebezogenen Risiken (Quelle: eigene Darstellung)

1005 Vgl. dazu auch die Diskussion dieser Risiken in Kapitel A.V dieses Herausgeberbandes.

1088 Im Wesentlichen gibt es Treiber in den beiden Kategorien, die direkt auf die Bank wirken, andere Treiber wirken eher auf deren Kontrahenten bzw. Kreditnehmer und damit indirekt auf die Bank. Größtenteils materialisieren sich diese Treiber in der Reputation der Bank selbst als auch der Reputation des Kreditnehmers.

1089 Die oben genannten Beispiele zeigen, wie vielschichtig und mannigfaltig Nachhaltigkeitsrisikotreiber sind. Die Auswirkungen und Bedrohungspotenziale dieser Nachhaltigkeitsrisikotreiber werden im Nachfolgenden grob skizziert und anhand beispielhafter **Wirkungsketten** konkretisiert und vertieft.[1006] Die Risikotreiber können dabei sowohl zu direkten **finanziellen Auswirkungen führen** als auch über Einschränkungen in der **Betriebskontinuität** indirekt auf das Geschäftsmodell wirken.

aa) Auswirkungen physische Klimarisikotreiber

1090 Physische Klimarisikotreiber können direkte und indirekte Auswirkungen auf eine Bank haben. **Direkte Auswirkungen** können beispielsweise Schäden und Wertverluste an eigenen Aktiva (z. B. Eigentum, Filialen und Rechenzentren) und die unter anderem dadurch resultierende Beeinträchtigung der eigenen Geschäftstätigkeit sein. **Indirekte Auswirkungen** können jedoch im größeren Maße Einfluss auf das Risikoprofil einer Bank haben; so entsteht durch physische Klimarisikotreiber z. B. das erhöhte Risiko von Kreditausfälle in besonders anfälligen Sektoren oder Regionen. Infolge physischer Klimarisiken kann es auch zur Abwertung von Sicherheiten kommen, was wiederum Einfluss auf Modellgrößen wie LGD und PD hat.

1091 Physische Klimarisiken können in einzelnen Regionen zu massiven Auswirkungen für die Bevölkerung und Wirtschaft führen. Als Beispiel sei Bangladesch genannt: Der Anstieg des Meeresspiegels[1007] um einen Meter könnte Bangladesch 20 % seiner Fläche kosten. Experten erwarten dadurch bis zu 20 Millionen Klimaflüchtlinge in den nächsten zehn Jahren.[1008] Neben dem

---

1006 Für eine Vielzahl weiterer Wirkungsketten vgl. *NGFS* (2020e).
1007 Der zukünftige Anstieg des weltweit mittleren Meeresspiegels (Global Mean Sea Level, GMSL), der durch thermische Ausdehnung, das Abschmelzen von Gletschern und Eisschilden und Änderungen der Landwasserspeicherung verursacht wird, hängt stark davon ab, welches RCP-Emissionsszenario (Representative Concentration Pathway, RCP) verfolgt wird. Das GMSL wird bis 2100 zwischen 0,43 m (0,29-0,59 m, wahrscheinlicher Bereich; RCP2,6) und 0,84 m (0,61-1,10 m, wahrscheinlicher Bereich; RCP8,5) gegenüber 1986-2005 mit mittlerer Wahrscheinlichkeit ansteigen. Die Szenarien nennen einen Mittelwert der mittleren Erdoberflächentemperatur von 1.0°C (0.3°C–1.7°C, wahrscheinlicher Bereich; RCP2,6) und 3.7°C (2.6°C–4.8°C, wahrscheinlicher Bereich; RCP8,5). Vgl. *ICCP* (2019).
1008 Vgl. *Leidholdt* (2016).

chronischen Anstieg des Meeresspiegels litt diese Region bereits mehrfach auch unter abrupten Ereignissen wie beispielsweise Zyklonen.[1009] Die lokale Wirtschaft in Bangladesch ist geprägt von der Textilindustrie, so kommen fast 80% der Exporteinnahmen aus dem internationalen Verkauf von Textilien und der Textilsektor macht in etwa 17 % des BIPs aus.[1010] Die lokalen Auswirkungen sind offensichtlich. Jedoch kann die Beeinträchtigung des Produktionsstandorts auch Auswirkungen auf die globale Ökonomie haben. Eine Vielzahl an Mode- und Discountketten, auch in Deutschland, beziehen Waren aus Bangladesch, in Teilen sogar nahezu ein Drittel der Gesamtware.[1011] Es kann zu Umsatzeinbußen bei entsprechenden Unternehmen durch fehlende Waren kommen. Für Kreditnehmer in der Textilbranche, deren Waren vermehrt aus Bangladesch kommen, kann somit die Wahrscheinlichkeit des Ausfalls erhöht sein. Auswirkungen auf die Textilindustrie zeichneten sich zuletzt auch in 2020 ab, wo durch einen Zyklon im Mai in Kombination mit COVID-19 sogar eine humanitäre Katastrophe drohte.[1012] Ähnliche Auswirkungen drohen für viele Küstenregionen weltweit, auch wenn die humanitären Auswirkungen ggf. durch massive Investitionen in die Infrastruktur abgemildert werden können.

Ein weiterer wesentlicher Aspekt von physischen Klimarisiken sind daraus resultierende Veränderungen von Angebot und Nachfrage und damit verbundenen Markterwartungen, die zu plötzlichen Preisanpassungen, höherer Volatilität und Verlusten bei den Vermögenswerten führen können. Banken sollten hierbei nicht nur die direkten Auswirkungen auf ihre Aktiva und Geschäftspartner im Auge haben, sondern auch den Einfluss auf ihre strategische Ausrichtung und ihre Geschäftsrisiken betrachten.[1013] Geschäftsrisiken können zum Beispiel dann materialisieren, wenn infolge vom Mitigationsmaßnahmen Kredite nicht prolongiert werden, um die oben aufgeführten durch physische Risiken bedingten Ausfälle zu vermeiden. 1092

In der Praxis können die oben aufgeführten physischen Klimarisikotreiber über sehr unterschiedliche Kausalketten und Wirkungsmechanismen auf das Risikoprofil einer Bank wirken – ein Beispiel für physische Klimarisikotreiber und entsprechende Wirkungsketten ist in Abbildung D.12 skizziert. 1093

1009 Vgl. *Köpcke* (2016) und *Tagesschau* (2020).
1010 Vgl. *Brühl* (2013) und *GIZ* (2016).
1011 Vgl. *KIK* (2020).
1012 Vgl. *Musch-Borowska* (2020).
1013 Vgl. dazu auch die Ausführungen zu These 4 dieses Kapitels.

NACHHALTIGKEIT IN DER RISIKOSTEUERUNG

Das UN-Nachhaltigkeitsziel „13 - Maßnahmen zum Klimaschutz" unterstützt bei der Ableitung des physischen Klimarisikotreibers „Extreme Wetterereignisse - Hitzewellen".

Elemente einer möglichen Wirkungskette:

Hitzewellen führen zu Geschäftsunterbrechungen bei Produktionsbetrieben. Dies kann beispielsweise durch Kühlwassermangel bei Niedrigwasser in Flüssen ausgelöst werden.

Geschäftsunterbrechungen in diesen Produktionsbetrieben führen zu einem Produktionsrückgang und entsprechend verringerten Erträgen bei einer weitestgehend gleichbleibenden Kostenbasis.

Die daraus resultierende Verringerung der Profitabilität erhöht die Wahrscheinlichkeit von Kreditausfällen.

Sofern diese Unternehmen signifikante Outsourcingleistungen für eine Bank erbringen, kann deren Ausfall auch zu einer Unterbrechung der Dienstleistungserbringung der Bank führen.

Abbildung D.12: Illustrative Wirkungskette ausgehend von Hitzewellen als Beispiel für einen Risikotreiber der Kategorie »physischer Klimarisikotreiber« (Quelle: eigene Darstellung)

bb) Auswirkungen transitorische Klimarisikotreiber

1094 Transitorische Klimarisikotreiber können den mittelfristigen Umbau ganzer Wirtschaftszweige verursachen. Ein klassisches Beispiel für einen solchen Wandel ist die Abkehr vom Verbrennungsmotor in führenden Industrienationen. Sie führt zu drastischen Verschiebungen in Märkten und Lieferketten. Während bestimmte Autohersteller durch den rechtzeitigen Wechsel auf alternative Antriebe als Gewinner aus einer solchen Veränderung hervorgehen können, stehen spezialisierte Zulieferer oft vor massiven Herausforderungen. Ein Zulieferer, der beispielsweise primär Einspritzdüsen für Dieselmotoren herstellt, hat in einem solchen Szenario kein zukunftsfähiges Geschäftsmodell mehr – die Auswirkungen auf Kreditnehmer dieser Branche sind in diesem Fall leicht zu erkennen.

1095 Neben fiskalischen Änderungen wie die politisch gewollte Abkehr vom Verbrennungsmotor können auch direkte regulatorische oder gesetzliche Änderungen zu erheblichem Anpassungsbedarf in einzelnen Sektoren führen. Ein Beispiel dafür ist die Erhöhungen von Energieeffizienzstandards u. a. von Gebäuden. Diese führen direkt zu einer Wertverringerung nichtkonformer Immobilien bzw. zu erheblichem Investitionsbedarf – der entsprechende Kapital- und Liquiditätsbedarf belastet die betroffenen Entwicklungsprojekte und Unternehmen und kann bis zu deren Ausfall führen, bei gleichzeitigem Wertverfall der besichernden Immobilien.[1014]

Transitorische Treiber wirken oft auch abrupt und können zu einer beobachtbaren Neubewertung von Wertpapieren führen. Beispielsweise führte der Beschluss zum Kohleausstieg dazu, dass Kohlekraftwerke deutliche Wertverluste erlitten und es auch zu Abwertungen von Aktien der Betreiber kam. So musste sich RWE 2014 erstmals in der Nachkriegsgeschichte vor seinen Aktionären für Verluste rechtfertigen. 2015 wurden keine Dividenden ausgezahlt.[1015] Der damalige RWE-Chef Peter Terium fasste die Situation in der Hauptversammlung wie folgt zusammen: »Wer heutzutage in Westeuropa ein konventionelles Kraftwerk betreibt, hat ein Problem. […] Stark subventionierter Solarstrom drängt Kohle- und Gaskraftwerke aus dem Markt.«[1016] Die finanziellen Auswirkungen wurden nicht nur für den Energiekonzern als solchen spürbar, sondern auch für viele Kommunen, da diese sich vielerorts über Dividenden des Energieriesen finanzieren.[1017]

1096

1014 Vgl. *EZB* (2020a) und *RWE* (2015).
1015 Vgl. *RWE* (2015); am 25.09.2015 erreichte die RWE-Aktie ein Tief von 9,67 EUR, ein Wertverlust von mehr als 60 % im Vergleich zum Juni 2014.
1016 Vgl. *Schaal* (2014). RWE war gezwungen das quasi fabrikneue Gaskraftwerk Claus C wieder vom Netz zu nehmen – nach nicht einmal zwei Jahren im Betrieb.
1017 Vgl. *Böll* (2020) und *Blume* (2014).

NACHHALTIGKEIT IN DER RISIKOSTEUERUNG

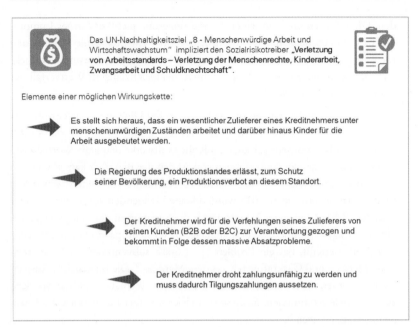

Abbildung D.13: Illustrative Wirkungskette ausgehend von Kinderarbeit als Beispiel für einen Risikotreiber der Kategorie »Sozialrisiken« (Quelle: eigene Darstellung)

cc) Auswirkungen von Sozial- und Governancerisikotreiber

1097 Auch Sozial- und Governancerisikotreiber können **finanzielle Auswirkungen** haben, und damit auch direkt oder indirekt insbesondere über Kredit- und Reputationsrisiken auf Finanzinstitute wirken. Die exemplarische Wirkungskette in Abbildung D.13 veranschaulicht dies.

1098 Nachhaltigkeitsrisikotreiber sind in hohem Maße geschäftsmodellspezifisch. Deshalb ist es umso wichtiger, im Rahmen der Risikoinventur nicht nur eine Liste der Risikotreiber zu erstellen, sondern insbesondere eine detaillierte Analyse der Wirkungsketten der materiellen Treiber durchzuführen – nur so können Nachhaltigkeitsrisikotreiber letztendlich erfolgreich in den Risikomanagementkreislauf integriert werden.

1099 Nachhaltigkeitsrisiken und ihre Wirkung sind höchst facettenreich, wie durch die hier aufgeführten Beispiele von Nachhaltigkeitsrisikotreibern und ihren Wirkungsketten illustriert. Die UN-Nachhaltigkeitsziele können dabei helfen, das vielfältige Treiberspektrum aufzuspannen. Die Schaffung von Transparenz bezüglich dieses Spektrums, spezifisch für das eigene Geschäftsmodell eines

Finanzinstituts, ist ein erster Schritt für eine angemessene Berücksichtigung von Nachhaltigkeitsrisiken in der Risikoinventur. Hierbei hilft das Ableiten dezidierter Wirkungsketten bei einer ersten Analyse der Bedrohungspotenziale für das eigene Geschäft.

b) These 2: Nachhaltigkeitsrisiken liegen »quer« zu klassischen Risikoarten

Nachhaltigkeitsrisiken liegen quer zu klassischen Risikoarten – Anlass, Risikotreiber stärker in der Risikoinventur zu verankern

Nachhaltigkeitsrisiken materialisieren sich, wie im Zusammenhang mit These 1 bereits erörtert wurde, entlang von Wirkungsketten auf klassische Risikoarten (z. B. Adressenausfallrisiken). Aus der Perspektive einer risikoartenzentrierten Risikoinventur ergibt sich daher insbesondere dann eine Herausforderung, wenn diese klassischen Risikoarten bereits zuvor als wesentlich klassifiziert wurden, da in diesem Fall kein unmittelbarer Erkenntnisgewinn entsteht. Um dieser Herausforderung zu begegnen, wird die Wirkung von Nachhaltigkeitsrisiken auf das Risikoprofil der Bank auch losgelöst von Risikoarten betrachtet. In der Praxis haben sich daher Risikoinventuransätze entwickelt, die neben den Risikoarten bzw. den mit diesen verknüpften **Risikofaktoren** zusätzlich auch **Risikotreiber** betrachten. Solche Ansätze sind dann besonders geeignet, wenn komplexe Geschehnisse, wie z. B. gesamtwirtschaftliche oder politische Entwicklungen bewertet werden müssen.[1018]

Risikotreiber beschreiben in diesem Zusammenhang sowohl bankinterne als auch externe Ereignisse bzw. Trends, aus denen negative Auswirkungen auf das Institut resultieren können. Typische Risikotreiber sind neben den verschiedenen Nachhaltigkeitsrisiken beispielsweise Rezessionen, eine globale Pandemie wie COVID-19, langanhaltende Niedrigzinsen oder auch die Folgen der Digitalisierung oder die der Deglobalisierung.

Um die Auswirkung solcher Risikotreiber auf die Steuerungsgrößen der Bank zu analysieren, bedarf es eines Zwischenschrittes. Dieser erfolgt anhand einer Untersuchung der Wirkungsmechanismen der Risikotreiber auf **Risikofaktoren**, die in der Regel quantitativ messbare Größen beschreiben und auch zur Messung von Risiken, z. B. mittels Value at Risk (VaR), ökonomischem Kapital (EC) oder auch in Stresstests, eingesetzt werden. Typischerweise handelt es sich

---

1018 Vor dem Hintergrund des in der Praxis oft sehr unterschiedlichen Sprachgebrauchs werden die Begriffe »Risikotreiber« und »Risikofaktor« in den nachfolgenden Abschnitten präzisiert.

dabei um finanzwirtschaftliche Größen, wie z. B. Kreditausfallwahrscheinlichkeiten, Aktienkurse, Rohstoffpreise und Volatilitäten sowie operationelle Größen, wie z. B. Schadens- bzw. Disruptionsfrequenzen und Schadenshöhen.

1103 Im Rahmen einer **treiberbasierten Risikoinventur** findet neben der klassischen Betrachtung von Risikofaktoren und -arten auch eine Betrachtung von Risikotreibern statt. Dabei wird insbesondere analysiert, wie Risikotreiber auf Risikofaktoren wirken und welche Effekte dies auf die Steuerungsgrößen der Bank hat. Dieser Ansatz erlaubt es, Veränderungen des Risikoprofils infolge neuartiger Risiken zu erkennen und in der Risikosteuerung zu berücksichtigen – auch wenn sich diese Risiken letztlich in bekannten Risikoarten materialisieren. Zudem stößt ein solcher Ansatz auch die notwendige Überprüfung der oben genannten Instrumente der Risikomessung an.

1104 Ebenso sind Risikotreiber geeignet, um Risikokonzentrationen, die auf relevante Gefahren und Schwachstellen der Bank hinweisen, offenzulegen. Die so gewonnen Erkenntnisse können auf dieser Basis systematisch in das Stresstest-Framework überführt werden. Besonders aufschlussreich ist es dabei, auch eine zukunftsgerichtete Perspektive einzunehmen und nicht nur auf historische Treiber bzw. deren historische Wirkung auf Risikofaktoren und Steuerungsgrößen abzustellen. Dies gilt insbesondere für Klimarisiken, deren Bedeutung drastisch zugenommen hat.

1105 Die Einbindung und die zukunftsorientierte Betrachtung von Risikotreibern in der Risikoinventur ist grundsätzlich nicht neu, ihre Relevanz wird aber insbesondere bei der Auseinandersetzung mit neu aufkommenden Risiken, wie nun im Falle der Nachhaltigkeitsrisiken, stärker unterstrichen.

1106 Von dieser Vorgehensweise abzugrenzen ist der methodisch simplere Ansatz der rein **faktorbasierten Risikoinventur**. Dabei wird auf die Überleitung von Risikotreibern zu Risikofaktoren verzichtet und lediglich auf die Reagibilität der Steuerungsgrößen gegenüber den Faktoren abgestellt. Gegenüber der treiberbasierten Variante weist diese Form der Risikoinventur jedoch entscheidende Nachteile auf. So ist ohne die Zuhilfenahme von Risikotreibern unklar, welche Auslenkungen von Risikofaktoren in der Zukunft angesichts schlagend werdender Nachhaltigkeitsrisiken möglich sind. Zeitreihenanalysen von Risikofaktoren sind in diesem Zusammenhang nur bedingt hilfreich, da die in der Vergangenheit beobachteten Schwankungen möglicherweise nicht repräsentativ für die Zukunft sind. Außerdem stellt sich in der Praxis oft heraus, dass ein faktorbasierter Ansatz zu »Silodenken« innerhalb einzelner Risikoarten führen kann.

Beispielsweise schätzt die OECD, dass durch einen mittleren Temperaturanstieg von einem Grad Celsius ca. 60 Prozent der heutigen Wintersportgebiete in Deutschland keinen Schnee mehr erwarten können.[1019] Dies birgt das Risiko einer drastischen Erhöhung von Ausfallraten in der in diesen Regionen ansässigen Gastronomie und Hotellerie. In Regionen, in denen die Wirtschaftsleistung stark vom Tourismus abhängt, kann dies über Zweitrundeneffekte letztlich zu einer Abwanderung der Bevölkerung führen, die selbst konjunkturresistente Wirtschaftszweige wie den Lebensmitteleinzelhandel bedroht. Derart flächendeckende und nachhaltige Veränderungen des Risikoprofils lassen sich in aller Regel aus einem Blick in die Vergangenheit, oder aus einem Blick auf einzelne, bekannte Risikoarten, nicht unmittelbar schlussfolgern.

Angesichts der in These 1 illustrierten Vielfältigkeit und komplexen Wirkung von Nachhaltigkeitsrisiken zeichnet sich die mangelnde Zukunftsfähigkeit einer rein faktorbasierten Risikoinventur klar ab. Eine moderner Risikoinventur muss deshalb auch – unter Ergänzung einer Betrachtung von Risikotreibern – eine zukunftsgerichtete und risikoartenübergreifende Perspektive einnehmen, um die Wirkung aufkommender Risiken auf das individuelle Risikoprofil vollumfänglich abbilden zu können.

c) These 3: Nachhaltigkeitsrisiken wirken über den ICAAP-Risikohorizont hinaus

Nachhaltigkeitsrisiken wirken über den ICAAP-Horizont hinaus – eine Differenzierung von Zeitskalen wird notwendig

Der im August 2020 veröffentlichte »ECB report on banks' ICAAP practices«[1020] stellt fest, dass die Risikoinventur bei vielen Finanzinstituten in Europa nur auf einen kurzfristigen Zeitraum fokussiert. Insbesondere wenden nur ein Drittel aller Banken unter EZB-Aufsicht eine **vorausschauende Perspektive in der Risikoinventur** an. Vorausschauende Perspektiven in der Risikoinventur beziehen sich zudem meist auf typische Zeithorizonte des normativen ICAAP, das heißt drei bis fünf Jahre.

Spätestens mit der steigenden Relevanz von Nachhaltigkeitsrisiken ist eine solche Betrachtung in der Risikoinventur zu kurzsichtig, um dem Anspruch an ein ganzheitliches Risikomanagement gerecht zu werden. Beispielsweise werden Unterschiede in der Wirkung verschiedener Szenarien zu **Klimarisiken** erst auf

---

1019 Vgl. *OECD* (2007).
1020 Vgl. *EZB* (2020e).

Zeithorizonten zwischen 20 und 80 Jahren sichtbar. Eine Möglichkeit, solch langfristige Risiken angemessen in der Risikoinventur zu berücksichtigen, ist die Differenzierung der Ergebnisse der Inventur bezüglich des Zeithorizonts. Beispielsweise können in der Praxis bei der Wesentlichkeitsanalyse drei Typen von Risikotreibern unterschieden werden:

I. Risikotreiber, die kurzfristig und innerhalb des typischen ICAAP-Horizonts von drei bis fünf Jahren wirken

II. Risikotreiber, die langfristig wirken, aber perspektivisch Typ I zugeordnet werden können

III. Risikotreiber, die sehr langfristig und schleichend wirken, und deren Wechsel zu Typ I nicht absehbar ist

1111 Risikotreiber des Typs I können innerhalb des Horizonts des normativen ICAAP materielle Effekte verursachen und sind somit vollständig in den Szenarien und der Risikomessung zu berücksichtigen. Hierunter fallen die meisten bereits bekannten Risikotreiber. Treiber des Typs II und III sind auf dem klassischen ICAAP-Horizont nicht sichtbar.

1112 Treiber des Typs II werden, per Definition, mittelfristig innerhalb des ICAAP Horizonts relevant, und dort durch bestehende Indikatoren und Prozesse typischerweise auch erfasst. Allerdings erfordert diese Art von Treibern eine stark vorausschauende Sicht: Steuerung und Mitigation der verbundenen Risiken kann schon vor dem Eintritt in den ICAAP-Horizont nötig sein. Somit sind Treiber des Typs II, beispielsweise mittels einer Watchlist, fortlaufend auf ihren Wirkungshorizont und die Effektivität von Steuerungs- und Mitigationsmaßnahmen hin zu überprüfen.[1021] Ein konkretes Beispiel für diesen Typ: Auswirkungen von politischen und regulatorischen Maßnahmen gegen den Klimawandel, wie eine erhöhte CO_2-Steuer, sind zwar erwartungsgemäß für die meisten Institute innerhalb der nächsten 3-5 Jahre nicht wesentlich, können aber wenige Jahre später in vielen Portfolien, insbesondere in exponierten Branchen, schlagend werden. Deshalb sollte der Risikotreiber »Anstieg der CO_2-Steuer« schon jetzt in die Risikoinventur miteinbezogen werden, und seine Auswirkungen mithilfe von Szenarioanalysen[1022] quantifiziert werden.

1113 Bei Risikotreibern des Typs III handelt es sich um solche, die schon frühzeitig sichtbar sind, aber lange Zeit keine materielle Auswirkung auf das Geschäftsmodell und die finanziellen Kennzahlen haben. Wenn materielle Auswirkungen

---

[1021] Vgl. zum Thema Mitigationsstrategien auch die Erörterungen in These 4 dieses Kapitels, insbesondere vor dem Hintergrund langer Wirkungshorizonte.
[1022] Vgl. auch die detaillierte Diskussion von Nachhaltigkeitsrisiken im Stresstesting in Kapitel D.V dieses Herausgeberbandes.

auf die finanziellen Kennzahlen sichtbar werden, kann es für das Gegensteuern möglicherweise zu spät sein, da das Materialisieren der Gegenmaßnahme oftmals einen ähnlich langfristigen Zeithorizont benötigt. Diese Erkenntnis, verknüpft mit vorausschauender Überwachung unter **Berücksichtigung der Wirkungsdauer** von Gegenmaßnahmen, ermöglicht auch für diese Art von Treibern eine konsistente Berücksichtigung in Strategie- und Risikomanagementprozessen. Risikotreiber dieses Typs sind nicht ausschließlich im Bereich der Nachhaltigkeitsrisiken zu finden: die Alterung des eigenen Kundenstamms aufgrund des demographischen Wandels, beispielsweise, ist ein klassisches Beispiel für einen Risikotreiber des Typs III. Im Bereich der physischen Klimarisiken, allerdings, sind viele prominente Beispiele für Risikotreiber diesem Typ zuzuordnen. Zum Beispiel die zunehmende Frequenz verheerender Stürme oder Überschwemmungen zieht schleichend finanzielle Konsequenzen mit sich, die sich über viele Jahre materialisieren können, bevor die Ursache auf eine strukturelle Veränderung des Klimas zurückgeführt wird, anstatt auf ein weiteres »schlechtes Jahr«.

Die hier aufgeführte, beispielhafte Differenzierung von Risikotreiber ermöglicht, die unterschiedliche Wirkungsweise der Typen hinreichend differenziert zu analysieren und auch für langfristig wirkende Risikotreiber Wesentlichkeits- und Risikomessungskonzepte zu entwickeln. Hierbei kommt es insbesondere darauf an, dass bei der Definition von Wesentlichkeit auch der Zeithorizont benötigter Mitigationsmaßnahmen berücksichtigt wird. So wird die notwendige Transparenz geschaffen, um die weitere, differenzierte Verarbeitung der identifizierten Risikotreiber im Risikomanagement-Framework zu gewährleisten.

d) These 4: Mitigationsstrategien als Anwendungsfall für Brutto- und Nettosicht

Mitigationsstrategien für Nachhaltigkeitsrisiken auf dem Prüfstand – ein sinnvoller Anwendungsfall für die von der EZB geforderte Brutto- und Nettosicht in der Risikoinventur

Die Inventarisierung und regelmäßige Überprüfung mitigierender Maßnahmen und Techniken ist zentraler Bestandteil des Risikomanagement-Frameworks und eng verzahnt mit den Ergebnissen der Risikoinventur. Diese Ansicht vertritt auch die EZB, die gemäß dem »ECB Guide to the internal capital adequacy assessment process«[1023] eine differenzierte Betrachtung von Brutto- und Nettorisiken in der Risikoinventur verlangt. Das Ziel hiervon ist zweierlei:

1. Sicherstellung, dass alle Bruttorisiken gemanagt werden – inklusive Risikostrategie, Limitierung und Überwachung der Strategie und ggf. definierter Vorgaben zur **Risikomitigation**, Überprüfung der Wirksamkeit der Mitigation, etc.
2. Sicherstellung, dass zusätzliche Risiken aus Mitigationsmaßnahmen erkannt und ebenfalls gemanagt werden.

1116 Ein klassisches Beispiel für solche Zweitrundeneffekte: In der Bruttosicht sind operationelle Risiken aus der Beschädigung, Unbrauchbarkeit oder Zerstörung von Bürogebäuden und Rechenzentren unabhängig von einer entsprechenden Schadensversicherung auf ihre Wesentlichkeit hin zu beurteilen. Aus dem Versicherungsverhältnis resultierende Kontrahentenrisiken oder aber Verlängerungsrisiken[1024] werden ebenfalls in die Risikoinventur miteinbezogen.

1117 Obwohl die Ziele der differenzierten Betrachtung nachvollziehbar sind, hat diese in der Praxis gerade bei den etablierten Risiken oft zu wenig neuen Erkenntnissen geführt, sodass der Mehrwert schnell hinterfragt wird. Bei neuartigen, »emerging« Risiken wie Klimarisiken und Nachhaltigkeitsrisiken insgesamt, spielt das Konzept jedoch seine Stärke aus und hilft alle Aspekte dieser Risiken zu erfassen.

1118 Ein illustratives Beispiel hierfür: Eine typische **Mitigationstechnik** im Rahmen der Immobilienfinanzierung besteht in der Verpflichtung des Kreditnehmers, die Immobiliensicherheit gegen Elementargefahren zu versichern. Gegebenenfalls ist in den Kreditbedingungen festgehalten, dass der Kreditvertrag bankseitig gekündigt werden kann, wenn kein Versicherungsschutz mehr besteht. Diese Mitigation kann allerdings unwirksam werden, wenn das Objekt z. B. wegen eines steigenden Meeresspiegels nicht mehr versicherbar ist und der Kreditnehmer den Kredit nicht mehr zurückzahlen kann, weil die Immobilie aus dem gleichen Grund wertlos geworden ist. Dies verdeutlicht, wie die gezielte Analyse von Mitigationsstrategien helfen kann, materielle Risikotreiber zu erkennen, die auf den ersten Blick als nicht relevant erscheinen.

1119 Ähnliche Überlegungen ergeben sich bezüglich Mitigationstechniken für transitorische Klimarisiken, z. B. bei der Verkürzung von Laufzeiten in Portfolien:

1023 Vgl. *EZB* (2020e).
1024 Risiken, die daraus resultieren, dass ein (ggf. kurzlaufender) Versicherungsvertrag nicht oder nur zu deutlich schlechteren Konditionen (Preis, Risikoabdeckung) verlängert werden kann.

Um langfristig wirkenden Risiken zu mitigieren[1025], wie beispielsweise das erhöhte Ausfallrisiko CO_2-intensiver Kontrahenten bei einem Preisanstieg von CO_2-Emissionen, können die Laufzeiten CO_2-intensiver Portfolien gezielt verkürzt werden. Die damit verbundene Umschichtung oder Neuausrichtung von Geschäftsaktivitäten führt hierbei allerdings zu neuen Ertrags- bzw. Geschäftsrisiken. Diese Beispiele demonstrieren, wie eine konsequente Brutto-Netto-Betrachtung der Risiken, und die damit verbundene Analyse der Mitigationstechniken inklusive verbundener Risiken hilft, alle materiellen Risiken zu erfassen und damit den notwendigen Impuls zu setzen, um diese im Risikomanagement zu adressieren.

e) These 5: Nachhaltigkeitsrisiken sind Emerging Risks

Nachhaltigkeitsrisiken sind echte »Emerging Risks« – die Integration in die Banksteuerung erfolgt iterativ

Bei der Integration von Nachhaltigkeitsrisiken in die Banksteuerung ergibt sich ein **Dilemma**: Sofern Nachhaltigkeitsyrisiken und ihre Treiber als wesentlich klassifiziert werden, sind diese auch zu messen und zu steuern, ohne dass das hierzu notwendige Instrumentarium sofort vollumfänglich bereitstünde. Werden Nachhaltigkeitsrisiken hingegen als unwesentlich klassifiziert, fehlt der Impuls, dieses Instrumentarium aufzubauen. Zudem besteht das Problem, dass zu Beginn des Integrationsprozesses in der Regel noch kein ausgereiftes Verfahren existiert, um eine solche Wesentlichkeitseinstufung überhaupt vorzunehmen.

Zur Überwindung dieses Dilemmas, und zur Reduktion der Komplexität der involvierten Wirkungsmechanismen, ist ein **iterativer Ansatz** für Risikoinventur und -steuerung eine mögliche Lösung. Hierbei werden für das eigene Geschäftsmodell besonders materielle Treiber priorisiert, und die Risikoinventur und darauf aufbauende Risikosteuerung sukzessive entwickelt und verbessert. Vorübergehende offene Flanken werden dabei in Kauf genommen. Eine solche Vorgehensweise erlaubt es, neue Methoden und Prozesse in handhabbaren Stufen einzuführen, zügig zu erproben und zu verbessern.

Im Zuge dieses Ansatzes sollte die Verankerung der Nachhaltigkeitsrisiken in der Organisation anhand von **Materialität** und **Dringlichkeit**, dem **Geschäftsmodell** sowie den **strategischen Schwerpunkten im Portfolio** priorisiert werden.

[1025] Dies gilt insbesondere für Risiken aus Risikotreibern der Typen II und III, vgl. dazu auch These 3.

1123 Dabei können z. B. die nachfolgenden Aspekte als Ausgangspunkt dienen:

- Ausgewählte Konzentrationen im Portfolio (CO_2-intensive Branchen, energieintensive Branchen, von physischen Risiken stark betroffene Länder und Regionen)
- Fokussierung auf zunächst das – gemäß qualitativer Einschätzung – materiellste Nachhaltigkeitsrisiko (häufig dienen Klimarisiken als Startpunkt)
- Fokus auf ausgewählte KPIs und KRIs (durch Rückgriff auf bestehende Analysen)
- Fokussierung auf eine rein qualitative Auswirkungsanalyse
- Implementierung technischer Teillösungen.

1124 Die **Ausweitung** der Methodik auf das Gesamtportfolio und die Aufnahme weiterer Nachhaltigkeitsrisiken erfolgt in einem solchen Vorgehen dann **sukzessive** – ebenso wie die Erweiterung auf quantitative Methoden, deren technische Implementierung sowie die Einführung weiterer KPIs und KRIs.[1026]

1125 Einige Institute beziehen beispielsweise bereits die CO_2-Intensität oder gesamthafte ESG-Ratings börsengelisteter bzw. kapitalmarktorientierter Kreditnehmer über externe Datenanbieter und verbessern daneben auch ihre internen Kreditprozesse im Hinblick auf die Erhebung ESG-relevanter Informationen, um zukünftig eine trennschärfere Adressen- und Branchenlimitierung zu ermöglichen. Die dabei gewonnenen Erkenntnisse, beispielsweise im Hinblick auf die stärkere Verknüpfung der KPIs mit dem individuellen Risikoprofil, fließen dann in die nächste Iterationsstufe mit ein.

1126 Eine vollumfängliche Verankerung von Nachhaltigkeitsrisiken in der Risikoinventur und der Banksteuerung entsteht nicht über Nacht. Sie muss in Etappen entwickelt werden. Für Banken ist es deshalb entscheidend nun die ersten Schritte zu wagen auf dem sicherlich langen Weg, Nachhaltigkeitsrisiken in die Risikoinventur und insgesamt das Risikomanagement zu integrieren – und entlang des Weges immer wieder den Mut zu haben, den gewählten Kurs auf Basis der zwischenzeitlich gewonnenen Erkenntnisse anzupassen.

[1026] So können nach und nach Feedbackschleifen bestehender Instrumente des Risikomanagements in die Risikoinventur eingebunden werden. Insbesondere Szenarioanalysen und Stresstests eignen sich in vielen Fällen, um erste qualitative Ergebnisse der Inventur quantitativ zu testen, und mithilfe von Szenarien die Liste der wesentlichen Risikotreiber zu vervollständigen. Vgl. dazu auch die Erörterung zu Nachhaltigkeitsrisiken und Stresstesting in Kapitel D.V und auch die Diskussion in Kapitel A.V dieses Herausgeberbandes.

3. Fazit

Nachhaltigkeitsrisiken sind für die meisten Institute – genau genommen für die gesamte Branche – ein neues und spannendes Thema. Auch wenn die Berücksichtigung von Nachhaltigkeitsrisiken in der Risikoinventur – genauso wie im gesamten Risikomanagement – viele Herausforderungen birgt, kann diese gelingen, wenn

1. ein Bewusstsein für die Breite des Spektrums von Nachhaltigkeitstreibern geschaffen wird und Wirkungsketten zur Analyse der Einflüsse auf das Risikoprofil verwendet werden;
2. ein treiberbasiertes Vorgehen im Rahmen der Wesentlichkeitsbeurteilung für Nachhaltigkeitsrisiken verankert wird;
3. eine Differenzierung bezüglich der unterschiedlich Zeithorizonte für Wirkungsweisen von Nachhaltigkeitsrisiken vorgenommen wird;
4. aus der Differenzierung von Brutto- und Nettosicht tatsächlicher Mehrwert generiert wird, und etablierte Mitigationsstrategien für Nachhaltigkeitsrisiken hinterfragt und auf ihren Risikogehalt analysiert werden; und
5. die Integration von Nachhaltigkeitsrisiken in die Banksteuerung und deren Materialitätsbeurteilung schrittweise und iterativ erfolgt.

Auf dem Weg zu einer erfolgreichen Umsetzung dieser Prinzipien haben Banken nicht nur die Chance, Neues über die Identifikation und das Management von »emerging« Risiken zu lernen, sondern auch bestehende Methoden und Prozesse der Risikoinventur für klassische Risikoarten nachhaltig zu verbessern.

IV. Berücksichtigung von Nachhaltigkeitsrisiken in Kreditrisiken[1027]

1. Vorbemerkung

1129 »sustainable finance« – ein Begriff mit Potenzial die Bankenwelt spürbar zu verändern und gleichzeitig ureigendster Zweck einer Bank. Unter dem Aktionsplan »green deal« will die EU-Kommission einen kompletten Kontinent klimaneutral machen. Den globalen Kontext fasst der »Rat für nachhaltige Entwicklung« sehr treffen wie folgt zusammen:

> *»Eine Schlüsselrolle kommt den Finanzmärkten zu. So heißt es in Artikel 2 des Pariser Klimaabkommens: die Finanzmittelflüsse müssten »in Einklang gebracht werden mit einem Weg hin zu einer hinsichtlich der Treibhausgase emissionsarmen und gegenüber Klimaänderungen widerstandsfähigen Entwicklung«. Die Welthandelsorganisation UNCTAD schätzt, dass jährlich fünf bis sieben Billionen Dollar in die nachhaltige Entwicklung fließen müssen, um die* **nachhaltigen Entwicklungsziele der UN** *umzusetzen. Das erfordert eine radikale Refokussierung von Investitionen und der Finanzkultur.«*[1028]

1130 Übertragen auf Banken bedeutet unterscheidet sich eine nachhaltige Bank wie folgt von ihren Mitbewerbern:

- Nachhaltigkeit ist im Kerngeschäft verankert.
- Die Bank verfolgt eine nachhaltige Investmentstrategie.
- Die Bank berichtet transparent über ihre Investments und Kriterien, orientiert an den Nachhaltigkeitskriterien wie jenen des Nachhaltigkeitskodex.

1131 Darüber hinaus können verschiedene Ansätze für Nachhaltigkeit zur Geltung kommen. Beispielsweise kann die Bank konsequent die Investition in Firmen ausschließen, die Arbeits- und Menschenrechte verletzen oder in der Atom-, Erdöl- oder Kohleindustrie tätig sind.

1132 Die beschriebenen Kriterien bedingen eine (Neu-)Ausrichtung des Geschäftsmodells natürlich ohne Garantie. Gerade für Volksbanken und Sparkassen mit ihrer traditionell regionalen Fokussierung kann eine solche Ausrichtung bedeuten, dass Geschäftsbeziehungen mit langjährigen Kunden reduziert oder gar eingestellt werden müssen. Ebenso ist es wichtig eine Abgrenzung zu finden.

1027 Autor: *Frank Neumann*. Die Ausführungen geben ausschließlich persönliche Auffassungen wieder. Für Rückfragen oder Anregungen ist der Autor unter der E-Mail-Adresse frank.neumann@sparkasse-bodensee.de erreichbar.
1028 Vgl. *Rat für nachhaltige Entwicklung* (2020).

Kann ein Arbeitnehmer einer potenziell kritischen Branche eine private Finanzierung erhalten? Was weiß die Bank über Liefer- und Wertschöpfungsketten ihrer Kunden und wie weit kann und sollte sie darauf Einfluss nehmen?

Erkennbar wird – die Ausrichtung des **Geschäftsmodells** ist nicht einfach nur ein neuer Prozess, der ab Tag X wirksam ist, sondern ein Weg der langfristig zu gehen ist und bei dem auch Geschäftsverzicht durchaus üblich ist. 1133

2. Kriterien für Nachhaltigkeit als Basis für Kreditrisikomanagement

Damit ein Wandel/eine (Re)Fokussierung im Geschäftsmodell beginnt und die Basis für Folgeprozesse im Risikomanagement geschaffen wird sind zuerst mögliche Kriterien für das Portfolioscreening und die notwendigen Prozesschecklisten zu definieren. Hierbei bietet das BaFin Merkblatt zum Umgang mit Nachhaltigkeitsrisiken eine gute Orientierung.[1029] Die BaFin hat konkrete Erwartungen zur Ausrichtung von Banken im Bereich Nachhaltigkeit geäußert und hierbei neben dem Risikomanagement auch eine Orientierungshilfe für Nachhaltigkeitskriterien geschaffen. Die Umsetzung ist freiwillig, dennoch wird über ergänzende Maßnahmen ein gewisser Umsetzungsdruck in Banken erzeugt. Beispielsweise war der Umgang mit Nachhaltigkeitsrisiken in 2020 trotz Corona-Krise ein feststehender Punkt in turnusmäßigen Aufsichtsgesprächen mit der Bundesbank. Ergänzend wird Ende 2020 eine verbindliche Taxonomie der EU erwartet, was unter nachhaltigen Branchen zu verstehen ist. Den Bedarf zu dieser einheitlichen Regelung für den europäischen Binnenmarkt verdeutlicht der Streit über Atomkraft als Alternative zur Kohleverstromung. Während Atomkraft in Frankreich als grüne Energie angesehen ist, stellt sie für Deutschland keine Alternative dar. In Deutschland wurde der Atomausstieg noch weit vor dem Ausstieg der Kohleverstromung beschlossen. Mögliche Kriterien gemäß **BaFin Merkblatt** sind in Tabelle D.6 aufgeführt. 1134

1029 Vgl. *BaFin* (2019a). Eine generelle Analyse der Inhalte liefert der Beitrag in Kapitel A.IV dieses Herausgeberbandes.

NACHHALTIGKEIT IN DER RISIKOSTEUERUNG

> *Nachhaltigkeitsrisiken im [Sinne dieses BaFin Merkblatts] sind Ereignisse oder Bedingungen aus den Bereichen Umwelt, Soziales oder Unternehmensführung, deren Eintreten tatsächlich oder potenziell negative Auswirkungen auf die Vermögens-, Finanz- und Ertragslage sowie auf die Reputation eines [...] Unternehmens haben können.*

Environmental/Umwelt	Soziales	Governance/U.-führung
▪ Klimaschutz ▪ Anpassung an den Klimawandel ▪ Schutz der biologischen Vielfalt ▪ Nachhaltige Nutzung und Schutz von Wasser- und Meeresressourcen ▪ Übergang zu einer Kreislaufwirtschaft, Abfallvermeidung und Recycling ▪ Vermeidung und Verminderung der Umweltverschmutzung ▪ Schutz gesunder Ökosysteme ▪ Nachhaltige Landnutzung	▪ Einhaltung anerkannter arbeitsrechtlicher Standards, Arbeitssicherheit und Gesundheitsschutz ▪ Angemessene Entlohnung, faire Bedingungen am Arbeitsplatz, Diversität sowie Aus- und Weiterbildungschancen ▪ Gewerkschafts- und Versammlungsfreiheit ▪ Gewährleistung einer ausreichenden Produktsicherheit, einschließlich Gesundheitsschutz ▪ …	▪ Maßnahmen zur Verhinderung von Korruption ▪ Steuerehrlichkeit ▪ Nachhaltigkeitsmanagement durch Vorstand ▪ Vorstandsvergütung in Abhängigkeit von Nachhaltigkeit ▪ Ermöglichung von WhistleBlowing ▪ Gewährleistung von Arbeitnehmerrechten ▪ …

Tabelle D.6: Überblick Nachhaltigkeitsrisiken (Quelle: eigene Darstellung auf Basis BaFin (2019a))

Aus diesen Kriteriensammlungen und Vorschlägen des Merkblatts lassen sich Risiken auch für das eigene Kreditgeschäft ableiten. Aufgabe der Geschäftsstrategie im Sinne des beschriebenen Kulturwandels ist es diese Risiken aufzugreifen und den grundlegenden Umgang damit vorzugeben. Durch diese Konkretisierung ergibt sich im Folgenden der konkrete Ansatzpunkt für das Risikomanagement entsprechende Prozesse zu installieren und notwendige Rahmenbedingungen anzupassen oder neu zu schaffen. Neben der eigenen Wirkung der

Bank auf Umwelt und Gesellschaft rücken somit insbesondere mögliche Auswirkungen durch ESG Risiken auf die Ergebnis- und Risikolage der Bank in den Vordergrund. Diese materialisieren sich in den bereits bestehenden Risikoarten – es ändert sich schlicht nur die Ursache. Deswegen ist es auch konsequent, dass keine eigene Risikoart für diese Risikoursache geschaffen wird. Es wird lediglich das Bewusstsein für die Ursachenkategorie geschärft.

Die aus dieser Ursachenkategorie entstehenden Risiken sollten deswegen auch immer nach den Blickwinkeln des eigenen Einflusses der Bank und des Einflusses von ESG Risiken auf die Bank unterschieden werden, vgl. dazu die Darstellung in Tabelle D.7.

Externe Wirkung	*Interne Wirkung*
Physische ESG-Risiken wirken sich in Form von operationellen Risiken, Reputationsrisiken und Rechtsrisiken unmittelbar auf die GuV und Bilanz von Bankkunden aus und beeinflussen somit direkt die Kreditwürdigkeit und den Unternehmenswert.	**Physische ESG-Risiken** auf Bankseite, die nicht durch Kunden verursacht sind, materialisieren sich in Form von operationellen Risiken sowie Reputations-und Rechtsrisiken insbesondere in der GuV der Bank.
Transitorische ESG-Risiken wirken sich in Form von strategischen Risiken auf künftige Geschäfts-möglichkeiten eines Bankkunden aus.	**Transitorische ESG-Risiken** bestehen auf Bankseite insbesondere bei strategischen, Reputations-und Refinanzierungsrisiken und den entsprechenden Auswirkungen auf die Möglichkeiten für Neugeschäfte.

Tabelle D.7: ESG-Risiken nach Blickwinkel (Quelle: eigene Darstellung auf Basis BaFin (2019a))

3. Prozessvorschlag zum Umgang mit der Ursachenkategorie ESG Risiken im Adressrisikomanagement

Eine Schwierigkeit im Risikomanagement von ESG Risiken besteht darin die Ursachenkategorie quantifizierbar und damit im Risikomanagement darstellbar und steuerbar zu machen. Bankenüblicher Standard ist der Umgang mit den wesentlichen Risiken in der Perspektive der mittelfristigen Planung. Gerade transitorische ESG Risiken (insbesondere die strategischen Aspekte daraus) sind über einen längeren Zeitraum hinweg zu betrachten und nur schwer quantifizierbar. Auch das bewährte Modell der Szenarioanalyse lässt sich nur schwer übertragen, da die Unsicherheiten in Folge mangelnder Erfahrung und hohen Prognoseunsicherheiten als Folge des Betrachtungszeitraums enorm sind. Es empfiehlt sich deswegen im ersten Schritt auf den **bewährten Risikomanagementkreislauf** auch im Bereich der Adressrisiken zurückzugreifen um im zweiten Schritt den ESG Risiken eine griffige Form zu geben.

4. Prozessvorschlag ESG Risiken im Adressrisikomanagement

1138 Grundlegend für die effektive Steuerung ist die Kenntnis der Ausgangslage. Daher hat der Umgang mit ESG Risiken im Adressrisikomanagement den gleichen grundlegenden Aufbau wie der normale Risikomanagementprozess.

1139 Losgelöst vom spezifischen Vorgehen bei der Ableitung einzelner Maßnahmen empfiehlt es sich eine Bestandsaufnahme von Nachhaltigkeitsaspekten die bereits implementiert vorzunehmen. Das Geschäftsmodell einer Sparkasse/Volksbank ist per se auf Nachhaltigkeit im Sinne von **Langfristigkeit** und **Kohärenz** aufgebaut. Mit Sicherheit existieren bereits im Status Quo Regelungen und Lösungen die z. B. Reputationsrisiken vermeiden, auch wenn diese im Zweifel noch nicht in Risikostrategie oder Arbeitsabläufen so geregelt sind. Beispielsweise gibt es sicher Regelungen/eine gelebte Praxis bei der Finanzierung von Bordellen, Glücksspiel etc. Ebenso werden sicher auch aus betriebswirtschaftlichen Aspekten heraus diverse Förderkreditprogramme in der Finanzierung eingesetzt. All diese bereits vorhandenen Praktiken sollten vor Beginn weiterer Untersuchungen zusammengestellt werden. Die verdeutlichen im Sinne der strategischen Ausrichtung der Bank die bereits vorhandene Basis. Je nach Größe des Instituts eignen sich insbesondere Befragungen von Risikopositionsträgern sowie Offenlegungsdokumente wie der Nachhaltigkeitsbericht als Datenquelle.

a) Bestimmung des Status Quo auf Portfolioebene

1140 Je konkreter die Geschäftsstrategie desto leichter ist die Interpretation der Ergebnisse dieses Schrittes. Dennoch ist dieser Schritt oft ein wichtiger Impulsgeber für die Strategiediskussion. Es empfiehlt sich daher im ersten Schritt das bestehende Adressrisikoportfolio nach Branche und je nach Ausrichtung nach Land zu gliedern (vgl. Abbildung D.15). Für die Bewertung haben sich zwischenzeitlich unterschiedlichste Anbieter und Vorgehensmodelle am Markt etabliert.

Bei mittelständischen Universalbanken ist das von der Beratungsfirma »N-Motion« vertriebene Modell des **Risikoatlas** ein etabliertes Hilfsmittel. Der Risikoatlas stellt auf die Branchensystematik nach Kundensystematik der Deutschen Bundesbank ab und weist den Branchen **Scorewerte des Anbieters MSCI** zu.

3 Pillars	10 Themes	37 ESG Key Issues	
Environment	Climate Change	Carbon Emissions Product Carbon Footprint	Financing Environmental Impact Climate Change Vulnerability
	Natural Resources	Water Stress Biodiversity & Land Use	Raw Material Sourcing
	Pollution & Waste	Toxic Emissions & Waste Packaging Material & Waste	Electronic Waste
	Environmental Opportunities	Opportunities in Clean Tech Opportunities in Green Building	Opp's in Renewable Energy
Social	Human Capital	Labor Management Health & Safety	Human Capital Development Supply Chain Labor Standards
	Product Liability	Product Safety & Quality Chemical Safety Financial Product Safety	Privacy & Data Security Responsible Investment Health & Demographic Risk
	Stakeholder Opposition	Controversial Sourcing	
	Social Opportunities	Access to Communications Access to Finance	Access to Health Care Opp's in Nutrition & Health
Governance	Corporate Governance*	Board* Pay*	Ownership* Accounting*
	Corporate Behavior	Business Ethics Anti-Competitive Practices Tax Transparency	Corruption & Instability Financial System Instability

* *Corporate Governance Theme carries weight in the ESG Rating model for all companies. In 2018, we introduce subscores for each of the four underlying issues: Board, Pay, Ownership, and Accounting.*

Abbildung D.14: Vorgehen MSCI ESG Score (Quelle: MSCI (2019), S. 4)

Ähnliche branchenspezifische Einwertungen sind zwischenzeitlich auch von Anbietern wie S&P verfügbar. MSCI stellt **ESG Scores** für viele global tätige Unternehmen auf ihrer Homepage frei Abfragbar zur Verfügung. Das Vorgehen von MSCI für die Ableitung des ESG Scores wird durch die Darstellung der MSCI-Methodik in Abbildung D.14 grundsätzlich und gut ersichtlich.[1030] Diese ist aktuell allerdings auf die klassischen Kreditprozesse kaum übertragbar.

1030 *MSCI* (2019c), S. 4.

NACHHALTIGKEIT IN DER RISIKOSTEUERUNG

1143 Nach Klassifizierung des Gesamtportfolio ist es möglich, besonders **kritische Branchen** und Länder zu identifizieren und die eigene Betroffenheit zu ermitteln. Ohne eine gültige Taxonomie eignen sich die zitierten Anbieter oder auch internationale Standards gut für die Identifikation kritischer Branchen. Neben dem eigentlichen Volumen ist darüber hinaus auch die Basis zu schaffen, weitere aus dem klassischen Risikomanagement vorhandene Datenbasen anzubinden.

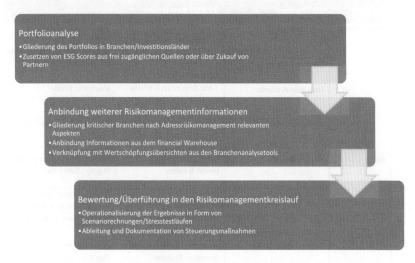

Abbildung D.15: Prozessvorschlag Übertrag Ergebnisse ins Risikomanagement
(Quelle: eigene Darstellung)

1144 Praxisbewährt bei der Erhebung der eigenen Betroffenheit nach einer grundlegenden Clusterung des Portfolios ist die Betrachtung weiterer Risikoindikatoren auf Ebene der kritischen Brachen. Grundproblem ist die Identifikation genau dieser Branchen. Die Identifikation setzt hinreichend konkrete Vorgaben der Geschäftsstrategie voraus. Sollten diese noch nicht bestehen muss die Branchenanalyse genau für diesen Schritt mindestens im Rahmen der Risikoinventur genutzt werden. Aus diesem Grund sieht da BaFin Merkblatt eine weitgehende Einbindungsverpflichtung in den Strategieprozess der Bank vor.[1031]

1145 Für die Generierung von Festlegungen aus der Geschäftsstrategie hat es sich bewährt, Betroffenheit zu erzeugen um den Entscheidern so eine unmittelbare Konsequenz vor Augen zu führen. Gerade für regional fokussierte Universal-

---

[1031] Vgl. dazu auch die Ausführungen in den Kapiteln C.V und D.I dieses Herausgeberbandes.

banken mit gewachsenen langjährigen Geschäftsbeziehungen kann der zu forsche oder zu laxe Umgang mit kaum kalkulierbaren finanziellen und strategischen Risiken verbunden sein.

Portfolio	*Mögliche Operationalisierungsansätze*[1032]

- Gliederung des Portfolios nach ESG Scorwerten auf Ebene Branche; Ergänzung Angaben zu
  o Linie/Zusage & Inanspruchnahme in T€/% Gesamtexposure
  o Blankoanteil in T€/% Gesamtexposure
  o Risikobeitrag der Branche in T€/% Gesamtrisiko
  o Granularitätsindexwert (z. B. Herfindahl Index)
  o Durchschnittliche Ratingnote
  o Angabe Branchen vor/nach der tangierten Branche in der Wertschöpfungskette (Quelle Branchenanalysen)
  o Wertangaben wiederholt incl. Werten mit Branchen vor/nach Wertschöpfungskette
  o Aufzählung der 10 größten Kreditnehmer
Neben der Transparenz über Risiken und Struktur sollten möglichst auch die Wirkungen und Ergebnisbeiträge in der GuV sowie auf der Refinanzierungsseite dargestellt werden. Ziel muss sein den Ent-
	- **EREIGNISRISIKO – bezieht sich auf konkrete Vorfälle und Ereignisse.**
	  o Gab oder gibt es in der Vergangenheit (des eigenen Unternehmens) bereits konkrete ESG Vorfälle z. B. Governanceverstöße; eingetretene Transitionsrisiken? Können diese konkreten Ereignisse z. B. als Verlustschätzer im Rahmen eines Schadensfallszenarios übertragen werden?
	- **TRANSFORMATIONSRISIKEN – beziehen sich auf fundamentale Veränderungen, wie etwa im Bereich Mobilität (Elektromobilität versus Verbrennungsmotor) oder der Energiewende.**
	  o Unterliegen einzelne vorgefundene Branchen bereits heute bekannten Transformationsrisiken z. B. Automobilzulieferer? Ist bekannt, welche konkreten Produkte die 10 größten/risikoreichsten Kreditnehmer dieser Branche tatsächlich herstellen um einschätzen zu können, wie hoch die Transitionsrisiken sind? (Z. B. gibt es auch in Eletrofahrzeugen Sitze und Cockpits – Zulieferer in diesem bereich sind sicher weniger von Transitorischen Risiken betroffen wir reine Motorenhersteller.

[1032] Ergänzte Übersicht aus in *Mazars* (2019), S. 27.

NACHHALTIGKEIT IN DER RISIKOSTEUERUNG

Portfolio	Mögliche Operationalisierungsansätze[1032]

scheidern einen unmittelbaren Eindruck zur möglichen Betroffenheit zu vermitteln.	- **REPUTATIONSRISIKEN** – realisieren sich nicht nur direkt durch Verkaufsrückgänge oder Erosion von Marken, sie führen auch zu Problemen bei Kooperationsprojekten oder Vertrauensverlust am Kapitalmarkt.
	  o Sind konkrete Reputationsrisikotreiber aus einzelnen Branchen bekannt z. B. gesellschaftliche Ablehnung von Glücksspiel/Prostitution usw? Sind bei den kreditierten Risikotreibern der Bank/Sparkasse branchenrelevante Indikatoren für governance Themen bekannt und fließen diese in die qualitative Bewertung mit ein (z. B. Bauprojekte gegen öffentlichen Widerstand; Entsorgungsrisiken und Konzepte; Laufende Hygiene Audits; KUNUNU Bewertungen etc.). Existieren in der Bank eigene Monitoringprozesse und wie wirksam waren diese in der Vergangenheit – kam es z. B. aufgrund von Reputationsrelevanten Meldungen bei Kreditnehmern zu Ad-Hoc Meldungen?
	- **KLAGERISIKEN** – gewinnen zunehmend an Bedeutung, etwa die Sammelklagen gegen VW in Deutschland oder die (wegen Verjährung abgewiesene) Klage in Deutschland wegen eines Brandes in einer Textilfabrik in Pakistan gegen den Textildiscounter KiK.
	  o Bestehen bei den Top Risikotreibern in nennenswertem Umfang Prozessrückstellungen oder sind

Portfolio	Mögliche Operationalisierungsansätze[1032]
	laufende Prozesse/branchenweite Prozessrisiken bekannt? Wie stark ist die betroffene Branche reguliert und damit anfällig für Prozessrisiken?
	▪ **REGULIERUNG** – in Zusammenhang mit Nachhaltigkeit gewinnt international – aber auch national – an Bedeutung. Beispiele sind die in der Diskussion befindliche Regulation zur »menschenrechtlichen Sorgfaltspflicht« oder zu erwartende Gesetze zum Klimaschutz.
	○ Wie ressourcenintensiv ist die Branche? Welche Abhängigkeiten bestehen zu internationalen Lieferketten? Sind Regulierungsvorhaben bekannt? Ist die Branche von der Arbeit relevanter NGO´s tangiert?

Tabelle D.8: Ansätze für die Operationalisierung im Rahmen Risikoinventur und Strategiediskussion (Quelle: eigene Darstellung angelehnt an MAZARS (2019))

Im Kern geht es bei der Aufbereitung des Portfolioscreenings darum, den vorhandenen Datenberg für Entscheider in prägnanter Form aufzubereiten um eine mögliche Relevanz für geschäftsstrategische Entscheidungen zu verdeutlichen. Diese Verdeutlichung kann auf Basis der klassischen Kategorien erfolgen; eine **Operationalisierung** selbst »nur« auf Ebene der Top Risikotreiber des Portfolios kann gut geeignet sein um interne Wissens- & Prozesslücken aufzuzeigen (vgl. Tabelle D.8). Neben einem Beitrag zur Konkretisierung der Geschäftsstrategie ergeben sich somit gleichzeitig wertvolle Impulse für operative Maßnahmen zum Adressrisikomanagement.

Neben dem Gesamtportfolioscreening auf Basis Kundensystematik hat sich im Eigengeschäft ein Screening auf Emittentenebene bewährt. Anders als im Kundenkreditgeschäft einer regional fokussierten Universalbank ist das Eigengeschäft meist international und i. d. R. auf entsprechend große Emittenten ausgerichtet. Diese Emittenten verfügen im Normalfall über ein eigenes ESG Rating. Für KVGs oder Depotbanken gehört die Bereitstellung oder eine Portfolioanalyse des ESG Scores inzwischen idR zum Standardangebot. Wesentliche Voraussetzung aus Perspektive Risikomanagement für aussagefähige Ergebnisse ist die Implementierung der vollen Transparenz insbesondere bei verwalteten und gemanagten Fondskonstrukten. Die Ergebnisse aus diesen Analysen lassen sich unmittelbar in Portfoliosteuerungsimpulse übertragen. Ein Kernaspekt der Arbeit im Risikomanagement, auch für die Herleitung möglicher **Zielvorgaben** im Rahmen der Geschäftsstrategie, ist vielmehr die Sicherstellung eines laufenden Monitorings. Insbesondere im Eigengeschäft hat die noch fehlende Taxonomie der EU gravierende Auswirkungen auf den Risikomanagementprozess.

b) Bewertung des Status Quo und Ableitung von Kreditvergaberichtlinien

1148 Nachdem der Status Quo klar ist (Erhebung bereits vorhandener Regelungen und Prozesse sowie Portfolioanalyse und Operationalisierung von möglichen Risiken) wird die geschäftspolitische Ausrichtung benötigt. Sollten in der Geschäftsstrategie und der gelebten Praxis noch keine konkreten Vorgaben zur erwünschten Ausrichtung vorliegen empfiehlt sich ein klassischer Ansatz über betriebswirtschaftliche Kosten- und Nutzenrelationen. Bei diesem Ansatz sollten die dargestellten Operationalisierungen im Sinne einer Verlustschätzung berücksichtigt werden.

1149 Die Bewertung des Status Quo ist die elementare Entscheidungsbasis für die weiteren Schritte wie die Definition von Kreditvergabestandards, die Ableitung von Instrumenten zur Überwachung dieser Standards. Eine Überwachung von Standards bedingt die verbindliche Prozesseinbindung sowie klare Regelungen im Sinne von schwarz/weiß. Insbesondere diese Regelungen sind nicht in jedem Fall an frei zugänglichen Standards festmachbar, da beispielsweise mittelständische Unternehmen selten über eigene ESG Scores oder gar klar operationalisierte Nachhaltigkeitsstrategien verfügen.

Finanzierungsschwerpunkt Universalbank in der Praxis	Präzisierung im Sinne Nachhaltigkeitsfokus durch die Kreditvergaberichtlinien der GLS Bank (Auszüge)
▪ Finanzierungsschwerpunkt Wohnbaufinanzierung	▪ Neubau, Sanierung und Nutzung von Wohnräumen sowie der Erwerb von Wohneigentum wirken sich immer auf Verkehr, Klima, Natur und Nachbarschaft aus. Energieeffiziente Gebäude mit positiver Energiebilanz oder möglichst geringem Primärenergieverbrauch bei vertretbaren Lebenszykluskosten sowie baubiologische und gesunde Baustoffe stehen im Fokus von Gebäudefinanzierungen durch die GLS Bank.
▪ Finanzierungsschwerpunkt Landwirtschaftliche Betriebe	▪ Positive Geschäftsfelder sind die Erzeugung, Verarbeitung und der Handel von und mit landwirtschaftlichen Produkten und gesunden Lebensmitteln gemäß den anerkannten Richtlinien der ökologischen Land- und Lebensmittelwirtschaft. Der Einsatz von Mineraldüngern, Pestiziden sowie gentechnisch veränderten Organismen, Massentierhaltung und industrielle Fleischverarbeitung sind durch diese Richtlinien ausgeschlossen.
▪ Finanzierung des Gesundheitswesens	▪ Die GLS Bank finanziert ganzheitlich orientierte Einrichtungen zur Betreuung von Menschen, z. B. Pflegeheime und betreutes Wohnen, Institutionen für Menschen mit Behinderungen, Kinder- und Jugendhilfe oder psychisch erkrankte Menschen sowie Krankenhäuser, Arztpraxen und gesundheitsfördernde Einrichtungen.

Tabelle D.9: Beispiele für die Modifikation bestehender Kreditvergabestandards (Quelle: eigene Darstellung gemäß GLS Bank (2019))

NACHHALTIGKEIT IN DER RISIKOSTEUERUNG

1150 Eine gute Anleitung – wenn auch eher globaler Natur – bieten die »**Principles for Responsible Banking**« der UN.[1033] Dieser Verpflichtung sind deutschlandweit bereits mehr als 130 Banken beigetreten. Die formulierten Prinzipien regen zum Nachdenken an und bieten gleichzeitig eine probate Richtlinie zur Formulierung allgemeiner Kreditvergabestandards bzw. für die Erstellung von Positiv- & Negativlisten. Die durch den deutschen Bankenverband kommentierten Prinzipien bieten einen guten Ansatz. Die Konkretisierung ist durch die präzise Aufmerksamkeitslenkung gut möglich.

1151 Schaut man auf die Finanzierungsschwerpunkte der meisten regionalen Universalbanken so ist zügig feststellbar, dass das bestehende Finanzierungsgebahren leicht in nachhaltige Kreditvergabestandards überleitbar ist. Hieraus ergeben sich zügig konkrete Positionen für die Verankerung in Prozessen und Gleichzeitig Impulse für Produktideen insbesondere im Retailgeschäft. Die beispielhafte Übersicht mit Formulierungen aus den frei zugänglichen Kerdivergaberichtlinien der GLS Bank[1034] verdeutlichen diese These.

1152 Ein weiteres Positivbeispiel für die Transformation hin zu Nachhaltigkeit ist beispielsweise die DKB. Im Rahmen des WWF Bankenratings[1035] wurde insbesondere die Kreditvergabepolitik gewürdigt. Die DKB beschreibt die eigene Ausrichtung in einer Pressemitteilung wie folgt:

> »*Nachhaltige Kreditvergabe: Die DKB finanziert nicht alles, sondern nur das, was der Mensch zum Leben braucht. Sie konzentriert sich hier auf acht Branchen, u. a. Wohnen, Erneuerbare Energien, Bildung, Gesundheit & Pflege, Kommunen, Umwelttechnik sowie Energie & Versorgung. 77,8 Prozent der Kredite der DKB leisten bereits heute einen signifikanten Beitrag zu den SDGs der Vereinten Nationen – Tendenz steigend. Finanzierungen in kontroversen Branchen, z. B. Atomkraftwerke, Rüstungsgüter und Adult Content, werden ausgeschlossen.*«[1036]

1153 In diesem Zusammenhang ist es wichtig zu beachten, dass neben dem regulatorischen Druck auch der gesellschaftliche Dank und damit die finanzielle Leistungsfähigkeit einer Regionalbank bei Zuwendung zu Nachhaltigkeitskriterien gestärkt wird. Eine Verankerung konkreter Nachhaltigkeitsaspekte in Kreditvergaberichtlinien muss ebenso nicht zwangsläufig bedeuten sich von bestehenden Kundenbeziehungen zurück zu ziehen. Vielmehr ist es ein Gesprächsanlass der durchaus im Sinne einer gemeinsamen Weiterentwicklung mit dem Kunden

---

1033 Vgl. auch *Bankenfachverband* (2019). Die PRI werden in Kapitel A.II dieses Herausgeberbandes ausführlich dargestellt.
1034 Vgl. *GLS Bank* (2019).
1035 Vgl. auch *WWF* (2020a).
1036 Vgl. *DKB* (2020c).

zu verstehen ist. Sollte das Portfolio weniger nachhaltige Positionen beinhalten kann parallel im Sinne eines **Abbauplans** die strategische Ausrichtung zum Ausdruck gebracht und wirksam vermarktet werden.

Kreditvergaberichtlinien existieren nicht nur im Kundenkreditgeschäft sondern sind auch für das Eigengeschäft vorhanden. Die Umsetzung im Eigengeschäft ist in der Regel noch leichter und präziser Händelbar, da für die meisten Emittenten zugängliche Ratings oder Einstufungen existieren. Gleichzeitig lassen sich für das Kundenkreditgeschäft gewählte Positiv- & Negativlisten einfach übertragen. Sinnig ist es hier mit klaren ESG Scorevorgaben zu arbeiten – als Entscheidungskriterium oder auch als angestrebtes Zielbild mit einem klaren Weg dorthin. Die Definition von **ESG-Scorewerten** hat den Vorteil, dass diese unmittelbar als paralleles Steuerungsinstrument z. B. zu definierten Volumenskontingenten und Mindestbonitäten einsetzbar sind. Die Einhaltungsüberwachung ist bei immer mehr KVG Dienstleistern beauftragbar. Gleichzeitig bietet der Einsatz die Chance Portfolien neu auszurichten oder erschließt den Zugang zu neuen Asset Klassen wie beispielsweise »green bonds«. Der Einsatz von ESG Scores wird mit zunehmender Sensibilisierung der Wirtschaft und Gesellschaft auf ESG Risiken zum klaren Performancetreiber, da ein im Sinne der ESG Ziele ungünstiges Unternehmensverhalten zu erheblichen Risiken/Risikoeintritten nicht nur im Bereich Reputation führt, der mit entsprechenden Kursabschlägen bestraft wird.

Diese These wird zunehmend durch Studien untermauert. Beispielhaft sei an dieser Stelle die Untersuchung »Performanceeigenschaften von ESG-Scores« der Union Investment aus dem November 2019 genannt. Im Fazit beschreibt die Union Investment:

> *»Auffällig an einigen unserer Analysen ist, dass die überdurchschnittliche Performance von Unternehmen mit hohem ESG-Score ab etwa Mitte 2014 deutlich an Signifikanz gewinnt. Dies kann unterschiedliche Ursachen haben, zum einen allgemeine Entwicklungen am Kapitalmarkt, zum anderen aber auch spezifische Entwicklungen im Bereich nachhaltiger Investments. Eine Hypothese könnte sein, dass ab Mitte dieser Dekade die Aufmerksamkeit der Öffentlichkeit und damit auch die von Investoren für Nachhaltigkeitsthemen so stark angestiegen ist, dass es sich vermehrt in Aktienkursentwicklungen niedergeschlagen hat.«*[1037]

1037 Vgl. *Union Investment* (2019), S. 14.

NACHHALTIGKEIT IN DER RISIKOSTEUERUNG

c) Verankerungen in den Kreditierungsprozessen

1156 Die Umsetzung der definierten **Kreditvergaberichtlinien** muss durch die prozessuale Einbindung sichergestellt werden. Dabei ist klar, je präziser die Vergaberichtlinien (insbesondere die Positiv- & Negativmerkmale) desto leichter ist die Umsetzung. Besonders hervorzuheben ist die Klärung des Umgangs mit Ungewissheiten. Ein Beispiel soll dies verdeutlichen:

1157 Ein produzierendes Unternehmen für universell einsetzbare Fahrzeugkomponenten fragt einen Kredit an. Ist im Rahmen der ESG Einschätzung zu klären ob die KFZ Teile auch in Militärfahrzeugen, also Waffen zum Einsatz kommen? Ist die Teileverwendung im Rahmen der Beratung zu erfragen und zu bewerten?

1158 Genau auf diese Unsicherheiten auslösende Fragestellung muss vor Einbindung in Prozesse Klarheit herrschen. Insbesondere bei der Finanzierung von produzierendem Gewerbe entstehen so schnell Unsicherheiten und Ungewissheiten.

1159 Der klassische aber auch teure und fehleranfällige Weg ist die Einbindung über Prozesschecklisten. Dieser Weg sollte soweit möglich vermieden werden. Insbesondere für mittelständische Regionalbanken die über kein eigenständiges Analystenteam zu Bestimmung von ESG Scores verfügen sind pragmatische Lösungen notwendig. Checklisten setzen stets ihren Einsatz voraus, sind interpretationsfähig und in vielen Prozessschritten der Kreditberatung aber auch der Kreditsachbearbeitung technisch nur schwer integrierbar. Soweit möglich sollte mit zentralen Tools gearbeitet werden.

1160 Praxisbewährt sind insbesondere **Ausschlusskriterien** über Brache/Kundensystematik oder Zusatzanforderungen von Unterlagen im Rahmen des Kreditprozesses. Denkbar ist, dass Finanzierungen mit KUSY XYZ von vorherein ausgeschlossen werden. Auch ist ein probater Weg bei bestimmten Branchen beispielsweise Energieausweise, Nachweise über zertifizierte Lieferketten usw. anzufordern und zur Bedingung für Kredite zu machen. Gute Erfahrungen wurden auch schon mit der Einbindung beispielsweise von KUNUNU Scorewerten o.ä. in die Beratung gemacht. Insbes. Bei Dienstleistungsunternehmen, bei denen die Mitarbeiter der entscheidende Produktionsfaktor sind Kriterien der governance zunehmend erfolgskritisch. Allein schon das Thematisieren im Rahmen des Beratungsgespräches hat bei Unternehmern neben der notwendigen Aufmerksamkeit auch Umdenken/eine gesteigerte Sensibilität bewirkt.

Ebenfalls sehr praxisbewährt ist die stumpfe Steuerung/**Lenkung über den Preis**. Auf Basis des Commitment´s zur Verankerung von ESG Kriterien können für einzelne Branchen Preisauf- & Abschläge definiert werden. Im Rahmen des WWF Bankenratings wurde ein anderes Praxisbeispiel als sehr erfolgsversprechend und innovativ beschrieben:

> *»2017 hat die ING den Sustainability Improvement Loan entwickelt.30 Dessen Zinssatz richtet sich nach der Nachhaltigkeitsperformance des Kunden, die von unabhängigen Rating-Agenturen beurteilt wird. Ein verbessertes Rating führt dabei zu einem Nachlass bei der Kreditmarge. Kunden erhalten somit einen direkten finanziellen Anreiz, sich in Sachen Nachhaltigkeit besser aufzustellen. Im Gegenzug steigt der Finanzierungszins, wenn der Kreditnehmer das vereinbarte Nachhaltigkeitsziel nicht erreicht.«*[1038]

Somit wird insbesondere das Neugeschäft und die Prolongation beeinflusst. Noch besser funktioniert dieser Einsatz im Bereich von Konsumenten- & Wohnbaufinanzierungen. Der Finanzierungsmarkt in diesem Bereich hat sich sehr stark in Richtung von Plattformen wie Europace II, Vergleichsportalen oder Interhyp verlagert. Die hier zum Einsatz kommenden Entscheidungsverfahren sind immer stärker Algorithmus basiert. So ist beispielsweise auf Europace ein Set an **Zusatzanforderungen von Unterlagen** aber auch von Preiszu- und Abschlägen definierbar. Somit kann unmittelbar bei der Konditionsausspielung und ersten Machbarkeitsprüfung ein Preisanreiz gesetzt werden bzw. die Unvereinbarkeit des Vorhabens mit den Vergaberichtlinien der Bank demonstriert werden. Ebenso eignen sich diese Plattformen für die bewusste Incentivierung von qualitativ hochwertiger Beratung beispielsweise durch Definitionen zur Anrechenbarkeit von Förderprogrammen. Diese Förderprogramme selber sind in der Regel an konkrete Finanzierungszwecke oder Mindestanforderungen gebunden.

Beispielhaft sind hier die Standards der KFW genannt. Markant ist diese Anreizsetzung über Zins und Tilgungszuschüsse z. B. in den »KFW Effizienzhausstandards«.[1039]

Aus geschäftspolitischer Sicht ergeben sich hier klar **Win-Win Situationen**. ESG Ziele insbesondere ökologische Aspekte werden gefördert und gleichzeitig aus betriebswirtschaftlicher Sicht Risiken bei auskömmlichen Margen reduziert. Der Einsatz von Pricinginstrumentarien; Covenants oder auch Zusatzan-

---

1038 Vgl. *WWF* (2020), S. 60.
1039 Vgl. *KFW* (2019c).

forderungen verbunden mit Incentivierungen haben das Potenzial sehr kosteneffizient eine Neugeschäftslenkung hin zum angestrebten unter ESG Kriteriensicht sinnvollen Kreditportfolio zu setzen. Teure und ineffiziente Checklisten werden vermieden. Insbesondere der Einsatz von **Covenants** im Unternehmenskreditgeschäft hat zudem den Charme, dass er Margen bzw. die Risikobezahlung verbessern kann und vor allem die Reputation auch für weitere und neue Geschäftsfelder ermöglicht. Covenants sind zudem an klare vertragliche Grundlagen gebunden – der aufwändige und z.T. wenig zielführende Einsatz von Checklisten entfällt. Zu regeln ist nur die Einsatzpflicht je Branche (z. B. für kritische Branchen) und die Art des geforderten Covenants.

1165 Die konsequente Umsetzung insbesondere über **algorithmusbasiertes Pricing**- und Vergabemodelle reduziert den Ressourceneinsatz, setzt wirkungsvolle Lenkungsimpulse und kann zu einem markanten USP werden. Dieses USP wiederum eröffnet neue Geschäftsmöglichkeiten.

d) Szenarioanalysen zur Bestimmung von wirtschaftlichen Auswirkungen eines Risikoeintritts

1166 Der Einzug von ESG im Kreditrisikomanagement ist kein Selbstzweck jedoch gut geeignet, die eigene unternehmerische Zukunft aktiv zu gestalten. Im Vordergrund der Aktivitäten sollte eine intensive Bestimmung des Status Quo und der gelebten Prinzipien und Praktiken stehen. Dieser Schafft die Basis für eine Kulturdiskussion und die Ableitung der auf das Kreditgeschäft zu übertragenden Richtlinien. Gleichzeitig schafft er die Datengrundlage um im Rahmen vorgenommener Operationalisierungen sinnvolle Szenarioanalysen vornehmen zu können.[1040] Beispielsweise können durch Screening der kritischen Branchen mögliche Ausfallrisiken quantifiziert werden. Durch die Analyse dieser Ausfallrisiken ist wiederum ein Rückschluss auf die damit verbundenen weiteren Kundenbeziehungen bzw. den möglicherweise zusätzlich betroffenen Risikokategorien möglich. Es empfiehlt sich also alle Simulationen/das Stresstesting als risikoartenübergreifenden Ansatz zu verfolgen.

1167 Kernelement für sinnvolles **Stresstesting** ist die Parametrisierung. Bei der Ursachenkategorie ESG Risiken handelt es sich teilweise um schwer quantifizierbare Risiken (Reputationsrisiken) oder sehr langfristig und schleichend wirkende Risiken. Daher sollte jedes Szenario mindestens mehrperiodisch angelegt sein. Hilfreich für die Suche nach zweckmäßigen Parametern ist der Blick in die

---

1040 Vgl. zu der Bedeutung von Szenarioanalysen auch beispielsweise die Kapitel A.V und D.I dieses Herausgeberbandes.

Vergangenheit. Beispielsweise lassen sich Naturkatastrophen, Reputationsskandale oder auch Strukturwandel als Parametrisierungsgrundlage heranziehen. Denkbar ist z. B. die Marktvolatilität einzelner Titel für Sektoren zu Grunde zu legen (z. B. VW Aktienkursentwicklung während Erkennens und Behandlung von »Dieselgate«). Ebenfalls denkbar z. B. Basisdaten der Statistikämter zur Kaufkraftentwicklung von Regionen im Zuge des Strukturwandels (z. B. Nachwendezeit Sachsen-Anhalt; Zechenstilllegungen Ruhrgebiet usw.). Ebenfalls geeignet erscheinen Informationen von Branchenverbänden die per Schätzung auf die Liquiditätsentwicklung/Bonitätsentwicklung übertragen werden (z. B. Auswirkungen der Dürren 2018 & 2019 auf die Landwirtschaft).

Hauptschwierigkeit für Risikomanagement aber auch Geschäftsleitung im Rahmen der Quantifizierungsansätze ist die langfristige Wirkung vieler Aspekte und Risiken. Dennoch führt gerade die Corona-Pandemie sehr deutlich vor Augen, dass Ereignisse mit enormer Tragweite auch ohne Vorwarnung als sich verstärkenden Dominoeffekt mit drastischen Verhaltensänderungen eintreten können. Die Szenarioentwicklung und Interpretation der Ergebnisse wird hierdurch auch sehr schnell zu einem Spiegel der eigenen Geisteshaltung zum Thema »Sustainable Finance«.

5. Weitere Schritte und Entwicklungspotenziale

Nachhaltigkeit – insbes. im Kreditgeschäft – heißt nicht zwangsläufig Verzicht, Reglementierung und Beschränkung, sondern kann ein sehr **sinnvolles Instrument zur Geldschöpfung** von Kreditinstituten und eine starke Säule einer Geschäftsstrategie sein. Rein unter Risikogesichtspunkten muss insbesondere die Betrachtung von transitorischen Risiken ein Kernelement der Kreditvergabe sein. Nachhaltigkeit als Kernelement in der Kreditvergabe ist als Ergänzung der Geschäftsstrategie auch für Universalbanken gut übertragbar. Wesentlich für den Erfolg in der **Transformation** ins Geschäftsmodell ist die Vergegenwärtigung des i. d. R. bereits auf Nachhaltigkeit (in der Kundenbeziehung) ausgerichteten Kreditvergabeverhaltens.

Banken werden früher oder später durch die Regulatorik in die **Rolle des Erfüllungsgehilfen** einer nationalen und internationalen auf Nachhaltigkeitsaspekte ausgerichteten Politik gezwungen werden. Der erste Schritt wird die Klimapolitik, weitere Schritte werden folgen. Im Sinne des eigenen Marktbestehens ist es daher nur zweckmäßig diese Rolle anzunehmen und zur eigenen Ausrichtung zu machen.

1171 Das **Risikocontrolling** (insbesondere seine Effizienz und Fähigkeit zur Individualisierung der Prozesse, Richtlinien und Pricingansätze) aber auch die Grundsätze der Kreditvergabe mit einer entsprechend unterlegten Produktpolitik werden hierbei die entscheidenden Wettbewerbsvor- und Nachteile werden. Banken kommt hierbei gleichzeitig eine **Vorbilds- und erzieherische Funktion** zu. Nur den Kreditinstituten, die diesen Spagat durch **Kommunikation und Handlung** meistern wird es gelingen, nicht selber über kurz oder lang den transitorischen Risiken zu erliegen.

V. Berücksichtigung von Aspekten der Nachhaltigkeit in ICAAP-Stresstests[1041]

1. Einleitung

Das Thema der Nachhaltigkeit ist mittlerweile nicht nur fester Bestandteil einer politischen und gesellschaftlichen Entwicklung, sondern nimmt auch verstärkt Einzug in die Gesamtbanksteuerung der Banken. Für die **BaFin** ist das Thema einer nachhaltigen Finanzwirtschaft sowie die Berücksichtigung von Nachhaltigkeitsrisiken im Risikomanagement eines von vier aufsichtlichen Schwerpunkten für das Jahr 2020.[1042] Auch die **EBA** hat das Thema im Zusammenhang mit der Risikoüberwachung von ESG-Risiken bereits in ihr Arbeitsprogramm für das Jahr 2020 aufgenommen.[1043]

1172

Der Einbezug von Nachhaltigkeitsrisiken in die Gesamtbanksteuerung äußert sich nicht nur in der Identifizierung im Rahmen der Risikoinventur, sondern bei Wesentlichkeit auch in der Berücksichtigung in der Risikotragfähigkeit und deren Auswirkungen im Zusammenhang mit Stresstests. Sabine Mauderer, Vorstandsmitglied der **deutschen Bundesbank**, äußerte bereits 2019 auf dem »Green Finance Forum« in Frankfurt, dass es Stresstests zu Klimarisiken in Zukunft definitiv geben werde.[1044]

1173

Auch **Frankreich** beabsichtigt speziell für Banken und Versicherungen einen Stresstest mit klimasensitiven Szenarien in naher Zukunft durchführen zu wollen.[1045] Denkbar ist demnach die Einbindung von speziellen Szenarien und deren Auswirkungen in den nächsten LSI-Stresstest der BaFin und der Bundesbank in Deutschland, sowie in den kommenden EU-weiten Stresstest der EBA. Speziell auf europäischer Ebene pilotiert die EBA derzeit bereits mit 25 Banken eine Sensitivitätsanalyse auf freiwilliger Basis im Zusammenhang mit Klimarisiken und deren Auswirkungen.[1046]

1174

Die **Bank of England** (BoE) ging für den allgemeinen Versicherungsstresstest 2019 einen Schritt weiter und implementierte bereits drei ausgewählte Klima-

1175

1041 Autor: *Tim-Oliver Engelke*. Die Ausführungen geben ausschließlich persönliche Auffassungen wieder. Für Rückfragen oder Anregungen ist der Autor unter der E-Mail-Adresse tim.engelke@outlook.de erreichbar.
1042 Vgl. *BaFin* (2019d), S. 14.
1043 Vgl. *EBA* (2020c), S. 5.
1044 Vgl. *FAZ* (2019), S. 29.
1045 Vgl. *Handelsblatt* (2019a), S. 1.
1046 Vgl. *EBA* (2020g), S. 5.

NACHHALTIGKEIT IN DER RISIKOSTEUERUNG

Szenarien inklusiver zugehöriger Parameter und Excel-Schablonen.[1047] Derzeit ist ein derartiges Vorgehen seitens der Bank of England auch für den Bankensektor geplant, wobei ein zugehöriges Diskussionspapier bereits veröffentlicht wurde.[1048]

1176   Dass es sich bei den Auswirkungen von Klima-Szenarien auf Unternehmen längst nicht mehr um rein theoretische Gedankenspiele handelt, zeigt speziell die Insolvenz des amerikanischen Energieversorgungsunternehmens Pacific Gas and Electric (**PG&E**) als Konsequenz auf die Waldbrände in Kalifornien in den Jahren 2017 und 2018. Der Fall PG&E wurde bereits als die erste »Klimawandel Insolvenz« bezeichnet und zeigt, dass Klima- und Wetterveränderungen auch kurzfristig mit verheerenden Auswirkungen für ein Unternehmen und die Anteilseigner verbunden sein können.[1049] Für Banken stellt sich daher die Frage, wie sich die Auswirkungen von Klimaveränderungen und Nachhaltigkeitsrisiken in die **Szenariogestaltung** und in der Gesamtbanksteuerung einbinden lassen.

1177   Der **Sustainable Finance-Beirat**, welcher von der deutschen Bundesregierung im Sommer 2019 einberufen wurde, äußerte sich bereits u. a. speziell zum Punkt der Klimastresstests in seinem Zwischenbericht vom 05.03.2020. Der Beirat sieht die Anwendung von nachhaltigkeitsbezogenen Szenarien und Stresstests als einen von acht konkreten Handlungsansätzen in der Entwicklung einer Sustainable Finance-Strategie für den Finanzsektor in Deutschland.[1050]

1178   Die **EZB** stellt in ihrem Mai 2020 veröffentlichtem **Leitfaden zu Klima- und Umweltrisiken** speziell die Verbindung derartiger Risiken zum **ICAAP** her. Gemäß der EZB sind die Auswirkungen von Nachhaltigkeitsrisiken explizit im Zusammenhang mit der **normativen** und **ökonomischen** Perspektive zu prüfen. Des Weiteren empfiehlt die EZB sowohl auf Nachhaltigkeitsrisiken basierende **Stresstestszenarien** als auch **adverse Szenarien** auszuarbeiten und entsprechend im Risikomanagement zu implementieren.[1051]

1179   Der folgende Beitrag soll Banken demnach einen ersten Ansatz für eine zielgerichtete **Weiterentwicklung** und **Nutzung** wissenschaftsbasierter Nachhaltig-

---

1047 Vgl. *BoE* (2019a), S. 28 ff.
1048 Vgl. *BoE* (2019b), S. 1–2.
1049 Vgl. *Mufson* (2019).
1050 Vgl. *Sustainable Finance-Beirat* (2020). S. 16.
1051 Vgl. *EZB* (2020a), S. 5.

keitsszenarien und Klima-Stresstests geben, welche gemäß des Sustainable Finance-Beirates **essenziell** für das zukünftige Risikomanagement in Kreditinstituten sein werden.[1052]

2. Aufsichtliche Entwicklungen

a) Von der Nachhaltigkeit zum Nachhaltigkeitsrisiko

Als Beginn der politischen Debatte zum Thema Nachhaltigkeit und demnach auch den Entwicklungen bezüglich des Nachhaltigkeitsrisikos, wird zumeist auf die **UN-Klimakonferenz** verwiesen, welche in **Paris** im Dezember 2015 stattfand. Im Zuge dieser Konferenz einigten sich 194 Staaten und die Europäische Union auf eine Begrenzung der Erderwärmung auf weit unter 2°C. Dieses sogenannte **2°C-Szenario** wurde zudem noch um ein 1,5°C-Szenario ergänzt, auf welches die beteiligten Staaten durch ihre zukünftigen politischen und gesellschaftlichen Anstrengungen hinarbeiten sollten.[1053] Speziell diese zwei Szenarien finden vermehrt Verwendung in der Szenariogestaltung zum Thema Klima-Stresstest auf aufsichtlicher und akademischer Ebene. Entscheidend für die Entwicklung und die Auswirkungen des jeweiligen Szenarios ist die politische, gesellschaftliche und technologische Geschwindigkeit mit welcher derartige Anstrengungen von den beaufsichtigten Banken und Versicherern umzusetzen sind.

Der Aktionsplan für nachhaltige Finanzierung, welcher am 06.12.2019 seitens der EBA veröffentlicht wurde, stellt eine weitere entscheidende Entwicklung zum Thema Nachhaltigkeit und ESG-Risiken dar. Der **EBA-Aktionsplan** hat speziell die Einbindung von ESG-Risiken in die Strategieentwicklung, den Entscheidungsfindungsprozess, die Offenlegung und das Risikomanagement von Banken zum Fokus. Das Ziel der EBA ist die Veröffentlichung einer Taxonomie, Benchmarks und Offenlegungsstandards sowie die langfristige Einbindung von ESG-Risiken in den **SREP**, sowie damit einhergehenden Stresstests.[1054]

Das Problem von Regulierungsvorhaben war lange Zeit die uneinheitliche Definition bezüglich Nachhaltigkeit im Allgemeinen und nachhaltigen Finanzaktivitäten im Speziellen. Für Banken stellt sich demnach die Frage, welche Positionen ihres Portfolios von bestimmten aufsichtlichen Nachhaltigkeitsentwick-

---

1052 Vgl. *Sustainable Finance-Beirat der Bundesregierung* (2020). S. 21.
1053 Vgl. *Feyen/Utz/Huertas/Bogdan/Moon* (2020), S. 2 oder auch *BaFin* (2019a), S. 12. Vgl. dazu auch die umfassende Diskussion in Kapital A.I dieses Herausgeberbandes.
1054 Vgl. *EBA* (2019e), S. 11.

lungen betroffen sein könnten. Am 17.12.2019 wurden die Trilogverhandlungen auf europäischer Ebene bezüglich einer **Taxonomie** zum Thema Nachhaltigkeit beendet und sollen ab 2022 auch für Finanzinstitute Anwendung finden.[1055]

1183 Für die Institute in Deutschland ist zudem die Veröffentlichung der **BaFin** vom 20.12.2019 in Form des **Merkblatts** zum Umgang mit Nachhaltigkeitsrisiken wegweisend.[1056] Auch wenn das Merkblatt lediglich den Charakter eines Empfehlungsschreibens besitzt und derzeit prüfungstechnisch nicht verbindlich ist, erwartet die BaFin, dass sich die Institute sowohl langfristig mit den Auswirkungen von Nachhaltigkeitsrisiken im Strategie- und Geschäftsprozess auseinandersetzen als auch zugehörige Überlegungen in das Risikomanagement und den jeweiligen **Risikoappetit** implementieren. Die **EZB** betont zudem, dass Klima- und Umweltrisiken explizit in den seitens der Institute erstellten Erklärungen und Rahmenwerken zum Risikoappetit mit aufzunehmen sind.[1057]

1184 Die BaFin setzt **ESG-Risiken** den Nachhaltigkeitsrisiken gleich und definiert diese als »Ereignisse oder Bedingungen aus den Bereichen Umwelt, Soziales oder Unternehmensführung […], deren Eintreten tatsächlich oder potenziell negative Auswirkungen auf die **Vermögens-, Finanz- und Ertragslage** sowie auf die Reputation eines beaufsichtigten Unternehmens haben können.«[1058]

1185 Des Weiteren unterscheidet die BaFin die Nachhaltigkeitsrisiken in **physische** und **transitorische** Risiken. Da diese Unterscheidung ein zentraler Baustein der Szenariogestaltung von Klima-Stresstests im Rahmen des ICAAP ist, wird auf die jeweiligen Definitionen dezidiert in Abschnitt 3 eingegangen.

b) Klima-Stresstests

1186 Neben der Darstellung des allgemeinen Umgangs mit Nachhaltigkeitsrisiken in der Finanzwelt, beinhalten die oben genannten aufsichtlichen Entwicklungen zudem teilweise konkrete Ausführungen zur Implementierung von Klima-Szenarien und deren Auswirkungen in speziellen Klima-Stresstests.

1187 Die BaFin empfiehlt im oben erwähnten **Merkblatt** explizit die Abbildung der Auswirkungen von Nachhaltigkeitsrisiken in unternehmensindividuellen Stresstests. Bezüglich der Auswirkungen sei jedoch zwischen transitorischen

---

1055 Vgl. *EU* (2019j), S. 69.
1056 Mit den Inhalten beschäftigt sich ganzheitlich Kapitel A.I dieses Herausgeberbandes.
1057 Vgl. *EZB* (2020a), S. 23.
1058 Vgl. *BaFin* (2019a), S. 13.

und physischen Szenarien zu unterscheiden. Wobei sich die transitorischen Szenarien dabei auf eine politische Umkehr hin zu einer kohlenstoffärmeren Wirtschaft und die physischen Szenarien auf direkte Klimafolgen in Form von Dürren und Überschwemmungen beziehen.[1059]

Die Frage ist, wie derartige Klima-Stresstests mit den bereits von den Banken durchzuführenden Stresstests in Einklang zu bringen sind. Ein Erkenntnisgewinn aus derartigen Stresstests kann nur gewährleistet werden, wenn für die Banken auch tatsächlich wesentliche Auswirkungen auf ihre jeweiligen Portfolien im Zusammenhang mit Klima-Szenarien erkennbar sind.[1060] Dies ist demnach vorab explizit im Rahmen der unternehmensindividuellen **Risikoinventur** zu überprüfen. Des Weiteren empfiehlt die BaFin derartige Klima-Stresstests basierend auf mehreren Szenarien mit alternativem Wirkungsfokus durchzuführen.[1061]

1188

Im Zusammenhang mit der Tatsache, dass auch der **ICAAP** eine Bandbreite an unterschiedlichen adversen Szenarien im Rahmen der Stresstests vorsieht[1062], wäre dies für die Institute als eine deutliche Mehrbelastung zu sehen. Dies wird noch durch die Tatsache erschwert, dass für spezielle Klima-Stresstests, welche auch auf die unternehmensindividuellen Schwächen abgestimmt sein sollten, bislang noch begrenzt ausreichende Historien und Datenquellen vorliegen. Diesbezüglich räumt die BaFin jedoch ein, dass Stresstests und Szenarioanalysen auch einen **qualitativen** und **narrativen Charakter** besitzen können.[1063] An erster Stelle sollte daher für Banken derzeit die qualitative Auseinandersetzung mit klimainduzierten Nachhaltigkeitsrisiken im eigenen Portfolio stehen. Eine exakte quantitative Messung und Beurteilung der Auswirkungen sollte an zweiter Stelle folgen.

1189

Auch die **EBA** und die **EZB** regen die Banken sowohl im **Aktionsplan** für nachhaltige Finanzierung und dem **Leitfaden** zu Klima- und Umweltrisiken dazu an, verschiedenste Klima-Szenarien in das bestehende Risikomanagement zu implementieren, um das Ausmaß von sowohl physischen als auch transitorischen Risiken auf das Kunden- und Eigengeschäft antizipieren zu können. Im Vordergrund sollte für die Banken die Frage stehen, ob speziell im Rahmen des derzeit bestehenden **Geschäftsmodells** und der langfristigen Strategie bestimmte Anfälligkeiten in Bezug auf Nachhaltigkeitsrisiken vorliegen.[1064] Auf

1190

1059 Vgl. *BaFin* (2019a), S. 14.
1060 Vgl. *DK* (2019a), S. 21.
1061 Vgl. *BaFin* (2019a), S. 36.
1062 Vgl. *EZB* (2018a), S. 41.
1063 Vgl. *BaFin* (2019a), S. 36.
1064 Vgl. *EBA* (2019e), S. 17 oder auch *EZB* (2020a), S. 18.

aufsichtlicher Ebene wird die EBA dies zudem durch spezielle Stresstests inklusive der Entwicklung von qualitativen Kriterien und quantitativen Parametern ergänzen, um demnach auch eine Vergleichbarkeit auf europäischer Ebene herstellen zu können.[1065]

1191 Um eben derartige vergleichbare Parameter und Kriterien konzipieren zu können pilotiert die **EBA** derzeit die bereits in der Einleitung erwähnte **Sensitivitätsanalyse**, welche demnach eine Vorstufe zu den Klima-Stresstests des EBA-Aktionsplans darstellt. Die EBA betont, dass die Sensitivitätsanalyse, im Vergleich beispielsweise zum LSI-Stresstest der deutschen Institute, nicht Teil der Ermittlung eines **Eigenmittelzuschlags** bezüglich der Säule-2-Empfehlung im Rahmen der Eigenmittelzielkennziffer ist.[1066] Speziell durch den Hinweis des EBA Aktionsplans zur Einbindung von ESG-Risiken in den **SREP**, ist langfristig betrachtet hier jedoch noch eine etwaige Verknüpfung von ESG-Risiken und Eigenmittelzuschlägen zu erwarten.[1067]

1192 Im Rahmen der Sensitivitätsanalyse und den zugehörigen Bögen erfragt die EBA, welcher prozentuale Anteil des Portfolios der jeweiligen Bank als »grün«, im Einklang zur bereits angesprochenen **EU-Taxonomie**, klassifiziert wird. Ziel der Abfrage ist unter anderem demnach die bereits angesprochene Trennung von »grünen« und »braunen« Positionen, welche derzeit für die Finanzwelt noch mit gewissen methodischen Schwierigkeiten verbunden ist.

1193 Die EBA evaluiert auch den Einbezug von Daten zu CO2-Emissionen einzelner Unternehmen zur Bewertung bestimmter Positionen des Portfolios.[1068] Der Punkt des sogenannten »**CO2-Fußabdrucks**« ist jedoch schon länger Teil der Diskussion um die Bewertung von Nachhaltigkeitsrisiken und wurde bereits in einer Umfrage der Börsen-Zeitung an die Kreditwirtschaft evaluiert. Der Tenor war, dass die Banken diesbezüglich noch ganz am Anfang stehen und zudem Probleme bei der Beschaffung der notwendigen Daten und vorliegen. Zudem stellt sich die Frage, ob wirklich von einer validen Korrelation zwischen CO2-Emissionen und daraus für die Bank resultierenden Nachhaltigkeitsrisiken ausgegangen werden kann.[1069]

1065 Vgl. *EBA* (2019e), S. 12.
1066 Vgl. *EBA (2020g)*, S. 5.
1067 Vgl. *Feyen/Utz/Huertas/Bogdan/Moon* (2020), S. 18.
1068 Vgl. *EBA (2020g)*, S. 10.
1069 Vgl. *Neubacher* (2020), S. 5.

3. Arten und Wirkungszusammenhänge des Nachhaltigkeitsrisikos

a) Transitorisches Nachhaltigkeitsrisiko

Wie bereits beschrieben lässt sich das Nachhaltigkeitsrisiko in ein transitorisches und ein physisches Risiko unterteilen.[1070] Nachfolgend wird zunächst auf die Transitionsrisiken eingegangen.

Transitionsrisiken entstehen aus dem Übergang hin zu einer kohlenstoff- bzw. CO2-ärmeren Wirtschaft. Aus diesem Übergangsprozess können für Unternehmen im Allgemeinen und Banken im Speziellen verschiedene Risiken entstehen. Bezüglich des Ursprungs von Transitionsrisiken wird in der Literatur primär auf **vier** verschiedene **Wirkungsrichtungen** verwiesen.

Zunächst wären hier primär **politische und aufsichtliche Entwicklungen** zu nennen. Im Rahmen des Übergangsprozesses werden verschiedene Gesetze und Regularien implementiert, welche beispielsweise den Ausstoß von CO2 für Unternehmen verteuern oder diesen eine bestimmte Begrenzung zuweisen.[1071] Des Weiteren können sich für Unternehmen erhöhte Anforderungen an die Klimaberichterstattung ergeben, welche demnach mit einem höheren Aufwand und höheren Kosten verbunden wären. Zudem können politische Entwicklungen zu steuerlichen Mehrbelastungen für bestimmte Produkte oder Produktionsprozessen führen.[1072]

Eine weitere Quelle von Transitionsrisiken kann in **technologischen Entwicklungen** begründet sein. Beispielsweise können neue technologische Entwicklungen CO2-lastige Produkte oder Prozesse wirtschaftlich ineffizient oder weniger rentabel machen. Unternehmen müssten beispielsweise ihre Produktion oder ihre Produkte hin zu den emissionsärmeren Technologien umstellen, was mit massiven Kostenerhöhungen verbunden sein kann. Letztlich können derartige Entwicklungen zu einer Veränderung der Geschäftsmodelle und Strategien der betroffenen Unternehmen führen.

Die dritte Quelle von Transitionsrisiken besteht in einer **gesellschaftlichen Transition** hin zu einer grünen Gesellschaft, welche mit einer Veränderung der Präferenzen der Marktteilnehmer verbunden ist. Aufgrund eines veränderten

---

1070 Vgl. dazu auch die Diskussion in Kapitel A.V dieses Herausgeberbandes.
1071 Vgl. *Campiglio/Monnin/Jagow* (2019), S. 4.
1072 Vgl. *Deutsches Global Compact Netzwerk* (2019), S. 5.

NACHHALTIGKEIT IN DER RISIKOSTEUERUNG

Konsumverhaltens der Marktteilnehmer ändert sich die Nachfrage für bestimmte Produkte oder Dienstleistungen.[1073] Für Unternehmen kann dies demnach mit erhöhten Kosten oder einer Veränderung des Geschäftsmodells verbunden sein.

1199 Als letzte Quelle wird zudem teilweise auf **rechtliche Risiken** verwiesen. Für Unternehmen können beispielsweise massive Kosten aus Klagen oder einer Nicht-Einhaltung politischer Richtlinien entstehen.[1074] Hierbei ist jedoch zu sagen, dass in der akademischen und aufsichtlichen Literatur lediglich verstärkt auf politische, technologische und marktinduzierte Entwicklungen im Zusammenhang mit Transitionsrisiken verwiesen wird.[1075]

1200 Des Weiteren nehmen speziell bei der methodischen Entwicklung von Klima-Szenarien besonders die politischen Entwicklungen die dominante Rolle ein. Obwohl die Transitionsszenarien in der Literatur teilweise stark variieren, wird vermehrt auf das sogenannte **2°C-Szenario** verwiesen. Dem 2°C-Szenario liegt die Frage zugrunde, welche Gesetze und Regularien seitens der Politik veröffentlicht werden müssten um das Ziel der Begrenzung der Erderwärmung auf 2°C einhalten zu können.[1076]

1201 Bezüglich ihrer Auswirkungshärte wird bei den Transitionsszenarien danach unterschieden, ob diese graduell bzw. geordnet oder akut bzw. ungeordnet eintreten.[1077] Ein Szenario basierend auf einer **graduellen Transition** folgt der Annahme, dass politische Initiativen über einen längeren Zeitraum implementiert werden und die Unternehmen sich daher besser auf die Folgen vorbereiten können. Speziell derartig langfristig angelegte Szenarien sind jedoch mit der **zeitlichen Szenariogestaltung** des ICAAP schwer in Einklang zu bringen, da die Kapitalplanung hier meist einen Zeitraum von 3 bis 5 Jahren nicht überschreitet.[1078]

1202 In der Praxis bieten sich für Banken daher primär die akuten Transitionsszenarien an, bei der aufgrund eines sogenannten »**Minsky Moments**« Gesetze und Regulierungen innerhalb kürzester Zeit aufgrund einer akuten Klimaveränderung implementiert werden.[1079] Als Beispiel für eine derartige Form der Szenariogestaltung ist beispielsweise das erste Klima-Szenario des Stresstests der

---

1073 Vgl. *Deutsches Global Compact Netzwerk* (2019), S. 5.
1074 Vgl. *Deutsches Global Compact Netzwerk* (2019), S. 5.
1075 Vgl. *Ralite/Thomä* (2019), S. 8. oder auch *Campiglio/Monnin/Jagow* (2019), S. 4.
1076 Vgl. *TCFD* (2017d), S. 16.
1077 Vgl. *Roncoroni/Battiston/Farfan/Jaramillo* (2020), S. 5.
1078 Vgl. *EZB* (2018a), S. 17.
1079 Vgl. *Hayne/Ralite/Thomä/Koopman* (2019), S. 206 oder auch *Campiglio/Monnin/Jagow* (2019), S. 5.

Bank of England anzuführen. Im Rahmen eines »Minsky Moments« werden innerhalb kürzester Zeit Gesetze erlassen, welche dem Jahr 2022 den größten Wirkungsgrad zuweisen.[1080] Ein derartiges Szenario könnte das Problem der **zeitlichen Inkohärenz** im Zusammenhang mit der Szenariogestaltung des ICAAP lösen. Szenarien, welche den größten Wirkungsgrad erst im Jahr 2050 oder 2100 besitzen, sind für die Banken in der Kapitalplanung jedoch derzeit nicht darstellbar.

Mit den genannten Transitionsszenarien sind für Unternehmen, Haushalte und Banken verschiedenste Konsequenzen verbunden. Regulatorische Vorhaben und Gesetze können für Unternehmen beispielsweise mit steigenden Ausgaben für Forschung und Entwicklung oder Produktions- und Rohstoffkosten verbunden sein. Höhere Kosten und Aufwendungen reduzieren die Profitabilität und die zukünftigen Cashflows von Unternehmen und verringern damit beispielsweise Aktienkurse oder Unternehmenswerte.[1081] Je nach unternehmensindividuellem Exposure bezüglich **klimasensitiver Branchen** im Eigengeschäft wäre dies im Rahmen der Szenariogestaltung seitens der Bank zu berücksichtigen. Als Beispiel kann hier auf politische Bestrebungen und Gesetze **Chinas** zur Verbesserung der Luft verwiesen werden, welche innerhalb kürzester Zeit implementiert wurden und den Credit Spread für Unternehmen mit hohen Emissionen um rund 5,5 % erhöhten.[1082]

Eine weitere Auswirkung eines Transitionsszenarios, welche sich innerhalb kürzester Zeit manifestieren kann, ist die der »**Stranded Assets**«, bei der hohe Investitionen wie Kohlekraftwerke oder Fabriken innerhalb kürzester Zeit rapide an Wert verlieren. Gemäß einer Untersuchung der Internationalen Energieagentur (IEA) könnten allein in der Erdöl-Industrie Investitionen bis zu 330 Milliarden US-Dollar in Form von »Stranded Assets« von derartigen rapiden Transitionsszenarien betroffen sein.[1083]

Bestehende Exposures, in Form von derartigen **Risikokonzentrationen** im eigenen Bestand, könnten von den Banken demnach im Rahmen der Szenariogestaltung berücksichtigt werden.

Eine weitere Auswirkung, welche sich speziell für klassische **Regionalbanken** mit einem hohen Anteil an **Wohnimmobilienkrediten** anbietet, bezieht sich auf Regulierungsvorhaben, welche spezielle Renovierungen oder Modernisierungen von Häusern und Gebäuden erforderlich machen. Im Zuge derartiger

---

1080 Vgl. *BoE (2019c)*, S. 1.
1081 Vgl. *Campiglio/Monnin/Jagow* (2019), S. 4 oder auch *DNB* (2018), S. 22.
1082 Vgl. *Huang/Punzi/Wu* (2019), S. 5.
1083 Vgl. *Ralite/Thomä* (2019), S. 10.

Entwicklungen könnten Wohnimmobilien bestimmten neuen Wärmeisolierungs- oder Solarpannelpflicht-Vorgaben unterliegen. Dies könnte sich in sinkenden Häuserpreisen und demnach für Banken geringeren Werten der Wohnimmobiliensicherheiten und damit höheren Blankoanteilen sowie erhöhten erwarteten Verlusten niederschlagen.[1084]

b) Physisches Nachhaltigkeitsrisiko

1207 Wie auch die transitorischen Risiken werden die physischen Risiken bezüglich ihres Auswirkungsgrades und ihres zeitlichen Fokus unterschieden. Eine Ausprägung der physischen Risiken besteht in **Extremwetterereignissen**, welche mit einem akuten Wirkungsgrad einhergehen und sich meist in einer bestimmten Region manifestieren. Diesen Ereignissen liegen meist extreme Wetterveränderungen, bezogen auf eine bestimmte Regionalität, zugrunde. Als Beispiele für derartige extreme Wetterveränderungen werden meist Stürme bzw. Orkane, Fluten, Dürren und Waldbrände angeführt.[1085] Institute müssen im Rahmen der individuellen Szenariogestaltung abwägen, welche Bereiche ihr jeweiliges **Geschäftsgebiet** umfasst und welche aus Klimawandel und Umweltzerstörung resultierenden Risiken in Frage kommen könnten.[1086]

1208 Im europäischen Raum und speziell in Deutschland bietet sich oftmals eine **Überflutung** als Annahme eines akuten physischen Szenarios an. Hier sei beispielsweise auf die Überflutung der Elbe in Deutschland im Mai 2013 verwiesen, welche mit Schäden von rund 6 Milliarden Euro einherging.[1087] Eine Verknüpfung der Szenario Annahmen mit dem jeweiligen Portfolio der Bank kann über Postleitzahlen vollzogen werden.

1209 Dieses Vorgehen wurde bereits von der **Rabobank** in den Niederlanden im Zuge einer Fallstudie angewendet.[1088] Eine Bank kann beispielsweise untersuchen welche Gebiete einem erhöhten Überflutungsrisiko unterliegen und verknüpft diese Gebiete über die Postleitzahl mit den jeweiligen Wohnimmobilienkrediten im Bestand. Anschließend kann für diese Wohnimmobiliensicherheiten eine Verringerung des Wertes und damit eine Erhöhung des Blankoanteils angenommen werden.

1210 Eine weitere Ausprägung der physischen Risiken bezieht sich auf chronische bzw. langfristige Risiken. Im Gegensatz zu den akuten Extremwetterereignissen

---

1084 Vgl. *Battiston/Mandel/Monasterolo/Schütze/Visentin* (2017), S. 5 oder auch *BaFin* (2019a), S. 14.
1085 Vgl. *Ralite/Thomä* (2019), S. 20.
1086 Vgl. *EZB* (2020a), S. 16.
1087 Vgl. *Koetter/Noth/Rehbein* (2016), S. 2.
1088 Vgl. *UNEP* (2018b), S. 49–52.

vollziehen sich diese über einen langen Zeitraum und sind demnach im Zusammenhang mit der Szenariogestaltung des ICAAP nur schwer umsetzbar. Als Beispiele für derartige **langfristige Klimaveränderungen** können Veränderungen des Meeresspiegels, der Niederschlagshäufigkeit oder der Luftverschmutzung angeführt werden.[1089]

Die Auswirkungen von physischen Risiken können zudem gemäß ihrer **direkten** und **indirekten Folgen** abgegrenzt werden. Eine direkte Folge eines Extremwetterereignisses bezieht sich für eine Bank beispielsweise auf die Zerstörung oder Beschädigung einer Wohnimmobilie, welche dem Kundengeschäft der Bank zugehörig ist. Eine indirekte Folge kann sich beispielsweise im Eigengeschäft niederschlagen. Extremwetterereignisse können für Unternehmen dazu führen, dass Lieferketten unterbrochen werden, Rohstoffe nicht mehr verfügbar sind oder Rohstoffpreise steigen.

All diese Effekte führen zu einer reduzierten Profitabilität und können sich in sinkenden Unternehmenswerten und damit Aktienkursen niederschlagen. Von der Bank wäre in diesem Zusammenhang zu prüfen, ob eine Risikokonzentration bezogen auf eine bestimmte Branche vorliegt. In **Bloomberg** besteht beispielsweise die Möglichkeit **Lieferkettenanalysen** für bestimmte Unternehmen durchzuführen und somit derartige Risikokonzentrationen zu identifizieren.

c) Einbindung in das Risikoartenuniversum

Der Prozess, die abgegrenzten physischen und transitorischen Nachhaltigkeitsrisiken im Zuge der Szenariogestaltung der Stresstests in den ICAAP einzubinden, beginnt bei der **Risikoinventur**.[1090] Die Identifizierung der wesentlichen Risiken im Zuge der Risikoinventur ist ein elementarer Bestandteil des Risikomanagements und des ICAAP.[1091] Nur wenn Risiken als wesentlich für das Institut identifiziert werden, können diese sinnvoll in die Szenariogestaltung eingebunden werden, da die darauf abzielenden Stresstests bezüglich ihrer Auswirkungen auf die Bank sonst ins Leere laufen würden.

Entscheidend bei der Szenariogestaltung ist es, sich zunächst die Wirkungszusammenhänge von **Risikotreibern** bzw. **Risikofaktoren** und Risikoarten noch einmal vor Augen zu führen, um zu verstehen, wie Nachhaltigkeitsrisiken auf diese einwirken können.

1089 Vgl. *Ralite/Thomä* (2019), S. 20.
1090 Grundlegend wird die Risikoinventur in Kapitel D.III dieses Herausgeberbandes diskutiert.
1091 Vgl. *EZB* (2018a), S. 28.

1215 Gemäß ICAAP werden das Kreditrisiko, das Marktpreisrisiko, das Zinsänderungsrisiko, das operationelle Risiko und ggf. sonstige Risiken als **wesentliche Risikoarten** angeführt.[1092] Dies ist vom jeweiligen Institut individuell zu prüfen. Gemäß MaRisk AT 2.2 sind zumindest die Adressenausfallrisiken, die Marktpreisrisiken, die Liquiditätsrisiken und die operationellen Risiken als wesentlich einzustufen.[1093]

1216 Auf diese Risikoarten wirken nun die einzelnen Risikotreiber ein und beeinflussen die quantifizierte Höhe der einzelnen Risikoarten in der Risikotragfähigkeit. Als **Risikotreiber** für das Kreditrisiko sind beispielsweise die Veränderung der Ausfallwahrscheinlichkeit oder Migrationsbewegungen zwischen den einzelnen Ratingklassen anzuführen. Für das Marktpreisrisiko sind beispielsweise die Veränderungen von Aktienkursen, Währungskursen, Zinsen oder Volatilitäten anzuführen. Im Rahmen des Liquiditätsrisikos resultiert ein höher Risikowert beispielsweise aus dem Risikotreiber des Verhaltens der Kunden in Bezug auf deren Kundeneinlagen. Unterschiede in den Risikotreibern resultieren aus Veränderungen der Umweltbedingungen, in Form von konjunkturellen-, politischen- oder gesellschaftlichen Entwicklungen.

1217 Die Frage ist daher, wie Nachhaltigkeitsrisiken in derartige Wirkungszusammenhänge implementiert werden können. Auf aufsichtlicher und akademischer Ebene wurde über einen längeren Zeitraum diskutiert, ob Nachhaltigkeitsrisiken eine eigene und zusätzliche Risikoart darstellen. Die **BaFin** und der **Sustainable Finance-Beirat der Bundesregierung** haben sich diesbezüglich jedoch u. a. im Zusammenhang mit dem Merkblatt zum Umgang mit Nachhaltigkeitsrisiken derartig geäußert, dass Nachhaltigkeitsrisiken **keine eigene Risikoart** darstellen und vielmehr als Risikotreiber bzw. Risikofaktoren auf die bestehenden Risikoarten einwirken.[1094] Gemäß der **EZB** wirken Klima- und Umweltrisiken als **Bestimmungsfaktoren** auf die bereits in den Banken etablierten Risikoarten ein.[1095]

1218 Das entscheidende bei der Szenariogestaltung ist nun die Übersetzung der Risikotreiber im Zusammenhang mit Nachhaltigkeitsrisiken in die Parameter der jeweiligen Risikoarten um die Auswirkungen auf die Vermögens-, Ertrags- und Liquiditätslage quantifizieren zu können. Hier bietet sich bei der Übersetzung und Darstellung der Wirkungszusammenhänge beispielsweise ein **Top-Down-Ansatz** an, wie er in Abbildung V.III.1 dargestellt ist. Im Rahmen dieses

---

1092 Vgl. *EZB* (2018a), S. 29.
1093 Vgl. *BaFin* (2017), S. 7–8.
1094 Vgl. *BaFin* (2019a), S. 18 oder auch *Sustainable Finance-Beirat der Bundesregierung* (2020), S. 19.
1095 Vgl. *EZB* (2020a), S. 4.

Top-Down-Ansatzes stellen die physischen und transitorischen Risiken nun eine weitere Ausprägung der Risikotreiber dar, welche auf die bestehenden Risikotreiber, der als wesentlich identifizierten Risikoarten, einwirken.

Wie **Abbildung D.16** zu entnehmen, sind in der Szenariogestaltung beispielsweise zwei Wirkungszusammenhänge denkbar. Im Zuge einer akuten Umweltveränderung werden innerhalb kürzester Zeit auf politischer Ebene verschiedene neue Gesetze zum Umweltschutz implementiert. Dies führt für Unternehmen am Markt dazu, dass Kosten für CO2-Emissionen steigen oder bestimmte Investitionen zu »Stranded Assets« werden und abgeschrieben werden müssen (siehe **Ebene 1**). Aufgrund der sinkenden Profitabilität sinken die Unternehmenswerte und damit die Aktienkurse der jeweiligen Unternehmen.[1096]

Für die Bank ergibt sich dadurch bei einem wesentlichen klimasensitiven Exposure im Eigengeschäft eine Veränderung des Risikotreibers der Aktienkurse im Rahmen der Risikoart des Marktpreisrisikos (siehe **Ebene 2**). Diese Veränderung auf Ebene 2 schlägt sich demnach auch auf **Ebene 3** im Rahmen des ICAAP bzw. der Risikotragfähigkeit nieder. Entscheidend für die Bank ist nun, ob eine derartige Veränderung eine wesentliche Auswirkung auf die Vermögens-, Ertrags- oder Liquiditätslage besitzt.

Im Rahmen der Analyse der **Ertragslage** ist die normative Perspektive der Risikotragfähigkeit zu betrachten. Durch die sinkenden Aktienkurse und Unternehmenswerte ist gegebenenfalls von einem geringeren laufenden Ertrag über Dividenden oder einem erhöhten Bewertungsergebnis Wertpapiere über Abschreibungen auszugehen. Die Bank kann nun analysieren, wie sich derartige Veränderungen auf die GuV und die prognostizierten aufsichtlichen Kapitalquoten auswirken.

Bezüglich der Analyse der **Vermögenslage** ist die ökonomische Perspektive zu betrachten. Verringerte Unternehmenswerte führen zu geringeren Barwerten bzw. Marktwerten für die Aktien als Teil des barwertigen Risikodeckungspotenzials. Die Bank kann in diesem Zusammenhang analysieren, ob derartige Veränderungen der Risikotreiber zu einer höheren Auslastung der Limite in der Risikotragfähigkeit führen.

Bezogen auf die **Liquiditätslage** kann untersucht werden, ob sich durch die verringerten Unternehmenswerte eine Reduzierung der Zahlungsfähigkeit ergibt. In der Praxis inkludieren viele Institute Teile ihres Eigengeschäfts in

---

1096 Vgl. *South Pole Group* (2016), S. 13 oder auch *Feyen/Utz/Huertas/Bogdan/Moon* (2020), S. 5.

NACHHALTIGKEIT IN DER RISIKOSTEUERUNG

Form von Aktien, zinstragenden Wertpapieren und Spezialfonds im Liquiditätsdeckungspotenzial, welches den Abflüssen im Stressfall gegenübergestellt wird. Eine klimabedingte Verringerung des Liquiditätsdeckungspotenzial kann sich demnach unter Umständen auf die Überlebensfähigkeit im Zuge des voraussichtlichen Überlebenshorizonts gemäß MaRisk BTR 3.1 Tz. 8 auswirken.[1097]

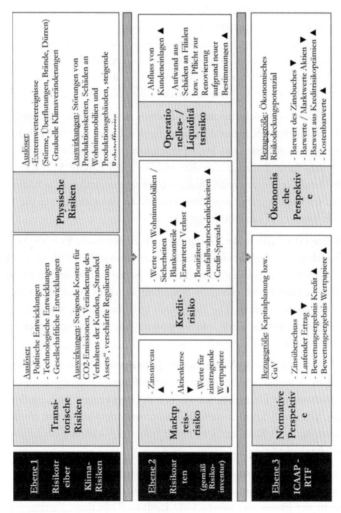

*Abbildung D.16: Einbindung von Nachhaltigkeitsrisiken in das Risikoartenuniversum
(Quelle: eigene Darstellung)*

1097 Vgl. *BaFin* (2017), S. 65.

Ebenso denkbar sind beispielsweise Extremwetterereignisse in Form von physischen Risiken, welche zu starken Störungen von Produktionsketten und einer Erhöhung von Rohstoffpreisen führen (siehe Ebene 1). Auch dies wirkt sich auf die Unternehmen und deren **Profitabilität** aus. Derartige Reduzierungen der Profitabilität können sich demnach auf die **Ausfallwahrscheinlichkeit** und **Credit-Spreads** auswirken (siehe Ebene 2).[1098] Falls die Bank Kredite an derartig betroffene Unternehmen vergeben hat, würde dies zu einem steigenden Bewertungsergebnis Kredit in der Kapitalplanung oder einem steigenden Barwert der Kreditrisikoprämien in der ökonomischen Perspektive führen (siehe Ebene 3).

4. Szenariogestaltung für Klima-Stresstests

Nachdem eruiert wurde, was unter Nachhaltigkeitsrisiken zu verstehen ist, welche Ursachen den physischen und den transitorischen Risiken zugrunde liegen und wie diese Risiken innerhalb der weiteren Risikoarten einzuordnen sind, geht es nun darum, die jeweiligen Klima-Szenarien für die durchzuführenden Stresstests zu entwickeln.

Bevor mit dem Prozess der Szenariogestaltung begonnen werden kann, ist zunächst darauf hinzuweisen, dass Klima-Szenarien derzeit noch nicht flächendeckend im Finanzsektor implementiert sind und sich deren Herleitung daher noch in einer **frühen Entwicklungsstufe** befindet.[1099] Wenn man die Herleitung von Klima-Stresstests den der bisherigen Stresstests gegenüberstellt, lassen sich speziell **drei Probleme**, sowie verschiedene Unterschiede in der Zielrichtung identifizieren.

Als Probleme sind speziell eine unzureichende **Datenhistorie**, ein Missverhältnis des **zeitlichen Horizonts** und eine mangelnde **Verfügbarkeit** an abrupt auftretenden physischen und transitorischen **Szenarien** anzuführen.[1100]

Die derzeit in der Finanzwelt etablierten Stresstests haben speziell als Reaktion auf die Finanzkrise 2008 an Bedeutung gewonnen und sind gemäß AT 4.3.3 ein wichtiger Bestandteil der MaRisk für die deutschen Institute. Der Fokus derartiger Stresstests liegt in der Übersetzung von makroökonomischen Effekten in quantifizierbare Parameter, durch welche sich dann eine Veränderung des **regulatorischen Kapitals** simulieren lässt. Das Ziel ist demnach eine Gewähr-

---

1098 Vgl. *UNEP* (2018a), S. 29 oder auch *BIS* (2019), S. 17.
1099 Vgl. *Deutsches Global Compact Netzwerk* (2019), S. 14.
1100 Vgl. *Hayne/Ralite/Thomä/Koopman* (2019), S. 219.

leistung der Einhaltung der aufsichtlichen Kapitalquoten in Zeiten eines gestressten Marktumfelds. Da die aufsichtlichen Stresstests in der Regel einen Zeitraum von drei bis zu fünf Jahren nicht überschreiten, folgen diese der methodischen Annahme, dass die Kapitalquoten der Institute kurzfristig gestresst werden, um sich dann wieder zu erholen. Im Gegensatz dazu manifestieren sich die Effekte von Klima-Szenarien voraussichtlich über einen deutlich längeren Zeitraum, der bis zu mehreren Jahrzehnten betragen kann. Im Fokus der Klima-Stresstests liegt nicht nur die Gewährleistung der **kurzfristigen** bzw. aufsichtlichen **Überlebensfähigkeit**, sondern auch die Aufdeckung von **langfristigen Schwächen** und **Anfälligkeiten**, welche unter anderem strategischer Natur sind und auf dem jeweiligen Geschäftsmodell basieren.

1229 Eben diese Abgrenzung zwischen dem Fokus der etablierten Stresstests und den Klima-Stresstests kann daher auch eine Antwort auf das geschilderte Problem der **unzureichenden Daten** sein. Gemäß einer Analyse der Bank für Internationalen Zahlungsausgleich stellt die unzureichende Qualität und Verfügbarkeit von Daten das größte Problem bei der Entwicklung von Klima-Szenarien dar.[1101] Aufgrund des Fokus der Klima-Stresstests geht es bei der Gestaltung und Anwendung von Klima-Szenarien nicht per se um die mathematisch dezidierte Herleitung von Prozentauslenkungen der Kapitalquoten, sondern um die **Identifizierung** von institutsindividuellen Schwächen und Anfälligkeiten. Die Konsequenz eines Klima-Stresstests kann beispielsweise eine langfristige strategische Neu-Aufstellung des jeweiligen Portfolios sein.[1102] Als Beispiel wäre hier unter anderem die **Deutsche Bank** anzuführen, welche bereits Szenarioanalysen zu Folgen des Klimawandels durchführte und sich mittlerweile aus Engagements bezüglich Öl- und Gasaktivitäten in der Arktis zurückzog.[1103] Auch die BaFin greift diesen Punkt auf und verweist darauf, dass Auswirkungen von klimabedingten Szenarioanalysen auch **deskriptiver** und **narrativer Natur** sein können.[1104] Derartige qualitative Erkenntnisse können daher zu Beginn der Implementierung auch mit einem reduzierten Datenbestand gewonnen und dann im Laufe der Zeit quantitativ ausgebaut werden.

1230 Nachdem das Problem der unzureichenden Datenhistorie evaluiert wurde, sei nun auf das Missverhältnis des zeitlichen Horizonts und der damit einhergehenden mangelnden Verfügbarkeit an abrupt auftretenden Szenarien verwiesen.

1101 Vgl. *BIS* (2019), S. 21.
1102 Vgl. *UNEP* (2018a), S. 16.
1103 Vgl. *Neubacher* (2020), S. 4.
1104 Vgl. *BaFin* (2019a), S. 36 oder auch *DK* (2019a), S. 21.

Die bisher in der Finanzwelt angewendeten Stresstests besitzen in der Regel einen **zeitlichen Horizont** von drei Jahren, wobei der primäre Stressfokus meist bereits auf dem ersten Jahr liegt.[1105] Als Beispiel können hier speziell die Stresstests der Federal Reserve (FED) in den USA und des Europäischen Ausschusses für Systemrisiken (ESRB) angeführt werden, welche beide einen zeitlichen Horizont von drei Jahren umfassen.[1106] Auch der von Anfang April bis Anfang Juni 2019 durchgeführte **LSI-Stresstest 2019** in Deutschland, welcher unter anderem der Ermittlung der Eigenmittelzielkennziffer (EMZK) diente, erstreckte sich über einen Zeitraum von drei Jahren.[1107]

Im Gegensatz dazu manifestieren sich gesellschaftliche, politische oder technologische Entwicklungen im Rahmen der Nachhaltigkeitsrisiken über einen deutlich längeren Zeitraum, welcher sich über mehrere Jahrzehnte erstrecken kann.[1108] Im Gegensatz zu den akuten physischen Risiken, welche durch Extremwetterereignisse auch abrupt auftreten können, vollziehen sich transitorische Risiken oder graduelle physische Risiken über einen Zeitraum, der mindestens 30 Jahre und bis zu 100 Jahre umfassen kann.[1109]

Als Beispiele können hier zwei der drei Klima-Szenarien des bereits angesprochenen Stresstests der **Bank of England** angeführt werden, welche ihre primären Auswirkungsjahre auf die Jahre 2050 und 2100 legen.[1110] Aus dieser **zeitlichen Inkohärenz** der Annahmen von Klima-Szenarien und der gelebten Praxis der Banken resultieren verschiedene Konsequenzen. Zunächst beträgt der Horizont der **Kapitalplanung** der meisten Banken einen Zeitraum von 3 bis zu 5 Jahren, aus dem sich auch verschiedenste strategische Entscheidungen, vor dem Hintergrund der Einhaltung der aufsichtlichen Kapitalquoten, ableiten lassen. Ein Stresstest dient der Aufdeckung institutsindividueller Anfälligkeiten, um beispielsweise auch Umstrukturierungen im Portfolio im Rahmen einer **Asset Allocation** vornehmen zu können. Ein zu langer zeitlicher Horizont geht in der Regel mit erhöhten **Modellunsicherheiten** einher, welche im Hinblick auf langfristige strategische Entscheidungen zu Fehlimpulsen führen können.[1111] Zudem ist ein längerer Horizont, aufgrund der unzureichenden Datenhistorie, beispielsweise im Hinblick auf die Bilanzentwicklung, mit einem deutlichen Mehraufwand für die Banken verbunden.

1105 Vgl. *Chenet* (2019), S. 19 oder auch *Ralite/Thomä* (2019), S. 35.
1106 Vgl. *Hayne/Ralite/Thomä/Koopman* (2019), S. 207.
1107 Vgl. *BaFin/Deutsche Bundesbank* (2019), S. 12.
1108 Vgl. *BIS* (2019), S. 28 oder auch *UNEP* (2018b), S. 9.
1109 Vgl. *Chenet* (2019), S. 19 oder auch *UNEP* (2018a), S. 14.
1110 Vgl. *BoE* (2019c), S. 1.
1111 Vgl. *DK* (2019a), S. 21.

NACHHALTIGKEIT IN DER RISIKOSTEUERUNG

1234 Eine Verringerung des Problems der **zeitlichen Inkohärenz** kann beispielsweise durch folgendes Vorgehen in der Szenariogestaltung realisiert werden. Zunächst ist das jeweilige Szenario hinsichtlich des zeitlichen Wirkungsrahmens in eine **Schock-Periode** und eine **Wirkungsperiode** zu unterscheiden.[1112] Die Schock-Periode fokussiert sich auf einen kurzen Zeitraum und ist damit mit den bisherigen Stresstest-Praktiken der Banken quantitativ darstellbar. Die Wirkungs-Periode erstreckt sich jedoch über einen längeren Zeitraum und findet primär über eine qualitative und narrative Analyse Berücksichtigung. Auf diese Weise lässt sich eine quantitative Bewertung der kurzfristigen Auswirkung eines Klima-Szenarios mit einem Horizont von bis zu 3 Jahren durchführen, ohne dabei die langfristigen Effekte qualitativ im Hinblick auf eventuelle Anfälligkeiten außer Acht zu lassen.

1235 Der quantitative Fokus der Klima-Stresstests sollte daher auf einem kürzeren Zeitraum liegen, um sicherstellen zu können, dass die ermittelten Ergebnisse auch von praktischer Relevanz für das jeweilige Institut sind und nicht nur eine rein aufsichtliche und hypothetische Übung darstellen.[1113] Dieser Vorgehensweise folgte auch **De Nederlandsche Bank (DNB)** im Rahmen ihres Klima-Stresstests aus dem Jahre 2018 zu Auswirkungen von transitorischen Risiken. Zur Anwendung kamen dort vier verschiedene Szenarien, welche sich jedoch alle innerhalb von fünf Jahren manifestierten.[1114]

1236 Speziell für die angesprochene Schock-Periode bietet sich ein sogenanntes »**Zu spät, zu plötzlich**«-Szenario an, welches auf der Annahme beruht, dass auf politischer Ebene über einen längeren Zeitraum zu wenig für den Klimaschutz getan wurde und nun verschiedenste Klima-Gesetze innerhalb kürzester Zeit zu implementieren sind.[1115] Ein derartiges Szenario wurde im Jahr 2016 vom Europäischen Ausschuss für Systemrisiken (ESRB) beschrieben und bereits im angesprochenen Stresstest der Bank of England als »Szenario A« verwendet.[1116]

1237 Die **EZB** listet in ihrem **Leitfaden zu Klima- und Umweltrisiken** diesbezüglich verschiedene **klimabezogene Risikotreiber** auf, welche einen Zeitraum von fünf Jahren, bezogen auf den damit einhergehenden Wirkungszeitraum, nicht überschreiten. Gemäß der EZB können beispielsweise politische Veränderungen und Rechtsvorschriften zu einer Wertminderung von Vermögenswerten, welche einen branchenbedingten Klimabezug aufweisen, über einen

---

1112 Vgl. *BIS* (2019), S. 18.
1113 Vgl. *Chenet* (2019), S. 19 oder auch *Campiglio/Monnin/Jagow* (2019), S. 2.
1114 Vgl. *DNB* (2018), S. 12 und S. 18.
1115 Vgl. *ESRB* (2016), S. 2.
1116 Vgl. *BoE* (2019c), S. 1.

Zeitraum von **1-3 Jahren** führen.[1117] Dies würde sich dementsprechend mit dem zeitlichen Umfang der **Kapitalplanung** in vielen Instituten decken.

5. Prozessuale Überlegungen

Wie im Rahmen der Szenariogestaltung der Klima-Stresstests ausführlich dargestellt, dienen derartige Stresstests primär der Identifizierung von institutsindividuellen Anfälligkeiten im Hinblick auf Nachhaltigkeitsrisiken. Dies stellt auch eine Verbindung der Klima-Stresstests zum **ICAAP** und speziell zur Risikoinventur dar. Innerhalb der Szenariogestaltung im Rahmen des ICAAP sind von den Banken mehrere institutsspezifische adverse Szenarien zu entwickeln um zentrale Schwachstellen sowie **institutsspezifische Anfälligkeiten** zu identifizieren.[1118] Da Nachhaltigkeitsrisiken verschiedenste Ausprägungen annehmen und mit unterschiedlichen Wirkungsrichtungen für die Bank verbunden sein können, ist es wichtig die Szenarien entlang der strategischen Ausrichtung und des Geschäftsmodells des Instituts zu entwickeln.

Des Weiteren können Nachhaltigkeitsrisiken direkten Einfluss auf die aufsichtlichen Kapitalquoten ausüben. Im bereits angesprochenen Klima-Stresst der **DNB** ließen sich basierend auf vier unterschiedlichen Klima-Szenarien direkte Auswirkungen auf die **harte Kernkapitalquote (CET1)** der niederländischen Banken von 1,8 % bis 4,3 % feststellen.[1119] Im Vergleich zum **LSI-Stresstest 2019**, bei dem der Stresseffekt bezogen auf die CET1-Quote im Schnitt 3,5 % betrug[1120], lässt sich daher schon je nach Geschäftsmodell und Szenarioannahmen eine deutliche Auswirkung von Nachhaltigkeitsrisiken auf die aufsichtlichen Quoten herleiten.

Entscheidend ist jedoch immer der Bezug zur Risikoinventur und den institutsspezifischen Anfälligkeiten. Ein Klima-Stresstest, welcher primär mit Auswirkungen auf Aktienkurse verbunden ist und bei einem Institut Verwendung findet, welches sich primär auf das Kunden- und nicht das Eigengeschäft fokussiert, führt den strategischen Erkenntnisgewinn und die Auswirkungen auf die CET1-Quote betreffend ins Leere.

1117 Vgl. EZB (2020a), S. 32.
1118 Vgl. *EZB* (2018a), S. 14 und S. 39.
1119 Vgl. *DNB* (2018), S. 53.
1120 Vgl. *BaFin/Deutsche Bundesbank* (2019), S. 12.

1241   Das Institut sollte bei der Durchführung eines Klima-Stresstests daher prozessual immer berücksichtigen, welchem klimasensitiven Exposure es in welcher Risikoart ausgesetzt ist und welche Auswirkungen und Konsequenzen sich daraus ergeben könnten.[1121] Ein elementarer Faktor bezüglich des Umfangs des klimasensitiven Exposures bezieht sich auf die jeweilige **Branchenzugehörigkeit** der analysierten Unternehmen. Die Identifizierung von Risikokonzentrationen bezogen auf klimasensitive Branchen innerhalb der Risikoinventur kann daher ein erster Ansatzpunkt für die Institute im Rahmen der Szenariogestaltung sein.

1242   Sowohl in der aufsichtlichen als auch in der akademischen Literatur lassen sich in erster Linie speziell die Branchen des **Öl-, Gas- und Kohlesektors** im Hinblick auf Klimasensitivität identifizieren.[1122] Bezogen auf die direkte Emissionsintensität folgen in zweiter Linie die Versorgungs-, Stahl-, Zement-, Aluminium- und Luftfahrtbranche.[1123] Als klimasensitive Branche mit besonderer Bedeutung für Deutschland ist zudem noch die Automobilindustrie anzuführen, welche auch aufgrund ihres Anteils im DAX im Depot-A vieler deutscher Banken vertreten sein dürfte.[1124]

1243   Gemäß eines Klima-Stresstests des Finanzsektors von Battiston et al. (2016) ließ sich basierend auf empirischen Daten in den Portfolien der europäischen Banken ein kombiniertes Exposure bezüglich klimasensitiver Branchen in Höhe von 40–54 % feststellen. Dies verdeutlicht, dass sowohl Großbanken als auch kleinere Institute durchaus ein **klimasensitives Exposure** in ihren Bilanzen besitzen können und sich daher rechtzeitig mit derartigen Analysen im Rahmen der Risikoinventur befassen sollten.

1244   Im Zuge der folgenden Abschnitte werden daher drei verschiedene Klima-Stresstests mit unterschiedlichem Wirkungsfokus anhand von Beispielbanken mit differierendem **Geschäftsmodell** aufgezeigt. In der Realität werden die meisten Banken zwar Elemente aus allen drei Beispielen in sich vereinen, jedoch lassen sich die Impulse der isolierten Beispielbetrachtungen durchaus für die Szenariogestaltung in der Praxis kombinieren.

1121 Vgl. *EBA (2020g)*, S. 10.
1122 Vgl. *South Pole Group* (2016), S. 53.
1123 Vgl. *South Pole Group* (2016), S. 59 oder auch *Hayne/Ralite/Thomä/Koopman* (2019), S. 213.
1124 Vgl. *South Pole Group* (2016), S. 60.

a) Bank 1 – Fokus Aktien

Als erstes wird eine Bank untersucht, welche ein **umfangreiches Depot-A**, mit einem anteilig hohen Bestand an Aktien im Spezialfonds und der Direktanlage, besitzt und einen Bezug zu klimasensitiven Unternehmen aufweist. Das gewählte Szenario der Bank ist maßgeblich durch transitorische Risiken bestimmt und folgt der Annahme, dass innerhalb kürzester Zeit neue Gesetze und Regularien erlassen werden, welche zu massiven Kostensteigerungen in Bezug auf CO2-Emmissionen führen. Dieses Szenario könnte für die Institute relevant sein, welche im Zuge des LSI-Stresstest 2019 speziell im Rahmen des **Marktrisikostresstests**, größere Belastungen durch Aktienwertverluste hinsichtlich der CET1-Quote hinnehmen mussten.

Hinsichtlich der Einbindung in das bestehende Risikoartenuniversum (Abbildung D.16) ist das Szenario der Bank 1 speziell im Zusammenhang mit einer Beurteilung der Risikoart des **Marktpreisrisikos** zu analysieren. Der von den transitorischen Nachhaltigkeitsrisiken beeinflusste Risikotreiber liegt in den **Aktienkursen** und **Dividenden**. Im Rahmen der Kapitalplanung der normativen Perspektive führen sinkende Aktienkurse zu einem erhöhten Bewertungsergebnis Wertpapiere über Abschreibungen und einem geringeren laufenden Ertrag über sinkende Dividenden. Bezüglich der ökonomischen Perspektive führen verringerte Unternehmenswerte zu höheren Auslastungen der Limite in der Risikotragfähigkeit.

Um die logische Verbindung zwischen transitorischen Nachhaltigkeitsrisiken und der Verringerung von Unternehmenswerten und Aktienkursen herstellen zu können auf die Formel in Abbildung D.17 verwiesen.

Nettoertrag = (Produktionsvolumen x Preise) – Kosten der verkauften Waren – Operative Kosten – (Steuern + Zinsen)

Abbildung D.17: Auswirkungen von Nachhaltigkeitsrisiken auf die Nettoertragsermittlung (Quelle: Hayne/Ralite/Thomä/Koopman (2019), S. 212)

Im Zuge des verwendeten Szenarios zusätzlicher Regularien wird eine neue **CO2-Steuer** eingeführt, welche die Kosten für den Ausstoß von CO2-Emissionen deutlich erhöht und den Nettoertrag direkt verringert. Des Weiteren führen derartige Steuern dazu, dass auch die Kosten der Rohstoffzulieferer für ihre Produkte steigen, was sich in den Kosten der verkauften Waren niederschlägt und ebenfalls den Nettoertrag reduziert. Langfristig betrachtet müssen zudem gegebenenfalls die Kosten für Forschung und Entwicklung im Zuge der operativen Kosten erhöht werden, um die Produkte auf eine nachhaltigere Art und Weise produzieren zu können. Letztendlich wären die Unternehmen zudem gezwungen die steigenden Kosten über erhöhte Preise im Produktverkauf weiterzugeben, was zu einer verringerten Nachfrage und demnach sinkenden Verkäufen führen würde. All diese Faktoren wirken sich auf den **Unternehmenswert** aus, welcher Ausdruck des Barwerts der zukünftigen Cashflows ist.[1125] Auch die **EZB** betont im Leitfaden zu Klima- und Umweltrisiken, dass Nachhaltigkeitsrisiken sowohl zu höheren **Volatilitäten** als auch **Abschreibungen** von Vermögenswerten in den Portfolios der Banken führen können.[1126]

1249 Als Beispiel einer derartigen Kausalkette mit direkter Auswirkung auf die Unternehmenswerte kann beispielsweise eine Studie von Bernardini et al. (2019) angeführt werden. Im Zuge der Studie wurde untersucht, wie sich die **politischen Veränderungen** in Europa in den Jahren 2006-2016 zur Förderung von Investitionen in erneuerbare Energien oder zur Senkung von CO2-Emissionen, speziell durch die **Einführung des Emissionshandelssystem** (EU-EHS), auf die Profitabilität der Elektrizitätsversorgungsunternehmen auswirkten. Im Zuge der Studie ergab sich die Erkenntnis, dass sich die Profitabilität und damit auch die Aktienkurse der Unternehmen deutlich reduzierten, welche nicht massiv in erneuerbare Energien investierten.[1127]

1250 Nachdem nun evaluiert wurde, dass transitorische Entwicklungen im Zusammenhang mit steigenden Nachhaltigkeitsrisiken zu einer direkten Verringerung der Börsenwerte und Aktienkurse von Unternehmen führen[1128], gilt es derartige Zusammenhänge in **Parameter** zu übersetzen, welche in der Risikosteuerung in Verbindung mit den klimasensitiven Exposures Anwendung finden können.

1251 Zur Analyse des Exposures ist die jeweilige **Portfolio-Komposition** im Rahmen der Asset Allocation zu betrachten. Im Rahmen der Szenariogestaltung in der Praxis bietet sich diesbezüglich eine Methodik an, welche bereits von Battiston et al. (2016) im Rahmen des Klima-Stresstest für 50 europäische Großbanken gewählt wurde. Hierbei wurden die Bestandteile der Portfolien in folgende sieben Kategorien unterteilt: Fossile Brennstoffe, Versorgung, Energieintensiv, Wohnen, Transport, Finanzen und sonstige.[1129]

1125 Vgl. *Hayne/Ralite/Thomä/Koopman* (2019), S. 214.
1126 Vgl. *EZB* (2020a), S. 12.
1127 Vgl. *Bernardini/Faiella/Giampaolo* (2018), S. 26-27.
1128 Vgl. *South Pole Group* (2016), S. 37.
1129 Vgl. *Battiston/Mandel/Monasterolo/Schütze/Visentin* (2017), S. 15.

Im nächsten Schritt der Berücksichtigung im ICAAP wären diesen jeweiligen Kategorien individuelle Abschläge im Zuge von szenariobedingten Wertverlusten, analog des Aktienwertverlusts von 30,7 % im LSI-Stresstest 2019, zuzuweisen und deren Auswirkungen zu berechnen. Vorab sollten jedoch die jeweiligen prozentualen Aufteilungen näher betrachtet werden. Battiston et al. (2016) stellten beispielsweise fest, dass die Kategorie des **energieintensiven Sektors** (Stahl, Zement, Chemie usw.) mit 24,52 % den größten Anteil der **klimasensitiven Branchen** ausmachte.

Wie bereits dargestellt, besteht bei der Szenariogestaltung von Klima-Stresstests das Problem der unzureichenden Datenhistorie, was speziell die Herleitung derartiger Risikoparameter erschwert. Die Betrachtung der prozentualen **Aufteilung** der **Kategorien** bietet sich daher an, um nur den jeweiligen Kategorien einen **individuellen Abschlag** zuzuweisen, welche einen bestimmten Schwellenwert im Portfolio übersteigen. Falls das Institut beispielsweise eine Aufteilung von 25 % Energieintensiv, 5 % Fossile Brennstoffe, 5 % Versorgungsunternehmen und 65 % Sonstige besitzt und eine **Schwelle** von 10 % in der Risikoinventur festgelegt hat, wäre nur für die Kategorie Energieintensiv ein individueller Paramater zu ermitteln. Im Gegensatz dazu könnten die Kategorien Fossile Brennstoffe und Versorgungsunternehmen zusammengefasst und über eine Expertenschätzung berücksichtigt werden. Der Kategorie Sonstige wäre aufgrund mangelnder Klimasensitivität ein Wertverlust von 0 % zuzuweisen. Auf diese Weise könnte sowohl der Herleitungs- als auch der Berechnungsaufwand deutlich reduziert werden.

Im letzten Schritt ist dann der angesprochene Risikoparameter in Form des Wertverlusts herzuleiten bzw. auszuwählen. Aufgrund der mangelnden Datenhistorie bietet es sich hier für viele Institute an auf **akademische bzw. aufsichtliche Parameter** zurückzugreifen. Grundvoraussetzung eines solchen Vorgehens ist jedoch die Abstimmung, ob die jeweiligen Annahmen dieses externen Parameters auch zu den institutsindividuellen Gegebenheiten passen.

In der nachfolgenden Tabelle D.10 sind Auswirkungen auf die jeweiligen Aktienkurse für verschiedenste Branchen und deren Quellen exemplarisch aufgelistet. Für eine vollumfängliche Auflistung sei auf die jeweiligen Originalquellen verwiesen.

NACHHALTIGKEIT IN DER RISIKOSTEUERUNG

Quelle	Branche/Kategorie	Wertverlust Aktien
BoE [Bank of England] (2019a)	Treibstoffgewinnung (Kohle, Öl und Gas)	25 – 45%
	Energie- und Stromerzeugung	20 – 35%
	Automobilindustrie	30,0%
Hayne/Ralite/Thomä/ Koopman (2019)	Stahlindustrie	52,0%
	Zementindustrie	27,0%
	Automobilindustrie	9,5%
	Flugwesen	21,0%
	Stromerzeugung (Kohle)	80,1%
HSBC (2013)	Mineralölunternehmen	40 – 60%
Battiston/Mandel/ Monasterolo/Schütze/ Visentin (2016)	Fossile Brennstoffe	2,55 – 6,08%
	Fossile Brennstoffe + Versorgungsunternehmen	3,79 – 9,75%
	Fossile Brennstoffe + Versorgungsunternehmen + Energieintensiv	13,18 – 27,91%

Tabelle D.10: Parameter Wertverluste Aktien (Quelle: eigene Darstellung)

b) Bank 2 – Fokus Kredite und Anleihen (Eigengeschäft)

1256 Als nächstes wird eine Bank untersucht, welche nur zu einem kleinen Anteil in Aktien investiert, jedoch einen großen Bestand an klimasensitiven **Firmenkrediten** und **Staatsanleihen** besitzt. Der Fokus des nun beschriebenen Klima-Stresstests verschiebt sich im Gegensatz zur Bank 1 daher vom Marktpreisrisiko primär ins **Kredit- bzw. Migrationsrisiko** des Eigengeschäfts. Das gewählte Szenario der Bank 2 wird maßgeblich durch transitorische und physische Risiken bestimmt. Wobei auf der einen Seite der transitorische Teil des Szenarios erneut durch neue Gesetze und Regularien begründet ist, liegt der Ursprung des physischen Teils in extremen Unwetterereignissen.

1257 Betrachtet wird innerhalb dieses Szenarios primär die Zahlungsfähigkeit des Kreditnehmers bzw. Kontrahenten. Die von den transitorischen und physischen Risiken beeinflussten Risikotreiber sind daher die **Ausfallwahrscheinlichkeiten** (PD's) sowie die **Kredit-Ratings**. Im Rahmen der normativen Perspektive führen steigende Ausfallwahrscheinlichkeiten sowie Bonitätsverschlechterungen zu einem Anstieg der risikogewichteten Aktiva (RWA) und daher auch einer Verringerung der aufsichtlichen Quoten in der Kapitalplanung.[1130] Des Weiteren führt eine PD-Erhöhung sowie eine Herabstufung der Ratingnote aufgrund der erhöhten erwarteten Verluste zu einem steigenden Bewertungsergebnis Kredit in der GuV und einer Belastung des Betriebsergebnisses. Hinsichtlich der ökonomischen Perspektive des ICAAP kann eine klimainduzierte Erhöhung der genannten Risikotreiber zu einem erhöhten ermittelten Risikobetrag bezüglich der Kreditportfoliomodelle und demnach einer erhöhten Limitauslastung in der Risikotragfähigkeit führen.

Um auch für dieses Beispiel die logische Verbindung zwischen transitorischen bzw. physischen Risiken und Ausfallwahrscheinlichkeiten bzw. Kredit-Ratings herzustellen sei erneut auf Abbildung D.17 und die Ermittlung des Nettoertrags verwiesen. Auf der einen Seite können sich auch in diesem Fall durch neue Regularien und Gesetze die **CO2-Emmissionskosten** erhöhen und somit den Nettoertrag senken. Auf der anderen Seite können jedoch auch physische Risiken wie Extremwetterereignisse direkt auf die Rohstoffpreise über unterbrochene Produktions- und Lieferketten oder zerstörte Produktionsgebäude einwirken. In beiden Fällen sinkt klimainduziert die **Profitabilität** des Unternehmens und die zukünftig zu erwirtschaftenden Cashflows. Da die Cashflows eines Kreditnehmers in direkter Verbindung zu seiner Fähigkeit die Kreditforderungen auch zukünftig decken zu können stehen, führt eine sinkende Profitabilität zu erhöhten Ausfallwahrscheinlichkeiten und daher erhöhten erwarteten Verlusten.[1131]

Als Beispiel sei hier auf eine Studie von Noth und Schüwer (2018) verwiesen, welche die Verbindung von Extremwetterereignissen im Zusammenhang mit dem Anteil an **notleidenden Krediten (NPL)** und Insolvenzen in den Portfolien von 6.000 US-Banken untersuchten. Noth und Schüwer (2018) konnten in den zwei Jahren nach einem derartigen Ereignis erhöhte Anteile an notleidenden Krediten und in diesem Zusammenhang erhöhte Ausfallraten in den Beständen der Institute identifizieren.[1132]

Das Kredit-Rating eines Unternehmens wird maßgeblich beeinflusst durch dessen **Geschäfts- und Finanzrisikoprofils** beeinflusst.[1133] Das Geschäftsrisi-

---

1130 Vgl. *EZB* (2018a), S. 26.
1131 Vgl. *UNEP* (2018a), S. 24 oder auch *UNEP* (2018b), S. 21.
1132 Vgl. *Noth/Schüwer* (2018), S. 20 oder auch *Campiglio/Monnin/Jagow* (2019), S. 9.
1133 Vgl. *Ralite/Thomä* (2019), S. 16.

koprofil liegt beispielsweise im zugehörigen Geschäftsmodell der Unternehmung begründet und wird durch Faktoren wie Entwicklung der Branche oder Position der Mitbewerber beeinflusst. Transitorische Entwicklungen können demnach dazu führen, dass bestimmte Geschäftsmodelle gesellschaftlich oder technologisch an Bedeutung verlieren. Das Finanzrisikoprofil basiert im Wesentlichen auf der Bilanzentwicklung und den prognostizierten Kosten und Erträgen, welche wie beschrieben, negativ von Klimarisiken beeinflusst werden können. Negative klimainduzierte Veränderungen des Geschäfts- und Finanzrisikoprofils können daher das Kredit-Rating eines Unternehmens senken.

1261 Exemplarisch kann hier die Untersuchung von Standard & Poor's aus dem Jahre 2015 angeführt werden, welche eruierte, dass umweltindizierte Extremwetterereignisse in der untersuchten Historie bereits 19-mal mit einer **Herabstufung der Ratingnote** einhergingen.[1134]

1262 Institute sollten ihre Kredit-Portfolien daher analog der Analyse des Depot-A von Beispiel Bank 1 auf eine Aufteilung nach klimasensitiven Branchen und Sektoren untersuchen. Gemäß der South Pole Group (2015) könnten an die 27 % der **Kredite** im **Firmenkundengeschäft** von deutschen Banken von klimainduzierten Auswirkungen im Extremfall betroffen sein. Die meisten dieser Kredite erstreckten sich dabei primär auf die Sektoren in den Bereichen Baugewerbe, Verkehr, Entsorgung, Energieversorgung sowie Handel.[1135]

1263 Neben den angesprochenen Firmenkrediten können von physischen und transitorischen Risiken zudem auch die **Staatsanleihen** bestimmter Länder in den Portfolien der Banken betroffen sein. Wie auch im Zusammenhang mit Unternehmen können Extremwetterereignisse dazu führen, dass sich die Produktivität in den Ländern verringert oder im Zuge der massiven Schäden die staatliche Überschuldung deutlich erhöht. Als Beispiel wären hier speziell Neuseeland und Grenada anzuführen, welche im Zuge von klimabedingten Extremwetterereignissen eine Verschlechterung des Ratings von AAA auf AA+ für Neuseeland und B+ auf CCC für Grenada erlitten.[1136] Standard & Poor's (2015b) prognostiziert beispielsweise für Westeuropa **Bonitätsherabstufungen** von 0,08 bis 0,47 Stufen (Notches) im Fall einer 250-jährigen Flut.[1137]

1264 Nachdem der Zusammenhang zwischen Klima-Risiken und erhöhten Kreditrisiken nun hergestellt wurde, gilt es diese Szenarioannahmen in Veränderungen

---

1134 Vgl. *Standard & Poor's* (2015a), S. 3 oder auch *South Pole Group* (2016), S. 39.
1135 Vgl. *South Pole Group* (2016), S. 66.
1136 Vgl. *Munich RE* (2013), S. 4.
1137 Vgl. *Standard & Poor's* (2015b), S. 14 oder auch *South Pole Group* (2016), S. 39.

der Ausfallwahrscheinlichkeiten sowie Kredit-Ratings zu übersetzen.[1138] Auch hier bietet sich wieder eine Aufteilung des Portfolios nach Branchen und Sektoren an, um anschließend beispielsweise über zugehörige **PD-Shifts** einzelner Branchen ein steigendes Kreditrisiko im Stressfall berücksichtigen zu können. Da aufgrund der unzureichenden Datenhistorie die Forschung bezüglich klimasensitiver PD-Shifts und Veränderungen der Kredit-Ratings noch am Anfang steht, eignen sich in der Praxis primär qualifizierte **Expertenschätzungen** zur Herleitung derartiger Parameterauslenkungen.[1139]

In Tabelle D.11 wird exemplarisch auf ausgewählte **Veränderungen** von **Bonitätsstufen** (Notches) verwiesen, welche bereits in zugehörigen Fallstudien und Klima-Stresstests Verwendung fanden. Für eine vollumfängliche Auflistung sei auf die jeweiligen Originalquellen verwiesen.

Quelle	Branche/Kategorie	Herabstufung (Notches)
Ralite/Thomä (2019)	Extremfall: Kohle, Erdöl und Energie	2,5 – 10
	Mittelwert für alle klimasensitiven Branchen	2 – 3
UNEP (2018b)	Mittelwert für alle klimasensitiven Branchen	1
UNEP (2018a)	Unternehmensrating besser als BBB-	0
	Unternehmensrating BBB- bis BB	1
	Unternehmensrating schlechter als BB	2

Tabelle D.11: Parameter Herabstufung Ratings (Quelle: eigene Darstellung)

c) Bank 3 – Fokus Wohnimmobiliensicherheiten und Kundeneinlagen (Kundengeschäft)

Nachdem der Fokus der ersten beiden Banken primär auf Wertpapieren und Firmenkrediten lag und diese Banken daher einem verstärkten Marktpreisrisiko und Kreditrisiko speziell im Eigengeschäft ausgesetzt waren, liegt der Fokus von Bank 3 im **Kundengeschäft**. Das verwendete Szenario basiert nun auf dem physischen Nachhaltigkeitsrisiko und äußert sich über **Hochwasser** und **Überflutungen** in regionalen Gebieten. Das Kreditportfolio von Bank 3 be-

---

1138 Vgl. *UNEP* (2018a), S. 40.
1139 Vgl. *UNEP* (2018a), S. 42.

steht in erster Linie aus privaten Baufinanzierungskrediten, welche sich überwiegend auf das regionale Geschäftsgebiet erstrecken. Auf der Passivseite finanziert sich Bank 3 zudem primär über Kundeneinlagen und nicht über den Kapitalmarkt. Das verwendete Klima-Szenario von Bank 3 könnte daher besonders für Genossenschaftsbanken mit starkem regionalen Bezug und Fokus auf dem Kundengeschäft von Bedeutung sein.

1267 Hinsichtlich der Einbindung in das bestehende Risikoartenuniversum (vgl. auch Abbildung D.16) ist das Szenario von Bank 3 speziell im Zusammenhang mit den Risikoarten des **Kreditrisikos** und des **Liquiditätsrisikos** zu analysieren. Die von den physischen Risiken beeinflussten und speziell für Bank 3 relevanten Risikotreiber liegen im Wert der **Wohnimmobiliensicherheiten** und den Abläufen der **Kundeneinlagen**. Bezüglich der normativen Perspektive führen sinkende Werte der Wohnimmobiliensicherheiten zu steigenden Blankoanteilen, einem erhöhten erwarteten Verlust und demnach einem steigenden Bewertungsergebnis Kredit mit einer negativen Auswirkung auf die GuV. Zudem führen steigende Blankoanteile im Rahmen der Kapitalplanung zu einem steigenden Volumen der risikogewichteten Aktiva (RWA) und demnach verringerten Gesamtkapitalquoten. Im Rahmen der ökonomischen Perspektive führt eine derartige Entwicklung zu steigenden Kreditrisikoprämien im Kundenkreditgeschäft, was das Risikodeckungspotenzial senkt und die Limitauslastungen in der Risikotragfähigkeit erhöht. Ein verstärkter Abfluss von Kundeneinlagen wirkt sich hingegen auf die Liquiditätslage aus und kann daher bei unzureichendem Liquiditätsdeckungspotenzial die Liquiditätstragfähigkeit gefährden.

1268 Bezüglich des Wertes von Wohnimmobilien gibt es unterschiedliche Analysen, welche konstatieren, dass physisch schlagend werdende Nachhaltigkeits- und Klimarisiken negative Auswirkungen auf **Häuser- und Grundstückpreise** haben können.[1140] Speziell im Zusammenhang mit dem exemplarischen Geschäftsmodell von Bank 3 ist eine Fall-Studie der **Rabobank** anzuführen, in welcher untersucht wurde, wie sich eine erhöhte Wahrscheinlichkeit von Überflutungen in den Niederlanden auf Preise von Wohnimmobilien auswirken kann. Die Rabobank konnte im Zuge der Analyse feststellen, dass ein erhöhtes Überflutungsrisiko isoliert betrachtet mit signifikanten Verlusten der Wohnimmobilienwerte im Bestand verbunden ist.[1141] Bezogen auf die prozessuale Umsetzung in der Praxis ist speziell der Punkt der Regionalität anzuführen. Um

---

1140 Vgl. *UNEP* (2018b), S. 26 oder auch *Feyen/Utz/Huertas/Bogdan/Moon* (2020), S. 16.
1141 Vgl. *UNEP* (2018b), S. 50.

eine Verbindung zwischen historischen Daten von Überflutungen und dem eigenen Kreditportfolio herzustellen können die **Postleitzahlen** bezogen auf das Geschäftsgebiet verwendet werden.[1142]

Quelle	Beschreibung	Wertverlust
UNEP (2018b)	Keine lokale Differenzierung	5 – 20%
Bank of England (2019a)	Global	10%
	Europa	5%

Tabelle D.12: Parameter Wertverluste Grundstückswerte (Quelle: eigene Darstellung)

In Tabelle D.12 wird exemplarisch auf einige Veränderungen von Häuser- bzw. Grundstückswerten verwiesen, welche bereits Verwendung in zugehörigen Fallstudien fanden.

Im Zusammenhang mit steigenden Liquiditätsrisiken des Klima-Stresstests sei speziell darauf verwiesen, dass Kunden verstärkt Einlagen abziehen oder Linien in Anspruch nehmen könnten um entstandene Schäden zu beseitigen.[1143] Zur prozessualen Umsetzung könnten Banken historische Schwankungen in den Kundeneinlagen bzw. der Auslastung der Kreditlinien analysieren und diese anhand qualifizierter Expertenschätzungen in die Steuerung der **Liquiditätstragfähigkeit**, bezogen auf derartige Klimaeffekte, übertragen. Als Orientierung bietet sich hier exemplarisch der Liquiditätsstresstest 2019 der EZB an, in welchem über einen Zeitraum von 6 Monaten Abflüsse in den Kundeneinlagen von 12 % bis zu 58 % angenommen werden.[1144]

6. Fazit

Obwohl die Entwicklung und Durchführung von Klima-Stresstests sowohl auf aufsichtlicher Ebene als auch in der Bankenpraxis noch nicht weit verbreitet ist, sollten sich Institute **frühzeitig** mit der Berücksichtigung von Aspekten der Nachhaltigkeit in der Gesamtbanksteuerung und in Stresstests befassen. Auch wenn noch keine ausreichenden Datenhistorien zur Auswirkung von Nachhaltigkeitsrisiken auf Unternehmenswerte, Ausfallwahrscheinlichkeiten, Credit-Spreads und Abflüsse von Kundeneinlagen vorhanden sind, sollten die Institute

---

1142 Vgl. *UNEP* (2018b), S. 49.
1143 Vgl. *BaFin* (2019a), S. 18 oder auch *Feyen/Utz/Huertas/Bogdan/Moon* (2020), S. 6.
1144 Vgl. *EZB* (2019), S. 25.

derartige Auswirkungen in erster Linie im Rahmen ihrer **Risikoinventur** berücksichtigen.

1272 Falls im Rahmen der Risikoinventur wesentliche klimasensitive **Risikotreiber** oder **Risikokonzentrationen** identifiziert werden, können diese die Basis für die Entwicklung von Klima-Szenarien darstellen. Entscheidend bezüglich der durchzuführenden Klima-Stresstests im Rahmen des **ICAAP** ist die Identifizierung von wesentlichen institutsindividuellen Schwachstellen, da der Erkenntnisgewinn derartiger Stresstests sonst ins Leere führt und lediglich eine hypothetische Übung darstellt. Falls im Eigen- oder Kundengeschäft wesentliche Auswirkungen auf die **Vermögens-, Ertrags- oder Liquiditätslage** identifiziert werden, können frühzeitig entsprechende Gegensteuerungsmaßnahmen eingeleitet werden. Diese können beispielsweise in einer strategischen Umstrukturierung in der Asset Allocation oder dem Rückzug aus der Finanzierung besonders klimasensitiver Branchen bestehen.

1273 Besonders kleinere bis mittlere Institute sollten sich aufgrund der Komplexität des Themas zumindest auf einer **qualitativen** und **narrativen** Ebene der Implementierung der Nachhaltigkeit in der Gesamtbanksteuerung nähern. Anschließend können die identifizierten Schwachstellen dann im Zuge der quantitativen Beurteilung im Rahmen der Risikomanagementsysteme analysiert werden.

1274 Des Weiteren bietet sich der Fokus auf akute transitorische und physische Risiken an, da diese aufgrund des **kürzeren zeitlichen Fokus** besser in die bereits etablierten Methodiken der Stresstest und Szenarioanalysen implementiert werden können. Zur erfolgreichen Berücksichtigung von Aspekten der Nachhaltigkeit in Stresstests gehören immer die Überlegungen, welchem **klimasensitiven Exposure** die Bank im eigenen Portfolio überhaupt ausgesetzt ist und wie klimainduzierte Entwicklungen mit dem bestehenden Risikoartenuniversum verknüpft werden können um anschließend die institutsindividuellen Auswirkungen zu identifizieren.

VI. Szenarioentwicklung und Aufbau von CO2-Stresstests[1145]

1. Klimarisiken: Begriffsbestimmung und Versuch einer Taxonomie

Einer weit verbreiteten Definition zufolge ist »Klimawandel« ein Sammelbegriff für alle **langfristigen Veränderungen** der Temperatur oder typischer Wetterverläufe, die entweder in bestimmten geographischen Regionen oder auf dem Planeten Erde insgesamt zu verzeichnen sind.[1146] Entsprechend werden unter dem Begriff der Klimarisiken üblicherweise sämtliche potenziellen, unerwarteten Verluste subsumiert, die entweder aus dem Klimawandel selbst oder aus Versuchen resultieren können, das Ausmaß der zu erwartenden Klimaänderungen zu begrenzen und die aus ihnen resultierenden Folgeschäden zu bewältigen.

Gemäß den Empfehlungen der bei der Bank für Internationalen Zahlungsausgleich angesiedelten Arbeitsgruppe für klimabezogene Finanzberichterstattung[1147] lässt sich die Gesamtheit der Klimarisiken grob in **zwei Risikoarten** einteilen:[1148]

Physische Klimarisiken umfassen Veränderungen der mittleren Temperatur der Erdatmosphäre und deren unmittelbare Folgen; dies sind etwa

- die Zunahme von Extremwetterlagen wie Überschwemmungen, Flächenbrände, Hitzewellen, Dürren und Stürme,[1149]
- quantitative oder qualitative Einbußen bei landwirtschaftlichen Ernteerträgen,[1150]
- das Abschmelzen der polaren Eisschilde sowie der daraus resultierende Anstieg des Meeresspiegels und die erhöhte Gefahr von Flutkatastrophen[1151] sowie der Küstenerosion und der Salzwasserintrusion,
- klimabedingte Epidemien oder Pandemien[1152] oder auch

1145 Autoren: *Martin Hellmich, Rüdiger Kiesel* und *Sikandar Siddiqui*. Die Ausführungen geben ausschließlich persönliche Auffassungen wieder. Für Rückfragen oder Anregungen sind die Autoren unter den E-Mail-Adressen mhellmich@deloitte.de, Ruediger.Kiesel@uni-due.de und siksiddiqui@deloitte.de erreichbar.
1146 Vgl. hierzu etwa *United Kingdom Meteorological Service Office* (2020) oder *National Geographic Society* (2020).
1147 Vgl. *TCFD* (2017b).
1148 Vgl. dazu auch die ausführliche Darstellung in Kapitel D.IV dieses Herausgeberbandes.
1149 Vgl. *Eckstein/Hutfils/Winges* (2018).
1150 Vgl. *Challinor/Simelton/Fraser/Collins/Hemming* (2010).
1151 Vgl. *Wadhams* (2020).
1152 Vgl. *Bannister-Tyrell/Harley/McMichael* (2015).

- Biodiversitätsverluste und Ökosystemschäden, etwa infolge von Flächenbränden oder der Übersäuerung von Ozeanen.[1153]

1278 **Transitionsrisiken**, also Folgerisiken eines Übergangs zu einer klimafreundlichen Wirtschafts- und Lebensweise, umfassen unter anderem

- Marktrisiken, also Veränderungen der Relativpreise, Angebots- und Nachfragemengen von Inputfaktoren, Produkten und Dienstleistungen, die etwa infolge einer Verteuerung oder Verdrängung klimaschädlicher Wirtschaftsformen (z. B. der Verbrennung fossiler Kraftstoffe) eintreten können,

- technologiebedingte Risiken, etwa in Form zusätzlicher Aufwände für die Entwicklung und Umsetzung technischer Neuerungen, die den Übergang zu einer klimafreundlichen Wirtschaftsweise begünstigen sollen (z. B. erneuerbare Energien, Energiespeicherung oder Abscheidung und Speicherung von Treibhausgasen) sowie

- politisch-soziale, treuhänderische, rechtliche und reputationale Risiken, die sich dadurch manifestieren können, dass Personen, Investoren oder Organisationen, die durch Folgewirkungen des Klimawandels geschädigt sehen, juristische, publizistische oder politische Mittel ergreifen.

1279 Transitionsrisiken können bei betroffenen Unternehmen substanzielle Ertragseinbußen auslösen und den Fortbestand ganzer **Geschäftsmodelle** gefährden.

1280 Physische und Transitionsrisiken können dabei keineswegs unabhängig voneinander gedacht werden. Je länger der Übergang zu einer klimaschonenden Wirtschaftsweise hinausgezögert wird, um so mehr wächst wegen des dann letztlich unabweisbaren Eintretens extremer klimabedingte Schäden der Handlungsdruck auf die politischen und ökonomischen Akteure, so dass im Extremfall eine späte, dann aber schlagartige und mit äußerst rigorosen Maßnahmen erzwungene Umstellung im Bereich des Möglichen ist.

1281 Die Bank of England hat in zwei wegweisenden Positionspapieren[1154] darauf aufmerksam gemacht, dass sowohl die physischen Risiken als auch die Transitionsrisiken des Klimawandels erhebliche **makroökonomische Strukturveränderungen** mit tiefgreifenden Konsequenzen für Unternehmen des Finanzsektors erwarten lassen. Diese Auffassung wird offensichtlich vom Baseler Ausschuss für Bankenaufsicht[1155] ebenso geteilt wie vom Federal Reserve Board[1156] und der Deutschen Bundesbank[1157]. Nicht zuletzt nimmt auch in dem 2020 von

---

1153 Vgl. *Trisos/Pigot* (2020) und *International Union for Conservation of Nature* (2017).
1154 Vgl. *BoE* (2015/2018).
1155 Vgl. *BCBS* (2020).
1156 Vgl. *Brainard* (2019).
1157 Vgl. *Mauderer* (2020).

der Bundesanstalt für Finanzdienstleistungsaufsicht veröffentlichten Merkblatt zum Umgang mit Nachhaltigkeitsrisiken die Gesamtheit der klimabezogene Risiken eine prominente Stelle ein.[1158] Gefordert wird darin einerseits, dass derartige Risiken in die Modelle und Kalküle einbezogen werden, mit denen die Wahrscheinlichkeit und Schwere möglicher Verlustereignisse quantifiziert werden (z. B. Kredit-Ratingsysteme und Scorecards). Andererseits wird die Berücksichtigung von Nachhaltigkeitsrisiken bei **institutsinternen Stresstests** verlangt. Gemeint ist damit, dass die Adressaten des Merkblatts gehalten sind, die zu erwartenden Folgen sehr unwahrscheinlicher, aber mit extrem hohen Verlusten einhergehender Schadensfalls- und Übergangsszenarien mittels geeigneter Simulationsmethoden abzuschätzen.

Im Folgenden werden Vorschläge zur konkreten Umsetzung dieser Vorgaben beschrieben. Dabei werden wird die Gesamtheit der Klimarisiken – im Einklang mit den aufsichtlichen Vorgaben – nicht als eine eigene Risikoart neben anderen behandelt, sondern als ein **Bündel risikotreibender Faktoren**, die sich auf die Eintrittswahrscheinlichkeit und die Größenordnung potenzieller Verluste im Bereich aller bestehenden Risikoarten (Adress-, Markt-, und Liquiditätsrisiken, operationelle Risiken sowie ggf. auch strategischen, rechtlichen und reputationalen Risiken) auswirken kann.

2. Informationsgrundlagen

a)   Klimaszenarien als Mittel zum Umgang mit Unsicherheiten

Der Übergang in eine klimaneutrale Zukunft erfordert erhebliche Anstrengungen, insbesondere in den Bereichen der Erzeugung, der Umwandlung und des Verbrauchs von Energie. Akteure und Investoren, die in den betreffenden Sektoren engagiert sind, werden dadurch erheblichen Risiken ausgesetzt. So können sich etwa die **Kosten** bestimmter Energieformen deutlich erhöhen und in ihrer Zusammensetzung substantiell verändern; zudem können hohe Investitionen in neue Anlagen und Ausrüstungen erforderlich werden, und es können preis- oder technologieinduzierte Verschiebungen des Angebots und der Nachfrage nach klimarelevanten Waren und Dienstleistungen eintreten.

Wie die zeitliche Verteilung einzelnen Etappen des genannten Übergangsprozesses aussehen wird, und ob dieser Prozess graduell, abrupt oder chaotisch unter Inkaufnahme großer Verluste verlaufen wird, ist derzeit im hohen Maße

---

1158 Vgl. *BaFin* (2019a).

unsicher. Eine Methode, mit welcher der Möglichkeitsraum denkbarer Ereignissequenzen zumindest näherungsweise ausgemessen werden kann, besteht in dem Erstellen von Klimaszenarien. Ein Klimaszenario besteht aus einem **Narrativ** und der **Projektion** (einer Vielzahl) von Klima- und makrofinanziellen Daten. Sowohl das Intergovernmental Panel on Climate Change (IPCC) mit seinen Representative Concentration Pathways (RCP), als auch das Network for Greening the Financial System (NGFS) der Zentralbanken und Regulatoren haben eine Reihe von Klimaszenarien vorgeschlagen. Insbesondere bilden **drei repräsentative Szenarien** des NGFS die Grundlage für weitere Spezifikationen:[1159]

- **Orderly**: frühzeitige und ambitionierte Maßnahmen um eine karbonfreie Wirtschaft zu erreichen. Die globale Erwärmung wird mit hoher Wahrscheinlichkeit unter 2°C gehalten.

- **Disorderly**: die Maßnahmen erfolgen spät (nach 2030), disruptiv, unkoordiniert, überraschend oder unvorhersehbar. Die Maßnahmen sind signifikant einschneidender als im »Orderly«-Szenario und führen daher zu einem hohen transitorischen Risiko.

- **Hot House World**: unzureichende Maßnahmen führen zu einer starken globalen Erwärmung die die physischen Risiken dramatisch erhöht. Irreversible Veränderungen, etwa ein Anstieg des Meeresspiegels, finden statt.

1285 Variationen dieser Szenarien erreichen ähnliche Endzustände der globalen Erwärmung und ihrer Konsequenzen, folgen jedoch unterschiedlichen Emissionspfaden und beinhalten veränderte Annahmen an Technologien (hinsichtlich Energieerzeugung und der Treibhausgasentfernung) zur Beeinflussung der Erderwärmung und Anpassung an Klimaveränderungen.

b)   Messung und Zurechenbarkeit von Treibhausgas-Emissionen

1286 Ein naheliegender Ausgangspunkt für den Versuch, Erkenntnisse über Art und Ausmaß der erforderlichen Veränderungen zu gewinnen, besteht in der Untersuchung des Volumens und der Zusammensetzung der aktuellen Treibhausgas-Emissionen. Bei der Berichterstattung darüber wenden viele Unternehmen die von dem **Greenhouse Gas Protocol** (GHGP) gesetzten Standards an. Das GHGP ist ein Partnerschaftsmodell mit zahlreichen Akteuren, zu denen neben Unternehmen auch Nichtregierungsorganisationen (NGOs), staatliche und supranationale Institutionen gehören. Ins Leben gerufen wurde das GHGP

1159 Vgl. dazu auch die Darstellung in Kapitel D.IV.

vom World Resources Institute (WRI), einer auf Umweltschutzthemen fokussierten NGO aus den USA, und dem 1998 gegründeten, in Genf ansässigen World Business Council for Sustainable Development (WBCSD), einem Bündnis aus 170 internationalen Unternehmen.[1160] Laut *Bode* (2011) sowie *Kauffmann/ Tébar Less/Teichmann* (2012) sind die Standards des GHGP das am weitesten verbreitete Regelwerk für die Messung von Treibhausgas-Emissionen. Sie dienen zudem als Grundlage für eine Vielzahl anderer einschlägiger Normen, etwa für ISO 14064 und für entsprechende Vorgaben etlicher nationaler Regierungen. Folglich kann das GHGP als **klimapolitisches Äquivalent** gängiger finanzwirtschaftlicher Rechnungslegungs-Standards wie IFRS oder US-GAAP gesehen werden.[1161]

Konkret verlangt das GHGP die Offenlegung der Emissionsmengen aller sechs unter dem Kyoto-Protokoll von 1997 reglementierten Treibhausgase. Da sich diese einzelnen Gase hinsichtlich ihres Treibhauspotenzials unterscheiden, werden ihre spezifischen Emissionsmengen mit Hilfe jeweils individueller Konversionsfaktoren zu CO_2-Äquivalenten umgerechnet und anschließend zu einer summarischen Maßzahl aggregiert. Zahlenwerte für die einzelnen Konversionsfaktoren können dem fünften Sachstandsbericht des IPCC (Intergovernmental Panel on Climate Change entnommen werden.[1162]

Das GHGP unterteilt die Gesamtheit der Treibhausgasemissionen weiter in drei Teilbereiche (»**Scopes**«). Sie lassen sich im Einklang mit dem britischen Department for Environment, Food and Rural Affairs[1163] wie folgt beschreiben:

Scope 1 umfasst sämtliche direkten Treibhausgasemissionen, die aus Quellen kommen, die Eigentum der berichtenden Organisation sind oder von ihr kontrolliert werden. Zu ihnen gehören beispielsweise

- der Kraftstoffverbrauch von Kesselanlagen, Öfen und Turbinen sowie eigenen Transportmitteln (etwa Kraftwagen, Zügen, Schiffen und Flugzeugen),
- Prozessemissionen, wie sie etwa bei der Aluminium- und der Zementherstellung entstehen sowie
- flüchtige Emissionen, beispielsweise aus Kühlaggregaten, Luftkonditionierern und Rohrleitungen entweichende Treibhausgase.

1160 Vgl. *World Resources Institute* (2004).
1161 Vgl. *Lovell* (2014).
1162 Vgl. *IPCC* (2014).
1163 Vgl. *DEFRA* (2009).

1290 **Scope 2** erstreckt sich auf Treibhausgase, die als Folge des Verbrauchs aus externen Quellen bezogener Energie, etwa in Form von Strom, Wärme und Kälteenergie sowie Dampf entstehen.

1291 Unter **Scope 3** schließlich werden Emissionen subsumiert, die zwar Konsequenzen des Handelns einer Organisation sind, aber aus Quellen kommen, über welche diese Organisation keinerlei Kontrolle ausüben kann, und die nicht bereits als Scope 2 klassifiziert worden sind. Beispiele hierfür sind erworbene Roh- und Kraftstoffe, Transportvorgänge einschließlich Dienstreisen und des Pendelverkehrs, die letztliche Nutzung der Produkte sowie die Abfall- und Schadstoffentsorgung.

1292 Das hier wiedergegebene Klassifikationsschema macht zugleich auf ein wesentliches Dilemma aufmerksam, das bei der Quantifizierung klimaschädlicher Aktivitäten auftritt. Einerseits erscheint es im Sinne einer möglichst vollständigen Berichterstattung wünschenswert, **Transparenz** über sämtliche Emissionen zu schaffen, die durch Unternehmensentscheidungen beeinflusst werden. Nur so könnte nämlich gewährleistet werden, dass Unternehmen sich nicht durch einen Fremdbezug klimaschädlicher Inputs oder das Outsourcing von Transport und Endvertrieb einen Nimbus der Umweltfreundlichkeit verleihen, der nicht mit ihrem tatsächlichen ökologischen Fußabdruck korrespondiert. Andererseits stellt sich dabei *Doppelfeld* (2010) zufolge die bis dato letztlich nicht geklärte Frage, wie einander **überlappende Emissionen** entlang der Wertschöpfungskette rechnerisch zu behandeln sind, ohne dass die Messergebnisse durch Mehrfachzählungen verfälscht werden. Hinzu kommt, dass die Gewinnung und Verarbeitung der Informationen, die für eine vollständige Erfassung der Scope 3-Emissionen erforderlich wäre, insbesondere bei komplexen und teils intransparenten Wertschöpfungsketten oft mit prohibitiv hohem Aufwand verbunden wäre. Um die Vollständigkeit und die organisationsübergreifende wie intertemporale Vergleichbarkeit der Scope3-Emissionsdaten ist es daher derzeit noch nicht gut bestellt.[1164]

c) Wesentliche Transitionsrisiken

1293 Im Kontext des unter Leitung des Potsdam Instituts für Klimafolgenforschung laufenden Projekts SENSES[1165] werden die folgenden drei wesentlichen Transitionsrisiken benannt:

(1) Ausstieg aus der Nutzung fossiler Brennstoffe,

1164 Vgl. sinngemäß auch *Systain/Carbon Disclosure Project* (2014),
1165 Vgl. *SENSES Project* (2020a).

(2) Transformation des Elektrizitätssektors,
(3) Transformation der Endverbrauchs-Sektoren.

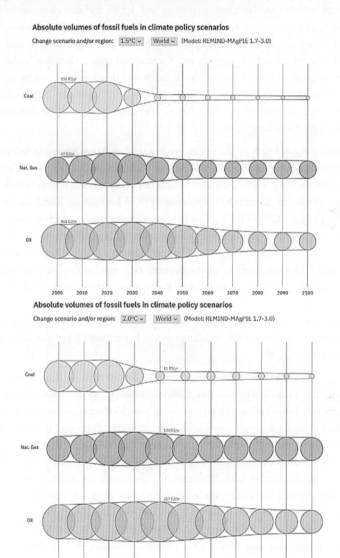

Abbildung D.18: Notwendige Entwicklung des Kohleverbrauchs und anderer fossiler Brennstoffe unter 2 Klimaszenarien. (Quelle: SENSES Projekt (2020b))

1294 Bezüglich des **Ausstiegs aus der Nutzung fossiler Brennstoffe** kommt das federführende Forschungsteam zu dem Schluss, dass es für die Deckelung des mittleren weltweiten Temperaturanstiegs auf 1,5°C insbesondere notwendig sein wird, den weltweiten Kohleverbrauch in den nächsten zehn Jahren auf ein Drittel seines aktuellen Volumens von 131 EJ[1166]/Jahr zu reduzieren und von 2040 an dauerhaft auf weniger als ein Zwanzigstel seines aktuellen Volumens zu vermindern. Aber selbst für die Erreichung des weniger ambitionierten 2,0°C-Ziels des Pariser Klimaabkommens von 2015 wird den Berechnungen zufolge mehr als eine Halbierung des Kohleverbrauchs bis 2040 erforderlich werden (vgl. Abbildung D.18).

1295 Während offensichtlich ist, dass ohne einen **rapiden Ausstieg** aus dem Einsatz von Braunkohle (Emissionen in Höhe von 0,36 bis 0,41 kg CO2 je kWh) und Steinkohle (0,34 kg/kWh) eine Erreichung der gesetzten Klimaschutzziele illusorisch sein dürfte, kommt Rohölprodukten (0,25 bis 0,28 kg/kWh) und insbesondere Erdgas (0,20 bis 0,24kg/kWh) wegen ihrer geringeren Emissionsintensität möglicherweise eine Brückenfunktion im Übergangsprozess zu.[1167] Wie stark die wirtschaftliche Lage von Organisationen, die derzeit große Kohle-, Gas- und Ölvorkommen ihr eigen nennen, sich infolge des zu erwartenden Rückgangs der Nachfrage nach diesen Rohstoffen verschlechtern wird, hängt unter anderem von der Preiselastizität der Nachfrage, Anteil auslastungsabhängiger Kosten an den Gesamtkosten und der Verfügbarkeit und Wirtschaftlichkeit geeigneter Substitutionsprodukte, etwa in Form von Elektrizität aus erneuerbaren Energien, ab.

1296 Der Übergang zu einer klimafreundlichen Wirtschaftsweise lässt ferner eine tiefgreifende **Transformation des Elektrizitätssektors** erwarten. Die derzeit zunehmende Substitution oder Ergänzung von Verbrennungsmotoren durch elektrische Antriebe lassen eine wachsende Stromnachfrage und damit auch ein Wachstum der dadurch erzielbaren Umsätze erwarten. Je nach dem, welche Anteile erneuerbare Energieträger (Wind- und Sonnenenergie, Biomasse, Wasserkraft, Geothermie oder auch Wasserstoff), aber auch die möglicherweise vor einer Renaissance stehende Nuklearenergie[1168] an dem Energiemix künftiger Jahrzehnte haben werden, stehen den Anbietern elektrischer Energie in naher Zukunft substanzielle Neuinvestitionen, aber auch signifikante Veränderungen der Kostenstruktur ins Haus. Die Prognoserechnungen aus dem Projekt

---

1166 Das Exajoule (EJ) ist eine Maßeinheit für große Primärenergie-Verbrauchsmengen. Ein EJ entspricht rund 277 778 Milliarden Kilowattstunden (kWh) oder 34 121 Millionen Tonnen Steinkohleeinheiten.
1167 Vgl. *Quaschnig* (2019).
1168 Vgl. *von Eichhorn* (2019).

SENSES deuten ebenfalls in diese Richtung (vgl. Abbildung D.19). Sie lassen aber auch erkennen, dass ohne eine weitaus stärkere Bepreisung der Treibhausgas-Emissionen und eine flankierende Förderung klimafreundlicherer Substitute die Erreichung der im Abkommen von Paris vereinbarten Ziele nicht zu erwarten ist.

Üblicherweise erfordern Regenerativtechnologien, aber auch nukleare Anlagen weitaus höhere vorgezogene Investitionen als fossile Kraftwerke. Dem gegenüber ist die Stromerzeugung aus regenerativen Quellen meistens mit geringeren variablen Kosten verbunden. Folglich sind die Kosten und Risiken der Stromerzeugung aus Regenerativtechnologien weitaus weniger von Preisveränderungen von Kraftstoffen und anderen Inputfaktoren abhängig und hängen deutlich stärker von den Kapitalkosten ab.[1169]

In engem Zusammenhang mit den oben skizzierten Überlegungen steht die Frage der **Transformation der Endverbrauchs-Sektoren**. Offenkundig hängen die Modalitäten des zu erwartenden klimafreundlichen Umbaus von Wirtschaft und Gesellschaft wesentlich von den umwelt- und wirtschaftspolitischen Weichenstellungen ab, mit denen dieses Ziel verfolgt wird. So ist etwa denkbar, dass es Unternehmen, die heute noch klimaschädliche Aggregate und Prozesse einsetzen, gelingen könnte, staatliche Kompensationszahlungen für den Verzicht auf deren weitere Verwendung zu erstreiten, wie das Beispiel des vorzeitigen, teilweisen Ausstiegs aus der Kohleverfeuerung in Teilen Deutschlands gezeigt hat.[1170] Noch offen ist zudem die Frage, inwieweit in Zukunft etwaige Mehrkosten für Energie aus klimaschonenden Quellen mittels öffentlicher Fördermittel für entsprechende Produzenten ausgeglichen oder auf die Endverbraucher in den Unternehmen und privaten Haushalten übertragen werden. In dem letztgenannten Fall ist insbesondere bei energieintensiv arbeitenden Industriezweigen wie der Stahlbranche bis auf Weiteres nicht klar, in welchem Maße die daraus resultierenden Kostensteigerungen bestehende Gewinnmargen schmälern oder Absatzeinbußen verursachen. Bei der Abschätzung möglicher Folgen des Transitionsprozesses gilt es daher, unterschiedliche Handlungsoptionen und deren jeweilige Implikationen so gut wie möglich zu berücksichtigen.

1169 Vgl. *SENSE Project* (2020c).
1170 Vgl. *DIE ZEIT* (2020).

NACHHALTIGKEIT IN DER RISIKOSTEUERUNG

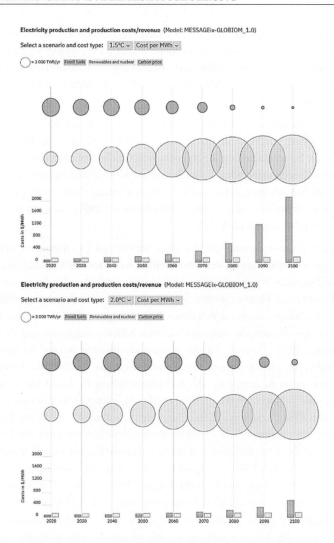

Abbildung D.19: Veränderungen im Bereich der Produktion elektrischer Energie (Quelle: SENSES Projekt (2020c))

3. Stresstests für klimabezogene Risiken

1299 Ein Stresstest ist eine (in aller Regel computergestützte) Analyse oder Simulationsübung, mit der entweder die **Wertentwicklung einzelner Aktiva** oder Teilportfolien oder auch die Profitabilität, Solvenz und Liquidität ganzer Unternehmen unter Krisenbedingungen untersucht wird. Dabei werden ausgewählte bonitäts- bzw. bewertungsrelevante Parameter, wie etwa Zinssätze, Wertpapierrenditen, Ausfallwahrscheinlichkeiten oder die Veränderungsraten von Rohstoffpreisen bewusst nicht mit ihren statistisch geschätzten Erwartungswerten, sondern mit Werten angesetzt, die bei Eintritt eines oder mehrerer adverser Schocks zu befürchten wären. Orientierungswerte für derart »gestresste« Parameterwerte können beispielsweise aus historischen Erfahrungswerten (wie der Großen Depression 1929 bis 1930 oder Finanzkrise 2008 bis 09) oder auch hypothetischen, aber plausibler Szenarien gewonnen werden.

Abbildung D.20: Dynamische, wechselseitige Abhängigkeiten zwischen Risikotreibern
(Quelle: eigene Darstellung)

Die in Abschnitt 2 angestellten Überlegungen verdeutlichen bereits, dass in realistischen Krisenszenarien, welche einem Stresstest für klimabezogenen Risiken zugrunde liegen, eine nennenswerte **Anzahl möglicher Risikotreiber** berücksichtigt werden sollten. Zwischen vielen dieser Risikotreiber bestehen offenkundig dynamische, wechselseitige Abhängigkeiten, die angesichts oft nur spärlich vorhandener historischer Erfahrungswerte allenfalls anhand von Plausibilitätsüberlegungen und in grober Näherung quantifizierbar sind. Dabei gilt es, zwischen unterschiedlichen Ebenen zu unterscheiden, auf denen adverse Schocks eintreten können, die direkt oder mittelbar die Werthaltigkeit eines Portfolios oder die Ertragslage, Solvenz oder Liquidität eines Unternehmens beeinträchtigen können. Abbildung D.20 dient der Verdeutlichung dieses Sachverhalts.

1301 So ist offenkundig, dass Faktoren, die sich der **Kontrolle** durch die betroffene Organisation weitestgehend entziehen, deren Exponiertheit gegenüber den Folgerisiken des Klimawandels beeinflussen. Neben in Abschnitt 2.a erwähnten physischen Faktoren sind dies insbesondere die (international mehr oder weniger koordinierten) Reaktionen staatlicher Stellen und das Eintreten oder das Ausbleiben technologischer Neuerungen, die den Übergang zu einer klimafreundlichen Wirtschaftsweise begünstigen, wie etwa Verfahren zur CO_2-Abscheidung und -speicherung oder weiteren Nutzung (»Carbon Capture Utilisation and Storage«).[1171] Zu erwarten ist zudem, dass Beschaffenheit und Stärke der hier aufgezählten Faktoren durchaus nennenswerten Einfluss auf makroökonomische Aggregate wie Beschäftigung und Wachstum, die Finanzierungssalden öffentlicher Haushalte und das Preisgefüge an den Gütermärkten entfalten.

1302 Unterschiedliche **Wirtschaftszweige** werden von den Folgen des Klimawandels und vom Übergang zu einer klimaschonenden in verschiedenartiger Weise betroffen sein. Bei der Erkennung derartiger Unterschiede können auf Unternehmensebene erhobene Mikrodaten zu Frage der Emissionsintensität der betrieblichen Leistungserstellung, aber auch zum Energieverbrauch und zum Einsatz erneuerbarer Energien eine wichtige Rolle spielen. Vorläufige Evaluationsergebnisse deuten darauf hin, dass neben den Sektoren Bergbau und Energie auch der Bausektor und der Infrastrukturbereich, die Land- und Forstwirtschaft, die Versicherungsbranche sowie Tourismus, Transport und Verkehr besonders stark von den erwarteten physischen Klimafolgen und den anstehenden Maßnahmen zur Begrenzung von Treibhausgasemissionen betroffen sein dürften. Aufgrund der in Abschnitt 2 bereits angesprochenen Messbarkeits- und Aggregationsprobleme ist jedoch ein gewissenhaftes Qualitätsmanagement der hier verwendeten Individualdaten zur Vorbeugung gegen Fehlschlüsse unerlässlich.

1303 Von **branchenspezifischen Medianen** können unternehmensindividuelle Emissionsintensitäten und Expositionsgrade in erheblichem Maße abweichen. Dies gilt vor allem deswegen, sich weil neben den geographischen Orten der Leistungserbringung, den Lieferketten und Absatzwegen auch die eingesetzten Technologien sowie die maßgeblichen Regularien und Anreizsysteme von Fall zu Fall erheblich unterscheiden können. Wie stark und in welcher Form adverse

---

1171 Vgl. siehe etwa *International Energy Agency* (2020).

Schocks, die ganze Staaten, Regionen oder ausgewählte Wirtschaftszweige betreffen, die wert- und bonitätsrelevanten Eigenschaften einzelner Organisationen beeinflussen, lässt sich sinnvoll nur unter Berücksichtigung der Gegebenheiten des Einzelfalls abschätzen. Die Bewältigung dieser Aufgabe erfordert neben einschlägigen **Markt- und Branchenkenntnissen** auch finanzanalytische Expertise und nicht zuletzt auch die Kenntnis statistischer **Regressions- und Klassifikationsverfahren**. Der Einsatz statistischer Modelle mit zeitlich variierenden Parametern kann in diesem Kontext dabei helfen,[1172] falschen Verallgemeinerungen vorzubeugen, die ansonsten aus einer Nichtberücksichtigung struktureller Wandlungsprozesse auf Unternehmens- und Branchenebene resultieren können. Am Ende dieses Schrittes stehen unternehmensindividuelle Schätzwerte für bewertungs- und risikorelevante Kennzahlen – etwa Ausfallwahrscheinlichkeiten, Sicherheitenwerte, Credit Spreads, Renditevolatilitäten und Marktwerte ganzer Unternehmen – unter Stressbedingungen, die aus den zugrundeliegenden operativen und finanzwirtschaftlichen Kennzahlen durch Gewichtung und Aggregation gewonnen worden sind.[1173]

Abschließend geht es dann darum, aus diesen jeweils szenariospezifischen, unternehmensindividuellen Risikokennzahlen aussagekräftige Aggregate für ganze Portfolien oder Institute abzuleiten. Hierzu werden unter Hinzuziehung von Korrelationsparametern, welche die Richtung und Stärke **wechselseitiger Abhängigkeiten** zwischen den Einzelrisiken näherungsweise abbilden, gesamthafte Indikatoren wie etwa Value at Risk oder Expected Shortfall für Adress- und Marktpreisrisiken abgeleitet und der Risikotragfähigkeit der jeweiligen Entität gegenübergestellt. Die erzielten Ergebnisse können dann in Risikobeiträge unterschiedlicher Teilportfolien oder Einzelorganisationen aufgespalten werden. Sie können dann als Informationsgrundlage für Entscheidungen über die Reallokation bestehender Ressourcen, den Abbau oder die Absicherung nicht werthaltiger Einzelpositionen oder eine strategische Neuausrichtung des Instituts insgesamt dienen.

4. Zusammenfassende Schlussbemerkung

Trotz des temporären Rückgangs der globalen Treibhausgasemissionen infolge der **COVID-19 Pandemie** hat »die Erhitzung unseres Planeten nicht nachgelassen«, so UN-Generalsekretär António Guterres.[1174] Die Konzentration von

---

1172 Vgl. etwa *Harvey* (1978) und *Tutz* (1998).
1173 Vgl. dazu auch die Diskussion der Umsetzung einer Quantifizierung mit den Kapiteln A.V und D.V dieses Herausgeberbandes.
1174 zitiert nach *Lieberman* (2020).

Treibhausgasen in der Atmosphäre befindet sich auf Rekordniveau und lässt keine Anzeichen einer Stagnation oder gar eines Rückgangs erkennen, so die Weltorganisation für Meteorologie in ihrem Bericht »United in Science 2020«. Der Zeitraum 2016 bis 2020 wird sehr wahrscheinlich als der Fünfjahreszeitraum mit der höchsten globalen Durchschnittstemperatur seit dem Beginn der Aufzeichnungen in die Geschichte eingehen. Ferner besteht Anlass zu der Befürchtung, dass der ambitionierte Richtwert von maximal 1,5°C für die Temperatursteigerung gegenüber dem Referenzzeitraum 1850 bis 1900, von dem in der Pariser Übereinkunft von 2015 die Rede war, schon in den nächsten fünf Jahren überschritten werden wird.

1306 Die **physischen Folgen** dieser Entwicklung – etwa steigende Meeresspiegel, Gletscherschmelzen, stärkere oder häufigere Wetterextreme und Waldbrände sowie ein verändertes Auftreten von Niederschlägen – sind heute bereits deutlich erkennbar. Besonders dringlich ist daher die Notwendigkeit, physische Risiken und Transitionsrisiken des Klimawandels noch besser zu verstehen und bestehende Lösungsansätze zur Begrenzung möglicher Folgeschäden entschlossener als bisher zu ergreifen. Da ökonomische und finanzwirtschaftliche Anreize und Restriktionen auf diesem Gebiet wichtige verhaltenslenkende Impulse setzten können, können nicht zuletzt auch Stresstests hierzu einen erheblichen Beitrag leisten. Noch sind allerdings längst nicht alle Informationslücken geschlossen, die einer realistischen Formulierung einschlägiger Stressszenarien im Wege stehen. Insofern ist der vorliegende Text nicht zuletzt auch in der Hoffnung geschrieben worden, dass er zu weiteren Forschungsanstrengungen und Diskussionen auf diesem wichtigen Gebiet Anlass geben möge.

VII. Nachhaltigkeitsmanagement in Auslagerungen[1175]

1. Einleitung

Rechtliche Grundlagen für die Auslagerung von Aktivitäten und Prozessen sind insbesondere § 25a KWG und die MaRisk AT 9. Gemäß den gesetzlichen Vorgaben müssen alle wesentlichen Risiken identifiziert, bewertet, überwacht, gesteuert und kommuniziert werden. Hierbei sind auch Nachhaltigkeitsrisiken einzubeziehen.

1307

Die BaFin hat am 20.12.2019 (geändert am 13.01.2020) ein »**Merkblatt** zum Umgang mit Nachhaltigkeitsrisiken« veröffentlicht.[1176] Das Merkblatt ist als **Orientierungshilfe** zur Behandlung von Nachhaltigkeitsrisiken zu verstehen. Unter Berücksichtigung des Proportionalitätsprinzips wird von der BaFin erwartet, dass Nachhaltigkeitsrisiken zur Umsetzung der gesetzlichen Anforderungen an eine ordnungsgemäße Geschäftsorganisation und ein **angemessenes Risikomanagement** ausreichend einbezogen werden. Die Europäische Zentralbank hat am 20.05.2020 einen Leitfaden zu Klima- und Umweltrisiken veröffentlicht,[1177] der die Erwartungen der Aufsicht in Bezug auf das Risikomanagement und Offenlegungen beschreibt. Auch hier werden Anforderungen an die Betrachtung von Nachhaltigkeitsrisiken beschrieben.

1308

Die Auseinandersetzung mit Nachhaltigkeitsrisiken müssen die Institute sicherstellen und dokumentieren.

1309

2. Verbindung zwischen Nachhaltigkeit und Auslagerungen

Grundsätzlich stellen die durch **Auslagerungen** entstehenden Risiken **operationelle** Risiken dar. Operationelle Risiken beschreiben die Gefahr von Verlusten, die infolge der Unangemessenheit oder des Versagens von Prozessen, von Menschen und von Systemen oder durch externe Ereignisse eintreten können.[1178]

1310

Die Risikosteuerungs- und controllingprozesse eines Instituts müssen gewährleisten, dass die **wesentlichen** Risiken – auch aus ausgelagerten Aktivitäten und Prozessen – vollständig erfasst und in **angemessener** Weise dargestellt werden.

1311

1175 Autor: *Volker Köster*. Die Ausführungen geben ausschließlich persönliche Auffassungen wieder. Für Rückfragen oder Anregungen ist der Autor unter der E-Mail-Adresse volker.koester@ksk-verden.de erreichbar.
1176 Vgl. dazu auch die ausführlichen Darstellungen in Kapitel A.IV dieses Herausgeberbandes.
1177 Vgl. *EZB* (2020a).
1178 Vgl. *Köster* (2018), S. 56.

NACHHALTIGKEIT IN DER RISIKOSTEUERUNG

Die Kategorisierung der OPRisk-Schäden erfolgt meistens nach Ursachen, aus den vier Kernelementen der OPRisk-Definition (vgl. Tabelle D.13).[1179]

Infrastruktur	Interne Verfahren	Mitarbeiter	Externe Einflüsse	1. Ebene
IT-Sicherheit	Verträge	Unsachgemäße Beratung	Outsourcing/ Lieferanten	2. Ebene
IT-Performance/ IT-Ausfall	Projekte	Fähigkeit/ Verfügbarkeit	Kriminelle Handlungen	
IT-Funktionalität	Information/ Kommunikation	Unautorisierte Handlungen	Naturgewalten/Unfälle	
Haustechnik/ Gebäude/ Arbeitsplatzsicherheit	Aufbau-/ Ablauforganisation	Bearbeitungsfehler	Gesetze/ Rechtsprechung	

Tabelle D.13: Ursachenbasierte Risikokategorisierung (Bedrohungskatalog) (Quelle: Darstellung nach Köster (2018), S. 70)

1312 **Nachhaltigkeitsrisiken** im Sinne des Merkblatts sind Ereignisse oder Bedingungen aus den Bereichen Umwelt, Soziales oder Unternehmensführung, deren Eintreten tatsächlich oder potenziell negative Auswirkungen auf die Vermögens- und Finanz- sowie Ertragslage oder auf die Reputation eines Instituts haben können.[1180]

1313 Die BaFin sieht Nachhaltigkeitsrisiken als Faktoren der **bekannten Risikoarten**. Eine separate Risikoart »**Nachhaltigkeitsrisiken**« ist nicht sinnvoll, weil eine Abgrenzung zu den vorhandenen Risikoarten kaum möglich ist. Nachhaltigkeitsrisiken können auf alle bekannten Risikoarten erheblich einwirken und als Faktoren zur Wesentlichkeit der Risikoarten bzw. der Auslagerungen beitragen.

1314 Im Ergebnis sollten sich, die für Auslagerungen relevanten, Nachhaltigkeitsrisiken in die ursachenorientierte OpRisk-Risikokategorisierung einordnen lassen.

1179 Vgl. *Köster* (2018), S. 69.
1180 Vgl. *BaFin* (2019a), Nr. 2.4.

3. Risikoanalyse und Nachhaltigkeit bei Auslagerungen

a) Einleitung

Gemäß AT 9.2 der MaRisk muss auf Grundlage einer **Risikoanalyse** festgelegt werden, welche Auslagerungen von Aktivitäten und Prozessen unter Risikogesichtspunkten **wesentlich** sind.

Es gibt keine aufsichtsrechtlichen Vorgaben hinsichtlich Form und Ausgestaltung einer Risikoanalyse. Der »richtige« Umfang einer Risikoanalyse kann nicht allgemein vorgegeben werden. Der Umfang ist dann angemessen, wenn die **Auswirkungen** der Auslagerung auf die **wesentlichen Risiken** des Instituts erhoben und dokumentiert werden.

Gemäß § 25a Abs. 1 KWG muss ein Institut über eine ordnungsgemäße Geschäftsorganisation verfügen, die ein angemessenes und wirksames Risikomanagement umfassen soll. Daraus folgt, dass sich Institute mit den Risiken, die sich aufgrund einer Leistungserbringung durch Dritte ergeben, kritisch auseinandersetzen und **angemessen** behandeln müssen. Es geht also im Kern um das Management von Risiken, daher ist die regulatorische Unterscheidung zwischen »wesentlich« und »nicht wesentlich« nicht die alleinige Anforderung für die Durchführung einer Risikoanalyse. Es ist auch nicht ausschließliches Ziel zu ermitteln, ob es sich um eine wesentliche oder nicht wesentliche Auslagerung handelt, sondern auch die wesentlichen **Risiken** zu **identifizieren**, die später im **Auslagerungsmanagement** besonders **gesteuert** werden müssen. Im Ergebnis zeigt sich dann, ob eine Auslagerung als wesentlich eingestuft wird.[1181]

b) Abstimmung der Inhalte der Risikoanalyse im Institut

Die **Erkenntnisse** der Risikoanalyse fließen in das Management der **operationellen Risiken** ein.

Die Risikoanalyse muss alle wichtigen Aspekte im Zusammenhang mit der Auslagerung enthalten. Welche Risikoarten hierbei zu betrachten sind, leitet sich z. B. aus der Risikostrategie, den Szenarien des operationellen Risikos oder der Risikolandkarte des Instituts ab.[1182]

1181 Vgl. *Köster* (2018), S. 55.
1182 Vgl. *Köster* (2018), S. 56.

NACHHALTIGKEIT IN DER RISIKOSTEUERUNG

1320 Die **Risikostrategie** sollte auch **Regelungen** für den Umgang mit **Nachhaltungsrisiken** beinhalten, ggf. wird dieses in einer eigenständigen Strategie beschrieben. **Nachhaltigkeitsrisiken** müssen in der **Risikoanalyse berücksichtigt** werden.

c) Inhalte einer Risikoanalyse

1321 Grundsätzlich sind in den Instituten **standardisierte Risikoanalysen** im Einsatz. Häufig werden auch Mustervorlagen, die über Verbände oder deutschlandweit agierende Unternehmensberatungen zur Verfügung gestellt werden, zur Risikoanalyse genutzt.

1322 Diese Risikoanalyse geht neben den operationellen und Auslagerungs-Risiken auch auf die Adressrisiken, Liquiditätsrisiken und Marktpreisrisiken ein. Es werden jedoch **vorrangig** die **operationellen Risiken** betrachtet.

1323 Im Bereich der operationellen Risiken werden u. a. Fragestellungen zu folgenden Themen in einer Risikoanalyse betrachtet:

- Leistungserbringung durch den Dienstleister
- Datenschutz und Informationssicherheit
- Einschätzung zu Art, Umfang und Komplexität der Auslagerung
- Betriebswirtschaftliche Bewertung
- Not- und Ausfallplanung beim Dienstleister
- Gesetzliche und regulatorische Anforderungen
- Alternative Dienstleister bei Rückverlagerung
- Weiterverlagerungen durch den Dienstleister
- Risikokonzentration durch die Auslagerung bzw. durch die Weiterverlagerung durch den Dienstleister
- Risiko des Ausfalls des Dienstleisters
- Kompetenz des Dienstleisters
- Vertragliche Regelungen
- Internes Kontrollsystem beim Dienstleister

1324 Diese Inhalte lassen sich der ursachenbasierten Risikokategorisierung (Bedrohungskatalog) – siehe Tabelle D.13 – zuordnen.

1325 **Nachhaltigkeitsrisiken** resultieren aus Klimafragen sowie aus ökologischen und sozialen Trends. Diese Risiken **betreffen auch Auslagerungsunternehmen**. Dies gilt insbesondere für Dienstleister, die sich an Standorten befinden, an denen häufig extreme Wetterereignisse auftreten oder sonstige ökologische Schwachstellen bestehen.

Die BaFin nennt im Merkblatt Beispiele zu Nachhaltigkeitsrisiken. Insbesondere die in Tabelle D.14 genannten Risiken wirken auf Auslagerungen bzw. auf operationellen Risiken (keine abschließende Aufzählung): 1326

Bereich	Relevante Risiken bei Auslagerungen in der Finanzwirtschaft
Umwelt	Klimaschutz, Klimawandel
	Nachhaltige Nutzung und Schutz von Wasser
	Abfallvermeidung und Recycling
Soziales	Einhaltung anerkannter arbeitsrechtlicher Standards
	Einhaltung der Arbeitssicherheit und des Gesundheitsschutzes
	Angemessene Entlohnung, faire Bedingungen am Arbeitsplatz
Unternehmensführung	Steuerehrlichkeit
	Korruption
	Nachhaltigkeitsmanagement durch Vorstand
	Vorstandsvergütung in Abhängigkeit von Nachhaltigkeit
	Ermöglichung von Whistle Blowing
	Gewährleistung von Arbeitnehmerrechten
	Gewährleistung des Datenschutzes
	Offenlegung von Informationen

Tabelle D.14: Übersicht möglicher Nachhaltigkeitsrisiken (Quelle: eigene Darstellung nach BaFin (2019a), Nr. 2.3)

Im **Kern** geht es bei den **Nachhaltigkeitsrisiken** um Naturgewalten und Umweltschutz, kriminelle Handlungen oder den Verstoß gegen Gesetze. Diese Risiken können somit den **operationellen Risiken** bzw. den Fragestellungen der Risikoanalyse zuordnet werden. 1327

Folgende Risiken lassen sich daraus für das auslagernde Institut im Bereich der Auslagerungen ableiten: 1328

- Reputationsrisiko
- Einschränkung in der Leistungserbringung bis hin zum Ausfall des Dienstleisters
- Kostenerhöhung

1329 Daher ist es wichtig, dass **alle Risiken** (inkl. Nachhaltigkeitsrisiken) **betrachtet** werden. Es sollte eine **Überprüfung** der eingesetzten **Risikoanalysen** erfolgen, ob alle relevanten Aspekte aus den Nachhaltigkeitsrisiken bei der Bewertung berücksichtigt werden. Ggf. ist eine **Ergänzung** der Fragestellungen sinnvoll. Sofern in der Risikoanalyse mit Kennzahlen und Gewichtungen gearbeitet wird, ist in diesem Zusammenhang eine **Neubewertung** vorzunehmen.

1330 Ggf. ergeben sich durch die **erstmalige Berücksichtigung** von Nachhaltigkeitsrisiken, im Rahmen der **turnusmäßigen Überprüfung** der Risikoanalyse, **neue Risiken**, die im Rahmen des Auslagerungsmanagements gesteuert werden müssen. **Veränderungen** bei den Nachhaltigkeitsrisiken (z. B. die Auswirkungen des Klimawandels haben sich verstärkt) können auch dazu führen, dass die Risikoanalyse zur Auslagerung **anlassbezogen überprüft** werden muss.

4. Auslagerungsmanagement

a) Auslagerungsrichtlinie

1331 Der **Umgang mit Nachhaltigkeitsrisiken** sollte in der **Auslagerungsstrategie**, welche ggf. Bestandteil der Geschäfts- und Risikostrategie ist, geregelt werden. Das Institut muss sicherstellen, dass Nachhaltigkeitsrisiken ganzheitlich im Institut betrachtet werden.

1332 Eine Definition, welche Prozesse und Aktivitäten Nachhaltigkeitsrisiken unterliegen, schafft Orientierung für das Auslagerungsmanagement. Ferner sollten **Vorgaben** vorhanden sein, **welche Vereinbarungen standardmäßig** mit den Dienstleistern **getroffen werden** sollen.[1183]

b) Auslagerungsverträge

1333 Die MaRisk AT 9.Tz.7 und Tz.8 definieren die **Mindestanforderungen** an **Auslagerungsverträgen** bei wesentlichen Auslagerungen. Danach müssen folgende Mindestinhalte vereinbart werden:

- Spezifizierung und ggf. Abgrenzung der vom Auslagerungsunternehmen zu erbringenden Leistung,
- Festlegung angemessener Informations- und Prüfungsrechte der Internen Revision sowie externer Prüfer,

---

[1183] Vgl. *BaFin* (2019a), Nr. 8.

- Sicherstellung der uneingeschränkten Informations- und Prüfungsrechte sowie der Kontrollmöglichkeiten der gemäß § 25b Absatz 3 KWG zuständigen Behörden bezüglich der ausgelagerten Aktivitäten und Prozesse,
- soweit erforderlich Weisungsrechte,
- Regelungen, die sicherstellen, dass datenschutzrechtliche Bestimmungen und sonstige Sicherheitsanforderungen beachtet werden,
- Kündigungsrechte und angemessene Kündigungsfristen,
- Regelungen über die Möglichkeit und über die Modalitäten einer Weiterverlagerung, die sicherstellen, dass das Institut die bankaufsichtsrechtlichen Anforderungen weiterhin einhält,
- Verpflichtung des Auslagerungsunternehmens, das Institut über Entwicklungen zu informieren, die die ordnungsgemäße Erledigung der ausgelagerten Aktivitäten und Prozesse beeinträchtigen können.
- Mit Blick auf Weiterverlagerungen sind möglichst Zustimmungsvorbehalte des auslagernden Instituts oder konkrete Voraussetzungen, wann Weiterverlagerungen einzelner Arbeits- und Prozessschritte möglich sind, im Auslagerungsvertrag zu vereinbaren. Zumindest ist vertraglich sicherzustellen, dass die Vereinbarungen des Auslagerungsunternehmens mit Subunternehmen im Einklang mit den vertraglichen Vereinbarungen des originären Auslagerungsvertrags stehen. Ferner haben die vertraglichen Anforderungen bei Weiterverlagerungen auch eine Informationspflicht des Auslagerungsunternehmens an das auslagernde Institut zu umfassen. Das Auslagerungsunternehmen bleibt im Falle einer Weiterverlagerung auf ein Subunternehmen weiterhin gegenüber dem auslagernden Institut berichtspflichtig.[1184]

Regelungen zu Nachhaltigkeitsrisiken gehören derzeit nicht explizit zu den Mindestanforderungen der MaRisk. Einige Anforderungen subsumieren jedoch praktisch Nachhaltigkeitsrisiken.

Auslagerungsverträge sollten idealerweise **Regelungen zum Management von Nachhaltigkeitsrisiken** enthalten. Dazu gehören **Vorgaben** über die Identifizierung, Beurteilung, Steuerung, Überwachung und Berichterstattung von Nachhaltigkeitsrisiken. Die Anforderungen ergeben sich aus der Auslagerungsrichtlinie des Instituts.

In der Regel sind, insbesondere bei wesentlichen Auslagerungen, abgestimmte Verträge im Verbund im Einsatz. Daher lässt sich durch das Institut allein in

---

1184 Vgl. *MaRisk* (2017), AT 9 Tz. 7 und 8.

der Regel eine Vertragsergänzung nicht durchsetzen. In diesen Fällen sollten entsprechende Regelungen in einer **Nebenabrede** vereinbart werden.

c) Dienstleistersteuerung

1337 Im Rahmen der Dienstleistersteuerung geht es darum zu beurteilen, ob die **Leistungserbringung** des Dienstleisters in der **Zukunft** gefährdet ist. Ferner sind die Themen **Datenschutz** und **Informationssicherheit** einzubeziehen. **Reputationsschäden** müssen vermieden werden.

1338 Bei **Informationssicherheitsrisiken** handelt es sich auch um **operationelle Risiken**. Durch das Informationssicherheitsmanagement des Instituts sollen die Grundwerte Verfügbarkeit, Vertraulichkeit und Integrität sichergestellt werden. Dieses gilt auch für ausgelagerte Aktivitäten und Prozesse.

1339 Für den Grundwert **Verfügbarkeit** ist das **Business Continuity Management** ein wichtiger Aspekt. Im Zusammenhang mit den Nachhaltigkeitsrisiken bedeutet dieses, dass die **Not- und Ausfallplanung** entsprechende **Notfallszenarien** und **Notfallpläne beinhalten** sollte.

1340 Die **Wirksamkeit** der Not- und Ausfallplanung muss durch **regelmäßige Tests** nachgewiesen werden.

1341 Es geht bei der Behandlung der Nachhaltigkeitsrisiken nicht originär um Informationssicherheit, trotzdem wirken diese Risiken auf die Grundwerte zur Informationssicherheit. Z. B. kann das Risiko »Offenlegung von Informationen«. die Vertraulichkeit der beim Dienstleister verarbeiteten Informationen beeinträchtigen. Nachhaltigkeitsrisiken wirken im Auslagerungsmanagement auf mehrere Themenbereiche.

1342 Um Dienstleister steuern zu können ist insbesondere bei wesentlichen Auslagerungen ein **regelmäßiges** und umfangreiches **Berichtssystem** des Dienstleisters notwendig. Die **Berichte** müssen aussagekräftig sein und auch die Themenstellung **Nachhaltigkeitsrisiken** ausreichend **berücksichtigen**.

1343 Der **Dienstleister** sollte insgesamt **offenlegen**, wie er mit der **Behandlung** von **Nachhaltigkeitsrisiken** umgeht. Das Auslagerungsmanagement des Instituts muss bewerten, ob Nachhaltigkeitsrisiken durch den Dienstleister angemessen gesteuert werden.

1344 Bei der Beurteilung von Nachhaltigkeitsrisiken gibt es allerdings eine **Problemstellung**. Lange Zeithorizonte, relativ geringe Verfügbarkeit von Kennzahlen und Messwerten sowie fehlendes Know-how, um die **Auswirkungen aus Nachhaltigkeitsrisiken beurteilen zu können**, stellen die Institute, wie auch die Dienstleister, vor einer großen Herausforderung. Selbst Umweltexperten können heute nicht verlässlich einschätzen, wie und wann sich der Klimawandel (es werden z. B. gehäufte Unwetter erwartet) auf die Finanzwirtschaft und deren Dienstleister auswirken wird.

Wird das Management der Nachhaltigkeitsrisiken (inkl. Not- und Ausfallplanung) durch den Dienstleister nicht anforderungsgerecht nachgewiesen, dann sollte durch das **Informationssicherheitsmanagement** ein entsprechendes Risiko in den **Risikokatalog** aufgenommen werden. Im Rahmen der Dienstleistersteuerung sind entsprechende Risiken zu behandeln.

d) Dokumentation

Gemäß AT 6.2 der MaRisk sind die für die Einhaltung der MaRisk wesentlichen Handlungen und Festlegungen nachvollziehbar zu dokumentieren. Dieses gilt auch für die Bewertungskriterien von Nachhaltigkeitsrisiken bei Auslagerungen.

5. Weiterverlagerungen

a) Risikoanalyse

Auslagerungsrisiken werden im Rahmen der Risikoanalyse ermittelt. Ein Institut bleibt für die ausgelagerten Prozesse auch dann **verantwortlich**, wenn die entsprechenden Aktivitäten und Prozesse durch den Dienstleister **weiterverlagert** werden. Im Grundsatz gelten auch in diesem Fall alle Anforderungen der MaRisk an das Institut vollumfänglich weiter. Entsprechend müssen **Weiterverlagerungen** der Dienstleister bei der **Auslagerungsentscheidung** ausreichend **gewürdigt** und in die Risikoanalyse einbezogen werden. Der **Umfang** richtet sich grundsätzlich nach der Wesentlichkeit der weiterverlagerten Tätigkeit des Dienstleisters.[1185]

Bei Weiterverlagerungen wird erwartet, dass auch **Subdienstleister Nachhaltigkeitsrisiken** über das Risikomanagement **behandeln**. Dabei müssen Subdienstleister die **Anforderungen** des auslagernden **Instituts** erfüllen. Der weiterverlagernde Dienstleister ist gemäß Auslagerungsvertrag dafür verantwortlich dieses sicherzustellen.

1185 Vgl. *Köster* (2018), S. 68.

b) Risikosteuerung

1349 **Weiterverlagerungen** werden durch den weiterverlagernden **Dienstleister gesteuert**. Das auslagernde Institut muss (z. B. über eine Auslagerungslandkarte) ausreichende **Transparenz** für Auslagerungen und deren Weiterverlagerungen **herzustellen**. Da im Verbund nicht selten die gleichen **Weiterverlagerungsnehmer** vorhanden sind, kann dieses zu **Risikokonzentrationen** führen, die im Risikomanagement berücksichtigt werden müssen.

1350 Gemäß den in den MaRisk AT 9. Tz.8 und Tz.9 definierten **Mindestanforderungen** an **Auslagerungsverträgen** sollen bei wesentlichen Auslagerungen Regelungen zu **Weiterverlagerungen** getroffen werden. Aufgrund der **Verpflichtung** des Dienstleisters (wesentliche) Weiterlagerungen dem auslagernden Institut **anzuzeigen**, kann das Institut die **Auslagerungslandkarte inkl. Weiterverlagerungen** aktuell halten und evtl. vorhandene **Risikokonzentrationen erkennen**. Sofern Zustimmungsvorbehalte vertraglich vereinbart wurden, könnte das Institut die Weiterverlagerung ablehnen. Das Institut hat jedoch i. d. R. keinen Einfluss auf die Weiterverlagerungsentscheidung, es bleibt dann nur die Auslagerung auf Sicht zu beenden.

1351 Die regelmäßige **Berichterstattung** des Dienstleisters sollte Informationen zu den (wesentlichen) **Weiterverlagerungen** und deren Steuerung enthalten.

1352 Neue **Weiterverlagerungen** können dazu führen, dass sich die **Risikosituation** verändert und die Risikoanalyse **anlassbezogen überprüft** werden muss.

1353 Im Ergebnis bleibt die Erkenntnis, dass die **Steuerung** von Auslagerungen i. V. mit Nachhaltigkeitsrisiken und Weiterverlagerungsketten für das Institut eine große **Herausforderung** darstellt.

6. Zusammenfassung

1354 Nachhaltigkeitsrisiken sind Ereignisse oder Bedingungen aus den Bereichen **Umwelt, Soziales oder Unternehmensführung**, deren Eintreten tatsächlich oder potenziell negative Auswirkungen auf die Vermögens-, Finanz- und Ertragslage sowie auf die Reputation eines Instituts haben können.[1186] Nachhaltigkeitsrisiken können als Faktoren zur Wesentlichkeit der Auslagerungen beitragen. Für Auslagerungen relevante Nachhaltigkeitsrisiken lassen sich in die **ursachenorientierte OpRisk-Risikokategorisierung** einordnen.

1186 Vgl. *BaFin* (2019a), Nr. 2.4.

Der Umgang mit Nachhaltigkeitsrisiken sollte in der **Auslagerungsstrategie**, welche ggf. Bestandteil der Geschäfts- und Risikostrategie ist, geregelt werden. **Auslagerungsverträge** sollten idealerweise Regelungen zum Management von Nachhaltigkeitsrisiken enthalten. Dazu gehören Vorgaben über die Identifizierung, Beurteilung, Steuerung, Überwachung und Berichterstattung von Nachhaltigkeitsrisiken. Alternativ sind Nebenabreden möglich. Nachhaltigkeitsrisiken sollten in der **Risikoanalyse** zur Bestimmung der Wesentlichkeit einer Auslagerung berücksichtigt werden. 1355

Es sollte eine **Überprüfung** der eingesetzten Risikoanalysen erfolgen, ob alle relevanten Aspekte aus den Nachhaltigkeitsrisiken bei der Bewertung berücksichtigt. Sofern in der Risikoanalyse mit Kennzahlen und Gewichtungen gearbeitet wird, ist ggf. eine Neubewertung vorzunehmen. Ggf. ergeben sich durch die erstmalige Berücksichtigung von Nachhaltigkeitsrisiken. im Rahmen der turnusmäßigen Überprüfung der Risikoanalyse **neue Risiken**, die im Rahmen des Auslagerungsmanagements gesteuert werden müssen. 1356

Die **Not- und Ausfallplanung** des Dienstleisters sollte Nachhaltigkeitsrisiken berücksichtigen. Dienstleister sollten insgesamt offenlegen, wie sie mit der Behandlung von Nachhaltigkeitsrisiken umgehen. Bei Weiterverlagerungen wird erwartet, dass auch Subdienstleister Nachhaltigkeitsrisiken entsprechend den Anforderungen des auslagernden Instituts behandeln. 1357

Der Umgang mit Nachhaltigkeitsrisiken inkl. Bewertungskriterien muss nachvollziehbar dokumentiert werden. Die Steuerung von Auslagerungen i. V. mit Nachhaltigkeitsrisiken und Weiterverlagerungsketten stellt für das auslagernde Institut eine **große Herausforderung** dar. 1358

E.

Assets und Asset Management unter dem Aspekt der Nachhaltigkeit

E.

Assets und Asset Management unter dem Aspekt der Nachhaltigkeit

E. Assets und Asset Management unter dem Aspekt der Nachhaltigkeit

I. Nachhaltigkeit 2.0 im Asset Management[1187]

1. Einleitung

Weltweit sind institutionelle Investoren mittlerweile mehrheitlich der Meinung, finanzielle Performance und **Umwelt-, Sozial- und Governance-Aspekte (ESG)** seien gleichermaßen von Bedeutung für die langfristige Wertentwicklung[1188]. Diese nach einhelliger Auffassung enge – und kausale – Verknüpfung von Nachhaltigkeit mit wirtschaftlichem Erfolg ist als treibendes Element für die jüngeren Entwicklungen im Bereich der Nachhaltigkeitsansätze im Asset Management anzusehen. Im Zeitalter von Fridays for Future und den siebzehn **Sustainable Development Goals (SDG)**[1189] der Vereinten Nationen ist nicht mehr nur die Vermeidung einer Investition in »anstößige« Unternehmen und Branchen gefragt, sondern die Verwendung von Nachhaltigkeitskriterien im positiven Sinne: Zur Identifikation von Unternehmen und Wirtschaftssektoren, die durch zukunftsorientierten Einsatz neuer Technologien, wertschätzende und -steigernde Investitionen in die Sicherung ihres Humankapitals, ihrer Produktionsstandorte und ihrer Absatzmärkte dauerhaft attraktive Ertragspotenziale aufweisen.

Als wirksames Instrument zur **Risikovorsorge** sind ökologische, soziale und vor allem unternehmensethische Ausschlusskriterien, die sowohl umstrittene Geschäftsbereiche und skandalträchtige Geschäftsvorfälle als auch fragwürdige politische und gesellschaftliche Rahmenbedingungen umfassen, inzwischen weitgehend etabliert. Betrachtet man dies als die Grundversion nachhaltiger Kapitalanlage, so besteht die Herausforderung für die Asset Management Industrie nun darin, gewissermaßen Version 2.0 der Nachhaltigkeit zum Standard werden zu lassen. Dafür müssen nicht nur Risiken durch Ausschluss vermieden,

1359

1360

1187 Autorin: *Dorothee Elsell*. Die Autorin ist im Portfoliomanagement Nachhaltigkeit der Lampe Asset Management GmbH tätig. Die Ausführungen geben ausschließlich persönliche Auffassungen wieder. Für Rückfragen oder Anregungen ist sie unter der E-Mail-Adresse dorothee.elsell@lampe-am.de erreichbar.
1188 ESG steht für Environmental, Social, (Corporate) Governance. Vgl. *Bergius* (2019) unter Bezugnahme auf *Edelman* (2019) S. 24. Befragt wurden jeweils 100 institutionelle Investoren in Deutschland, UK, Kanada, Japan und den USA im Herbst 2018. Vgl. auch *Morgan Stanley* (2020); diese vergleichbare Studie kommt zu ähnlichen Ergebnissen.
1189 Vgl. dazu die Ausführungen in Kapitel D.I und D.III dieses Herausgeberbandes.

sondern Chancen durch die Integration von Nachhaltigkeitskriterien in den Portfoliokonstruktionsprozess genutzt werden.

1361 Gegenstand dieses Kapitels ist eine Standortbestimmung aus der Praxis des Asset Managements in Deutschland.[1190]

2. Systematische Aspekte[1191]

1362 Waren in Deutschland seit den 1990er Jahren zunächst kirchlich oder umweltpolitisch geprägte Investoren wesentliche Treiber, die Nachhaltigkeit im Sinne von Bewahrung der Schöpfung sowohl vom ökologischen als auch vom sozialen Blickwinkel[1192] her verstanden haben, so steht im angelsächsischen Raum vielfach die Ethik der Unternehmensführung (Corporate Governance) im Vordergrund. Die **Principles for Responsible Investment (PRI)**[1193] der Vereinten Nationen verknüpfen diese drei Dimensionen und definieren verantwortungsbewusstes Investitionsverhalten als »… eine Strategie und Praxis, ökologische, soziale und Governance Faktoren (ESG) in Investmententscheidungen und aktives Aktionärsverhalten einzubeziehen«[1194].

a) Ansätze zur Berücksichtigung von Nachhaltigkeitsaspekten in der Kapitalanlage[1195]

1363 Im Asset Management haben sich verschiedene Ansätze zur Berücksichtigung nachhaltiger Kriterien in der Portfoliokonstruktion herausgebildet (siehe Tabelle E.1).

1364 Eine Herangehensweise an das Thema Nachhaltigkeit im Sinne von Verantwortungsvollem Investieren, das im englischen Begriff **Socially Responsible Investment (SRI)** zum Ausdruck kommt, besteht im **Ausschluss umstrittener Branchen** wie z. B. der Militärindustrie oder einzelner Geschäftsfelder wie

---

1190 Zur Bedeutung und Motivation der nachhaltigen Geldanlage vergleiche auch die Diskussionen in den Kapiteln E.II und E.III dieses Herausgeberbandes.
1191 In diesem Kapitel wird auf die Bedeutung von Nachhaltigkeitsaspekten in der liquiden Wertpapieranlage eingegangen. Unternehmerische Beteiligungen oder projektorientierte Ansätze, Strukturierte Anlageprodukte oder Direktinvestitionen, beispielsweise in alternative Energieerzeugung, sind nicht Thema dieses Abschnitts. Vgl. hierzu Kapitel E.II., E.V. und E.VII. Zu den PRI vgl. auch die Erörterung in Kapitel A.II dieses Herausgeberbandes.
1192 Vgl. *Sekretariat d. Dt. Bischofskonferenz* (2015), S. 15 f.; *Arbeitskreis kirchlicher Investoren (AKI)* (2019), S. 8.
1193 Zur Bedeutung der PRI-Initiative als Selbstverpflichtung der Unterzeichner zur Förderung und Verbreitung Verantwortlichen Investitionsverhaltens vgl. *PRI* (2019).
1194 Vgl. *UN PRI* (2020a).
1195 Vgl. *FNG* (2019), S. 47 bis 49.

z. B. Produktion und Vertrieb geächteter Waffen. Ergänzend werden meist unternehmensspezifische Ausschlüsse im Falle kontroverser Geschäftsvorfälle wie Betrugs- oder Umweltskandale oder Arbeitsrechtsverstöße vorgenommen.

Kontroverse Geschäftsfelder	Kontroverse Geschäftspraktiken
Tabak	Menschenrechtsverletzungen
Tierversuche (außer gesetzlich vorgeschrieben)	Arbeitsrechtsverletzungen
Kohleproduktion	Kinderarbeit
Gewaltverherrlichendes Videomaterial	Diskriminierung
Glücksspiel	Umweltschutzverstöße
Gentechnik	Korruption
Rüstungsgüter	Betrug
Atomenergie	Geldwäsche

Tabelle E.I.1: Beispiele von Ausschlusskriterien für Unternehmen (Quelle: Eigene Darstellung)

Beim **Best in Class Ansatz** besteht das zulässige Anlageuniversum aus denjenigen Unternehmen, die innerhalb ihrer Vergleichsgruppe (i. d. R. Branche) nach ESG-Kriterien die besten Bewertungen erhalten (Beispiele siehe Tabelle E.2 und die Übersicht der Ansätze in Tabelle E.3).[1196] Dabei ist unerheblich, ob ihre Produkte und Dienstleistungen per se positiv zur Nachhaltigkeit in der Gesamtwirtschaft beitragen oder nicht. Selbst ein Waffenproduzent könnte bei isolierter Anwendung dieser Auswahlstrategie innerhalb des Investitionsgütersektors vergleichsweise gut abschneiden.

Der **Best of Class Ansatz** stellt eine Kombination der beiden vorgenannten Ansätze dar; Best in Class kommt dabei erst nach Anwendung des Ausschlussprinzips zum Tragen.[1197] Somit wird generell nur in Branchen investiert, die ohnehin als nachhaltig gelten und dort wiederum in die besten Unternehmen.

Der **Normbasierte Ansatz** kehrt den Blickwinkel um: Hierbei werden alle Unternehmen zugelassen, die bestimmte Umwelt-, soziale oder gesellschaftspolitische Standards[1198] erfüllen.

1196 Vgl. zum Einsatz des Best-in-Class-Konzeptes auch die Hinweise in Kapitel B.III dieses Herausgeberbandes.
1197 Eine Gegenüberstellung von Best of Class vs. Best in Class findet sich bei *deutschefxbroker* (2020); vgl. auch *FNG* (2019).
1198 Z. B. ISO-Zertifizierung, ILO Kernarbeitsnormen, UN Global Compact, OECD Leitsätze f. multinationale Unternehmen; zur Erläuterung vgl. Abschnitt 2.1 Fußnoten 52 bis 54.

ASSETS UND ASSET MANAGEMENT

1368 Solche rein filterbasierten Ansätze definieren ein zulässiges Anlageuniversum als Vorstufe zur Portfoliokonstruktion[1199]. Unter Nachhaltigkeitsgesichtspunkten werden alle darin enthaltenen Unternehmen als gleichwertig eingestuft; ausschlaggebend für die Investitionsentscheidung sind anderweitige Kriterien.

1369 Der Ansatz der **Integration** bezieht dagegen Nachhaltigkeitskriterien **positiv** in den fundamentalanalytischen Selektionsprozess auf der Ebene der einzelnen Unternehmen mit ein (vgl. hierzu Abschnitt 2.a).

Environmental	Social	Governance
Reduzierung des Energieverbrauchs	Gewerkschaftsfreiheit	Aussagekräftiger Nachhaltigkeitsbericht
Strategie für den Klimawandel	Aus- und Fortbildungsmaßnahmen	Transparenz hinsichtlich Lobbyarbeit
Reduzierung der Treibhausgasemission	Soziale Integration vor Ort	Steuertransparenz und Ertragslenkung
Lebenszyklusmanagement	Gesundheitsfördernde Betriebsabläufe	Vermeidung von Tierversuchen
Reduzierung bedenklicher Inhaltsstoffe	Auswirkungen des Produktportfolios	Verantwortungsbewusste Marketingstrategien
Palmölzertifizierung	Produktsicherheit	Unabhängigkeit der Aufsichtsräte
Nutzung innovativer Rohstoffalternativen	Arbeitsschutzmaßnahmen	Diversität der Führungsgremien

Tabelle E.2: Beispiele positiver Bewertungskriterien für Unternehmen (Quelle: Eigene Darstellung)

1370 Die Klassifizierung der so genannten **Voting Policy**, also der systematischen Stimmrechtsausübung und der Definition von Richtlinien zum Abstimmungsverhalten, als Nachhaltigkeitsansatz ist in Kontinentaleuropa bisher noch weniger verbreitet als im angelsächsischen Raum. Nicht der Ausschluss unliebsamer Unternehmen ist dabei die Zielsetzung, sondern eine aktive Einflussnahme auf Entscheidungen gerade auch in weniger nachhaltigen Unternehmen, um deren Nachhaltigkeitsprofil im Sinne der Maßstäbe des Aktionärs zu verbessern.

1199 Mit Hilfe von Toleranzgrenzen wird dabei sichergestellt, dass vernachlässigbare Geschäftsbereiche oder minder schwerwiegende Verstöße gegen Nachhaltigkeitsprinzipien nicht zu unverhältnismäßiger Einengung des resultierenden Anlagespektrums führen.

	Nachhaltigkeitsansätze im Überblick
Ausschlusskriterien	Systematischer Ausschluss von Teilen des Anlageuniversums bei Verstoß gegen definierte Nachhaltigkeitskriterien
Best In Class	Auswahl der besten Unternehmen innerhalb der Peer Group gemäß definierter Nachhaltigkeitskriterien
Best Of Class	Kombination von Ausschlussverfahren und Best in Class Ansatz
Normbasiert	Auswahl aller Unternehmen im Anlageuniversum, die definierte internationale Standards und Normen erfüllen
Integration	Explizite Einbeziehung von definierten Nachhaltigkeitskriterien in die traditionelle Finanzanalyse
Voting Policy	Systematische oder situative Stimmrechtsausübung im Einklang mit definierten Nachhaltigkeitszielen
Engagement	Langfristig angelegter Dialog mit Unternehmen, um dort auf Verhaltensänderungen im Sinne definierter Nachhaltigkeitsziele hinzuwirken

Tabelle E.3: Übersicht der gängigen Ansätze in der liquiden Wertpapieranlage
(Quelle: Eigene Darstellung; FNG Marktbericht Nachhaltige Geldanlagen 2019)

Noch fokussierter in diese Richtung zielt der englische Begriff **Engagement**: Durch aktive Kontaktaufnahme zu einzelnen Unternehmen wird missliebiges Geschäftsgebaren konstruktiv kritisiert, um Verhaltensänderungen bei den Entscheidungsträgern herbeizuführen und zu begleiten.

ASSETS UND ASSET MANAGEMENT

Besonderheiten zur Berücksichtigung in der Rentenanlage[1200]

Kontroverse Politik	Kontroverse Verhaltensweisen
▪ Autoritäre Staatsform	▪ Tolerierung von Arbeitsrechtsverletzungen
▪ Inadäquate Klimaschutzpolitik	▪ Beschränkung der Versammlungsfreiheit
▪ Todesstrafe	▪ Beschränkung der Meinungs- oder Pressefreiheit
▪ Willkür in der Gesetzgebung	▪ Diskriminierung von Minderheiten
▪ Hohe Militärausgabenquote	▪ Umweltschutzverstöße
▪ Atomwaffenbesitz	▪ Bestechlichkeit
▪ Ausbau von Atomenergie	▪ Aktive Beteiligung an Betrug oder Geldwäsche
▪ Mangelhafte Kriminalitätsbekämpfung	▪ Aktive und passive Menschenrechtsverletzung

Tabelle E.4: Beispiele von Ausschlusskriterien für Staaten (Quelle: Eigene Darstellung)

1372 Auch die Auswahl staatlicher, kommunaler oder staatsnaher Emittenten lässt sich unter Verwendung eines entsprechend angepassten Kriterienkatalogs[1201] durch Ausschlüsse (siehe Tabelle E.4), mit Hilfe des Best in Class oder Best of Class Ansatzes wie auch mittels Integration (siehe Tabelle E.5) nachhaltig ausgestalten.

Environmental	Social	Governance
▪ Reduzierung des Energieverbrauchs	▪ Gewerkschaftsfreiheit	▪ Aussagekräftiger Nachhaltigkeitsbericht
▪ Strategie für den Klimawandel	▪ Aus- und Fortbildungsmaßnahmen	▪ Transparenz hinsichtlich Lobbyarbeit
▪ Reduzierung der Treibhausgasemission	▪ Soziale Integration vor Ort	▪ Steuertransparenz und Ertragslenkung
▪ Lebenszyklusmanagement	▪ Gesundheitsfördernde Betriebsabläufe	▪ Vermeidung von Tierversuchen
▪ Reduzierung bedenklicher Inhaltsstoffe	▪ Auswirkungen des Produktportfolios	▪ Verantwortungsbewusste Marketingstrategien
▪ Palmölzertifizierung	▪ Produktsicherheit	▪ Unabhängigkeit der Aufsichtsräte
▪ Nutzung innovativer Rohstoffalternativen	▪ Arbeitsschutzmaßnahmen	▪ Diversität der Führungsgremien

Tabelle E.5: Beispiele positiver Bewertungskriterien für Staaten
(Quelle: PRI Sovereign Fixed Income Working Group, Eigene Darstellung)

1200 Eine umfassende Darstellung der Besonderheiten bei der Berücksichtigung von Nachhaltigkeitskriterien in der Rentenanlage findet sich bei *Neuneyer/Reynolds* (2019).
1201 Vgl. *PRI (2014)* S. 16-17 und *Neuneyer/Reynolds* (2019) S. 51. Für Gebietskörperschaften wie z. B. deutsche Bundesländer finden mangels eigener Kennziffern oft übergeordnete staatliche Bewertungen Anwendung. Hinsichtlich Korruptionsbekämpfung hat sich der Corruption Perception Index (CPI) von Transparency International etabliert; vgl. hierzu *Transparency International Deutschland e. V.* (2020).

Die vier erstgenannten Ansätze zur Nachhaltigkeitsbewertung in Tabelle E.1 finden auch in der Auswahl von Unternehmensanleihen Berücksichtigung. Allerdings können hier mangelnde Marktliquidität und Emissionstätigkeit zumindest phasenweise limitierende Faktoren hinsichtlich der Zusammensetzung des erwünschten Anlageuniversums darstellen.

Den Käufer von Anleihen interessiert primär die Kreditwürdigkeit eines Unternehmens, also die Fähigkeit, stabile Einnahmen zur Deckung aller Verpflichtungen zu erwirtschaften, während der Aktionär stärker an langfristigem Gewinnwachstum des Unternehmens interessiert ist. Daher legt der **Bondholder** mehr Wert auf Kriterien zur Risikobeurteilung[1202] wie beispielsweise einen möglichen Wegfall der Geschäftsgrundlage aufgrund veränderter umweltpolitischer Rahmenbedingungen, während der **Shareholder** der Frage nach Wettbewerbsvorteilen[1203], beispielsweise einer effizienteren Nutzung von Ressourcen durch Einsatz neuer Technologien, mindestens die gleiche Bedeutung beimisst.

Zur aktiven Einflussnahme steht dem Gläubiger nicht das gleiche Instrumentarium zur Verfügung wie dem Anteilseigner. Die Ausübung von Stimmrechten ist ihm nicht möglich, und auch der aktive Unternehmensdialog im Rahmen des Engagements bleibt hier sehr kapitalstarken Akteuren am Markt vorbehalten.

b)   Entwicklungstendenzen[1204]

Während noch vor wenigen Jahren hauptsächlich die Beschränkung des zulässigen Anlageuniversums mittels Ausschlusskriterien und Best in Class Filtern Anwendung fand, spielt inzwischen die Integration der (positiven) Auswahlkriterien in den Portfoliokonstruktionsprozess eine zentrale Rolle.

Zur Eingrenzung des Anlageuniversums haben Nachhaltigkeitsfilter jedoch nach wie vor ihre Berechtigung zur Vermeidung von Reputations- und Performancerisiken[1205]. Im Rahmen der Klimadiskussion findet speziell der unter dem Begriff **Divestment**[1206] (Kurzform von Desinvestment) bekannt gewordene, mehr oder weniger rigide Ausschluss von fossilen Energieträgern Anwendung. Dabei wird das Anlageuniversum um Unternehmen und Gebietskörperschaften bereinigt, deren Geschäftstätigkeit bzw. politische Ausrichtung zu einem

---

1202 Vgl. Abschnitt 2.b und *PRI* (2014), S. 12-15.
1203 Vgl. Abschnitt 2.b.
1204 Eine umfassende Darstellung für den deutschsprachigen Raum (D-A-CH) findet sich im jährlich erscheinenden FNG Marktbericht Nachhaltige Geldanlagen, zuletzt in *FNG* (2019). Vgl. auch Kapitel A.I.
1205 Vgl. dazu etwa die Darstellungen in Kapitel A.V, B.II, D.I, D.III, D.V und D.VI dieses Herausgeberbandes und *Giuzio/Krusec/Levels/Melo/Mikkonnen/Radulova* (2019).
1206 Vgl. *Metz/Seeßlen* (2015).

nicht unwesentlichen Teil auf fossilen Energieträgern wie Kohle und Erdöl[1207] basiert.

1378 Neben dem Klimaschutz dient auch dies der Begrenzung wirtschaftlicher Risiken, da die rückläufige Bewertung entsprechender Reserven (so genannter »**Stranded Assets**«[1208]) negativ zu Buche schlagen wird, wenn diese zukünftig nicht mehr in vollem Umfang verwertbar sind.

1379 Die systematische aktive Einflussnahme mittels Stimmrechtsausübung und/oder Unternehmensdialog entwickelte sich ursprünglich im angelsächsischen Raum. Nicht zuletzt die Vorschriften der EU Komission[1209] zur **CSR-Berichterstattung** (Corporate Social Responsibility) und der Integration nichtfinanzieller Informationen in den Geschäftsbericht von Unternehmen haben dazu beigetragen, dass auch im deutschsprachigen Raum mittlerweile das Interesse der Investoren und die Bereitschaft der Unternehmen zur Erläuterung ihrer Nachhaltigkeitsbemühungen stark zugenommen hat.[1210]

Klumpenrisiken und Herdentrieb

1380 Institutionelle Investoren legen bei der Auswahl von Asset Managern Wert auf eine Diversifikation der Investmentstile zur Vermeidung von Klumpenrisiken. Dieses Interesse kann bei der Ausrichtung aller ihrer Mandate an demselben Katalog von Nachhaltigkeitskriterien konterkariert werden. Insbesondere die Verwendung des Best of Class Ansatzes oder die Integration des Kriterienkatalogs in den Selektionsprozess führt bei gleicher regionaler Ausrichtung häufig zu großen Überschneidungen in der Zusammensetzung der Mandate[1211].

1381 Denn die ähnliche Definition der ESG-Bewertungs-Schemata seitens der Researchanbieter[1212] forciert die Ähnlichkeit der Analyseergebnisse im Portfoliomanagement. Deshalb ist die Berücksichtigung von Nachhaltigkeitskriterien bei der Portfoliokonstruktion im weitesten Sinne im Bereich der **Thematischen**

1207 Oft wird auch Erdgas ausgeschlossen; umstritten sind hierbei besonders umweltschädliche Methoden des Öl- und Gasabbaus wie Arctic Drilling, Schiefer- (Shale) Gas und die US-amerikanische Fracking Industrie. Vgl. *Greenpeace USA* (2020), *Heinritzi* (2013), *Bahadori/Zendehboudi* (2015) und *Bassler* (2019).
1208 Vgl. auch *Schmid* (2020).
1209 Vgl. Kapitel A.I und *EU* (2019f).
1210 Vgl. Abschnitt 1.c und Einleitung Fußnote 2, *Edelman* (2019) S. 26: 96 % der befragten deutschen Institutionellen Anleger äußern verstärktes Interesse an einem solchen aktiven Investorenverhalten. Vgl. auch *Gebhardt/Ringlstetter* (2010).
1211 Vgl. *AKI* (2019), S. 17.
1212 Vgl. Abschnitt 1.c zu Researchagenturen.

Investmentansätze zu verorten[1213]. Dieser Effekt wird verstärkt durch die zunehmende Fokussierung auf die Nachhaltigkeitsziele der Vereinten Nationen[1214], die inzwischen oft anstelle von ESG-Kriterien zur Auswahl der Unternehmen im Portfolio herangezogen werden, weil diese per Definition das Investitionsverhalten in Richtung einzelner Themen wie z. B. Gesundheit lenken.

Eine Auswirkung solchen »Herdentriebs« zeigt sich darin, dass Aktien und Anleihen von Vorreiter-Unternehmen, die von allen Agenturen als vorbildlich bewertet werden, unter empfindlichen Verkaufsdruck[1215] kommen, sobald negative Nachrichten, z. B. ein Arbeitsrechtsverstoß, bekannt werden – selbst wenn der Anteil der betroffenen Geschäftseinheit am Unternehmen unbedeutend und das mögliche Ausmaß eines wirtschaftlichen Folgeschadens vernachlässigbar ist.

c) Nachhaltigkeits-Researchangebot

Mit zunehmender Bedeutung von Nachhaltigkeit im Asset Management ist auch im Research ein stetiges Wachstum in Umfang, Tiefe und Qualität des Datenangebots zu verzeichnen. Zu unterscheiden sind hierbei **datenbankgestützte** Angebote, die sich gut zum Einsatz in **Screeningverfahren** zur Eingrenzung des Anlageuniversums eignen, und individuelle Analysen zu einzelnen Unternehmen oder Branchen. Ergänzt wird dieses Sekundär-Researchangebot spezialisierter Analyse- und traditioneller Brokerhäuser und Datenanbieter durch eine Vielzahl von Primär-Researchquellen.

aa) Sekundär-Researchquellen

Das Informationsangebot der führenden Anbieter[1216] standardisierter Nachhaltigkeitsanalysen von Unternehmen und Staaten ist grundsätzlich vergleichbar hinsichtlich Marktbreite und Analysetiefe, unterscheidet sich jedoch in der Schwerpunktsetzung sowie der Auswertung und Aufbereitung der Informationen.

Bei der Auswertung dieser Daten ist zu beachten, ob für die Klassifizierung die **absolute Bewertung** des einzelnen Unternehmens maßgeblich ist oder eher die relative Einstufung im Vergleich zur jeweiligen **Peer Group Vergleich**.

1213 Vgl. *DBK* (2015) S. 32. Dies unterstreicht auch die zunehmende Vielfalt themenbasierter Research-Publikationen, vgl. z. B. *Vezér* (2019).
1214 Sustainable Development Goals (SDG), vgl. Abschnitt 1.d.
1215 Vgl. *De Franco/Poulin* (2019).
1216 Vgl. (ohne Anspruch auf Vollständigkeit) *ISS ESG* (2020), *MSCI* (2020), *Sustainalytics* (2020), *imug* (2018. Vgl. auch *Blisse/Deml* (2011) S. 295 ff.

Während die relative Betrachtungsweise den Best in Class Ansatz unterstützt (s. Abschnitt 1.b) und quer über alle Wirtschaftsbereiche die komplette Bandbreite von schlechten bis hin zu sehr guten Bewertungen generiert, folgt die absolute Sichtweise dem Best of Class Gedanken und resultiert in einer deutlich geringeren Anzahl an Top-Bewertungen in wenigen Sektoren, während andere Branchen durchweg eher schlechte bis mittelmäßige Ergebnisse aufweisen.

1386 Jenseits des datenbankgestützten Researchangebots kommt in puncto Nachhaltigkeit der klassischen **Finanzanalyse** inzwischen eine wachsende Bedeutung zu. Dies ist zum einen durch ein Mehr an verfügbaren Informationen bedingt, da Unternehmen systematisch Stellung nehmen müssen, wie und in welchem Umfang sie ESG-Aspekte im Rahmen ihrer Geschäftstätigkeit berücksichtigen – oder warum nicht[1217]. Zum anderen werden die wirtschaftlichen Folgewirkungen solcher nichtfinanziellen Faktoren auch zunehmend in die Finanzberichterstattung integriert und finden dadurch selbstverständlichen Eingang in jede Unternehmens- und Branchenstudie von Finanzanalysten.

1387 Darüber hinaus werden von vielen Researchagenturen thematisch auf einzelne oder auch die Kombination von mehreren der 17 UN Nachhaltigkeitsziele eingegrenzte Studien und Informationsmaterialien zur Verfügung gestellt[1218]. Insbesondere die Quantifizierung der Zielerreichungsgrade mittels **Scoring-Verfahren**[1219] erfreut sich hierbei wachsender Beliebtheit, da sie die Integration solcher Nachhaltigkeitskriterien jenseits von ESG in den Portfoliokonstruktionsprozess erleichtert.

1388 In Bezug auf Anleihe-Emittenten ist zu beobachten, dass deren Bonitätseinstufung durch traditionelle **Ratingagenturen** zunehmend um nichtfinanzielle Risiken anhand von Qualitätskriterien der Nachhaltigkeitsanalyse ergänzt wird. Auch im Rating öffentlicher Emittenten findet die Integration spezifischer Klimarisiken und entsprechender Vorsorgemaßnahmen immer mehr Berücksichtigung[1220].

[1217] Artikel 4 der Offenlegungsverordnung der EU Kommission fordert (ab 10.03.2021) von allen Finanzmarktteilnehmern eine Erklärung über die Berücksichtigung der wichtigsten nachteiligen Auswirkungen von Investitionsentscheidungen auf Nachhaltigkeitsfaktoren; kleineren Unternehmen (bis zu 500 Mitarbeiter) ist die bloße Stellungnahme erlaubt, warum Nachhaltigkeitsaspekte bei Investitionsentscheidungen keine Berücksichtigung finden (»comply or explain«); vgl. *CRR II* (2019), *Simmons & Simmons* (2020) sowie Kapitel A.IV und B.I.
[1218] Ein Beispiel findet sich bei *Vezér* (2019).
[1219] Vgl. *Screen17* (2020), s. auch Abschnitt 1.d.
[1220] Vgl. *Wallstreet:Online* (2019), *PRI Associates* (2014); vgl. auch Abschnitt 2.b. Zu ESG-Score vgl. auch die Darstellung in Kapitel E.III dieses Herausgeberbandes.

bb) Primär-Researchquellen

Investor Relations ist ohne Berücksichtigung von Nachhaltigkeitsaspekten schon lange undenkbar. Vielmehr ist die Betonung der unternehmerischen Aktivitäten im Bereich der **Corporate Social Responsibility (CSR)** ebenso wichtiger Bestandteil des Außenauftritts eines Unternehmens im Rahmen von Investorenkonferenzen, Roadshows oder seiner Internetpräsenz wie ökologische und gesellschaftspolitische Aspekte im Rahmen von Research & Development (R&D).[1221]

Nichtregierungsorganisationen stellen eine große Bandbreite aktueller Informationen zur Nachhaltigkeits-Bewertung von Staaten und öffentlichen Institutionen bereit (z. B. Corruption Perception Index CPI)[1222].

Generell ist die **mediale Berichterstattung** angesichts der zunehmenden Sensibilisierung für Nachhaltigkeitsthemen wichtige Informationsquelle zur Einordnung der Verhaltensweisen von Unternehmen und öffentlichen Emittenten.

cc) Expertengremien und Investoren als Sparringspartner

Beratungskompetenz von Asset Managern (vgl. Abschnitt 2.c) erfordert einen regelmäßigen Austausch mit Experten verschiedener Fachrichtungen und interessierten Investoren. Institutionelle und private Anleger, die Wert auf eine umfassende Berücksichtigung von Nachhaltigkeitsaspekten in ihrer Kapitalanlage legen, sind häufig tief im Thema, was die Kenntnis einschlägiger Verordnungen und Kennziffern und deren kritische Würdigung hinsichtlich Informationsgehalt und Konformität mit den eigenen Zielsetzungen angeht. Diese fundierten Meinungen kann der Asset Manager aufgreifen, um das Anlageuniversum möglichst passgenau gemäß den individuellen Vorstellungen des jeweiligen Kunden zu gestalten.

Auch wenn **Nachhaltigkeitswissenschaft**[1223] als eigenständiger Studiengang im deutschsprachigen Raum noch relativ jung ist, stellen nachhaltigkeitsrelevante Themen wie die Erforschung neuer Technologien und deren sozialer, ökologischer und wirtschaftlicher Folgewirkungen, der Klimaschutz, die Bekämpfung sozialer Ungleichheit und der Diskriminierung gesellschaftlicher Gruppen u. v. m. integrale Bestandteile der Wirtschafts-, Ingenieur-, Natur- und

---

1221 Vgl. Deutscher Corporate Governance Kodex (DCGK), *Regierungskommission* (2019).
1222 Jährlich veröffentlicht von Transparency International; vgl. *Transparency International Deutschland e. V.* (2020).
1223 In Deutschland wird der Studiengang z. B. angeboten an der Leuphana Universität in Lüneburg; vgl. *Leuphana Universität* (2020). Vgl. auch *Kaiser* (2010).

ASSETS UND ASSET MANAGEMENT

Humanwissenschaften dar, um nur einige Fachbereiche zu nennen. Zur **Identifikation von Themen und langfristigen Trends** und deren wirtschaftlicher Implikationen und Transformationsmechanismen dient der fortlaufende Dialog mit Vertretern unterschiedlicher Fachrichtungen zur Ideengenerierung und ständigen Weiterentwicklung des Kriterienkatalogs im nachhaltigen Asset Management.

1394 Insbesondere im Rahmen des Engagements[1224] spielt der Austausch mit externen Experten wie auch mit Researchagenturen eine zentrale Rolle im Dialog mit Unternehmen.

d) Reporting und Performancemessung[1225]

1395 Nicht nur, aber vor allem in der institutionellen Kapitalanlage wachsen die Anforderungen an die fortlaufende Dokumentation der Berücksichtigung von Nachhaltigkeitsaspekten stetig. Diese zunehmende Nachfrage ist dabei im Wesentlichen der stetigen Ausweitung **regulatorischer Vorgaben** geschuldet.[1226]

1396 Von der Etablierung nachhaltiger Reporting-Standards im Asset Management profitieren selbstredend auch verantwortungsbewusste Privatinvestoren oder Stiftungen und Non-Profit-Organisationen. Gerade die letztgenannte, meist auf Spender und Sponsoren angewiesene Anlegergruppe kann solche Analysen ihrer Vermögensanlage aktiv zur Stärkung der eigenen **Reputation** einsetzen.

1397 Zwei unterschiedliche Fragestellungen werden im Rahmen von Nachhaltigkeits-Reportings behandelt: Während ein **ESG Reporting** (Abschnitt 1.d) die Qualität der unternehmerischen Tätigkeit aller im Portfolio enthaltenen Unternehmen in ökologischer, sozialer und ethischer Hinsicht dokumentiert, liefert ein **SDG Reporting** (Abschnitt 1.d) Antworten auf die Frage, ob und in welchem Umfang der Geschäftszweck dieser Unternehmen Einfluss nimmt auf die Erreichung der globalen Nachhaltigkeitsziele der Vereinten Nationen.

1224 S. Tabelle E.I.1 und Abschnitt 1.d.
1225 Vgl. hierzu auch Kapitel F.I, F.III; dort werden Prüfansätze und Berichtsanforderungen für Finanzinstitute untersucht. Zur Dokumentation der Nachhaltigkeit öffentlicher Emittenten vgl. *PRI* (2014).
1226 Auch die deutsche Versicherungsaufsicht, die Nachhaltigkeit in der Kapitalanlage von Versicherungen und Pensionsfonds 2018 zu einem ihrer Schwerpunktthemen macht, legt ihr Augenmerk insbesondere auf die Integration von ESG-Kriterien in das Risikomanagement von Versicherern und Einrichtungen der betrieblichen Altersversorgung; vgl. *BaFin* (2019g). Umfangreiche Aspekte zum Reporting greift auch Kapitel E.II dieses Herausgeberwerkes auf.

aa) ESG Performance[1227]

Die Performance im Sinne der »Nachhaltigkeits-Leistung« eines Portfolios in ökologischer Hinsicht lässt sich durch Kennziffern wie bspw. den ökologischen Fußabdruck (**Carbon Footprint**), Trinkwasserverbrauch, Energiemix oder CO2-Ausstoß und deren Entwicklung im Zeitablauf quantifizieren.[1228]

Auch die soziale Dimension der Nachhaltigkeit wird teilweise anhand quantitativer Merkmale wie beispielsweise dem Anteil tarifvertraglich geregelter Arbeitsverhältnisse, Mitarbeiter-Fluktuation oder dem Geschäftsvolumen in umstrittenen Arbeitsfeldern oder in Staaten mit mangelhaften Arbeitsschutzbestimmungen dokumentiert. Größere Bedeutung wird hier jedoch qualitativen Merkmalen und Standards wie z. B. Maßnahmen zur Unfallverhütung im Unternehmen selbst wie auch in der Lieferkette oder **arbeitsrechtlichen Standards** im Umgang mit Subunternehmern beigemessen.

Hinsichtlich der Governance wird als quantitative Kennzahl beispielsweise der Anteil von Frauen in Führungspositionen[1229] herangezogen. Die bedeutendere qualitative Einschätzung der Unternehmensführung wird einerseits durch die Einhaltung international anerkannter Standards wie den **UN Global Compact**[1230] oder die Unterzeichnung der Principles of Responsible Investment dokumentiert. Andererseits werden Merkmale wie Steuertransparenz, Bonifikation der Führungskräfte oder die Unabhängigkeit der Kontrollgremien bewertet.

Auf Portfolio-Ebene wird die Nachhaltigkeit mit Hilfe von Scoring-Verfahren quantifiziert und – aggregiert zu einer Gesamtnote, die alle drei Dimensionen E, S und G umfasst – skaliert, um Vergleichbarkeit z. B. mit einem Benchmark-Portfolio zu ermöglichen. Besonders positive oder negative Nachhaltigkeits-Scores einzelner Unternehmen werden hervorgehoben und es wird dokumentiert, ob und in welchem Ausmaß kontroverse Branchen, Länder oder Geschäftspraktiken in einem Portfolio vertreten sind.[1231]

Die traditionelle **Risikomessung** wird so mit Hilfe von ESG-Kriterien sinnvoll ergänzt um Risiken für das Gemeinwohl, die finanzielle Konsequenzen nach sich ziehen können, etwa durch Kosten zur Behebung von Umweltschäden[1232].

1227 Zur Messung der wirtschaftlichen Performance vgl. Abschnitt 2.b.
1228 Für eine ausführliche Analyse der Datenqualität und daraus abgeleitete Empfehlungen für Institutionelle Anleger vgl. *Busch* (2019).
1229 Vgl. *Haderthauer* (2010) S. 66 Anm. 12.
1230 Vgl. Abschnitt 2.b Fußnote 52.
1231 Ein ausführlich dokumentiertes Beispiel findet sich bei *Universal Investment* (2020).
1232 Vgl. Abschnitte 2. und Kapitel A.IV.

ASSETS UND ASSET MANAGEMENT

1403 Eine Darstellung entsprechender Kennzahlen im Zeitablauf honoriert außerdem eine positive Entwicklung der Nachhaltigkeits-Bewertung des Portfolios oder einzelner Unternehmen.

bb) SDG Performance[1233]

1404 Seit der Formulierung der Sustainable Development Goals (SDG) der Vereinten Nationen 2015[1234] entwickeln sich diese 17 Nachhaltigkeitsziele zunehmend als neuer Standard zur Messung der Nachhaltigkeits-Performance im Asset Management, die ganz anschaulich durch das *Forum für Internationale Entwicklung + Planung* dargestellt werden (vgl. Abbildung E.1.).

1405 Das SDG Reporting zielt darauf ab, in welchem Ausmaß die Geschäftstätigkeit selbst einen positiven oder negativen **Beitrag zur nachhaltigen Entwicklung** leistet. Auch dort wird mit Scoring-Modellen gearbeitet und mit Benchmarks verglichen. Der Gesamt-Score des Portfolios dokumentiert, ob und in welchem Ausmaß die darin vertretenen Unternehmen zur Erreichung einzelner Nachhaltigkeitsziele beitragen oder diese konterkarieren.

Abbildung E.1: UN Sustainable Development Goals (Quelle: Thomson (2020))

1406 Anders als beim ESG-Reporting ist eine Aggregation zu einer Gesamtbeurteilung über alle siebzehn SDGs hinweg jedoch nur bedingt aussagekräftig. Da der

---

[1233] Vgl. Arbeitskreis kirchlicher Investoren (2019), *Bassler* (2019), UN PRI (2020b).
[1234] Vgl. *United Nations* (2020a).

Beitrag zu Gesundheit und Wohlergehen (Ziel Nr. 3) im Vergleich zu manch anderen Zielen leichter quantifiziert werden kann und mehr wirtschaftlichen Anreiz bietet, ist beispielsweise der Gesundheitssektor unter den über alle Ziele hinweg sehr gut beurteilten Unternehmen überproportional vertreten. Deshalb ist eine differenzierte Analyse der einzelnen Zielerreichungsgrade zur Beurteilung der Nachhaltigkeits-Performance sinnvoller als der Ausweis eines einzigen aggregierten Scores.

3. Ökonomische Aspekte

Die nachhaltige Ausrichtung von Wertpapierdepots kann in zweierlei Hinsicht ökonomischen Mehrwert liefern: Durch die Identifikation zukunftsorientierter Geschäftsmodelle mit vielversprechendem **Ertragspotenzial** wie z. B. intelligente Mobilitätskonzepte und durch die Reduktion von **Reputations- und Geschäftsrisiken** wie z. B. Umweltskandalen oder Stranded Assets[1235].

Deshalb entfaltet sie ihre volle Wirkung im **aktiven Portfoliomanagement** erst in Kombination mit sorgfältiger Fundamentalanalyse, wo neben einer guten Öko-Bilanz auch die Attraktivität der Ertragschancen sowie zu erwartende finanzielle Risiken bei der Portfoliokonstruktion Berücksichtigung finden[1236].

Vor diesem Hintergrund stellt die direkte Integration der Nachhaltigkeitskriterien in den Auswahlprozess einzelner Unternehmen und Emittenten – flankiert von verantwortungsvoller Stimmrechtsausübung und Engagement – in ökonomischer Hinsicht den wirkungsvollsten Ansatz zur Berücksichtigung von Nachhaltigkeitsaspekten in der Wertpapieranlage dar.[1237]

Im Rahmen des **passiven Portfoliomanagements** bietet sich inzwischen eine Vielzahl nachhaltiger Benchmark-Indizes zur Replizierung an, die in der Konstruktion mehrheitlich dem Best in Class Ansatz folgen. In einer solchen Portfoliokonstruktion erfolgt de facto ein Outsourcing der nachhaltigen Ausgestaltung an den jeweiligen Indexprovider[1238]. Möchte man individuell definierte

---

1235 Als »Stranded Assets« werden Aktiva von Unternehmen bezeichnet, die Bestandteil der aktuellen Bewertung sind, zukünftig aufgrund veränderter politischer Rahmenbedingungen jedoch voraussichtlich ihren Wert ganz oder teilweise verlieren (z. B. Fossile Rohstoffvorkommen). Vgl. dazu auch die Ausführungen in Kapitel D.IV dieses Herausgeberbandes. *Bassler* (2019) weitet diesen Begriff aus auf »Stranded Humans« i. S. v. Mitarbeitern (Humankapital), die aufgrund solcher veränderten Rahmenbedingungen ihren Arbeitsplatz verlieren und aus Sicht der Unternehmen »wertlos« zu werden drohen.
1236 Vgl. Abschnitt 2.a.; vgl. auch *Günther/Moriabadi/Schulte/Garz* (2012), S. 249-255.
1237 Vgl. Tabelle E.I.1.
1238 Z. B. Stoxx, Deutsche Börse, MSCI, Dow Jones, S&P Global, um nur einige zu nennen. Vgl. hierzu auch Kapitel E.III.

Nachhaltigkeitskriterien berücksichtigen, kann beispielsweise im Rahmen von Optimierungsverfahren der so ermittelte Nachhaltigkeits-Score des Portfolios bei gleichzeitiger Begrenzung des Tracking Errors gegenüber einer konventionellen strategischen Benchmark maximiert werden. Hierbei wird der klassische Trade Off der Rendite-Risiko-Betrachtung – gleichzeitige Renditemaximierung und Risikominimierung ist nicht möglich – ersetzt durch die Abwägung, wie weit Nachhaltigkeit auch zu Lasten eines höheren Risikos wünschenswert ist bzw. der Nachhaltigkeitsanspruch hinter dem Interesse der Risikobegrenzung zurückstehen soll. Die Herausforderung besteht darin, im Interesse des Anlegers die für seine individuelle Risikoneigung richtige Balance zwischen beiden Zielsetzungen zu erreichen.

1411 **Faktorbasierte Investmentstrategien** beschäftigen sich seit einigen Jahren mit der Identifikation und systematischen Berücksichtigung eines (Risiko-) Faktors »Nachhaltigkeit« im Rahmen der dem Investmentprozess zugrundeliegenden Modellierung. Eine abschließende Antwort auf die Frage der Redundanz im Erklärungsgehalt bei Kombination eines solchen ESG-Faktors mit klassischen Faktoren wie Value, Size, Quality oder Low Volatility scheint bislang jedoch nicht gefunden zu sein, wenngleich aktuelle Analysen einen nachweisbaren Informationsgehalt von Faktorspezifikationen nahelegen, die Immaterielle Werte oder qualitative Merkmale der Unternehmenskultur reflektieren.[1239]

1239 Detaillierte Ergebnisse solcher Analysen liefern z. B. die Studien »The Alpha and Beta of ESG Investing« von Amundi Research oder »ESG in Factors« von BlackRock, Inc. Vgl. *Hühn/Le Guenedal/Roncalli* (2019) und *Ang/Chan/Hogan/Schwaiger* (2020).

a) Beispiel: Verankerung von Nachhaltigkeitsaspekten im aktiven fundamentalanalytischen Portfoliomanagement[1240]

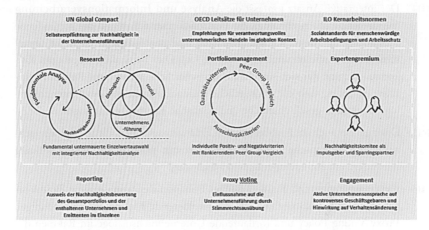

*Abbildung E.2: Elemente eines integrativen nachhaltigen Investmentprozesses
(Quelle: Eigene Darstellung)*

Zunächst erfolgt die Abgrenzung des **Anlageuniversums** durch Ausschlusskriterien zur Vermeidung von Reputations- und Performancerisiken (vgl. Abbildung E.2). Eine sinnvolle Ergänzung zu sektorbasierten Ausschlüssen stellt hierbei die normbasierte Vorgehensweise dar, wo ausschließlich Unternehmen zugelassen werden, die z. B. den UN Global Compact[1241], die ILO Kernarbeitsnormen[1242] und die **OECD Leitsätze** für multinationale Unternehmen[1243] in ihrer Geschäftsausübung berücksichtigen. Für die Rentenanlage lassen sich ebenfalls übergeordnete Normen zur Vorselektion staatlicher Emittenten definieren, beispielsweise die Unterzeichnung des Pariser Klimaschutzabkommens[1244].

Die Integration der Nachhaltigkeitsanalyse in den **Portfoliokonstruktionsprozess** erfolgt mittels positiver Qualitätsmaßstäbe, die darüber Auskunft geben, wie die Geschäftstätigkeit von Unternehmen hinsichtlich ökologischer, sozialer und unternehmensethischer Aspekte im Detail zu bewerten ist (Abschnitt 2.a) und inwiefern diese von langfristigen Trends in der globalen demographischen

---

1240 Vgl. Abschnitt 1.a zur Erläuterung der Ansätze im Einzelnen.
1241 Vgl. *United Nations* (2020b), *Auer-Srnka/Riefenthaler* (2010) S. 195.
1242 Vgl. *Internationale Arbeitsorganisation* (1998).
1243 Vgl. *OECD* (2011), *Auer-Srnka/Riefenthaler* (2010) S. 195.
1244 Vgl. *BMU* (2016).

und technologischen Entwicklung unter sich verändernden politischen Rahmenbedingungen profitieren (Abschnitt 2.a).

1414　Der integrative Ansatz umfasst die **Analyse und Informationsverarbeitung** (fundamental und nachhaltig), die Portfoliokonstruktion und das fortlaufende Monitoring im Austausch mit Analysten und unabhängigen Experten unterschiedlicher Fachrichtungen (Abschnitt 1.c). Dies beinhaltet neben dem Risikomanagement, das sich sowohl auf wirtschaftliche als auch auf Reputationsrisiken erstreckt, auch die erforderliche laufende Anpassung des Kriterienkatalogs an aktuelle gesellschaftliche und politische Rahmenbedingungen.

1415　Dazu gehört auch die Etablierung von Frühwarnsystemen, die auf sich abzeichnende problematische Geschäftspraktiken mit potenzieller Skandalwirkung hinweisen, um rechtzeitig reagieren zu können[1245].

1416　Ein transparentes und aussagekräftiges Portfolio-Reporting ergänzt diese Vorgehensweise ebenso sinnvoll wie der flankierende Einsatz einer nachhaltigen Proxy Voting Policy und fortlaufende Unternehmensdialoge im Rahmen des Engagement-Ansatzes zur positiven Einflussnahme auf Entscheidungs- und Entwicklungsprozesse.

aa)　Ökonomische Interpretation von ESG-Kriterien

1417　Die Berücksichtigung von ESG-Kriterien im Asset Management hat zum Ziel, Unternehmen und öffentlichen Emittenten mit erkennbarem Fokus auf die langfristige Sicherung ihres eigenen wirtschaftlichen Erfolgs und die **Innovations- und Wettbewerbsfähigkeit** ihres Wirtschaftsstandorts durch Erhalt und schonende, effiziente Nutzung der notwendigen Ressourcen zu identifizieren.

1418　In ökologischer Hinsicht umfasst dies den gesamten Produktionsprozess (inklusive Lieferketten und Subunternehmen) von der Rohstoffgewinnung bis hin zur Abfallvermeidung, ebenso die **Energie-Effizienz** der Betriebsabläufe sowie Entwicklung und Nutzung innovativer Technologien zur Optimierung des Produktionsmitteleinsatzes.

1419　Die soziale Dimension beinhaltet den sorgsamen Umgang mit Humankapital und erstreckt sich auch auf Lieferketten und Subunternehmen. Relevante Faktoren stellen hier beispielsweise gesundheitsschonende Betriebsabläufe und Arbeitszeiten, Förderung der Vereinbarkeit von Familie und Beruf oder tarifvertragliche Bindung dar. Wer sich so als attraktiver Arbeitgeber präsentiert, spart

---

1245　Vgl. *De Franco/Poulin* (2019).

langfristig nicht nur Kosten für Einarbeitung und Weiterbildung, sondern profitiert in aller Regel auch von höherer Kundenzufriedenheit durch **Mitarbeiterbindung**[1246].

Corporate Governance im Sinne einer verantwortungsbewussten Unternehmensführung sorgt schließlich durch vorbeugende und vorausschauende Maßnahmen und die Formulierung und Verkörperung entsprechender Grundsätze (**Unternehmensleitlinien**) für die notwendigen Rahmenbedingungen zur langfristigen Ausschöpfung des Geschäftspotenzials ohne Beeinträchtigung durch reputationsschädigende und kostenträchtige Umweltskandale oder Betrugsvorwürfe.

1420

Die Beurteilung öffentlicher Emittenten bewertet in allen drei Dimensionen die Schaffung und Erhaltung der gesetzlichen Voraussetzungen, **Rechtssicherheit** und entsprechende Anreize zur **Investitionslenkung**. Der ökologische Aspekt zielt darüber hinaus beispielsweise auf Risikobegrenzung durch Förderung und Durchführung (präventiver) Umweltschutzmaßnahmen ab. Die soziale Komponente bewertet etwa die Qualität des **Bildungssystems**, den Grad der Chancengleichheit oder das wirkungsorientierte entwicklungspolitische Zusammenarbeit.

1421

bb) Ökonomische Interpretation der SDGs

Zwar ging ihre Geburtsstunde im November 2015 als Pariser Klimagipfel[1247] in die Geschichte ein, doch die Sustainable Development Goals umfassen mehr als nur ökologische Ziele. Vielmehr geht es auch um Bildung und soziale Gerechtigkeit, Gesundheit und Bekämpfung von Hunger und Armut oder ganz umfassend um Frieden und Wachstum zur **Stärkung der Wirtschaftskraft**.[1248]

1422

Im Gegensatz zu ESG-Kriterien, die zwar branchenspezifisch von unterschiedlicher Relevanz und deshalb meist unterschiedlich stark gewichtet sind, aber doch sektorübergreifend in gleichem Maße die Qualität des unternehmerischen Handelns bewerten, geht es bei der Verwendung von SDGs als Nachhaltigkeitskriterien um den konkreten (positiven oder negativen) **Beitrag des Unternehmens**, seiner Produkte und Dienstleistungen zur Erreichung dieser Ziele.

1423

1246 Vgl. *Kaiser* (2010), *Frey/Kastenmüller/Nikitopoulos/Peus/Weisweiler* (2010), *Meier/Sill* (2005), *Prognos* (2003), *Schramm* (2010).
1247 Vgl. *BMU* (2016).
1248 Vgl. Abb. E.I.5.

1424 Die Verwendung eines solchen zielorientierten Kriterienkatalogs bietet sich an für eine themenspezifische Portfoliozusammensetzung, die – ähnlich dem Impact Investing im illiquiden Anlagespektrum[1249] – darauf ausgerichtet ist, mit der Kapitalanlage eine gewünschte soziale oder umweltpolitische Wirkung zu erzielen und so zu einer **nachhaltigen wirtschaftlichen Entwicklung** beizutragen.

cc) Kapitalismuskritisches Dilemma der SDGs[1250]

1425 Als Ergebnis politischer Verhandlungen bleiben die SDGs Objekt einer kritischen öffentlichen Auseinandersetzung, die teilweise auch ihre Verwendung im Rahmen der nachhaltigen Portfoliozusammenstellung hinterfragt. So beklagt beispielsweise der Wissenschaftler Ernst Ulrich von Weizsäcker in seinem Bericht an den Club of Rome massive **Widersprüche zwischen sozioökonomischen und ökologischen Zielen** in der Formulierung der 17 SDGs. Er moniert, dass die formulierten Nachhaltigkeitsziele der Vereinten Nationen nicht die Frage nach sinnvollen und notwendigen Grenzen des Wachstums beantworten, da ja einige der Ziele entweder explizit Wirtschaftswachstum fordern und fördern (z. B. Ziel Nr. 8) oder zumindest als Folge dessen interpretiert werden können (z. B. die Ziele Nr. 2, 3, 4). Für von Weizsäcker steht der Wunsch nach (unbegrenztem) Wirtschaftswachstum im Widerspruch zu wirksamen Maßnahmen zum Klimaschutz. Konventionelles Wachstum wird seiner Meinung nach die ökologischen Probleme verschärfen, anstatt zu ihrer Lösung beizutragen. Diese Auseinandersetzung verdeutlicht, dass die SDGs politisch motivierte Zielsetzungen darstellen, mit deren Auslegung und Übertragung in realwirtschaftliche Zusammenhänge sich Asset Manager auseinandersetzen müssen.

dd) Zusammenhang zwischen Nachhaltigkeit und Bonität[1251]

1426 Institutionelle Anleger vertrauen schon lange nicht mehr alleine der Bonitätseinstufung durch Ratingagenturen, sondern bewerten Ausfallrisiken auch anhand von Qualitätskriterien der Nachhaltigkeitsanalyse, wobei für Staaten gesellschaftliche und politische Einflussnahme und Rahmenbedingungen eine Rolle spielen. Auch die deutsche Versicherungsaufsicht, die Nachhaltigkeit in der Kapitalanlage von Versicherungen und Pensionsfonds schon 2018 zu einem

---

1249 Vgl. Kapitel E.VII zu Impact Investing.
1250 Vgl. *von Weizsäcker/Wijkman* (2019) u. *Bergius* (2020).
1251 Vgl. Abschnitt 1.a, Kapitel D.III, *PRI* (2014), *Neuneyer/Reynolds* (2019).

ihrer Schwerpunktthemen machte, legt ihr Augenmerk besonders auf die Integration von ESG-Kriterien in das Risikomanagement von Versicherern und Einrichtungen der betrieblichen Altersversorgung. Die Ratingagentur Moody's erwarb 2019 eine Mehrheitsbeteiligung an Four Twenty Seven, einem kalifornischen Anbieter von Klimarisiko-Daten, um potenzielle klimatisch bedingte Schäden und die zur Vorbeugung ergriffenen Maßnahmen in Bonitätseinstufungen öffentlicher Emittenten zu integrieren[1252].

Recherchen der Weltbank und des japanischen Staatsfonds GPIF[1253] kamen bereits 2017 zu dem Ergebnis, dass die Berücksichtigung von Nachhaltigkeitsrisiken zur **Stabilität der finanziellen Ergebnisse** aus der Investition in Unternehmens- und Staatsanleihen beiträgt. Auch gemäß einer von Fidelity Investment veröffentlichten Studie besteht ein nachweislicher Zusammenhang zwischen gutem Nachhaltigkeitsprofil und **geringer Ausfallwahrscheinlichkeit** von Emittenten, der sich auch in engeren Geld-Brief-Spannen ihrer Emissionen niederschlägt[1254].

1427

b) Nachhaltigkeit als Performancetreiber[1255]

Wissenschaftliche Studien attestieren immer häufiger nachhaltigen Wertpapierportfolios ceteris paribus (gleiches Anlageuniversum, vergleichbare regionale und Währungs-Struktur vorausgesetzt) eine bessere Wertentwicklung als ohne Berücksichtigung solcher Anlagekriterien. Welche Eigenschaften zeichnen nachhaltige Unternehmen unabhängig von sonstigen bei der Portfoliokonstruktion angewendeten Selektionskriterien aus, die dafür ausschlaggebend sein könnten?

1428

aa) Vorreiterfunktion und Wettbewerbsposition

Die Aktivierung und gezielte Förderung von **Motivation**[1256], Kreativität und Verantwortungsbereitschaft der Mitarbeiter durch attraktive Arbeitsplatzgestaltung und wertschätzende Führungsethik wird häufig als Wettbewerbsvorteil

1429

1252 Vgl. *Wallstreet:Online* (2019).
1253 Government Pension Investment Fund; vgl. *Weltbank* (2018).
1254 Vgl. *Institutional Money* (2018).
1255 Vgl. *Norges Bank* (2020); *Bassen/Busch/Friede/Lewis* (2018); *Schmid* (2020).
1256 Vgl. *Schulz* (2019).

nicht nur im Kampf um knappe Personalressourcen angesichts von Fachkräftemangel, sondern auch in der Produktentwicklung und Kundenbindung genannt.[1257]

1430 **Innovationskultur** in Unternehmen, die frühzeitig auf sich abzeichnende Zukunftstrends durch Nutzung neuer Technologien und Veränderung ihrer Prozessabläufe reagieren, trägt in aller Regel durch Effizienzgewinn zur Kostensenkung bei. Dass sie darüber hinaus auch die Erschließung neuer Geschäftsfelder und **Umverteilung von Marktanteilen** zu Lasten etablierter »Platzhirsche« befördern kann, wird im Bereich der Mobilität in globalem Maßstab seit einigen Jahren deutlich vor Augen geführt. Langfristig werden sich die Marktteilnehmer mit den überzeugendsten Antworten auf die Frage, welche gesellschaftlichen, politischen und ökonomischen Fragestellungen den wirtschaftlichen Erfolg der kommenden Dekaden bestimmen, am besten behaupten können.

bb) Politische Rahmenbedingungen und Investitionslenkung[1258]

1431 Agenda 2030, European Green Deal, EU Recovery Fund und andere Initiativen der EU Kommission, nationale Förderprogramme zur Stimulierung der Wirtschaft sowie der jüngste Leitfaden der EZB zur Berücksichtigung von Umwelt- und Klimarisiken[1259] zielen gleichermaßen darauf ab, eine klare **Lenkungswirkung** von Konsum- und Investitionsausgaben sowie der dazu notwendigen Kreditvergabe[1260] in Richtung Klimaschutz und nachhaltiger Entwicklung zu entfalten.

1257 Vgl. *Frey/Kastenmüller/Nikitopoulos/Peus/Weisweiler* (2010), *Schulz* (2020), *Grün* (2006) S.122. Er verweist in diesem Zusammenhang auch auf den US-amerikanischen Unternehmensberater L. Secretan (1997), der Vision und Inspiration der Mitarbeiter als Voraussetzung für unternehmerischen Erfolg ansieht.
Der aus US-amerikanischer Haft entlassene Deutsche Jens Söring erklärt in der ZDF-Sendung Markus Lanz am 14.05.2020, wie nützlich ihm die Kenntnisse in Customer Relations aus dem BWL-Studium gerade Gefängnis waren, um dort die interne »Kundschaft« an sich zu binden und sich so wirtschaftliche Vorteile zu verschaffen. Vgl. hierzu *teleschau* (2020).
1258 Vgl. Kapitel A.I und A.V dieses Herausgeberbandes.
1259 Vgl. *EZB* (2020a).
1260 Vgl. Kapitel D.III und D.IV. PwC-Partner Carsten Stäcker konstatiert hierzu in *Schmid* (2020): »Die primäre Frage an die Unternehmen lautet nicht, wie sie die Welt retten, sondern was die veränderten Rahmenbedingungen für ihren Markt und ihr Geschäftsmodell bedeuten […]. Wer die Thematik nicht ernst nimmt, wird […] keine Finanzierung zu wettbewerbsfähigen Konditionen mehr bekommen – weder Debt noch Equity, weder Public noch Private«.

cc) Reputation

Gleichzeitig lässt sich eine zunehmende öffentliche Sensibilität gegenüber zweifelhaftem Geschäftsgebaren beobachten. Unmittelbare Folge davon ist eine spürbare Zurückhaltung im **Investorenverhalten**[1261] bei Bekanntwerden von Überschreitungen als legitim erachteter Verhaltensweisen. Denn wer als Unternehmen pressewirksam am Pranger steht, muss erfahrungsgemäß viel Geld für den Erhalt und die Pflege von Kunden- und Geschäftsbeziehungen oder deren Wiedergewinnung in die Hand nehmen – ganz abgesehen von unmittelbaren Umsatzeinbußen aufgrund des Reputationsverlustes und hohen Folgekosten für die juristische Aufarbeitung.

c) Beratungskompetenz im Asset Management

Im Rahmen ihrer 2019 veröffentlichten Gesetzgebungsvorschläge skizziert die Europäische Kommission Investorenpflichten und **Offenlegungsanforderungen** zur Klassifizierung von Nachhaltigkeit auf Anleger- sowie dahingehende **Beratungspflichten** auf Anbieterseite[1262].

Die abschließend skizzierten Herangehensweisen stellen einige Grundvoraussetzungen dar, um als Asset Manager im Bereich nachhaltiger Kapitalanlagen erfolgreich im Wettbewerb zu bestehen.

Die Reaktion auf externe Vorgaben, also die Berücksichtigung von Anlagerichtlinien, Kundenwünschen und **regulatorischen Anforderungen**, ist Pflicht im Portfoliomanagement. Deshalb stellt sich nicht mehr länger die Frage, ob nachhaltige Anlagekriterien Berücksichtigung finden, sondern wie dies geschieht. Als Kür zu betrachten ist in diesem Kontext das **Selbstverständnis** eines Asset Managers, für den Nachhaltigkeit einen elementaren Bestandteil der unternehmenseigenen DNA darstellt. Ein solches Nachhaltigkeitsverständnis kommt in einer klaren, ehrlichen Produktgestaltung und –werbung ebenso zum Ausdruck wie in der fairen Gebührengestaltung. Die Reputation der eigenen Unternehmensführung und die nachhaltige Zufriedenheit ist für ihn im Umgang mit der eigenen Kundschaft von ebenso zentraler Bedeutung wie bei der Auswahl der Investitionsziele für deren Kapitalanlage.

1261 Diese Beobachtung veranlasst einen führenden Repräsentanten eines deutschen Automobilherstellers während einer Investorenveranstaltung im Februar 2020 zu der Aussage, auch Techniker müssten zwingend den Unterschied zwischen Legalität und Legitimität kennen und in ihrer Entwicklungsarbeit berücksichtigen.
1262 Vgl. *Simmons & Simmons* (2020).

ASSETS UND ASSET MANAGEMENT

1436 Mit steigender Popularität von Nachhaltigkeit in Wirtschaft und Gesellschaft ist eine zunehmende Vielfalt der Interpretationen dieses Begriffs zu beobachten. **Transparenz** und eine klare, verständliche Definition ist jedoch notwendig, um Nachhaltigkeit im Kontext der Kapitalanlage als Investor beurteilen zu können. Dies wiederum erfordert entsprechende **Kompetenz** im Portfoliomanagement, Nachhaltigkeitsziele, -kriterien und -anforderungen sowie deren Berücksichtigung im Portfolio verständlich erläutern zu können.

1437 Von elementarer Bedeutung ist ein **konstruktiv nachhaltiger Portfoliomanagementansatz**, der positiv gestaltet, statt einfach nur vom Kunden oder dem Gesetzgeber vorgegebene Begrenzungen des Anlageuniversums zu berücksichtigen. Wer als Asset Manager diese Gestaltungshoheit erlangen und dauerhaft behalten will, für den ist die aktive Verfolgung des Nachhaltigkeits- und umweltpolitischen Diskurses und eine Antizipation kommender Entwicklungen in dieser Debatte unerlässlich.

4. Zukünftige Entwicklungen und Ausblick

1438 Die EU sagt dem Klimawandel mit Verve und viel Geld den Kampf an, China verkündet öffentlichkeitswirksam CO_2-Neutralität bis 2060[1263] und Wasserstoff boomt am Aktienmarkt als der Stoff, aus dem die Zukunftsträume sind. Noch bevor der European Green Deal in konkrete Formen gegossen ist, sorgt dieser frische Wind auf internationaler Ebene auch in Deutschland bei der Projektentwicklung von Windkraftanlagen bereits für mehr Akzeptanz in der Bevölkerung und kürzere Genehmigungsverfahren. Nicht von ungefähr konstatiert die Wirtschaftspresse, dass das Segment nachhaltiger und speziell grüner Finanzanlagen durch die weltweite Wirtschaftskrise 2020 einen Schub bekommen habe und somit eine ohnehin positive Entwicklung durch die Krise begünstigt worden sei.[1264]

1439 Gleichzeitig resultiert die veränderte Wahrnehmung bedeutender Industriezweige wie beispielsweise der Automobilindustrie und ihrer Zulieferketten als Zukunftstechnologie[1265] im Zeitalter von Elektromobilität und autonomem Fahren in einer Neuinterpretation von Bewertungsrelationen am Aktienmarkt. Und mit zunehmender Betriebsdauer ihrer Anlagen wächst auch das Vertrauen

---

1263 Vgl. *Schmitt* (2020).
1264 Vgl. *Johannsen* (2020).
1265 Der Digitalunternehmer Stephan Noller schreibt im Februar 2020 in seinem Gastkommentar für das Handelsblatt »…, dass derjenige das Rennen gewinnen wird, der am konsequentesten das Auto in ein Datenobjekt verwandelt bekommt. […] Eine aggressive Datenstrategie sollte für Autobauer ein zentraler Baustein sein.« Vgl. *Noller* (2020).

vorsichtiger Investoren in mittlerweile etablierte Unternehmen im Bereich erneuerbarer Energien.

Auch wenn derzeit die Ökologie besondere Beachtung erfährt, hat sich – beschleunigt durch die jüngsten Entwicklungen an allen Kapitalmärkten weltweit – die Erkenntnis durchgesetzt, dass Weitsichtigkeit, Veränderungsbereitschaft und die Berücksichtigung der Interessen aller Stakeholder nicht unwesentlich zur Krisenfestigkeit und damit zum langfristigen Erfolg von Unternehmen beitragen. Der Dreiklang der Nachhaltigkeit (ESG) ist angetreten, die ökonomische Landschaft »nachhaltig« zu verändern – und die Asset Management Industrie ist gut beraten, sich dieser Herausforderung gestalterisch zu stellen.

II. Integration von Nachhaltigkeit im Asset Management[1266]

1. Nachhaltigkeit: Eine Standortbestimmung

1441 Das Thema »Nachhaltigkeit« und die Berücksichtigung von ESG-Faktoren (Environmental, Social und Governance) sind in jüngster Vergangenheit zunehmend in den **Fokus der Finanzbranche** gerückt.[1267] Das in den 80er Jahren noch vorrangig mit ethisch und religiös begründeten Investoren in Verbindung gebrachte Nischenprodukt entwickelt sich zunehmend zu einem allgemeinen Anlagethema.[1268] Aufgrund der schweren Messbarkeit von ESG-Faktoren (da subjektive und weiche Kriterien), der fehlenden Datenverfügbarkeit und mangelnden Fachwissens, galt die Umsetzung von nachhaltigen Kapitalanlagestrategien lange Zeit als ressourcenintensiv und kostspielig. Zudem wurden auch die **positiven Auswirkungen** auf das Risiko-/Renditeprofil stark angezweifelt. Letzteres konnte bereits in zahlreichen wissenschaftlichen Untersuchungen widerlegt werden.[1269] So konnte unter anderem nachgewiesen werden, dass Unternehmen, die über ein gutes bzw. positives ESG-Rating verfügen, eine bessere Performance vorweisen, zumal die Kapitalkosten signifikant gesenkt werden konnten.[1270]

1442 Zwei **wesentliche Faktoren** treiben die Nachhaltigkeitsdebatte bei Asset Managern: (1) Bestrebungen der Europäischen Kommission, Nachhaltigkeitsvorgaben zu harmonisieren und zu standardisieren, um ein nachhaltiges Finanzwesen zu etablieren und (2) die steigende Nachfrage der Investoren nach nachhaltigen Produkten.

1443 Mit der UN-Agenda 2030 und dem unterzeichneten **Pariser Klimaschutzabkommen**[1271], wurden die ersten Meilensteine hin zu einer nachhaltigeren globalen Entwicklung gesetzt. Die Europäische Kommission formulierte daraufhin den **EU-Aktionsplan** mit zahlreichen Maßnahmen und Anforderungen an

---

1266 Autoren: *Davut Hasanbasoglu*, *Philipp Schedler* und *Song-Hwa Chae*. Die Ausführungen geben ausschließlich persönliche Auffassungen wieder. Für Rückfragen oder Anregungen können die Autoren unter den E-Mail-Adressen Davut.Hasanbasoglu@EXXETA.com, Philipp.Schedler@EXXETA.com erreichbar.
1267 Vgl. dazu auch die einleitenden Erörterungen in Kapitel A.I dieses Herausgeberbandes.
1268 Vgl. *Pinner* (2003), S. 85.
1269 Vgl. *Clark/Feiner/Vieh* (2015), S. 34.
1270 Vgl. *Friede/Lewis/Bassen/Busch* (2015), S. 7.
1271 Vgl. *EU* (2018a), S. 1.

ein nachhaltiges Finanzsystem.[1272] Darauf basierend wurden zur Förderung der Harmonisierung und Standardisierung von Nachhaltigkeitsvorgaben neue Verordnungen in die Wege geleitet.[1273] Neben den bereits bestehenden ESG-bezogenen Berichts- und Mitwirkungspflichten[1274], hat die Bundesanstalt für Finanzdienstleistungsaufsicht (BaFin) im Dezember 2019 ein *Merkblatt zum Umgang mit Nachhaltigkeitsrisiken* veröffentlicht[1275], mit dem sie beaufsichtigten Unternehmen eine Orientierungshilfe zur Verfügung stellte. Die Bundesregierung etablierte ihrerseits im Jahr 2019 den Sustainable Finance Beirat, um Deutschland zum »führende[n] Standort für Sustainable Finance« auszubauen.[1276] Zudem hat die Europäische Zentralbank (EZB) kurz vor Redaktionsschluss dieses Buches im Mai 2020 im Rahmen eines öffentlichen Konsultationsverfahrens einen Leitfaden zum Umgang mit Klima- und Umweltrisiken veröffentlicht.[1277]

Der zweite Einflussfaktor (**steigende Nachfrage**) ist dadurch geprägt, dass Finanzmarktteilnehmer zunehmend »nachhaltige« Anlagemöglichkeiten nachfragen. Nachhaltigkeit wird daher als wesentlicher Wachstumstreiber für die Fondswirtschaft angesehen[1278]. Auch wenn sich der Anteil nachhaltiger Kapitalanlagen gemessen an den Assets under Management derzeit noch auf einem niedrigen einstelligen Prozentsatz bewegt, so ist eine zunehmende Nachfrage an nachhaltigen Produkten im Neugeschäft zu beobachten.[1279] Um dieser stei-

1444

1272 Dazu gehören (1) die Reallokation von Kapitalflüssen hin zu nachhaltigen Investments, (2) die Berücksichtigung finanzieller Risiken, die aus dem Klimawandel resultieren und (3) die Förderung von Transparenz und Langfristigkeit der Wirtschafts- und Finanzaktivitäten, vgl. *EU* (2018a).
1273 Vgl. Verordnungsentwurf der EU-Kommission zur Etablierung einer Taxonomie, vgl. *EU* (2018c); Informationsanforderungen zu nachhaltigen Investitionen und Nachhaltigkeitsrisiken über die Offenlegungsverordnung, vgl. *EU* (2019c), Ergänzungen zur bestehenden Benchmark-Verordnung (EU) 2016/101 über die Verordnung (EU)2019/2089, vgl. *EU* (2019b/d), Integration von Nachhaltigkeitserwägungen in die Anlageberatung durch die Änderung delegierter Rechtsakte zur *MiFID II* (2017) und *IDD* (2017)).
1274 Vgl. hierzu die nachfolgenden Richtlinien bzw. deren nationale Umsetzungsgesetze: CSR-Richtlinie, vgl. Non-financial Reporting Directive (2014) (bzw. das CSR-Richtlinie-Umsetzungsgesetz); EbAV II-Richtlinie 2016/2341, vgl. *EU* (2016a), bzw. das EbAV-II-Umsetzungsgesetz, ESG-Informationspflichten für Einrichtungen der betrieblichen Altersversorgung; Richtlinie (EU) 2017/828 (zweite Aktionärsrechterichtlinie bzw. das Aktionärsrechterichtlinie-Umsetzungsgesetz II (ARUG II)), vgl. *EU* (2017b).
1275 Vgl. *BaFin* (2019a). Ausführlich wird das Merkblatt in Kapitel E.IV dieses Herausgeberbandes diskutiert.
1276 Vgl. *Sustainable Finance-Beirat* (2020), S. 9.
1277 Vgl. *EZB* (2020a), Leitfaden zu Klima- und Umweltrisiken.
1278 Vgl. *Kupper* (2020).
1279 Vgl. *Kupper* (2020). Derzeit werden rund drei Prozent des verwalteten Vermögens in Höhe 1.100 Milliarden Euro offener Publikumsfonds in nachhaltigen Fonds angelegt. Im Jahr 2019

genden Nachfrage gerecht zu werden, bauen Asset Manager sukzessive ihr Produkt- und Serviceportfolio rund um ESG-Investments aus. Marktanalysen zeigen, dass die Mehrzahl von Asset Managern und Banken bereits Nachhaltigkeitskriterien im Rahmen ihrer Produkt- und Serviceportfolios berücksichtigen.[1280] Bei der Integration von Nachhaltigkeitsaspekten und -strategien lassen sich jedoch unterschiedliche Ansätze erkennen, so dass sich hier noch ein heterogenes Bild zeigt.[1281]

1445 Durch die beiden oben erläuterten Faktoren sehen sich Asset Manager dazu veranlasst, ihre Unternehmensstrategie im Hinblick auf die Nachhaltigkeit zu überdenken und umfangreiche Anpassungen entlang der gesamten Wertschöpfungskette durchzuführen. Vor diesem Hintergrund werden nachfolgend Anpassungsbedarfe bei der Integration von Nachhaltigkeitsaspekten auf Grundlage einer exemplarischen Wertschöpfungskette eines Asset Managers aufgeführt, verbundene Umsetzungsaufwände bewertet und Handlungsempfehlungen aufgezeigt.[1282]

2. Integration von Nachhaltigkeitsaspekten im Asset Management

1446 Das vorliegende Kapitel beschreibt exemplarisch, »wie« **Nachhaltigkeitsaspekte** entlang der Wertschöpfungskette eines Asset Managers integriert werden können (siehe Abbildung E.3). Der Fokus wird hierbei auf fünf stark betroffene Bereiche gelegt. Querschnittsfunktionen, wie zum Beispiel Recht oder Compliance, werden in diesem Artikel nicht betrachtet.

---

betrug der Anteil nachhaltiger Kapitalanlagen bereits 40 % am Neugeschäft der Publikumsfonds in Deutschland.
1280 Vgl. *Wehlmann/Müller* (2019), S. 2 f.
1281 Vgl. *Kwon/Paetzold* (2019), S. 35 ff. sowie *FNG* (2019), S. 13ff. und CFin (2018), S. 7.
1282 Zur Bedeutung und Motivation der nachhaltigen Geldanlage vergleiche auch die Diskussionen in den Kapitel E.I und E.III dieses Herausgeberbandes.

KUNDENMANAGEMENT

- ◐ Marketing
- ◐ Vertragsmanagement
- ◐ Client Onboarding
- ○ Pricing

SALES

- ○ Opportunity Management
- ◐ Vertrieb
- ◐ Produktpräsentation
- ○ Relationship Management
- ○ Events / Roadshows
- ○ Sales Inducements ex Trailer Fee

PRODUKTMANAGEMENT

- ◕ Entwicklung der Produktstrategie
- ○ Produkt Design / Erstellung
- ◐ Genehmigung neuer Produkte
- ○ Produktimplementierung
- ◕ Produktpräsentationen / Factsheets
- ◐ Fondsprospekt / Rechtliche Dokumente
- ◐ Produktwartung

INVESTMENTMANAGEMENT

- ◐ Investment Research
- ● Investmentstrategie
- ◐ Portfoliokonstruktion
- ● Risikomanagement
- ◕ Pre-Trade Compliance
- ○ Portfolio Order Erstellung
- ○ Securities Lending
- ○ Auslagerungsüberwachung

TRANSACTION EXECUTION & PROCESSING

- ○ Order Management & Handelsausführung
- ○ Trade Matching
- ○ Handelsabwicklung
- ◕ Compliance
- ○ Broker Monitoring
- ○ Prozess der Provisionsfreigabe
- ○ Position Monitoring

PORTFOLIO SERVICES & ACCOUNTING

- ○ Investment Accounting & Services
- ○ Fondsbuchhaltung / NAV
- ◐ Fonds- & aufsichtsrechtliches Reporting
- ○ Corporate Events
- ○ Collateral Management
- ◐ Performancemessung & Zurechnung
- ● Data Management
- ○ Commissions / Trailer Fee
- ● Reporting
- ○ Steuern

Legende:
- ○ vsl. kein Anpassungsbedarf
- ◐ vsl. geringer Anpassungsbedarf
- ◕ vsl. moderater Anpassungsbedarf
- ● vsl. hoher Anpassungsbedarf

Abbildung E.3: High-level Wertschöpfungskette eines Asset Managers
(Quelle: eigene Darstellung der EXXETA AG)

a) Kundenmanagement und Sales

Die Veränderungen in den Bereichen Kundenmanagement und Sales werden maßgeblich durch die **Offenlegungsverordnung** einerseits und zukünftige Anpassung der delegierten Rechtsakte zu MiFID II und IDD andererseits getrieben. Durch die Offenlegungsverordnung sind Asset Manager dazu verpflichtet, in den vorvertraglichen Informationen zusätzlich zu den bisher aus-

1447

gewiesenen Risiken auch auf Nachhaltigkeitsrisiken hinzuweisen. Dies beinhaltet die Art und Weise der Berücksichtigung von Nachhaltigkeitsrisiken sowie die Auswirkung von Nachhaltigkeitsrisiken auf die **Rendite der Produkte**.[1283] Des Weiteren sind zusätzliche Nachhaltigkeitsinformationen bereitzustellen, wie beispielsweise eine Beschreibung der Merkmale, Methoden und Datenquellen sowie der Ausweis relevanter Nachhaltigkeitsindikatoren.[1284] Vor dem Hintergrund der Transparenzpflicht zum Umgang mit Nachhaltigkeitsrisiken auf der Internetseite[1285], ist es daher empfehlenswert, die aktuellen Prozese und Rollen zu überprüfen und ggf. anzupassen, um eine kongruente und aktuelle Informationslage sicherzustellen.

1448 Weitere Anforderungen in diesen Bereichen ergeben sich durch die bereits angekündigten Anpassungen der delegierten Rechtsakte zu **MiFID II und IDD** hinsichtlich der Integration von Nachhaltigkeitsaspekten in der Anlageberatung.[1286] Durch die Implementierung von Nachhaltigkeitspräferenzen in der Anlageberatung ergeben sich neben den regulatorischen Implementierungsaufwänden auch Chancen, weitere Kundeninformationen zu erhalten. Nachhaltigkeitsinformationen des Kunden sollten im Rahmen von Anlage- und Beratungsprozessen mit aufgenommen werden, um eine ganzheitliche Sicht auf den Kunden zu gewinnen. Dies verbessert einerseits das Kundenverständnis und erhöht andererseits auch die Zufriedenheit des Kunden. Deshalb sollte vor allem im Sales-Bereich das Bewusstsein für das Thema verstärkt werden, um Kundenbedürfnisse aufzufangen und Vertriebspotentiale besser nutzen zu können. Die Verordnungsentwürfe zur Änderung der delegierten Rechtsakte zur MiFID II und IDD wurden noch nicht final verabschiedet, jedoch empfiehlt es sich, die aktuellen Legislativstände hinsichtlich der Zielmarktbestimmung und Geeignetheitsprüfung zu verfolgen und rechtzeitig mit der Implementierung zu beginnen.[1287]

b) Produktmanagement

1449 Im Rahmen des Produktmanagements stellt sich bei der **Integration von Nachhaltigkeitsaspekten** vor allem die Frage, welcher Investmentansatz verwendet werden soll.

1283 Vgl. Artikel 6 der Verordnung über nachhaltigkeitsbezogene Offenlegungspflichten im Finanzdienstleistungssektor (EU) 2019/2088, vgl. *EU* (2019c). Sofern Nachhaltigkeitsrisiken als nicht relevant erachtet werden, ist eine kurze und knappe Erläuterung darzulegen.
1284 Vgl. Artikel 8 ff. der Verordnung (EU) 2019/2088, vgl. *EU* (2019c).
1285 Vgl. Artikel 3 der Verordnung (EU) 2019/2088, vgl. *EU* (2019c).
1286 Vgl. *EU* (2018a), S. 8 ff.
1287 Vgl. *Winter/Kruse* (2019), S. 10 ff. i.V.m www.fondsprofessionell.de (2020).

Bei der Entwicklung der Produktstrategie spielt die Auswahl des Investmentansatzes und die Überlegung der Ausprägung der Fonds hinsichtlich Nachhaltigkeit eine wesentliche Rolle. So existieren mittlerweile eine Vielzahl von unterschiedlichen Investmentansätzen, von Responsible Investments, Sustainable Investments und aktivem ESG-Management bis hin zum Impact Investment, welche ganz an die **Kundenbedürfnisse** ausgerichtet werden können.[1288] Diese Ansätze unterscheiden sich in der Berücksichtigung von Nachhaltigkeit in der Anlagestrategie: niedrigste Ausprägung beim Responsible Investment und höchste Ausprägung beim Impact Investment. Auch in passiven Produkten oder in faktorbasierten Ansätzen kann Nachhaltigkeit integriert werden.[1289] Die Frage, mit welchem Ansatz Nachhaltigkeitsaspekte berücksichtigt werden sollen, muss zwingend vor dem Hintergrund der Zielgruppenpräferenz betrachtet werden. Beispielsweise wird bei Frauen und Millenials das größte Potential für das Thema Nachhaltigkeit gesehen.[1290] Hinzu kommen weitere Selektionskriterien, die Auswirkungen auf die Produktstrategie haben, wie beispielsweise das Thema des Fonds. So können z. B. Fonds mit erneuerbaren Energien zur Reduktion des Ausstoßes von Treibhausgasen oder ein Fonds, dessen Investments nach Zielen aus den UN Sustainable Development Goals[1291] gesteuert werden, ein aktuell interessantes Thema sein. Es ist somit unabdingbar, eine Zielgruppendefinition durchzuführen und die Produktstrategie an den Kundenbedürfnissen der Zielgruppe auszurichten, um so größere **Marktpotentiale** auszuschöpfen.

Dies bedeutet nicht zwangsläufig, dass große Anpassungen für einen Fonds vorgenommen werden müssen. Im Rahmen der **Produktwartung** sollte daher überprüft werden, ob und gegebenenfalls in welchem Umfang bestehende Fonds bereits Nachhaltigkeitsinformationen beinhalten. Ist dies der Fall, so kann der Fonds möglicherweise ohne Auswirkungen auf die Portfoliostrategie zu einem ESG-Fonds konvertiert werden.

Entwickeln sich im Rahmen der nachhaltigen Investitionsvorhaben der Kunden klare Präferenzen für Unternehmen bzw. Unternehmungen, so kann ein weiterer Beitrag zur Nachhaltigkeit durch das Shareholder Engagement geleistet werden. Dies gelingt insbesondere für bereits bestehende Produkte oder auch bei Produkten, welche aufgrund ihrer Investitionen nicht direkt nachhaltig erscheinen. Durch die Interaktion des Portfoliomanagers mit dem Management

---

[1288] Vgl. *Zeilinger* (2019), S. 19.
[1289] Vgl. *Melas/Nagy/Kulkarni* (2016), S. 9 ff.
[1290] Vgl. *www.fondskonzept.ag* (220).
[1291] Vgl. *UN Departments of Global Communications* (2020), S. 3.

des investierten Unternehmens, wird die Ausprägung des Unternehmens hinsichtlich ESG schrittweise verbessert. So könnte das Unternehmen beispielsweise bewogen werden Umweltstandards, wie die Filterung des Abwassers, zu befolgen.[1292]

c) Investment Management

1453 Die Integration von Nachhaltigkeitsaspekten kann im Investment Management, je nach Größe des Investors, Anlagevolumen, finanziellen Zielen und Bedürfnissen des Anlegers und seinem grundsätzlichen Nachhaltigkeitsverständnis, zu unterschiedlichen Phasen und in unterschiedlichen Komponenten erfolgen.

1454 Die schriftliche Formulierung der **Investment Policy** bildet für den Investmentprozess die Ausgangsbasis. Diese umfasst grundlegende Restriktionen und Motive, wie beispielsweise regulatorische Anforderungen oder treuhänderische Sorgfaltspflichten (bei Pensionskassen), die eingehalten werden müssen. In diesem Zuge können weitere Normen und Wertvorstellungen des Kunden aufgenommen werden, um individuelle Nachhaltigkeitspräferenzen angemessen zu reflektieren. Auf Basis der Investment Policy werden die nachhaltigen Investmentprinzipien in den Anlagegrundsätzen konkretisiert. So werden neben finanziellen Zielen (z. B. Zielrendite unter Berücksichtigung von Nachhaltigkeitserwägungen, verfügbares Risikobudget) und dem Anlageansatz (aktiv vs. passiv) auch Nachhaltigkeitsgrundsätze (wie beispielsweise Ausschlusslisten, Watchlisten oder normative Prinzipien) konkretisiert.[1293]

1455 Unter Berücksichtigung der gesetzlichen und individuellen Anlagegrenzen werden im Rahmen der Portfoliokonstruktion die strategischen und taktischen Asset Allokationen festgelegt. In der Praxis erfolgt die **Integration von ESG-Faktoren** oftmals parallel zur bestehenden Anlagestrategie. So kann ein Kunde sein Portfolio beispielsweise am Gesamt-CO_2-Ausstoß ausrichten oder gesamte Industrien ausschließen. Dies hat den Effekt, dass sich das Produktuniversum, welches sich zur Anlage eignet, ggf. reduziert[1294] und eine Vorselektion geeigneter Anlageklassen[1295] durchgeführt werden muss. Da sich nicht jede ESG-Strategie (z. B. Stimmrechtsausübung, Best-in-Class, Ausschlusslisten etc.)[1296]

1292 Vgl. *Seitz* (2010), S. 34.
1293 Vgl. *Stüttgen/Mattmann* (2018), S. 19.
1294 Vgl. *Stüttgen/Mattmann* (2018), S. 18.
1295 Vgl. für weitere Ansätze zur Integration von ESG-Faktoren im Investmentprozess auch *PRI* (2016) oder *Orsagh/Allen/Sloggett/Georgieva/Barthody/Douna* (2018).
1296 Vgl. dazu ausführlich die Diskussionen in den Kapiteln E.I, E.III sowie E.IV dieses Herausgeberbandes.

gleichermaßen für jede Asset Klasse eignet und sinnvoll umsetzbar ist, muss eine Differenzierung vorgenommen werden.[1297] Dies zeigt die Systematisierung von Stüttgen/Mattmann in Abbildung E.4 nachvollziehbar.

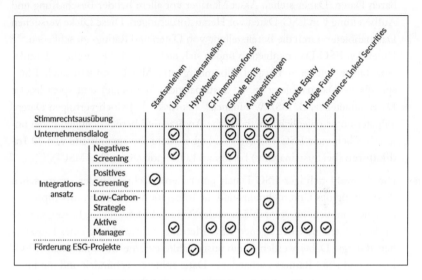

Abbildung E.4: Zuordnung ESG-Strategie je Asset Klasse (Quelle: Stüttgen/Mattmann (2018), S. 34)

Neben der Berücksichtigung des reduzierten Produktuniversums, sind die Auswirkungen auf den **Tracking Error** ebenfalls nicht zu vernachlässigen.[1298] Die Anlegerpräferenz hin zur Verbesserung des ESG-Scores eines Portfolios, beispielsweise durch die Anwendung von Ausschlüssen oder Best-in-Class Ansätzen, führt nicht selten zur Erhöhung des Tracking Errors. Eine Verbesserung des ESG-Scores kann ergo zu einer höheren Abweichung zur Benchmark führen, die wiederum das investierbare Anlageuniversum des Portfoliomanagers erheblich einschränken kann.[1299]

d) Portfolio Services & Accounting: Data Management

Die eingangs erwähnte fehlende Datenverfügbarkeit hat sich dahingehend verändert, dass nunmehr ein Überfluss an ESG-Daten vorhanden ist.[1300] Die Be-

---

1297 Vgl. dazu auch die Diskussion in Kapitel E.I dieses Herausgeberwerkes.
1298 Vgl. *Hänsel/Schubring/Kutscher* (2019), o.S.
1299 Vgl. *Hänsel/Schubring/Kutscher* (2019), o.S.
1300 Vgl. *Huber/Comstock* (2017).

reitstellung von ESG-Daten durch Unternehmen beruht oftmals auf **Selbsteinschätzungen**. Gleichzeitig führt die fehlende Standardisierung[1301] der ESG-Daten in diesem Bereich zu teilweise lückenhaften und nicht direkt vergleichbaren Daten. Daher stehen Asset Manager vor allem bei der Beschaffung und Aufbereitung von ESG-Daten vor Herausforderungen. Diese Lücke versuchen Datenanbieter durch die Bereitstellung von Daten und Ratings zu schließen.[1302] Unter den ESG-Datenanbietern finden sich nicht nur die klassischen Marktdatenanbieter, wie zum Beispiel Bloomberg und MSCI, sondern auch ESG-spezifische Datenanbieter (z. B. Sustainalytics, Arabesque) und spezialisierte Datenanbieter (z. B. ISS/IW Financial, RepRisk)[1303]. Jedoch verfolgen Datenanbieter unterschiedliche methodische Ansätze und berücksichtigen dabei unterschiedlich viele ESG-Indikatoren. Dabei reicht die Spannbreite von **70 Indikatoren** (bei Sustainalytics) bis hin zu 1.000 Indikatoren (bei MSCI).[1304]

1458 Die Auswahl richtiger ESG-Daten unter Berücksichtigung der strategischen Ausrichtung des Unternehmens und die Integration in den Investmentprozess ist daher ein nicht zu vernachlässigender Aspekt. Ein möglicher Lösungsansatz ist die Aufstellung einer eigenen ESG-Metrik zur Entwicklung eines hauseigenen Ratings. Dabei werden vorab ausgewählte externe Informationen (ESG-Daten und ESG-Ratings vorhandener Datenanbieter) gebündelt und mit internen (qualitativen) Analysen zu einem hauseigenen Rating zusammengeführt.

1459 Neben einer sorgfältig ausgewählten Datenbasis und der methodischen **Aufarbeitung der Daten** in ein hauseigenes Rating, ist die Verankerung von ESG-Daten in die ganzheitliche Datengovernance (insbesondere eine klare Definition von Rollen und Verantwortlichkeiten) ein wichtiger Aspekt für den Erfolg der ESG-Strategie. Eine einheitliche und transparenzschaffende interne und externe Kommunikation kann zusätzlich die Wahrnehmung als ESG-Fondsanbieter im Asset Management Markt schärfen und fördern.

1301 Erste Bestrebungen hinsichtlich einer Standardisierung sind im Verordnungsentwurf der Taxonomie (2018/0178/COD), vgl. *EU* (2018f), für Unternehmen, die unter die Richtlinie 2014/95/EU, vgl. *CSR-Richtlinie* (2014), fallen, vorgesehen. Die Taxonomie fordert im Wesentlichen für Nicht-Finanzinstitute die Berechnung von bestimmten Werten (Umsatz, CapEx und OpEx) im Einklang mit der Taxonomie.
1302 Vgl. *Douglas/Van Holt/Whelan* (2017).
1303 Vgl. *Huber/Comstock* (2017).
1304 Vgl. *Douglas/Van Holt/Whelan* (2017).

e)   Portfolio Services & Accounting: Client Reporting

Als einer der **Kundenkommunikationskanäle** bietet das ESG-Reporting die Möglichkeit, die für den Anleger notwendige Transparenz bezüglich der Nachhaltigkeit der Produkte zu schaffen. So werden für den Ausweis hinsichtlich der Nachhaltigkeit im Portfolio sogenannte ESG-Reports erstellt, die einen Überblick über vorher festgelegte Nachhaltigkeitsmerkmale des Portfolios bieten. Es existieren auch kürzere Environmental KPI-Reports (EKPI-Report), bei denen nur wesentliche Indikatoren gezeigt werden. Bei der Entwicklung des ESG-Reportings ist das Client Reporting stark abhängig von den Ergebnissen und den Entscheidungen der in der Wertschöpfungskette vorgelagerten Funktionen. Folgende Fragestellungen in Bezug auf das ESG-Reporting sind daher vom Asset Manager zu beantworten:

1. Welche strategischen Ziele sollen mit dem ESG-Report verfolgt werden?
2. Für welche Produkte und welche Investoren soll der ESG-Report angeboten werden?
3. Welchen Umfang und welche Ausrichtung soll der ESG-Report haben?
4. Wie wird mit dem Zielkonflikt zwischen Transparenz und ggf. für den Fonds schädliche Informationen umgegangen?
5. Wie individuell soll der Report für den Anleger oder Fonds sein?
6. Welche Kommunikationswege sollen genutzt werden?

Die initiale Frage zur strategischen Zielsetzung ist für die Erstellung der ESG-Reports essenziell. So kann der Fokus zum Beispiel auf der Stärkung der **Kundenbindung** oder in der Unterstützung bei der **Gewinnung neuer Marktanteile** liegen. Basierend darauf kann eine entsprechende Priorisierung bei Reportanfragen vorgenommen oder ESG-Reports weiterentwickelt werden.

Zur Beantwortung der Frage, für welche Produkte ein ESG-Report angeboten werden soll, kann die Systematik aus der Offenlegungsverordnung hilfreich sein. Die Offenlegungsverordnung unterscheidet zwischen »nicht grünen«, »leicht grünen« und »stark grünen« Produkten. Werden ökologische oder soziale Merkmale beworben und dementsprechend bei der Investitionsentscheidung berücksichtigt, handelt es sich um ein »leicht grünes« Produkt. Das »stark grüne« Produkt hingegen berücksichtigt nicht nur ökologische oder soziale Merkmale, sondern weist die Zielsetzung einer nachhaltigen Wirkung auf. Zu den »stark grünen« Produkten gehören somit zum Beispiel **Impact Fonds** mit einer ökologischen und oder sozialen Zielsetzung. Die Unterscheidung der Kategorie ist insofern wichtig, als sich die entsprechenden Transparenzpflichten unterscheiden. An dieser Stelle wird auf eine genauere Darstellung und eine abschließende Bewertung für diverse Anforderungen aufgrund der noch ausstehenden – und Ende 2020 erwarteten – finalen technischen Regulierungsstandards, verzichtet.[1305]

1463 Nach der Entscheidung, für welche »grünen« Kategorien ein ESG-Report angeboten werden soll, folgt die Überprüfung der **Assetklassen** (z. B. Equities/Fixed Income/Multi-Asset) und **Investorengruppen** (Privatanleger/institutioneller Anleger). Zur Berücksichtigung der unterschiedlichen Informationsbedürfnisse und Portfoliostrategien bietet sich eine Analyse der Ausgestaltung der ESG-Reports an und die Entscheidung, ob ein **Report-Layout** für alle oder kundenspezifische Reports zur Verfügung gestellt werden soll. Sofern kundenspezifische oder produktspezifische Reports angeboten werden, empfiehlt es sich, bestimmte Inhalte zu standardisieren (z. B. Hintergrund, Auswahlkriterien, Metriken und Qualitätsmaße) und in einem Begleitdokument festzuhalten. Je nach Kundenbedürfnis kann dann auf weitere Themen eingegangen werden (z. B. Sustainable Development Goals, Normen, kontroverse Sektoren oder CO_2-Fußabdruck). In der Praxis zeigt sich, dass eine Neuentwicklung eines ESG-Reports oft effektiver und effizienter ist als die Weiterentwicklung von alten ESG-Reports, welche vom Aufbau her an ihre Grenzen stoßen. Idealerweise sind ESG-Reports intuitiv verständlich und weisen einen großen Informationsgehalt auf. Es sollte allerdings im Vorfeld gründlich überprüft werden, welche Informationen ausgewiesen werden. Informationen, welche für einen Fonds vorteilhaft sind, z. B. ein Ausweis der Investitionen nach SDG-Zielen, können für einen anderen Fonds sehr unvorteilhaft sein. Dies ist häufiger der Fall, sofern es um ein Merkmal geht, welches nicht bei der Portfoliostrategie berücksichtigt wird. Insbesondere bei Publikumsfonds ist dies wichtig, denn ein schlechter ESG-Report kann enorme Reputationsrisiken bergen. Gleichzeitig kann es für Anleger unverständlich sein, warum unterschiedliche Layouts verwendet werden, da diese die Vergleichbarkeit erschweren und es schnell zu dem Verdacht des »Cherry Pickings« kommen kann.

1464 Derzeit ist im Bereich Client Reporting ein klarer Trend weg vom klassischen Weg über den Kundenbetreuer hin zum individuellen web-basierten Self-Service erkennbar. So kann bei der BNP Paribas beispielsweise ein CO_2-Fußabdruck für die Fonds per Webzugang abgerufen werden.[1306] Dies mag mit

---

1305 Vgl. Verordnung (EU) 2019/2088, Art. 8 ff. i.V.m. ESMA (2020), S. 22.
1306 Vgl. *BNP Paribas Asset Management* (2020).

weiteren technischen Fragestellungen und Implementierungsaufwänden verbunden sein, im Zeitalter der Digitalisierung erscheint diese Entwicklung jedoch unabdingbar.

3. Fazit

Durch die aktuellen Entwicklungen im Bereich der nachhaltigen Investments bauen Asset Manager zunehmend ihr **»nachhaltiges« Service- und Produktportfolio** aus. Dieser Trend wird hauptsächlich durch die gestiegene Kundennachfrage, sowohl von institutionellen als auch von privaten Anlegern, getrieben. Mit steigendem Interesse der Öffentlichkeit für Nachhaltigkeitsthemen steht auch das **Thema »Greenwashing«** auf der Agenda der Asset Manager. Plakativ gesprochen reichte es in der Vergangenheit aus, in ein »grün« gefärbtes Label mit netten Worten zur Nachhaltigkeit zu investieren, ohne dass dieses Unternehmen wirklich einen Beitrag zur Nachhaltigkeit geleistet hätte. Mit den Harmonisierungs- und Standardisierungsbemühungen der Europäischen Union wurde dahingehend Abhilfe geschaffen, dass konkrete Anforderungen zur Bewertung nachhaltiger Wirtschaftsaktivitäten[1307] und weitergehende Transparenzanforderungen[1308] formuliert wurden.

Obwohl die regulatorische Roadmap noch nicht final verabschiedet wurde und diesbezügliche Änderungen in den kommenden Jahren zu erwarten sind, müssen Asset Manager sich dem Thema Nachhaltigkeit gezielt annehmen. Vor dem Hintergrund der zunehmenden regulatorischen Anforderungen stehen Asset Manager vor der Herausforderung, ihr Produkt- und Serviceportfolio entlang der sich ändernden **Kundenbedürfnisse** zu adjustieren und gleichzeitig die Verankerung von Nachhaltigkeitsaspekten im gesamten Unternehmen sicherzustellen. Dies setzt eine klar formulierte ESG-Strategie sowie eine effektive und effiziente ESG-Governance voraus, die im Einklang mit den übergeordneten Unternehmenszielen stehen.

Zur Realisierung des aktuellen Marktpotentiales ist die Erfüllung der regulatorischen Anforderungen, welche als Minimumanforderungen anzusehen sind, nicht ausreichend. Vor diesem Hintergrund müssen Asset Manager das Thema Nachhaltigkeit proaktiv angehen und forcieren, um sich marktseitig entsprechend zu positionieren.

1307 Vgl. Verordnungsentwurf der EU-Kommission zur Etablierung einer Taxonomie 2018/0178/COD, vgl. *EU* (2018c).
1308 Informationsanforderungen zu nachhaltigen Investitionen und Nachhaltigkeitsrisiken über die Offenlegungsverordnung (EU) 2019/2088, vgl. *EU* (2019c).

III. Praxisbericht: Chancen ergreifen und Risiken managen – die Integration von Nachhaltigkeit im Asset Management[1309]

1. Die Anfänge der Nachhaltigkeit bei Union Investment

1468 Nachhaltigkeit ist ein alter Begriff. Sein Begründer, der sächsische Berghauptmann Hans Carl von **Carlowitz**, fasste die Grundprinzipien so eingängig wie griffig zusammen: »Schlage nur so viel Holz ein, wie der Wald verkraften kann! So viel Holz, wie nachwachsen kann!« Ursprünglich also aus der Forstwirtschaft entstanden, hat sich das Konzept mittlerweile von seinen Wurzeln emanzipiert und findet in immer mehr Lebensbereichen Anwendung.[1310]

1469 Fundament dieser Verbreitung ist die – ökonomisch wie ethisch – plausibel klingende Überlegung, dass Lebensgrundlagen und Ertragspotenziale nicht nur unter kurzfristigen, sondern auch unter langfristigen Gesichtspunkten genutzt werden sollten. Möglich wurde der »Siegeszug« der Nachhaltigkeit jedoch unter anderem auch deshalb, weil der Begriff offen ist und Interpretationsspielräume bietet: **Je nach individuellem Verständnis kann er auf unterschiedliche Weise mit Leben gefüllt werden. Was also unter Nachhaltigkeit fällt, entscheidet letztlich jeder für sich – und damit ist das Konzept breit nutzbar. Diese Kompatibilität mit unterschiedlichen Wert- und Moralvorstellungen wird allerdings mit einem Mangel an Präzision erkauft.**

1470 Besonders augenscheinlich tritt dieser Punkt bei nachhaltigen Kapitalanlagen zutage. Die Kernfrage besteht dabei in der Definition des Nachhaltigkeitsbegriffes und der anschließenden Operationalisierung dieses Verständnisses auf investierbare Kategorien. Auf den ersten Blick scheint es sich hier um eine Banalität zu handeln. Schaut man jedoch genauer hin, wird die Komplexität schnell deutlich: Ist ein einheitliches Verständnis von Nachhaltigkeit sinnvoll? Ist es überhaupt möglich? Und droht in diesen Fällen nicht ein Formelkompromiss, der sich für einen Asset Manager in nicht mehr umsetzbaren (weil nicht greifbaren) Investmentkategorien niederschlägt?

1471 Der große konzeptionelle Nachteil der Nachhaltigkeit, also die mangelnde Präzision, muss an dieser Stelle gelöst werden. Damit droht jedoch ein Verlust an

---

1309 Autor: *Achim Philippus*. Die Ausführungen geben ausschließlich persönliche Auffassungen wieder. Für Rückfragen oder Anregungen ist der Autor unter der E-Mail-Adresse achim.philippus@union-investment.de erreichbar.
1310 Vgl. dazu auch die Recherchen in den Kapiteln A.I und C.IV dieses Herausgeberbandes.

Offenheit, wodurch das Konzept für einige Anlegerschichten potenziell an Relevanz verliert. Für einen Asset Manager heißt das: Dieser Zielkonflikt muss vermieden werden, soll Nachhaltigkeit als Leitlinie der Investmentsteuerung jenseits der Nische erfolgreich angewendet werden.

Bei Union Investment hat Nachhaltigkeit Tradition, denn für Union Investment als genossenschaftliches Institut ist nachhaltiges Gedankengut seit Gründung Teil der Unternehmenskultur. Seit 1990, dem Jahr der Auflegung des ersten nach nachhaltigen Kriterien gesteuerten Spezialfonds, wird dieser Gedanke auch explizit in entsprechenden Produkten umgesetzt. Damals waren es vor allem die institutionellen Kunden, oft mit kirchlichem Hintergrund, die auf nachhaltige Investments Wert gelegt haben. Oft bedeutete das vor allem den Ausschluss bestimmter Branchen und Unternehmen. So sollte beispielsweise nicht in Unternehmen investiert werden, die ihr Geld mit der Produktion von Alkohol, Zigaretten oder Pornografie verdienten. Schon damals war Nachhaltigkeit nicht eindeutig belegt und seitdem hat sowohl der Begriff als auch die Bedeutung als Anlagekonzept eine erhebliche Veränderung erfahren. Das Resultat sind gestiegene Anforderungen nachhaltiger Investoren an ihren Dienstleister, sprich den Asset Manager. **Nachhaltiges Investieren hat an Akzeptanz gewonnen und ist mittlerweile im Mainstream angekommen, ist aber gleichzeitig auch komplexer geworden.**

Nicht zuletzt der Klimawandel und in der Folge die Einigung der Klimakonferenz von Paris im Jahr 2015[1311] haben der Welt vor Augen geführt: Sollten die Länder die Treibhausgasemissionen nicht drastisch reduzieren, dann drohen den Unternehmen, aber auch den Investoren unhaltbare Zustände. Verfolgt die Welt den bisherigen Erwärmungspfad von drei bis fünf Grad, dann droht in Asien beispielsweise der Monsun auszufallen und die Ernährungssicherheit von vielen Millionen, wenn nicht Milliarden Menschen wäre bedroht. Nur eine von vielen Folgen davon wären deutlich intensivere Migrationsbewegungen, als wir sie in den vergangenen Jahren beobachtet haben, und damit verbunden Verteilungsfragen und möglicherweise Unruhen. Und das ist nur ein Beispiel von vielen.

Daher ist es wichtig festzuhalten: Es geht hier nicht nur um ethische Fragen oder moralische Belange – Asset Manager leben davon, Aussagen über künftige Entwicklungen treffen zu können und diese dann in Investitionen umzusetzen. Es geht darum, Szenarien zu entwickeln, die bei aller Ungewissheit, die die Zukunft naturgemäß mit sich bringt, plausibel bedacht werden können. Da macht auch Union Investment keine Ausnahme. **Denn je stabiler sich die Verhältnisse**

1311 Vgl. *EU* (2020g). Vgl. dazu auch die Ausführungen in Kapitel A.II dieses Herausgeberbandes.

auf der Welt darstellen – sei es geopolitisch oder klimabezogen –, umso besser lassen sich erfolgreiche Investitionsentscheidungen treffen. Daher liegt es im Interesse aller, für stabile und gut prognostizierbare Rahmenbedingungen zu sorgen und potenzielle Unsicherheit zu vermeiden.[1312]

2. Zwei Dimensionen von Nachhaltigkeit für Investoren

1475 Für einen Asset Manager ist es aus zwei Gründen sinnvoll, Nachhaltigkeitsfaktoren in die Analyse von Wertpapieren mit einzubeziehen: aus Erwägungen des **Risikomanagements** und zur **Identifizierung von Chancen.** Aus der treuhänderischen Pflicht, die Interessen unserer Anleger gegenüber den Unternehmen zu vertreten, leitet sich auch die aktive Einflussnahme zur Vermeidung von Risiken und zur Förderung der Nachhaltigkeit ab. Wir sind überzeugt, dass die Nachhaltigkeit langfristig einen wesentlichen Einfluss auf die Wertentwicklung eines Unternehmens haben kann. Unternehmen mit mangelhaften Nachhaltigkeitsstandards sind deutlich anfälliger für Reputationsrisiken, Regulierungsrisiken, Ereignisrisiken und Klagerisiken. Aspekte im Bereich ESG (Environmental, Social and Governance) können erhebliche Auswirkungen auf das operative Geschäft, auf den Marken- bzw. Unternehmenswert und auf das Fortbestehen der Unternehmung haben. Mit unserer Engagement Policy verfolgen wir das übergeordnete Ziel, die Nachhaltigkeit und damit auch den Shareholder Value der Unternehmen, in denen wir investieren, langfristig zu steigern.

a) Risikomanagement

1476 Die althergebrachte klassische Fundamentalanalyse mit einem starken Fokus auf Bilanz, Gewinn-und-Verlust-Rechnung sowie Kapitalflussrechnung reicht allein nicht mehr aus, um alle Risiken messbar und beherrschbar zu machen. **Die Fundamentalanalyse muss um sogenannte »extrafinanzielle« Kriterien, auch als Nachhaltigkeitskriterien bezeichnet, erweitert werden, um die heutige Komplexität einfangen zu können.** Auf diese Weise bekommt man eine vertiefte Einsicht in das spezifische Risikoprofil eines Emittenten.

1477 Wer Nachhaltigkeitskriterien, also ESG-Kriterien, in seinen Investmentprozess integriert, führt damit also zunächst einmal einen zusätzlichen Risikomanagement-Filter ein. Denn aufkommende Probleme, etwa mit CO_2-Emissionen,

---

[1312] Zur Bedeutung der nachhaltigen Geldanlage vergleiche auch die Diskussionen in den Kapitel E.I und E.II dieses Herausgeberbandes.

mangelhaften Arbeitsbedingungen oder unzureichenden Kontrollmechanismen im Unternehmen, treten nicht unvermittelt auf, sondern kündigen sich an. Tiefgreifende ESG-Analysen als weitere Dimension des Wertpapier-Research machen sie frühzeitig sichtbar. Das gilt auch für die oben genannten Fälle. Als Teil des integrierten Researchprozesses arbeiten bei Union Investment Nachhaltigkeitsspezialisten und Portfoliomanager in Tandems eng zusammen, um die fundamentale Wertpapieranalyse mit ESG-Faktoren anzureichern und derartige Risiken in die Investmententscheidungen einfließen zu lassen.

Daraus folgt, dass auch Asset Manager sich den neuen Bedingungen anpassen und beispielsweise spezielle Schulungen durchlaufen sollten. Überdies ist neben der klassischen fundamentalen Aktienanalyse auch der Umgang mit neuen Datenbanken und Parametern von höchster Relevanz. Neben Umsatzkennziffern, Bewertungsdaten und Margenentwicklungen sind etwa auch CO_2-Emissionen und Governance-Strukturen zu betrachten.

Um ein vertieftes Verständnis zu schaffen, durchliefen unsere Portfoliomanager intensive Schulungsmaßnahmen in der internen ESG-Academy. In diesem Programm eigneten sie sich die vielfältigen Implikationen von ESG-Aspekten ebenso an wie den Umgang mit der von Union Investment entwickelten Nachhaltigkeitsplattform **SIRIS (Sustainable Investment Research Information System)**. Hier sind entsprechende Kennziffern von fast 13.000 Emittenten, 72.000 Wertpapieren und 95 Staaten hinterlegt, die unter anderem die quantitative Datenbasis für die Investmententscheidungen legen. Auf die Systematik von SIRIS und den Nutzen für das Portfoliomanagement soll an späterer Stelle des Kapitels noch vertiefend eingegangen werden.

Komplementär dazu wurde bereits Ende des Jahres 2016 ein **ESG Committee** geschaffen, in dem sich Vertreter der verschiedenen Bereiche des Portfoliomanagements treffen, aktuelle Fälle besprechen und gegebenenfalls bindende Signale für das gesamte Portfoliomanagement festlegen. Das Gremium ist zentral für die Festlegung einer nachhaltigen Anlagestrategie verantwortlich. In den Sitzungen, die regelmäßig, bei Bedarf aber auch ad hoc stattfinden, stellt sich konkret die Frage, welche Risiken bei einem Emittenten gesehen werden und ob diese in den Kursen adäquat gepreist sind oder nicht.

Im Fall von Volkswagen kam das Committee beispielsweise im Sommer 2017 zu der Einschätzung, dass dies nicht der Fall ist. In der Folge wurden Anleihen und Aktien von Volkswagen reduziert. Die Entscheidungen sind allerdings keinesfalls in Stein gemeißelt: Das Signal kann aufgehoben werden, wenn das

Committee zu dem Schluss kommt, dass die Risiken wieder in den Preisen abgebildet sind – sei es durch eine günstigere Bewertung oder eine verbesserte Risikolage. Am Beispiel von Volkswagen war das im Herbst 2018 der Fall.

1482 Die jüngste weitreichende Beschlussfassung des ESG Committee betraf den unternehmensweiten Ausschluss von Unternehmen, die mehr als fünf Prozent ihres Umsatzes mit der Förderung von Kohle verdienen. Aus denselben Gründen wird Union Investment auch die Finanzierung der Verstromung von Kohle mittelfristig beenden. Union Investment tritt deshalb systematisch mit den relevanten Stromversorgern im Anlageuniversum in den Dialog. Im Rahmen dieser kontinuierlichen Gespräche wird erörtert, ob und wie diese Unternehmen bis spätestens 2050 Klimaneutralität erreichen werden. Die Wertpapiere von Stromversorgern, die keinen glaubwürdigen Plan zum Ausstieg aus der Kohleverstromung vorlegen oder ihre Meilensteine beim Übergang zur Klimaneutralität wiederholt verfehlen, werden veräußert.

b) Identifizierung von Chancen

1483 In den vergangenen Jahren ist in einem großen Teil von Politik, Wirtschaft und Gesellschaft die Erkenntnis gewachsen, dass es ein »Weiter so« nicht geben kann. Global reift bei fast allen Akteuren die Erkenntnis, dass ohne ein Umsteuern hin zu einem nachhaltigeren Wirtschaften der Schaden sowohl für die Umwelt als auch für die Volkswirtschaften erheblich sein wird. Und so ist das Thema mittlerweile auch auf höchster Ebene angekommen: Die Vereinten Nationen haben 17 Ziele nachhaltiger Entwicklung definiert, die auch als Sustainable Development Goals (SDGs) bezeichnet werden (vgl. Abbildung E.5).[1313] Die SDGs der UN sind globaler politischer Konsens, der in die Wirtschaft ausstrahlen und eine Vielzahl von nachhaltigen Wachstumsthemen fördern wird. Hiervon werden die Unternehmen profitieren, deren Geschäftsmodell an den nachhaltigen Wachstumsthemen ausgerichtet ist. Die Folge: Ihre Aktienkurse sollten überproportional steigen und Investitionen dorthin gelenkt werden, wo sie helfen, globale Herausforderungen zu bewältigen. Je ernsthafter sich Unternehmen diesen Herausforderungen stellen, desto größer wird ihre Chance, von ihnen zu profitieren. Im modernen Portfo-liomanagement müssen die Unternehmen identifiziert, den Zielen zugeordnet und schließlich auch in

---

[1313] Vgl. *UN* (2020c). Dazu sei auch auf die Darstellung in Kapitel A.II dieses Herausgeberbandes hingewiesen.

der Portfoliokonstruktion berücksichtigt werden. Auch hier gehen **Fundamental- und Nachhaltigkeitsanalyse im Rahmen von ESG-Integration Hand in Hand.**

Abbildung E.5: SDGs (Quelle: z. B. UN (2016))

Die Transformation von Geschäftsmodellen ist in vollem Gange und rückt die mit Nachhaltigkeit verbundenen **Investmentchancen** stärker in den Vordergrund. Wer sich mit Nachhaltigkeitskriterien auseinandersetzt, bekommt ein besseres Gefühl für die Tragfähigkeit von Geschäftsmodellen. Tiefgehende Kenntnisse hinsichtlich der künftigen Emissionsstandards erlauben beispielsweise eine fundierte Einschätzung, welche Unternehmen etwa im Transportsektor diesbezüglich führend sein werden. Und wer sich mit dem demografischen Wandel und den damit einhergehenden gesundheitlichen Problemen der Bevölkerung auskennt, kann beispielsweise die künftige Nachfrage nach medizinischen Hilfsmitteln besser einschätzen.[1314]

Das bedeutet: **Immer wenn disruptive Veränderungen einen Sektor oder eine Region bedrohen, dann stehen die Chancen gut, mithilfe von ESG-Research als Frühindikator anderen Marktteilnehmern einen Schritt voraus zu sein.** Das gilt für eine ganze Reihe an Kernthemen, deren Relevanz vor einigen Jahren noch vielen Investoren verborgen geblieben war: Energieef-

---

1314 Zu Nachhaltigkeitsrisiken vgl. auch Kapitel A.V dieses Herausgeberbandes.

fizienz zum Beispiel, Wasserfilter in Zeiten knapper Ressourcen, LEDs als sparsamer Ersatz für die alte Glühbirne, Elektromobilität und damit einhergehend optimierte Batterietechnik. Dies sind nur ein paar Teilbereiche, die zeigen, wie der erkennbare Trend zum Haushalten mit Ressourcen zu neuen, zukunftsträchtigen und oft eben auch hochprofitablen Geschäftsmodellen geführt hat. Die Integration von ESG-Faktoren in den Investmentprozess kann sich dann positiv auf das Anlageergebnis auswirken, wenn nicht nur das Management von Risiken im Zentrum steht, sondern auch die Identifikation von Chancen.

3. Drei Kategorien von Unternehmen

1486 Der Klimawandel birgt eine große Chance für Unternehmen wie für Asset Manager gleichermaßen. Denn er beeinflusst unmittelbar Geschäftsmodelle, ja verändert sie mitunter radikal. Es wird folglich auch in dieser Umbruchphase Unternehmen geben, deren Geschäftsmodelle sich als nicht mehr tragfähig erweisen, und andere, die am Ende als Gewinner der neuen Zeit dastehen.

1487 Dabei lässt sich grundsätzlich zwischen **drei verschiedenen Unternehmenstypen** differenzieren: In die **erste Kategorie** fallen Konzerne, die jetzt schon bestens aufgestellt sind, ein hervorragendes nachhaltiges Geschäftsmodell aufweisen und mit ihren Produkten unabhängig von klimatischen Veränderungen sind oder sogar davon profitieren, weil sie intelligente Lösungen anbieten. Diese Firmen gibt es, allerdings noch in eher überschaubarer Zahl, deshalb sind sie in der Regel bereits sehr hoch bewertet. Aus Investorensicht ist eine Neuanlage also nur begrenzt sinnvoll.

1488 In die **zweite Kategorie** fallen Adressen, die sich nicht anpassen wollen oder dies nicht können. Das gilt beispielsweise für die Kohleförderung. Denn eines ist klar: Kohle kann und wird niemals grün werden. Vielmehr stehen den fördernden Unternehmen große Probleme bevor: Regulatorische Hürden werden die Nutzung fossiler Brennstoffe in den kommenden Jahren stark einschränken, die Nachfrage bricht ein, die Produkte werden zu teuer, die Profitabilität fällt in sich zusammen. Das ist der zentrale Grund, warum Union Investment – wie oben skizziert – nicht in Unternehmen investiert, die ihren Umsatz mit der Förderung von Kohle generieren. Hier wird es langfristig keine Gewinner des Klimawandels geben.

1489 Die spannendste Kategorie aber ist die **dritte.** Das sind die Adressen, die bereit für eine Transformation sind, die sich verändern wollen und das auch können und die möglicherweise schon erste Schritte in diese Richtung unternommen haben. Es gibt bereits Blaupausen, wie diese Unternehmen künftig aussehen könnten. Um nur ein Beispiel zu nennen: Wenn man ein paar Jahre zurückgeht, dann sieht man im finnischen Konzern Neste Oyj einen ganz klassischen Ölwert mit einem klaren, auf fossile Brennstoffe ausgerichteten Geschäftsmodell. Geld wurde verdient durch die Förderung, die Verarbeitung und den Verkauf von Ölprodukten. Dann begann der Konzern, die Zeichen der Zeit zu lesen und zu verstehen. Gegen Ende des Jahres 2010 wurde der Bereich »erneuerbare Energien« deutlich aufgewertet. Neste entschied sich, zukünftig stärker in Forschung und Entwicklung zu investieren und Ölderivate zu entwickeln, also neuartige Energieträger, die zu deutlich verringerten CO_2-Emissionen bei der Verbrennung führen als vergleichbare Treibstoffarten. Die Investitionen und Innovationen zahlten sich für das Unternehmen und die Investoren deutlich aus: Seit 2011 weist das Unternehmen (am Aktienmarkt) eine starke Outperformance gegenüber dem europäischen Ölsektor auf – mit einem verständlichen, modernen und nachhaltigen Geschäftsmodell.

Für Union Investment als aktiven und nachhaltigen Investor gilt es, diese Unternehmen rechtzeitig aufzuspüren und zu finden, bevor der Markt das nachhaltige Potenzial in der Transformationsstory entdeckt hat. Das funktioniert einerseits über das klassische fundamentale Research, andererseits aber auch über den intensiven Dialog mit den Unternehmen. Rund 4.000 Gespräche führen Mitglieder des Portfoliomanagements pro Jahr mit Managementteams von Unternehmen, um sich über den Fortgang der Geschäfte einerseits und die möglichen Pfade in Richtung Nachhaltigkeit auszutauschen und wo möglich die Entwicklung dergestalt zu beeinflussen, dass der Ertrag für alle Stakeholder gleichermaßen positiv ausfällt. Denn je nachhaltiger ein Unternehmen aufgestellt ist und je besser es auf klimatische Veränderungen vorbereitet ist, desto stabiler und ertragreicher ist es auch für seine Investoren.

Und das ist ein zentraler Vorteil: Asset Manager, die neben dem Ausschluss kritischer Geschäftsaktivitäten auch auf Transformation setzen, haben die Chance, die Folgen des Klimawandels einzudämmen. Union Investment will als aktiver Investor Unternehmen begleiten, die sich glaubwürdig transformieren. Wer Unternehmen, die noch nicht so weit sind, unterschiedslos ausschließt, der ignoriert glaubwürdige Klimastrategien und erschwert die Transformation. Das hilft weder der Nachhaltigkeit noch den Aktionären. **Der bloße Ausschluss löst damit noch kein Problem – eine gelungene Transformation schon.**

4. Integration von Nachhaltigkeitskriterien im Investmentprozess

1492 Um die aussichtsreichsten und nachhaltigsten Unternehmen aus dem Investmentuniversum bestmöglich auszufiltern, müssen fundamentales Research und ESG-Analyse Hand in Hand gehen. Wie geht Union Investment in der Umsetzung vor?

1493 Die Datenbasis für den Investmentansatz von Union Investment ist der **ESG-Score,** der für fast 13.000 Emittenten von Wertpapieren verfügbar ist. Ermittelt wird die Kennziffer mithilfe von **SIRIS** – dem oben skizzierten **hauseigenen Sustainable Investment Research Information System.** Der ESG-Score für Unternehmen basiert auf fünf Dimensionen – Umwelt, Soziales, Corporate Governance, Geschäftsmodell und Kontroversen – und ist mit einer Reihe von Einzelindikatoren unterlegt (vgl. Abbildung E.6). So werden unter Umwelt beispielsweise der Ressourcenverbrauch oder die Schadstoffemission berücksichtigt.

1494 Im Bereich Soziales finden Aspekte wie Gesundheit und Sicherheit, Menschenrechte oder Mitarbeiter Diversität Eingang in die Analyse. Unter Governance werden Punkte wie die Unabhängigkeit der Gremien, Vergütung oder Vorstands- und Aufsichtsratsfunktionen analysiert. Der Score zum Geschäftsmodell fußt in erster Linie auf dem Umsatzanteil von nachhaltigen Geschäftsfeldern. Darüber hinaus werden zusätzliche ESG-Informationen in Form von fünf Risikotypen analysiert: Ereignis-, Reputations-, Regulierungs-, Technologie- und Klagerisiken.

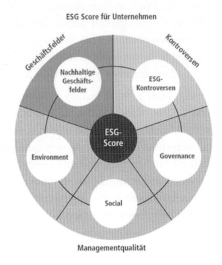

Abbildung E.6: ESG-Score für Unternehmen (Quelle: eigene Darstellung der Union Investment)

Im Rahmen der Portfoliokonstruktion werden das ESG-Signal und das fundamentale, also finanzwirtschaftliche Signal berücksichtigt. Bei gleichem fundamentalem Signal werden Werte mit hohem ESG-Score bevorzugt. Es wird der Klassenbeste gesucht, weshalb dieser Ansatz auch als Best-in-Class-Ansatz bezeichnet wird. Für nachhaltige Portfolios gilt die Regel: Der ESG-Score des Portfolios muss signifikant höher sein als der jeweilige Benchmark.[1315]

Überdies arbeiten die ESG-Spezialistenteams eng mit den Kollegen aus den Aktien- und Anleiheteams zusammen, um die Expertise bestmöglich zu verzahnen. Zu den gemeinsamen Aktivitäten gehören beispielsweise sogenannte, bereits erwähnte **Sektortandems,** in denen über Einzeltitel und ganze Branchen diskutiert wird, gemeinsame Meetings mit Unternehmensvertretern und ein reger Austausch quer durch alle Konferenzstrukturen im Unternehmen.

Neben den bestehenden Ausschlusskriterien – außer der Kohleförderung sind beispielsweise Hersteller bestimmter Waffengattungen von der Anlage ausgeschlossen – und dem oben skizzierten Best-in-Class-Ansatz finden weitere Bausteine des nachhaltigen Investierens Anwendung.

Eine wichtige Rolle spielen in Zeiten des Klimawandels die **CO_2-Daten** von Emittenten, daher kann man den Treibhausgasausstoß auch als Steuerungsgröße für ein Portfolio auswählen. Mit der von SIRIS zur Verfügung gestellten Datenbasis kann Union Investment verschiedene Ansätze zur Dekarbonisierung der Kapitalanlage umsetzen. Hierzu gehören beispielsweise die Messung und Steuerung von Portfolios nach CO_2-Intensität. Dabei werden die CO_2-Emissionen der Unternehmen (Scope 1 und 2) pro Million US-Dollar Unternehmensumsatz berücksichtigt. Des Weiteren können wir für Portfolios berechnen, wie viele Tonnen CO_2 finanziert werden und inwieweit es konform mit dem 2-Grad-Ziel ist.

Populär geworden ist in den vergangenen Jahren auch das **Investieren mit Blick auf die 17 Nachhaltigkeitsziele der Vereinten Nationen.** Wir können messen, inwieweit Investments einen positiven Beitrag zur Erreichung der 17 UN-Ziele für nachhaltige Entwicklung leisten (SDGs). Nachhaltige Geschäftsfelder von Unternehmen (z. B. erneuerbare Energien, energieeffiziente Technologien, Medizintechnologie) generieren einen positiven Beitrag zu den SDGs. Das Exposure der Unternehmen zu den 17 UN-Zielen kann über deren Umsätze in einem nachhaltigen Geschäftsfeld ermittelt werden. Somit kann sowohl

---

1315 Vgl. zu diesem Ansatz auch die Ausführungen in den Kapiteln A.IV, E.I und E.III dieses Herausgeberbandes.

ASSETS UND ASSET MANAGEMENT

für Portfolios als auch für Benchmarks berechnet werden, welche der einzelnen Holdings in welchem Rahmen die UN-Ziele unterstützen.

5. Miteinander reden: Engagement

1500 Für einen aktiven Investor ist es mit dem Erwerb oder der Veräußerung eines Wertpapiers nicht getan. Zum Kern des nachhaltigen Investmentprozesses bei Union Investment gehört Engagement. **Vorrangiges Ziel ist es, aktiv Einfluss auf Unternehmen in Bezug auf Chancen und Risiken zu nehmen, die in Verbindung mit ESG-Faktoren stehen.** Auf diese Weise soll ein positiver Beitrag zur nachhaltigen Steigerung des Unternehmenswerts sowie zur verantwortungsvollen Unternehmensführung geleistet werden. Vermögensverwalter prägen die Wirtschaft entscheidend, denn sie stellen die Finanzierung von Geschäftsmodellen zur Verfügung. Die Entscheidung für eine nachhaltigere Wirtschaft, für weniger Emissionen und die Chance, dem Klimawandel Einhalt zu gebieten, wird auch am Handelstisch und im Dialog mit Unternehmen getroffen. Wir sehen es als unsere Pflicht, die langfristigen Interessen unserer Anleger gegenüber den Unternehmen zu vertreten. Auch deshalb führen die Mitarbeiter des Portfoliomanagements von Union Investment pro Jahr die oben kurz erwähnten mehreren Tausend Gespräche mit Unternehmensvertretern, viele davon dezidiert zu Nachhaltigkeitsthemen. Hier geht es im Kern um die Zukunftsfähigkeit der Konzerne, um Transparenz und immer stärker um Fragen des Klimaschutzes, weil die globale Erwärmung massive Auswirkungen auf Managemententscheidungen hat.

1501 Über das Engagement besteht für uns als Anteilseigner also die Möglichkeit, Einfluss auf unternehmerische Entscheidungen auszuüben, die – beispielsweise über Transmissionseffekte wie etwa die Vergütung – auch geschäftspolitische Aktivitäten aus dem ökologischen und dem sozialen Raum betreffen. Teil des Engagements ist auch die Abstimmung auf etwa **2.500 Hauptversammlungen pro Jahr im In- und Ausland.** Engagement darf nicht halbherzig vorgetragen werden, sondern muss überzeugend und glaubwürdig sein. Deshalb gehören Unternehmen, die Forderungen dauerhaft ignorieren und keine Verbesserungen in Sachen Nachhaltigkeit erreichen, nicht in das Portfolio eines langfristigen und verantwortungsvollen Investors. Hier kann ein komplettes Divestment die Folge sein, wie es in den vergangenen Jahren bereits mehrfach erfolgt ist.

6. Die Lenkungsfunktion der Finanzwirtschaft

Die Rolle der Finanzwirtschaft bei der Bekämpfung des Klimawandels ist von fundamentaler Bedeutung. Asset Manager prägen die Wirtschaft entscheidend, denn sie stellen die **Finanzierung von Geschäftsmodellen** zur Verfügung. Das ist weniger Mahnung als Herausforderung, denn die Zeit des Umbruchs ist auch die Zeit der Chancen. Neue Geschäftsmodelle entstehen, auch neue Ertragsmöglichkeiten für Unternehmen, wenn die Bepreisung oder Besteuerung von CO_2 erst beschlossen und umgesetzt ist. Angesichts des bedrohlichen Ausmaßes, das der Klimawandel angenommen hat, und der spürbaren Folgen besteht immenser Handlungsdruck. Dieser setzt finanzielle Mittel frei und die wiederum locken Innovatoren an.

Und so viel sich in den vergangenen Jahren auch mit Blick auf die regulatorischen Bedingungen getan hat: Wenn sich die Finanzbranche nicht ihrer eigenen Grundlage berauben will, bleibt keine Zeit, auf die Regulatoren zu warten. Denn die Grundlagen bestehen aus einer funktionierenden Wirtschaft in einer möglichst friedlichen und stabilen Welt. **Deshalb verknüpft nachhaltiges Investieren das Interesse der Allgemeinheit mit dem Eigeninteresse und dem Anspruch, das Vermögen der Kunden zu mehren.**

7. Fazit

Das Thema Nachhaltigkeit im Asset Management hat sich in den vergangenen 30 Jahren von einer reinen Ausschlussstrategie, getrieben von institutionellen, meist kirchlichen Investoren, stetig weiterentwickelt und ist mittlerweile Teil des Mainstreams. Damit einher ging eine Anpassung und **Ausdifferenzierung der Investmentprozesse,** aus denen sich mittlerweile ein Methodenmix etwa aus Ausschlüssen, Best-in-Class-Ansatz und Transformation als optimale Herangehensweise herauskristallisiert hat.

Maßgeblich für den Anlageerfolg ist dabei, die Erkenntnisse aus dem fundamentalen, auf Bilanzkennziffern fokussierten Research bestmöglich mit der Nachhaltigkeitsexpertise zu verzahnen. Das erlaubt es, Risiken und Chancen bestmöglich zu identifizieren und damit Portfolios einerseits resistenter gegen Marktschwankungen zu machen und andererseits ihr Ertragspotenzial zu steigern. Gleichzeitig sichern Asset Manager damit ihr eigenes Geschäftsfeld ab. Denn sollte es nicht gelingen, den Klimawandel einzudämmen, dann steht auch das Geschäftsmodell **Asset Management auf dem Prüfstand**. Der Finanzwirtschaft kommt in der Bekämpfung der globalen Erwärmung eine Schlüsselrolle zu. Sie lenkt die Finanzströme und hat daher die Möglichkeit, nachhaltige und innovative Geschäftsmodelle zu finanzieren und zu stärken. Dieser Verantwortung muss die Branche gerecht werden, indem sie im Sinne der Allgemeinheit ebenso wie aus Eigeninteresse Nachhaltigkeitsfaktoren im Investmentprozess berücksichtigt.

IV. Nachhaltige Finanzinvestments mit Hilfe von Aktien-ETFs[1316]

1. Vorbemerkungen zu der Entwicklung von nachhaltigen Investments

»Das höchste Ziel des Kapitals ist nicht, Geld zu verdienen, sondern den Einsatz von Geld zur Verbesserung des Lebens.«

(Henry Ford, amerikanischer Erfinder und Unternehmer, 1863-1947)

Grundsätzlich sind nachhaltige Finanzanlagen **keine gänzlich neue Entdeckung** – ein Grundinteresse an derartigen Anlageformen besteht schon immer, allerdings haben es diese Produkte in der Vergangenheit in Ausgestaltung, Anzahl und Volumina nie über einen (kleineren) Nischenmarkt einiger weniger Investoren hinausgeschafft. Einen ersten deutlichen Nachfrageschub und damit den Ausbruch aus der Nische gelang schließlich im Verlauf der Folgejahre der globalen Finanz- und Wirtschaftskrise 2007/2008 und der damit einhergehenden grundlegenden **gesellschaftspolitischen Veränderungen**. Dabei firmiert diese Entwicklung unter so klangvollen Namen wie »social responsible investing (SRI)«, »green investing«, »impact investing« oder auch »sustainable investing« und tangiert sämtliche Anlageformen (Aktien, Bonds, etc.), wobei eine besonders herausragende Stellung die für das breite Publikum (kostengünstig) zugänglichen sogenannten **Exchange-Traded-Funds (ETFs)** einnehmen.[1317]

1506

Was aber hatte im Detail für diese Veränderungen gesorgt? Den **ersten Auslöser** für diesen Wandel auch in Bezug auf das Eingehen von Finanz-Investments stellt unmittelbar die **Finanz- und Wirtschaftskrise 2007/2008** bzw. die Erfahrungen daraus dar. Hier hatten nicht nur institutionelle Fondsgesellschaften, sondern gerade auch Privatanleger viel Geld verloren, entweder aufgrund von direkten Investments in hochkomplexe Finanzprodukte oder andere dubiose Bankgeschäfte im Zusammenhang mit dem Subprime-Lending bzw. indirekt durch die sich in Folge der Insolvenzen ganzer Finanzinstitute (etwa Lehman Brothers) ergebenen starken Verwerfungen an den weltweiten Börsen.[1318]

1507

1316 Autor: *Dennis Tschuschke*. Die nachfolgenden Interpretationen und Meinungen sind ausschließlich persönliche Auffassungen des Verfassers und stellen keine offizielle Meinungsäußerung der Volkswagen Bank GmbH oder der Volkswagen Financial Services AG dar. Für Rückfragen oder Anregungen ist der Autor unter der Email-adresse dennis.tschuschke@gmx.de erreichbar.
1317 Vgl. dazu auch die Ausführungen in Kapitel A.II sowie auch E.I und E.II dieses Herausgeberbandes.
1318 Vgl. etwa *Walter* (2009) und *Adelson/Jacob* (2008) sowie *Fender/Gyntelberg* (2008).

ASSETS UND ASSET MANAGEMENT

1508 Als Konsequenz wurde insbesondere das **Vertrauen** zwischen Finanzinstituten einerseits aber auch die **Stellung der gesamten Bankindustrie innerhalb der Gesellschaft nachhaltig massiv beschädigt**. Mehr als deutlich wurde in dieser schwierigen Zeit, dass sich Gesellschaft, Realwirtschaft und die in vielen Fällen aufgrund ihrer historischen Vergütungs-/Bonusstrukturen rein auf den (kurzfristigen) Profit fokussierte Finanzwirtschaft weit voneinander entfremdet hatten.

1509 Während sich ab dem Jahre 2008 einige Privatanleger gänzlich mit neuen Investments zurückhielten, zeichnete sich in den Folgejahren allgemein ein neuer gesellschaftlich aber auch politisch forcierter Trend hin zu einer **Nachfrage nach transparenteren Finanzprodukten** (insbesondere Offenlegung der Risiken) und einer **stärkeren Haftung von Finanzvermittlern/Bankberatern** (neue Offenlegungspflichten, neue Produktprospekte) ab, der auch mit entsprechenden gesetzlichen Vorgaben nach und nach manifestiert wurde bzw. wird.[1319]

1510 Als **zweiter Auslöser** muss die sich in der Gesellschaft **veränderte Wahrnehmung eines »akzeptablen« Wirtschaftens** aufgeführt werden. So haben hier Umwelt-Skandale der jüngeren Vergangenheit, veraltete Produktionsstätten mit zum Teil menschenunwürdigen Arbeitsbedingungen, Dumpinglöhne wie etwa in der Textilfertigung, Kinder- und/oder Zwangsarbeit zu einem generelleren Umdenken beigetragen. Darüber hinaus werden auch Unternehmen die sich der Herstellung von Waffen, Tabak und (hartem) Alkohol verschrieben haben zusehends kritisch und als **weniger gesellschaftlich »akzeptabel«, »förderlich« bzw. »nachhaltig«** eingestuft. Das Gleiche ist bei traditionellen Industriezweigen zu beobachten, die allein ihre Produktion auf alten, herkömmlichen Energieträgern (Öl, Kohle, Atomstrom) gründen oder aber eben aus Öl, Kohle und der Atomkraft Strom erzeugen. Diese veränderte gesellschaftliche Wahrnehmung führt dabei nicht nur zu einer **kritischen Auseinandersetzung mit diesen Unternehmen in den Medien und der Politik**, sondern es ist auch ein **erstes »Abstrafen« deren Aktienkurse** durch eine verminderte Nachfrage durch Investoren erkennbar.[1320]

1319 Vgl. auch vertiefend BMF (2019) und *Fröhlich/Jacobi* (2016) sowie zu den aufsichtsrechtlichen Vorgaben zum Beratungsprotokoll im Rahmen einer Anlageberatung auch die MaComp (Mindestanforderungen an die Compliance-Funktion und die weiteren Verhaltens-, Organisations- und Transparenzpflichten nach §§ 31 ff. WpHG für Wertpapierdienstleistungsunternehmen).
1320 Vgl. hierzu auch etwa *Zinnecker* (2020).

Die zuvor genannten beiden Auslöser führen bereits zu einem wachsenden Interesse an nachhaltigen Finanzanlagen. Den letztendlichen Durchbruch und damit den vollständigen Austritt dieser Finanzprodukte aus der Nische in den »Mainstream«-Markt verursachten dann aber die **allerjüngsten gesellschafts- und klimapolitischen Entwicklungen**: die von der Politik (auch auf gesellschaftlichen Druck) deutlich stärker in den Fokus gerückte und **verschärfe Klimapolitik** mit dem Ziel der weitergehenden Reduktion von CO2-Emissionen und die damit verbundenen weltweiten **Fridays-For-Future-Demonstrationen**. Und zu guter Letzt hat auch die **COVID-19-Pandemie** mit ihren Lockdowns und der anschließenden weltweiten Rezession dazu beigetragen, dass Finanzanlagen unter Einhaltung bestimmter Nachhaltigkeitskriterien weiter in der Gunst der Investoren gestiegen sind.

Flankiert wird die zusehends steigende Nachfrage auch durch **Veränderungen an der aufsichtsrechtlichen Front**: So ist die europäische Finanzaufsichtsbehörde ESMA auf Basis des **EU-Aktionsplans zu Sustainable Finance** im Prozess durchzusetzen, dass **Nachhaltigkeitskriterien** neben Kosten- und Renditeaspekten nun neu ebenfalls einen **zentralen Baustein der Anlegerberatung** spielen sollen.[1321] Auch die Finanzinstitute betreffend zeichnen sich neue bzw. weitergehende Anforderungen mit direktem Bezug zur Nachhaltigkeit (etwa Climate Risk) ab. An dieser Stelle sei etwa auf das im Mai 2020 veröffentlichte Konsultationspapier der Europäischen Zentralbank mit dem Titel **»Leitfaden zu Klima- und Umweltrisiken – Erwartungen der Aufsicht in Bezug auf Risikomanagement und Offenlegungen«**[1322] hingewiesen, wodurch Banken ebenfalls den Bestand und die Emission von nachhaltige Investments (exemplarisch und stellvertretend seien hier Green Bonds aufgeführt) ausbauen und die generelle Offenlegung ihrer Finanzinstrumente mit Fokus auf die **»environmental, social or governance« (ESG)-Kriterien** überarbeiten sollen.

Die aufgezeigten Entwicklungen haben zu einer sukzessiv **weltweit steigenden Nachfrage** und einem entsprechenden **größeren Angebot an Finanzprodukten, welche konkrete Nachhaltigkeitskriterien erfüllen**, beigetragen. So kommt eine Studie veröffentlicht in »Der AssetManager« von Anfang 2019 zu demselben Schluss: »Vier von zehn Deutschen gehen davon aus, dass nachhaltige Kapitalanlagen in Zukunft wichtiger werden. Mehr als die Hälfte will selbst zukünftig Nachhaltigkeitskriterien berücksichtigen. […] Dabei gehen

---

1321 Für tiefergehende Informationen zu den Veränderungen/Maßnahmen aus dem EU-Aktionsplan vgl. *EU* (2018c) sowie auch *Schnitt* (2020).
1322 Die Konsultationsphase endet voraussichtlich am 25.09.2020; vgl. hierzu auch *EZB* (2020).

15 % sogar so weit, dass sie nur noch in solche Anlagen investieren wollen, die den eigenen Nachhaltigkeitsanforderungen entsprechen.«[1323] Ein ähnliches Bild zeichnet sich auch in dem US-amerikanischen Markt ab, wie Untersuchungen vom Forum for Sustainable and Responsible Investment (US SIF)[1324] sowie Morgan Stanley[1325] aus den Jahren 2018 und 2019 belegen.

1514 Ein klarer Trend ist hier somit zu erkennen. Bremsend wirkt bei der Entwicklung der Nachfrage allenfalls die häufig im Raum stehende These das **Nachhaltigkeit immer Geld kostet (bei Finanzanlagen entsprechend Rendite verloren geht)**. Hintergrund ist hier die unmittelbare Wahrnehmung in der Gesellschaft, etwa das bspw. Öko-Strom teurer ist als aus fossilen Brennstoffen erzeugter Strom oder etwa auch das Bio- oder Fair-Trade Produkte im Supermarkt kostenintensiver sind als andere Erzeugnisse. Nicht nur klimaneutrale Produktionslinien kosten daher vergleichbar mehr bzw. erfordern hohe Erstinvestitionen, sondern auch eine gerechtere Entlohnung, bessere Arbeitsbedingungen und dergleichen sind alles (erst einmal) Kostentreiber, welche den Profit einer Unternehmung und damit auch die Aktienrendite schmälern. Auch die US-amerikanische Bank Morgan Stanley hat in einer Studie zu nachhaltigen Finanzanlagen aus dem Jahre 2019 diesen Aspekt als eine große noch zu überwindende Herausforderung herausgestellt: »This perception seems to cut across generations, with 59 % of millennials believing that sustainable investing sacrifices financial performance. In line with these results, 76 % of U.S. asset managers surveyed by the Institute said that they view this perception as one of the greatest challenges to sustainable investing«[1326].

1515 Dieser Effekt ist allerdings keine Einbahnstraße, da auf der anderen Seite Unternehmen durch eingeführte **CO2-Steuern bzw. CO2-Zertifikate** von der Politik zu einer umweltbewussteren und damit nachhaltigeren Produktion gedrängt werden und bei Missachtung Strafen drohen. Zudem verfügen gerade in den aktuellen Zeiten nachhaltig aufgestellte Unternehmungen häufig über ein **besseres Image in der Gesellschaft**; der damit verbundene **höhere Markenwert** beeinflusst wiederum positiv den Marktwert des Unternehmens und damit auch die Aktiennachfrage und den Aktienkurs.

1516 Die Frage ob Investments in nachhaltige Unternehmen nun weniger rentabel sind oder nicht ist entsprechend gar nicht so einfach zu beantworten und soll

---

1323 Zitiert aus *DerAssetManager* (2020).
1324 Vgl. hierzu *U.S. Sustainable Investment Forum* (2018).
1325 Vgl. *Morgan Stanley Institute for Sustainable Investing* (2018), *Morgan Stanley Institute for Sustainable Investing* (2019).
1326 Vgl. hierzu insbesondere *Morgan Stanley Institute for Sustainable Investing* (2019), S. 2.

im weiteren Verlauf dieses Artikels untersucht werden. Zunächst soll allerdings im nächsten Abschnitt eine kurze Übersicht bzgl. der am Markt verfügbaren möglichen nachhaltigen Anlageformen geben werden.

Übersicht Möglichkeiten nachhaltiger Anlageformen

Hinsichtlich möglicher Anlageformen mit Bezug zu Nachhaltigkeitskriterien ist grundsätzlich zwischen den **traditionellen Finanzinstrumenten** und den **alternativen Investments** zu unterscheiden, wie Abbildung E.7 verdeutlicht.

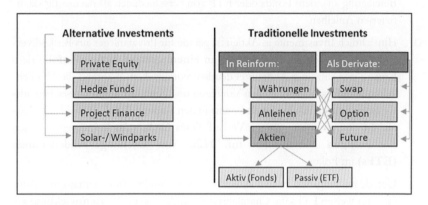

Abbildung E.7: Anlageformen mit Nachhaltigkeitskriterien (Quelle: eigene Darstellung)

Hierbei umfassen die alternativen Investments **Private Equity-** und **Hedge Fund-Unternehmen** die sich auf nachhaltige Finanzanlagen fokussieren. Ebenso zugehörig ist das **Project Finance**- Gebiet (Finanzierung von Projekten mit direktem Bezug zu Nachhaltigkeitsthemen wie etwa der Bau von Solar- oder Windparks) oder sogar die direkte **Beteiligung an Solar- und Windparks**.

Eine allgemeine Charakteristik der alternativen Investments ist allerdings, dass diese nicht unmittelbar ohne Weiteres für Privat- und/oder Kleininvestoren zugänglich sind, da eingegangene Risiken und investierte Summen i. d. R. erheblichen Umfang aufweisen.[1327]

[1327] Häufig sind alternative Investments nur institutionellen Investoren vorbehalten oder aber die Mindestbeteiligungen liegen jenseits der 100.000 € und sind damit für den Privatanleger nicht erschwinglich.

1520 Auf der anderen Seite stehen die klassischen/traditionellen Finanzinstrumente wie **Aktien, Anleihen und Währungen** in der Reinform sowie darauf aufbauende Derivate (FX-Swaps, Zins-Swaps, Zinswährungs-Swaps, Optionen, Futures, etc.). Spannend gerade für direkte Investments in Unternehmungen oder ganze Sektoren von Unternehmen mit Nachhaltigkeitskriterien sind hier insbesondere das **direkte und indirekte Investment in Aktien und Anleihen**. Bei Anleihen wären hier etwa Käufe von sogenannten Green Bonds (Emission von Anleihen zur Finanzierung spezifischer Nachhaltigkeitsprojekte) oder aber die Beteiligung an einem Fonds oder ETF von verschiedenen als nachhaltig klassifizierten Anleihen.

1521 Hinsichtlich Investments in Aktien ist gerade für Privatanleger aus Risikodiversifikationsgründen die **Beteiligung an einem ganzen Aktienportfolio** dem Erwerb nur einzelner Aktientitel deutlich vorzuziehen. Während die Möglichkeiten zum Erwerb und zu den Vorzügen und Nachteilen von klassischen, **aktiv gemanagten Aktienfonds** bereits in den Kapiteln E.I, E.II und E.III erörtert werden, steht im weiteren Verlauf dieses Artikels das Investment in einen **nachhaltigen Aktienindex mit Hilfe von Exchange-Traded-Funds (ETFs)** im Fokus.

1522 Gerade im Vergleich zu den aktiv von einem Fondmanager gemanagten Aktienfonds weisen ETFs die Charakteristik auf, dass sie die **Wertentwicklung eines Börsenindex 1:1 nachbilden**. Sie werden daher auch als sogenannte passive Investments bezeichnet.[1328] Das heißt während der Fondsmanager etwa in Krisenzeiten das Portfolio jederzeit im Rahmen seiner definierten Investitions- und Risikostrategie umschichten kann, folgt der ETF allein der Zusammensetzung des Referenzindexes. Wird dem zugrundeliegendem Börsenindex nur gefolgt, benötigt der ETF weder Fondsmanager noch ein Research-Team, das eine angemessene Aktienauswahl bzw. eine geeignete Gewichtung der einzelnen Titel im Portfolio ausarbeitet. In der Konsequenz ist daher der ETF i. d. R. deutlich **preisgünstiger als ein vergleichbarer aktiv gemanagter Aktienfonds**.

1523 Im nächsten Abschnitt soll in aller Kürze die **Vorgehensweise zur Ableitung eines nachhaltigen Aktienindexes**, welcher im Anschluss dann etwa die Basis

---

[1328] In der Zwischenzeit haben sich allerdings auch komplexere Formen, sogenannte hybride ETF-Konstruktionen (bspw. Value- oder Strategy-ETFs) herausgebildet – hier werden auf Basis von zuvor festgelegten Kennzahlen wie z. B. der Schwankungen der Volatilitäten der Einzeltitel des zugrundeliegenden Börsenindexes nur jene letztlich für den ETF selektiert, die sich innerhalb bestimmter Grenzen bewegen.

für einen ETF bilden kann, erläutert werden. Dabei soll auch auf sich ergebende Unterschiede zu den aktiv gemanagten Aktienfonds eingegangen werden.

2. **Wie wird ein bestehender Börsenindex nachhaltig re-strukturiert?**

Im vorangegangenen Abschnitt wurden ETFs als passive Instrumente definiert. Diese Einstufung gilt auch für die Gruppe der nachhaltigen ETFs. Bei genauerer Betrachtung zeigt die **besondere Konstruktion** dieser ETFs allerdings das hier – wenn auch nicht auf Ebene das eigentlichen ETF – eine gewisse (aktive) Titelselektion basierend auf gewissen Nachhaltigkeitskriterien vorgenommen wird.

In der Regel wird bei der **Strukturierung eines nachhaltigen ETFs** wie bei einem gewöhnlichen passiven ETF zu Beginn ein Börsen-/Aktienindex (der sogenannte Referenzindex) ausgewählt, den das Produkt im Anschluss 1:1 bzgl. der Wertentwicklung über die Laufzeit nachbildet. Bei dem ausgewählten Referenzindex handelt es sich allerdings nun bei nachhaltigen ETFs i. d. R. um eine **abgewandelte d. h. re-strukturierte Form eines bestehenden breiten Aktienindex** (wie bspw. der Dow Jones Index oder der MSCI World Index).[1329] Ganz konkret heißt dies, es findet eine **gewisse (aktive) Titel- ggf. sogar Sektorenselektion** auf Basis von zuvor fest definierten Nachhaltigkeitskriterien bzgl. des bestehenden breiten Aktienindex statt, um daraus eine nachhaltige Variante (mit einer kleineren Grundgesamtheit an inkludierten Unternehmen/Aktien) zu erzeugen. Das heißt die konkrete Titelselektion nimmt hier nicht der ETF bzw. ETF-Anbieter selber vor, sondern der Anbieter (etwa MSCI) des genutzten Referenzindexes. Entsprechend kann ein veröffentlichter nachhaltiger Referenzindex die Basis für mehrere von unterschiedlichen Finanzinstituten angebotenen ETFs bilden.[1330] Dem **Prozess der Titelselektion bzgl. dieses Referenzindexes** auf Basis bestimmter Nachhaltigkeitskriterien kommt daher die entscheidende Rolle für die konkrete Wertentwicklung eines nachhaltigen ETFs zu.

Wie genau eine solche Titelselektion zur Re-Strukturierung eines bestehenden (Aktien-)Referenzindex funktioniert, wird im Folgenden vereinfacht aufgezeigt:

Hierbei sei vorab erwähnt, das allgemein von allen Referenzindex-Anbietern bestimmte Nachhaltigkeitskriterien als Selektionsparameter angeführt werden. Problematisch ist allerdings, dass es bisher keine allgemeine Definition in der

---

1329 Weitergehende Informationen zu diesen großen allgemeinen Börsenindizes bei den Index-Anbietern S&P Global (www.spglobal.com) bzw. MSCI (www.msci.com).
1330 So gibt es etwa eine ganze Reihe von ETFs auf den MSCI World Index von allen großen ETF-Anbietern.

ASSETS UND ASSET MANAGEMENT

Branche gibt, **welche Nachhaltigkeitsfaktoren konkret relevant sind** (in der Folge legt diese jeder Anbieter momentan weitestgehend individuell fest) und in welchem Detailierungsgrad diese der breiten Öffentlichkeit i.S. von Transparenz zugänglich gemacht werden. Insofern wundert es nicht, dass auch der Begriff »nachhaltig« bzw. »nachhaltige Finanzanlage« **keine einheitliche Definition** erfährt. Bei allen nachhaltigen Anlageformen geht es aber grundsätzlich darum, aus einer Grundgesamtheit an Unternehmenstiteln jene herauszufiltern (und in dem ETF zu betrachten) welche gemäß den angelegten Kriterien als nachhaltig gelten.

1528   Bei den ETF-Anbietern und bei den Referenzindex-Anbietern wird in diesem Zusammenhang häufig nur allgemein auf »environmental, social or governance« (ESG)-Kriterien respektive ESG Ratings verwiesen, welche allerdings auch keine Allgemeingültigkeit besitzen. Insofern wäre es für den Endverbraucher (Privatanleger aber auch institutionelle Investoren) gerade auch aufgrund der wachsenden Anzahl an nachhaltigen ETFs und nachhaltigen Referenzindizes (und **der damit verbundenen steigenden Unübersichtlichkeit**) mehr als entscheidend die **Offenlegung des angesetzten Selektionsprozesses** der inkludierten Unternehmen und der angesetzten Nachhaltigkeitskriterien detaillierter auszubauen, auch um Vergleiche der Referenzindizes untereinander zu ermöglichen.

	Selektionsansatz A	Selektionsansatz B	Selektionsansatz C
	Ausschluss Branchen	Best-in-class	Ausschluss Branchen und Best-in-class
Referenzindex	MSCI ESG Screened-Indizes[1331] MSCI ex Controversial Weapons[1332]	Dow Jones Sustainability World Index[1333]	Dow Jones Sustainability ex Alcohol, Tobacco, Gambling and others[1334] MCSI SRI Indizes[1335]

Tabelle E.6: Erstellung eines nachhaltigen Referenzindex – Titelselektion (Quelle: eigene Darstellung)

1331 Detaillierte Informationen zu der Index-Familie, vgl. *MSCI* (2019a).
1332 Vgl. hierzu auch *MSCI* (2018).
1333 Weitergehende Ausführungen zu diesem Index siehe auch *S&P Dow Jones Indices* (2020).
1334 Hinsichtlich der Zusammensetzung dieses Index siehe insbesondere *S&P Dow Jones Indices* (2020).
1335 Detailliertere Informationen bzgl. dieser Index-Familie, vgl. *MSCI* (2019b).

Im Hinblick auf die Re-Strukturierung eines bestehenden, konventionellen (Aktien-)Referenzindex als Input für einen nachhaltigen ETF gibt es stark verdichtet im Wesentlichen **drei erkennbare unterschiedliche Vorgehensweisen:**[1336]

[A] Ausschluss kompletter Branchen

Hier werden komplette Branchen bzw. Sektoren (und die darin enthaltenen Unternehmen) ausgeschlossen, die nicht als nachhaltig oder ethisch vertretbar eingestuft werden. Dazu gehören bspw. Unternehmen/Branchen in denen etwa harter Alkohol, Tabak, Waffen oder gentechnisch veränderte Lebensmittel hergestellt oder vertrieben werden. Ferner möglicherweise auch einzelne Unternehmenstitel die Kinderarbeit zulassen oder ihr Geld mit Glücksspiel verdienen. Da hier weitestgehend auf eine individuelle Bewertung der einzelnen Unternehmen verzichtet wird, sind ETFs auf Grundlage von Aktienindizes auf Basis des Selektionsverfahrens [A] für den Investor kostengünstiger als die nachfolgenden alternativen Selektionsansätze.

[B] Selektierung nach dem »Best-in-class«-Prinzip

Im Vergleich zum vorangegangenen Selektionsansatz verursacht das »Best-in-class«-Prinzip für den Referenzindexanbieter einen deutlichen Mehraufwand. Im Detail geht es hier darum sämtliche Unternehmen einer Branche oder einem Sektor aus dem ursprünglichen Aktienindex einer Bewertung nach entsprechenden (ESG-)Nachhaltigkeitskriterien zu unterziehen – im Prinzip muss dafür eine eigene Research-Abteilung vorgehalten werden, die kontinuierlich die Unternehmen analysiert und eigene (Nachhaltigkeits-)Ratings[1337] für diese vergibt. Von den so analysierten Unternehmen jeder Branche werden dann die besten 25-50 % basierend auf den Ratings ermittelt und für den nachhaltigen Referenzindex ausgewählt. Gegenfalls gibt es zusätzlich Begrenzungen (sogenannte Caps) die den prozentualen Anteil eines Unternehmens an einem Sektor und/oder an der gesamten Grundgesamtheit aller ausgewählten Unternehmenstitel begrenzen (etwa 5 %). Ziel hierbei ist eine zu starke Konzentration auf einige wenige Aktien zu verhindern.

Die Selektion bzw. die hierfür zur Hilfe genommenen (Nachhaltigkeits-)Ratings werden anschließend fortlaufend vom Indexanbieter überprüft und ggf. angepasst, welches auch die Zusammensetzung des nachhaltigen Aktienindex in der Konsequenz verändern kann. Diese Aktivitäten verursachen Mehraufwand und

---

1336 Vgl. dazu auch die Diskussionen in den Kapiteln A.IV und E.I dieses Herausgeberbandes.
1337 Bei MSCI werden für die Referenzindizes der MSCI SRI Gruppe etwa sogenannte »MSCI ESG-Ratings« für die einzelnen Unternehmen der Grundgesamtheit erstellt und darauf aufbauend die Selektion der Titel vorgenommen, vgl. hierzu auch *MSCI* (2019b).

machen ETFs auf solchen Referenzindizes teurer, sichern aber vermeintlich eine bessere/genauere Überprüfung der inkludierten Unternehmen auf Nachhaltigkeitsaspekte.

1533 Einen Nachteil hat diese Vorgehensweise allerdings dennoch: Da das »Best-in-class«-Prinzip über alle Branchen/Sektoren hinweg genutzt wird, landen auch in Branchen die generell als wenig nachhaltig gelten (Öl, Kohle, Atomenergie) die besten bzw. nachhaltigsten 25-50 % im Zielindex. Diese Vorgehensweise kann daher auch kontrovers diskutiert werden, weshalb sich eine Kombination der Selektionsansätze [A] und [B] (d. h. per se Ausschluss von nicht-nachhaltigen, nicht-ethischen Sektoren/Branchen) in der Praxis häufig am ehesten bewährt hat.

[C] Kombination der Selektionsansätze [A] und [B]

1534 Am häufigsten vertreten im Markt ist allerdings die Kombination der beiden zuvor genannten Selektionsansätze. So werden hier einerseits ganze Branchen bzw. Tätigkeitsfelder von Unternehmen die ethisch, sozial oder aus nachhaltiger Perspektive verwerflich sind ausgeschlossen und gleichzeitig werden in den verbleibenden Branchen nur die nachhaltigsten 25 oder 50 % der Unternehmen entsprechend dem »Best-in-class«-Prinzip übernommen. Zusätzlich werden ggf. Caps bzgl. dem Marktanteil an einem Sektor oder dem gesamten Portfolio eingezogen.

1535 In der Übersicht in Tabelle V.1 werden den drei zuvor aufgezeigten Selektionsansätzen exemplarisch entsprechende nachhaltige (Aktien-)Referenzindizes zugeordnet:

3. ETF-Performance-Analyse – Kostet Nachhaltigkeit Rendite?

1536 Die tabellarische Übersicht aus dem letzten Abschnitt zeigte bereits auf, dass es zwar eine große Vielfalt an unterschiedlichen nachhaltigen (Aktien-)Referenzindizes für ETFs gibt, diese aber **in der Mehrzahl lediglich sehr jungen Ursprungs** sind. Entsprechend liegen bei den meisten dieser Indizes **(noch) keine ausreichenden historischen Datenzeitreihen** bzgl. der konkreten Wertentwicklung vor, um einen Abgleich der Performance gegen den jeweiligen ursprünglichen, konventionellen Aktienindex anstellen zu können.

1537 Aus diesem Grunde wurden die verfügbaren nachhaltigen (Aktien-)Referenzindizes respektive ETFs auf diese nach der bisherigen Laufzeit geordnet. Im Resultat wurde anschließend die Gruppe der MSCI Socially Responsible Investing (SRI) Indexes als geeignet identifiziert (vgl. bzgl. der Konstruktion auch Tabelle

E.IV.1 aus dem vorherigen Abschnitt). Diese Index-Gruppe gibt es bereits seit 2011 und entsprechend sind bereits mehrere ETFs auf die MSCI SRI seit Längerem am Markt verfügbar und weisen auch entsprechende relevante Volumina/Umsätze auf. Ganz konkret steht daher in der nachfolgenden Analyse der **ETF MSCI World Socially Responsible UCITS ETF (USD) A-dis** von der UBS im Fokus, welcher als Referenzindex den **MSCI World SRI 5% Capped** nutzt. Wie der Name schon suggeriert setzt dieser nachhaltige Referenzindex auf den konventionellen **MSCI World Index** auf, welcher daher als Benchmark gegen den MSCI World SRI antreten wird. Der MSCI World Index wird entsprechend in der Form des **ETF iShares Core MSCI World UCITS ETF USD (Acc)** von dem Anbieter iShares gegen den ETF MSCI World Socially Responsible UCITS ETF (USD) A-dis in der nachfolgenden Performance-Analyse antreten. Auf diese Weise soll analysiert werden, ob die zusätzliche Berücksichtigung von Nachhaltigkeitsfaktoren Rendite kostet oder nicht.

In der Tabelle E.7 erfolgt zunächst eine kurze Gegenüberstellung der beiden ausgewählten ETFs mit den wichtigsten Kennzahlen. 1538

Die zusätzliche enthaltene Aktienselektion in dem nachhaltigen Referenzindex führt dazu, dass die **Grundgesamtheit der inkludierten Unternehmen in beiden ETFs unterschiedlich hoch** ist. So umfasst der konventionelle MSCI World Index per Analysedatum Anfang Juli 1634 Aktientitel, die nachhaltige Variante MSCI World SRI 5 % Capped hingegen lediglich 385 Titel. 1539

	MSCI World Socially Responsible UCITS ETF (USD) A-dis [ISIN: LU0629459743]	iShares Core MSCI World UCITS ETF USD (Acc) [ISIN: IE00B4L5Y983]
Emittent	UBS	iShares
Umsatz/Volumen	3,042.01 Mio. USD	24,088.10 Mio. USD
Laufzeit seit	19.08.2011	25.09.2009
Referenzindex	MSCI World SRI 5% capped	MSCI World
Gruppe	Unternehmen aus Industrieländern weltweit	Unternehmen aus Industrieländern weltweit
Besonderheiten der Konstruktion des Referenzindex ggü. der	Berücksichtigt werden lediglich Unternehmen, die im Vergleich mit der Konkurrenz aus ihrem	-

ASSETS UND ASSET MANAGEMENT

konventionellen Variante	Sektor über ein hohes Rating in den Bereichen Umweltschutz, soziale Verantwortung und Unternehmensführung (ESG) verfügen. Konkret werden hier über das »Best-in-class«-Verfahren die besten 25% an Unternehmen je Sektor ausgewählt (unternehmensspezifisches MSCI ESG Rating)	
Kosten/TER p.a.	0,22%	0,20%
Replikation/Art	Physisch/ausschüttend	Physisch/thesaurierend

*Tabelle E.7: Gegenüberstellung ETFs der Performance-Analyse,
(eigene Darstellung basierend auf den Informationen den ETF-Produktseiten
(https://www.ubs.com/de/de/asset-management/etf-institutional/etf-products/etf-product-detail.de.de.lu0629459743.basedata.html und https://www.ishares.com/de/privatanleger/de/produkte/251882/ishares-msci-world-ucits-etf-acc-fund; Daten vom 31.10.2020))*

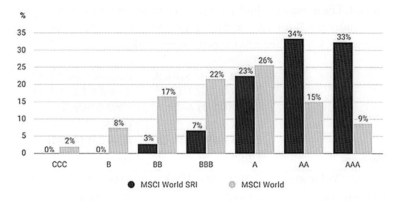

*Abbildung E.8: MSCI ESG Ratings Verteilung (in % des Gesamtportfolios)
(Quelle: entnommen von https://www.msci.com/msci-sri-indexes, abgerufen am 14.07.2020)*

Das Gleiche gilt ebenso hinsichtlich der prozentualen Gewichtung, wenn ein Unternehmen in beiden Referenzindizes vorkommt. Ursache dafür ist die zusätzliche Selektion der Unternehmen auf Basis der Nachhaltigkeitskriterien auf Basis des MSCI ESG Ratings. Auf der MSCI-Internetseite findet sich hierzu auch eine Gegenüberstellung der in den Referenzindizes MSCI World SRI und MSCI World inkludierten Unternehmen nach den **MSCI ESG Ratings CCC bis AAA** (AAA steht dabei für ein führendes Unternehmen eines Sektors hinsichtlich der angesetzten Nachhaltigkeitskriterien; Skalierung der Ratings siehe Abbildung E.9), wodurch der Effekt gut sichtbar wird.

Abbildung E.9: MSCI ESG Ratings angewandte Skalierung, (Quelle: entnommen von der MSCI-Internetseite https://www.msci.com/esg-ratings, abgerufen am 01.08.2020)

Deutlich wird, dass in dem MSCI World RSI Index in der **Mehrheit (90 %) nur Unternehmen vorkommen, die gemessen anhand der MSCI ESG Ratings in den Bereich A bis AAA fallen.** Die Verteilung in dem konventionellen Aktienindex MSCI World ist hingegen mehr normalverteilt um die Rating-Klasse A.

Interessant ist ferner die **Detailübersicht der ersten 100 (entsprechend der prozentualen Gewichtung) Unternehmenstitel** des MSCI World Index, in welcher zusätzlich jene grün markiert sind, wenn sie auch für den MSCI World SRI Index selektiert wurden. Auf diese Weise wird deutlich, welche Unternehmenstitel bzw. Branchen den jeweiligen Referenzindex dominieren (vgl. Abbildung E.10a und 10b).

ASSETS UND ASSET MANAGEMENT

	Aktienname	Sektor	Kennung	Anteil in % (MSCI World)	Anteil in % (MSCI World SRI)
1.	APPLE INC	IT	US0378331005	3,75	
2.	MICROSOFT CORP	IT	US5949181045	3,52	5,09
3.	AMAZON COM INC	Zyklische Konsumgüter	US0231351067	2,88	
4.	FACEBOOK CLASS A INC	Kommunikation	US30303M1027	1,32	
5.	ALPHABET INC CLASS C	Kommunikation	US02079K1079	1,06	
6.	ALPHABET INC CLASS A	Kommunikation	US02079K3059	1,04	
7.	JOHNSON & JOHNSON	Gesundheitsversorgung	US4781601046	0,88	
8.	VISA INC CLASS A	IT	US92826C8394	0,79	
9.	NESTLE SA	Nichtzyklische Konsumgüter	CH0038863350	0,78	
10.	PROCTER & GAMBLE	Nichtzyklische Konsumgüter	US7427181091	0,71	2,87
11.	UNITEDHEALTH GROUP INC	Gesundheitsversorgung	US91324P1021	0,66	
12.	JPMORGAN CHASE & CO	Financials	US46625H1005	0,66	
13.	HOME DEPOT INC	Zyklische Konsumgüter	US4370761029	0,64	2,65
14.	MASTERCARD INC CLASS A	IT	US57636Q1040	0,64	
15.	INTEL CORPORATION CORP	IT	US4581401001	0,6	
16.	BERKSHIRE HATHAWAY INC CLASS B	Financials	US0846707026	0,58	
17.	ROCHE HOLDING PAR AG	Gesundheitsversorgung	CH0012032048	0,57	2,49
18.	NVIDIA CORP	IT	US67066G1040	0,55	2,26
19.	VERIZON COMMUNICATIONS INC	Kommunikation	US92343V1044	0,53	
20.	AT&T INC	Kommunikation	US00206R1023	0,51	
21.	ADOBE INC	IT	US00724F1012	0,51	
22.	NETFLIX INC	Kommunikation	US64110L1061	0,49	
23.	WALT DISNEY	Kommunikation	US2546871060	0,47	1,99
24.	MERCK & CO INC	Gesundheitsversorgung	US58933Y1055	0,47	
25.	PAYPAL HOLDINGS INC	IT	US70450Y1038	0,46	
26.	CISCO SYSTEMS INC	IT	US17275R1023	0,46	
27.	PFIZER INC	Gesundheitsversorgung	US7170811035	0,45	
28.	NOVARTIS AG	Gesundheitsversorgung	CH0012005267	0,44	
29.	EXXON MOBIL CORP	Energie	US30231G1022	0,44	
30.	PEPSICO INC	Nichtzyklische Konsumgüter	US7134481081	0,44	1,81
31.	BANK OF AMERICA CORP	Financials	US0605051046	0,43	
32.	COCA-COLA	Nichtzyklische Konsumgüter	US1912161007	0,43	
33.	TESLA INC	Zyklische Konsumgüter	US88160R1014	0,42	1,43
34.	COMCAST CORP CLASS A	Kommunikation	US20030N1019	0,42	
35.	ABBVIE INC	Gesundheitsversorgung	US00287Y1091	0,41	
36.	WALMART INC	Nichtzyklische Konsumgüter	US9311421039	0,4	
37.	CHEVRON CORP	Energie	US1667641005	0,39	
38.	ABBOTT LABORATORIES	Gesundheitsversorgung	US0028241000	0,38	
39.	SALESFORCE.COM INC	IT	US79466L3024	0,38	1,56
40.	ASML HOLDING NV	IT	NL0010273215	0,37	1,56
41.	AMGEN INC	Gesundheitsversorgung	US0311621009	0,36	1,39
42.	SAP	IT	DE0007164600	0,35	1,44
43.	THERMO FISHER SCIENTIFIC INC	Gesundheitsversorgung	US8835561023	0,34	
44.	ELI LILLY	Gesundheitsversorgung	US5324571083	0,33	
45.	ASTRAZENECA PLC	Gesundheitsversorgung	GB0009895292	0,32	
46.	MCDONALDS CORP	Zyklische Konsumgüter	US5801351017	0,32	
47.	ACCENTURE PLC CLASS A	IT	IE00B4BNMY34	0,32	1,36
48.	BRISTOL MYERS SQUIBB	Gesundheitsversorgung	US1101221083	0,32	
49.	COSTCO WHOLESALE CORP	Nichtzyklische Konsumgüter	US22160K1051	0,32	
50.	TOYOTA MOTOR CORP	Zyklische Konsumgüter	JP3633400001	0,31	

Abbildung E.10a: Übersicht Zusammensetzung der ausgewählten ETFs (Quelle: eigene Darstellung per Anfang Juli 2020 basierend auf den Informationen: https://www.ubs.com/de/de/asset-management/etf-private/etf-products/etf-product-detail.de.de.lu0629459743.fundholdings.html und https://www.ishares.com/de/privatanleger/de/produkte/251882/ishares-msci-world-ucits-etf-acc-fund)

#	Name	Sektor	ISIN	%	%
51.	ORACLE CORP	IT	US68389X1054	0,3	
52.	LVMH	Zyklische Konsumgüter	FR0000121014	0,29	
53.	BROADCOM INC	IT	US11135F1012	0,29	
54.	MEDTRONIC PLC	Gesundheitsversorgung	IE00BTN1Y115	0,29	
55.	NIKE INC CLASS B	Zyklische Konsumgüter	US6541061031	0,29	1,17
56.	NEXTERA ENERGY INC	Versorger	US65339F1012	0,29	
57.	NOVO NORDISK CLASS B	Gesundheitsversorgung	DK0060534915	0,28	1,18
58.	UNION PACIFIC CORP	Industrie	US9078181081	0,28	
59.	LINDE PLC	Materialien	IE00BZ12WP82	0,28	1,11
60.	TEXAS INSTRUMENT INC	IT	US8825081040	0,28	
61.	AMERICAN TOWER REIT CORP	Immobilien	US03027X1000	0,28	1,1
62.	SANOFI SA	Gesundheitsversorgung	FR0000120578	0,27	
63.	AIA GROUP LTD	Financials	HK0000069689	0,27	
64.	DANAHER CORP	Gesundheitsversorgung	US2358511028	0,27	
65.	PHILIP MORRIS INTERNATIONAL INC	Nichtzyklische Konsumgüter	US7181721090	0,26	
66.	SHOPIFY SUBORDINATE VOTING INC CLA	IT	CA82509L1076	0,25	
67.	LOWES COMPANIES INC	Zyklische Konsumgüter	US5486611073	0,25	1
68.	CITIGROUP INC	Financials	US1729674242	0,25	
69.	INTERNATIONAL BUSINESS MACHINES CO	IT	US4592001014	0,25	
70.	QUALCOMM INC	IT	US7475251036	0,25	
71.	HONEYWELL INTERNATIONAL INC	Industrie	US4385161066	0,25	
72.	GLAXOSMITHKLINE PLC	Gesundheitsversorgung	GB0009252882	0,24	
73.	WELLS FARGO	Financials	US9497461015	0,23	
74.	ROYAL BANK OF CANADA	Financials	CA7800871021	0,23	
75.	GILEAD SCIENCES INC	Gesundheitsversorgung	US3755581036	0,23	0,95
76.	HSBC HOLDINGS PLC	Financials	GB0005405286	0,23	
77.	TOTAL SA	Energie	FR0000120271	0,23	0,96
78.	BOEING	Industrie	US0970231058	0,23	
79.	RAYTHEON TECHNOLOGIES CORP	Industrie	US75513E1010	0,22	
80.	CSL LTD	Gesundheitsversorgung	AU000000CSL8	0,22	
81.	LOCKHEED MARTIN CORP	Industrie	US5398301094	0,22	
82.	SONY CORP	Zyklische Konsumgüter	JP3435000009	0,22	0,92
83.	SIEMENS N AG	Industrie	DE0007236101	0,21	0,88
84.	BRITISH AMERICAN TOBACCO PLC	Nichtzyklische Konsumgüter	GB0002875804	0,21	
85.	3M	Industrie	US88579Y1010	0,21	
86.	ALLIANZ	Financials	DE0008404005	0,21	0,84
87.	STARBUCKS CORP	Zyklische Konsumgüter	US8552441094	0,2	
88.	COMMONWEALTH BANK OF AUSTRALIA	Financials	AU000000CBA7	0,2	
89.	SOFTBANK GROUP CORP	Kommunikation	JP3436100006	0,2	
90.	BLACKROCK INC	Financials	US09247X1019	0,2	0,82
91.	CVS HEALTH CORP	Gesundheitsversorgung	US1266501006	0,2	
92.	LOREAL SA	Nichtzyklische Konsumgüter	FR0000120321	0,19	0,81
93.	FIDELITY NATIONAL INFORMATION SERV	IT	US31620M1062	0,19	
94.	USD CASH	Cash und/oder Derivate	-	0,19	
95.	S&P GLOBAL INC	Financials	US78409V1044	0,19	
96.	DIAGEO PLC	Nichtzyklische Konsumgüter	GB0002374006	0,19	
97.	TORONTO DOMINION	Financials	CA8911605092	0,19	
98.	CHARTER COMMUNICATIONS INC CLASS A	Kommunikation	US16119P1084	0,19	
99.	SERVICENOW INC	IT	US81762P1021	0,19	
100.	INTUIT INC	IT	US4612021034	0,19	

Abbildung E.10b: Übersicht Zusammensetzung der ausgewählten ETFs (Quelle: eigene Darstellung per Anfang Juli 2020 basierend auf den Informationen: https://www.ubs.com/de/de/asset-management/etf-private/etf-products/etf-product-detail.de.de.lu0629459743.fundholdings.html und https://www.ishares.com/de/privatanleger/de/produkte/251882/ishares-msci-world-ucits-etf-acc-fund)

1543 Von den ersten 100 Titeln in dem MSCI World Index sind 25 auch in dem MSCI World RSI Index vertreten. Auffällig ist hier die durch die Selektierung erfolgte Fokussierung auf Unternehmenstitel insbesondere der Branchen **IT und Gesundheitswesen**. Auch bezüglich der **zyklischen Konsumgüter** (etwa Autoindustrie) ist im MSCI World SRI etwa im Vergleich besonders die amerikanischen Unternehmen Home Depot und Tesla deutlich stärker gewichtet. Diese Selektion der Unternehmenstitel in Verbindung mit der höheren Gewichtung hat in Summe Auswirkungen auf die Performance des ETF, wie die Gegenüberstellung der wesentlichen Rendite- und Volatilitätskennzahlen in Tabelle E.8 aufzeigt.

	MSCI World Socially Responsible UCITS ETF (USD) A-dis	iShares Core MSCI World UCITS ETF USD (Acc)
Rendite 1 Jahr	5,89%	2,65%
Volatiltät 1 Jahr	27,48%	28,37%
Rendite laufendes Jahr	-2,69%	-4,98%
Rendite 2019	31,12%	30,22%
Rendite 2018	-2,99%	-4,30%
Rendite 2017	8,32%	7,61%
Rendite 3 Jahre	30,00%	23,48%

Tabelle E.8: Übersicht Performance-Kennzahlen der beiden ETFs
(Quelle: eigene Darstellung per Analysezeitpunkt Anfang Juli 2020 basierend auf Kennzahlen entnommen von justETF (http://www.justetf.com), Renditen jeweils inklusive Ausschüttungen in EUR)

1544 Es zeigt sich das der ETF der UBS auf Basis des **MSCI World SRI 5% Capped durchgängig aus Rendite-Gesichtspunkten leicht besser abschneidet** als der ETF von iShares, der auf den **konventionellen Aktienindex MSCI World** setzt. Auch die **Volatilität** gemessen über 1 Jahr fällt bei dem nachhaltigen ETF **leicht geringer** aus, welches für ein etwas geringeres Risiko (geringere Schwankungsbreite) spricht. In Summe kann festgestellt werden, dass die zu Beginn aufgestellte These, das Nachhaltigkeit bei Finanzanlagen die Rendite schmälert, zumindest in Bezug auf den oben aufgeführten Performance-Vergleich erst einmal entkräftet werden kann. Natürlich sagen solche historischen Analysen nicht zwangsläufig etwas über die Rendite/Volatilitätsentwicklungen der Zukunft aus, sodass sich das Kräfteverhältnis der beiden Referenzindizes möglicherweise auch wieder umkehren kann. Schließlich hängt die Rendite (und auch die

Volatilität) stark von der **Zusammensetzung des Portfolios (ausgewählte Unternehmenstitel) und deren prozentualen Gewichtung** ab.

4. Einordnung des Ergebnisses von nachhaltigen Aktien-ETFs

Wie schon zuvor erwähnt sind die Rendite- und Volatilitätsergebnisse aus dem zuvor dargestellten Performance-Vergleich der beiden ETFs mit unterschiedlichen (Aktien-)Referenzindizes (MSCI World SRI 5 % Capped Index vs. MSCI World Index) auf die Zusammensetzung und die Gewichtung der Aktientitel des jeweiligen Index zurückzuführen. 1545

Hierbei wählt der MSCI World SRI Index entsprechend dem »Best-in-class«-Prinzip die besten bzw. nachhaltigsten 25 % an Unternehmen eines jeden Sektors aus. Auffällig dabei ist gemäß Abbildung E.10, dass etwa im **Sektor IT** die Aktien von Microsoft und Nvidia selektiert werden und diese deutlich stärker gewichtet werden als im Vergleichsindex MSCI World. Hierbei handelt es sich in beiden Fällen um Aktien, die in den vergangenen Jahren eine sehr starke Wertentwicklung vorweisen konnten und zu den wichtigsten und wertvollsten Tech-Unternehmen gehören. Auch im **Sektor der Zyklischen Werte** wurden mit dem Elektroauto-Pionier Tesla und bspw. Home Depot Werte ausgewählt und deutlich stärker gewichtet, deren Aktienkurse in der letzten Zeit unglaublich gestiegen sind (Tesla) bzw. gerade im laufenden Jahr aufgrund der COVID-19-Pandemie profitiert haben (Home Depot). 1546

Auch die Gewichtung des **Gesundheitssektors** sowie die Selektion der dortigen Unternehmen ergibt sich vorteilhaft für den MSCI World RSI Index in den Zeiten der COVID-19-Pandemie. Die Aktienselektion entsprechend definierter Nachhaltigkeitskriterien (MSCI ESG Ratings) und die prozentuale Gewichtung der selektierten Titel ist daher am Ende für das etwas bessere Ergebnis des MSCI World RSI im Vergleich mit dem MSCI World Index verantwortlich. Das leicht bessere Rendite-Ergebnis des MSCI World SRI Index wird sich vermutlich mit dem schwierigen bevorstehenden Corona-Herbst 2020 noch verstärken, da die »alten«, klassischen Industriezweige und auch der Dienstleistungssektor weiter unter Druck geraten, während tendenziell die **Sektoren IT, Gesundheitswesen und digitale Angebote weiterhin verstärkt nachgefragt** werden. 1547

5. Fazit und Ausblick

1548 Aufgrund der weitreichenden gesellschaftlichen Veränderungen, die Umweltschutz, Nachhaltigkeit und Good Governance (gute Unternehmensführung) mehr denn je in den Vordergrund rücken, wird sich der bisher schon abzeichnende Trend hin zu nachhaltigen Finanzanlagen auch in den nächsten Jahren nicht nur fortsetzen, sondern vermutlich sogar **weiter beschleunigen**. Gründe für diese Entwicklung liegen auch in den Erfahrungen des **Digitalisierungstrends**, der aktuellen **COVID-19-Pandemie** und dem nicht zu Letzt in diesen Zusammenhängen beobachteten Umstand, dass als nachhaltig eingestufte Unternehmungen scheinbar in der aktuellen Zeit überproportional besser performen als der Durchschnitt (und so gesehen nicht unmittelbar Rendite verloren geht). Als weiterer Aspekt kommt hinzu, dass gerade die hier im Fokus stehenden Finanzanlagen mit Hilfe von **ETFs** geschehen, d. h. **passive sehr kostengünstige Finanzinstrumente**. Diese **Produkte sind für die breite Masse sehr einfach zugänglich**, können unkompliziert über das Internet via Online-Broker oder Direktbank erworben und auch jederzeit wieder verkauft werden. Hinzu kommt die Kostenkomponente mit TER-Werten von deutlich unter einem 1%; auch ein Vorteil gerade im Vergleich zu den konkurrierenden nachhaltigen aktiv gemanagten Aktienfonds (für welche neben einer höheren Managementgebühr zusätzlich teilweise auch Ausgabeaufschläge veranschlagt werden).

1549 Insofern ist **nahezu alles angerichtet für eine weltweit weitere steile Nachfrageentwicklung bzgl. nachhaltiger, grüner bzw. ESG-Kriterien konformer Aktien-ETFs** (die Fokussierung muss dabei nicht bei Aktien enden, auch nachhaltige Anleihen sind zunehmend im Trend). Oder andersherum ausgedrückt, nachhaltige Finanzanlagen in Form von simplen ETF-Produkten **treffen den aktuellen Zeitgeist besonders gut**.

1550 In der Konsequenz werden die großen Index-Anbieter weitere nachhaltige (Aktien-)Referenzindizes auflegen und auch weitere neue ETFs auf eben diese werden von den großen ETF-Anbietern respektive Großbanken zukünftig angeboten werden. Ein »Showstopper« in dieser Gemengelage könnte das **Thema »Transparenz«** sein. Wie schon zuvor erwähnt ist die **Offenlegung der genutzten Nachhaltigkeitskriterien und damit die der Aktientitel-Selektion noch verbesserungswürdig**. Und auch noch weitere, immer neue nachhaltige (Aktien-)Referenzindizes, die zur Verwendung in ETFs zur Verfügung stehen, dienen nicht unbedingt einer besseren Übersichtlichkeit für den Investor.

V. Green Bonds – eine Assetklasse auf dem Vormarsch[1338]

1. Einführung

Der Klimawandel sowie der nachhaltige Übergang hin zu einer kohlenstoffarmen Volkswirtschaft stellen die zentralen Herausforderungen für die globale Volkswirtschaft des 21. Jahrhunderts dar. Um die Pariser Klimaziele zu erreichen, sind massive Investitionen erforderlich. Die Schätzungen für das notwendige **Investitionsvolumen** reichen gemäß EU-Angaben von 180 Mrd. EUR pro Jahr, um die Treibhausgasemissionen bis 2030 um 40 % gegenüber 1990 zu senken,[1339] bis 660 Mrd. USD p.a., laut der internationalen Behörde für erneuerbare Energien, um bis 2050 klimaneutral zu werden.[1340] Eines haben sie alle gemeinsam: Sie sind gigantisch. Klar ist, diese Summen lassen sich nicht allein durch die öffentliche Hand und das derzeitige Investitionsniveau stemmen.[1341] Angeregt durch den EU-Aktionsplan zur Förderung nachhaltigen Wachstums soll die private Kapitalallokation in **kohlenstoffarme und umweltfreundliche Projekte** intensiviert werden.

Bereits vor der Jahrtausendwende begann sich der Markt für grüne Finanzierungen zu entwickeln – wenn auch erst recht vorsichtig.[1342] Den **Startschuss für grüne Anleihen (Green Bonds)** setzte die europäische Entwicklungsbank im Jahr **2007** mit der erstmaligen Emission einer Anleihe »für mehr Klimabewusstsein« (climate awareness bond), um Projekte im Sektor der erneuerbaren Energien zu fördern.[1343] Es folgte die Weltbank 2008 mit einer ähnlichen Emission.[1344] Das Institut betonte schon damals die besondere Eignung grüner Anleihen, um privates Kapital für den Klimaschutz zu mobilisieren.[1345] Galten sie anfangs noch eher als Marketinginstrument und nahmen eine Nischenfunktion ein, spielen Green Bonds mittlerweile eine bedeutende Rolle in der Finanzierung nachhaltiger Investments.[1346] Die hohe Investorennachfrage befeuert dabei die weltweite Emissionstätigkeit.[1347] Auch wenn die Anleihen inzwischen

---

1338 Autor: *Anna-Joy Kühlwein*. Die Ausführungen geben ausschließlich persönliche Auffassungen wieder. Für Rückfragen oder Anregungen ist der Autor unter der E-Mail-Adresse annajoy.kuehlwein@gmail.com erreichbar.
1339 Vgl. z. B. *EU* (2019i).
1340 Vgl. *International Renewable Energy Agency* (2019), S. 51. Dies stellt eine Verdoppelung der jährlichen Investitionen in erneuerbare Energien von rund 330 Mrd. USD im Jahr 2018 dar.
1341 Vgl. *EU* (2018a), S. 4.
1342 Vgl. z. B. *Weber* (2012), S. 3.
1343 Vgl. *Europäische Entwicklungsbank* (2007).
1344 Vgl. z. B. *Weltbank* (2019a).
1345 Vgl. *Weltbank* (2010).
1346 Vgl. z. B. *Pratsch* (2020).
1347 Vgl. *IWF* (2019), S. 85.

ihre Nischenfunktion verlassen haben, steckt ihre Regulierung noch in den Kinderschuhen. Die folgenden Abschnitte bieten einen Überblick über die dynamische Entwicklung des Green Bonds Marktes, die derzeit in der Praxis verwendeten »Best-Practice«-Ansätze und Richtlinien sowie einen Ausblick auf künftige Regulierungsvorhaben.

2. Was ist ein Green Bond?

a) Definition

1553 Eine einheitliche bzw. rechtlich verbindliche Definition grüner Anleihen gibt es in der EU bisher nicht. Im Gegenteil, oft existieren unterschiedliche Kriterien, wann eine Anleihe als »grün« bezeichnet werden darf,[1348] denn eine ganze Reihe von Institutionen und Vereinigungen, Banken, Börsen sowie Ratingagenturen haben in den vergangenen Jahren ihre eigenen Richtlinien entworfen.[1349]

1554 Green Bonds lassen sich jedoch allgemein als **festverzinsliche Wertpapiere** beschreiben, die zur Kapitalbeschaffung von Aktivitäten zur Verhinderung bzw. zur Minderung von Klima- und Umweltschäden dienen[1350] bzw. die umwelt- und klimafreundliche Projekte finanzieren. In dieser Definition bleibt viel Raum für Interpretation, der von der EU im Rahmen ihres Aktionsplanes zur Finanzierung nachhaltigen Wachstums jedoch Schritt für Schritt angegangen und verringert wird. Vorgaben der neuen EU Taxonomie helfen dabei ökologisch nachhaltige Aktivitäten genauer zu definieren[1351] und in der Konsequenz dem sogenannten »Greenwashing« vorzubeugen.

b) Greenwashing

1555 Allgemein formuliert bezeichnet »Greenwashing« den Versuch eines Unternehmens mit Hilfe von **Marketingmaßnahmen ein grünes Image** zu erlangen, ohne jedoch die entsprechenden Aktionen z. B. zur Verminderung des eigenen ökologischen Fußabdrucks etc. in Angriff zu nehmen.[1352] Speziell mit Blick auf Green Bonds sind damit die durch die Anleihe finanzierten Projekte gemeint,

---

1348 Vgl. z. B. *Ehlers/Packers* (2017), S.89 und 101.
1349 Vgl. *EU* (2017a), S. 6 bis 11.
1350 Vgl. z. B. *gabler-banklexikon.de* (2020b).
1351 Vgl. *EU TEG* (2019a), S. 19. Hier werden die vier Hauptkriterien für ökologisch nachhaltige Wirtschaftsaktivitäten vorgestellt. Die EU TEG (2020a), S. 15 (Art. 6) und S. 21 (Art. 7) zeigt zudem auf, welche Aktivitäten die Anpassung an den Klimawandel bzw. die Minderung der Auswirkungen des Klimawandels ermöglichen.
1352 Vgl. z. B. *wirtschaftslexikon.gabler.de* (2018b).

die in der Realität z. B. weniger klimafreundlich oder eine geringere Emissionseinsparung ermöglichen, als im Anleiheprospekt angepriesen. Durch diese Vorgehensweise versprechen sich die Unternehmen vor allem positive Reputationseffekte bei vergleichsweise geringem Kostenaufwand. Es besteht jedoch die Gefahr, dass bei Bekanntwerden der Diskrepanz zwischen »versprochener« Umweltwirkung und den tatsächlichen Fakten ein schlagartiger Reputationsverlust mit entsprechenden Aktienkursverlusten einsetzt.[1353]

c) Aufgaben

Nachhaltige Finanzierungen können dazu beitragen, die übergeordnete Problematik – die **Internalisierung** bisher nicht (korrekt) eingepreister **Umweltkosten** aufgrund eines imperfekten Marktes – mit abzumildern und die Risikoeinschätzung der Marktteilnehmer so anzupassen, dass umweltfreundliche Aktivitäten vermehrt finanziert werden. Wie oben bereits erwähnt, können die Herausforderungen unseres Jahrhunderts nicht nur mit Hilfe öffentlicher Gelder finanziert werden. Soziale sowie grüne Anleihen eignen sich dabei hervorragend, die 17 **UN-Ziele für eine nachhaltige Entwicklung** zu fördern und umzusetzen. Der internationale Kapitalmarktverband ICMA hat jedes der UN-Ziele eingehend untersucht und 12 von ihnen einzelnen Projektkategorien der Green Bond Richtlinien zugeordnet.[1354] Dazu gehören neben der Bekämpfung von Armut, Hunger und dem Klimawandel auch der Aufbau nachhaltiger Infra- und Industriestrukturen.

1556

Angesichts des immensen Investitionsbedarfs, stellen grüne Anleihen eine **zusätzliche Finanzierungsquelle** dar, da sie eine breite Investorenbasis ansprechen[1355] sowie eine **längerfristige Mittelbereitstellung** ermöglichen. Eine breit angelegte Umfrage der Climate Bonds Initiative (2019) unter europäischen Investoren hat ergeben, dass die Nachfrage nach grünen Bonds das Angebot überschreitet[1356] und dass die meisten Emissionen generell überzeichnet sind.[1357] Das klassische Problem der Laufzeiteninkongruenz, das Banken erschwert langfristige Kredite zu vergeben, kann infolgedessen abgemildert wer-

1557

1353 Vgl. z. B. *Bachelet/Becchetti/Manfredonia* (2019), S. 2. Hier wird als Beispiel Volkswagen und der im Jahr 2015 aufgedeckte Abgasskandal genannt.
1354 Vgl. *ICMA* (2019), S. 3–6.
1355 Vgl. z. B. *S&P Global Ratings* (2018), S. 2.
1356 Vgl. *Climate Bonds Initiative* (2019b), S. 4.
1357 Vgl. z. B. *Climate Bonds Initiative* (2020c); *Weber/Saravade* (2019), S. 6.

den. Emittierende Unternehmen, die vorher nur schwer Zugang zu langfristigen Krediten hatten, können ihr **Refinanzierungsrisiko senken**.[1358] Die grünen Anleihen erleichtern dabei nicht nur die **Integration von Nachhaltigkeitsaspekten** in die unternehmensinterne Anlagestrategie, sondern auch die Einhaltung immer strengerer Vorgaben und Richtlinien, sei es im Hinblick auf den Umweltschutz oder den CO_2-Ausstoß. Infolgedessen kann der Markt für grüne Anleihen als Übergangsmechanismus dienen, in dem traditionell braunen Sektoren oder Unternehmen die Finanzierung nachhaltiger Projekte und somit auch die **Reduktion ihres ökologischen Fußabdrucks** erleichtert wird.[1359]

1558   Die durch grüne Anleihen am Markt aufgenommenen Mittel fließen vor allem in die **Entwicklung nachhaltiger Energien** sowie in **grüne Immobilienprojekte**. Jeweils rund 30 % der im Jahr 2019 erzielten Emissionserlöse wurden in die beiden genannten Sektoren investiert.[1360] Der Transportsektor vereinte mit 20 % ebenfalls einen beachtlichen Teil der aufgenommenen Mittel auf sich, gefolgt von 9 % für Wasser- und 4 % für Abfallmanagement. Weitere 3 % der Emissionserlöse flossen in die nachhaltige Landnutzung. Der Rest teilte sich u. a. auf den Industrie- sowie den Telekommunikationssektor auf, wobei der spanische Telekommunikationsriese Telefónica u. a. eine Erhöhung der Energieeffizienz seiner Netzwerkinfrastruktur finanzierte.[1361]

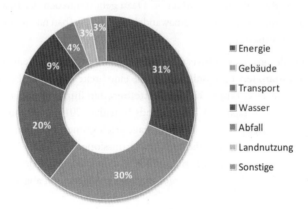

Abbildung E.11: Verwendung der Emissionserlöse grüner Anleihen 2019 (Quelle: Climate Bonds Initiative (2020e), S. 3)

1358 Vgl. *UNEP* (2016), S. 5–6.
1359 Vgl. *UNEP* (2016), S. 6.
1360 Vgl. *Climate Bonds Initiative* (2020e), S. 3.
1361 Vgl. *Climate Bonds Initiative* (2020e), S. 3

d) Arten von Green Bonds

Grüne Anleihen können, ebenso wie konventionelle Bonds, unterschiedlich ausgestaltet sein. Die Green Bond Richtlinien des internationalen Kapitalmarktverbandes (International Capital Market Association, ICMA) unterscheiden dabei vier Arten grüner Anleihen.[1362]

aa) Standard Green Use of Proceeds Bond

Bei dieser Art von Green Bond ist der Emissionserlös für genau definierte grüne Projekte bestimmt. Es besteht ein direkter **Rückzahlungsanspruch gegenüber dem Emittenten**. Somit weicht das Rating der grünen Anleihen auch nicht von der Einstufung konventioneller, vergleichbarer Bonds des Emittenten ab. Ein Beispiel ist der Climate Awareness Bond der EIB aus dem Jahr 2007.

bb) Green Revenue Bond

Im Gegensatz zum Standard Green Use of Proceeds Bond haftet der Emittent nicht direkt – die Tilgung und Zinszahlungen der Anleihe erfolgt durch die im finanzierten Projekt erzielten Rückflüsse, wie Gebühren, Steuern oder Umsätze. Tendenziell zeichnen sich diese Art von Anleihen durch ein etwas höheres Risiko aus, da **kein Rückgriffsrecht auf den Emittenten** besteht.

cc) Green Project Bond

Der Green Project Bond ist eine projektgebundene Anleihe, die ein oder mehrere grüne Projekte finanziert. Der **Investor** ist somit **direkt den Projektrisiken ausgesetzt**, da Tilgungs- und Zinszahlungen durch die finanzierten Aktivitäten generiert werden und demnach vom Erfolg des Projektes abhängen. Bei dieser Art von Anleihe kann zusätzlich ein Rückgriffsrecht auf den Emittenten in die Anleihebedingungen mit aufgenommen werden, muss aber nicht.

dd) Green Securitised Bond

Green Securitised Bonds sind durch ein oder mehrere Projekte besichert, das heißt die Tilgung erfolgt hier ebenfalls aus den Rückflüssen der finanzierten Aktivitäten. Beispiele für diese Art von grünen Anleihen sind **Asset Backed Securities** (ABS), **Mortgage Backed Securities** (MBS) oder auch Pfandbriefe (Covered Bonds). Bei den beiden erstgenannten Instrumenten ABS und MBS

1362 Vgl. *ICMA* (2018b), S. 10. Ein Beispiel einer Struktur eines Green Bonds wird in Kapitel E.VI dieses Herausgeberbandes diskutiert.

ASSETS UND ASSET MANAGEMENT

werden die zugrunde liegenden Darlehen oder Vermögenswerte (z. B. Solaranlagen) zu Sicherheiten zusammengefasst, auf die der Anleihegläubiger ein Rückgriffsrecht besitzt.[1363]

1564 Eine Untergruppe stellen dabei **Grüne Covered Bonds** dar. Das sind verbriefte Anleihen, die ausschließlich von Banken begeben werden und speziellen gesetzlichen Regelungen aufgrund ihrer **Pfandbriefstruktur** unterliegen. Dank eines **doppelten Rückgriffsrechts** sowohl auf die in einem Pool zugrunde liegenden Vermögenswerte der grünen Projekte als auch auf den Emittenten, zeichnen sich diese Wertpapiere durch ein höheres Kreditrating und niedrigere Finanzierungskosten aus als unbesicherte Anleihen.[1364] Der erste grüne Pfandbrief wurde im Mai 2015 von der Berlin Hyp begeben.[1365]

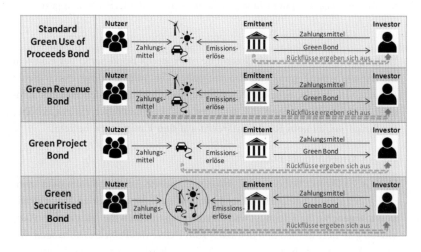

Abbildung E.12: Übersicht über grüne Anleihe-Typen (Quelle: Geisel/Spieles (2018), S. 330)

3. Der Markt für Green Bonds

a) Marktentwicklung

1565 Nach der erstmaligen Begebung grüner Anleihen in den Jahren 2007 und 2008 durch die beiden Vorreiterinstitute europäische Entwicklungsbank und Weltbank, gewann der Green Bond Market, insbesondere nach der Emission der

---

1363 Vgl. z. B. *Geisel/Spieles* (2018), S. 331.
1364 Vgl. z. B. *Climate Bonds Initiative* (2017), S. 1.
1365 Vgl. z. B. *Sparkassenzeitung* (2015).

internationalen Entwicklungsbank IFC im Jahr 2013, an Fahrt.[1366] **2014** führte der internationale Kapitalmarktverband (ICMA) dann seine unverbindlichen Richtlinien für grüne Anleihen ein, die sogenannten **Green Bond Principles**,[1367] die dem Markt ebenfalls einen deutlichen Schub verliehen. **2016** durchbrachen die jährlichen Emissionen erstmals die **100 Mrd. USD Marke**. Gemessen am globalen Neuemissionsvolumen in jenem Jahr, bedeutete dies jedoch nach wie vor lediglich einen minimalen Anteil von 1,6 %[1368] bzw. von weniger als 1 % der weltweit ausstehenden Anleihen.[1369] Eine weitere Rekordmarke wurde zuletzt im vergangenen Jahr geknackt. **2019** wurden laut der Klimabond Initiative (Climate Bonds Initiative, CBI) rund **248 Mrd. USD** an grünen Anleihen emittiert, die international anerkannte Definitionen des Begriffes »grün« erfüllen.[1370] Nach einem Emissionsvolumen von 168 Mrd. USD im Vorjahr[1371] bedeutet dies einen satten Anstieg von rund 48 % gegenüber 2018.

Anfang 2020 prognostizierte die CBI ein weltweites Emissionsvolumen von 350-400 Mrd. USD an grünen Anleihen und Krediten.[1372] Aufgrund der sich ab März 2020 verschärfenden **Coronakrise** sind die Prognosen von Anfang des Jahres allerdings mit Vorsicht zu genießen. Da in den öffentlichen Diskussionen ein »Weiter wie bisher« jedoch immer öfter in Frage gestellt wird und Nachhaltigkeitsaspekte kontinuierlich an Bedeutung gewinnen, dürfte der Markt für grüne Anleihen auch künftig von einem dynamischen Wachstum profitieren.[1373]

Dies zeigt beispielsweise die Emission von Iberdrola, einer der größten Energieversorger Spaniens sowie Europas, der Mitten im wirtschaftlichen Lockdown Anfang April 2020 dank hoher Investorennachfrage eine grüne Anleihe äußerst erfolgreich am Markt platzierte[1374], ebenso wie weitere Emittenten aus dem Energiesektor. Vor allem die sogenannten **sozialen Anleihen** (social Bonds), befinden sich durch die Krise im Aufwind.[1375] Der internationale Kapitalmarktverband ICMA unterstreicht dabei die Bedeutung dieser Anleihen, um gezielt Maßnahmen zur Krisenbewältigung zu finanzieren.[1376] Nach Angaben von Bloomberg wurden in den Anfängen der Krise (bis Anfang April 2020)

1366 Vgl. *Bachelet/Becchetti/Manfredonia* (2019), S. 3.
1367 Vgl. *ICMA* (2014).
1368 Vgl. *Ehlers/Packers* (2017), S. 90.
1369 Vgl. *EU* (2018a), S. 7.
1370 Vgl. *Climate Bonds Initiative* (2020g). Inklusive grüner Kredite waren es 255 Mrd. USD.
1371 Vgl. *Climate Bonds Initiative* (2019c), S. 2.
1372 Vgl. *Climate Bonds Initiative* (2020g).
1373 Vgl. z. B. die *Diskussion in Euromoney* (2020).
1374 Vgl. z. B. *Cinco Días* (2020).
1375 Vgl. z. B. *Euromoney* (2020).
1376 Vgl. *ICMA* (2020c).

bereits rund 10 Mrd. USD an sozialen Anleihen zur Krisenbekämpfung vor allem von Entwicklungsbanken begeben.[1377] Eine Vielzahl von Emissionen dürfte folgen.

1568 Die **Haupttreiber der Green Bond Emissionen** sind durch die Coronakrise nicht von der Bildfläche verschwunden. Im Gegenteil, – die Pariser Klimaziele, der »Green Deal« der EU zur Elimination aller Netto-Treibhausemissionen bis 2050 sowie viele weitere Gesetzesinitiativen, um einen erfolgreichen Übergang in eine kohlenstoffarme Volkswirtschaft zu gewährleisten, sind aktueller denn je. Auch setzen die Emittenten weiterhin auf die positiven Reputationseffekte, die mit einer grünen Anleiheemission einhergehen können. Des Weiteren kann eine breitere und diversifiziertere Investorenbasis in Zeiten erhöhter Volatilität für mehr Stabilität sorgen.[1378] Hinzu kommt die sich parallel entwickelnde, verstärkte Investorennachfrage nach nachhaltigen Anlagemöglichkeiten, da der Klimawandel mit all seinen Konsequenzen immer stärker ins Bewusstsein rückt.

b) Emittenten

1569 In den Anfangsjahren der Green Bond Ära dominierten vor allem **supranationale Institute** den Markt für grüne Anleihen. Im Sommer 2013 emittierte erstmals eine »**Kommune**«, in diesem Fall der US-Bundesstaat Massachusetts, eine grüne Anleihe. Es folgte die erste **Stadt** – Göteborg in Schweden – und dann Ende 2013 der erste **Emittent auf Unternehmensebene**. Der grüne Vorreiter, eine Immobiliengesellschaft, kam ebenfalls aus Schweden.[1379] In den beiden darauffolgenden Jahren eroberten vor allem Emittenten aus den Industriestaaten Europas und den USA den Markt. Ab 2016 traten dann auch vermehrt Emittenten aus aufstrebenden Schwellenländern wie China auf dem Markt auf.[1380]

1570 **2019** wurden 1788 grüne Anleihen von fast **500 Emittenten in 51 Jurisdiktionen** begeben.[1381] **Die Hälfte davon waren Neuemittenten**, die erstmals mit einer grünen Anleihe an den Markt kamen. Diese Entwicklung gibt einen guten Einblick in die vorherrschende Dynamik am Markt für grüne Anleihen. 45 %

1377 Vgl. *Bloomberg Law* (2020).
1378 Vgl. *Weber/Saravade* (2019), S. 6.
1379 Vgl. z. B. *Climate Bonds Initiative* (2020a).
1380 Vgl. *Ehlers/Packers* (2017), S. 90/91.
1381 Vgl. *Climate Bonds Initiative* (2020e). S. 1.

des Emissionsvolumens wurden dabei in Europa auf den Markt gebracht, gefolgt vom asiatisch-pazifischen Raum und Nordamerika mit jeweils 25 % bzw. 23 %.[1382]

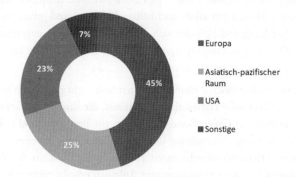

Abbildung E.13: Neuemissionsvolumen grüner Anleihen 2019 nach Regionen (Quelle: Climate Bonds Initiative (2020e), S. 2)

Auf Länderebene führen die USA die Rangliste mit einem Emissionsvolumen in Höhe von 50 Mrd. USD an. Sie liegen damit vor China und Frankreich, die jeweils gut 30 Mrd. USD an den Markt brachten.[1383] Emittenten aus Ländern wie Ecuador, Panama, Russland und Griechenland traten dagegen erstmals am Markt auf und tragen somit zur weiteren geografischen Diversifikation der grünen Anleiheemittenten bei.[1384]

Abbildung E.14: Länder mit größtem Neuemissionsvolumen (links) sowie die Top 3 Emittenten grüner Anleihen 2019 (Quelle: Climate Bonds Initiative (2020e), S. 2)

1382 Vgl. *Climate Bonds Initiative* (2020e). S. 2.
1383 In den Zahlen für China sind nur diejenigen Emissionen enthalten, die mit internationalen grünen Richtlinien übereinstimmen. Vgl. *Climate Bonds Initiative* (2020e). S. 2.
1384 Vgl. *Climate Bonds Initiative* (2020e). S. 2.

ASSETS UND ASSET MANAGEMENT

1572 Die Liste der größten Emittenten 2019 wird vom staatlich geförderten US-Hypothekenfinanzierer Fannie Mae angeführt. Auf das Institut entfielen fast 23 Mrd. USD und damit 9 % des emittierten Gesamtvolumens. Die deutsche KFW belegt mit immerhin 9 Mrd. USD Platz zwei und finanziert mit den aufgenommenen Mitteln vor allem nachhaltige Energien und grüne Immobilienprojekte. Auf Rang drei befindet sich die staatliche Schuldenagentur der Niederlande (Dutch State Treasury Agency), die u. a. in den Ausbau kohlenstoffarmer Transportmöglichkeiten investiert.

1573 Die Emission von grünen Anleihen zeichnet sich nicht nur durch höhere vorgelagerte und laufende Transaktionskosten aus, die durch die Einhaltung der (freiwillig gewählten) Green Bond Richtlinien anfallen. Dies sind z. B. Kosten für die Zertifizierung, Verwaltung der Erlöse oder auch erweiterte Berichterstattungs- und Kontrollanforderungen. Im Gegenteil: Die Liste der **Vorteile** ist deutlich länger.[1385] Die Emission grüner Anleihen erlaubt nicht nur die Finanzierung innovativer und nachhaltiger Projekte, die die **Zukunftsfähigkeit des eigenen Geschäftsmodells stärken**. Die Demonstration der Umsetzung nachhaltiger Geschäftspraktiken verleiht der bankinternen Nachhaltigkeitsstrategie Glaubwürdigkeit und kann somit die **Reputation** des Emittenten steigern und gleichzeitig sowohl die Kunden- als auch die Anlegerbasis diversifizieren und erweitern. Eine stärkere Investorennachfrage kann zur Überzeichnung der emittierten Anleihen führen, die wiederum das Potenzial für höhere Emissionsvolumina und/oder **niedrigere Kapitalkosten** bergen. Nach mehreren erfolgreichen Emissionen greifen zudem Skaleneffekte und das (intensivere) Management der Erlöse und die Berichterstattung verbessern die internen **Kommunikationsstrukturen** sowie den **Wissensaustausch**. Im Idealfall kann ein sich selbst verstärkender Effekt eintreten. Dank einer günstigen Refinanzierung am Markt erhöht sich der Anreiz für die Emittenten in nachhaltige Projekte zu investieren, die wiederum die oben genannten, positiven Auswirkungen mit sich bringen.

c) Investoren

1574 Weltweit haben sich Investoren und Anleger mit einem verwalteten Vermögen von 45 Billionen USD öffentlich dazu verpflichtet, verantwortungsbewusste und klimafreundliche Investitionen zu tätigen[1386] – und grüne Anleihen eignen sich hervorragend, dieses Versprechen einzulösen. Laut der EU-Investorenumfrage 2019 der Climate Bonds Initiative investieren fast 90 % der befragten Anleger

---

1385 Vgl. *OECD* (2015), S. 11.
1386 Vgl. *Climate Bonds Initiative* (2020c).

mindestens 0,5 % oder mehr ihres verwalteten Vermögens, das für festverzinsliche Anleihen vorgesehen ist, in grüne Anleihen. Durchschnittlich sind es 4,6 %; kleine Vermögensverwalter kommen sogar auf 7,4 %.[1387]

Das **Anlegerspektrum ist breit gestreut** und umfasst nicht nur klassische institutionelle Investoren wie Banken, Versicherungen, Pensionsfonds und große Vermögensverwalter. Auch Staaten, Kommunen und Stadtverwaltungen sowie die Treasury-Abteilungen von Unternehmen und sogar Retailanleger finden sich unter den Green Bond Investoren wieder.[1388]

Der **wichtigste Entscheidungsfaktor** für eine Investition in grüne Bonds ist laut der oben erwähnten Umfrage eine **zufriedenstellende grüne Zertifizierung** der Anleihen zum Emissionszeitpunkt. Erst danach folgen Kriterien wie das Pricing, die Ratingeinstufung und Währungspräferenzen.[1389] Eine deutliche Mehrheit von fast 80 % würde vom Kauf einer grünen Anleihe absehen, wenn zum Emissionszeitpunkt keine eindeutige Zuweisung der aufgenommenen Mittel in grüne Projekte stattfinden würde.[1390] Über die Hälfte der Investoren würde demnach eine erworbene grüne Anleihe verkaufen, sollte die Berichterstattung im Nachgang der Emission zu wünschen übrig lassen.[1391]

Um einer wachsenden Investorenbasis Zugang zum Green Bond Markt zu ermöglichen, können u. a. Ratingagenturen oder Research-Firmen, die sich auf Nachhaltigkeitsthemen spezialisiert haben, eine zentrale Rolle spielen. Vor allem kleineren und mittleren Investoren fehlt es oft an der entsprechenden Expertise oder sie verfügen nur über begrenzte Ressourcen und können sich nicht ausreichend tief in die Thematik einarbeiten. Diese sehen in einem Ausbau des Ratingangebots, inklusive Nachhaltigkeits-Analysen, den zielführendsten Weg, um den Markt für eine (noch) breitere Investorenbasis zugänglich zu machen.[1392]

d) Pricing

Die Kernelemente der Bepreisung grüner Anleihen im Kapitalmarkt unterscheiden sich nicht großartig von denen traditioneller Anleihen. Die Ausgestaltung der Anleihe, ob z. B. besichert oder unbesichert, die Liquidität der Anleihen sowie die Bonität des Emittenten spielen dabei eine entscheidende Rolle.

1387 Vgl. *Climate Bonds Initiative* (2019b), S. 5.
1388 Die Weltbank bringt z. B. auch kleinere Anleihen für Retailanleger an den Markt. Vgl. *Weltbank/Zurich Pension Fund/Amundi/Actiam* (2017), S. 2.
1389 Vgl. *Climate Bonds Initiative* (2019b), S. 10.
1390 Vgl. *Climate Bonds Initiative* (2019b), S. 10.
1391 Vgl. *Climate Bonds Initiative* (2019b), S. 11.
1392 Vgl. *Climate Bonds Initiative* (2019b), S. 11.

1579 Verschiedene Studien weisen darauf hin, dass der Einbezug umweltbezogener Nachhaltigkeitsaspekte in die Unternehmensführung, die Eigenkapitalkosten senkt.[1393] Auch wiesen Bauer/Hann bereits 2010 nach, dass Unternehmen mit einem mangelhaften Umweltmanagement höhere Fremdkapitalkosten und niedrigere Kreditratings aufweisen.[1394] Die Meta-Studie von Clark et al. (2015) zeigt ferner auf, dass in der überwältigenden Mehrheit der Ausarbeitungen **solide ESG-Standards die Kapitalkosten senken**,[1395] zu einer besseren operativen Performance führen und die Aktienkursentwicklung positiv beeinflussen.[1396] Niedrigere ESG-Standards werden dagegen mit höheren CDS-Spreads in Verbindung gebracht.[1397]

1580 Mit Blick auf das Pricing grüner Anleihen beschäftigen sich der Markt und die Wissenschaft immer wieder mit dem Thema, ob ein sogenanntes **»Greenium«** existiert. Ein Greenium bedeutet aus Sicht des Emittenten einen niedrigeren Coupon, das heißt, er muss eine geringere Verzinsung zahlen als für seine vergleichbaren, klassischen Anleihen.[1398] Der Emittent könnte sich folglich über grüne Anleihen günstiger refinanzieren als über herkömmliche Bonds. Der Effekt kann auch auf dem Sekundärmarkt bestehen, wenn die Marktpreise für grüne Anleihen höher sind als für vergleichbare, konventionelle Anleihen desselben Emittenten.[1399] Der Hintergrund dafür ist in der Regel, wenn eine höhere Nachfrage nach grünen Anleihen herrscht als angeboten wird.[1400]

1581 Unterschiedliche Marktteilnehmer haben das Vorhandensein eines Greeniums untersucht, denn überlicherweise gibt es keinen Grund, warum grüne Anleihen auf einem anderen Preisniveau handeln sollten. Sie ranken pari-passu mit Anleihen des gleichen Ranges und profitieren auch nicht von einer Bonitätsverbesserung oder zusätzlichen Kreditsicherheiten gegenüber gleich ausgestalteten, herkömmlichen Anleihen des Emittenten.[1401] Darüber hinaus unterliegen sie derselben Marktdynamik und denselben (potentiellen) geopolitischen Risiken.

1393 Vgl. z. B. *El Ghoul et al.* (2018), S. 346 am Beispiel von Unternehmen in der verarbeitenden Industrie.
1394 Vgl. *Bauer/Hann* (2010), S. 17.
1395 ESG bedeutet Environmental, Social und Governance und steht für den Einbezug von Nachhaltigkeitskriterien.
1396 Vgl. *Clark et al.* (2015), S. 48.
1397 Vgl. *Reznick/Viehs* (2017), S. 4–5.
1398 Vgl. z. B. *Krebbers* (2019), S. 1. *Climate Bonds Initiative* (2019a), S. 9.
1399 Vgl. z. B. *BBVA* (2019), S. 56.
1400 Vgl. z. B. *Yong* (2019).
1401 Vgl. z. B. *Climate Bonds Initiative* (2020d), S. 7.

Die Ausarbeitungen zur **Existenz eines Greeniums** liefern daher auch **kein eindeutiges Bild**. Die Climate Bonds Initiative (2020d) wertete hierzu Emissionen von grünen Anleihen in EUR und USD im Zeitraum von 2016-2019 aus. Bei 22 % bzw. 14 % der Emissionen trat ein Greenium auf, gut 40 % mussten dagegen eine Neuemissionsprämie zahlen, der Rest unterschied sich nicht von den zuvor emittierten Anleihen.[1402] Die Organisation merkt jedoch an, dass die Stichprobe relativ klein ist und sich durch eine hohe Fragmentierung im Hinblick auf die Kreditratings und die Art der Emittenten auszeichnet. Auch hat die Anzahl an grünen Anleihen interessierter Investoren über dem Beobachtungszeitraum zugenommen, was sich voraussichtlich ebenfalls auf die Preisgestaltung auswirkt.[1403] Weiteres Research zu diesem Thema ist daher geplant. 1582

Eine andere Untersuchung findet bspw. ein kleines Greenium von 2 Basispunkten für einen Emissionszeitraum von Mitte 2013 bis Ende 2017, welches über die gesamte Stichprobe von EUR- und USD-Anleihen signifikant ist. Dabei ist das gefundene Greenium bei Anleihen von Finanzinstituten bzw. bei Bonds mit einem geringeren Rating stärker ausgeprägt. Der Autor unterstreicht jedoch, dass die Investorenpräferenzen für grüne Anlagemöglichkeiten die Anleihepreise gegenwärtig nur gering beeinflussen.[1404] Weitere Studien finden z. B. noch deutlichere Greeniums, insbesondere für staatliche oder supranationale Anleihen[1405]. Eine Ausarbeitung speziell im US-Markt für grüne, kommunale Anleihen aus dem Jahr 2019, kann allerdings keinerlei Greenium nachweisen.[1406] 1583

Eine **interessante Aufschlüsselung des Phänomen Greenium** bietet die Studie von *Bachelet/Becchetti/Manfredonia* (2019). In einer ersten Untersuchung weisen grüne Anleihen institutioneller Emittenten ein Greenium auf und sind weitaus liquider, während die Anleihen privater Emittenten sogar einen Aufschlag aufweisen gegenüber vergleichbaren braunen Anleihen.[1407] Zerlegt man jedoch die grünen Bonds privater Emittenten nach einem grünen Rahmenwerk zertifizierte und nicht zertifizierte Anleihen, wird deutlich, dass **zertifizierte Anleihen** ebenfalls ein **Greenium** aufweisen. Es zeigt sich, dass die Zertifizierung dabei hilft **Informationsasymmetrien** zu **verringern** und Greenwashing 1584

1402 Vgl. *Climate Bonds Initiative* (2020d), S. 7.
1403 Vgl. *Climate Bonds Initiative* (2020d), S. 7.
1404 Vgl. *Zerbib* (2019).
1405 Vgl. *Kapraun/Scheins* (2019), S. 27.
1406 Vgl. *Larcker/Watts* (2019).
1407 Vgl. *Bachelet/Becchetti/Manfredonia* (2019), S. 12.

zu vermeiden.[1408] Institutionelle Investoren profitieren hingegen von ihren in der Regel weiter gefassten Informations- und Transparenzvorschriften.[1409]

1585 Aufgrund der Coronakrise im ersten Halbjahr 2020 ist es wegen der Volatilität der Märkte dagegen schwierig nachzuweisen, ob nachhaltige Anleihen für Emittenten wirklich zu günstigeren Konditionen emittiert werden als nicht-grüne/nachhaltige Anleihen. Klar ist jedoch, dass die Nachfrage anhaltend hoch ist.[1410]

1586 Im Zusammenhang mit grünen Anleihen wird oft auch der sogenannte »**Halo-Effekt**« diskutiert – auf Deutsch etwa der »Heiligenschein-Effekt«. Dieser kann im Zusammenhang mit der Emission von grünen Anleihen oder generell der Einführung eines ESG-Standards beobachtet werden und bedeutet, dass sich aufgrund von positiven Reputationseffekten auch das Pricing der herkömmlichen Anleihen für den Emittenten vorteilhaft entwickelt.[1411]

1587 Laut der Clima Bonds Initiative waren die **Neuemissionen** grüner Anleihen in USD und EUR **2019** um das **2,7 bis 2,8 fache überzeichnet**. Klassische Bonds waren dagegen lediglich im Durchschnitt zweifach überzeichnet.[1412] Auch konnte bei grünen Anleihen, im Rahmen einer Neuemission, eine stärkere Einengung des Spreads während des Pricing-Prozesses beobachtet werden. Die Spread-Einengung fiel bei grünen EUR-Anleihen mit 13,3 Basispunkten nur leicht höher aus als bei traditionellen Anleihen; bei den USD-Anleihen war die Einengung mit 13,7 Basispunkten dagegen ausgeprägter als mit 11 Basispunkten bei Plain Vanilla Anleihen.[1413] Insgesamt sieht die CBI eine robuste Nachfrage für grüne Anleihen, die aufgrund mangelnden Angebots auch weiterhin bestehen bleiben dürfte.[1414]

1588 Der Bepreisung liegt auch die **Diskussion** zugrunde, ob **grüne Assets per se risikoärmer** sind als »braune« Aktiva. Grüne Anleihen würden sich dann nämlich dazu eignen, sich gegen finanzielle Umweltrisiken abzusichern, das bedeutet, dass sie z. B. die Verluste von Anleihen »brauner« Emittenten im eigenen Portfolio ausgleichen könnten. Im Zuge dessen gilt es allerdings zu bedenken, dass die Mehrheit der grünen Anleihen auf Basis der gesamten Geschäftstätigkeit eines Unternehmens bedient wird. Als Beispiel kann ein großes diversifiziertes Unternehmen im Energiesektor dienen. Dieses investiert in der Regel

---

1408 Vgl. *Bachelet/Becchetti/Manfredonia*. (2019), S. 16.
1409 Vgl. *Bachelet/Becchetti/Manfredonia* (2019), S. 2.
1410 Vgl. *Euromoney* (2019).
1411 Vgl. z. B. *BBVA* (2019), S. 56, *Krebbers* (2019), S. 1.
1412 Vgl. *Climate Bonds Initiative* (2020d), S. 3.
1413 Vgl. *Climate Bonds Initiative* (2020d), S. 3.
1414 Vgl. *Climate Bonds Initiative* (2020d), S. 4.

nicht nur in grüne Projekte. Gleichzeitig können andere Geschäftszweige umweltbezogenen Kreditrisiken ausgesetzt sein, wie bspw. Beteiligungen an Kohlekraftwerken. Man kann daher sagen: Die **Exponierung grüner Anleihen gegenüber umweltbezogenen Kreditrisiken** ist eine Funktion der gesamten Geschäftstätigkeit des emittierenden Unternehmens.[1415]

Bei projektbezogenen grünen Anleihen, kann der Einkommensstrom des finanzierten Projekts anfällig für durch den Klimawandel verursachte Schäden sein (z. B. Hochwasserrisiko bei einer Windkraftanlage). Untersuchungen deuten darauf hin, dass grüne Anleihen nicht weniger, sondern höheren Umweltrisiken ausgesetzt sind.[1416] Lt. einer Ausarbeitung von Moody's wurden in der Vergangenheit 22 % aller grünen Anleihen in Sektoren mit moderatem oder einem höheren Exposure gegenüber Umweltrisiken emittiert. Im Vergleich zum Gesamtuniversum der von Moody's gerateten Unternehmensanleihen waren es dagegen nur rund 13 %.[1417] Es ist daher auch Aufgabe der Green Bond Richtlinien, auf finanzielle Risiken aufgrund von Umweltfaktoren aufmerksam zu machen, um so den betroffenen Investoren ein effektives Risikomanagement zu ermöglichen. 1589

4. Green Bond Richtlinien

Da **keine verpflichtenden Veröffentlichungsstandards** für Green Bonds existieren, hat im Laufe der Jahre eine Vielzahl von Institutionen und Organisationen das bestehende Regulierungsvakuum genutzt und ihre eigenen Green Bond Richtlinien entwickelt. Zielsetzung der jeweiligen Regelwerke ist es, eine umfangreiche Transparenz und Informationsbereitstellung zu gewährleisten, um so die Kapitalallokation in nachhaltige Projekte zu fördern. Die folgenden Abschnitte bieten einen Überblick über die derzeit im Markt dominierenden Richtlinien und Rahmenwerke für grüne Anleihen. 1590

a) EU Green Bond Standard

Eine der Prioritäten des 2018 veröffentlichten EU-Aktionsplanes zur Finanzierung nachhaltigen Wachstums ist die Entwicklung eines EU-weiten Green 1591

1415 Vgl. z. B. *Ehlers/Packers* (2017), S. 100. Bei bestimmten Arten grüner Anleihen, bei denen z. B. kein Rückgriffsrecht auf den Emittenten besteht, stehen vor allem die konkreten Projektrisiken im Fokus.
1416 Vgl. z. B. *Ehlers/Packers* (2017), S. 101.
1417 Vgl. *Ehlers/Packers* (2017), S. 101, 104.

ASSETS UND ASSET MANAGEMENT

Bond Standards (GBS).[1418] Der Abschlussbericht der zuständigen Expertengruppe (Technical Expert Group, TEG) im Juni 2019 stellte klar, dass der GBS **auf der bestehenden Marktpraxis aufbaut** und auf freiwilliger Basis geplant ist.[1419] Neben Empfehlungen für die EU-Kommission enthält der Bericht auch einen Entwurf eines EU Green Bond Standards. Die Experten schlugen vor, dass jedes Kapitalmarktinstrument, welches die **vier folgenden Kernkomponenten** des GBS erfüllt, in der EU als Green Bond anerkannt werden soll.[1420]

aa) Verwendung der Emissionserlöse im Sinne der EU Taxonomie

1592 Kernelement eines jeden Green Bond ist die Verwendung der Emissionserlöse, die in der Anleihedokumentation konkret beschrieben werden müssen. Diese Vorgehensweise erlaubt einerseits maximale Transparenz und ermöglicht andererseits jedem Unternehmen, unabhängig von seinem Tätigkeitsschwerpunkt, grüne Anleihen zu begeben – solange diese mit der EU Taxonomie für **ökologisch nachhaltige Aktivitäten** im Einklang stehende Projekte finanzieren.[1421] Um als grünes Projekt im Rahmen des neuen **EU-Klassifizierungssystems** anerkannt zu werden, müssen die zugrunde liegenden Aktivitäten[1422]

  a. substantiell zu mindestens einem der sechs in der EU-Taxonomie definierten umweltpolitischen Ziele beitragen: (1) Eindämmung des Klimawandels, (2) Anpassung an die bereits existierenden Auswirkungen des Klimawandels, (3) nachhaltige Nutzung und Erhalt von Wasser- und Meeresressourcen, (4) Übergang zu einer Kreislaufwirtschaft, (5) Kontrolle und Prävention von Umweltverschmutzung, (6) Schutz und Wiederherstellung der Biodiversität und von Ökosystemen.

  b. Sie dürfen zudem keines der zuvor genannten Ziele signifikant beeinträchtigen und

  c. müssen bestimmte Minimumstandards sowie

  d. spezifische technische Prüfkriterien erfüllen.

1593 Die mit Hilfe von Green Bonds finanzierten Projekte können neben grünen Vermögenswerten, seien es physische oder finanzielle Assets, auch den »grünen« Kostenaufwand umfassen, der zur Werterhaltung oder -erhöhung der grü-

---

1418 Vgl. *EU* (2018a), S. 7.
1419 Vgl. *EU TEG* (2020b), S. 3. Bis Juni 2020 läuft allerdings eine öffentliche Konsultation der Marktteilnehmer sowie Beratungen der EU, deren Ergebnisse Ende des Jahres erwartet werden, ob der GBS möglicherweise gesetzlich verankert werden soll. Vgl. *EU TEG* (2020b), S. 4.
1420 Vgl. *EU TEG* (2020b), S. 10.
1421 Vgl. *EU TEG* (2020b), S. 13.
1422 Vgl. *EU TEG* (2020b), S. 14.

nen Vermögenswerte dient. Beispielsweise können dies Instandhaltungsaufwand oder Investitionen in eine (noch) umweltfreundlichere Funktionsweise, aber auch Forschungs- und Entwicklungskosten zur Effizienzerhöhung sein.[1423]

bb) Green Bond Framework

Im neuen Green Bond Framework werden die **Anforderungen an die Dokumentation** der Anleihe definiert. Diese soll dabei den folgenden sechs Punkten gerecht werden.[1424]

1594

1. Welche der oben genannten, in der EU Taxonomie definierten, umweltpolitischen Ziele verfolgt die geplante Anleihe? Wie sieht die Strategie des Emittenten aus, diese(s) Ziel(e) zu erreichen und was sind die Hintergründe der Emission?
2. Es folgt die Darstellung des **Prozesses zur Projektbewertung und -auswahl,** so dass eine Übereinstimmung der zu finanzierenden Projekte mit der EU Taxonomie sichergestellt werden kann. Gegebenenfalls sollen die angewandten qualitativen oder quantitativen technischen Prüfkriterien angeführt werden.
3. Des Weiteren gilt es, die zu (re)finanzierenden Projekte zu beschreiben. Sind sie zum Zeitpunkt der Emission noch nicht abschließend definiert, sollen dennoch die voraussichtlichen Eckpunkte der künftigen Projekte mit angegeben werden.
4. Der Emittent muss im Rahmen des **Erlösmanagements** darstellen, wie die Verwendung der aufgebrachten Mittel für die vorgesehenen Projekte mit Hilfe von internen Prozessen sichergestellt wird.
5. Im sogenannten **Impact Reporting** wird die Frage beantwortet, welche Methoden bzw. welche Annahmen herangezogen werden, um die tatsächlichen Auswirkungen der finanzierten Projekte auf die Umwelt zu berechnen.[1425]
6. Schlussendlich muss der Umfang, die Inhalte und die geplante Frequenz des vorgesehenen Reportings dargelegt werden.

cc) Angemessene Berichterstattung

Zentrale Elemente der Berichterstattung sind (1) der sogenannte Allocation Report, der die **regionale und sektorielle Zuordnung der Emissionserlöse** auf die finanzierten Projekte beinhaltet. Im Rahmen des (2) Impact Reportings werden die grünen Projekte dann auf die finanzierten Vermögenswerte sowie die

1595

1423 Vgl. EU Expert Group on Sustainable Finance (2019), S. 28.
1424 Vgl. EU Expert Group on Sustainable Finance (2019), S. 29.
1425 Details zum Impact Reporting in EU Expert Group on Sustainable Finance (2020), S. 37.

dafür benötigten Investitionen und den Kostenaufwand herunter gebrochen, um ihren **tatsächlichen Beitrag zu** den zuvor definierten **Umweltzielen** zu determinieren. Dieser Vorgang soll mindestens einmal während der Anleihelaufzeit durchgeführt werden.[1426]

dd) Externe Prüfung

1596 Die Ausrichtung der geplanten Anleihe an dem EU Green Bond Framework muss bereits vor dem Emissionszeitpunkt durch **externe Prüfer** verifiziert werden. Der daraus resultierende Bericht soll spätestens zur Emission veröffentlicht werden. Insbesondere der **Allocation Report**, muss durch externe Prüfer abgenommen werden – der Impact Report dahingegen nicht, es wird jedoch empfohlen.[1427]

b) Green Bond Principles der ICMA

1597 Die International Capital Market Association (ICMA) ist ein internationaler Branchenverband von rund 600 Kapitalmarktteilnehmern aus mehr als 60 Ländern[1428], der für hohe Marktstandards eintritt und dabei Empfehlungen und Richtlinien für den internationalen Wertpapiermarkt herausgibt. Bereits 2014 wurden erstmals Richtlinien für grüne Anleihen veröffentlicht und regelmäßig aktualisiert. Bei Durchsicht der derzeit aktuellsten Version vom Juni 2018 wird die **Orientierung des neuen EU Green Bond Standards an den ICMA Richtlinien** klar. Letztere basieren ebenfalls auf vier Kernelementen, die sich im EU Standard wiederfinden. Die ICMA listet diese als »Verwendung der Emissionserlöse«, »Prozess der Projektbewertung und –auswahl«, »Management der Erlöse« und »Berichterstattung« auf.[1429]

1598 Im Hinblick auf die Verwendung der Emissionserlöse werden indikativ zehn verschiedene Projektkategorien genannt. Dazu gehören erneuerbare Energie, Energieeffizienz, Verschmutzungsprävention und -kontrolle, ökologisch nachhaltiges Management lebender natürlicher Ressourcen und Landnutzung, Erhalt der terrestrischen und marinen Artenvielfalt, sauberer Transport, nachhaltiges Wasser- und Abwassermanagement, Anpassungen an den Klimawandel, umwelteffiziente und/oder für eine Kreislaufwirtschaft geeignete Produkte, Produkttechnologien und Prozesse sowie umweltfreundliche Gebäude.

1426 Vgl. EU Expert Group on Sustainable Finance (2019), S. 30.
1427 Vgl. EU Expert Group on Sustainable Finance (2020), S. 25.
1428 Stand März 2020.
1429 Vgl. ICMA (2018b), S. 3.

Zusätzlich empfiehlt auch die ICMA eine **externe Überprüfung** des geplanten grünen Anleiheprogramms mit den oben genannten vier Kernkomponenten für Green Bonds. Um diese zu gewährleisten, bestehen verschiedene Möglichkeiten,[1430] wie das Einholen einer Zweitmeinung, die sogenannte Second Party Opinion. Diese kann bspw. von einer, vom Emittenten unabhängigen Organisation eingeholt werden, die über entsprechendes, umweltbezogenes Fachwissen verfügt. Oder der Emittent lässt sich anhand eines festgelegten Kriterienkatalogs zu ökologischen bzw. nachhaltigen Prinzipien seine Anleihe(n) unabhängig verifizieren. Auch steht dem Emittent der Weg einer Zertifizierung seines Anleiheprogramms gegenüber anerkannten, externen Standards oder Labels offen. Schlussendlich kann eine externe Überprüfung auch im Rahmen eines Green Bond Scorings oder Ratings durchgeführt werden. Dabei werden, anders als bei der klassischen Bonitätseinschätzung, die Umweltperformance der finanzierten, grünen Projekte bzw. die Einhaltung bestimmter Richtwerte oder Zielvorgaben, wie bspw. die der Pariser Klimaziele, überprüft.

c) Climate Bonds Standard

Die Taxonomie der Climate Bonds Initiative basiert auf dem Stand der aktuellen Forschung im Bereich Klimawissenschaften, dazu gehören u. a. die Erkenntnisse des Weltklimarates (Intergovernmental Panel on Climate Change, IPCC), der Internationalen Energieagentur (IEA) sowie die Beiträge hunderter Experten aus aller Welt. Die Taxonomie identifiziert dabei die Vermögenswerte und Projekte, die eine kohlenstoffarme Volkswirtschaft möglich machen. Daneben beinhaltet sie **Screening-Kriterien** für die Emission von Treibhausgasen, die **mit dem 2-Grad-Ziel des Pariser Klimaabkommens vereinbar** sind.[1431] Die Taxonomie wurde erstmals 2013 veröffentlicht und auf Basis der neusten klimawissenschaftlichen Erkenntnissen, Technologien oder neuen Mess- und Steuerungsgrößen regelmäßig aktualisiert. Sie ist die Grundlage für den Climate Bonds Standard der CBI. Sie hilft festzustellen, ob bestimmte, einer Anleihe zugrunde liegende Vermögenswerte oder Projekte, für eine grüne/klimafreundliche Finanzierung in Frage kommen.[1432] Die für die Zertifizierung von grünen Anleihen verwendeten Sektorkriterien unterliegen ebenfalls einem breiten Konsultationsprozess, an dem sich u. a. Branchenexperten und -praktiker sowie Investorengruppen beteiligen.

1430 Vgl. *ICMA* (2018b), S. 7–8.
1431 Vgl. *Climate Bonds Initiative* (2019c), S. 5.
1432 Vgl. *Climate Bonds Initiative* (2020b), S. 1.

1601 Der Climate Bonds Standard basiert auf einem **Ampelsystem**. Grün bedeutet, dass die der Anleihe zugrunde liegenden Vermögenswerte oder Projekte vereinbar sind mit einem **zielgerichteten Dekarbonisierungspfad** zur Erreichung des 2-Grad-Zieles. Orange steht für potenziell kompatibel, wenn zusätzlich spezifische Screening-Faktoren erfüllt werden.[1433] Ein Beispiel ist die Energieerzeugung durch Erdwärme, die nur dann als kompatibel gilt, wenn die direkten CO_2-Emissionen kleiner als 100g CO_2 pro erzeugter Kilowattstunde sind.[1434] Ähnliches gilt für Energieeffizienzmaßnahmen im Immobiliensektor. Diese sind nur kompatibel, wenn das Gebäude nach Sanierung mit seinem Emissionsprofil zu den besten 15 % im Markt gehört bzw. wenn der CO_2-Ausstoß pro Quadratmeter maßgeblich reduziert wird.[1435] Rot bedeutet, dass die zugrunde liegenden Aktivitäten mit den Pariser Klimazielen nicht kompatibel sind. Die Vorgaben des Climate Bonds Standards fallen damit erfrischend konkret aus und decken neben dem Energiesektor sieben weitere Themenbereiche ab – und zwar Transport, Wasser, Gebäude, Nutzung von Land- und Meeresressourcen, Industrie, Abfallwirtschaft und Umweltschutz sowie Informations- und Kommunikationstechnologien.[1436]

1602 2019 wurden 45 Mrd. USD an Anleihen begeben, die nach dem Climate Bonds Standard zertifiziert sind.[1437] Das sind rund 17 % des gesamten, weltweiten grünen Emissionsvolumens und der Trend ist deutlich positiv, denn gegenüber 2018 wurde eine beträchtliche Steigerung von fast 90 % erzielt.[1438]

d) Weitere Green Bond Richtlinien und Normen

1603 Auch in China gibt es seit 2015 ein Rahmenwerk für die Emission grüner Anleihen, die von der People's Bank of China entwickelt wurden. Die Richtlinien beziehen sich auf einen grünen Kriterienkatalog, der die für grüne Anleihen zulässigen Projektkategorien spezifiziert.[1439] Dazu gehören z. B. saubere Energie und Transportmöglichkeiten sowie Umweltschutz und Ressourcenerhalt.[1440] Die Richtlinien des Zusammenschlusses südostasiatischer Staaten (ASEAN) konzentrieren sich dagegen auf breiter gefasste Projektkategorien, die auf den

---

1433 Vgl. *Climate Bonds Initiative* (2020b), S. 1.
1434 Vgl. *Climate Bonds Initiative* (2020b), S. 2. Bspw. durch Gesteinsbohrungen können Treibhausgasemissionen entstehen. Vgl. CBI (2020f).
1435 Vgl. *Climate Bonds Initiative* (2020b), S. 11.
1436 Vgl. *Climate Bonds Initiative* (2020b), S. 1. Details zu den verschiedenen Screening-Kriterien je Sektor finden sich unter https://www.climatebonds.net/standard/sector-criteria
1437 Vgl. *Climate Bonds Initiative* (2020e), S. 2.
1438 Vgl. *Climate Bonds Initiative* (2020e), S. 2.
1439 Vgl. *Climate Bonds Initiative* (2019c), S. 2.
1440 Vgl. *Climate Bonds Initiative* (2019c), S. 5.

Green Bond Principles basieren. Projekte zur Energiegewinnung aus fossilen Brennstoffen werden explizit ausgeklammert.[1441]

Die internationale Organisation zur Entwicklung von Standardnormen (ISO) hat ebenfalls eine Arbeitsgruppe aufgestellt, um einen weltweiten ISO-Standard zu grünen Anleihen zu entwickeln. Der künftige **ISO 14030 (Green bonds – Environmental performance of nominated projects and assets)** soll für eine einheitliche Taxonomie und in der Folge eine höhere Glaubwürdigkeit grüner Anleihen sorgen.[1442] Er soll dabei auf den bereits bestehenden Green Bond Principles und Rahmenwerken sowie den Erfahrungen mit der ISO 14001 zu Umweltmanagementsystemen aufbauen.[1443] Da ein enger Austausch mit der technischen Expertengruppe der EU besteht, wird eine weitgehende Übereinstimmung der beiden Vorgaben erwartet.[1444] Der Standard soll voraussichtlich noch im Jahr 2020 veröffentlicht werden.[1445]

5. Ausblick

Der Markt für grüne Anleihen hat in den letzten Jahren an einer Antwort auf die Frage geforscht, wie ein grünes Finanzprodukt aussehen kann. Jetzt gilt es zu definieren, was grün wirklich bedeutet. Dies erfordert den Einsatz von wissenschaftlich fundierten Taxonomien, um den Prozess des Greenwashings sowie die Fehlallokation von Kapital zu vermeiden. Vor allem die **EU-Taxonomie** steht hier im Vordergrund, um künftig eine verbindliche Definition grüner Aktivitäten einzuführen. Eine Verankerung in der Gesetzgebung auf nationaler Ebene wird für Ende 2021, ein Inkrafttreten für das Jahr 2022 erwartet.[1446] Der EU Green Bond Standard ist dagegen auf freiwilliger Basis geplant, Ergebnisse eines Konsultationsprozesses sowie weiterer Beratungen werden Ende 2020 erwartet.

In den nächsten Jahren wird sich zeigen, ob die unterschiedlichen **globalen Standards** für grüne Anleihen immer weiter **konvergieren**, oder ob sie sich im Gegenteil nur auf bestimmte Länder und Regionen konzentrieren und in der Folge weiter **divergieren**, wenn immer speziellere Anleihen auf den Markt kommen. Der Markt steht damit an einem **Scheidepunkt**. Einerseits können verschärfte grüne Richtlinien die Glaubwürdigkeit grüner Anleihen steigern.

1441 Vgl. *Climate Bonds Initiative* (2019c), S. 2, 5.
1442 Vgl. *ISO* (2018), S. 42–43, 45.
1443 Vgl. *ISO* (2018), S. 45.
1444 Vgl. *Climate Bonds Initiative* (2019c), S. 2.; *ISO* (2018), S. 45.
1445 Vgl. *Climate Bonds Initiative* (2019c), S. 2.
1446 Vgl. *Valentine et al.* (2020), BBVA (2019), S. 32.

Eine Standardisierung des Nachhaltigkeitsbegriffes ermöglicht Investoren ferner eine erhöhte Vergleichbarkeit sowie greifbare Anhaltspunkte, um ihre eigene Nachhaltigkeitsstrategie durchzusetzen. Werden andererseits die künftigen Richtlinien zu streng oder komplex, verringert sich u. a. aufgrund zunehmender Verwaltungskosten der Anreiz vermehrte Emissionen zu tätigen. Eine enge Kooperation zwischen Aufsichtsbehörden und internationalen Interessensverbänden ist deshalb unabdinglich, denn eine gelungene Regulierung setzt sich sowohl aus einem Top-Down-Ansatz als auch aus einer Bottom-Up-Strategie zusammen. Bewährte Marktmethoden in verpflichtende Taxonomien zu integrieren, wird die Greenwashing Möglichkeiten reduzieren und so zu einer zielgerichteteren Kapitalallokation führen – eine maßgebliche Voraussetzung, um die Finanzierung der größten Herausforderungen des 21. Jahrhunderts erfolgreich zu stemmen.

VI. Lettres de Gage Renewable Energy – Strukturierung eines Green Covered Bonds[1447]

1. Überblick

In dem vorliegenden Beitrag wird Wesen und Ausgestaltung von Pfandbriefen für Erneuerbare Energien nach Luxemburgischen Vorgaben (*lettres de gage énergies renouvelables*)[1448] zu verstehen ist. In diesem Zusammenhang wird die Bedeutung des Green Covered Bond Rahmenwerkes erläutert und das **Sicherheitenkonzept** und das **Loan-to-Value-Prinzip** als wesentlicher Bestandteil der Ausgestaltung der besicherten Anleihe erörtert. Darüber hinaus wird diskutiert, in welcher Weise ein Berichtswesen für solche Green Bonds aufgesetzt werden kann. Die Erläuterungen erfolgen vor dem Hintergrund der Umsetzung des weltweit ersten Pfandbriefs für Erneuerbare Energien.

Wesentliche **technische und fachliche Begriffe** im Zusammenhang mit dieser Transaktion sind in Tabelle E.9 zusammenfassend erläutert. Auf diese wird im Beitrag an geeigneter Stelle näher eingegangen.

Banques d'émission de lettres de gage	Kreditinstitut mit Spezialbanklizenz der CSSF für die Emission von Lettres de Gage (Covered Bonds).
Collateral Value	Beleihungsgrenze
CSSF	Aufsichtsbehörde für Banken in Luxembourg (Commission de Surveillance du Secteur Financier).
CSSF Circular/ Circulaire	Rundschreiben, die von der Aufsichtsbehörde des luxemburgischen Finanzsektors (CSSF) herausgegeben werden.
Deckungsstock/ Deckungspool	Pool von Vermögenswerten, die in einem Deckungsregister eingetragen sind, um im Falle der Insolvenz des Emittenten die Lettres die Gage zu sichern. In diesem Fall kann der Inhaber der Lettres de Gage sowohl auf den Pool als auch auf den Emittenten zurückgreifen.

1447 Autoren: *Timo Anthes, Lisa Blumberg, Carolyn Groß* und *Hagen Schmidt*. Die Ausführungen geben ausschließlich persönliche Auffassungen wieder. Für Rückfragen oder Anregungen kann mit den Autoren unter der E-Mail-Adresse timo.anthes@nordlb.lu Kontakt aufgenommen werden.
1448 Gemäß Änderungsgesetz als »lettres de gage énergies renouvelables« bezeichnet und in diesem Beitrag auch »Lettres de Gage Renewable Energy« oder »Green Covered Bond« genannt, vgl. *CSSF* (2018a).

Deckungsstockregister	Deckungswerte eines Lettre de Gage werden in der Bilanz des Emittenten in separaten Registern (Deckungsregister) geführt. Diese müssen alle Informationen enthalten, die zur Identifizierung der enthaltenen Vermögenswerte erforderlich sind.
Deckungswerte	Vermögenswerte, die die Lettres de Gage sichern, wenn der Emittent zahlungsunfähig wird.
ESG	Environmental, Social, Governance
Estimated Realisation Value (ERV)	Geschätzter Veräußerungswert
Fair Value (FV)	Marktwert
Loan-to-Value (LTV)	Beleihungswert
LTV-Cap	Schwellenwerte zur Ermittlung des Beleihungswertes
Übersicherung	Überdeckung; Lettres de Gage sind jederzeit durch Deckungswerte gedeckt – in Höhe mindestens des Nennwertes aller umlaufenden Emissionen. Darüber hinaus sind Emittenten dazu verpflichtet, eine barwertige Überdeckung von mindestens 2% gegenüber der im Umlauf befindlichen Deckungswerte in den Deckungsstöcken zu halten.

Tabelle E.9: Glossar zu Pfandbriefen für Erneuerbare Energien (lettres de gage énergies renouvelables, Quelle: eigene Darstellung)

2. Entstehung und Hintergründe des Lettre de Gage Renewable Energy

1609 Die luxemburgische Gesetzgebung zum Lettre de Gage wurde weitgehend vom deutschen Pfandbriefgesetz inspiriert.

1610 Der Ursprung des Pfandbriefs geht auf das 18. Jahrhundert zurück, als Friedrich II. König von Preußen, bekannt als Friedrich der Große, die Erlaubnis zur Emission des **ersten deutschen Pfandbriefs** zur Finanzierung des Wiederaufbaus Schlesiens nach dem 7-jährigen Krieg (1756 – 1763) erteilte. Das schlesische Pfandbriefsystem wurde zum Vorbild für andere Staaten und im Laufe der Jahre wurden ähnliche Regelungen in Dänemark, Polen und Frankreich populär. Am Ende des 19. Jahrhunderts verfügten fast alle **europäischen Länder** über einen rechtlichen Rahmen für gedeckte Schuldverschreibungen. Mit der Zeit führten verschiedene Länder neue Regelungen ein oder modernisierten bestehende.

Mit der **Novellierung des luxemburgischen Gesetzes** über Pfandbriefbanken (*banques d'émission de lettres de gage*) und gedeckte Schuldverschreibungen (*lettres de gage*)[1449] wurden am 22.06.2018 die Voraussetzung für die Emission von Lettres de Gage Renewable Energy geschaffen. Durch dieses Änderungsgesetz wurde in Luxemburg eine neue, fünfte Pfandbriefkategorie eingeführt, mit der es möglich ist, **Projekte zur Erzeugung erneuerbarer Energien als Sicherheiten für Deckungspools** zu verwenden und somit zur Finanzierung von Anlagen zur Erzeugung von erneuerbaren Energien und deren Infrastruktur beizutragen.

Als erstes Land schaffte Luxemburg damit die Möglichkeit, gedeckte grüne Anleihen auf gesetzlicher Grundlage zu emittieren.[1450] In der Gesetzesbegründung des Gesetzes vom 22.06.2018 wird betont, dass Luxemburg den **UN-Zielen für nachhaltigen Entwicklung** eine sehr hohe Bedeutung beimisst und durch die Schaffung eines weiteren grünen Instruments die Position Luxemburgs als Kompetenzzentrum für grüne und nachhaltige Finanzen stärken möchte.[1451]

Im Jahr 2007 wurde die weltweit erste grüne Anleihe von der Europäischen Investitionsbank in Luxemburg herausgegeben.[1452] Heute notiert die in 2016 gegründete **Luxemburger Grüne Börse** mehr als die Hälfte aller grünen Anleihen weltweit.[1453] Der erste Lettre de Gage Renewable Energy ist ebenfalls an der Grünen Börse gelistet. In Abbildung E.15 ist der Lettre de Gage Renewable Energy illustriert dargestellt.

1449 Das luxemburgische Gesetz über Pfandbriefbanken ist enthalten in den Artikeln 12-1 bis 12-12 des Gesetzes vom 05.04.1993 über den Finanzsektor, vgl. *MFin* (1993). Im Folgenden werden beide Gesetze auch als »Finanzsektorgesetz« oder »Gesetz« bezeichnet.
1450 Vgl. *Johannsen* (2018).
1451 So formuliert in den *Expose des motifs* (Gesetzesmotive) des *Projet de Loi No. 7232 relative aux banques d'émission de lettres de gage et portant modification de la loi modifiée du 5 avril 1993 relative au secteur financie* (Gesetzesentwurf über die Pfandbriefbanken und zur Änderung des geänderten Gesetzes vom 05.04.1993 über den Finanzsektor), vgl. *MFin* (2018), S. 2.
1452 Vgl. dazu auch die generellen hinweise zu »Green Bonds« in Kapitel E.V dieses Herausgeberbandes.
1453 Vgl. *Gramegna* (2020), S. 10.

ASSETS UND ASSET MANAGEMENT

*Abbildung E.15: Illustration Lettres de Gage Renewable Energy
(Quelle: Darstellung der NORD/LB Luxembourg S.A. Covered Bond Bank)*

a) Definition »lettre de gage«

1614 Ein luxemburgischer Lettre de Gage (im Folgenden auch »Pfandbrief« oder »Covered Bond« genannt), ist eine von einer Pfandbriefbank, nach luxemburgischen Recht ausgegebene **Schuldverschreibung**, die durch eine besondere Deckungsmasse besichert ist und den jeweiligen Anforderungen und Beschränkungen des Gesetzes über Pfandbriefbanken entsprechen muss.

1615 In Tabelle E.10 sind fünf Arten von Pfandbriefen dargestellt, die üblicherweise unterschieden werden.

1616 Die **Emission von gedeckten Schuldverschreibungen** wird derzeit durch die Artikel 12-1 bis 12-12 des (geänderten) Gesetzes vom 05.04.1993 über den Finanzsektor geregelt. Diese Artikel wurden durch das Gesetz vom

21.11.1997 über Banken, die gedeckte Schuldverschreibungen ausgeben, eingeführt und anschließend durch die Gesetze vom 22.06.2000, 24.10.2008, 27.06.2013, 22.06.2018 und 19.07.2019 geändert.

Ergänzende Regelungen der luxemburgischen Bankenaufsicht, der Commission de Surveillance du Secteur Financier (»CSSF«)[1454] sind in den begleitenden begleitenden Rundschreiben (»*Circulaire*«) enthalten.

Anders als in Deutschland hat man sich im Zuge der Gesetzesnovellierung in 2013 zum Schutze der Pfandbriefgläubiger gegen die Aufgabe des Spezialbankprinzips entschieden.[1455] Ein Kreditinstitut mit einer solchen **Spezialbanklizenz** der CSSF *(banque d'émission de lettres de gage)* ist auf die Ausgabe gedeckter Schuldverschreibungen beschränkt und andere Bank- und Finanztätigkeiten sind nur insoweit zulässig, als diese Tätigkeiten akzessorisch und unterstützend zum Hauptgeschäft der Pfandbriefbank sind.[1456]

Art	Definition und Sicherheiten
Hypothekenpfandbriefe [Lettres de Gages hypothécaires]	Lettres de Gage hypothécaires sind durch Eigentumsrechte, Hypotheken oder andere vergleichbare dingliche Rechte und Sicherheiten an Grundstücken oder durch solche Schuldtitel gedeckt, die wiederum durch die oben genannten Rechte oder Sicherheiten gesichert sind und den weiteren Anforderungen und Beschränkungen, die für Schuldtitel als Deckungswerte gelten.
Öffentliche Pfandbriefe [Lettres de Gages publiques]	Lettres de Gage publiques sind durch Darlehen an Körperschaften öffentlichen Rechts gedeckt oder solche Darlehen, die besichert sind durch: Körperschaften des öffentlichen Rechts; • Schuldverschreibungen, die von Körperschaften des öffentlichen Rechts begeben werden, • Schuldverschreibungen, die bestimmten gesetzlichen Anforderungen unterliegen und von Kreditinstituten, die in einem Mitgliedstaat der Europäischen Union (EU), des Europäischen Wirtschaftsraums (EWR)

1454 Vgl. *CSSF* (2001), geändert durch Circulaire (Rundschreiben) 13/568, 31/95, 18/705, 18/706 und 18/707 der *CSSF*.
1455 So formuliert in den *Expose des motifs* (Gesetzesmotive) des *Projet de Loi No. 6523 relative aux banques d'émission de lettres de gage et portant modification de la loi modifiée du 5 avril 1993 relative au secteur financie* (Gesetzesentwurf über die Pfandbriefbanken und zur Änderung des geänderten Gesetzes vom 05.04.1993 über den Finanzsektor), vgl. *MFin* (2013) S. 2.
1456 Vgl. *CSSF* (2018a), Art. 12-2, welcher die Neben- und Hilfsgeschäfte einer Pfandbriefbank definiert.

	oder der Organisation für wirtschaftliche Zusammenarbeit und Entwicklung (OECD) niedergelassen sind, oder solchen Ländern, die über ein hohes Kreditrating verfügen, das von einer Agentur vergeben wird, die auf der von der ESMA geführten Liste der Rating-Agenturen aufgeführt ist und die dementsprechend über eine hohe Solvenz verfügen; oder ▪ sonstige Verpflichtungen, die in jedweder Form von Körperschaften des öffentlichen Rechts eingegangen werden. Unter »Körperschaften des öffentlichen Rechts« fallen die Mitgliedstaaten der EU, des EWR oder der OECD sowie andere Staaten höchster Bonitätsstufen unter den gesetzlichen Einschränkungen. Als »Staat« werden die Institutionen oder Organe, die Zentralverwaltungen, die regionalen und kommunalen Behörden, die sonstigen öffentlichen Behörden und die anderen öffentlichen Organismen und Unternehmen jedes Staates definiert. Als »öffentliche Unternehmen« definiert das Gesetz jene Unternehmen, auf die der Staat oder andere Gebietskörperschaften einen unmittelbaren oder mittelbaren beherrschenden Einfluss ausüben können. Von einem beherrschenden Einfluss geht das Gesetz aus, wenn der Staat oder andere Gebietskörperschaften die Mehrheit des gezeichneten Kapitals des Unternehmens besitzen, über die Mehrheit der mit den Anteilen am Unternehmen verbundenen Stimmrechte verfügen oder mehr als die Hälfte der Mitglieder des Verwaltungs-, Leitungs- oder Aufsichtsorgans des Unternehmens bestellen können.
Mobiliarpfandbriefe [Lettres de Gages mobilières]	Lettres de Gage mobilières sind durch Eigentumsrechte, Hypotheken oder andere vergleichbare dingliche Rechte und Sicherheiten an beweglichen Vermögenswerten oder durch solche Schuldtitel gedeckt, die wiederum durch die oben genannten Rechte oder Sicherheiten gesichert sind und den weiteren Anforderungen und Beschränkungen, die für Schuldtitel als Deckungswerte gelten. Das Gesetz legt fest, dass es sich bei den Rechten und Sicherheiten an beweglichen Vermögensgegenständen um solche Vermögensrechte handeln muss, die in einem öffentlichen der EU, des EWR oder der OECD eingetragen sind und Dritten entgegengehalten werden können

Verbundspfandbriefe [Lettres de Gages mutuelles]	Lettres de Gage mutuelles sind durch Forderungen oder Schuldverschreibungen gegenüber Kreditinstituten gedeckt, die von in der EU, dem EWR oder der OECD niedergelassenen Kreditinstituten ausgegeben werden, die Teil eines institutionellen Garantiesystems im Sinne des Gesetzes sind oder die durch sonstige Verpflichtungen, die von diesen Kreditinstituten in irgendeiner Form eingegangen werden, gedeckt.
Erneuerbare Energien Pfandbriefe [Lettres de Gages énergies renouvelables]	Lettres de Gage énergies renouvelables sind durch dingliche Rechte oder Sicherheiten an unbewegliche oder bewegliche Vermögenswerten, die im Zusammenhang mit Erneuerbaren-Energien-Projeken stehen sowie durch Eintrittsrechte in die materiellen Verträge des finanzierten Projekts gedeckt. Weitere Informationen zum Lettres de Gage Renewable Energy erfahren Sie in diesem Beitrag.

Tabelle E.10: Übersicht Lettres de Gage (Quelle: eigene Darstellung)

b) Einordnung des Lettres de Gage Renewable Energy in die Pfandbriefphilosophie

Wie oben ausgeführt, handelt es sich bei dem Lettre de Gage Renewable Energy, analog zum Deutschen Pfandbrief, um eine gedeckte Schuldverschreibung[1457]. Das Wesen einer gedeckten Schuldverschreibung liegt in ihrer besonderen Sicherheit, da für ihre Rückzahlung nicht nur die Bank als Emittent der Schuldverschreibung eintritt, sondern auch ein klar definierter und **separierter Sicherheitenpool**, der sog. Deckungsstock, zur Verfügung steht (Dual-Recourse-Prinzip).[1458]

In diesem von den sonstigen Vermögensgegenständen der Bank getrennten Deckungsstock[1459] werden im Fall des Lettres de Gage Renewable Energy Darlehnsforderungen eingebucht, die zur Finanzierung von Projekten im Bereich der erneuerbaren Energien dienen und durch dingliche Rechte oder Sicherheiten an beweglichen oder unbeweglichen Vermögenswerten des Projekts besichert sind.

Das oben geschilderte Dual-Recourse-Prinzip und die insolvenzsichere Separierung der Deckungswerte[1460] sind, neben anderen Merkmalen der gedeckten

---

1457 Vgl. *DZ HYP* (2020), S. 7.
1458 *ECBC* (2019), S. 153.
1459 Vgl. *CSSF* (2018a), Artikel 12-6 Absatz (1).
1460 *ECBC* (2019), S. 152 und 404.

Schuldverschreibungen Gründe, die zur hohen Sicherheit von Pfandbriefen bzw. Covered Bonds im allgemeinen und somit auch für den Lettre de Gage beitragen.

1622 Neben dem gesetzlichen Rahmenwerk spielt für die **Sicherheit** der emittierten Lettres de Gage Renewable Energy im Besonderen die Werthaltigkeit der im Deckungsstock befindlichen Deckungswerte eine wichtige Rolle. Auch hier greift der Lettres de Gage Renewable Energy auf ein im Covered-Bond Universum bewährtes Verfahren im Zusammenhang mit der Ermittlung und Verwendung eines Beleihungswertes zurück (siehe dazu die Abschnitte 3 und 4).

1623 In der Abbildung E.16 zeigt sich die Besonderheit des Lettres de Gage Renewable Energy im Gegensatz zu anderen Pfandbrief bzw. Covered-Bond Gattungen.

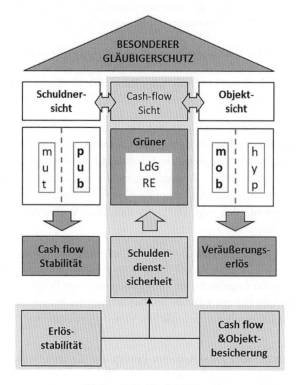

Abbildung E.16: Pfandbriefphilosophie
(Quelle: Darstellung der NORD/LB Luxembourg S.A. Covered Bond Bank)

Lettres de Gage publiques [pub] und mutuelles [mut]: Bei öffentlichen Pfandbriefen bzw. dem luxemburgischen Lettres des Gage publiques ist der Blick des Pfandbriefgläubigers auf die **Qualität des öffentlichen Schuldners** gerichtet. Dies gilt auch für den Lettre de Gage mutuelles, wo der Blick auf die Qualität des Forderungsschuldners Kreditinstitut bzw. des Haftungsverbundes liegt **(Schuldnersicht).**

Lettres de Gage hypothécaires [hyp] und mobiliers [mob]: Im Gegensatz dazu ist bei Hypothekenpfandbriefen (Lettre de Gage hypothécaire) oder Schiffs-/Flugzeugpfandbriefen (Lettre de Gage mobilières) die **Schuldendienstfähigkeit** auf der Objektsicherheit maßgeblich **(Objektsicht).**

Lettres de Gage Renewable Energy [LdG RE]: Beim Lettre de Gage Renewable Energy basiert die Schuldendienstfähigkeit auf der **Sicherheit und Stabilität der Erlöse** der den Finanzierungen zugrundeliegenden Projekte **(Cashflow-Sicht).**

Eine reine Schuldnersicht ist beim Lettre de Gage Renewable Energy nicht zielführend, da es sich in der Regel um eine Ein-Projektgesellschaft handelt, deren einzige Einnahmequelle die **Verkaufserlöse der produzierten Energie** ist, andere Einnahmenquellen sind i. d. R. nicht vorhanden.

Auch eine reine Objektsicht ist nicht angezeigt, da sich der **Beleihungswert** beim Lettre de Gage Renewable Energy nicht aus der Objektsicherheit und ihrer möglichen Verwertung (z. B. durch Veräußerung der Energie produzierenden Anlagen) ergibt, sondern aus der Erlösstabilität und der Sicherheit der generierten Cashflows aus dem Verkauf der produzierten Energie.

Im Folgenden werden die gesetzlichen Regelungen zum Schutz der Pfandbriefgläubiger näher erläutert.

c)   Gesetzesrahmen des Lettre de Gage Renewable Energy

aa)   EU-Richtlinie als Grundlage für Definition erneuerbarer Energien

Die Definition von »Renewable Energy« im Sinne des luxemburgischen Finanzsektorgesetzes basiert auf Artikel 2 der EU Richtlinie 2009/28[1461] und bezieht sich auf **Energie aus erneuerbaren, nichtfossilen Energiequellen**, das heißt

---

1461   Vgl. *EU* (2009), Artikel 2 Buchstaben a bis e.

Wind, Sonne, aerothermische, geothermische, hydrothermische Energie, Meeresenergie, Wasserkraft, Biomasse, Deponiegas, Klärgas und Biogas sowie Energie aus ähnlichen Quellen.[1462]

1631 Das luxemburgische Gesetz sieht vor, dass nicht nur die Finanzierung der Energieproduktionsanlagen, sondern auch die **Speicher- und Übertragungseinrichtungen** über den Lettre de Gage Renewable Energy refinanziert werden können. Um die Deckungsfähigkeit zu erreichen, dürfen die Produktionsanlagen ausschließlich zur Gewinnung erneuerbarer Energie eingesetzt und die Infrastruktur für **Übertragung**, **Speicherung** und **Transformation** muss mehr als 50 % im Zusammenhang mit erneuerbaren Energien genutzt werden.[1463]

1632 Umfasst werden von der Definition auch alle Zugangs- oder Nutzungsrechte an der Anlage, das Recht zur Einspeisung der erneuerbaren Energie in das Stromnetz und alle mit der Vermarktung der erneuerbarer Energie verbundenen Rechte.[1464]

bb) Deckungswerte im Deckungsstock

1633 Als Deckungswerte kommen »Forderungen aus Darlehen zur Finanzierung von Erneuerbare-Energie-Projekten«[1465] in Betracht, die, wie bereits oben dargelegt, bestimmten **Sicherheitsanforderungen** unterliegen müssen.

1634 Gemäß der Definition in Art. 12-1 müssen die Darlehen an solche Unternehmungen durch dingliche Rechte oder Sicherheiten an beweglichen oder unbeweglichen Vermögenswerten im Zusammenhang mit dem zugrundeliegenden Erneuerbaren-Energien-Projekt stehen und durch Eintrittsrechte in die wesentlichen Projektverträge besichert sein.[1466]

cc) Sicherheitenkonzept

1635 Die Pfandbriefgläubiger werden durch ein Rahmenwerk an Sicherheiten geschützt.

1636 Der Lettre de Gage Renewable Energy bettet sich in die bereits bestehenden und bekannten Pfandbriefklassen und Pfandbriefphilosophie ein. Für ihn gelten auch die besonderen **Sicherheitsregeln** einer gedeckten Schuldverschrei-

---

1462 Vgl. *CSSF* (2018a), Artikel 12-3 Absatz (2) Buchstabe f.
1463 Vgl. *CSSF* (2018a), Artikel 12-3 Absatz (2) Buchstabe g.
1464 Vgl. *CSSF* (2018a), Artikel 12-3 Absatz (2) Buchstabe g.
1465 *NORD/LB CCB* (2020b).
1466 Vgl. *CSSF* (2018a), Artikel 12-1 Absatz 1 Buchstabe h.

bung: Sie dürfen nur von zugelassenen luxemburgischen Pfandbriefbanken ausgegeben werden, die Deckungsmasse muss jederzeit eine gesetzlich vorgegebene **Übersicherung** vorhalten und die zugrundeliegenden Deckungswerte sowie deren ordnungsgemäße Eintragung in das **Deckungsregister** werden durch einen externen Prüfer überwacht.

Zudem genießen die Inhaber von Pfandbriefen das gesetzliche **Vorzugsrecht** im Hinblick auf die eingetragenen Deckungswerte. Im Folgenden werden die Sicherheiten näher erläutert.

1637

Eintrittsrechte

Ein Eintrittsrecht wird definiert als das gesetzliche oder vertragliche Recht der Bank, in die Position des Unternehmens für erneuerbare Energien einzutreten, falls das Unternehmen für erneuerbare Energien im Rahmen des ihm gewährten Darlehens ausfällt.[1467] Bei den im Gesetz nicht abschließend aufgelisteten[1468] materiellen **Projektverträgen** handelt es sich um wesentliche Verträge, Rechte oder Verpflichtungen, die typischerweise bei Erneuerbaren-Energien-Projekten bestehen. Sie werden als wesentlich angesehen, weil durch den Eintritt die Fortführung, der Verkauf oder die Übertragung im Falle finanzieller Schwierigkeiten des Erneuerbaren-Energie-Unternehmens gewährleistet[1469] und somit die kontinuierlichen Einnahmen aus dem finanzierten Energieprojekt gesichert werden können, sofern das Unternehmen gegenüber einzelnen Vertragspartnern oder vollständig ausfällt.

1638

Insofern wird es der Pfandbriefbank gestattet eine Beteiligung oder gar Mehrheitsbeteiligung an den Unternehmen für erneuerbare Energien zu übernehmen, sofern es für die Erhaltung und Fortführung der Anlage von Nöten ist.[1470] Ein solches Recht könnte sich die Bank beispielweise auch durch einen sog. *share pledge* sichern.[1471]

1639

Dingliche Rechte

Zur Gewährleistung der Wirksamkeit und Durchsetzbarkeit der dinglichen Rechte und Sicherheiten an den Vermögenswerten gegenüber Dritten, verlangt das Gesetz entweder deren **Eintragung in ein öffentliches Register** oder,

1640

1467 Vgl. *CSSF* (2018a), Artikel 12-1 Absatz 1 Buchstabe j.
1468 Vgl. Artikel 1 der Gesetzeskommentare zum Gesetzesentwurf Nr. 7232 in Bezug auf Artikel 12-1 Absatz (2), Buchstabe f).
1469 Vgl. *Clifford Chance Luxembourg* (2018), S. 5.
1470 Vgl. Gesetzesentwurf Nr. 7232 in Artikel 1 der Gesetzeskommentare in Bezug auf Artikel 12-1 Absatz (1), Buchstabe f).
1471 Vgl. *Clifford Chance Luxembourg* (2018), S. 3.

sofern ein solches Eintragungsrecht gesetzlich nicht möglich ist, ein unabhängiges Rechtsgutachten, das die Wirksamkeit und Durchsetzbarkeit schriftlich begründet.[1472]

dd) Beleihungswert

1641 Im Hinblick auf die Höhe der **Indeckungnahme der Vermögenswerte** für erneuerbare Energien legt das Gesetz drei Schwellenwerte fest. Grundsätzlich dürfen Vermögenswerte nur bis zu maximal 50 % des geschätzten Veräußerungswertes als Sicherheit verwendet werden. Dieser **Schwellenwert** wird auf maximal 60 % angehoben, wenn der geschätzte Realisierungswert auf einem geregelten festen Vergütungssystem basiert oder sich das Erneuerbare-Energien-Projekt auf sog. frei verfügbare erneuerbare Energiequellen wie Wind oder Sonne beschränkt. Werden beide Bedingungen kumulativ erfüllt, hebt sich der Wert auf 70 % des geschätzten Realisierungswertes. Die Schwellenwerte können nochmals um weitere 10 % angehoben werden, wenn das Projekt von der Bau- in die Betriebsphase getreten ist.[1473] Im Bau befindliche Projekte dürfen insgesamt nur 20 % des Deckungsstocks ausmachen.

1642 Zur Vorgehensweise der Bewertung hat die CSSF ein Rundschreiben erlassen, indem die **Bewertungsprinzipien** auf der Grundlage vorsichtiger Bewertungsstandards vorgegeben werden.[1474] Der Beleihungswert (engl. Loan-to-Value, LTV) wird in Abschnitt 2 näher erläutert.

ee) Transfer von der Theorie in die gelebte Praxis

1643 Im weiteren Beitrag wird jeweils am Ende des Abschnitts die Anwendung der theoretischen Grundlagen anhand eines Praxisbeispiels erläutert. Als **Praxisbeispiel** dient eine Pfandbriefbank in Luxemburg, die NORD/LB Luxembourg Covered Bond Bank (»NORD/LB CBB« oder »Bank«), 100%-ige Tochtergesellschaft der Norddeutschen Landesbank – Girozentrale – (»NORD/LB«).[1475]

1644 Am 20.01.2020 hat die NORD/LB CBB den **weltweit ersten Pfandbrief für erneuerbare Energien**, Lettre de Gage Renewable Energy, in Luxemburg emittiert.[1476]

1472 Vgl. *CSSF* (2018a), Art. 12-3 Absatz (2) Buchstaben a) bis b).
1473 Vgl. *CSSF* (2018a), Art. 12-5 Absatz (7).
1474 Vgl. *CSSF* (2018a).
1475 Vgl. www.nordlb.de
1476 Weitere Informationen zum Emittenten finden Sie auf der Website www.nordlb.lu

3. Evaluierung von Finanzierungsprojekten und Vorgaben zur Nutzung der Erlöse

a) Geeignete Finanzierungen

Wie in Abschnitt 2 ausgeführt qualifizieren sich als Deckungswerte für den grünen Pfandbrief, Lettres de Gage Renewable Energy, Finanzierungen von Energien aus erneuerbaren »sauberen« Energiequellen.

Damit können mit dem Lettres de Gage Renewable Energy Projekte finanziert werden wie zum Beispiel:

- **Wind:** Ein **Windpark** in Kombination mit einem **Pumpspeicherwerk**, um in Schwachlastzeiten Strom zu speichern und in Spitzenlastzeiten wieder zur Verfügung zu stellen.
- **Sonne:** Die Straßen der Zukunft, die über **Photovoltaikmodule** aus Silizium-Solarzellen verfügen. Oder Solarmodule, die in den Straßenbelag integriert sind und die z. B. auf einem Parkplatz dank eingebauter Heizmodule im Winter für Eis- und Schneefreiheit sorgen.
- **Speicherung:** Im Bereich der **Elektromobilität** die Lade- und Speicherinfrastruktur wie Akkus und Ladesäulen für eine Flotte an Elektrofahrzeugen, sofern mehr als 50% des Stroms aus Erneuerbaren Energien stammt.
- **Infrastruktur:** Im Bereich der **Infrastruktur** für Erneuerbare Energien könnten Trassen finanziert werden, die von Windrädern produzierte saubere Energie aus dem Norden in den Süden transportieren.

Laut der Ratingagentur Moody's spielen Projekte im Bereich der erneuerbaren Energien in den Bilanzen der Banken eine immer größere Rolle. In Europa haben die Banken seit 2013 mehr als **100 Milliarden Euro** an Krediten für Projekte im Bereich der erneuerbaren Energien syndiziert. Angesichts des Engagements der Europäischen Union (EU) im Rahmen des **Pariser Klimaabkommens** und des prognostizierten Investitionsbedarfs von 180 Milliarden Euro pro Jahr, werden Erneuerbare Energien Projekte zukünftig ganz oben auf der politischen Agenda stehen.[1477]

b) Green Covered Bond Rahmenwerk

Der Lettre de Gage Renewable Energy ist der erste Covered Bond für den eine Taxonomie gesetzlich verankert wurde und für den die Nutzung der Emissi-

---

[1477] Moody`s Investors Service (2019), S. 1.

ASSETS UND ASSET MANAGEMENT

onserlöse und Reportinganforderungen gesetzlich vorgeschrieben sind. Zusätzlich kann sich ein Emittent von Lettre de Gage Renewable Energy dafür entscheiden, ein »Green Bond Rahmenwerk« auf Basis der ICMA[1478] Green Bond Principles (»GBP«) zu implementieren.

1649 Die ICMA Green Bond Principles sind im Markt anerkannte, freiwillige Prozessleitlinien, die Emittenten zu Transparenz und Offenlegung anhalten, um die Integrität bei der Weiterentwicklung des Green Bond Marktes zu fördern.[1479] Die vier Kernkomponenten der ICMA Green Bond Principles sind:

1. Verwendung der Emissionserlöse
2. Prozess der Projektbewertung und -auswahl
3. Management der Erlöse
4. Berichterstattung

1650 Die detaillierten Anforderungen sind in der jeweils aktuellen Version der ICMA Green Bond Principles enthalten.

1651 Zusätzlich können Emittenten den Empfehlungen zur Taxonomie in dem Final Report der EU Technical Expert Group on Sustainable Finance von März 2020 folgen.[1480]

c) Praxisbeispiel: Green Covered Bond der NORD/LB CBB

aa) Finanzierung von Projekten für Erneuerbare Energien

1652 Der NORD/LB Konzern ist – über seine Muttergesellschaft NORD/LB – seit Mitte der 90er Jahre als Finanzierer für Projekte im Bereich der erneuerbaren Energien tätig und hat Pionierarbeit bei der Finanzierung der Windenergie geleistet. Mit Projektfinanzierungskompetenz aus einem Projektvolumen von mehr als 5.000 MW ist die NORD/LB heute einer der führenden Finanziers im Bereich der erneuerbaren Energien. Die NORD/LB ist nicht nur einer der führenden Finanzierer erneuerbarer Energien in Deutschland und Europa, sondern bietet auch eine Vielzahl neuer Möglichkeiten in diesem Bereich. Auf diese Weise unterstützt die Bank ihre Kunden in ihrer eigenen zukunftsorientierten Ausrichtung, realisiert für ihre Unternehmen neue Chancen im Kerngeschäft und leistet gleichzeitig einen Beitrag zu einer zukunftsorientierten Energieversorgung und -nutzung.[1481] Die NORD/LB CBB, nutzt die Möglichkeiten der

---

1478 Vgl. *ICMA* (2020b).
1479 Vgl. *ICMA* (2018a), S. 1.
1480 Vgl. *EU TEG* (2020c).
1481 Vgl. *NORD/LB CBB* (2019).

neuen Pfandbriefklasse in Luxemburg zur Finanzierung und Refinanzierung von Erneuerbare-Energien-Projekten.

bb) Green Bond Rahmenwerk für den Lettres de Gage Renewable Energy

Die NORD/LB CBB hat sich entschieden, zusätzlich zu den gesetzlichen Anforderungen, den ICMA Green Bond Principles zu folgen und das Green Bond Rahmenwerk der Bank orientiert sich an diesen Prinzipien[1482].

In Übereinstimmung mit den Kernkomponenten der freiwilligen Leitlinien für die Emission von Green Bonds, enthält das Rahmenwerk die Beschreibung der Verwendung der Emissionserlöse, den Prozess der Projektbewertung und -auswahl, das Management der Erlöse, die Berichterstattung und externe Beurteilung. Eine detaillierte Beschreibung finden Sie in dem auf der Website veröffentlichen »Green Bond Framework« der NORD/LB CBB.[1483]

Emissionserlöse

Der Erlös aus Green Covered Bonds wird der Finanzierung und Refinanzierung von erneuerbare Energien Projekte gemäß Finanzsektorgesetz zugeführt, die sich für Lettres de Gage Renewable Energy qualifizieren.

Die Emissionserlöse des Lettres de Gage Renewable Energy der NORD/LB CBB werden zu 100 % für die Finanzierung **bestehender und neuer Projekte in erneuerbaren Energien,** einschließlich Entwicklungs-, Bau- und Betriebsphase sowie der Produktion, Übertragung, Speicherung und Umwandlung für On- und offshore Windkraft und Solar verwendet.

Projektbewertung- und auswahl

Alle Projektfinanzierungen entsprechen den Nachhaltigkeitsrichtlinien und Finanzierungskriterien der NORD/LB Gruppe. Darlehen, die durch Dritte refinanziert sind sowie notleidende Kredite sind von der Projektauswahl ausgeschlossen.[1484] Die Kriterien für die Qualifikation der Projekte für den Lettre de Gage Renewable Energy werden vom Green Bond Komitee der Bank festgelegt. Der Prozess der Projektbewertung und -auswahl ist in der Abbildung E.17 dargestellt.

1482 Vgl. *ICMA* (2018a).
1483 Vgl. *NORD/LB CBB* (2020a).
1484 Vgl. *CSSF* (2018a), Art. 12-1 und Art. 12-5.

ASSETS UND ASSET MANAGEMENT

Abbildung E.17: Projektbewertung und -auswahl[1485]
(Quelle: Darstellung der NORD/LB Luxembourg S.A. Covered Bond Bank)

Management der Erlöse

1658 Die Erlöse aus den grünen Anleihen werden von der NORD/LB CBB nach einem Portfolioansatz verwaltet. Die NORD/LB CBB stellt sicher, dass die Assets das ausstehende Volumen der Green Covered Bonds übersteigen. Gemäß dem Finanzsektorgesetz bilden die Vermögenswerte für erneuerbare Energien einen separaten Deckungspool, der unabhängig von anderen Vermögenswerten der Bank ist.

1659 Wie in Abbildung E.18 dargestellt, führt die Bank ein tägliches Monitoring durch und wird Projekte ersetzen, sobald diese den gesetzlichen Anforderungen nicht mehr genügen.

Abbildung E.18: Management Emissionserlöse
(Quelle: Darstellung der NORD/LB Luxembourg S.A. Covered Bond Bank)

4. Strukturierung Lettres de Gage Renewable Energy

a) Cashflow Absicherung zum Schutz der Pfandbriefgläubiger

1660 Bereits im Rahmen der initialen Strukturierung der Erneuerbare-Energien-Finanzierung erfolgt eine umfassende Absicherung des zukünftigen Projekt-

---

1485 ESG (Environmental, Social, Governance).

Cashflows zugunsten der kreditauslegenden Bank und damit letztlich der Pfandbriefgläubiger. Hier haben sich in den letzten Jahrzehnten allgemeine Finanzierungsstandards in Form von vertraglichen Sicherheiten, Eintrittsrechten, Liquiditätsreserven, Schuldendienstdeckungsquoten, treuhänderisch verwalteten Geldflusshierarchien, etc. etabliert, wodurch Engagementsrisiken gemildert und entschärft werden können.[1486]

Diese Standards sind auch im Gesetz entsprechend verankert und werden als Sicherheit vorausgesetzt, wie in Abbildung E.19 dargestellt.

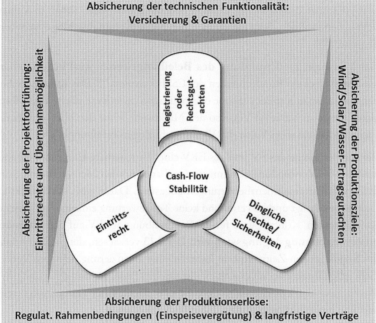

Abbildung E.19: Schutz der Pfandbriefgläubiger
(Quelle: Darstellung der NORD/LB Luxembourg S.A. Covered Bond)

1486 Moody`s Investors Service (2019), S. 8.

b) Loan-to-Value Konzept

aa) Anwendung Beleihungswertverfahren

1662 Wie bereits in Abschnitt 3 erläutert, etabliert das Gesetz in Luxemburg mit dem Beleihungswertverfahren und der **Definition von harten Beleihungswertgrenzen** in zweierlei Hinsicht einen Risikoabschlag für die Wertermittlung und Anrechenbarkeit von Deckungsstockaktiva in Form von Krediten, wie er sich auch in anderen Pfandbriefgesetzen in Europa wiederfindet.[1487]

1663 Hierbei wird in den Artikeln 12-5 und 12-7 auf den »geschätzten Veräußerungswert« (Estimated Realisation Value = Beleihungswert, engl. »Loan-to-Value«) referenziert, auf den dann die entsprechen **Sicherheitenabschläge** anzuwenden sind.[1488]

1664 Das Verfahren zur **Ermittlung des Beleihungswertes** wird in Luxemburg wiederum über ein Rundschreiben der CSSF normiert.[1489] Das Rundschreiben definiert dabei in Kapitel 1 (Scope of Application) zwei wesentliche Begrifflichkeiten: den Fair Value (»FV«), also den Marktwert, sowie den oben erwähnten Estimated-Realisation-Value (ERV), als nachhaltigen Beleihungswert.

1665 Bei der Herleitung des FV und des ERV eines Erneuerbare Energien Projektes wird auf die Verwendung von international anerkannten Methoden und Standards von Unternehmensbewertungen abgestellt. Dabei wird das Projekt als Ganzes gewürdigt und bewertet und keine Teilbewertung einzelner technischer Komponenten. Konkret wird für die Beschreibung des FV auf den **internationalen Rechnungslegungsstandard IFRS 13** verwiesen, der die Ermittlung des beizulegenden Zeitwertes im Rahmen einer Bilanzierung definiert. Vereinfacht ausgedrückt handelt es sich hierbei um den Preis, der unter gewöhnlichen Marktumständen zwischen den Marktteilnehmern bei einer Transaktion vereinbart und gezahlt werden würde.

1666 Im Gegensatz zum (stichtagsbezogenen) Marktwert wird der Beleihungswert deutlich konservativer ermittelt und mittels **Diskontierungssätzen**, in denen die jeweiligen projektspezifischen Risiken abgebildet werden, entsprechend abgezinst.[1490] Das Ergebnis stellt den **nachhaltigen Sicherheitenwert** der Finanzierung dar. Insofern handelt es sich beim ERV um einen risikoadjustierten

---

1487 Vgl. *ECBC* (2019), S. 156.
1488 Vgl. *MFin* (2018): Artikel 12-5.
1489 Vgl. *CSSF* (2018a): S. 1 bis 7.
1490 Vgl. *Hauer* (2019), S. 17.

Wert, von dem angenommen werden kann, dass er unabhängig von vorübergehenden (z. B. konjunkturellen) **Wertschwankungen** sowie unter Eliminierung von spekulativen Elementen dauerhaft im Falle einer Veräußerung erzielbar ist.

Die Ermittlung muss – wie in anderen Pfandbriefgesetzgebungen auch – durch einen unabhängigen Gutachter erfolgen. Die **Beleihungswertverordnung** schreibt zudem vor, dass zur Kontrolle des eingesetzten Bewertungsverfahrens ein weiteres Modell zur Plausibilisierung herangezogen werden muss, wodurch eine zusätzliche Sicherheitsinstanz geschaffen wird.[1491]

1667

bb) Anwendung der gesetzlichen Abschläge

Basierend auf dem ERV werden die gesetzlichen Abschläge in Abzug gebracht, um die **Beleihungsgrenze** (engl. Collateral Value) zu erhalten. Bis zur Höhe der Beleihungsgrenze können Kredite als Deckungsstockaktiva angerechnet werden.[1492]

1668

Hierbei wird erstmals innerhalb eines Pfandbriefgesetzes ein modularer Aufbau von LTV-Caps eingeführt, der sich an bestimmten **Risikofaktoren** orientiert.[1493] Während im deutschen Pfandbriefgesetz eine grundsätzliche Grenze von maximal 60 % des Beleihungswertes besteht, wurde in Luxemburg eine Beleihungsgrenze von 50 % des erwarteten Veräußerungswertes etabliert, die dann schrittweise auf bis zu 80 % angehoben werden darf, wenn bestimmte **Strukturelemente** (z. B. »free-of-charge« Energiequelle) erfüllt sind bzw. Risikofaktoren (z. B. Bauphase) ausgeschlossen sind.[1494]

1669

Aus der Kombination von konservativer Beleihungswertermittlung und klar definierten Beleihungsgrenzen, in der zielgerichtet die bestehenden **Schuldner- und Transaktionsrisiken** gewürdigt werden, entsteht somit der weltweit erste regulatorisch verbindliche Rahmen zur Bewertung von Erneuerbare-Energien-Finanzierungen im Kontext einer Pfandbriefemission.[1495]

1670

cc) Beispiel Loan-to-Value Berechnung für Sonne, Wind und Biomasse

Das folgende illustrative Beispiel (vgl. Abbildung E.20) zeigt den **modularen Aufbau** des LTV-Cap-Konzeptes anhand des Lebenszyklus und Risikoprofils eines Erneuerbare-Energien-Projektes.

1671

[1491] Vgl. CSSF (2018a), S. 1 bis 7.
[1492] Vgl. *MFin* (2018), Artikel 12-5.
[1493] Vgl. *Moody`s Investors Service* (2018), S. 4.
[1494] Vgl. *Serge de Cillia* (2019), S. 17.
[1495] Vgl. *Hauer* (2019) S. 17.

ASSETS UND ASSET MANAGEMENT

1672 Den **Startpunkt** eines jeden Projektes bildet die Bauphase, die i. d. R. mit höheren Risiken behaftet ist.[1496] Wie bereits unter den gesetzlichen Anforderungen erwähnt darf die Beleihung dabei **50 % der ermittelten Beleihungsgrenze** nicht überschreiten. Erst nachdem die Bauphase abgeschlossen ist, darf der **LTV-Cap auf 60 %** angehoben werden.

1673 Sofern die Energiequelle frei und kostenlos verfügbar ist (z. B. Wind, Sonne, Wasser) kann eine weitere **Anhebung der Beleihungswertgrenze auf 70%** erfolgen.

1674 Die letzte Komponente spiegelt das Preisrisiko wider. Sofern der Energieabsatz mit Marktpreisrisiken verbunden ist, darf keine weitere Erhöhung des LTV-Caps erfolgen. Sofern das Projekt jedoch von einer festen Einspeisevergütung profitiert, kann die Beleihungswertgrenze auf den **Maximalwert 80 %** ausgeweitet werden.

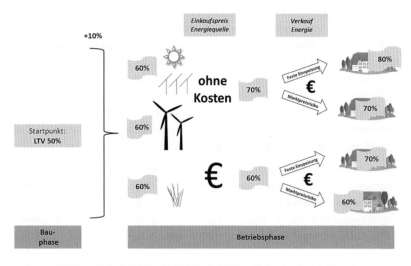

Abbildung E.20: Beispiel Loan-to-Value Berechnung für Sonne, Wind und Biomasse (Quelle: Darstellung der NORD/LB Luxembourg S.A. Covered Bond)

c) Praxisbeispiel: Green Covered Bond der NORD/LB CBB

1675 Auch wenn keine Bewertungsgutachten veröffentlicht werden, lässt sich die Wirkungsweise der **konservativen Beleihungswertmethodik** implizit aus dem Deckungsstockreporting der NORD/LB CBB ablesen. Danach beläuft

---

[1496] Vgl. *Turner/Trueb* (2013), S. 9.

sich das Gesamtvolumen an Erneuerbare-Energien-Finanzierungen per 30.03.2020 auf EUR 546 Mio. wovon jedoch lediglich EUR 374 Mio. oder rund 68 % als anrechenbare Deckungsmasse verwendet werden können.[1497] So entsteht für die Investoren des Lettre de Gage Renewable Energy letztlich ein Risikopuffer von über 30 % bezogen auf die Kreditvaluta.

5. Reportinganforderungen

Die umfassende Bereitstellung von Informationen ist für **Investoren**, besonders im Hinblick auf die Nachhaltigkeit des getätigten Investments, aber auch für **Aufsichtsbehörden und Ratingagenturen**, besonders wichtig. Die Reportinganforderungen an den Lettre de Gage Renewable Energy sind im Finanzsektorgesetz und dem begleitenden CSSF-Rundschreiben 18/706 zur Transparenz geregelt (siehe Abschnitt 5.a).

Die Bemühungen zur umfassenden Transparenz für grüne Pfandbriefe werden z. B. durch die nachfolgenden freiwilligen Initiativen unterstützt:

- Harmonized Transparency Template (»HTT«) des vom European Covered Bond Council ins Leben gerufene Covered Bond Label[1498]
- Reportingempfehlungen der ICMA Green Bond Principles[1499]

Am 09.03.2020 veröffentlichte die Technical Expert Group on Sustainable Finance der EU (»TEG«) zudem ihren Abschlussbericht zur EU-Taxonomie[1500]. Der Bericht enthält Empfehlungen zur übergreifenden Gestaltung der **EU-Taxonomie** sowie umfassende Umsetzungsleitlinien, wie Unternehmen und Finanzinstitute die Taxonomie nutzen und offenlegen können.[1501]

a) Transparenz

Ein wichtiges Kriterium für Investoren in Covered Bonds ist die **Bereitstellung von umfassenden Informationen** zum Deckungsstock und den ausstehenden Emissionen. Das Finanzsektorgesetz sieht eine **Veröffentlichungspflicht** vor, die durch das CSSF-Rundschreiben 18/706 (Transparenzanforderungen gem. Artikel 12-6(2) des Gesetzes vom 22.06.2018) konkretisiert wird. Neben der umfassenden Information müssen diese Daten quartalsweise veröffentlicht werden.

1497 Vgl. *NORD/LB CCB* (2020a), S. 33.
1498 Vgl. *Covered Bond Label* (2019).
1499 Vgl. *ICMA* (2020b).
1500 Vgl. *EU TEG* (2020c).
1501 Vgl. *EU TEG* (2020c).

ASSETS UND ASSET MANAGEMENT

1680 Neben dem reinen Informationsbedarf für den Investor ist die regelmäßige und umfangreiche **Bereitstellung von Informationen** Voraussetzung für die aufsichtsrechtliche Einordnung des Luxemburger Pfandbriefes. So ist die Nutzung des Luxemburger Pfandbriefes als liquides Asset gemäß der Delegierten Verordnung (EU) 2015/61 an die **Erfüllung der Transparenzanforderungen** des Artikel 129(7) der EU-Verordnung 575/2013 (CRR)[1502] gebunden. Dabei gehen die Bestimmungen des CSSF-Rundschreibens 18/706 über die Transparenzanforderungen der CRR hinaus.

1681 So fordert das **CSSF-Rundschreiben 18/706** auch Angaben zur Art der Erneuerbare-Energien-Projekte und deren Betriebsstatus (im Bau befindlich oder operativ).

b) Allokation

1682 Neben den im Rahmen der Transparenzanforderungen bereits veröffentlichten Informationen ist die **Verwendung der Emissionserlöse** für den Käufer »grüner« Pfandbriefe ein wichtiges Kriterium, welches auch so in den ICMA Green Bond Principles[1503] und regelmäßig in dem korrespondierenden »Green Bond Framework[1504]« des Emittenten verankert ist. Die Verwendung der Emissionserlöse ist bei einem Lettre de Gage Renewable Energy, basierend auf den **Anforderungen des Luxemburger Pfandbriefgesetzes** zu den Deckungswerten, in sich bereits gegeben. Um aber den spezifischen Anforderungen der Käufer »grüner« Bonds gerecht zu werden, wird auf Quartalsbasis ein **Allokationreport**, der die Verwendung der Emissionserlöse entsprechend dem Green Bond Rahmenwerk des Emittenten nachweist, veröffentlicht[1505].

c) Impact

1683 Im Rahmen der **Transparenz** für Investoren ist auch die Veröffentlichung qualitativer und quantitativer Informationen zu den **Auswirkungen der getätigten Investitionen** sehr wichtig. Mit diesem sog. Impactreporting[1506] werden beim Lettre de Gage Renewable Energy beispielsweise Informationen über die Stromerzeugungskapazität und die tatsächliche Energieerzeugung der zugrunde liegende Projekte veröffentlicht. Als Kernkennziffer gilt im **Impactreporting** dabei die Höhe der vermiedenen CO2-Emission. Detaillierte Empfehlungen

---

1502 Vgl. *EU* (2014a) und *CRR* (2013).
1503 Vgl. *ICMA* (2018a).
1504 Vgl. *NORD/LB CBB* (2019).
1505 Vgl. *NORD/LB CBB* (2019).
1506 Vgl. *ICMA* (2020).

zur Ausgestaltung des Impactreportings werden im Handbuch der ICMA Green Bond Principles von Juni 2019 gegeben.[1507]

d)   Praxisbeispiel: Green Covered Bond der NORD/LB CBB

Die NORD/LB CBB veröffentlicht vierteljährlich ein Covered Bond Reporting gemäß CSSF Transparenzrundschreiben 18/706, sowie ein Allokationsreporting auf Portfolioebene und ein regelmäßiges – zumindest einmal jährliches – Reporting zu den Umweltauswirkungen der Projekte (»Impact Reporting«).

- Das **Deckungsstock-Reporting (Transparenzreport)** und das **Allokationsreporting** enthalten u. a. Volumen des Deckungsstocks (ordentliche Deckung und Ersatzdeckung) und der ausstehenden Emissionen inkl. Überdeckungsquote
- Details zur quantitativen Verwendung der Emissionserlöse (Allokation der Emissionserlöse auf geeignete Assets, z. B. Aufteilung nach Technologie, Länder, Währungen, Ratings, Finanzierung/Refinanzierung)

Das **Impact Reporting** enthält Informationen zu den folgenden exemplarischen Kennzahlen:

- Vermiedene CO_2 Emissionen der zugrundeliegenden Projekte des Covered Bonds per eine Million Euro p.a.
- Energiekapazität finanziert in MW (Megawatt)
- Energieproduktion in MWh (Megawattstunde)

6.   Bewertung und Überprüfung

a)   Nachhaltigkeitsrating

Die Emittenten von Green Bonds verfügen i. d. R. über ein Nachhaltigkeitsrating einer anerkannten Ratingagentur zur Bewertung von **ESG-Risiken** (Environmental, Social, Governance) des Unternehmens. ESG-Risiken sind Risiken, die aufgrund ökologischer, sozialer oder unternehmerischer Aspekte in Zusammenhang mit den Geschäftsaktivitäten eines Unternehmens entstehen können.

b)   Rating Green Bond

Bonitätseinschätzungen von externen Ratingagenturen spielen bei der **Kauf- und Verkaufsentscheidung** von Investoren eine wesentliche Rolle, selbst

---

1507 Vgl. *EU TEG* (2020c).

wenn sie zusätzlich eine eigene Analyse des Schuldners durchführen.[1508] Sie sind wichtige Determinanten für den Risikogehalt, die Preisfindung und regulatorische Behandlung von Forderungen. Daher haben sowohl Investoren als auch Emittenten ein Interesse an **Ratingeinschätzungen** durch zugelassene, unabhängige Ratingagenturen. Im Covered Bond Sektor dominieren aufgrund der vorherrschenden Produkteigenschaften (doppelte Rückgriffsmöglichkeit auf Emittent und Deckungsstock, gesetzliche Regulierung mit Mindeststandards, sichere Deckungswerte) sehr hohe Ratingeinstufungen, was eine gewisse Erwartungshaltung der Investoren im Hinblick auf neue Produkte und Emittenten am Markt impliziert.

1688 So lagen die Ratings für Covered Bonds in 2018 bei den Agenturen Fitch, Moody's und S&P in über 80 % der **gerateten Emissionsprogramme** im AA/AAA-Bereich und damit im Top-Segment.[1509] Da die Ratings i. d. R. über stabile Ausblicke verfügen, kann davon ausgegangen werden, dass dieser Trend seitdem fortbesteht.

1689 Zu den Empfehlungen der ICMA Green Bond Principles 2018 zählen auch externe Bewertungen für Green Bonds im Rahmen einer Second Party Opinion und einer Third Party Verification.

c) Second Party Opinion

1690 Die Second Party Opinion (Zweite Meinung) hat zum Ziel objektiv und unabhängig Auskunft über die **nachhaltige Bonität eines Green Bond** zu geben. Es erfolgt eine Einschätzung über die Umsetzung der ICMA Green Bond Principles in dem **Green Bond Rahmenwerk**. Die Ratingagentur für eine Second Party Opinion wirft den Blick hinter die Kulissen des Emittenten und bewertet z. B. die **Qualität der Mittelverwendung**, die Nachhaltigkeitsaktivitäten, den ökologischen Nutzen und die Qualität der Berichterstattung.[1510]

1691 Verfügt der Green Bond über eine Second Party Opinion trägt dies zur **Transparenz und Glaubwürdigkeit** der Emission bei. Daher ist die Second Party Opinion als Gütesiegel für eine Emission gängige Praxis und wird von Investoren erwartet. Damit die Second Party Opinion als **Gütesiegel** von Investoren anerkannt wird, ist die Qualität maßgebend.

1508 Vgl. U.S. Securities and Exchange Commission (2003), S. 27 f.
1509 Vgl. NORD/LB (2018), S.576.
1510 Vgl. ICMA (2018a).

d) Verifikation und Zertifizierung

Der Emittent hat die Möglichkeit über eine Third Party Verification z. B. die Verwendung der Emissionserlöse, die Allokation der Mittel aus dem Green Bond oder die Umweltauswirkungen von einem unabhängigen Dritten regelmäßig verifizieren zu lassen.[1511] Damit werden Informationsasymmetrien verringert und die Glaubwürdigkeit in den Green Bond erhöht.

Die Zertifizierung eines Green Bond, das dazugehörige Rahmenwerk oder die Mittelverwendung erfolgt durch externe Dritte mittels anerkannter Standards oder Labels.[1512]

e) Praxisbeispiel: Green Covered Bond der NORD/LB CBB

Die NORD/LB Luxembourg S.A. Covered Bond Bank hat am 28.01.2020 ein Moody's-Emissionsrating von Aa2 für den Lettres de Gage Renewable Energy erhalten und bewegt sich damit auf dem sehr hohen Bonitätsniveau des bereits langjährig etablierten Lettre de Gage publiques und erfüllt damit eine wesentliche Anforderung vieler Pfandbriefinvestoren.

Zusätzlich verfügt die NORD/LB CBB über ein Nachhaltigkeitsrating der Nachhaltigkeitsratingagentur Oekom von C+ mit dem Investmentstatus Prime (Stand Mai 2020). Die NORD/LB CBB ist Teil der Nachhaltigkeitsberichterstattung der NORD/LB im Nachhaltigkeitsbericht[1513] und des Berichtes »Gesonderter zusammengefasster nichtfinanzieller Bericht des NORD/LB Konzerns«.[1514]

Zur Erhöhung der Transparenz hat sich die NORD/LB CBB für eine Second Party Opinion von Sustainalytics entschieden und hat sich in ihrem Green Bond Framework zu einer Third Party Verification verpflichtet.

Zusammenfassend kann über die externe Bewertung des Lettres de Gage Renewable Energy folgendes gesagt werden:[1515]

- Der Lettre de Gage Renewable Energy verfügt über ein Moody's Rating von Aa2 seit 11.01.2020 (Stand Mai 2020).

1511 Vgl. *ICMA* (2018a).
1512 Vgl. *ICMA* (2018a), S. 8.
1513 Vgl. *NORD/LB* (2019a).
1514 Vgl. *NORD/LB* (2019b).
1515 Die detaillierte Second Party Opinion von Sustainalytics ist auf der Website der Bank www.nordlb.lu/Green Covered Bond veröffentlicht.

- Der Lettre de Gage Renewable Energy erfüllt die Kriterien der ICMA Green Bond Principles 2018 und des Luxemburger Gesetzes für die neue Assetklasse Lettres de Gage Renewable Energy.
- Die Ratingagentur Sustainalytics bestätigt in ihrer Second Party Opinion, dass die Bank mit dem Lettre de Gage Renewable Energy einen Beitrag zu den »UN Sustainable Development Goals« Nr. 7 »Affordable and Clean Energy« und Nr. 13 »Action to combat climate change« leistet
- Sustainalytics hebt u. a. hervor, dass die Renewable Energy Assets einen separaten Deckungsstock bilden, unabhängig von anderen Vermögenswerten der Bank (bisher einzigartig bei Green Covered Bonds).

7. Fazit

1698 Der Dialog mit institutionellen Investoren zeigt, dass Grüne Bonds und nachhaltige Anleihen im Trend liegen und den aktuellen Zeitgeist treffen. Die Entwicklung eines nachhaltig grünen Produktes bedeutet gleichzeitig auch die Begegnung mit den Herausforderungen in der nachhaltigen Gestaltung, dem Monitoring und Reporting, der Transparenz und Glaubwürdigkeit sowie der Auseinandersetzung mit den Risiken für die Reputation.

1699 Lohnt sich daher der Mehraufwand für Emittenten und die Investition in die Entwicklung »grüner« Produkte? Für jedes Unternehmen, das einen Beitrag zu einer umweltfreundlicheren und nachhaltigeren europäischen und globalen Wirtschaft leisten möchte lautet die Antwort: Ja.

1700 Zudem wird die Ganzheitlichkeit in der sozialen und gesellschaftlichen Verantwortung aller Aktivitäten eines Unternehmens an Bedeutung gewinnen. Laut einer Metastudie der Deutschen Bank über nachhaltiges Investieren aus 2012 hat Nachhaltigkeit einen positiven Einfluss auf die finanzielle Performance von Unternehmen.[1516] »Alle untersuchten Studien kommen zu dem Ergebnis, dass Unternehmen mit hohen Ratings für CSR (Corporate Social Responsibility) und ESG-Faktoren, niedrigere Kapitalkosten für Fremdkapital (Verbindlichkeiten) sowie für Eigenkapital haben.«[1517]

1701 Grüne Investments werden gebraucht. Am 14.01.2020 stellte die Europäische Kommission den europäischen Green-Deal-Investitionsplan vor, der im nächsten Jahrzehnt mindestens 1 Billion Euro an nachhaltigen Investitionen mobilisieren wird.[1518] Der Fokus von Anlegern und Investoren wird sich in Zukunft

---

1516 Die Metastudie umfasst 100 Primärstudien und 56 Forschungspapiere.
1517 Vgl. *Schulz/Bergius* (2014), S. 8.
1518 Vgl. *EU* (2020m).

noch stärker verändern von der Frage »Ist es grün?« zu der Frage »Warum ist es immer noch nicht grün?«

Sicherlich gibt es noch keine endgültigen Antworten auf alle Fragen zu nachhaltigen Produkten, erneuerbaren Energien oder zukünftigen Technologien, doch der Fortschritt ist rasant. Abschließend lässt sich festhalten: beim Blick in die Zukunft stehen die Aussichten auf »grün«.

VII. Impact Investing: Markt, Produkte und Ansätze[1519]

1. Einleitung

1703 Besteht tatsächlich Konsens darüber, dass der **Kapitalismus neu definiert** werden muss? Oder wie ist die US-amerikanische Organisation Business Roundtable zu verstehen, als sie in 2019 dazu aufrief, nicht nur ihre Aktionäre im Blick zu behalten, sondern auch die Auswirkungen auf alle Stakeholder zu berücksichtigen.[1520] Nach dieser Lesart lassen sich die Ziele für eine nachhaltige Entwicklung nur realisieren, wenn privates Kapital mobilisiert wird. Und damit rückt das so genannte »Impact Investing« in den Fokus. Der Begriff lässt sich mit dem etwas sperrigen Begriff des **wirkungsorientierten Investierens (WI)** ins Deutsche übersetzen.

1704 Die WI-Idee ist nicht neu. Schon in den 1950er Jahren erkannten einige reine Treuhandanleger (z. B. Glaubensgemeinschaften, Bürgerrechtsorganisationen und Gewerkschaften), dass bestimmte Investitionen moralisch bedenklich waren oder nicht mit ihren Werten übereinstimmten. Dazu gehörten insbesondere Beteiligungen an Unternehmen, die Tabakprodukte herstellten oder Geschäfte im Südafrika der Apartheid tätigten.[1521] Gerade in der angelsächsischen Welt spielt die Finanzierung sozialer Dienstleistungen und Projekte durch die private Hand immer schon eine bedeutende Rolle. Prominent ist die Bill & Melinda Gates Stiftung.

1705 In den 1990er Jahren trieben dann die ersten Anleger sogenannte programmbezogenen Investitionen voran. Sie konzentrierten sich darauf, die Renditeabsicht damit zu verbinden, wie Unternehmen mit ökologischen, sozialen und Themen der Unternehmensführung (ESG) umgehen. Ein wichtige Erkenntnis war, dass sich ein guter Umgang mit Mitarbeitern, die Wahrung der Vielfalt in den Vorstandsetagen und das Management des ökologischen Fußabdrucks eines Unternehmens positiv auf die finanzielle Performance auswirken können.[1522]

1706 Nach der Jahrtausendwende wurden mit Unterstützung von Investoren Unternehmen mit dem expliziten Ziel gegründet, drängende soziale und ökologische

---

1519 Autor: *Silvio Andrae*. Der Autor vertritt in diesem Beitrag seine persönliche Meinung. Für Rückfragen oder Anregungen ist der Autor unter der E-Mail-Adresse andrae@zedat.fu-berlin.de erreichbar.
1520 Vgl. *Business Roundtable* (2019).
1521 Vgl. *Trelstad* (2020).
1522 Vgl. *Trelstad* (2020) und *Delevingne* (2020).

Probleme zu lösen.[1523] Es stellte sich bald heraus, dass Investitionen in derartige Unternehmen oder Projekte durchaus große Auswirkungen (Impact) haben können und sich dazu noch finanzielle Renditen realisieren lassen.[1524]

Beim **wirkungsorientierten Investieren** handelt es sich also um private Kapitalanlagen, die über die reine Orientierung an Rendite und Risiko hinausgehen. Es wird zusätzlich die Absicht verfolgt, auch positive soziale, ethische und/oder ökologische Wirkungen wie Ernährungssicherheit, Zugang zu Technologie oder Ressourcen zu ermöglichen. Diese Wirkung soll möglichst explizit festgelegt und nachweisbar erbracht werden. Mithin wird beim wirkungsorientierten Investieren eine Brücke zwischen positiver sozialer Wirkung und Kapitalbereitstellung geschlagen.

Der Essay ist wie folgt strukturiert: Begonnen wird mit der Definition des wirkungsorientierten Investierens (Abschnitt 2). Die Abgrenzung erfolgt vor allem in Bezug auf sogenannte ESG-Investitionen. Dies ist besonders wichtig, da es natürlich gewisse Überschneidungen gibt. Abschnitt 3 stellt wichtige Merkmale des internationalen und nationalen WI-Marktes vor. Dies schließt die wichtigsten Investorengruppen ein. Es ist festzustellen, dass der WI-Markt aktuell vor allem von institutionellen Anlegern beeinflusst wird. Für Privatanleger wird der WI-Markt erst sukzessive attraktiv. Abschnitt 5 geht auf wichtige Vermögensklassen und WI-Produkte ein. Im Anschluss wird die erwartete und tatsächliche Performance von WI-Investitionen analysiert. Das Abschnitt 7 beschäftigt sich mit der Wirkungsmessung, dem Investitionszyklus und sowie dem WI-Investmentansatz. Der Beitrag endet mit einer Zusammenfassung.

2. Was ist wirkungsorientiertes Investieren?

Eine verbindliche Definition für wirkungsorientiertes Investieren (WI) gibt es nicht. Lange Zeit wurde Investieren in einen guten Zweck nicht als Investitionstätigkeit im eigentlichen Sinne angesehen. Aufgrund der fehlenden Renditeerzielungsabsicht fiel diese Art der Investition in den Bereich der Wohltätigkeit, des Mäzenatentums oder philanthropischer Engagements.

Doch diese Dichotomie zwischen **gutem Zweck und Rendite** ist nur scheinbar: Vielmehr lösen wirkungsorientierte Investitionen diesen vermeintlichen Gegensatz auf. Wirkungsorientierte Investitionen haben neben der reinen Orientierung an finanzieller Rendite und Risiko auch positive Auswirkungen auf

---

1523 Zum Beispiel Bridges Fund Management in Großbritannien, DBL Partners und SJF Ventures in den USA sowie Acumen Fund und Root Capital in Schwellenländern.
1524 Vgl. *Trelstad* (2020).

die Umwelt oder die Gesellschaft. Maßgeblich ist, dass die angestrebten ökologischen, ethischen und/oder sozialen Effekte explizit Teil der Investitionsstrategie sind.

1711 Nach der Definition des Global Impact Investing Network (GIIN) bestehen folgende vier Anforderungen:[1525]

- **Intentionalität**: Es liegt die erklärte Absicht zugrunde, eine klar definierte Wirkung zu erzielen.
- **Kausalität**: Diese Wirkungen sollen möglichst direkt, intendiert und nachweisbar sein.
- **Messbarkeit**: Eindeutige Kennzahlen sorgen dafür, ob und dass die Wirkung erzielt wird.
- **Transparenz**: Es findet eine fortdauernde Evaluierung statt, indem regelmäßig darüber berichtet wird.

1712 Die (finanziellen) WI-Engagements müssen mindestens den 17 Zielen für nachhaltige Entwicklung der Vereinten Nationen (sogenannte Sustainable Develiopment Goals, SDG) entsprechen (vgl. Abschnitt 3). Wirkungsorientiertes Investieren geht aber über die bekannten ESG-Ansätze für nachhaltige Investitionen (auch Sustainable Investing) hinaus, indem sie den o. g. vier Kriterien vollumfänglich genügt.[1526] Daneben finden sich in der Literatur und auch in der Praxis Begriffe, die unter Sustainable Investing bzw. ESG-Investing gefasst werden: Beispielsweise Social Responsible Investing, Environmental Investing oder Ethical Investing.[1527] Zum WI gibt es hierbei nur teilweise Überschneidungen.

1713 Green-Washing-Investitionen, d. h. das Branding für den Anschein von Impact-Intentionalität und rein gewinnorientierte Investitionen in Sektoren, die mit positiven externen Effekten verbunden sind (z. B. Gesundheit, Bildung, saubere Energie), erfüllen das Kriterium der Intentionalität nicht.[1528] Um ein Green Washing und eine Enttäuschung bei den Anlegern zu vermeiden, sollten bei der Auswahl der Investmentziele und bei den Kriterien Messbarkeit und Transparenz keine Kompromisse gemacht werden. Hieran ist zu messen, ob es sich tatsächlich um die WI-Investition handelt.

1525 Vgl. *GIIN* (2019b).
1526 Auch beim »Sustaining Investing« geht es um den Nachweis, inwieweit die Investition einen Bezug zu den ESG-Kriterien hat, vgl. *DVFA* (2020). Beim WI geht die Messung des Impacts allerdings weiter (vgl. Abschnitt 6).
1527 Vgl. *Daugaard* (2019), S. 5.
1528 Vgl. *Barber/Morse/Yasuda* (2019), S. 4.

Wirkungsorientiertes Investieren grenzt sich auf der anderen Seite von reinen spendenfinanzierten oder karitativen Aktivitäten ab (vgl. Abbildung E.21).

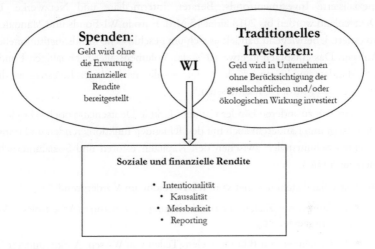

Abbildung E.21: Wirkungsorientiertes Investieren – eine Abgrenzung (Quelle: eigene Darstellung)

3. Der WI-Markt

a) Internationaler WI-Markt

Nach der jährliche Impact-Investorenumfrage 2019 des GIIN[1529] wird geschätzt, dass der Markt für wirkungsorientierte Investitionen etwa **502 Milliarden Dollar** an verwalteten Vermögenswerten umfasst.[1530] Davon gehen etwa 69 % der Investitionen auf private Unternehmen zurück. Würde man einen Teil der sogenannten Green Bonds hinzurechnen, die aber wegen ihres Charakters als Instrument der Unternehmensfinanzierung (und nicht Investition) und aufgrund einer oftmals etwas schwächeren Erfüllung des Intentions- und Kausalitätskriteriums in dieser Zahl nicht enthalten sind, so kommt man auf etwas mehr als das Doppelte, 1,1 Bill. Dollar (vgl. Abschnitt 4.a). Dies sind weniger als 1 % der gesamten weltweiten Aktien- und Anleihenmarktkapitalisierung. In dieser Relation ist der internationale WI-Markt (noch) sehr klein.

[1529] GIIN ist ein internationales Netzwerk wirkungsorientierter Investoren (https://thegiin.org/). Daneben gibt es andere Netzwerkagenturen – wie toniic (https://toniic.com/) oder Ashoka (https://www.ashoka.org/de-de).
[1530] Vgl. *GIIN* (2020). Zum Vergleich: 2017 betrug das Gesamtvolumen der karitativen Spenden in den Vereinigten Staaten etwas mehr als 410 Milliarden USD, vgl. *Roth* (2019), S. 1.

b) Nationaler WI-Markt

1716 Der deutsche WI-Markt befindet sich in der Pionierphase. Es gibt bereits einige spezialisierte Investmentfonds, Berater, Intermediäre und Netzwerke. In Deutschland wurden bis 2018 zirka 13 Mrd. Euro in WI-Fonds und Mandaten investiert. Überwiegend handelt es sich um geschlossene Fonds institutioneller Anleger. Das entsprach in etwa 10 % des Volumens aller nachhaltigen Fonds und Mandate und knapp 6 % des Volumens aller nachhaltigen Investments, die insgesamt 219 Mrd. EUR umfassten.[1531]

1717 Im Vergleich zu anderen Ländern ist der Markt in Deutschland noch sehr klein. Dies hängt unter anderem auch mit den fehlenden funktionierenden und transparenten Schnittstellen zwischen den Kapitalinvestoren und Sozialunternehmen zusammen.

1718 In Deutschland stehen bisher **vier WI-Bereiche** im Vordergrund:
- Initiativen mit Zielen der Beschäftigungsoptimierung (Arbeitsplatz, Arbeitsprozesse, etc.);
- Unternehmen mit Bildungszielen (Teilen von Wissen, Aufklärung, etc.);
- Unternehmen aus dem Gesundheitssektor (Entwicklung neuer Therapien oder Rehabilitationslösungen) sowie
- Gesellschaften mit nachhaltigem Konsum und Umwelt als höchste Priorität (Umverteilung nicht verkaufter Lebensmittel, Recycling von Plastik aus den Meeren etc.).

1719 Die im internationalen Vergleich geringe WI-Kapitalisierung soll unter anderem auch durch die Bundesinitiative Impact Investing gestärkt werden.[1532] Diese Initiative möchte durch den Aufbau eines **Impact-Investing-Ökosystems** in Deutschland Voraussetzungen schaffen, dass zusätzliches (privates) Kapital zur Bewältigung sozialer und ökologischer Herausforderungen eingesetzt wird. Sie ist als Mitgliederorganisation und Plattform offen für Kapitalgeber, Intermediäre und die kapitalempfangenden Sozialunternehmen.

c) WI-Sektoren

1720 Auch wenn es keine universelle Definition für WI gibt, so lassen sich dennoch folgende **Sektoren** identifizieren, die den größten Anteil der Impact-Investitionen ausmachen:

1531 Vgl. *FNG* (2020b).
1532 Vgl. https://bundesinitiative-impact-investing.de/

- Nahrungsmittel und nachhaltige Landwirtschaft,
- erneuerbare Energien,
- Naturschutz,
- erschwingliche und zugängliche Basisdienstleistungen, einschließlich Wohnen, Gesundheitsversorgung, und Bildung sowie
- Mikrofinanzierung sowie andere Finanzdienstleistungen.

Wirkungsorientiertes Kapital fließt nach Angaben von GIIN vor allem in den Energiesektor (15 %), in Mikrofinanz- (13 %) und andere Finanzdienstleistungen (11 %). Dahinter folgen als Investitionsziele »Landwirtschaft und Ernährung« (10 %), »Wasser, Sanitär, Hygiene« (7 %) und »Wohnungswesen« (7 %).[1533] Zusammengenommen umfassen diese Sektoren weltweit etwa 63 % aller Impact-Investitionen.

d) Investoren

Wirkungsorientierte Investitionstätigkeiten finden sowohl im öffentlichen Sektor als auch in privaten Unternehmen statt. Es gibt eine Vielzahl von Investoren, die ein großes Interesse an wirkungsorientierten Investitionen haben.[1534] Folgende Gruppen sind hervorzuheben:

- **Professionelle Anleger**: Hierunter fallen Sozial- und Ethikbanken[1535], Risikokapital- und Private-Equity-Firmen, Entwicklungsfinanzierungsinstitutionen sowie Family Offices. Für die professionellen Anleger ist das Verständnis des Zusammenspiels von Rendite und sozialer/ökologischer Wirkung von zentraler Bedeutung. Für diese Zielgruppe besteht zum Teil die Möglichkeit, wirkungsorientierte Investments in Multi-Asset-Portfolien zu integrieren. Die Anlage erfolgt zu einem großen Teil in Form von spezialisierten Investmentfonds.
- **Privatpersonen**: Vor allem vermögende Privatpersonen sehen WI als gutes Instrument an, mit einem zunächst überschaubaren Anlagebudget positive und nachweisbare Wirkung zu erzielen. Privatinvestoren sind

---

1533 Vgl. *GIIN* (2019a).
1534 Dabei ist darauf zu achten, dass es eine weitaus größere Zahl an Investoren gibt, die nachhaltige Investitionen (scheinbar) auf ihrer Agenda haben: Im April 2019 hatten 2.372 Organisationen mit einem verwalteten Vermögen von 86 Bill. USD die United Nations Principles of Responsible Investment (UNPRI) unterzeichnet. Praktisch alle großen Beratungsgruppen haben eine Praxis zur sozialen Wirkung implementiert, und alle großen Investmentbanken haben eine Impact-Abteilung, um die Anforderungen von Unternehmen, Institutionen und privaten Vermögen an die Berücksichtigung der Auswirkungen von Investitionen zu erfüllen, vgl. *Barber/Morse/Yasuda* (2019), S. 3.
1535 Zu den Banken zählen beispielsweise die Triodos Bank, die EthikBank, die GLS Bank, die Steyler Bank oder die UmweltBank. Vgl. dazu auch die Erörterung der UmweltBank in Kapitel C.II dieses Herausgeberbandes.

ASSETS UND ASSET MANAGEMENT

vielfach bereit, über einen längeren Zeitraum finanzielle Renditen unter Marktniveau zu akzeptieren (vgl. Abschnitt 5). Zunehmend wächst auch bei Kleinanlegern das Interesse am wirkungsorientierten Investieren.

- **Stiftungen:** Sie sehen WI als neue Anlagemöglichkeit. Stiftungen nutzen Impact-Investitionen oft neben ihren traditionellen Bemühungen um Zuschüsse. Etwa 41 % der großen Stiftungen geben an, Investitionen explizit zur Erreichung ihrer programmatischen Ziele getätigt zu haben.[1536]

1723 In der EU sammeln laut GIIN fast 60 % des verwalteten WI-Vermögens Fondsmanager ein. Gut 20 % tragen institutionelle Anleger wie Pensionsfonds bei; 15 % verwalten Entwicklungsbanken.

1724 Die Weltbanktochter IFC hat 2019 für Investoren **allgemeine WI-Grundsätze** veröffentlicht.[1537] Die Vorgaben orientieren sich an den bereits existierenden Verfahren von Investoren sowie an Grundsätzen anderer Initiativen wie dem Impact Management Project (IMP)[1538]. Folgende **neun Prinzipien** existieren:

- Definition messbarer sozialer oder ökologischer Wirkungsziele;
- Verwaltung der strategischen Wirkung auf Portfoliobasis;
- Glaubhafte Schilderung und Wirkung, die der Vermögensverwalter erzielt;
- Darstellung der erwarteten Wirkung (ex ante): Was ist beabsichtigt, wer ist betroffen, wie ausgeprägt ist der erwartete Effekt;
- Bewertung und Verwaltung möglicher negativer Effekte;
- Laufende Überwachung der Investition (inkl. Maßnahmen, wenn erwartete Wirkung ausbleibt);
- Berücksichtigung der Folgen eines Ausstiegs aus der Investition;
- Überprüfung, Dokumentation und Veränderung von Entscheidungen und Prozessen auf Basis der Beobachtungen sowie
- Jährliche Veröffentlichung der Einhaltung der Prinzipien und unabhängige Überprüfung in regelmäßen Intervallen.

1536 Vgl. *Buchanan/Glickman/Buteau* (2015).
1537 Vgl. IFC (2019). Die Prinzipien wurden in Zusammenarbeit mit mehr als 15 Organisationen und 60 Investoren entwickelt, um Authentizität und Transparenz bei den Investoren zu fördern. Mithilfe der Prinzipien der IFC können Anleger die Auswirkung ihrer Strategien besser einschätzen. In Deutschland hat sich die KfW und ihre Tochter DEG den IFC-Prinzipien angeschlossen.
1538 Vgl. https://impactmanagementproject.com – ein Netzwerk, das ein Konsens für die globale Konvergenz der Wirkungsberichterstattung und der Messstandards erzielen will.

Die IFC gibt aber keine spezifischen Praktiken vor, sodass die Prinzipien für die Investoren schwer anwendbar sind. Ziel soll es vielmehr ein, dass Investoren bei der Umsetzung voneinander lernen.

4. Vermögensklassen und Produkte

Bei WI kann es sich um Investitionen in

- Unternehmen
- Organisationen,
- Projekte und
- Fonds

handeln. Tabelle E.11 zeigt unter Verwendung der in Abschnitt 3.c dargestellten Sektoren, welche Produkte und Vermögensklassen im Allgemeinen zum Einsatz kommen.

WI-Sektoren	WI-Produkte und Vermögensklassen
Nahrungsmittel und nachhaltige Landwirtschaft	• Offene Impact Fonds • Environmental Impact Bonds
Erneuerbare Energien	• Green Bonds • Environmental Impact Bonds • Offene Impact Fonds • Social Impact Fonds
Basisdienstleistungen, einschließlich Wohnen, Gesundheitsversorgung und Bildung	• Social Impact Bonds / Sozialer Wirkungskredit • Direktinvestitionen (Beteiligungen)
Mikrofinanzierung sowie Finanzdienstleistungen	• Mikrofinanzfonds • Direktinvestitionen (Beteiligungen)

Tabelle E.11: WI-Sektoren und -Produkte (Quelle: eigene Darstellung)

Wirkungsorientierte Investitionen können über verschiedene **Vermögensklassen** hinweg getätigt werden. In Frage kommen hauptsächlich Geldanlagen und Investitionen in Form von:

- Eigenkapital (Aktien oder geschlossene Unternehmensanteile),
- Fremdkapital (vorrangige oder nachrangige Darlehen oder Anleihen),
- dem Mezzanine-Kapital (Mischform aus Eigen- und Fremdkapital),
- Bürgschaften oder

ASSETS UND ASSET MANAGEMENT

- Garantien.
- Zuschüsse und Unterstützungsleistungen.

1728 Das Spektrum an **Anlageformen** ist breit. WI kann sowohl mit liquiden Anlageprodukten der Finanzbranche betrieben werden als auch mit illiquiden Investitionen. Dies erfolgt dann z. B. in Sozialunternehmen, Start-ups, Immobilien oder auch Windparks, nachhaltig wirtschaftenden Plantagen und anderen Sachanlagen. Einen nicht geringen Teil machen Produkte des grauen Kapitalmarktes aus (vgl. Abbildung E.22).

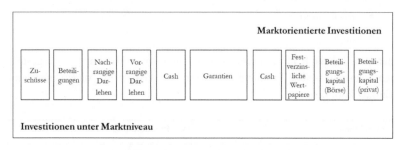

*Abbildung E.22: Vermögensklassen und Renditespektrum
(Quelle: eigene Darstellung nach GIIN (2020)[1539])*

1729 In Abgrenzung zu marktlichen Investitionen in Form von festverzinslichen Wertpapieren, Risikokapital und privatem Beteiligungskapital liegen die Renditen beim wirkungsorientierten Investitionen häufig unter Marktzinsniveau. Die Renditeerwartung des WI-Investors sollte aber mindestens zum Kapitalerhalt führen (vgl. Abschnitt 5).

1730 Im Folgenden werden einige Finanzinstrumente vorgestellt.[1540]

a) Green Bonds

1731 **Green Bonds** (GBs) sind zu einer der sich am schnellsten entwickelnden Anlageklassen geworden. Der Markt ist stetig gewachsen: Von 17 Mrd. EUR im Jahr 2014 auf 1,2 Bill. Euro im Frühjahr 2020. Damit haben sich grüne Anleihen

---

1539 Vgl. https://thegiin.org/impact-investing/need-to-know/#what-is-impact-investing
1540 Eine gute Datenbank zu den WI-Finanzierungsinstrumenten bietet die International Capital Market Association (ICMA) – ein internationaler Branchenverband für Kapitalmarktteilnehmer. Vgl. https://www.icmagroup.org/green-social-and-sustainability-bonds/green-social-and-sustainability-bonds-database#HomeContent

innerhalb kürzester Zeit als eigenständige Anlageklasse etabliert. GBs sind in Deutschland besonders beliebt.[1541]

Grüne Anleihen sind konzeptionell sehr unkompliziert: standardisierte festverzinsliche Instrumente, bei denen die Emissionserlöse zur Finanzierung eines bestimmten ökologischen Projektes zweckgebunden sind. Häufig werden die Gelder für klimabezogene Projekte (wie z. B. für den Bau von Photovoltaikanlagen, Windparks oder energieeffiziente Häuser) verwendet. Die Anleger erhalten Zinszahlungen und am Ende der Laufzeit erhalten sie ihr Kapital zurück. Das Risiko hängt vom Emittenten, insbesondere seiner Bonität ab. Daher ist eine Analyse des Emittenten sehr wichtig (vgl. Abschnitt 6.d).[1542]

Jenseits dieses Konzepts wird die Realität grüner Anleihen jedoch ziemlich unscharf. Eine einheitliche Definition für die Kriterien einer grünen Anleihe existiert nicht. Im Zuge der Entwicklung des Green-Bond-Marktes haben sich vielmehr mehrere Interpretationen herausgebildet.[1543] Für den Impact-Anleger ist es immer noch unklar, wie aus einem Bond ein Green Bond wird. Häufig erfüllen GBs die in Abschnitt 2 dargestellten **Intentions- und Kausalitätskriterien** nicht. Für Investoren, die mit grünen Anleihen einen Impact-Investmentansatz verfolgen, sind GBs in der Regel nicht grün genug.

Die grünen Anleihen, die ein breiteres Verständnis von nachhaltiger Entwicklung und zum Beispiel stärker auf die biologische Vielfalt oder sogar auf soziale Fragen konzentrieren sind noch rar. Hier gibt es mittlerweile enge Überschneidungen mit den Social Impact Bonds.

Environmental Impact Bonds (EIB) sind ein innovatives und aufstrebendes Finanzinstrument. Private Investitionen werden zur Unterstützung von Umweltprogrammen mit hoher Wirkung genutzt, bei denen die Rückzahlung an bestimmte Leistungsergebnisse gekoppelt ist. Analog wie beim Social Impact Bonds werden die gleichen Prinzipien verwendet (vgl. Abschnitt 4.c).

1541 Vgl. hierzu auch die Darstellung in den vorangegangenen Kapiteln E.V und E.VI dieses Herausgeberbandes.
1542 Einzelne Emittenten lassen beispielsweise die Wirkung für erneuerbare Energien vom gemeinnützigen Zentrum für Sonnenenergie- und Wasserstoffforschung (https://www.zsw-bw.de) umfassend evaluieren und zertifizieren.
1543 Eine Anleihe gilt im Allgemeinen als »grün«, wenn sie die Green Bond Principles der ICMA erfüllt und die Einhaltung dieser Prinzipien bei Emission der Anleihe von unabhängiger Seite bestätigt wird.

b) Offene Impact Fonds

1736 Aktien-, Misch- und Rentenfonds mit dem Namenszusatz »Impact« sind in der Regel auf alle ESG-Kriterien (Umweltschutz, Soziales, Governance) ausgerichtet. Häufig fungieren diese Fonds auch als **Themen- oder Branchenfonds** (z. B. Gender Equality, Clean Water oder Clean Energy). Der Investmentansatz basiert entweder auf dem Ein- oder Ausschluss- oder Best-In-Class-Prinzip. Je nach Kapitalverwaltungsgesellschaft sind einzelne Nachhaltigkeitsziele noch näher bestimmt.

1737 Bei den diversifizierten Finanzprodukten stellt sich die generelle Frage, wie die Investments die o. g. WI-Kriterien erfüllen können. Das betrifft vor allem die Kriterien der Kausalität und Messbarkeit der direkten sozialen, ethischen und/oder ökologischen Wirkung.

1738 Ökobanken haben Investmentfonds aufgelegt, die weitgehend der Definition von WI entsprechen (z. B. in den Bereichen der Kreislaufwirtschaft oder Klima/Energie). Als Gradmesser für die Wirkung zieht das Geldhaus den so genannten »ökologischen Fußabdruck« heran.[1544] Eine Reihe weiterer Banken und Finanzdienstleister haben WI-Fonds im Programm.

c) Social Impact Fonds

1739 **Social Impact Fonds** gelten als exemplarisch für den WI-Markt. Bei ihnen wird die höchste Wirkung vermutet, obwohl doch gerade im sozialen Bereich die Wirkung grundsätzlich schwerer zu messen ist als in anderen Feldern (vgl. Abschnitt 6). Häufig findet High-Impact-Investing in junge Sozialunternehmen und ökologisch ausgerichtete Unternehmen statt.[1545] Hinter Social Impact Fonds stehen nicht selten Risikokapitalgesellschaften. Sie treten als Vermittler zwischen Start-ups und Investoren auf. Von diesen »Intermediären« gibt es in Deutschland bisher nur wenige.

1740 Bei den meisten Fonds handelt es sich um sogenannte Europäische Fonds für soziales Unternehmertum (EuSEF). Hierfür gelten spezielle Anforderungen.[1546] EuSEF bezwecken eine gezielte Anlage in Unternehmen mit besonderen sozialen Zielen. In Deutschland gibt es nur einen Fondsanbieter.

[1544] Dieser gibt an, wie viel geringer der CO2-Ausstoß oder der Wasserverbrauch durch die Investition ausfällt oder wie viel weniger Müll entsteht. Vgl. dazu auch die Diskussion in Kapitel B.V. dieses Herausgeberbandes.

[1545] Für einen Überblick und einen Rahmen für SIBs vgl. *Scognamiglioa/Di Lorenzob/Sibilloc/Trottad* (2019).

[1546] In der Regel müssen Anleger eine Mindestanlagesumme von 100.000 Euro aufbringen. Damit scheiden Kleinanleger in der Regel als Investoren aus.

Bei **Social Impact Bonds** (SIBs) – in Deutschland auch sozialer Wirkungskredit (SWK) genannt – handelt es sich um Anleihen, mit deren Emissionserlös Unternehmen finanziert werden, die einen gesellschaftlichen Mehrwert erbringen können. Mit dem SIB werden das Geld von private Kapitalgebern genutzt, um soziale Dienstleistungen vorzufinanzieren. Die Besonderheit besteht im Vertragsmechanismus (Pay-for-Impact-Basis): Werden vorab definierte Wirkungen erzielt, erhält der Investor vom öffentlichen Kostenträger das eingesetzte Geld mit einer Verzinsung zurück.[1547]

Für die genaue **Bewertung des SIB-Erfolgs** werden genaue Ziele definiert: so sollen beispielsweise mit dem SIB-Laufzeitende mindestens 40 % der betreuten Frauen zumindest 20 Stunden pro Woche angestellt sein. Wird das definierte Ziel erreicht, zahlt der Staat das Geld mit kleiner Rendite an die privaten Geldgeber zurück. Die Rendite resultiert somit aus den Einsparungen, die sich die sozialen Einrichtungen bzw. die Sozialversicherung durch die Eingliederung der Frauen ersparen. Wird das Ziel nicht erreicht, gibt es keine Rückzahlung. Das investierte Kapital ist dann als philanthropischer Beitrag zu interpretieren.

Emittenten von Social Impact Bonds sind zum Beispiel Städte, Landesbanken, Banken, aber auch Unternehmen. Es gibt Anleihen, mit deren Erlös sozialer Wohnbau finanziert wird, aber auch Forschungseinrichtungen und Unternehmen im Gesundheitsbereich sind unter den finanzierten Objekten zu finden.

Angesichts der Unsicherheit bei der Kapitalrückzahlung ist der SIB-Markt noch recht überschaubar. Es gibt nur einen kleinen Investorenkreis, die sich SIBs angesichts des Risikos eines Totalverlusts »leisten« können.

d)   Mikrofinanzfonds

Mikrofinanz ist der Oberbegriff für Finanzdienstleistungen für einkommensschwache Menschen. In erster Linie handelt es sich um die Vergabe von Kleinkrediten in Schwellen- und Entwicklungsländern. Die Kredite sollen etwa bei der Existenzgründung oder -sicherung helfen.[1548]

Mikrofinanzfonds vergeben das Kapital der Anleger an sogenannte Mikrofinanzinstitute in den jeweiligen Ländern. Sie erwerben **unverbriefte Darlehensforderungen**. Die Institute verleihen das Geld an Menschen, die von Banken abgewiesen werden, weil die Kreditwürdigkeit zu gering scheint. Der

---

1547 Vgl. *Broccardo/Mazzuca/Frigotto* (2020).
1548 Prominenter Vorreiter bei Mikrofinanzdienstleistungen ist der Wirtschaftsprofessor Muhammad Yunus. Er gründete in den 1980er-Jahren in Bangladesch die Grameen Bank für Kleinkredite.

Schwerpunkt liegt also in der finanziellen Inklusion. In Deutschland gibt es insgesamt sechs Mikrofinanzfonds.

1747 Via Mikrofinanzfonds oder auch direkt werden die Mikrofinanzinstitute vor allem von Nichtregierungsorganisationen (NGOs), Stiftungen sowie Kreditgenossenschaften finanziert.

1748 Die Wirkungsmessung erfolgt meist über den so genannten »Outreach« der Mikrofinanzinstitute, d. h. wie viele Kleinstunternehmer in welchen Ländern Kredite erhalten, wie hoch die Kredite im Schnitt sind, wie hoch der Frauen- und Männeranteil unter den Empfängern ist oder wie viele davon in der Stadt oder auf dem Land leben.

1749 Mit den jüngsten Nobelpreisträgern Esther Duflo, Abhijit Banerjee und Michael Kremer wurden Entwicklungsökonomen geehrt, die eine als Randomized Controlled Trials (RCT) bezeichnete Methode v. a. im Mikrofinanzbereich etabliert haben.[1549] In Abschnitt 6.b werden diese als experimentelle oder quasi-experimentelle Methoden bezeichnet.

e) Beteiligungen

1750 WI spielt sich zu einem großen Teil am **grauen Kapitalmarkt** ab. Direkte Unternehmensbeteiligungen, Darlehen mit Nachrangabrede, Genussrechte, Namensschuldverschreibungen – das Angebot an Finanzprodukten für Beteiligungen ist vielfältig. Auch Crowdinvesting findet abseits des regulierten Finanzmarktes statt. Hierbei handelt es sich um Online-Marktplätze[1550], in denen das Geld mit Impact-Absicht angelegt werden kann.

1751 Die Risiken solcher Investitionen sind für Anleger oft nicht zu überblicken, Renditeversprechen schwer zu hinterfragen. Die Bundesanstalt für **Finanzdienstleistungsaufsicht (BaFin)** prüft die Produkte des grauen Kapitalmarktes, und zwar ob die Anbieter alle vorgeschriebenen Angaben zu ihren Produkten machen. Sie durchleuchtet diese Angaben aber nicht auf ihre Richtigkeit; und sie schaut auch nicht auf die Wirtschaftlichkeit der Projekte. In Deutschland sind vor allem Fälle von Umweltprojekten bekannt, wo Anleger ihr Geld

---

1549 Bei den RCTs werden Menschen nach dem Zufallsprinzip, also randomisiert, in so genannte Treatment- und Kontrollgruppen eingeteilt, leben aber sonst weiter ihr normales Leben. Die Treatment-Gruppe erhält einen Kleinkredit. Nach einem Zeitraum sollen die Unterschiede in den Gruppen zeigen, welche Auswirkungen der Mikrokredit hat.

1550 In Deutschland gibt es beispielsweise Plattformen wie ethichub.com oder Baumvermögen.de

nicht mehr zurückbekommen haben. Auch bei Beteiligungen mit sozialem Impact ist ein Scheitern nicht selten zu beobachten. Hier ist es dann vor allem die fehlende Kontrolle, die diese Investments risikoreich erscheinen lassen.

In die Kategorie der Beteiligungen fallen auch die Regionalwert-Gesellschaften. Bundesweit gibt es fünf. Sie finanzieren Kleinunternehmen in ihrer Region; in der Mehrzahl sind es Existenzgründungen, Landwirtschafts-, Produktions- und Dienstleistungsbetriebe, die auf Basis von ethisch-ökologischen Prinzipien arbeiten.

5. Performance

Die Performance von WI-Projekten lässt sich in Bezug auf die sozialen und/oder ökologischen Wirkungen und den finanziellen Wirkungen unterscheiden. Dabei wird im Folgenden nach den Erwartungen und den tatsächlichen Realisationen differenziert. Der Schwerpunkt des Abschnitts liegt auf der finanziellen Performance. Mit den gesellschaftlichen Wirkungen beschäftigt sich der anschließende Abschnitt.

a) Erwartete Performance und Risiken

Bezüglich der Höhe der finanziellen Rendite im WI gehen die Meinungen auseinander, denn jeder Investor hat seine eigenen Erwartungen. Angesichts der Bandbreite der beteiligten Vermögensverwalter ist es nicht überraschend, dass die Auswirkungen für die Anleger auch davon abhängen, ob sie explizit Investitionen mit unter dem Marktrisiko liegenden erwarteten Renditen akzeptieren. Das GIIN schätzt im Rahmen ihrer jährlichen Umfrage, dass 34 % der Impact-Investoren **Renditen unterhalb der Marktrendite** anstreben, während der Rest darauf abzielt, marktgerechte Renditen zu erzielen und gleichzeitig soziale oder ökologische Auswirkungen zu verfolgen (vgl. Abbildung E.23).[1551]

Nach GIIN-Angaben steuern 84 % der Fondsmanager auf Marktniveau liegenden risikoadjustierte Renditen hin. 16 % rechnen mit Ergebnissen darunter. Ein umgekehrtes Bild zeigt sich bei Stiftungen: 29 % verfolgen als Ziel den Marktschnitt, 71 % haben geringere Renditen im Auge. 15 % aller Investoren – befragt wurden neben Fondsmanagern und Stiftungen auch andere – erwarten ein leichtes Plus, nahe am Kapitalerhalt.[1552]

1551 Vgl. *GIIN* (2019a).
1552 Vgl. *GIIN* (2019a).

ASSETS UND ASSET MANAGEMENT

1756 Nach Auskunft von GIIN gibt 90 % der Befragten an, dass sie sowohl ihre Erwartungen hinsichtlich der Auswirkungen als auch der finanziellen Leistungsfähigkeit ihrer bisherigen Investitionen erfüllt oder übertroffen haben (vgl. Abbildung E.24). Die Zufriedenheit mit der Performance variiert allerdings leicht je nach Segment der Befragten sowie der Vermögensklassen.

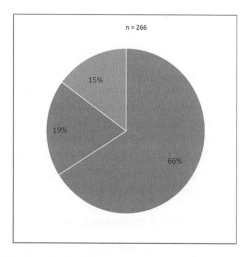

Abbildung E.23: Angestrebte Renditeerwartungen
(Quelle: eigene Darstellung nach GIIN (2019a), S. 33)

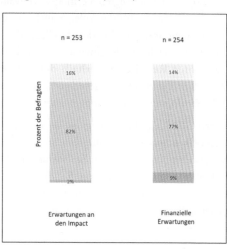

Abbildung E.24: Performance in Relation zu den Erwartungen
(Quelle: eigene Darstellung nach GIIN (2019a), S. 34)

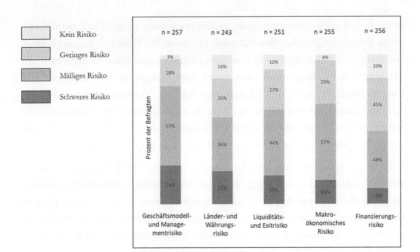

*Abbildung E.25: Ausgewählte Portfoliorisiken
(Quelle: eigene Darstellung nach GIIN (2019a), S. 35)*

Neben den Renditen bewerten Investoren auch das Risiko, wenn sie Investitionen tätigen und verwalten. Im Zeitverlauf geben die Befragten (26 %) durchweg immer das »Geschäftsmodellrisiko« und das »Managementrisiko« als das größte Risiko für ihre Portfolios an (vgl. Abbildung E.25). Etwa ein Fünftel der Befragten schätzt auch »Länder- und Währungsrisiken« sowie »Liquiditäts- und Exit-Risiken« als schwerwiegend ein.

b) Realisierte Performance und Zahlungsbereitschaft

In mehreren Studien wird untersucht, ob Impact-Investoren in der Praxis geringere Renditen erzielen als ihre kommerziellen Gegenspieler. Für die stärker WI-entwickelten anglo-amerikanischen Märkte kann gezeigt werden, dass besonders nachhaltige Unternehmenskonzepte auf langfristige Sicht höhere Renditen erzielen als Geschäftsmodelle, die die Umwelt weiterhin stark belasten oder aus sozialer Sicht inakzeptabel sind. So untersuchen Gray et al. die **Finanzdaten von 53 Private-Equity-Impact-Fonds**. Sie argumentieren, dass Impact-Investoren wettbewerbsfähige finanzielle Renditen erzielen können.[1553]

Im Gegensatz dazu finden Barber et al. heraus, dass selbst proklamierte Impact-Fonds (Private Equity/Private Debt) im Durchschnitt 4,7 % (ex post) geringere interne Renditen als ihre kommerziellen Gegenspieler (Venture Capital Fonds) erzielen. Die Zahlungsbereitschaft (Willingness To Pay, WTP) für den Impact

---

1553 Vgl. *Gray/Ashburn/Douglas/Jeffers* (2015).

ist nicht bei allen Investorentypen gleich hoch ausgeprägt. Fünf bemerkenswerte Investorengruppen sind mit einer positiven WTP für den Impact hervorzuheben, d. h. sind bereit für ihre Investitionen eine Rendite unterhalb der Marktrendite zu akzeptieren. Dies sind Entwicklungsorganisationen und Stiftungen. Nach Barber et al. sind aber auch Banken, Versicherungen und Pensionsfonds bereit, für den Impact auf Rendite zu verzichten. Die Zahlungsbereitschaft für den Impact variiert je nach rechtlichem und regulatorischem Umfeld, der geographischen Lage der Investoren und auch im Zeitablauf.[1554]

1760 Brest et al. argumentieren, dass Investoren, um eine wirkliche Wirkung zu erzielen, Geld oder Unterstützung für soziale Unternehmen bereitstellen müssen, die ohne die Investoren nicht gewährt worden wären.[1555] Aus diesen Gründen argumentieren sie, dass viele Impact-Investitionen unter der Marktrendite liegen müssen, da diejenigen, die marktübliche Renditen bieten, wahrscheinlich auch ohne Impact-Investoren finanziert worden wären.

1761 Oehmke und Opp formalisieren die Idee, dass Impact-Investoren sich auf Möglichkeiten konzentrieren müssen, die von kommerziellen Investoren nicht finanziert würden.[1556] Auf diese Weise maximieren sie ihre Wirkung. Sie untersuchen, wie sich die Bemühungen von Impact- und kommerziellen Investoren ergänzen können. Alternativ können Impact-Investoren ihre Wirkung durch andere oder bessere nicht-monetäre Unterstützung als kommerzielle Investoren erzielen.

6. Wirkungsmessung, Investitionszyklus und Investmentansatz

1762 Bei den allgemeinen IFC-Prinzipien spiel die Wirkungsmessung eine zentrale Rolle (vgl. Abschnitt 3.d). In der Praxis gibt es bisher noch keinen einheitlichen Ansatz zur Wirkungsmessung bei Impact-Investments. Es stehen eine Vielzahl von Methoden und Kennzahlen zur Verfügung. Im Folgenden werden zunächst verschiedene **Quantifizierungsansätze** von Impact-Resultaten und -Folgen diskutiert. Inzwischen legen die Anleger einen großen Wert auf das Impact-Management. Mögliche Bausteine eines effektiven Impact-Managements werden anschließend vorgestellt.

1554 Vgl. *Barber/Morse/Yasuda* (2019).
1555 Vgl. *Brest/Gilson/Wolfson* (2016).
1556 Vgl. *Oehmke/Opp* (2020).

a) Wirkungsmessung

Beim WI müssen die Wirkeffekte möglichst nachweisbar und damit quantifizierbar sein. Doch wie kann festgestellt werden, ob die Investitionen tatsächlich positive Auswirkungen auf ihre Zielgruppen haben? Die Messung der Auswirkungen ist keineswegs eine triviale Aufgabe.

Drei methodische Aspekte sind hervorzuheben: Da ist zunächst die Frage der **Kausalität**. Investoren würden gerne wissen, ob mögliche Verbesserungen der Ergebnisse durch ihre eigene Anstrengung oder stattdessen durch andere begründende Faktoren verursacht wurden.[1557] Der Eckpfeiler der meisten Methoden ist die Wertschöpfungskette der Auswirkungen, wie sie in Abbildung E.26 dargestellt ist.[1558] Die fünf Stufen der Kette decken alle Aspekte ab, angefangen bei den Ressourcen, die als Inputs verwendet werden, bis hin zu den Ergebnissen der Investition. Ein Schlüsselelement dieses ganzheitlichen Ansatzes ist die Unterscheidung zwischen Output und Ergebnissen. Letzteres stellt die Basis für die Messung der Wirkungen dar.

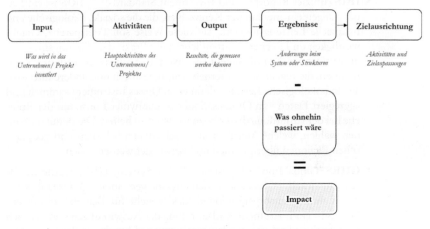

Abbildung E.26: Wertschöpfungskette der Auswirkungen
(Quelle: Eigene Darstellung nach Dufour (2019), S. 20)

Zudem gibt es die Frage der **Vergleichbarkeit**. Üblicherweise wird die wirtschaftliche Leistung mit Hilfe von Standardindikatoren, wie z. B. Marktrendite oder Börsenwert, gemessen und mit einer gemeinsamen Norm verglichen, wie z. B. der durchschnittlichen Performance der Branche. Die Herausforderung

---

1557 Vgl. *Duflo/Glennerster/Kremer* (2008).
1558 Vgl. auch *GIIN* (2016).

beim WI besteht darin, wie man die Ergebnisse von Projekten, die unterschiedliche Bereiche wie Bildung, Gesundheit oder Ökologie abdecken, gegenüberstellen soll. Und schließlich geht es um die mit der WI-Messung verbundenen Aufwendungen.

1766 Auf einer eher grundsätzlichen Ebene können wir zwischen zwei allgemeinen Ansätzen zur Wirkungsmessung unterscheiden: **standardisierte und projektspezifische Messansätze**.[1559] Im Folgenden werden die Standardmethoden und Kennziffern vorgestellt. Zudem werden alternative Methoden zur Wirkungsmessung vorgestellt. Ziel soll es sein, Praktiken der Wirkungsmessung kennenzulernen, die Organisationen helfen können, soziale und wirtschaftliche Ziele miteinander zu verbinden.

aa) Standardisierte Messansätze

1767 Im Folgenden werden die wesentlichen standardisierten Instrumente zur Wirkungsmessung vorgestellt:

- **IRIS** (Impact Reporting and Investment Standards)[1560]: IRIS ist ein Katalog allgemein anerkannter Kennzahlen, die die soziale, ökologische und finanzielle Leistung messen. Auf diese Weise soll Transparenz, Glaubwürdigkeit und Rechenschaftspflicht in der Praxis der Wirkungsmessung unterstützt werden. IRIS dient als Taxonomie mit standardisierten Definitionen, die regeln, wie Unternehmen, Investoren und andere ihre soziale und ökologische Leistung definieren. Dieses Instrument sammelt und aggregiert Daten von Organisationen in anonymer Form, um der Branche bei der Ermittlung dieser Bezugsgrößen zu helfen. Die Benutzer können wählen, welche Metriken in verschiedenen Sektoren und geografischen Regionen übernommen und verwendet werden sollen.

- **GIIRS** (Global Impact Investment Rating System): GIIRS wurde von B-Lab entwickelt.[1561] Es handelt sich um eine gemeinnützige Organisation, die Wohltätigkeitsorganisationen (das B steht für Benefiz) zertifiziert. GIIRS ist ein Instrument zur Bewertung der Auswirkungen und zugleich eine Analyseplattform, die Unternehmen und Fonds auf der Grundlage ihrer sozialen und ökologischen Performance bewertet. GIIRS-Ratings sind der »Goldstandard« für Fonds, die die Auswirkungen ihres Portfolios mit der gleichen Strenge verwalten wie ihre finanzielle Performance.

1559 Wenn es um die Frage des nachhaltigen Investierens geht (also die bloße Gegenüberstellung des Investments mi den 17 SDGs), gibt es eine Vielzahl von anderen Messansätzen und Ratings (vgl. DVFA 2020). Diese Ansätze spielen beim WI nur am Rande eine Rolle.
1560 Vgl. https://iris.thegiin.org/metrics/
1561 Vgl. https://b-analytics.net/

GIIRS verwendet IRIS-Kennzahlen in Verbindung mit zusätzlichen Kriterien, um ein Gesamtrating auf Unternehmens- oder Fondsebene sowie gezielte Teilratings in den Kategorien Unternehmensführung, Arbeitnehmer, Gemeinschaft, Umwelt sowie sozial- und umweltorientierte Geschäftsmodelle zu erstellen. Es werden auch Daten generiert, die die Benchmark-Berichte der Wirtschaft speisen.

- **BIA** (B Impact Assessment)[1562]: Die BIA bewertet die gesamte soziale und ökologische Leistung eines Unternehmens, indem die Auswirkungen auf alle Interessengruppen über eine Online-Plattform gemessen werden. Die BIA variiert je nach Sektor und Markt, in dem der Fonds oder das Unternehmen tätig ist. Die BIA liefert ein Urteil (durch eine objektive, umfassende Bewertung) darüber, wie bedeutend die aktuellen Auswirkungen eines Unternehmens sind. Sie wird häufig mit Berichtssystemen oder Definitionsrahmen verwechselt, in denen detailliert beschrieben wird, wie ein Unternehmen bei der Erhebung dieser Auswirkungsdaten vorgehen sollte.

- **SASB Standards** (Sustainable Accounting Standards Board)[1563]: Das Sustainable Accounting Standards Board ist eine unabhängige, privatwirtschaftliche Standardsetter-Organisation. Sie setzt sich für die Steigerung der Effizienz der Kapitalmärkte ein, indem sie die qualitativ hochwertige Offenlegung von wesentlichen Nachhaltigkeitsinformationen fördert, die den Bedürfnissen der Investoren entsprechen. Das SASB entwickelt und pflegt Standards für die Nachhaltigkeitsbilanzierung (für 79 Branchen in 11 Sektoren).[1564] Sie unterstützen bei der Offenlegung wesentlicher Informationen in einem kostengünstigen und entscheidungsnützlichen Format. Der transparente, integrative und rigorose Standardsetzungsprozess des SASB ist auf Wesentlichkeit ausgerichtet, evidenzbasiert und marktnah. Die SASB-Standards sind freiwillig und stellen kein neues Regelwerk dar. Sie werden von der Europäischen Kommission als ein geeigneter Rahmen für Unternehmen zur Bereitstellung von Informationen für Investoren anerkannt.

- **GRI Standards** (Global Reporting Initiative)[1565]: Die Global Reporting Initiative mit Sitz in den Niederlanden hat sich zum Ziel gesetzt, die Nachhaltigkeitsberichterstattung zur Standardpraxis zu machen, damit alle Unternehmen und Organisationen über ihre wirtschaftlichen, ökolo-

---

1562 Vgl. https://bimpactassessment.net/
1563 Vgl. https://www.sasb.org/
1564 Der Fokus des SASB auf die finanzielle Wesentlichkeit führt zu einer Reihe von branchenspezifischen Offenlegungen (durchschnittlich fünf Themen und 13 damit verbundene Kennzahlen pro Branche).
1565 Vgl. https://www.globalreporting.org/standards

gischen, sozialen und Governance-Leistungen und -Auswirkungen berichten.[1566] Ihr Messinstrument, die GRI-Standards, nimmt eine globale Perspektive auf die öffentliche Berichterstattung über eine Reihe von wirtschaftlichen, ökologischen und sozialen Auswirkungen ein. Es liefert Informationen zum positiven oder negativen Beitrag einer Organisation zur nachhaltigen Entwicklung. Die modularen, miteinander verbundenen GRI-Standards sind in erster Linie als Set konzipiert, um einen Nachhaltigkeitsbericht zu erstellen, der sich auf wesentliche Themen konzentriert. Die drei universellen Standards werden von jeder Organisation oder jedem Unternehmen verwendet, die einen Nachhaltigkeitsbericht erstellen. Die Institution kann auch aus themenspezifischen Standards auswählen. Sie verwendet eine proprietäre Definition von Wesentlichkeit, die allen Interessengruppen (nicht nur Aktionären) dient.

- **IIRC** (International Integrated Reporting Council)[1567]: Das IIRC ist eine globale Koalition von Regulierungsbehörden, Investoren, Unternehmen, Standardsetzern, Rechnungslegungsexperten und Nichtregierungsorganisationen. Das Rahmenwerk wendet Prinzipien und Konzepte an, die darauf ausgerichtet sind, den Berichtsprozess kohärenter und effizienter zu gestalten und das »integrierte Denken« als Mittel zur Auflösung von Silos und zur Reduzierung von Doppelarbeit zu übernehmen. Es verbessert die Qualität der Informationen, die den Kapitalanbietern zur Verfügung stehen, um eine effizientere und produktivere Kapitalallokation zu ermöglichen. Der Rahmen ist in 11 Sprachen verfügbar.

1768 Die Standardisierung ermöglicht eine bessere Vergleichbarkeit der einzelnen Wirkungsbewertungen, die durch ihre offene Art die Messkosten tendenziell reduzieren. Diese standardisierten Instrumente befassen sich jedoch nicht mit der Frage der Kausalität, d. h. mit der Frage, ob Veränderungen in den Zielen dieser Unternehmen durch die von den Unternehmen selbst konzipierten und durchgeführten Maßnahmen verursacht wurden.

bb) Projektspezifische Messansätze

1769 **Projektspezifische Ansätze** zur Folgenabschätzung versuchen, diese Lücke zu füllen, indem sie sich auf Variablen konzentrieren, die eher mit Interventionen auf Unternehmensebene zu tun haben. Damit kommen Verfahren zur Ermittlung der kausalen Wirkung des Projekts zur Anwendung. Um die Kausalität anzugehen, folgen einige Messtechniken dem **Prinzip der Zusätzlichkeit**. In

---

1566 GRI erhebt den Anspruch, der erste (seit 1997) und am weitesten verbreitete umfassende Standard für die Nachhaltigkeitsberichterstattung in der Welt zu sein.
1567 Vgl. https://integratedreporting.org/

diesem Fall bewerten die Investoren die Auswirkungen nicht nur unter Berücksichtigung der Performance des Projekts, sondern auch unter Berücksichtigung der kontrafaktischen Auswirkungen, d. h. was ohne die vom Unternehmen ausgelösten Maßnahmen geschehen wäre. Durch die Konzentration auf stärker individualisierte Messungen haben projektspezifische Ansätze tendenziell auch eine geringere Vergleichbarkeit. Ein Weg, die Vergleichbarkeit zu erhöhen, besteht darin, eine gemeinsame Metrik zu finden, um die Ergebnisse verschiedener Projekttypen zu bewerten,

Es bleibt jedem Produktanbieter selbst überlassen, wie genau er die verschiedenen Performance-Metriken erfasst – sei es qualitativ und/oder quantitativ. Einige haben eine übergreifende Messgröße, andere definieren wiederum je nach Projekt mehrere Leistungskennzahlen. Andere machen allgemeine Angaben.

Insgesamt ist die Realisierung eines wirkungsorientierten Vorgehens inklusive aller Umstrukturierungsprozesse, notwendigen personellen Ressourcen und der Datenerfassung bzw. -auswertung mit hohen Aufwendungen verbunden.

Häufig sind die verwendeten Methoden unübersichtlich. Zudem lassen sich einzelne Methoden nicht einfach skalieren. Auch wenn es standardisierte Messansätze gibt, reicht deren Standardisierung nicht aus. Auf diese Weise wird der Zugang für Investorengruppen erschwert. Die praktische Umsetzung für die Endbegünstigten – die eigentliche Zielgruppe – leidet darunter. Diese Defizite liegen in der Komplexität der Sache. Hinzukommen verschiedene Anforderungen zur Wirkungsmessung auf nationaler, europäischer oder internationaler Ebene.

b) Messziele und Investitionszyklus

Die Wirkungsmessung dient während des gesamten Investitionszyklus einer Reihe verschiedener Ziele. Die Autoren So und Staskevicius stellen fest, dass sich die Messaktivitäten logisch in **vier zentrale Messziele** gruppieren lassen:[1568]

- Abschätzung der Auswirkungen: Durchführung von Due-Diligence-Prüfungen vor der Investition;
- Auswirkungen der Planung: Ableitung von Metriken und Datenerhebungsmethoden zur Überwachung der Auswirkungen;
- Überwachung der Auswirkungen: Messung und Analyse der Auswirkungen zur Gewährleistung der Ausrichtung der WI-Mission;

1568 Vgl. *So/Staskevicius* (2015, S. 5).

ASSETS UND ASSET MANAGEMENT

- Evaluierung der Auswirkungen: Verstehen der gesellschaftlichen und ökologischen der Wirkungen nach der Investition.

1774 Diese vier Messziele greifen ineinander. Zusätzlich kann die Wirkungsmessung auch zur Berichterstattung über die Wirkung und zur Kommunikation mit verschiedenen Zielgruppen eingesetzt werden.

1775 Impact-Investoren setzen eine Reihe von Methoden ein, um die oben genannten Ziele zu verfolgen. Es können vier **Methoden der Wirkungsmessung** kategorisiert werden:[1569]

1. Die **erwartete Rendite** berücksichtigt den erwarteten gesellschaftlichen Nutzen einer Investition im Vergleich zu ihren Kosten, abgezinst auf den Wert des heutigen Werts. Diese erwartete Ertragsmetrik kann verschiedene Formen annehmen; Beispiele sind die soziale Rendite (Social Return on Investment, SROI), das Kosten-Nutzen-Relation und die wirtschaftliche Rentabilität.

2. Die Theorie des Wandels und ein **Logikmodell** erklären den Prozess der beabsichtigten gesellschaftlichen Auswirkungen. Insbesondere ist das Logikmodell ein gängiges Hilfsmittel, das zur Abbildung der Veränderung einer Organisation, einer Intervention oder eines Programms verwendet wird, indem es die Verbindung vom Input zu den Aktivitäten, zum Output, zu den Ergebnissen und schließlich zur Auswirkung skizziert (vgl. Abschnitt 6.a).

3. Die Methoden der **Missionsausrichtung** messen die Implementierung der Strategie im Laufe der Zeit anhand von Missions- und Endzielen; Beispiele hierfür sind soziale Wertkriterien und Scorecards, die zur Überwachung und Verwaltung wichtiger Leistungskennzahlen verwendet werden.

4. **Experimentelle & quasi-experimentelle Methoden** sind nachträgliche Evaluierungen, die einen randomisierten Kontrollversuch oder andere kontrafaktische Methoden verwenden, um die Auswirkung der Intervention im Vergleich zum Status quo zu bestimmen.

1776 Die Autoren So/Staskevicius heben die Unterschiedlichkeit der Investoren hervor. Dies betrifft ihre Erfahrungen und ihre eingesetzten Ressourcen. Es beeinflusst auch den Grad der Komplexität der Wirkungsmessung. Sie schlagen daher einen Rahmen vor, der für jede Stufe des Investors unterschiedliche integrierte Messmodelle vorsieht.

1777 Das ist zunächst das integrierte Best-Practice-Modell. Es eignet sich am besten für einen erfahrenen Impact-Investor. In diesem Modell gibt es im Vorinvestitionsprozess eine Reihe von Instrumenten zur Prüfung und zur Durchführung

---

1569 Vgl. *So/Staskevicius* (2015, S. 6).

der Due Diligence (z. B. Verwendung einer SROI-Berechnung zum Vergleich der Auswirkungen potenzieller Investitionen). Nach der Due-Diligence-Prüfung arbeitet der Investor mit dem Beteiligungsunternehmen zusammen. Dabei kommt es auf folgendes Aspekte an:

- Festlegung von Key Performance Indicators (KPIs), die auf der Monitoring Scorecard verfolgt werden;
- Sammeln und Analysieren von Daten zu den KPIs nach der Investition, um die Leistung der Organisation oder des Projekts in Bezug auf die gesellschaftlichen Auswirkungen zu überwachen;
- Falls erforderlich, Anwendung einer quasi-experimentellen Methodenevaluierung in der Evaluierungsphase.

Der Rahmen von So/Staskevicius enthält auch eine einfachere Version für diejenigen Investoren, die gerade erst anfangen. In einem ersten Schritt sollte ein Logikmodell entwickelt werden. Der Investor kann auf diese Weise den Weg zur Wirkung verstehen und bewerten. Die verschiedenen Ausprägungen sind in Abbildung E.27 zusammenfassend dargestellt.

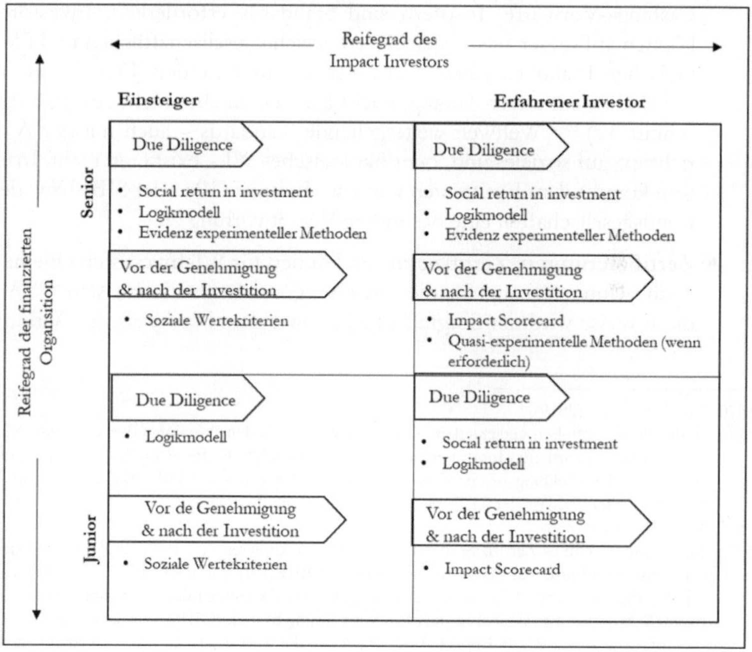

		Reifegrad des Impact Investors →	
		Einsteiger	Erfahrener Investor
Reifegrad der finanzierten Organsation	Senior	**Due Diligence** • Social return in investment • Logikmodell • Evidenz experimenteller Methoden	**Due Diligence** • Social return in investment • Logikmodell • Evidenz experimenteller Methoden
		Vor der Genehmigung & nach der Investition • Soziale Wertekriterien	**Vor der Genehmigung & nach der Investition** • Impact Scorecard • Quasi-experimentelle Methoden (wenn erforderlich)
	Junior	**Due Diligence** • Logikmodell	**Due Diligence** • Social return in investment • Logikmodell
		Vor de Genehmigung & nach der Investition • Soziale Wertekriterien	**Vor der Genehmigung & nach der Investition** • Impact Scorecard

Abbildung E.27: Integriertes Modell der Wirkungsmessung
(Quelle: eigene Darstellung nach So/Staskevicius (2015), S. 9)

ASSETS UND ASSET MANAGEMENT

c) Bausteine eines Impact-Managements

1779 Unter Impact-Management wird verstanden, verschiedene Impact-Erwägungen in jede Phase des Anlageprozesses zu integrieren. Auf diese Weise können die Auswirkungen einer Investition besser verstanden und der gesellschaftlichen, ethischen bzw. ökologische Nutzen während der gesamten Lebensdauer einer Investition verbessert werden.

1780 Die Rahmenbedingungen und Instrumente, die den Impact-Anlegern zur Verfügung stehen, können in fünf übergeordnete Kategorien eingeteilt werden (vgl. Tabelle E.12:[1570]

- **Ziele**: Investoren verstehen häufig nicht, wenn ein Investment auf die SDGs »ausgerichtet« ist, wie beispielsweise: Wann wird eine Anleihe zur grünen Anleihe.[1571] Hier ist eine präzisere Definition erforderlich. Nur auf dieser Grundlage können Impact-Investoren ihre Ziele und Absichten klarer kommunizieren, Erwartungen besser definieren und mehr Eigenverantwortung übernehmen.

- **Standards**: Wie schon mehrfach erwähnt, ist das bloße Abstellen auf ESG-Kriterien für ein WI nicht ausreichend. Hinzukommen »Greenwashing«-Vorwürfe. Insofern sind Standards erforderlich. Investoren können auf dieser Basis einschätzen, welche gesellschaftlichen und ökologischen Praktiken genau von ihnen erwartet werden. Das Regelwerk der IFC ist ein erster Anfang, reicht bei weitem aber nicht aus (vgl. Abschnitt 3.c).[1572] Weltweit weitergehende Standards – auch mit der Ausrichtung auf soziales und/oder ökologisches WI – existieren nicht. Insofern kommt dem Emittenten von zum Beispiel GBs oder SIBs bzw. den Fondsgesellschaften eine besondere Verantwortung zu.

- **Zertifizierungen**: Zertifizierungen können für WI-Investoren eine hilfreiche Unterstützung für die Bewertung der Investitionen sein.[1573] Auf diese Weise wird der Sorgfaltspflicht sowie dem Nachweis der Wirkung

---

1570 Vgl. *Levy/Jacobs* (2019).
1571 In der Praxis bestehen verschiedene Leitfäden, wie der zu den Prinzipien der Vereinten Nationen für verantwortliches Investieren (UNPRI), die Dutch SDG Investing Initiative und SDG Impact des Entwicklungsprogramms der Vereinten Nationen (UNDP). Alle sind sehr allgemein formuliert, sodass der Zielbezug des Investors nur abstrakt ist.
1572 Vgl. *IFC* (2019).
1573 Beispielsweise gibt es Zertifizierungen von folgenden Anbietern: die Building Research Establishment Environmental Assessment Method (BREEAM) für nachhaltige Immobiliengeschäfte, die Aeris Impact Management Ratings für die US-Gemeindeentwicklung sowie allgemeine Ratings wie das Global Impact Investing Rating System (GIIRS) für die Fondsmanagementbranche sowie das B Impact Assessment für die Zertifizierung von Unternehmen der Kategorie B (einer Klasse von Unternehmen, die sich am Impact orientieren). Oben erwähnt wurde bereits das gemeinnützige Zentrum für Sonnenenergie- und Wasserstoffforschung für den Bereich der erneuerbaren Energien.

Rechnung getragen werden. Es gibt eine Vielzahl von Zertifizierungsanbietern. Die Herausforderung besteht vielfach bei der Datengrundlage. Der Datenumfang ist meist beschränkt auf eine bestimmte Vermögensklasse. Aus diesem Grund sind flexiblere und zuverlässigere Zertifizierungen notwendig. Impact-Management-Strategien müssen für alle Vermögensklassen besser und genauer in Form von Zertifizierungen beurteilt werden können.

- **Methoden**: Hierunter sind Verfahren zu verstehen, wie die verschiedenen Dimensionen des WI beurteilt werden können. Das in Abschnitt 6.b dargestellte »Integrierte Modell der Wirkungsmessung« ist ein solches Verfahren. Viele Verwalter entwickeln eigene Methoden. Dies wird damit begründet, dass damit die individuellen Bedürfnisse besser erfasst werden.

- **Kennzahlen**: Mittlerweile liegen die in Abschnitt 6.a dargestellten Standardkennzahlensätze wie IRIS oder GRI vor. Allerdings sehen es viele WI-Investoren als sinnvoll an, diese Kennzahlen durch individuelle Indikatoren, qualitative Informationen und/oder zusätzliche externe Rahmenwerke und Standards zu ergänzen (vgl. Abbildung E.28).

Diese fünf Bausteine sollten im Allgemeinen in den verschiedenen Phasen des Impact-Management-Prozesses zum Einsatz kommen. Die Abbildung E.28 veranschaulicht für jede Kategorie (Umwelt, Soziales, Wirtschaft) eine Auswahl gängiger KPIs.

Kategorie	Beschreibung	Beispiele
Ziele	Verständigung auf gesellschaftliche und ökologische Absichten mit dem Ziel, Angebot und Nachfrage von Impact-orientiertem Kapital aufeinander abzustimmen	Ziele für nachhaltige Entwicklung
Standards	Richtlinien, die eine gemeinsame Grundlage für die Bewertung von Anlegerpraktiken bereitstellen	Operating Principles
Zertifizierungen	Standardisierte Drittanbieter-Analysen zur präzisen Kommunikation gesellschaftlicher und/oder ökologischer Performance	Aeris Impact Management Ratings, BREEAM
Methoden	Verfahren und Instrumente zur Bewertung, Überwachung und Dokumentation in Bezug auf den Impact der Investition	Integriertes Modell der Wirkungsmessung
Kennzahlen	Standardisierte Definitionen für die Messung der Auswirkungen und den Vergleich der Investments	Global Reporting Initiative (GRI), IRIS, KPIs Individuelle Performance-Indikatoren

Tabelle E.12: Bausteine eines Impact Managements (Quelle: in Anlehnung an Franklin Templeton (2019))

ASSETS UND ASSET MANAGEMENT

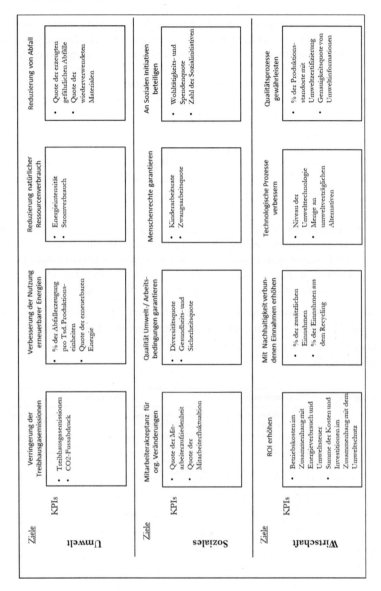

*Abbildung E.28: Auswahl an Performance-Indikatoren
(Quelle: eigene Darstellung nach Hristov/Chirico, 2019, S. 8)*

Mittels eines durchgängigen Impact Management kann WI noch effektiver und effizienter werden. Auf diese Weise erschließen sich den Investoren immer mehr Möglichkeiten, die gesellschaftlichen, ethischen und ökologischen Folgen ihrer Investitionen zu verstehen, zu lenken und zu verbessern.

7. Zusammenfassung

Investieren mit Wirkung ist keine kleine Nische mehr. Insgesamt wächst der WI-Markt. Institutionelle Anleger stehen als Investoren im Vordergrund. Für Privatanleger stehen derzeit noch wenige solcher Geldanlagen zur Verfügung.

Im Vergleich zu Investitionen auf Basis von ESG-Kriterien gehen die WI-Investoren weiter: Ihr Geld soll nicht nur Schlechtes anrichten, sondern etwas Gutes tun. Nachhaltigkeit hingegen bemisst sich daran, ob das Zielunternehmen ein ESG-Kriterium oder mehrere **ESG-Kriterien** erfüllt. Es kommt dabei nicht auf die langfristigen positiven Auswirkungen an, sondern auf eine historisch nachweisbare Beachtung von ESG-Vorgaben. Da in der Praxis der sehr dehnbare Nachhaltigkeitsbegriff verwendet wird, besteht die Gefahr, dass hier auch im WI-Gewässer gefischt wird.

Aufgrund des steigenden Kapitalangebots vieler Investoren besteht die Herausforderung, dieses Geld geeigneten Projekten zuzuführen, die den strengen WI-Kriterien überhaupt entsprechen. Hier ist es die Aufgabe der Vermögensverwalter darauf zu achten, dass die WI-Kriterien nicht verwischt werden.

Der Investor verbindet mit seinem Investment positive soziale, ethische und/oder ökologische Wirkungen. Diese Wirkungen sollen möglichst direkt, intendiert und nachweisbar sein. Maßgeblich ist die Messbarkeit dieser Wirkung. Wichtig ist, dass ein im weiteren Sinne gesellschaftlich relevanter Zweck ganz konkret und in einem räumlich und zeitlich abgesteckten Rahmen erfüllt wird. Verschiedene Studien zeigen, dass verschiedene Investoren für diesen Zweck bereit sind, niedrigere finanzielle Erträge zu akzeptieren, wenn dafür eine nachweisbare positive gesellschaftliche Wirkung erzielt wird.

Die Informationstiefe beim WI ist wesentlicher höher als bei (standardisierten) Nachhaltigkeitskonzepten, weil die Wirkungsorientierung nicht auf einen Parameter wie »Diversity im Management« zugespitzt werden kann.

Investoren müssen sich bei der Investitionsentscheidung mit folgenden Fragen beschäftigen: Welches Interesse habe ich? Welche Wirkung will ich erreichen? Welche Renditen erwarte ich? Aus jeder Frage ergibt sich eine Konkretisierung möglicher Projekte. Wie bei jedem Investment muss auch bei Anlagen mit Wirkungsorientierung ein **transparentes, plausibles Geschäftsmodell** von einem **seriösen, kompetenten Management** umgesetzt werden. Das zu beurteilen, ist keine Laiensache. Professionelle Investoren prüfen bei einem Projekt sehr viele Aspekte im Rahmen der umfassenden Due Diligence (vgl. Abschnitt 6.b). Häufig fehlte es noch an einer systematischen Verschränkung von fachlicher und unternehmerischer Wirkungsmessung. So könnten beispielsweise spezifische Wirkziele in der Pflege mit den Controllingprozessen der strategischen Unternehmensführung besser verbunden werden.

1789 In Deutschland ist der WI-Markt noch recht überschaubar. Das hängt auch mit der Tradition zusammen, wonach die Förderung des Gemeinwesens und der Solidargemeinschaft viel stärker beim Staat und den Wohlfahrtsorganisationen verortet wird. Doch auch in Deutschland wird in Zukunft mehr privates Kapital benötigt, um **gesellschaftliche Probleme** anzugehen. Aus diesem Grund ist es essentiell, dass es angemessene Strukturen für WI zu schaffen.

1790 Diese Strukturen sollten höhere Standards umfassen. Drei Aspekte sollen hervorgehoben werden:[1574]

- **Ziele und Bewertung**: Notwendig sind harmonisierte Standards für die Bewertung von Impact-Ansprüchen. Zudem sind Mechanismen bzw. Instrumente zu deren unabhängiger Überprüfung erforderlich (z. B. Impact Management Project). Nur ein auf dem Fondsprospekt platziertes Logo mit dem Verweis auf SDG oder ESG macht noch keinen Impact-Investor. Glaubwürdige Ansprüche an den erwarteten gesellschaftlichen Impact müssen sich aus einer rigorosen Due Diligence, klaren Leistungsmaßstäben, Konsultationen mit Endbegünstigten, genauer und unabhängig verifizierter Berichterstattung sowie relevantem Sektor-Benchmarking ergeben.[1575] Die Impact-Ansprüche müssen ebenso rechtmäßig und belastbar ausgestaltet sein wie die Angaben in formellen Geschäftsberichten. Längerfristig wird angestrebt, die IFRS-Berichterstattung der Unternehmen inhaltlich zu ergänzen, in dem neben der finanziellen Performance auch über die positiven und negativen nicht-finanziellen Auswirkungen berichtet wird.[1576]

- **Mitarbeiter**: Wichtig sind vor allem die Mitarbeiter, die eine gewisse Nähe zu den vor Ort zu lösenden Problemen mitbringen. Breit aufgestellte Teams erbringen tendenziell bessere Leistungen als homogene

---

1574 Vgl. *Trelstad* (2020).
1575 Die jüngsten Initiativen des Impact Management Project zur Harmonisierung der unübersichtlichen Akronyme (wie etwa IRIS, GIIRS und GRI) können nur ein erster richtiger Schritt sein.
1576 Vgl. *Braig/Edinger-Schons* (2020).

Teams. Vermögenseigner, Fondsmanager und Unternehmer müssen repräsentativ für die Gemeinschaften sein, für die Vorhaben wie Ernährungssicherheit, Zugang zu Technologie oder Ressourcen ermöglicht werden soll.

- **Umfassende Sicht**: Investoren, die ihre finanziellen Mittel in Impact-Investitionen stecken, müssen auch die potenziell negativen Effekte ihres übrigen Portfolios berücksichtigen. Ein Impact-Fonds darf nicht als Feigenblatt dienen, wenn die übrigen Mittel weiter in Unternehmen im Bereich fossiler Brennstoffe investiert sind. Anleger müssen einen genaueren Blick darauf zu werfen, ob ihr Vermögen in Anlagen investiert ist, die ihrer Mission entgegenstehen.

Impact-Investieren bedeutet, dass jeder Vermögenswert im Portfolio des Anlegers einer Umwelt- und Sozialverträglichkeitsprüfung unterzogen wird. Mit praktikablen Definitionen der Auswirkungen, einer neuen Generation von Mitarbeitern und einer viel umfassenderen Sichtweise könnten Investitionen in unsere gemeinsame Zukunft zur Zukunft der Geldanlage insgesamt werden. Dabei ist eine konstruktive Zusammenarbeit von Wohlfahrtverbänden, Stiftungen und der öffentlichen Hand auf der einen Seite sowie von privatem und institutionellem Kapital auf der anderen Seite essentiell.

F.
Berichterstattung und Prüfungshandlungen im Umfeld der Nachhaltigkeit

§ 8
Berichterstattung und Prüfungshandlungen im Umfeld
der Nachhaltigkeit

F. Berichterstattung und Prüfungshandlungen im Umfeld der Nachhaltigkeit

I. Aspekte zur Überprüfung der nachhaltigen Finanzwirtschaft im Jahresabschluss[1577]

1. Einleitung und wesentliche Fragestellungen

Erkennbar wachsende soziale und klimabedingte Risiken und der zunehmende Handlungsdruck im Sinne eines nachhaltigen Wirtschaftens seitens Investoren, Kunden und der Regulierung lässt den Umgang mit sozialem und ökologischem Wandel stärker in den Fokus von Unternehmen und Kreditinstitute rücken.[1578] Vor diesem Hintergrund ist zu erwarten, dass der Abschlussprüfer im Rahmen der Prüfung der Ordnungsmäßigkeit die von einem Kreditinstitute zu Themen der nachhaltigen Finanzwirtschaft gemachten Angaben und zu den in diesem Umfeld vorgenommenen (oder nicht vorgenommenen) Aktivitäten analysiert. 1792

Wie ist somit der Trend zur Nachhaltigkeit bei der Prüfung des **Jahresabschlusses** und des **Lageberichtes** zu berücksichtigen? Welche Rolle spielt, soweit zu erstellen, die nichtfinanzielle Erklärung bzw. der gesonderte nichtfinanzielle Bericht? 1793

Diese Fragen sollen im Folgenden in Bezug auf die Prüfung des Jahresabschlusses und des **Lageberichtes** von Kreditinstituten diskutiert werden. Hierbei ist zu beachten, dass eine grundlegende öffentliche Diskussion zur Berücksichtigung von **Nachhaltigkeitsrisiken** in handelsrechtlichen **Jahresabschlüssen** bzw. Lageberichten noch nicht stattfindet. 1794

2. Der Kontext

Die Diskussion über die Auswirkung von **Nachhaltigkeitsrisiken** im Rahmen der Abschlussprüfung befindet sich noch in einem frühen Stadium. Auf internationaler Ebene existiert seit Herbst 2020 ein Papier des International Audi- 1795

[1577] Autor: *Volker Hartke*. Die Ausführungen geben ausschließlich die persönliche Auffassung wieder. Für Rückfragen oder Anregungen ist der Autor unter der E-Mail-Adresse volker.hartke@genossenschaftsverband.de erreichbar.
[1578] Vgl. dazu etwa *Deloitte* (2021) und beispielsweise die Ausführungen in den Kapiteln A.I und A.V dieses Herausgeberbandes.

ting and Assurance Standards Board (IAASB) zur Berücksichtigung von klimabezogenen Risiken im Rahmen der Jahresabschlussprüfung.[1579] Dieses hebt Schwerpunkte im Zusammenhang mit der Berücksichtigung klimabezogenen Risiken im Rahmen der Abschlussprüfung hervor.[1580] Es bietet für die Jahresabschlussprüfung auf Basis der International Standards on Auditing (ISA) eine gute Basis für diesen Beitrag, da die deutschen Prüfungsstandards grundsätzlich mit den ISA überein stimmen, sofern dem nicht die deutschen gesetzlichen Vorschriften entgegenstehen.[1581] Das Papier des IAASB nimmt Bezug auf eine Veröffentlichung der IFRS-Foundation aus dem Jahr 2019[1582]. Dessen Inhalte im November 2020 noch einmal leicht verändert veröffentlicht wurden.[1583] Diese drei Veröffentlichungen wurden zuletzt vom Climate Disclosure Standards Board (CDSB) aufgegriffen.[1584]

1796 In Deutschland existiert seit Herbst 2020 zudem ein Positionspapier des Institutes der Wirtschaftsprüfer in Deutschland e.V. (IDW) zu den Auswirkungen von Sustainable Finance auf Kreditinstitute.[1585] In diesem werden wesentliche Auffassungen des IDW Bankenfachausschusses (BFA) zu ausgewählten Herausforderungen des Transformationsprozesses beleuchtet.[1586] Der Fokus wird hierbei auf die Auswirkungen von ESG-Maßnahmen Geschäftsstrategie und Governance, Risikomanagement, **Abschluss** und **Lagebericht**, Transparenzpflichten und Vertrieb gelegt.[1587]

3. Vorab – Die Risiken

1797 Der Begriff Risiko oder Risiken ist an vielen Stellen allgegenwertig, aber was ist hierunter genau zu verstehen bzw. wo ist er zu finden? Diesem soll in diesem »Vorab« nachgegangen werden.

a) Was sind Nachhaltigkeitsrisiken?

1798 Die zuvor genannten internationalen Papiere diskutieren lediglich die Berücksichtigung von klimabezogenen Risiken. Dieses greift zu kurz. Nachhaltigkeit

---

1579 Vgl. *IAASB* (2020).
1580 Vgl. *IAASB* (2020), S. 1.
1581 Vgl. *IDW (2015a)*, PS 201, Tz. 23 m.w.N.
1582 Vgl. *IFRS-Foundation* (2019).
1583 Vgl. *IFRS-Foundation* (2020).
1584 Vgl. *CDSB* (2020).
1585 Vgl. *IDW* (2020a).
1586 Vgl. *IDW* (2020a), S. 4.
1587 Vgl. *IDW* (2020a) S. 4.

sollte sich, wie auch von der BaFin in ihrem Merkblatt vertreten, nicht in Klimafragen erschöpfen.[1588] Auch andere ökologische und soziale Trends können gravierende Finanzrisiken für beaufsichtigte Unternehmen darstellen.[1589]

Während das BaFin-Merkblatt den Umgang mit **Nachhaltigkeitsrisiken** (nur) im Kontext des Aufsichtsrechts betrachtet, erfolgt deren Betrachtung im Folgenden im Kontext der vom Abschlussprüfer zu prüfenden Finanzberichterstattung von Kreditinstituten.

1588 Vgl. *BaFin* (2019a), S. 12.
1589 Vgl. *BaFin* (2019a), S. 12. Vergleiche dazu auch die Darstellungen in den Kapiotel A.III und A.V dieses Herausgeberbandes.

BERICHTERSTATTUNG UND PRÜFUNGSHANDLUNGEN

Umwelt	Soziales	Unternehmensführung
- Klimaschutz	- Einhaltung anerkannter arbeitsrechtlicher Standards (keine Kinder- und Zwangsarbeit, keine Diskriminierung)	- Steuerehrlichkeit
- Anpassung an den Klimawandel	- Einhaltung der Arbeitssicherheit und des Gesundheitsschutzes	- Maßnahmen zur Verhinderung von Korruption
- Schutz der biologischen Vielfalt	- Angemessene Entlohnung, faire Bedingungen am Arbeitsplatz, Diversität sowie Aus- und Weiterbildungschancen	- Nachhaltigkeitsmanagement durch Vorstand
- Nachhaltige Nutzung und Schutz von Wasser- und Meeresressourcen	- Gewerkschafts- und Versammlungsfreiheit	- Vorstandsvergütung in Abhängigkeit von Nachhaltigkeit
- Übergang zu einer Kreislaufwirtschaft, Abfallvermeidung und Recycling	- Gewährleistung einer ausreichenden Produktsicherheit, einschließlich Gesundheitsschutz	- Ermöglichung von Whistle Blowing
- Vermeidung und Verminderung der Umweltverschmutzung	- Gleiche Anforderungen an Unternehmen in der Lieferkette	- Gewährleistung von Arbeitnehmerrechten
- Schutz gesunder Ökosysteme	- Inklusive Projekte bzw. Rücksichtnahme auf die Belange von Gemeinden und sozialen Minderheiten	- Gewährleistung des Datenschutzes
- Nachhaltige Landnutzung		- Offenlegung von Informationen

Tabelle F.1: ESG-Faktoren (Quelle: BaFin (2019a), S. 13)

Unter **Nachhaltigkeitsrisiken** (auch ESG-Risiken) werden Risiken aus den Bereichen Umwelt, Soziales und Unternehmensführung subsumiert (vgl. Tabelle F.I.1).[1590] **Nachhaltigkeitsrisiken** sind Bestandteil der bekannten Risikoarten wie Adressenausfall-, Marktpreis- und Reputationsrisiko usw.[1591]

1800

Neben den Risiken aus den Bereichen Umwelt, Soziales und Unternehmensführung können **Haftungsrisiken** aus der Verletzung von ESG-Faktoren bestehen. Diese sollten laut Vorschlag der Europäischen Bankenaufsichtsbehörde (EBA) gesondert betrachtet werden.[1592] Im Weiteren soll dieses nicht weiter betrachtet werden, da es für das Risiko einer fehlerhaften Aussage im Jahresabschluss nicht auf die Art des **Nachhaltigkeitsrisikos** ankommt, sondern auf die fehlerfreie richtige Abbildung. **Nachhaltigkeitsrisiken** können Risiken sein, denen Kreditinstitute unmittelbar ausgesetzt sind, oder Risiken sein, denen die Kreditinstitute indirekt durch ihre Gegenparteien ausgesetzt sind.[1593]

1801

b)   Was ist das Prüfungsrisiko?

Das **Prüfungsrisiko** ist das Risiko, dass vom Abschlussprüfer ein positives Prüfungsurteil erteilt wird, obwohl im Prüfungsgegenstand wesentliche Fehler enthalten sind.[1594] Das **Prüfungsrisiko** setzt sich aus dem **Fehlerrisiko** und dem **Entdeckungsrisiko** zusammen (vgl. Abbildung F.1).[1595]

1802

Abbildung F.I.1: Risiken der Abschlussprüfung (Quelle: IDW PS 261 n.F., Tz. 6)

Unter **inhärentem Risiko** wird die Anfälligkeit eines Prüffeldes für das Auftreten von Fehlern bezeichnet, die für sich oder zusammen mit Fehlern in anderen Prüffeldern ohne Berücksichtigung des internen Kontrollsystems wesentlich sind.[1596] Die Gefahr, dass Fehler, die in Bezug auf ein Prüffeld ggf.

1803

1590 Vgl. zur Definition: *BaFin* (2019a), S. 13.
1591 Vgl. *BaFin* (2019a), S. 18.
1592 Vgl. *EBA* (2020), Tz. 34 ff.
1593 Vgl. *EBA* (2020), Tz. 34 ff.
1594 Vgl. *IDW* (2017b), PS 261 n.F., Tz. 5.
1595 Vgl. *IDW* (2017b), PS 261 n.F., Tz. 6.
1596 Vgl. *IDW* (2017b), PS 261 n.F., Tz. 6.

zusammen mit Fehlern aus anderen Prüffeldern wesentlich sind, durch das interne Kotrollsystem (IKS) des Kreditinstitutes nicht verhindert oder aufgedeckt und korrigiert werden, nennt man **Kontrollrisiko**.[1597] **Inhärentes Risiko** und **Kontrollrisiko** werden zusammengefasst als **Fehlerrisiko** bezeichnet. Demgegenüber steht das **Entdeckungsrisiko**. Hierunter ist das Risiko zu verstehen, dass der Abschlussprüfer durch seine Prüfungshandlungen Fehler in der Rechnungslegung nicht entdeckt, die für sich oder zusammen mit anderen Fehlern wesentlich sind.[1598]

1804 Folglich sind **Nachhaltigkeitsrisiken inhärente Risiken**.

c) Welche Risiken kennt das HGB?

1805 Durchsucht man im dritten Buch des HGB die §§ 238 bis 289 und die §§ 340 bis mit dem Suchbegriff »Risik« erhält man für den **Jahresabschluss** die in Tabelle F.2 aufgelisteten Fundstellen. Speziell für den **Jahresabschluss** von Kreditinstituten ergeben sich die Treffer der Tabelle F.3. Tabelle F.4 listet die Fundstellen der für den **Lagebericht** ohne die nichtfinanzielle Erklärung relevanten Textstellen auf. Für die nichtfinanzielle Erklärung kommen die Treffer der Tabelle F.5 hinzu.

1806 Allein dieser kurze Überblick zeigt, dass eine Vielzahl von Vorgaben zur Berichterstattung über Risiken besteht. Ein **Nachhaltigkeitsrisiko** wird nicht gesondert erwähnt. Lediglich die Risikoberichterstattung nach § 289c Abs. 3 Nr. 3 und 4 HGB bezieht sich ausdrücklich auf die Nachhaltigkeitsbelange nach § 289c Abs. 2 HGB.

§ 252 Abs. 1 Nr. 4 HGB	Es ist vorsichtig zu bewerten, namentlich sind alle vorhersehbaren Risiken und Verluste, die bis zum Abschlußstichtag entstanden sind, zu berücksichtigen, selbst wenn diese erst zwischen dem Abschlußstichtag und dem Tag der Aufstellung des Jahresabschlusses bekanntgeworden sind; Gewinne sind nur zu berücksichtigen, wenn sie am Abschlußstichtag realisiert sind.
§ 254 S. 1 HGB	Werden Vermögensgegenstände, Schulden, schwebende Geschäfte oder mit hoher Wahrscheinlichkeit erwartete Transaktionen zum Ausgleich gegenläufiger Wertänderungen oder Zahlungsströme aus dem Eintritt vergleichbarer

---

1597 Vgl. *IDW* (2017b), PS 261 n.F., Tz. 6.
1598 Vgl. *IDW* (2017b), PS 261 n.F., Tz. 6.

	Risiken mit Finanzinstrumenten zusammengefasst (Bewertungseinheit), sind § 249 Abs. 1, § 252 Abs. 1 Nr. 3 und 4, § 253 Abs. 1 Satz 1 und § 256a in dem Umfang und für den Zeitraum nicht anzuwenden, in dem die gegenläufigen Wertänderungen oder Zahlungsströme sich ausgleichen.
§ 285 Nr. 3 HGB	Art und Zweck sowie Risiken, Vorteile und finanzielle Auswirkungen von nicht in der Bilanz enthaltenen Geschäften, soweit die Risiken und Vorteile wesentlich sind und die Offenlegung für die Beurteilung der Finanzlage des Unternehmens erforderlich ist;
§ 285 Nr. 23 HGB	bei Anwendung des § 254, a) mit welchem Betrag jeweils Vermögensgegenstände, Schulden, schwebende Geschäfte und mit hoher Wahrscheinlichkeit erwartete Transaktionen zur Absicherung welcher Risiken in welche Arten von Bewertungseinheiten einbezogen sind sowie die Höhe der mit Bewertungseinheiten abgesicherten Risiken, b) für die jeweils abgesicherten Risiken, warum, in welchem Umfang und für welchen Zeitraum sich die gegenläufigen Wertänderungen oder Zahlungsströme künftig voraussichtlich ausgleichen einschließlich der Methode der Ermittlung, c) eine Erläuterung der mit hoher Wahrscheinlichkeit erwarteten Transaktionen, die in Bewertungseinheiten einbezogen wurden, soweit die Angaben nicht im Lagebericht gemacht werden;
§ 285 Nr. 27 HGB[1599]	für nach § 268 Abs. 7 im Anhang ausgewiesene Verbindlichkeiten und Haftungsverhältnisse die Gründe der Einschätzung des Risikos der Inanspruchnahme

Tabelle F.2: Fundstellen zum Suchbegriff »Risik« in den §§ 238 bis 288 HGB
(Quelle: Eigene Darstellung)

§ 340e Abs. 3 HGB	Finanzinstrumente des Handelsbestands sind zum beizulegenden Zeitwert abzüglich eines Risikoabschlags zu bewerten.
§ 340e Abs. 4 S. 1 HGB	In der Bilanz ist dem Sonderposten »Fonds für allgemeine Bankrisiken« nach § 340g in jedem Geschäftsjahr ein Betrag, der mindestens 10 vom Hundert der Nettoerträge des Handelsbestands entspricht, zuzuführen und dort gesondert auszuweisen.

1599 Nicht anzuwenden bei Kreditinstituten gem. § 340a Abs. 2 S. 2 HGB.

§ 340f Abs. 1 S. 1 HGB	Kreditinstitute dürfen Forderungen an Kreditinstitute und Kunden, Schuldverschreibungen und andere festverzinsliche Wertpapiere sowie Aktien und andere nicht festverzinsliche Wertpapiere, die weder wie Anlagevermögen behandelt werden noch Teil des Handelsbestands sind, mit einem niedrigeren als dem nach § 253 Abs. 1 Satz 1, Abs. 4 vorgeschriebenen oder zugelassenen Wert ansetzen, soweit dies nach vernünftiger kaufmännischer Beurteilung zur Sicherung gegen die besonderen Risiken des Geschäftszweigs der Kreditinstitute notwendig ist.
§ 240f Abs. 3 HGB	Aufwendungen und Erträge aus der Anwendung von Absatz 1 und aus Geschäften mit in Absatz 1 bezeichneten Wertpapieren und Aufwendungen aus Abschreibungen sowie Erträge aus Zuschreibungen zu diesen Wertpapieren dürfen mit den Aufwendungen aus Abschreibungen auf Forderungen, Zuführungen zu Rückstellungen für Eventualverbindlichkeiten und für Kreditrisiken sowie mit den Erträgen aus Zuschreibungen zu Forderungen oder aus deren Eingang nach teilweiser oder vollständiger Abschreibung und aus Auflösungen von Rückstellungen für Eventualverbindlichkeiten und für Kreditrisiken verrechnet und in der Gewinn- und Verlustrechnung in einem Aufwand- oder Ertragsposten ausgewiesen werden.
§ 340g Abs. 1 HGB	Kreditinstitute dürfen auf der Passivseite ihrer Bilanz zur Sicherung gegen allgemeine Bankrisiken einen Sonderposten »Fonds für allgemeine Bankrisiken« bilden, soweit dies nach vernünftiger kaufmännischer Beurteilung wegen der besonderen Risiken des Geschäftszweigs der Kreditinstitute notwendig ist.

Tabelle F.3: Fundstellen zum Suchbegriff »Risik« in den §§ 340 bis 340o HGB (Quelle: Eigene Darstellung)

§ 289 Abs. 1 S. 4 HGB	Ferner ist im Lagebericht die voraussichtliche Entwicklung mit ihren wesentlichen Chancen und Risiken zu beurteilen und zu erläutern; zugrunde liegende Annahmen sind anzugeben.
§ 289 Abs. 1 S. 5 HGB	Die Mitglieder des vertretungsberechtigten Organs einer Kapitalgesellschaft, die als Inlandsemittent (§ 2 Absatz 14 des Wertpapierhandelsgesetzes) Wertpapiere (§ 2 Absatz 1 des Wertpapierhandelsgesetzes) begibt und keine Kapitalgesellschaft im Sinne des § 327a ist, haben in einer dem Lagebericht beizufügenden schriftlichen Erklärung zu versi-

	chern, dass im Lagebericht nach bestem Wissen der Geschäftsverlauf einschließlich des Geschäftsergebnisses und die Lage der Kapitalgesellschaft so dargestellt sind, dass ein den tatsächlichen Verhältnissen entsprechendes Bild vermittelt wird und dass die wesentlichen Chancen und Risiken im Sinne des Satzes 4 beschrieben sind.
§ 289 Abs. 2 Nr. 1 HGB	Im Lagebericht ist auch einzugehen auf: 1. a) die Risikomanagementziele und -methoden der Gesellschaft einschließlich ihrer Methoden zur Absicherung aller wichtigen Arten von Transaktionen, die im Rahmen der Bilanzierung von Sicherungsgeschäften erfasst werden, sowie b) die Preisänderungs-, Ausfall- und Liquiditätsrisiken sowie die Risiken aus Zahlungsstromschwankungen, denen die Gesellschaft ausgesetzt ist, jeweils in Bezug auf die Verwendung von Finanzinstrumenten durch die Gesellschaft und sofern dies für die Beurteilung der Lage oder der voraussichtlichen Entwicklung von Belang ist;
§ 289 Abs. 4 HGB	(4) Kapitalgesellschaften im Sinn des § 264d haben im Lagebericht die wesentlichen Merkmale des internen Kontroll- und des Risikomanagementsystems im Hinblick auf den Rechnungslegungsprozess zu beschreiben.

Tabelle F.4: Fundstellen zum Suchbegriff »Risik« im § 289 HGB (Quelle: Eigene Darstellung)

§ 289c Abs. 3 Nr. 3 HGB	der wesentlichen Risiken, die mit der eigenen Geschäftstätigkeit der Kapitalgesellschaft verknüpft sind unddie sehr wahrscheinlich schwerwiegende negative Auswirkungen auf die in Absatz 2 genannten Aspekte haben oder haben werden, sowie die Handhabung dieser Risiken durch die Kapitalgesellschaft,
§ 289c Abs. 3 Nr. 4 HGB	der wesentlichen Risiken, die mit den Geschäftsbeziehungen der Kapitalgesellschaft, ihren Produkten und Dienstleistungen verknüpft sind und die sehr wahrscheinlich schwerwiegende negative Auswirkungen auf die in Absatz 2 genannten Aspekte haben oder haben werden, soweit die Angaben von Bedeutung sind und die Berichterstattung über diese Risiken verhältnismäßig ist, sowie die Handhabung dieser Risiken durch die Kapitalgesellschaft,

Tabelle F.5: Fundstellen zum Suchbegriff »Risik« in den §§ 289a bis 289f HGB (Quelle: Eigene Darstellung)

4. Rechtsgrundlagen für die Prüfung von Jahresabschluss und Lagebericht

1807 Die Prüfung von **Jahresabschluss** und **Lagebericht** hat auf Basis der deutschen Prüfungsgrundsätze zu erfolgen.[1600] Diese beinhalten als Prüfungsnormen alle (un-)mittelbar für die Prüfung geltenden gesetzlichen Vorschriften und sonstige Prüfungsgrundsätze (z. B. IDW Prüfungsstandards und IDW Prüfungshinweise).[1601] Der **Jahresabschluss** und der **Lagebericht** von Kreditinstituten sind unbeschadet ihrer Größe und der §§ 28 und 29 KWG nach den §§ 316 ff. HGB, mit Ausnahme von § 318 Abs. 1a und § 319 Abs. 1 S. 2 HGB zu prüfen (§ 340k Abs. 1 S. 1 HGB). Für die Prüfung von CRR-Instituten sind zudem die Anforderungen der EU-VO 537/2014 zu beachten (§ 340k Abs. 1 S. 4 HGB). Ergänzt werden diese durch rechtsformspezifische (z. B. § 340k Abs. 2 bis 5 HGB) und branchenspezifische Vorgaben (z. B. §§ 26, 28-30 KWG, PrüfbV).[1602]

1808 Kein materieller Prüfungsgegenstand ist gemäß § 317 Abs. 2 S. 4 HGB hingegen die sogenannte nichtfinanzielle Erklärung (§ 340a abs. 1a i. V. m. § 289b Abs. 1 HGB) bzw. der sogenannte nichtfinanzielle Bericht (§ 340a Abs. 1a i. V. m. § 289b Abs. 3 HGB).

1809 Auf Ausführungen zur Prüfung der Ordnungsmäßigkeit der Geschäftsorganisation, insbesondere des Risikomanagements nach § 29 Abs. 1 KWG i. V. m. § 25a Abs. 1 Nr. 1 bis 3 KWG als Teil der Abschlussprüfung wird im Folgenden grundsätzlich verzichtet, da sowohl der Leitfaden der EZB[1603] als auch das Merkblatt der BaFin[1604] zunächst noch keine Prüfung fordern. Es ist an dieser Stelle aber darauf hinzuweisen, dass innerhalb einer Risikoart wesentliche **Nachhaltigkeitsrisiken** schon jetzt im Rahmen der geltenden aufsichtlichen Anforderungen an das Risikomanagement zu beachten und damit Gegenstand der Abschlussprüfung sind.[1605]

5. Prüfung des Jahresabschlusses

1810 Die Prüfung des **Jahresabschlusses** unter Einbeziehung der Buchführung (§ 317 Abs. 1 S. 1 HGB) hat sich darauf zu erstrecken, ob die gesetzlichen Vorschriften und sie ergänzende Bestimmungen des Gesellschaftsvertrages oder

---

1600 Vgl. *IDW (2015a)*, PS 201 Tz. 20.
1601 Vgl. *IDW (2015a)*, PS 201, Tz. 22.
1602 Vgl. *Marten/Quick/Ruhnke* (2020), S. 906.
1603 Vgl. *EZB* (2020), S. 4.
1604 Vgl. *BaFin* (2019a), S. 10.
1605 Vgl. *IDW* (2020), S. 11.

der Satzung beachtet worden sind (§ 317 Abs. 1 S. 2 HGB). Zudem hat der Prüfer nach § 29 Abs. 1 S. 1 KWG die wirtschaftlichen Verhältnisse des Kreditinstitutes zu prüfen.

Die Jahresabschlussprüfung ist so anzulegen, dass Unrichtigkeiten und Verstöße gegen die in § 317 Abs. 1 S. 2 HGB aufgeführten Bestimmungen, die sich auf die Darstellung des Bildes der Vermögens-, Finanz- und Ertragslage des Kreditinstitutes wesentlich auswirken, bei gewissenhafter Berufsausübung erkannt werden (§ 317 Abs. 1 S. 3 HGB). Die Aussagen zur Prüfung haben mit hinreichender Sicherheit zu erfolgen.[1606] 1811

Die durchzuführenden Prüfungshandlungen sind vom Abschlussprüfer so zu planen, dass die Abschlussprüfung zeit- und zielgerecht sowie wirtschaftlich durchgeführt wird.[1607] Die sorgfältige Planung sichert die 1812

- angemessene Berücksichtigung aller Bereiche des Prüfungsgegenstandes,
- Erkennung möglicher Problemfelder,
- zeitgerechte Bearbeitung des Prüfungsauftrags,
- Koordinierung des Einsatzes des Prüfungsteams und
- Beachtung des Wirtschaftlichkeitsgrundsatzes der Abschlussprüfung.[1608]

Die Prüfungsplanung umfasst die Entwicklung der Prüfungsstrategie und hierauf aufbauend die Erstellung eines Prüfungsprogramms (Art, Umfang und Zeitpunkt der Prüfungshandlungen).[1609] 1813

Auch nach der PrüfbV ist den Grundsätzen der risikoorientierten Prüfung und der Wesentlichkeit Rechnung zu tragen (§ 3 S. 1 PrüfbV). Hierbei sind der Geschäftsumfang sowie die Komplexität und der Risikogehalt der betriebenen Geschäfte zu berücksichtigen (§ 3 S. 2 PrüfbV). Zentraler Bestandteil der Jahresabschlussprüfung und Ausgangspunkt für die Prüfungsplanung und -durchführung im Rahmen des risikoorientierten Prüfungsansatzes ist daher das Risikomanagement des Kreditinstitutes.[1610] 1814

1606 Vgl. *IDW* (2015b), PS 200, Tz. 24.
1607 Vgl. *IDW* (2010), PS 240, Tz. 7.
1608 Vgl. *IDW* (2010), PS 240 Tz. 8.
1609 Vgl. *IDW* (2010), PS 240 Tz. 11.
1610 Vgl. den aufgehobenen *IDW* (2010), PS 525, Tz. 3.

BERICHTERSTATTUNG UND PRÜFUNGSHANDLUNGEN

1815 Dem Risikomanagement der Finanzmarktakteure kommt auch eine Schlüsselrolle beim Aufbau und Sicherstellung der notwendigen Resilienz der Gesamtwirtschaft und des Kapitalmarktes zu.[1611] Die Beurteilung des Risikomanagements erfordert ein grundlegendes Verständnis des Geschäftsmodells sowie der rechtlichen und wirtschaftlichen Rahmenbedingungen des Kreditinstitutes.[1612]

1816 Neben den Risikofaktoren des Kreditinstitutes muss der Abschlussprüfer auch die Prüfungsrisiken identifizieren.[1613] Hierdurch sollen Indizien für die Einteilung der Prüfungsgebiete in »kritisch« oder »weniger kritisch« ermittelt werden.[1614]

1817 Es sind also folgende Aspekte zu berücksichtigen:[1615]
- Kenntnisse über das Kreditinstitut und seine Tätigkeit
- Verständnis vom rechnungslegungsbezogenen internen Kontrollsystem
- Risiko- und Wesentlichkeitseinschätzungen
- Art, zeitlicher Ablauf und Ausmaß der Prüfungshandlungen
- Koordination, Leitung und Überwachung der Nachschau
- Beurteilung der Fortführung der Unternehmenstätigkeit

1818 **Nachhaltigkeitsrisiken** sind bei allen genannten Aspekten zu bedenken. Auch wenn Sie nicht explizit in den jeweiligen IDW Prüfungsstandards oder in den gesetzlichen Vorgaben genannt sind. Sie sind wie unter Gliederungspunkt 3.2 dargestellt **inhärente Risiken** und können daher in jedem Prüffeld schlagend werden.

Geschäftsmodell	Werden **Nachhaltigkeitsrisiken** das Geschäftsmodell des Kreditinstitutes einschließlich der Lieferkette beeinflussen oder beeinflussen sie dieses bereits? Wie sind Tochterunternehmen usw. des Kreditinstitutes hiervon betroffen? Zusätzlich kann der Abschlussprüfer ein Verständnis dafür erlangen, wie das Management und die verantwortlichen Führungskräfte die Auswirkungen von **Nachhaltigkeitsrisiken** berücksichtigen.
Branchenfaktoren	Branchenbedingungen wie das Wettbewerbsumfeld, Lieferanten- und Kundenbeziehungen sowie technologische Entwicklungen. Während die Auswirkungen des Klimawandels Unternehmen individuell betreffen, sind auch Branchenfaktoren im Hinblick auf

---

1611 Vgl. *IDW* (2020), S. 8.
1612 Vgl. den aufgehobenen *IDW* (2010), PS 525, Tz. 3.
1613 Vgl. *IDW* (2010), PS 240 Tz. 15.
1614 Vgl. *IDW* (2010), PS 240 Tz. 15.
1615 Vgl. *IDW* (2010), PS 240 Tz. 17.

	den Klimawandel zu beachten. Beispielsweise können neue technologische Entwicklungen zur Bekämpfung des Klimawandels erhebliche Branchenauswirkungen und damit direkt oder indirekt über Kreditnehmer auf das geprüfte Kreditinstitut haben.
Regulierung	Regierungen können klimabezogene Vorschriften ändern, die sich auf die Besteuerung oder das Geschäftsmodell des Kreditinstitutes auswirken können, indem sie die Umweltanforderungen erhöhen. Beispielsweise haben sich viele Regierungen verpflichtet, die Ziele des Pariser Abkommens zu erreichen, und die Offenlegung von klimabezogenen Risiken für Banken, Vermögensverwalter und Versicherer könnte vorgeschrieben werden.
Weitere externe Faktoren	Hierunter können allgemeine wirtschaftliche Bedingungen, Zinssätze und Verfügbarkeit von Kapital, Rohstoffpreise und Inflation oder Währungsaufwertungen subsumiert werden. Beispielsweise kann die Refinanzierung durch Kundengelder erschwert werden, wenn die Mittelverwendung durch Kreditinstitute nicht transparent anhand von Nachhaltigkeitskriterien erfolgt.

Tabelle F.6: Einfluss von Nachhaltigkeitsrisiken
(Quelle: eigene Darstellung auf Basis des IAASB (2020), S. 4 f.)

a) Kenntnisse über das Kreditinstitut und seine Tätigkeit

Der Abschlussprüfer muss grundlegendes Wissen über die bedeutsamen wirtschaftlichen und rechtlichen Rahmenbedingungen der Finanzbranche haben.[1616] Weiterhin ist spezifisches Wissen über die Geschäftstätigkeit des Kreditinstitutes, insbesondere

- die Unternehmensstrategie,
- die Geschäftsrisiken,
- den Umgang mit Geschäftsrisiken und
- die Abläufe bzw. Geschäftsprozesse des Kreditinstitutes

gemeint.[1617] Hierbei sollte der Abschlussprüfer sich fragen, welchen Einfluss **Nachhaltigkeitsrisiken** auf das Geschäftsmodell, die Branche, die Regulatorik und weitere externe Faktoren haben (vgl. Tabelle F.6).[1618]

Dem Abschlussprüfer muss es mit vorhandenen bzw. erworbenen Wissen möglich sein, die

---

1616 Vgl. *IDW* (2010), PS 230 Tz. 2.
1617 Vgl. *IDW* (2010), PS 230 Tz. 2.
1618 Vgl. *IAASB* (2020), S. 4.

- für den Unternehmenserfolg zentralen Einflussfaktoren,
- Unternehmensstrategie,
- den Strategieerfolg möglicherweise gefährdenden Geschäftsrisiken und der Reaktionen des Kreditinstitutes auf diese Risiken sowie
- Geschäftsprozesse, ihrer wesentlichen Risiken und der diesbezüglichen Kontrollmechanismen

zu identifizieren.[1619]

b) Verständnis vom rechnungslegungsbezogenen internen Kontrollsystem

1821 Das IDW unterscheidet zwischen **Fehlerrisiken** auf Unternehmensebene und Prüffeldebene.[1620] So können für die Feststellung von **Fehlerrisiken** auf Unternehmensebene u. a. folgende Faktoren Bedeutung haben:

- Integrität und Kompetenz des Managements sowie Kontinuität in der Zusammensetzung der gesetzlichen Vertreter
- Ungünstige Entwicklungen im Kreditinstitut oder in der Branche, die das Management zur Anwendung fragwürdiger bilanzpolitischer Maßnahmen verleiten können
- Branchenspezifische Faktoren, z. B. neuer Technologien, Nachfrageänderungen und Konkurrenzentwicklungen
- Neue fachliche Standards oder gesetzliche Regelungen die erstmals in der Rechnungslegung zu beachten sind
- Fachliche Kompetenz der für die Rechnungslegung zuständigen Mitarbeiter[1621]

1822 Auf Prüffeldebene sind u. a. folgende Aspekte wesentlich:

- Fehleranfälligkeit von Abschlussposten
- Komplexität der Geschäftsvorfälle
- Spielräume in der Beurteilung von Ansatz und Bewertung der Vermögensgegenstände und Schulden
- Verlust- oder Unterschlagungsgefahr bei Vermögensgegenständen
- Ungewöhnliche oder komplexe Geschäfte gegen Ende des Geschäftsjahres
- Neue, nicht routinemäßig verarbeitete, Geschäftsvorfälle[1622]

1619 Vgl. *IDW* (2005), PS 230 Tz. 8.
1620 Vgl. *IDW* (2017b), PS 261 n.F., Tz. 14 f.
1621 Vgl. *IDW* (2017b), PS 261 n.F. Tz. 14.
1622 Vgl. *IDW* (2017b), PS 261 n.F., Tz. 25.

Der Abschlussprüfer hat, nachdem er sich zur Gewinnung eines Verständnisses vom internen Kontrollsystem (IKS) einen Überblick über die eingerichteten Kontrollmaßnahmen verschafft hat, die für die Abschlussprüfung relevanten Kontrollen festzulegen.[1623] Für diese hat er eine Aufbauprüfung (Angemessenheitsprüfung) durchzuführen.[1624]

1823

In diesem Zusammenhang ist der Prozess zur Identifizierung und Bewertung inkl. Eintrittswahrscheinlichkeit von für den **Jahresabschluss** und **Lagebericht** relevanten **Nachhaltigkeitsrisiken** zu berücksichtigen.[1625] Anschließend ist zu prüfen, ob hieraus Risiken wesentlicher Falschaussagen in Bezug auf eine oder mehrere relevante Aussagen, z. B. Genauigkeit, Bewertung und Allokation, Rechte und Pflichten und Darstellung für eine Kategorie von Transaktionen, Kontosalden oder Angaben resultieren.[1626]

1824

c) Risiko- und Wesentlichkeitseinschätzungen

Der Abschlussprüfer hat im Rahmen der Prüfungsplanung

1825

- eine vorläufige Abschätzung des **Fehlerrisikos** und die Identifizierung bedeutender Prüfungsgebiete,
- eine vorläufige Bestimmung von Wesentlichkeitsgrenzen für den **Jahresabschluss** insgesamt und für bedeutsame Prüfungsgebiete,
- eine Einschätzung der Gefahr von wesentlichen Fehlaussagen
  - in der Buchführung,
  - im **Jahresabschluss** und
  - im **Lagebericht**

  infolge von Täuschungen oder Vermögensschädigungen unter Berücksichtigung von Erfahrungen aus der Vergangenheit und
- eine vorläufige Identifizierung von komplexen oder schwierigen Gebieten der Rechnungslegung, insbesondere solchen, bei denen die Angaben im **Jahresabschluss** und im **Lagebericht** auf Schätzungen beruhen,

vorzunehmen.[1627]

In Bezug auf die Festlegung der Wesentlichkeitsgrenzen bei Kreditinstituten sollte der Abschlussprüfer berücksichtigen, ob Adressaten des **Jahresab-**

1826

1623 Vgl. *IDW* (2017b), PS 261 n.F. Tz. 25.
1624 Vgl. *IDW* (2017b), PS 261 n.F. Tz. 25.
1625 Vgl. *IAASB* (2020), S. 5.
1626 Vgl. *IAASB* (2020), S. 5.
1627 Vgl. *IDW* (2010), PS 240 Tz. 17.

schlusses bestimmte **Nachhaltigkeitsrisiken** bei ihren Entscheidungen berücksichtigen.[1628] Dieses sollte er insbesondere bei der Beurteilung der Adressenausfallrisiken beachten, da diese ein wesentliches branchentypisches Risiko für Kreditinstitute darstellen.[1629]

1827 Gleichfalls sollte er bei der Überlegung, ob sonstige Gesetzesverstöße im Sinne von IDW PS 210 vorliegen, zukünftig an die Umwelt- und Sozialgesetzgebung denken, wenn sie fundamental für den laufenden Betrieb, der Fortführung des Kreditinstitutes, der Fortführung des Betriebes der Kreditnehmer der Bank oder der Vermeidung von Bußgeldern sind.[1630] Dieses Risiko dürfte aufgrund aktuell vielfältigen gesetzlichen Initiativen im ESG-Bereich in den kommenden Jahren zunehmend wichtiger werden.

1828 Ebenso sollte der Abschlussprüfer berücksichtigen, dass die Berücksichtigung von **Nachhaltigkeitsrisiken** im **Jahresabschluss** von Kreditinstituten für die Abschlussadressaten wichtig sein kann. Er sollte daher bei der Ermittlung von **Fehlerrisiken** und der Festlegung der Wesentlichkeitsgrenze berücksichtigen, ob und wie **Nachhaltigkeitsrisiken** bei der Bewertung von Vermögensgegenständen und Schulden durch das Kreditinstitute berücksichtigt wurden und sie andere Entscheidungen in Bezug auf den Ansatz und die Bewertung **Jahresabschluss** beeinflusst haben.[1631]

1829 So sollte der Abschlussprüfer auch in Bezug auf **Nachhaltigkeitsrisiken** überlegen, ob nicht ausdrücklich geforderte Angaben zur Berücksichtigung von **Nachhaltigkeitsrisiken** bei der Bewertung von Vermögensgegenständen und Schulden, trotzdem gefordert werden müssen, da diese Kenntnis für die Vermittlung eines tatsächlichen Bildes von der Vermögens-, Finanz- und Ertragslage erforderlich ist.[1632] Weiterhin können Aussagen in anderen Berichten oder der in der nicht zu prüfenden nichtfinanziellen Erklärung ggf. indirekt zu Berichtspflichten im **Jahresabschluss** führen?[1633]

1830 Relevant ist dieses vor allem bei geschätzten Werten.[1634] Übertragen auf die Bilanzierungsgrundsätze sind hier die beizulegenden Werte für Vermögensgegenstände (§ 253 Abs. 3 S. 5 u. Abs. 4 S. 2 HGB) und des nach vernünftiger kaufmännischer Beurteilung notwendigen Erfüllungsbetrages für Rückstellungen

---

1628 Vgl. *IAASB* (2020), S. 6.
1629 Vgl. *IDW* (2002), PS 522 Tz. 1.
1630 Vgl. *IAASB* (2020), S. 7.
1631 Vgl. *IAASB* (2020), S. 6.
1632 Vgl. *IAASB* (2020), S. 7.
1633 Vgl. *IAASB* (2020), S. 7.
1634 Vgl. *IAASB* (2020), S. 8.

(§ 253 Abs. 1 S. 2 HGB), als auch der Risikoabschlag nach § 340e Abs. 3 HGB zu nennen. Ebenso ist gilt dieses für die Ermittlung des planmäßigen Abschreibungszeitraumes für zeitlich begrenzt nutzbare Vermögensgenstände des Anlagevermögens.

Hierbei sollte sich der Abschlussprüfer fragen, 1831

- welche Risiken am Abschlussstichtag von beschlossenen Nachhaltigkeitsgesetzen ausgehen?[1635]
- ob die Vermögensgegenstände weiterhin wie bisher nutzbar sind oder ob aufgrund gesunkener beizulegender Werte bzw. Marktpreisen außerplanmäßige Abschreibungen erforderlich sind?[1636]
- wie die gesetzlichen Vertreter des Kreditinstitutes hierauf reagiert haben?[1637]
- ob und wie **Nachhaltigkeitsrisiken** in den Bewertungsprozessen berücksichtigt werden?[1638]
- ob die Schätzunsicherheiten durch den Klimawandel zugenommen haben?[1639]

Insbesondere der Klimawandel macht präzise und verlässliche Vorhersagen 1832 über künftige Entwicklungen schwerer.[1640] So kann sich zum Beispiel das Geschäftsumfeld in bestimmten Branchen durch die Bepreisung der CO_2-Emissionen oder den Schwenk zu nachhaltigen Technologien bedeutsam ändern.[1641] Zudem kann die Ermittlung geschätzter Werte deutlich komplexer werden.[1642] So sind für die Berücksichtigung der Effekte des Klimawandels eventuell neue Modelle zu entwickeln, für die die bisherigen Kenntnisse im Kreditinstitut nicht ausreichen.[1643] Ebenso können notwendige Daten für Schätzungen fehlen.[1644] Beispielsweise können bestimmte Daten, wie Dürreprognosen, für die Risikobewertung fehlen. Ebenso ist vom Abschlussprüfer mit Schätzunsicherheiten umzugehen, die auf subjektive Lückenfüllung durch das Kreditinstitut zurückzuführen sind.[1645] Dieses kann unter anderem resultieren

---

1635 Vgl. *IAASB* (2020), S. 8.
1636 Vgl. *IAASB* (2020), S. 8.
1637 Vgl. *IAASB* (2020), S. 8.
1638 Vgl. *IAASB* (2020), S. 8.
1639 Vgl. *IAASB* (2020), S. 8.
1640 Vgl. *IAASB* (2020), S. 8.
1641 Vgl. *IAASB* (2020), S. 8.
1642 Vgl. *IAASB* (2020), S. 9.
1643 Vgl. *IAASB* (2020), S. 9.
1644 Vgl. *IAASB* (2020), S. 9.
1645 Vgl. *IAASB* (2020), S. 9.

aus notwendigen Annahmen für lange Prognosezeiträume sowie aus notwendigen Annahmen »ins Blaue hinein«, da Daten hierzu nicht verlässlich ermittelbar sind sowie Vermögensgegenstände, bei denen Schätzungen auf Basis verlässlicher Prognosen unmöglich sind.[1646]

1833 Bei den auf Basis der Risikoeinschätzung notwendigen Prüfung der geschätzten Werte hat der Abschlussprüfer zu beurteilen,

- ob die verwendeten Daten angemessen für die Rechnungslegung nach HGB und in Anbetracht der Umstände relevant und verlässlich sind. Schließlich sind nichtfinanzielle Daten grundsätzlich nicht Gegenstand des gleichen internen Kontrollsystems wie finanzielle Daten und daher sind Relevanz und Verlässlichkeit gesondert zur beurteilen
- ob signifikante Annahmen in Anbetracht der Umstände und im Kontext der Vorgaben des HGB angemessen sind. Beispielsweise sind hier durch den Klimawandel bedingte
  – Änderungen bei der Nutzungsdauer von Vermögensgengenständen,
  – Änderungen von Zahlungsmittelflüssen

  zu beachten. Ebenso ist zu prüfen, ob in Bewertungsgutachten die Effekte des Klimawandels berücksichtigt wurden.[1647]

1834 Im Rahmen der aussagebezogenen Prüfungshandlungen hat der Abschlussprüfer entsprechend den festgestellten **Fehlerrisiken** zu prüfen, ob die Effekte aus den **Nachhaltigkeitsrisiken** auf die Darstellung der Vermögensgegenstände und Schulden sowie den zugehörigen Angaben eingeflossen sind.[1648] Zudem ist der Abschlussprüfer gefordert, Prüfungshandlungen zur Erlangung ausreichender und angemessener Prüfungsnachweise über die Richtigkeit der Angaben zu geschätzten Werten einschließlich der Unsicherheit durchzuführen.[1649] Denn, obwohl die nichtfinanzielle Berichterstattung oftmals außerhalb des eigentlichen **Jahresabschlusses** stattfindet, ist zu erwarten, dass mehr und mehr nichtfinanzielle Angaben in den **Jahresabschlüssen** erscheinen, da die **Nachhaltigkeitsrisiken** an Relevanz für die finanzielle Berichterstattung mehr und mehr zunehmen.[1650]

1646 Vgl. *IAASB* (2020), S. 9.
1647 Vgl. *IAASB* (2020), S. 9–10.
1648 Vgl. *IAASB* (2020), S. 10.
1649 Vgl. *IAASB* (2020), S. 10.
1650 Vgl. *IAASB* (2020), S. 10.

d)   Art, Zeitlicher Ablauf und Ausmaß der Prüfungshandlungen

Der Abschlussprüfer sollte bei der zeitlichen, personellen und zeitlichen Planung auf Basis der **Fehlerrisiken** und der Wesentlichkeit grundsätzlich folgende Aspekte zu berücksichtigen:

- möglicher Wechsel in der Gewichtung bestimmter Prüfungsgebiete
- Einfluss von Informationstechnologie-Systemen auf die Abschlussprüfung
- Arbeit der internen Revision und deren erwartete Auswirkung auf die Prüfungshandlungen[1651]

In Bezug auf die erkannten **Nachhaltigkeitsrisiken** ergeben sich hier keine Besonderheiten, da er auch hier angemessene und ausreichende Prüfungsnachweise benötigt.[1652]

e)   Koordination, Leitung und Überwachung der Nachschau

Hier sind folgende Aspekte von Relevanz:

- Notwendigkeit bzw. Möglichkeit der Verwertung der Ergebnisse anderer Prüfer (z. B. Abschlussprüfer eines Tochterunternehmens, von Teilkonzernen oder von Geschäftspartnern)
- Heranziehung von Sachverständigen
- Komplexität der Unternehmensstruktur (z. B. Auswirkungen der Anzahl der Niederlassungen oder Tochterunternehmen)
- Anforderungen an den Mitarbeitereinsatz

Durch die zunehmende Bedeutung von **Nachhaltigkeitsrisiken** für die finanzielle Berichterstattung und damit veränderte Anforderungen an den Abschlussprüfer kann es notwendig sein, Sachverständige mit speziellen Fähigkeiten hinzuziehen. Zu denken ist hier beispielsweise an Experten für die Berechnung von Rückstellungen für Rückbauverpflichtungen oder für die Beseitigung von Umweltschäden.[1653]

f)   Beurteilung der Fortführung der Unternehmenstätigkeit

Die gesetzlichen Vertreter eines Kreditinstitutes haben gemäß § 340a Abs. 1 i. V. m. § 252 Abs. 1 Nr. 2 HGB bei der Bewertung von der Fortführung der

---

1651 Vgl. *IDW* (2010), PS 240 Tz. 17.
1652 Vgl. *IAASB* (2020), S. 6.
1653 Vgl. *IAASB* (2020), S. 11.

Unternehmenstätigkeit auszugehen, sofern dem keine tatsächlichen oder rechtlichen Gegebenheiten entgegenstehen. Diese Fähigkeit wirkt sich im Rahmen der **Lageberichterstattung** insbesondere auf die Beurteilung und Erläuterung der voraussichtlichen Entwicklung der mit ihren wesentlichen Chancen und Risiken aus.[1654] Der Abschlussprüfer hat zu beurteilen, ob die die Fortführungsprognose der gesetzlichen Vertreter bei der Aufstellung von **Jahresabschluss** und **Lagebericht** angemessen ist.[1655]

1840 In Bezug auf **Nachhaltigkeitsrisiken** ist hier insbesondere zu denken an:

- Steigende Auswirkungen von Extremwetterereignissen,
- Wesentliche Schadensersatzforderungen in Bezug auf Nachhaltigkeitsthemen.[1656]

1841 Der Einfluss von **Nachhaltigkeitsrisiken** auf die Bilanzierungspraxis (inkl. Bilanzierungsrichtlinien, geschätzten Werten usw.) sollte auch in den Gesprächen über mit den für die Überwachung verantwortlichen angesprochen werden.[1657] Hierbei sollte der Blick nicht nur auf das Kreditinstitut selbst, sondern auch über Entwicklungen im Umgang mit **Nachhaltigkeitsrisiken** in der Branche gerichtet werden.

6. Prüfung des Lageberichtes

1842 Bei der Prüfung des **Lageberichtes** nimmt die nichtfinanzielle Erklärung i. S. v. § 298b HGB eine Sonderstellung ein, so dass diese in diesem Gliederungspunkt nicht weiter betrachtet wird.

a) Anforderungen des Handelsgesetzbuches (HGB)

1843 Gemäß § 317 Abs. 2 S. 1 bis 3 HGB ist der **Lagebericht** vom Abschlussprüfer darauf zu prüfen, ob

- er mit dem **Jahresabschluss** sowie mit den bei der Prüfung gewonnenen Erkenntnissen in Einklang steht und
- er insgesamt ein zutreffendes Bild von der Lage des Kreditinstitutes vermittelt,

---

1654 Vgl. *IDW* (2018), PS 270 n.F. Tz. 6.
1655 Vgl. *IDW* (2018), PS 270 n.F. Tz. 10.
1656 Vgl. *IAASB* (2020), S. 11.
1657 Vgl. *IAASB* (2020), S. 12.

- die Chancen und Risiken der künftigen Entwicklung zutreffend dargestellt sind, und
- die gesetzlichen Vorschriften zur Aufstellung beachtet worden sind.

b) Anforderungen nach den Grundsätzen ordnungsmäßiger Abschlussprüfung

Der Abschlussprüfer muss ausreichende und geeignete Prüfungsnachweise erlagen, um das geforderte Prüfungsurteil bilden und im Bestätigungsvermerk abgeben zu können.[1658] Die Planung der Lageberichtsprüfung ist in die Planung der Jahresabschlussprüfung zu integrieren.[1659] Falsche und fehlende Darstellungen im **Lagebericht** sind als wesentlich anzusehen, wenn »vernünftigerweise erwartet werden kann, dass sie sie einzeln oder insgesamt auf der Grundlage des **Lageberichtes** als Ganzes getroffene wirtschaftliche Entscheidungen von Adressaten beeinflussen können.«[1660] Bei der Prüfung der im **Lagebericht** dargestellten quantitativen vergangenheitsorientierten Finanzinformationen zur Vermögens-, Finanz- und Ertragslage sind die für die Jahresabschlussprüfung festgelegten Wesentlichkeitsgrenzen zu verwenden.[1661] Im Übrigen haben Wesentlichkeitsüberlegungen zumindest auf Ebene der Informationskategorien zu erfolgen.[1662]

1844

Die Prüfung des **Lageberichtes** gestaltet sich wie folg:

1845

- Planung der Prüfung
- Wesentlichkeitsüberlegungen
- Risiken wesentlicher falscher Darstellungen
- Reaktionen auf die beurteilten Risiken wesentlicher falscher Darstellungen
- Beurteilung der festgestellten, nicht korrigierten falschen Darstellungen im **Lagebericht**
- Ereignisse nach dem Abschlussstichtag
- Schriftliche Erklärungen
- Bildung eines Prüfungsurteils
- Ausführungen im Prüfungsbericht
- Ausführungen im Bestätigungsvermerk

1658 Vgl. *IDW* (2017a), PS 350 n.F., Tz. 19.
1659 Vgl. *IDW* (2017a), PS 350 n.F., Tz. 23.
1660 Vgl. *IDW* (2017a), PS 350 n.F., Tz. 28.
1661 Vgl. *IDW* (2017a), PS 350 n.F., Tz. 29.
1662 Vgl. *IDW* (2017a), PS 350 n.F., Tz. 30.

BERICHTERSTATTUNG UND PRÜFUNGSHANDLUNGEN

1846 Mithin handelt es sich um ähnliche Prüfungsschritte wie bei der Prüfung des **Jahresabschlusses**. Von besonderer Relevanz dürfte jedoch die Darstellung der Chancen und Risiken, namentlich der Adressenausfall-, Marktpreis-, Liquiditäts- und operationellen Risiken im **Lagebericht** sein. Unter Chancen sind mögliche künftige Entwicklungen oder Ereignisse, die zu einer positiven Abweichung von Prognosen bzw. Zielen des Kreditinstitutes führen können zu verstehen.[1663] Risiken sind dagegen mögliche künftige Entwicklungen oder Ereignisse, die zu einer negativen Abweichung von Prognosen bzw. Zielen des Kreditinstitutes führen können.[1664] In der Chancen- und Risikobetrachtung sind Nachhaltigkeitsfaktoren auch je Risikoart zu berücksichtigen.

7. Prüfung der nichtfinanziellen Erklärung bzw. in dem gesonderten nichtfinanziellen Bericht

a) Anforderungen des Handelsgesetzbuches (HGB)

1847 Nach § 317 Abs. 1 S. 4 HGB ist die nichtfinanzielle Erklärung bzw. der nichtfinanzielle Bericht grundsätzlich nicht vom Abschlussprüfer zu prüfen. Der Abschlussprüfer hat lediglich festzustellen, ob die nichtfinanzielle Erklärung bzw. der nichtfinanzielle Bericht vorgelegt wurde (§ 317 Abs. 2 S. 2 HGB).

1848 Im Fall der nichtfinanziellen Erklärung ist diese Anforderung trivial, da diese Bestandteil des **Lageberichtes** ist (§ 289b Abs. 1 S. 1 HGB). Im Fall der gesonderten nichtfinanziellen Erklärung ist die Anforderung komplexer. So lässt der Gesetzgeber die Offenlegung innerbhalb von vier Monaten nach dem Abschlussstichtag auf der Homepage des Institutes mit Verweis hierauf im **Lagebericht** (Fall 1) oder gemeinsam mit dem **Lagebericht** im Bundesanzeiger (Fall 2) zu.

1849 Ist bei Fall 1 die Veröffentlichung bis zum Prüfungsende noch nicht erfolgt, so hat derselbe Abschlussprüfer vier Monate nach dem Abschlussstichtag eine ergänzende Prüfung durchzuführen, ob der gesonderte nichtfinanzielle Bericht auf der Homepage offengelegt wurde (§ 317 Abs. 2 S. 2 Hs. 1 HGB). Ist dieses nicht der Fall ist der Bestätigungsvermerk zu ergänzen (§ 317 Abs. 2 S. 2 Hs. 2 HGB).

1850 Bei Fall 2 ist ein Verweis im **Lagebericht** nicht erforderlich. Bei nicht-kapitalmarktorientierten Kreditinstituten kann die Offenlegung der gesonderten

---

1663 Vgl. *DRSC (2019)*, DRS 20.11 i.d.F. des DRÄS 8.
1664 Vgl. *DRSC (2019)*, DRS 20.11 i.d.F. des DRÄS 8.

nichtfinanziellen Erklärung gemeinsam mit dem **Lagebericht** bis zu zwölf Monate nach dem Abschlussstichtag erfolgen. Hierbei richten sich die Berichterstattungspflichten des Abschlussprüfers nach den allgemeinen Grundsätzen.[1665]

b) Anforderungen nach den Grundsätzen ordnungsmäßiger Abschlussprüfung

Neben den in § 317 Abs. 2 S. 4 u. 5 HGB vorgeschriebenen Prüfungspflichten sind die Vorgaben des IDW Prüfungsstandard: Prüfung des **Lageberichtes** im Rahmen der Abschlussprüfung (IDW PS 350 n.F.) vom 12. Dezember 2017 zu beachten. Demnach sind die nichtfinanzielle Erklärung bzw. der gesonderte nichtfinanzielle Bericht lageberichtstypische Angaben für die keine Pflicht zur Prüfung besteht (IDW PS 350 n.F., Tz. 201 i. V. m. Tz. A17). Insoweit gibt IDW PS 350 in den Tz. 82f. lediglich die Anforderungen des HGB zur Prüfung der Vorlage der nichtfinanziellen Erklärung bzw. des gesonderten nichtfinanziellen Berichtes wieder. Hinsichtlich der Behandlung der Angaben im Rahmen der Abschlussprüfung hat das IDW den Prüfungshinweis IDW PH 9.350.2 veröffentlicht. Hinsichtlich einer über das Gesetz hinausgehenden inhaltlichen Prüfung wird in IDW PS 350 n.F. Tz. 87 auf einen bis zum Redaktionsschluss noch nicht veröffentlichten IDW EPS 352 verwiesen.

1851

Auf die nichtfinanzielle Erklärung bzw. den gesonderten nichtfinanziellen Bericht ist zudem ISA [DE] 720 (Revised) anzuwenden.[1666] Es handelt sich um sogenannte sonstige Informationen im Sinne von ISA [DE] 720 (Revised) Tz. 12(c). Demnach hat der Abschlussprüfer die nichtfinanzielle Erklärung bzw. den gesonderten nichtfinanziellen Bericht zu lesen, zu würdigen und grundsätzlich im Bestätigungsvermerk darüber zu berichten.[1667] Hieraus können sich Rückschlüsse auf die Prüfung des **Jahresabschlusses** und **Lageberichts** ergeben.[1668]

1852

1665 Vgl. *IDW* (2020b), PH 9.350.2 Tz. 47.
1666 Vgl. *IDW* (2020b), PH 9.350.2, Tz. 24 ff.
1667 Vgl. *IDW* (2020b), PH 9.350.2, Tz. 24 ff.
1668 Vgl. *IAASB* (2020), S. 14.

8. Fazit

1853 Die Diskussion zur Berücksichtigung von **Nachhaltigkeitsrisiken** in der Jahresabschlussprüfung steht erst am Anfang. Dabei sind es prüfungstechnisch wie andere Risiken auch **inhärente Risiken**. Aufgrund der zunehmenden Bedeutung des Themas Nachhaltigkeit wird jedoch die offene Diskussion über den Umgang mit **Nachhaltigkeitsrisiken** in der Jahresabschlussprüfung wichtiger.

II. Prüfungsansätze zur nachhaltigen Finanzwirtschaft der Revision[1669]

1. Einleitung

Auf die zunehmende Bedeutung des Themas Nachhaltigkeit für die Finanzwirtschaft hat die BaFin mit dem »Merkblatt zum Umgang mit **Nachhaltigkeitsrisiken**« (Stand: 13.01.2020) als Ergänzung der Mindestanforderungen an das Risikomanagement für Kreditinstitute, Versicherungsunternehmen und Kapitalverwaltungsgesellschaften reagiert, um diesen finanzwirtschaftlichen Unternehmen eine Orientierung im Umgang mit diesem Thema zu geben.[1670] Nachhaltigkeit umfasst dabei die Bereiche Umwelt, Soziales und Unternehmensfortführung. **Nachhaltigkeitsrisiken** sind definiert als »Ereignisse oder Bedingungen aus den Bereichen Umwelt, Soziales oder Unternehmensführung, deren Eintreten tatsächlich oder potenziell erhebliche negative Auswirkungen auf die Vermögens-, Finanz- und Ertragslage sowie auf die Reputation eines Unternehmens haben können, dies schließt klimabezogene Risiken in Form von physischen Risiken und Transitionsrisiken ein.«[1671]

Die Interne Revision ist Bestandteil des Risikomanagements von Banken. Dabei hat sich die Prüfungstätigkeit der Internen Revision auf der Grundlage eines risikoorientierten Prüfungsansatzes grundsätzlich auf alle Aktivitäten und Prozesse des Instituts zu erstrecken[1672] und alle Aktivitäten und Prozesse des Instituts in angemessenen Abständen zu umfassen.[1673]

Die Prüfungsaktivitäten der Internen Revision sollten daher nach Auffassung der Bankenaufsicht auch den Umgang mit **Nachhaltigkeitsrisiken**, die Angemessenheit und Wirksamkeit der im Hinblick auf **Nachhaltigkeitsrisiken** überarbeiteten aufbau- und ablauforganisatorischen Regelungen, zum Risikomanagement und den Governance-Funktionen umfassen[1674]. Ebenfalls sollten Nachhaltigkeitsprojekte durch die **Interne Revision** begleitet werden.

1669 Autorin: *Alexandra Pfeil*. Die Ausführungen geben ausschließlich persönliche Auffassungen wieder. Für Rückfragen oder Anregungen ist der Autor unter der E-Mail-Adresse Alexandra.Pfeil@awado-gruppe.de erreichbar.
1670 Vgl. *BaFin* (2019a). Vgl. Dazu auch die ausführliche Darstellung des Merkblatts in Kapitel A.IV dieses Herausgeberbandes.
1671 Vgl. *BaFin* (2019a).
1672 Vgl. *MaRisk* (2017).
1673 Vgl. *MaRisk* (2017).
1674 Vgl. *BaFin* (2019a).

BERICHTERSTATTUNG UND PRÜFUNGSHANDLUNGEN

1857 Gleiches erwartet auch die Europäische Bankenaufsicht von den Kreditinstituten. Gemäß dem Entwurf des Leitfadens zu Klima- und Umweltrisiken der Europäischen Zentralbank sollte die **Interne Revision** dementsprechend bei der **Prüfung** des Risikomanagementrahmenwerks auch die Angemessenheit der Regelungen für die Steuerung von Klima- und Umweltrisiken mit berücksichtigen und die Einhaltung interner Richtlinien und Verfahren sowie externer Anforderungen prüfen. Die Standards sollten dabei auch – entsprechend dem Risikoprofil und Geschäftsmodell – durch weniger bedeutende Institute angewendet werden.[1675]

1858 Aber auch die Überprüfung der eigenen operativen Geschäftsprozesse auf nachhaltiges und ethisch korrektes Handeln (z. B. CO_2-Fussabdruck des eigenen Unternehmens) kann Gegenstand der **Prüfung** der Internen Revision sein.

2. Überprüfung der Geschäfts- und Risikostrategie und Nachhaltigkeitsstrategie

1859 Das Merkblatt der BaFin geht zunächst auf Strategien, verantwortliche Unternehmensführung und Geschäftsorganisation ein. Die **Geschäfts- und Risikostrategie** ist als Ausgangspunkt der Geschäftsausrichtung eines finanzwirtschaftlichen Unternehmens ganzheitlich auf die Berücksichtigung von **Nachhaltigkeitsrisiken** zu überprüfen und anzupassen.[1676] Weitere wichtige Einflussfaktoren auf die (Nachhaltigkeits-)strategie können z. B. das Wettbewerbsumfeld, nachhaltige Konsumtrends, veränderte Verbrauchererwartungen oder indirekte Effekte durch die Gesetzgebung sein.[1677] Die **Risikostrategie** ist aus der Gesamtstrategie der Bank abgeleitet. Sie umfasst die Risikobereitschaft der Geschäftsleitung unter Berücksichtigung des Risikodeckungspotenzials der Gesellschaft, die Ziele der Risikosteuerung sowie die Maßnahmen zur Erreichung dieser Ziele. Sie sollte so ausgestaltet sein, dass die operative Steuerung der Risiken daraus abgeleitet werden kann.[1678] Die BaFin sieht **Nachhaltigkeitsrisiken** als Teilaspekt der bekannten Risikoarten und lehnt eine eigenständige Risikoart »**Nachhaltigkeitsrisiken**« ab.[1679] Die Risikoarten Adressenausfallrisiko, Marktpreisrisiko, Liquiditätsrisiko, Operationelles Risiko, Strategisches Ri-

---

1675 Vgl. *EZB* (2020b).
1676 Vgl. *BaFin* (2019a).
1677 Vgl. *Völker-Lehmkuhl/Reisinger* (2019).
1678 Vgl. *DIIR* (2015).
1679 Vgl. *BaFin* (2019a).

siko und Reputationsrisiko sind auf die darin enthaltenen **Nachhaltigkeitsrisiken** zu analysieren. In Tabelle F.7 werden Beispiele für solche **Nachhaltigkeitsrisiken** aufgeführt.

Risiken	Beispiele für darin enthaltene **Nachhaltigkeitsrisiken**
Adressenausfallrisiken	Finanzierung nicht nachhaltig produzierender Kreditnehmer: z. B. nicht nachhaltige Landwirtschaft und zunehmendes Umdenken der Verbraucher, Finanzierung der Produktion von nicht nachhaltigen Techniken, die abgelöst werden, Finanzierung von Zulieferern, die geforderte Ökostandards ihrer Abnehmer nicht einhalten können, Haftungsrisiken für Umweltverschmutzung durch Kreditnehmer
Marktpreisrisiken	Anlage in Fonds, der in Energieversorger investiert. Bei einer ungünstigen Entwicklung der Regulierung (z. B. gezielte Verteuerung fossiler Brennstoffe) oder der Marktstimmung (Abwendung von »schmutzigen« Unternehmen) kann es hier zu Kursverlusten kommen.
Liquiditätsrisiko	Abfluss von Mitteln nach einer Umweltkatastrophe
Operationelles Risiko	Gebäude oder Betriebs- und Geschäftsausstattung werden in Folge eines Extremwetterereignisses so beschädigt, dass sie nicht mehr durch die Bank genutzt werden können.
Strategisches Risiko	Die strategisch schwerpunktmäßige Ausrichtung eines Instituts auf eine nicht nachhaltige Branche kann die Geschäftsgrundlage gefährden (z. B. Konzentration auf Kohlebergbau).
Reputationsrisiko	Ein Umdenken und veränderte Erwartungen der Bevölkerung im Zusammenhang mit dem Umgang mit **Nachhaltigkeitsrisiken** wird nicht berücksichtigt. Die Finanzierung von nicht nachhaltigen Projekt kann entsprechend zu Reputationsschäden führen.

Tabelle F.7: Beispiele für darin enthaltene Nachhaltigkeitsrisiken
(Quelle: eigene Darstellung unter Beachtung von BaFin (2019a))

Die (nachhaltige) **Geschäftsstrategie** und die jeweiligen Risiken können sehr institutsindividuell sein. Die **Geschäftsstrategie** kann schwerpunktmäßig ökologisch (z. B. Klimaschutzziele), sozial (z. B. Förderung von Bildung) oder wirt-

1860

schaftlich (z. B. Förderung der örtlichen Infrastruktur) ausgerichtet sein, regional oder überregional. Die Entwicklung einer nachhaltigen **Geschäfts- und Risikostrategie** setzt daher eine umfassende Analyse der Ziele und Risiken des Instituts voraus. Es empfiehlt sich, diesen Analyse- und Anpassungsprozess durch die **Interne Revision** beratend begleiten zu lassen. Diese beratende Tätigkeit kann dazu dienen, die umfassenden Kenntnisse der Revision zu nutzen und so frühzeitig durch entsprechende Anmerkungen und Empfehlungen zur Entwicklung einer angemessenen Strategie beizutragen.[1680]

1861 Kernfragen bei der Überarbeitung der **Geschäfts- und Risikostrategie** sind nach Auffassung der BaFin dabei[1681]:

- Was sind die möglichen Auswirkungen auf Kennzahlen bzw. Indikatoren zur Messen von Nachhaltigkeit, wenn sich **Nachhaltigkeitsrisiken** realisieren würden?

  Dies kann zum einen die Auswirkungen auf Kennzahlen wie das Kernkapital oder die Cost-Income-Ratio betreffen. Aber auch immaterielle Faktoren wie z. B. die Kunden- oder Mitarbeiterzufriedenheit und die Reputation des Unternehmens sind nicht zu vernachlässigen.

- Welche Risikoarten sind unternehmensspezifisch von **Nachhaltigkeitsrisiken** betroffen? Werden diese im Rahmen des Risikotragfähigkeitskonzepts ausreichend berücksichtigt?

- Bestehen Konzentrationsrisiken?

  So können z. B. Konzentrationen bei Anlagen in Energieunternehmen bestehen oder im Rahmen der Kreditvergabe bei der Finanzierung z. B. von Automobilzulieferern, die möglicherweise zukünftig bestimmte Emissionswerte nachhaltig einhalten müssen, um weiter ihre Großabnehmer beliefern zu dürfen.

- Wie wird die Strategie in zeitlicher Hinsicht verfolgt?

- Können die Prozesse zur Identifikation, Messung, Steuerung und Berichterstattung von **Nachhaltigkeitsrisiken** systematisch oder punktuell verbessert werden?

- Sollen bestimmte **Nachhaltigkeitsrisiken** vollständig ausgeschlossen werden und falls ja, wie kann dies umgesetzt werden?

  Neben einer möglichen beratenden Tätigkeit bei der Überarbeitung der **Geschäfts- und Risikostrategie** ist die umfassende Kenntnis der Strategie durch die **Interne Revision** Voraussetzung für die weitere Prüfungsplanung und Durchführung. Nur bei einer vollumfänglichen

---

1680 Vgl. *DIIR* (2015).
1681 Vgl. *BaFin* (2019a).

Kenntnis der Zielsetzung der Unternehmensleitung kann die **Interne Revision** ihre **Prüfung** im Sinne der Geschäftsführung ausrichten.

3. Prüfung der Organisationsrichtlinien

Institute haben sicherzustellen, dass ihre Geschäftsaktivitäten auf der Grundlage von **Organisationsrichtlinien** betrieben werden, die schriftlich fixiert sind und den Mitarbeitern bekannt gemacht werden. Diese **Organisationsrichtlinien** haben insbesondere auch Regelungen für die Aufbau- und Ablauforganisation sowie zur Ausgestaltung der Risikosteuerungs- und Controllingprozesse zu enthalten.[1682]

Die im Rahmen der Überarbeitung der **Geschäfts- und Risikostrategie** identifizierten **Nachhaltigkeitsrisiken** sowie der Prozess zur Vermeidung derselben sind angemessen in den **Organisationsrichtlinien** abzubilden.

Die **Organisationsrichtlinien** als Dokumentation der vorgegebenen Sollprozesse sind die Grundlage jeglicher Prüfungstätigkeit der Internen Revision. Die **Interne Revision** stellt im Rahmen der Aufbauprüfung zunächst fest, ob die vorgesehenen Abläufe angemessen ausgestaltet sind, um zur Erreichung der gewünschten Zielsetzung beizutragen. Die bestehenden Prozesse sind hierfür so aufzubauen, dass die institutsindividuell vorhandenen **Nachhaltigkeitsrisiken** vermieden oder innerhalb eines vorgesehen Rahmens gesteuert werden können. Alternativ sind separate Prozesse zu schaffen.[1683]

Beispiele:

- Die Strategie einer Bank sieht vor, dass Finanzierungen von »ökologisch bedenklichen Projekten« nicht vorgenommen werden sollen. Hierzu sind zunächst Ausschlusskriterien zu definieren, die – entsprechend den individuellen Einschätzungen der Bank – zu einer Kreditablehnung führen (z. B. Gentechnik, Atomenergie, Stromerzeugung aus Öl) bzw. können Positivkriterien formuliert werden, die für eine Kreditvergabe sprechen. In den **Organisationsrichtlinien** zum Kreditvergabeprozess sind Kontrollen einzubauen, durch die geprüft wird, ob ein entsprechendes Ausschlusskriterium vorliegt und der Kreditantrag abzulehnen ist oder ggf. sogar positive Kriterien vorliegen. Die **Interne Revision** prüft im Rahmen der Aufbauprüfung, ob solche Kontrollen vorhanden sind und ob sie angemessen und ausreichend sind, um das strategische Ziel »ökologisch bedenkliche Projekte« nicht zu finanzieren, zu erreichen.

1682 Vgl. *BaFin* (2019a).
1683 Vgl. *BaFin* (2019a).

- Die Bank garantiert im Rahmen ihrer Anlageprodukte bestimmte Standards, z. B. die Vermeidung der Finanzierung von Waffenproduktion. Ein Prozess zur laufenden Überprüfung der Anlageprodukte auf die Einhaltung dieser Standards ist essentiell. Ein entsprechender Verstoß gegen die eigenen Standards könnte erhebliche Reputationsschäden für das Institut zur Folge haben. Die **Interne Revision** prüft im Rahmen der Aufbauprüfung, ob entsprechende Kontrollprozesse für die Anlageprodukte vorhanden sind und ob diese geeignet sind, die Einhaltung der vorgegebenen Standards zu erfüllen.

1866 Im Rahmen der sich in der Regel an die Aufbauprüfung anschließenden Systemprüfung ist dann in den jeweiligen Bereichen zu überprüfen, ob die vorgesehenen Prozesse eingehalten worden, d. h. diese auch funktionsfähig sind.

4. Prüfung des Risikomanagementsystems

1867 Die Aufgabe des Risikomanagements ist die frühzeitige, systematische Identifizierung, Erfassung, Steuerung und Überwachung von wesentlichen Risiken.[1684] Um dies angemessen gewährleisten zu können, sind insbesondere geeignete Risikomanagementstrategien und interne Kontrollen zu implementieren.

1868 Die Internationalen Standards für die berufliche Praxis der Internen Revision definieren mit dem Ausführungsstandard 2120 die Aufgaben der Internen Revision bezüglich der **Prüfung** des Risikomanagements:[1685]

1869 »Die **Interne Revision** muss die Funktionsfähigkeit der Risikomanagementprozesse beurteilen und zu deren Verbesserung beitragen.«

1870 Doch was bedeutet dies nun im Zusammenhang mit **Nachhaltigkeitsrisiken**?

1871 Die BaFin sieht **Nachhaltigkeitsrisiken** als Teilaspekt der bekannten Risikoarten. Entsprechend den Erwartungen der Finanzdienstleistungsaufsicht sind innerhalb des Risikomanagementsystems klare Verantwortlichkeiten für die Identifizierung und Beurteilung, Steuerung und Überwachung sowie Berichterstattung von **Nachhaltigkeitsrisiken** innerhalb der bekannten Risikoarten zu schaffen. Die Methoden und Verfahren hierzu sind durch die verantwortlichen Personen regelmäßig zu überprüfen.[1686]

1872 Die Aufgabe der Internen Revision besteht darin, den Aufbau der Prozesse zur eben dieser Identifizierung, Bewertung, Steuerung und Überwachung entspre-

---

1684 Vgl. *DIIR* (2018).
1685 Vgl. *DIIR* (2018).
1686 Vgl. *BaFin* (2019a).

chend dem Revisionsplan regelmäßig zu überprüfen und auf die Angemessenheit zu beurteilen. Die **Interne Revision** hat sich ein Bild darüber zu verschaffen, wie sichergestellt ist, dass die im Rahmen der Strategie definierten **Nachhaltigkeitsrisiken** identifiziert und bewertet werden. Die Prüfungshandlungen der Internen Revision umfassen dabei u. a. folgende Fragestellungen:

- Welche Methoden und Instrumente zu Identifizierung und Bewertung von **Nachhaltigkeitsrisiken** werden im Risikomanagementsystem eingesetzt?

  Beispiele:

  Definition von Positiv- und Ausschlusskriterien für die Kreditvergabe, Anlageprodukte und Eigenanlage. Die **Interne Revision** prüft den »Nachhaltigkeitsfilter« auf die Qualität der Anlagekriterien und die Sicherstellung der Einhaltung der eigenen Richtlinien.

  Berücksichtigung von **Nachhaltigkeitsrisiken** in Risikoklassifizierungsverfahren. Die **Prüfung** der Internen Revision umfasst auch hier die Angemessenheit der im Risikoklassifizierungsverfahren enthaltenen Filter.

- Erfolgt eine regelmäßige **Risikoinventur**, die auch die **Nachhaltigkeitsrisiken** umfasst?

  Die **Interne Revision** sollte im Rahmen ihrer **Prüfung** der **Risikoinventur** u. a. berücksichtigen, ob die **Risikoinventur** sowohl physische Risiken (z. B. Veränderungen klimatischer und ökologischer Bedingungen), Transitionsrisiken im Zusammenhang mit der Umstellung auf eine kohlenstoffarme Wirtschaft als auch Interdependenzen beinhaltet.

- Sind die im Rahmen der Risikobewertung angewendeten Methoden angemessen und konsistent zur **Geschäfts- und Risikostrategie**, sodass die **Nachhaltigkeitsrisiken** angemessen bewertet und gesteuert werden?

- Sind die im Rahmen der Bewertung getroffenen Annahmen nachvollziehbar?

- Sind **Nachhaltigkeitsrisiken** im Rahmen des Risikotragfähigkeitskonzepts und bei den Risikolimits ausreichend berücksichtigt?

- Werden **Nachhaltigkeitsrisiken** im Rahmen der Stresstests in geeigneter Weise abgebildet?

Die **Interne Revision** hat zu beurteilen, ob die institutseigenen Stresstests und Szenarioanalysen die institutsindividuellen **Nachhaltigkeitsrisiken** angemessen abbilden oder ob hier Modifizierungen erforderlich sind.

Darüber hinaus ist die Wirksamkeit der in diesen Prozessen implementierten Kontrollen regelmäßig zu überprüfen.

5. Prüfung des Auslagerungsmanagements

1875 Eine Auslagerung im Sinne der MaRisk liegt vor, wenn ein anderes Unternehmen mit der Wahrnehmung solcher Aktivitäten und Prozesse im Zusammenhang mit der Durchführung von Bankgeschäften, Finanzdienstleistungen oder sonstigen institutstypischen Dienstleistungen beauftragt wird, die ansonsten vom Institut selbst erbracht würden.[1687]

1876 Sofern in einem wesentlichen Umfang entsprechende Auslagerungsbeziehungen bestehen, sollte der Umgang mit **Nachhaltigkeitsrisiken** entsprechend auch in den Organisationsanweisungen des Instituts geregelt werden. Insbesondere ist dabei zu analysieren, in welchem Auslagerungsbereich **Nachhaltigkeitsrisiken** bestehen könnten und welche diesbezüglichen Regelungen mit den Dienstleistern getroffen werden sollen.[1688]

1877 Die Tätigkeit der Internen Revision umfasst in diesem Zusammenhang die **Prüfung**, ob die **Nachhaltigkeitsrisiken** im Rahmen des **Auslagerungsmanagements** angemessen ermittelt und gesteuert werden. Kernfragen der **Prüfung** sind dabei u. a.:

- Wurden im Rahmen der Risikoanalyse **Nachhaltigkeitsrisiken** angemessen berücksichtigt?
- Umfasst der **Auslagerungs**vertrag die im Hinblick auf **Nachhaltigkeitsrisiken** erforderlichen Regelungen?
- Umfasst die Organisationsrichtlinie zum **Auslagerungsmanagement** auch den Umgang mit **Nachhaltigkeitsrisiken**?

6. Fazit

1878 Die Berücksichtigung von **Nachhaltigkeitsrisiken** bei der Tätigkeit der Internen Revision bedarf keines eigenen Prüffeldes »Nachhaltigkeit«. Vielmehr muss sich die **Interne Revision** für jedes bereits definierte Prüffeld die Frage nach den darin enthaltenen **Nachhaltigkeitsrisiken** und die daraus resultierenden Auswirkungen auf die Lage der Bank stellen. Die in den jeweiligen Prüffeldern durchgeführten Prüfungshandlungen müssen auch auf die **Nachhaltigkeitsrisiken** ausgerichtet sein.

1687 Vgl. *BaFin* (2019a).
1688 Vgl. *BaFin* (2019a).

Konkrete Vorgaben wie **Nachhaltigkeitsrisiken** zu analysieren und zu bewerten sind, gibt es aktuell noch nicht. Genau dies stellt auch eine große Herausforderung dar.

Dies bedeutet im Grunde nichts anderes als das – institutsindividuell – alle Prüffelder auf die möglicherweise vorhandenen **Nachhaltigkeitsrisiken** zu analysieren, das jeweilige Risiko ggf. neu einzuwerten und die Prüfungshandlungen anzupassen sind.

Die **Interne Revision** kann somit dazu beitragen, durch eine gezielte Ausrichtung ihrer Prüfungstätigkeit das Institut vor mit **Nachhaltigkeitsrisiken** verbundenen Schäden zu bewahren.

Nicht mehr – aber auch nicht weniger.

BERICHTERSTATTUNG UND PRÜFUNGSHANDLUNGEN

III. Berichterstattung über nichtfinanzielle Informationen[1689]

1883 172 Staaten haben 1992 in Rio de Janeiro anlässlich der »United Nations Conference on Environment and Development, UNCED« Gründe für zunehmende globale **Probleme im Umwelt-, Wirtschafts- und Sozialleben** diskutiert und gemeinsam nach Lösungen gesucht. Ein Treiber war der sich immer stärker auftuende Graben zwischen den Industrie- und Entwicklungsländern.[1690]

1884 Die Erklärung der Konferenz der Vereinten Nationen über Umwelt und Entwicklung war ein Startschuss für die weitere Befassung mit dem Thema »Nachhaltigkeit« in den Industriestaaten – konkret mit der **Entwicklung von Leitlinien**, CSR-Kriterien bis hin zu einer **strukturierten Berichterstattung**. Nachhaltigkeit ist ein Prozess und wird sich auch bis in die Kommunikation stetig weiter entwickeln.

1885 Aus der Zivilgesellschaft aber auch der Wirtschaft wird der Ruf lauter, dass Unternehmen nicht nur nach ihren Finanzdaten beurteilt werden sollen, sondern dass die Berichterstattung über ein den tatsächlichen Verhältnisse entsprechendes Bild der Vermögens- Finanz- und Ertragslage um nichtfinanzielle Aspekte ergänzt wird. Dadurch soll die Verantwortlichkeit eines Unternehmens für die Umwelt, sein Umfeld und die unterhaltenen **Lieferketten transparenter** dargestellt werden.[1691]

1886 Dabei ist der Begriff »CSR« (**Corporate Social Responsitility**) schon Ende der zwanziger Jahre des vorigen Jahrhunderts für Unternehmen unter den Stichworten »gesellschaftlich« und »sozial« in der Diskussion beschrieben worden.[1692]

1887 Das Institut für ökologische Wirtschaftsforschung (IÖW) erstellt zusammen mit der Unternehmerinitiative future e. V. seit 1994 ein **Ranking für Nachhaltigkeitsberichte** von Großunternehmen sowie KMU (kleinere und mittlere Unternehmen).[1693] Danach ist der Anteil der Berichterstatter von den 100 größten deutschen Unternehmen stetig steigend (von 2015 60 % auf 2018: 69 %). Etwa ein Fünftel der berichtenden Unternehmen erstellt hierbei einen integrierten Geschäfts- und Nachhaltigkeitsbericht.[1694] Verbessert hat sich vor allem die

---

1689 Autoren: *Christian Buschfort* und *Martin Guntermann*. Die Ausführungen geben ausschließlich persönliche Auffassungen wieder. Für Rückfragen oder Anregungen sind die Autoren unter den E-Mail-Adresse christian.buschfort@awado-gruppe.de oder Martin.Guntermann@awado-gruppe.de erreichbar.
1690 Vgl. *UN* (1992). Vergleiche dazu auch die Diskussion in Kapitel A.I dieses Herausgeberbandes.
1691 Vgl. Referentenentwurf zum CSR-Richtlinie-Umsetzungsgesetz, *BMJV* (2016).
1692 *Rehbinder* (2015).
1693 *IÖW* (2020).
1694 *Dietsche/Lautermann/Westermann* (2019).

Berichterstattung zur Lieferkettenverantwortung; sie orientiert sich zunehmend an dem Rahmenwerk des Global Reporting Initiative (GRI)[1695]. Ebenso werden bisher eher rudimentäre Informationen zu umfassenden Nachhaltigkeitsberichten weiter entwickelt.[1696]

1. Grundlagen und Anforderungen an Transparenz

a) Rahmenbedingungen zur Berichterstattung

aa) Von der freiwilligen Berichterstattung zur Pflicht

Die Nachhaltigkeitsberichtserstattung wurde von vielen Unternehmen im Laufe der sich verändernden **Informationsbedürfnisse** von Gesellschaft und Politik, von Kunden und Geschäftspartner zunächst auf freiwilliger Basis und ohne konkretere Struktur hinsichtlich der Form der Berichterstattung erstellt und entwickelt.

Den wachsenden Bedarf an strukturierten Informationen hat die EU mit der Umsetzung der EU-Richtlinie 2014/95/EU (+) aufgegriffen und bestimmte Unternehmen zur Veröffentlichung entsprechender Informationen verpflichtet.[1697] Die Umsetzung in deutsches Recht erfolgte mit dem CSR-Richtlinie-Umsetzungsgesetz, das am 19.04.2017 in Kraft trat. Danach sind seit dem Geschäftsjahr 2017 folgende **Unternehmen** zur einer nichtfinanziellen Berichterstattung verpflichtet:[1698]

- große Kapitalgesellschaften nach § 267 Abs. 3 HGB
- Konzerne, die nicht nach § 293 HGB von der Pflicht zur Erstellung eines Konzernabschlusses befreit sind

sofern diese

- kapitalmarktorientiert sind und
- im Jahresdurchschnitt mehr als 500 Arbeitnehmer beschäftigen.

Darüber hinaus sind zur Abgabe einer nichtfinanziellen Erklärung folgende Unternehmen mit mehr als 500 Arbeitnehmern verpflichtet:

- große Personengesellschaften nach § 264a HGB
- Genossenschaften
- Kreditinstitute, Finanzdienstleister und Versicherungen.

1695 Siehe dazu auch die Ausführungen in Abschnitt 2.b.
1696 *Dietsche/Lautermann/Westermann* (2019).
1697 *EU* (2014b).
1698 *CSR-RUG* (2017). Vgl. ferner im Folgenden *HGB* (2020).

bb) Leitlinien für die Berichterstattung über nichtfinanzielle Informationen: Nachtrag zur klimabezogenen Berichterstattung

1891 Die EU hat am 20.06.2019 Leitlinien für eine **klimabezogene Berichterstattung** veröffentlicht. Die Leitlinie ist als ergänzende Hilfe gedacht und begründet keine eigenständige Berichterstattungspflicht. Vielmehr sollen Unternehmen klimabezogene Informationen, einschließlich der Umwelt- Sozial- und Arbeitnehmerbelange, in geeigneter Form in andere finanzielle und nichtfinanzielle Informationen in ihren Berichten einbinden.[1699]

1892 Die Bewertung der Wesentlichkeit nichfinanzieller Informationen wird nach der Richtlinie auf eine doppelte Wesentlichkeitsperspektive ausgeweitet. Danach ist einerseits eine Bezugnahme auf den Geschäftsverlauf (**finanzielle Wesentlichkeit**) und andererseits auf die Auswirkungen der Tätigkeit des Unternehmens (ökologische und soziale Wesentlichkeit) zu betrachten. Die Zunahme der nachhaltigen Berichterstattung führt letztlich auch dazu, dass immer mehr Investoren die Klimaauswirkungen der Unternehmen, in die sie beabsichtigen zu investieren, analysieren und bewerten. In die Bewertung der Wesentlichkeit fließt zudem die gesamte Wertschöpfungskette ein.

1893 Die Leitlinien nennen beispielhaft worüber zu berichten ist:

- Risiken negativer Auswirkungen auf das Klima
- Physische Risiken negativer Auswirkungen von Klimaänderungen auf das Unternehmen
- Übergangsrisiken für das Unternehmen aufgrund des Übergangs zu einer CO2-armen, klimaresistenten Wirtschaft
- Abhängigkeiten von Human- und Sozialkapital
- Klimabezogene Chancen aus dem Geschäft

1894 Entsprechend der Vorgaben der Regelungen zur nichtfinanziellen Berichterstattung werden Angaben zu den Bereichen

- Geschäftsmodell,
- Konzepte und Due-Diligence-Prozesse,
- Ergebnisse dieser Konzepte,
- wesentliche Risiken und Handhabung dieser Risiken sowie
- wichtigste Leistungsindikatoren

vorgeschlagen.

1699 *EU* (2019h).

Hierzu stellen die Leitlinien ausführliche Detailanforderungen für die Erfüllung der Angabeverpflichtungen.[1700,1701]

Mit wachsendem Bedarf an Information steigen auch der Umfang und die Reichweite der Berichterstattung und umgekehrt.

Vorteile ergeben sich für das berichtende Unternehmen aus einer qualitativ und quantitativ **verbesserten Information**. Insbesondere die Stärkung des Bewusstseins und des Verständnisses für klimabezogene Risiken und Chancen bei den Mitarbeitenden sowie ein hierum erweitertes Risikomanagement werden durch die strategische Planung unterstützt. Potenziell niedrigere Kosten können sich aus einer höheren Granularität der Investoren ergeben, die sich auf Indizes oder eine günstigere Bonitätseinstufung stützen. Der Dialog mit Stakeholdern wird umfassender und erhöht die Reichweite des Unternehmens zu seinen Kunden und Anteilseignern. Letztlich führt eine nachhaltige Unternehmensberichterstattung zur Steigerung des Images und Stärkung der gesellschaftlichen Akzeptanz des Unternehmens und seiner Tätigkeit.[1702]

Bei den klimabezogenen Informationen aus dem Geschäftsbetrieb und damit der gesamten Wertschöpfungskette des Unternehmens, einschließlich vor- und nachgelagerter Lieferketten, wird der gesamte **Produktlebenszyklus** betrachtet, der sich jeweils aus dem Geschäftsmodell des Unternehmens bzw. der Fristigkeit einer Vermögensanlage definiert. Diese Definition entspricht dabei nicht der typischen Verwendung des Fristigkeits-Begriffs in der Betriebswirtschaftslehre.[1703]

Die Leitlinie spricht alle berichtspflichtigen Unternehmen aller Branchen und Rechtsformen an. Gleichwohl zielt der Aktionsplan zur Finanzierung nachhaltigen Wachstums[1704] aufgrund ihrer Systemrelevanz insbesondere auf **Unternehmen des Finanzsektors** ab. Die Leitlinie formuliert weitergehende Informationsbedürfnisse hinsichtlich Geschäftsmodell, der Due-Diligence-Prozesse sowie insbesondere aus den Risiken und der Risikobehandlung bis hin zu den klimabezogenen Auswirkungen in der Kreditvergabe- und Investmenttätigkeit.[1705]

1700 *Mujkanovic* (2020).
1701 *EU* (2019).
1702 *EU* (2019).
1703 *Mujkanovic* (2020).
1704 *EU* (2018a).
1705 *EU* (2019).

cc) Aktionsplan: Finanzierung nachhaltigen Wachstums

1900 Dem Finanzsektor kommt in der Umsetzung einer umweltverträglicheren und nachhaltigeren Wirtschaft eine Schlüsselrolle zu. Zur Erhöhung der Transparenz und Vergleichbarkeit werden im Aktionsplan zur Finanzierung nachhaltigen Wachstums Geschäftsmodelle für Banken und Versicherungsgesellschaften beschrieben, woraus Risiken und die Risikohandhabung abgeleitet werden. Der Aktionsplan listet als Maßnahmen neben der Einführung eines **EU-Klassifizierungssystems** für nachhaltige Tätigkeiten sowie der Schaffung von Normen und Kennzeichen für umweltfreundliche Finanzprodukte auch die Stärkung der Vorschriften zur Offenlegung von Nachhaltigkeitsinformationen und zur Rechnungslegung auf. Hierunter fällt insbesondere die Offenlegung durch Vermögensverwalter und institutionelle Anleger über ihren Umgang mit Nachhaltigkeitsfaktoren in ihrer Strategie als Grundlage von Investitionsentscheidungen.[1706]

b) Verankerung im deutschen Handelsrecht

aa) Empfehlungen des Bundesministeriums für Umwelt, Naturschutz und Reaktorsicherheit für eine gute Unternehmenspraxis

1901 Das Bundesministerium für Umwelt, Naturschutz und Reaktorsicherheit (BMU) formulierte bereits im Jahr 2009 die Erkenntnis, dass die Nachhaltigkeitsberichterstattung als ein **Element der Unternehmensstrategie** anzusehen ist. Daraus lassen sich die nachfolgenden Anregungen ableiten:

- Für eine angemessene Darstellung und Transparenz gegenüber Dritten sollten eigenständige Nachhaltigkeitsberichte veröffentlicht werden.
- Die Berichte sollten sich unter den Gesichtspunkten der Vollständigkeit und Wesentlichkeit um eine transparente und glaubwürdige Darstellung des unternehmerischen Handelns bemühen und offen Dilemmata oder Kritik an den Unternehmen ansprechen.
- Die Berichte sollten, zur Beurteilung der Zukunftsaussichten der Unternehmen, eine klare Sprache sprechen und auf Nachhaltigkeitschancen und -risiken gleichermaßen eingehen.

1902 Klar ist, dass durch eine Nachhaltigkeitsberichterstattung allein sich keine ökologischen oder sozialen Missstände beheben lassen. Aber sie kann das **Bewusstsein** für Problem und Herausforderungen schärfen und damit einen Verbesserungsprozess unterstützen. Unternehmen, die transparent, glaubwürdig

---

1706 *EU* (2018a).

und vergleichbar berichten, tragen entscheidend dazu bei, dass CSR in der Gesellschaft ernstgenommen wird.[1707]

bb) Nichtfinanzielle Leistungsindikatoren im Lagebericht

Die Darstellung von Nachhaltigkeitsaspekten in Geschäfts- oder Jahresberichten von Unternehmen wurde bereits im Herbst 2004 im deutschen **Bilanzrechtsreformgesetz** durch Anpassung der Paragraphen § 289 und § 315 HGB umgesetzt. Große Kapitalgesellschaften gemäß § 267 HGB haben seit dem Geschäftsjahr 2005 in ihren Lageberichten bei nennenswerten Auswirkungen auf die wirtschaftliche Lage und den Unternehmenserfolg über nichtfinanzielle Leistungsindikatoren zu berichten. Dazu zählen Informationen über Umwelt- und Arbeitnehmerbelange, soweit sie für das Verständnis des Geschäftsverlaufs oder der Lage des Unternehmens von Bedeutung sind. Durch den **Deutschen Rechnungslegungsstandard** zum Konzernlagebericht (DRS 20) erfolgte im Jahr 2020 eine Konkretisierung der handelsrechtlichen Anforderungen, nach denen über »die bedeutsamsten nichtfinanziellen Leistungsindikatoren, soweit sie für das Verständnis des Geschäftsverlaufs und der Lage des Konzerns von Bedeutung sind« und »zur internen Steuerung […] herangezogen« werden, zu berichten ist. Auf den Lagebericht entfaltet DRS 20 eine Ausstrahlungswirkung.[1708]

1903

cc) Umsetzung des CSR-Richtlinie Umsetzungsgesetzes

Das Europäische Parlament und die Mitgliedstaaten der EU haben bereits 2014 eine Richtlinie zur Erweiterung der Berichterstattung von großen kapitalmarktorientierten Unternehmen, Kreditinstituten, Finanzdienstleistungsinstituten und Versicherungen verabschiedet (sog. CSR-Richtlinie). Ziel der Richtlinie ist es insbesondere, die **Transparenz** über ökologische und soziale Aspekte von Unternehmen zu erhöhen. Dabei geht es um Informationen zu Umwelt-, Sozial- und Arbeitnehmerbelangen sowie die Achtung von Menschenrechten und die Bekämpfung von Korruption und Bestechung.

1904

Deutschland hat die Richtlinie in dem Gesetz zur Stärkung der nichtfinanziellen Berichterstattung der Unternehmen in ihren Lage- und Konzernlageberichten

1905

1707 *BMU* (2009).
1708 *FIDES* (2020).

(CSR-Richtlinie-Umsetzungsgesetz) vom 11.04.2017 in nationales Recht umgesetzt. Das CSR-Richtlinie Umsetzungsgesetz ist seit dem Geschäftsjahr 2017 auf Lageberichte anzuwenden.[1709]

c) Wettbewerbsvorteile

1906   Das gesellschaftliche Umweltbewusstsein führte bei Unternehmen, die sich verstärkt ökologisch ausrichten, zu erwarteten Wettbewerbsvorteilen aufgrund einer Differenzierung am Markt, **erhöhten Marktchancen** und einer Imageverbesserung. Die Auswirkungen auf die Umwelt durch betriebsbedingte Einflussfaktoren führten durch den Informationsaustausch mit Stakeholdern zu weiteren Anregungen und Verbesserungen von Umweltschutzmaßnahmen.[1710]

1907   Allerdings ist festzustellen, dass die politischen Ziele, durch die Berichterstattung nichtfinanzieller Aspekte den Stellenwert von Umweltschutz und Ökologie nur durch gesetzliche Vorgaben zu bestimmen, *nicht* erreicht werden konnten.[1711]

1908   Der Schlüssel zum Erfolgt kann zunächst aus den sogenannten **unfairen Wettbewerbsvorteilen**, die ein Unternehmen insbesondere aufgrund seiner Struktur, seines Geschäftsmodells oder Marktmacht besitzt, ohne dass es hierfür besonderer Anstrengungen bedarf, abgeleitet werden. Beispielsweise können hier Erzeuger von Wasserkraftstrom als nachhaltig angesehen werden, da sie aufgrund ihres Geschäftsmodells gegenüber einem mit fossilen Brennstoffen Energie erzeugenden Unternehmen einen Vorteil haben.

1909   Wettbewerbsvorteile sollten sich immer aus der strategischen Positionierung ergeben. Insbesondere durch eine hohe Differenzierung, durch eine nachhaltige Ausrichtung in der Unternehmensstrategie bzw. einer ergänzenden Nachhaltigkeitsstrategie gegenüber den Mitbewerbern wird die Einzigartigkeit des Unternehmens sichtbar.[1712]

1910   Das Unternehmen muss dabei transparent über nachhaltige Aktivitäten berichten und so seinen Anteil in Lieferketten bzw. für Kunden den Vorteil herausstellen. Die Abwägung von **Kostenvorteilen** als Kostenführer gegenüber einem (hohen) Qualitätsanspruch der Kunden bzw. Abnehmer kann jeweils als Vorteil beschrieben werden. Höhere Preise durch höhere Produktionskosten, z. B. durch teurere Energie oder höhere und **faire Löhne** können vom Kunden

---

1709   *BMAS* (2020).
1710   *Andorfer* (2018).
1711   *Andorfer* (2018).
1712   *Porter* (1997).

als Gegenwert für eine höhere Qualität oder für soziales Engagement und ökologische Nachhaltigkeit akzeptiert werden. Gleichermaßen entsteht ein direkter materieller Vorteil eine durch vermiedene Umweltrisiken und nachhaltige Investments, der sich häufig in günstigeren Renditen auswirkt. Dabei kann ein **Best-in-Class-Ansatz** im Auswahlprozess einer Geldanlage die Emittentenauswahl nach sozial-ökologischen Kriterien erleichtern.[1713] Bei einem validen und objektiv nachprüfbaren Filter kann dies neben einem Alleinstellungsmerkmal auch ein subjektiver Vorteil sein, so dass der in der Anwendung des Rankings liegende Wettbewerbsvorteil des ausgewählten Unternehmens gleichzeitig als Vorteil für das investierende Unternehmen durchgereicht wird.

Das Unternehmen muss also die nachhaltigen Aktivitäten und Erfolge bzw. dessen Implementierung in den Prozessen und Produkten als Vorteile herausstellen und dies gegenüber konventionellen Unternehmen positiv abgrenzen. 1911

Nachahmer lassen sich bei ihrem Greenwashing erkennen, wenn die eigene Nachhaltigkeitsstrategie und Geschäftsstrategie hinreichend differenziert ist.[1714] 1912

Wettbewerbsvorteile wirken sich letztlich über die strategischen und operativ umgesetzten ökologischen und sozialen Effekte hinaus positiv auf die Kundenbindung, die Markenstabilität und die Rendite aus. 1913

2. Begriffsvielfalt

Der Begriff **CSR** (Corporate Social Responsibility) beschreibt die unternehmerische und gesellschaftliche Verantwortung als freiwilligen Beitrag der Wirtschaft zu einer nachhaltigen Entwicklung, die über die gesetzlichen Forderungen hinausgeht. 1914

Seitens der Bankenaufsicht findet auch der Begriff der **ESG-Kriterien (**Environmental, Social und Governance) Anwendung. Hiermit wird eine Investment-Entscheidung nach ethischen, ökologischen und sozialen Aspekten beschrieben. 1915

Bei einer ganzheitlichen Betrachtung umfasst Nachhaltigkeit deutlich mehr als den Klimaschutz. Nachhaltigkeit kann auf vier Bereiche – die Ökonomie (Economics), die Umwelt (Environment), das Soziale (Social) und die Unternehmensführung (Governance), auch **EESG** abgekürzt – erweitert werden. Die 1916

1713 *ZdK* (2015). Vergleiche zum Best-Class-Ansatz auch die umfassenderen Ausführungen in den Kapiteln A.IV, E.I und E.III.
1714 *Porter* (1997).

bisherige Messgröße von Finanzkennzahlen für den Unternehmenserfolg reicht den Stakeholdern allein nicht mehr aus.[1715]

a) Ableitung aus den handelsrechtlichen Vorgaben

1917   Das Handelsrecht nimmt in den §§ 289b und 315c HGB im Zusammenhang mit der nichtfinanziellen Erklärung Bezug auf deren Inhalt und legt den Mindestumfang gesetzlich fest, wobei inhaltliche Vorgaben zu den einzelnen Berichtsbestandteilen allerdings nicht gemacht werden. Im Folgenden werden einige Beispiele für berichtspflichtige Aspekte in den einzelnen Berichtskategorien – nicht abschließend – dargestellt:

1. Umweltbelange
    - Verwendung von erneuerbaren/nicht erneuerbaren Energien
    - Wasserverbräuche, Abwässer und Abfälle
    - Maßnahmen zum Schutz der Biodiversität
    - Menge an Emissionen (Treibhausgase/Luftverschmutzung)

2. Arbeitnehmerbelange
    - Vielfalt und Chancengleichheit
    - Gleicher Lohn für Frauen und Männer
    - Arbeitssicherheit und Gesundheitsschutz
    - Sozialer Dialog/Achtung der Rechte von Gewerkschaften
    - Arbeitsbedingungen

3. Sozialbelange
    - Maßnahmen zum Schutz und zur Entwicklung lokaler Gemeinschaften
    - Dialog auf kommunaler und regionaler Ebene
    - Bewertung von Lieferanten hinsichtlich gesellschaftlicher Auswirkungen

4. Achtung der Menschenrechte
    - Maßnahmen zur Vermeidung von Menschenrechtsverletzungen
    - Sicherstellung der Gleichbehandlung von Männern und Frauen
    - Maßnahmen zur Bekämpfung von Kinder-, Zwangs- oder Pflichtarbeit

5. Bekämpfung von Korruption und Bestechung
    - Bestehende Instrumente zur Bekämpfung von Korruption, Bestechung und wettbewerbswidrigem Verhalten

---

1715 *Hartke* (2020).

Die Berichte können (müssen jedoch nicht zwingend) nach internationalen Standards wie z. B. der **Global Reporting Initiative (GRI)**[1716] und dem Global Compact sowie nach nationalen Standards wie dem Deutschen Nachhaltigkeitskodex (DNK) erstellt werden. Sollte einer der gesetzlich geforderten Aspekte nicht wesentlich sein oder z. B. aus Gründen des Wettbewerbs nicht darüber berichtet werden können, ist dies vom Unternehmen anzugeben (»**Comply or Explain**«). Weitere Aspekte, z. B. Verbraucherbelange, sind zusätzlich aufzunehmen, sofern sie aus spezifischen Adressatenanforderungen resultieren.[1717]

b) Rahmenwerke als Standards der Berichterstattung

Die Nachhaltigkeitsberichterstattung in Form einer nichtfinanziellen Erklärung gemäß § 289c HGB entspricht dem **Mindeststandard** einer Berichterstattung, bezieht sich auf das deutsche Handelsrecht und verpflichtet nur Kapitalgesellschaften ab einer bestimmten Größe.

Berichtspflichtige Kapitalgesellschaften, aber auch alle anderen Organisationen oder sonstige Unternehmen können sich – auf freiwilliger Basis – für ihre Berichterstattung für ein Rahmenwerk entscheiden und die Informationen darauf aufbauen.

aa) GRI Global Reporting Initiative

Für international tätige Kapitalgesellschaften, Organisationen, sonstige Unternehmen oder Unternehmen mit einem höheren Informationsbedarf haben sich bereits fast 20 Jahre vor Einführung des CSR-Richtlinie-Umsetzungsgesetzes[1718] im Jahr 2017 Rahmenwerke entwickelt. Die freiwillige Anwendung ersetzt die nichtfinanzielle Erklärung nach § 289c HGB. Die Anwendung von Rahmenwerken nach 289d HGB (Nutzung von Rahmenwerken) ist zu begründen, andernfalls sind die Gründe der Nichtanwendung anzugeben.

Die GRI (Global Reporting Initiative) hat zwei Jahre nach ihrer Gründung im Jahr 1997 bereits eine erste Fassung eines Regelwerkes als Standard veröffentlicht.[1719] Die GRI-Standards sind Best-practice-Ansätze für die Nachhaltigkeitsberichterstattung von Unternehmen zu ökonomischen, ökologischen und sozi-

---

1716 Siehe dazu auch die Ausführungen in Abschnitt 2.b und ferner *IDW* (2020a) und *Rödl & Partner* (2020).
1717 *IDW* (2020a).
1718 *CSR-RUG* (2017).
1719 *GRI* (2020a).

alen Auswirkungen. Eine hierauf aufgebaute Berichterstattung soll die nachhaltige Entwicklung unterstützen und eine vergleichbare **Entscheidungshilfe** und Orientierung bieten. Sie zeigt die positiven oder negativen Beiträge einer Organisation in Form von Kennzahlen und Indikatoren zu einer nachhaltigen Entwicklung der unternehmerischen Tätigkeit einschließlich Produktion und Dienstleistung auf. Neben den zahlenfokussierten Angaben ist der Managementansatz der Aktivitäten und Prozesse darzustellen.

1923 Die Standards sind **modular aufgebaut** und sollen als einheitlicher und zusammengeführter Bericht umgesetzt werden.

- Drei universelle Standards (GRI 100er-Reihe) gelten für jede Organisation, die diese Standards als Rahmenwerk anwendet.
- Themenspezifische Standards: Wirtschaftliche Standards (Economic GRI 200er-Reihe), Umweltstandards (Environmental GRI 300er-Reihe) oder Soziale Standards (Social GRI 400er-Reihe) sind entsprechend ihrer Relevanz auszuwählen.

1924 Wird das Rahmenwerk GRI angewendet, muss der Nachhaltigkeitsbericht auch in Übereinstimmung mit den GRI-Standards verfasst werden. Dies stellt sicher, dass ein umfassendes Bild über die wesentlichen Themen, deren Auswirkungen und Handhabung eines Unternehmens oder einer Organisation zur Nachhaltigkeit vermittelt wird. Darüber hinaus können ausgewählte GRI-Standards zur Information über spezifische Sachverhalte vollständig oder teilweise berücksichtigt werden. Die berichtende Organisation hat dabei die Wahl zwischen den Optionen »**Kern**« oder »**Umfassend**«.[1720]

1925 Für die Bestimmung des notwendigen Berichtsinhalts sind die Stakeholder einzubinden, der Nachhaltigkeitskontext darzustellen, die Wesentlichkeit zu begründen und die Vollständigkeit zu belegen. Hinsichtlich der Sicherstellung der Berichtsqualität sind die **Prinzipie**n der Genauigkeit, Ausgewogenheit, Verständlichkeit, Vergleichbarkeit, Zuverlässigkeit und Aktualität zu beachten.[1721]

1926 Ein Nachhaltigkeitsbericht, der in Übereinstimmung mit den GRI-Standards erstellt ist, kann als eigenständiger Bericht verfasst sein oder auf Dokumentationen und Informationen verweisen, die an anderen Stellen veröffentlicht wurden. Diese können in unterschiedlichen Formaten veröffentlicht sein, z. B. elektronisch oder in Papierform. In jedem nach den GRI-Standards erstellten Bericht ist zudem ein GRI-Inhaltsindex anzugeben.[1722] Jede Anwendung auch

---

[1720] *GRI* (2016a), Teil 3.
[1721] *GRI* (2016a), Teil 1.
[1722] *GRI* (2016a), Teil 2.6 und *GRI* (2016b), Angabe 102-55.

von ausgewählten GRI-Standards muss die berichtende Organisation erklären.[1723]. Die Berichte nach GRI sowie die Erklärung müssen von der Organisation an GRI eingereicht werden.[1724]

Die GRI-Standards wurden in im Jahr 2016 grundlegend überarbeitet.[1725]

bb) Deutscher Nachhaltigkeitskodex (DNK)

2010 wurde unter Federführung des Rates für Nachhaltige Entwicklung der Dialog-Prozess zur Entwicklung eines Kodex begonnen und 2012 ein erster Standard für eine Nachhaltigkeitsberichterstattung veröffentlicht. Im Jahr 2014 erfolgt, als Reaktion auf die GRI-Standard-Fortschreibung, eine Aktualisierung.[1726]

Der Deutsche Nachhaltigkeitskodex stellt einen Leitfaden für die Nachhaltigkeitsberichterstattung sämtlicher berichtender Unternehmen und Organisationen dar:

- große und kleine, öffentliche und private Unternehmen,
- Organisationen mit und ohne Nachhaltigkeitsberichterstattung,
- kapitalmarktorientierten Unternehmen und
- Unternehmen, die bestimmte Stakeholder über ihre Nachhaltigkeitsaktivitäten informieren wollen.[1727]

Entscheidet sich ein Unternehmen für die Berichterstattung nach DNK, muss es die Vorgaben des DNK vollständig umsetzen.

Um die Standards des DNK zu erfüllen, erstellen Anwender in der DNK-Datenbank eine Erklärung zu den **20 DNK-Kriterien** und den ergänzenden nichtfinanziellen Leistungsindikatoren, die aus der GRI bzw. der European Federation of Financial Analysts Societies (EFFAS)[1728] ausgewählt wurden.

Die 20 DNK-Kriterien gliedern sich in folgende Gruppen:[1729]

- Kriterien 1-4 zu Strategie:

  Strategie, Wesentlichkeit, Ziele, Tiefe der Wertschöpfungskette

---

1723 *GRI* (2016a), Teil 3.3.
1724 *GRI* (2016a), Teil 3.4.
1725 *GRI* (2020b).
1726 *DNK* (2020e).
1727 *DNK* (2020d).
1728 Siehe dazu auch die Ausführungen unter Abschnitt 2.b.
1729 *DNK* (2020b).

- Kriterien 5-10 zu Prozessmanagement:

  Verantwortung, Regeln und Prozesse, Kontrolle, Anreizsystem, Beteiligung von Anspruchsgruppen, Innovations- und Produktmanagement

- Kriterien 11-13 zu Umweltbelangen:

  Inanspruchnahme natürlicher Ressourcen, Ressourcenmanagement, klimarelevante Emissionen

- Kriterien 14-16 zu Arbeitnehmerbelangen:

  Arbeitnehmerrechte, Chancengerechtigkeit, Qualifizierung

- Kriterium 17 zu Menschenrechte

- Kriterium 18 zu Soziales/Gemeinwesen

- Kriterien 19-20 zu Compliance:

  Politische Einflussnahme, gesetzes- und richtlinienkonformes Verhalten

1933 Die vom berichtenden Unternehmen abzugebende Entsprechenserklärung erfolgt nach einem Registrierungsverfahren online in der Datenbank des DNK. Die **formale Richtigkeit** der Entsprechenserklärung und des Berichtes wird durch den DNK geprüft und an das Unternehmen rückgemeldet.[1730]

1934 Der DNK kann von berichtenden Unternehmen weltweit angewendet werden. Er eignet sich als Instrument zum Aufbau einer Nachhaltigkeitsstrategie und zeigt die nachhaltige Unternehmensentwicklung im Zeitverlauf. Der Nachhaltigkeitsbericht nach DNK erfüllt die **CSR-Berichtspflicht** gemäß HGB und des **Nationalen Aktionsplan**s Wirtschaft und Menschenrechte. Die technische Umsetzung und Dokumentation auf der Internetseite des DNK bietet Schnittstellen für den Datenimport. Unterstützend für die eigene Berichterstattung stellt der DNK eine Vergleichsdatenbank sowie Analysemöglichkeiten für die Forschung, Verbände und Experten zur Verfügung.

1935 Eine Berichterstattung nach DNK kann Unternehmen im Wettbewerb Vorteile bieten, da eine Veröffentlichung zentral über die Internetseite des DNK für alle Geschäftspartner, Stakeholder, etc. kostenfrei abrufbar ist.[1731]

cc) European Federation of Financial Analysts Societies (EFFAS)

1936 Die European Federation of Financial Analysts Societies (EFFAS) ist ein Zusammenschluss von europäischen Finanzanalysten und Berufsverbänden (Deutsche Vereinigung für Finanzanalyse und Asset Management, DVFA).

1730 Rat für Nachhaltige Entwicklung (2017).
1731 *DNK* (2020a).

In 2010 hat das Netzwerk eine Richtlinie zur Integration von Umwelt- und Sozialaspekten in die Finanzberichterstattung herausgegeben.[1732]

1937

Die EFFAS hat »Key Performance Indicators for Environmental Social & Governance Issues« (KPIs for ESG) entwickelt, so dass in der Berichterstattung, z. B. auch nach DNK, neben den 28 Leistungsindikatoren der GRI auch die **16 EFFAS-Indikatoren** verwendet werden können.[1733]

1938

3. Formen und Inhalte der Nachhaltigkeitsberichtserstattung

a) Nichtfinanzielle Erklärung und Nachhaltigkeitsbericht

Die Berichterstattung oder Veröffentlichung von Informationen über nachhaltige Aktivitäten, Ziele und Erfolge kann in vielfältiger Weise erfolgen.

1939

Die Berichterstattung aufgrund gesetzlicher Vorgaben, wie beispielsweise im Lagebericht und der nichtfinanziellen Erklärung nach HGB, wird häufig als eher formaler Text erstellt. Die Veröffentlichung erfolgt dabei im Rahmen der üblichen Veröffentlichung der Geschäftsberichterstattung.

1940

Hat das Unternehmen sich darüber hinaus an den Rahmenwerken des DNK oder der GRI orientiert und die Vorgaben zur Berichterstattung umgesetzt, muss es eine spezifische Erklärung zur Anwendung bzw. Übereinstimmung mit den GRI-**Standards nach GRI 101**, Abschnitt 3[1734] bzw. die Entsprechenserklärung für das DNK[1735] auf der jeweiligen Internetseite hochladen und dort veröffentlichen. Diese Erklärungen sind anhand der Vorgaben zur Berichterstattung meist als reine Texte und eher sachlich nüchtern erstellte Berichte ohne nennenswerte weiter graphische Aufbereitung oder Ergänzung um eine ansprechende Bildsprache.

1941

Die **mediale Wirkung** einer Veröffentlichung für Stakeholder – und insbesondere für (End)Kunden – bedarf dagegen einer ansprechenden Aufbereitung. Je nach Zielgruppe kann auf die unterschiedlichsten Medien zurückgegriffen werden; z. B. an die Kunden gerichtete Videoclips von Mitarbeitenden des Unternehmens über die nachhaltige Ausrichtung, Identifikation, Aktionen und Erfolge. Hilfreich scheint auch die Darstellung der nachhaltigen Aktivitäten und Erfolge für die jeweiligen Zielgruppen in einer leicht verständlichen Broschüre oder einem Flyer mit den Kernaussagen. Der Bericht kann mit dem Geschäfts-

1942

1732 *EFFAS* (2020a).
1733 *EFFAS* (2020b).
1734 *GRI* (2016a).
1735 *DNK* (2020c).

oder Jahresbericht des Unternehmens kombiniert werden. Die Pflichtangaben nach HGB oder DNK werden dabei um Beschreibungen der Aktivitäten, Mitarbeiter- oder Stakeholderbericht, Kundenmeinungen etc. ergänzt und z. B. durch statistische Angaben belegt.

1943 Aus ökologischer Sicht ist die Erstellung einer gedruckten Broschüre gegen eine **digitale Veröffentlichung** abzuwägen. Der Aufbau eines Nachhaltigkeits-Images einschließlich der transparenten und informativen Beschreibung von Aktivitäten, Zielen und Erfolgen erreicht insbesondere auch über die verschiedenen Social-Media-Kanäle die relevanten Zielgruppen.

b) Wesentlichkeit bei der Auswahl nachhaltiger Themen

1944 Das Prinzip der Wesentlichkeit findet in der Wirtschaftsprüfung regelmäßig Anwendung in der **Jahresabschlussprüfung** bezüglich der sinnvollen Gewichtung von Prüfungszielen und der anzuwendenden Auswahl der sachgerechten Prüfungsmethodik.[1736] Bei der Auswahl der als wesentlich einzustufenden Themen für eine Berichterstattung zur Nachhaltigkeit stehen jedoch der Einfluss des Unternehmens auf die Umwelt bzw. der globalen Nachhaltigkeitsziele im Vordergrund. Die Wesentlichkeit eines Themas für die Nachhaltigkeitsberichterstattung kann dann angenommen werden, wenn die Auswirkungen aus ökonomischer, ökologischer und sozialer Sicht bedeutsam für die Entscheidungsfindung der Stakeholder sind.[1737]

1945 Hierbei ist der Fokus nicht ausschließlich auf die nachhaltigen Aktivitäten und Erfolge zu legen, sondern vielmehr auch auf die Auswirkungen, die der Geschäftsbetrieb insgesamt mit sich bringt. Dabei können beispielsweise ökologisch bedenkliche und nachteilige Produktionsprozesse oder Geldanlagen in nicht **ethisch vertretbaren Investments** hinsichtlich der Berichterstattung von Bedeutung sein.

1946 Eine einheitliche Auslegung der Wesentlichkeit in der Nachhaltigkeitsberichterstattung besteht nicht. Vielmehr unterscheidet sich der Stellenwert auch nach den Definitionen nach GRI und DNK.

1736 Vgl. hierzu auch die Ausführungen in Kapitel F.I.
1737 *Völker-Lehmkuhl/Reisinger* (2019).

c) Systeme und Regelwerke zur Beschreibung von Einfluss auf und Erfüllung der (globalen) Klimaziele

Neben den eigenen Zielen, Aktivitäten und Erfolgen ergeben Vergleiche mit anderen Branchenunternehmen oder globalen Werten z. B. ökologischer Fußabdruck[1738] oder der Anteil des Unternehmens an der Erderwärmung in Grad Celsius[1739] eine hohe Aussagekraft und Transparenz der Information.

Diese vergleichenden Informationen zeigen, welche Anstrengungen (noch) nötig sind, um das Ziel, den europäischen Grünen Deal, Europa bis zum Jahr 2050 zum ersten klimaneutralen Kontinent zu machen, erreichen zu können.[1740]

Seit dem Jahr 2011 müssen Unternehmen in der Klimabilanz Auswirkungen ihre Produkte über den gesamten Lebensweg abbilden. Das Greenhouse Gas Protocol (ghg-protocol) gilt dabei als weltweiter Standard und hat mit dem Scope 3 den Rahmen der relevanten Informationen deutlich erweitert. Die direkten Emissionen aus den eigenen Anlagen zur **Energieerzeugung** (Scope 1) sowie **die indirekten Emissionen** (Scope 2) sind um die indirekten Emissionen aus der gesamten **Wertschöpfungskette** (Scope 3) der Produktion und Dienstleistung ergänzt.[1741]

4. Nachhaltigkeitskommunikation als Schlüssel zur Transparenz und Zielgruppen

Zielgruppen der Kommunikation

Tue Gutes und sprich darüber. Entscheidend in der Kommunikation ist neben dem zu transportierenden Inhalt insbesondere die Klärung, wer Empfänger der Information ist. Nachhaltigkeit hat meist einen **globalen kommunikativen Ansatz**, da die ökonomischen, ökologischen und sozialen Aspekte zunächst die Umwelt und das Umfeld ansprechen. Allerdings sind der Umfang der Information, die Art der Darstellung und die Häufigkeit der Veröffentlichung an die jeweiligen **Zielgruppen** anzupassen. Auch wenn die Information und deren Veröffentlichung für Geschäftspartner, Kunden, Anteilseigner, Politikvertreter und Mitarbeitende grundsätzlich umfassend sein sollten, besteht jedoch häufig ein spezifisches Interesse an der Darstellung und der Tiefe der Information.

1738 Global Footprint Network (2020).
1739 right. based on science GmbH (2020).
1740 EU (2020l).
1741 The Greenhouse Gas Protocol (2004). Vgl. dazu auch die umfassende Erörterung im Kapitel D.V dieses Herausgeberbandes.

BERICHTERSTATTUNG UND PRÜFUNGSHANDLUNGEN

Dazu kann es ratsam sein, die Information so aufzubereiten, dass sie einen zielgruppengerechten Fokus aufgreift, ohne dass es dabei zu einer verzerrten Darstellung kommt.

1951 So werden Produzenten und Lieferanten auf der geschäftlichen Ebene eher sachliche und detaillierte Informationen z. B. über die **Treibhausgasemission** einfordern, um sie im Rahmen des Scope 3 gemäß des ghg-protocols für die eigen Klimabilanzierung zu verwenden. Kunden und Verbraucher sind dagegen eher an einer grafischen und **multimedial aufgebereiteten Präsentation** der Aktivitäten und Erfolge zu den ökologischen und sozialen Aspekten interessiert.

1952 Die Interessenten aus **Politik und Gesellschaft** können ein hohes Interesse an den globalen Auswirkungen bis hin zum Anteil an der Erreichung der nationalen bzw. internationalen Klimaziele haben. Auch die Achtung der Menschenrechte und die Bekämpfung von Korruption und Bestechung spielen für die Betrachtung eines Unternehmens eine übergeordnete Rolle.

1953 Mitarbeitende und Mitarbeitendevertretungen werden einen Fokus ihres Interesses auf die sozialen Belangen einschließlich der Arbeitnehmerrechte, Arbeits- und Gesundheitsschutz sowie der Versorgungssicherheit richten.

5. Notwendigkeit und Verwendung einer unternehmensinternen Dokumentation zu nachhaltigen Aktivitäten

a) Nachhaltige Aktivitäten in der Betriebsdokumentation

1954 Die Dokumentation der Managementprozesse muss alle auf die Geschäftstätigkeit bezogenen Aktivitäten im Kontext von Nachhaltigkeit in die Betriebsdokumentation aufnehmen. In das **Nachhaltigkeitsmanagementsystem** sind von der Geschäftsstrategie, einschließlich der Nachhaltigkeitsstrategie, bis hin in die Aufbau- und Ablaufdokumentation die Aspekte zur Nachhaltigkeit aufzunehmen, deren Verfahren zu dokumentieren und die Auswirkungen zu beschreiben.

1955 Ausgangspunkt der betrieblichen Dokumentation ist die Unternehmensstrategie. Die Nachhaltigkeitsziele können dabei entweder direkt in die Gesamtstrategie integriert sein oder aber das Unternehmen formuliert eine gesonderte Nachhaltigkeitsstrategie.

1956 Je nach Umfang der Nachhaltigkeitsaktivitäten oder Relevanz in den Kernprozessen des Unternehmens ist die Aufbauorganisation beispielsweise um die

Funktionsstelle zur Nachhaltigkeit zu erweitern. In dieser Funktion können innovative, koordinierende und überwachende Aufgaben zusammenkommen.

Alle Prozesse des Unternehmens sind auf die Beeinflussung in oder aus nachhaltigen Aspekten und Aktivitäten zu überprüfen und zu ergänzen. Diese können von den Prozessen für Einkauf und Beschaffung, über die Produktion, bis hin in Entscheidungs- und Steuerungsprozesse reichen.

1957

b) Beschreibung und Dokumentation im Rahmen von Revision und internem Berichtswesen

Die Interne Revision soll in angemessenem Umfang Nachhaltigkeitsrisiken in ihre Prüfungshandlungen einbeziehen.[1742] Die **Interne Revision** ist dabei der Geschäftsleitung berichtspflichtig und hat die entsprechenden Informationen aus laufenden Prüfungen oder Projektbegleitungen zu dokumentieren.[1743]

1958

Die interne Berichterstattung und Dokumentation sind Grundlage für fundierte Entscheidungen im Rahmen der Entwicklung der eigenen Aktivitäten zur Nachhaltigkeit. Das Controlling liefert darüber hinaus entscheidungsrelevante Informationen als Basis für eine klimadatenbezogene Information und Kommunikation.

1959

Je ambitionierter die Ziele der Nachhaltigkeitsstrategie sind, desto mehr bedeutet dies auch eine umfassende Beschreibung bis in alle relevanten Unternehmensabläufe und **Managementprozesse**. Aus den optional anwendbaren Rahmenwerken wie z. B. DNK kann sich eine weitreichende Anpassung oder Neuausrichtung der Regeln und Prozesse ergeben (beispielsweise ökologische und soziale Aspekte in den Einkaufsrichtlinien). Die Verankerung der Nachhaltigkeitsthemen im Tagesgeschäft ist in der Berichterstattung entsprechend aufzugreifen.[1744]

1960

6. Fallstricke der Nachhaltigkeitsberichterstattung

Zielkonflikte in Nachhaltigkeitsdimensionen sind hinsichtlich der Information und Berichterstattung über die Ziele und Auswirkungen sehr differenziert zu betrachten. Regelmäßig wird zwischen den Aspekten Ökologie, Ökonomie und Soziales abzuwägen und in der zielgruppenzentrierten Information der jeweils auch kritische Aspekt ebenso darzustellen sein. So können mit der nachhaltigen

1961

1742 *BaFin* (2019a).
1743 *MaRisk* (2017), Erläuterungen.
1744 *DNK* (2020f).

BERICHTERSTATTUNG UND PRÜFUNGSHANDLUNGEN

Entwicklung sozialer Aktivitäten (Arbeitsplätze) durchaus ökologisch kritische Maßnahmen korrelieren.

1962 Die Ziele für nachhaltige Entwicklung sind unteilbar und bedingen einander. Die inhaltliche Ausrichtung der Berichterstattung kann dabei in fünf Kernaussagen eingeordnet werden: Mensch, Planet, Wohlstand, Frieden und Partnerschaft (»5 Ps«: People, Planet, Prosperity, Peace, Partnership).[1745]

1963 Auch die Kommunikationsmittel können dabei im Widerspruch zu dem transportierten Inhalt stehen. So ist abzuwägen, ob beispielsweise ein gedruckter Bericht oder eine Online-Veröffentlichung präferiert wird. Bemerkenswert ist hierbei, dass eine Printfassung von mindestens 3,2 Lesern gelesen werden muss, bis sie gegenüber einer Online-Version ökologisch günstiger ist.[1746]

1964 Der transparenten und objektiven Nachhaltigkeitsberichterstattung steht jedoch auch die Ausnutzung individueller oder egoistischer Vorteile entgegen. Unter **Greenwashing** sind Kampagnen und Marketingaktionen zu verstehen, die Unternehmen, einzelne Produkte oder strategische Maßnahmen in ein »grünes« Licht stellen, ohne dass ein ökologisches, ethisch korrektes oder faires Handeln tatsächlich gelebt wird. Der so suggerierte Eindruck wird von Unternehmen meist aus berechnenden, ökonomischen Beweggründen inszeniert. Die Unternehmen, die Greenwashing betreiben, treten dabei mit einem vermeintlichen »grünen« Image auf und missbrauchen die CSR-Grundideen allein mit dem Ziel der Vorteilsverschaffung.[1747]

1745 *BMZ* (2020).
1746 *Druck- und Papiertechnik* (2012).
1747 *Jans* (2020).

IV. Bankaufsichtliche Offenlegungspflichten von ESG-Risiken[1748]

1. Einführung

Die Offenlegung von detaillierten Informationen zur Zusammensetzung der Eigenmittel und Risikopositionen einer Bank auf Basis der Nomenklatur der Eigenmittelanforderung gemäß CRR/CRR2 ist ein **flankierendes Instrument der Bankenaufsicht** und ermöglicht die komplementäre Nutzung von Marktmechanismen mit dem Ziel, die Geschäftstätigkeit von Kreditinstituten zu überwachen und das Vertrauen der Anleger aufrechtzuerhalten.[1749] Beachtet man die Bedeutung, die die Bankenaufsicht der Thematik Nachhaltigkeit, nachhaltiger Wandel und nachhaltige Transformation und Nachhaltigkeitsrisiken beimisst,[1750] so liegt es nahe, dass auch Offenlegungspflichten von den Regulierungsvorgaben in diesem Bereich betroffen sind. Insbesondere gilt dies für die Offenlegungn von Umwelt-, Sozial- und Unternehmensführungsrisiken (ESG-Risiken, engl. für »Environmental«, »Social« und »Governance risk«).

Wenngleich sowohl die EU-Initiative als auch die CRR II-Initiative auf eine Sicherung der Finanzstabilität abzielen, sind beide Initiativen inhaltlich deutlich voneinander abzugrenzen. Bei der EU-Initiative geht es vorwiegend um die **Offenlegungspflichten von Finanzberatern gegenüber Endanlegern**, während die CRR II-Initiative **Offenlegungspflichten von Instituten** im Rahmen des **Offenlegungsberichts** forciert.

In Abschnitt 2 erfolgt eine kurze Beschreibung und Abgrenzung beider Initiativen. Der nachfolgende Abschnitt 3 behandelt ausschließlich bankaufsichtliche Offenlegungspflichten von ESG-Risiken und mögliche Ansätze zur Implementierung im Sinne der CRR II-Initiative. Das Kapitel schließt mit einem Fazit zur CRR II-Initiative in Abschnitt 4.

1748 Autor: *Marc Hegeler*. Die Ausführungen geben ausschließlich persönliche Auffassungen wieder. Für Rückfragen oder Anregungen ist der Autor unter der E-Mail-Adresse marc_hegeler@web.de erreichbar.
1749 Vgl. *Klopf* (2016) und *Deutsche Bundesbank* (2019b).
1750 Vgl. dazu vor allem die Diskussion in den Kapitel A.III dieses Herausgeberbandes.

BERICHTERSTATTUNG UND PRÜFUNGSHANDLUNGEN

2. Aktuelle Initiativen zur Offenlegung von ESG-Risiken

1968 Die **EU-Initiative** zielt darauf ab, ESG-Faktoren bei Investitionsentscheidungen zu berücksichtigen, um Investitionen nachhaltiger zu gestalten und langfristig verstärkt Nachhaltigkeitsaspekte im Finanzsystem zu integrieren.[1751]

1969 Nach der Veröffentlichung eines Vorschlags für eine Verordnung zu Offenlegungspflichten im Zusammenhang mit nachhaltigen Investitionen und Nachhaltigkeitsrisiken durch die EU-Kommission am 24.05.2018[1752] wurde schließlich am 09.12.2019 die Verordnung (EU) Nr. 2019/2088 über nachhaltigkeitsbezogene Offenlegungspflichten im Finanzdienstleistungssektor im Amtsblatt der EU veröffentlicht. Das Ziel dieser Verordnung ist es, »Informationsasymmetrien [zwischen Finanzmarktakteuren] im Hinblick auf die Einbeziehung von Nachhaltigkeitsrisiken, die Berücksichtigung nachteiliger Nachhaltigkeitsauswirkungen, die Bewerbung ökologischer oder sozialer Merkmale sowie im Hinblick auf nachhaltige Investitionen [...] abzubauen«[1753]. **Nachhaltigkeitsrisiken** werden in dieser Verordnung **definiert** als »ein Ereignis oder eine Bedingung im Bereich Umwelt, Soziales oder Unternehmensführung [...], dessen beziehungsweise deren Eintreten erhebliche negative Auswirkungen auf den Wert der Investition haben könnte«[1754]. Finanzmarktakteure werden verpflichtet, ESG-Risiken und -Chancen in ihren (Beratungs-)Prozessen zu integrieren und Endanleger über die Einhaltung dieser Integration zu informieren.[1755] Am 23.04.2020 haben die drei europäischen Aufsichtsbehörden EBA, EIOPA und ESMA das Joint Consultation Paper JC 2020 41 veröffentlicht, in dem konkrete Vorschläge zur ESG-Offenlegung für Finanzmarktakteure, -berater und -produkte konsultiert werden.[1756]

1970 Entsprechend geht es bei der EU-Initiative vorwiegend um die Informationspflichten bzw. **Offenlegungspflichten von Finanzberatern gegenüber Endanlegern**. Die **CRR II-Initiative** hingegen betrifft **die Offenlegung von Instituten** im Sinne der so genannten **Säule 3** der internationalen Bankenregulierung.

1971 Die Vorgaben zu diesen speziellen Publikationspflichten auf Maßgabe der Bankenaufsicht entwickeln sich seit nunmehr 20 Jahren beginnend mit der Diskus-

---

1751 Vgl. *EU* (2019e), Erwägungsgrund Nr. 19.
1752 Vgl. *EU* (2018e).
1753 Vgl. *EU* (2019e), Erwägungsgrund Nr. 10.
1754 Vgl. *EU* (2019e), Erwägungsgrund Nr. 14.
1755 Vgl. *EU* (2019e), Erwägungsgrund Nr. 18.
1756 Vgl. ESMA (2020).

sion um das **Basel II**-Rahmenwerk des Basel Committee on Banking Supervision (BCBS). In den schließlich 2004 final veröffentlichten **Vorgaben** wurden ergänzend zu den Mindestkapitalanforderungen der Säule 1 erstmals das aufsichtliche Überprüfungsverfahren (Säule 2; Supervisory Review and Evaluation Process; SREP) und die Marktdisziplin bzw. Offenlegung (Säule 3) definiert.Die Säule 3 wurde entwickelt, damit Marktteilnehmer durch steigende Transparenz der Institute deren Risikopositionen, Risikomessverfahren und Eigenkapitalausstattung beurteilen können.[1757] Nach der Übernahme der bis dato unverbindlichen Basel II-Offenlegungspflichten in Deutschland ab dem Jahr 2007 durch die Solvabilitätsverordnung und der Überarbeitung und Erweiterung der bis dahin bestehenden Anforderungen durch **Basel III** im Jahr 2009 erfolgte die – bis heute gültige – Verankerung des unverbindlichen Basel III-Regelwerks in **Europa** über die Kapitaladäquanzverordnung *CRR* (2013). Die *CRR* (2013) ist seit dem Jahr 2014 durch alle europäischen Institute verpflichtend anzuwenden. Mittlerweile werden diverse Offenlegungspflichten der *CRR* (2013) durch delegierte Verordnungen und EBA-Leitlinien verbindlich konkretisiert.[1758]

Die vollständig überarbeitete Kapitaladäquanzverordnung *CRR II* (2019) wurde am 07.06.2019 im Amtsblatt der EU veröffentlicht. Die Neuerungen der *CRR II* (2019) hinsichtlich der Offenlegungspflichten der Institute sind grundsätzlich ab dem 28.06.2021 anzuwenden.[1759]

1972

In der *CRR II* (2019) wird mit **Artikel 449a** erstmals die Verpflichtung zur **Offenlegung von ESG-Risiken** im Sinne der Säule 3 eingeführt.

1973

3. Offenlegung von ESG-Risiken nach CRR II

Die neue Offenlegungspflicht gem. Art. 449a *CRR II* (2019) in der Säule 3 ist insofern bemerkenswert, da ESG-Risiken bisher – weder in der *CRR* (2013) noch in der jetzt gültigen *CRR II* (2019) – an keiner anderen Stelle der gesamten Kapitaladäquanzverordnung genannt werden. Auch in den neuesten BCBS-Standards zur Offenlegung[1760] werden ESG-Risiken nicht behandelt. Generell stellten die BCBS-Standards zu verschiedenen Offenlegungsthemen bisher i. d. R. die Grundlage für die nachfolgenden europäischen Veröffentlichungen

1974

1757 Vgl. *BCBS* (2004), Tz. 809 f.
1758 Vgl. dazu auch *Hegeler/Heithecker* (2020).
1759 Vgl. *CRR II* (2019), Art. 3 Abs. 2.
1760 Beispiele sind die aktuellsten Standards zur Offenlegung: BCBS 400, BCBS 455 und BCBS 468.

BERICHTERSTATTUNG UND PRÜFUNGSHANDLUNGEN

dar.[1761] Damit ist dies der erste und bisher einzige Einbezug von ESG-Risiken im Kontext der Säule 3.

a) Definition und Einordnung der Vorgabe

1975 Ab dem 28.06.2022 – ein Jahr nach Erstanwendung eines Großteils der übrigen neuen Offenlegungspflichten gem. CRR II – »legen **große Institute**, die Wertpapiere emittiert haben, die zum Handel auf einem **geregelten Markt** eines Mitgliedstaats im Sinne des Artikels 4 Absatz 1 Nummer 21 der Richtlinie 2014/65/EU zugelassen sind, **Informationen zu ESG-Risiken** einschließlich physischer Risiken und Transitionsrisiken offen, die in dem in Artikel 98 Absatz 8 der Richtlinie 2013/36/EU genannten Bericht definiert werden«[1762].

1976 Institute werden gem. *CRR II* (2019) als **große Institute** definiert, wenn sie mindestens eine der vier nachfolgenden Bedingungen erfüllen. Sie werden als global systemrelevantes Institut (G-SII) oder anderes systemrelevantes Institut (O-SII) klassifiziert, zählen in ihrem Mitgliedstaat zu den drei größten Instituten oder haben eine Bilanzsumme von mindestens 30 Mrd. EUR.[1763]

1977 Ein **geregelter Markt** (engl. Regulated Market) gem. der Finanzmarktrichtlinie *MiFID II* (2014) ist ein Handelsplatz, der von multilateralen Handelssystemen (MTF) und organisierten Handelssystemen (OTF) abzugrenzen ist.[1764] Diese verschiedenen Handelsplätze haben unterschiedliche Zulassungsvoraussetzungen, Folgepflichten und Transparenzstandards. Der geregelte Markt hat die höchsten Transparenzstandards. In Deutschland gibt es derzeit beispielsweise 20 geregelte Märke, 23 MTFs und 3 OTFs. Beispiele für geregelte Märkte sind die Frankfurter Wertpapierbörse und XETRA, wobei beide Börsen jeweils einen geregelten Markt und einen MTF betreiben.[1765]

1978 Im Art. 449a *CRR II* (2019) gibt es einen starken Bezug zur Kapitaladäquanzrichtlinie *CRD V* (2019). Dies ist ein erster Hinweis darauf, dass die ESG-Offenlegungspflichten primär auf **Säule 2-Vorgaben** abzielen könnten.

1979 Eine Grundlage der Informationen, die zu ESG-Risiken offengelegt werden müssen, soll demnach ein Bericht sein, den die EBA bis zum 28.06.2021 der

---

1761 So basiert beispielsweise die aktuell gültige EBA-Leitlinie EBA/GL/2016/11 mit umfangreichen standardisierten Offenlegungstabellen in großen Teilen auf dem BCBS 309.
1762 *CRR II* (2019), Art. 449a Abs. 1.
1763 Vgl. *CRR II* (2019), Art. 4 Abs. 1 Nr. 146.
1764 Vgl. *MiFID II* (2014), Art. 4 Abs. 1 Nr. 21-24.
1765 Ein aktuelles Verzeichnis der zugelassenen Handelsplätze gem. *MiFID II* (2014) ist jederzeit auf der Website der European Securities and Markets Authority (ESMA) abrufbar. Vgl. https://registers.esma.europa.eu/publication/, Stand 20.03.2020.

EU-Kommission, dem EU-Parlament und dem EU-Rat vorlegen muss.[1766] Darüber hinaus wird die **EBA** auf der Basis dieses Berichts voraussichtlich **Leitlinien** dazu veröffentlichen, wie die einheitliche Einbeziehung von ESG-Risiken in den **SREP** zukünftig erfolgen soll.[1767] Dabei ist zu beachten, dass von der EBA erlassene Leitlinien auf Ebene der Mitgliedstaaten kein unmittelbar geltendes Recht darstellen. Da die nationalen Aufsichtsbehörden und Institute jedoch alle erforderlichen Anstrengungen unternehmen sollen, um EBA-Leitlinien nachzukommen und anderenfalls ein Nicht-Nachkommen öffentlich gegenüber der EBA begründen müssen[1768], entfalten Leitlinien faktisch »eine nicht zu unterschätzende **Bindungswirkung**«.[1769]

In dem vorzulegenden Bericht muss die EBA u. a. ESG-Risiken inkl. physischer Risiken und Transformationsrisiken einheitlich definieren, geeignete qualitative und quantitative Kriterien zur Bewertung von ESG-Risiken hinsichtlich der finanziellen Stabilität von Instituten entwickeln sowie Verfahren, Prozesse und Strategien hinsichtlich des Managements von ESG-Risiken festlegen. Die exakten Vorgaben für diesen Bericht sind in Abbildung F.2 dargestellt.

„(8) Die EBA prüft, ob Umwelt-, Sozial- und Unternehmensführungsrisiken (environmental, social and governance risks — ESG-Risiken) in die Überprüfung und Bewertung durch die zuständigen Behörden einbezogen werden können.

Für die Zwecke von Unterabsatz 1 umfasst die Prüfung der EBA zumindest Folgendes:

a) die Entwicklung einer einheitlichen Begriffsbestimmung für ‚ESG-Risiken' einschließlich physischer Risiken und Transitionsrisiken; letztere schließen die Risiken im Zusammenhang mit dem Wertverlust von Vermögenswerten aufgrund regulatorischer Änderungen ein;

b) die Entwicklung geeigneter qualitativer und quantitativer Kriterien zur Bewertung der Auswirkungen von ESG-Risiken auf die kurzfristige, mittelfristige und langfristige finanzielle Stabilität von Instituten; zu diesen Kriterien gehören auch Stresstest-Verfahren und Szenarioanalysen, mit denen die Auswirkungen von ESG-Risiken in Szenarien unterschiedlicher Schweregrade bewertet werden;

c) die Regelungen, Verfahren, Mechanismen und Strategien, die die Institute zur Ermittlung, Bewertung und Bewältigung von ESG-Risiken einsetzen sollen;

d) die Analysemethoden und -instrumente, mit denen die Auswirkungen der ESG-Risiken auf die Darlehenstätigkeit und die finanzielle Mittlertätigkeit von Instituten bewertet werden.

Die EBA legt der Kommission, dem Europäischen Parlament und dem Rat bis zum 28. Juni 2021 einen Bericht über ihre Erkenntnisse vor."

Abbildung F.2: EBA-Bericht zu ESG-Risiken (Quelle: CRD V (2019), Art. 98 Abs. 8)

1766 Vgl. *CRR II* (2019), Art. 449a Abs. 1 i. V. m. *CRD V* (2019), Art. 98 Abs. 8.
1767 Vgl. *CRD V* (2019), Art. 98 Abs. 8.
1768 Vgl. *EBA-Verordnung* (2010), Art. 16.
1769 Vgl. *Klopf* (2016), S. 8.

BERICHTERSTATTUNG UND PRÜFUNGSHANDLUNGEN

b) Möglichkeiten der Umsetzung

1981 Die Offenlegung zu ESG-Risiken muss im ersten Jahr jährlich und anschließend halbjährlich erfolgen.[1770] Es kann aktuell davon ausgegangen werden, dass die Erstoffenlegung per 30.06.2022 erfolgen muss.[1771]

1982 Nachfolgend werden mögliche Implikationen für die Umsetzung betrachtet.

aa) Technischer Durchführungsstandard

1983 Mit der *CRR II* (2019) wird die Basis für eine einheitliche Offenlegung geschaffen, da die EBA beauftragt wird, standardisierte Offenlegungsformulare zu entwickeln.[1772] Darüber hinaus wird die Europäische Kommission ermächtigt, die Offenlegungspflichten durch delegierte Rechtsakte zur weiteren Angleichung an die internationalen Standards zu ändern.[1773]

1984 So werden im derzeitigen EBA-Konsultationspapier EBA/CP/2019/09 zum neuen umfassenden technischen Durchführungsstandard[1774] aus Oktober 2019 sowohl die Inhalte der bisher zentralen Leitlinien EBA/GL/2016/11 als auch die Inhalte weiterer europäischer und BCBS-Veröffentlichungen[1775] für alle Institute unter Beachtung der Größe und des Proportionalitätsprinzips verbindlich übernommen. Beispielsweise ist die EBA/GL/2016/11 bisher grundsätzlich nur von globalen und anderen systemrelevanten Banken anzuwenden.[1776] Durch die Überführung bestehender Leitlinien in eine Durchführungsverordnung erhalten die Vorgaben einen einheitlichen und stärkeren Rechtscharakter und sind künftig mit den bestehenden Durchführungsverordnungen zum Meldewesen wie beispielsweise CoRep und FinRep (DVO (EU) Nr. 680/2014) gleichzusetzen.

1985 Da die Offenlegungspflichten zu ESG-Risiken erst ein Jahr nach den übrigen CRR II-Offenlegungspflichten zu erfüllen sind, ist es wenig verwunderlich, dass **im derzeitigen ITS-Konsultationspapier EBA/CP/2019/09 noch keine**

1770 Vgl. *CRR II* (2019), Art. 449a Abs. 2.
1771 Vgl. *EBA* (2019b), S. 59.
1772 Vgl. Art. 434a *CRR II* (2019).
1773 Vgl. Art. 456 Bst. k) *CRR II* (2019).
1774 EBA/CP/2019/09: Consultation Paper on Draft Implementing Technical Standards on public disclosures by institutions of the information referred to in Titles II and III of Part Eight of Regulation (EU) No 575/2013.
1775 Beispiele sind der BCBS 400 zu diversen Offenlegungsbereichen, die EBA/GL/2017/01 zur LCR, die Delegierte Verordnung (EU) Nr. 2017/2295 zu Asset Encumbrance und die Durchführungsverordnung 2016/200 zur Leverage Ratio.
1776 Vgl. *EBA* (2016), S. 3, Tz. 7 ff.

Vorgaben zu ESG-Risiken enthalten sind. Auch das Fachgremium Offenlegung der Deutschen Bundesbank hat im Dezember 2019 bereits darauf hingewiesen, dass die **Offenlegungspflichten zu ESG-Risiken** gem. Art. 449a CRR II zu einem späteren Zeitpunkt konsultiert werden und der neue technische Durchführungsstandard entsprechend **nachträglich ergänzt** wird.[1777]

Die EBA wird das **ITS-Konsultationspapier zur ESG-Offenlegung** voraussichtlich **im vierten Quartal 2020** veröffentlichen. Der finale Draft-ITS wird anschließend voraussichtlich analog zum EBA-Bericht gem. Art. 98 Abs. 8 *CRD V* (2019) im zweiten Quartal 2021[1778] veröffentlicht, sodass den Instituten etwa ein Jahr zur Implementierung der Vorgaben bleibt.

1986

Tendenziell sind hinsichtlich der Offenlegung zu ESG-Risiken im ersten Schritt **eher qualitative** als quantitative **Anforderungen** zu erwarten. Denn die quantitativen Vorgaben des neuen EBA/CP/2019/09 sind vorwiegend an der Säule 1 bzw. den Meldeformularen zu Solvenz und darüber hinaus Large Exposure, Leverage Ratio, Net Stable Funding Ratio, FinRep und Asset Encumbrance orientiert. In der EBA/GL/2016/11 sind die offenzulegenden quantitativen Informationen derzeit oft granularer als die Meldeformulare, beispielsweise gibt es zusätzliche Aufgliederungen nach Risikopositionsklassen, Branchen oder Regionen. Mit dem neuen EBA/CP/2019/09 geht der Trend nun dahin, dass Offenlegung und Meldewesen wieder näher zusammenrücken. Dies ist der EBA-Strategie geschuldet, dass eine »weitestgehende Konsistenz und Integration zwischen Offenlegung und Meldewesen«[1779] hergestellt werden soll, überwiegend über ein Mapping zwischen quantitativen Offenlegungsdaten und dem Meldewesen.[1780] Zu diesem Zweck enthält das EBA/CP/2019/09 ein Mapping-Tool, mit dem verbindliche Mappings zwischen den Offenlegungsformularen und den überarbeiteten Meldeformularen aus dem EBA/CP/2019/10, dem Konsultationspapier zum neuen technischen Durchführungsstandard für das aufsichtsrechtliche Meldewesen, vorgegeben werden. Im EBA/CP/2019/10 werden die CRR II-Neuerungen in den Meldewesen-Formularen zu Solvenz, FinRep, Asset Encumbrance, Large Exposure, Leverage Ratio und Net Stable Funding Ratio implementiert. Damit wird der bisher bestehende große Meldewesen-ITS (DVO (EU) Nr. 680/2014) abgelöst.

1987

1777 Vgl. *Deutsche Bundesbank* (2019c), S. 11; *EBA* (2019a), S. 8, Tz. 8b.
1778 Vgl. *EBA* (2019d), S.4.
1779 *Deutsche Bundesbank* (2019c), S. 11.
1780 Vgl. *EBA* (2019a), S. 8, Tz. 9.

1988 Aufgrund dieser Entwicklungen ist es zumindest in Bezug auf die Säule 1 **eher unwahrscheinlich**, dass ab dem Jahr 2022 **quantitative Offenlegungspflichten** zu ESG-Risiken zu erfüllen sind, da es in den neuen Meldeformularen keine bzw. wenige ESG-Inhalte gibt, sodass keine direkten Mappings möglich sin. Das einzige ESG-Thema im weitesten Sinne könnte der Art. 501a CRR II zum neuen Unterstützungsfaktor zur Privilegierung von Infrastrukturfinanzierungen sein. Dieser wird in den neuen Solvenz-Meldeformularen implementiert und wirkt ähnlich wie der KMU-Unterstützungsfaktor RWA-mindernd.

1989 Dennoch kann bei der großen Relevanz des Themas Nachhaltigkeit davon ausgegangen werden, dass ESG-Risiken **mittel- bis langfristig** auch den Weg in die Säule 1 und darüber in quantitative Offenlegungspflichten finden werden.

bb) EBA-Roadmap

1990 In der EBA-Roadmap aus November 2019 werden alle Aufgaben der EBA zusammenfassend dargestellt, die aus der Veröffentlichung der *CRR II* (2019), der *CRD V* (2019) und der BRRD II (Abwicklungsrichtlinie; engl. Bank Recovery and Resolution Directive) resultieren.

1991 Die EBA geht darin hinsichtlich der ESG-Risiken kurz auf die bereits in Abschnitt 3.a erläuterten Fundstellen und Inhalte des Art. 449a *CRR II* (2019) und des Art. 98 Abs. 8 *CRD V* (2019) sowie auf den Erstanwendungszeitpunkt ein.

1992 Ein neuer, zentraler Anhaltspunkt, der weder der *CRR II* (2019) noch der *CRD V* (2019) entnommen werden kann, ist der Hinweis auf eine möglicherweise in Bezug zum Klimawandel offenzulegende »**green assets ratio**«.[1781] Dies würde dem Zweck dienen, externe Stakeholder für die Relevanz von Instituten im Übergang zu einer »**green economy**« zu sensibilisieren. Die EBA könnte außerdem die freiwillige Offenlegung einiger weiterer Schlüsselparameter (engl. **Key Metrics**) anregen.[1782]

1993 Die Offenlegung von Schlüsselparametern ist bereits eine der Neuerungen der Offenlegungspflichten gem. *CRR II* (2019)[1783] und gleichzeitig die erstmalige Einführung des Begriffs Schlüsselparamater im CRR-Kontext. Das neue Offenlegungsformular EU KM1 (Key Metrics) aus dem EBA/CP/2019/09 fordert eine einheitliche Offenlegung von Schlüsselparametern wie harter Kernkapitalquote, Kernkapitalquote, Gesamtkapitalquote, RWA, SREP-

---

[1781] Vgl. *EBA* (2019b), S. 55, Tz. 142 Bst. f).
[1782] Vgl. *EBA* (2019b), S. 56.
[1783] Vgl. *CRR II* (2019), Art. 447.

Kapitalanforderungen, verschiedener Kapitalpuffer, LCR-Quote und NSFR-Quote.[1784]

Die EBA-Roadmap liefert also ein **Indiz** dafür, dass neben qualitativen Offenlegungspflichten zu ESG-Risiken auch einige **quantitative Offenlegungspflichten** zu erwarten sein könnten, die jedoch voraussichtlich nicht wie üblich auf dem Meldewesen bzw. der Säule 1 basieren werden. 1994

cc) EBA-Bericht zur Umsetzung aktueller Offenlegungspflichten

Am 02.03.2020 hat die EBA einen Bericht zur **Bewertung der Säule 3-Offenlegung** von Instituten veröffentlicht. In diesem Bericht wurden die Offenlegungsberichte per 31.12.2018 und zum Teil per 30.06.2019 von zwölf systemrelevanten Instituten[1785] untersucht. Der Fokus dieser Analyse lag auf der Umsetzung der EBA/GL/2016/11 und der EBA/GL/2017/01[1786] durch die Institute. 1995

Darüber hinaus hat die EBA aber auch analysiert, inwiefern Institute bereits – ohne regulatorische Anforderung – **Informationen zu ESG-Risiken** offenlegen.[1787] Dies diente der Vorbereitung für die Arbeit an dem in den Abschnitten 3.1 und 3.2 genannten ESG-Bericht der EBA.[1788] 1996

Insgesamt gab es signifikante Unterschiede im Umgang der Institute mit Informationen zu ESG-Risiken. Der Umfang der Informationen reichte je Institut von spezifischen Kapiteln zu ESG-Risiken inkl. Management und strategischen Implikationen über spärliche, über einen Bericht zerstreute Informationen bis hin zu Berichten ohne jeglichen ESG-Bezug. Die EBA benennt die Offenlegungsberichte per 31.12.2018 von **Barclays, BNP Paribas und Intesa Sanpaolo als Good Practices** zum Umgang mit ESG-Risiken.[1789] Bei Barclays und BNP Paribas handelt es sich um G-SII, bei Intesa Sanpaolo um ein O-SII.[1790] 1997

1784 Vgl. *EBA* (2019a), Annex 1.
1785 Die analysierten Institute sind Barclays, BNP Paribas, Deutsche Bank, Groupe Crédit Agricole, HSBC, ING Group, Intesa Sanpaolo, Nordea, Santander, SEB Bank, Société Générale und UniCredit.
1786 Vgl. *EBA* (2017).
1787 Vgl. *EBA* (2020h), S. 5.
1788 Vgl. *EBA* (2020h), S. 12.
1789 Vgl. *EBA* (2020h), S. 37 f.
1790 Vgl. *EBA* (2019c).

BERICHTERSTATTUNG UND PRÜFUNGSHANDLUNGEN

1998 Die drei Institute haben ESG-Risiken im Kontext von Umweltrisiken (environmental risks) mit Einfluss auf Kreditrisiken, Emerging Risks[1791], operationelle Risiken oder Reputationsrisiken dargestellt.

1999 **BNP Paribas** hat ESG-Risiken in diversen Abschnitten ausführlich behandelt. In einem gesamten Kapitel über etwa 60 Seiten Länge[1792] werden diverse Themen zu ESG-Risiken ausführlich dargestellt. Beispielsweise werden hinsichtlich der Umweltverantwortung (environmental responsibility) im Rahmen der Corporate Social Responsibility (CSR) Initiativen wie die Reduzierung von Finanzierungen nicht-nachhaltiger Energien zur Unterstützung der Energiewende oder die Aufnahme von sozialer Verantwortung und Umweltverantwortung in neuen Kreditvergaberichtlinien (credit policies) erläutert.[1793]

2000 **Barclays** hat Umweltrisiken im Kapitel zu Kreditrisiken behandelt. Dort wurde das Umweltrisiko als wesentliches Risiko mit kontinuierlich steigender Bedeutung und entsprechender Notwendigkeit eines aktiven Risikomanagements identifiziert.[1794]

2001 **Intesa Sanpaolo** hat in einem Kapitel Emerging Risks in Bezug zu technischen Innovationen, einem wachsenden regulatorischen Umfeld, einem Rückgang von internationalem Handel aufgrund eines harten Brexits und weiteren Umwelt- und demografischen Risiken identifiziert.[1795] In einem weiteren Kapitel zur Mitigation operationeller Risiken wurde ebenfalls auf ESG-Risiken referenziert. Dazu wurden im Detail Einflüsse von Naturkatastrophen, internationalen Krisen oder weitreichenden gesellschaftlichen Demonstrationen auf die Immobilien und Infrastruktur des Instituts benannt.[1796]

dd) BaFin-Merkblatt zu Nachhaltigkeitsrisiken

2002 Am 20.12.2019 hat die BaFin (Bundesanstalt für Finanzdienstleistungsaufsicht) ein Merkblatt zum Umgang mit Nachhaltigkeitsrisiken veröffentlicht. Das Merkblatt stand zuvor bereits vom 20.09.2019 bis 03.11.2019 zur Konsultation.[1797] Es enthält unverbindliche **Good Practices zur Behandlung von Nachhaltigkeitsrisiken im Risikomanagement** und orientiert sich an

---

1791 Emerging Risks sind neuartige oder für die Zukunft absehbare Risiken, deren Gefährdungspotenzial noch nicht mit Sicherheit bekannt ist und deren Auswirkungen sich schwer beurteilen lassen. Vgl. *Hannover Rück* (2020).
1792 Vgl. *BNP Paribas* (2019b), S. 509–574.
1793 Vgl. *Intesa Sanpaolo* (2019), S. 70.
1794 Vgl. *Barclays* (2019), S. 151.
1795 Vgl. *Intesa Sanpaolo* (2019), S. 27 f.
1796 Vgl. *Intesa Sanpaolo* (2019), S. 196 f.
1797 Vgl. *BaFin* (2019c).

der Struktur der MaRisk (Mindestanforderungen an das Risikomanagement), um diese sinnvoll zu ergänzen. Neben Definitionen und Beispielen zu den verschiedenen Risiken werden »mögliche Risikoidentifikations-, -steuerungs- und -controllingprozesse sowie klassische Methoden und Verfahren in Bezug auf Nachhaltigkeitsrisiken« beschrieben.[1798] Im Rahmen der recht kurzen Konsultationsphase haben ganze 33 Institute, Vereine, Gewerkschaften und weitere Organisationen **Stellungnahmen** abgegeben, die jeweils auf der Website der BaFin abrufbar sind.[1799]

Aus dem Merkblatt können bereits einige mögliche Offenlegungsinhalte abgeleitet werden. Beispiele sind die institutsindividuelle Definition und **Identifikation** von physischen Risiken und Transitionsrisiken als Teil des Oberbegriffs Umweltrisiko (E in ESG), sozialen Risiken (S in ESG) und Unternehmensführungsrisiken (G in ESG).

Die BaFin spricht sich gegen eine separate Risikoart »Nachhaltigkeitsrisiko« aus, da die Abgrenzung zu den bestehenden Risikoarten kaum möglich ist. Entsprechend ist eine **Zuordnung** und Quantifizierung institutsindividueller ESG-Risiken **zu den bekannten Risikoarten** wie Kreditrisiko, Marktpreisrisiko, Liquiditätsrisiko, operationelles Risiko, strategisches Risiko oder Reputationsrisiko notwendig. Diese Zuordnung ist auch bereits in den Offenlegungsberichten von BNP Paribas, Barclays und Intesa Sanpaolo zu beobachten (s. Abschnitt 3.b).

Weiterhin ist die Notwendigkeit von qualitativen Erläuterungen zu Risikomanagementzielen und -politik denkbar, wie sie heute bereits in Art. 435 CRR für alle anderen Risikoarten gefordert werden. Außerdem könnten Erläuterungen zur Integration von ESG-Risiken in die **Risikoidentifikations-, -steuerungs- und -controllingprozesse**, zu genutzten **Methoden** und **Risikoanalyse- bzw. -klassifizierungsverfahren** erforderlich werden.

ee) EZB-Leitfaden zu Klima- und Umweltrisiken

Am 20.05.2020 hat die EZB (Europäische Zentralbank) ein **Konsultationspapier für einen Leitfaden zu Klima- und Umweltrisiken** veröffentlicht, der die Grundlage für einen aufsichtlichen Dialog darstellen soll. Die Konsultationsphase läuft bis zum 25.09.2020. Die EZB hat gemeinsam mit den nationalen

---

[1798] Vgl. *BaFin* (2019a).
[1799] Vgl. *BaFin* (2019b). Eine detaillierte inhaltliche Auseinandersetzung erfolgt in Kapitel A.IV dieses Herausgeberbandes.

BERICHTERSTATTUNG UND PRÜFUNGSHANDLUNGEN

Aufsichtsbehörden **Vorschläge zur Berücksichtigung von Klima- und Umweltrisiken** in Risikomanagement und Geschäftsstrategie von Instituten erarbeitet. Neben der Steuerung dieser Risiken durch die Institute liegt der Fokus auch auf der transparenten Offenlegung entsprechender Informationen.[1800]

2007 Die EZB hat analog zur EBA (ohne den EBA-Bericht zur Umsetzung aktueller Offenlegungspflichten namentlich zu nennen) festgestellt, dass die Offenlegung der Institute zu Klimarisiken bisher nicht einheitlich und mit deutlich zu geringem Detaillierungsgrad erfolgt. Entsprechend fordert die EZB, in der Säule 3-Offenlegung »mindestens **aussagekräftige Informationen und zentrale Kennzahlen zu [wesentlichen] Klima- und Umweltrisiken [zu] veröffentlichen**«[1801]. Dazu wird ebenfalls gefordert, die Kriterien zur Bewertung der **Wesentlichkeit** anhand qualitativer und quantitativer Kriterien offenzulegen. Ebenso soll für als unwesentlich bewertete Klimarisiken eine Begründung publiziert werden. Auch in den institutsinternen Offenlegungsrichtlinien (gem. Art. 431 Abs. 3 CRR) sollte der Prozess zur Bewertung der Wesentlichkeit von Klimarisiken aufgenommen werden.[1802]

2008 Hinsichtlich der nach Ansicht der EZB offenzulegenden Inhalte werden diverse konkrete Inhalte vorgeschlagen, die zum Teil an den Empfehlungen der Taskforce für die Offenlegung klimabezogener Finanzinformationen (TCFD) angelehnt sind. So sollen beispielsweise Angaben zur Überwachung klimabedingter Chancen und Risiken durch den Vorstand, zu kurz-, mittel- und langfristigen klimabedingten Chancen und Risiken und zu Prozessen zur Steuerung von Klimarisiken veröffentlicht werden. Hinsichtlich quantitativer Informationen sollen **Kennzahlen** zur Bewertung klimabedingter Chancen und Risiken, deren **Zielvorgaben** und die damit verbundenen **Methoden, Definitionen und Kriterien** offengelegt werden. Eine konkrete **quantitative Anforderung** besteht in der Offenlegung von mit den Vermögenswerten der Institute verbundenen **Treibhausgasemissionen** (»finanzierte Emissionen«). Konkret soll beispielsweise der Betrag oder Prozentsatz von **Vermögenswerten mit hohen Treibhausgasemissionen** in einzelnen Portfolios und die gewichtete **durchschnittliche Treibhausgas-Intensität** jedes Portfolios anhand tatsächlicher Energieverbräuche oder Energieeffizienzklassifizierungen publiziert werden.[1803]

1800 Vgl. *EZB* (2020a), S. 3 f.
1801 *EZB* (2020a), S. 44.
1802 Vgl. *EZB* (2020a), S. 45.
1803 Vgl. *EZB* (2020a), S. 47 f.

4. Fazit und Ausblick

Im EBA-Bericht zur aktuellen Offenlegung von Instituten wurde ersichtlich, dass der freiwillige Umgang der Institute mit ESG-Risiken im Status Quo äußerst unterschiedlich ist. Dies macht deutlich, dass **einheitliche Definitionen** und ein **einheitlicher Umgang** mit ESG-Risiken **notwendig** sind.

In der *CRR II* (2019) wird mit Artikel 449a erstmals die Verpflichtung zur Offenlegung von ESG-Risiken eingeführt. Der Stichtag für die Erstoffenlegung ist der 28.06.2022. Die **konkreten Offenlegungsinhalte** sind **noch durch die EBA zu erarbeiten**. Der entsprechende ITS soll im vierten Quartal 2020 konsultiert und im **zweiten Quartal 2021** final veröffentlicht werden, sodass den Instituten etwa **ein Jahr zur Implementierung** der Vorgaben bleiben wird.

Auch der in Art. 449a *CRR II* (2019) genannte EBA-Bericht gem. Art. 98 Abs. 8 *CRD V* (2019) ist bis zum 28.06.2021 der EU vorzulegen. Die EBA muss u. a. ESG-Risiken einheitlich definieren, geeignete qualitative und quantitative Kriterien zur Bewertung von ESG-Risiken hinsichtlich der finanziellen Stabilität von Instituten entwickeln sowie Verfahren, Prozesse und Strategien hinsichtlich des Managements von ESG-Risiken festlegen. Außerdem sollen als Ergebnis des EBA-Berichts potenziell **SREP-Leitlinien** zu ESG-Risiken entwickelt werden. Es wird interessant zu beobachten sein, ob die EBA die Auffassung der **BaFin** teilt, dass Nachhaltigkeitsrisiken aufgrund der kaum möglichen Abgrenzung **keine separate Risikoart** darstellen.

Das **BaFin-Merkblatt zu Nachhaltigkeitsrisiken** bietet bereits ausführliche und sinnvolle Good-Practices zur Integration von ESG-Risiken im Risikomanagement. Da die Empfehlungen im BaFin-Merkblatt bereits an der Struktur der MaRisk angelehnt sind und auch die EBA an einem Bericht zur Integration von ESG-Risiken in der Säule 2 arbeitet, kann davon ausgegangen werden, dass die **MaRisk mittelfristig Anforderungen zu Nachhaltigkeitsrisiken** enthalten werden.

Das **Konsultationspapier zum EZB-Leitfaden zu Klima- und Umweltrisiken** enthält bereits gute Ansatzpunkte für eine sinnvolle Integration von qualitativen und quantitativen Informationen zu ESG-Risiken in die Offenlegung, beispielsweise zur **Offenlegung von Treibhausgasemissionen** in finanzierten Immobilienportfolios. Fraglich ist noch, inwieweit die EBA die Vorschläge des EZB-Leitfadens im ITS zur Offenlegung gem. Art. 449a *CRR II* (2019) berücksichtigen wird.

BERICHTERSTATTUNG UND PRÜFUNGSHANDLUNGEN

2014 Die Anforderungen an den EBA-Bericht zu ESG-Risiken deuten darauf hin, dass der **Schwerpunkt** der Offenlegung aufgrund des Säule 2-Bezugs **vorerst auf qualitativen Offenlegungspflichten** liegen wird. Letztendlich wird sich der voraussichtliche Einbezug von ESG-Risiken in den SREP aber auch über die SREP-Kapitalanforderungen auf die notwendige Eigenmittelunterlegung von Instituten auswirken. Vor dem Hintergrund der steigenden Relevanz von Nachhaltigkeitsrisiken und der immer wichtiger werdenden Kapitalquoten ist dies durchaus sinnvoll.

2015 In der EBA-Roadmap wird bereits der Begriff »**green assets ratio**« genannt, sodass auch **quantitative Offenlegungspflichten** – vorerst ohne Säule 1-Bezug – bereits denkbar sind. In der Säule 1 und den Meldeformularen zu Solvenz, Large Exposure, Leverage Ratio, NSFR, FinRep und Asset Encumbrance ist bisher kein konkreter Bezug zu ESG-Risiken erkennbar. Dennoch kann bei der großen Relevanz des Themas Nachhaltigkeit davon ausgegangen werden, dass ESG-Risiken **mittel- bis langfristig** auch den Weg in die Säule 1 und darüber in quantitative Offenlegungspflichten finden werden.

2016 Ein **möglicher Ansatz** zur Integration von ESG-Risiken in der Solvenzmeldung bzw. Eigenmittelunterlegung könnte eine **Privilegierung** analog des KMU-Faktors und der Privilegierung von Infrastrukturfinanzierungen sein. Die Umsetzung in den Meldeformularen würde jedoch erschwert, wenn Nachhaltigkeitsrisiken aufgrund der kaum möglichen Abgrenzung keine separate Risikoart darstellen.

2017 Insgesamt sollte die Erfüllung der Offenlegungspflichten zu ESG-Risiken für Institute ein Leichtes sein, wenn die ESG-Risiken angemessen im Risikomanagement implementiert wurden. Aufgrund der steigenden Bedeutung des Themas Nachhaltigkeit und der ohnehin notwendigen strategischen Auseinandersetzung damit sollten Institute die Offenlegung zu ESG-Risiken vor allem als **Chance** betrachten, um Marktakteuren wie beispielsweise Investoren und Kunden ihre **zukunftsorientierte Ausrichtung** zu vermitteln. Daraus können positive Effekte sowohl auf der Aktiv- als auch auf der Passivseite resultieren.

Literaturverzeichnis

Literaturverzeichnis

2 degrees Investing Initiative (2020): A Large Majority of Retail Clients Want to Invest Sustainably, vom März 2020, abgerufen unter https://2degrees-investing.org/wp-content/uploads/2020/03/A-Large-Majority-of-Retail-Clients-Want-to-Invest-Sustainably.pdf zuletzt am 20.05.2020.

ABN Amro (2019): Non-financial data & Engagement 2019, Amsterdam, abrufbar unter file:///C:/Users/heitheck/AppData/Local/Temp/ABN_AMRO_Non-financial_data_and_Engagement_2019.pdf zuletzt am 31.12.2021.

Adelson, M./Jacob, D. (2008): The Sub-prime Problem: Causes and Lessons, Working Paper, New York 2008.

Agora Energiewende, Agora Verkehrswende (2020): Der doppelte Booster: Vorschlag für 100-Milliarden-Wachstums- und Investitionsprogramm, Berlin.

AKI [Arbeitskreis kirchlicher Investoren] (2019): EKD Texte 113 – Leitfaden für ethisch-nachhaltige Geldanlage in der evangelischen Kirche (4. Auflage), Hannover.

Aleman, U. von (2005): Dimension politischer Korruption, Wiesbaden.

Allianz (2019): Allianz Sustainability Report 2019, vom 29.04.2020, abgerufen unter https://www.allianz.com/en/sustainability/strategy-governance/sustainability-report.html zuletzt am 12.06.2020.

Al-Serori, L. (2020): Eine Kette von Fehlern in Ischgl, in: ww.sueddeutsche.de, 24. 03. 2020, abrufbar unter https://www.sueddeutsche.de/panorama/coronavirus-ischgl-tourismus-wintersport-1.4856108, zuletzt am 21.06.2020.

Amann, C. (2008): Zweitrundeneffekte, n-tv.de, abrufbar unter https://www.n-tv.de/deleteMe/migration/Zweitrundeneffekte-article430349.html, zuletzt am 17.6.2020.

Andorfer, T. (2018): Nachhaltigkeit und Management Symbol- oder Impulspolitik – Das Transparenzkonzept, ein mittelbares Instrument der Politik zur Forcierung einer ressourcenorientierten Unternehmensausrichtung, Lit Verlag Dr. W. Hopf, Berlin.

Andrae, S. (2019): Universalbanken im Fintech-Zeitalter, in: Heithecker, D./Tschuschke, D. (Hrsg.): Geschäftsmodellanalyse, 2. Auflage, Heidelberg, 2019, Seiten 287-320.

Ang, A./Chan, Y./Hogan, K./Schwaiger, K. (2020): ESG in Factors, vom 10.02.2020, abgerufen unter https://ssrn.com/abstract=3522354 zuletzt am 09.10.2020.

LITERATURVERZEICHNIS

Arbib, J./Seba, T. (2017): Rethinking Transportation 2020-2030 – The Disruption of Transportation and the Collapse of the Internal-Combustion Vehicle and Oil Industries, RethinkX, Mai 2017, abrufbar unter https://static1.squarespace.com/static/585c3439be65942f022bbf9b/t/59f2 79b3652deaab9520fba6/1509063126843/RethinkX+Report_102517.pdf, zuletzt am 19.11.2020.

ARUG II [Bundesrepublik Deutschland] (2019): Gesetz zur Umsetzung der zweiten Aktionärsrechterichtlinie vom 12.12.2019, Bundesgesetzblatt Jahrgang 2019 Teil I Nr. 50, ausgegeben am 19.12.2019.

Ashwin Kumar, N. C./Smith, Camille/Badis, Leïla/Wang, Nan/Ambrosy, Paz/Tavares, Rodrigo (2016): ESG factors and risk-adjusted performance. A new quantitative model. In: Journal of sustainable finance & investment 6 (4), S. 292–300.

Atzier, E./Holtermann, F. (2020): Der tiefe Fall der Fidor Bank, in: Handelsblatt, 10.01.2020, Seiten 24-25.

Auer-Srnka, K./Riefenthaler, H. (2010): Verantwortung braucht Management, in: Meier, U./Sill, B. (Hrsg.): Führung. Macht. Sinn, Friedrich Pustet: Regensburg, 2010, Seiten 185-195.

AuU [Stiftung Arbeit und Umwelt der IG BCE] (2020): Auswirkungen einer CO_2-Steuer auf sechs energieintensive Industrien sowie auf die deutsche Stromwirtschaft, Februar 2020, abrufbar unter https://www.arbeit-umwelt.de/wp-content/uploads/200212_StAU_Auswirkungen_einerCO2-Steuer.pdf, zuletzt am 19.11.2020.

Bachelet, *M./Becchetti, L./Manfredonia, S.* (2019): The Green Bonds Premium Puzzle: The Role of Issuer Characteristics and Third-Party Verification, vom 19.02.2019, abgerufen unter https://www.mdpi.com/2071-1050/11/4/1098 zuletzt am 15.04.2020.

BAFA [Bundesamt für Wirtschaft und Ausfuhrkontrolle] (2019): Merkblatt zu den CO2-Faktoren – Energieeffizienz in der Wirtschaft –Zuschuss und Kredit, abrufbar unter https://www.bafa.de/SharedDocs/Downloads/DE/Energie/eew_merkblatt_antragstellung_2020.pdf?__blob=public ationFile&v=2 zuletzt am 01.01.2021.

BaFin [Bundesanstalt für Finanzdienstleistungsaufsicht] (2017): Anlage 1 – Erläuterungen zu den MaRisk in der Fassung vom 27.10.2017, Bonn/Frankfurt a.M.

BaFin [Bundesanstalt für Finanzdienstleistungsaufsicht] (2018a): Aufsichtliche Beurteilung bankinterner Risikotragfähigkeitskonzepte und deren prozessualer Einbindung in die Gesamtbanksteuerung (»ICAAP«) – Neuausrichtung, Bonn.

BaFin [Bundesanstalt für Finanzdienstleistungsaufsicht] (2018b): Nachhaltige Finanzwirtschaft, BaFin Journal, Mai.

BaFin [Bundesanstalt für Finanzdienstleistungsaufsicht] (2019a): Merkblatt zum Umgang mit Nachhaltigkeitsrisiken, veröffentlicht 20.12.2019, geändert am 13.01.2020, Bonn/Frankfurt a.M.

BaFin [Bundesanstalt für Finanzdienstleistungsaufsicht] (2019b): Merkblatt zum Umgang mit Nachhaltigkeitsrisiken – Konsultationsfassung, Bonn/Frankfurt a.M., S. 6 ff.

BaFin [Bundesanstalt für Finanzdienstleistungsaufsicht] (2019c): Konsultation 16/2019 – Umgang mit Nachhaltigkeitsrisiken, abrufbar unter https://www.bafin.de/SharedDocs/Veroeffentlichungen/DE/Konsultation/2019/kon_16_19_Merkblatt_Nachhaltigkeit.html,jsessionid=1195D1137578D8A42DC42993AC1A8879.2_cid370?nn=9021442 zuletzt am 10.04.2020.

BaFin [Bundesanstalt für Finanzdienstleistungsaufsicht] (2019d): Aufsichtsschwerpunkte 2020, Bonn/Frankfurt a.M.

BaFin [Bundesanstalt für Finanzdienstleistungsaufsicht] (2019e): Nachhaltigkeit – Chancen und Risiken für den Finanzsektor, BaFin Persepktiven, Februar.

BaFin [Bundesanstalt für Finanzdienstleistungsaufsicht] (2019f): Finanzmärkte im Klimawandel, BaFin Journal, Mai.

BaFin [Bundesanstalt für Finanzdienstleistungsaufsicht] (2019g): Schwerpunkte der Versicherungsaufsicht. Beitrag aus dem Jahresbericht 2018, abgerufen unter https://www.bafin.de/DE/PublikationenDaten/Jahresbericht/Jahresbericht2018/Kapitel5/Kapitel5_2/Kapitel5_2_3/kapitel5_2_3_artikel.html zuletzt am 15.06.2020.

BaFin [Bundesanstalt für Finanzdienstleistungsaufsicht] (2020a): Merkblatt zum Umgang mit Nachhaltigkeitsrisiken, 20.12.2019, geändert am 13.01.2020, Bonn.

BaFin [Bundesanstalt für Finanzdienstleistungsaufsicht] (2020b): Aufgaben & Geschichte der BaFin, 29.01.2020, abgerufen unter https://www.bafin.de/DE/DieBaFin/AufgabenGeschichte/aufgabengeschichte_node.html zuletzt am 30.10.2020.

BaFin [Bundesanstalt für Finanzdienstleistungsaufsicht]/BBk [Deutsche Bundesbank] (2019): Ergebnisse des LSI Stresstests 2019 – Pressekonferenz am 23.09.2019, Frankfurt a.M.

Bahadori, A./Zendehboudi, S. (2015): Shale Oil and Gas Handbook, Gulf Professional Publishing: Oxford.

Bankenverband (2019): PRB Konsultation, in Homepage des Verbandes, Bearbeitungsstand vom 11.07.2019, abgerufen unter www.bankenverband.li zuletzt am 16.05.2020.

LITERATURVERZEICHNIS

Bannister-Tyrrell, M./Harle, D./McMichael, T. (2015): Detection and Attribution of Climate Change Effects on Infectious Diseases, in: Butler, C.D., J. Dixon und A. G. Capon (Hrsg.): Health of People, Places and Planet: Reflections based on Tony McMichael's four decades of contribution to epidemiological understanding, ANU Press: Canberra, 2015, Seiten 447-459.

Banque de France (2019): Financial Stability Review 06/2019: Greening the financial system. The new frontier, Paris.

Banque de France/ACPR [Prudential Supervision and Resolution Authority] (2020b): Scenarios and main assumptions of the ACPR pilot climate exercise, Paris.

Banque de France/ACPR [Thomas Allen,,T./Dees, S./Boissinot, J./Graciano, C. M.C./Chouard, V./Clerc, L/de Gaye1, A./Devulder1, A./Diot, S./Lisack, N./Pegoraro, F./Rabaté, M./Svartzman, R./Vernet, L.] (2020a): Climate-Related Scenarios for Financial Stability Assessment: an Application to France, Working Paper # 774, Banque de France, Paris.

Barber, B.M./Morse, A./Yasuda, A. (2019): Impact Investing, NBER Working Paper No. 26582. https://www.nber.org/papers/w26582.

Barclays (2019): Pillar 3 Report 2018, abrufbar unter https://home.barclays/content/dam/home-barclays/documents/investor-relations/reports-and-events/an nual-reports/2018/barclays-plc-pillar-3-report-2018.pdf zuletzt am 29.03.2020.

Barth, F./Hübel, B./Scholz, H. (2020): ESG and Corporate Credit Spreads, SSRN Working Paper, einsehbar unter https://papers.ssrn.com/sol3/papers.cfm?abstract_id=3179468 zuletzt am 29.10.2020.

Basic, G./Bolsinger, H. (2018): Ertragreiche Zukunft nur nachhaltig möglich. In: Börsen-Zeitung (90), S. 4. Online verfügbar unter https://www.boersen-zeitung.de/index.php?li=1&artid=2018090812&titel=Ertragreiche-Zukunft-nur-nachhaltig-moeglich, zuletzt geprüft am 15.05.2020.

Bassen, A./Busch, T./Friede, G./Lewis, M (2018): ESG-Faktoren und Unternehmensentwicklung. Die 2018-Meta-Studie von DWS und Universität Hamburg, Hamburg.

Bassler, K. (2019): Was bedeuten Klimawandel und die SDGs für kirchliche Investoren?, in: Absolut impact, 2019, Nr. 2, S. 13.

Batten, S. (2018): Climate Change and the Macro-Economy: A Critical Review, Bank of England Staff Working Paper No 706.

Battiston, S./Mandel, A./Monasterolo, I./Schütze, F./Visentin, G. (2017): A climate stress-test of the financial system, in: Nature Clim Change, Vol. 7, No. 4, S. 283 – 288.

Bauer, R./Hann, D. (2010): Corporate Environmental Management and Credit Risk, Maastricht University ECCE Working Paper vom 23.12.2010, abgerufen unter https://papers.ssrn.com/sol3/papers.cfm?abstract_id=1660470 zuletzt am 17.05.2020.

Baumgartner, A. (2010): Wirtschaftliche Effizienz und soziale Gerechtigkeit, in: Heimbach-Steins, M. (Hrsg.): Christliche Sozialethik: Ein Lehrbuch 2, Friedrich Pustet: Regensburg, 2010.

BBVA Credit Research (2019): ESG Bond Market – Key topics for 2019 and beyond, vom 23.09.2019, abgerufen unter https://www.bbva.com/wp-content/uploads/2019/07/Green-Bonds-Getting-the-harmony-right.pdf zuletzt am 27.05.2020.

BCBS [Basel Committee on Bankin Supervision] (2008): Principles for Sound Liquidity Risk Management and Supervision, Basel.

BCBS [Basel Committee on Bankin Supervision] (2008): Principles for sound liquidity risk management and supervision, September.

BCBS [Basel Committee on Bankin Supervision] (2018): Implications of fintech developments for banks and bank supervisors, Basel.

BCBS [Basel Committee on Banking Supervision] (2004): Basel II: International Convergence of Capital Measurement and Capital Standards: a Revised Framework, Basel.

BCBS [Basel Committee on Banking Supervision] (2020): Climate-related financial risks: a survey on current initiatives, Basel.

Beer, S. (1972): Brain of the Firm – The Managerial Cybernetics of Organization, London.

Behl, P./Dette, H./Frondel, M./Vance, C. (2019): A Focused Information Criterion for Quantile Regression: Evidence for the Rebound Effect, in: Quarterly Review of Economics and Finance, Bd. 71, S. 223–227.

Bergius, S. (2019): Merkwürdigkeiten bei Finanzprofis, in: Handelsblatt Business Briefing Nachhaltige Investments, 2019, Nr. 2, S. 1.

Bergius, S. (2020): Kontroversen und Zielkonflikte beurteilen, in: Handelsblatt Business Briefing Nachhaltige Investments, 2020, Nr. 2, S. 2.

Bernardini, E./Di Giampaolo, J./Faiella, I./Poli, R. (2019): The impact of carbon risk on stock returns: evidence from the European electric utilities, in: Journal of Sustainable Finance and Investment, forthcoming.

Berndt, M. (2014): Strategieprozess, Finanz Colloquium Heidelberg, Heidelberg.

Betz, C./Kasprowicz, T./Quick, M./Schmitz, M./Rick, S./Schulze, R./Rosenfeld, G. (2019): Stresstests prüfen künftig nachhaltige Geschäftsmodelle, abgerufen unter https://www.springerprofessional.de/risikoanalyse/nachhaltigkeit/bei-nachhaltigkeitsrisiken-muss-finanzsektor-umdenken/17323106 zuletzt am 12.06.2020.

LITERATURVERZEICHNIS

Betz, C./Kasprowicz, T./Quick, M./Schmitz, M./Rick, S./Schulze, R./Rosenfeld, G. (2020): Klimarisiken, abgerufen unter https://www.risknet.de/themen/risknews/stresstests-szenarioanalysen-und-fruehwarnindikatoren-fuer-klimarisiken/zuletzt am 12.06.2020.

Biber, S. (2020): Stresstests im Rahmen der bankenaufsichtlichen Prüfung, in: Geiersbach, K./Prasser, S. (Hrsg.): Stresstesting, 4. Auflage, Heidelberg, S. 581–612.

Biber, S./Riediger, H./Schmidt, D. (2019): Ableitung von Steuerungsgrößen sowie Überwachung von Risikokonzentrationen, in: Riediger, H. (Hrsg.): Risikoreporting, Heidelberg, S. 82–111.

Bielmeyer, S./Stappel, M. (2020): Auswirkung der Ertragssituation auf die geschäftsmodelle von Banken, in: Heithecker/Tschuschke (Hrsg.): Geschäftsmodellanalyse, 2. Auflage, Heidelberg, S. 221–241.

Bijak, L. (2020): Wie Großbanken den Klimawandel begünstigen, www.Handelsblatt.com, 23.03.2020, zuletzt eingesehen unter https://www.handelsblatt.com/finanzen/banken-versicherungen/studie-wie-grossbanken-den-klimawandel-beguenstigen/24119624.html?ticket=ST-3413445-AktFB3eD5HeS5cnjrkwm-ap2 am 26.06.2020.

Bildungsportal Niedersachsen (2020): Industrialisierung, abgerufen https://www.nibis.de/industrialisierung_10916 zuletzt am 1.1.2021.

bildungsserver.de (2020): Klimaszenarien, abgerufen unter https://wiki.bildungsserver.de/klimawandel/index.php/Klimaszenarien#Die_IPCC-Emissionsszenarien zuletzt am 17.12.2020.

BIS [Bank für Internationalen Zahlungsausgleich] (2019): Turning up the heat – climate risk assessment in the insurance sector, in: FSI Insights on policy implementation, No 20.

BlackRock.com (2020): Megatrends: Klimawandel und Ressourcenknappheit, abrufbar unter https://www.blackrock.com/ch/privatanleger/de/themen/megatrends/klimawandel-und-ressourcenknappheit zuletzt am 25.06.2020.

BLE [Bundesanstalt für Landwirtschaft und Ernährung] (2019): Bericht zur Markt- und Versorgungslage Fleisch 2019, Bonn.

Blisse, H./Deml, M. (2011): Grünes Geld, Hampp: Stuttgart.

Bloomberg Law (2020): Coronavirus Bonds May Help Social Debt Emerge From Green Shadow, vom 03.04.2020, abgerufen unter https://news.bloomberglaw.com/environment-and-energy/coronavirus-bonds-may-help-social-debt-emerge-from-green-shadow zuletzt am 20.04.2020.

Blume, J. (2014): Wertverlust von Kohlekraftwerken macht Kommunen arm, www.telepolis.de, 23.04.2014, abrufbar unter https://www.heise.de/tp/features/Wertverlust-von-Kohlekraftwerken-macht-Kommunen-arm-3364961.html, zuletzt am 19.11.2020.

BMAS [Bundesministerium für Arbeit und Soziales] (2020): Neue CSR-Berichtspflicht für Unternehmen ab 2017, abgerufen unter https://www.csr-in-deutschland.de/DE/Politik/CSR-national/Aktivitaeten-der-Bundesregierung/CSR-Berichtspflichten/csr-berichtspflichten.html zuletzt am 18.05.2020.

BMF [Bundesfinanzministerium] (2016): Relevanz des Klimawandels für die Finanzmärkte, bundesfinanzministerium.de, aufgerufen unter https://www.bundesfinanzministerium.de/Content/DE/Monatsberichte/2016/08/Inhalte/Kapitel-3-Analysen/3-2-Relevanz-des-Klimawandels-fuer-die-Finanzmaerkte.html zuletzt am 15.10.2019.

BMF [Bundesfinanzministerium] (2019): Zehn Jahre nach der Finanzkrise: Haben die Reformen der Finanzmarktregulierung den Finanzsektor krisenfester gemacht?, Monatsbericht des BMF, März.

BMF [Bundesfinanzministerium] (2020): Gemeinsame Pressemitteilung von BMF und BMU: Beirat für »Sustainable Finance« nimmt seine Arbeit auf, vom 06.06.2019, abgerufen unter https://www.bundesfinanzministerium.de/Content/DE/Pressemitteilungen/Finanzpolitik/2019/06/2019-06-06-Sustainable-Finance.html zuletzt am 01.06.2020.

BMJV [Bundesministerium der Justiz und für Verbraucherschutz] (2017): Gesetz zur Stärkung der nichtfinanziellen Berichterstattung der Unternehmen in ihren Lage- und Konzernlageberichten (CSR-Richtlinie-Umsetzungsgesetz). Fassung vom 11. April 2017, abgerufen unter https://www.bmjv.de/SharedDocs/Gesetzgebungsverfahren/Dokumente/BGBl_CSR-RiLi_UmsetzungsG.pdf?__blob=publicationFile&v=3, zuletzt am 29.10.2020.

BMJV [Bundesministeriums der Justiz und für Verbraucherschutz] (2016): Entwurf eines Gesetzes zur Stärkung der nichtfinanziellen Berichterstattung der Unternehmen in ihren Lage- und Konzernlageberichten (CSR-Richtlinie-Umsetzungsgesetz) , vom 11.03.2016, abgerufen unter https://www.bmjv.de/SharedDocs/Gesetzgebungsverfahren/Dokumente/RefE_CSR-Richtlinie-Umsetzungsgesetz.pdf?__blob=publicationFile&v=1 zuletzt am 14.05.2020.

BMU [Bundesministerium für Umwelt, Naturschutz und nukleare Sicherheit] (2016): Pariser Klimaschutzabkommen, vom 14.06.2016, abgerufen unter https://www.bmu.de/gesetz/uebereinkommen-von-paris zuletzt am 15.06.2020.

LITERATURVERZEICHNIS

BMU [Bundesministerium für Umwelt, Naturschutz und nukleare Sicherheit] (2020): Die Klimakonferenz in Paris, abgerufen unter https://www.bmu.de/themen/klima-energie/klimaschutz/internationale-klimapolitik/pariser-abkommen/zuletzt am 15.05.2020.

BMU [Bundesministerium für Umwelt, Naturschutz und nukleare Sicherheit] (2020): Förderprogramm Elektromobilität, abgerufen unter https://www.bmu.de/themen/luft-laerm-verkehr/verkehr/elektromobilitaet/bmu-foerderprogramm/, zuletzt am 23.06.2020.

BMU [Bundesministerium für Umwelt, Naturschutz und Reaktorsicherheit] (2009): Nachhaltigkeits-Berichterstattung. Empfehlungen für eine gute Unternehmenspraxis, Berlin.

BMVI [Bundesministerium für Verkehr und digitale Infrastruktur] (2020): Elektromobilität mit Wasserstoff/Brennstoffzelle, abgerufen unter https://www.bmvi.de/SharedDocs/DE/Artikel/G/elektromobilitaet-mit-wasserstoff.html zuletzt am 23.06.2020.

BMWi [Bundesministeriums für Wirtschaft und Energie] (2020a): Klimaschutz, abgerufen unter https://www.bmwi.de/Redaktion/DE/Artikel/Industrie/klimaschutz-abkommen-von-paris.html, zuletzt am 29.10.2020.

BMWi [Bundesministeriums für Wirtschaft und Energie] (2020b): Abkommen von Paris, www.bmwi.de, abgerufen unter https://www.bmwi.de/Redaktion/DE/Artikel/Industrie/klimaschutz-abkommen-von-paris.html zuletzt am 09.09.2020.

BMZ [Bundesministerium für wirtschaftliche Zusammenarbeit und Entwicklung] (2020): Die Agenda 2030 für nachhaltige Entwicklung, Ziele für nachhaltige Entwicklung, vom 02.09.2017, abgerufen unter http://www.bmz.de/de/themen/2030_agenda/zuletzt am 20.05.2020.

BNP Paribas (2019a): Sustainable Finance: The rise and rise of Sustainability-Linked Loans , vom 23.07.2019, abgerufen unter https://cib.bnpparibas.com/sustain/sustainable-finance-the-rise-and-rise-of-sustainability-linked-loans_a-3-3008.html zuletzt am 12.05.2020.

BNP Paribas (2019b): Registration Document and Annual Financial Report 2018, abrufbar unter https://invest.bnpparibas.com/sites/default/files/documents/ddr_2018_bnp_paribas_gb.pdf zuletzt am 29.03.2020.

BNP Paribas Asset Management (2020): CO2-Fußabdruck, online verfügbar unter: https://www.bnpparibas-am.de/professionelle-investoren-finanzberater-und-vermittler/unsere-fonds/co2-fusabdruck/#_ftn3, aufgerufen am 09.05.2020.

BoE [Bank of England] (2015): The impact of climate change on the UK insurance sector.,Prudential Regulation Authority: London.

BoE [Bank of England] (2018): Transition in thinking: The impact of climate change on the UK banking sector, Prudential Regulation Authority: London.

BoE [Bank of England] (2019a): General Insurance Stress Test 2019 – Scenario Specification, Guidelines and Instructions, London.

BoE [Bank of England] (2019b): Discussion Paper – The 2021 biennial exploratory scenario on the financial risks from climate change, London.

BoE [Bank of England] (2019c): Bank of England Stress Test Methodology, London.

BoE [Bank of England] (2019d): The 2021 Biennial Exploratory Scenario on the Financial Risks from Climate Change, Discussion Paper, Dezember 2019. https://www.bankofengland.co.uk/-/media/boe/files/paper/2019/the-2021-biennial-exploratory-scenario-on-the-financial-risks-from-climate-change.pdf.

Bogdanovic, D./Lützen, M. (2020): Performanceeigenschaften von ESG-Scores, vom 01.11.2019, abgerufen unter https://institutional.union-investment.de/startseite-de/Kompetenzen/Nachhaltige-Investments/Studien.html zuletzt am 12.06.2020.

Böll (2020): Heinrich Böll Stiftung – KommunalWiki, RWE und Kommunen, abrufbar unter https://kommunalwiki.boell.de/index.php/RWE_und_Kommunen#cite_ref-31, zuletzt am 19.11.2020.

BÖLN [Bundesprogramm ökologischer Landbau und anderer Formen nachhaltiger Landwirtschaft] (2017): Nachhaltige Lebensmittel produzieren, Bonn.

Bolsinger, Harald (2017): Mit den Sustainable Development Goals in mittelständischen Unternehmen Sinn gestalten. Nachhaltige Unternehmensführung pragmatisch. In: Der Betriebswirt: Management in Wissenschaft und Praxis 58 (4), S. 10–14.

Bolsinger, Harald (2018a): Mittelständler: Ab auf die Straße der Nachhaltigkeit! – Die SDG in 8 Etappen pragmatisch implementieren. Ein Co-Beitrag zu forum Nachhaltig Wirtschaften 4/2017: Die Neuvermessung der Welt. Hg. v. Forum Nachhaltig Wirtschaften 02/2018. Online verfügbar unter http://www.forum-csr.net/default.asp?news=11748, zuletzt aktualisiert am 16.02.2018, zuletzt geprüft am 19.06.2020.

Bolsinger, Harald (2018b): Sinnzentriertes Wertemanagement: Wertegrundlagen für nachhaltiges Management. Würzburg.

Bolsinger, Harald (2018c): Sustainability Mainstreaming im Finanzdienstleistungsbereich. Für einen nachhaltig dienenden Finanzsektor jenseits freiwilliger Selbstverpflichtungen! Hg. v. Institut für Sozialstrategie. Bad Wimpfen. Online verfügbar unter https: https://www.wirtschaftsethik.biz/publikationen/sustainability-mainstreaming-so-wird-der-finanzsektor-zukunftsfaehig-1-26012018/, zuletzt aktualisiert am 26.01.2018, zuletzt geprüft am 15.05.2020.

LITERATURVERZEICHNIS

Bolton P./Despres M./Pereira da Silva L./Samana F./Svartzman R (2020): The green swan – Central banking and financial stability in the age of climate change, Basel.

Bopp R./Weber M. (2020): Sustainable Finance: Auswirkungen des Klimawandels auf das Risikomanagement der Banken, Schäffer-Poeschel: Stuttgart.

Bornett, W./Bruckner, B./Hammerschmied, H./Masopust, H. (2007): Rating-Kennzahlen – 24 Branchen im Vergleich, Österreich.

Braig, P./Edinger-Schons, L.M. (2020): From Purpose to Impact – An Investigation of the Application of Impact Measurement and Valuation Methods for Quantifying Environmental and Social Impacts of Businesses, in: Sustainable Production and Consumption. https://doi.org/10.1016/j.spc.2020.04.006.

Brainard, L.: Why Climate Change Matters for Monetary Policy and Financial Stability, Speech at »The Economics of Climate Change«, Nov.8, 2019 (2020): Why Climate Change Matters for Monetary Policy and Financial Stability, vom 08.11.2019, abgerufen unter www.federalreserve.gov/newsevents/speech/brainard20191108a.htm zuletzt am 10.12.2020.

BRD (1997): Towards sustainable development in Germany. Report of the Government of the Federal Republic of Germany on the occasion of the special session of the United Nations General Assembly on Environment and Development in 1997 in New York. Bonn: Federal Ministry for the Environment, Nature Conservation and Nuclear Safety.

Bremus, F./Dany-Knedlik, G./Schlaak, T. (2020): Preisstabilität und Klimarisiken: Was im Rahmen der Strategierevision der Europäischen Zentralbank sinnvoll ist, in: DIW Wochenbericht Nr. 12/2020, S. 238–245.

Brest, P./Gilson, R./Wolfson, M. (2016): How Investors Can (and Can't) Create Social Value. Stanford Social Innovation Review. https://papers.ssrn.com/abstract=3150347.

Broccardo, E./Mazzuca, M./Frigotto, M.L. (2020): Social Impact Bonds: The Evolution of Research and a Review of the Academic Literature, in: Corporate Social Responsibility and Environmental Management 27(3), S. 1316-1332. https://doi.org/10.1002/csr.1886.

Bröde K. (2020): Nachhaltige Finanzwirtschaft – Greenwashing oder Gamechanger, abgerufen unter https://www.fch-gruppe.de/Beitrag/6478/nachhaltigkeit-in-der-finanzwirtschaft zuletzt am 26.06.2020.

Brüggemann, A. (2019): Circular Economy als Schlüssel für nachhaltiges Wirtschaften und Ressourcensciherheit, KfW Research Fokus Volkswirtschaft, Nr. 258, 12. Juli 2019.

LITERATURVERZEICHNIS

Brühl, J. (2013): Faserland, www.süddeutsche.de, 30.04.2013, abrufbar unter https://www.sueddeutsche.de/wirtschaft/textilindustrie-in-bangladesch-arbeiten-und-sterben-im-faserland-1.1661365, zuletzt am 26.11.2020.

Buch, C. (2019): Die Rolle des Immobiliensektors für die Finanzstabilität, DVFA Immobilienforum, 12.11.2019, abrufbar unter https://www.bundesbank.de/de/presse/reden/die-rolle-des-immobiliensektors-fuer-die-finanzstabilitaet-814682 zuletzt am 25.06.2020.

Buchanan, P./Glickman, J./Buteau, E. (2015): Investing and Social Impact Practices of Private Foundations. Technical Report, The Center for Effective Philanthropy.

Bueren, E. (2019): Sustainable Finance, in: Zeitschrift für Unternehmens- und Gesellschaftsrecht, 2019, Bd. 48, Nr. 5, S. 813–875.

Bundesanstalt für Finanzdienstleistungsaufsicht (2019): Merkblatt zum Umgang mit Nachhaltigkeitsrisiken, Frankfurt.

Bundesinitiative Impact Investing (2002): Impact Investing in Deutschland gewinnt an Bedeutung, abgerufen unter https://bundesinitiative-impact-investing.de/zuletzt am 27.12.2020.

Bundesregierung (2016): Deutsche Nachhaltigkeitsstrategie, Neuauflage, Berlin.

Bundesregierung (2018): Deutsche Nachhaltigkeitsstrategie 2018, vom 15.10.2018, abgerufen unter https://www.bundesregierung.de/resource/blob/975274/1546450/65089964ed4a2ab07ca8a4919e09e0af/2018-11-07-aktualisierung-dns-2018-data.pdf?download=1 zuletzt am 01.06.2020.

Bundesregierung (2019a): Nachhaltigkeitsziele verständlich erklärt, abrufbar unter https://www.bundesregierung.de/breg-de/themen/nachhaltigkeitspolitik/nachhaltigkeitsziele-verstaendlich-erklaert-232174 zuletzt abgerufen am 14.06.2020.

Bundesregierung (2019b): Seite Nachhaltigkeitspolitik, abgerufen unter https://www.bundesregierung.de/breg-de/themen/nachhaltigkeitspolitik/eine-strategie-begleitet-uns/die-deutsche-nachhaltigkeitsstrategie zuletzt am 06.05.2020.

Bundesregierung (2020a): Staatssekretärsausschuss: Bundesregierung will Deutschland zu einem führenden Sustainable-Finance-Standort machen, vom 26.02.2019, abgerufen unter https://www.bundesregierung.de/resource/blob/973812/1584096/431430c72e9de0807da9671699bc6093/2019-02-26-pm-sts-ausschuss-data.pdf?download=1 zuletzt am 16.05.2020.

Bundesregierung (2020b:. Die Deutsche Nachhaltigkeitsstrategie, abgerufen unter https://www.bundesregierung.de/breg-de/themen/nachhaltigkeitspolitik/eine-strategie-begleitet-uns/die-deutsche-nachhaltigkeitsstrategie, zuletzt am 29.10.2020.

Bundesregierung (2020c): Was bringt, was kostet die Energiewende, www. Bundesregierung.de, abrufbar unter https://www.bundesregierung.de/breg-de/themen/energiewende/was-bringt-was-kostet-die-energiewende-394146 zuletzt am 25.06.2020.

Busch, T. (2019): Klimarisiken im Asset Management: Konsistenz der Daten, in: Absolut impact, 2019, Nr. 2, S. 38–43.

Büschelberger, J./Hortmann, S. (2015): Kapitalplanung für einen nachhaltigen Going Concern, in: Zeitschrift für das gesamte Kreditwesen, Heft 5, S. 243–247.

Business Roundtable (2019): Business Roundtable Redefines the Purpose of a Corporation to Promote 'An Economy That Serves All Americans', 19.8.2019, abgerufen unter https://www.businessroundtable.org/business-roundtable-redefines-the-purpose-of-a-corporation-to-promote-an-economy-that-serves-all-americans zuletzt am 04.10.2020.

Büttner, T. (2019): PRI: 3,1 bis 4,5 Prozent Wertverluste durch Klimarisiken, 9. Dezember 2019, www.portfolio-institutionell.de, abgerufen unter https://www.portfolio-institutionell.de/pri-31-bis-45-prozent-wertverluste-durch-klimarisiken/zuletzt am 18.12.2020.

BVR [Bundesverband der Deutschen Volksbanken und Raiffeisenbanken e.V.] (2020): Seite »Was wir anders machen«, www.vr.de, abgerufen unter https://www.vr.de/privatkunden/was-wir-anders-machen/genossenschaftsbank.html zuletzt am 05.11.2020.

Caldecott, B./Harnett, E./Cojoianu, T./Kok, I./Pfeiffer, A. (2016): Stranded Assets: A Climate Risk Challenge, Inter-American Development Bank (IDB).

Caldecott, B./Tilbury, J./Carey, C. (2014): Stranded Assets and Scenarios. Stranded Assets Programme Discussion Paper.

Call, H. (2018): Nachhaltigkeit in der Personalarbeit als erfolgskritischer Faktor für Unternehmen, in: Michalke, A./Rambke, M./Zeranski, S. (Hrsg.): Vernetztes Risiko- und Nachhaltigkeitsmanagement, Springer: Wiesbaden, 2018, Seiten 17–26.

Campiglio, E./Monnin, P./Jagow, A. (2019): Climate Risks in Financial Assets, in: Council on economic policies, Discussion Note 2019/2.

Capgimini Research Institute (2020): Consumer Products and Retail – How sustainability is fundamentally changing consumer preferences, Paris.

Carbon Tracker Initiative (2013): Unburnable Carbon 2013: Wasted Capital and Stranded Assets Wasted Capital and Stranded Assets. CTI und Grantham Research Institute on Climate Change and the Environment. London.

Castagna, A./Fede, F. (2013): Liquidity risk – measuring and managing, John Wiley & Sons ltd.

CDSB [Climate Disclosure Standards Board] (2020): Accounting for climate, London.

CFin [Research Center for Financial Services] (2018): Nachhaltigkeit im Asset-Management Wahrnehmung, Investmentstrategien und Risikoaspekte, vom Dezember 2018, abgerufen unter https://c-fin.de/wp-content/uploads/2019/09/CFin-Nachhaltigkeit-im-Asset-Management_LQ.pdf zuletzt am 16.04.2020.

Challinor, A.J./Simelton, E./Fraser, E./Collins, M./Hemming, L.D. (2010): Increased crop failure due to climate change: Assessing adaptation options using models and socio-economic data for wheat in China, in: Environmental Research Letters, 2010, Bd. 5, S. 1–8.

Chen, M./Mussalli, G. (2018): Integrated Alpha: The Future of ESG Investing, vom 17.04.2018, abgerufen unter https://www.panagora.com/wp-content/uploads/2018/06/PanAgora-May-2018-Integrated-Alpha-The-Future-of-ESG-Investing.pdf zuletzt am 18.05.2020.

Chen, M./Mussalli, G./Zweibach, Y. [PanAgora Asset Management] (2018): Decoding Quant ESG, Harvard Law School Forum on Corporate Governance, vom 10.11.2018, abgerufen unter https://corpgov.law.harvard.edu/2018/11/10/decoding-quant-esg/ zuletzt am 18.05.2020.

Chenet, H. (2019): Climate change and financial risk, vom 25.07.2019, abgerufen unter https://papers.ssrn.com/sol3/papers.cfm?abstract_id=3407940 zuletzt am 20.05.2020.

Clark, G./Feiner A./Viehs, M. (2015): From the Stockholder to the Stakeholder: How Sustainability Can Drive Financial Outperformance, vom 05.03.2015, abgerufen unter https://papers.ssrn.com/sol3/papers.cfm?abstract_id=2508281 zuletzt am 18.05.2020.

Clausen, J./Fichter, K. (2017): Pfadabhängigkeiten: Querschnittsanalyse auf Basis von fünfzehn Transformationsfeldern im Rahmen des Projekts Evolution2Green – Transformationspfade zu einer Green Economy, Bordstep Institute, Berlin.

Clifford Chance Luxembourg (2018): »Introduction of a new luxembourg renewable energy covered bond regime«, in Luxembourg goes »Green«, erhältlich unter https://www.cliffordchance.com/briefings/2018/07/client_briefing_-luxembourggoesgreen.html zuletzt abgerufen am 03.10.2020.

Climate Bonds Initiative (2017): Green Covered Bonds: Aufbau grüner Deckungswerte, vom Februar 2017, abgerufen unter https://www.climatebonds.net/files/files/Green_Covered_Bonds_Deutsch.pdf zuletzt am 16.04.2020.

Climate Bonds Initiative (2019a): Green Bond Pricing in the Primary Market: January to June 2019, vom 20.10.2019, abgerufen unter https://www.climatebonds.net/files/files/CBI_GB_Pricing_H1_2019_final.pdf zuletzt am 01.06.2020.

LITERATURVERZEICHNIS

Climate Bonds Initiative (2019b): Green Bond European Investor Survey 2019, vom November 2019, abgerufen unter https://www.climatebonds.net/files/files/GB_Investor_Survey-final.pdf zuletzt am 31.05.2020.

Climate Bonds Initiative (2019c): Growing green bond markets: The development of taxonomies to identify green assets, vom 13.03.2019, abgerufen unter https://www.climatebonds.net/files/files/Policy%20_%20Taxonomy%20briefing_conference.pdf zuletzt am 03.06.2020.

Climate Bonds Initiative (2020a): Explaining Green Bonds, abgerufen unter https://www.climatebonds.net/market/explaining-green-bonds zuletzt am 15.04.2020.

Climate Bonds Initiative (2020b): Climate Bonds Taxonomy, vom Januar 2020, abgerufen unter https://www.climatebonds.net/files/files/CBI_Taxonomy_Tables_January_20.pdf zuletzt am 27.05.2020.

Climate Bonds Initiative (2020c): Investor appetite, abgerufen unter https://www.climatebonds.net/market/investor-appetite zuletzt am 31.05.2020.

Climate Bonds Initiative (2020d): Green Bond Pricing in the Primary Market: July to December 2019, vom 31.03.2020, abgerufen unter https://www.climatebonds.net/files/reports/climate-bonds-pricing-report-h2-2019-310320-final.pdf zuletzt am 01.06.2020.

Climate Bonds Initiative (2020e): 2019 Green Bond Market Summary, vom 05.02.2020, abgerufen unter https://www.climatebonds.net/files/reports/2019_annual_highlights-final.pdf zuletzt am 03.06.2020.

Climate Bonds Initiative (2020f): Sector Criteria available for certification: Geothermal Energy, abgerufen unter https://www.climatebonds.net/standard/geothermal zuletzt am 04.06.2020.

Climate Bonds Initiative (2020g): Green Bonds Reach Record $255bn for CY 2019, vom 16.01.2020, abgerufen unter https://www.climatebonds.net/files/releases/media_release-green_bonds_255bn_in_2019-new_global_record-latest_cbi_figures_-16012020.pdf zuletzt am 14.04.2020.

ClimatePartner (2020): Bessere Lebensumstände heute und morgen, abgerufen unter https://www.climatepartner.com/de/ueber-climatepartner zuletzt am 27.12.2020.

Colas, J./Khaykin, I./Pyanet, A. (2019): Climate Change – Managing a new Financial Risk, Oliver Wyman.

Commerzbank (2019): Principles for Responsible Banking unterzeichnet, abgerufen unter https://www.commerzbank.de/de/nachhaltigkeit/nachhaltigkeitsstandards/mitgliedschaften_und_initiativen/principles_for_responsible_banking/prb.html zuletzt am 28.04.2020.

LITERATURVERZEICHNIS

Covered Bond Label (2019): Harmonised Transparency Template (HTT)approved andNew HTT completion guidelines published, Press Release, abrufbar unter file:///C:/Users/heitheck/AppData/Local/Temp/Press%20release%20-%20HTT%202020%20and%20HTT%20completion%20guideline.pdf zuletzt am 03.10.2020.

CRD IV [Europäisches Parlament und der Rat der Europäischen Union] (2013): Richtlinie 2013/36/EU des Europäischen Parlaments und des Rates vom 26.Juni 2013 über den Zugang zur Tätigkeit von Kreditinstituten und die Beaufsichtigung von Kreditinstituten und Wertpapierfirmen, zur Änderung der Richtlinie 2002/87/EG und zur Aufhebung der Richtlinien 2006/48/EG und 2006/49/EG, Brüssel.

CRD V [Europäisches Parlament und der Rat der Europäischen Union] (2019): Richtlinie (EU) 2019/878 des Europäischen Parlaments und des Rates vom 20. Mai 2019 zur Änderung der Richtlinie 2013/36/EU im Hinblick auf von der Anwendung ausgenommene Unternehmen, Finanzholdinggesellschaften, gemischte Finanzholdinggesellschaften, Vergütung, Aufsichtsmaßnahmen und -befugnisse und Kapitalerhaltungsmaßnahmen, Brüssel.

CRD V [Europäisches Parlament und der Rat der Europäischen Union] (2019): Richtlinie (EU) 2019/878 des Europäischen Parlaments und des Rates vom 20. Mai 2019 zur Änderung der Richtlinie 2013/36/EU im Hinblick auf von der Anwendung ausgenommene Unternehmen, Finanzholdinggesellschaften, gemischte Finanzholdinggesellschaften, Vergütung, Aufsichtsmaßnahmen und -befugnisse und Kapitalerhaltungsmaßnahmen, Brüssel.

CRO Forum (2019): The heat is on – Insurability and Resilience in a Changing Climate, Emerging Risk Initiative – Position Paper, Amsterdam.

CRR [Europäisches Parlament und der Rat der Europäische Union] (2013): Berichtigung der Verordnung (EU) Nr. 575/2013 des Europäischen Parlaments und des Rates vom 26. Juni 2013 über Aufsichtsanforde-rungen an Kreditinstitute und Wertpapierfirmen und zur Änderung der Verordnung (EU) Nr. 6486/2012, Brüssel.

CRR [Europäisches Parlament und der Rat der Europäische Union] (2017): Verordnung (EU) 2017/2395 des Europäischen Parlaments und des Rates vom 12. Dezember 2017 zur Änderung der Verordnung (EU) Nr. 575/2013 in Bezug auf Übergangsbestimmungen zur Verringerung der Auswirkungen der Einführung des IFRS 9 auf die Eigenmittel und zur Behandlung von bestimmten auf die Landeswährung eines Mitgliedstaats lautenden Risikopositionen gegenüber dem öffentlichen Sektor als Großkredite (Text von Bedeutung für den EWR), Brüssel.

CRR II [Europäisches Parlament und der Rat der Europäische Union] (2019): Verordnung (EU) 2019/876 des Europäischen Parlaments und des Rates vom 20. Mai 2019 zur Änderung der Verordnung (EU) Nr. 575/2013

LITERATURVERZEICHNIS

in Bezug auf die Verschuldungsquote, die strukturelle Liquiditätsquote, Anforderungen an Eigenmittel und berücksichtigungsfähige Verbindlichkeiten, das Gegenparteiausfallrisiko, das Marktrisiko, Risikopositionen gegenüber zentralen Gegenparteien, Risikopositionen gegenüber Organismen für gemeinsame Anlagen, Großkredite, Melde- und Offenlegungspflichten und der Verordnung (EU) Nr. 648/2012 (1), Brüssel.

CRR II [Europäisches Parlament und der Rat der Europäische Union] (2019): Verordnung (EU) 2019/876 des Europäischen Parlaments und des Rates vom 20. Mai 2019 zur Änderung der Verordnung (EU) Nr. 575/2013 in Bezug auf die Verschuldungsquote, die strukturelle Liquiditätsquote, Anforderungen an Eigenmittel und berücksichtigungsfähige Verbindlichkeiten, das Gegenparteiausfallrisiko, das Marktrisiko, Risikopositionen gegenüber zentralen Gegenparteien, Risikopositionen gegenüber Organismen für gemeinsame Anlagen, Großkredite, Melde- und Offenlegungspflichten und der Verordnung (EU) Nr. 648/2012 (1), Brüssel.

CRR II [Europäisches Parlament und der Rat der Europäische Union] (2019): Verordnung (EU) 2019/876 des Europäischen Parlaments und des Rates vom 20. Mai 2019 zur Änderung der Verordnung (EU) Nr. 575/2013 in Bezug auf die Verschuldungsquote, die strukturelle Liquiditätsquote, Anforderungen an Eigenmittel und berücksichtigungsfähige Verbindlichkeiten, das Gegenparteiausfallrisiko, das Marktrisiko, Risikopositionen gegenüber zentralen Gegenparteien, Risikopositionen gegenüber Organismen für gemeinsame Anlagen, Großkredite, Melde- und Offenlegungspflichten und der Verordnung (EU) Nr. 648/2012 (1), Brüssel.

CSR-Richtlinie [Europäische Union] (2014): Richtlinie 2014/95/EU des Europäischen Parlaments und des Rates vom 22. Oktober 2014, zu den Konsultationsergebnissen siehe auch Summary Report of the Public Consultation on the Review of the Non-Financial Reporting Directive (20 February 2020 – 11 June 2020) vom 29.07.2020.

CSR-RUG (2017): Gesetz zur Stärkung der nichtfinanziellen Berichterstattung der Unternehmen in ihren Lage- und Konzernlageberichten (CSR-Richtlinie-Umsetzungsgesetz) vom 11. April 2017, Berlin.

CSSF [Commission de Surveillance du Secteur Financier, Luxembourg] (2001): CSSF Rundschreiben 01/42, Luxemburg.

CSSF [Commission de Surveillance du Secteur Financier, Luxembourg] (2018a): Circular 18/705 General valuation principles, introduced by the Law of 22 June 2018, to be applied for the determination of the fair value of renewable energy assets that are eligible assets for the cover pool of covered bond banks, (freie Übesetzung: Rundschreiben 18/705 »Allgemeine durch das Gesetz vom 22. Juni 2018 eingeführte Bewertungsstandards zur Bestimmung des Fair Value von Anlagen im Bereich erneuerbare Energien, die siuch für die Deckungsmasse der Pfandbriefbanken eignen«), 19. Dezember 2018, Luxemburg.

CSSF [Commission de Surveillance du Secteur Financier, Luxembourg] (2018b): Circular 18/706 Transparency requirements based on Article 12-6 (2) of the Law of 22 June 2018, (freie Übesetzung Rundschreiben 18/706 »Transparenzanforderungen gemäß Artikel 12-2 Absatz 2 des Gesetzes vom 22. Juni 2018«), 19. Dezember 2018.

CSSF [Commission de Surveillance du Secteur Financier, Luxembourg] (2018c): Circulaire 18/707 concerne Banques d'émission de lettres de gage: Les exigences minimales applicables en matière de gestion et de contrôle du registre des gages, des valeurs de couverture et du plafond des lettres de gage en circulation, (freie Übesetzung: Rundschreiben 18/707 »Die Mindestanforderungen an die Führung und Kontrolle des Deckungsregisters, der Deckungswerte sowie der Obergrenze der im Umlauf befindlichen Pfandbriefe«), 19. Dezember 2018.

Daugaard, D. (2019): Emerging New Themes in Environmental, Social and Governance Investing: A Systematic Literature Review, in: Accounting & Finance. https://doi.org/10.1111/acfi.12479.

DBK [Sekretariat der Deutschen Bischofskonferenz] (2015): Ethisch-nachhaltig investieren. Eine Orientierungshilfe für Finanzverantwortliche katholischer Einrichtungen in Deutschland, Bonn.

De Franco, C./Poulin, B. (2019): ESG-Kontroversen: Auswirkungen auf die Performance, in: Absolut impact, 2019, Nr. 2, S. 28-35.

DEFRA [Department for Environment, Food and Rural Affairs] (2009): Guidance on how to measure and report your greenhouse gas emissions, Government of the United Kingdom: London.

Delevingne, L./Gründler, A./Kane, S./Koller, T. (2020): The ESG Premium: New Perspectives on Value and Performance, McKinsey Report, Februar.

Deloitte (2018): Sustainability and the board: What do directors need to know in 2018?, vom März 2018, abgerufen unter https://www2.deloitte.com/content/dam/Deloitte/global/Documents/Risk/gx-sustainability-and-the-board.pdf zuletzt am 16.05.2020.

Deloitte (2020): »Financial Service New«, Ausgabe 1.

Deloitte (2021): Verantwortung als Chance: das Transformationsthema Sustainability, www.deloitte.de, 30.01.2021, abgerufewn unter https://www2.deloitte.com/de/de/pages/risk/articles/sustainability-transformation.html zuletzt am 30.01.2021.

LITERATURVERZEICHNIS

Der Spiegel (2020): Das Viruskarussell im Zerlegeraum, in: www.spiegel.de, 24.06.2020, abrufbar unter https://www.spiegel.de/wissenschaft/mensch/covid-19-infektionen-bei-toennies-das-viruskarussell-im-zerlegeraum-a-3fc52c2e-d4c9-4552-b971-971665e4f75e zuletzt am 27.06.2020.

DerAssetManager (2020): Die besten nachhaltigen ETFs, abrufbar unter https://www.derassetmanager.de/die-besten-nachhaltigen-etfs/zuletzt am 08.07.2020.

Deschryver, P./ de Mariz, F. (2020): What Future für the Green Bond Market? How Can Policymakers, Companies, and Investors Unlock the Potenzcial of the Green Bond Market?, in: Journal of Risk and Financial Management, 2020, Nr. 13, S. 2–27.

Destatis [Statistisches Bundesamt] (2019): Umwelt – Umweltschutzgüter und Umweltschutzleistungen 2017, Fachserie 19 Reihe 3.3.

Deutsche Bank (2020): Nichtfinanzieller Bericht 2019, vom 13.03.2020, abgerufen unter https://www.db.com/ir/en/download/Deutsche_Bank_Non-Financial_Report_2019.pdf zuletzt am 11.06.2020.

Deutsche Bundesbank (2019a): Monatsbericht Oktober 2019: Der Markt für nachhaltige Finanzanlagen: eine Bestandsaufnahmen, Frankfurt am Main.

Deutsche Bundesbank (2019b): Bankenaufsicht, 1.8.2019, abgerufen unter https://www.bundesbank.de/de/aufgaben/bankenaufsicht/bankenaufsicht-597748 zuletzt am 6.10.2020.

Deutsche Bundesbank (2019c): Fachgremium Offenlegung – Präsentation der Bundesbank zur Sitzung vom 13. Dezember 2019, abrufbar unter https://www.bundesbank.de/resource/blob/822868/c9ab37bcd92cac2c5fc8919265cf6e1d/mL/2019-12-13-offenlegung-praesentation-bundesbank-data.pdf zuletzt am 23.03.2020.

Deutsche Bundesbank (2019d): Finanzstabilitätsbericht 2019, Frankfurt a.M.

Deutsche Bundesbank (2019e): Monthly Report, October, Frankfurt a.M.

Deutsche Bundesbank (2019f): Sicherstellung der Risikotragfähigkeit bei weniger bedeutenden Instituten (LSI), Frankfurt.

Deutsche Bundesbank (2020a): Strukturzahlen, Gesamtinstitute: Zahl der Kreditinstitute und ihrer Zweigstellen, in: Bankenstatistik März 2020: Statistisches Beiheft 1, 2020, Nr. 1.

Deutsche Bundesbank (2020b): Strukturzahlen, Gesamtinstitute: Zahl der Kreditinstitute und ihrer Zweigstellen, in: Bankenstatisiken 2020 Dezember 2020: Statistische Fachreihe.

Deutsche Bundesbank (2020c): Sustainable Finance, vom 10.09.2019, abgerufen unter https://www.bundesbank.de/de/aufgaben/bankenaufsicht/einzelaspekte/sustainable-finance/sustainable-finance-805570 zuletzt am 16.05.2020.

Deutsche Hermann-Schulze-Delitzsch-Gesellschaft e. V. (2020): Die Genossenschaftsidee: Immaterielles Kulturerbe, genossenschaftsmuseum.de, aufgerufen unter https://genossenschaftsmuseum.de/immaterielles-kulturerbe/zuletzt am 06.10.2020.

deutschefxbroker (2020): Best of Class und Best in Class im Vergleich, abgerufen unter https://www.deutschefxbroker.de/best-of-class-und-best-in-class-im-vergleich/zuletzt am 15.06.2020.

Deutscher Bundestag (1995): Einsetzung der Enquete-Kommission »Schutz des Menschen und der Umwelt – Ziele und Rahmenbedingungen einer nachhaltig zukunftsverträglichen Entwicklung«, eingesetzt durch Beschluss vom Deutschen Bundestag vom 01.06.1995, Drucksache 13/1533, Berlin.

Deutscher Bundestag (1996): Abschlußbericht der Enquete-Kommission »Schutz des Menschen und der Umwelt – Ziele und Rahmenbedingungen einer nachhaltig zukunftsverträglichen Entwicklung«, Drucksache 13/11200, Berlin.

Deutscher Bundestag (2016): Rechtliche Grundlagen und Möglichkeiten für Klima-Klagen gegen Staat und Unternehmen in Deutschland, Ausarbeitung, Wissenschaftliche Dienste, Berlin.

Deutscher Bundestag (2020): Ausweitung der Berichtspflichten für Unternehmen beschlossen, bundestag.de, aufgerufen unter https://www.bundestag.de/dokumente/textarchiv/2017/kw10-de-berichtspflichten-unternehmen-csr-493972 zuletzt am 20.11.2020.

Deutscher Rat für nachhaltige Entwicklung (2017): The Sustainability Code – Benchmarking sustainable business, abgerufen unter https://www.deutscher-nachhaltigkeitskodex.de/en-GB/Documents/PDFs/Sustainability-Code/The_SustainabilityCode_2017 zuletzt am 20.05.2020.

Deutscher Rat für nachhaltige Entwicklung (2019): A guide to the Sustainability Code – Guidance for first-time users, abgerufen unter https://www.nachhaltigkeitsrat.de/wp-content/uploads/2019/01/DNK_Leitfaden_BITV_190122_EN.pdf zuletzt am 20.05.2020.

Deutsches Global Compact Netzwerk (2019): Bewertung von Klimarisiken in Unternehmen – Szenario-Analyse nach den Empfehlungen der Task Force on Climate-related Financial Disclosures, vom 31.05.2019, abgerufen unter https://www.globalcompact.de/de/newscenter/meldungen/Neues-Diskussionspapier-Bewertung-von-Klimarisiken-in-Unternehmen.php zuletzt am 20.05.2020.

DGCN [Deutsches Global Compact Netzwerk] (2020): Die 10 Prinzipien des UN Global Compact auf Seite »United Nations Global Compact«, globalcompact.de, aufgerufen unter https://www.globalcompact.de/de/ueber-uns/dgcn-ungc.php?navid=539859539859 zuletzt am 26.11.2020.

LITERATURVERZEICHNIS

DGRV [Deutscher Genossenschafts- und Raiffeisenverband e.V] (2020): Seite »Genossenschaftsgründung«, genossenschaften.de, aufgerufen unter https://www.genossenschaften.de/genostarter zuletzt am 06.10.2020.

DGVN [Deutsche Gesellschaft für die Vereinten Nationen e.V.] (2020): Das Klimaabkommen von Paris, abgerufen unter https://nachhaltig-entwickeln.dgvn.de/klimawandel/klimaabkommen-von-paris/zuletzt am 01.01.2020.

Días, C. (2020): Los bonos »verdes« o cómo financiar la recuperación de la economía y el empleo, vom 18.04.2020, abgerufen unter https://cincodias.elpais.com/cincodias/2020/04/16/extras/1587056901_722638.html zuletzt am 20.04.2020.

DIE ZEIT (2020): Kohleausstieg: Milliardenentschädigungen für Kraftwerksbetreiber, vom 16.01.2020, abgerufen unter https://www.zeit.de/wirtschaft/2020-01/kohleausstieg-milliardenentschaedigungen-fuer-kraftwerksbetreiber zuletzt am 10.12.2020.

diepresse.com (2020): Seite »International« vom 31.07.2019, aufgerufen unter https://www.diepresse.com/5667540/studie-bei-regionalitat-denken-meisten-menschen-an-lebensmittel zuletzt am 10.10.2020.

Dierig, C. (2020): Das Sub-Sub-Sub-Problem der deutschen Fleischkonzerne, in: welt.de, 18.6.2020, abrufbar unter https://www.welt.de/wirtschaft/article209790633/Toennies-Die-deutsche-Fleischindustrie-bleibt-der-Corona-Hotspot.html zuletzt am 21.06.2020.

Dietsche, C./Lautermann, C./Westermann, U. (2019): CSR-Reporting von Großunternehmen und KMU in Deutschland, Institut für ökologische Wirtschaftsforschung und future e. V. – Verantwortung unternehmen, Berlin.

DIIR [Deutsches Institut für Interne Revision] (2015): Online-Revisionshandbuch für die Interne Revision in Kreditinstituten – Frankfurt a.M.

DIIR [Deutsches Institut für Interne Revision] (2018): Revisionsstandard Nr. 2: Prüfung des Risikomanagementsystems durch die Interne Revision – Frankfurt a. M.

DK (2020): Stellungnahme zum Zwischenbericht des Sustainable Finance-Beirats, Berlin.

DK [Die Deutsche Kreditwirtschaft] (2019a): Stellungnahme zur Konsultation 16/2019 zum Merkblatt der BaFin zum Umgang mit Nachhaltigkeitsrisiken, Frankfurt a.M.

DK [Die Deutsche Kreditwirtschaft] (2019b): Sustainable Finance. Impulse der Deutschen Kreditwirtschaft, Berlin.

DKB (2020a): Nachhaltigkeit, vom 31.12.2019, abgerufen unter https://www.dkb.de/nachhaltigkeit/zuletzt am 12.06.2020.

DKB (2020b): Nachhaltigkeit@DKB – unsere Strategie, vom 31.12.2019, abgerufen unter https://dok.dkb.de/pdf/ns.pdf zuletzt am 29.03.2020.

DKB (2020c): Pressemitteilungen, in Homepage der DKB, Bearbeitungsstand vom 02.03.2020, abgerufen unter www.dkb.de zuletzt am 16.05.2020.

DNB [De Nederlandsche Bank N.V.] (2017): Waterproof? An exploration of climate-related risks for the Dutch financial sector, Amsterdam.

DNB [De Nederlandsche Bank N.V.] (2018): An energy transition risk stress test for the financial system of the Netherlands, in: Occasional Studies, Volume 16-7, Amsterdam.

DNB [De Nederlandsche Bank N.V.] (2019): Values at risk? Sustainability risks and goals in the Dutch financial sector, Amsterdam.

DNK [Deutscher Nachhaltigkeitskodex] (2020a): Nutzen des DNK, abgerufen unter https://www.deutscher-nachhaltigkeitskodex.de/de-DE/Home/DNK/Benefits-of-DNK zuletzt am 31.05.2020.

DNK [Deutscher Nachhaltigkeitskodex] (2020b): Kriterien, abgerufen unter https://www.deutscher-nachhaltigkeitskodex.de/de-DE/Home/DNK/Criteria zuletzt am 31.05.2020.

DNK [Deutscher Nachhaltigkeitskodex] (2020c): Fünf Schritte auf dem Weg zur DNK-Erklärung, abgerufen unter https://www.deutscher-nachhaltigkeitskodex.de/de-DE/Home/DNK/how-to-do zuletzt am 21.05.2020.

DNK [Deutscher Nachhaltigkeitskodex] (2020d): Mit dem DNK berichten, abgerufen unter https://www.deutscher-nachhaltigkeitskodex.de/de-DE/Home/DNK/Benefits-of-DNK zuletzt am 31.05.2020.

DNK [Deutscher Nachhaltigkeitskodex] (2020e): Deutscher Nachhaltigkeitskodes Historie und Weiterentwicklung, abgerufen unter https://www.deutscher-nachhaltigkeitskodex.de/de-DE/Home/DNK/DNK-Overview zuletzt am 31.05.2020.

DNK [Deutscher Nachhaltigkeitskodex] (2020f): Deutscher Nachhaltigkeitskodex 06 Regeln und Prozesse, abgerufen unter https://www.deutscher-nachhaltigkeitskodex.de/de-DE/Home/DNK/Criteria/Ziele-(1) zuletzt am 20.05.2020.

Dombret, A. (2018): Vortrag beim Bundesbank-Symposium, »Bankenaufsicht im Dialog«: Greener finance, better finance?, Wie grün sollte die Finanzwelt sein?, Frankfurt am Main.

Dombrovskis, V. (2019): Remarks by Vice-President Valdis Dombrovskis at the High-level conference: A global approach to sustainable finance, vom 21.03.2019, abgerufen unter https://ec.europa.eu/commission/presscorner/detail/en/SPEECH_19_1788, zuletzt am 16.05.2020.

Doppelfeld, J. (2010): Financed Carbon Footprints – Herausforderungen bei der Erhebung und mögliche Auswirkungen auf Energieinvestititionen, Germanwatch e.V.: Berlin.

Douglas, E./Van Holt, T./Whelan, T. (2017): Responsible Investing: Guide to ESG Data Providers and Relevant Trands, in Journal of Environmental Investing, Bd. 8, Nr. 1, S. 92 ff.

Douglas, E./Van Holt, T./Whelan, T. (2017): Responsible Investing: Guide to ESG Data Providers and Relevant Trends, in: Journal of Environmental Investing, 2017, Bd. 8, Nr. 1, S. 92–114.

dpa (2020): Studie: Acht von zehn Deutsche sehen Trump als Spalter, www.zeit.de, abrufbar unter https://www.zeit.de/news/2020-06/09/studie-acht-von-zehn-deutsche-sehen-trump-als-spalter zuletzt am 23.06.2020.

Drempetic, S./Klein, C./Zwergel, B. (2019): The Influence of Firm Size on the ESG Score: Corporate Sustainability Ratings Under Review, in: Journal of Business Ethics, 2019, Printversion noch ausstehend.

DRSC [Deusches Rechnungslegungs Standards Committee e.V.] (2019): DRS 20 – Konzernlagebericht, Berlin.

Druck-/Papiertechnik (2012): Elektronische Medien sind nur manchmal ökologisch vorteilhaft, Vergleich Druckmedien und elektronische Medien unter ökologischen Aspekten, Studien im Auftrag des Fachverbandes Druck- und Papiertechnik, Frankfurt a.M.

Drüten, C. (2019): Deutsche Unternehmen können für Klimaschäden haften, in: welt.de, 9.12.2019, abrufbar unter https://www.welt.de/politik/ausland/article204139298/Klimarechts-Experte-Deutsche-Unternehmen-koennen-fuer-Klimaschaeden-haften.html zuletzt am 25.06.2020.

Duflo, E./Glennerster, R./Kremer, M. (2008): Using Randomization in Development Economics Research: A Toolkit, in: Schultz, T.P./Strausss, J. (Hrsg.): Handbook of Development Economics, Amsterdam: Elsevier, S. 3895–3957.

Dufour, B. (2019): Social Impact Measurement: What Can Impact Investment Practices and the Policy Evaluation Paradigm Learn from Each Other?, in: Research in International Business and Finance 47, S. 18-30. https://doi.org/10.1016/j.ribaf.2018.02.003.

DUH [Deutsche Umwelthilfe] (2020): Newsletter der Deutschen Umwelthilfe, duh.de, abgerufen unter http://www.duh.de/newsletter/nachhaltig-durch-die-corona-krise-mit-hilfsbereitschaft-und-regionalitaet/zuletzt am 08.10.2020.

Dupré, S. (2020): The EU's Risky Green Taxonomy. Project Syndicate, 31. Januar 2020. https://www.project-syndicate.org/commentary/european-union-green-taxonomy-three-questions-by-stan-dupre-2020-01.

Duttweiler, R. (2009): »Managing« Liquidity in Banks – a top down approach«, John Wiley & Sons ltd.

DVFA/EFFAS [Deutsche Vereinigung für Finanzanalyse und Asset Management e.V./European Federation of Financial Analysts Societies] (2010):

KPIs for ESG 3.0 (Key Performance Indicators for Environmental Social & Governance Issues), Frankfurt am Main.

DVFA [Deutsche Vereinigung für Finanzanalyse und Asset Management] (2010): KPIs for ESG – A guideline for including ESG into Financial Analysis and Corporte Valuation, abgerufen unter https://www.dvfa.de/der-berufsverband/standards/kpis-for-esg.html zuletzt am 20.05.2020.

DVFA [Deutsche Vereinigung für Finanzanalyse und Asset Management] (2020): SDG-Auswirkungsmessung – Ein Überblick über Anbieter, Methoden, Daten und Output, Januar. https://www.dvfa.de/fileadmin/downloads/Verband/Kommissionen/Sustainable_Investing/DVFA_SDG-Auswirkungsmessung.pdf.

Dyson, M./Engel, A./Farbes, J. (2018): The Economics of Clean Energy Portfolios, Rocky Mountain Institute.

DZ HYP (2020): DZ Hyp Pfandbriefmarkt 2019/2020, Hamburg/Münster.

EBA [European Banking Authority] (2014): Leitlinien zur Wesentlichkeit, zu Geschäftsgeheimnissen und vertraulichen Informationen sowie zur Häufigkeit der Offenlegung gemäß den Artikeln 432 Absatz1,432 Absatz2 und 433 der Verordnung (EU) Nr. 575/2013, 23.Dezember 2014.

EBA [European Banking Authority] (2015): Guidelines on ICAAP and ILAAP information collected for SREP purposes, EBA/CP/2015/26, Dezember. London.

EBA [European Banking Authority] (2016): Leitlinien zu den Offenlegungspflichten gemäß Teil 8 der Verordnung (EU) Nr. 575/2013. EBA/GL/2016/11, Dezember, London.

EBA [European Banking Authority] (2019a): Consultation Paper on Draft Implementing Technical Standards on public disclosures by institutions of the information referred to in Titles II and III of Part Eight of Regulation (EU) No 575/2013. EBA/CP/2019/09, Oktober, London.

EBA [European Banking Authority] (2019b): EBA Risk Reduction Package Roadmaps: EBA Tasks arising from CRD 5 – CRR 2 – BRRD2. November 2019, London.

EBA [European Banking Authority] (2019c): Global Systemically Important Institutions (G-SIIs), abrufbar unter https://eba.europa.eu/risk-analysis-and-data/global-systemically-important-institutions zuletzt am 29.03.2020.

EBA [European Banking Authority] (2019d): Consultation Papers on ITSs on disclosures, Public Hearing, 2nd December 2019, abrufbar unter https://eba.europa.eu/sites/default/documents/files/document_library//Public%20Hearing%20-%20Reporting%20Framework%203.0%20v3_for%20publication.pdf zuletzt am 26.04.2020.

LITERATURVERZEICHNIS

EBA [European Banking Authority] (2019e): EBA Action Plan on sustainable Finance, Paris.

EBA [European Banking Authority] (2020a): Sustainable finance, abgerufen unter https://eba.europa.eu/financial-innovation-and-fintech/sustainable-finance zuletzt am 30.10.2020.

EBA [European Banking Authority] (2020b): EBA supports EU Commission's actions towards a more sustainable European economy, 16.07.2020, abgerufen unter https://eba.europa.eu/eba-supports-eu-commission%E2%80%99s-actions-towards-more-sustainable-european-economy zuletzt am 14.08.2020.

EBA [European Banking Authority] (2020c): Arbeitsprogramm der EBA für 2020, Paris.

EBA [European Banking Authority] (2020d): EBA Discussion paper on management and supervision of ESG risks for credit institutions and investment firms, 30.10.2020, Paris.

EBA [European Banking Authority] (2020e): Missions and Tasks, abgerufen unter https://eba.europa.eu/languages/home_en zuletzt am 30.10.2020.

EBA [European Banking Authority] (2020f): On management and supervision of ESG risks for credit institutions and investment firms, EBA, 30.10.20, abrufbar unter https://eba.europa.eu/eba-launches-consultation-incorporate-esg-risks-governance-risk-management-and-supervision-credit, zuletzt am 26.11.20 20.

EBA [European Banking Authority] (2020g): 2020 Pilot Sensitivity Exercise on Climate Risk, Paris.

EBA [European Banking Authority] (2020g): 2021 EU-Wide Stress test – Methodological note, vom 13. November 2020, Paris.

EBA [European Banking Authority] (2020h): EBA Report on Assessment of Institution' Pillar 3 Disclosures. EBA/REP/2020/09, März, London.

EBA-Verordnung (Europäische Union) (2010): Verordnung (EU) Nr. 1093/2010 des Europäischen Parlaments und des Rates vom 24. November 2010 zur Errichtung einer Europäischen Aufsichtsbehörde (Europäische Bankenaufsichtsbehörde), zur Änderung des Beschlusses Nr. 716/2009/EG und zur Aufhebung des Beschlusses 2009/78/EG der Kommission. Amtsblatt der Europäischen Union, 15. Dezember 2010, L 331, S. 12–47.

EbAV-II [Europäische Union] (2018): Gesetz zur Umsetzung der Richtlinie (EU) 2016/2341 des Europäischen Parlaments und des Rates vom 14. Dezember 2016 über die Tätigkeiten und die Beaufsichtigung von Einrichtungen der betrieblichen Altersversorgung (EbAV) (Neufassung) vom 19. Dezember 2018, Bonn.

ECBC [European Mortgage Federation – European Covered Bond Council] (2019): ECBC European Covered Bond Fact Book 2019, 2019.

Eckert, C./Gatzert, N. (2015): Modeling Operational Risk Incorporating Reputation Risk: An Integrated Analysis for Financial Firms, Working Paper, University Erlangen-Nürnberg (FAU).

Eckstein, D./Hutfils, M./Winges, M. (2018): Global Climate Risk Index 2019; Who Suffers Most From Extreme Weather Events? Weather-related Loss Events in 2017 and 1998 to 2017.,Germanwatch e.V.: Bonn.

Ecolabel Index (2020): Alphabetical index of 457 ecolabels, abgerufen unter http://www.ecolabelindex.com/ecolabels/zuletzt am 23.05.2020.

ecoreporter.de (2017): Seite »Nachhaltige ETFs sind undurchsichtige Konstrukte«, 30.05.2017, abgerufen unter https://www.ecoreporter.de/artikel/nachhaltige-etfs-etf-investment-fonds-indexfonds-risiko/zuletzt am 15.10.2019.

Edelman Communications (2019): Institutional Investor Trust 2019 Outlook Global Report – Preview Germany.

EFFAS [European Federation of Financial Analysts Societies] (2020a): EFFAS The European Federation Of Financial Analysts Societies, abgerufen unter https://effas.net/zuletzt am 31.05.2020.

EFFAS [European Federation of Financial Analysts Societies] (2020b): EFFAS/DVFA launch Exposure Draft KPIs for ESG 3.0, abgerufen unter https://effas.net/component/content/article/125-about-us/comissions/378-effas-dvfa-launch-exposure-draft-kpis-for-esg-3-0.html?Itemid=1122 zuletzt am 31.05.2020.

EFRAG [European financial Reporting Advisory Group] (2020): 13/11/2020 – Progress report published for project on preparatory work for the elaboration of possible EU non-financial reporting standards, vom 25.6.2020, abgerufen unter https://www.efrag.org/News/Project-449/Progress-report-published-for-project-on-preparatory-work-for-the-elaboration-of-possible-EU-non-financial-reporting-standards?AspxAutoDetectCookieSupport=1 zuletzt am 31.01.2021.

Ehl, J. (2018): Nachfrage nach »grünen« Produkten steigt weiter, www.springerprofessional.de, vom 11.05.2018, abrufbar unter https://www.springerprofessional.de/umwelt/wasserwirtschaft/nachfrage-nach--gruenen--produkten-steigt-weiter/15744590 zuletzt am 22.06.2020.

Ehlers, T./Packers, F. (2017): Green bond finance and certification, in: BIS Quarterly Review, Sep. 2017, 2017, S. 89-104.

El Ghoul, M./Guedhami, O./Kim, H./Park, K. (2018): Corporate environmental responsibility and the cost of capital: International evidence, in: Journal of Business Ethics, 2018, Nr. 149, S. 335-361.

EMAS [Eco-Management and Audit Scheme] (2020): Ressourcensparendes Umweltmanagement mit EMAS, vom 01.04.2018, abgerufen unter

LITERATURVERZEICHNIS

https://www.emas.de/fileadmin/user_upload/4-pub/Flyer_7_Gruende_EMAS.pdf zuletzt am 12.06.2020.

Emmerich, R. (2014): Der Erste Weltkrieg als Urkatastrophe, 7.8.2014, www.uni-wuerzburg.de, angerufen unter https://www.uni-wuerzburg.de/aktuelles/pressemitteilungen/single/news/der-erste/ zuletzt am 01.01.2021.

EnergieAgentur.NRW (2020): Emissions-Kategorien (Scopes) nach dem Greenhouse Gas Protocol, abgerufen unter http://www.ccf.nrw.de/navi/downloads/emissionsquellen/Emissions_Kategorien_Scopes.pdf zuletzt am 19.05.2020.

Engel, G. (2019): Kaum ein EU-Land erreicht Klimaziele, in: www.tagesschau.de, 4.12.2019, abgerufen unter https://www.tagesschau.de/ausland/eu-klimaziele-107.html zuletzt am 07.08.2020.

Environmental Finance (2020): Green and sustainability-linked loan market breaks $100bn barrier, abgerufen unter https://www.environmental-finance.com/content/news/green-and-sustainability-linked-loan-market-breaks-$100bn-barrier.html zuletzt am 14.05.2020.

ESMA [European Securities and Markets Authority] (2020): Joint ESA Consultation on ESG Disclosures, abrufbar unter https://www.esma.europa.eu/press-news/consultations/joint-esa-consultation-esg-disclosures zuletzt am 26.04.2020.

Esper, T. (2015): Geschäftsstrategie und Wettbewerbsanalyse, Finanz Colloquium Heidelberg, Heidelberg.

ESRB [European Systemic Risk Board] (2016): Too late, too sudden: Transition to a low-carbon economy and systemic risk, in: Reports of the Advisory Scientific Committee, No 6.

ESRB [European Systemic Risk Board] (2020): Positively green: Measuring climate change risks to financial stability.

EU [Europäische Union vertreten durch das europäische Parlament] (2019i): Wie können grüne Investitionen gefördert werden?, vom 10.10.2019, abgerufen unter https://www.europarl.europa.eu/news/de/headlines/priorities/klimawandel/20191004STO63440/wie-konnen-grune-investitionen-gefordert-werden zuletzt am 14.04.2020.

EU [Europäische Union vertreten durch den Rat der Europäischen Union] (2019j): Proposal for a Regulation of the European Parliament and of the Council on the establishment of a framework to facilitate sustainable investment (2018/0178 COD), Brüssel.

EU [Europäische Union vertreten durch die Europäische Kommission] (2008): Aktionsplan für Nachhaltigkeit in Produktion und Verbrauch und für eine nachhaltige Industriepolitik, KOM(2008) 397 der Kommission der Europäischen Gemeinschaften vom 16.07.2008.

EU [Europäische Union vertreten durch die Europäische Kommission] (2017a): Defining »green« in the context of green finance, vom Oktober 2017, abgerufen unter https://ec.europa.eu/environment/enveco/sustainable_finance/pdf/studies/Defining%20Green%20in%20green%20finance%20-%20final%20report%20published%20on%20eu%20website.pdf zuletzt am 27.05.2020.

EU [Europäische Union vertreten durch die Europäische Kommission] (2018a): Aktionsplan: Finanzierung nachhaltigen Wachstums, Brüssel, abgerufen unter https://ec.europa.eu/transparency/regdoc/rep/1/2018/DE/COM-2018-97-F1-DE-MAIN-PART-1.PDF zuletzt am 14.04.2020.

EU [Europäische Union vertreten durch die Europäische Kommission] (2018b): Action Plan: Financing Sustainable Growth, Brüssel.

EU [Europäische Union vertreten durch die Europäische Kommission] (2018c): Sustainable finance: Making the financial sector a powerful actor in fighting climate change, 24.05.2018, Brüssel.

EU [Europäische Union vertreten durch die Europäische Kommission] (2019a): Nachhaltiges Finanzwesen: Kommission begrüßt Einigung auf EU-weites Klassifikationssystem für nachhaltige Investitionen (Taxonomie), Pressemitteilung der Europäischen Kommission vom 18.12.2019.

EU [Europäische Union vertreten durch die Europäische Kommission] (2019b): Der europäische Grüne Deal, Brüssel.

EU [Europäische Union vertreten durch die Europäische Kommission] (2019f): Leitlinien für die Berichterstattung über nichtfinanzielle Informationen: Nachtrag zur klimabezogenen Berichterstattung v. 20.06.2019, Brüssel.

EU [Europäische Union vertreten durch die Europäische Kommission] (2020a): Ein Europäischer Grüner Deal, abgerufen unter https://ec.europa.eu/info/strategy/priorities-2019-2024/european-green-deal_de, zuletzt am 29.10.2020.

EU [Europäische Union vertreten durch die Europäische Kommission] (2020a): Nachhaltige Finanzierung, abgerufen unter https://ec.europa.eu/info/business-economy-euro/banking-and-finance/sustainable-finance_de, zuletzt am 14.05.2020.

EU [Europäische Union vertreten durch die Europäische Kommission] (2020b): Konzept der EU zur nachhaltigen Entwicklung, abgerufen unter https://ec.europa.eu/info/strategy/international-strategies/sustainable-development-goals/eu-approach-sustainable-development_de, zuletzt am 29.10.2020.

LITERATURVERZEICHNIS

EU [Europäische Union vertreten durch die Europäische Kommission] (2020g): Pariser Übereinkommen, abgerufen unter https://ec.europa.eu/clima/policies/international/negotiations/paris_de, zuletzt am 02.06.2020.

EU [Europäische Union vertreten durch die Europäische Kommission] (2020k): Aktionsplan für eine faire und einfache Besteuerung zur Unterstützung der Aufbaustrategie (vom 15.07.2020), Brüssel.

EU [Europäische Union vertreten durch die Europäische Kommission] (2020l): Ein europäischer Grüner Deal, Erster klimaneutraler Kontinent werden, abgerufen unter https://ec.europa.eu/info/strategy/priorities-2019-2024/european-green-deal_de zuletzt am 28.05.2020.

EU [Europäische Union vertreten durch die Europäische Kommission] (2020m): The European Green Deal Investment Plan and Just Transition Mechanis, 14.1.2020, abgerufen unter https://ec.europa.eu/info/publications/200114-european-green-deal-investment-plan_en zuletrzt am 03.10.2020.

EU [Europäische Union] (2009): Richtlinie 2009/28/EG des Europäischen Parlaments und des Rates vom 23. April 2009 zur Förderung der Nutzung von Energie aus erneuerbaren Quellen und zur Änderung und anschließenden Aufhebung der Richtlinien 2001/77/EG und 2003/30/EG.

EU [Europäische Union] (2014a): Delegierte Verordnung (EU) 2015/61 der Kommission vom 10. Oktober 2014 zur Ergänzung der Verordnung (EU) Nr. 575/2013 des Europäischen Parlaments und des Rates in Bezug auf die Liquiditätsdeckungsanforderung an Kreditinstitute Text von Bedeutung für den EWR, Brüssel.

EU [Europäische Union] (2014b): Richtlinine 2014/95/EU des Europäischen Parlaments und des Rates vom 22. Oktober 2014 zur Änderung der Richtlinie 2013/34/EU im Hinblick auf die Angabe nichtfinanzieller und die Diversität betreffender Informationen durch bestimmte große Unternehmen und Gruppen, Straßburg.

EU [Europäische Union] (2016a): Richtlinie (EU) 2016/2341 des Europäsichen Parlaments und des Rates vom 14. Dezember 2016 über die Tätigkeiten und die Beaufsichtigung von Einrichtungen der betrieblichen Altersversorgung (EbAV), Straßburg.

EU [Europäische Union] (2016b): Verordnung (EU) 2016/1011 des Europäischen Parlaments und des Rates vom 8. Juni 2016 über Indizes, die bei Finanzinstrumenten und Finanzkontrakten als Referenzwert oder zur Messung der Wertentwicklung eines Investmentfonds verwendet werden, und zur Änderung der Richtlinien 2008/48/EG und 2014/17/EU sowie der Verordnung (EU) Nr. 596/2014, Straßburg.

EU [Europäische Union] (2017b): Richtlinie (EU) 2017/828 des Europäischen Parlaments und des Rates (2017), Richtlinie (EU) 2017/828 des Europäischen Parlaments und des Rates vom 17. Mai 2017 zur Änderung der Richtlinie 2007/36/EG im Hinblick auf die Förderung der langfristigen Mitwirkung der Aktionäre, Straßburg.

EU [Europäische Union] (2018d): Verordnung (EU) 2018/848 des Europäischen Parlaments und des Rates vom 30. Mai 2018 über die ökologische/biologische Produktion und die Kennzeichnung von ökologischen/biologischen Erzeugnissen sowie zur Aufhebung der Verordnung (EG) Nr. 834/2007.

EU [Europäische Union] (2018e): Vorschlag für eine Verordnung des Europäischen Parlaments und des Rates über die Offenlegung von Informationen über nachhaltige Investitionen und Nachhaltigkeitsrisiken sowie zur Änderung der Richtlinie (EU) 2016/2341, Brüssel.

EU [Europäische Union] (2018f): Vorschlag für eine Verordnung (EU) 2018/0178 (COD) des Europäischen Parlaments und des Rates über die Einrichtung eines Rahmens zur Erleichterung nachhaltiger Investitionen, vom 24.05.2018, Brüssel.

EU [Europäische Union] (2019c): Verordnung (EU) 2019/2088 des Europäischen Parlaments und des Rates vom 27. November 2019 über nachhaltigkeitsbezogene Offenlegungspflichten im Finanzdienstleistungssektor, Brüssel.

EU [Europäische Union] (2019d): Verordnung (EU) 2019/2089 des Europäischen Parlaments und des Rates vom 27. November 2019 zur Änderung der Verordnung (EU) 2016/1011 hinsichtlich EU-Referenzwerten für den klimabedingten Wandel, hinsichtlich auf das Übereinkommen von Paris abgestimmter EU-Referenzwerte sowie hinsichtlich nachhaltigkeitsbezogener Offenlegungen für Referenzwerte, Brüssel.

EU [Europäische Union] (2019e): Verordnung (EU) Nr. 2019/2088 des Europäischen Parlaments und des Rates vom 27. November 2019 über nachhaltigkeitsbezogene Offenlegungspflichten im Finanzdienstleistungssektor, Brüssel/Straßburg.

EU [Europäische Union] (2019g): Leitlinien für die Berichterstattung über nichtfinanzielle Informationen: Nachtrag zur klimabezogenen Berichterstattung (2019/C 209/01), Brüssel.

EU [Europäische Union] (2019h): Leitlinien 2019/C 209/01 für die Berichterstattung über nichtfinanzielle Informationen: Nachtrag zur klimabezogenen Berichterstattung, Amtsblatt der Europäischen Union vom 20.06.2019.

EU [Europäische Union] (2020c): Verordnung (EU) 2020/852 des Europäischen Parlaments und des Rates vom 18. Juni 2020 über die Einrichtung eines Rahmens zur Erleichterung nachhaltiger Investitionen und zur Änderung der Verordnung (EU) 2019/2088, abgerufen unter https://eur-lex.europa.eu/legal-content/DE/TXT/PDF/?uri=CELEX:32020R0852&from=EN zuletzt am 29.10.2020.

EU [Europäische Union] (2020e): Nachhaltige Finanzierung, abgerufen unter https://ec.europa.eu/info/business-economy-euro/banking-and-finance/sustainable-finance_de zuletzt am 30.10.2020.

EU [Europäische Union] (2020f): Consultation document: Consultation on the renewed sustainable finance strategy, Brüssel.

EU [Europäische Union] (2020h): Fragen und Antworten: politische Einigung auf ein EU-weites Klassifizierungssystem für nachhaltige Investitionen (Taxonomie), abrufbar unter https://ec.europa.eu/commission/presscorner/detail/de/qanda_19_6804 zuletzt am 26.06.2020.

EU [Europäische Union] (2020i): Overview of sustainable finance, abgerufen unter https://ec.europa.eu/info/business-economy-euro/banking-and-finance/sustainable-finance/overview-sustainable-finance_de zuletzt am 30.10.2020.

EU [Europäische Union] (2020j): Verordnung (EU) 2020/852 des Europäisches Parlament und des Rates vom 18. Juni 2020 über die Einrichtung eines Rahmens zur Erleichterung nachhaltiger Investitionen und zur Änderung der Verordnung (EU) 2019/2088, in Amtsblatt der Europäischen Union L 198/13, vom 22.06.2020.

EU [Europäische Union] (2020n): Commision deligated Directive (EU)) …/… amending Delegated Directive (EU) 2017/593 as regards the integration of sustainability factors and preferences into the product governance obligations, Konsultationspapier, 8.6.2020, abrufbar unter https://eur-lex.europa.eu/legal-content/EN/TXT/?uri=pi_com:Ares(2020)2955234 zuletzt am 31.01.2021 (unavailable).

EU TEG [Europäische Union – Technical Expert Group on Sustainable Finance] (2019a): Taxonomy Technical Report, June 2019, vom 18.06.2019, abgerufen unter https://ec.europa.eu/info/publications/sustainable-finance-teg-taxonomy_en zuletzt am 15.04.2020.

EU TEG [Europäische Union – Technical Expert Group on Sustainable Finance] (2019b): Report on Climate-related Disclosures, Brüssel.

EU TEG [Europäische Union – Technical Expert Group on Sustainable Finance] (2019c): Report on Benchmarks, TEG Interim Report on Climate Benchmarks and Benchmarks ESG Disclosures, Brüssel.

EU TEG [Europäische Union – Technical Expert Group on Sustainable Finance] (2019d): TEG Final Report on Climate Benchmarks and Benchmarks' ESG disclosures, vom September 2019, abgerufen unter https://ec.europa.eu/info/sites/info/files/business_economy_euro/banking_and_finance/documents/190930-sustainable-finance-teg-final-report-climate-benchmarks-and-disclosures_en.pdf zuletzt am 30.05.2020.

EU TEG [Europäische Union – Technical Expert Group on Sustainable Finance] (2019e): Report on EU Green Bond Standard, Juni, abgerufen unter file:///C:/Users/heitheck/AppData/Local/Temp/190618-sustainable-finance-teg-report-green-bond-standard_en.pdff zuletzt am 3.01.2021.

EU TEG [Europäische Union – Technical Expert Group on Sustainable Finance] (2020a): Taxonomy Report: Technical Annex, March 2020, vom 09.03.2020, abgerufen unter https://ec.europa.eu/info/sites/info/files/business_economy_euro/banking_and_finance/documents/200309-sustainable-finance-teg-final-report-taxonomy-annexes_en.pdf zuletzt am 15.04.2020.

EU TEG [Europäische Union – Technical Expert Group on Sustainable Finance] (2020b): Usability Guide: EU Green Bonds Standard, vom 09.03.2020, abgerufen unter https://ec.europa.eu/info/sites/info/files/business_economy_euro/banking_and_finance/documents/200309-sustainable-finance-teg-green-bond-standard-usability-guide_en.pdf zuletzt am 14.04.2020.

EU TEG [Europäische Union – Technical Expert Group on Sustainable Finance] (2020c): Taxonomie: Final report of the Technical Expert Group on Sustainable Finance, März.

EU TEG [Europäische Union – Technical Expert Group on Sustainable Finance] (2020d): Taxonomy Report: Technical Annex, März. https://ec.europa.eu/info/sites/info/files/business_economy_euro/banking_and_finance/documents/200309-sustainable-finance-teg-final-report-taxonomy_en.pdf.

Euromoney (2020): Coronavirus crisis offers green and social bonds chance to prove their worth, vom 07.04.2020, abgerufen unter https://www.euromoney.com/article/b1l32d4rljb1b6/coronavirus-crisis-offers-green-and-social-bonds-chance-to-prove-their-worth zuletzt am 20.04.2020.

Europäische Entwicklungsbank (2007): The »Climate Awareness Bond«- EIB promotes climate protection via pan-EU public offering, vom 22.05.2007, abgerufen unter https://www.eib.org/en/investor_relations/press/2007/2007-042-epos-ii-obligation-sensible-au-climat-la-bei-oeuvre-a-la-protection-du-climat-par-le-biais-de-son-emission-a-l-echelle-de-l-ue.htm zuletzt am 07.04.2020.

Europäische Investitionsbank (2016): Restoring EU competitiveness, Luxemburg.

Evangelische Bank (2017): Nachhaltigkeitsbericht der Evangelischen Bank eG, vom 24.11.2017, abgerufen unter https://www.eb.de/content/dam/f0591-

LITERATURVERZEICHNIS

0/eb_2018/ueber_uns/PDF/Nachhaltigkeitsbericht_2017.pdf zuletzt am 12.06.2020.

Evangelische Bank (2018a): Nachhaltigkeitsbericht der Evangelischen Bank eG für das Berichtsjahr 2018 (Ergänzungsteil), vom 28.11.2019, abgerufen unter https://www.eb.de/ueber-uns/berichte-zahlen.html zuletzt am 12.06.2020.

Evangelische Bank (2018b): Verhaltenskodex, Kassel.

Evangelische Bank (2020a): Nachhaltigkeitsfilter, www.ewb.de, abgerufen unter https://www.eb.de/ueber-uns/nachhaltigkeit/oekonomische-verantwortung.html#parsys_textmitbild_1733964970 zuletzt am 09.09.2020.

Evangelische Bank (2020b): Zusammen Gutes tun, abgerufen unter https://www.zusammen-gutes-tun.de/, zuletzt am 09.09.2020.

Evangelische Bank (2019): Nachhaltigkeitsziele der Evangelischen Bank, vom 25.06.2019, abgerufen unter https://www.eb.de/ueber-uns/nachhaltigkeit/aktuelles-nachhaltigkeit.html zuletzt am 07.06.2020.

EZB [Europäische Zentralbank] (2018a): Leitfaden der EZB für den bankinternen Prozess zur Sicherstellung einer angemessenen Kapitalausstattung (Internal Capital Adequacy Assessment Process – ICAAP), November, Frankfurt a.M.

EZB [Europäische Zentralbank] (2018b): Leitfaden der EZB für den bankinternen Prozess zur Sicherstellung einer angemessenen Liquiditätsausstattung »(Internal Liquidity Adequacy Assessment Process – ILAAP)«, November. Frankfurt a.M.

EZB [Europäische Zentralbank] (2019): ECB Sensitivity analysis of Liquidity Risk – Stress Test 2019 (Methodological note), Frankfurt a.M.

EZB [Europäische Zentralbank] (2020a): Leitfaden zu Klima- und Umweltrisiken – Erwartungen der Aufsicht in Bezug auf Risikomanagement und Offenlegungen, November, Frankfurt a.M.

EZB [Europäische Zentralbank] (2020b): Leitfadens zu Klima- und Umweltrisiken, Entwurf zur Konsultation, Mai, Frankfurt a.M.

EZB [Europäische zentralbank] (2020c): List of supervised entities, 1. April 2020, abrufbar unter https://www.bankingsupervision.europa.eu/ecb/pub/pdf/ssm.listofsupervisedentities202005.en.pdf zuletzt am 01.11.2020.

EZB [Europäische Zentralbank] (2020d): Klimawandel und die EZB, abgerufen unter https://www.ecb.europa.eu/ecb/orga/climate/html/index.de.html am 30.10.2020.

EZB [Europäische Zentralbank] (2020e): ECB report on banks' ICAAP practices, ECB, August 2020, abrufbar unter https://www.bankingsupervision.europa.eu/ecb/pub/pdf/ssm.reportbanksicaappractices202007~fc93bf05d9.en.pdf, zuletzt am 19.11.2020.

EZB [Europäische Zentralbank] (2020f): Guide on Climate-related and Environmental Risks: Supervisory Expectations Relating to Risk management and Disclosure, Mai, abrufbar unter https://www.bankingsupervision.europa.eu/legalframework/publiccons/pdf/climate-related_risks/ssm.202005_draft_guide_on_climate-related_and_environmental_risks.en.pdf.

EZB [Europäische Zentralbank] (2020g): ECB staff macroeconomic projections for the euro area, September 2020, Frankfurt a. M.

Fabarius, W. (2016): Neuer Panamakanal forciert Marktdruck, in: Täglicher Hafenbericht, vom 1.11.2016, abgerufen unter https://www.thb.info/rubriken/single-view/news/neuer-panamakanal-forciert-marktdruck.html zuletzt am 01.12.2020.

Fahrion, G./Gebauer, M./Hipp, D./Neukirch R./Scheuermann, C./Schult, C./Wiedmann-Schmidt, W. (2020): Die Schuldfrage, in: Spiegel, Heft 20, 17–19.

Faiella, I./Natoli, F. (2018): Natural Catastrophes and Bank Lending: The Case of Flood Risk in Italy, Banca d'Italia Occasional Papers Nr. 457.

FARMS Initiative (2019): Industrial animal agriculture will place several of the UN Sustainable Development Goals out of reach, vom Juli 2019, abgerufen unter https://farms-initiative.com/wp-content/uploads/2019/07/UN-SDGS-AND-FARM-ANIMAL-WELFARE-JULY-2019-COPYRIGHT-FARMS-INITIATIVE.pdf zuletzt am 17.05.2020.

FAZ [Frankfurter Allgemeine Zeitung] (2019): Bundesbank will Stresstests zu Klimarisiken, vom 22.11.2019.

FAZIT Communication GmbH (2020): Corona – und dann?, 11.8.2020, abgerufen unter https://www.deutschland.de/de/topic/wissen/visionen-der-zeit-nach-corona-ein-portal-des-goethe-instituts zuletzt am 01.01.2021.

Fender, Ingo/Gyntelberg, Jacob (2008): BIZ Quartalsbericht Dezember 2008, S. 1 bis 29, Link: www.bis.org/publ/qtrpdf/r_qt0812a_de.pdf.

Feyen, E./Utz, R./Huertas, I./Bogdan, O./Moon, J. (2020): Macro-Financial Aspects of Climate Change, in: Policy Research Working Paper, 9109.

Fichter, K./Hintemann, R. (2015): Grundlagen des Innovationsmanagements, Oldenburg.

FIDES [fides Treuhand GmbH & Co. KG] (2020): Information 1/2017, abgerufen unter https://www.fides-online.de/themen/artikelarchiv/nichtfinanzielle-leistungsindikatoren-in-der-unternehmensberichterstattung zuletzt am 18.05.2020.

Fiebig, M. (2018): (Früh-)erkennung steuerungsrelevanter Kennzahlen auf Basis der Risikoinventur, in: Riediger, H. (Hrsg.), Risikoreporting, Heidelberg, S. 59–81.

LITERATURVERZEICHNIS

Fiebig, M./Heithecker, D. (2015): Ganzheitliche Risikoinventur in Spezialkreditinstitute, in: Janßen, S./Riediger, H. (Hrsg.): Praktikerhandbuch Risikoinventur, Heidelberg 2019, S. 189–236.

Fiebig, M./Heithecker, D. (2019): Ganzheitliche Risikoinventur in Spezialkreditinstituten, Seite 187–243, in: Janßen, S./Riediger, H. (Hrsg.): Praktikerhandbuch Risikoinventur, 2. Auflage, Finanz Colloquium Heidelberg, Heidelberg.

Figge, F./Hahn, T./Schaltegger, S./Wagner, M. (2001): Sustainability Balanced Scorecard. Wertorientiertes Nachhaltigkeitsmanagement mit der Balanced Scorecard, Lüneburg.

finep (forum für internationale entwicklung + planung] (2020): Die 17 Nachhaltigkeitsziele der Vereinten Nationen, abgerufen unter https://finep.org/sdg zuletzt am 28.09.2020.

FNG [Forum Nachhaltige Geldanlagen] (2013): Marktbericht Nachhaltiger Geldanlagen 2013. Deutschland, Österreich und die Schweiz, Berlin.

FNG [Forum Nachhaltige Geldanlagen] (2019): Marktbericht Nachhaltige Geldanlagen 2019 – Deutschland, Österreich und die Schweiz, Berlin.

FNG [Forum Nachhaltige Geldanlagen] (2020a): Marktbericht Nachhaltige Geldanlage 2020 – Deutschland, Österreich und die Schweiz, Berlin.

FNG [Forum Nachhaltige Geldanlagen] (2020b): Marktbericht Nachhaltige Geldanlagen 2020, Präsentation zum Webinar vom 8.6.2020, abruifbar unter https://www.forum-ng.org/images/Marktbericht_2020/FNG_2020_PPT2020-06-08-ONLINEVERSION.pdf zulett am 04.10.2020.

Focus (2019): Sonderveröffentlichung »wertvollste Unternehmen«, Heft 35, Relevante Seiten aufrufbar unter http://www.deutschlandtest.de/de/wp-content/uploads/DT-2019-Wertvollste-Unternehmen.pdf zuletzt am 22.10.2019.

Francazi, A. (2020): Zitate zum Nachdenken – Themen: Gedanken, Veränderung, abrufbar unter https://zitatezumnachdenken.com/albert-einstein/543 zuletzt am 01.01.2021.

Frey, D./Kastenmüller, A./Nikitopoulos, A./Peus, C./Weisweiler, S. (2010): Unternehmenserfolg durch ethikorientierte Unternehmens- und Mitarbeiterführung, in: Meier, U./Sill, B. (Hrsg.): Führung. Macht. Sinn, Friedrich Pustet: Regensburg, 2010, Seiten 637-656.

Friede, G./Busch, T./Bassen, A. (2015): ESG and financial performance. Aggregated evidence from more than 2000 empirical studies. In: Journal of sustainable finance & investment 5 (4), S. 210–233.

Friede, G./Busch, T./Bassen, A. (2015): ESG and financial performance: aggregated evidence from more than 2000 empirical studies, in: Journal of Sustainable Finance & Investment, 2015, Bd. 5, Nr. 4, S. 210-233.

Friede, G./Lewis, M./Bassen, A./Busch, T. (2015): ESG & Corporate Financial Performance: Mapping the global landscape, London.

Friesinger Bank (2020): Ernteversicherung, abgerufen unter https://www.fs-bank.de/versicherungen/versicherung_fk/versicherung-vorsorge/ernteversicherung.html zuletzt am 25.06.2020.

Fröhlich, L./Jacobi, J. (2016): »Beratungsprotokoll: Geeignetes Instrument zur Qualitätssteigerung der Anlageberatung bei Banken und Finanzdienstleistern«, BaFinJournal vom 15.03.2016, Link: https://www.bafin.de/SharedDocs/Veroeffentlichungen/DE/Fachartikel/2016/fa_bj_1603_beratungsprotokoll.html.

Frondel, M./Peters, J./Vance, C. (2009): Fuel Efficiency and Automobile Travel in Germany: Don't Forget the Rebound Effect!, in: Herring, H./ S. Sorrell (Hrsg.): Energy Efficiency and Sustainable Consumption. Palgrave Macmillan, London, S. 47-66.

FTSE Russell (2020): ESG Ratings and data model – Product Overview, abgerufen unter https://research.ftserussell.com/products/downloads/ESG-ratings-overview.pdf?_ga=2.26834427.797418644.1590239134-358837676.1590239134 zuletzt am 23.05.2020.

Fulterer, R. (2020): Die Coronakrise spart mehr CO2 als je zuvor, der Klimaschutz profitiert trotzdem nicht, in: www.nzz.ch, 05.05.2020, abrufbar unter https://www.nzz.ch/international/das-coronavirus-stoppt-den-klimawandel-nicht-ld.1553304 zuletzt am 21.06.2020.

G20 Green Finance Study Group (2016): Green Finance Synthesis Report.

gabler-banklexikon.de (2020): Green Bond, in Gabler Banklexikon, Bearbeitungsstand vom 04.03.2020, abgerufen unter https://www.gabler-banklexikon.de/definition/green-bond-99719 zuletzt am 14.04.2020.

gabler-banklexikon.de (2020a): Task Force on Climate-related Financial Disclosures (TCFD), in Gabler Banklexikon, Bearbeitungsstand vom 30.03.2020, abgerufen unter https://www.gabler-banklexikon.de/definition/task-force-climate-related-financial-disclosures-99720/version-376003 zuletzt am 12.06.2020.

GABV [Global Alliance for Banking on Values] (2020a): Member, September 2020, abrufbar unter http://www.gabv.org/the-community/members.

GABV [Global Alliance for Banking on Values] (2020b): About, Februar 2020, abrufbar unter http://www.gabv.org/about-us.

Gassmann, O./Frankenberger, K./Csik, M. (2017): Geschäftsmodelle entwickeln – 55 innovative Konzepte mit dem St. Galler Business Model Navigator, 2. überarbeitete und erweiterte Auflage, München.

LITERATURVERZEICHNIS

Gasunie, T. (2019): Infrastructure Outlook 2050 – A joint study by Gasunie and TenneT on integrated energy infrastructure in the Netherlands and Germany.

Gebhardt, C./Ringlstetter, M. (2010): »Corporate Social Responsibility« als Führungskonzept, in: Meier, U./Sill, B. (Hrsg.): Führung. Macht. Sinn, Friedrich Pustet: Regensburg, 2010, Seiten 236-248.

Geisel, A./Spieles, J. (2018): Eigenschaften von Green Bonds und ihre Bilanzierung nach IFRS, in: Recht der Finanzinstrumente, 2018, Bd. 8, Nr. 4, S. 328-335.

Germanwatch (2018): CO2-Preise: Frankreich zeigt, wie man es nicht machen sollte, in: germanwatch.org, 09.12.2018, abrufbar unter https://germanwatch.org/de/16093 zuletzt am 23.06.2020.

Gerstberger, B. (2017): Hoover Dam – Kampf um jeden Tropfen, in: GEO Magazin, Heft 4, abgerufen unter https://www.geo.de/magazine/geo-magazin/15996-bstr-kampf-um-jeden-tropfen zuletzt am 16.12.2020.

Giera, E./Holzgräfe, S.-M./Stolze, L. (2019): geschäftsmodelle und Digitalisierung in der Kundenanalyse, in: Heithecker, D./Tschuschke, D. (Hrsg.): Geschäftsmodellanalyse, 2. Auflage, Heidelberg, 2019, Seiten 262–286.

GIIN [Global Impact Investing Network] (2016): The Business Value of Impact Measurement. https://thegiin.org/assets/GIIN_ImpactMeasurementReport_webfile.pdf.

GIIN [Global Impact Investing Network] (2019a): Annual Investor Impact Survey 2019. https://thegiin.org/assets/GIIN_2019%20Annual%20Impact%20Investor%20Survey_webfile.pdf.

GIIN [Global Impact Investing Network] (2019b): Core Characteristics of Impact Investing, abrufbar unter https://thegiin.org/assets/Core%20Characteristics_webfile.pdf zuletzt am 04.10.2020.

GIIN [Global Impact Investing Network] (2020): What You Need to Know about Impact Investing, abrufbar unter https://thegiin.org/impact-investing/need-to-know/zuletzt am 04.10.2020.

Giuzio, M./Krusec, D./Levels, A./Melo, A./Mikkonnen, K./Radulova, P. (2019): Climate Change and Financial Stability, vom 29.05.2019, abgerufen unter https://www.ecb.europa.eu/pub/financial-stability/fsr/special/html/ecb.fsrart201905_1~47cf778cc1.en.html#toc1 zuletzt am 27.05.2020.

GIZ [Deutsche Gesellschaft für Internationale Zusammenarbeit] (2016): Ein Wegweiser für deutsche Unternehmer, Januar, abrufbar unter https://www.giz.de/de/downloads/neue-maerkte-bangladesh.pdf, zuletzt am 26.11.2020.

LITERATURVERZEICHNIS

Global Compact Netzwerk Deutschland (2020): United Nations Global Compact – Wir über uns, abgerufen unter https://www.globalcompact.de/de/ueber-uns/dgcn-ungc.php?navid=539859539859 zuletzt am 09.09.2020.

Global Footprint Network (2020): Was ist Ihr ökologischer Fußabdruck?, abgerufen unter https://www.footprintcalculator.org/zuletzt am 25.05.2020.

Glose, J. (2019): Warum Nestlé so unbeliebt ist, Handelsblatt.com, vom 05.10.2019, abgerufen unter https://orange.handelsblatt.com/artikel/40262 zuletzt am 16.12.2020.

GLS Bank (2018): Wirkungstransparenz, abgerufen unter https://blog.gls.de/schlagwort/wirkungstransparenz, zuletzt am 29.10.2020.

GLS Bank (2019): Anlage- und Finanzierungsgrundsätze, in Homepage der Bank, Bearbeitungsstand vom 11.07.2019, abgerufen unter www.gls.de zuletzt am 16.05.2020.

Golde, M. (2016): Rebound-Effekte: Empirische Ergebnisse und Handlungsstrategien, Umweltbundesamt.

Gore, A.A. (2017): Viele gute Leute sind in schlechten Systemen gefangen, klimaretter.info, 26. August 2017, abrufbar unter http://www.klimaretter.info/protest/hintergrund/23564-viele-gute-leute-sind-in-schlechten-systemen-gefangen zuletzt am 01.01.2021.

Gore, Al (2020): Wikiquote, Stand 31.12.2020, abgerufen unter https://en.wikiquote.org/w/index.php?title=Al_Gore&oldid=2910220 zuletzt am 01.01.2021.

Government Pension Investment Fund [GPIF] (2017): Results of ESG Index Selection, vom 03.07.2017, abgerufen unter https://www.gpif.go.jp/en/investment/pdf/ESG_indices_selected.pdf zuletzt am 23.05.2020.

Gramegna, P. (2020): On the path to a sustainable future, in: LEO Magazin Ambitions 2025 Shaping a sustainable future, Luxembourg Minister of Finance, January.

Gray, J./Ashburn, N./Douglas, H./Jeffers, J. (2015): Great Expectations: Mission Preservation and Financial Performance in Impact Investing, Technical Report, Wharton Social Impact Initiative.

Green and Sustainable Finance Cluster Germany/TCFD (2019a): Anwender-Guidance zu den TCFD Empfehlungen, vom August 2019, abgerufen unter https://gsfc-germany.com/wp-content/uploads/2019/08/190820_TCFD_Handreichungen_DE-1.pdf zuletzt am 22.05.2020.

Green and Sustainable Finance Cluster Germany/TCFD (2019b): Physische Klimarisiken – Betrachtungsmöglichkeiten für Banken und Asset Manager, vom August 2019, abgerufen unter https://gsfc-germany.com/wp-content/uploads/2019/08/190816_TCFD_Szenarioanalyse_PhysischeRisiken_DE.pdf zuletzt am 21.05.2020.

LITERATURVERZEICHNIS

Greenpeace USA (2020): Arctic Oil Drilling, abgerufen unter https://www.greenpeace.org/usa/arctic/issues/oil-drilling/zuletzt am 15.06.2020.

GRI [Global Reporting Initiative] (2013): G4 Sector disclosures – Financial Services, abgerufen unter https://www.globalreporting.org/Documents/ResourceArchives/GRI-G4-Financial-Services-Sector-Disclosures.pdf zuletzt am 19.05.2020.

GRI [Global Reporting Initiative] (2016a): GRI 101: Grundlagen 2016, Amsterdam.

GRI [Global Reporting Initiative] (2016b): GRI 102: Allgemeine Angaben 2016, Amsterdam.

GRI [Global Reporting Initiative] (2020a): Trademarks and Copyright, abgerufen unter https://www.globalreporting.org/trademarks-and-copyright/Pages/default.aspx zuletzt am 31.05.2020.

GRI [Global Reporting Initiative] (2020b): GRI Standards Download Center – Deutsche Übersetzungen (German translations), abgerufen unter https://www.globalreporting.org/standards/gri-standards-translations/gri-standards-german-translations-download-center zuletzt am 31.05.2020.

GRI [Global Reporting Initiative] (2020c): GRI-Standards – Deutsche Übersetzung, abgerufen unter https://www.globalreporting.org/how-to-use-the-gri-standards/gri-standards-german-translations/, zuletzt am 29.10.2020.

GRI [Global Reporting Initiative]/UNEP FI (2008): Sustainability Reporting Guidelines & Financial Services Sector Supplement, abgerufen unter https://www.unepfi.org/fileadmin/documents/gri_financial_services_supplement.pdf zuletzt am 19.05.2020.

GRI [Global Reporting Initiative]/UNGI [Unted Nations Global Impact]/wbcsd [World Business Council for Sustainable Development] (2020): SDG Compass – Inventory of Business Indicators, abgerufen unter https://sdgcompass.org/business-indicators/zuletzt am 24.05.2020.

GRI [Global Reporting Initiative]/UNGI [Unted Nations Global Impact]/wbcsd [World Business Council for Sustainable Development] (2015): SDG compass – The guide for business action on the SDGs, abgerufen unter https://sdgcompass.org/wp-content/uploads/2015/12/019104_SDG_Compass_Guide_2015.pdf zuletzt am 07.05.2020.

Gros, D./Lane, P./Langfield, S./Matikainen, S./Pagano, M./Schoenmaker, D./Suarez, G. (2016): Too Late, too Sudden: Transition to a Low-Carbon Economy and Systemic Risk, Reports of the ESRB Advisory Scientific Committee Nr 6.

Grün, A. (2006): Menschen führen – Leben wecken, dtv: München.

gsfc-germany [Green and Sustainable Finance Cluster Germany] (2018): Zukunft gestalten – grüne und nachhaltige Finanzierung in Deutschland, Frankfurt a.M.

Guin, B./Korhonen, P. (2020): Does Energy Efficiency Predict Mortgage Performance? Bank of England Staff Working Paper No. 852. https://www.bankofengland.co.uk/-/media/boe/files/working-paper/2020/does-energy-efficiency-predict-mortgage-performance.pdf.

Günther, S./Moriabadi, C./Schulte, J./Garz, H. (2012): Portfolio-Management, 5. Auflage, Frankfurt School: Frankfurt.

Gurria, A. (2020): An Inclusive, Green Recovery is Possible: The Time to Act is Now.

H4SF [Hub for Sustainable Finance] (2020): Zwischenbericht – Die Bedeutung einer nachhaltigen Finanzwirtschaft für die große Transformation, Berlin.

Haberkorn, T. (2018): Die Sintflut kommt, 4.11.2018, zeit online, zuletzt abgerufen unter https://www.zeit.de/kultur/2018-10/klimawandel-schuld-anerkennung-klimakrieg-weltklimakonferenz am 1-1-2021.

Hackenbroch, V./Zand, B. (2020): 21 Tage, in: Spiegel, Heft 20, Seiten 8–16.

Haderthauer, C. (2010): Erfolg hat kein Geschlecht, in: Meier, U./Sill, B. (Hrsg.): Führung. Macht. Sinn, Friedrich Pustet: Regensburg, 2010, Seiten 55–67.

Haimann, R. (2018): Immobilienexperten rufen Ende des Preisbooms aus, in: welt.de, 07.03.2018, abgerufen unter https://www.welt.de/finanzen/immobilien/article174276211/Immobilien-Investoren-fliehen-vor-dem-drohenden-Preisverfall.html zuletzt am 26.06.2020.

Handelsblatt (2019a): Frankreich plant Klima-Stresstest für Banken und Versicherer, vom 30.11.2019, abgerufen unter https://www.handelsblatt.com/finanzen/geldpolitik/notenbank-frankreich-plant-klima-stresstest-fuer-banken-und-versicherer/25286300.html?ticket=ST-2289216-f6pI9HjA3cRoSSjIRQt9-ap6 zuletzt am 05.04.2020.

Handelsblatt (2019b): Kartellamt verhängt Bußgeld von 646 Millionen Euro gegen Stahlkonzerne, handelsblatt.com, vom 12.12.2019, abrufbar unter https://www.handelsblatt.com/unternehmen/industrie/thyssen-krupp-voestalpine-salzgitter-kartellamt-verhaengt-bussgeld-von-646-millionen-euro-gegen-stahlkonzerne/25327062.html?ticket=ST-110979-EBe3FkshH5cBQI7cLZ9l-ap2 zuletzt am 22.06.2020.

Hannover Rück (2020): Emerging Risks, abrufbar unter https://www.hannover-rueck.de/74451/emerging-risks zuletzt am 29.03.2020.

Hannover.de (2020): CO2-Bilanz, www.hannover.de, Hannover.de Internet Gesellschaft mit beschränkter Haftung, abrufbar unter https://www.hanno-

LITERATURVERZEICHNIS

ver.de/Leben-in-der-Region-Hannover/Umwelt-Nachhaltigkeit/Klimaschutz-Energie/Akteure-und-Netzwerke/Klima-Allianz-Hannover/CO2-Emissionen-Hannover/CO2-Bilanz zuletzt am 01.01.2021.

Hannoversche Kassen (2020): Nachhaltigkeitsgrundsätze der Hannoverschen Kassen, vom 01.01.2019, abgerufen unter https://www.hannoversche-kassen.de/ueber-uns/publikationen/zuletzt am 12.04.2020.

Hänsel D./Schubring T./Kutscher S. (2019): Implementierung von ESG Strategien: Kennen Sie die Konsequenzen? vom Oktober 2019, abgerufen unter https://www.dws.com/de-de/loesungen/institutionelle-loesungen/esg-strategien-implementierung/, zuletzt am 16.04.2020.

Hartke, V. (2020): Nachhaltigkeit ist elementar für Geschäftsmodelle, vom 22.04.2020, abgerufen unter https://www.genossenschaftsverband.de/newsroom/magazin-genial/themen/aus-dem-verband/nachhaltigkeit-ist-elementar-fuer-geschaeftsmodelle/zuletzt am 19.05.2020.

Hartke, V. (2021): Banksteuerung und Nachhaltigkeitsrisiken – Herausforderungen für LSIs, in: ZfgK, Heft 3, S. 120–124.

Hartmann-Wendels, T./Pfingsten, A./Weber, M. (2019): Bankbetriebslehre, 7. Auflage, Berlin.

Harvey, A.C. (1978): The Estimation of Time-Varying Parameters from Panel Data, in: Annales d'Insee, 1978, Bd. 30/31, S. 203–226.

Hauer, M. (2019): »Ansatz mit EU-weiter Bedeutung« – Luxemburgs Aufsicht mit neuen Vorgaben für die Emission von grünen Pfandbriefen auf Gesetzesgrundlage, Börsenzeitung, Nr. 91, Interview von Johannsen, K.

Hauff, M./Kuhnke, C. (2017): Sustainable Development Policy. A European Perspective, Taylor and Francis: London.

Hauff, M./Schulz, R./Wagner, R. (2018): Deutschlands Nachhaltigkeitsstrategie, UVK Verlagsgesellschaft mbH: Konstanz, München.

Hauff, V. (1987): Unsere gemeinsame Zukunft, Eggenkamp Verlag: Greven.

Haug, M. (2016): Ausgestaltung einer Risikostrategie, Seite 137–157, in: Reuse, S. (Hrsg.): Praktikerhandbuch Risikotragfähigkeit, Finanz Colloquium Heidelberg, Heidelberg.

Hayne, M./Ralite, S./Thomä, J./Koopman, D. (2019): Factoring transition risks into regulatory stress-tests – The case for a standardized framework for climate stress testing and measuring impact tolerance to abrupt late and sudden economic decarbonization, in: ACRN Journal of Finance and Risk Perspectives, Vol. 8, S. 206–222.

Heck, H.D. (1982): Die Grenzen des Wachstums, 14. Aufl., Übersetzung, Stuttgart.

Hecking, C. (2020): Deutsche Bank will weitgehend aus Kohlegeschäft aussteigen, in: www.spiegel.de, vom 27.7.2020, abgerufen unter https://www.spiegel.de/wirtschaft/unternehmen/deutsche-bank-will-weitgehend-aus-kohlegeschaeft-aussteigen-a-2a3ebec2-e958-4367-a3b4-b3eb90d7466f zuletzt am 12.08.2020.

Hegeler, M./Heithecker, D. (2020): Offenlegungspflichten nach CRR, in: Wölfelschneider, M., Berhardt, C. (Hrsg.9): Handbuch Bankaufsichtliches Meldewesen, 3. Aufl., Finanz Colloquium Heidelberg, Heidelberg, S. 536–588.

Heinritzi, J. (2013): Was ist Fracking?, vom 06.02.2013, abgerufen unter https://www.focus.de/finanzen/news/kurz-erklaert-was-ist-fracking_aid_914220.html zuletzt am 15.06.2020.

Heithecker, D. (2007): Aufsichtsrechtliche Kreditportfoliomodelle: eine modelltheoretische Analyse der Kreditrisikomessung unter Basel II, dissertation.de: Berlin.

Heithecker, D. (2016): Der neue SREP – ein fokussierter Überblick, in: Igl, A., Heuter, H., Warnecke, S. (Hrsg.), Handbuch SREP, S. 11–76, Köln.

Heithecker, D. (2018b): Risikokonzentrationen bei Auslagerungen, in: BankPraktiker, Bd. 12, Nr. 10, S. 260–267.

Heithecker, D. (2018c): Weitere potenziell wichtige Risikoarten, in: Riediger, H. (Hrsg.): Risikoreporting, Heidelberg, S. 319–347.

Heithecker, D. (2019a): Umgang mit Modellrisiken, in: Janßen, S., Riediger, H. (Hrsg.): Praktikerhandbuch Risikoinventur, 2. Aufl., Heidelberg, S. 403–448.

Heithecker, D. (2019b): Umgang mit Modellrisiken, in: Janßen, S./Riediger, H. (Hrsg.): Praktikerhandbuch Risikoinventur, 2. Auflage, Heidelberg.

Heithecker, D. (2019c): Anforderungen an den Stresstest von operationellen Risiken, in: Geiersbach, K., Prasser, S. (Hrsg.): Praktikerhandbuch Stresstesting, 3. Aufl., Heidelberg, S. 262–315.

Heithecker, D. (2020a): Anforderungen an den Stresstest von operationellen Risiken, in: Geiersbach, K./Prasser, S. (Hrsg.): Stresstesting, 4. Auflage, Heidelberg, S. 262–315.

Heithecker, D. (2020b): Sonstige Risiken: Geschäftsrisiko zur Messung der Ertragsstabilität und Abbildung sonstiger Residualrisiken, in: Reuse, S. (Hrsg.): Praktikerhandbuch Risikotragfähigkeit, 3. Auflage, Heidelberg, 2020.

Heithecker, D. (2020c): Umgang mit Konzentrationsrisiken, in: Reuse, S. (Hrsg.): Praktikerhandbuch Risikotragfähigkeit, 3. Auflage, Heidelberg, 2020.

Heithecker, D./Hohe, S./Tschuschke, D. (2014): Messung von Ertragsrisiken, in: BankPraktiker, Nr. 4, S. 122–129.

Heithecker, D./Tschuschke, D. (2015): Relevanz von Modellrisiken und Einbindung in die Risikotragfähigkeit, in: Heithecker, D./Tschuschke, D. (Hrsg.): Management von Modellrisiken, Heidelberg, 2015, S. 62–103.

LITERATURVERZEICHNIS

Heithecker, D./Tschuschke, D. (2018): Management von Kreditrisikokonzentrationen auf Portfolioebene, in: Heithecker, D./Tschuschke, D. (Hrsg.): Management von Risikokonzentrationen, 2. Aufl., Heidelberg, 2018, S. 221–286.

Heithecker, D./Tschuschke, D. (2019): Bedeutung von Erträgen und Ertrags-Volatilitäten, in: Heithecker, D./Tschuschke, D. (Hrsg.): Geschäftsmodellanalyse, 2. Auflage, Heidelberg, S. 409–474.

Heithecker, D./Tschuschke, D. (2020): Sonstige Risiken: Geschäftsrisiko zur Messung der Ertragsstabilität und Abbildung sonstiger Risiken, in: Reuse (Hrsg.): Risikotragfähigkeit, 3. Auflage, S. 882 bis 942, Heidelberg.

Henisz, W./Koller, T./Nuttall, R. (2019): Five ways that ESG creates value, in: McKinsey Quarterly, November.

Hery-Moßmann, N. (2018): Nestlé und Wasser: Was Sie darüber wissen sollten, Focus Online, vom 07.09.2018, abgerufen unter https://praxistipps.focus.de/nestle-und-wasser-was-sie-darueber-wissen-sollten_103813 zuletzt am 16.12.2020.

HGB [Handelsgesetzbuch] (2020): Handelsgesetzbuch in der im Bundesgesetzblatt Teil III, Gliederungsnummer 4100-1, veröffentlichten bereinigten Fassung, das zuletzt durch Artikel 1 des Gesetzes vom 12. August 2020 (BGBl. I S. 1874) geändert worden ist, Berlin.

Hipp, C. (2010): Dafür stehe ich mit meinem Namen, in: Meier, U./Sill, B. (Hrsg.): Führung. Macht. Sinn, Friedrich Pustet: Regensburg, 2010, Seiten 126–133.

Höfling. H./Börner, M./Dangelmaier, U. (2020): Die Sustainable Development Goals – SDG-Berichterstattung bei Banken, vom 20.09.2019, abgerufen unter https://www.kfw.de/PDF/Download-Center/Konzernthemen/Research/PDF-Dokumente-Fokus-Volkswirtschaft/Fokus-2019/Fokus-Nr.-267-September-2019-SDGs.pdf zuletzt am 01.06.2020.

Holle, L. (2019): Sustainable Finance auf globaler, europäischer und nationaler Ebene. Eine Einschätzung des Bundesministeriums der Finanzen, in: BaFin Perspektiven, 2019, Nr. 2, S. 11–16.

Höppe, P. (2019): Klimakrise: Status der globalen Erwärmung, Herausforderungen für Politik, Gesellschaft und (Finanz-)Wirtschaft, Präsentation auf der Fachtagung der Carbon Risk Management & Financed Emissions, 2. Juli 2019, Frankfurt.

Hristov, I./Chirico, A. (2019): The Role of Sustainability Key Performance Indicators (KPIs) in Implementing Sustainable Strategies, in: Sustainability 11, 5742. https://doi:10.3390/su11205742.

HSBC (2013): Oil & carbon revisited – Value at risk from unburnable reserves, in: Oil & Gas/Climate Change – Europe, January 25.

Huang, B./Punzi, M./Wu, Y. (2019): Do Banks Price Environmental Risk? Evidence from a Quasi Natural Experiment in the People's Republic of China, in: ADBI Working Paper Series, No. 974.

Huber, B./Comstock, M. (2017): ESG Reports and Ratings: What They Are, Why They Matter, vom July 2017, abgerufen unter https://corpgov.law.harvard.edu/2017/07/27/esg-reports-and-ratings-what-they-are-why-they-matter/#1b.

Hübner, G. (2017): In diesen Branchen könnten die Gewinne dramatisch einbrechen, Finanzen100.de, 9.11.2017, abrufbar unter https://www.finanzen100.de/finanznachrichten/wirtschaft/klimaschutz-in-diesen-branchen-koennten-die-gewinne-dramatisch-einbrechen_H514013160_502705/ zuletzt am 30.10.2020.

Huck, W. (2018): Horizontale und vertikale Wirkungen der Nachhaltigkeitsziele der Vereinten Nationen im System des Rechts, in: Michalke, A./Rambke, M./Zeranski, S. (Hrsg.): Vernetztes Risiko- und Nachhaltigkeitsmanagement, Springer: Wiesbaden, 2018, Seiten 67–74.

Hühn, H./Le Guenedal, T./Roncalli, T. (2019): Der Performancebeitrag von ESG in aktiven und passiven Aktienstrategien, in: Absolut impact, 2019, Nr. 2, S. 44-49.

IAASB [International Auditing and Aussurance Board (2020): The Consideration of Climate-Related Risks in an Audit of Financial Statement, New York.

IAO [Internationale Arbeitsorganisation] (1998): Erklärung der IAO über grundlegende Prinzipien und Rechte bei der Arbeit und ihre Folgemaßnahmen, Genf.

ICCP [IBS Center for Climate Physics] (2019): Special Report: Special Report on the Ocean and Cryosphere in a Changing Climate, ICCP, 25.09.2019, abrufbar unter https://www.de-ipcc.de/252.php, zuletzt am 26.11.2020.

ICMA [International Capital Market Association] (2014): Green Bond Principles Governance Established, vom 14.04.2014, abgerufen unter https://www.icmagroup.org/assets/documents/Regulatory/Green-Bonds/Green%20Bonds%20Principles%20Governance%20Press%20Release_14Apr%20final.pdf zuletzt am 28.05.2020.

ICMA [International Capital Market Association] (2018a): ICMA Green Bond Principles 2018, veröffentlicht auf https://www.icmagroup.org/green-social-and-sustainability-bonds/green-bond-principles-gbp/, zuletzt abgerufen am 13.04.2020.

ICMA [International Capital Market Association] (2018b): Die Green Bond Principles 2018, Juni, abgerufen unter https://www.icmagroup.org/green-social-and-sustainability-bonds/green-bond-principles-gbp/#translations zuletzt am 15.04.2020.

ICMA [International Capital Market Association] (2019): Green, Social & Sustainability Bonds: A high-level Mapping to the Sustainable Development Goals, vom 10.06.2019, abgerufen unter https://www.icmagroup.org/assets/documents/Regulatory/Green-Bonds/June-2019/Mapping-SDGs-to-Green-Social-and-Sustainability-Bonds06-2019-100619.pdf zuletzt am 29.05.2020.

ICMA [International Capital Market Association] (2020a): Green Bond Principles, vom 01.06.2018, abgerufen unter https://www.icmagroup.org/green-social-and-sustainability-bonds/zuletzt am 12.06.2020.

ICMA [International Capital Market Association] (2020b): Handbook Harmonized Framework for Impact Reporting, April.

ICMA [International Capital Market Association] (2020c): Green and Social Bond Principles with ICMA underline relevance of Social Bonds in addressing COVID-19 crisis and provide additional guidance, vom 31.03.2020, abgerufen unter https://www.icmagroup.org/News/news-in-brief/green-and-social-bond-principles-with-icma-underline-relevance-of-social-bonds-in-addressing-covid-19-crisis-and-provide-additional-guidance/zuletzt am 20.04.2020.

IDD [Insurance Distribution Directive, Europäische Union] (2017): Delegierte Verordnung (EU) 2017/2359 der Kommission vom 21. September 2017 zur Ergänzung der Richtlinie (EU) 2016/97 des Europäischen Parlaments und des Rates in Bezug auf die für den Vertrieb von Versicherungsanlageprodukten geltenden Informationspflichten und Wohlverhaltensregeln, Brüssel.

IDW [Institut der Wirtschaftsprüfer in Deutschland e.V.] (2002): Prüfung der Adressenausfallrisiken und des Kreditgeschäfts von Kreditinstituten (IDW PS 522), Düsseldorf.

IDW [Institut der Wirtschaftsprüfer in Deutschland e.V.] (2005): Kenntnisse über die Geschäftstätigkeit sowie das wirtschaftliche und rechtliche Umfeld des zu prüfenden Unternehmens im Rahmen der Abschlussprüfung (IDW PS 230), Düsseldorf.

IDW [Institut der Wirtschaftsprüfer in Deutschland e.V.] (2005):Kenntnisse über die Geschäftstätigkeit sowie das wirtschaftliche und rechtliche Umfeld des zu prüfenden Unternehmens im Rahmen der Abschlussprüfung (IDW PS 230), Düsseldorf.

IDW [Institut der Wirtschaftsprüfer in Deutschland e.V.] (2010): Die Beurteilung des Risikomanagements von Kreditinstituten im Rahmen der Abschlussprüfung (IDW PS 525), Düsseldorf.

IDW [Institut der Wirtschaftsprüfer in Deutschland e.V.] (2010): Grundsätze der Planung von Abschlussprüfungen (IDW PS 240), Düsseldorf.

IDW [Institut der Wirtschaftsprüfer in Deutschland e.V.] (2015a): Rechnungslegungs- und Prüfungsgrundsätze für die Abschlussprüfung (IDW PS 201), Düsseldorf.

IDW [Institut der Wirtschaftsprüfer in Deutschland e.V.] (2015b): Ziele und allgemeine Grundsätze der Durchführung von Abschlußprüfungen (IDW PS 200), Düsseldorf.

IDW [Institut der Wirtschaftsprüfer in Deutschland e.V.] (2017a): Prüfung des Lageberichts im Rahmen der Abschlussprüfung (IDW PS 350 n.F.), Düsseldorf.

IDW [Institut der Wirtschaftsprüfer in Deutschland e.V.] (2017b): Feststellung und Beurteilung von Fehlerrisiken und Reaktionen des Abschlussprüfers auf die beurteilten Fehlerrisiken (IDW PS 261 n.F.), Düsseldorf.

IDW [Institut der Wirtschaftsprüfer in Deutschland e.V.] (2018): Die Beurteilung der Fortführung der Unternehmenstätigkeit im Rahmen der Abschlussprüfung (IDW PS 270 n.F.), Düsseldorf.

IDW [Institut der Wirtschaftsprüfer in Deutschland e.V.] (2020c): Sustainable Finance als Teil der nachhaltigen Transformation, Auswirkungen auf Kreditinstitute, Düsseldorf.

IDW [Institut der Wirtschaftsprüfer in Deutschland e.V.] (2020d): Die Behandlung der nichtfinanziellen Berichterstattung nach §§ 289b bis 289e, 315b und 315c HGB durch den Abschlussprüfer (Einordnung und Berichterstattung) (IDW PH 9.350.2), Düsseldorf.

IDW [Institut der Wirtschaftsprüfer] (2020a): IDW Positionspapier Pflichten und Zweifelsfragen zur nichtfinanziellen Erklärung als Bestandteil der Unternehmensführung, vom 14.06.2017, abgerufen unter https://www.idw.de/blob/101498/30d545b52d2fcc5d71a71035b8336a70/down-positionspapier-nachhaltigkeit-nichtfinanzielle-erklaerung-data.pdf, zuletzt am 26.05.2020.

IDW [Institut der Wirtschaftsprüfer] (2020b): IDW Positionspapier – Zukunft der nichtfinanziellen Berichterstattung und deren Prüfung, Stand: 16.10.2020.

IFC [International Finance Corporation] (2007): Stakeholder Engagement: A good practice Handbook for Companies Doing Business in Emerging Markets, vom Mai 2007, abgerufen unter https://www.ifc.org/wps/wcm/connect/affbc005-2569-4e58-9962-280c483baa12/IFC_StakeholderEngagement.pdf?MOD=AJPERES&CVID=jkD13-p zuletzt am 15.05.2020.

IFC [International Finance Corporation] (2019): Investing for Impact: Operating Principles for Impact Management.

LITERATURVERZEICHNIS

https://www.ifc.org/wps/wcm/connect/Topics_Ext_Content/IFC_External_Corporate_Site/Impact-investing/Principles/Operating-principles.

Ifo Institut (2020): Branchenatlas, in: www.ifo.de, abgerufen unter https://www.ifo.de/branchenatlas zuletzt am 12.08.2020.

IFRS-Foundation (2019): IFRS® Standards and climate-related disclosures, London.

IFRS-Foundation (2020): Effects of climate-related matters on financial statements, London.

Imug (2018): Vigeo Eiris Nachhaltigkeitsratings (2018), abgerufen unter https://www.imug.de/imug-rating/esg-datenbank-mit-globaler-coverage zuletzt am 15.06.2020.

inmug (2019): Stresstest Nachhaltigkeit – Wie gut sind die 25 größten deutschen Banken? in: inmug Impuls 2019, Hannover.

Institutional Money (2018): Fidelity-Studie: Nachhaltige Unternehmen sind die besseren Schuldner, vom 17.07.2018, abgerufen unter https://www.institutional-money.com/news/theorie/headline/fidelity-studie-nachhaltige-unternehmen-sind-die-besseren-schuldner-145144/zuletzt am 15.06.2020.

InstitutsVergV [Bundesrepublik Deutschland] (2019): Verordnung über die aufsichtsrechtlichen Anforderungen an Vergütungssysteme von Instituten (Institutsvergütungsverordnung – InstitutsVergV), V. v. 16.12.2013 BGBl. I S. 4270 (Nr. 74), zuletzt geändert durch Artikel 1 V. v. 15.04.2019 BGBl. I S. 486 Geltung ab 01.01.2014, FNA: 7610-2-43.

International Energy Agency (2020): Special Report on Carbon Capture Utilisation and Storage: CCUS in clean energy transitions, Eigenverlag: Paris.

International Renewable Energy Agency [IRENA] (2017): Stranded Assets and Renewables: How the Energy Transition Affects the Value of Energy Reserves, Buildings and Capital Stock.

International Renewable Energy Agency [IRENA] (2019): Global Energy Transformation – A Roadmap to 2050, vom April 2019, abgerufen unter https://www.irena.org/-/media/Files/IRENA/Agency/Publication/2019/Apr/IRENA_GET_REmap_pathway_2019.pdf zuletzt am 14.04.2020.

International Union for Conservation of Nature (2017): Issue Brief: The Ocean and Climate Change, Gland (Schweiz).

Intesa Sanpaolo (2019): Basel 3 Pillar 3 Disclosure as at 31 December 2018, abrufbar unter https://group.intesasanpaolo.com/content/dam/portal-group/repository-documenti/investor-relations/Contenuti/RISORSE/Documenti%20PDF/en_governance/CNT-05-000000052F43F.pdf zuletzt am 29.03.2020.

IÖW [Institut für ökologische Wirtschaftsforschung GmbH] (2020): Wir bewerten Nachhaltigkeitsberichte von Unternehmen – seit 1994„ abgerufen unter https://www.ranking-nachhaltigkeitsberichte.de/zuletzt am 14.05.2020.

ipbes (2019): The global assessment report on biodiversity and ecosystem services, Bonn.

IPCC [Intergovernmental Panel on Climate Change] (2014): Climate Change 2014: Synthesis Report. Contribution of Working Groups I, II and III to the Fifth Assessment Report of the Intergovernmental Panel on Climate Change., IPCC: Genf.

IPCC [Intergovernmental Panel on Climate Change] (2016): Klimaänderung 2013/2014: Zusammenfassungen für politische Entscheidungsträger. Beiträge der drei Arbeitsgruppen zum Fünften Sachstandsbericht des Zwischenstaatlichen Ausschusses für Klimaänderungen (IPCC). Deutsche Übersetzungen durch Deutsche IPCC-Koordinierungsstelle, Österreichisches Umweltbundesamt, ProClim, Bonn, Wien, Bern.

IPCC [Intergovernmental Panel on Climate Change] (2018): Global Warming of 1.5 degree Celsius, Chapter 2: Mitigation Pathways Compatible with 1.5°C in the Context of Sustainable Development, vom Oktober 2018, abgerufen unter https://www.ipcc.ch/site/assets/uploads/sites/2/2019/05/SR15_Chapter2_Low_Res.pdf zuletzt am 19.05.2020.

IPCC [Intergovernmental Panel on Climate Change] (2019a): Global warming of 1.5°C: An IPCC Special Report on the Impacts of Global Warming of 1.5°C above Pre-Industrial Levels and Related Global Greenhouse Gas Emission Pathways.

IPCC [Intergovernmental Panel on Climate Change] (2019b): Kernbotschaften des IPCC-Sonderberichts über 1,5 °C globale Erwärmungzur Verbreitung in der Öffentlichkeit, Climate Change, Heft 34, Dokumentation des UBA-Webinars für Multiplikatoren vom 05. April 2019.

ISO [International Organisation of Standardization] (2018): ISO Focus: Climate action, vom Mai 2018, abgerufen unter https://www.iso.org/files/live/sites/isoorg/files/news/magazine/ISOfocus%20(2013-NOW)/en/2018/ISOfocus_128/ISOfocus_128_en.pdf zuletzt am 04.06.2020.

ISS ESG (2020): ESG Corporate Rating, abgerufen unter https://www.iss-governance.com/esg/ratings/zuletzt am 27.05.2020.

IWF [Internationaler Währungsfonds] (2019): Global Financial Stability Report October 2019, abgerufen unter https://www.imf.org/en/Publications/GFSR/Issues/2019/10/01/global-financial-stability-report-october-2019 zuletzt am 08.04.2020.

LITERATURVERZEICHNIS

Jans, T. (2020): Greenwashing – Die dunkle Seite der CSR, vom 01.11.2018, Reset Digital for Good, abgerufen unter https://reset.org/knowledge/greenwashing-%E2%80%93-die-dunkle-seite-der-csr zuletzt am 19.05.2020.

Johannsen, K. (2018): Luxemburg bringt grünes Bondgesetz, in: Börsen-Zeitung, Serie »der Finanzsektir wird grüner«, vom 11.1.2018.

Johannsen, K. (2020): Green-Bond-Welle, in: Börsen-Zeitung, 2020, Nr. 186, S. 1.

Johanson, H. J./McHugh, P./Pendlebury, A. J./Wheeler, W.A. (1993): Business process reengineering: breakpoint strategies for market dominance, John Wiley & Sons: New York.

Jorberg, T. (2020): »Der Klimawandel könnte die Ursache der nächsten systemischen Finanzkrise sein«, Interview, in: bank und markt, 2020, Nr. 3, S. 16–18.

Kaiser, S. (2010): Herausforderungen der Verankerung von Führungsverantwortung im wirtschaftswissenschaftlichen Studium, in: Meier, U./Sill, B. (Hrsg.): Führung. Macht. Sinn, Friedrich Pustet: Regensburg, 2010, Seiten 249–261.

Kapraun, J./Scheins, C. (2019): (In)-Credibly Green: Which Bonds Trade at a Green Bond Premium?, vom Oktober 2019, abgerufen unter https://pdfs.semanticscholar.org/4bc4/bfd7e1f05f7 eeed7d4b19c23ff32a98bf78d.pdf?_ga=2.205737811.1529804093.1591218244 -1650724904.1591218244 zuletzt am 01.06.2020.

Kauffmann, C./Tébar Less, C./Teichmann, D. (2012): Corporate Greenhouse Gas Emission Reporting: A Stocktaking of Government Schemes, ECD Working Papers on International Investment, 2012/01, OECD Publishing, abrufbar unter http://dx.doi.org/10.1787/5k97g3x674lq-en zuletzt am 30.12.2020.

Kemfert, C./Schmalz, S. (2016): Politische Einflussmöglichkeiten auf die Entwicklung nachhaltiger Geldanlagen: Herausforderungen der Implementierung, Berlin.

Kempfert, C./Schmalz, S. (2019): Sustainable Finance: political challenges of development and implementation of framework conditions, AIMS Green Finance, http://www.aimspress.com/journal/GF.

KfW [Kreditanstalt für Wiederaufbau] (2019a): Biologische Vielfalt – Warum sie so wichtig ist, KfW Research Fokus Volkswirtschaft, Frankfurt a.M.

KfW [Kreditanstalt für Wiederaufbau] (2019b): Circular Economy als Schlüssel für nachhaltiges Wirtschaften und Ressourcensicherheit, KfW Research Fokus Volkswirtschaft, Frankfurt a.M.

KfW [Kreditanstalt für Wiederaufbau] (2019c): Inlandsförderung, in Energieeffizient sanieren, Bearbeitungsstand vom 11.07.2019, abgerufen unter https://www.kfw.de/inlandsfoerderung/Privatpersonen/Bestandsimmobilie/Energieeffizient-Sanieren/Das-KfW-Effizienzhaus/ zuletzt am 16.05.2020.

KfW [Kreditanstalt für Wiederaufbau] (2019d): Nachhaltigkeitsleitbild der KfW Bankengruppe, vom 05.02.2019, abgerufen unter https://www.kfw.de/nachhaltigkeit/KfW-Konzern/Nachhaltigkeit/Strategie-Management/Nachhaltigkeitsleitbild-und-Richtlinien/ zuletzt am 07.06.2020.

KfW [Kreditanstalt für Wiederaufbau] (2020a): Unsere Bewertungskriterien, abgerufen unter https://www.kfw-entwicklungsbank.de/Internationale-Finanzierung/KfW-Entwicklungsbank/Evaluierungen/Bewertungskriterien/ zuletzt am 13.12.2020.

KfW [Kreditanstalt für Wiederaufbau] (2020b): Nachhaltigkeitsleitbild der KfW-Bankengruppe.

KfW [Kreditanstalt für Wiederaufbau] (2020c): KfW legt SDG-Mapping ihrer Neuzusagen 2019 vor, vom 09.03.2020, abgerufen unter https://www.kfw.de/KfW-Konzern/Newsroom/Aktuelles/Pressemitteilungen-Details_571521.html zuletzt am 28.06.2020.

KIK [KiK Textilien und Non-Food GmbH] (2020): Nachhaltigkeitsbericht 2019, KIK, 29.01.2020, abrufbar unter https://www.kik.de/unternehmen/wp-content/uploads/2020/03/KiK_NHB_2019.pdf, zuletzt am 26.11.2020.

Klopf, G. (2016): Kapitel 1: Überblick aus Sicht der Aufsicht. In: Kasprowicz, T. J. & Klopf, G. (Hrsg.): Neue regulatorische Offenlegungspflichten für Kreditinstitute: Qualitative und quantitative CRR-Vorgaben. Umsetzungshinweise. Prüfung. Finanz Colloquium Heidelberg GmbH, 2. Auflage, S. 3-10. Heidelberg.

Knight, F. H. (1921): Risk, Uncertainty and Profit. Houghton Mifflin.

Koerth, K. (2020): Welche Branchen unter Corona leiden – und welche profitieren, in: www.spiegel.de, vom 12.3.2020, abgerufen unter https://www.spiegel.de/wirtschaft/unternehmen/coronavirus-die-gewinner-und-verlierer-der-coronakrise-a-7a312bf6-896b-442d-b0f5-de9198e58818 zuletzt am 12.8.2020.

Koetter, M./Noth, F./Rehbein, O. (2016): Borrowers Under Water! Rare Disasters, Regional Banks, and Recovery Lending, in: IWH Discussion Papers, Vol. 31.

Kögler, A./Paulus, S. (2020): Conti und Lanxess setzen auf ESG-linked Loans, vom 04.12.2019, abgerufen unter https://www.dertreasurer.de/news/finanzierung-corporate-finance/conti-und-lanxess-setzen-auf-esg-linked-loans-2011641/ zuletzt am 12.06.2020.

LITERATURVERZEICHNIS

Köpcke, M. (2016): 138.000 Tote und 10 Millionen Obdachlose, www.deutschlandfunk.de, 29.04.2016, abrufbar unter https://www.deutschlandfunk.de/vor-25-jahren-bangladesch-zyklon-138-000-tote-und-10.871.de.html?dram:article_id=352593, zuletzt am 17.11.2020.

Köß, H. (2010): Globale Entwicklung und Option für die Armen, in: Heimbach-Steins, M. (Hrsg.): Christliche Sozialethik: Ein Lehrbuch 2, Friedrich Pustet: Regensburg, 2010.

Köster, V. (2018): Auslagerungen & Dienstleistersteuerung: Riediger (Hrsg.): 1. Auflage, Heidelberg, 2018, Seiten 55–70.

Kothari, S.P. (2020): DERA Economic and Risk Outlook, U.S. Securities and Excheange Commission, 23.04.2020.

KPMG (2019): Sustainable finance it´s decision time, Luxemburg.

KPMG (2020a): Aufruf der BaFin zu nachhaltiger Finanzwirtschaft: Implikationen und Handlungsempfehlungen, 16.10.2019, abgerufen unter https://home.kpmg/de/de/home/themen/2019/10/aufruf-der-bafin-zu-nachhaltiger-finanzwirtschaft.html am 30.10.2020.

KPMG (2020b): ESG-Risiken bei Banken, Frankfurt, München.

Krebbers A. (2019): Greeniums and »Halo« effect – green bonds make financial sense, NatWest Markets, vom April 2019, abgerufen unter https://www.nwm.com/content/dam/natwestmarkets_com/News-and-Insight/greeniums-and-halo-effect.pdf zuletzt am 01.06.2020.

Kreyenberg, D. (2016): Fahrzeugantriebe für die Elektromobilität, Wiesbaden.

Krol (2020): Machen erneuerbare Energien die Welt friedlicher?, in: Zeitfragen unter www. Deutschlandfunk.de, 26.05.2020, abrufbar unter https://www.deutschlandfunkkultur.de/geopolitik-und-energiewende-machen-erneuerbare-energien-die.976.de.html?dram:article_id=477383 zuletzt am 25.06.2020.

Kropp, S.A. (2016): Hochwasserrisiko und Immobilienwert, Bonn.

Kruse, W. (2012): Industrialisierung und moderne Gesellschaft, 27.09.2012, Bundeszentrale für ppolitische Bildung, abgerufen unter https://www.bpb.de/geschichte/deutsche-geschichte/kaiserreich/139649/industrialisierung-und-moderne-gesellschaft am 01.01.2021.

Kuhlmann, S./Haug, K. (2016): »Da ist schon einiges vorangekommen«, in: www.deutschlandfunk.de, vom 16.11.2016, abgerufen unter tps://www.deutschlandfunk.de/us-klimapolitik-unter-obama-da-ist-schon-einiges.697.de.html?dram:article_id=371529 zuletzt am 23.06.2020.

Kupper, M. (2020): Nachhaltigkeit ist größtes Regulierungsprojekt der nächsten Jahre, vom 30.03.2020, abgerufen unter https://www.bvi.de/aktuelles/detail/news/nachhaltigkeit-ist-groesstes-regulierungsprojekt-der-naechsten-jahre/, zuletzt am 16.04.2020.

Kurspahic, L. (2012): Mikrokredite im Rahmen der Oikocredit-Initiative, Magisterarbeit an der Universität Wien, abrufbar unter http://othes.univie.ac.at/18530/ zuletzt am 05.01.2020.

Kwon T./Paetzold F. (2019): Sustainable Investing Capabilities of Private Banks Report #3: Assessment of 20 European Private Banks, Zürich.

Landesregierung Baden-Württemberg (2020): N! – Nachhaltig Handeln Baden-Württemberg, abgerufen unter https://www.nachhaltigkeitsstrategie.de, zuletzt am 29.10.2020.

Larcker, D. F./Watts, E. M. (2019): Where is the Greenium?, Rock Center for Corporate Governance at Stanford University Working Paper No. 239, vom 18.03.2019, abgerufen unter https://corpgov.law.harvard.edu/2019/03/18/wheres-the-greenium/ zuletzt am 01.06.2020.

Larry, L. (2020): A Fundamental Reshaping of Finance, in: CEO Letter, 2020, S. 1.

Lazzarini, S.G. (2018): The Measurement of Social Impact and Opportunities for Research in Business Administration, in: RAUSP Management Journal 53, S. 134-137. https://doi.org/10.1016/j.rauspm.2017.12.010.

LBBW [Landesbank Baden-Württemberg] (2020): Glücksritter des Klimawandels, abgerufen unter https://www.lbbw.de/artikelseite/maerkte-verstehen/stranded-assets_97bqt59jg_d.html zuletzt am 06.12.2020.

Leahy, S. (2017): Wissenschaftler empfiehlt Klima-Klagen gegen Unternehmen und Regierungen, in: www.nationalgeographic.de, 13.11.2017, abrufbar unter https://www.nationalgeographic.de/umwelt/2017/11/wissenschaftler-empfiehlt-klima-klagen-gegen-unternehmen-und-regierungen zuletzt am 25.06.2020.

Lederer, D. (2020): Wandel der Tönnies-Schlächter? Nicht unter dieser Führung, 27. Juni 2020, eingesehen unter https://www.dieter-lederer.com/blog-wandel-der-toennies-schlaechter-nicht-unter-dieser-fuehrung/ zuletzt am 20.12.2020.

Leidholdt, U. (2016): Erfolge gegen den steigenden Meeresspiegel, www.deutschlandfunkkultur.de, 24.05.2016, abrufbar unter https://www.deutschlandfunkkultur.de/hochwasserschutz-in-bangladesch-erfolge-gegen-den.979.de.html?dram:article_id=355087, zuletzt am 17.11.2020.

Leistenschneider, A./Gauthier, N. [DG-MS IV/MSD European Central Bank] (2020): Industry Dialogue on SSM Priorities, Item 6, ICAAP & ILAAP and further integration into SREP, 28 January 2020, Frankfurt a.M.

Lenton, T. M./Rockström, J./Gaffney, O./Rahmstorf, S./Richardson, K./Steffen, W./Schellnhuber, H.-J. (2019): Climate tipping points – too risky to bet against, in: Nature, 575, S. 592 – 595, abrufbar unter https://www.nature.com/articles/d41586-019-03595-0 zuletzt am 07.08.2020.

Leubecker, M. (2013): 50 Jahre Bandsalat – einmal zurückgespult, Welt, vom 27.08.2013, abgerufen unter https://www.welt.de/print/die_welt/wirtschaft/article119411672/50-Jahre-Bandsalat-einmal-zurueckgespult.html zuletzt am 06.12.2020.

Leuphana Universität (2020): Master Studienangebot Nachhaltigkeitswissenschaft, abgerufen unter https://www.leuphana.de/graduate-school/master/studienangebot/nachhaltigkeitswissenschaft.html zuletzt am 15.06.2020.

Levy, J./Jacobs, R. (2019): Die fünf Bausteine eines effektiven Impact-Managements, Franklin Templeton, com 5.8.2019, abrufbar unter https://global.beyondbullsandbears.com/de/2019/08/05/die-fuenf-bausteine-eines-effektiven-impact-managements/zuletzt am 04.10.2020.

Lexikon der Nachhaltigkeit (2015): Weltkommission für Umwelt und Entwicklung (Brundtland Bericht | Brundtland Report), abgerufen unter https://redaktion.nachhaltigkeit.info/artikel/brundtland_report_1987_728.htm zuletzt am 26.11.2020.

Lieberman, A. (2020): Despite pandemic slowdown, climate change continues to worsen, vom 10.09.2020, abgerufen unter https://www.devex.com/news/despite-pandemic-slowdown-climate-change-continues-to-worsen-98053 zuletzt am 10.12.2020.

Liebert, H. (2018): Die »neue« Datenschutz-Grundverordnung – Wesentliche Ziele und Grundsätze der DSGVO, oncampus.de, vom 24.7.2018, abrufbar unter https://www.oncampus.de/blog/2018/07/24/die-neue-datenschutz-grundverordnung-wesentliche-ziele-und-grundsaetze-der-dsgvo/zuletzt am 17.06.2009.

Lindner, M./Schuster, A. (2018): Zehn Fakten zum Klimawandel, 03.12.2019, zeit online, abgerufen unter https://www.zeit.de/wissen/umwelt/2018-11/klimagipfel-in-katowice-klimawandel-fakten-mythen-globale-erwaermung-wissenschaft zuletzt am 01.01.2021.

LMA [Loan Market Associatio] (2020): Sustainability Linked Loans Principles, vom 02.05.2020, abgerufen unter https://www.lma.eu.com/application/files/5115/8866/8901/Sustainability_Linked_Loan_Principles_V032.pdf zuletzt am 14.05.2020.

Loan Syndications and Trading Association (2019): The Rise of Sustainability Linked Loans, vom 04.12.2019, abgerufen unter https://www.lsta.org/news-resources/the-rise-of-sustainability-linked-loans/zuletzt am 14.05.2020.

Löbbert, S. (2010): Banken im Klimawandel, HypoVereinsbank, Im Dialog, München.

Lovell, H. (2014): Climate change, Markets and Standards: The Case of Financial Accounting., in: Economy and Society, 2014, Bd. 43, Nr. 2, S. 260–284.

Lutz, C./Becker, L./Lehr, U. (2018): Mögliche Engpässe für die Energiewende, GWS Research Report Series, Nr. 2018/08.

Macquire Investment Service (2018): Understanding ESG in Credit Portfolios, eingesehen unter https://www.macquarie.com/jp/corporate/asset-management/investment-management/insights/understanding-esg-in-credit-portfolios zuletzt am 20.12.2020.

Maifarth, M. (2020): Implikationen der COVID-19 Pandemie auf das Management von Marktpreisrisiken, blogs.pwc.de, 9.6.2020, abrufbar unter ttps://blogs.pwc.de/risk/allgemein/implikationen-der-covid-19-pandemie-auf-das-management-von-marktpreisrisiken/1419/zuletzt am 30.10.2020.

Malik, F. (2008): Unternehmenspolitik und Corporate Governance: Wie Organisationen sich selbst organisieren, Frankfurt a.M.

Malik, F. (2015): Strategie des Managements komplexer Systeme, 11. Auflage, Bern.

Mannweiler, A. (2020): Grün, grüner, am grünsten, in: Frankfurter Allgemeine Zeitung, Nr. 49, 27. Februar.

MaRisk [Bundesanstalt für Finanzdienstleistungsaufsicht] (2017): MaRisk Novelle 2017, Rundschreiben 09/2017 (BA) – Mindestanforderungen an das Risikomanagement – MaRisk, Bonn/Frankfurt a.M.

Martens, A./Kleinfeld, A. (2018): CSR und Compliance im Kontext der Bedeutungsentwicklung, in: Martens, A./Kleinfeld, A. (Hrsg.): CSR und Compliance, Berlin.

Marx, R. (2010): Das »Kapital« guter Führung, in: Meier, U./Sill, B. (Hrsg.): Führung. Macht. Sinn, Friedrich Pustet: Regensburg, 2010, Seiten 19–20.

Mauderer, S. [Executive Board, Deutsche Bundesbank] (2020): Central banks have a part to play in the fight against climate change, vom 27.02.2020, abgerufen unter https://www.ft.com/content/5b32bef0-57bb-11ea-abe5-8e03987b7b20 zuletzt am 10.12.2020.

Mayer, S. (2019): Wie Chinas Cybersecurity-Gesetz auf deutsche Unternehmen wirkt, in: t3n.de, 13.11.2019, abgerufen unter https://t3n.de/news/chinas-cybersecurity-gesetz-wirkt-1215995/zuletzt am 17.06.2020.

MAZARS (2019): Esg-Risiken im Risikomanagement, white paper, Bearbeitungsstand vom 11.07.2019, abgerufen unter www.mazars.com zuletzt am 09.05.2020.

Mazzucato, M./McPherson, M. (2018): The Green New Deal: A bold mission-oriented approach, IIPC Policy Brief, Dezember.

LITERATURVERZEICHNIS

MBJV [Bundesministeriums der Justiz und für Verbraucherschutz] (2016): Entwurf eines Gesetzes zur Stärkung der nichtfinanziellen Berichterstattung der Unternehmen in ihren Lage- und Konzernlageberichten (CSR-Richtlinie-Umsetzungsgesetz), Referentenentwurf, Berlin.

McKinsey (2020): The ESG premium: New perspectives on value and performance, Februar.

McKinsey Global Institute (2020): Climate risk and response – Physical hazards and socioeconomic impacts, Januar.

Meadows, D./Meadows, D./Randers, J./Behrens, W. W. (1972): The Limits to Growth. A Report for the Club of Rome's Project on the Predicament of Mankind, Universe Books, New York 1972, Übersetzung von Hans-Dieter Heck, 14. Auflage, Stuttgart, 1987.

Meadows, D./Randers, J./Meadows, D. (2015): Grenzen des Wachstums – Das 30-Jahre-Update: Signal zum Kurswechsel.

Mediendienst-integration.de (2020): Syrische Flüctlinge, abgerufen unter https://mediendienst-integration.de/migration/flucht-asyl/syrische-fluechtlinge.html.

Meer, D. (2020): Corona und der Klimawandel: Gefährliche Verknüpfung, in: www.ndr.de, 23.04.2020, abrufbar unter https://www.ndr.de/fernsehen/sendungen/zapp/Corona-und-der-Klimawandel-Gefaehrliche-Verknuepfung,krisenkommunikation100.html zuletzt am 21.06.2020.

Meier, U./Sill, B. (2005): Zwischen Gewissen und Gewinn. Werteorientierte Personalführung und Organisationsentwicklung, Friedrich Pustet: Regensburg.

Meier, U./Sill, B. (2010): Vor-Worte der beiden Herausgeber, in: Meier, U./Sill, B. (Hrsg.): Führung. Macht. Sinn, Friedrich Pustet: Regensburg, 2010, Seiten 5–7.

Melas D./Nagy Z./Kulkarni P. (2016): Factor investing and Esg integration, online verfügbar unter: https://yoursri.com/media-new/download/research_insight_factor_investing_and_esg_integration.pdf, aufgerufen am 19.05.2020.

Menzel, S. (2019): VW investiert 60 Milliarden Euro in Elektromobilität und Digitalisierung – Duesmann wird Audi-Chef, in: handelsblatt.com, 15.11.2019, abgerufen unter https://www.handelsblatt.com/unternehmen/industrie/autohersteller-vw-investiert-60-milliarden-euro-in-elektromobilitaet-und-digitalisierung-duesmann-wird-audi-chef/25233168.html?ticket=ST-3379459-Fpt2xjuTLIv0HQ5mzpxa-ap2 zuletzt am 26.06.2020.

Metz, M./Seeßlen, G. (2015): »Zieht die Kohle ab!« Divestment als Strategie gegen den Klimawandel, vom 22.11.2015, abgerufen unter https://www.deutschlandfunk.de/divestment-als-strategie-gegen-den-klimawandel-zieht-die.1184.de.html?dram:article_id=337579 zuletzt am 15.06.2020.

Meyer, L./Oziashvilli, G./Portisch, W./Winkler, A. (2020): IDW RS BFA 7 – Paradigmenwechsel in der Rechnungslegung, bankinghub.de, 20. April 2020, abgerufen unter ttps://bankinghub.de/banking/steuerung/idw-rechnungslegung zuletzt am 07.12.2020.

Meyer-Fünffinger, A./Wetter, A.-K. (2020): Die verlorenen Wochen, in: www.tagesschau.de, 17.5.2020, abgerufen unter https://www.tagesschau.de/inland/corona-ausbruch-deutschland-rekonstruktion-101.html zuletzt am 07.08.2020.

MFin [Le Gouvernement du Grand-Duché de Luxembourg – Ministère des Finances] (1993): Luxemburgisches Gesetz vom 5. April 1993 über den Finanzsektor (Finanzsektorgesetz), Artikel 12-1 bis 12-12, Luxemburg.

MFin [Le Gouvernement du Grand-Duché de Luxembourg – Ministère des Finances] (2013): Projet de loi relative aux banques d'émission de lettres de gage et portant modification de la loi modifiée du 5 avril 1993 relative au secteur financier, abrufbar unter http://journalofficiel.lu/eli/etat/proj/pl/20130015 zuletzt am 03.10.2020.

MFin [Le Gouvernement du Grand-Duché de Luxembourg – Ministère des Finances] (2018): Projet de loi portant modification de la loi modifiée du 5 avril 1993 relative au secteur financier en vue de l'introduction de lettres de gage portant sur les énergies renouvelables, abrufbar unter http://www.legilux.lu/eli/etat/projet/pl/10372 zuletzt am 03.10.2020.

M-Five GmbH (2017): Zukünftige PKW-Nutzerkosten in Deutschland, 9.6.2ß17, Karlsruhe.

MIFID II [Markets in Financial Instruments Directive II, Europäische Union] (2017): Delegierte Verordnung (EU) 2017/565 der Kommission vom 25. April 2016 zur Ergänzung der Richtlinie 2014/65/EU des Europäischen Parlaments und des Rates in Bezug auf die organisatorischen Anforderungen an Wertpapierfirmen und die Bedingungen für die Ausübung ihrer Tätigkeit sowie in Bezug auf die Definition bestimmter Begriffe für die Zwecke der genannten Richtlinie, Brüssel.

MiFID II [Markets in Financial Instruments Directive, Europäische Union] (2014): Richtlinie 2014/65/EU des Europäischen Parlaments und des Rates vom 14. Mai 2014 über Märkte für Finanzinstrumente sowie zur Änderung der Richtlinien 2002/92/EG und 2011/61/EU, Brüssel.

Minsky, H. P. (1992): The financial instability hypothesis. The Jerome Levy Economics Institute Working Paper, Nr. 74.

Moody`s Investors Service (2018): Covered Bonds Luxembourg – New legal framework offers dual recourse credit strength for renewable energy funding, in: Sector in-depth research paper.

LITERATURVERZEICHNIS

Moody`s Investors Service (2019): Sector in-depth research paper: Cross-Sector – Renewable Energy, Going green: Renewable energy projects are a growing asset class for European banks.

Morgan Stanley (2020): 7 Insights from Asset Owners, vom 28.05.2020, abgerufen unter https://www.morganstanley.com/ideas/sustainability-investing-institutional-asset-owners zuletzt am 02.06.2020.

Morgan Stanley Institute for Sustainable Investing (2018): Sustainable Signals: New Data form the individual investor, download bar unter https//www.morganstanley.com/pub/content/dam/msdotcom/ideas/sustainable-signals/pdf/Sustainable_Signals_Whitepaper.pdf.

Morgan Stanley Institute for Sustainable Investing (2019): Sustainable Signals: Growth and Opportunity in Asset Management, downloadba runter https://www.morganstanley.com/assets/pdfs/2415532_Sustainable_Signals_Asset_Mgmt_L.pdf.

morningstar.de (2020): Volksbank Bielefeld-Gütersloh NachhaltigkeitsInvest, aufgerufen unter https://www.morningstar.de/de/funds/snapshot/snapshot.aspx?id=F000005M7B zuletzt am 26.11.2020.

Morton, S./Pencheon, D./Squires, N. (2017): Sustainable Development Goals (SDGs), and their implementation, in: British Medical Bulletin, Vol. 124, S. 81–90.

MSCI [Morgan Stanley Capital International] (2020): MSCI ESG Ratings Methodoloy, abgerufen unter https://www.msci.com/esg-ratings zuletzt am 27.05.2020.

MSCI [Morgan Stanley Capital International] (2018): MSCI Global Ex Controversial Weapons Indexes Methodology, Mai, Link: https://www.msci.com/eqb/methodology/meth_docs/MSCI_Global_ex_Controversial_Weapons_Indexes_Methodology_May2018.pdf.

MSCI [Morgan Stanley Capital International] (2019a): »MSCI ESG Screened Indexes – An off-the-shelf approach to ESG Screens«, Link: https://www.msci.com/documents/1296102/1636401/MSCI-ESG-Screened-Indexes-Broschure.pdf.

MSCI [Morgan Stanley Capital International] (2019b): »MSCI SRI Indexes Methodology«, Mai 2019, Link: https://www.msci.com/eqb/methodology/meth_docs/MSCI_SRI_Methodology_May2019.pdf.

MSCI [Morgan Stanley Capital International] (2019c): ESG Ratings Methodology, in ESG Ratings Methodology, Bearbeitungsstand vom 01.09.2019, abgerufen unter www.msci.com zuletzt am 09.05.2020.

Mudaliar, A./Bass, R./Dithrich, H./Nova, N. (2019): Annual Impact Investor Survey: Technical Report, Global Impact Investing Network.

Mufson, S. (2019): Inside a California utility – Mandatory blackouts amid wildfire threats and bankruptcy, vom 22.12.2019, abgerufen unter https://www.washingtonpost.com/climate-environment/inside-pgandes-choices-blackouts-and-the-threat-of-wildfires/2019/12/21/868d58e8-107c-11ea-9cd7-a1becbc82f5e_story.html zuletzt am 20.05.2020.

Mujkanovic, R. (2020): Leitlinien zur klimabezogenen Berichterstattung, vom 24.06.2019, abgerufen unter https://www.nwb-experten-blog.de/leitlinien-zur-klimabezogenen-berichterstattung/zuletzt am 19.05.2020.

Müller, H. (2020): Generation Lockdown, in: ManagerMagazin, 30.05.2020, abrufbar unter https://www.manager-magazin.de/digitales/it/generation-lockdown-corona-krise-und-kosten-fuer-die-juengere-generation-a-1307423.html zuletzt am 21.06.2020.

Müller, R./Buchtel, A./Müller, M./Erbach, J./Grötsch, C./Rinker, C. (2020): Corona-Krise: Wenn ein Virus das Business Continuity- und Krisenmanagement im Unternehmen auf den Plan ruft, in: bankinghib.de, 30.03.2020, abgerufen unter https://www.bankingclub.de/news/compliance/der-umgang-mit-der-corona-krise-wenn-das-virus-das-business-continuity-und-krisenmanagement-im-unternehmen-auf-den-plan-ruft/zuletzt am 26.06.2020.

Munich RE (2013): Economic consequences of natural catastrophes: Emerging and developing economies particularly affected – Insurance cover is essential, in: Munich Re Economic Research, October 9.

Munich RE (2017): TOPICS Geo. Naturkatastrophen 2017. Analysen, Bewertungen, Positionen, München.

Münster, R. (2018): Trinkwasser-Privatisierung: Was Sie darüber wissen sollten, Focus Online, vom 21.11.2018, abgerufen unter https://praxistipps.focus.de/nestle-und-wasser-was-sie-darueber-wissen-sollten_103813 zuletzt am 16.12.2020.

Münstermann, J./Nawroth, C./Stock, C. (2020): Umgang mit Nachhaltigkeitsrisiken – BaFin gibt Orientierung, abgerufen unter https://bankinghub.de/banking/research-markets/nachhaltigkeitsrisiken/zuletzt am 06.06.2020.

Musch-Borowska, B. (2020): Doppelte Bürde für Bangladesch, www.deutschlandfunk.de, 26.05.2020, abrufbar unter https://www.deutschlandfunk.de/zyklon-und-corona-pandemie-doppelte-buerde-fuer-bangladesch.724.de.html?dram:article_id=477424, zuletzt am 17.11.2020.

nachhaltig predigen.de (2020): Predigtanregungen zur Nachhaltigkeit (2020): Predigtanregungen zur Nachhaltigkeit für das Kirchenjahr 2019/2020, Ökumenisches Kooperationsprojekt »nachhaltig predigen.de«, abgerufen unter www. http://nachhaltig-predigen.de/zuletzt am 30.11.2020.

National Geographic Society (2020): Climate Change, vom 00.01.1900, abgerufen unter https://www.nationalgeographic.org/encyclopedia/climate-change/zuletzt am 10.12.2020.

LITERATURVERZEICHNIS

Neubacher, B. (2020): »Das ist nur eine Frage der Zeit«, Börsen-Zeitung vom 27.03.2020, S. 4.

Neubacher, B. (2020): »Noch ganz am Anfang«, Börsen-Zeitung vom 11.03.2020, S. 4.

Neubacher, B. (2020): Noch ganz am Anfang, vom 11.03.2020, abgerufen unter https://www.boersen-zeitung.de/index.php?li=1&artid=2020049021 zuletzt am 05.04.2020.

Neuhetzki, T. (2020): Netzausfall & (Zer)Störung: So sehen kaputte Telefon-Leitungen aus, teltarif.de, abrufbar unter https://www.teltarif.de/festnetz/kaputte-leitungen.html?page=5 zuletzt am 25.06.2020.

Neumann, M. (2020): Corona-Beichte: Spahn räumt schwerwiegenden Fehler der Regierung ein: »Im Nachhinein …«, in: www.merkur.de, 13.06.2020, abgerufen unter https://www.merkur.de/politik/coronavirus-jens-spahn-deutschland-masken-mundschutz-schutzausruestung-gesundheitsminister-fehler-zr-13761673.html zuletzt am 07.08.2020.

Neuneyer, D./Reynolds, F. (2019): ESG-Analyse bei Fixed Income, in: Absolut impact, 2019, Nr. 2, S. 50–55.

NGFS [Network for Greening the Financial System] (2018): First Progress Report. October 2018.

NGFS [Network for Greening the Financial System] (2019a): A call for action Climate change as a source of financial risk – First Comprehensive Report, April 2019, Banque de France, Paris.

NGFS [Network for Greening the Financial System] (2019b): Macroeconomic and Financial Stability: Implications of Climate Change – NGFS Technical Supplement.

NGFS [Network for Greening the Financial System] (2020a): NGFS Climate Scenarios for central banks and supervisors, June, Paris.

NGFS [Network for Greening the Financial System] (2020b): Guide to climate scenario analysis for central banks and supervisors, June, Paris.

NGFS [Network for Greening the Financial System] (2020c): Climate Change and Monetary Policy – Initial takeaways, Paris.

NGFS [Network for Greening the Financial System] (2020d): NGFS Reference Scenario Presentation, Paris.

NGFS [Network for Greening the Financial System] (2020e): Case Studies of Environmental Risk Analysis Methodologies, Central Bank and Supervisors – Network for Greening the Financial System, 10.09.2020, Paris, abrufbar unter https://www.ngfs.net/en/case-studies-environmental-risk-analysis-methodologies, zuletzt am 19.11.2020.

Noller, S. (2020): Von Tesla für die Digitalisierung lernen, in: Handelsblatt, 2020, Nr. 37, S. 64.

Non-financial Reporting Directive [Europäisches Union] (2014): Richtlinie 2014/95/EU des Europäischen Parlaments und des Rates vom 22. Oktober 2014 zur Änderung der Richtlinie 2013/34/EU im Hinblick auf die Angabe nichtfinanzieller und die Diversität betreffender Informationen durch bestimmte große Unternehmen und Gruppen Text von Bedeutung für den EWR, Brüssel.

Non-financial Reporting Directive [Europäisches Union] (2014): Richtlinie 2014/95/EU des Europäischen Parlaments und des Rates vom 22. Oktober 2014 zur Änderung der Richtlinie 2013/34/EU im Hinblick auf die Angabe nichtfinanzieller und die Diversität betreffender Informationen durch bestimmte große Unternehmen und Gruppen Text von Bedeutung für den EWR, Brüssel.

NORD/LB [Norddeutsche Landesbank – Girozentrale] (2018): Issuer Guide Covered Bonds 2018, 2018.

NORD/LB [Norddeutsche Landesbank – Girozentrale] (2019a): Nachhaltigkeitsbericht 2019, veröffentlicht auf www.nordlb.lu/Nachhaltigkeit, zuletzt abgerufen am 13.05.2020.

NORD/LB [Norddeutsche Landesbank – Girozentrale] (2019b): Gesonderter zusammengefasster nichtfinanzieller Bericht des NORD/LB Konzerns 2019, veröffentlicht auf www.nordlb.lu/Nachhaltigkeit, zuletzt abgerufen am 13.05.2020.

NORD/LB CCB [Norddeutsche Landesbank Covered Bond Bank] (2019): Green Bond Framework 2019, veröffentlicht auf www.nordlb.lu/Green Covered Bond zuletzt abgerufen am 13.05.2020.

NORD/LB CCB [Norddeutsche Landesbank Covered Bond Bank] (2020a): Investorenpräsentation Green Covered Bond, Mai, veröffentlicht auf www.nordlb.lu/Green Covered Bond, zuletzt abgerufen am 13.05.2020.

NORD/LB CCB [Norddeutsche Landesbank Covered Bond Bank] (2020b): Produktinformationen zum »Lettres de Gage«, erhältlich unter https://www.nordlb.lu/online/www/menu_top/inv-rel/lettre/DEU/index.html zuletzt abgerufen am 03.10.2020.

Norges Bank (2020): Norges Bank Investment Management Report on Return and Risk 2019, abgerufen unter www.nbim.no zuletzt am 20.05.2020.

Noth, F./Schüwer, U. (2018): Natural disaster and bank stability: evidence from the U.S. financial system, in: SAFE Working Paper, No. 167.

NRD 1 Niedersachsen (2020): Corona: Puten-Schlachthof fährt Betrieb herunter, in: www.ndr.de, 26.06.2020, abrufbar unter https://www.ndr.de/nachrichten/niedersachsen/oldenburg_ostfriesland/Corona-Puten-Schlachthof-faehrt-Betrieb-herunter,geestland124.html zuletzt am 27.06.2020.

LITERATURVERZEICHNIS

NTV (2016): 20 Jahre gute Einnahmen mit RWE, www.ntv.deM 24.04.2016, abrufbar unter https://www.n-tv.de/wirtschaft/20-Jahre-gute-Einnahmen-mit-RWE-article17518761.html, zuletzt am 19.11.2020.

OECD [Organisation for Economic Cooperation and development] (2013): Transparency and Integrity in Lobbying, abgerufen unter http://www.oecd.org/corruption/ethics/Lobbying-Brochure.pdf zuletzt am 15.05.2020.

OECD [Organisation for Economic Cooperation and development] (2007): Climate Change in the European Alps: Adapting Winter Tourism and Natural Hazards Management, Organisation for Economic Cooperation and Development (OECD), 18.01.2007, abrufbar unter https://www.oecd.org/env/cc/climatechangeintheeuropeanalpsadaptingwintertourismandnaturalhazardsmanagement.htm, zuletzt am 19.11.2020.

OECD [Organisation for Economic Cooperation and development] (2011): OECD Leitsätze für Multinationale Unternehmen, OECD Publishing.

OECD [Organisation for Economic Cooperation and development] (2015): Green Bonds – Mobilising debt capital markets for a low-carbon transition, vom Dezember 2015, abgerufen unter https://www.oecd.org/env/mobilising-bond-markets-for-a-low-carbon-transition-9789264272323-en.htm zuletzt am 28.05.2020.

OECD [Organisation for Economic Cooperation and development] (2017): Investing in Climate, Investing in Growth, Paris.

Oehmke, M./Opp, M.M. (2020): A Theory of Socially Responsible Investment, Swedish House of Finance Research Paper No. 20-2. http://dx.doi.org/10.2139/ssrn.3467644.

OeNB/FMA [Oesterreichische Nationalbank/Oesterreichische Finanzmarktaufsicht] (2006): Leitfaden Management des operationellen Risikos, Wien.

Oliver Wyman (2019): Climate Change – Managing a new financial risk.

Orsagh M./Allen J./Sloggett J./Georgieva A./Barthody S./Douna K. (2018): Guidance and case studies for ESG integration: Equities and Fixed Income, CFA Institute.

Osman, Y. (2020): Kohle-Kredite gibt es bei der Unicredit ab 2028 nicht mehr, in: www.handelsblatt.com, vom 6.8.2020, abgerufen unter https://www.handelsblatt.com/finanzen/banken-versicherungen/italienische-grossbank-kohle-kredite-gibt-es-bei-der-unicredit-ab-2028-nicht-mehr/26073576.html?ticket=ST-4351383-MzzxH5F9colbnnSJIvZp-ap4 am 12.08.2020.

Ossig, C. (2020a): Banken wollen Chancen der Nachhaltigkeit nutzen, vom 09.05.2019, abgerufen unter https://bankenverband.de/newsroom/zitate/ossig-nachhaltigkeit/zuletzt am 11.06.2020.

Ossig, C. (2020b): Klima schützen, Märte stärken, in: die bank, 2020, Nr. 3, S. 20–25.

Osterwalder, A./Pigneur, Y. (2011): Business Model Generation – ein Handbuch für Visionäre, Spielveränderer und Herausforderer, Frankfurt a.M./ New York.

Otsuka, Sayuri, Takimoto, Yusuke (2012): Impact of ESG rating changes on share price performance. ESG evaluation and investment performance. Hg. v. NOMURA Equity Research. Tokyo.

Otto; F. (2020): Das Land wird nervös, in: www.zeit.de, abrufbar unter https://www.zeit.de/politik/deutschland/2020-04/corona-lockerungen-angela-merkel-bund-laender-konferenz zuletzt am 23.06.2020.

Paefgen-Laß*, M.* (2020): Das Klima bittet zur Kasse, springerprofessional.de, 04.02.2020, abrufbar unter https://www.springerprofessional.de/klimawandel/corporate-social-responsibility/das-klima-bittet-zur-kasse/17591022 zuletzt am 25.06.2020.

Paeger, J. (2020): Die Folgen der Industriellen Revolution, www.oekosystem-erde.de, abrufbar unter whttps://www.oekosystem-erde.de/html/folgen_industrielle_revolution.html zuletzt am 01.01.2021.

Papst Franziskus (2020): Fratelli tutti des heiligen Vaters Papst Franziskus über die Geschwisterlichkeit und die soziale Freundschaft (03.10.2020), in: Enzyklika, 2020, S. 38 und S. 63.

Paul. U. (2020): Volksbegehren zur Enteignung von Wohnungen wohl zulässig, abgerufen unter https://www.berliner-zeitung.de/mensch-metropole/volksbegehren-zur-enteignung-von-wohnungen-wohl-zulaessig-li.87105 zuletzt am 12.06.2020.

Pax Bank (2020): Ausschlusskriterien bei unternehmen, abgerufen unter https://www.pax-bank.de/ethik-und-nachhaltigkeit/unsere_anlagekriterien.html zuletzt am 21.09.2020.

PCAF [Partnership for Carbon Accounting Financials] (2018): Harmonising and Implementing a Carbon Accounting Approach for the Financial Sector. Platform Carbon Accounting Financials (PCAF) Report 2018, November 2019. https://carbonaccountingfinancials.com/files/downloads/PCAF-report-2018.pdf.

PCAF [Partnership for Carbon Accounting Financials] (2019): Harmonizing and Implementing a Carbon Accounting Approach for the Financial Sector in North America. PCAF North America, Oktober 2019. https://carbonaccountingfinancials.com/files/2019-10/20191028-pcaf-report-2019.pdf.

LITERATURVERZEICHNIS

Pfeiffer, W./Weiß, E. (1991): Lean-Management: Zur Übertragbarkeit eines neuen japanischen Erfolgsrezepts auf hiesige Verhältnisse, Forschungs- und Arbeitsbericht Nr. 18 der Forschungsgruppe für Innovation und Technologische Voraussage (FIV), S. 2, Nürnberg.

Pierschel, F. (2019): Merkblatt zum Umgang mit Nachhaltigkeitsrisiken, Präsentation vom 22.10.2019, Hamburg.

PIK [Potsdam-Institut für Klimafolgenforschung] (2019): Kipp-Elemente: Zu riskant, um gegen sie zu wetten, in: www.pik-potsdam.de, abgerufen unter https://www.pik-potsdam.de/aktuelles/pressemitteilungen/kipp-elemente-zu-riskant-um-gegen-sie-zu-wetten zuletzt am 07.08.2020.

Pinner, D./Rogers, M. (2020): Adressing climate change in a post-pandemic world, in: McKinsey Quarterly, April.

Pinner, W. (2003): Ethische Investments – Rendite mit »sauberen« Fonds, Gabler, Wiesbaden.

plenum AG (2020): Covid-19 Auswirkungen im Risikomanagement, Frankfurt am Main.

plpb [Landeszentrale für politische Bildung Baden-Württemberg] (2020): Klimawandel, abgerufen unter https://www.lpb-bw.de/klimawandel zuletzt am 01.01.2021.

Pohr, A. (2019): Was, wenn wir nichts tun?, Video unter www.zeit.de, 19.9.2019, abgerufen unter https://www.zeit.de/video/2019-09/6087750314001/klimawandel-was-wenn-wir-nichts-tun zuletzt am 01.01.2021.

Polycore/Springer Media (2020): Nachhaltiges Leben 2020 – Marken und Medien in der Pflicht, Hamburg, abrufbar unter https://nachhaltigesleben2020.de/wp-content/uploads/2019/12/NachhaltigesLeben_web.pdf zuletzt am 25.12.2020.

Porter M. E. (1997): Nur Strategie sichert auf Dauer hohe Erträge, in: Harvard Businessmanager, 1997, Nr. 3, S. 42.

PRA [Bank of England – Prudential Regulatio Athority] (2015): The Impact of Climate Change on the UK Insurance Sector: A Climate Change Adaptation Report.

PRA [Bank of England – Prudential Regulatio Athority] (2018): Transition in thinking: The impact of climate change on the UK banking sector, London.

PRA [Bank of England – Prudential Regulatio Athority] (2019): The 2021 biennial exploratory scenario on the financial risks from climate change, Discussion Paper, Dezember, London.

LITERATURVERZEICHNIS

Pratsch, M. (2020): The 2020s – The decade of Sustainable Bonds, vom 11.02.2020, abgerufen unter https://www.environmental-finance.com/content/the-green-bond-hub/the-2020s-the-decade-of-sustainable-bonds.html zuletzt am 14.04.2020.

PRI [Principels for Responsible Investment] (2019): A practical guide to ESG Integration in sovereign debt, Finance UNEP Initiative, United Nations Global.

PRI [Principles for Responsible Investments] (2014): Leitfaden für Fixed Income Investoren, London.

PRI [Principles for Responsible Investments] (2019): Prinzipien für verantwortliches Investieren. Eine Investoreninitiative in Partnerschaft mit der UNEP Finance Initiative und dem UN Global Compact., London.

PRI [Principles for Responsible Investments] (2020): About the PRI, www.unpri.org, abgerufen unter https://www.unpri.org/pri zuletzt am 09.09.2020.

Prognos (2003): Betriebswirtschaftliche Effekte familienfreundlicher Maßnahmen. Kosten-Nutzen-Analyse (im Auftrag des BMFSFJ), Köln.

Prognos (2020): Afrikanische Weisheit im Klimaschutz, in Prognos trendletter, April.

Pufé, I. (2017): Nachhaltigkeit, UVK Verlagsgesellschaft mbH: München.

PWC (2019a): Creating a strategy for a better world.

PWC (2019b): BaFin-Konsultationen des Merkblattes zum Umgang mit Nachhaltigkeitsrisiken, https://blogs.pwc.de/risk/bafin-konsultation-des-merkblattes-zum-umgang-mit-nachhaltigkeitsrisiken.

PWC (2020): Nature is too big to fail – Biodiversity: the next frontier in financial risk management, Zürich.

Quaschnig, V. (2019): Regenerative Energiesysteme: Technologie – Berechnung – Klimaschutz, Carl Hanser Verlag, München.

Ralite, S./Thomä, J. (2019): Storm Ahead – A proposal for a climate stresstest scenario, in: 2° Investing Initiative, Discussion Paper April 2019.

Rat für Nachhaltige Entwicklung (2017): Der Deutsche Nachhaltigkeitskodex Maßstab für nachhaltiges Wirtschaften, Berlin.

Rat für nachhaltige Entwicklung (2020): Seite »nachhaltiges Wirtschaften«, in Homepage des Gremiums, Bearbeitungsstand vom 01.01.2020, abgerufen unter https://www.nachhaltigkeitsrat.de/nachhaltige-entwicklung/nachhaltiges-wirtschaften-sustainable-finance/zuletzt am 31.03.2020.

LITERATURVERZEICHNIS

Rat für Nachhaltige Entwicklung/GIZ [Deutsche Gesellschaft für Internationale Zusammenarbeit] (2020): Über den DNK – Der Nachhaltigkeitskodex, abgerufen unter https://www.deutscher-nachhaltigkeitskodex.de/de-DE/Home/DNK/DNK-Overview zuletzt am 27.12.2020.

Redaktionsnetzwerk Deutschland (2020): Pandemie, Epidemie, Endemie – was ist der Unterschied?, www.rnd.de, vom 26.3.2020, angerufen unter https://www.rnd.de/wissen/corona-unterschied-epidemie-pandemie-und-endemie-GVUJGPBNXFBVBPPDVW4IXGNYHI.html zuletzt am 17.06.2020.

Regierungskommission (2019): Deutscher Corporate Governance Kodex, vom 16.12.2019, abgerufen unter https://dcgk.de/de/kodex/aktuelle-fassung/f-transparenz-und-externe-berichterstattung.html zuletzt am 15.06.2020.

Rehbinder, E. (2015): Corproate Social Responsibility – von der gesellschaftspolitischen Forderung zur rechtlichen Verankerung, in Deinert, S./Schrader, C./Stoll, B. (Hrsg.): Corporate Social Responsibility (CSR) Die Richtlinie 2014/95/EU – Chancen und Herausforderungen, Seiten 10 bis 37, kassel university press, Kassel.

Remer, S. (2018): Stranded Asset, Gabeler Banklexikon, vom 25.10.2018, abgerufen unter https://www.gabler-banklexikon.de/definition/stranded-asset-99717/version-339732 zuletzt am 06.12.2020.

Reuse, S. (2017): MaRisk 6.0 – Würdigung der finalen Version vom 27.10.2017, Darstellung von Umsetzungsempfehlungen und Aufbau eines Projektplanes, in: Banken-Times Spezial Sonderausgabe MaRisk, November.

Reuse, S./Frere, E. (2020): DAX-Verluste 2020 – Versagen die Risikomodelle der Banken?, www.fch-gruppe.de, 16.6.2020, Beitragsnummer: 6226, abrufbar unter https://www.fch-gruppe.de/Beitrag/6226/daxverluste-2020--versagen-die-risikomodelle-der-banken zuletzt am 30.10.2020.

Reznick, M./Viehs, M. (2017): Pricing ESG Risk in Credit Markets, Hermes Credit and Hermes EOS, Research paper Q2 2017, vom April 2017, abgerufen unter https://www.hermes-investment.com/ukw/wp-content/uploads/sites/80/2017/04/Credit-ESG-Paper-April-2017.pdf zuletzt am 01.06.2020.

Reznick, M./Viehs, M./Chockalingam, N./Panesar, T./Lizarazu, G. A./Moussavi, J. (2020): Pricing ESG Risk in Sovereign debt, Hermes Investment Management and Beyond Ratings Q3 2019, London et al.

Riedel, D. (2020): Die Coronakrise macht die Erfolge im Kampf gegen den Hunger zunichte, handelsblatt.com, abgerufen unter https://www.handelsblatt.com/politik/international/welthunger-index-2020-die-coronakrise-macht-die-erfolge-im-kampf-gegen-den-hunger-zunichte/26265936.html?ticket=ST-21508888-K9nmhUQUn9GIfwoGUOfh-ap2 zuletzt am 01.01.2021.

Riediger, H. (2019): Bedeutung der Strategie für die Geschäftsmodellanalysen aus aufsichtlicher Sicht, in: Heithecker/Tschuschke (Hrsg.) Geschäftsmodellanalyse, 2. Auflage, Seiten 47–71, Heidelberg.

Rifkin, J. (2019): Der Globale Green New Deal, Campus, Frankfurt a.M.

right. based on science GmbH (2020): X Degree Compability, abgerufen unter https://www.xdegreecompatible.de/de zuletzt am 25.05.2020.

RNE [Rat für Nachhaltige Entwicklung] (2019): Leitfaden zum Deutschen Nachhaltigkeitskodex.

Robert-Koch-Institut (2020): Infektionskrankheiten A-Z, in: www.rki.de, zuletzt abgerufen unter https://www.rki.de/DE/Content/InfAZ/InfAZ_marginal_node.html am 17.6.2020.

Rödl & Partner (2020): Nichtfinanzielle Informationen im Lagebericht: Begrifflichkeit und Beispiele„ abgerufen unter https://www.roedl.de/themen/nachhaltigkeit-csr/richtlinie-lagebericht-nichtfinanzielle-informationen-beispiele zuletzt am 26.05.2020.

Romeo, C./Schröder, M. (2014): Geschäfts-und Risikostrategie in der Bankpraxis, in: Zeranski (Hrsg.) Gesamtbanksteuerung in der Praxis, Seiten 271–290, Heidelberg.

Roncoroni, A./Battiston, S./Farfan, L./Jaramillo, S. (2020): Climate risk and financial stability in the network of banks and investment funds, vom 04.02.2020, abgerufen unter https://papers.ssrn.com/sol3/papers.cfm?abstract_id=3356459 zuletzt am 20.05.2020.

Roos, H. (2018): Konzentrationsstrategien und Risikobereitschaft, in: Heithecker/Tschuschke (Hrsg.) Management von Risikokonzentrationen, 2. Auflage, Seiten 127–141, Heidelberg.

Röseler, R. (2019): Nachhaltigkeit – Herausforderung und Chance für die Kreditwirtschaft, in: BaFin Perspektiven, Ausgabe 2/2019, S. 19–28.

Roth, B.N. (2019): Impact Investing: A Theory of Financing Social Enterprises, Harvard Business School Working Paper No. 20-078.

Rudolf, B. (2020): Niedrigzins bleibt auf absehbare Zeit, www.versicherungsmagazin.de, 1.10.2020, abrufbar unter https://www.versicherungsmagazin.de/rubriken/branche/niedrigzins-bleibt-auf-absehbare-zeit-2667835.html zuletzt am 30.10.2020.

Rüping, N. (2020): Nachhaltigkeit in einer regionalen Genossenschaftsbank, in: BankPraktiker, Heft 5, abrufbar unter https://www.fch-gruppe.de/Beitrag/6810/nachhaltigkeit-in-einer-regionalen-genossenschaftsbank, Beitragsnummer: 6810.

LITERATURVERZEICHNIS

RWE (2015): Geschäftsbericht 2015, abrufbar unter https://www.group.rwe/investor-relations/finanzberichte-praesentationen-videos/finanzberichte, zuletzt am 26.11.2020.

S&P Dow Jones Indices (2020): »Dow Jones Sustainability Indices Methodology«, September 2020, Link: https://www.spglobal.com/spdji/en/indices/equity/dow-jones-sustainability-world-enlarged-index-ex-alcohol-tobacco-gambling-armaments-firearms-and-adult-entertainment/#overview.

S&P Global Ratings (2018): What's Behind The Rise In Green Covered Bond Issuance?, vom 26.06.2018, London.

S&P Global True cost ESG Analysis (2019): Understanding Climate Risk at the Asset Level: The Interplay of Transition and Physical Risks, vom 25.11.2019, abgerufen unter https://www.trucost.com/publication/understanding-climate-risk-at-the-asset-level-the-interplay-of-transition-and-physical-risks/zuletzt am 24.05.2020.

Sanarius, T. (2018): Chancen und Risiken der Digitalisierung Runter von der Überholspur, www.tagesspiegel.de, 14.5.2018, abrufbar unter https://www.tagesspiegel.de/wirtschaft/chancen-und-risiken-der-digitalisierung-runter-von-der-ueberholspur/21875606.html zuletzt am 01.01.2021.

SASB [Sustainability Accounting Standards Board] (2018): Commercial Banks – Sustainability Accounting Standard, vom Oktober 2018, abgerufen unter https://www.sasb.org/standards-overview/download-current-standards/zuletzt am 19.05.2020.

Schaal, S. (2014): Wer ein Kraftwerk betreibt, hat ein Problem, Handelsblatt, 16.04.2014, abrufbar unter https://www.handelsblatt.com/unternehmen/energie/rwe-hauptversammlung-wer-ein-kraftwerk-betreibt-hat-ein-problem/9771994.html, zuletzt am 19.11.2020.

Schallmo, D. (2019): Die Digitale Transformation von geschäftsmodellen als Erfolgsfaktor, in: Heithecker, D./Tschuschke, D. (Hrsg.): Geschäftsmodellanalyse, 2. Auflage, Heidelberg, 2019, S. 201–218.

Schefe, S. (2017): Kapitalplanung der Banken und Sparkassen: Aufsichtliche Vorgaben, in: BankPraktiker, Heft 3, S. 76–79.

Schein, E. (1995): Unternehmenskultur – ein Handbuch für Führungskräfte, Frankfurt am Main.

Schluep, I. (2020): Systeme und Instrumente der Firmennachhaltigkeitsbewertung: Eine kritische Bestandsaufnahme mit Fokus auf KMU, Zürich.

Schmid, S. (2020): »Doing good und doing well kein Widerspruch«, in: Börsen-Zeitung, 2020, Nr. 6, S. 9.

Schmidt, J./Bertram, A./Hahnemann, J. (2018): Life Cycle Assessment als Instrument zur Optimierung der Nachhaltigkeit in Prozessen und Produkten, in: Michalke, A./Rambke, M./Zeranski, S. (Hrsg.): Vernetztes Risiko- und Nachhaltigkeitsmanagement, Springer: Wiesbaden, 2018, S. 191–201.

Schnitt, Chantal (2020): »Nachhaltigkeit als Game Changer in der Compliance – Wie Nachhaltigkeit am Beispiel der Anlageberatung Einzug in das Compliance-Modell finden kann«, in: FCH CompRechtsPraktiker 2020.

Schramm, M. (2010): Kontingenzmanagement, in: Meier, U./Sill, B. (Hrsg.): Führung. Macht. Sinn, Friedrich Pustet: Regensburg, 2010, Seiten 217–226.

Schulz, F. (2020): Deutschland könnte durch das Coronavirus bis zu 100 Mio Tonnen weniger CO_2 freisetzen, in: euractiv.de, 20.03.2020, abrugfbar unter https://www.euractiv.de/section/energie-und-umwelt/news/analyse-deutschland-koennte-durch-corona-25-mio-tonnen-weniger-co2-freisetzen/zuletzt am 21.06.2020.

Schulz, S. (2019): Intrinsische Motivation: Merkmale und Bedeutung für Deinen Alltag, vom 01.12.2019, abgerufen unter https://utopia.de/ratgeber/intrinsische-motivation-merkmale-und-bedeutung-fuer-deinen-alltag/zuletzt am 15.06.2020.

Schulz, T./Bergius, S. (2014): CSR und Finance, Beitrag und Rolle des CFO für eine Nachhaltige Unternehmensführung, Springer-Verlag, Berlin Heidelberg.

Schürmann, G. (2019): Wie der CO_2-Fußabdruck bei Krediten und Investments messbar wird, in: bank und markt 08/2019, S. 361-362. https://www.kreditwesen.de/bank-markt/themenschwerpunkte/aufsaetze/co2-fussabdruck-krediten-investments-messbar-id58561.html.

Schütze, R. (2020): Tönnies und die Moral in der Marktwirtschaft, in: www.die-tagespost.de, 27.06.2020, abrufbar unter https://www.die-tagespost.de/politik/wirtschaft/toennies-und-die-moral-in-der-marktwirtschaft;art314,209571 zuletzt am 27.06.2020.

Schwabe, F. (2019): Imperialismus, www.geschichte-abitur.de, 15.2.2019, abgerufen unter https://www.geschichte-abitur.de/industrialisierung/imperialismus zuletzt am 01.01.2021.

Schwalm, C.R./Glendon, S./Duffy, P.B. (2020): RCP8.5 tracks cumulative CO_2 emissions, in: PNAS, www.pnas.org, 3.8.2020, abgerufen unter https://doi.org/10.1073/pnas.2007117117 zuletzt am 07.08.2020.

Schwertdtfeger, H. (2011): Riskante Indexfonds, 13.12.2011, wiwo.de, aufgerufen unter https://www.wiwo.de/finanzen/geldanlage/fonds-fallstricke-riskante-indexfonds/5911970-all.html zuletzt am 26.11.2020.

Science Based Targets (2019): Draft SBTi target setting methods, vom September 2019, abgerufen unter https://sciencebasedtargets.org/financial-institutions/zuletzt am 20.05.2020.

Science Based Targets (2019a): Aligning Corporate Lending Portfolios with Climate Goals – a Draft methodological Framework, vom September 2019, abgerufen unter https://sciencebasedtargets.org/financial-institutions/zuletzt am 20.05.2020.

Science Based Targets (2020): SBTi Criteria and Recommendations, vom April 2020, abgerufen unter https://sciencebasedtargets.org/wp-content/uploads/2019/03/SBTi-criteria.pdf zuletzt am 19.05.2020.

Science Based Targets (2020a): Science-Based Target Setting Manual, vom April 2020, abgerufen unter https://sciencebasedtargets.org/wp-content/uploads/2017/04/SBTi-manual.pdf zuletzt am 20.05.2020.

Scognamiglioa, E./Di Lorenzob, E./Sibilloc, M./Trottad, A. (2019): Social Uncertainty Evaluation in Social Impact Bonds: Review and Framework, in: Research in International Business and Finance Volume 47, S. 40–56. https://doi.org/10.1016/j.ribaf.2018.05.001.

Screen17 (2020): Undisputed Sustainability Framework, abgerufen unter https://screen17.com/#product zuletzt am 15.06.2020.

SD-M GmbH/Bundesumweltministerium/SASB (2016): SD-KPI Standard 2016-2021: A standard of standards for sector-specific and material Sustainable Development Key Performance Indicators (SD-KPIs) used in annual reports and institutional investments, vom September 2016, abgerufen unter https://www.sd-m.de/files/SD-KPI_Standard_2016-2021.pdf zuletzt am 20.05.2020.

Secretan, L. (1997): Soul Management. Der neue Geist des Erfolgs – die Unternehmenskultur der Zukunft, Lichtenberg: München.

Secretan, L. (2006): Inspirieren statt Motivieren!, Kamphausen: Bielefeld.

Secretan, L. (2007): Ganz oder gar nicht!, Kamphausen: Bielefeld.

Seeberger (2016): Der Wandel in der Automobilindustrie hin zur Elektromobilität – Veränderungen und neue Wertschöpfungspotenziale für Automobilhersteller, Erlangen.

Seitz J. (2010): Nachhaltige Investments: Eine empirisch-vergleichende Analyse der Performance ethisch-nachhaltiger Investmentfonds in Europa, Diplomica Verlag, Hamburg.

SENSES Project (2020a): The new generation of climate change scenarios, abgerufen unter http://senses-project.org/zuletzt am 29.12.2020.

SENSES Project (2020b): Transition Risks – Phasing Out Fossil Fuels, abgerufen unter https://climatescenarios.org/fossil-fuels/zuletzt am 29.12.2020.

SENSES Project (2020c): Transition Risks Power Sector Transformation, abgerufen unter https://climatescenarios.org/power-sector/am 29.12.2020.

Serge de Cillia, S. (2019): »Wir müssen innovativ sein« – Aufsicht CSSF schafft sämtliche Voraussetzungen für Emissionen von grünen Luxemburger Pfandbriefen, Börsenzeitung, Nr. 50, Interview von Johannsen, K.

Seto, K. C./Davis, S. J./Mitchell, R. B./Stokes, E. C./Unruh, G./Ürge-Vorsatz, D. (2016): Carbon Lock-In: Types, Causes, and Policy Implications, in: Annual Review of Environment and Resources, Bd. 41, S. 425–452.

Seto, K. C./S. J. Davis, R. B. Mitchell, E. C. Stokes, G. Unruh/Ürge-Vorsatz, D. (2016): Carbon Lock-In: Types, Causes, and Policy Implications, Annual Review of Environment and Resources, Bd. 41, S. 425–452.

Seute, A. (2020): Anfoderungen der nationalen Bankenaufsicht an die Risikotragfähigkeit im Kontext des neuen rundschreibens, in: Reuse (Hrsg.): Risikotragfähigkeit, 3. Auflage, S. 48 bis 89, Heidelberg.

Simmons & Simmons (2020): ESG – Neue Transparenzpflichten unter der Offenlegungsverordnung, Frankfurt, 27.05.2020.

Sinek S. (2011): Start with why: how great leaders inspire everyone to action, New York.

So, I./Staskevicius, A. (2015): Measuring the »Impact« in Impact Investing, Harvard Business School. https://www.hbs.edu/socialenterprise/Documents/MeasuringImpact.pdf.

solarisBank AG (2020): Das Tomorrow Girokonto, abgerufen unter https://www.tomorrow.one/de-de/zuletzt am 27.12.2020.

SOS Kinderdörfer weltweit (2020): Umsetzung der Millenniumsziele – Bilanz kurz vor Ende der Frist: Was wurde erreicht?, abgerufen unter https://www.sos-kinderdoerfer.de/informieren/wie-wir-helfen/entwicklungshilfe/millenniumsziele-umsetzung zuletzt am 01.01.2020.

South Pole Group (2016): Schlussbericht – Mögliche Auswirkungen des Klimawandels auf die Finanzmarktstabilität, Zürich.

Sparkassenzeitung (2015): Pfandbrief in grün, vom 29.05.2015, Berlin.

Spiegel.de (2020): Erderwärmung folgt dramatischstem Szenario, www.spiegel.de, 4.8.2020, abgerufen unter https://www.spiegel.de/wissenschaft/natur/klimawandel-erderwaermung-folgt-dem-dramatischsten-szenario-a-5bb08e00-5054-4f20-bc23-cacd6a93466f zuletzt am 07.08.2020.

Spinnler, T. (2020): Ist die Börse ein Tollhaus?, in: boerse.ard.de, 12.05.2020, abgerufen unter https://boerse.ard.de/anlagestrategie/geldanlage/ist-die-boerse-ein-tollhaus100.html zuletzt am 26.06.2020.

S-Rating/Risikosysteme (2020): Projektfinanzierungs-Rating, abgerufen unter https://www.s-rating-risikosysteme.de/Unser_Aufgabenspektrum/Adressrisikomessung/ProjektfinanzierungsRating.html zuletzt am 07.12.2020.

SREP [European Banking Authority] (2018a): Überarbeitete Leitlinien zu gemeinsamen Verfahren und Methoden für den aufsichtlichen Überprüfungs- und Bewertungsprozess (Super-visory Review and Evaluation Process, SREP) sowie für die aufsichtli-chen Stresstests, zur Änderung der EBA/GL/2014/13 vom 19. Dezember 2014, EBA/GL/2018/03, London.

LITERATURVERZEICHNIS

SREP [European Banking Authority] (2018b): Guidelines on common procedures and methodologies for the super-visory review and evaluation process (SREP) and supervisory stress testing – Consolidated version, EBA/GL/2014/13, London.

Stähler P./Meyer M. (2020): Aktuelle Entwicklungen im Bereich der Nachhaltigkeitsrisiken, abgerufen unter https://www.der-bank-blog.de/nachhaltigkeitsrisiken/regulierung-aufsicht/37666131/zuletzt am 07.06.2020.

Standard & Poor's (2015a): How Environmental And Climate Risks Factor Into Global Corporate Ratings, in: RatingsDirect, October 21.

Standard & Poor's (2015b): Storm Alert – Natural Disasters Can Damage Sovereign Creditworthiness, in: RatingsDirect, September 10.

Statistisches Bundesamt (2020): Statusübersicht – Bewertung für Deutschland aus den Vorjahren, abrufbar unter https://sustainabledevelopment-deutschland.github.io/status_summary/zuletzt am 01.11.2020.

Steevens, C. (2019): Kirchenbank beklagt Halbherzigkeit der Branche, Börsen-Zeitung vom 9. November 2019, S. 1, 4.

Steinhardt, P. (2020): »Liquidität aus dem Nichts«, in: taz.de, 26.05.2020, abgerufen unter https://taz.de/Oekonom-ueber-Zentralbanken-in-Coronakrise/!5685669/am 26.06.2020.

Stremlau, S. (2019): Nachhaltigkeit als Chance – Stellung, Regulatorik und Querdenken im Finanzmarkt, in: BaFin Perspektiven, Ausgabe 2/2019, S. 49–61, 2019.

Stulz, R.M. (2009): Was Risikomanager falsch machen, in: Havard Business Manager, April, S. 67–75.

Stüttgen, M./Mattmann, B. (2018): IFZ Sustainable Investments Studie 2018: Differenzierung nachhaltiger Anlagen bei Investoren, https://www.hslu.ch/de-ch/hochschule-luzern/ueber-uns/medien/medienmitteilungen/2018/11/22/sustainable-investments-studie/, Zürich.

Süddeutsche Zeitung (2010): Al Gore bekommt Friedensnobelpreis – »Die Erde hat Fieber. Und dieses Fieber steigt«, sz.de, 17. Mai 2010, abgerufen unter https://www.sueddeutsche.de/politik/al-gore-bekommt-friedensnobelpreis-die-erde-hat-fieber-und-dieses-fieber-steigt-1.796977 zuletzt am 01.01.2021.

Sulistyo, S. (2017): Praxistipps zur Umsetzung der EU Datenschutz-Grundverordnung (DS-GVO), in: Banken-Times SPEZIAL-IT, Heft Februar, S. 5–7.

Sullivan, A. (2020): Der Klimawandel und das Fliegen, www.dw.com, 27.01.2020, abgerufen unter https://www.dw.com/de/der-klimawandel-und-das-fliegen/a-42094220 zuletzt am 26.06.2020.

Sustainable Finance Beirat [der Bundesregierung] (2019): Satzung des »Sustainable Finance Beirats« der deutschen Bundesregierung, vom

28.10.2019, abgerufen unter https://sustainable-finance-beirat.de/wp-content/uploads/2020/03/200303_SFB_Satzung.pdf zuletzt am 19.05.2020.

Sustainable Finance Beirat [der Bundesregierung] (2020): Zwischenbericht. Die Bedeutung einer nachhaltigen Finanzwirtschaft für die große Transformation, Berlin, abgerufen unter https://sustainable-finance-beirat.de/wp-content/uploads/2020/03/200306_SFB-Zwischenbericht_DE.pdf zuletzt am 01.06.2020.

Sustainalytics (2020): ESG Risk Ratings, abgerufen unter https://www.sustainalytics.com/esg-data zuletzt am 27.05.2020.

Swiss Sustainable Finance (2016): Handbuch nachhaltige Anlagen, abgerufen unter https://www.sustainablefinance.ch/en/digital-library-_content---1--3113.html?replibLang=de&replibYearFrom=2016&replibYearTo=2016&searchTerm=&btnSubmit=Filter zuletzt am 28.06.2020.

Systain/Carbon Disclosure Project [Systain Consulting (GmbH)] (2014): Die Zukunft der globalen Wertschöpfung: Wettbewerbsfaktor Management der Scope-3-Emissionen der Lieferkette, Eigenverlag: Hamburg.

Tagesschau (2020): Inzwischen mehr als 80 Tote, www.tagesschau.de, 21.05.2020, abrufbar unter https://www.tagesschau.de/ausland/zyklon-indien-bangladesch-107.html, zuletzt am 17.11.2020.

Taleb, N. N. (2007): Der schwarze Schwan – Die Macht höchst unwahrscheinlicher Ereignisse, Carl Hanser Verlag, München.

Taleb, N. N. (2008): The Black Swan, Second edition, London.

Tang, Q./Le, L. (2014): Carbon Management Systems and Carbon Mitigation, in: Australian Accounting Review No. 68, 24 (1), S. 84–98, https://doi.org/10.1111/auar.12010.

TCFD [Task Force on Climate-related Financial Disclose, Financial Stability Board] (2017a): Implementing the Recommendations of the Task Force on Climated-Related Disclosures, vom Juni, abgerufen unter https://www.fsb-tcfd.org/wp-content/uploads/2017/12/FINAL-TCFD-Annex-Amended-121517.pdf zuletzt am 22.05.2020.

TCFD [Task Force on Climate-related Financial Disclose, Financial Stability Board] (2017b): Recommendations of the Task Force on Climated-Related Disclosures, vom Juni 2017, Basel, abgerufen unter https://www.fsb-tcfd.org/wp-content/uploads/2017/06/FINAL-2017-TCFD-Report-11052018.pdf zuletzt am 20.05.2020.

TCFD [Task Force on Climate-related Financial Disclose, Financial Stability Board] (2017c): The Use of Scenario Analysis in Disclosure of Climate-related Risks and Opportunities, June, Basel.

TCFD [Task Force on Climate-related Financial Disclose, Financial Stability Board] (2017d): Technical Supplement – The Use of Scenario Analysis in

Disclosure of Climate Related Risks and Opportunities, vom 01.06.2017, abgerufen unter https://www.fsb-tcfd.org/publications/final-technical-supplement/ zuletzt am 20.05.2020.

TCFD [Task Force on Climate-related Financial Disclose, Financial Stability Board] (2017e): Final Report, Financial Stability Board.

TCFD [Task Force on Climate-related Financial Disclose, Financial Stability Board] (2020): Task Force on Climate-related Financial Disclose – Overview, booklet, Basel.

teleschau – der mediendienst GmbH (2020): Jens Söring erzählt bei Lanz: Sie haben mich nicht brechen können, vom 15.05.2020, abgerufen unter https://www.focus.de/kultur/kino_tv/seit-wenigen-monaten-zurueck-33-jahre-im-us-gefaengnis-jens-soering-erzaehlt-bei-lanz-sie-haben-mich-nicht-brechen-koennen_id_11993468.html zuletzt am 15.06.2020.

Terpitz, K./Kersting, S. (2020): Die Schlachtindustrie steht nach den Corona-Ausbrüchen vor einer Zeitenwende, in: www.handelsblatt.com, 24.06.2020, abrufbar unter ttps://www.handelsblatt.com/unternehmen/handel-konsumgueter/toennies-westfleisch-und-co-die-schlachtindustrie-steht-nach-den-corona-ausbruechen-vor-einer-zeitenwende/25942686.html?ticket=ST-3690150-d7wOIs9c4dbY3WImgOL3-ap4 zuletzt am 27.06.2020.

The Economics of Ecosystems and Biodiversity [TEEB] (2010): TEEB for Business, vom Juli 2010, abgerufen unter http://www.teebweb.org/wp-content/uploads/Study%20and%20Reports/Reports/Business%20and%20Enterprise/TEEB%20for%20Business%20Report/TEEB%20for%20Business.pdf zuletzt am 23.05.2020.

The Greenhouse Gas Protocol (2004): The Greenhouse Gas Protocol A Corporate Accounting and Reporting Standard, Washington, USA.

The New Climate Economy (2018/19): Unlocking the Inclusive Growth for the 21st Century, Accelerating Climate Action in Urgent Times, Washington D.C., 2018/2019.

The Nobel Foundation (2007): Al Gore Facts, NobelPrize.org, Nobel Media AB 2021, abgerufen unter https://www.nobelprize.org/prizes/peace/2007/gore/facts/ zuletzt am 01.01.2021.

The Wallstreet Journal (2017): Is Tesla or Exxon More Sustainable? It Depends Whom You Ask, vom 17.09.2017, New York.

Thelen, F. (2020): 10xDNA Das Mindset der Zukunft, Frank Thelen Media: Frankfurt.

Thiele, C. (2003): Die zivilrechtlichen Haftung der Tabakindustrie, Tübingen.

Thommen, J.-P. (2020): Anspruchsgruppen, in: wirtschaftslexikon.gabler.de, abrufbar unter https://wirtschaftslexikon.gabler.de/definition/anspruchsgruppen-27010/version-250673 vom 14.02.2018 – 17:25, zuletzt aufgerufen am 23.06.2020.

Transparency International Deutschland e. V. (2020): Korruptionswahrnehmungsindex 2019: Transparency Deutschland fordert mehr Transparenz bei der Parteienfinanzierung und schärfere Regeln für Mandatsträgerbestechung, vom 23.01.2020, abgerufen unter https://www.transparency.de/aktuelles/detail/article/korruptionswahrnehmungsindex-2019-transparency-deutschland-fordert-mehr-transparenz-bei-der-parteie/zuletzt am 15.06.2020.

Transparenzverordnung [Europäisches Parlament und der Rat der Europäische Union] (2019): Verordnung (EU) 2019/2088 des europäischen Parlaments und des Rates vom 27. November 2019 über nachhaltigkeitsbezogene Offenlegungspflichten im Finanzdienstleistungssektor, Brüssel.

Treiber, T. (2019): Marktpreisrisiko, in: Geiersbach, K., Prasser, S. (Hrsg.): Praktikerhandbuch Stresstesting, 3. Aufl., Heidelberg, S. 109–218.

Trelstad, B. (2020): Making Impact Investing Work, in: Project Syndicate, 13. Januar 2020. https://www.project-syndicate.org/commentary/making-impact-investing-work-by-brian-trelstad-2020-01.

Trinks, A./Muldera, M./Scholtens, B. (2020): An Efficiency Perspective on Carbon Emissions and Financial Performance, in: Ecological Economics 175. https://doi.org/10.1016/j.ecolecon.2020.106632.

Triodos Bank (2020): Annual Report 2019, Zeist.

Triodos Bank N.V. Deutschland (2020): Klimaschutz-Selbstverpflichtung des Finanzsektors, 30.6.2020, abgerufen unter https://www.klima-selbstverpflichtung-finanzsektor.de/zuletzt am 27.12.2020.

Trisos, C./Pigot, A. (2020): Climate change could cause abrupt biodiversity losses this century, vom 09.04.2020, abgerufen unter https://theconversation.com/climate-change-could-cause-abrupt-biodiversity-losses-this-century-135968 zuletzt am 10.12.2020.

Turner, G./Trueb, J. (2013): Profiling the risks in solar and wind, in: Bloomberg New Energy Finance – Insights, 25.07.2013.

Tutz, G. (1998): Time-Varying Coefficients for Discrete Panel Data/Zeitvariierende Koeffizienten für diskrete Panel Daten, in: Jahrbücher für Nationalökonomie und Statistik, 1998, Bd. 217, Nr. 3, S. 334–344.

U.S. Securities and Exchange Commission (2003): Report on the Role and Function of Credit Rating Agencies in the Operation of the Securities Markets.

U.S. Sustainable Investment Forum (2018): Report on U.S. Sustainable, Responsible and Impact Investing Trends, Link: https://www.ussif.org/store_product.asp?prodid=37.

UmweltBank AG (1997): Geschäftsbericht, Nürnberg.

UmweltBank AG (2001): Geschäftsbericht, Nürnberg.

UmweltBank AG (2020): Der Zukunft verpflichtet. Nachhaltigkeits- und Geschäftsbericht 2019. Nürnberg: UmweltBank. Online verfügbar unter https://www.umweltbank.de/investor-relations/publikationen/nachhaltigkeits-und-geschaeftsberichte, zuletzt geprüft am 06.08.2020.

Umweltbundesamt (2019): 6. Globaler Umweltbericht und Schlussfolgerungen für Deutschland, www.umweltbundesamt.de, 30.10.2019, abgerufen unter https://www.umweltbundesamt.de/themen/6-globaler-umweltbericht-schlussfolgerungen-fuer zuletzt am 07.08.2020.

Umweltbundesamt (2020): Klimamodelle und Szenarien, 31.01.2020, abgerufen unter https://www.umweltbundesamt.de/themen/klima-energie/klimafolgen-anpassung/folgen-des-klimawandels/klimamodelle-szenarien#was-sind-klimamodelle zuletzt am 18.12.2020.

UN [United Nations, Vereinte Nationen] (1972): Report of the United Nations Conference on the Human Environment. Stockholm, 5 – 16 June 1972. Online verfügbar unter https://undocs.org/en/A/CONF.48/14/Rev.1.

UN [United Nations, Vereinte Nationen] (1992): Rio-Erklärung über Umwelt und Entwicklung, vom 14.06.1992, abgerufen unter http://www.un.org/depts/german/conf/agenda21/rio.pdf zuletzt am 14.05.2020.

UN [United Nations, Vereinte Nationen] (1997a): General Assembly Special Session on the Environment, Adopted Resolution. New York, 28 June 1997, A/RES/S-19/2. Online verfügbar unter https://www.un.org/en/ga/search/view_doc.asp?symbol=A/RES/S-19/2.

UN [United Nations, Vereinte Nationen] (1997b): Protokoll von Kyoto zum Rahmenübereinkommen der Vereinten Nationen über Klimaänderungen, 11.12.1997, UNFCCC [United Nations Framework Convention on Climate Change], abgerufen unter https://www.bmu.de/fileadmin/Daten_BMU/Download_PDF/Gesetze/kyoto_protokoll.pdf zuletzt am 31.01.2021.

UN [United Nations, Vereinte Nationen] (2012): Resolution adopted by the General Assembly on 27 July 2012 [with-out reference to a Main Committee (A/66/L.56)], A/RES/66/288. The future we want, New York.

UN [United Nations, Vereinte Nationen] (2015a): Paris Agreement, abgerufen unter https://unfccc.int/files/essential_background/convention/application/pdf/english_paris_agreement.pdf, zuletzt am 15.05.2020.

UN [United Nations, Vereinte Nationen] (2015b): Transformation unserer Welt: die Agenda 2030 für nachhaltige Entwicklung, vom 21.10.2015, abgerufen unter https://www.un.org/Depts/german/gv-70/band1/ar70001.pdf zuletzt am 15.05.2020.

UN [United Nations, Vereinte Nationen] (2015c): Transforming our world: the 2030 Agenda for Sustainable Development, Adopted Resolution. New

York, 25 September 2015, A/RES/70/1. Online verfügbar unter https://www.un.org/ga/search/view_doc.asp?symbol=A/RES/70/1&Lang=E.

UN [United Nations, Vereinte Nationen] (2016): UN statistical body agrees to global indicators to measure sustainable development goals, 11 March 2016, abrufbar unter https://news.un.org/en/story/2016/03/524202-un-statistical-body-agrees-global-indicators-measure-sustainable-development zuletzt am 30.09.2020.

UN [United Nations, Vereinte Nationen] (2017): Sustainable Development Goals, Booklet, New Yourk, abrufbar unter https://www.undp.org/content/undp/en/home/sustainable-development-goals.html zuletzt am 14.06.2020.

UN [United Nations, Vereinte Nationen] (2019): Prinzipien für verantwortliches Investieren. Eine Investoreninitiative in Partnerschaft mit der UNEP Finance Initiative und dem UN Global Compact, London.

UN [United Nations, Vereinte Nationen] (2020a): Sustainable Development Goals, abgerufen unter https://www.un.org/sustainabledevelopment/sustainable-development-goals/zuletzt am 15.06.2020.

UN [United Nations, Vereinte Nationen] (2020b): UN Global Compact, abgerufen unter https://www.unglobalcompact.org/zuletzt am 15.06.2020.

UN [United Nations, Vereinte Nationen] (2020c): Sustainable Development Goals, abgerufen unter https://sdgs.un.org/goals, zuletzt am 29.10.2020.

UN [United Nations, Vereinte Nationen] (2020d): The Sustainable Development Goals Report 2020, New York.

UN *Department of Global Communications* [United Nations, Vereinte Nationen] (2020): Sustainable Development Goals, Guidelines for the Use of the SDG Logo including the Colour Wheel, and 17 Icons, abgerufen unter: https://www.un.org/sustainabledevelopment/wp-content/uploads/2019/01/SDG_Guidelines_AUG_2019_Final.pdf, zuletzt am 28.05.2020.

UN *Development Programm* [United Nations, Vereinte Nationen] (2020): Human Development Report 2020: The next frontier – Human development and the Anthropocene, New York.

UN *Enviroment* [Umweltprogramm der Vereinten Nationen] (2019a): Sechster Globales Umweltbericht, Zusammenfassung für Politikentscheider, Kenia.

UN *Enviroment* [Umweltprogramm der Vereinten Nationen] (2019b): Global Environment Outlook 6, 4. März 2019, Cambridge et al.

UN *Global Compact* [globaler Pakt zwischen Unternehmen und den Vereinten Nationen] (2015): SDG Compass. Leitfaden für Unternehmensaktivitäten zu den SDGs. Unter Mitarbeit von WBCSD GRI. New York: UN.

LITERATURVERZEICHNIS

UN Global Compact [globaler Pakt zwischen Unternehmen und den Vereinten Nationen] (2020): The SDG Compass provides guidance for companies on how they can align their strategies as well as measure and manage their contribution to the realization of the SDGs, abgerufen unter https://sdgcompass.org/zuletzt am 27.12.2020.

UN IAEG-SDG [Inter-Agency and Expert Group on Sustainable Development Goal Indicators der Vereinten Nationen] (2016): Final list of proposed Sustainable Development Goal indicators, abgerufen unter https://sustainabledevelopment.un.org/content/documents/11803Official-List-of-Proposed-SDG-Indicators.pdf zuletzt am 24.05.2020.

UN PRI [UN Principles of Responsible Investment] (2015): Integrating ESG factors in partnership with an NGO, vom 19.07.2015, abgerufen unter https://www.unpri.org/fixed-income/integrating-esg-factors-in-partnership-with-an-ngo/55.article zuletzt am 18.05.2020.

UN PRI [UN Principles of Responsible Investment] (2018): How ESG investment creates value for investors and companies, abgerufen unter https://www.unpri.org/download?ac=4637 zuletzt am 18.05.2020.

UN PRI [UN Principles of Responsible Investment] (2020a): What is responsible investment?, abgerufen unter https://www.unpri.org/pri/an-introduction-to-responsible-investment/what-is-responsible-investment zuletzt am 25.05.2020.

UN PRI [UN Principles of Responsible Investment] (2020b): Investing with SDG Outcomes, vom 15.06.2020, abgerufen unter https://www.unpri.org/sdgs/investing-with-sdg-outcomes-a-five-part-framework/5895.article zuletzt am 18.06.2020.

UN PRI [UN Principles of Responsible Investment]/CFA Institute (2018): ESG in Equity Analysis and Credit Analysis, abgerufen unter https://www.unpri.org/download?ac=4571 zuletzt am 12.05.2020.

UN PRI [UN Principles of Responsible Investment]/UNEP FI [United Nations Environment Programme Finance Initiative] (2016): French Energy Transition Law, abgerufen unter https://www.unepfi.org/fileadmin/documents/PRI-FrenchEnergyTransitionLaw.pdf zuletzt am 26.05.2020.

UN PRI [UN Principles of Responsible Investment]/UNEP FI [United Nations Environment Programme Finance Initiative] (2018a): Impact Investing Market Map, vom 20.08.2018, abgerufen unter https://www.unpri.org/download?ac=5426 zuletzt am 23.05.2020.

UN Treaty Collection [United Nations, Vereinte Nationen] (2020): Status of Treaties, vom 25.05.2020, abgerufen unter https://treaties.un.org/pages/ViewDetails.aspx?src=TREATY&mtdsg_no=XXVII-7-d&chapter=27 zuletzt am 25.05.2020.

UNEP [United Nations Environment Programme Finance Initiative] (2016): Definitions and Concepts. Background Note, Geneva.

UNEP [United Nations Environment Programme] (2015): Transforming our world: the 2030 Agenda for Sustainable Development, abgerufen unter https://sustainabledevelopment.un.org/post2015/transformingourworld zuletzt am 17.05.2020.

UNEP [United Nations Environment Programme] (2016): Green Bonds: Country experiences, barriers and options, vom 06.09.2016, abgerufen unter http://unepinquiry.org/wp-content/uploads/2016/09/6_Green_Bonds_Country_Experiences_Barriers_and_Options.pdf zuletzt am 28.05.2020.

UNEP [United Nations Environment Programme] (2018a): Extending our Horizons – Part 1: Transition-related risks & opportunities.

UNEP [United Nations Environment Programme] (2018b): Navigating a new Climate – Part 2: Physical risks and opportunities.

UNEP FI [United Nations Environment Programme Finance Initiative] (2014): Integrated Governance – A new model of governance for sustainability, vom Juni 2014, abgerufen unter https://www.unepfi.org/fileadmin/documents/UNEPFI_IntegratedGovernance.pdf zuletzt am 16.05.2020.

UNEP FI [United Nations Environment Programme Finance Initiative] (2018): Prinzipien für Verantwortliches Bankwesen – Shaping our Future, Genf.

UNEP FI [United Nations Environment Programme Finance Initiative] (2019a): Principles for Responsible Banking – Guidance Document, vom vom September 2019, abgerufen unter https://www.unepfi.org/wordpress/wp-content/uploads/2019/09/PRB-Guidance-Document-Final-19092019.pdf zuletzt am 11.05.2020.

UNEP FI [United Nations Environment Programme Finance Initiative] (2019b): Principles for Responsible Banking – Key steps to be Implemented by Signatories, vom Juli 2019, abgerufen unter https://www.unepfi.org/wordpress/wp-content/uploads/2019/07/Key-Steps-to-be-Implemented-by-Signatories.pdf zuletzt am 11.05.2020.

UNEP FI [United Nations Environment Programme Finance Initiative] (2020): The Principles Signature Document, abgerufen unter https://www.unepfi.org/banking/bankingprinciples/, zuletzt am 24.05.2020.

UNEP FI [United Nations Environment Programme Finance Initiative]/Acclimatise (2018): Navigating a new climate – Assessing credit risk and opportunity in a changing climate: Outputs of a working group of 16 banks piloting the TCFD Recommendations, Part 2: Physical risks and opportunities,

LITERATURVERZEICHNIS

vom Juli 2018, abgerufen unter https://www.unepfi.org/wordpress/wp-content/uploads/2018/07/NAVIGATING-A-NEW-CLIMATE.pdf zuletzt am 22.05.2020.

Union Investment (2019): Institutionelle Anleger, in Performanceeigenschaften von ESG-Scores, Bearbeitungsstand vom 01.09.2019, abgerufen unter https://institutional.union-investment.de zuletzt am 16.05.2020.

Union Investment (2020): Nachhaltigkeitsstudie, Frankfurt.

union-investment.de (2020): Produktinformationen auf Seite »Volksbank Bielefeld-Gütersloh NachhaltigkeitsInvest« aufgerufen auf Seite https://www.union-investment.de/volksbank_bielefeld-g%C3%BCtersloh_nachhaltigkeitsinvest-DE000A0M80H2-fonds-A0M80H/?portrait=1 zuletzt am 26.11.2020.

United Kingdom Meteorological Service Office (2020): What is climate change?, abgerufen unter https://www.metoffice.gov.uk/weather/climate-change/what-is-climate-change zuletzt am 10.12.2020.

Universal Investment (2020): ESG Reporting, abgerufen unter https://www.universal-investment.com/de/themen/institutionelleanleger/reporting/esg-reporting zuletzt am 15.06.2020.

Urban, D. (1996): Chancen für Querdenker, Orell Füssli: Zürich.

Urban, T. (2016): Management von Reputationsarisiken: Theoretischer Ansatz zur Quantifizierung, in: Bank Praktiker, Heft 7, S. 273–278.

Valentine, J./Sholem, M./Smith, C. (2020): Overview of the European Sustainability Taxonomy Regulation, National Law Review, vom 21.04.2020, abgerufen unter https://www.natlawreview.com/article/overview-european-sustainability-taxonomy-regulation zuletzt am 29.05.2020.

Van Laak, C. (2019): Bauernverband beklagt Ernteausfälle, 23.08.2019, www.deutschlandfunk.de, zuletzt abgerufen unter https://www.deutschlandfunk.de/erntebilanz-2019-bauernverband-beklagt-ernteausfaelle.766.de.html?dram:article_id=457099 am 26.06.2020.

VDP [Verband Deutscher Pfandbriefbanken] (2020): Pfandbriefbanken etablieren Mindeststandards für Grüne Pfandbriefe, vom 21.08.2019, abgerufen unter https://www.pfandbrief.de/site/dam/jcr:fa0a3234-ccfc-49fb-8ebb-08ed89b2ae4c/vdp_meldung_10_gruener_pb_web.pdf zuletzt am 12.06.2020.

Vermeulen, R./Schets, E./Lohuis, M./Kölbl, B./Jansen, D.-J./Heering, W. (2018): An energy transition risk stress test for the financial system of the Netherlands, De Nederlandsche Bank N.V., Amsterdam.

Vermeulen, R./Schets, E./Lohuis, M./Kölbl, B./Jansen, D.-J./Heering, W. (2019): The Heat is on: A framework measuring financial stress under disruptive energy transition scenarios, De Nederlandsche Bank N.V., Amsterdam.

Vernimmen, P./Quiry, P./Dallocchio, M./Le Fur, Y./Salvi, A. (2018): Corporate Finance: Theory and Practice. 5 Aufl., Wiley & Sons.

Vezér, M. (2019): 10 for 2019, vom 12.02.2019, abgerufen unter https://www.sustainalytics.com/esg-blog/esg-themes-to-watch-in-2019/zuletzt am 15.06.2020.

VfU [Verein für Umweltmanagement und Nachhaltigkeit in Finanzinstituten e.V.] (2020): Über uns, abgerufen unter https://vfu.de/ueber-uns zuletzt am 27.12.2020.

VÖB [Bundesverband Öffentlicher Banken] (2019): Cofinpro, Nachhaltige Geldanlagen, in: VÖB Servie, Frankfurt/Bonn.

Völker-Lehmkuhl, K./Reisinger C. (2019): Wegweiser Nachhaltigkeit Praxisorientierter Überblick zu Berichterstattung und Prüfung, IDW Verlag GmbH, Düsseldorf.

Volksbank Bielefeld-Gütersloh eG (2018): Nachhaltigkeitsbericht 2017, aufgerufen unter https://www.volksbank-bi-gt.de/privatkunden/sparen-geldanlage/nachhaltige-geldanlagen/nachhaltigkeitsbericht.html zuletzt am 01.06.2020.

Volksbank Bielefeld-Gütersloh eG (2019): Nachhaltigkeitsbericht 2018, aufgerufen unter https://www.volksbank-bi-gt.de/privatkunden/sparen-geldanlage/nachhaltige-geldanlagen/nachhaltigkeitsbericht.html zuletzt am 28.02.2020.

Volksbank Bielefeld-Gütersloh eG (2020a): Seite »NachhaltigkeitsInvest«, eG-volksbank-bi-gt.de, abgerufen unter https://www.volksbank-bi-gt.de/privatkunden/sparen-geldanlage/nachhaltige-geldanlagen/nachhaltigkeitsinvest.html zuletzt am 26.11.2020.

Volksbank Bielefeld-Gütersloh eG (2020b): Seite »Engagement«, volksbank-bi-gt.de, aufgerufen unter https://www.volksbank-bi-gt.de/wir-fuer-sie/engagement.html zuletzt am 26.11.2020.

Volksbank Bielefeld-Gütersloh eG (2020c): Nachhaltigkeitsbericht 2019, aufgerufen unter https://www.volksbank-bi-gt.de/privatkunden/sparen-geldanlage/nachhaltige-geldanlagen/nachhaltigkeitsbericht.html zuletzt am 26.11.2020.

Volksbank Bielefeld-Gütersloh eG (2020d): Seite »Das Ziel«, volksbank-bi-gt.de, aufgerufen unter https://volksbank-bi-gt.viele-schaffen-mehr.de/zuletzt am 22.11.2020.

Volksbank eG – Die Gestalterbank (2020a): Die Bedeutung von Nachhaltigkeit für die Volksbank eG – Die Gestalterbank, abgerufen unter https://www.gestalterbank.de/nachhaltigkeit.html zuletzt am 27.12.2020.

LITERATURVERZEICHNIS

Volksbank eG – Die Gestalterbank (2020b): Neue Vertriebschancen, gerufen unter https://www.gestalterbank.de/firmenkunden/zahlungsverkehr/firmenkarten/excellentcard.html zuletzt am 27.12.2020.

Volksbank eG – Die Gestalterbank (2020c): Bundesweit einzigartiges Projekt »FÜREINANDER.MITEINANDER.STEGERMATT« startet trotz Corona Krise, 3.7.2020, abrufbar unter https://www.gestalterbank.de/wir-fuer-sie/presse/pressemitteilungen-2020/fms.html zuletzt am 27.12.2020.

Volksbank Stiftung (2020): Seite »Über uns«, volksbankstiftung.de, aufgerufen unter https://www.volksbankstiftung.de/index.php?id=9 zuletzt am 26.11.2020.

von Eichhorn, C. (2019): Kernkraft fürs Klima?, vom 04.02.2019, abgerufen unter https://www.sueddeutsche.de/wissen/kernenergie-klimawandel-atomkraft-gates-laufwellenreaktor-1.4312993 zuletzt am 10.12.2020.

von Weizsäcker, E. U./Wijkman, A. (2019): Wir sind dran. Bericht an den Club of Rome, Pantheon.

Wadhams, P. (2020): The Global Impacts of Rapidly Disappearing Arctic Sea Ice, vom 26.09.2016, abgerufen unter https://e360.yale.edu/features/as_arctic_ocean_ice_disappears_global_climate_impacts_intensify_wadhams zuletzt am 10.12.2020.

Wallis, M./Klein, C. (2015): Ethical requirement and financial interest: A literature review on socially responsible investing, in: Business Research, 2015, Bd. 8, Nr. 1, S. 68–98.

Wallstreet:Online (2019): Moody's kauft Klimarisiko-Daten, vom 26.07.2019, abgerufen unter https://www.wallstreet-online.de/nachricht/11632600-laender-unternehmen-moody-s-kauft-klimarisiko-daten zuletzt am 15.06.2020.

Walter, Herbert (2009): »Grundlegender Neuanfang nach gigantischer Vertrauenskrise«, in: Kreditwesen, Ausgabe vom 15.12.2009, S. 1267 ff.

WBA [World Benchmarking Alliance] (2018): Consultation of the World Benchmarking Alliance, vom 20.04.2018, abgerufen unter https://www.worldbenchmarkingalliance.org/wp-content/uploads/2018/04/Washington-DC-Consultation-Document.pdf zuletzt am 11.05.2020.

WCED [World Commission on Environment and Development] (1987): Our Common Future, Brundtland-Bericht.

Weber, O. (2012): Sustainable Banking – History and Current Developments, Working Paper, University of Waterloo, vom 10.10.2012, abgerufen unter https://papers.ssrn.com/sol3/papers.cfm?abstract_id=2159947 zuletzt am 27.05.2020.

Weber, O./Saravade, V. (2019): Green Bonds – Current developments and their future, CIGI Paper No. 210, vom 29.01.2019, abgerufen unter https://www.cigionline.org/sites/default/files/documents/Paper%20no.210_0.pdf zuletzt am 03.06.2020.

WEF [World Economic Forum] (2020a): Unlocking Technology for the Global Goals, Genf.

WEF [World Economic Forum] (2020b): The Global Risks Report 2020, Genf.

WEF [World Economic Forum] (2020c): The Net-Zero Challenge: Fast-Forward to Decisive Climate Action, Genf.

Wehlmann F./Müller H. (2018/2019): Kompendium Publikation für institutionelle Investoren: Nachhaltigkeit/ESG Edition: Asset Manager, Wiesbaden.

Weltbank (2010): Green bonds: a model to mobilise private capital to fund climate change mitigation and adaptation projects, abgerufen unter http://worldbank.or.jp/debtsecurities/web/Euromoney_2010_Handbook_Environmental_Finance.pdf zuletzt am 08.04.2020.

Weltbank (2015): Mainstreaming Climate Action within Financial Institutions, abgerufen unter https://www.worldbank.org/content/dam/Worldbank/document/Climate/5Principles.pdf zuletzt am 29.04.2020.

Weltbank (2018): Environmental, Social and Governance Factors Can Be Material Risks for Fixed Income Investors, Finds World Bank Group and GPIF Report vom 19.04.2018, abgerufen unter https://www.worldbank.org/en/news/press-release/2018/04/19/environmental-social-and-governance-factors-can-be-material-risks-for-fixed-income-investors-finds-world-bank-group-and-gpif-report zuletzt am 15.06.2020.

Weltbank (2019a): 10 years of Green Bonds, vom 18.03.2019, abgerufen unter https://www.worldbank.org/en/news/immersive-story/2019/03/18/10-years-of-green-bonds-creating-the-blueprint-for-sustainability-across-capital-markets zuletzt am 08.04.2020.

Weltbank (2019b): State and Trends of Carbon Pricing 2019. Washington DC, Juni 2019. https://openknowledge.worldbank.org/handle/10986/31755.

Weltbank/Zurich Pension Fund/Amundi/Actiam (2017): Pension Fund Service – Green Bonds, vom Dezember 2017, abgerufen unter http://pubdocs.worldbank.org/en/554231525378003380/publicationpensionfundservicegreenbonds201712-rev.pdf zuletzt am 31.05.2020.

Weyzig, F./Kuepper, B./Willem van Gelder, J./van Tilburg, R. (2014): The Price of Doing Too Little Too Late: The Impact of the Carbon Bubble on the EU Financial System, Green European Foundation, Brüssel.

WHO [Weltgesundheitsorganisation] (2015): Health in 2015. From MDGs, Millennium Development Goals to SDGs, Sustainable Development Goals, Geneva.

LITERATURVERZEICHNIS

Wikipedia.de (2020a): Seite »Zweitrundeneffekt«. In: Wikipedia, Die freie Enzyklopädie. Bearbeitungsstand: 27. Februar 2018, 22:51 UTC. URL: https://de.wikipedia.org/w/index.php?title=Zweitrundeneffekt&oldid=174460323 (Abgerufen: 17. Juni 2020, 09:07 UTC).

Wikipedia.de (2020b): Seite »COVID-19-Pandemie«. In: Wikipedia, Die freie Enzyklopädie. Bearbeitungsstand: 17. Juni 2020, 06:35 UTC. URL: https://de.wikipedia.org/w/index.php?title=COVID-19-Pandemie&oldid=201051663 (Abgerufen: 17. Juni 2020, 10:14 UTC).

Wikipedia.de (2020c): Seite »Pandemie H1N1 2009/10«. In: Wikipedia, Die freie Enzyklopädie. Bearbeitungsstand: 13. Juni 2020, 18:12 UTC. URL: https://de.wikipedia.org/w/index.php?title=Pandemie_H1N1_2009/10&oldid=200938317 (Abgerufen: 17. Juni 2020, 10:47 UTC).

Wikipedia.de (2020d): Donald Trumps Präsidentschaftswahlkampf 2015/16, in: Wikipedia, Die freie Enzyklopädie. Bearbeitungsstand: 4. Juni 2020, 14:49 UTC. URL: https://de.wikipedia.org/w/index.php?title=Donald_Trumps_Pr%C3%A4sidentschaftswahlkampf_2015/16&oldid=200628208 (Abgerufen: 23. Juni 2020, 18:45 UTC).

Wikipedia.de (2020e): Hagelsturm von München, in: Wikipedia, Die freie Enzyklopädie. Bearbeitungsstand: 12. Juli 2019, 21:45 UTC. URL: https://de.wikipedia.org/w/index.php?title=Hagelsturm_von_M%C3%BCnchen&oldid=190380163, abgerufen: 25. Juni 2020, 15:25 UTC.

Wikipedia.de (2020f): Gerichtsverfahren zum Klimawandel, in: Wikipedia, Die freie Enzyklopädie. Bearbeitungsstand: 16. Juni 2020, 18:02 UTC. URL: https://de.wikipedia.org/w/index.php?title=Gerichtsverfahren_zum_Klimawandel&oldid=201039817 (Abgerufen: 26. Juni 2020, 17:33 UTC).

Wikipedia.de (2020g): Integrated Assessment, in: Wikipedia, Die freie Enzyklopädie. Bearbeitungsstand: 20. September 2020, 11:30 UTC. URL: https://de.wikipedia.org/w/index.php?title=Integrated_Assessment&oldid=203817464 (Abgerufen: 18. Dezember 2020, 11:56 UTC).

Wikipedia.de (2020h): Total Cost of Ownership, in: Wikipedia, Die freie Enzyklopädie. Bearbeitungsstand: 6. Januar 2020, 18:52 UTC. URL: https://de.wikipedia.org/w/index.php?title=Total_Cost_of_Ownership&oldid=195571722 (Abgerufen: 7. Dezember 2020, 20:44 UTC).

Wikipedia.de (2020i): Seite »Six Sigma«, in Wikipedia, Die freie Enzyklopädie, Bearbeitungsstand vom 05.11.2020, abgerufen unter https://de.wikipedia.org/w/index.php?title=Six_Sigma&oldid=205229870 zuletzt am 13.12.2020.

Wimalasena, J. (2020): Pandemie der Ungleichheit, in: Zeit Online, 16.05.2020, abrufbar unter https://www.zeit.de/politik/ausland/2020-

05/coronavirus-krise-usa-pandemie-soziale-ungleichheit-wirtschaft zuletzt am 21.02.2020.

Wimmer, K. (2017): Gestiegene Eigenkapitalanforderungen für weniger bedeutende Institute, in: Finanzierung Leasing Factoring, Heft 2, S. 73–76.

Winter J./Kruse O. (2019): Integration von Nachhaltigkeitsaspekten in den Anlage-Beratungsprozess bei Nicht-Professionellen Anlegern, online verfügbar unter: https://www.hochschule-bundesbank.de/resource/blob/807164/b67737e4a99bd9827a63bd9a6d097c32/mL/2019-09-13-praesentation-winter-data.pdf, aufgerufen am 19.05.2020.

Winzer, G. (2020): Alte Bekannte: die Welt nach der Akutphase der Corona-Krise, 5.6.2020, abrufbar unter https://blog.de.erste-am.com/alte-bekannte-die-welt-nach-der-akutphase-der-corona-krise/zuletzt am 30.10.2020.

Wirth, H.-J. (2020): Warum wir auch jetzt keine Vegetarier werden, in: Spiegel.de, vom 21.02.2020, abrufbar unter https://www.spiegel.de/psychologie/coronavirus-bei-toennies-warum-wir-auch-jetzt-keine-vegetarier-werden-a-8afc8b9d-b7c4-46f9-a8e9-3b399be03ee5 zuletzt am 22.06.2020.

wirtschaftslexikon.gabler.de (2018a): Balanced Scorecard, in Gabler Wirtschaftslexikon, Bearbeitungsstand vom 20.02.2018, abgerufen unter https://wirtschaftslexikon.gabler.de/definition/balanced-scorecard-28000/version-251640 zuletzt am 12.06.2020.

wirtschaftslexikon.gabler.de (2018b): Greenwashing, in Gabler Wirtschaftslexikon, Bearbeitungsstand vom 19.02.2018, abgerufen unter https://wirtschaftslexikon.gabler.de/definition/greenwashing-51592 zuletzt am 15.05.2020.

wirtschaftslexikon.gabler.de (2019): ESG-Kriterien, in Gabler Wirtschaftslexikon, Bearbeitungsstand vom 28.01.2019, abgerufen unter https://wirtschaftslexikon.gabler.de/definition/esg-kriterien-120056/version-369280 zuletzt am 12.06.2020.

Wissenschaftliche Dienste des Deutschen Bundestags (2004): Nachhaltigkeit, in: Der aktuelle Begriff, 2004, Nr. 06/2004, S. 2.

Witsch, K. (2020): Shell plant größtes Wasserstoff-Projekt Europas, in: Handelsblatt, 27.02.2020.

WMO [World Meteorological Organization]/UNEP [United Nations Environment Programme] (2021): EFDB Emission Factor Database – Other databases, abrufebar unter https://www.ipcc-nggip.iges.or.jp/EFDB/otherdb.php zuletzt am 31.01.2021.

World Economic Forum (2007): Gobal Risks 2007, Genf.

World Economic Forum (2008): Gobal Risks 2008, Genf.

World Economic Forum (2009): Gobal Risks 2009, Genf.

World Economic Forum (2010): Gobal Risks 2010, Genf.

LITERATURVERZEICHNIS

World Economic Forum (2011): Gobal Risks 2011, Genf.
World Economic Forum (2012): Gobal Risks 2012, Genf.
World Economic Forum (2013): Gobal Risks 2013, Genf.
World Economic Forum (2014): Gobal Risks Report 2014, Genf.
World Economic Forum (2015): Gobal Risks Report 2015, Genf.
World Economic Forum (2016): Gobal Risks Report 2016, Genf.
World Economic Forum (2017): Gobal Risks Report 2017, Genf.
World Economic Forum (2018): Gobal Risks Report 2018, Genf.
World Economic Forum (2019): Gobal Risks Report 2019, Genf.
World Economic Forum (2020): Gobal Risks Report 2020, Genf.
World Resources Institute (2004): The Greenhouse Gas Protocol: A Corporate Accounting and Reporting Standard (Revised Edition), Eigenverlag: Washington D.C. Abrufbar unter https://ghgprotocol.org/corporate-standard zuletzt am 31.01.2021.
World Resources Institute (2021a): IPCC Emissions Factor Database, abrufbar unter https://ghgprotocol.org/Third-Party-Databases/IPCC-Emissions-Factor-Database zuletzt am 31.01.2021.
WRI [World Resources Institute]/UNEP FI [United Nations Environment Programme Finance Initiative]/2 degrees Investing Initiative (2018): Exploring Metrics to Measure the Climate Progress of Banks, vom 24.05.2018, abgerufen unter https://wriorg.s3.amazonaws.com/s3fs-public/exploring-metrics-to-measure-the-climate-progress-of-banks.pdf zuletzt am 19.05.2020.
Wulsdorf, H. (2005): Nachhaltigkiet. Ein christlicher Grundauftrag in einer globalisierten Welt, Friedrich Pustet: Regensburg.
Wurster, J. (2019): Geschäftsmodelle und Digitalisierung im Backoffice, in: Heithecker, D./Tschuschke, D. (Hrsg.): Geschäftsmodellanalyse, 2. Auflage, Heidelberg, 2019, S. 242–261.
WWF [World Wide Fund For Nature] (2020a): Kurswechsel bei deutschen Banken: WWF-Rating zur Integration von Nachhaltigkeit in Kerngeschäftsfeldern der 14 größten Banken Deutschlands, Januar, abgerufen unter www.wwf.de zuletzt am 16.05.2020.
WWF [World Wide Fund For Nature] (2020b): Das kann kein Meer mehr schlucken: Unsere Ozeane versinken im Plastikmüll, 15. Januar 2020, abgerufen unter https://www.wwf.de/themen-projekte/meere-kuesten/plastik/unsere-ozeane-versinken-im-plastikmuell zuletzt am 06.12.2020.
www.fondskonzept.ag (2020): Nachhaltigkeit, online verfügbar unter: https://www.fondskonzept.ag/investmentfonds/zielgruppen-von-nachhaltigen-investments-und-darin-versteckte-potentiale, aufgerufen am 19.05.2020.

www.fondsprofessionell.de (2020): HVB-Vermögensverwaltung: Kunden bevorzugen ESG-Variante, online verfügbar unter: https://www.fondsprofessionell.de/news/produkte/headline/hvb-vermoegensverwaltung-kunden-greifen-mehrheitlich-zur-esg-variante-197361/, aufgerufen am 09.05.2020.

Yong, X. S (2019): Do 'greeniums' make green bonds into an asset class?, Investors's corner: The offical blog of BNP Pariabas Asset Management, vom 26.11.2019, abgerufen unter https://investors-corner.bnpparibas-am.com/investing/green-bonds-asset-class-greeniums/zuletzt am 01.06.2020.

ZdK [Sekretariat der Deutschen Bischofskonferenz, Zentralkomitee der deutschen Katholiken] (2015): Ethisch-nachhaltig investieren, Bonn.

Zeilinger M. (2019): Erfahrungsbericht der fair-finance Vorsorgekasse, Theory and Practice of Change – Nachhaltigkeit in der Kapitalanlage, Absolut Impact Ausgabe 2019 Nr. 1, S. 15 ff.

ZEIT ONLiNE (2021): CO2-Preis bei Gebäuden und Verkehr eingeführt, 01.01.2021, ZEIT ONLINE, abrufbar unter https://www.zeit.de/politik/deutschland/2021-01/emissionshandel-co2-preis-gebaeude-verkehr zuletzt am 01.01.2021.

Zeranski, S./Nocke, F. (2018): Prüfung der Risikokultur und der Nachhaltigkeit des Geschäftsmodells in Banken im SREP, in: Michalke, A./Rambke, M./Zeranski, S. (Hrsg.): Vernetztes Risiko- und Nachhaltigkeitsmanagement, Springer: Wiesbaden, 2018, Seiten 253–276.

Zerbib, O.D. (2019): The effect of pro-environmental preferences on bond prices: Evidence from green bonds, in: Journal of Banking & Finance, 2019, Bd. 98, S. 39–60.

Ziedler, C. (2020): Fleischbranche muss abspecken, in: www.stuttgarter-zeitung.de, 21.05.2020, abrufbar unter https://www.stuttgarter-zeitung.de/inhalt.neue-auflagen-fuer-die-fleischindustrie-fleischbranche-muss-abspecken.949cdd2e-86b9-4fec-8266-60951e1df489.html?reduced=true zuletzt am 27.06.2020.

Zinnecker, S. (2020): »Nachhaltige Geldanlagen – Aktien kaufen mit gutem Gewissen«, in der Finanztip vom 20.03.2020, Link: https://www.finanztip.de/indexfonds-etf/nachhaltige-geldanlagen/.

Stichwortverzeichnis

Stichwortverzeichnis

Hinweis: Es werden jeweils die Bezüge zu den Randnummern angegeben. Das Kürzel »f.« schließt immer die nachfolgende Randnummer ein, das Kürzel »ff.« fasst längere Abschnitte über mindestens fünf Randnummern zusammen.

Stichwort	Randnummer
2-Grad-Ziel	432, 1498
Aktien-ETF	1549ff.
Aktienselektion	1547ff.
Aktionsplan Nachhaltige Finanzwirtschaft	20
Alternative Investments	1327
Ansatz, iterativer	1121
Arbeits- und Sozialstandards	440
Asset Liability Committee (ALCO)	983, 1048
Asset Management	43, 327, 1187, 1359 ff., 1383, 1393, 1396, 1404, 1417, 1432, 1440, 1266, 1446, 1459, 1309, 1504 f., 1936
Asset-Klasse	1154, 1455
Auslagerung	247, 380, 1175, 1307, 1310, 1313 ff., 1322 f., 1326 ff., 1349 ff., 1353 ff., 1358, 1875
Auslagerungsmanagement	130, 171, 1317, 1331 ff., 1341 ff., 1356, 1877
Auslagerungsrichtlinie	1331
Auslagerungsvertrag	1348 ff., 1350, 1355, 1877
Ausschluss	162, 805, 852, 999, 1030, 1360, 1364, 1370, 1377, 1472, 1482, 1491, 1530, 1533
Ausschluss Branchen	1528
Ausschlusskriterien	161, 165, 379, 457, 463, 494, 978, 1002, 1005f, 1160, 1360, 1365, 1371, 1376, 1412, 1497, 1865, 1872
Auswirkungsanalyse	34 ff., 881, 884, 1123, 1054

www.FCH-Gruppe.de

STICHWORTVERZEICHNIS

BaFin-Merkblatt	148, 153, 157 ff., 165 ff., 171, 184, 411, 469, 528, 927, 1799, 2001, 2012
Banksteuerung	1037, 1042, 1079 ff., 1119 f., 1126f
Beleihungswert	1608, 1622, 1628, 1641 f., 1663 ff., 1666, 1669
Benchmark	35, 49, 249, 522, 807, 811, 828, 944, 1181, 1401, 1405, 1410, 1273, 1456, 1495, 1499, 1537, 1767, 1790
Berichterstattungspflicht	1850, 1891
Best in Class/Best-in-Class	165, 463, 494, 596, 1365 f., 1370 ff., 1376, 1385, 1410, 1455 f., 1495 ff., 1504, 1528, 1534, 1539, 1546
Best of Class	1366, 1197, 1372, 1380, 1385 ff.
Beteiligungen	840, 852, 939, 970, 1191, 1588, 1704, 1750 ff.
Bewertung	1, 16, 43, 48, 58 f., 234, 239, 244, 252, 279, 284, 298, 307, 311, 319, 322, 340, 394 f., 414, 447, 450, 459, 469, 523, 537, 544, 573, 602, 633, 718 ff., 655, 733ff, 710, 784, 869, 960 f., 986, 1007, 1014f, 1030, 1140, 1148 f., 1193, 1221, 1234, 1323, 1329, 1356, 1365, 1201, 1378, 1385, 1235, 1462, 1465, 1481, 1530 f., 1642, 1670, 1686, 1697, 1724, 1742, 1767, 1780, 1790, 1822 ff., 1828 f., 1839, 1872, 1892, 1917, 1980, 1995, 2007 f., 2011
Bilanzierung von Treibhausgasen	647, 654, 670
Bilanzstruktur	1042, 1048, 1064
Bildungssystem	1421
Brundtland-Bericht/Brundtland-Report	482, 560, 758
Business Continuity Management	302, 1339
Carbon Footprint	1398
Chancen	43 ff., 71, 369, 372, 375, 397, 400 f., 428, 498, 543, 553, 590, 642 ff., 733, 770 f., 778, 782, 786, 791, 795, 821, 922, 957 ff., 962, 1002, 1360, 1448,

STICHWORTVERZEICHNIS

	1475, 1483 ff., 1502, 1505, 1652, 1839, 1843, 1846, 1893, 1897, 2008
Club of Rome	560, 758, 1425
CO2-Bepreisung	215, 647
CO2-Fußabdruck	640, 684, 722, 725, 733, 756f, 1193, 1463, 1858
CO2-Managementsystem	642
Comply or Explain	1217, 1918
COP21	8
Covered Bond	1563, 1607 f., 1614, 1621, 1648, 1655, 1679, 1685, 1688
COVID-19-Pandemie	202, 241, 1091, 1101, 1305, 1511, 1546 ff.
Crowdfunding	503
CRR	124 ff., 187, 464, 307 f., 485, 309 ff., 322, 331, 1680, 1502, 1965, 1971, 2005 ff.
CRR II	485, 322, 991, 311, 925, 1217, 1972 ff., 1758, 1975 ff., 1761 f., 1765, 1769 ff., 1782, 1983, 1985 ff., 1990 ff., 2010 ff.
CSR/Corporate Social Responsitility	297, 429, 582, 1389, 1700, 1886, 1902, 1914, 1964, 1999
CSR-Richtlinie	338, 373, 673, 949, 1889, 1274, 1301, 1690, 1904, 1921
Datenfelder	875, 882
Datengrundlage	541, 647 f., 1046, 1166, 1780
Deckungsstock	1608, 1619 ff., 1641, 1679, 1684, 1687, 1697
Deckungswerte	1608, 1618, 1460, 1633, 1636 f., 1645, 1621 ff., 1682, 1687
Deutscher Nachhaltigkeitskodex (DNK)	508, 1928
Dienstleistersteuerung	1337, 1345
Digitalisierung	213, 272, 556, 593, 829 f., 838, 1101, 1464, 1548
Disorderly Szenario	107

STICHWORTVERZEICHNIS

Disruptiv	74, 272, 302, 418, 578, 780, 900, 1085, 1284, 1485
Divestment	1377, 1501
EBA	20, 174, 257, 260 ff., 265 ff., 271
Eco-Management and Audit Scheme (EMAS)	391 f., 553, 448
Emissionserlöse	1558, 1592, 1595 ff., 1649, 1654 ff., 1659, 1682 ff., 1692, 1732
Emissionsreduktion	41, 703, 752
emissionsrelevanter Energiebedarf	99
Energie-Effizienz	1418
Energy Environment and Sustainability Group (EESG)	1916
Engagement	35, 81, 149, 169, 179, 268, 293 f., 394, 420, 427, 435, 439, 467, 492, 495, 501 f., 505, 539 f., 582, 609, 668, 805, 863 f., 882, 955, 961, 977, 983, 1002, 1012, 1016, 1229, 1370f, 1375, 1394, 1409, 1416, 1452, 1475, 1500 f., 1647, 1660, 1709, 1712, 1910
Engpässe im Transformationsprozess	112
Erneuerbare Energien	50, 579, 771, 863, 899, 964, 1152, 1249, 1278, 1489, 1499, 1551, 1607, 1618, 1638 ff., 1644 ff., 1652, 1655, 1658, 1665, 1720
Ertragspotenzial	459, 919f, 1042, 1359, 1407, 1469, 1505
ESG-Faktoren	73, 531, 536, 539, 542, 1441, 1477, 1485, 1500, 1700, 1801, 1968
ESG-Kriterien	5, 21, 42 f., 52 f., 61, 72, 80, 239, 372, 394, 408 f., 585, 949, 996, 1006, 1161, 1164, 1365, 1381, 1402, 1417, 1423, 1426, 1477, 1549, 1736, 1780, 1784, 1915
ESG-linked Loans	406
ESG-Rating	53, 171, 252, 289317, 325 ff., 348 ff., 376, 1125, 1147, 1458, 1528, 1539 ff., 1547

ESG-Reporting	1397
ESG-Risiken	20, 102, 190 ff., 200 ff., 209, 213, 219ff, 232, 236, 246, 251, 282 ff., 291, 302, 468 f., 537 ff., 551 ff., 997, 1009, 1136, 1172, 1181, 1184, 1191, 1686, 1800, 1965 ff., 1973 ff., 1979 f., 1985 ff., 1994 ff., 2005, 2009 ff.
ESG-Score	53, 1154 f., 1456, 1493 ff.
ESG-Scores	53, 1155, 1456
ESG-Standards	79, 1579, 1586
EU-Aktionsplan zur Finanzierung nachhaltigen Wachstums	23
EU Green Bond Standard	1071, 1591, 1597, 1605
EU-Klassifizierungssystems	1592
EU-Taxonomie	19, 124, 280, 1554, 1592 ff.
EU-Taxonomie	403, 650, 783, 790, 949, 1192, 1592, 1678, 1966
European Federation of Financial Analysts Societies (EFFAS)	1727, 1936 ff., 1731 f.
Externalität	83
Faktoren des Nachhaltigkeitsmanagements	865, 878
Fehlerrisiko	1802 f., 1825
Finanzkreislauf	421, 460 f.
Finanzstabilität	45, 88, 92, 110, 768, 832, 867
Fintech	64, 578, 611, 821, 838, 900
Fundamentales Research	1492
Gemeinwohl	435, 472, 475, 1402
Genossenschaftliche Werte	473
Geschäftsmodell	16, 20, 24, 28, 35 ff., 58, 72, 77, 90, 143, 219 ff., 235, 239, 246 ff., 253, 265 f., 277, 280, 294, 302 ff., 313 ff., 319, 332, 342, 359, 371 ff., 379, 384, 399 ff., 419, 421 f., 426, 442, 451, 502, 513, 516 ff., 525 ff., 538 ff., 548, 551 ff., 559, 567, 580 ff., 596, 600, 614,

STICHWORTVERZEICHNIS

	627 ff., 636 f., 672, 682, 689, 728, 755, 759, 786, 805, 811 ff., 824, 828, 834 ff., 863, 868 f., 872, 877 ff., 890, 897 f., 901, 904 ff., 914, 920 f., 947 ff., 953, 961, 968, 972, 980 ff., 1000 ff., 1013, 1029, 1034 ff., 1041 ff., 1046, 1049, 1054, 1057 f., 1070, 1075 f., 1085, 1089, 1094, 1098 f., 1113, 1121 f., 1132 ff., 1139, 1169, 1190, 1197 f., 1228, 1238 f., 1244, 1260, 1268, 1279, 1407, 1483 ff., 1493 f., 1500 ff., 1505, 1573, 1757 f., 1767, 1788, 1815, 1818 f., 1857, 1894, 1898 ff., 1908
Geschäftsstrategie	20, 72, 142 f., 193, 271, 281, 370 f., 374, 384, 525, 540, 567, 804, 836 ff., 843 ff., 849, 863, 1001 ff., 1042 ff., 1051, 1056 ff., 1064, 1068 ff., 1074, 1135, 1140, 1144 ff., 1169, 1796, 1860, 1912, 1954, 2006
Gesundheitsmanagement	388, 427, 484, 510, 791, 805
Gewinnstreben	474, 609, 921
Global Compact Netzwerk	422
Global Impact Investment Rating System (GIIRS)	1767
Global Reporting Initiative (GRI)	35, 72 f., 912, 976, 1767, 1780, 1887, 1918, 1921 ff., 1931, 1938, 1941, 1946
Global Sustainable Development Goals (SDG)	561, 599
Good Practise	128, 184
Governance	4 f., 14, 18 ff., 53, 70 f., 101 f., 148, 190 ff., 199 ff., 301, 372, 389 ff., 394, 429, 449, 540, 546, 790, 805, 863, 870, 878, 882, 996 f., 1021, 1024, 1031, 1037, 1042 f., 1046 ff., 1084, 1087, 1097, 1134, 1145, 1160, 1359, 1362, 1400, 1420, 1441, 1459, 1466, 1475, 1478, 1493 f., 1512, 1528, 1548, 1608, 1686, 1736, 1767, 1796, 1856, 1915 f., 1938, 1965
Governancerisiko	1097
Green Assets Ratio	1992, 2015

STICHWORTVERZEICHNIS

Green Bond	522, 1034, 1042, 1046, 1069 ff., 1154, 1512, 1520, 1551 ff., 1559 f., 1565, 1568 f., 1573 ff., 1589 ff., 1603 ff., 1607, 1948, 1649 ff., 1657, 1677, 1682 f., 1686 ff., 1696 f., 1715, 1731 ff.
Green Bond Principles	1565, 1597, 1604, 1648 ff., 1653, 1677, 1682 f., 1689 f., 1697
Green Bond Rahmenwerk	1648, 1652 f., 1682, 1690
Green Deal	19, 186 ff., 523, 561, 945, 1129, 1431, 1438, 1568
Green Supporting Factor	313 f., 317, 322 ff., 329, 352, 808 f.
Green-Bonds	377
Greenium	1580 ff.
Greenwashing/Green-Washing	165, 239, 378, 588, 591 f., 780, 918, 1465, 1554 f., 1584, 1605 f., 1780, 1912, 1964, 1201 f., 1210, 1213 ff., 1220, 1238, 1252, 1257, 1272
Grüne Deal	397 f., 401
Grüne Pfandbriefe	377
Haftungsrisiko	230, 239
Hambacher Forst	565
Heat Map	164
Hot House Szenario	108
ICAAP	986, 994, 1006 f., 1030, 1049, 1078, 1081, 1108 ff., 1172, 1178, 1185, 1189
ILAAP	994, 1032, 1037, 1049, 1075, 1078
Impact/Impact Assessment	166, 891, 949, 1450, 1462, 1507, 1594 ff., 1683 ff., 1703, 1706, 1711, 1715, 1719 ff., 1733 ff., 1739 ff., 1750, 1754, 1758 ff., 1767, 1775 ff., 1790 f.
Impact Reporting and Investment Standards (IRIS)	1767, 1780
Incentivierung	927, 1162 ff.
Informationsasymmetrien	1584, 1692
Informationssicherheit	1323, 1337 f., 1345
Inhärentes Risiko	1803

STICHWORTVERZEICHNIS

Innovation	54, 58, 62, 191, 280, 363, 369, 399, 419, 492, 578, 590, 594 f., 611 ff., 636 f., 779, 863, 869, 907 ff., 913, 916, 922, 931 f., 942, 949, 961, 964, 968, 972, 980 ff., 1430, 1932, 2001
Inside-Out-Effekte	1083
Insurance Distribution Directive	1447 f.
Integrated Assessment Modeling Consortium (IAMC)	105
International Integrated Reporting Council (IIRC)	1767
Interne Revision	177, 797, 1835, 1854 ff., 1864 f., 1868 f., 1872 f., 1877 f., 1881, 1958
Investieren, wirkungsorientiertes	1709, 1712 ff.
Investitionslenkung	1421, 1431
Investorenverhalten	1432
IRBA	308 ff., 315, 318, 349
ISS-ESG	449
Jahresabschluss	814, 901, 1792, 1795, 1805 ff., 1810 f., 1824 f., 1828 f., 1834, 1839, 1843 ff., 1852 f., 1944
Kalkulation	279, 584, 598, 602, 613, 622, 717, 1067
Kapitaldienstfähigkeit	582
KCD-Familie	466
Key Performance Indicators	175, 976, 1777, 1938
Klima	3, 8 ff., 15 f., 20 ff., 24, 27 f., 35, 40 f., 45 ff., 54, 58f, 69, 74f, 79, 83, 87, 93, 100 ff., 108, 116, 133, 136, 143, 172, 175 ff., 186, 190 f., 194, 198, 208, 112, 215 f., 222, 239, 246, 249, 253, 257, 261, 274, 280, 293, 299 f., 318, 323, 339 f., 374, 390 ff., 407, 414, 424, 468 f., 514, 522, 535, 561f, 638, 641, 644 ff., 694, 702, 756, 758, 762, 768, 772, 805, 863, 866 f., 870 f., 876, 886, 888 ff., 939, 945, 949, 983, 986 ff., 993, 996, 1012, 1028, 1031, 1045, 1079 f.,

STICHWORTVERZEICHNIS

	1085, 1092 f., 1104, 1110, 1113, 1117, 1170, 1173 ff., 1777 f., 1183, 1190, 1200, 1203, 1217, 1225, 1229, 1233 ff., 1241 ff., 1252, 1260, 1272, 1275, 1284, 1295, 1298 ff., 1308, 1325, 1330, 1377, 1388, 1393, 1412, 1422, 1425, 1431, 1438, 1443, 1473, 1482, 1486, 1491, 1500 ff., 1511, 1551 f., 1601, 1647, 1792, 1831 ff., 1857, 1872, 1891 ff., 1949, 1952, 2007 f.
Klimaneutralität	54, 69, 390, 647, 1482
Klimapolitik	9, 93, 108, 215, 274, 832, 1170, 1511
Klimarisiken/Klimarisiko	9, 41, 51, 58, 74, 100 ff., 217, 222 f., 265, 275, 280, 299, 318, 339 ff., 354, 498, 514, 644 ff., 866, 876, 993, 1012, 1031, 1079 f., 1085 f., 1090 ff., 1104, 1110, 1113, 1117 ff., 1123, 1173, 1260, 1268, 1275 ff., 1282, 1388, 1426, 1904, 2007 f.
Klimaschutzabkommen	133, 640, 792
Klima-Szenarien	258, 1282 ff.
Know-how-Aufbau	153, 603, 926
kohlenstoffarme Volkswirtschaft	27, 74, 107, 1568, 1600
Kohlenstoffbuchhaltung	641
Kommunikation	81, 145, 281, 388, 396, 399, 512, 575, 590, 621, 625, 794, 811, 814, 877, 912, 924 ff., 934, 943, 953, 967, 971, 990, 1459 f., 1558, 1601, 1774, 1884, 1950, 1963
Konditionen	474, 579, 584, 1040, 1062, 1585
Konsumentenrente	575
Kontrollrisiko	1803
Kooperation	358, 473, 863, 949, 963, 981, 985, 1002, 1606
Kreditrisiko	51, 60, 239 ff., 277, 284 f., 307 ff., 319, 325, 349 f., 872, 134, 1215 f., 224
Kreditrisiko-Standardansatz	309 f.
Kreditsicherheiten	617, 1581
Kreditvergaberichtlinien	54, 358, 1154 ff., 1999

STICHWORTVERZEICHNIS

Kunden	29, 35, 40, 43, 54, 62 ff., 79, 149, 159, 163, 202, 212, 224 f., 231 ff., 358, 270, 285, 296 ff., 302, 346 ff., 379, 384 f., 401, 446 f., 450, 455 ff., 464 f., 475, 478, 485, 488, 497, 506, 514, 517 f., 524, 527, 534, 541, 547, 551, 557, 570, 575, 578 ff., 583, 586 ff., 598 f., 608 f., 613, 620 ff., 631, 635 ff., 645, 665, 682, 702, 732, 788, 827 ff., 834, 837 f., 842, 858 f., 869, 872, 879, 882, 894, 899, 904 ff., 913 f., 926, 947, 954, 964, 970 ff., 978 ff., 1002, 1033 f., 1063, 1113, 1132, 1141, 1147, 1153 f., 1160, 1169, 1190, 1211, 1216, 1240, 1262, 1266 f., 1270 ff., 1292, 1419, 1432, 1435 ff., 1447 ff., 1454, 1460, 1463 ff., 1472, 1503, 1573, 1652, 1792, 1861, 1888, 1897, 1910, 1913, 1942, 1950 f.
Kundendialog	54, 64
Leitfaden der EZB zu Klima- und Umweltrisiken	20, 75, 172, 374, 1857
Leitfaden zu Klima- und Umweltrisiken	20, 75, 172, 374, 1512, 1857
Less Significant Institutions (LSI)	1191, 1231, 1239, 1245, 1252
Lettre de Gage Renewable Energy	1607, 1613, 1622, 1626, 1631, 1648, 1653, 1676, 1697
LGD	310, 1090
Limite	162 f., 530, 753, 805, 813, 1059, 1222, 1246
Liquidität(risiko)steuerung	882, 1033 ff., 1049 ff., 1076 f.
Liquiditätsspreadrisiken	1062
Loan-to-Value	1607, 1642, 1661 ff., 1670
Lock-in-Effekt	114
Make-or-buy-Entscheidung	612
Marketing	592, 929, 977, 1083, 1552, 1555, 1964
Marktpreisrisiken	232, 164 ff., 292, 411, 1017, 1025, 1041, 1215, 1304, 1322, 1674

STICHWORTVERZEICHNIS

Materialitätsmatrix	447
Meldewesen	310, 1987, 1994
MiFID II	524, 1448, 1977
Mikrofinanzfonds	1745 f.
Minsky-Moment	97, 1202
Mitarbeiter	35, 67 ff., 144, 180, 185, 218 ff., 241, 381, 388 f., 435 f., 444 ff., 453, 464, 470, 498, 510 ff., 526, 548, 603, 606f, 652, 732, 805, 825, 834, 858, 864, 871, 882, 909, 917, 926, 931, 949, 954, 963 f., 967 ff., 982, 1160, 1399, 1429, 1494, 1500, 1705, 1790, 1837, 1861 f.
Mitigationsstrategie	1080 f., 1114, 1118, 1127
Mitigationstechnik	1118
MSCI ESG Rating	53, 1457, 1540 f., 1544
Nachhaltig ausgerichtetes Personalmanagement	388
Nachhaltige Ausgestaltung des Kreditgeschäfts	404
Nachhaltige Entwicklung	1 ff., 7, 21 f., 24 f., 73, 191, 358, 363, 422, 467, 501, 758, 761, 907, 945, 1129, 1499, 1556, 1703, 1712, 1922, 1962
Nachhaltige Finanzierung	376, 1042, 1071, 1181, 1190, 1556
Nachhaltige Finanzwirtschaft	1 ff., 20, 186, 307, 330, 513, 561, 758
Nachhaltige Kapitalanlage	497, 1513
Nachhaltiger Referenzindex	1525
Nachhaltiges Geschäftsmodell	513, 526, 1487
Nachhaltigkeitsbericht	71, 506 f., 607, 859, 943, 960, 1139, 1695, 1767, 1887, 1901, 1924 ff., 1934, 1939
Nachhaltigkeits-Check	957 f., 964
Nachhaltigkeitskompetenzen	797, 805
Nachhaltigkeitskoordinator	381
Nachhaltigkeitsleistungen	427, 463, 508, 591
Nachhaltigkeitsleitbild	803
Nachhaltigkeitspräferenz	524, 972, 980, 1448, 1454

STICHWORTVERZEICHNIS

Nachhaltigkeitsrichtlinien	69, 805, 1657
Nachhaltigkeitsrisiken/Nachhaltigkeitsrisiko	9, 17, 102, 119, 123 f., 128 ff., 138 ff., 167 ff., 175, 184, 186 ff., 195 f., 202 f., 209, 213, 219, 233, 236 ff., 245 ff., 271 ff., 276 f., 282, 287, 292, 296 ff., 302, 305 f., 311, 321 ff., 335 ff., 347, 353, 354, 409 ff., 424, 430, 468 f., 518, 524, 527 ff., 549 ff., 556 f., 573, 580 f., 584, 602, 606, 634, 762, 786 f., 797, 805 ff., 818, 862 f., 870, 874, 877 ff., 949, 959, 975, 989, 992 ff., 1012 ff., 1029 f., 1034 ff., 1042 ff., 1053 ff., 1075 ff., 1078 ff., 1099 ff., 1105 ff., 1113 f., 1117 ff., 1129, 1134, 1172 f., 1176 ff., 1183 ff., 1193f, 1207, 1213 f., 1217 f., 1223 ff., 1232, 1238 f., 1246 ff., 1266, 1271, 1281, 1307 ff., 1312 ff., 1320, 1325 ff., 1339 ff., 1353 ff., 1427, 1443, 1447, 1794 f., 1798 ff., 1804 ff., 1809, 1818 f., 1824 ff., 1834 ff., 1853, 1854 ff., 1859 ff., 1870 ff., 1876 ff., 1958, 1965, 1969, 2002 ff., 2011 ff.
Nachhaltigkeitsstandard	50, 448, 1475
Nachhaltigkeitsstrategie	119 ff., 252, 357, 361 ff., 367, 371, 422, 426, 429 f., 795 f., 802 ff., 911, 914, 924 ff., 933 f., 945, 968, 971, 974, 1149, 1573, 1606, 1859, 1909, 1912, 1934, 1954 f., 1960
Nachhaltigkeitsstrategie 2030 der Bundesregierung	362
Nachhaltigkeitswissenschaft	1393
Nachhaltigkeitsziele der UN-Agenda 2030	357
negative Externalität	83
Network for Greening the Financial System (NGFS)	10 ff., 22, 88, 91, 105, 223, 258, 261 ff., 323 f., 812, 1284
Neubewertung von Vermögens-werten	93
Not- und Ausfallplanung	1323, 1339 f., 1345, 1357

Offene Impact Fonds	1736
Offenlegung	20, 58, 71 ff., 332 ff., 343 f., 349, 353, 373, 571, 664 ff., 1047, 1181, 1287, 1308, 1326, 1341, 1509, 1512, 1528, 1550, 1649, 1767, 1799, 1806, 1848 ff., 1900, 1965, 1968 ff., 1974, 1981 ff., 1992 ff., 2006 ff., 2013 f., 2017
Offenlegungspflichten	338, 549 f., 1011, 1509, 1965 ff., 1975, 1978, 1983 ff., 1988 f., 1993 ff., 2007, 2014 ff.
Offenlegungsverordnung	585, 1447, 1462
ökologische Dimension	432
ökonomische Dimension	441, 448
Operationelle Risiken/ Operationelles Risiko	90, 218, 231 f., 239, 246, 277, 285, 411, 868 ff., 1116, 1282, 1310, 1338, 1859, 1998, 2004
Optimierung	475, 571, 594, 607 ff., 805, 921, 927, 970, 975, 1048, 1073, 1410, 1418
Orderly Szenario	106 f.
Organisationsrichtlinien	603, 608, 620, 1862 ff.
Outside-In-Effekte	1083 f.
Pariser Klimaabkommen	8, 11, 15, 24, 27 f., 35, 39 f., 354, 756, 945, 1129, 1294, 1600, 1647
Passiva	787
Peer Group Vergleich	1385
Perspektive, vorausschauende	1109
Pfandbrief	126, 220, 294, 377, 407, 1041, 1563 f., 1607 ff., 1614 f., 1618 ff., 1629, 1635 ff., 1643 ff., 1652, 1659 ff., 1667 ff., 1677, 1680 ff., 1694
Photovoltaik-Anlagen	511
physisch	51, 245 ff., 285, 531, 1085, 1187, 1208, 1268, 1301f, 1306, 1539, 1593
physische Klimarisiken	1091, 1277
physische Risiken	11, 89, 135 ff., 205, 215 ff., 221, 239, 257 ff., 262, 277, 302 f., 339, 424, 580, 764, 769, 863, 871, 986, 1002, 1085,

STICHWORTVERZEICHNIS

	1092, 1232, 1256 ff., 1274, 1306, 1872, 1893
Planungen	827, 842, 863
Portfolioanalyse	1143, 1147 f.
Positivlisten/Best in Class	165, 463, 494, 813, 1365 f., 1370 ff., 1376, 1385, 1410, 1455 f., 1495 ff., 1504, 1528, 1531, 1534, 1539, 1546, 1736, 1910
Preisuntergrenze	574
Principles for Responsible Banking (PRB)	13, 27, 76, 81, 791 f., 1150
Principles for Responsible Investment (PRI)	1362
Produkt- und Leistungsvariation	636
Produktlebenszyklus	1898
Projektrisiken	414, 1562
Proportionalitätsprinzip	131, 147 f., 154 ff., 163, 185, 877, 1057, 1308, 1984
Provisionsgeschäft	239, 579, 586, 599, 615, 899
Prozesse	11, 21, 25, 33, 68, 71, 114, 136, 141 ff., 146 ff., 153, 162, 191, 202, 213 ff., 247 f., 281, 292, 302, 306, 342, 346, 358, 385, 394, 399, 410 ff., 415, 422, 426, 429 f., 445 f., 450, 467 f., 484, 509, 512, 526 ff., 549, 553, 568 ff., 580, 583, 595 ff., 601 ff., 614, 628, 631f, 800, 805 ff., 812, 825, 830, 834, 858, 863, 868, 872, 877, 883, 890, 909, 916 f., 934, 937, 942 f., 945, 948 ff., 961, 966 f., 974 ff., 1004, 1007, 1015, 1037, 1043, 1070 ff., 1077, 1085, 1112 f., 1120 f., 1125, 1128, 1134 f., 1142, 1145, 1148 ff., 1156 ff., 1171, 1196 f., 1284, 1289, 1298, 1303, 1307, 1310 f., 1315, 1332f, 1338, 1347, 1411, 1416, 1447 f., 1477, 1500, 1504, 1528, 1587, 1594, 1598, 1605, 1718, 1724, 1771, 1779 ff., 1788, 1796, 1819 f., 1831, 1855, 1858, 1861 ff., 1869, 1872 ff., 1894, 1899, 1911, 1922, 1932,

	1945, 1954 ff., 1960, 1969, 1980, 2002, 2005, 2008, 2011
Prüfung	33 ff., 68, 128, 149 ff., 156, 168 f., 177, 311, 374, 379, 412, 429, 447, 463, 468, 491, 597 f., 601, 607, 611f, 617ff, 644, 791, 805 ff., 828, 834, 862 f., 872, 881 f., 885, 913, 920, 932, 992, 995, 1013, 1021, 1029, 1043, 1054, 1103, 1115, 1162, 1329 f., 1333, 1356, 1448, 1463, 1532, 1596, 1599, 1686, 1724, 1773, 1777, 1790 f., 1792 ff., 1802 f., 1807 ff., 1823 ff., 1833 ff., 1842 ff., 1854 ff., 1872, 1875 ff., 1944, 1958, 1971
Prüfungsrisiko	1802
Pufferkostenverrechnung	1061
Ranking für Nachhaltigkeitsberichte	1887
Rating	16, 51 ff., 79, 130, 154, 171, 252, 256, 284 ff., 289 f., 309, 314 ff., 325 ff., 347 ff., 376, 394 ff., 449, 463, 468, 494 ff., 630, 784, 805, 813, 852, 863, 867, 872, 882, 891, 901, 910, 927, 942, 1066, 1125, 1145 ff., 1152 ff., 1161, 1216, 1257 ff., 1281, 1388, 1426, 1441, 1458 f., 1528, 1531 f., 1539 ff., 1547, 1553, 1560, 1564, 1576 ff., 1582 f., 1599, 1618, 1647, 1676, 1684 ff., 1694 ff., 1700, 1767
Rebound-Effekt	112 f.
Rechtssicherheit	1421
Refinanzierungsquellen	1068
Regulatorik	582, 594, 630, 1170
Regulatorische Anforderungen/ Vorgaben	125 ff., 308, 331, 345, 470, 582, 585 f., 775, 949, 1323, 1395, 1435, 1454, 1466 f., 1996
Regulierungsrahmen	124
Replikation	1539
Reporting	19, 72, 76, 333, 580, 598, 629, 787 f., 805, 815, 875, 912, 924, 928, 949,

STICHWORTVERZEICHNIS

	976 ff., 1394 ff., 1405 f., 1416, 1459 f., 1464, 1594 f., 1648, 1675 ff., 1683 ff., 1698, 1767, 1887, 1918, 1921 f.
Reputationsrisiken	246 f., 253, 285, 297 f., 411, 767, 805, 868, 1021, 1055, 1072, 1136, 1139, 1145, 1167, 1463, 1475, 1998
Risikoanalyse	105, 167, 244, 250, 459, 536, 1017, 1315 ff., 1327 ff., 1347, 1352, 1355 f., 1877, 2005
Risikoappetit	20, 176, 696, 753, 810 f., 849 ff., 1036, 1043 f., 1056 ff., 1061, 1067, 1074 ff., 1078, 1183
Risikoartensystematik	874
Risikoartenuniversum	1213, 1223, 1246, 1267, 1274
Risikobewusstsein	424, 816
Risikohorizont	1009, 1108
Risikoindikatoren	278, 812, 1144
Risikoinventur	127, 141, 411 ff., 469, 877, 993 f., 1001, 1007 ff., 1013, 1043 ff., 1078 ff., 1098 ff., 1103 ff., 1121, 1127 f., 1144 f., 1173, 1213, 1240 ff., 1271 f., 1872
Risikokultur	805, 811, 826, 858, 863, 1087
Risikomanagement	16, 20, 23, 43, 72 ff., 101, 125, 130, 155, 179, 374, 393, 398, 409 ff., 424, 459, 498, 514, 518 ff., 525, 528, 535 f, 540, 581 f., 598, 602, 702, 757, 787, 797, 807, 811, 817, 825, 849, 865, 870 ff., 877, 882 ff., 975, 988, 993, 1004 ff., 1028 ff., 1037, 1049, 1079, 1110, 1113 ff., 1126 f., 1134, 1137 f., 1143, 1146 f., 1166 ff., 1172, 1178 f., 1183, 1190, 1273, 1308, 1348 f., 1426, 1475 f., 1512, 1589, 1796, 1806, 1809, 1815, 1854 ff., 1867 ff., 1897, 2000 ff., 2006
Risikomessung	250 f., 527, 811 f., 876, 992 ff., 999 ff., 1005 f., 1009 f., 1013 ff., 1026, 1029 ff., 1103, 1111, 1114, 1402

Risikosteuerung/Risikosteuerungsansätze	281, 410, 583, 811, 814 ff., 831, 849 ff., 986, 1047, 1051, 1063, 1075, 1103, 1121, 1250, 1311, 1349, 1859, 1862
Risikostrategie	143, 176, 273, 424, 429, 551, 810 f., 820, 824, 827 ff., 847, 854 ff., 874, 877, 880 ff., 1000, 1004 ff., 1018, 1036, 1050, 1058 ff., 1115, 1139, 1319 f., 1331, 1355, 1522, 1858 ff., 1872
Risikoszenarien	202, 304, 884
Risikotragfähigkeit	143, 156, 254, 268, 385, 411, 810, 814, 853, 882, 1009, 1040, 1173, 1216, 1220 ff., 1246, 1257, 1267, 1304, 1861, 1872
Risikotreiber	190, 277, 412, 518, 532, 535, 876, 1009, 1030, 1081 ff., 1093 f., 1097 ff., 1118, 1146, 1214 ff., 1237, 1246, 1257, 1267, 1272, 1299 f.
Risikoverständnis	805
Säule 3	307, 337, 865, 1970 ff., 1995, 2007
Scoring-Verfahren	1401
SDG Reporting	912, 1397, 1405
SFB	18 f., 23
Shareholder-Value	475, 565, 630, 1374, 1452, 1475
Sicherheiten	230, 239 f., 285, 288, 307, 319, 322, 343, 582, 617, 852, 863, 872, 898, 1014 ff., 1069, 1090, 1206, 1265 ff., 1563, 1618 f., 1634 ff., 1640, 1660
Sicherheitenwert	872, 1015, 1303, 1666
Social Impact Bonds	1734 f., 1741 ff.
Social Impact Fonds	1739
Socially Responsible Investment (SRI)	1364
Solar	646, 1019 f., 1024, 1085, 1096, 1206, 1518, 1563, 1646, 1656
sozial-ethische Dimension	435
Sozio-ökologischer Finanzwirtschaft	5

STICHWORTVERZEICHNIS

SREP	182, 535, 598, 807, 834, 882, 885, 1037, 1049, 1075, 1181, 1191, 1971, 1979, 1993, 2011, 2014
Stakeholder-Value	630
Standardrisiken	1006 ff., 1015, 1026, 1029
Stranded Assets	94, 209, 214, 228, 582, 766, 1204, 1219, 1378, 1407
Straße der Nachhaltigkeit	911 f., 935 f., 942 ff.
Strategie	9, 20, 67, 74, 101, 130, 142, 145, 150, 253, 333, 357, 362, 371 ff., 380, 391, 397, 451, 457, 467, 537, 561, 810, 820, 824, 827 ff., 835, 841, 858 ff., 870, 878, 883, 898f, 907, 934, 949 f., 969, 975, 993 ff., 999 ff., 1008, 1021, 1029, 1032, 1046, 1055, 1115, 1190, 1320, 1362, 1455, 1594, 1775, 1859 ff., 1865, 1872, 1900, 1932, 1980, 1987, 2011
Strategiekompendium	141
Strategische Leitlinien	878, 881 ff.
Stresstests	20, 60, 72, 104, 157, 254 ff., 274, 277, 286, 296, 469, 536, 583, 807, 814, 856, 876, 1026 f., 1039, 1046, 1052, 1064, 1071, 1102, 1172 f., 1177 ff., 1187 ff., 1202, 1213, 1225 ff., 1238, 1244 f., 1256, 1271 ff., 1275, 1281, 1299, 1306, 1872 f.
Sustainability Balanced Scorecard (SBSC)	385, 446
Sustainability Mainstreaming	888
Sustainable Development Goals (SDGs)	7, 13 f., 24, 35, 39, 51, 71, 120, 192, 358, 422, 561, 599, 889, 907 ff., 935 ff., 945, 958 f., 962, 1152, 1359, 1404 ff., 1422 ff., 1450, 1463, 1483, 1499, 1697, 1780
Sustainable Finance	3 ff., 13, 18 ff., 26, 354, 364, 429, 525 ff., 531, 543 f., 583, 890, 907, 946, 1129, 1168, 1177, 1217, 1443, 1512, 1651, 1678, 1796
Sustainable Investment Research Information System (SIRIS)	1493, 1498

STICHWORTVERZEICHNIS

Szenarioanalyse	20, 104, 111, 254 ff., 264 f., 270 ff., 275, 291 ff., 296 ff., 414, 469, 810, 814, 856, 863, 876, 1012, 1031, 1112, 1137, 1165f, 1229, 1274, 1873
Szenariogestaltung	1176, 1180, 1185, 1201 ff., 1207, 1210, 1213 f., 1218 f., 1225f, 1234, 1238, 1244, 1251 ff.
Task Force on Climate-related Financial Disclosures	45
Tone from the top	581, 604
too little, too late	105, 109, 262
Tracking Error	1410, 1456
Traditionelle Investments	1517, 1520
Transformation	3 ff., 10, 27, 68, 111, 115, 209, 216, 242 ff., 272, 285, 307, 370, 373, 516, 520 ff., 527, 548, 552, 597, 628, 756, 759, 805, 910, 945 ff., 956f, 961, 964, 979 ff., 987, 1028, 1152, 1169, 1293, 1296 ff., 1484, 1489 ff., 1504, 1631, 1965
Transitionspfad	107 f., 111
Transitionsrisiken	135 ff., 209 ff., 214, 257, 311, 339, 424, 580, 766, 1012, 1145, 1194 ff., 1278 ff., 1293, 1306, 1854, 1872, 1975, 2003
transitorisch	11, 20, 87, 92 f., 98 ff., 105, 110, 117, 204, 209 f., 214 ff., 221 ff., 227 ff., 232 ff., 239, 255, 261 ff., 273, 277, 289, 292, 297 ff., 302 f., 315, 323, 354, 531, 537, 863, 872, 879, 882, 959, 986, 1002, 1043 f., 1063, 1076 f., 1085, 1094 ff., 1136 f., 1169 ff., 1185 ff., 1194, 1207, 1213, 1218, 1225 ff., 1235, 1245 ff., 1250, 1256 ff., 1274, 1284
transitorische Risiken	11, 92 f., 117, 204, 209 f., 215 ff., 221 ff., 233, 239, 354, 863, 872, 986, 1002, 1185, 1245
Transparenz	17, 20, 23, 33, 82, 287, 369, 375 f., 398, 486 ff., 514 f., 523 f., 542, 549 f., 553, 598, 649, 665 ff., 681, 702, 783, 805, 867, 882, 901, 934 f., 949, 1099, 1114,

STICHWORTVERZEICHNIS

	1145 ff., 1292, 1349, 1436, 1460, 1500, 1550, 1590 ff., 1649, 1677 ff., 1683, 1696 ff., 1711 ff., 1767, 1796, 1888, 1901, 1904, 1947, 1950, 1971
treiberbasierte Risikoinventur	1103
Treibhausgasemissionen	47, 55, 73, 83, 169, 327, 343, 394, 641, 1288 f, 1302, 1305, 1473, 1551, 2008, 2013
Triple-bottom-line	564, 567, 623
Überdeckung	1608, 1684
Umverteilung von Marktanteilen	1430
Umwelt-, Sozial- und Governance-Aspekte	1359
Umweltmanagementsystem	1604
Umweltrisiko	1086, 2000, 2003
Umweltschutz	25, 79, 333, 391, 409, 422, 472, 772, 863, 882, 886, 898, 907, 937, 985, 1085, 1219, 1286, 1327, 1421, 1549 ff., 1557, 1601 ff., 1736, 1906 f.
UN Global Compact	76, 422, 440, 494, 805, 813, 912, 1400, 1412
UN PRI	42, 450
UN-Nachhaltigkeitsziele	25 ff., 35 f., 40, 51 ff., 58, 62, 66, 78, 82, 358, 361, 1082, 1099
Unternehmensführung	5, 26, 32, 35, 69, 74 ff., 79, 134, 144, 190 ff., 200 ff., 208, 293, 301, 376, 394, 422, 445, 450, 472, 509, 531, 565, 580, 758, 786, 789, 792, 817, 820, 863, 883, 949, 996 ff., 1002, 1087, 1134, 1184, 1312, 1326, 1354, 1362, 1400, 1420, 1435, 1500, 1539, 1548, 1579, 1705, 1767, 1788, 1799 ff., 1854, 1859, 1916, 1969
Unternehmensleitlinien	1420
Value Proposition	578, 626
Vermögenswerte	49 ff., 85 f., 89 ff., 96, 100, 107, 114, 214, 228, 239, 271, 279, 285, 343, 640,

STICHWORTVERZEICHNIS

	651, 666, 1033, 1041, 1059, 1063, 1563 f., 1593 ff., 1600 f., 1608, 1641, 1658
Viable System Model	969 ff.
Volksbank	471, 480 ff., 488, 494, 498, 502 ff., 508, 512, 894, 948, 951 ff., 9585, 959 ff., 964 f., 969, 975, 978 ff., 1139
Voting Policy	1370, 1416
Wahlrechte	1033
Weiterverlagerung	1323, 1333, 1350
Wertbeitrag	921 ff.
Wertebasis	421, 944, 968
Wertschöpfung	569 ff., 636
Wertschöpfungskette	40, 426, 568 ff., 618, 636, 840, 919 f., 1145, 1292, 1445 ff., 1460, 1764, 1892, 1898, 1932, 1949
Wesentlichkeitsanalyse	938, 962, 1110
Wettbewerbsvorteil	1429, 1911
Wiederanlagerisiko	1038
Wind	897, 1085, 1296, 1438, 1518, 1630, 1641, 1646, 1670, 1673 f.
Wirkungsdauer	1113
Wirkungskette	222 f., 233, 820, 1094, 1097
Wirkungsmessung	928, 978, 1708, 1748, 1762, 1766 f., 1772 ff., 1788
Wirkungstransparenz	573, 949, 978
WWF	72, 805, 1152, 1161
Zertifizierung, grüne	1576
Zukunftsfähigkeit	371, 420, 891, 1108, 1500, 1573